中国历史研究院
Chinese Academy of History

清史论丛

四十年论文选编
（上册）

李世愉 林存阳 / 主编
中国社会科学院
古代史研究所清史研究室 / 编

社会科学文献出版社
SOCIAL SCIENCES ACADEMIC PRESS (CHINA)

目 录

上 册

代序：在《清史论丛》创刊四十周年学术座谈会上的讲话　　高　翔　/1

上 编

努力加强清史研究工作　　编　者　/3
清代的垦田与丁口的记录　　孙毓棠　张寄谦　/9
玉米、番薯在中国传播中的一些问题　　郭松义　/25
略论清代农业雇工的性质与农业资本
　　主义的萌芽　　黄冕堂　/69
清代乾隆时期农业经济关系的演变和发展　　吴量恺　/96
清代前期赋役制度的改革——从盛世"滋
　　生人丁永不加赋"到"摊丁入亩"　　李　华　/147
清代的茶马贸易　　林永匡　/163
关于刘爱塔事迹的研究（遗稿）　　孟　森　附赘言　商鸿逵　/187
顺治十一年——明清相争关键的一年　　顾　诚　/208
清世宗胤禛继承皇位问题新探　　许曾重　/244

1

康熙遗诏与雍正篡位	杨启樵	/283
清朝皇位继承制度特点研究	杨　珍	/291
对清代议政王大臣会议的某些考察	杜家骥	/315
清初理学与政治	高　翔	/327
关于雍正年间养廉银制度的若干问题		
——与日本学者佐伯富博士商榷	黄乘矩	/367
清代两次大规模增广学额之比较研究	李世愉	/389
清代土司制度	张捷夫	/415
嘉庆"癸酉之变"后京畿地区流言浅析	宋　军	/436
清代的今文经学	杨向奎	/450
清代卓越的史学家全祖望	谢国桢	/508
顾炎武与清代学风	陈祖武	/519
关于龚自珍生平事迹中的几个问题	樊克政	/537

下　册

沈阳锡伯族家庙碑文浅释	王锺翰	/553
关于16世纪40~80年代初建州女真		
和早期满族的社会性质问题	周远廉	/563
清初吉林满族社会与移民	冯尔康	/593
宗族制度浅论	王思治	/619
明清的隔壁戏	何龄修	/653
论天地会的起源	赫治清	/669
乾嘉时期几个秘密教门的再探讨	李尚英	/714

略述清代中日文献典籍交流　　　　　　　　　冯佐哲　/725
顺治时期天主教在中国的传播与发展　　　　　汤开建　/745
乾隆朝大教案与中西交涉　　　　　　　　　　吴伯娅　/771

中　编

五十年来的清史研究
　　——庆祝中华人民共和国成立五十周年　　　高　翔　/795
改革开放30年来中国社会科学院历史研究所
　　清史研究室的发展轨迹　　　　　　　林存阳　朱昌荣　/912
艰辛的三十年
　　——纪念《清史论丛》创办三十周年　　　　王戎笙　/945
阅览、投稿四十载的记忆
　　——祝贺《清史论丛》创刊四十年　　　　　常建华　/948

下　编

中国近代清史学科的一位杰出奠基人
　　——试论孟森的清史研究成就，为纪念他的诞辰
　　一百二十周年而作　　　　　　　　　　　　何龄修　/953
悼念谢国桢先生　　　　　　　　　　　　　　何龄修　/971
萧一山和他的清史研究
　　——纪念他逝世十周年　　　　　　　　　　戎　笙　/983
史学大师郑天挺先生的宏文卓识
　　——纪念郑天挺先生百年诞辰　　　　　　　陈生玺　/1000
纪念商鸿逵先生一百周年诞辰　　　　　　　　李世愉　/1027

纪念杨向奎先生　　　　　　　　　　　　　　　　高　翔　/1037

勤奋为学　博通经史　兼擅文理　著述宏富

　　——纪念杨向奎先生一百周年诞辰　　　　　李尚英　/1040

许大龄师的为人与为学

　　——纪念许大龄教授诞生90周年　　　　　　何龄修　/1059

彰幽发潜学问自娱　提携后进甘之如饴

　　——何龄修先生印象记略　　　　　　　　　任道斌　/1065

附　录：《清史论丛》（第一辑至2019年第2辑）总目录　　/1071

编后记　　　　　　　　　　　　　　　　　　　　　　/1103

代序：在《清史论丛》创刊四十周年学术座谈会上的讲话

高　翔

我很高兴今天能参加《清史论丛》创刊四十周年学术座谈会。我对古代史研究所、对古代史研究所清史学科的感情特别深。在我的学术道路上，有两个"娘家"，一个是中国人民大学的清史研究所，一个是中国社会科学院古代史研究所清史研究室，这两个"娘家"在我心中都很重要，我是从这两个地方成长起来的。

《清史论丛》"出身不凡"，从创刊起就可以说独具风格。我记得我在中国人民大学攻读硕士、博士学位时，就经常到期刊室里阅览，《清史论丛》是我每次必看的学术刊物。当时《清史论丛》刊发的文章质量很高，让我受益匪浅。后来，我来到古代史研究所清史研究室工作，每周二的时候，王戎笙、何龄修、赫治清、张捷夫诸先生就和我讲学术界的故事，讲清史研究室的故事，讲"马列五老"的故事。这些先生们深怀厚厚的学术期望，寄托着对年青一代的殷殷关怀。我做学问、做人，实际上是从他们的讲话当中得到了许多宝贵教益的。古代史研究所的清史学科是特别有传承，特别有讲究，特别有规范的，它有自己的学术灵魂，有自己的学术追求，有自己的独特气质与风范，形成了自己的学术传统与风格。这样的一个学科弥足珍贵。作为清史学科的一位成员，我很荣幸能够参与这个团队，我希望把我们清史学科的传统传承下去，发扬光大，这是我真切的期望。

我们古代史研究所的清史学科走到今天，我们的《清史论丛》走到今天，依靠的是一批有坚定理想、有真挚情怀、有勇于献身精神的师友同人。起初，《清史论丛》由杨向奎先生、王戎笙先生主编，两位先生站位都很高，使我们的刊物不仅紧跟清史学界的前沿问题，而且更具重科学性，更具宽广的胸怀。后来《清史论丛》因为各种原因停刊了，当时我们还缺乏必要的学术资金资助。有幸得到了朱诚如先生的帮助，他支持我们的清史学科，资助了10万元钱开会。此外，李世愉先生为了重启《清史论丛》的出版，联系中国广播电视出版社，费尽周折。记得有一次给大家发稿费（还是赫治清先生告诉我的），世愉骑自行车，把稿费挂在车前把上，结果被抢走了。世愉没说话，继续从家里拿钱资助，当时我以为是中国广播电视出版社发的稿费，结果是他自己掏钱发的，他都没告诉我们。就是这样一批有情怀有抱负的人，把《清史论丛》恢复出版了。此后，《清史论丛》未再间断，一直延续到今天。所以说，要干一番事业，没有牺牲者、奉献者、矢志追求者，是不可能的。

《清史论丛》走到今天不容易。我为什么愿意参加今天这个纪念会？因为我是亲身经历者。这份独特的情感，让我对《清史论丛》寄予了厚重的希望。这里，我简要地提出三点希望。

第一，要毫不动摇地坚持唯物史观的指导。唯物史观是20世纪以来中国人自己的选择。我们的学术特色很大程度上就是坚持了唯物史观，坚持社会形态理论。离开对唯物史观和马克思主义的坚持，当代中国史学就没资格、没能力和西方学术展开平等的对话。五四运动以来，特别是20世纪20年代末到30年代初社会史大论战以来，中国的马克思主义史学登上历史舞台，取得了一大批卓越成果，我们今天没有理由不坚持走下去。我们建设新时代中国史学，唯物史观是我们新时代的旗帜和灵魂，这是我们要毫不动摇的基本原则，没有质疑的空间。我们中国社会科学院的传统就是毫不动摇地坚持唯物史观的指导，立足中国国情，走中国史学自己的路。这一点，老同志要坚持，年轻同志也要坚持。我们的清史学科，从杨向老到王戎笙先生，都是马克思主义史学学者，都是毫不动摇地坚持了以马克思主义史学为指导的名家。在历史研究所，马克思主义史学人才辈出，如侯外庐先生、林甘泉先生、卢钟锋先生，他们都是马克思主义史学大家，清史学科一定要坚持这一点，《清史论丛》也要坚持这一点。

第二，我们要立足清史学科的前沿，开创马克思主义学术的新道路，努力打造清史研究的中国学派。唯物史观是方法论，是立场、观点，不代表我们就没有自己的思考。马克思主义不是束缚人们学术创新的教条，而是开辟新领域的指南。中国马克思主义史学兴起后，开辟了许多重要的学科学派。如历史研究所的侯外庐思想史学派、厦门大学傅衣凌先生的社会经济史学派，等等。我们的清史研究，要根据新时代的要求，努力用新的方法，创立清史研究的新理论，开辟清史研究的新领域、新道路，以便更好地服务现实。在这方面，清史学科完全可以发挥更大的作用。

第三，《清史论丛》要引领清史学界形成为社会、为国家现实服务的学术风尚。"以史经世"是中国史学最悠久深远的情怀和传统，司马迁在《史记》中便体现了"述往事，思来者"的思想。为现实服务是中国史学的优良传统，近代中国的发展道路有许多方面都是与清代历史密切相关的。需要我们立足新时代，发挥《清史论丛》作为集刊的优势，对重大的理论问题、实践问题进行深入的再思考，推动我们的学术走向新的层次，迈向新的高峰。

此外，我还希望我们古代史研究所要办好我们自己的集刊。与学术期刊相比，学术集刊有不可替代的作用。一些期刊过分强调所谓的学术规范，过分强调所谓的审稿制度，过分强调所谓的与国际学术接轨。这种标准未必适用于所有的具体学科，每个学科有自己的风格，专业化、专题化是主要的发展趋势。我们的集刊要鼓励学者的自由发挥，以彰显更灵活、更接地气的小型学术团队的追求，促进个性化学术成果的成型、成派。顺便插一句，我个人觉得《清史论丛》的开本还是20世纪80年代的较好。

最后，祝我们的《清史论丛》越办越好，祝各位老师身体健康、工作顺利，祝古代史研究所的清史学科繁荣昌盛，谢谢大家！

上　编

努力加强清史研究工作

编 者

清朝是我国历史上最后一个封建王朝。这个封建王朝，前后经历了将近三百年。我们在这里说的清朝及其历史，具体指的是鸦片战争前二百年的清朝及其历史，它在我国历史上占有相当重要的地位。

有的史学家用最严刻的笔调描写过清朝的历史，指出它的野蛮和黑暗、破坏和掠夺。揭露历史上剥削阶级统治的反动本质，这当然是史学工作者的责任。但是，事物都是一分为二的。单单这样做，是不够的。清朝是我国历史上第二个由少数民族贵族建立的全国性统治的朝代。清兵入关之初，曾给国内经济造成了比较严重的破坏，残酷的民族压迫和阶级压迫激起了全国人民猛烈的反抗。但是，如实地考察清兵入关后的历史进程，恰恰是在触动清初每个人心弦的民族关系问题上，我国各民族之间的关系是进一步发展了，兄弟民族间相互接近和融合的进程加速了，我们统一的多民族的封建国家，经过长期的发展，在清朝最后完成了。在满族贵族建立起全国性统治后，它就采取了一系列措施，平定叛乱，消除割据，抗击殖民主义特别是沙俄殖民主义侵略，恢复和发展社会经济。这是一段不免充满着矛盾、混合着污浊，但仍然非常了不起的历史。它的重要性是不可低估的。在康、雍、乾三代百余年间，中国曾经是国防巩固、经济繁荣的封建国家。来自北方的和西方的殖民主义豺狼，虽然不时地把它们的魔爪伸进我们美丽的国土，但伟大的中国人民，也有当时的清朝统治者，却毫不示弱，奋起反击。这些历史篇章，充分体现了中华民族不甘屈服于外来民族压迫的斗争精神，是可歌可泣的。

中国封建社会发展到清代，发生了一个重要的转折和变化。自从1840年的鸦片战争以后，中国一步一步地变成了一个半殖民地半封建的社会。鸦片战争前的清朝社会，已处在封建社会的晚期，新的社会革命的前夜。商品经济的进一步发展，在封建社会的母体内，不断孕育着新的生产关系，在手工业和农业方面，都萌发了资本主义的幼芽。土地占有形态、地租形态、租佃关系、人身依附关系等等，都在发生变化。这是重要的朕兆，显示出封建社会基础开始发生动荡。农民反对地主阶级的阶级斗争，农民以各种形式争取土地的斗争，争取摆脱人身依附关系的斗争，减租抗租的斗争，以至大规模的武装起义，都具有了新的内容和新的特点，并且空前频繁和激烈地开展起来。上层建筑的各个领域，无论在专制主义中央集权的政治制度方面、封建赋役制度方面，还是在文化思想方面等，都继承前代，但又都有其不同于前代的发展和变化。这些情况充分说明，清代是中国封建社会的重要发展时期。深入研究清代的历史，对于完整地分析中国社会历史的全过程，具体地探索中国封建社会的发展规律，准确地阐明鸦片战争后中国社会性质发生变化的内部条件，都是不可缺少的。离开对鸦片战争前清代历史的研究，中国古代、近代、现代历史上的许多重要问题，都将不容易弄清楚。

从国际环境来看，中国历史发展到清代，世界开始进入了资本主义的时代。资本主义最本质的特征之一，就是掠夺殖民地。因此，清代中国面对的，是一个前所未有的最险恶的国际形势。从明代后期起，葡萄牙、西班牙、荷兰殖民者来到中国，海盗舰队掠夺沿海，并发生了葡占澳门和荷、西分占台湾的严重事件。明崇祯年间，英国舰队侵犯广州，妄想占领我海南岛。明末清初，最凶恶的扩张主义者沙皇俄国进犯我黑龙江流域，杀人放火，妄想侵占我大片国土。清顺治年间，法国殖民者也来到中国。以后，美国、德国等殖民者都纷纷前来中国叩关。殖民者所使用的手段是多种多样的：有大炮、有鸦片、有贸易、有传教。他们的目的则是一个：变中国为殖民地或半殖民地。这些殖民者的侵略和掠夺，使得中国这个古老的封建国家面临着日益严重的威胁。由于殖民者的活动，国内的民族关系也空前地复杂化了。殖民者深入我少数民族地区，搜集情报、制造纠纷、煽动分裂，妄图实现其扩张主义野心。这样就使清代民族关系的历史，既不同于汉与匈奴、唐与吐蕃，当然也不同于明与满的关系。而殖民者的侵略，也引起了汉族和边疆地区各民族的共同反抗。以上情况充分说明，清朝的国际环境，大大影响了我国内部的历史进程。因此，鸦片战争前清代的历史给我国古代史的研究提出了许多全新的课题。阐述和解决这些课题，是我们史学工作者一项迫切而艰巨的任务。

但是，我国史学界关于清史的研究，和其他各个断代相比，可以说是最为薄弱的。清史资料浩如烟海而又十分庞杂，但新中国成立前资产阶级史学界留下的清史研究的成果是微乎其微的。新中国成立后，用马克思列宁主义、毛泽东思想研究清史中的若干重大问题，引起了史学工作者的广泛兴趣。例如在入关前的满族社会性质、资本主义萌芽、清代农民战争、中俄关系史、清代学术和优秀古典小说《红楼梦》等问题上，进行了新的探索，发表了一批有价值的学术论文和著作，把清史研究工作向前推进了一步。对于清史资料的收集、整理和出版，也开始做了一些工作。但是，就整个情况说，清史的研究和资料整理工作还是很落后的。在清史研究这块土地上，大部分尚待努力耕垦、勤加浇灌，有的甚至至今仍然是未被开垦的处女地。

林彪的"政变经"与"四人帮"的影射史学，对历史研究造成的灾难性大破坏，大大加重了清史研究的落后状况。臭名昭著的林彪的"五一八"讲话，借康熙的继嗣问题，利用传闻之辞，大念"政变经"，以宫廷政变史篡改阶级斗争史。随后"四人帮"控制了舆论工具，为了达到篡党夺权的罪恶目的，大肆鼓吹儒法斗争继续到现在。于是清代的历史，不可避免地被篡改成为儒法斗争史。梁效按照江青在天津讲话的黑旨意，甚至具体规定了清前期所谓儒法斗争的中心内容："对内能不能消除国家的分裂和混乱，对外能不能抵御殖民主义者的入侵，是摆在清朝最高统治者康熙面前的最尖锐课题，也是这一时期儒法斗争的中心内容。"他们信口雌黄、恣意杜撰，把清代的一些重要历史人物，不管是帝王将相还是文人学士，甚至把小说中的人物，都划分成儒家和法家两个激烈斗争的营垒。清代几百年的阶级斗争史被"四人帮"篡改成儒法斗争史。"四人帮"鼓吹"儒法斗争两千多年"，"继续到现在"，"影响到今后"，清史几百年是一个关键时刻，是绝不能没有儒法斗争的，所以他们要费尽心机来编造清代的儒法斗争。他们不仅对优秀古典小说《红楼梦》的基本思想内容恣意歪曲，而且还以分析贾政形象为名，与"揪现代大儒"的丑剧相配合，丧心病狂地把反革命的毒箭射向周总理。胡说什么贾政是"唯一由皇帝亲点、不只有衔而且有权的现职官员"，"贾家的内政外交，……决策大权全掌握在他的手中"，还说贾政"骗得了许多好名声，什么'端方正直'、'古朴忠厚'、'礼贤下士'等等，俨然是一个超等的'正人君子'"。很明显，这是"四人帮"极端仇视周总理的崇高威望，但又不敢明说，只能施展其鬼蜮伎俩，进行影射攻击。其用心之险恶，令人发指。

在"四人帮"操纵宣传工具、实行法西斯文化专制主义时期，党的"百花齐放、百家争鸣"的方针遭到严重破坏。他们挂起"在大方向一致的前提下开展百家争鸣"的羊头，卖的却是"一家独霸""江青说了算"的狗肉。其实在百家争鸣上加一个"大方向一致的前提"，完全是别有用心的。什么是"四人帮"的"大方向"？那就是反对老一辈的无产阶级革命家，反党反人民。他们的矛头所向，不是从来都是这样的吗？所以"大方向一致的前提"，就是把反党反人民作为一致的前提。在这个前提下的所谓"百家争鸣"，只能是搞反革命的"舆论一律"，哪里还有什么"百家争鸣"的影子呢？实际上也是，谁不附和他们的观点，谁就被剥夺发言权。许多观点正确、论证精辟、材料充实的好文章得不到发表的机会。用马克思主义观点研究清史的任何可能都被扼杀了，探索性学术见解被禁锢起来，有价值的资料书不能出版。清史这块刚刚动手开垦的处女地，又是荆棘遍野、毒草丛生，满目荒凉景象。

党中央一举粉碎"四人帮"，解除了精神枷锁，迎来了科学的春天。荒凉的处女地开始复苏了，清史中的一些重大问题重新提到论坛上来，不同学术见解的争论开始活跃，生动活泼的百家争鸣的局面正在形成。

为了大力加强清史研究工作，我们一定要坚持贯彻"百花齐放、百家争鸣"的方针，以促进我国社会主义科学文化事业的繁荣和发展，以利于加强马克思主义在思想界的领导地位。我们献给读者的这本《清史论丛》，力图严格执行党的"百花齐放、百家争鸣"的方针。凡是对有关清代历史的某一个问题，确实进行了认真的研究，哪怕这种研究成果还不够成熟，但只要言之成理，持之有故，有助于对这些问题的进一步研究和探讨，我们就尽量予以发表。本辑中吴量恺、刘永成、韩恒煜三同志关于清代社会经济和阶级关系的文章，金成基、周远廉两同志关于入关前满族社会性质问题的文章，就是各种不同学术见解各自畅所欲言的体现，我们希望这种讨论在今后能更进一步开展起来。当然，这中间一定存在大量是非问题。但是，学术中的是非问题，只能通过学术界的自由讨论来解决，既不能根据人数多少来判断，也不能根据权力大小来裁决。在学术讨论中，我们一定要坚持摆事实、讲道理，以理服人，坚持实事求是的科学态度。

攀高峰，需要有勇气。清代的历史，有许多是未知的境界，前人没有探索过的。要在这方面做出成绩来，一要付出艰苦的劳动，二要拿出足够的勇气。以为学术上犯了错误，写了一两篇观点有错误的文章，政治上就永世不得翻身，这是林彪、"四人帮"法西斯文化专制主义所造成的余悸。要大力提倡破除迷信，解放思想，不要怕犯错误。学术探讨过程，是复杂的脑力劳动。既想攀高峰，攻难关，闯"禁区"，从事一点创造性的研究，不犯错误是不可能的。学术活动中的错误，应该用批评和自我批评的方式来处理。因为学术活动中的错误，是人民内部问题，是精神世界的问题；而精神世界的问题，是不能用行政命令，更不能用所谓"全面专政"的办法来解决的。"四人帮"故意把学术和政治混为一谈，把学术上的错误（有的不一定是错误）无限上纲，混淆两类不同性质的矛盾，搅乱阶级阵线，打击迫害一大批学有专长、勇于创新的专家学者。在这一点上，"四人帮"作为反面教员给我们上了一课，使我们从反面得到了教训，应该谨慎地对待学术上的是非问题。

清史的研究必须为无产阶级政治服务，必须同时立足于客观的科学的分析基础上。这是马克思主义的态度，是阶级性和客观性的统一，是理论和实际的统一。邓小平指出："实事求是，一切从实际出发，理论与实际相结合，是马克思主义的根本观点、根本方法。"研究现状如此，研究历史也必须如此。违背这个根本观点、根本方法，为无产阶级政治服务只能是一句空话，甚至是一句假话。

前些年，在"四人帮"大搞"古为帮用"的影射史学时，20世纪50年代批判过的胡适的实用主义，又被"四人帮"奉为至宝。他们公然反对实事求是的传统作风，贩卖唯心主义先验论，鼓吹从概念出发，从定义出发，从先验的结论出发，从反革命政治需要出发。梁效、罗思鼎之流炮制的所谓"历史"文章，都是"四人帮"的头面人物出思想，由写作班子找"材料"，东拼西凑而成的。他们随心所欲地对待历史资料，歪曲事实，篡改原文，甚至公然鼓吹弄虚作假，以假乱真。罗思鼎的一个大头目就说："写历史文章要生动，可以七真三假。""这是文学加工，造出来就变成真的了"。我们必须拨乱反正，肃清这种恶劣作风在史学队伍中的影响和流毒，恢复和发扬实事求是的好传统好作风，一切从实际情况出发，不仅在政治上而且也要在学术研究中反对说空话、说假话、说大话。必须强调占有大量的可靠的历史资料，用艰苦的创造性的劳动进行全面的科学的分析，从中得出应有的结论。对任何历史现象的研究，应该排除各种偏见的束缚和影响，采取一种真正科学的态度。提倡破除迷信、解放思想，就是提倡凡事采取科学的态度、实事求是的态度，按照客观事物的本来面目去认识客观事物。所以毛主席说："我们除了科学以外，什么都不要相信，就是说，不要迷信。中国人也好，外国人也好，死人也好，活人也好，对的就是对的，不对的就是不对的，不然就叫做迷信。要破除迷信。不论古代的也好，现代的也好，正确的就信，不正确的就不信，不仅不信而且还要批评。这才是科学的态度。"[①] 这是一个崇高的思想境界。要达到这样的思想境界是很不容易的，需要努力，需要十倍百倍的努力，需要对"四人帮"的流毒和影响进行不断的大扫除，需要在世界观上来一番认真的改造。让我们在新的长征路上，解放思想，迈开大步，为实现新时期的总任务，把清史研究工作推进到一个崭新的阶段。

（原刊《清史论丛》第一辑）

[①]《毛泽东选集》第5卷，第131页。

清代的垦田与丁口的记录

孙毓棠　张寄谦

　　这里是两篇资料，我们又重新核对、修订，在此重印。一篇是《清代历年垦田记录》，原题为《三百七十年来中国的耕地面积》，曾刊于1951年7月3日《进步日报》的《史学周刊》第25期，讹误较多，今皆更正，并删去1932年、1949年两个数字。另一篇是《清代历年丁口记录》，原题为《清代的丁口纪录及其调查制度》，曾刊于清华大学《社会科学》第6卷第2期（1950年10月），舛错、脱漏之处今亦更正，并删去其多余的文字。前篇原刊于日报，后篇当初出版后发行量极少，今天均已难查找。我们觉得这两篇资料当初编制时曾很费过点力量，而印刷讹误又多，如今重新核对、修订，对研究清史的同志们也许有些参考之用，故在此《清史论丛》出版之际，附录于此。

　　这两篇资料都是数字，基本上皆取材于清代的（除一项是明代的）各种官书、档案，即从当时地方基层里甲都图，经层层州县、府、布政司、督抚而上报于京师户部汇总的丁口及耕地的记录；而政府即据此以征收赋税、摊派徭役。清代是我国典型的皇室、贵族、地主、豪绅统治一切的封建社会末期。他们攫占大量土地，享有特权，把持仕途，又兼营商业和高利贷。他们在乡里跋扈垄断，为所欲为，勾结官僚胥吏，控制社会经济命脉。国家各级政权完全掌握在他们手里。对农民，他们是剥削压榨，敲骨吮髓；对官府，他们是串通一气，营私舞弊。在这样的情况下，想要获得一些符合实际的全国（以及地方）耕地与丁口的数字，当然是绝不可能

9

的。因此，这两篇资料只能看作"官方"记录，也是我们唯一可能得到的、还"可供参考分析"的清代政府遗留的材料而已。这是应该在此说明的一方面。

但另一方面，从这弥漫着封建云雾的资料里，也可隐约看到某些历史发展的轮廓和趋势。例如，自明末至清末，300年间，中国耕地面积肯定在逐渐扩大；某些地区扩大得快些或慢些；某些地区在特殊情况下暂时曾缩小；各种土地的地权（满人的、官府的、集团的、私人的）在不同年代转手情况如何，等等。又例如，清初编审只记人丁而不计口，由此应如何估计当时历年的人口约数；人丁数的增长长期那样缓慢，原因何在；自从1741年以后人口数显然在逐年增长，这趋势仍然可信，但其可靠程度究竟如何；1851年人口数的记录达最高峰，必须注意，但其可靠程度如何；太平天国伟大起义运动以后，人口数字虽然很少，很不完整，但整个人口变动情况仍然是个很值得注意分析的问题；等等。

总之，这些数字虽不尽可靠，但它们表现的模糊轮廓和趋势，包含着不少还值得注意、分析与研究的问题，需要大量收集文献资料，仔细探讨，才能解答。我们自己限于能力，一时难以着手，因此先将这两篇资料贡献给读者，聊备参考。

这次最后核对、修订，历史所何龄修同志给予了很大的帮助，于此致谢。

1978年9月

清代历年垦田记录

下面是《清代垦田面积表》（见表1）。我们编制这《清代垦田面积表》的目的，在于供给研究清代经济史和土地与农业问题的同志们一件基本资料。这资料里面所包括的以及关联的问题很多，很复杂。例如，这些数字当初经过什么样的土地登记制度而获得的？他的可靠性到什么程度？明末清初耕地总面积缩减以及各省有增有减的原因何在？清初以来300年耕地总面积渐次扩大的各种原因为何？扩大的过程与情形如何？各省耕地面积增减原因何在？过程与情形如何？垦殖区域垦殖过程如何？西南诸省耕地面积增大的过程如何？各时代满人地权（庄田）集团地权（官田、屯田、学田、族田、寺田等）与私有地权（民田）的比例如何？300年来耕地面积的扩大对于生产发展的关系如何？对于社会生产关系的影响如何？对于全部经济发展的关系与影响如何？对于社会政治文化等各方面的关系如何？这些问题都需要大量收集资料，仔细深入地加以科学的研究，才能回答。我们现在还没有能力解决这些问题，所以这里只把这初步收集的资料编制成表，加上简单的说明，供给对这些问题有兴趣的同志们作为参考。

这个资料主要在说明清初以来300年耕地面积的扩大，第一栏所表列的，明万历六年的记录，只为供与清代情况作比较。清代耕地面积的11栏记录都采自清代的官书。这些记录当然并非包括清代记录的全部，还有些资料我们没有采入。我们只是选择了重要的合宜的年代与没有什么问题的资料在这里表列出来。

把资料列成此表的形式，目的原在于一方面指出300年来耕地面积总额渐次增加的趋势，一方面指出各省增减的情况与趋势。然而，各时代的记录详略不同，类别也有差异，有些各省都有记录（如光绪《会典》），有些没有清楚载明省份，因此列表与核算时很难绝对保持一致。为了这个缘故，明清的12栏内有的只是民田的记录，有的是民田、屯田、学田等合计的记录，关于这些我们都已在附注内加以简单的说明，并且在表内末行另行表列民田的数量，以资比较。所以这个表不能供给绝对正确的各时代的全国耕地面积记录，而只能供给一些大致的数字。关于庄田、官田、屯田、公田等，有些记录是完整的，有些是不完整的；他们和民田在各时代的比例如何，是一个重要问题，将来须要另做研究。

本表以顷为单位，有些记录原有亩数，表中皆从简。我们在核算时曾把亩数计算在内，所以总数一项的尾数有时和各省之合略有出入。表中西藏、青海等地区因数字缺乏，未包括在内。

表1　清代垦田面积

单位：顷

资料 年代 省份	万历六年 明万历《会典》①	顺治十八年 《清朝文献通考》②	康熙廿四年 康熙《会典》③	雍正二年 雍正《会典》④	乾隆十八年 乾隆《会典》⑤	乾隆卅一年 《清朝文献通考》⑥	乾隆四十九年 嘉庆《一统志》⑦	嘉庆十七年 嘉庆《会典》⑧	道光二年 《户部则例》⑨	咸丰元年 《户部则例》⑨	同治十二年 《户部则例》⑨	光绪十三年 光绪《会典》⑩
直隶（河北）	492,564	459,772	543,434	701,71	658,620	782,343	677,806	741,419	727,262	727,262	728,671	693,046
山东	617,498	741,336	925,268	992,286	993,563	989,149	924,916	986,344	984,728	984,728	984,728	1,259,313
山西	368,039	407,871	445,221	492,424	339,862	545,480	551,390	552,683	532,854	532,854	532,854	564,763
河南	741,579	388,401	572,106	659,044	730,282	797,237	730,905	721,145	718,286	718,286	718,286	716,750
陕西	292,923	373,285	291,149	306,544	291,662	299,651	308,770	306,773	258,402	258,402	258,402	305,911
甘肃	—	—	103,087	217,911	285,345	350,927	114,604	236,838	235,366	235,336	235,366	167,748
江苏	773,938	953,445	675,153	693,323	701,898	674,238	977,672	720,892	647,547	647,547	647,547	1,108,251
安徽			354,274	341,999	350,196	406,891	414,367	472,740	349,786	340,786	340,786	411,128
江西	401,151	444,303	451,610	485,527	435,710	467,441	467,064	465,002	462,187	462,187	462,200	473,414
浙江	466,969	452,261	448,565	458,851	461,828	464,139	449,379	465,002	404,130	464,120	463,881	467,703
福建	134,225	103,457	111,999	313,069	136,205	145,913	128,306	138,523	180,855	130,655	130,663	133,998
台湾	—	—	—	—	—	—	—	—	5,430	6,185	6,419	—

12

续表

年代 资料 省份	万历六年 明万历《会典》①	顺治十八年 《清朝文献通考》②	康熙廿四年 康熙《会典》③	雍正二年 雍正《会典》④	乾隆十八年 乾隆《会典》⑤	乾隆卅一年 《清朝文献通考》⑥	乾隆四十九年 嘉庆《一统志》⑦	嘉庆十七年 嘉庆《会典》⑧	道光二年 《户部则例》⑨	咸丰元年 《户部则例》⑨	同治十二年 《户部则例》⑨	光绪十三年 光绪《会典》⑩
湖北 （湖广） 湖南	2,216,199	793,353	542,418 138,923	554,040 312,559	587,449 320,098	588,916 343,946	764,064 315,460	605,184 288,815	594,439 313,645 313,042	594,439 313,042	594,439 313,042	1,173,228 348,741
四川	134,827	11,883	17,261	215,032	459,303	460,071	461,913	466,296	463,819	463,819	463,834	464,158
广东	236,865	250,839	302,392	317,523	334,254	342,241	340,173	320,347	343,903	343,903	343,903	347,307
广西	94,020	53,938	78,024	81,576	89,530	101,748	91,414	90,099	89,601	89,601	89,601	89,637
云南	17,993	52,115	64,817	72,175	75,428	92,536	92,891	94,028	93,177	93,177	93,177	93,279
贵州	5,166	10,743	9,597	14,544	25,735	26,730	2,104	27,782	26,854	26,854	26,854	27,526
奉天（辽宁）	—	609	3,117	5,806	25,243	27,525	72,341	213,002	115,249	115,249	115,249	272,462
吉林	—	—	—	—	—	—	—	14,922	14,395	14,395	14,395	14,832
黑龙江	—	—	—	—	—	—	—	816	—	—	—	816
新疆	—	—	—	—	—	—	—	11,139	—	—	—	114,800
总额	7,013,976	5,493,576	6,078,430	7,236,327	7,352,218	7,807,290	7,605,694	7,889,256	7,562,102	7,562,857	7,564,057	9,248,812
包括民田	7,013,976	5,493,576	6,078,430	6,837,914	7,081,142	7,414,495	7,172,032	7,056,984	—	—	—	7,375,647

13

①明洪武二十四年（1391）民田为3，874，746顷（见《明实录》。按：《明史·食货志》及万历《大明会典》载洪武二十六年耕地为8，507，623顷者恐不确），弘治十五年（1502）民田为4，228，058顷（见万历《大明会典》、《续通典》及《续文献通考》），皆显然隐漏甚多。万历《大明会典》载万历六年（1578）民田为7，013，976顷许（《续通典》及《续文献通考》同），若加上屯田（嘉靖四十一年见额屯田）593，651顷（万历《大明会典》）和官田（确额不知），则耕地总面积当在7，700，000顷至7，800，000顷。又天启元年（1621）民田为7，439，319顷许（见《明实录》）。河北省明称北直隶，包括10个府和州；江苏、安徽二省明称南直隶，包括18个府和州；湖北、湖南二省明与清初都合称湖广省。为了与清代情况作比较，我们特将明后期数字列于前面。

②顺治十八年（1661）民田为5，493，576顷许（见《清朝文献通考》，《清朝通典》同）。若加上官庄、屯田等（据雍正、乾隆《大清会典》记录估计），则耕地总面积当在5，700，000顷至5，830，000顷。《清实录》载是年民田为5，265，028顷，略少于《通考》《通典》的记录。河北省清称直隶；江苏、安徽二省清初合称江南省。

③康熙二十四年（1685）民田为6，078，430顷许（见康熙《会典》，《清朝文献通考》与《清朝通典》同）。这数字包括卫所归入州县粮的田地。若加上官庄、屯田等（据雍正、乾隆《大清会典》记录估计），则耕地总面积当在6，300，000顷至6，400，000顷。《清实录》载是年民田为5，891，623顷，略少于《会典》《通考》《通典》的记录。

④雍正二年（1724）的全国耕地，据雍正《大清会典》记录如下：

民田6，837，914顷；屯394，527顷；学田3，886顷；官田——内务府庄田——宗室庄田13，338顷；八旗庄田140，128顷。

本栏所录总额只是各省的民田、屯田、学田三项之总合。若加上宗室与八旗庄田，则为7，489，793顷许。雍正《会典》未记官田与内务府庄田数额。按《清朝文献通考》载清初官田为1，016顷许，乾隆《会典》载内务府庄田为19，063顷许；假定雍正二年的官田与内务府庄田和以上两数相同，我们把这两数也加上去，则是年全国耕地面积为7，609，872顷许。《清实录》载是年全国垦田为8，906，475顷许，和上面的总额有很大的差异。

⑤乾隆十八年（1753）民田为7，081，142顷许（《清朝通典》与《清朝文献通考》同）。据乾隆《大清会典》，是年全国耕地记录如下：

民田7，081，142顷；屯田259，496顷；学田11，580顷；官田——内务府庄田19，063顷；宗室庄田13，338顷；八旗庄田140，128顷。

本栏所录总额只是各省的民田、屯田、学田三项之总合。若加上内务府庄田、宗室与八旗庄田（后二者数额雍正与乾隆《会典》所载全同），再加上《清朝文献通考》所载清初官田1，016顷，则是年全国耕地面积约为7，525，763顷。

⑥乾隆三十一年（1766）的记录系根据《清朝文献通考》，其总额为民田与屯田之合。《清朝通典》同。是年民田为7，414，495顷许。

⑦据乾隆四十九年（1784）修《大清一统志》，是年全国耕地记录如下：民田7，172，033顷；官庄旗地34，375顷；屯田289，025顷；其他10，264顷；合计7，505，697顷。按：乾隆九年（1744）修《大清一统志》载各省民田、屯田、官庄、旗地的总额为7，638，643顷许。

⑧嘉庆十七年（1812）全国耕地，据嘉庆《大清会典》记录如下：民田7，056，984顷；官庄旗地205，419顷；屯田379，454顷；其他官田、公田247，399顷；合计7，889，256顷。按：嘉庆十七年刊《户部则例》载嘉庆十四年（1809）全国官民田为7，528，882顷许。又按：道光二十二年修成的嘉庆重修《大清一统志》载全国官民田地为7，361，913顷许。

⑨道光二年（1822）、咸丰元年（1851）与同治十二年（1873）的《户部则例》记录比较简单，只载各省官民田地亩数。以下三栏所列为各该年各省官民田地及其总额，其中民田若干

则无从确知。按清政府原则上每隔10年重修一次的《户部则例》，其修纂远不及《会典》审慎谨严，它的可靠性因此也便降低。我们看这3个年份的官民田地总数相差无几；咸丰、同治经过太平天国革命运动的大变化，而总额只差1000余亩，便知这些数字只是修纂的人因袭旧册，与当时的实际很有距离。

⑩光绪十三年（1887）全国耕地，据光绪《大清会典》记录如下：民田7,375,647顷；官庄旗地147,813顷；屯田717,239顷；官田、公田及其他1,008,113顷；合计9,248,812顷。光绪《会典》对于耕地的类别和类额记载比较详细，比起以上所引诸《会典》《则例》的记录，显然比较接近事实。

清代历年丁口记录

下面的两个表，表2是《顺治康熙雍正三朝历年人丁表》，从顺治八年（1651），到雍正十二年（1734），数字是人丁数，即16岁以上至60岁的成丁男子数。自雍正十三年（1735）到乾隆五年（1740）这6年没有记录。表3是《乾隆至光绪朝历年人口表》，从乾隆六年（1741）到光绪二十七年（1901），数字是人口数，即全国直省人口登记的总记录。自咸丰二年到光绪十二年、光绪十四年到二十六年，以及光绪二十八年到清末数字缺。①

这两个表的编制所根据的资料是《清实录》《东华录》《东华续录》，雍正乾隆嘉庆光绪四朝的《大清会典》《清朝通志》《清朝通典》《清朝文献通考》《清朝续文献通考》，俞正燮的《癸巳类稿》②《故宫户部档案》③，和其他一些零星资料④。表中人丁数与人口数栏内除光绪朝外，皆系完全根据

---

① 自咸丰二年（1852）起，因太平天国起义运动已弥漫江南，户口调查不能全国普遍举行，户部所得各省奏报资料不全（参阅《清史稿·食货志》一，户口）。又自同治十三年（1874）后，户口调查已不能再按前朝成例举行，所以本表原编至咸丰元年为止。光绪朝（1875~1908年）一共有5次记录，我们原来搜集有资料，可惜经过多年，全部遗失。此次补充本表，只查出光绪十三、二十七两年数字。

② 俞正燮《癸巳类稿》卷12，地丁原始条所记，乃俞氏"就所逮见官书及京报中之文排比之"而成，很多都不正确。因为他这段记载亦为人所引用，所以此处也一并收在备考栏内，用作比较，凡其所记约数则不录。

③ 《故宫户部档案》系前中研院社会科学研究所自故宫所抄档案，作者未见，此表所引系根据罗尔纲《太平天国革命前的人口压迫问题》（见《中国社会经济史集刊》第8卷第1期）一文的附录所引。又，1955年8月，科学出版社出版的《中国近代经济史统计资料选辑》附录有乾、嘉、道、咸、同、光六朝人口统计，亦根据所抄户部档案（户部清册）；但因计算方法与罗文略有差异，故今仍取罗文为准。读者可互校参用，今不再注入备考栏。

④ 张玉书：《张文贞公集》卷7，纪顺治间户口数目条；《清史稿·食货志》一，户口。

《清实录》，因为这是最可靠的官书记录。《东华录》与《东华续录》本系引用《清实录》，所以大抵与《清实录》相同；偶有讹异都注明于备考栏内，此外皆不再注明相同字样。光绪朝人口资料来源，一并在备考栏内注明。其他记载凡有异同，也都列在备考栏内，以便读者参考。各书互异的地方有些一望而知是刊印或传抄的讹错，遇有这种情形，则应当以《清实录》及各朝《会典》为准。

表2　顺治、康熙、雍正三朝历年人丁

年度	人丁数（人）	康熙五十一年以后永不加赋滋生人丁数	备考
顺治八年（1651）	10,633,326		《张文贞公集》同
顺治九年（1652）	14,483,858		《张文贞公集》,《癸巳类稿》同
顺治十年（1653）	13,916,598		《张文贞公集》同
顺治十一年（1654）	14,057,205		《张文贞公集》同
顺治十二年（1655）	14,033,900		《张文贞公集》作14,033,905
顺治十三年（1656）	15,412,776		《张文贞公集》同
顺治十四年（1657）	18,611,996		《张文贞公集》与下年同
顺治十五年（1658）	18,632,881		《张文贞公集》同
顺治十六年（1659）	19,008,913		《张文贞公集》同
顺治十七年（1660）	19,087,572		《张文贞公集》同
顺治十八年（1661）	19,137,652		雍正《会典》《通考》《癸巳类稿》作21,068,609；乾隆《会典则例》与《通典》作21,068,600；《通志》作22,068,609
康熙元年（1662）	19,203,233		
康熙二年（1663）	19,284,378		
康熙三年（1664）	19,301,624		
康熙四年（1665）	19,312,118		
康熙五年（1666）	19,353,134		
康熙六年（1667）	19,364,381		《东华录》作19,364,881

续表

年度	人丁数（人）	康熙五十一年以后永不加赋滋生人丁数	备考
康熙七年（1668）	19,366,227		
康熙八年（1669）	19,388,769		《东华录》是年缺
康熙九年（1670）	19,396,453		
康熙十年（1671）	19,407,587		
康熙十一年（1672）	19,431,576		
康熙十二年（1673）	19,393,587		
康熙十三年（1674）	17,246,472		
康熙十四年（1675）	16,075,552		
康熙十五年（1676）	16,037,268		
康熙十六年（1677）	16,216,357		
康熙十七年（1678）	16,845,735		
康熙十八年（1679）	16,914,256		
康熙十九年（1680）	17,094,637		
康熙二十年（1681）	17,235,368		
康熙廿一年（1682）	19,432,753		《癸巳类稿》同
康熙廿二年（1683）	19,521,361		
康熙廿三年（1684）	20,340,655		
康熙廿四年（1685）	20,341,738		雍正《会典》《通志》《癸巳类稿》作 23，417，448；《通考》《通典》作 23，411，448
康熙廿五年（1686）	20,341,738		
康熙廿六年（1687）	20,349,341		
康熙廿七年（1688）	20,349,341		
康熙廿八年（1689）	20,363,568		
康熙廿九年（1690）	20,363,568		
康熙三十年（1691）	20,363,568		

续表

年度	人丁数（人）	康熙五十一年以后永不加赋滋生人丁数	备考
康熙卅一年（1692）	20,365,780		《东华录》与下年同
康熙卅二年（1693）	20,365,783		
康熙卅三年（1694）	20,370,654		
康熙卅四年（1695）	20,370,654		
康熙卅五年（1696）	20,410,382		
康熙卅六年（1697）	20,410,682		
康熙卅七年（1698）	20,410,693		
康熙卅八年（1699）	20,410,896		
康熙卅九年（1700）	20,410,963		
康熙四十年（1701）	20,411,163		
康熙四十一年（1702）	20,411,380		
康熙四十二年（1703）	20,411,480		
康熙四十三年（1704）	20,412,380		
康熙四十四年（1705）	20,412,560		
康熙四十五年（1706）	20,412,560		
康熙四十六年（1707）	20,412,560		
康熙四十七年（1708）	21,621,324		
康熙四十八年（1709）	21,921,324		
康熙四十九年（1710）	23,312,226		《东华录》与上年同
康熙五十年（1711）	24,621,324		《癸巳类稿》作 23,312,200
康熙五十一年（1712）	24,623,524		《通典》《通志》《清史稿》同；《通考》作 24,621,334；《癸巳类稿》作 24,170,999
康熙五十二年（1713）	23,587,224	60,455	《癸巳类稿》人丁数作 24,622,524，又滋生人丁 119,220（五十二年当系五十三年之误）
康熙五十三年（1714）	24,622,524	119,022	

续表

年度	人丁数（人）	康熙五十一年以后永不加赋滋生人丁数	备考
康熙五十四年（1715）	24,622,524	173,563	
康熙五十五年（1716）	24,722,424	199,022	《东华录》是年缺
康熙五十六年（1717）	24,722,424	210,025	
康熙五十七年（1718）	24,722,424	251,025	
康熙五十八年（1719）	24,722,424	298,545	
康熙五十九年（1720）	24,720,404	309,545	
康熙六十年（1721）	24,918,359	467,850	《东华录》《清史稿》人丁数皆作29,148,359；乾隆《会典则例》与《通志》作25,386,209；《通典》《通考》《癸巳类稿》作27,355,462
康熙六十一年（1722）	25,309,178	454,320	
雍正元年（1723）	25,326,307	408,557	
雍正二年（1724）	25,510,115	601,838	雍正《会典》与《癸巳类稿》作24,854,918；《通志》《通典》作24,854,818；《通考》作25,284,818
雍正三年（1725）	25,565,131	547,283	
雍正四年（1726）	25,579,675	811,224	
雍正五年（1727）	25,656,118	852,877	
雍正六年（1728）	25,660,980	860,710	
雍正七年（1729）	25,799,639	859,620	
雍正八年（1730）	25,480,498	851,959	
雍正九年（1731）	25,441,456	861,477	
雍正十年（1732）	25,442,664	922,191	
雍正十一年（1733）	25,412,289	936,486	
雍正十二年（1734）	26,417,932	937,530	《清史稿》同；乾隆《会典则例》与《通典》作27,355,462

表3 乾隆至光绪朝历年人口

年度	人口数（人）	备考
乾隆六年（1741）	143,411,559	
乾隆七年（1742）	159,801,551	
乾隆八年（1743）	164,454,416	
乾隆九年（1744）	166,808,604	
乾隆十年（1745）	169,922,127	
乾隆十一年（1746）	171,896,773	
乾隆十二年（1747）	——	
乾隆十三年（1748）	——	
乾隆十四年（1749）	177,495,039	《通考》《通典》《通志》《癸巳类稿》皆同
乾隆十五年（1750）	179,538,540	
乾隆十六年（1751）	181,811,359	
乾隆十七年（1752）	182,857,277	《东华续录》是年缺
乾隆十八年（1753）	183,678,259	《通考》作102,750,000；乾隆《会典》作103,050,000；《癸巳类稿》同《会典》，作乾隆初年
乾隆十九年（1754）	184,504,493	
乾隆二十年（1755）	185,612,881	
乾隆廿一年（1756）	186,615,514	
乾隆廿二年（1757）	190,348,328	《通考》《通典》《通志》《癸巳类稿》皆同
乾隆廿三年（1758）	191,672,808	
乾隆廿四年（1759）	194,791,859	《通考》同
乾隆廿五年（1760）	196,837,977	
乾隆廿六年（1761）	198,214,555	
乾隆廿七年（1762）	200,472,461	《通典》同；《通考》作200,473,275
乾隆廿八年（1763）	204,209,828	
乾隆廿九年（1764）	205,591,017	《通考》《通志》《癸巳类稿》《清史稿》皆同，《通典》作205,590,017

续表

年度	人口数（人）	备考
乾隆三十年（1765）	206,993,224	《东华续录》是年缺
乾隆卅一年（1766）	208,095,796	
乾隆卅二年（1767）	209,839,546	《通考》《通典》同
乾隆卅三年（1768）	210,837,502	《东华续录》是年缺
乾隆卅四年（1769）	212,023,042	
乾隆卅五年（1770）	213,613,163	
乾隆卅六年（1771）	214,600,356	《通考》《通典》同
乾隆卅七年（1772）	216,467,258	
乾隆卅八年（1773）	218,743,315	
乾隆卅九年（1774）	221,027,224	
乾隆四十年（1775）	264,561,355	
乾隆四十一年（1776）	268,238,181	《通考》《通典》同
乾隆四十二年（1777）	270,863,760	《东华续录》是年缺
乾隆四十三年（1778）	242,965,618	
乾隆四十四年（1779）	275,042,916	
乾隆四十五年（1780）	277,554,431	《通考》《通典》同
乾隆四十六年（1781）	279,816,070	
乾隆四十七年（1782）	281,822,675	
乾隆四十八年（1783）	284,033,780	《东华续录》《通典》作284,033,785；《通考》作284,033,755；《癸巳类稿》作284,037,055
乾隆四十九年（1784）	2.86,321,307	《东华续录》作286,331,307
乾隆五十年（1785）	288,863,974	
乾隆五十一年（1786）	291,102,486	户档同；《续通考》第一数2误为3
乾隆五十二年（1787）	292,429,018	户档同
乾隆五十三年（1788）	294,852,089	户档作294,852,189
乾隆五十四年（1789）	297,717,496	户档同

续表

年度	人口数（人）	备考
乾隆五十五年（1790）	301,487,115	户档作301,487,114;《癸巳类稿》作301,629,098
乾隆五十六年（1791）	304,354,110	户档作304,354,160
乾隆五十七年（1792）	307,467,279	《续通考》作307,460,000
乾隆五十八年（1793）	310,497,210	
乾隆五十九年（1794）	313,281,795	
乾隆六十年（1795）	296,968,968	《清史稿》作296,960,545
嘉庆元年（1796）	275,662,044	《续通考》同
嘉庆二年（1797）	271,333,544	
嘉庆三年（1798）	290,982,980	
嘉庆四年（1799）	293,283,179	
嘉庆五年（1800）	295,237,311	
嘉庆六年（1801）	297,501,548	
嘉庆七年（1802）	299,749,770	
嘉庆八年（1803）	302,250,673	
嘉庆九年（1804）	304,461,284	
嘉庆十年（1805）	332,181,403	《续通考》同
嘉庆十一年（1806）	335,369,469	《东华续录》作335,309,469
嘉庆十二年（1807）	338,062,439	
嘉庆十三年（1808）	350,291,724	
嘉庆十四年（1809）	352,900,042	《东华续录》作352,900,024
嘉庆十五年（1810）	345,717,214	
嘉庆十六年（1811）	358,610,039	
嘉庆十七年（1812）	333,700,560	嘉庆《会典》作361,691,431。《癸巳类稿》作361,691,231。《续通考》作361,690,000有奇
嘉庆十八年（1813）	336,451,672	

续表

年度	人口数（人）	备考
嘉庆十九年（1814）	316,574,895	
嘉庆二十年（1815）	326,574,895	《续通考》同
嘉庆二十一年（1816）	328,814,957	
嘉庆二十二年（1817）	331,330,433	
嘉庆二十三年（1818）	348,820,037	
嘉庆二十四年（1819）	301,260,545	《清史稿》同。户档作 351,260,545
嘉庆二十五年（1820）	353,377,694	户档同
道光元年（1821）	355,540,258	《续通考》同
道光二年（1822）	372,457,539	
道光三年（1823）	375,153,122	
道光四年（1824）	374,601,132	
道光五年（1825）	379,885,340	
道光六年（1826）	380,287,007	《东华续录》是年缺
道光七年（1827）	383,696,095	
道光八年（1828）	386,531,513	
道光九年（1829）	390,500,650	
道光十年（1830）	394,784,681	户档同
道光十一年（1831）	395,821,092	户档同
道光十二年（1832）	397,132,659	户档同
道光十三年（1833）	398,942,036	户档同
道光十四年（1834）	401,008,574	户档同
道光十五年（1835）	401,767,053	户档同
道光十六年（1836）	404,901,448	户档同
道光十七年（1837）	405,923,174	户档同
道光十八年（1838）	409,038,799	户档同

续表

年度	人口数（人）	备考
道光十九年（1839）	410,850,639	户档同
道光二十年（1840）	412,814,828	户档同
道光二十一年（1841）	413,457,311	户档同
道光二十二年（1842）	414,686,994	户档作414,686,794
道光二十三年（1843）	417,239,097	户档同
道光二十四年（1844）	419,441,336	户档、《续通考》同
道光二十五年（1845）	421,342,730	户档同
道光二十六年（1846）	423,121,129	户档同。《东华续录》作421,121,129
道光二十七年（1847）	424,938,009	户档同
道光二十八年（1848）	426,737,016	户档同
道光二十九年（1849）	412,986,649	《清史稿》同。户档作412,986,648
道光三十年（1850）	414,493,899	户档同
咸丰元年（1851）	432,164,047	
光绪十三年（1887）	401,520,392	据光绪《会典》；但《会典》是年缺直隶、安徽、甘肃、广西、云南五省数字，原书以五省嘉庆十七年数字抵补；按：光绪《畿辅通志》载光绪九年直隶人口22,824,821；《甘肃新通志》载光绪末甘肃人口5,093,786；《中国近代经济史统计资料选辑》载光绪十四年广西人口7,509,000；光绪《云南通志》载光绪十年云南人口2,982,664；此四省皆不依《会典》用嘉庆十七年数，而改以上列新查出数统计入总数
光绪二十七年（1901）	426,447,325	据《光绪朝东华录》，《续通考》同

（原刊于《清史论丛》第一辑）

玉米、番薯在中国传播中的一些问题[*]

郭松义

在我国农业发展史和中外经济文化交流史中，玉米与番薯的传入是值得大书特书的。玉米、番薯均原产美洲，十五世纪末，欧洲人发现新大陆，把这两项农作物品种带到欧亚各国，同时也辗转传入中国。到了十八世纪、十九世纪，也就是清朝中晚期，已普遍推广到全国大部分地区，成为我国民间的两种重要主食了。

有关玉米和番薯在我国传播的历史，国内外曾有很多学者进行过研究，发表了一些颇有价值的论著，但由于资料零散，传播情况纷繁，所以仍有不少问题值得我们研究讨论。本文在已往研究成果的基础上，就其中的某些问题再提出一些看法，望予指正。

一 玉米、番薯的各种别称

玉米、番薯在我国的传播过程中，人们根据它们的形味等特点，赋予各种各样的称呼，其中有一些直到今天还广为流传。搞清玉米的各种别称，它们的由来、通行地区，以及后来的消长变化，等等，对于研究玉

---

[*] 有关玉米、番薯的资料，是我和本所历史地理研究室邓自欣同志一起搜集的（有关资料，我们将在《清史资料》中以专辑的形式发表）。但因邓自欣同志另有科研任务，所以这个研究专题只好由我一个人来完成了。

米、番薯在我国的传播，也有相当的意义。

（一）玉米

玉米通称玉蜀黍，也叫玉高粱、御麦和番麦。明代嘉万时期的田艺蘅在《留青日札》中说："御麦出于西番，旧名番麦，以其曾经进御，故名御麦。"[1]徐光启《农政全书》则称："别有一种玉米，或称玉麦，或称玉蜀秫。"到了清代，由于传播更加广泛，所以各个地区的叫法也就更多了[2]。根据我的不完全的统计，约有七十种（见正文后附表1）。

上述众多的称呼，按其由来，可分如下几种情况。

（1）因由西方外国传入而故名，像番麦、西番麦、"回回麦"、番大麦、"回回米"、天方粟等。

乾隆《延长县志》中载有"玉米或名川谷"[3]。这是因为延长一带的玉米，多由四川流民经陕南传入。四川虽然不是外国，但可算是以传入地区而命名的例子。

（2）因形而称。如：

玉麦："粒豆，色黄润如玉，故得名玉。"[4]"麦者，言可磨面如麦也"[5]，或"粒如麦也"[6]。

珍珠粟："粒圆滑如金珠"[7]，或"结实累累如珠"[8]。

玉粟："结实如樵，白如玉"[9]。

玉秫秫："茎叶如秫秫，为实大而又光泽如玉"[10]。

---

[1] 《农政全书》卷25，《树艺》，《谷部》上，《蜀秫》。
[2] 据美国学者何炳棣《美洲作物的引进、传播及其对中国粮食生产的影响》（载《大公报在港复刊三十周年纪念文集》下卷，以下简称何炳棣文）一文中的统计，玉米和番薯，都各有俗称20余种。
[3] 王崇礼：乾隆《延长县志》卷30，《艺文志》，《示谕》。
[4] 赵懿：光绪《名山县志》卷8，《物产》，《麦属》。
[5] 刘绍文：道光《城口厅志》卷18，《物产志》，《谷属》。
[6] 陈霁学：道光《新津县志》卷29，《物产》。
[7] 林述川：同治《韶州府志》卷11，《舆地略》，《物产》，《谷属》。
[8] 梁群英：乾隆《上海县志》卷5，《物产》，《五谷之属》。
[9] 吴元庆：嘉庆《无为州志》卷8，《食货志》，《物产》。
[10] 白昶：光绪《寿阳县志》卷10，《风土志》，《物产》，《谷属》。

棒子："其穗谷谓之棒"①，"因其长曰棒子"②，"象其形也"③，或"以形似名"④。

包谷："以其实含苞而生"⑤，或"以其含包如棕"⑥，或"有壳层裹"⑦。

包粟："本粟类，以有包，故名。"⑧

千穗谷："小穗丛生叶间，粒精如白玉。"⑨

红须麦：因穗端"有五色须"⑩。

（3）因生长特点，或作为一种新的粮食品种而命名。在浙江、安徽以及江西等不少州县，都有六谷或陆谷之称。钱大昕《鄞县志》："御麦俗呼六谷，土人谓五谷之外又一种也。"叫作六谷，是因为它是稻、麦等五谷外又一种新粮食品种。但据李前泮《奉化县志》引《郯源志》："《鄞志》作六谷，……其说无据，盖陆乃陆地之陆，此种多产于山，故名陆谷。"陈汉章《象山县志》则言："六谷当作陆谷，言其大也，亦言陆地之谷也。"把六谷改成陆谷，则因其适宜于种植山区陆地。

（4）在推广过程中，因辗转流传，音转字改而另成新名。山西有的地区叫玉米为玉茭茭⑪，这是由玉秫转音变化而来。光绪《寿阳县志》解释说："玉茭茭，盖秫声之转，而字之讹，犹之菽、椒而叔声而异读也。"许东望万历《山阴县志》中有乳粟或遇粟之称⑫，邻近的嵊县叫薏粟⑬，上虞作蓞粟⑭，这都是由玉粟演变而来。河南《叶县志》和四川《秀山县志》中，还有苽或包苽的叫法，据载亦因"声转改字"⑮之故。在广东乐昌等县，玉

---

① 王德瑛：道光《扶沟县志》卷7，《风土志》，《物产》，《谷之属》。
② 陈咏：光绪《唐县志》卷2，《舆地志》下，《物产》，《谷之属》。
③ 何崧泰：光绪《遵化通志》卷15，《舆地志》，《物产》，《谷之属》。
④ 戚朝卿：光绪《邢台县志》卷1，《舆地》，《物产》，《谷之属》。
⑤ 刘绍文：道光《城口厅志》卷18，《物产志》，《谷属》。
⑥ 熊履青：道光《忠州直隶州志》卷4，《食货》，《物产》。
⑦ 沈恩培：光绪《崇庆州志》卷5，《物产》，《谷之属》。
⑧ 郭柏苍：《闽产录异》卷1，《谷属》。
⑨ 张纯：乾隆《安肃县志》卷4，《方产》，《谷属》。
⑩ 《古今图书集成》，《方舆汇编职方典》第158卷，《蒙化府物产考》，《谷属》。
⑪ 玉茭茭，在山西更多的地方也作玉茭子或御茭籽；据称，晋省"秫即高粱，俗名焦籽"（见光绪《长子县志》卷2），玉茭子即由此而来。这又是一种说法。
⑫ 高登先：康熙《山阴县志》称："乳粟，粒大如鸡豆，色白味甘，俗曰遇粟。"又，张宗海：民国《萧山县志稿》："乳粟……即玉蜀黍。"
⑬ 李式圃：道光《嵊县志》卷3，《物产》，《谷之属》。
⑭ 李方湛：嘉庆《上虞县志》卷4，《食货》一，《物产》。
⑮ 王寿松：光绪《秀山县志》卷12，《货殖志》。

米俗称礼明粱。黄佐在嘉靖《广东通志》中说，明粱是稷的别称。由此可见礼明粱是从明粱转化而成。

（5）混合（2）（4）两种情况兼而有之。如山西河曲、文水一带，俗呼玉米为玉桃黍、玉稻黍，其实那就是玉蜀黍的别写。到了陕北的延长、榆林二府和绥德州，又称之为金稻粟。由玉蜀黍到玉稻黍，又到金稻粟，把玉更改成金，则指玉米那种金黄般的颜色。

在对玉米的各种称呼中，比较起来，流行地域最广，人们最熟习的，还是玉麦、玉粟、包谷、苞芦等名。当然，这里面前后也有变化。比如在早期的史料中，玉麦、番麦、珍珠粟等名较比常见。至于包谷、苞米或者苞芦、包粟的叫法，那是在乾隆、嘉庆以后，才大量出现于大江南北和南方各省的方志中。包谷、苞芦之称，最早约起始于广东、福建，并与垦山流民有密切关系。随着广大贫苦农民不断向各地移垦，包谷、苞芦之名也迅速传播开来，到了乾隆后期和嘉庆、道光之际，更扩展到了云南、贵州以及甘肃、新疆等省，在不少地区，甚至把当地原来叫法都取代了①。至于还有不少称呼，尽管流行地区不广，有的只局限于一两个县分，有的后来已不通行，但是我们了解这些名称及其中的演变，对于考察玉米的传播，还是有帮助的。

（二）番薯

番薯的别称虽然也不少，但比较起玉米来，还是要简单得多了。

先说番薯这个称呼本身，它最早见于明福建巡抚金学曾的《海外新传七则》："薯传外番，因名番薯。"陈伯陶宣统《东莞县志》引《凤冈陈氏族谱》：有名陈益者，明万历八年（1580）偕客同往安南，以其"土产薯美甘"，私窃种苗归，在家乡栽植"蕃滋"，"念来自酋，因名番薯云"。番薯在明人的史籍中也有书作蕃苕②、番蓣③的。在清代，这种音近字异的情况更多了。如番薯、番储、番茹、番蓣、番芋等。湖南道州称方薯或方

---

① 这在四川、贵州、云南以及西北甘肃等省都有这种情况。
② 万历《普陀山志》卷2，《物产》。
③ 李日华《紫桃轩又缀》卷2。

荍,"盖番薯之转音"①。浙江温、处二府叫番脐或番荠,亦是"俗音薯如齐"②之故。至于还有的地方呼作翻薯,则因"其蔓宜数翻动,否则节节生薯,力分而薯小矣"③。此外,像湖北《枣阳县志》和江西《繁昌县志》作蕃术,江西《新昌县志》称"番荼",也应是番薯的别写。

番薯亦称朱薯。万历二十一年(1593),也就是金学曾作《海外新传七则》的前一年,长乐生员陈经纶鉴于闽省灾歉,民食艰困,呈文金学曾建议推广其父振龙由吕宋携入的新薯种。他在禀文中,就把这种新薯种称为朱薯。把番薯叫作朱薯,就是它的外皮呈朱红颜色,并又与我国原有薯类有所区别。

朱薯的叫法在民间没有进一步流传,但与之意思相同的红薯的名称,却广泛得到传布。红薯一词亦出现于明代。祁彪佳在《寓山注》之《幽圃》中说,他"从海外得红薯异种",在园圃试种,大得收获。祁氏所称红薯即指番薯。后来《古今图书集成》载广东番禺县物产,明确指出:"一种皮红名红薯,又名番薯。"④

与番薯一样,红薯也作红薯、红芋、红茹、红茱、红术和红荍等。因为在番薯的品种中,除红皮红心外,还有"紫皮白肉,亦有黄肉者,更有内外皆白色者"⑤。所以不少地方在称红薯外,也有白薯或者黄薯的叫法。郭云陞在《救荒简易书》中说:"红薯乃河南省农人所呼俗称也。"又说:"韩、魏、周、楚农人呼甘薯为红芋,又呼为红薯。"其实红薯之称不止上述地区,陕西、甘肃以及四川、云南、贵州和广东、安徽、江西等省,都

---

① 隆庆:道光《永州府志》卷7上,《食货志》,《物产》。
② 汤成烈:道光《缙云县志》卷3,《物产》。
③ 章杏云:《饮食辨录》。又,林葆元:同治《石门县志》卷4,《食货志》,《物产》,《谷类》中谈到番薯时,亦有类似说法。
④ 但也不是所有称红薯的都是番薯。黄佐的嘉靖《广东通志》:"有红薯、白薯、甜薯,性冷生山野者曰山薯。"这里的红薯就不是番薯。又,舒懋官的嘉庆《新安县志》:"邑之薯类不一,有甘薯、山薯、番薯、葛薯、毛薯、红薯、白薯、大薯之别,惟番薯土人间以代饭,颇有补益。"新安属广州府,民国后改称宝安,《新安县志》把番薯和红薯已明确加以区别。据王永名的康熙《花县志》:"薯,……一种小而长,其皮红白二色,通名红薯,微毒,味甜,性寒。"清柱的嘉庆《平乐府志》:"红薯根如姜。"由上述可见,红薯与番薯,无论从外表,还是食用上,都明显不同。
⑤ 王肇晋:咸丰《深泽县志》卷5,《食货志》,《物产》,《谷类》。

有这样的称谓。白薯之称，则以直隶一带最为普遍①，黄薯多见于南方的某些地区。

把番薯叫作地瓜，从我们见到的文献，最早也出自金学曾。万历二十一年十一月，经纶因试栽朱薯成功，再次向学曾呈禀。金氏在经纶的文后批示说："所呈地瓜，剖煮而食，味果甘平，可佐谷食。……如禀，准各属依法栽种。"后来，施鸿保在《闽杂记》中说："闽俗以番薯为地瓜，此由食货本草一名土瓜之义，其称正亦不俚。"在福建，地瓜和番薯一样，成为当地同一名物的两种俗称。地瓜的叫法随着番薯在各地的推广种植，也流行到其他省份，特别是在北方的山东等省，地瓜成为人们最通常的称呼了②。

番薯和甘薯本来不属一种。李时珍《本草纲目》在载录甘薯时，曾引陈祈畅《异物志》和嵇含《南方草木状》有关内容。按：陈和嵇，一为汉代人，一为东晋人，他们记载中的甘薯，都是指我国固有的甜薯一类的土薯，而不是后来的番薯。把番薯混称为甘薯的是徐光启。他作《甘薯疏》，主要谈番薯，同时也涉及我国原有薯种，即在闽广等南方各省土生土长的山薯和另一种叫薯蓣的山药，并且说："薯蓣与山薯显是二种，与番薯为三种，皆绝不相类。"在此以后，很多人把番薯与甘薯并称，并合而为一了。如明王象晋《二如亭群芳谱》："甘薯一名朱薯，一名番薯。"入清后，一些重要著述，像康熙时敕撰的《佩文斋广群芳谱》《古今图书集成》，以及清代最著名的一部官修农书《授时通考》，都是以甘薯作为番薯的正式称

---

① 王嘉铣的《养真斋文后集》，《铜山县志舆地考》："番薯，……曰白芋，或曰红芋，以名色名之。"缪荃孙的光绪《顺天府志》："甘薯，……色白，亦有微红者，土人专呼白薯。"杨文鼎的光绪《滦州志》："白薯，芋属也，其皮或红或白，……仍其称曰白薯。"

② 和红薯一样，也不是所有叫地瓜的都是指番薯。以称呼地瓜最普遍的山东而言，早在该省引种番薯以前，就已有地瓜之名。如康熙六十一年（1722）增刻明崇祯十三年（1640）《历城县志》就载有："地瓜似甘露而粗大。"又，马玿的康熙五十六年（1717）《寿张县志》亦载地瓜。据庄肇奎乾隆《乐陵县志》："地瓜，叶茎如泽兰，其根生瓜，腌食甚佳。《月令》：王瓜生，即此。"山东邻省河南也有类似记载。杨廷望的康熙二十九年（1690）《上蔡县志》所记地瓜，显然也不是番薯。戴凤翔道光《太康县志》："地瓜亦生土中，似甘露子而小，可作蔗。"王德瑛在道光《扶沟县志》中，就把地瓜和红薯区别载录。类似情况，在其他省份也有，不一一列举。

呼。在各地的方志中，很多也照此载录①。

番薯的别称，除了上面谈到的，还有像四川等西南省份以及陕南、鄂西一带俗称红苕②，江苏、安徽、江西等某些地方叫作山芋或山薯的③。在山西称作"回子山药""回回山药"。另外，像红山药④、红薯蓣、番薯蓣、红芋头、芋头、地薯、玉薯、地薯、山玉、地豆⑤、海萝卜、饭芋、荒薯、番瓜、香芋、苊⑥、荷兰薯⑦等，也都是番薯的别称，不过它们也像玉米的许多称呼一样，流行地域不广，影响也小。

另外，在福建一带，人们为纪念福建巡抚金学曾在推广种植番薯方面的功劳，把番薯呼作金薯。乾隆时，陈经纶的后代陈世元作《青豫等省栽种番薯始末实录》，专门述及"明万历甲午岁荒，巡抚金公学曾筹备荒策，经纶公为金公门下士，上其种与法。因饬所属如法授种，复取其法，刊为海内新传，遍给农民，秋收大获，远近食裕，荒不为害，民德公深，故复名为金薯云"⑧。遗憾的是金薯之称，并没有在民间普遍得到流传。

---

① 尽管如此，也有不少史籍在谈甘薯时，把番薯和山薯等各种薯类明确加以区别。比如，蔡呈韶嘉庆《临桂县志》："甘薯，……玉枕薯，又有甜薯，……有猪肝薯，……皆出粤地；唯番薯种自洋中来。"王煦嘉庆《湖南通志》："甘薯有番薯、山薯两种，湘楚遍种，……番薯湘人单称薯，亦曰红薯，……山薯则曰白薯，又曰雪薯，又曰脚板薯。"又如郑业崇光绪《茂名县志》："甘薯俗名番薯，种来自诸番，又云来自吕宋。……曰甘薯，皮多小毛曰大薯，肉有紫白二种；曰山葛薯，即葛根；曰山薯，即薯蓣，又名土山药；曰深薯，皮紫黑；曰木薯，干高数尺，根即薯。"
② 红苕亦写作红藷、红韶，亦单称苕、韶，也有叫红苕、白苕的。贵州《兴义府志》作红烧。所以叫苕，据说是"薯音若殊，亦若韶"（李承栋：民国《黄平县志》卷20；同见廖大闻道光《桐城县志》卷22），是"薯声之转"（瞿鸿锡：光绪《平越直隶州志》卷22；平翰：道光《遵义府志》卷17）。
③ 嘉庆时，陈经作《双溪物产疏》即言："山芋即甘薯，……又名番薯。"据金榜《海曲拾遗》中解释："番薯俗呼番芋，江船贾以其音不利，遂改曰山芋。"金榜说的只是就江苏地区而言的。其实番薯和山芋或山薯，在叫法上相差不远，是把番薯称为山芋的重要原因。当然，这里所说的山芋或山薯，和徐光启谈到的山薯不属一类。
④ 徐光启《农政全书》："甘薯即俗名红山药也。"红山药之说还见于钱肃乐崇祯《太仓州志》和嵇曾筠乾隆《浙江通志》等中。
⑤ 在很多地方，地豆是花生的别称。
⑥ 黄皖子《致富纪实》："红薯出台湾南番，故名番薯，形似麻根，故亦名苊。"
⑦ 民国《安东县志》："红薯，本名甘薯，一名荷兰薯，以种传自荷兰地，俗名地瓜。"
⑧ 《金薯传习录》卷上。

二 玉米的传播

（一）第一个时期（明正德、嘉靖间到清康熙、雍正间）

玉米传入中国略早于番薯，大概十六世纪前期，即明正德、嘉靖之间，已在某些地区开始种植。根据国内外学者的研究，玉米传入的途径分海路和陆路。陆路又有两条：一是由印度、缅甸入云南的西南线；另一条经波斯、中亚到甘肃的西北线。海路则经东南沿海省份再传入内地。到明朝末年，全国已有半数以上省份引种了玉米。[①] 清初，玉米的种植区域继续有所扩大，一些过去未见有玉米记载的省区，也都先后出现。但是，直到康熙年间，全国除少数省份种植地域较广以外，大部分还很不普遍。

为了说明问题，我们根据已经查到的资料，将雍正前有关引种玉米的情况，作了大致统计（见附表3），尽管它不算完全，但还是可以反映这个时期面貌的。

通过附表3，我们看到，就大的范围而言，各省都先后引种玉米，但情况很不平衡。比较起来，云南省推广较为顺利，从明末至清初，全省大部分府县已种植玉米，推进的顺序，大致由西向东。不过云南地处边陲，地广人稀，与内地交通也很不方便，因此对外省的影响亦迟缓而不显著。

在内地各省中，引种玉米较为普遍的当推河南省，其地区大致沿黄河两岸，以及淮河流域上游的尉氏、鄢陵、襄城和归德府等一些府县。河南地处中州，向来是东西南北的冲途。上述种植玉米的州县，大多是些交通较为便捷的区所，这大体符合早期引进的规律。我们认为河南省种植玉米的路线，多半由西往东，即从西北的甘肃省传入，然后再向东发展。但也不排除东部沿海省份传入的可能性，其具体路线是从运河经淮河，进入豫东地区。万国鼎先生在《五谷史话》中确认，正德《颍州志》中的珍珠秫，是我国种植玉米的最早记载。颍州就是今天的阜阳，属皖北淮河流域区，由此溯水而上，就是河南省的归德等府县。当然，万先生的说法，有

[①] 见万国鼎《五谷史话》，中华书局1964年出版；陈树平《玉米和番薯在中国传播情况研究》（载《中国社会科学》1980年第3期）也有记载。

的同志曾提出质疑①，但我们在《古今图书集成》之《凤阳府物产考》中，也见到载有玉麦。《古今图书集成》成书于雍正时，实际上早在康熙年间，已由陈梦雷基本定稿。从《方舆汇编》《物产考》辑取的资料看，都属康熙以至包括明末的方志。照此看来，皖北一带仍属引种玉米较早的地区。

在东南沿海各省中，广东、福建可能是最早引种玉米的省份。这是因为从明代以来，尽管因政治风云的变化，不时出现闭关、开关、禁海、开海的变动，但闽广两省仍是中国人与外洋接触较多的地区。其他像浙江、江苏等省的种植玉米，多数由海路从闽广传入。康熙《天台县志》叫玉米为广东芦。又如，闽广一带常把玉米叫作珍珠粟，而浙江、江苏一带也有此等称呼，这都可以说明它们之间的联系。

由于玉米传入不久，我国就发生了明清之际的大变动。连年不停的战争，不但使广大人民颠沛流离，也使农业生产遭到严重的破坏。这种局面一直延续到十七世纪的六十年代晚期，即康熙二十年代初。以后，随着清朝的统治局面趋向稳定，社会面貌也开始有了起色。即使如此，在一个相当的时期里，全国很多地区仍然是土旷人稀，亟待恢复生产。所以从玉米开始传入起，到清康熙年间，虽然从时间上已经历了两个来世纪，而且也传遍了各个省区，但仔细考察，就会发现，无论从广度或深度上，都远远不够。

就以种植的地域而论，除了个别的像云南等省份外，大多限于沿海以及沿江沿河等交通比较便捷、人们来往较多的地区，而且基本上是一些传统的农业生产区。人们一方面因囿于旧的习惯，另一方面也是因为在平原河谷地带，不能充分发挥出玉米耐旱涝，适于山地沙砾种植的优势，这也大大局限了人们对它价值的认识。屈大均在谈到明清之际广东农村种植玉米情况时说："玉膏黍，一名玉膏粱，岭南少以为食。"②说明玉米作为一种粮食作物，还没有真正排上队。在山东，顺治《招远县志》："玉蜀黍即玉膏粱，有五色，田畔园圃间艺之。"即连引种较比普遍的云南省，在我们接触到的有关记载中，它都是与一般作物并列，并不因为它是一种新的品

---

① 见陈树平《玉米和番薯在中国传播情况研究》。对于陈树平同志提出的质疑，我们也有同感，这除了时间过早以外，我们还查阅了清代颖州府和所属州县的不少方志，发现以后再也没有见到关于珍珠秫的记载。
② 《广东新语》卷14，《食语》，《黍稷》。

种，而另外再多作些说明。

正因为如此，在当时，玉米常常被人们视作珍品。在《金瓶梅词话》中，玉米面是财主西门庆用来宴客，或与烧鹅肉、玫瑰果等一道上席的阔气食品。《古今图书集成》记载甘肃宁远县和陕西安定县出产玉麦时，都注明这是一种特产。在关外辽东一带，康熙前期已有种植玉米的记载，但直到乾隆元年（1736），吕耀曾编《盛京通志》时，还说它是"内务府沤粉充贡"的皇家御用品。同样，雍正十一年（1733）编定的《广西通志》，谈到桂林府出产玉米时，亦言其"品之最贵者"。康熙二十七年（1688）秋，法国传教士张诚等陪同康熙帝一行巡视口外蒙古地区。当张诚回京路经长城古北口时，发现："虽然古北口地方并不足道，我们却在那儿看到了很好的水果，象紫葡萄和非常好的桃子和梨。他们还在周围地里播种玉米，简而言之，我们感到自己是处于一个很不相同的地方。"① 根据张诚的叙述，古北口的农民已把玉米作为一般口粮，不过范围很小，更不能包括整个直隶地区，有关情况，我们在下面还会谈到。

（二）第二个时期（乾隆中期到道光时期）

玉米的大规模推广是在十八世纪中到十九世纪初，也就是乾隆中期到嘉庆、道光时期。这时，清代社会已经历了康熙、雍正到乾隆初将近七八十年相对稳定的局面，农业生产以及整个经济都有较大的发展。与此同时，封建社会的固有矛盾也愈益突出。在激烈的土地兼并下，大批农民因失去生产手段而成为游民、流民，另外再加上人口迅速增长所造成的土地紧张，又增加了问题的严重性。当时，特别在一些传统的农业生产区，"人浮于地"的情况已很明显。正如有人所说："今户口日蕃而地不加增，民以日贫者，人与土赢之势也。"② 贫苦农民为寻求生活出路，往往被迫离开故土，向外地流亡迁徙。他们有的流入城市集镇，更多的是流向人口比较稀少，封建势力又相对薄弱的边疆海岛和广阔的山区，从事垦荒劳动。我国

---

① 《张诚日记》，《第一次鞑靼纪行》。载荷尔德神父编《中华帝国和蒙古地理、历史、编年史、政治与自然现状的概述》，1735年由法国巴黎出版。
② 郭起元:《介石堂集》卷8，《上大中丞周夫子书》。

本来就是一个多山的国家，据新中国成立后有关部门的统计，在全国十五亿亩耕地中，山地丘陵地占了将近一半。而这些山区丘陵地带，在清代中期以前，大多还没有很好的开发和利用。就在大批农民进入山区发展生产的同时，适合山地种植的玉米，也迅速得到推广，并且成为这些地区最重要的粮食作物。玉米作为一种新的农作物品种，在中国引种二百多年以后，到这时，它的价值和意义才真正得到体现，更普遍地为人们所认识。

为了更好地了解乾隆至道光间玉米推广种植的情况，我们把查阅资料所得，将这一时期已知种植玉米的府州县名，汇辑后简单排比，以附录形式，列于正文之后（见附表4）。

从附表4引述的各府州县名称中，可以看到，我国的玉米引种史，乾隆以后的百把年，大大地超过了以前的二百多年，其中发展最快的，当推四川、陕西、湖南、湖北等一些内地省份，而陕西的陕南、湖南的湘西、湖北的鄂西，都是外地流民迁居的山区。此外，像贵州、广西以皖南、浙南、赣南等山地，也发展迅速。相对说来，在平原地带的传统农业区，进展仍相对缓慢。

四川引种玉米最早估计在明末清初，由云南传入川西一带。云南通称玉米为玉麦，而川西的很多州县也作同样称呼，这与该省中部和东部各府县叫作包谷，有着明显的不同①。但在相当长的时期里，川西一带的玉米种植却进展缓慢。直到雍正、乾隆时，随着湖广粤闽等大批移民迁入四川，玉米才迅速扩展到全省各地，包谷这个称呼，就是由他们带进来的。曾秀翘《奉节县志》载，包谷"乾嘉以来渐产此物"。这大致反映了当时情况。

四川的玉米种植主要也集中在山区，"今之芋麦，俗名包谷者是也，蜀中南北诸山皆种之。"②具体到各地，如湖州府长兴县，包谷等杂谷之属，"山地种之多茂，贫民赖以资生"③。达州渠县，"山农多种粱、麦、包谷"④。石柱厅，"包谷深山广产，贫民以代米粮"⑤。川东北的巴山老林地区，包

---

① 曾秀翘光绪《奉节县志》："包谷，川西呼为玉麦。"检阅各府州县志，大致宁远、雅州、眉州、资州、成都、绵州、茂州、潼川以及叙州、嘉定等州府，都有玉麦的称呼。不过后来因湘鄂闽粤等省流民的不断移居，在这些地区，包谷的叫法也逐渐普遍了起来。
② 张元澧：道光《内江志要》卷1，《物产》。
③ 曹秉让：嘉庆《长兴县志》卷2，《物产》。
④ 王来遴：嘉庆《渠县志》卷19，《风俗》。
⑤ 王槐龄：道光《补辑石砫厅新志》卷9，《物产志》。

谷种植更加普遍。像南江、广元等县，"山农以包谷杂粮为重"。在通江，"民食所资，包谷杂粮"。太平"两境山多田少，稻收不过百分之一，民食合赖包谷杂粮。"①

至于半山半田的地方，大致平原水边以种稻为主，山区则多种包谷。峨眉县，"地沃民淳"，"日三餐稻米、小米不等，下户或以荞面杂粮为之，山居则玉蜀黍为主。"②彭县，"邑境半山半田"，"平畴以禾稻为主，收获后随植豆麦"，"玉麦，山居广植以养生"③。中江县，"城乡皆食稻，山居贫民亦多食芋粟。"④仁寿县种植玉米的地方多集中在顺和之观音寺、高家场，以及甘泉镇至松峰场一带，其余平原地区，以其"叶密根宽，有妨木棉，种甚少"⑤。在成都平原的中心地区，如郫县、温江等，虽然也种植玉米，但只"园圃篱畔间植之"⑥，又如重庆府江津县，亦因"最宜水田"，"民食多以稻为主"，而不多种包谷⑦。

陕西虽然紧邻甘肃，但它的传统农业区是渭河流域的关中平原，这里有良好的水利灌溉系统，广大农民世世代代都习惯种植麦、稷、黍，对于新传入的玉米，因为并不感到有更多的长处，始终处于冷落状态。乾隆以后，外省客民纷纷进入陕南秦岭巴山之间，玉米作为山区客民的主要食粮，也像获得了新的生命，迅速地传遍开来。舒钧道光《石泉县志》："山农生九谷，山内不然，乾隆三十年以前，秋收以粟谷为大庄，与山外无异，其后川楚人多，遍山漫谷皆包谷矣。"朱子春在《凤县志》中也说："山地阔广，垦辟良便，往者总督鄂公招募客民开种，自是客民多于土著。……山地多包谷、荞、芋之属，更番易种。……民间日食皆包谷、麦面，杂以辛辣之品。"按：总督鄂公系指川陕总督鄂弥达，乾隆三年（1738）至五年（1740）任，说明从乾隆初年起，因外省流民迁入，已逐渐引种包谷。道光初担任陕西巡抚的卢坤在《秦疆治略》中也说："华州，……南山崇岗叠嶂，已往居民尚少，近数十年，川广游民沓来纷至，渐成

---

① 严如熤：《三省边防备览》卷8，《民食》。
② 王燮：嘉庆《峨眉县志》卷1，《方舆志》，《风俗》。
③ 王钟钫：嘉庆《彭县志》卷39，《风俗》；卷40，《物产》。
④ 李福源：道光《中江县志》卷1，《地理志》，《风俗》。
⑤ 马百龄：道光《仁寿新志》卷2，《户口志》，《土产》。
⑥ 朱鼎臣：嘉庆《郫县志》卷40，《物产》；徐文贲：嘉庆《温江县志》卷30，《物产》。
⑦ 朱宝曾：嘉庆《江津县志》卷6，《食货志》，《土产》。

五方杂处之区，该民租山垦地，播种包谷"，"南郑县地处南山，……自汉江以南，……多系四川、湖广、江西等处外来客民，佃地开荒，……南坝山地，高阜低坡，皆种包谷"，"略阳县……僻处南山，地连陇蜀，……西北多麦粟，东南尽包谷，东北栈坝黑河多川湖客民，……而总以包谷为主"。类似资料，可以引述的还很多，但基本情况多大致相同。

陕南客民广泛种植玉米，对省内其他地区也起着推动作用。嘉庆二十三年（1818）成书的《扶风县志》称："近者瘠山皆种包谷，盖南山客民皆植之，近更浸及平地矣。"延安府属的延长县，民间向无玉米，乾隆二十七年（1762），邑令王崇礼专门出示，列举玉米"十便五利"，要求百姓效仿"近来南方普种山原"的做法，进行"深耕试种"①。

湖北省种植玉米的地区，大都在西部襄阳、宜昌、郧阳、施南和荆州等府，东边各府州县，虽然也出产玉米，但从文献记载来看，则多是清代后期的事了。

鄂西各府推广种植玉米，主要在雍乾以后。乾隆二十五年（1760）修的《襄阳府志》中说："包谷最耐旱，近时南漳、谷城、均州山地多产之，遂为贫民常食。"宜昌府原称彝陵州，雍正十三年（1735）改土归流，始设宜昌府，于是"土人多开山种植"包谷②，实际上也是在乾隆初年。嘉道之际，位于府东南的鹤峰州，"坡陀硗确之处皆种包谷"，"邑产包谷十居其八"，是当地百姓最重要的口粮③。至于施南、郧阳两府，因为山高谷深，包谷更成为主要农产品。郧阳府房县，自乾隆十七年（1752）包谷"大收数岁"，从此"山农恃为命，家家种植"，"间或歉收，即合邑粮价为之增贵。"④就连一向以产稻为主的荆州府，乾隆时，"傍山及州田"亦多种玉米⑤。

鄂西一带推广种植玉米，外地客民也起了重要的媒介作用。宜昌府"州设流后，常德、澧州及外府之人，入山承垦者甚众"，这些"老林"的

---

① 王崇礼：乾隆《延长县志》卷30，《艺文志》，《示谕》。
② 聂志銮：同治《宜昌府志》卷11，《风土志》，《物产》。
③ 吉锺颖：道光《鹤峰州志》卷6，《风俗志》。
④ 杨廷烈：同治《房县志》卷11，《物产》。
⑤ 来谦鸣：乾隆《荆州府志》卷18，《物产》，《谷之属》。

垦辟者，以"包谷不粪而获"，多争相种植①。郧阳府属兴山县，"山内多武、黄、安徽之人，以包谷、荞麦为饔餐之资"②。嘉道之际，施南、郧阳两府的客民已大大超过原居土户。像竹溪县，"陕西之民五，江西之民四，山东、河南北之民二，土著之民二"③，他们多承租山地，种植包谷杂粮。建始县因客户迁入，"居民倍增，稻谷不足以给，则于山上种包谷、羊芋、荞麦、燕麦、蕨蒿之类，深林剪伐殆尽，巨阜危峰，一望皆包谷也"④。

湖南省据范咸乾隆二十二年（1757）《湖南通志》载述，玉米"宝庆、岳、澧间多种之"。其实《湖南通志》所说并不全面。乾隆十二年（1747）《长沙府志》即载该府产有玉米，查其所属州志县志，亦大抵如此。岳州府当乾隆前期，玉米种植还不普遍。接近山区的平江县，直至乾隆二十年（1755）间，还所产"包谷甚少"⑤。乾隆十一年（1746）谢仲坑修《岳州府志》，根本没有把玉米列入物产志中。至于宝庆府，据郑之侨乾隆二十八年（1763）的《宝庆府志》中称，玉米"新化种之独多，武（武冈州）、邵（邵阳）、城步虽间种，聊以代果，未知其有益于日用也"。就是说，除新化外，其余各县还没有把它当作粮食作物来种。实际上，新化也是刚刚引种不久，"新化县近得包谷一种，俗名玉米，不畏旱涝，人工少而所获多，凡山头地角种之，可为粒食之助，劝课开垦亦关要政"⑥。

不过雍乾之际，由于湘西和湘西北一带，很多土司区纷纷改土归流，外省外府汉民大批移居，而这些地区又多属山地，于是玉米也随着被迅速推广开来。正如乾隆二十三年（1758）《沅州府志》所说："玉蜀黍俗名玉米，亦名包谷。……此种近时楚中遍蓻之，凡土司新辟者，省民率挈孥入居，垦山为陇，列植相望。"又说："郡境虽有种植，而闲土尚可耰锄，不妨广布其种，收实而储之，仓庾未必不愈于蕨根草实也。"乾隆三十年（1765）修的《辰州府志》也说："今辰州旧邑新厅，居民相率垦山为陇，争种之以代米"，"数十年来，种之者日益多"。靠近湖北施南、宜昌的永

---

① 聂志銮：同治《宜昌府志》卷16，《杂载》。
② 严如熤：《三省边防备览》卷8，《民食》。
③ 陶寿嵩：同治《竹溪县志》卷14，《风俗》引道光志。
④ 袁景晖：道光《建始县志》卷3，《户口志》、《物产》。
⑤ 谢仲坑：乾隆《平江县志》卷12，《物产》。
⑥ 郑之侨：乾隆《宝庆府志》卷28，《风俗》。

顺府，原为容美土司地，改府后，容民引种玉米，到乾隆二十年代末，已是"杂粮中所产最广"者①。

除上述湘西地区外，湘南一带，包谷的发展也很快。郴州各属，"山多田少，人半持耕山，遍种杂粮"，包谷就是这些杂粮中最重要的一种②。衡州府的情况也大致相同，如安仁县，"山多石，间有可种杂粮者，不宜麦黍，只种包菽、薯芋之类。"③永州府"苞谷通郡有之"④。连一向以产稻称著的湘东的长沙府，包谷种植的发展也很快。王显之的嘉庆二十三年（1818）《浏阳县志》："杂粮则于早稻获后接种，山土只种包粟、番薯之类，杂稻米以佐饔飧。"在汉族客民的影响下，湘西苗、瑶、土家等各少数民族也大量种植玉米，并且成为他们最重要的口粮。嘉庆十九年（1814），陶澍在《陈奏湖南山田旱歉情形折子》中说："窃湖南一省，半山半水，……至于深山穷谷，地气较迟，全赖包谷、薯芋杂粮为生。"⑤到了乾隆末嘉庆时，在湖南，玉米已成为与稻谷并列的最重要的粮食产品。

广西省引种玉米是多渠道进入的。东边通过西江从广东传入，时间较早，梧州、浔州、郁林以及桂林等府州，大都由此引种。另一条是西边的镇安等府，从云南传入。光绪《镇安府志》引傅聚乾隆二十二年（1757）"旧志"说玉米"向惟天保山野遍种"。天保县所种玉米就是从邻近的云南省来的，时间大体在康熙中到乾隆初。乾隆以后，楚粤黔闽移民不断进入广西，大大加速了玉米的推广进程。《镇安府志》谈到的"近来汉土各属皆种之"，大体反映了当时的实情。到了嘉庆、道光年间，玉米更遍植于全省各州县了。庆远府宜山等县，乾隆时汉民前往垦地，蓺豆种蔗，道光初，"其蛮溪山峒"，"皆为楚粤黔闽人垦耕包谷、薯、芋、瓜、菜等物"⑥。镇安府归顺州，"包粟杂粮前止种一造"，道光时，"连种两造，及山头坡脚无不遍种，皆有收成，土人以之充饔飧、御匮乏。"⑦还有像思恩府白山

---

① 张天如：乾隆《永顺府志》卷10，《物产》。
② 陈昭谋：嘉庆《郴州总志》卷21，《风俗志》，《土宜》。
③ 张景澍：同治《安仁县志》卷4，《风土》，《风俗》，引乾隆谭志稿。
④ 隆庆：道光《永州府志》卷7上，《食货志》，《物产》。
⑤ 《陶文毅公全集》卷9。
⑥ 唐仁：道光《庆远府志》卷3，《地理志》，《风俗》，《耕植》。
⑦ 何增祥：道光《续增归顺州志》第一册，《地舆》卷2，《气候》。

司，玉米"列植相望"，①桂林府永宁州"迩年山岭之间，又种苞米"，②都说明玉米种植的普遍和深入。

贵州是个多山的省份，适合种植玉米。黔西的普安州，大概因为邻近云南，引种较早，乾隆时，"民间赖此者十之七"③。不过从全省范围来看，应在乾隆后期到嘉道之际，与外省客民大量迁居，山区农业不断发展相互一致。周作楫《贵阳府志》称包谷"山农种以佐谷"。金台《广顺州志》："垦山种植，常接畛连畦焉。"萧琯《思南府续志》，饮食"山农则全资包谷，济以番薯"。平翰《遵义府志》："岁视此为丰歉"，"农家之性命也"。等等，都是其中的例子。就连种植玉米较早的云南省，嘉道后，因川楚闽粤等处流民不断迁入，也有新的发展，永昌、普洱、广南、开化等府，以及还有一些地方大量开垦山地，种植包谷，④都说明玉米种植的再推广。

在东南沿海各省中，广东和福建虽然是从海路最早引种玉米的地区，但比起前面提到的一些省份来，却变化不大。金廷烈乾隆二十九年（1764）《澄海县志》："玉膏粱，……岭南人俱以作酒，少以为食。"稍后，侯坤之道光二十五年（1845）《长乐县志》："包粟，……宜于山坡"。温恭道光十五年（1835）《封川县志》："包粟，……宜于山田，皆可为粮。"从记录的文字中就可看出，在广东，人们对玉米并没有特别加以看重。直到清末，肇庆府一带还把玉米当作"但以充果"的消遣食物，"不比北人长至黄硬屑以充粮也"。⑤

福建省据李拔《请种包谷议》中称："惟闽中，……包谷种植无多，不以充粮，罕获其益。"⑥李拔，乾隆二十四年（1759）起任福宁知府，二十七年（1762）他主修府志，收入此文，可见直到乾隆前期，在该省还

---

① 朱锦：道光《白山司志》卷10，《物产》，《谷属》。
② 李重发：道光《永宁州志》卷3，《舆地志》，《物产》。
③ 爱必达：《黔南识略》卷29，并参见王粤麟乾隆《普安州志》卷24，《物产志》，《谷之属》。
④ 据道光十六年（1836）云贵总督伊里布等奏："钦奉上谕：有人奏云：云南地方辽阔，深山密箐，未经开垦之区，多有湖南、湖北、四川、贵州穷民往搭寮棚居住，砍树烧山，薮种苞谷之类，此等流民，于开化、广南、普洱三府为最多。"谢体仁：道光《威远厅志》卷3，《户口》。又，林则涂《林文忠公政书》丙集，《云贵奏稿》卷10，《保山县城内回民移置官乃山相安情形折》中载：永昌府保山县的官乃山，"自半山腰中，下至临江间"，"无业客民单身赴彼，或种包谷杂粮"。均可为证。
⑤ 吴大猷：光绪《肇庆府志》编一，《舆地》九，《物产》。
⑥ 李拔：《福宁府志》卷12，《食货志》，《物产》。

有很多未种玉米的空白区。道光二十九年（1849）《罗源县志》（属福州府）："番黍即玉蜀黍，种莳亦少。"闽北山区光泽县，光绪时也只"北乡人有以代米者"①。隔海相望的台湾府，长期以来，玉米多为高山族人民所种植。清末，一般农家才"每以继饔飧"②。有的同志认为闽广两省玉米种植不普遍，与民间多以番薯为食有关。尽管如此，沿海以及内地的很多省区，他们引种玉米，都与这两省有直接间接的关系。闽广人民在推广种植玉米中所起的作用，我们是不能忽视的。

江西在乾隆时，从东边的广信府到西边的袁州府，以至境南的赣州府等，都有种植玉米的记载。蒋继洙同治《广信府志》引乾隆四十八年（1783）"旧志"："近日更有所谓苞粟者，又名珍珠果，蒸食可充饥，亦可为饼食，土人于山上皆种之，获利甚丰。"说明乾隆时刚刚引种，就颇得山农的欢迎。但也不是所有州县都普遍了，像建昌府所辖南城、新城、南丰、广昌、泸溪等"五邑，所出甚少"，只"山乡有之"。③宁都州当道光初还"非常植"④。北边的鄱阳县，道光时，也只少数"山乡""种以为食"。⑤至于南昌府，除义宁州和武宁县种植较多，靠近省城一带，直到同治初才开始引种。

乾隆以后，安徽省种植玉米发展最快的是皖南的徽州、宁国和池州等府。据嘉庆《绩溪县志》记载，徽州一带引种玉米起自"乾隆年间，安庆人携苞芦入境，租山垦种，而土著愚民间亦效尤"。其实流民的籍贯，更多的还是福建、江西以及浙江等外省人。到嘉庆中道光初，徽州等三府，已是包芦"充斥"，"漫山种之"了。⑥其他像安庆府和六安州等一些州县，也有较快的发展。六安州属霍山县，乾隆后期，西南的大别山区，"延山漫谷"皆种玉米，农民"恃此为终岁之粮"。⑦安庆怀宁县，道光初，不但"山农种之"，"煮以供餐"，连"洲渚亦多种之"。⑧

---

① 纽承藩：光绪《光泽县志》卷5，《舆地略》，《物产》，《谷属》。
② 沈茂荫：光绪《苗栗县志》卷5，《物产考》。
③ 姚文光：乾隆《建昌府志》卷13，《物产考》。
④ 黄永纶：道光《宁都直隶州志》卷12，《土产志》。
⑤ 张琼英：道光《鄱阳县志》卷12，《土产》。
⑥ 马步蟾：道光《徽州府志》卷5之2，《食货志》，《物产》。
⑦ 程在嵘：乾隆《霍山县志》卷7，《物产志》。
⑧ 王毓芳：道光：《怀宁县志》卷7，《物产》。

浙江省的进展趋势，主要表现为由沿海州县向内地山区延伸。而外省游民又起了重要的媒介作用。像严州府各州县，"向无此种"，"乾隆间，江闽游民入境，租山刨种"，苞芦才迅速传播开来。① 衢州府西安县，也多流民"垦山种此"②。地处浙南的处州府，"乾隆四五十年间，安徽人来此向土著租贷垦辟"，以致"陡绝高崖，皆布种"苞萝。③ 嘉庆末，"江苏之淮、徐民，安徽之安庆民，浙江之温、台民"，还进入湖、杭二府，"棚居山中，开种包谷"。到道光末，境内山地已垦种"十之六七矣"。④

江苏省当乾嘉之际，各州县多已种植玉米，但直到清末，人们对玉米始终只限于备茶点小食之用。⑤ 不过在苏北淮安、海州一带，却进展较快。乾隆十三年（1748）《淮安府志》："玉芦秫，……今黄河北多种之。"这里说的黄河北，系指未改道前由阜宁县入海的旧黄河，在江苏境内。光绪《阜宁县志》记载的："包谷随地而产，以境西北为富，斯尤海舶东来争运者。"玉米已是向外地销售的重要农产品了。

与南方各省相比，华北等北方省区，在玉米种植方面就显得迟缓慢进了。乾隆五十八年（1793），英国派遣马戛尔尼使团访华，随团的爱尼斯·安德逊写了一部《英使访华录》，里面记载他们路经天津时，曾从船上登岸，沿津通运河散步的情景。当时正值西历八月季节，安德逊不但看到了行将透熟的成片玉蜀黍田，而且发现其"品种之优良与其耕作方法，同英国农民有的同等"。不过总的说来，直到乾隆时，直隶的玉米种植还不普遍。乾隆二十六年（1761）《献县志》："玉蜀秫，土人不多种，惟园圃间有之。"乾隆二十年（1755）《乐亭县志》中载有"玉蜀秫"，而光绪三年（1877）《乐亭县志》仍说："玉蜀黍，……土人呼为包米，园圃中多种之，亦有种于田亩者，……邑人不甚尚之。"乾隆四十五年（1778）《安肃县志》："玉米，家园间有之。"乾隆五十九年（1794）《遵

---

① 陈常铧：光绪《分水县志》卷3，《食货志》，《物产》。
② 姚宝煃：嘉庆《西安县志》卷21，《物产》。
③ 汤金策：道光《宣平县志》卷10，《物产》。
④ 《皇朝经世文续编》卷39，《户政》十一，《屯垦》，汪方元《请禁棚民开山阻水以杜后患疏》。
⑤ 如郑锺祥在《常昭合志稿》中说："江南地狭人稠，专务科稻，次则棉花"，玉麦等"杂粮，惟有力之农间于隙地种之，以供食用，故其种办少。"青浦人诸联晦香氏辑著的《明斋小识》也说："番麦……人家枪垒下多种以备小食。"吕耀斗《丹徒县志》则言："土人亦间植之，但不以为常用品。"谢延庚《六合县志》亦有"玉蜀黍子甘可食，点茶香美"之谈，扬州府属东台县，据嘉庆末《县志》记载，也只"杂种于豆田中"。

化州志》:"玉蜀秫,又名包谷。"又光绪十三年(1886)《遵化通志》:"州境初无是种,有山左种薯者,于嘉庆中携来数粒,植园圃中,土人始得其种。"至于还有不少州志县志,它们在记述物产时,根本没把玉米排列进去。

山东的情况与直隶大体相同。清末民国初成为该省玉米重要产地的胶东各府县,嘉道时种植还很不普遍。李天鹭:道光二十年(1840)《荣成县志》:"六谷皆备而土宜者穄,一岁之入,穄几居半。近年渐种玉粟。"似乎刚刚开始引种。莱州府属的胶州,则以"胶土不甚宜,故种稀"①。河南省除豫西山区发展较快外,其他地区仍不突出。至于山西省,道光后方志中才有较多的反映。其中以晋东南潞安府发展最为显著。晋中、晋北一带的山区,玉米也为人们所重视。如在五台县,"北至县城左近,高粱已少,迤北绝无高粱。黍稷之外多玉菱、大豆、番薯,再北近五台山,则以玉菱、油麦为主。"②玉菱即玉米,在五台山,玉米已是农民的主要口粮。

最后说一下西北的新疆和东北关外地区。新疆地处中亚至我国内地的通途。甘肃引种玉米,必先经过新疆,但遗憾的是在汉文资料中,我们未能见到更早有关玉米的记载。钟方道光二十六年(1846)《哈密志》:"哈密城虽五谷俱产,人家均用面饭羊肉而食白米与猪肉者少。日用率以包谷、豌豆、大麦、莜麦、小米杂蔬为饔,谓其耐饥。"十九世纪中叶,玉米已是哈密维吾尔族人民的重要食粮了。及至清末,在南疆农业区,玉米的地位仅次于小麦,甚至向政府缴纳田税和社仓储粮,亦多通用玉米。③

东北关外地区的农业发展,与关内冀鲁等省移民有密切关系。不过当时他们多集中于松辽平原,不像南方流民入山垦种需要玉米。到了清末,因华北冀鲁等省的玉米种植发展迅速,关外也因此受到强烈影响。张凤台

---

① 张同声:道光《胶州志》卷14,《物产》。按:赵文运民国二十年《增修胶志》:"昔年胶土不甚宜,今种者多。"又,李祖年光绪《文登县志》:"六谷之外,高田多包谷,洼田多穄,终岁之计,二者居其半焉。"说明清末至民国初,玉米种植推广之快。
② 徐继畲:光绪《五台新志》卷2,《土田》。
③ 谢维兴光绪《和阗直隶州乡土志》:"每年……又额征本色包谷七千五百一十五石二斗二升九合六勺,额征折色包谷五百二十三石二斗二升九合九勺。"又,"境备荒之举,自光绪十三年起,众户民捐集包谷,建立社仓。"

在《长白征存录》中谈到长春一带农民种植玉米时说："此物最宜北地,为辽东食物大宗,长郡居民家家囤积。"说明已延伸到吉林境内了。

清代乾隆到道光的一百多年,是我国玉米种植史中最重要的一个时期。这不仅仅是引种地区的扩大,即由各地的零星种植,迅速扩展到全国绝大多数州县,更重要的是随着人们对玉米价值认识的加深,各地的种植数量也大大提高了。特别是一些山区,甚至已排挤稻麦黍稷,成为最主要的粮食作物。这就具有质的转变的性质。由于资料的局限,我们无法估算出当时玉米的总产量,以及它在各粮食生产中所占的比重。但可以肯定,到了嘉道之际,玉米已可与传统的稻麦黍稷并列,是我国人民的一种主要食粮。至于还有像新品种的培养和种植技术的提高等,这个时期也有许多新的进展,不过因为它牵涉的问题比较专门,我们无法详述。

乾隆、道光时期,在玉米种植中,各地的发展也很不平衡,大致北方不如南方,南方主要又在山区。广大北方地区要到清末和民国初年,才有较大的发展。有关情况,因限于篇幅,不能再列专篇讨论。

(三)清朝政府禁止流民垦山种植玉米

在乾隆、道光时期,各地流民对推动玉米的种植起了很大的作用,但是由于成批进山,在生产劳动中又具有很大的自发性,以致常常造成破坏性的后果。比如湖北鹤峰州,"田少山多,坡陀硗确之处皆种包谷。初垦时不粪自肥,阅年既久,浮土为雨潦洗尽,佳壤尚可粪种,瘠处终岁辛苦,所获无几"①。宜昌当乾隆初刚刚设府时,"常德、澧州及外府之人,入山承垦者甚众,老林初开,包谷不粪而获。……迨耕种日久,肥土雨潦洗净,粪种亦不能多获者,往时人烟辏集之处,今皆荒废"②。江西武宁县,嘉庆后,"自楚来垦山者万余户,蓁巇密嶂,尽为所据,焚树掘根,山已童秃",每遇大雨,"溪流堙淤","沃土无存,地力亦竭",使不少地区"山形骨立,非数十年休息不能下种"③。皖南的徽州、宁国等府,情形更加

---

① 吉锺颖:道光《鹤峰州志》卷6,《风俗志》。
② 聂志銮:同治《宜昌府志》卷16,《杂载》。
③ 陈云章:道光《武宁县志》卷11,《风俗》。

严重。徽州府"自皖民开种包芦以来，沙土倾泻溪竭，填塞河流，绝水利之源。"①该府祁门县竟因此"大溪旱弗能蓄，潦不能泄，原田多被涨没"。所以有人认为"一邑之患莫甚于此"②。宁国县因"皖北人寓宁赁山垦种苞芦，谓之棚民，其山既垦，不留草木，每值霉雨，蛟龙四发，山土崩溃，沙石随之，河道为壅塞，坝岸为之倾陷，桥梁为之隳圮，田亩为之淹涨"，不但山土植被毁坏殆尽，而且还影响了山下平原坝地的农田水利和交通房舍。浙江孝丰等山区，因"山多石体，石上浮土甚浅"，而"包谷最耗地力，根入土深，使土不固，土松，遇雨则泥沙随雨而下，种包谷三年，则石骨尽露山头，无复有土矣，山地无土，则不能蓄水，泥随而下，沟渠皆满，水去泥留，港底填高，五月间梅雨大至，山头则一泻靡遗，卑下之乡，泛滥成灾，为患殊不细。"③诗人王志祈针对当时陕南的情况，曾这样描写道："山中有客民，乃与造物争。利之所在何轻生，悬崖峭壁事耘耕。……伐木焚林数十年，山川顿使失真面。山林笑我何来迟，我笑山灵较我痴。神力不如人力妙，好景徘徊空叹息。"④

在封建社会中，大批流民聚居深山老林，这本来就要引起统治者的惊恐和不安，再加上因水土流失所造成的严重后果，更使他们有理由采取禁绝措施。早在嘉庆初年，浙江省有关官府就曾出示，禁止流民垦山种植苞芦。嘉庆十二年（1807），清廷又因安徽休宁县"耆民"程之通等的申控，限定垦山棚民于租期年满后，"退山回籍"，从此"不得仍种苞芦"。⑤道光初，陕西西乡县知县方传恩等，还请示上官立碑，"永将北山封禁"，令民出具"永不开种""甘结"。⑥十三年（1833），御史蔡庚飏专门上疏朝廷，要求下谕禁止"棚民开山""种植包谷"。三十年（1850），又以浙西各属山区，有外地流民"棚居山中，开种苞谷，引类呼朋，蔓延日众"，造成"每遇大雨，泥沙直下，近于山之良田尽成沙地，远于山之巨浸俱积淤泥"，再次上疏严禁。⑦类似禁令禁约，各地还有不少。

---

① 马步蟾：道光《徽州府志》卷4之2，《营建志》，《水利》。
② 王让：道光《祁门县志》卷12，《水利志》，《水碓》。
③ 周学浚：光绪《乌程县志》卷35，《杂识》三，引沈尧《落帆楼杂著》。
④ 贺仲瑊：《留坝厅足征录》卷2，《诗征》，王志祈《栈道山田》。
⑤ 陶澍：《陶文毅公全集》卷26，《会同皖抚查禁棚民开垦折子》。
⑥ 张廷槐：道光《西乡县志》卷4，《水利》。
⑦ 《续皇朝经世文编》卷39，《户政》十一，《屯垦》，汪元方《请禁棚民开山阻水以杜后患疏》。

其实，因焚林垦山所造成的自然破坏，其责任并不完全在于流民群众。他们因受封建制度的压榨，才被迫迁向山区的。在清代开发山区、边疆的艰苦斗争中，他们首先是功劳，其次才是失误。而这又与当时人们对改造自然的认识水平，以及小农在生产劳动中的某种弱点有密切的关系。即使如此，腐朽的封建制度仍有其不可推卸的责任。正是清朝政府的种种限制，使得在玉米推广过程中，增加了许多无端困难。当然，作为生产发展的趋势，它终究要冲破阻力前进的，但作为一种特定社会现象，却值得我们很好地考察和仔细研究。

四　番薯的传播：与玉米的传播作些比较

从我国现有资料来看，番薯的引种和传播，都较玉米要具体充实得多。不过有关情况，大抵已有文章作过介绍，这里，我们谈番薯的传播，主要是与玉米的引种作些比较，看看有些什么异同。

（一）较早地发挥了优势

前面我们说过，玉米自引入中国到人们认识它的价值，真正发挥出优势来，前后花了二百多年时间，到乾隆中期后才大规模得以推广。番薯则不然，就以闽广两地为例，它们都在万历年间开始引种，但几乎就在同时，人们已对其有充分的认识。以福建巡抚金学曾的名义颁发的"海外新传七则"，除了谈种植方法外，把番薯的好处归结为高产、多用、易活。不久，徐光启撰《甘薯疏》，又发展为"甘薯十三胜"，对番薯的优点价值作了更加全面的阐发。天启时，山东新城人王象晋作《二如亭群芳谱》，详细引述了《甘薯疏》的内容，进一步扩大了影响。在福建亲身目睹番薯之利的何乔远，还特别作《番薯颂》以广宣传。明清之际的著名学者屈大均在《广东新语》中，也极力称赞番薯的长处，"番薯近自吕宋来，植最易生，叶可肥猪，根可酿酒，切为粒，蒸曝贮之，是曰薯粮。子瞻称海中人多寿百岁，由不食五谷而食甘薯，番薯味尤甘，惜子瞻未见之也。"

正是人们认识了它的好处，并在舆论上广为宣传，从而也大大地加速了番薯的传播进程。

当然，作为一种新奇物品，在它还没有完全普及时，总会被人们视为珍品，前述玉米是如此，番薯也有这样一个过程。福建莆田人陈鸿在《国初莆变小乘》中说："番薯亦天启时番邦载来，泉人学种，初时富者请客，食盒装数片以为奇品。"福州一带当"明季始有"时，也是先"以为点茶之品"而在人们中流传的。①但是这种情况并不长久。据顺治时担任过福建布政使的周亮工叙述，该省番薯"初种于漳郡，渐及泉州，渐及莆"，及清初，"长乐、福清皆种之"。②而引种较早的泉州一带，早在万历末季已是"贫者赖以充腹"了③。前引《国初莆变小乘》也说，顺治初，兴化、泉州、漳州三府"遍洋皆种，物多价贱，三餐当饭而食，小民赖之"，是一种极普通的食物。明永历十五年（清顺治十八年，1661）初，郑成功率水师东渡台湾，中途因遇风阻于澎湖。成功派人在澎湖三十六屿觅取军粮，据报："各屿并无田园可种禾粟，惟番薯、大麦、黍、稷。"④可见当时澎湖亦已遍植番薯。根据我们见到的资料，到康熙前期止，福建省种植番薯的地区，东至台湾府，西边则及于汀州府的宁化、清流一带。雍正四年（1726）六月，浙闽总督高其倬在奏折中说："福建自来人稠地狭，福、兴、泉、漳四府，本地所出之米，俱不敷民食。……再各府乡僻之处，民人多食薯蓣，竟以之充数月之粮。"⑤高其倬所说的"薯蓣"即指番薯。同年十一月，闽抚毛文铨奏："惟漳州一府，……地瓜系该府人民充作四五个月粮食者。""且泉州人民亦多藉地瓜以充粮食。"⑥又，郝玉麟乾隆二年（1737）《福建通志》亦言："番薯，……迩来栽种尤盛，闽地粮糗半资于此。"到了康熙末乾隆初，福建的番薯种植不但推广到全境，而且成为与稻谷并列的最重要的粮食作物之一。

广东的记载虽然没有福建多，但从徐光启言"闽广人赖以救饥，其利

---

① 卢凤琴：光绪《罗源县志》卷28，《物产》。
② 《闽小记》下卷。
③ 阳思谦：万历《泉州府志》卷3，《舆地志》，《物产》。
④ 杨英：《先王实录校注》，福建人民出版社1981年版，第245页。
⑤ 台北故宫博物院：《宫中档雍正朝奏折》第六辑，浙闽总督高其倬《奏报地方情形折》，1978年版，第173—174页。
⑥ 《宫中档雍正朝奏折》第七辑，福建巡抚毛文铨《奏报米价折》，1978年版，第38页。

甚大""闽广人收薯以当粮,自十月至四月麦熟而止"①中可见推广也是很快的。清初,吴震方在《岭南杂记》中说,番薯"粤中处处种之"。及康熙三十八年(1699),"粤中米价踊贵,赖此以活"。说明在当时,番薯的地位已不比一般了。郑照崇《茂名县志》:"番薯,……高郡得之最先,赖之最甚。"高郡就是茂名县所在的高州府。据传该府番薯是万历时由吴川医生林怀兰从安南携入。②如果此说确实,那么清初雷、廉、琼等府种植番薯,很可能由高州府传播开来的。当时,凡粤东"滨海诸邑","其坡田只宜蒔山蓣、番薯、芋乃诸杂粮,兼收可以佐食"③。至于东边的潮州等府,更是"多种番薯以代米粮"。④

在沿海省份中,浙江也是引种番薯最早的地区之一。万历三十五年(1607)编的《普陀山志》就有"番苇,种来自日本,味甚甘美"的记载,⑤但由于"山僧吝不传种"⑥,所以传播不广。李日华《紫桃轩又缀》:"蜀僧无边⑦者,赠余一种如萝葡,而色紫,煮食味甚甘,云此普陀岩下番蓣也。世间奇药,山僧野老得尝之,尘埃中何得与耶!"李是嘉兴人,明万历进士,看来在此前,他对番薯一无所知。但是,"吝不传种",不等于可以封闭隔绝了。明末山阴乡宦祁彪佳谈到他家闲居时,曾"从海外得红薯异种,每一本可植二、三亩,每亩可收薯一、二车,以代粒足果百人腹"⑧。山阴今属绍兴市,离普陀山并不很远,他得到的红薯,或许亦从普陀山而来。普陀山的番薯清初已北传到江苏境内了。张文英雍正《崇明县志》:"甘薯,俗呼番芋,又名红山药,种自普陀来。"嘉庆时金榜在《海曲拾遗》中说到通州一带的番薯,其种亦"得自舟山"。

由于浙闽两省比邻而居,海陆之间都有较多的往来,所以浙江也从

---

① 《农政全书》卷27,《树艺》,《蔬部》,《甘薯》。
② 见孙铸光绪《电白县志》卷30《杂录》和黄占梅民国《桂平县志》卷九《地纪》之《物产》,亦见金武祥《粟香随笔四集》三笔,卷6。
③ 李调元:《南越笔记》,《小方壶斋舆地丛纱》第9帙。
④ 《宫中档雍正朝奏折》第十一辑,两广总督孔毓珣《奏报粮价收成折》,1978年版,第331页。
⑤ 所谓传自日本,实际上也是辗转传自南洋地区。
⑥ (明)王圻《稗史汇编》,转引自张采康熙十七年增补崇祯《太仓州志》卷5,《风土志》,《物产》。
⑦ 据许琰乾隆《普陀山志》卷7《禅德》记载:无边,法号性海,浙江鄞县人,万历四十二年(1614)为普陀山普济寺住持。李日华言无边为"蜀僧",与《普陀山志》记载稍有出入。
⑧ 《寓山注》,《圃圃》。

福建传入番薯。康熙初年，就有陈经纶的后代到鄞县传布种植番薯，据说"初犹疑与土宜不协，经秋成即大逾闽地"①，获得意外的成功。康熙二十一年（1682）刊的《永嘉县志》之《物产》中亦载有"番莕"。齐召南乾隆《温州府志》说："温人呼甘薯为番莕，原从闽至。"说明它是从福建传入。到乾隆前期，浙江沿海的温州、台州、宁波等府，番薯种植已相当普遍了。

在有关番薯引种的讨论中，有的学者提出云南也是我国较早传入番薯的地区。②由于云南与两广等各南方省份一样，盛产甜薯一类的土生薯，而文献中的有关记载，又都过于简单，如红薯、白薯、紫薯（也有把薯作蓣的）。这些称呼与我国土生薯类颇多雷同，所以对云南何时引种番薯的问题，实际上还存在着一些不同的看法。③

番薯的种植，在乾隆以前，主要限于长江以南的南方各省。这是因为番薯是温热带作物，宜于高温潮湿，而我国北方各省，气候干燥，冬季寒冷，要使广大北方地区也像闽粤江浙那样种植番薯，必须在技术上解决藤种收藏的问题，即使严寒之际不致冻枯，到来年有新苗可传。万历末在京津地区经营屯田事宜的徐光启，曾为此而苦思焦虑。后来他根据"京师窖藏菜果三冬之月不异春夏"的道理，悟出"欲避冰冻，莫如窖藏"，认为如此，"其收藏薯种，当更易于江南耳"。④徐氏的办法，看来他本人也没有来得及试验。雍正八年（1730），福建海关监督淮泰向朝廷"进呈番薯六桶"。"奉旨：番薯苗交圆明园该处栽种，其随来会种番薯苗之人俱留下，着伊等指教本处人栽种，……俟本处人于种法通晓时，再令伊等回南。"⑤圆明园试种番薯的结果如何，我们没有见到记载，估计成效不大，其中关键恐怕也是藤种问题。乾隆初，无极县令黄可润，用他家乡福建的办法，在任所试种番薯，"结薯甚多"，但苦于无法解决第二年的新苗，采用浙江"宁台种师""开窖藏薯"法，亦"坏者尚半"。乾隆十年（1745），

---

① 《金薯传习录》卷上。
② 见何炳棣文。又，陈树平在《玉米和番薯在中国传播情况研究》中亦持此看法。
③ 万国鼎在《五谷史话》中就认为，云南省引种番薯的最早记载是清雍正十三年（1735）。
④ 《农政全书》卷27，《树艺》，《蓏部》，《甘薯》。
⑤ 中国第一历史档案馆藏"清内务府档案"。转引自杨乃济《白薯传入北京应在雍正八年》，载于1982年10月27日《北京晚报》。

他奔丧南回，路经山东德州，"家人上岸买番薯甚多而贱"，才知道就在最近几年，当地农民根据河南、浙江的经验，进一步改善窖藏法，已彻底解决了薯种越冬的难题。①薯种问题的解决，在技术上是个很大突破，它为番薯向全国推广创造了良好的条件。多年来，人们急于在北方地区引种番薯的愿望，才正式得以实现。

（二）封建官府的大力提倡

就在乾隆时期的半个多世纪里，番薯的推广极为迅速。全国除甘肃以及边疆地区外，各省都已先后引种番薯，它是我国番薯推广种植的一个高潮时期。

乾隆年间推广种植番薯中，封建官府也起了积极的推动作用。下面，根据我们查到的资料，将乾隆时有关清朝官府劝种番薯的事例，列表如下：

年代	倡导者	事例	资料来源
乾隆初	江西大庾知县余光璧	见民人种番薯未得其法，故不能多生，尝出示告以种法	乾隆《大庾县志》
五至八年（1740—1743）	河南汝州知州宋名立	觅种教艺，人获其利，种者寖多	乾隆《汝州续志》
六至九年（1741—1744）	湖南平江知县谢仲坑	作种薯说，亲临畎亩，劝谕栽培	乾隆《平江县志》、嘉庆《平江县志》
十年（1745）	陕西巡抚陈宏谋	发《劝种甘薯檄》等示谕多件	陈宏谋《培远堂偶存稿》
十年（1745）	安徽望江县令徐斌	购种谕民遍种	乾隆《望江县志》
十四年（1749）	直隶总督方观承	抚浙时稔其利，乃购种雇觅宁台能种者二十人来直，将番薯分配津属各州县，生活者甚众；人皆称为"方芋"	黄可润《畿辅见闻录》

---

① 黄可润：《畿辅见闻录》。

续表

年代	倡导者	事例	资料来源
十四至十九年（1749—1754）	贵州布政布温福	开泰县儒学训导作《红薯利民通稟》，藩司温据此通饬全省广种	光绪《黎平府志》、乾隆《开泰县志》
十六至十七年（1751—1752）	河南巡抚陈宏谋	募闽人种红薯	檀萃《滇海虞衡志》
十七年（1752）	山东布政使李渭	颁《种植红薯法则十二条》，各县奉文劝种	《金薯传习录》、乾隆《泰安府志》等
二十三年（1758）	直隶总督方观承	饬各属劝民种植以佐食用	乾隆《通州志》、光绪《保定府志》等
二十五年（1760）	安徽寿州知州郑基	教民种山薯蓣	光绪《凤阳县志》
三十年（1765）	四川江津知县张受一	将红薯种，偕夫人到民间教栽种之法	民国《江津县志》
三十三年（1768）	安徽望江知县郑交泰	详言红薯之利并种植之法刊布四乡	乾隆《望江县志》
三十五年（1770）	四川黔江知县翁若梅	告民以种植红薯之法与种植之利	光绪《黔江县志》
三十六至三十九年（1771—1774）	湖南宁远知县陈丹心	教民种薯	嘉庆《宁远县志》
四十一年（1776）	山东按察使陆燿	颁刻《甘薯录》，以广劝导	陆燿《甘薯录》
五十年（1785）	乾隆帝弘历	下旨传谕福建巡抚富勒浑：即将番薯藤种多行采取，并开明如何栽种浇灌之法，一并由驿迅寄豫抚毕沅，饬被旱各属，晓谕民人依法栽种；又，令毕沅等，将陆燿《甘薯录》多为刊布传抄，使民间共知其利，广为栽种，接济民食	《清高宗实录》卷1232、1236
五十一年（1786）	乾隆帝弘历	因内阁学士张若淳之请，谕令各属广为栽种甘薯，以济民食	《清高实宗录》卷1268
五十二年（1787）	江西巡抚何裕城	重刊陆燿《甘薯录》，俾使民转为流播	乾隆《南昌府志》

上述封建官府的倡导，对于番薯的推广种植，还是起相当的作用。像陕西巡抚陈宏谋发布《劝种甘薯檄》以后，很快就有蒲城、潼关、临潼、兴平、略阳、甘泉等县，各"从江浙豫蜀购觅薯种，并雇有善种之人到陕"。盩厔县令则从他南方家乡"觅种雇人"，宁羌县"由川购觅薯种"。此外，省城所在的咸宁、长安二县，也都准备薯种，以备"试种"①。臧应桐乾隆十六年（1751）《咸阳县志》："抚宪陈公奉发甘薯一种，……虽咸地沍寒，收种不易，愚民初试，未善栽培，而利源已开，种类不绝，旧时土产之外，又增一利生之物矣。"杨仪乾隆《盩厔县志》、孙景烈乾隆《鄠县新志》在《物产》中记录番薯时，也都专门指出，此"种皆桂林陈抚军所遗"，"此抚军桂林陈公遗者"。据说在陕西民间，还流传有"陈公薯"的叫法。②直隶总督方观承两次倡导种植番薯，"其栽培之法，灌溉之事，明白晓易"③。天津、盐山、庆云、栾城，以及保定、顺天等府的一些州县，都因此种植以佐食。京师近傍的通州，自"乾隆二十三年督宪饬种"，到乾隆末，"每年长发利民"。④山东的不少府州县志中，都载有乾隆十七年（1752）奉布政使李渭颁示，"依法种植"番薯。⑤

在乾隆年间声势最大、范围最广的"劝种"活动，当推五十年（1785）和五十一年（1786）间，由朝廷下谕所作的倡导。江西巡抚何裕城重刊陆燿的《甘薯录》，就是为响应朝廷谕旨做出的姿态。熊履青四川《忠州直隶州志》载："乾隆五十一年冬，高宗纯皇帝特允侍郎张若渟之请，敕下直省广劝栽甘薯，以为救荒之备。一时山东巡抚陆燿所著《甘薯录》颁行州县，自是种植日繁，大济民食。"钟桐山湖北《武昌县志》也说："高宗纯皇帝特饬中州等地给种教艺，俾佐粒食，自此广布蕃滋。"

当然，乾隆年间番薯种植的推广，也不完全是封建官府的功劳。比如江西省的南安、建昌、广信等府县，早在乾隆初年就已"得自闽粤"⑥，或

---

① 《培远堂偶存稿》，《文檄》卷22，《劝民领种甘薯谕》。
② 周寿祺：光绪《平南县志》卷6，《舆地略》，《物产》。
③ 那大进：乾隆《正定府志》卷20，《物产》。
④ 高天凤：乾隆《通州志》卷9，《土产》。
⑤ 如颜希深乾隆《泰安府志》，王道亨乾隆《济宁直隶州志》，李贤书道光《东阿县志》，潘尚楫道光《巨野县志》，陈纪勋咸丰《宁阳县志》，胡建枢光绪《郓城县志》，宋金镜光绪《馆陶县乡土志》等，都有类似记载。
⑥ 姚文光：乾隆《建昌府志》卷13，《物产考》。

"闽粤人来此耕者，携其泛海所得苗种之，日渐繁多"①。湖南自康熙前期，宝庆府等"内地亦渐及"种植②，乾隆初更扩展到长沙、岳州等府。平江知县谢仲坑倡导种红薯，多少受到广福客民的影响。北方的山东近海各州县，闽粤江浙商人常常通过海路前往贸易，南方的番薯，也因此较早传到那里。乾隆初，陈经纶的五世孙世元到胶州经商，因目击当地灾荒，在经过两年试种后，十四年（1749）正式劝导百姓引种番薯。布政使李渭就因受到陈的启发，才颁发《种植红薯法则十二条》。

但是，如果我们拿封建国家对番薯引种的积极态度，与前面所说玉米推广中的情况相比较，就会发现，两者间存在着明显的差距。当然，在玉米推广过程中，也有一些地方官员进行倡导，不过总的说来，都是民间自发传播的。到了乾隆中期及嘉道时，随着玉米种植的迅猛发展，封建官府不但不积极引导，而且还一再下令，禁止垦山农民种植包谷，这就不是偶然的了。

（三）番薯传播比玉米顺利的原因

从明清两代的情况来看，番薯的传播比起玉米要顺当得多，推其原因如下。

首先，如前所述，番薯从它传入之日起，几乎很快就在传统的农业区生了根。特别它具有"不争肥"，"不劳人工"等优点，与当地稻麦等旧有作物不但不相排斥，而且还能互作补充，这在耕地少，人口密集的地区，更有其重要意义。比如四川仁寿县，"邑人于沃土种百谷，瘠土则以种苕，无处不宜"③。福建龙岩州，凡"旱田难莳晚谷者，或种番薯、杂粮、菜蔬"④。地处关中平原的陕西鄠县，"地土虽不宽广，然多沃壤"，除种五谷外，又植姜、芋、红薯等以补空隙。⑤甚至房前屋后，沟边地头，"凡有隙地，悉可种薯"⑥，从而大大地提高了土地的利用率。

---

① 蒋继洙：同治《广信府志》卷2，《地理志》，《物产》引乾隆志。
② 梁碧海：康熙《宝庆府志》卷29，《物产》。
③ 马百龄：道光《仁寿县新志》卷2，《户口志》，《土产》。
④ 彭衍堂：道光《龙岩州志》卷7，《风俗志》。
⑤ 卢坤：《秦疆治略》。
⑥ 徐光启：《农政全书》卷27，《树艺》，《蓏部》，《甘薯》。

其次，番薯的产量也足以使人感到鼓舞。它"亩收数十石，数口之家止种一亩，纵灾甚，而汲井灌溉，一至成熟，终岁足食"①，能"胜种谷二十倍"②。黄凤栖在《九江府志》中言："芋之收倍于稻，薯之收倍于芋，……要不若种薯之尤可足食也。"

最后，当灾荒降临的年代，番薯其种既在高地，"亦可救水灾也"。"若旱年得水，涝年水退，在七月中气后，其田遂不及蓺五谷，荞麦可种又寡收而无益于人计，惟剪藤种薯易生而多收。""蝗螟为害，草木无遗，种种灾伤，此为最酷，乃其来如风雨，食尽即去，惟有薯根在地，荐食不及，纵令茎叶皆尽，尚能发生，不妨收入。"③这种"平时可以佐食，歉岁可以救饥馑"④的农作物品种，受到广大农民的欢迎，必然也要引起封建政府的关注。在"耕作居于支配的地位"的封建社会中，统治者出于稳定封建秩序、巩固统治的需要，对于民生所系的农业生产，不能不倍加用心。乾隆时，清朝官员以至朝廷频劝百姓广种番薯，其原因也正在此。乾隆五十年（1785），清廷在上谕中说："番薯既可充食，兼能耐旱"，必"使民间共知其利，广为栽种，接济民食，亦属备荒之一法"。⑤这就是其中的道理。

玉米虽和番薯一样，对土地的要求不高，但比较起来，玉米的优势，更多的是在不宜稻麦的山区，先看下表：

地区 \ 平均亩产量（斗）	高粱	稗子	陆稻	包米	大豆	粟	大麦	小麦	包米在当地主要农产品总量中的所占比重
兴仁	7.1	7	7.5	5	7		6	6	6%
辽阳	7	12.5	10.1	10	6.1	5.7	3.1	3	0.007%
盖州	4.5			5.5	4.5	4.5			9.4%
辽中	3.2	5.3	6.5	3	4	4	1.2	2	0.3%
开原	8	7	8	7.5	6.5	5.5	3.7	3.5	0.014%
怀德	10		7	6	10	7	7	5	0.9%

---

① 〔朝鲜〕徐有榘《种薯谱》引徐玄扈《甘薯疏》，农业出版社1982年影印本。
② 张宗法：《三农记》卷8，《蔬属》，《薯》。
③ 徐光启：《农政全书》卷27，《树艺》，《蔬部》，《甘薯》。
④ 陈宏谋：《培远堂偶存稿》，《文檄》卷20，《劝种甘薯示》。
⑤ 《清高宗实录》卷1236，乾隆五十年八月庚寅。

续表

平均亩产量（斗） 地区	高粱	稗子	陆稻	包米	大豆	粟	大麦	小麦	包米在当地主要农产品总量中所占比重
西安	7	5	2	6	5	7	8	3	15.6%
西丰	8	7	6	8	6	5.5	4.5	3.5	3%
洮南	5			6	4	6.5			3.3%
兴京	6.3	5.2		4.3	6	4.5	5	2.3	7.4%
各州县平均亩产量	6.61	7	6.73	6.13	5.91	5.6	4.81	3.54	

上表是根据宣统元年（1909）奉天农业试验场出版的《奉天省农业调查书》中兴仁等十县的一百九十九个村庄统计所得资料制成的，时间稍晚了些，不过还是可以说明问题的。奉天即盛京地区，所列兴仁等县，多数位于松辽平原，也就是我们在文章中常说的中国传统农业区。他们早在清初已引种玉米，但直到二百多年以后，在各农作物中，充其量仍处于从属的地位。这从其农产物总量中所占的比重，看得就很清楚了。比例最大的西安县（今吉林东辽县），也只有15.6%，其余不过百分之几和百分之零点零几。造成这种局面的原因，当然是多方面的，其中的关键还是与产量有关。上表所列辽东地区的八种主要粮食作物中，玉米的平均亩产量除比大小麦占有稍多的优势外，只名列第四，与名次稍低的大豆、粟相差无几。

那么，是不是因为辽东地区不适合于种植玉米呢？1909年（清宣统元年）2月，美国驻沈阳副总领事克劳德在《远东时报》上发表《满洲的农业》一文中说："南满的土壤和气候，特别是整个肥沃的辽河流域，毫无疑义是适于玉米的大量生产的。这里有肥沃的冲积地，有时间长而温度高的夏季，以及充沛的雨量，这都是玉米丰产的理想条件。只要加以选种和合理栽培，在南满，玉米对农民可以比高粱和大豆更为有利的作物。"[①] 但是在克劳德的愿望没有变成现实以前，小农经济的传统思想和传统技术条件，还是在起作用的。

为了进一步说明问题，下面我们再以光绪三十年（1904）河南南阳县

---

① 转引自李文治编《中国近代农业史资料》第一辑，三联书店1957年出版，第657页。

的统计数字为例①：

小麦	熟年每亩约收 3 斗	粟	熟年每亩约收 5 斗
大麦	熟年每亩约收 4 斗	黄豆	熟年每亩约收 4 斗
玉麦	熟年每亩约收 4 斗	黑豆	熟年每亩约收 5 斗
稻	熟年每亩约收 6 斗	绿豆	熟年每亩约收 3 斗
蜀秫	熟年每亩约收 5 斗	豌豆	熟年每亩约收 3 斗
玉蜀秫	熟年每亩约收 4 斗	脂麻	熟年每亩约收 2 斗

南阳县是个盆地区，既有丘陵山地，也有河谷间的小平原，而且很多山区是清中期后陆续开垦的，这就有利于玉米的推广。当时南阳县的玉米年产量是十万石，次于小麦（二十万石）、粟（十一万石），和蜀秫、黄豆等相并列，看来种植的面积不少。尽管如此，其亩产量仍不突出，甚至比不上蜀秫和粟谷，这就大大限制了它在平原地区的推广发展。

如果我们在同一地区，再拿玉米和番薯的产量作比较，那就更加明显了。

奉天镇安县：包米每亩产量 2.5 斗，若以 45 斤为一斗，共计 112.5 斤；番薯产量 850 斤②。

河南南阳县：包谷熟年每亩约收 4 斗，每斗 31 斤，计 124 斤；番薯熟年每亩约收 400 斤③。

112.5 斤与 850 斤、124 斤与 400 斤，在通常情况下，人们当然乐意选择后者。这也是为什么在很长时间里，玉米没有能发挥出更大优势，遭到统治者冷漠的重要原因之一。

至于乾隆中期后，当玉米迅猛向山区推进，显示出新的生机和活力时，清朝统治者所采取的限制和禁绝政策，有关原因，我们已在前面作过论述，这里就不再赘笔了。

1984 年 8 月修改稿

---

① 潘守廉：《南阳府南阳县户口土地物产畜牧表图说》。
② 宣统元年奉天农业试验场：《奉天全省农业调查书》第一期、第二册；又，据牛尔裕民国《双山县乡土志》记载"苞米四百五十斤为一石"，那么每斗应为 45 斤。
③ 潘守廉：《南阳府南阳县户口土地物产畜牧表图说》。

附录

表1 玉米别称和通行地区

别称	通行地区
玉麦（御麦、芋麦、郁麦）	云南、四川西部、贵州西部、甘肃、陕西中部、河南以及安徽、山西、直隶、山东、福建等部分府县
珍珠粟（珍珠米、珍珠菓）	广东、江苏南部、浙江北部和东部沿海地区，江西东部
番麦（西番麦、西天麦、西天谷、"回回麦"）	甘肃、陕西部分地区，福建台湾、福宁、泉州等府，江苏松江等府
玉蜀黍（玉蜀秫、玉秫黍、玉秫秫、玉薯黍、玉秫米）	直隶、山东、河南东部、江苏北部、山西东部等
玉高粱（玉膏粱）	广东、云南、湖南、湖北、山东等某些地区
玉谷（御谷、禹谷）	山西、河南等某些州县
棒子（棒槌、子、棒子米、棒槌粟）	山东、直隶、河南、盛京、吉林、口外蒙古等地
包儿米（包子米、包粒米、桪儿米、巴儿米）	盛京、直隶北部和山东某些地方
包谷（苞菓、包谷米）	广东、广西、四川、贵州、云南、湖南、湖北、甘肃、新疆等
包芦（苞粟、苞芦、包秫、芭芦）	福建西部、广东、广西东部、江西、浙江和安徽南部山区
六谷（陆谷、菉谷、穟谷、鹿角米、鹿角粟、穟谷粟、芦谷子）	浙江宁波、绍兴、台州、严州、杭州、湖州等府，安徽宁国、庐州等府，江西建昌等府，湖南凤凰厅、龙山县等
观音粟	浙江、江苏、江西的某些州县
金豆（金豆子粟）	江西南昌、抚州、袁州等府，安徽的某些州县
玉秫（玉粟、玉黍、玉薯、豫粟、芋黍黍）	直隶、安徽、云南、贵州等省的不少州县
千穗谷	直隶安肃县
玉茭子（玉蕉籽、御蕉籽、玉茭、玉茭茭）	山西
玉桃黍（玉萄黍）	山西河曲、文水等州县
舜王谷	山西稷山
金稻黍（金桃黍）	陕西延安、榆林、绥德等府州
川谷	陕西延县
先麦	甘肃秦州

57

续表

别称	通行地区
玉粱	甘肃漳县
玉糜黍	河南河南府
王陆	河南商城县
苁	河南叶县
鸡头粟（鸡豆粟）	江苏苏州、松江等府
玉芦穄（玉芦黍、玉芦秫）	江苏扬州、淮安和直隶通州等府州
珍珠芦粟	江苏宜兴县
芦粟	浙江嘉兴、湖州、衢州等府和江苏、安徽的某些州县
乳粟（遇粟）	浙江山阴、萧山、镇海等县
蔀粟	浙江上虞县
棒槌粟	浙江上虞县
薏米	浙江嵊县
腰芦	浙江嵊县
糯粟	浙江嘉兴府
薏米	浙江湖州府
二粟	浙江诸暨县
广东芦	浙江天台县
球穄	浙江永康县
玉芦（芋芦、玉榴）	安徽宿松、太湖、霍山等州县，湖北荆州府
大谷米	安徽旌德县
玉膏黍	山东招远县
玉豆	山东沂州府
棒米	山东日照县
西番蜀秫	山东平度州
"回回米"	山东平度州
包腰粟（宝珠粟、宝粟）	江西赣州府、广信府、宁都直隶州
包胎粟	江西信丰县
芦谷子	江西安吉县
包芦粟	江西义宁州

续表

别称	通行地区
粟	江西万年县
金钗	江西建昌府
番黍	福建福州府
包稻	福建福宁府
番豆	福建福宁、邵武府
观音豆	福建建瓯县
棕包粟	福建永安县
玉苞谷	湖北郧西县
大高粱	湖北兴山县
番菽	湖南郴州
穗谷	湖南辰州府
云南粟	湖南靖州
礼明粢	广东乐昌县
粟米	广东清远县
饭包粟	广东高州府
大苞粟	广东灵山县
粟包	广西宾州、上林县等
包谷豆	四川营山县
包芘	四川秀山县
玉秫麦	四川犍为县
木稷	四川名山县
木壳	四川通江县
木禾	四川越巂厅
红须麦	云南蒙化府
包麦	云南楚雄府
雨麦	贵州兴义府
玉粒	贵州安顺县

说明：表中所列别称，均依据史籍所载加以排比。它们中，有的通行至今，有的在当时不久即为其他俗称所替代。所指通行地区，前后变化也很大，这里亦只就大体而言。

表2 番薯别称和通行地区

别称	通行地区
番荠	浙江普陀山
番葛	浙江
朱薯	
红薯（红薯、红芋、红茹、红苤、红术、红菽）	河南、直隶、山东、陕西、甘肃以及四川、云南、贵州和广东、安徽、江西等某些地方
白薯	直隶等北方省份
地瓜	福建、山东等省
红苕（红藸、红韶，或苕、韶）	四川和云南、贵州等省，陕南、鄂西等地
山薯（山薯、山芋）	江苏、安徽、江西等某些地方
"回回山药"（"回子山药"）	山西
红山药	江苏太仓州等地
红薯蒨	四川合州、湖北东湖、巴东等州县
黄薯	广西庆远府、湖南江华县
番薯蒨	山东平度州
红芋头	山东巨野县
山玉	山东德平县、盛京承德县
芋头	山东泗水县
地薯	山东宁海州
海萝卜	江苏丹阳县
饭芋	江苏如皋县
番瓜	江苏崇明县
香芋（香薯）	江苏通州、盐城等地
蕃术	江西繁昌县、湖北枣阳县
番茱	江西新昌县
番薁	浙江温州府
荒薯	福建南平县

玉米、番薯在中国传播中的一些问题

续表

别称	通行地区
茈	福建台湾府
翻薯	湖南石门县等地
方薯（方苁）	湖南道州
荷兰薯	盛京
地豆	吉林

说明：有关情况和表1中所作说明大体相同。

表3　雍正前各地引种玉米情况

地区	称谓	年代	资料来源
直隶①	玉米②	（明）天启二年（1622）	万国鼎：《五谷史话》。
唐山县（今并入隆尧等县）	玉蜀秫	康熙十二年（1673）	孙缵：康熙《唐山县志》卷1
青苑县	玉麦	康熙十六年（1677）	郭棻：康熙《清苑县志》卷2
香河县	玉秫	康熙十七年（1678）	刘深：康熙《香河县志》卷2
古北口	玉米	康熙二十七年（1688）	《张诚日记》，《第一次鞑靼纪行》
盛京奉天府	包子米	康熙	《古今图书集成》，《盛京府物产考》
锦州府	包子米	康熙	《古今图书集成》，《锦州府物产考》
盖平县	玉蜀黍	康熙二十一年（1682）	骆云：康熙《盖平县志》卷下
铁岭县	玉蜀黍	康熙二十二年（1683）	李延荣：康熙《铁岭县志》
山西河津县	玉麦	康熙十一年（1672）	马光远：康熙《河津县志》卷3
陕西②	玉米②	（明）万历二十五年（1597）	万国鼎：《五谷史话》
山阳县	玉蜀黍、玉蜀秫、番麦、玉米	康熙三十三年（1794）	刘于义：雍正《陕西通志》卷43，引康熙《山阳县志》
安定县（今子长县）	玉麦	康熙	《古今图书集成》，《延安府物产考》
甘肃华亭县	番麦、西天麦	（明）嘉靖三十九年（1560）	赵时春：嘉靖《平凉府志》卷11

61

续表

地区	称谓	年代	资料来源
隆德县	玉麦	康熙二年（1663）	常星景：康熙《隆德县志》上卷
安定县（今定西县）	玉麦	康熙十九年（1680）	张尔介：康熙《安定县志》卷5
临洮府	玉麦	康熙二十六（1687）	高锡爵：康熙《临洮府志》卷8
宁远县（今武山县）	玉麦	康熙	《古今图书集成》，《巩昌府物产考》
四川①	玉米②	康熙二十五年（1686）	万国鼎：《五谷史话》
云南③	玉麦	（明）万历四年（1576）	邹应龙：万历《云南通志》卷2、3、4
云南府	玉麦、西番麦	康熙二十五年（1686）	范承勋：康熙《云南府志》卷2
云南④	玉麦、西番麦	康熙三十年（1691）	范承勋：康熙《云南通志》卷12
大理府	玉麦	康熙三十三年（1694）	傅天祥：康熙《大理府志》卷22
宁州（今华宁县）	玉麦、玉秫、玉高粱	康熙三十四年（1695）	严敬：康熙《宁州志》
嶍峨县（今峨山县）	玉麦	康熙三十七年（1698）	陆绍闵：康熙《嶍峨县志》卷2
蒙化府	御麦	康熙三十七年（1698）	蒋旭：康熙《蒙化府志》卷1
新兴州（今玉溪县）	玉麦、西玉麦	康熙五十四年（1715）	任中宜：康熙《新兴州志》卷5
罗平州	玉麦	康熙五十七年（1718）	黄德巽：康熙《罗平州志》卷2
姚安府	玉麦	康熙	《古今图书集成》，《姚安府物产考》
临安府	玉麦	康熙	《古今图书集成》，《临安府物产考》
贵州①	玉米②	康熙五十七年（1718）	万国鼎：《五谷史话》
思州府	玉米、包谷米、雨麦	康熙六十一年（1722）	蒋深：康熙《思州府志》卷4
广西①	玉米②	（明）嘉靖十年（1513）	万国鼎：《五谷史话》
桂林府	玉米	雍正十一年（1733）	金铁：雍正《广西通志》卷31
广东	玉蜀黍、玉蜀粱	约当明清之际	屈大均：《广东新语》卷14

续表

地区	称谓	年代	资料来源
广东龙川县	珍珠粟	（明）万历七年（1579）	林庭植：万历《龙川县志》卷2
湖南①	玉米②	康熙二十三年（1684）	万国鼎：《五谷史话》
湖北①	玉米②	康熙八年（1669）	万国鼎：《五谷史话》
鹤峰州	包谷	雍正十三年（1735）	吉锺颖：道光《鹤峰州志》卷13⑤
河南鄢陵县	御麦	（明）嘉靖十四年（1535）	刘讱：嘉靖《鄢陵县志》卷3⑥
尉山县	玉麦	（明）嘉靖二十七年（1548）	曾嘉诰：嘉靖《尉氏县志》卷1
襄城县	玉麦	（明）嘉靖三十年（1551）	林鸾：嘉靖《襄城县志》卷1
巩县	玉麦	（明）嘉靖三十四年（1555）	周泗：嘉靖《巩县志》卷3
原武县	玉麦	（明）万历二十二年（1594）	阎邦宁：万历《原武县志》
封丘县	玉麦	顺治十六年（1659）	余缙：顺治《封丘县志》卷3
归德府	玉麦	康熙	《古今图书集成》,《归德府物产考》
怀庆府	玉麦	康熙	《古今图书集成》,《怀庆府物产考》
汝州府	玉麦	康熙	《古今图书集成》,《汝州府物产考》
河南府	玉麦	康熙	《古今图书集成》,《河南府物产考》
安徽凤阳府	玉麦	康熙	《古今图书集成》,《凤阳府物产考》
江西①	玉米②	康熙十二年（1673）	万国鼎：《五谷史话》
赣州府	包粟	康熙	魏瀛：同治《赣州府志》卷20引"康熙志"
福建泉州府	郁麦	（明）万历四十年（1612）	阳思谦：万历《泉州府志》卷3
浦城县	珍珠粟	顺治七年（1650）	李葆贞：顺治《浦城县志》卷4
诸罗县（今嘉义县）	番麦	康熙五十六年（1717）	周钟瑄：康熙《诸罗县志》卷10
永安县	御麦、棕包粟	雍正十年（1732）	裴树荣：雍正《永安县志》卷5
浙江杭州	御麦、番麦	（明）万历初	田艺蘅：《留青日札》,《御麦》

续表

地区	称谓	年代	资料来源
山阴县（今绍兴县）	乳粟、遇粟	（明）万历四十年（1612）	平恕：乾隆《绍兴府志》卷17，引万历《山阴志》⑦
嘉兴县	粳糯粟	（明）天启间	赵惟崡：光绪《嘉兴县志》卷16，引天启《汤志》⑧
天台县	玉芦、广东芦	康熙二十二年（1683）	李德耀：康熙《天台县志》卷5
江苏①	玉米②	（明）嘉靖三十八年（1559）	万国鼎：《五谷史话》
崇明县	御麦	（明）万历三十二年（1604）	张世忠：万历《崇明县志》卷3⑨
吴县	西番麦	（明）崇祯十五年（1642）	姜顺蛟：崇祯《吴县志》卷29
江宁府	玉蜀黍	康熙	《古今图书集成》，《江宁府物产考》
苏州府	西番麦	康熙	《古今图书集成》，《苏州府物产考》
松江府	鸡头粟、珍珠粟、天方粟、玉麦	康熙	《古今图书集成》，《松江府物产考》
山东	玉米	（明）隆庆、万历之间	《金瓶梅词话》第31、35回
招远县	玉蜀黍、玉膏粱	顺治十七年（1660）	张作砺：顺治《招远县志》卷5
历城县	玉麦	康熙六十一年（1722）	李师白：康熙《历城县志》卷5

注释：① 其具体地区不明。
② 所称玉米，均转引自万国鼎《五谷史话》中叫法，原史籍当不作此称呼。
③ 其具体府州有云南府、永昌府、蒙化府、鹤庆府、姚安府、景东府、顺宁州、北胜州等。
④《云南通志》载称："通省谷属。"
⑤ 州志载毛峻然《包谷》诗。按：毛于雍正十三年（1735年）任鹤峰知州。可见至少在此前，该州已引种玉米。
⑥ 孙丕承顺治《鄢陵县志》中亦载有。
⑦ 高登先康熙《山阴县志》卷七亦载："乳粟，粒大如鸡豆，色白味甘，俗曰遇粟。"但未言出自万历志。
⑧ 县志载："今嘉兴有一种名芦粟，即北方之玉蜀黍，苗叶似高粱，而子粒攒簇，其色黄白，有粳有糯。《汤志》所谓粱糯粟者即此耳。"按：《汤志》指明天启间汤齐聘所修县志，但未见刻板，崇祯十年（1637），知县罗炘聘县人黄承昊，在《汤志》基础上续修成二十四卷，始有刻本。
⑨ 朱衣点康熙《崇明县志》卷六亦载称"御麦"。

玉米、番薯在中国传播中的一些问题

表4　乾隆至道光间（1736—1850）各省区已知种植玉米府州县名①

省区	府州县名
直隶	天津（乾隆四年，1739），沧州（乾隆八年，1743），东安（乾隆十四年，1749），乐亭（乾隆二十年，1755），丰润（乾隆二十年，1755），献县（乾隆二十六年，1761），任丘（乾隆二十八年，1763），涿州（乾隆三十年，1765），柏乡（乾隆三十二年，1767），安肃（乾隆四十三年，1778），永清（乾隆四十四年，1779），宁河（乾隆四十四年，1779），热河（乾隆四十六年，1781），大名（乾隆五十四年，1789），遵化（乾隆五十九年，1794），保定府（乾隆），塔子沟（建昌县，今辽宁凌源县，乾隆），庆云（嘉庆十四年，1809），南宫（道光十年，1830），承德府（道光十一年，1831），新城（道光十八年，1838）
盛京②	凤凰城（乾隆五十九年，1794）
山西③	太原（道光六年，1826），大同（道光十年，1830），繁峙（道光十六年，1836）
陕西	镇安（乾隆十八年，1753），延长（乾隆二十七年，1762），凤县（乾隆初），石泉（乾隆三十一年，1766），兴安州（乾隆四十年，1778），蒲城（乾隆四十七年，1782），三原（乾隆四十八年，1783），华阴（乾隆五十八年，1793），华州（乾隆五十八年，1793），沔县（嘉庆初），西乡（嘉庆十一年，1806），洛川（嘉庆十一年，1806），中部（今黄陵县，嘉庆十二年，1807），南郑、宁羌、略阳、城固、洋县、定远、留坝（嘉庆十八年，1813），扶风（嘉庆二十三年，1818），商南、雒南、鳌屋、鄠县、蓝田、孝义、郿县、宁陕、岐山、宝鸡（嘉庆），清涧（道光八年，1828），榆林府（道光二十一年，1841）
甘肃	平番（今永登县，乾隆十四年，1749），镇番（今民勤县，乾隆十四年，1749），狄道州（今临洮县，乾隆二十八年，1763），陇西（乾隆三十七年，1772），皋兰（乾隆四十三年，1778），华亭（嘉庆元年，1796），肃州（嘉庆十三年，1808），敦煌（道光十年，1830），兰州府（道光十二年，1832），镇原（道光二十七年，1847）
新疆	哈密（道光二十六年，1846）
四川	荥经（乾隆四年，1739），屏山（乾隆二十一年，1756），广元（乾隆二十二年，1757），巴县（乾隆二十六年，1761），江安（乾隆二十六年，1761），珙县（乾隆三十八年，1773），威远（乾隆四十年，1775），永川（乾隆四十一年，1776），灌县（乾隆五十一年，1786），打箭炉厅（今康定县，乾隆六十年，1795），华阳（乾隆），奉节（乾隆、嘉庆间），眉州（今眉山县，嘉庆四年，1799），马边（嘉庆十年，1805），汶川（嘉庆十年，1805），茂州（嘉庆十年间，1805年左右），长宁（嘉庆十三年，1808），金堂（嘉庆十六年，1811），汉州（今广汉县，嘉庆十七年，1812），江津（嘉庆十七年，1812），乐山（嘉庆十七年，1812），宜宾（嘉庆十七年，1812），江安（嘉庆十七年，1812），安县（嘉庆十七年，1812），渠县（嘉庆十七年，1812），叙永直隶厅（嘉庆十七年，1812），郫县（嘉庆十八年，1813），崇宁（嘉庆十八年，1813），彭县（嘉庆十八年，1813），洪雅（嘉庆十八年，1813），夹江（嘉庆十八年，1813），峨眉（嘉庆十八年，1813），南溪（嘉庆十八年，1813），纳豁（嘉庆十八年，1813），犍为（嘉庆十九年，1814），

65

续表

省区	府州县名
四川	庆符（嘉庆十九年，1814），彭山（嘉庆十九年，1814），成都（嘉庆二十年，1815），温江（嘉庆二十年，1815），资州直隶州（嘉庆二十年，1815），青神（嘉庆二十年，1815），通江、南江、太平（今万源县）（嘉庆），大竹（道光二年，1822），绥靖屯（今金川县，道光五年，1825），宁远府（道光七年，1827），新津（道光八年，1828），雷波（道光十一年，1831）石泉（道光十三年，1833），綦江（道光十五年，1835），仁寿（道光十七年，1837），中江（道光十九年，1839），乐至（道光二十年，1840），江油（道光二十年，1840），龙安府（道光二十年，1840），石砫厅（今石柱县，道光二十三年，1843），新都（道光二十四年，1844），内江（道光二十四年，1844），城口（道光二十四年，1844），昭化（道光二十五年，1845），忠州直隶州（道光二十六年，1846）
云南	广西府（乾隆四年，1739），弥勒州（乾隆四年，1739），陆凉州（今陆良县，乾隆十七年，1752），石屏州（乾隆二十四年，1759），东川府（乾隆二十六年，1761），西河（乾隆五十三年，1788），蒙自（乾隆五十六年，1791），广南府、开化府、普洱府（嘉庆、道光间），保山（嘉庆、道光间），元江州（道光六年，1826），威远厅（今景谷县，道光十六年，1836），宣威州（道光二十四年，1844），澂江府（道光二十七年，1847）
贵州	玉屏（乾隆二十三年，1758），普安州（乾隆二十三年，1758），绥阳（乾隆二十四年，1759），独山州（乾隆三十四年，1769），镇远府（乾隆五十七年，1792），贵阳府（乾隆、嘉庆之间），广顺州（乾隆、嘉庆之间），黎平府（乾隆、嘉庆之间），兴义府（乾隆、嘉庆之间），威宁州（乾隆、嘉庆之间），仁怀厅（今赤水县，乾隆、嘉庆之间），黄平州（嘉庆五年，1800），正安州（嘉庆二十三年，1818），黔西州（道光十五年，1835），永宁州（道光十七年，1837），印江（道光十七年，1837），遵义府（道光二十一年，1841），思南府（道光二十一年，1841），平远州（道光二十七年，1847）
广西	镇安府（乾隆二十一年，1756），容县（乾隆三十二年，1758），梧州府（乾隆三十四年，1769），全州（嘉庆四年，1799），浔州府（道光六年，1826），永宁州（道光六年，1826），庆远府（道光八年，1828），白山司（今马山县，道光八年，1828），博白（道光十二年，1832），苍梧（道光十六年，1836），归顺州（今靖西县，道光二十八年，1848）
广东	澄海（乾隆二十九年，1764），镇平（今蕉岭县，乾隆四十六年，1781），归善（乾隆四十八年，1783），平远（嘉庆二十五年，1820），灵山（道光二年，1822），开建（道光三年，1823），东安（今云浮，道光三年，1823），恩平（道光五年，1825），西宁（道光十年，1830），肇庆府（道光十三年，1833），钦州（道光十四年，1834），封川（道光十五年，1835），佛冈厅（道光二十二年，1842），长乐（今五华县，道光二十五年，1845），遂溪（道光二十八年，1848）

续表

省区	府州县名
湖南	长沙府（乾隆十二年，1747），平江（乾隆二十年，1755），湘潭（乾隆二十一年，1756），沅州府（乾隆二十三年，1758），黔阳（乾隆二十三年，1758），芷江（乾隆二十五年，1760），新化、邵阳、武冈州、城步（乾隆二十八年，1763），永顺府（乾隆二十八年，1763），祁阳（乾隆三十年，1765），辰州府（乾隆三十年，1765），龙山（乾隆四十一年，1776），安仁（乾隆），沅江（嘉庆十三年，1808），宁远（嘉庆十七年，1812），常德府（嘉庆十八年，1813），宜章（嘉庆二十年，1815），浏阳（嘉庆二十三年，1818），石门（嘉庆二十三年，1818），郴州直隶州（嘉庆二十五年，1820），永绥厅（今花垣县，嘉庆、道光间），乾州厅（今吉首，嘉庆道光间），凤凰厅（道光四年，1824），晃州厅（今新晃县，道光五年，1825），永州府（道光八年，1828）
湖北	宜昌府（乾隆初），房县（乾隆十七年，1752），荆州府（乾隆二十二年，1757），南漳、谷城、均州（乾隆二十五年，1760），利川（乾隆三十四年，1769），郧西（乾隆三十八年，1773），竹山（乾隆五十年，1785），竹溪、保康、兴山（嘉庆），建始（道光二十年，1841），施南府（道光二十九年，1849）
河南	鲁山（乾隆八年，1743），兰阳（乾隆九年，1744），阳武（今兰考县，乾隆十年，1745），新乡（乾隆十二年，1747），遂平（乾隆二十四年，1759），仪封（乾隆二十九年，1764），新安（乾隆三十一年，1766），嵩县（乾隆三十二年，1767），河南府（乾隆四十四年，1779），偃师（乾隆五十三年，1788），永宁（乾隆五十五年，1790），商城（嘉庆八年，1803），渑池（嘉庆十五年，1810），孟津（嘉庆二十二年，1817），太康（道光八年，1828），泌阳（道光八年，1828），扶沟（道光十三年，1833），禹州（道光十五年，1835），辉县（道光十五年，1835），许州（道光十八年，1838），伊阳（道光十八年，1838）
安徽	霍山（雍正、乾隆之间），无为州（乾隆八年，1743），寿州（乾隆二十五年，1760），太湖（乾隆二十六年，1761），歙县（乾隆三十六年，1771），庐江（嘉庆八年，1803），舒城（嘉庆十一年，1806），休宁（嘉庆十二年，1807），宣城（嘉庆十三年，1808），旌德（嘉庆十三年，1808），黟县（嘉庆十七年，1812），宁国府（嘉庆二十年，1815），东流（嘉庆二十三年，1818），怀远（嘉庆二十四年，1819），怀宁（道光五年，1825），亳州（道光五年，1825），桐城（道光七年，1827），祁门（道光七年，1827），宿松（道光八年，1828）
江西	大庾（乾隆初），德安（乾隆二十一年，1756），南城、新城（今黎川县）、南丰、广昌、泸溪（乾隆二十一年，1783），广信府（乾隆四十八年，1783），萍乡（乾隆四十九年，1784），袁州府（嘉庆八年，1803），玉山（道光三年，1823），信丰（道光四年，1824），鄱阳（道光四年，1824），宁都州、瑞金、石城（道光四年，1824），宜黄（道光五年，1825），定南厅（道光五年，1825），会昌（道光六年，1826）

续表

省区	府州县名
福建	台湾府（乾隆十二年，1747），安溪（乾隆二十二年，1757），福宁府（乾隆二十七年，1762），凤山（乾隆二十九年，1764），晋江（乾隆三十年，1765），同安（嘉庆三年，1798），福鼎（嘉庆十一年，1806），台湾（今台南市，嘉庆十二年，1807），彰化（道光十四年，1834），噶玛兰厅（今宜兰县，道光二十年，1840），罗源（道光二十九年，1849）
浙江	安吉州（乾隆十四年，1749），镇海（乾隆十七年，1752），平阳（乾隆二十四年，1759），鄞县（乾隆五十一年，1786），绍兴府（乾隆五十七年，1792），台州府（乾隆、嘉庆之间），温州府（乾隆、嘉庆之间），处州府（乾隆、嘉庆之间），庆元（嘉庆六年，1801），上虞（嘉庆十六年，1811），西安（嘉庆十六年，1811），嵊县（道光八年，1828），象山（道光十二年，1832），宣平（道光二十年，1840），缙云（道光二十九年，1849），富阳、余杭、临安、於潜、新城、昌化、乌程（今吴兴县）、归安（今吴兴县）、德清、孝丰、武康、长兴（道光间）
江苏	淮安府（乾隆十三年，1748），上海（乾隆十五年，1750），如皋（乾隆十五年，1750），金山（乾隆十八年，1753），通州直隶州（乾隆二十年，1755），海州（今连云港市、乾隆三十七年，1772），娄县（乾隆五十三年，1788），宜兴（嘉庆三年，1797），海州直隶州（嘉庆十六年，1811），东台（嘉庆二十二年，1817），青浦（道光十四年，1834），江阴（道光二十年，1840）。
山东	泰安府（乾隆二十五年，1760），福山（乾隆二十八年，1763），鱼台（乾隆二十九年，1764），济阳（乾隆三十年，1765），淄川（乾隆四十一年，1776），临清直隶州（乾隆五十年，1785），济宁直隶州（乾隆五十年，1785），禹城（嘉庆十三年，1808），东阿（道光九年，1829），蓬莱（道光十九年，1839），荣城（道光二十年，1840），博兴（道光二十年，1840），胶州（道光二十五年，1845），平度州（道光二十八年，1848）

注释：①由于资料本身的限制，括弧中所录年代，大多都是资料成书年代，这与实际引种时间是有区别的；有的州县，我们虽然能够确定在乾隆至道光间已经种植玉米，但因没有查到直接说明的资料，为了慎重起见，不加载录；表中，我们也有既记录了府（或直隶州）名，又收入了该府（直隶州）所属州县名。这是因为在不少场合，府志所载都比较笼统，有时甚至不包括各该所有州县的种植情况；当然，重复之处，亦在所难免。附表三中已经载录的府州县名，一般不再收列。

②吕耀曾乾隆元（1736）《盛京通志》卷27，《物产》载有："玉蜀黍，……俗呼包儿米，由内务府沤粉充贡。"

③觉罗石麟雍正十二年（1734）修，嘉庆十六年（1811）增刻《山西通志》载有："玉蜀秫，……俗名玉秫。"

（原刊于《清史论丛》第一辑）

略论清代农业雇工的性质与农业
资本主义的萌芽

黄冕堂

随着中国资本主义萌芽问题的深入讨论,清代的雇工性质与农业资本主义萌芽问题引起了学术界越来越大的兴趣。个人认为清代雇工的种类大体可分为两大部分:一类是主雇之间存在有主仆名分和等级森严的隶属关系,法律上称为"雇工人";另一类是解除了主仆名分的雇工。虽然如此,但清代法定为有主仆名分的"雇工人",绝大多数都是在贵族官僚和有身份的地主之家供役,在中小地主特别是庶民之家服役者甚少;他们又主要是在上流社会的家内从事打杂服役,参加生产活动者甚少,特别是乾隆中期以后的情况,更是如此。因此,清代"雇工人"在社会经济生活中所起的作用是有限的,这个问题,本人将另行论述。而清代农业雇工的产生、性质及其在生产中所占的地位、作用等,则是研究清代农业以至整个资本主义萌芽的关键课题之一,虽已有一些同志作过不少研究,但仍有值得大力发掘的领域,而且在讨论中还发现有很大的分歧,因此,很有必要把研究和讨论深入下去。

一 清代农业雇工产生的历史条件

清代社会上涌现出了一种新型雇工,这种雇工实际上在明代后期已经开始出现，只是到了清代，它才比较明显地以一种新兴的社会力量的阵势表现出来。第一、这种雇工，人数甚多，且有方兴未艾之势；第二、名目繁多，有长工、短工、忙工、年工、季工、月工、日工等各种名目和形式；第三、遍布于城乡各个角落，特别在"庶民之家"和"农民佃户"之家在在有之；第四、在农、林、牧、副、渔各业中无所不有，尤其在农业生产中起着越来越大的作用。

首先要弄清的问题是这类雇工是怎样产生的？是在什么样的历史条件下产生的？它是否封建经济结构尚有牢固基础的状况下所产生的一种偶发的、零散的雇工现象？它与资本主义萌芽有无关系？马克思指出："资本主义社会的经济结构，是由封建社会的经济结构发生出来的。后者的解体，已经把前者的要素游离出来。"① 有些学者认为清代前期的封建经济基础还十分牢固，封建经济结构还未出现解体的裂缝。个人认为此种看法值得商榷。什么是封建经济结构呢？封建经济结构解体或分解的内容又是指的什么？根据列宁的分析，封建经济结构就是指以自然经济、生产者与生产资料相结合的个体小生产者、农民对地主的人身依附和生产技术水平极端低下并停滞不前四点为基本特征的一种经济体系，这种经济体系是以具有隶属性的城乡个体农民和手工业者这类小生产者为奠基石的。封建经济结构解体的过程就是指上述个体农民和手工业者这块奠基石发生分化瓦解的过程，特别是农民佃户和自耕农在小商品生产的强烈刺激下从其自身内部发生贫富分化，是对封建个体经济的根本性破坏。自明后期以来，由于商品货币经济的新发展，特别是由于农村广泛深刻的阶级斗争，如形形色色的抗租争田和争取永佃权的斗争等，因此至清代，已从各方面具备了促使个体农民发生分化的成熟条件和表现。

第一，清代法典对佃农的政治地位制订了某些保护性条例，使佃户的政治身份大有改善。雍正、乾隆年间，清律明定：

> 凡不法绅衿，私置板棍，擅责佃户者，官员照违制律议处，余罪收赎。衿监革去衣顶，杖八十，亦照例准其收赎。如将佃户妇女强行

---
① 马克思：《资本论》第1卷，人民出版社1953年版，第903页。

奸占为婢妾者，绞监候。如无犯奸情节，照略卖良人为妻妾律，杖一百，徒三年，妇女给亲完聚。该地方官不豫行严禁，或被害之人告理而不即为查究者，照徇庇例议处。至有奸顽佃户，拖欠租课，欺慢田主者，杖八十，所欠之租，照数追给田主。①

这项法令虽然在最后也保证了地主对佃户的地租剥削，但其主旨在禁约地主任意凌虐佃户和侵犯佃户的人身权利，特别是遏制地主对佃户家属的无端蹂躏，在法律上确认了佃户的"良民"（亦称"凡人"）地位。因此至清代，除部分官庄和贵族官僚田庄外，主佃之间的传统的主仆名分已失去了法律保障，代之而起的是平等的"凡人"关系。所以在清代档案中，有不少发生在主佃之间的刑事案件，都强调彼此"平等相称，并无主仆名分"，判决"以凡人科断"。嘉庆六年（1801）在河南，廿五年（1820）在广西等地都连续发生过这类案例。②乾隆三十三年（1768），在江苏发生的因佃户欠租而地主将佃户迫害致死一案，尤其具有代表性：

金胜章，因王武京拖欠旧租，令家人锁押索还，以致受寒猝毙，比照用强殴打威逼自尽例拟军。部驳：金胜章以欠租细事，辄将佃户王武京拴锁拘押，情形殊属强暴，正与威力制缚之本律相符。且王武京被锁在船，因隆冬冻饿交迫，以致殒命，原验尸略称系生前受冻身死，并无自尽实迹，岂可舍威力制缚因而致死之正条，牵引威逼自尽之比例。③

按清律，"豪强之人以威力挟制捆缚人"致死者应处绞候，若以威力主使他人犯者，以主使之人为首犯抵命。江苏法司想牵引威力制缚人自尽例轻判地主金胜章"拟军"，刑部驳回了原判，责令地方应按"威力制缚因而制死之正条"改判绞候。根据上述律文，因佃户欠租"细事"，地主金胜章恃强横暴，致死人命，为维护佃户的"凡人"地位，刑部在此坚持

---

① 光绪《钦定大清会典事例》卷809，《刑律斗殴》。
② 档案，刑科题本，土地债务，嘉庆六年七月廿二日；嘉庆廿五年十一月廿四日、十二月廿日。
③ 吴煦：《大清律例增修统纂集成》卷27。

71

了依法办事的原则。由于佃户取得了法定的"凡人"地位，这就为农民的独立生活，为佃户个体经济的发展提供了某些政治上的保证。

第二，清律在经济上限制地主对佃农任意役使。乾隆五年，清律载：

> 凡各衙门官吏及出使人员役使人民抬轿者，杖六十，……若豪富、庶民之家，不给雇钱，以势役使佃客抬轿者，罪亦如此，每名计一日追给雇工银八分五厘五毫。①

明末，吕坤揭露河南梁宋一带的地主除剥削农民的地租外，还随意役使他们无偿地干"夜警""兴修""杂忙"等没完没了的活路，把农民的剩余劳动剥夺净尽，使扩大再生产根本不可能。这项限制地主役使佃户的法令，不仅从保障农民的剩余劳动方面看有重要的经济意义，而且以法律的形式宣告了封建徭役经济的没落和主佃间等级关系的解体。不仅如此，乾隆后期，江南地区遇灾荒年分，佃户较平常年多出工抗灾，地主还须另给报酬。乾隆五十年（1785）：

> 据嵇璜奏称：江南佃户遇干旱年分，戽水灌田，即可向地主折算工价，少纳租银。②

后一种办法还仅是一种惯例，也可视之为习惯法或非成文法，它从某种意义上已把佃户与"计工受值"的雇用工人等同看待了。清代佃户所获得的上述法律上和习惯上的多方面保障，与往日给地主必须无偿供役相比无疑是一个历史性的变化，它能在很大程度上减少天灾和人祸所强加给佃户的种种损失，因而为佃户个体生产的发展提供较大的物质刺激和活力。

第三，货币地租的出现。我所理解的货币地租是指私租的货币化，中国历史上较早出现的田赋和官租（包括祀租）征银与《红楼梦》中所反映的某些折租，都不能认为是严格意义上的货币地租。明代后期已有少量的货币地租开始出现，至清代前期，又有了新的发展。史载：

---

① 光绪《钦定大清会典事例》卷778《兵律邮驿》；参看《大清律例增修统纂集成》卷22。
② 王先谦：《东华续录》，乾隆五十年九月壬戌。

略论清代农业雇工的性质与农业资本主义的萌芽

沪之巨商,不以积粟为富,……至民间食米,均资邻邑运入,……故富家从未见有廪囷者,田主征租,只取折价,猝遇变端,不过一月而粮尽矣。①

乾隆廿一年(1766),广东新安有旗地一百石,拨与旗佃耕种,年交租银五十两。②乾隆廿四年(1769),江苏宝山县章洪以田三亩租与弟婿须四佃耕,议明一亩以做工抵租,另二亩每年纳租银二两四钱。③乾隆三十年(1765),四川嘉定曾金成与邱友章合租吴廷相山地伙"种棉花",年纳租银八两,议种四年。④同年,韶州曲江某,租地四亩,年纳租银一两四钱⑤。嘉庆六年(1801),长沙周健文将麻地典与傅尚文,仍向傅领回"租种,每年出钱三千文"⑥。同治初,山西荣河县"余百姓将地四亩向满僖质银十八两,地亩仍归余租种,言明每年租银六两"⑦。同年,陕西韩城县燕庚仔"租种祠田五亩八分,言明每年租银三两四钱"⑧。以上是个人从文献与档案中新找到的几项有关货币地租的记载,中国社会科学院经济研究所汇编的《中国近代农业史资料》,还从刑科题本中发现了浙江、陕西、河南、安徽、山东、直隶和广东等许多省都有货币地租应运而生。其中提供上海材料的作者王韬,生于道光初年,死于光绪末年。他所说的上海巨商和民间田主,其私租货币化已经达到了相当普遍的程度,无疑上海出现货币地租已有了一段较长的历史,可以把它看作鸦片战争以前上海已出现货币地租的一个合乎逻辑的发展。从上述摘引的各项材料中可以明显地看出货币地租的产生都与商品生产有密切关系。沪商收租"只取折价",不是折租之意,而是指按市场价格征收货币地租。地主由过去以"积粟为富"变而为追求货币财富,连日用粮米也全然仰仗市场供应,这是自然经济崩溃的生动写照。马克思指出,货币地租的出现是以"商业、城市产业、商

---

① 王韬:《瀛壖杂志》卷1。
② 档案,刑科题本,斗殴,乾隆廿一年第33包。
③ 档案,刑科题本,土地债务等,乾隆三十年,第1288包内。
④ 档案,刑科题本,土地债务等,乾隆三十年十二月十一日。
⑤ 档案,刑科题本,土地债务等,乾隆三十年三月初三日。
⑥ 档案,刑科题本,土地债务等,嘉庆六年三月初三日。
⑦ 刚毅:《秋谳辑要》卷4《人命成案下》。
⑧ 刚毅:《秋谳辑要》卷3《人命成案上》。

品生产一般,及货币流通已有显著发展这一件事作为前提"。伴随货币地租的出现,必然会使"农民和地主间的传统的合乎习惯法的关系,……转化为……纯粹的货币关系"。这种转化,还会"渐次把占有土地的旧式农民剥夺,而以资本主义的租地农业家代替他们",并"必然会陪伴有一个无产的,为货币而被人雇佣的日佣劳动者阶级的形成,……在处境较优而有纳租义务的农民间,必然已经有为自己利益而剥削农村工资劳动者的习惯发展起来,……就有了一所培养资本主义租地农业家的学校了"。①马克思所分析的货币地租出现后所必然带来的深刻的社会变化,当然只能在货币地租已有了相当普遍发展的情况下才能显现出来,清代前期的货币地租还很不普遍,当然谈不到什么产生租地农业家等,但把这一时期所出现的一定数量的货币地租看作清代封建经济结构初步解体的体现和出现"无主仆名分"的雇工的一种催化剂,还是顺理成章的。

第四,农民内部分化的发生和加剧。明代后期,社会上一面出现了所谓"上农""大农""富农",另一面产生了"长工""短工""忙工"等,但详细情况有待深入考察。清代从农民内部分化出了许多富裕户,其出身一般为自耕农、菜农和佃户,但都是以生产者起家,通过对农业生产的直接经营致富。嘉兴新塍镇有沈元龙,分家时,只得瘠产数十亩,后以力耕起家,累致千金。南浔有"卖菜翁","畎畔尽劳",从事园业、蚕桑生产,获"利三倍",积累"多金"。松江沿海的灶户,在明末,曾被每户平均分配柴荡二亩多,以为柴草生产基地。至清初,乃发生严重的两极分化,少数富裕灶户能买柴荡"数十百亩","数千亩",实际上已将柴荡垦为"良田",从事农业生产,但名义上仍称为柴荡。另一极的贫灶则弄得一无所有,地"无以立锥",大半沦为灶丁②。由于农民内部的贫富分化已成为社会上比较普遍的现象,从而产生了新的社会问题,因此乾嘉之际,清廷乃在法典上特别辟出"农民佃户雇倩耕种工作之人"的专栏,并为其社会身份和主雇关系作出了法律上的规定。从现实生活看,下面的系统资料更可以帮助我们了解当时一家雇倩一二个雇工的农民很多,所在都有,一家雇

---

① 马克思:《资本论》第3卷,人民出版社1953年版,第1041—1042页。
② 朱士楷:《新塍镇志》,《孝友》,《沈元龙传》;黄邛:《锡金识小录》卷7"浦贤"条;周庆云:《南浔志》卷30《农桑总论》;嘉庆《松江府志》卷56《古今人传》,《钱世贵传》。

雇三五个以上的富裕户也不很少。

上述一系列事实从各方面揭示作为封建经济奠基石的个体农民出现了明显的内部分化，封建经济结构已开始了历史性的解体过程，并且陪伴旧经济结构的解体而游离出了资本主义经济结构的两个要素，在农村，即游离出了"殷实农夫"和"破产农夫"。清代的农业雇工正是在上述封建经济结构面临解体的历史条件下产生的，它是一种必然的和社会的产物，不是一种偶然的和零散的历史现象。

马克思分析从封建生产方式向资本主义生产方式过渡存在着两条道路，其中基本的一条是"生产者成为商人与资本家，而与农业的自然经济，与中世纪城市产业在行会中结合着的手工业相对立"[①]。列宁也说："资本主义生产开始于生产者之间出现了资本家。"[②] 这个原理不仅适用于手工业，而且也适用于农业。由于清代的农业雇工是在封建经济结构解体的历史条件下产生的，因此其发生和发展过程本身实际上也就是马克思所陈述的从封建经济过渡到资本主义经济的基本道路在农业经济领域的演进过程，就是说，上述农业雇工经营发展到一定的规模和阶段，则农业中的资本主义萌芽必将应运而生。由封建经济过渡到资本主义经济的基本道路在个体手工业者和农民中产生以后，还必将逐渐向地主经济渗透，从而相应发生马克思同时指出的"商人直接支配生产"的第二条过渡道路。"这后一条路，虽然在历史上极其厉害地当作过渡来发生作用，……但它本身却是这样少地唤起旧生产方式的革命"[③]。这类问题都将在下面第二节三两部分进一步论述。

二 清代农业雇工的"自由劳动者"性质

马克思在谈到自由劳动者的性质时，指出有两重意义：一方面是生产者与生产资料脱离，其中主要是农民与土地分离，自由得一无所有；另一方面是生产者（包括手工业与农业）打破了封建阶级的政治束缚，可以自

[①] 马克思：《资本论》第3卷，人民出版社1953年版，第413—414页。
[②] 《列宁全集》第1卷，人民出版社1955年版，第426页。
[③] 马克思：《资本论》第3卷，人民出版社1953年版，第414页。

由出卖自己的劳动力。清代农业雇工的突出特点之一即客籍佣工,这类客籍佣工与我国历史上较早出现的某些佣工现象存在着明显的差异,现在先编制一个客籍佣工表,然后再进行一些分析。

清代客籍佣工简表

年代	姓名	原籍	新籍	资料出处
雍正四年	"多贫民"	不详	"入川垦地听其种地佣工"	光绪《钦定大清会典事例》卷158
雍正六年	杨士元	广东	安徽	《大清律例荟钞》卷七十一
雍正十二年	回民	成都	重庆	光绪《钦定大清会典事例》卷158
乾隆廿年	陈华	江西抚州	江西饶州	档案,刑科题本,斗殴,乾隆廿一年五月十九日
乾隆廿六年	"流寓小民""单身佣工"	直隶、山东	奉天	光绪《钦定大清会典事例》卷158
乾隆卅年	韩坡头	广东定安县	广东文昌县	档案,刑科题本,土地债务等,乾隆卅年十二月十八日
乾隆卅年	胡世鼎兄弟	荆州监利县	利川县	档案,刑科题本,土地债务等,乾隆卅年十二月廿一日
乾隆卅年	蔡荣华	云南	四川雅州	档案,刑科题本,土地债务等,乾隆卅年十二月十八日
乾隆卅一年	王怀保	直隶永年县	直隶房山县	档案,上谕档(冬季档)乾隆卅一年十月九日
乾隆五十四年	旗人昆英	北京	山东	光绪《钦定大清会典事例》卷745
嘉庆十年	李维忠	四川庆符县	云南永善县	档案,刑科题本,土地债务等,嘉庆十年一月五日
嘉庆十年	李纶	山东	绥州	档案,刑科题本,土地债务等,嘉庆十年十一月六日
嘉庆十年	罗福临	湖南临武县	广西罗城县	档案,刑科题本,土地债务等,嘉庆十年十一月十五日
嘉庆十三年	蒋玉俸	四川大足县	云南镇雄	档案,刑科题本,土地债务等,嘉庆十三年二月十六日

略论清代农业雇工的性质与农业资本主义的萌芽

续表

年代	雇工情况 姓名	雇工情况 原籍	雇工情况 新籍	资料出处
嘉庆十三年	杨克炳	楚南	云南大关	档案，刑科题本，土地债务等，嘉庆十三年二月廿五日
嘉庆十三年	王文秀 袁伍	山西蒲城	陕西三原县	档案，刑科题本，土地债务等，嘉庆十三年三月十六日
嘉庆十三年	李明伦 李才	陕西富平县	陕西三原县	档案，刑科题本，土地债务等，嘉庆十三年三月十六日
嘉庆十三年	王金潮	直隶承德府	关外本溪	档案，刑科题本，土地债务等，嘉庆十三年五月十七日
嘉庆十三年	袁长贵	四川乐山县	四川犍为县	档案，刑科题本，土地债务等，嘉庆十三年五月廿九日
嘉庆十三年	马 诚	甘肃固原	直隶承德府	档案，刑科题本，土地债务等，嘉庆十三年九月二十四日
嘉庆廿一年	张 凯	直隶	吉林二道河	档案，刑科题本，土地债务等，嘉庆廿一年二月一日
嘉庆廿一年	韩常然	直隶	吉林二道河	档案，刑科题本，土地债务等，嘉庆廿一年二月一日
嘉庆廿一年	陈庭贵 陈庭会	浙江江山县	陕西西安	档案，刑科题本，土地债务等，嘉庆廿一年二月四日
嘉庆廿一年	石晚怀	陕西神木县	山西归化	档案，刑科题本，土地债务等，嘉庆廿一年五月十日
嘉庆廿一年	李添兴	直隶深州	直隶永清县	档案，刑科题本，土地债务等，嘉庆廿一年闰六月十日
嘉庆廿一年	陈学诗	安徽霍邱县	安徽颍上县	档案，刑科题本，土地债务等，嘉庆廿一年闰六月廿一日
嘉庆廿一年	罗正全	四川南充县	四川蓬州	档案，刑科题本，土地债务等，嘉庆廿一年六月廿一日
嘉庆廿一年	任帼太	四川定远县	四川蓬州	档案，刑科题本，土地债务等，嘉庆廿一年六月二十一日
嘉庆廿一年	石桂子	直隶邯郸	直隶永年县	档案，刑科题本，土地债务等，嘉庆廿一年闰六月廿七日
嘉庆廿一年	陈良谟	甘肃防州	陕西南郑县	档案，刑科题本，土地债务等，嘉庆廿一年六月廿九日

续表

年代	雇工情况 姓名	雇工情况 原籍	雇工情况 新籍	资料出处
嘉庆廿一年	张文富	贵州龙泉县	四川宁远县	档案，刑科题本，土地债务等，嘉庆廿一年七月十二日
嘉庆廿一年	王 胜	山东历城县	直隶邢台县	档案，刑科题本，土地债务等，嘉庆廿一年七月廿九日
嘉庆廿一年	柳盛 柳真 柳五	山西祁县	北京	档案，刑科题本，土地债务等，嘉庆廿一年七月廿日
嘉庆廿一年	胡嘉瑞	延庆州	北京	档案，刑科题本，土地债务等，嘉庆廿一年七月廿日
嘉庆廿一年	康文幅	山东安邱县	山东莒县	档案，刑科题本，土地债务等，嘉庆廿一年九月五日
嘉庆廿一年	王 彩	山东掖县	内蒙古多伦	档案，刑科题本，土地债务等，嘉庆廿一年九月一日
嘉庆廿二年	孙万真父子	山东登州	吉林外屯	档案，刑科题本，土地债务等，嘉庆廿二年六月二日
嘉庆廿二年	杨宜仟	安徽霍邱县	河南固始县	档案，刑科题本，土地债务等，嘉庆廿二年六月廿日
嘉庆廿五年	易文魁 龙学桎	湖南	广西灌阳县	档案，刑科题本，土地债务等，嘉庆廿五年二月廿日
嘉庆廿五年	周大税 吴贤才	湖南	广西灌阳县	档案，刑科题本，土地债务等，嘉庆廿五年二月廿日
嘉庆廿五年	韩克炳父子	河南河内县	河南修武县	档案，刑科题本，土地债务等，嘉庆廿五年五月十六日
嘉庆廿五年	陈老八	四川巴州	云南宁洱县	档案，刑科题本，土地债务等，嘉庆廿五年五月十六日
嘉庆廿五年	刀映棕	刀映棕云南景东厅	云南宁洱县	档案，刑科题本，土地债务等，嘉庆廿五年五月十六日
嘉庆廿五年	李 钱	山东禹城	河南归德府	档案，刑科题本，土地债务等，嘉庆廿五年五月十六日
嘉庆廿五年	张幅玉 潘 成 丁祖荣	山东即墨 诸城平度	吉林丁子屯	档案，刑科题本，土地债务等，嘉庆廿五年五月十六日

续表

年代	雇工情况			资料出处
	姓名	原籍	新籍	
嘉庆廿五年	吴明秀	直隶永平府	吉林丁子屯	档案，刑科题本，土地债务等，嘉庆廿五年五月十六日
道光十五年	白　保	洛阳	河南叶县	档案，刑科题本，土地债务等，嘉庆廿五年五月十六日

外籍佣工在封建社会较早的时期也存在，但那时的佣工除了其"佣奴"地位以外，还往往是旧社会坚冰未破时期所偶尔分离出来的零片碎屑，其中不少甚至很快又与土地重新结合在一起。清代，在明确宣布"无主仆名分"的雇工中，还存在这种现象。乾隆五十八年（1793），河南卫辉新乡县有：

> 陈文伯念陈习良穷苦，收留到家帮工，并没有主仆名分。后来陈习良在外娶了女人，家里越法难过，陈文伯拨给十八亩地叫陈习良耕种自食，不用还租，陈习良仍旧帮工，也不给工钱。嘉庆元年十一月里，陈文伯死了，二年春间，陈李氏因陈习良懒惰，把他辞出，还要退地另佃，陈习良央小的向陈李氏再三恳说，把地亩仍给佃种，每年对半分租。①

这是一个无主仆名分的雇工从沦为雇佃二重身份进而完全变成佃户的典型事例。但当时出现的这类现象毕竟不是历史的主流。下面将要列举的山东日照"贡生"秦子焌家的雇工于鹤年、于冬来父子，便是走的与陈习良完全相反的道路。秦子焌是"书香门第""诗礼之家"，于鹤年一辈子和于冬来在其父亲死后的一段时间都是在秦家佣佃度日，而且全家住在秦子焌的"林地屋内"。不久，于冬来不告而别，到秦二家做工去了，秦子焌父子对于冬来母子进行了种种刁难，但始终未使于冬来屈服。"诗礼之家"尚且如此，则一般庶民之家更可想而知（见下）。就上表所载外籍佣

---

① 档案，刑科题本，土地债务等，嘉庆六年十一月十二日。

工分析，还反映了许多耐人寻味的问题：第一，外籍佣工成为全国性的社会风气，这类佣工几乎各省都有，但以内地流寓东北、蒙古、陕西、四川和云南者为多，江浙闽和广东等经济最发达的地区反而外流者少，这可能是由于江浙等地本身小商品生产比较发达，资本主义萌芽增长较快，因而从个体经济上游离出来的为数不太多的佣工，在本地区内基本上能自行消化掉。第二，本地和远地佣趁二者均有，但以后者为主，外籍佣工中只有一小部分是在本省内各府州县之间流动，更多的是远离乡土的外省赴佣。这些人能远走高飞，长期流寓外地，说明他们基本上已从经济上和思想上摆脱了家庭的牵挂，首先是与土地分离了，成了"一无所有"的自由人。第三，"佣工度日"和"单身佣工"等成为社会生活中的习惯语和文献上的专用语，佣工成为社会上一部分人长期而固定的职业，不仅有兄弟佣工，而且有父子佣工和佣工世家。凡此种种集中说明清代的外籍佣工是一种反映时代特征的社会现象，它意味着"生产者与生产资料分离的历史过程"的开端，与历史上屡见不鲜的跟土地有着似断未断关系的"饥寒亡命""流民"和偶发的、零散的佣工现象等都有着本质的区别。

那么，当时的农业雇工是否已基本上摆脱了封建政治束缚？是否能在市场上自由出卖自己的劳动力？是否出现了经济学家所说的货币转变为资本和劳动力变为商品的现象？为全面论述这个问题，也根据一些残缺不全的资料列一个简表，先介绍一些问题的梗概，然后再对其细节作进一步辨明。

清代"无主仆名分"雇工简表

年代	雇工姓名	雇主情况			资料摘引	资料出处
		姓名	地点	职业		
乾隆廿一年	徐 恒	郭方如	徐州睢宁	不详	"没有写立文契"	档案，刑科题本，斗殴，乾隆廿一年五月廿六日
乾隆卅年	邓亚二	黄世英	广东肇庆	不详	"未议立年限、文券"	档案，刑科题本，土地债务等，乾隆卅年四月十七日
乾隆卅年	刘万坤	罗九皋	湖南湘潭	不详	"没有立字"	档案，刑科题本，土地债务等，乾隆卅年十月廿日
乾隆卅年	柴 伍	王培林	直隶大名	不详	"没有写立文契"	档案，刑科题本，土地债务等，乾隆卅年，1289包内

续表

年代	雇工姓名	雇主情况 姓名	雇主情况 地点	雇主情况 职业	资料摘引	资料出处
嘉庆三年	杨先振	张克宽	山东阳谷	不详	"平等称呼,并无主仆名分"	《大清律例增修统纂集成》卷34
嘉庆六年	智二毛	高希田	山西归化	不详	"并无主仆名分"	档案,刑科题本,土地债务等,嘉庆六年三月廿一日
嘉庆六年	施锦华	高奕贤	湖州长兴	不详	"同坐共食,并无主仆名分"	档案,刑科题本,土地债务等,嘉庆六年六月廿四日
嘉庆六年	骆欧	徐大智	徐州丰县	监生	"没立雇契,平日同坐共食,尔我相称"	档案,刑科题本,土地债务等,嘉庆六年七月十六日
嘉庆六年	陈习良	陈文伯	河南卫辉	不详	"并没主仆名分"	档案,刑科题本,土地债务等,嘉庆六年十一月十二日
嘉庆十年	李俊	通润	安徽亳州	庙僧种地	"并未立契,平日同坐共食,并无主仆名分"	档案,刑科题本,土地债务等,嘉庆十年十一月卅日
嘉庆十年	杨来贵	吴添贵	四川合江	不详	"并没有立定年限,也没有立约"	档案,刑科题本,土地债务等,嘉庆十年十一月十三日
嘉庆十三年	王文彦	武械朴	陕西三原	捐职同知	"同坐共食,并无主仆名分"	档案,刑科题本,土地债务等,嘉庆十三年三月六日
嘉庆十三年	杨克炳	龙兴科	云南大关	驾船	"尔我相称,同坐共食"	档案,刑科题本,土地债务等,嘉庆十三年三月廿五日
嘉庆十三年	侯旦	郑陈氏	河南怀庆	不详	"并没主仆名分"	档案,刑科题本,土地债务等,嘉庆十三年三月廿七日
嘉庆十三年	王四	曾积志	四川江津	驾船	"平等称呼"	档案,刑科题本,土地债务等,嘉庆十三年三月廿八日
嘉庆十三年	陈玉	杨连成	云南宣威	不详	"同桌共食"	档案,刑科题本,土地债务等,嘉庆十三年三月廿九日
嘉庆十三年	陶有位	叶涌潆	四川梓潼	不详	"平等称呼,并无主仆名分"	档案,刑科题本,土地债务等,嘉庆十三年四月十四日
嘉庆十三年	夏科	张朱氏	安徽六安	不详	"平等称呼"	档案,刑科题本,土地债务等,嘉庆十三年五月八日
嘉庆十三年	吴阿上	洪阿邑	广东揭阳	开饭店	"并无主仆名分"	档案,刑科题本,土地债务等,嘉庆十三年五月十日

续表

年代	雇工姓名	雇主情况 姓名	雇主情况 地点	雇主情况 职业	资料摘引	资料出处
嘉庆十三年	周关魁	彭春光	广州信宜	不详	"并无主仆名分"	档案,刑科题本,土地债务等,嘉庆十三年九月六日
嘉庆十三年	刘贵明	沈显祚	广东钦州	不详	"平日同坐共食,并无主仆名分"	档案,刑科题本,土地债务等,嘉庆十三年九月十四日
嘉庆十三年	马进滢 马诚	马成祥	直隶承德	用骆驼运物	"平日同坐共食,平等相称,并无主仆名分"	档案,刑科题本,土地债务等,嘉庆十三年九月廿四日
嘉庆十五年	唐蔡文	李得辰	广东新会	杂货店	"平等称呼,并无主仆名分"	档案,刑科题本,土地债务等,嘉庆十五年六月廿三日
嘉庆十五年	陈老戍 周世明 陈老六	李步恒	四川珙县	"在田插秧"	"平等称呼,并无主仆名分"	档案,刑科题本,土地债务等,嘉庆十五年十二月二日
嘉庆十六年	朱名潮	王法先	河南	不详	"无主仆名分"	《刑案汇览》卷27
嘉庆十七年	邹寅娃	李荣仁	四川	不详	"同坐共食,并无主仆名分"	《刑案汇览》卷4
嘉庆廿一年	袁文佑	王芝远	四川通江	不详	"平等称呼,并无主仆名分"	档案,刑科题本,其他命案等,嘉庆廿一年六月二日
嘉庆廿一年	康文幅	孙汝津	山东莒州	生员	"并无主仆名分"	档案,刑科题本,土地债务等,嘉庆廿一年九月五日
嘉庆廿二年	张二	张仁杰	四川江津	不详	"平日同坐共食"	档案,刑科题本,土地债务等,嘉庆廿二年七月三日
嘉庆廿三年	于鹤年父子	秦子焌	山东日照	贡生	"平日平等称呼,并无主仆名分"	档案,刑科题本,土地债务等,误编入嘉庆十三年五月十五日档册
嘉庆廿四年	周得佶	李成荣	四川	不详	"平等称呼,并无主仆名分"	《刑案汇览》卷27
嘉庆廿五年	范茂兴	何守正	四川大竹	不详	"平日同坐共食,并无主仆名分"	档案,刑科题本,土地债务等,嘉庆廿五年一月十九日
嘉庆廿五年	贾绍玉	李王氏	四川资阳	开饭店	"同坐共食,并无主仆名分"	档案,刑科题本,土地债务等,嘉庆廿五年一月廿二日

续表

年代	雇工姓名	雇主情况 姓名	雇主情况 地点	雇主情况 职业	资料摘引	资料出处
嘉庆廿五年	余埋娃	陈贵	陕西鄠县	杂货店	"平日同坐共食,没有主仆名分"	档案,刑科题本,土地债务等,嘉庆廿五年二月十日
嘉庆廿五年	钱维崧	刘谷珍	湖北宜都	不详	"并没主仆名分"	档案,刑科题本,土地债务等,嘉庆廿五年三月廿五日
嘉庆廿五年	俞虎老	陆沅良	浙江海盐	不详	"同坐共食,没有主仆名分"	档案,刑科题本,土地债务等,嘉庆廿五年六月八日
嘉庆廿五年	李钱	周鹏章	河南归德	监生	"平等称呼,并无主仆名分"	档案,刑科题本,土地债务等,嘉庆廿五年七月廿五日
嘉庆廿五年	曾锡葵	侯国甫	四川邛州	不详	"平等称呼,并无主仆名分"	档案,刑科题本,土地债务等,嘉庆廿五年八月廿九日
嘉庆廿五年	杨文莘	槐存富	河南河内	不详	"平日并无主仆名分"	档案,刑科题本,土地债务等,嘉庆廿五年十一月十二日
嘉庆廿五年	张幅玉 潘成 于祖荣 吴明秀	邢潆海	吉林三姓地方	"民人"种烟	"并无主仆名分"	档案,刑科题本,土地债务等,嘉庆廿五年十二月四日
嘉庆廿五年	刘允高 刘顺惊	邓添元	"北抚"	"开肉铺"	"均无主仆名分"	《刑案汇览》卷28
道光十三年	董志升	谢胡氏	陕西	不详	"并无主仆名分"	《刑案汇览》卷44
道光十三年	肖老运	董汝锡	广西	雇工看秧田	"并无主仆名分"	《续增刑案汇览》卷6
道光十六年	黄和	孙义	"苏抚"	不详	"并无主仆名分"	《续增刑案汇览》卷11
同治七年	王苏幔 苏三麻子	蔡二	四川富顺	驾船	"并无主仆名分"	《秋谳辑要》卷3
同治七年	潘文节	陈玉祥	江西长宁	不详	"同坐共食,平等称呼,并无主仆名分"	《秋谳辑要》卷4
同治十二年	张赃货	潘书汶	直隶内丘	"赴地工作"	"同坐共食,平等称呼,并无主仆名分"	《秋谳辑要》卷2

续表

年代	雇工姓名	雇主情况			资料摘引	资料出处
		姓名	地点	职业		
同治十二年	姜鼎汤满	徐降淋	江西乐平	族长	"并无主仆名分"	《秋谳辑要》卷3
同治十六年	李振材	魏有堂	陕西邠州	"追捕牛犊"	"并无主仆名分"	《秋谳辑要》卷6

上表共摘引了四十九例，四川十二例，广东和河南各五例，直隶和陕西各四例，江苏和山东各三例，浙江、安徽、云南和江西四省各二例，湖南、山西、湖北、广西和吉林五省各一例。这仅仅是计算了自乾隆二十年（1755年）以后至同治年间（1862—1874），我所看到的有限材料，谈不上统计，也不能简单地根据各地材料件数的多寡去判断其经济发展水平。因为根据事实说明问题，既要看数量，更要看质量。但图表列举的事实已直接反映出无主仆名分的雇工在当时社会上的普遍存在。雇主雇工多的如四川的李步恒已达三人，吉林的邢潆海已达四人。从雇主的社会身份看，记录不明者居多，根据文字可以直接看出其身份者有农民、船主、店主和捐职同知、贡生、监生、生员、族长等中下层官僚地主之家。

尤其值得注意的是过去一向视为等级森严的封建世家，也不乏解除主仆名分之例。这类记录是否有普遍价值呢？答复是不容置疑的。现根据表内已提供的某些线索，再结合其他案例做进一步辨析。嘉庆十六年（1811），山东日照贡生秦子煐雇于鹤年夫妻二人看管树林，于在秦家林内房屋居住，秦子煐给予鹤年地三亩，不收籽粒，以之作管林工价。平日平等称呼，并无主仆名分。嘉庆廿一年（1816）初，于鹤年病故，其子冬来央秦家作保赊买棺木一口，核价京钱五千五百文，由于冬来给秦家做工，将工价扣抵。八月间，于冬来另赴秦二家佣工，被秦子煐之子秦增查知不依，逼退房地，将其母子斥逐，此时冬来之母亦被雇在子煐之婿董九家帮工，但冬来母子终未屈服。十月廿一日，于冬来与秦增结算工钱，除抵偿棺价外，还应向秦家索回工价京钱一千三百八十文，秦增不给，因而发生斗殴，于冬来将秦增打死。审案之初，秦子煐为加重对于冬来的判罪，坚称他与于家父子素有主仆名分，而乡邻、于家母子及秦家另一看林佣工高二则都说没有，经一再互控，官司不能了结，最后由上级官府将秦子焌革去贡生衣顶，打下其嚣张气焰，再行审理，秦子焌才被迫供出了实情，承认秦于二家没有主仆名分，"亦无文契年限"。这一案例是表内有的，前面论述一家人由佣佃结合进而完全佣工度日也提到过，但都看不出其中的曲折和细节①。

嘉庆廿二年（1817），广西陆川县梁如清佃种秀才吕鸾来和其堂叔祖武举吕大魁之地，梁如清雇倩的牧童赖亚秤因牛吃了吕鸾来的田禾被吕的儿子吕克调看见，两相争骂，结果被吕鸾来知道了。当晚，吕鸾来令佃户梁如清将赖亚秤送到吕家。据梁说："那吕鸾来是个秀才，平日乡里村上的人都是怕他的，小的又是他本家的佃户，不敢不依"。赖亚秤被送到吕家后，仅因为顶撞了吕鸾来两句，被惨遭杀害。吕鸾来原以为武举人，文秀才杀一个本家佃户的雇工，动不了他一根汗毛。但法庭仍是先令学府革去吕鸾来的"文生"称号，经反复辩诘，最后判处吕的儿子吕克调抵命，并将雇主梁如清拟杖。②

嘉庆廿一年，山东沂州"生员"孙希五和其胞叔孙汝津雇康文幅佣工，"并无主仆名分"，后因工钱纠葛发生斗殴，雇主孙汝津被康文幅打死，法司判处也是"应同凡论"。

上述三大案，前二案情节都比较复杂，但反映的社会问题也比较多：第一，于鹤年的全家人口都兼有雇佃二重身份，有一根无形的绳索把于家和秦家牢牢地拴在一起，于家有进一步完全与土地重新结合的危险。第二，于冬来最后没有走与土地重新结合的道路，而是不告而别，另找了雇主，其辞工原因没有说明，看来不是因为工价太低，就是对主佃二重身份的处境不满，还可能二者兼而有之。第三，于冬来辞工，秦家竭力刁难，可见争取佣趁自由远非一帆风顺，但于冬来亦始终没有屈服。第四，像秦子焌、吕鸾来这类已有一定身份并一向武断乡曲的人，虽然其思想倾向是留恋传统的制度和身份关系，但历史潮流不可抗拒，秦家父子终究未能阻止于冬来去自由佣工，人命发生以后，虽经历了更多的曲折，但于、赖两

---

① 档案，刑科题本，土地债务，嘉庆廿三年五月十五日（此案错放在嘉庆十三年五月刑科题本第3670包土地债务等内）。

② 档案，刑科题本，其他命案，嘉庆廿二年三月十三日。

家佣工的"凡人"地位仍获得了确认。无可争辩的事实深刻地揭示清代商品货币经济的发展和自由化趋向一旦站稳了脚跟，取得了某些阵地，便不断向四面八方进行扩展和渗透，通过种种渠道在侵蚀着封建经济的根基。

　　反映佣趁自由的另一个关键问题是雇工有无选择雇主的充分权利。在封建社会早中期，只允许地主撵逐佃户和"雇工人"，佃户和"雇工人"要改佃、辞工，不是根本不可能，就是受到种种限制。清代在有主仆名分"雇工人"中仍普遍维持着此种关系，"雇工人"地位低贱，被一种超经济的强制力量长期与雇主束缚在一起。但与此同时，特别在乾隆中期以后，社会上的雇工自由辞工和另行选择雇主已是司空见惯的事，包括上述山东贡生秦子焌之家的雇工于冬来也不例外。嘉庆六年（1801），湖州长兴的雇工施锦华因算账与家主发生分歧，随即辞工而去①。湖北谷城的雇工尹均阁因"饮食不好"便宣布辞工②。嘉庆十年（1805），直隶丰宁县的雇工郝锁儿"辞工他往"③。十三年（1808），云南杨克炳"因事辞去"，究因何事辞去，细节不详④。十三年，还有承德府雇工马进潞丢了雇主一个口袋，雇主"说了他几句"，便一气走了⑤。还有广东普宁县吴阿上为"往他处佣工"而辞退了旧主⑥。嘉庆廿五年（1820），四川南溪刘正贵因"父亲患病"而辞工回家⑦。陕西鄠县余埋娃因雇主"骂了几句,生气走了"⑧。河南归德府李钱，因欲"往他处屠宰生理"而辞工⑨。资料表明雇工辞工的原因形形色色，无所不有，既有家庭的，也有本人的，既有政治的，也有经济的，大而至于工钱和政治待遇等，小而至于"饮食不好"，都可以成为辞去的理由，主雇之间基本上可以做到合则留，不合则去。

　　工资制度和工价也是反映雇佣劳动性质的一个重要方面。清代农业雇工的工资形式是多样的，既有按年、按月、按日等各种计时工资，又有包工制和计件工资制。除去极个别的现象不算，长工的工价一般是每年三

---

① 档案，刑科题本，土地债务等，嘉庆六年六月廿四日。
② 档案，刑科题本，土地债务等，嘉庆六年十一月十二日。
③ 档案，刑科题本，土地债务等，嘉庆十年六月廿七日。
④ 档案，刑科题本，土地债务等，嘉庆十三年三月廿五日。
⑤ 档案，刑科题本，土地债务等，嘉庆十三年九月廿四日。
⑥ 档案，刑科题本，土地债务等，嘉庆廿三年闰五月初三日。
⑦ 档案，刑科题本，土地债务等，嘉庆廿五年一月廿八日。
⑧ 档案，刑科题本，土地债务等，嘉庆廿五年二月十日。
⑨ 档案，刑科题本，土地债务等，嘉庆廿五年七月廿五日。

吊至十三吊钱；月工和日工应比长工高，因为请月工和日工都是在农事大忙季节，劳动异常紧张，月工价是每月五百文到一千五百文，日工是每日三四十文至一百文左右。嘉庆六年（1801），江西南赣义宁州刘恩铎雇李春寅帮做扇子，言定"每扇百柄，工价六十四文"[1]。嘉庆廿五年（1820），吉林三姓地方邢潒海雇人捆烟，言定每包工钱七百五十文，同时也采用按日工资制，每日一百文（其中每包工钱七百五十文，工价太高，可能有误）。史料还记载赣南义宁州产茶，"每年正二月，新芽萌生，必争先摘取，惧其久而叶大也。山各有主，雇客作，登采撷，近村妇女……皆……背巨篮入山，……薄暮方归，则巨篮满储。……贩茶入行，各路茶商云集，又须女工检取，去其粗梗，则有城中妇女，侵晓自至茶行捡择，不待唤也。及暮而归，计其佣值，有百余文，有数千文者"[2]。嘉庆十年（1805），直隶承德府雇工看禾，规定每看禾一锄，酬价二百文，雇工李纶共看了七锄禾，共获一千四百文[3]。后一件既像计件工资，也像包工。这些事实从不同角度说明清代不断涌至市场的农业雇工已在接近于形成一种市场价格，同时根据雇工本人的能力大小、技术高低与雇主、市场的供求关系等复杂情况，对劳动力的买卖又在力求采用后来企业家所称依值论价的商品交换原则。

三 农业雇工经营的生产目的和规模，从小商品生产向资本主义农业集体经营过渡的趋势

劳动性质是区别封建经济与资本主义经济的重要标志。但单纯从自由劳动还不能得出资本主义萌芽的结论，封建经济与资本主义经济的另一个根本区别是生产目的和规模，前者是自然经济，后者是商品生产；前者是个体生产或规模狭小的行会作业、小商品生产，后者是大规模的集体经营。前面说过，清代从个体农民小商品生产者内部已经分化出了一批剥削农村工资劳动者的"殷实农夫"，清律称他们为"农民佃户雇倩耕种工作

---

[1] 档案，刑科题本，土地债务等，嘉庆六年十月三十日。
[2] 采蘅子：《虫鸣漫录》卷1。
[3] 档案，刑科题本，土地债务等，嘉庆十年十一月六日。参看后面所附《清代各类雇工工价（长工、月工、日工）简表》。

之人",导致此种分化的动因就是小商品生产。新的"殷实农夫"借小商品生产的春气诞生以后,更加热衷于亦农亦商以至于弃农经商的生产活动,他们有从事竹木生产和种植棉、烟、茶、茶子、香菇、染靛、水果等各种经济作物者。乾隆廿一年（1756）,徐州郭方如雇徐恒佣工,曾指令徐恒为其"割靛"①。乾隆卅二年（1767）,湖南章魁万,"公买柴山,蓄禁柴薪",雇章绍武在家佣工。②乾隆四十五年（1780）,有"直隶蠡县民周尚文雇韩黑儿佣工,并托其管理家中所贮棉花"③。嘉庆六年（1801）,浙江严州余益山,买柳树一林,雇了余富孙、余加孙进山砍伐出卖④。同年,江西崇义县黎林养雇了叶秀兴、叶贱狗和李仕才等三人收摘茶子,言明待茶子卖去后即支工钱⑤。嘉庆廿三年（1818）,福建人张庭美、张义孝父子租种祖山树木一林,栽种香菇,雇吴夏进佣工⑥。嘉庆廿五年（1820）,吉林三姓地方邢潦海雇张福玉、潘成、王祖荣、吴明秀四人佣工捆烟,每包工价七百五十文（见前注）。道光十五年（1835）,四川叙州李步恒亲领雇工陈老成、周世明、陈老六"在田插秧",家有竹林一座。⑦江西义宁州的山主大种茶叶,每当春芽萌生,则概请"近村妇女"采撷新茶,贩运入市,以供"各路茶商"收买。这些雇主都是兼营或专营经济作物的,他们多数是雇工一个、两个,最多的四个,自己还未能成为完全脱离劳动的专业指挥者,只是比个体经营略为扩大了的小商品生产,但也已可看出向大规模农业集体经营过渡的势头。清代粮食生产,如前引上海出现的货币地租的材料所述,有一部分也是属于商品粮生产范畴。

广泛的小商品生产必然向资本主义性质的大规模农业集体经营过渡,这是一种历史的逻辑,在清代农业的大量的小商品生产中出现一种势头不大却明显的过渡潮流。嘉庆末年,业主雇工四个者,在贵州广顺州有姚开礼,雇工苗阿六、唐阿报、阿么、沈谷聪。⑧在安徽霍邱有宋德明,雇

---

① 档案,刑科题本,斗殴,乾隆廿一年五月廿六日。
② 吴煦:《大清律例统纂集成》卷35《刑律捕亡》。
③ 吴煦:《大清律例统纂集成》卷30《刑律诉讼》。
④ 档案,刑科题本,土地债务等,嘉庆六年七月初五日。
⑤ 档案,刑科题本,土地债务等,嘉庆六年六月初十日。
⑥ 沈庆祺:《刑案汇览》卷29《刑律人命》。
⑦ 档案,刑科题本,土地债务等,乾隆廿五年十二月四日。
⑧ 档案,刑科题本,土地债务等,嘉庆廿一年闰六月初二日。

工陈学诗、陈学寅、纪锐、郑小花。①在浙江有海盐生员于一峰,雇工许胜昌、张保老、叶沅老、许大老。②在四川犍为有监生杨体和,雇工胡谷泷、诇计秀标、余邦泷、王老四。③这些雇主虽然都是雇工四个,但生产细节,语焉不详。前引吉林邢滌海是从山东迁往东北以种植烟草为生的,雇工四人全系从关内来的流寓者,工人潘成原籍山东诸城,于祖荣原籍山东平度,张幅玉原籍山东即墨,吴明秀原籍直隶永平。主雇之间"无主仆名分",计算工资有计时与计件两种,其生产黄烟无疑又是为了出卖,邢滌海且系"民人",在生产过程中既是生产者,又是指挥者,还未完全脱离劳动。无论从业主和雇工的来历、主雇关系、生产目的和生产规模各方面看,都十分接近于资本主义经营。同时候,广西横州还有一起合伙佃田并共同采用雇工经营的买卖,虽中途出了事故,但也反映了一种新的农业经营的动向。横州刘奎佐与邱亚求、诇茂盛、刘贵旺共四人合伙用银一百四十两租了杨士超的一片畲地耕种,嘉庆廿五年(1820)春,刘奎佐等四伙计带了四个工人刘亚凝、刘福兴、刘亚恩、宋亚五在田耕作,适时杨将畲地租给了另外的人,因而起衅发生了人命,买卖未能做成④。嘉庆廿一年(1816),广州高明县还发生一起大案,据法庭转述当事人罗仲章的供词云:

> 冯亚先,借欠伊稻谷廿五石,约俟早秋后还清,至期屡讨未还,玖月叁拾日早,冯亚先因晚禾成熟,雇同赖亚三、陈亚三即陈士传、陈水旺、江亚六、江惠昌、冯亚兴、陈亚缝各带禾刀、禾挑前往土名沙田内地方收割禾稻。伊恐冯亚先割谷回家,拖欠不还,邀同工人罗灿英、邓三元、梁亚丁、罗绍旌、罗亚怀、邓亚甲、冯同振,各携扁担箩筐赶赴催讨欠谷,……冯亚先不服争闹。……各家属(雇工)同供:丈夫、儿子们罗绍旌、罗亚怀、邓亚甲、冯同振,短雇在罗仲章家帮工⑤。

---

① 档案,刑科题本,土地债务等,嘉庆二十一年闰六月廿一日。
② 档案,刑科题本,其他命案,嘉庆廿二年十一月十九日。
③ 档案,刑科题本,土地债务等,嘉庆廿五年二月十二日。
④ 档案,刑科题本,土地债务等,嘉庆廿五年十一月十四日。
⑤ 档案,刑科题本,土地债务等,嘉庆廿一年六月二日。

此次争割田禾，发生了大规模武斗，但双方雇主罗仲章、冯亚先都是雇工七个。山东地区，佣工度日者甚多，临朐县已是"比村有之"①。雍正九年（1731），益都岁饥，有金岭镇人王作楫为母病祈福，宣布焚债券，放奴婢，"宗戚及佣工数百人，计口授粟，余则减值平粜"②。这里虽把宗戚和佣工人数混算在一起，而且其所提佣工也不像是具体指某一家的，但既然把佣工与宗戚并提，则佣工人数自然在数百人中占有相当大的比例。乾隆时，诸城知县王志曾于夏日巡行田野，"遇农夫八九人陌头枕锄午睡，呼起询问，皆雇工的偷闲者"③。道光八年（1828），奉天司报：

张大榜承领参票腰牌刨参，雇刘常义充当把头，携带腰牌二面，辄影射十一人，……应将张大榜照偷刨人参，身充财主，雇人刨采人数未及四十名，参数未及五十两拟军例上量减一等，杖一百，徒三年。④

道光十年（1830年），安徽司审奏：

热河都统衙门书吏陈五得受刘德山银两，私出假票付给刘德山持往牧场捡拾蘑菇。……刘德山……因图捡蘑菇获利，向陈五贿嘱出票，复于沿途挈带一百余人前往牧场滋扰，……将刘德山比照在口外刨挖黄芪，如所雇人数五十人以上徒一年，每十人加一等罪止满徒例，杖一百，徒三年。许万宗于枷责递解后，出钱向解役买放，兹复带同丁玉连等八人前往牧场，私捡蘑菇，……应比照刨挖黄芪，雇人不及十名杖一百例，加拒捕罪二等，杖七十，徒一年半。⑤

刨参和捡蘑菇雇请的都是临时工，但人数最多达"百余人"，雇工队伍之大殊为罕见。由于东北是满洲贵族的老巢，清廷国策之一是联蒙制

---

① 姚延福：民国《临朐续志》卷15、16《佣佃》。
② 张承燮：光绪《益都县图志》卷41《孝义传》。
③ 宫懋让：乾隆《诸城县志》卷28《宦绩录下第二》。
④ 沈庆祺：《续增刑案汇览》卷6《盗田野麦谷》。
⑤ 沈庆祺：《续增刑案汇览》卷6《盗田野麦谷》。

略论清代农业雇工的性质与农业资本主义的萌芽

汉,因此,清律对越境去东北、口外刨参、伐木、挖药、淘金、开矿以至贸易等各类活动均有厉禁。鉴于社会上接二连三的发现从事上述违禁活动者都是雇倩大量工人进行的,有的系"身为财主,雇倩多人",有的系"一时会合,各出本钱,并雇人偷伐",清律乃按雇工十人、四十人、五十人和五十人以上若干等级分别情节轻重定罪。① 此处记录惩治大量雇倩佣工违禁刨参和偷捡蘑菇以"获利"的事例,第一说明法令上严禁雇倩工人包括雇工五十人以上以从事违禁活动的条例都是有的放矢的;第二说明此次雇工刨参和捡蘑菇的现象发生亦绝非偶然,这是在我国热河和东北利用大量佣工以集体从事林、牧、各业的明证。

由此可以断言,清代农业及与之相关的林、牧等业的雇工经营规模一般的是雇倩长短工一二人、二三人,个别的多达七至十人,雇倩日工者少则十人,多者数十人以至"百余人"。有的同志可能仍然认为这类集体经营规模太小,够不上资本主义性质,其实西方的资本主义经营开始诞生的时候,无论农业和手工业,其规模也是小得可怜的。马克思说:"工资劳动者阶级发生于十四世纪后半期,但在当时,乃至次一世纪,……在农村方面和城市方面,老板与工人在社会上面是很接近的。……生产方式本身,还没有特殊资本主义的性质。"②

四 结束语

本文根据乾隆二十年(1755)以后至道光年间的部分资料对清代农业雇工的性质做了如下的探讨。

清代农业雇工是在封建经济结构已明显解体,从而在旧式个体农民内部出现了日益增多的贫富分化,出现了马克思所说的由封建经济过渡到资本主义经济的革命道路的历史条件下产生的。这类雇工以带全国性的外籍佣工为特点标志着农村的工资劳动者已与土地分离,这类雇工在法律上已

---

① 吴煦:《大清律例增修统纂集成》卷24《刑律盗贼中》,《钦定大清会典事例》卷861,《盛京刑部断狱会藏》。

② 马克思:《资本论》第1卷,人民出版社1953年版,第933页。

被解除主仆名分，取得了与雇主平起平坐的凡人地位，并有按各种工资形式、工价高低、政治待遇乃至大大小小的主观或客观条件选择雇主的充分自由。因此，具有明显的自由劳动者性质。利用自由劳动者进行农业经营的主要成分仍属不雇工或仅雇工一二人、二三人的小商品生产，但同时存在着由小商品生产向资本主义性质的农业集体经营过渡的趋势，出现了极少数雇长短工七至十人和雇日工数十人以至"百余人"的农业集体经营。这种具有一定规模的剥削农村工资劳动者的商品生产已经超越了小商品生产的范畴，是当全国个体农民尚占统治地位但已显现解体裂缝的条件下，在小商品生产内部产生的处于萌芽状态的资本主义性质的集体农业，亦即农业中的资本主义萌芽。

在农民小商品生产中孕育出资本主义萌芽的同时，由于新的经济因素的不断腐蚀和渗透，因此，在传统的地主经济中也萌发了解除主仆名分的相应变化，存在马克思说的第二条过渡道路，这种过渡在其演进过程中已否跨进资本主义门槛还有待进一步考察。

附录

清代各类雇工工价（长工、月工、日工）简表

年代	地区	雇工姓名	工价	资料出处
乾隆	浙江建德	何老成	年银一两三钱（放牛）	档案，刑科题本，斗殴，乾隆廿一年二月四日
乾隆	广抚	亚奕	年银四两（放牛）	档案，刑科题本，斗殴，乾隆廿一年四月十五日
乾隆	河南新野	吴洪基	年银三千文	档案，刑科题本，斗殴，乾隆廿一年五月十八日
乾隆	四川梓潼	温二	年银一两三钱（放牛）	档案，刑科题本，斗殴，乾隆廿一年九月七日
乾隆	湖南湘潭	刘万坤	年银六两	档案，刑科题本，土地债务等，乾隆三十年十月廿日
乾隆	直隶大名	柴伍	年银大钱三千文	档案，刑科题本，土地债务等，乾隆三十年1289包内

续表

年代	地区	雇工姓名	工价	资料出处
嘉庆	湖州长兴	施锦花	年银十一吊五百文	档案,刑科题本,土地债务等,嘉庆六年六月廿四日
嘉庆	河南南阳	周 和	年银十三吊文(杂货店)	档案,刑科题本,土地债务等,嘉庆十年十二月十日
嘉庆	广东钦州	刘贵明	年谷十石(田工)	档案,刑科题本,土地债务等,嘉庆十三年九月十四日
嘉庆	山东沂州	康文幅	年银京钱十三吊文	档案,刑科题本,土地债务等,嘉庆廿一年九月五日
嘉庆	山东日照	于鹤年	每年以三亩地租抵价	档案,刑科题本,土地债务等,实为嘉庆廿三年五月十五日,误编在嘉庆十三年五月十五日档册内。
嘉庆	陕西鄠县	余埋娃	年银二千文(杂货店)	档案,刑科题本,土地债务等,嘉庆廿五年二月十日
嘉庆	四川邛州	曾锡葵	三年十吊钱衣三件	档案,刑科题本,土地债务等,嘉庆廿五年八月廿九日
乾隆	广东肇庆	邓亚三	月谷七斗	档案,刑科题本,土地债务等,乾隆卅年四月十七日
乾隆	四川邛州	夏 元	月银三钱	档案,刑科题本,土地债务等,乾隆卅年十月廿一日
乾隆	广东茂名	吴允章	月谷六斗	档案,刑科题本,土地债务等,乾隆卅年十月廿九日
嘉庆	江西崇义	叶秀兴 叶贱狗 李仕才	月银各一千五百文(摘茶子)	档案,刑科题本,土地债务等,嘉庆六年六月十日
嘉庆	四川酆都	李仕华	月银一千二百文(织布)	档案,刑科题本,土地债务等,嘉庆六年十月廿五日
嘉庆	湖北谷城	尹均阁	月银一千二百文	档案,刑科题本,土地债务等,嘉庆六年十一月十二日
嘉庆	四川彭县	何以化	月银八百文	档案,刑科题本,土地债务等,嘉庆十年三月廿九日
嘉庆	四川泸州	杨来贵	月银五百文	档案,刑科题本,土地债务等,嘉庆十年十一月十三日

续表

年代	地区	雇工姓名	工价	资料出处
嘉庆	陕西三原	王文彦	月银一两	档案，刑科题本，土地债务等，嘉庆十三年三月十六日
嘉庆	两广长宁	潘成举	月谷一石	档案，刑科题本，土地债务等，嘉庆十三年三月廿三日
嘉庆	云南大关	杨克炳	月银五百文（驾船）	档案，刑科题本，土地债务等，嘉庆十三年三月廿五日
嘉庆	直隶承德	马进滩	月大钱一千三百文	档案，刑科题本，土地债务等，嘉庆十三年九月廿四日
嘉庆	四川南溪	刘正贵	月银六百文	档案，刑科题本，土地债务等，嘉庆廿五年一月十八日
嘉庆	湖北宜都	钱维崧	月银八百文	档案，刑科题本，土地债务等，嘉庆廿五年三月廿五日
嘉庆	贵州贵筑	妇　女	月银三钱	档案，刑科题本，土地债务等，嘉庆十年十一月十四日
嘉庆	河南归德	李　钱	月银五百文	档案，刑科题本，土地债务等，嘉庆廿五年七月廿五日
道光	广东新会	李得辰	月银二两（杂货店）	档案，刑科题本，土地债务等，道光十五年六月廿三日
乾隆	山西太原	不　详	修坟二日半，给四百文，雇工要八百文	档案，刑科题本，土地债务等，乾隆卅年一月廿日
乾隆	广东琼州	韩坡头	档案"每月二百文"疑为每日二百文	档案，刑科题本，土地债务等，乾隆卅年三月四日
乾隆	四川嘉定	不　详	帮工二十多日，给三百五十文	档案，刑科题本，土地债务等，乾隆卅年四月廿六日
乾隆	安徽寿州	王兆林	每日二十文	档案，刑科题本，土地债务等，乾隆卅年五月十八日
乾隆	浙江慈溪	不　详	每日四十文（割谷）	档案，刑科题本，土地债务等，乾隆卅年十二月十日
嘉庆	山西归化	智二毛	每日三十文	档案，刑科题本，土地债务等，嘉庆六年二月廿一日

续表

年代	地区	雇工姓名	工价	资料出处
嘉庆	奉天开原	不详	每日七百文（木匠活）	档案，刑科题本，土地债务等，嘉庆廿一年九月廿四日
嘉庆	吉林长春厅	姜原	五日得七百三十文每日一百四十文多	档案，刑科题本，其他命案，嘉庆廿二年七月九日
嘉庆	四川资阳	贾绍玉	每日二十文（开饭店）	档案，刑科题本，土地债务等，嘉庆廿五年一月廿二日
嘉庆	吉林三姓地方	张幅玉	每日二十至一百文，自己辞工每日二十文，雇主辞退按每日一百文（捆烟）	档案，刑科题本，土地债务等，嘉庆廿五年十二月四日

清前期制钱一吊＝大钱一吊＝京钱二吊＝小钱（关内私铸）二吊＝东钱约六吊＝铅钱约五吊（《大清律例增修统纂集成》卷31《官吏受赃》；《刑案汇览》卷50《刑律受赃》嘉庆廿一年奉天司案、卷51《刑律诈伪》）。

清前期银价由于白银不断外流而日渐上涨，白银一两由乾隆时的制钱七百文至道光时上涨至一千六七百文、二千文（钱泳：《履园丛话》一《旧闻·银价》，《续增刑案汇览》卷6《盗田野麦谷》、卷七《诈欺官私取财》）。

清代粮价从康熙至道光年间亦日渐上涨，而且因年成丰歉、粮色品种和南北各地的不同而异，但以稻谷而论，一般每石银在五至八钱之间，少数的达一两以上，米价比谷价每石又要高出一二钱或二三钱（《圣祖实录》卷286河南奏，《世宗实录》卷16云南奏，《高宗实录》卷306徐淮奏，同书卷1223山东奏，《宣宗实录》卷50浙江奏）。

（原刊于《清史论丛》第五辑）

清代乾隆时期农业经济关系的演变和发展

吴量恺

我国封建社会的发展,经历了漫长的岁月,到了明代嘉靖、万历时期,终于在手工业中,出现了资本主义经济关系的萌芽。这正如伟大领袖和导师毛主席指示的:"中国封建社会内的商品经济的发展,已经孕育着资本主义的萌芽,如果没有外国资本主义的影响,中国也将缓慢地发展到资本主义社会。"①毛主席这一精辟的论断,为研究清代乾隆时期农业经济领域中,经济关系的演变和发展,指出了明确的方向。

这一时期是我国封建社会生产力和生产关系、经济基础和上层建筑发生尖锐矛盾的时期,也是我国封建制度日趋腐朽、衰落,商品经济日益发展、繁荣,资本主义萌芽缓慢滋长的时期。这时,我国某些地区的农业经济领域里,在封建制度中,已经孕育了资本主义性质的经济关系的萌芽。虽然它还是很微弱的,但是,它代表着当时历史发展的必然趋势。与此同时,我们还必须看到,这时的我国社会,自给自足的封建自然经济,仍然处于统治地位;封建土地所有制及其他封建生产诸关系,仍然占有主要地位;封建中央集权的政治制度和封建意识形态,仍然相当强大,这是绝不可忽视的。

就是在这样复杂而矛盾的形势下,我国封建社会经济关系正在发展演变,地主阶级对土地的垄断权遭到了沉重的打击,部分农民经过长期斗争掌握了"地皮权",即永佃权(农民可以处理"田皮""田面",出现了一

---

① 《中国革命和中国共产党》,《毛泽东选集》(横排本),第589页。

田二、三主的情况），农民保有对土地的经营、使用权。某些地区农民人身依附关系的松弛，小农经济的破产，商品经济的发展，雇佣劳动较广泛的使用，资本主义萌芽的孕育，阶级斗争的日趋尖锐、复杂，特别是农民抗租斗争的蓬勃开展，农民起义对封建生产关系的全面冲击，所有这些，都显示出封建生产关系已步入晚期的迹象。

这种迹象的出现，是完全符合社会发展规律的，新的经济因素就是在旧社会的母胎中孕育出来的。马克思曾指出："资本主义社会的经济结构是从封建社会的经济结构中产生的。后者的解体使前者的要素得到解放。"①不过，我国这种新经济因素在发展过程中，遭到了封建势力的重重阻挠、摧残、打击，发展十分曲折、缓慢，甚至还有夭折、中断的现象。尽管如此，在我国封建社会中，在农业经济领域里，毕竟还是可以看到一缕从封建经济关系中，游离出来的新经济因素的曙光。

（一）农业经济中雇佣关系的发展

清朝统治全国以后，在强大的明末农民战争和一系列阶级斗争的冲击下，沉重地打击了封建统治，使腐朽的封建生产关系的某些环节得到了一些调整，有利于农业经济和商品经济的发展，加剧了农民的分化。在清代乾隆时期的农业经济中，使用雇佣劳动的现象日益增多，甚至社会风气在某些地方都发生了变化。山东使用雇工进行农业生产已成为习惯，在登州府中，"农民无田者，为人佣作曰长工，农月暂佣者曰忙工，田多人少请人帮已曰伴工"②。兖州府中很多地方都使用雇工，滋阳县每年十月朔农家设酒肴"燕佣人"。宁阳县年十月初一日"辞场圃，犒农工"。沂州也是同样，"十月朔……农家皆设酒肴燕佣人，名曰散场"③。这都是在一年到头农活完后吃散伙酒，结束这一年的雇佣关系。其他府州也有类似的记载，这绝非个别现象，而且有些地区使用雇佣劳动的规模也相当可观，济宁是一个以产烟闻名全国的地方，出产以烟叶为大宗，"业此者六家，每年买卖

---

① 《资本论》，《马克思恩格斯全集》第23卷，人民出版社1972年版，第783页。
② 《古今图书集成》，《职方典》，《登州府风俗考》。
③ 《古今图书集成》，《职方典》，《兖州府风俗考》。

至白金二百万两，其工人四千余名"①。雇工人数之多已很惊人。从《刑科题本·命案·土地债务》乾隆二十年至六十年这40年间2万多件的档案材料中，涉及雇工的案件，有4600余件，占1/4弱。某些地区使用雇佣劳动的比例更大，像巴陵地方，已经达到"十分其力，而佣工居其五"②。这固然有夸大之处，但可见，雇工劳动已成为农业生产中的重要力量，在社会生活中，已经占有不可忽视的地位。

清代乾隆时期的雇佣劳动不仅数量多，而且有不断增加的趋向。从经济比较发达的广东地区可以看出，雇工的人数，有显著的增加。乾隆十一年到二十年的10年中，发生雇工的命案有41件，及至乾隆三十一年至四十年中雇工发生的命案则为133件，增加了2倍多。

四川地区使用雇工的数量也有增加的趋势，反映在《刑科题本·土地债务》中，涉及有关雇工命案的人次也不断增加：

乾隆二十年	9人次
乾隆二十五年	13人次
乾隆三十年	21人次
乾隆三十五年	28人次
乾隆四十年	30人次

不仅在经济发达的地区可以看到不断发展的趋势，就是在经济不够发达的山西地区也可以看得出来：

乾隆十五至二十年	69人次
乾隆二十五至三十年	95人次
乾隆三十五至四十年	108人次
乾隆四十五至五十年（档案散失太多）	67人次
乾隆五十五至六十年	140人次③

---

① 包世臣：《安吴四种》卷6，《中衢一勺》。
② 《皇朝经世文编补》卷29，《巴陵县志田赋论》。
③ 以上统计资料都是根据故宫博物院明清档案部藏乾隆朝《刑科题本》（以下简称"档案"）的资料统计制成的。下面引用的统计数字，凡不注明材料来源的，均同此。

从上述三个地区的情况,可以说明清代乾隆时期,雇工增长的速度虽很缓慢,但确实在不断增长,而且地区分布得较为广泛,按我国现在的行政区划来讲,是北到内蒙古地区,南到广东,东北到黑龙江,西南到四川,东南到台湾,西北到甘肃,都有使用雇工进行农业生产的现象。

清代乾隆时期资本主义的萌芽,已逐渐从手工业中浸透到农业领域里。因而,这时某些地区的农业生产中,使用雇佣劳动的现象日益增多。正如马克思所说:"资本主义生产方式开始于工业,只是到后来才使农业从属于自己。"①

我国封建社会虽然早已出现了有关"雇佣"工人的记载,但是,那种雇佣关系,无论秦汉时"为人佣耕"的"氓隶"之人,或者是"佣保",也无论是三国时"客作之人",唐宋时的"卖佣人""浮客",以及明清时期的"佃仆""雇工人",他们出卖的绝不只是劳动力,在很大程度上,是全部或部分的出卖了劳动者的人身"自由"。这种"雇佣"劳动者,对雇主有着严格的人身依附关系。实际上,还是奴隶或半奴隶、宗法或半宗法的劳动者,是没有人身自由的劳动者。这和具有资本主义萌芽性质的"自由"雇佣劳动者,是毫无共同之点的,也丝毫不具有封建社会晚期的征象。

清代乾隆时期,在某些地区农业经济领域中的雇佣关系,具有以下几个特点。

(1) 较为"自由"的主雇关系

清代农业中,某些地区雇工和雇主的关系,是较为"自由"的。封建社会中,农民在超经济强制力量的约制下,被地主阶级牢牢地束缚在土地上,没有什么自由,农民的人身都遭受到十分严格的控制。这时的农民,对地主来讲,仍然不是独立的人,而是依附的人。历史表明,在封建制度里,无论在物质生产的社会关系中,也无论在政治生活领域里,农民和地主的关系,都是以人身的依附性为其重要的特征。所以毛主席说:"农民被束缚于封建制度之下,没有人身的自由。"②经过我国农民阶级长期斗争给予封建地主阶级一次又一次的严重打击后,阶级力量不断发生变化。商

---

① 《剩余价值理论》,《马克思恩格斯全集》第26卷第3册,第443页。
② 《中国革命和中国共产党》,《毛泽东选集》(横排本),第537页。

品经济的不断发展，商业性农业的增长，使我国农民的人身依附关系，在清代前期是时严时松，不过总的趋势是逐步松弛的。康熙、雍正年间，曾发生过人口大量移动的现象。康熙四十六年康熙皇帝到口外巡行，"见各处皆有山东人"，有数十万之多。① 过了几年他又发现到口外去的人，不仅有山东人，而且也有河南、直隶人。② 康熙五十一、五十二年时湖广、陕西人跑到四川去的相当多。③ 雍正六年时，湖广、广东、江西等省农民迁往四川的也有几万人。④ 当时人口的大量迁徙，意味着很多农民摆脱了封建的人身依附关系，否则不可能由山东跑到口外、由江西跑到四川。更值得注意的，是封建统治者，并未采取严厉措施，通令禁止，勒令回乡。而是承认既成事实，并且还允许以后农民有条件的迁徙，只要查明年貌、籍贯，以便稽查，即可听任居住。从不许迁徙、移动，到有条件的允许迁徙、移动，这应当说是农民人身依附关系削弱的表现，也是农民不断斗争取得的胜利成果。

乾隆朝以后变化尤为明显，在农业生产上出现了外出佣工的人数日益增多的现象。乾隆时广西全州人跑到四川荣昌当雇工，⑤ 山东文登人到宁古塔永吉州当佣工，⑥ 江南桐城人跑到陕西西安为人佣工，⑦ 湖南攸县人到江西萍乡佣工度日，⑧ 湖南人到陕西紫阳当雇工；⑨ 此外，还有江南华亭人到甘肃平凉为人割麦佣工的，山东濮州到河南南阳为人佣工的。嘉庆年间外出佣工的就更多了，有河南光山人到陕西安塞佣工，"寄钱回家养活祖母"⑩；有贵州人到陕西佣工的。⑪ 在很多地区不仅有了向外迁徙逃亡的农民，而且他们迁徙到外地后，有许多人是充当了佣工。这种现象是不断发展的，从《刑科题本》涉及人命案件的土地债务关系中，明确写出属于外出佣工的

---

① 《圣祖实录》卷230，康熙四十六年七月戊寅。
② 《圣祖实录》卷240，康熙四十八年十一月庚寅。
③ 《圣祖实录》卷250，康熙五十一年五月壬寅；《圣祖实录》卷256，康熙五十二年十月丙子。
④ 《世宗实录》卷66，雍正六年二月甲辰。
⑤ 档案，乾隆六年六月二十四日来保题。
⑥ 档案，乾隆十三年十二月初三日阿克敦题。
⑦ 档案，乾隆五十年六月十二日何裕城题。
⑧ 档案，乾隆六年二月十三日来保题。
⑨ 《颁发条例》，嘉庆四年。
⑩ 档案，嘉庆十四年六月十二日董诰题。
⑪ 沈廷瑛：《成案备考》，嘉庆十年。

案件，在乾隆十年只有31起，到乾隆五十年就增加为59起。这是从极不全面的一个侧面，反映出外出佣工人数在缓慢地增长。实际外出佣工人数一定远远超过了这个数量。

这种外出佣工数量的增多，一方面使雇工找到了生活出路，找到了出卖劳动力的场所；另一方面到处移动也进一步冲击了封建秩序。这种现象正反映着人身依附关系的松弛和农村雇佣关系的发展。

清代前期的人口移动和我国封建社会中各时期，如汉晋等王朝末年的流民有着极大的不同。因为后者是在封建统治者和地主阶级的压迫剥削下，农民被迫离开家乡，逃到外地，其出路除被逼上梁山组织起义进行武装斗争外，大量的逃亡农民，是重新被束缚在土地上，佃耕地主土地，交租服役，过着十分困苦的生活；或者是卖身沦为奴仆，完全丧失了人身的自由。这种逃亡的后果，是仍旧被套上了封建的人身奴役的枷锁，不可能引起封建经济关系发生质的变化。但在清代乾隆时期（最晚的估计），某些地区的农民，在逃到外地后，至少其中的一部分人，是以崭新的面貌，即以劳动力所有者——雇工的身份出现。他们靠出卖劳动力为生，为雇主充当雇工。他们和秦汉时期的"佣工"是完全不同的，这是一种新的经济关系的萌芽。

汉晋等王朝的流民，是在商品经济不够发展的情况下出现的；而清代前期的外出佣工，是在商品经济较发达，而且手工业中已经孕育了资本主义萌芽的条件下出现的。前者只能沿袭着封建的生产关系和剥削关系；后者却引起了农民的分化和雇佣关系的发展，出现了原始富农、经营地主和较多的雇工；再加商品经济的繁荣，手工业中资本主义萌芽的孕育，要求农业生产各种各样的经济作物和商品粮食。为了适应市场上的需要，赚取利润，农业经济必须精耕细作进行集约式的生产，这就需要大量的劳动力，于是产生了对雇工的较大量的需求。而这种生产又确实有利可图，于是出现了土地经营的新方式。这一切都给外出佣工开辟了道路。乾隆时期的农民逃亡，其中有一部分是适应着这种社会需要，适应着经济关系演变发展的要求。这和汉晋等王朝末季的流民是完全不同的。因此这种外出佣工人数的不断增加是有着重要意义的，正如列宁所说："这么多的'农民'抛弃了自己的家庭和份地（他们都是有家庭和份地的），这就明显地证实了小农变为农村无产者的巨大过程……"①

当然，清代前期农业资本主义尚处在萌芽时期，远远没有发展到俄国资本主义的水平，但是有些迹象还是值得注意的。"农民"外出佣工的现象，起码可以说明，这时在某些地区，地主对农民、雇主对雇工人身的控制力量已经削弱了，人身依附关系已有松弛的倾向。

清代乾隆时期某些地区，在人身依附关系松弛、农民不断外出佣工的条件下，雇工已经取得了一定的人身权利，主雇之间是在形式上"平等"关系的基础上（实质上被剥削者与剥削者是永远不可能平等的）进行劳动力的交易。河南灵宝雇工袁文喜，在乾隆三十八年雇给毋尔平、毋尔实家做工，每年工价钱4500文，没立文约。五月二十四日干活干到巳牌时刻，毋尔实还不给饭吃，袁文喜就说饭太迟了。毋尔实也诡诈地说，袁文喜做活也迟钝。袁气愤地说："你既嫌我做活不好我把长支你的工钱还给你吧！"退了长支工钱143文，辞工不干。毋尔平曾劝袁回去，袁不肯。毋尔平另一雇工薛成也支持袁的行动，他说："工价既然退还，就到别处做工何妨。"于是袁文喜到毋兵儿家做活去了。②从袁文喜对毋尔实的态度，愿干就干，不干就可以辞工，另找雇主，没有受到阻拦，也没遭到社会上的反对，似乎雇工已成为自己劳动力的主人，有权力支配自己的人身了。

雇工在表面上也取得了上工、离工的权利，可以选择雇主。乾隆年间，河南卢氏张文亮雇萧抱保为佣工，议定每年工价钱3000文。萧感到工钱少，想另寻雇主，以后打听到张孙保家要雇人做工，双方商定，每年工钱3600文，俟明年正月上工。以后张文亮和张孙保发生斗殴杀人案，知县、巡抚的判决，都一致认为："萧抱保因工限将满，择价另觅雇主，并无不合，亦无庸议。"③可见，雇工有权支配人身，可择价寻找雇主。封建官府都认为这是正常的现象，可以允许的（在实质上雇工为了生活又哪能选择雇主干活呢？不干活就没有饭吃）。说明这时长工已取得了支配人身、选择雇主的权利。短工比长工更"自由"一些，像广东海康县苏成瑞在乾隆三十八年雇黄亚二做工，每月工钱300文，没有写立文约，黄在苏家只

---

① 《俄国资本主义的发展》，《列宁全集》第3卷，人民出版社1958年版，第205—206页。
② 档案，乾隆三十九年五月初九日舒赫德题。
③ 档案，乾隆四十六年七月十一日富勒浑题。

干了28天,黄嫌苏"做事琐碎",就辞工不干。①雇主苏成瑞无权阻止,可见雇工已能支配人身,选择雇主了。这样在长工、短工中就具有了"可能的自由劳动者"的某些征象。

从当时的法典上也反映出雇工和雇主之间,人身依附关系是较为松弛的。乾隆二十五年浙江富阳县沈庆祚雇柴加禄耕种田地,当时议定"每年工银四两,不立工票,亦不议定年限,是同桌同吃,没有主仆名分"②。在26年以后,乾隆五十一年修订《雇工法》,把这一内容规定在法律条文中,作为划分雇工性质的标志。嘉庆时又进一步规定:"查例载:农民雇请耕种工作之人,素无主仆名份者。无论有无文契、年限,俱依凡人科断。"③其中最重要的是把有无主仆名分,作为区分雇工或雇工人的标志。而有无主仆名分的关键,就在于有主仆名分的是有着严格的人身依附关系,没有主仆名分的一般说来是人身依附关系较松弛,雇工可以和雇主同坐共食,你我相称了。当时没有主仆名分的雇工和仆人是有着严格的界线,乾隆四十年湖北恩施张加亨曾雇张喜帮工,要张喜给他打盆热水洗脚,张喜拒绝说:"我非奴仆,何犯着替你送脚水。"④显然雇工不同于奴仆,雇工是有权处理自己的人身,奴仆是人身属于别人。因而在法律上的地位也有不同(雇工人在法律上的地位与奴仆是相同的),从这里也可以看出雇工的人身依附关系是较为松弛的。

清朝前期雇工和雇主在法典中,取得了形式上的"平等"地位。从乾隆一朝《刑科题本·命案·土地债务》类中,可以看出从乾隆二十年到乾隆六十年共40年有关雇工与雇主法律地位的案件共有1239件,其中按"雇工人"处理的案件只有少量的,绝大多数均为"依凡论处",显然雇工在法律上的地位是有所变化的。法典本来就是统治阶级意志的体现,不过也能从侧面反映出社会生活中阶级地位的变化。从前面列举的事例中,不难看出雇工的人身依附关系是较为松弛的。

这些历史现象告诉我们,清朝乾隆时期,无论南方还是北方的某些地区,无论在一些长工还是在短工中,无论在封建王朝的法典上还是在当时

---

① 档案,乾隆二十七年三月十一日舒赫德题。
② 档案,乾隆三十二年三月二十四日舒赫德题。
③ 档案,嘉庆五年九月初六日穆克登额题。
④ 档案,乾隆四十一年三月十四日陈辉祖题。

社会生活里，都显示出雇工的人身依附关系已有所松弛，雇工有权力支配自己的人身，雇主已不能单纯通过超经济的强制力量来奴役雇工了。

雇工和雇主这种较"自由"的经济关系，是以较松弛的人身依附关系为基础的。因为在封建制度下，劳动力的所有权和人身的所有权是分不开的，这种所有权不是属于劳动者的本人，而是属于地主，所以占有劳动力，也就必然占有劳动者的人身。如果不是这样，地主没有直接控制农民人身的权力，就无法得到劳动人手，封建生产就会无法进行，封建剥削也难以实现。人身依附关系是封建经济关系中必不可少的因素，所以列宁说："农民对地主的人身依附是这种经济制度的条件。"①

清代乾隆时期雇工和雇主较"自由"的关系，只有在生产者具有较"独立"身份、不再依附于别人时才能出现。也只有具备这种条件时，雇工才能出卖他的劳动力，才能自己处理他的人身，才能成为具有资本主义萌芽性质的雇佣劳动者。所以马克思说："直接生产者，劳动者，只有当他不再束缚于土地，不再隶属或从属于他人的时候，才能支配自身。"②

只有在这种情况下，劳动力和劳动者的人身才能分离，劳动者才能掌握自己的人身"自由"。这时雇主也只能控制雇工的劳动力，而不能控制雇工的人身。这是资本主义雇佣劳动必须具备的条件，否则，就不会出现"可能的自由劳动者"。这正如马克思所说："只有在工人有人身自由的地方，国家范围内的雇佣劳动，从而还有资本主义生产方式，才是可能的。它是建立在工人的人身自由之上的。"③

可见，劳动者人身依附关系的松弛，人身权利的取得，是农业中封建生产关系的削弱，资本主义雇佣关系的产生必不可缺少的前提。也是清代前期雇佣劳动的重要特点。但必须指出，这种现象还不是普遍的，还只是萌芽状态的。

（2）农民的小生产者经济的严重破坏

清乾隆时期，生产者农民所处地位的另一特点，是农民失去了仅有的

---

① 《俄国资本主义的发展》，《列宁全集》第3卷，第158页。
② 《资本论》，《马克思恩格斯全集》第23卷，第783页。
③ 《剩余价值理论》，《马克思恩格斯全集》第26卷第3册，第476页。

少量土地，失去了生产资料，小生产者经济遭到了严重破坏。

由于人身依附关系的松弛，商品经济的发展，给农民成为雇工，成为"自由"出卖劳动力的生产者提供了可能的条件。如果要把这种可能变成现实，那还要看农民是否失去了生产资料，是否摆脱了生产资料的束缚，是否具备了自由劳动者的条件？马克思认为："自由劳动者有双重意义：他们本身既不像奴隶、农奴等等那样，直接属于生产资料之列，也不像自耕农等等那样，有生产资料属于他们。"① 其中的关键，是农民必须丧失了小生产者经济的条件，已经从土地上解脱出来，已经摆脱了生产资料和人身依附关系的束缚。也就是说，生产者和生产资料分离了，同时摆脱了人身依附关系，这就是资本主义雇佣关系产生的前提。列宁说："攫取剩余产品的方法在徭役经济下和在资本主义经济下是截然相反的：前者以生产者占有份地为基础，后者则以生产者从土地上解放出来为基础。"②

农民怎样离开土地变成雇工，在不同的国家有着不同的情况，走着不同的道路。英国进入资本主义社会，是在农奴制早已消灭的情况下，通过用暴力"圈地"的办法，剥夺了农民的土地，使农民成为自由的劳动者。俄国是在保存着大量的农奴制残余，保存农民份地制度的情况下，使农民变成自由劳动者的。

我国封建制度经过长期的缓慢发展，一直是封建地主经济占据着主导地位。农业生产者主要是佃农和自耕农，他们在清代乾隆时期出现了更复杂的分化迹象。有些地区也通过各种手段剥夺了农民的土地，农民的小生产者经济遭到了严重的破坏，江苏松江地方，崇祯时权势富户占田不过数千亩，到康熙时"遂有一户而田连数万亩，次则三、四、五万至一、二万（亩）。"③ 雍正时"土田尽为富户所收，富者日富，贫者日贫。"④ 乾隆时期湖广地区，"贫而后卖，既卖无力复买，富而后买，已买可不复卖。"十分之五六的土地，全为富户所占有。⑤ 广西地区也是"阡陌开而田大半归富户

---

① 《资本论》，《马克思恩格斯全集》第23卷，第782页。
② 《俄国资本主义的发展》，《列宁全集》第3卷，第158页。
③ 叶梦珠：《阅世编》卷1，《田产》。
④ 《大义觉迷录》，第45页。
⑤ 《皇朝经世文编》卷39，杨锡绂《陈明米贵之由疏》。

而民大半皆耕丁"①。富户的土地是从哪儿来的呢？毫无疑问是剥夺农民的土地。农民的土地被剥夺后很多人是沦为农业雇工，正像乾隆时礼科给事中刘方霭描绘的那样，他说："伏见任力役者惟农民，而农民为最苦，无田可耕则力佃人田，无资充佃则力佣自活。"②

这是农民在分化过程中，在社会上出现了丧失土地，丧失生产资料的一极，同时也出现集中了大量生产资料等社会财富的一极。

清代前期农民被剥夺土地、生产资料的情况，大体上有三种类型。

第一，农民被剥夺了土地和一切生产资料，成为一无所有的劳动者，小生产者的经济遭到了毁灭性的破坏。清代前期农民失去土地，失去全部生产资料，变成雇工的现象是屡见不鲜的，而且情况也是十分复杂。一种是夏四型的雇工，夏四是山东峄县人，没有妻子，"也没有田地房屋，做短工度日，晚上在空窑孤庙内住宿"③。他是几代贫穷，没有任何资产，没有土地，也没有任何生产工具，更没有财力佃种田地，被迫沦为劳动力的出卖者。另一种是薛天珍型雇工，薛天珍是山西临汾县人，他家原有九亩土地，在天灾人祸的交织侵袭下，生活日益困难，先典后卖，丧失了全部土地，破产后，为了生活不得不去当雇工。④这是原来有一定的土地，被剥夺后成为雇工的。再一种是韩明型的雇工，韩明系甘肃文县人，在本地活不下去了，在"乾隆二十五年带着儿子一路讨口来川"，是上无片瓦，下无立锥之地，"各处佣工度活"，系赤贫的雇工。⑤这是从外地跑来的，没有任何财产，也没有土地、生产资料的雇工。这三种被剥夺土地的情况，虽稍有不同，但是基本方面是相同的，都是剥夺了直接生产者的土地、生产资料，都是以小生产者经济遭到了毁灭性的破坏为前提的。这种"农民"是摆脱了生产资料的束缚，同时也摆脱了人身依附关系的束缚，走上了为人佣工的道路。所以列宁认为："小生产者变成雇佣工人，是以其丧失生产资料——土地、劳动工具、作坊等等为前提，就是说以其'贫穷

---

① 《清代文字狱档》第5辑，《吴英拦舆献策案》。
② 《皇清名臣奏议》卷45，刘方霭《请修补城垣勿用民力疏》。
③ 档案，乾隆四十六年十月初十日英廉题。
④ 档案，乾隆三十年四月二十五日文绶题。
⑤ 档案，乾隆四十六年六月二十八日文绶题。

化'、'破产'为前提。"①

这是农民变成雇佣劳动者最重要的条件。农民破产后，失去了生产资料，小生产者的经济无法维持下去了，失去了生活保证，失去了衣食之源，在生活的迫使下，只有去出卖劳动力，给别人当雇工了。因此马克思说："新被解放的人只有在他们被剥夺了一切生产资料和旧封建制度给予他们的一切生存保障之后，才能成为他们自身的出卖者。"②

正是因为这样，在清朝乾隆年间，我们才能在劳动力市场上，看到了一批一批的劳动力的出卖者。

第二，生产者虽然丧失了农业生产的基本生产资料——土地，但是，还保有一些简单的生产工具或少量的资产。清代前期社会上，有一部分农民，失去土地沦为雇工后，仍然有一些简单的生产资料，如锄、镰等小农具。在劳动力市场上，就有自带小农具的雇工。山东地区的贫民，"穷无事事，皆雇工与人，名曰雇工子，又曰做活路"。这种贫穷的雇工，"当每日日出之时，皆荷锄立于集场，有田者见之，即雇觅而去"③。在河南柘城也有自带锄头，清晨到集上等候雇主唤雇。④这部分农民虽然被剥夺了土地，剥夺了主要生产资料，但是还保有一定量的小农具。还有一部分雇工，虽然被剥夺了土地，但是还有少量的资产，山西保德州河曲县的任世卫，就是平日靠佣工度日，有三间破土窑，没有什么地土，也没有别的家产。⑤又如直隶永年县的李禄，家里也是"寸地没有"，只有两间泥棚，每日佣工养活两个母亲（亲母、嫡母）。⑥这类雇工已失去了土地，还保有少量的不动产。另一些雇工，既失去了土地，也没有房屋，只有少量的浮财，像直隶遵化姜朝龙家，就是由于"家里穷苦"，全家雇给人家做活去了，把家中橱柜等物，都寄放在别人家里。⑦这类雇工虽然失去了土地，但还有些少量的浮财。这些拥有小农具和少量资产的佣工，能不能说他们未被剥夺生产资料？还保持着小生产者经济呢？我们认为不能这么说。这

---

① 《俄国资本主义的发展》，《列宁全集》第3卷，第21页。
② 《资本论》，《马克思恩格斯全集》第23卷，第783页。
③ 李渔：《资治新书》二集卷8；周亮工《劝施农器牌》。
④ 档案，乾隆元年九月初七日富德题。
⑤ 档案，乾隆十四年八月二十九日阿克敦题。
⑥ 档案，乾隆四年五月二十七日尹继善题。
⑦ 档案，乾隆三十年四月十五日刘统勋题。

类雇工，虽然还有一些小农具如锄、镰等，而不是主要农具如犁、水车等。仅仅有这些小农具，就是有了土地也是无法进行生产的，何况，还没有土地；虽然还有少量的资产，但不是大量的财富，像上面列举的房屋、箱柜等物，都不能作为生产费用，何况，数量又是十分微小的，在生产、生活中都不起决定作用的。他们都失去了封建社会农业生产中，最基本、最主要、最起决定作用的生产资料——土地和一些基本生产工具，仅仅靠这些小农具和微薄的资产，是不能构成小生产者经济的。所以农民不得不沦为雇工，不得不出卖劳动力，不得不为别人劳动，不得不成为不能占有任何产品的生产者。因此应当承认这些人是被剥夺了土地，失去了生产资料的雇工。应当承认他们这种身份。

第三，拥有极少量土地的雇工。清代前期某些地区在一部分农民中，土地已大部分被剥夺了，但还保留着极少量的土地，处在贫穷、饥寒交迫的深渊里，生活水平十分低下，不能保持小生产者经济，必须靠出卖劳动力过活。安徽合肥县的薛得文就是这样，他原有一石多田，因为日子越过越难过，陆续卖与薛旺九家，还有一块地基未曾出卖；薛得文破产后，就靠佣工度日。到乾隆二十一年薛得文又想把这块地基卖与薛旺九，薛旺九说等秋后再商议。[①] 看出薛得文这个雇工是保有小块土地的劳动力的出卖者。甘肃狄道县的周才，家中只有一小块土地，因雇给人家佣工，就没有耕种了。[②] 周才虽有小块土地，并不能保持小生产者经济，也不能维持最低水平的生活。小块土地上的收入，是极其微小的，负担却是十分沉重的，所以他宁愿抛荒土地却不能不出卖劳动力，不能不当雇工。因为佣工的收入，是周才全家生活的主要来源。这种破了产的农民，虽然还保留着极少量的土地，我们认为还是应当承认他们是被剥夺生产资料，已经基本上摆脱了土地的束缚和人身依附关系的束缚，成为出卖劳动力的雇工了。

为什么？

首先，对被剥夺土地，被剥夺一切生产资料，才能成为资本主义性质的雇工，这一原理不能从绝对意义上理解，不能用某一国家的具体情况作框框，去衡量一切国家。历史实际是非常复杂的，资本主义之浸入农业也

---

① 档案，乾隆二十二年七月二十二日鄂弥达题。
② 档案，乾隆四十年八月初七日舒赫德题。

是非常缓慢的，形式也是非常繁多的，因而剥夺的方式也是多种多样的。各国的土地制度不同，剥取农民土地的手段也各有不同，剥夺的程度也有所不同。有很多国家，如俄、德等国的农民都是带着少量土地，走上了自由劳动者的道路。既然一些资本主义国家里的农业工人，还是在各种不同形式上占有着少量的土地，并不影响他们成为雇佣劳动者。那么，在清代乾隆时期，还处在自然经济占主导地位，资本主义萌芽还正在孕育，怎么能说占有少量土地就说他们没有摆脱土地束缚，不能称为雇工呢？列宁曾经指出："人们常常过于死板地理解下面这个理论原理，即资本主义需要自由的、无地的工人。……把土地分给农村工人，往往有利于农村业主本身，所以一切资本主义国家都有这种有份地的农村工人。在各个不同的国家里，这种农村工人具有各种不同的形式：英国的茅舍农（cottager）不是法国或莱茵各省的小块土地农民，而后者又不是普鲁士的贫农和雇农。每一种农村工人都带有特殊的土地制度的痕迹，即特殊的土地关系历史的痕迹，然而这并不妨碍经济学家把他们概括为农业无产阶级这一类型。"①

这类农民，虽然还有少量的土地，已经是破了产的农民，小生产者经济已经遭到了严重地破坏，不能再成其为农民了。他们已经没有经济力量佃耕土地，就其经济状况来说，已经和丧失全部生产资料的雇工相差无几了。

当资本主义还处在较低发展阶段时，在任何地方它都不能完全把工人和土地分开。"马克思对西欧确定了这样一个规律：只有大机器工业才能最后剥夺工人。……因为简单协作和工场手工业的资本主义在任何时候、任何地方都没有使工人完全离开土地，可是，它丝毫也不因此就不成其为资本主义。"②

事实上，农民的土地及其他生产资料只有在农业中使用大机器生产时，才能较彻底地剥夺。因为大机器工业在农业中出现后，需要集中更多的资本和劳动条件，这就需要进一步剥夺农民残存的生产资料；农业中使用大机器生产后，加强工人的劳动强度，提高了对工人的剥削率，促使工人进一步贫困化，工人手中少量的土地也保持不住了。只有在这种条件

---

① 《俄国资本主义的发展》，《列宁全集》第3卷，第148页。
② 《什么是"人民之友"以及他们如何攻击社会民主主义者？》，《列宁全集》第1卷，第189页。

下，农民的土地才能彻底被剥夺。

马克思所说的剥夺农民的土地，并不意味着在农业中使用机器生产以前，雇工的土地就已被剥夺净尽了。实际不是这样。即使是马克思视为剥夺农民土地的典型形态的英格兰，在农业中使用机器生产以前，也未能把农民土地全部剥夺净尽。在英格兰租地农业家的土地上劳动的人，用马克思的话说，当时"农业中的雇佣工人包括两种人，一种是利用空闲时间为大土地所有者做工的农民，一种是独立的、相对说来和绝对说来人数都不多的真正的雇佣工人阶级。甚至后者实际上也是自耕农，因为除了工资，他们还分得四英亩或更多一些的耕地和小屋。此外，他们又和真正的农民共同利用公有地，在公有地上放牧自己的牲畜和取得木材、泥炭等燃料"①。显然这时英格兰的真正的工资劳动者阶级，还是保有一小块土地的。在16世纪末，英国已有了资本主义经济，已有了一个在当时来说，很富有的资本租地农业家阶层时，工人还是占有着一定量的土地；到了17世纪90年代时，农村的工资劳动者仍然是公共土地的共有者；直至18世纪最后10年间，这种共同土地所有权才消灭了。很明显，剥夺农民的土地是一个漫长的过程，在典型形态的英格兰尚且如此，其他地区或国家就更可想而知了。既然如此，那就没有理由说清代前期占有小块土地的雇工不是出卖劳动力的生产者了。

其次，雇工虽然还保有着少量的土地，但是小生产者经济已经遭到了严重的破坏，已经不能构成小生产者经济。这些少量的土地，既不可能进行自耕农式的生产，也无力佃耕土地。土地数量既少，又没有牲畜、重要农具和种子，怎么能进行农业生产呢？即或能进行生产，也无法解决在生产过程中全家的生活需要啊！无法得到全家生活必不可少的生活资料啊！土地太少了，就是丰收年月也维持不了全家的生活。何况，这零零星星的少量土地，也是不稳定的，也是处在风雨飘摇之中，朝不保夕，时时有破灭的危险，时时有被剥夺的可能。这正如列宁批驳所谓"人民之友"的有土地就不是工人的论点时指出的，他说："工人没有土地就是资本主义；工人占有土地就不是资本主义；他们局限于这种令人宽慰的哲学，而忽略全

---

① 《资本论》，《马克思恩格斯全集》第23卷，第785页。

部社会经济组织，忘记一件尽人皆知的事实，就是占有土地丝毫不能使这些土地占有者不过牛马的生活，不遭受其他同样的土地占有者——"农民"的极端无耻的掠夺"。①这种情况下，农民小块土地上的收入是十分少的，生活非常困苦，是无衣无食饥寒交迫，生活水平十分低下，小生产者经济已经保持不住了，与其说他们是农民，毋宁说他们是雇工，比较更符合实际，更合乎他们的身份。所以列宁认为，农业无产者"这里包括无产的农民，其中有完全无地的农民，然而，最典型的俄国农村无产阶级是有份地的雇农、日工、小工、建筑工人和其他工人。"②

最后，沦为雇工的农民，虽然还暂时保持着微小的土地，但是维持他们生活的主要来源，已经不是小生产者经济，而是靠当佣工，靠出卖劳动力。他们宁可抛弃土地，但是不能不当雇工，这是因为不出卖劳动力，就无法生存。这是他们生活的主要来源，这是他们生存的唯一的保证，不当雇工就无法解决穿衣吃饭的问题。这些有少量土地或其他财物的雇工，应当说是具有自由劳动者基本特点的劳动力的出卖者，因此，他们不是农民而是雇工。正如列宁所说："不论就下等户同排挤它脱离耕作业的其他各类农户的关系来说，……不论就其生活资料的来源（出卖劳动力）来说，……这类农户都应当归在有份地的雇农和短工内。"③毛主席早已结合我国实际运用马克思主义理论分析了我国农业雇工的情况，他说："工人（雇农在内）一般全无土地和工具，有些工人有极小部分的土地和工具。工人完全地或主要地以出卖劳动力为生。"④

很明显，这些劳动者虽有少量土地和工具，但是，只要他们是完全或主要以出卖劳动力为生的就应当承认他们是工人。这就不难理解我们要把保有小块土地和少量资产的，只要他们是完全或主要靠出卖劳动力为生的，都应承认他们是被剥夺了土地的雇工的道理。

由此可见，这三种类型的农民土地被剥夺的情况，都是反映着某些地区生产者已经和生产资料分离了，农民正在分化，农民逐渐地变成雇工。农村中各种形式的雇工的逐渐增多，这就意味着新型农村居民已开始芽萌

---

① 《什么是"人民之友"以及他们如何攻击社会民主主义者？》，《列宁全集》第1集，第189页。
② 《俄国资本主义的发展》，《列宁全集》第3卷，第147页。
③ 《俄国资本主义的发展》，《列宁全集》第3卷，第139—140页。
④ 《怎样分析农村阶级》，《毛泽东选集》（横排本），第115页。

了。也意味着封建宗法式的生产关系在逐渐分解，资本主义的雇佣关系在农村中开始孕育了。基此，可以这样说，"对农业生产者即农民的土地的剥夺，形成全部过程的基础"①。直接生产者和生产资料的分离，农民和土地的分离，即生产者的被剥夺，是农村经济中资本主义性质的生产关系萌芽的重要标志。在农村经过这样一场大变动后，也就是在农民土地被剥夺后，小生产者经济被破坏后，在商品经济比较发达的条件下，和手工业中资本主义萌芽的影响下，生活就迫使破产的农民去出卖劳动力，去为增加别人的财富而劳动。在这种意义上说，农民的土地被剥夺，小生产者经济的破坏，是"可能的自由劳动者"产生的基础，也是清代乾隆时期雇佣劳动的重要特点。

（3）劳动力成为商品

清代前期最晚至乾隆时期的某些地区，有些农业生产者的劳动力，已经成为商品出现在市场上，这是值得重视的社会现象。

由于农民的人身依附关系的不断削弱，小生产者经济遭到了严重地破坏，使许多农民不断失去土地，失去生产资料，变成雇工，从一般商品所有者，变成了仅仅是特殊商品所有者（即劳动力的所有者）。由于商品经济的发展，手工业中资本主义萌芽的孕育、滋长，使一些地区的农业雇工，能以新的姿态，以劳动力出卖者的姿态，出现在市场上；雇主也以劳动力购买者的身份，活跃在市场上，雇主与雇工形成了一种较"自由"的买卖关系。具体表现如下：

第一，劳动力的买主与卖主进行交易时，在某些地区的约束、限制是比较小的。安徽当涂的雇工王上用，先雇在魏朝采家佣工，魏朝采看王上用"身小力单"，就不雇用他了。王上用被解雇后，就另外寻找雇主。又雇于顾廷扬，要三两五钱工银，顾廷扬嫌工价太高，不肯雇用。于是王上用又另找雇主，雇与顾廷选家，议定的工价仍是三两五钱银子。于乾隆九年七月初七日顾廷选备酒成事时，发生斗殴杀人事件，王上用一看事情不妙，又不雇给顾廷选家当雇工了。②这样一桩案件，反映出雇主魏朝采，

---

① 《资本论》，《马克思恩格斯全集》第23卷，第784页。
② 档案，乾隆十年七月二十四日魏定国题。

对雇工王上用的劳动力不满意可以不雇。顾廷扬嫌王上用要的工钱太多也可以不雇。顾廷选认为合适就雇了；雇工王上用有权把劳动力卖给魏朝采，当魏不雇以后，又有权出卖给顾廷扬，顾廷扬不愿雇，王又能把劳动力卖给顾廷选，甚至因雇主之间发生争吵，王上用还有权把劳动力不卖给顾廷选。可见在这个地区买卖劳动力时约束、限制是不大的。

第二，雇主是根据雇工工作好坏，支付不同的工价。江西石城谢中秋乾隆二十一年二月雇李丑帮做田工一日，说给他15文工钱，李丑要20文钱，谢中秋说："看工夫做得好，就多几文也可，原没与他说定。"以后因李丑"做工平常不肯多给"。① 又如直隶平泉州雇工冯克登和雇工王顺青一起喝酒，主顺青说他做工每天只有100大钱，还没有人雇他。冯克登说他300中钱时常有人雇的，"想是你做工平常，所以工钱也少，还没有人雇你。"② 雇工给雇主干活工钱多少，不是凭借人身依附关系决定的，而是由劳动力的工效高低来决定的，工效高的卖价高，否则工价就低，这是在形式上保持着等价交换关系。

第三，工作加重了雇工要求增加工钱，山西蒲县王中孝雇马志枕等五人耕种土地，其中有一雇工中途辞工他去，其余四人表示，"五个人的工作，四个人做不了，叫王中孝寻人。"如果找不到就都不做了。到"三月间王中孝寻不出人，情愿帮给马志拢们每人钱五百文，四个人耕种，大家依允。"③ 雇工给雇主干活是要有报酬的，工作增多，活路加重，就得增加工钱，这不正是劳动力买卖关系的表现吗？

第四，雇主拖欠工钱，雇工可以拒绝工作，可以辞工不干。江苏丹阳县丁玉国雇蔡七做工，每年二两银子的工钱，未立文契。丁欠蔡工银四钱，蔡向丁索讨欠银，丁说这几天没有银子。蔡当即表示："你不找银子，我不做了，丢了镰刀就走……"④ 这种主雇关系中，人身依附关系显得薄弱了，是做工就要给工钱，拖欠工钱就不给雇主做工，这也是雇工与雇主之间是买卖关系的有力证明。

第五，雇主想购买廉价劳动力，多得利润，但是工钱过少也买不到

---

① 档案，乾隆二十一年十二月十四日王兴吾题。
② 档案，乾隆四十七年四月三十日德福题。
③ 档案，乾隆五十五年十一月二十三日书麟题。
④ 档案，乾隆五年六月初十日张渠题。

劳动力。乾隆二十六年六月河南永宁县，王信文雇觅短工锄地，每日只给25文工钱，工人们背后议论，别人家雇短工都是30文钱。王信文少给五个，"做人刻薄，下次那个肯来。"这些话被他的叔岳丈毛仁听到了，到八月秋忙时王信文地里雇不到短工，毛仁就对王信文说："如今秋收事忙，又是雇短工的时候，你再不要刻薄穷人，就有人肯来了。"①雇主给的工钱过少，雇工就不肯来受雇，雇主无法强制雇工做工，这显然也是一种买卖关系。

第六，雇工与雇主建立雇佣关系时间的长短，是由双方议定的。广西柳城县廖扶色曾雇熊扶害帮工，"原是短雇，凭他情愿，半年一年都是定不得的，故此不曾立有文券是实。"不过当时双方议明，若愿做一年，给工银一两、汗衫、小衣各二件；若不情愿做满一年，就做半年也好，只与工银五钱、汗衫、小衣各一件。②可见做工的期限是由雇主与雇工议定的，不是由雇主强制规定的（实际上，在经济依附的条件下也是被迫的），按时限长短，议定工价多少，这当然也是一种买卖关系。

第七，雇主按照雇工实际工作时间，斤斤两两，逐日逐时计算。陕西兴平县杨廷周曾雇李连做工，每月工银四钱，共干活八个月，该银三两二钱。杨廷周给过工价三两一分五厘，只少一钱八分五厘。因李连回去看亲戚住了五天，又病了六天，还少十一天工，所以没有找还他工钱。③雇主为了增加剥削率，对雇工的工作日斤斤计较，少干一天也要扣工钱。说明雇主对雇工的剥削很残酷，也说明雇工和雇主是一种买卖关系，按工作日给工钱，少干就扣工钱。

通过上述事实，可以看出清代前期至晚在乾隆时期，雇工和雇主是劳动力的买卖关系，雇工向雇主出卖的是劳动力不是人身，如果出卖的是人身，雇工本身就由商品的所有者变成商品了，就会一次卖尽卖绝了。雇工为了能不断的出卖劳动力，必须保持对劳动力的所有权，不能一次卖尽卖绝。因此主雇之间的劳动力的买卖是发生在一定的时限内，过期就失去主雇关系。双方是以卖主与买主的关系出现在市场上，正如马克思所说："劳

---

① 档案，乾隆二十一年五月二十七日鄂弥达题。
② 档案，乾隆六年六月初三日来保题。
③ 档案，乾隆七年九月二十六日岱奇题。

动力所有者和货币所有者在市场上相遇，彼此作为身份平等的商品所有者发生关系。"①

这是农业生产中一种崭新的经济关系的萌芽。

对这种劳动力的买卖关系，只能在一定意义讲它是"自由"的。事实上雇工饿着肚子去出卖自己唯一的商品劳动力，又怎能有选择雇主的自由呢？雇主购买劳动力就是为了榨取更多的剩余价值，除了少出工钱外，还要用加强劳动强度，克扣工钱等办法来增加利润。在剥削者和被剥削者的关系中，又能找到什么自由呢？而且在生产力比较低下的农业生产中，剥削率高，剥削方式也非常野蛮。因此这种约束较少的买卖关系也只是相对而言罢了。

随着雇主与雇工间买卖关系的发展，在全国某些地区先后有了萌芽状态的买卖劳动力的市场。

当时，北到盛京，南到广东，都零零星星地有了一些萌芽状态的地区性的劳动力市场。为了弄清劳动力商品化的情况，不妨列举一些资料。

奉天府开原县界清河屯徐秉忠，被父母赶出家门，无处栖身，各处游荡。乾隆三十八年二月住在下肥屯舅父家里，在各处卖了十几天工夫，共得了4500小数钱工钱。以后，"从舅舅家进了城，又到工夫市上卖工夫……"②这是在东北的某些地区有了买卖劳动力的"工夫市"。在"工夫市"上进行交易的不是一般商品，而是劳动力。所以，这种"工夫市"应该说是劳动力市场。在南方的广东新会县也有卖劳动力的市场。据张柱华供："小的是何称可的家仆……雍正元年秋禾成熟，八月二十九日（李）永春来叫主人去分割田禾。主人因身上有病去不得，着小的同永春出墟雇工人江名显、张邦彦、关子旺、张翰艺，并雇李有派小船一只，于九月初一日午，驾船去田割禾……"③在墟上有工人出卖劳动力，等候雇主唤雇。劳动力已成为墟上的商品。这种墟是劳动力的交易场所，应当说它是劳动力市场的萌芽形态。

山西阳高县也有劳动力市场，雇工滑大，"向来受苦度日"，乾隆十六

---

① 《资本论》，《马克思恩格斯全集》第23卷，第190页。
② 档案，乾隆三十八年八月二十五日刘统勋题。
③ 档案，雍正二年九月十七日阿尔松阿题。

年到城里寻觅雇主，遇到董三成也来"卖工""都在市上寻活做"；恰巧碰见谢家屯的于大孝，他要雇人锄地，问了董三成的姓名、住址，就一同雇下，讲明每人每日给工钱33文①。阳高县城中的市，是劳动力的交易场所，因而，各处出卖劳动力的人，都到市场上来卖工，需要雇工的人，也到市场上购买劳动力。虽然主雇之间并不熟识，但这并不妨碍劳动力的交易，只要劳动力的强弱、价格合适，就可顺利成交。在河南林县也有劳动力市场的萌芽，林县所属的集有十一处，凡无正当职业的人，为了生活，都在早晨赴集，"受雇短工""名曰人市"，特别是在农忙时劳动力的买卖更为频繁，是"主者得工，雇者得值，习焉称便"。②在这种"人市"上，出卖劳力的人是受雇于人的短工，而不是奴隶。"人市"绝不是买卖奴隶的场所，而是劳动力交易的市场。此外，在直隶、山东、湖广、四川等地都有了买卖劳动力的市场。在市场上，可随意挑选、购买或出卖劳动力，人们可以"赴市觅工"，也可以"去市雇工"，进行劳动力的交易。可见，这时某些地区已有劳动力市场的萌芽，一些农业劳动力已经成为商品了。

当时劳动力成为商品，从其价格形态上，也可以得到说明。劳动力像其他商品一样具有一定价格的。正因为这样，大体上同一地区有一定的工价。

劳动力的价格，和其他商品的价格一样，是经常变化的。有时价格上涨，有时价格下跌。直隶房山就有这种记载："讯据杨生儿供：……小的短雇田满生做工，讲明每日照市价给他四十大钱工价，按日给发。他因没处住宿，就在小的家里空屋里睡觉。到（乾隆三十年七月）二十五日晚上做工完了，田满生在外头喝了会子酒，回来在屋里等着要钱，小的仍给他四十大钱。田满生说，今日市价工钱是五十五个大钱，要小的找添。小的说算除了房钱罢，田满生不依，嚷骂起来……"③

雇主给予雇工的工价，是依据每日市价发给的（指短工），有时是40大钱，有时是55个大钱。可见，雇工的工价是有变动的，也像其他商品一样，有一定的行市，价格也常常发生变动，这显然也是具有商品

---

① 档案，乾隆十六年十二月二十日阿思哈题。
② 《林县志》卷5，《风土》，《集场记》。
③ 档案，乾隆三十年十二月十八日方观承题。

属性的。

同时，劳动力的买卖也受市场上供求关系的影响，在农忙时，到处需要雇工，工价立即上涨；农闲时，需要雇工的人少了，工价就下跌。山东齐河县杨坤在雍正十三年五月雇时玉龙、王乞等锄地，因系农忙的时候，每人每日工价90文，杨坤嫌高，只照平时工价给了62文。"时玉龙说：人家都九十个钱，怎样只给六十二个钱。想〔像〕你这样人，那个王八羔子给他做工……"①农忙时和农闲时工价的差别，正反映着市场上供隶关系、价值法则对商品产生的作用。如果劳动力没具有商品的属性，就不会受到市场供求关系和价值法则的影响。

劳动力成为商品，是商品、货币经济发展的标志，劳动力变成了商品以后，社会上其他产品也逐渐地具有商品的属性了。而这恰是资本主义生产关系萌芽的起点。所以斯大林说："资本主义生产是在这样的场合开始的，即生产资料是集中在私人手中，而被剥夺了生产资料的工人不得不把自己的劳动力作为商品出卖。否则，就没有资本主义生产。"②由此可见，清代前期在某些地区的农业经济中，已经具有了劳动力成为商品的社会现象，这是资本主义雇佣关系萌芽已经孕育的表现。

综上所述，可以看出当时社会上，在某些地区农业生产领域中，出现了具有上述三种特点的雇佣关系。它虽然遭到封建制度的种种束缚，涂上了种种的封建色彩，但是，具有这三种特点的劳动者，是农业生产中新型劳动者。他们即使不算是"真正的自由劳动者"，但无论如何也算是"可能的自由劳动者"了。这是一种新兴的力量，它意味着雇佣劳动关系的新发展，它意味着在农业生产中已经有了具有资本主义经济关系萌芽性质的生产者了。所以马克思说："不仅在由实物地租转化为货币地租的同时，必然形成一个无产的、为货币而受人雇用的短工阶级，而且甚至在这种转化之前就形成这个阶级。"③

这证明在清代乾隆时期农业生产中出现了新型的劳动者不是不可思议的，而是历史发展的必然产物。

---

① 档案，乾隆元年六月初六日傅鼐题。
② 斯大林：《苏联社会主义经济问题》，人民出版社1971年版，第11页。
③ 《资本论》，《马克思恩格斯全集》第25卷，第900页。

但是，必须看到清朝乾隆时期就整个社会来讲，封建自然经济仍然统治着一切。资本主义的萌芽只不过稀稀疏疏的孕育在封建经济的汪洋大海之中。具有资本主义萌芽特点的农业经济中的雇佣关系，还只能是像黎明前的晨星一样，零零散散的分布在辽阔的天空中。绝不能任意夸大、渲染这种经济关系；当然也不应因为它很微弱，就抹杀这个事实。

这种农村新型的生产者，或者称为"可能的自由劳动者"，虽在一定程度上摆脱了人身依附关系，但是还不能说他们和雇主完全是平等、自由关系。因为在当时还可以看到"贫者耕豪家之土，或食之受直，而为之佣；或自食力耕，而输其入之半。授受出纳，居然君民臣庶之义焉。"①这说明主雇之间还保有着君民臣庶式的隶属关系。有的地区还有雇主任意打骂和处罚雇工的现象。②因此，这种"平等""自由"只是从形式上，相对比较而言，并不是真正的平等、自由。事实上统治者与被统治者，剥削者与被剥削者之间又怎能侈谈平等、自由呢？就是在资本主义社会中，"真正的自由劳动者"也是没有半点平等、自由；摆在劳动者面前的，只有受奴役、欺凌、饥饿、死亡等悲惨的遭遇。正如兰盖描绘的那样，他说："贫困使他们陷入最残酷的奴隶地位。他们不是听命于某一个个别的人，而是听命于所有一切人。……他们成了每一个有钱人的仆人，因此，他们的奴隶地位就是没有界限的，极端严酷的了"。③

历史表明，这种"真正的自由劳动者"的"自由"，也是有着极大的局限性的。

* * *

清代前期的农业生产中，为什么能孕育资本主义性质的经济关系的萌芽呢？为什么能产生"可能的自由劳动者"呢？

其原因是：在一系列农民战争和各种形式的阶级斗争的推动下，在劳动人民长期坚持生产斗争的基础上，清代前期农业社会生产力，在我国封建社会长期发展中，达到了前所未有的水平。当时社会经济发展的水平是很不均衡的，有的地区高一些，有的地区低一些。长江下游的江浙地区，

---

① 张履祥：《杨园先生全集》卷19，《贷耕末议》。
② 参看景苏、罗仑著《清代山东经营地主底社会性质》，山东人民出版社1959年版，第45页。
③ 《剩余价值理论》，《马克思恩格斯全集》第26卷第1册，第371—372页。

特别是苏松一带农业经济相当发展。兹以桐乡为例，桐乡位于嘉兴地区，土质肥沃，生产力发展较高。从该地单位面积产量上（这比总产量更能看得清楚一些），可以看得很明显。"桐乡田地相近……况田极熟，米每亩三石，春花一石有半，然间有之，大约共三石为常耳。"这是说在丰收之年，每田一亩可得米4石半，在平常年景也可得3石之多。折成今天的市亩市斤，丰收之年是674市斤，平常年成是516斤。至于产量最高的"下路湖田，有亩收四五石者。"如果折合成今天的市亩市斤则为856斤到1070。[①]这样稻米产量在当时生产条件下，已达到相当高的水平。

蚕桑产量也达到了很高水平，具体产量约如下表[②]。

区别	下等		一般			上等				
按原记载计算	养蚕4筐	养蚕5筐	采叶40个	采叶50个	养蚕6.66筐	采叶80个	采叶90个	采叶100个	养蚕13筐	养蚕14筐
折今市亩市斤产叶量（斤）	800.1	1000.0	999.7	1249.0	1332.0	1995.0	2249.0	2499.0	2598.0	2798.0
附注	蚕4—5筐可吃叶32—40个		每个是20斤			几个人在一起劳动的生产量				
	个体劳动农民的生产量									

这是说每亩桑叶最低产量是800斤，最多产量为2798斤。

可见，清代前期桐乡地区单位面积产量是相当高的，这是社会生产力有了进一步发展的表现。社会生产力提高，要求扩大生产规模，这和以一家一户为生产单位的个体、分散的小农经济产生了强烈的矛盾。

清代乾隆朝以后，社会矛盾不断激化，农民抗租斗争的不断发展，农民对地主的人身依附关系削弱了，农民的土地"永佃权"得到了进一步的发展，打击了封建地主阶级的土地所有制，在封建生产关系日趋没落的情况下，为农业生产中孕育资本主义性质的经济关系的萌芽提供了可能条件。

---

① 《杨园先生全集》卷50，《补农书》（下），《补农书书后》。
② 据陈恒力编著《补农书研究》（中华书局1958年版）第37页表制成，小有改动。

由于社会生产力的提高，商品经济的繁荣，以及手工业资本主义萌芽的孕育，需要各种各样的原料，刺激了农业中各种经济作物的发展（如棉花、甘蔗、烟草等）。资本主义农业，首先产生在经济作物领域里。而经济作物的经营尤需要大量的劳动力。手工业中资本主义萌芽后，种烟面积扩大了，像广西一地，过去种烟的地土不多，而"今种烟之家，十居其半"。种植的数量也非常惊人，"大家种植一二万株，小家亦不减二三千"①。种烟就需要大量的人工，每亩烟地需50个工，每亩稻田只用八九个工，每亩旱地也不过只用十二三个工。②种烟地区的扩大，就需要增加大量的劳动力，这为大量使用雇佣劳动，打开了方便之门。

同时由于手工业的发展，原料的需要量也不断增加，扩大了市场上对经济作物的需求。要增加生产，于是粗放式的经营已不能满足社会需要了，集约式的生产愈来愈得到了发展。清代前期安徽凤台县就有精耕细作的进行农业生产的事例。

郑念祖者，邑素封家也。佣一兖州人治圃，问能治几何？曰：二亩，然尚须僦一人助之。问亩之粪几何？曰：钱二千。其邻人闻之哗曰：吾一人治地十亩，须粪不过千钱，然岁之所出常不足以偿值；若所治少，而须钱多，地将能产钱乎？……虽所治少，而终日猎猎不休息，他圃未苗，而其圃落已实，蔬已繁矣！鬻之市，以其早也价辄倍……又蔬蓏皆鲜美硕大，殊于他圃，市市即速售，岁终而会息数倍。③

从这条材料中可以看出来，集约式农业生产的优越性，虽然花费的工力、资本较多，但能获利数倍，这就吸引更多的人改变耕种方式。当时就有人提出来，"多种不如少种好，又省气力又省田"和"勤耕、多壅、少种、多收"的主张。④进行集约式的农业生产，已成为当时某些地区农业生产的一种趋向。要进行集约性的农业生产就需要大量的劳动力，因此促进了清代前期雇佣劳动的发展。

---

① 《清代文字狱档》第5辑，《吴英拦舆献策书》。
② 《安吴四种》卷26，《齐民四术》。
③ 《皇朝经世文编》卷36，李兆洛《凤台县志》，《论食货》。
④ 《杨园先生全集》卷49，《补农书》（上）。

这也是手工业中孕育了资本主义萌芽后,必然会产生的一种后果。

由于商品经济的发展,引起农民的分化。再加上社会生产力的提高,产量的增加,使农业经营者在一定的剥削条件下,除雇工维持再生产所必需的必要劳动和地主取得的地租以外,能得到一定的"余额",于是有了原始的富农经济和经营地主经济产生和存在的土壤。这种经济的发展,给清代前期某些地区的雇佣劳动带来了新的性质。正如恩格斯所说:"包含着整个资本主义生产方式的萌芽的雇佣劳动是很古老的;它个别地和分散地同奴隶制度并存了几百年。但是只有在历史前提已经具备时,这一萌芽才能发展成资本主义生产方式。"①

清代乾隆时期出现的"可能的自由劳动者"能够和原始的富农经济、经营地主经济相结合,由于具备了这样一个历史条件,所以在农业经济中,才能出现资本主义性质的经济关系的萌芽。

(二)农业经济中劳动力购买者的出现和农业经济方式的变化

资本主义的萌芽,首先孕育在手工业生产中,逐渐地通过多种多样的形式渗透到农业经济领域里。

资本主义渗透到农业的形式,不仅在欧洲和亚洲有所不同,就是在欧洲也是各有特点,英、法、德、俄等国,各有不同。所以列宁指出:"作为一个基本趋势来说这是完全正确的,但是资本主义渗入农业特别缓慢,其形式非常繁多。"②各国国情不同,各个地区封建制度的类型也不同,各个国家从封建经济过渡到资本主义经济,有着种种不同的形式。我国的封建制度经过长期缓慢的发展,终于在封建经济中,孕育了原始富农经济和经营地主经济的萌芽,产生了与之相适应的土地经营的新方式。

由于商品经济的发展,农民的分化,在我国的农业经济中,出现了原始富裕农民和经营地主。他们大量地租佃或购买土地,集中了社会上较多的生产资料和货币财富,雇佣较多的工人进行生产,成为劳动力的购买者,组成了一种萌芽状态的新的经济关系。

---

① 《反杜林论》,《马克思恩格斯全集》第20卷,第296页。
② 《俄国资本主义的发展》,《列宁全集》第3卷,第148页。

（1）原始的富裕农民经济的萌芽

原始的富裕农民经济的萌芽，是封建经济关系长期发展、演变的结果。列宁早就说过："早在自然经济占统治地位的情况下，依附农民的独立性一扩大时，也就会出现农民分化的萌芽。但是这种萌芽，只有在下列的地租形式下，即在货币地租下才能得到发展……"①

乾隆时期的原始富农，是在商品经济不断发展，资本主义的萌芽不断滋长，封建租佃关系不断演变，货币地租的比重日益增大的情况下出现的。

这种原始富农，有的有土地，有的没有土地，主要靠租佃地主的土地，雇佣较多的雇工，进行着规模较大的农业生产。如果说这时赤贫雇工的劳动力，开始具有商品的属性，那么，原始富农手中的货币和生产资料就具有资本的某些属性。

原始富农经济的萌芽，远在明末已显露过苗头。当时，在个别地区，已经有了租佃土地，雇工耕种等带有原始富农经济某些特点的经营方式。在福建上杭等地就出现过这种经济关系的萌芽。有了山主、寮主、箐民三种身份不同的人。"山主者土著有山之人，以其山俾寮主执之，而征其租者也。寮主者汀之久居各邑山中，颇有资本，披寮蓬以待箐民之至，给所执之种，俾为锄植，而征其租者也。箐民者一曰畬民，汀、上杭之贫民也，每年数百为群，赤手至各邑，依寮主为活，而受其佣值。或春来冬去，或留过冬为长雇者也。"②

看来，山主是有山收租，靠出租山地从事剥削。寮主是拥有资本，租佃土地，其中有的雇工生产，榨取剩余价值。箐民中有的是摆脱了土地束缚，穷得一无所有，劳动力成为他们仅有的财富。可见，山主是靠垄断土地权力、取得地租的地主。寮主是靠他们手中掌握的资本，垄断了土地经营权力、赚取利润的原始富裕农民。箐民中至少有一部分是靠出卖劳动力维持生活的雇工。这样组成的经济关系，就其性质来说，是具有了原始富农经济某些特点的经济关系和经营方式。

清代乾隆时期，原始富农经济的萌芽表现得更为明显了。当时，在一

---

① 《俄国资本主义的发展》，《列宁全集》第3卷，第145页。
② 熊人霖：《南荣集》卷11，《防箐议》（下）。

些地区，曾先后出现了这种经济关系的萌芽。在从事经济作物生产的"民田"中，即一般封建地主所有的土地上，尤为明显。在江苏泰州有专门经营草荡，刈草售卖的农业经济。乾隆十六年二月周添吉典了程仰山草荡77引，砍草一熟期，交56两租银，立了典契。以后周又把22引草荡分典与申裕书，是23两租银，立有典契。六月二十四日申裕书倩了工人储中和们去砍草；周也雇了朱云土、周引方、周盛远、周得兼、王添九、王有道、王英选们六七个刀工去砍草，每人每天是40文工钱。①这里，程仰山是草荡的所有者，凭借他对草荡的垄断权，可以把草荡出租，收取租银；朱云土等六七个刀工，"都是佣作穷人，四处觅活"②，产资料，靠出卖劳动力生活的雇工。值得注意的是在地主和雇工中间，出现了一个周添吉式的人物。他自己没有草荡，用租银56两典租了77引草荡，又雇用了较多的工人经营砍草，榨取工人创造的剩余价值。同时他又把草荡的一部分22引，转典与申裕书，得银23两，从中剥得了4两多银子（平均每引租银为0.72两，22引，原租银为18.84两）。像周添吉这样的农业生产的经营者，就具有佃种土地的原始富农的某些经济特点了。

安徽休宁县丁云高等人，租山雇工专门种植苞芦。"据丁云高供：小的是怀宁县人，今年三十七岁，是乾隆四十四年上与姐丈胡宗义到休宁，合伙向巴鸿万、巴五德、巴遂租这山场，写立租批，计价五百三十两，议定十五年为满，价银都要陆续交清。小的们自租之后，就不许各村人家上山樵柴。……胡宗义在左视源等处搭棚开垦，小的在这吕洞汰等处搭棚兴种，两棚相隔二里多远。这冯建周、郑昆山、储玉章、汪南山、陈文翰、冯朝佐、丁添南、郑添光、钱国丰、钱柱丰、纪秀升、何永盛都是小的雇倩垦种之人。"这些雇工都是外地"异民"靠"佣工度日"，每年工钱是四两、六两不等，都是穷民。③这里的巴鸿万等人，是以山场的所有者即地主的身份，靠对土地的垄断权，收取租银。冯建国等人，都是外地来的穷人，靠佣工、即靠出卖劳动力生活。而丁云高等人，是拥有较多资本，租佃山场，雇佣工人，种植苞芦，谋求利润的。这种经营方式和小农佃耕地

---

① 乾隆十九年七月十二日阿克敦题。
② 乾隆十九年七月十二日阿克敦题。
③ 档案，乾隆四十七年九月二十三日萨载题。

主土地、向地主交纳地租的租佃关系有着明显的区别。而丁云高等人代表的经济关系是带有原始富农经济属性的。

在其他省份中，也有种植各种经济作物的原始富农经济的萌芽。

原始富农也有经营粮食作物的。

北京附近的牛希武就是一个经营规模较大的原始富农。牛希武是山西太谷县监生，到北京来租种地亩生活。他在齐家村、馒头村等处都租有庄田雇工经营（齐家村庄上的雇工有董大、牛黑子等，馒头村庄上的雇工有董三、张老实等）。又与李永升、杜成德共出银1560多两伙开永隆号钱铺。乾隆三十年七月十五日下午，有张姓地主到馒头村找牛希武要租银，牛在钱铺未归，董大派雇工张老实去找，牛经过齐家村，到自己庄里去吃饭，因李永升讨债，发生纠纷，牛打死李永升。[①]牛希武是一个拥有较多资本，租佃了大量土地，在几个村子中都有他的庄子，每个庄子又都是雇工生产，剥取利润。

山西蒲县也有原始富农经营粮食作物的，地主张武高有坡地一段，乾隆五十四年十一月租给洪洞县人王中孝耕种，他雇任明章、武彦光、王朝云等五人耕种，秋收粮食议明由地主和王中孝均分。雇工五人也议明每人工钱300文。[②]王中孝不是以土地所有者身份，也不是以劳动者的身份分取劳动成果；他是以土地经营者的身份，靠手中掌握的资本，榨取雇工的劳动果实。

根据以上材料，我们不仅在经济作物中，而且在粮食作物中，也可以看到原始富农的经营形式了。

清代前期在旗地上，也出现了原始富农经济的萌芽。旗地系满洲贵族直接控制的土地，原来不许买卖，具有浓厚的封建性。不过到了乾隆时期，旗地制度更加松弛，虽然在法令上还有种种限制，实际上有的已经和"民田"相差无几了。再加上旗人地主腐朽性寄生性的日益增长，不仅不能生产、不会生产，也不懂得生产，更没有能力管理生产。旗地常常是辗转出租，其中也有原始富农租佃旗地的，因而在旗地上也出现了佃种较多土地，并雇工耕种的原始富农的经济关系和经营方式。

---

① 档案，乾隆三十年十二月十六日刘统勋题。
② 档案，乾隆五十五年十一月二十三日书麟题。

在中原地区的旗地上，存在着原始富农经济的萌芽。

直隶宛平马金太是正白旗蒙古佐领富勒赫的家人（久已放出为民，后在富保家服役，管理富兴庄。）马金太住在京城，不谙农事，在乾隆三十六年二月请山西人刘汉昌管事，每年议给身股钱36吊，一切人工资本都由他经管。马金太偶然下来住几天查查账目，就回去了，一切事务都由刘汉昌掌管。刘汉昌对土地经营情况讲得更清楚了，他说："小的是山西太原府太原县人……小的一向在京西一带地方种地度日……后来小的因身股钱不够使用，又向马金太租了十四亩半地，说是八吊七百钱租价，秋后归租。小的种了八亩来地西瓜，下剩的地都种了葱，人工资本原在庄上支取，后来瓜熟卖了钱，先还了马金太七吊，那种的葱还没有起卖。不想马金太疑心小的混使他的钱，总是恼小的的样子……小的想陆续支用连地租人工一总算来只用了他五十多吊钱，除去卖瓜还过他七吊钱，再扣除了本年身股钱，不过少他十数吊钱，怎么就不叫起葱呢？明是欺压小的，心里气不过……（用刀扎死马金太）。"①

这个材料中反映马金太是旗人地主管庄的，是地主的代表；刘汉昌既是马金太雇来帮助管理生产的助手，又是马金太的佃户。他佃种的土地是雇工经营，而且花费了较多的工本（14亩半地用了40多吊钱）。地主租出土地，每年收取八吊七百钱的地租。生产者是雇工，雇工必须得到一定数量的工钱，这是必要劳动应得的代价（50多吊钱中的大部分）。那么，作为土地经营者的刘汉昌是否还有利可图呢？肯定地说是有的，在这十四亩半地上的总产值不十分清楚，大体上可以计算出来。据当时经纪人估计刘汉昌未收的葱地七亩，共约值京钱31500文，其余种西瓜的七亩半地的产值是多少无从得知，不过不会少于葱地的产值，以葱地产值计算，应当是33700文，合计产值至少是65200文。扣去地租、雇工工钱、肥料及其他生产费用，总计为50多吊钱，尚余15200文钱。全部葱地的夏季作物收入和瓜地的秋季作物收入均未计入，如果按张履祥在《补农书》中的计算方法，估计应不少于瓜、葱地产量的三分之一，即不少于7000文钱，全年共盈余22200文钱，这是刘汉昌在这十四亩半地上的纯收入，即刘汉昌

---

① 档案，乾隆三十八年九月二十三日周元理题。

得到的利润,实际上就是剥削工人的剩余价值。地主、原始富农都从雇工身上榨取到一定比例的利润,这种经济关系,应该是原始富农经济的萌芽中的剥削关系。

在边远地区的旗地上,也存在着原始富农的经济关系和经营方式。在我国东北的吉林三姓地方生的雇主杀害雇工的人命案中,就反映出这种经济关系。

  讯据石从德供:我系山东莱州府掖县民,……于乾隆五十一年至三姓地方,租舒勒赫屯正红旗穆克登保佐领下披甲兴得保房二间、地四十垧,每年给粮十一石,同民人纪韦国合伙耕种……(乾隆)五十八年二月内雇民人袁得星做活,言明十个月,共给工钱四十二千文,又雇民人高忠、李维周等做活十个月,各给工钱三十五千。说定之时,当下给袁得星钱五千文使用,给别的做活的钱二千、三千不等,剩余工钱俟十个月工满日全给。说定做活记账。俱未立有文契,我们都在一处同坐吃饭,一炕睡觉。七月内袁得星忽然不做活了,要往别处去,向我要五个月工钱,我说咱们原说定十个月为满,今你才做了五个月就止住了也使得么?袁得星说,我与你带领人打头做活,一个月才四千二百文工钱,如要叫我做活,须得长工钱。我向袁得星说,咱们原说定十个月工价给钱四十二千,如今正在紧要之际,日期未满,且又有许多做活的人,单给你加钱,怎样使用别人呢?袁得星生气说,我不做活了,如今就算了账,把剩余的工钱都全给我。我向袁得星说,没有你这样强横的雇工!我们二人彼此争吵。伙计纪韦国劝我隐忍,思想今正在收割地亩要紧之际,现在又无钱设法,只得同伙计纪韦国好向袁得星说,每月给他五千五百文,求他带领工人再做五个月。袁得星应允。……七月至十月,三个多月,袁得星并不正经干活。到吃饭时,又说空话,又有沙子,乱行挑斥,常将伙计詈骂(气愤杀死袁)。[①]

[①] 档案,乾隆五十九年八月二十日阿桂题。

可见，兴得保是旗人地主，把旗地租给了石从德、纪韦国，石等又雇袁得星三人耕种土地，袁是雇工中的打头的，工钱稍多一些，都是给他们干活的雇工。石、纪是靠着资本，剥取雇工劳动成果。不是凭借土地垄断权，而是依靠土地经营权剥削雇工，这就构成了原始富农的经济关系。这说明在中原和边远地区的旗地上都已有了这种经济关系的萌芽。

从上面列举的材料中，可以证明，无论在种植经济作物的土地上，还是在种植粮食作物的土地上，无论在封建地主所有的"民地"上，还是在满洲贵族所有的"旗地"上，都出现了原始的富农经济关系的萌芽。这是在我国封建社会农业经济中孕育出来的新的经营方式。

这种经营方式，在清代乾隆时期，已经不是十分个别的现象，它已经稀稀疏疏地出现在若干省份中，其分布情况，约如下表所示。

省份	经济作物 民田	经济作物 旗地	小计	粮食作物 民田	粮食作物 旗地	小计	总计
直隶		1	1	4	4	8	9
山西	1		1	6		6	7
山东	1		1	3		3	4
陕西				1		1	1
甘肃				1		1	1
河南	2		2	3		3	5
安徽	1		1	1		1	2
江苏	4		4	3		3	7
浙江	3		3				3
福建	6		6	4		4	10
江西	2		2	4		4	6
广东	3		3	6		6	9
湖广				7		7	7
四川	2		2	3		3	5
云南				1		1	1
内蒙				1		1	1

续表

省份	经济作物 民田	经济作物 旗地	小计	粮食作物 民田	粮食作物 旗地	小计	总计
奉天	2		2	4	4	8	10
吉林	1	1	2	4	3	7	9
小计	28	2	30	56	11	67	97

本表系依据乾隆朝《刑科题本》中发生的有关原始富农的人命案件制成的，并非该地原始富农的实际数量。

依据上表，有以下几点认识。

第一，清乾隆时期，原始富农经济的萌芽，已经稀稀疏疏地散见在很多省份中，在当时来看，分布地区较为广泛。

第二，原始的富农经济在"民地"中占的比重较大，旗地上虽然也有，但数量较小。

第三，原始的富农经济，在南方的广东、福建、江苏，在北方的直隶、奉天等地出现的较多。

第四，原始的富农经济中，经济作物种植业占有相当大的比例。

这些历史现象表明，至晚在清代乾隆时期已经有了原始的富农经济关系的萌芽。

原始的富农经济究竟是什么性质的？是否具有资本主义萌芽性质的经济关系呢？

清朝前期的原始富农和西方国家的租地农业家，在生产方法、经营方式和剥削形态，甚至在性质上，都是十分相似的。马克思曾说："……真正的租地农场主，他靠使用雇佣工人来增殖自己的资本，并把剩余产品的一部分以货币或实物的形式作为地租交给地主。"[1]

当然，还不能说，我国的原始富农就是西方国家的租地农业家了，不过，可以从原始的富农经济的萌芽中看出，它确具有租地农业家经营方式的某些特点，它和封建剥削方式有着明显的差异。

原始的富农经济的萌芽是历史范畴的。是在我国封建社会晚期产生

---

[1] 《资本论》，《马克思恩格斯全集》第23卷，第811页。

的，是在复杂、错综的社会矛盾的缝隙中产生的。它是以剥削雇工劳动为基础的。只有在商品经济比较发达，雇佣劳动较广泛使用，手工业中已经孕育了资本主义萌芽，农民分化已迅速发展的条件下，才能出现这种经济关系。如果社会上没有大量出卖劳动力的雇工，就不可能有原始富农的存在。列宁讲得很清楚，他说："这里的经营规模大多是超过家庭劳动力所能担任的，所以一批农村雇农、特别是短工的形成，是富裕农民存在的必要条件。"[1]

我们前面列举的清代前期的原始富农，虽然使用雇工的数量多少不同，但是没有一个原始富农不使用雇工，如果不使用雇工，也就不成其为原始富农了。使用雇工，就成为原始富农经济必不可少的条件了。

原始富农经济的萌芽不同于封建社会中的小农经济。原始富农虽然也是向地主阶级租佃土地，交纳地租，但是，它与封建社会中的小农，即佃农与自耕农民是有着根本区别的。因为，佃户或自耕农民，都"是以土地及其他生产资料的分散为前提的"。[2]而萌芽状态的原始的富农经济是以土地和其他生产资料的大量集中为前提的。原始富农自己占有土地的数量不一定很多，但是它通过租佃地主土地的办法，集中了大量的土地。从清代乾隆朝的《刑科题本》中，可以看到原始富农佃种地主土地的情况：直隶滦州刘继兴曾租地225亩，直隶迁安张福禄也租地200亩，山东海阳孙继能租佃土地70亩，山东沂水朱三租地68亩，浙江绍兴陈奉思佃地70亩，广东东莞胡成大佃田75亩，吉林三姓石从德租地40垧，吉林宁古塔翟文化佃地70垧等。不难看出原始富农都是掌握大量土地的经营权力，有了进行大生产的基础。原始富农都有着较雄厚的资本，可以雇用较多的工人同时进行生产。直隶新城有雇五六十个工的雇主，四川灌县有雇12个工的雇主，江苏青浦有雇9个工的雇主，江西萍乡有雇八个工的雇主，至于雇五六个、三四个工人的更是不胜枚举。这么多的雇工，同时在同一原始富农指挥之下，共同进行生产，并有一定的协作，这与小农的个体生产是完全不同的。原始富农租佃土地的数量，已远远超过他家庭劳力所能耕种的土地面积，而不能不采用雇工形式进行生产了。而这种雇工经营的方

---

[1]《资本主义的发展》，《列宁全集》第3卷，第146页。
[2]《资本论》，《马克思恩格斯全集》第23卷，第830页。

式,是原始的富农经济的重要特征。正如列宁所说:"这种商业性农业已经变为资本主义农业,因为富裕农民的耕地面积超出了每个家庭的劳动标准(就是说超出了每个家庭能靠自己劳动耕种的土地数量),使他们要依靠雇佣工人来经营……"①

原始富农经济的萌芽不属于自给自足的自然经济的范畴。原始的富农经济的萌芽,雇佣较多的雇工,为出卖商品而进行规模较大的协作生产,是具有一定社会性生产的因素。凡是原始富农,经营的农业生产,都是为了满足社会上某种需要而进行的。有专门种植手工业生产原料,如甘蔗、烟草、棉花等,有生产商品粮食的,有栽种菜蔬果树的。这些产品显然都不是为了满足个人消费的需要,而是为了满足市场上的需要。也就是说原始富农的生产目的,不是为了取得产品的使用价值,而是为了通过产品的交换价值取得利润。像四川渠县的陈太元就租佃陈会山的土地,每年租银三两一钱,雇工种蔗熬糖,赶场发卖,赚取利润。②陈太元种蔗熬糖的目的不是为了个人家庭消费,而是为了出卖赚钱。广东龙门县林亚明批种何亚受山地,雇工种竹造纸。③显然林亚明需要的不是竹也不是纸,而是为了赚钱,生产竹、纸,也是为了卖掉竹、纸。可见,原始的富农经济是为了出卖而进行生产的,是为卖而买的经济,其产品是商品,是属于商品经济范畴的,是与市场发生紧密联系的。这正如马克思所说:"在所有这些解体的过程中,当更详尽考察的时候,便发现原来是那以使用价值与直接消费的生产占优势的生产关系解体。"④

这是为了满足市场上的需要,具有商品性的生产。在某种意义上说,这就是为社会而生产。这和自给自足的自然经济是完全不同的。

原始富农经济中的剥削关系和封建剥削关系也是完全不同的。地主占有土地,通过超经济强制的关系,把农民牢牢地束缚在土地上,向农民榨取高额地租,这是封建的剥削关系。原始富农经济的萌芽中,剥削关系比较复杂一些。地主凭借对土地的垄断权向原始富农征收地租,这不过是剩余价值在剥削者之间的再分配。原始富农凭借他们对土地取得的经营权力

---

① 《俄国资本主义的发展》,《列宁全集》第3卷,第51页。
② 档案,乾隆十七年七月二十六日策楞题。
③ 档案,乾隆四十一年李质颖题(残件)。
④ 马克思:《资本主义生产以前各形态》,人民出版社1956年版,第43页。

和资本,通过买卖劳动力的关系,对雇工取得了榨取剩余价值的剥削特权。广大雇工为了生活不能不出卖劳动力,为地主、原始富农进行生产,接受他们的剥削。在这种剥削关系下,剥削者不仅有地主,而且还有原始富农。

原始富农剥削的利润是怎样产生的呢?

原始富农掌握了较多的资本,租佃了大量的肥沃土地,使用了较多的雇工,有足够的牲畜,有齐备的农具,有充足的肥料,能适时地进行耕耘种植,土地产量是比较高的,剩余劳动生产率也是比较高的。在不增加地租的条件下,土地经营者有可能除向地主交租外,还可以得到一部分利润,这利润正是地租的"余额"。(在资本主义社会中,地主得到的地租,是平均利润的"余额")。这种利润的出现,我们从浙江海盐县原始富农杨培升的经营中能看得较为明显一些。杨培升耕种水田43亩,其中佃种黄伦章田九亩八分,每年租额九石八斗。由于杨培升能"开圳筑堰",兴修水利,又能"重本肥壅,养牛耕种"。更重要的是雇用了大量的工人,劳力充足,再加"雨水调匀,稻禾畅茂",产量较高,每亩可收米二石四五斗之多,按亩产米25斗计,九亩八分田的秋收总量为245斗,折银24.5两,春花按张履祥在《补农书》中的计算方法,约抵秋粮的1/3,则折银为8两,全年总收入折银为32.3两(其他副业收入、稻草、谷皮等类收入均未计内)。杨培升全年总支出是:雇工一人(一个劳力能种田五亩、管地五亩)全年吃饭、工钱需米11石,折银11两,生产费用(肥料、农具耗损、种子等)需银3两,[①]地租米9.8石,折银9.8两。共计需银23.8两钱。从总收入中扣去总支出,生产纯利润为8.7两银子。[②]可见杨培升的经营是可以得到"余额"的。正是因为原始富农有利可图,有"余额"可得,原始富农经济的萌芽才有存在的可能。这种"余额"究竟是什么呢?用马克思的话说,就是"这个在资本主义生产方式下表现为利润的东西的萌芽"[③]。

这正是原始的富农经济萌芽时剥削关系最明显的特点。

原始富农手中掌握的是不是资本呢?资本是不是在原始资本形成前就

---

① 《杨园先生全集》卷49,《补农书》(上):长工每年吃米5.5石,折银5.5两钱;档案,乾隆四十二年三月二十四日舒赫德题:浙江富阳雇工每年工银4两,年节酒肉费用银1.5两,共需银11两。
② 嵇曾筠:乾隆元年八月初一日,《刑罚》,第853号。
③ 《资本论》,《马克思恩格斯全集》第25卷,第890页。

积蓄了生活资料、劳动工具和原料，准备好了一切劳动的客观条件呢？不会是这样的。这就等于说，资本积累不是剥削雇工的，而是在对工人进行剥削之前，已经积累了一切劳动的客观条件，哪里能有这样的事呢？脱离对工人的剥削，又哪里会有资本呢！"事实上，资本之原始的形成，只不过由于这样一个情形而发生的，……一方面得到了购买劳动的客观条件的能力，另一方面也得到了用货币来交换那变成自由的劳动者活的劳动本身的能力。"①这就是说，只要积累了一定量的货币，有购买生产工具、原料等物资的力量；同时，劳动力已经变为商品，可以在市场上随意购买，这样货币等就可以变成资本了。在清代，原始富农已经具有购买一定数量的劳动客观条件的能力，劳动力也具有了商品的属性，有了购买劳动力的市场，在这些条件下，原始富农手中掌握的货币、生产资料等怎能不变成资本呢？何况，我们从原始的富农经济中，已经看到原始富农从雇工劳动中剥得了利润（即"余额"），应当说这就是资本的增值额，能带来增值额的不是资本又是什么呢？

基于这些，我们认为清代乾隆时期的原始富农经济，已经是具有资本主义性质的经济关系的萌芽了。

为什么在封建土地所有制下，原始富农会得到"余额"呢？

在封建制度下，远在农民缴纳劳动地租的时候，劳动者除得到必不可少的生活资料之外，就有得到"余额"的可能，不过这完全是由地租额的多少决定的。农民虽然创造出"余额"，地主如果不断增加地租，那么产生的"余额"又会变成地租。"因此，超过必要生活资料的这个余额……完全是由地租的多少决定的。"②由于我国农民阶级长期进行反封建斗争，特别是明末农民战争、明清时期各种形式的抗租斗争的不断发展，沉重地打击了地主阶级和封建统治，推动了生产力的发展，有了提高产量的可能性，并迫使地主阶级在一定时期内，一定的阶级力量对比下，不能随意增加地租。加之，这个时期商品经济日益发展，手工业中资本主义萌芽的孕育，使原始富农在地租外，有得到"余额"的可能条件。

原始富农为了取得更多的"余额"，只有千方百计地提高劳动生产率，

---

① 马克思：《资本主义生产以前各形态》，人民出版社1956年版，第49页。
② 《资本论》，《马克思恩格斯全集》第25卷，第890页。

发展生产，增加产量。但，这又和地主不断追求增加地租额的要求，产生了新的矛盾。所以，在资本主义农业经济关系不断发展中，封建社会的基本矛盾也必然日益激化，成为赘瘤的就只能是封建土地所有制和绝对地租的剥削了。

清代前期雇佣劳动关系的发展，也给农业生产提供了充足的劳动力。在农业中，使用雇佣劳动的现象日益增多，原始富农经济萌芽逐渐发展。这正如马克思所说："在这个新阶级（引者按：指日佣劳动者阶级）刚刚产生，还只是偶然出现的时期，在那些境况较佳的有交租义务的农民中间，必然有那种自己剥削农业雇佣工人的习惯发展起来……因此，他们积累一定的财产并且本人转化为未来资本家的可能性也就逐渐发展起来。从这些旧式的、亲自劳动的土地占有者中间，也就产生了培植资本主义租地农场主的温床。"[①]我国原始富农剥削雇工的经济关系，就是在这所学校中逐渐养成的。同时，在使用较多雇工劳动的情况下，有改进生产，提高产量，增加"余额"的可能。当时，由于商品经济的发展，在市场上，需要大量的手工业原料、商品粮食，刺激着原始富农的生产情绪，于是改良土壤，兴修水利，改进耕作方法，进行集约性的农业生产，提高农业生产率，这就要求扩大雇工的使用范围，增加雇工的数量，"余额"也就不断增多，原始富农经济的萌芽就不断发展。这就是原始富农存在和发展的历史条件。

（2）经营地主经济

经营地主经济，不是指在地主的直接指挥下，使用着没有人身自由的奴仆、"部曲""佃客""佣保""佃仆""雇工人"等进行生产的经营形式。更不能把那些直接参与、干涉生产的地主，都认为是经营地主。我们所讲的经营地主是有其特定含义的，是指封建社会发展到晚期，较广泛地使用了雇佣劳动，在手工业中孕育了资本主义萌芽以后，某些地区出现了地主阶级直接组织生产，雇用了一定数量的雇工，为市场需要，为谋取利润，而进行农业生产的才是经营地主经济。

这种性质的经营地主，在明清之际已经显露出苗头。《补农书》中

---

① 《资本论》，《马克思恩格斯全集》第25卷，第900页。

反映的一部分情况，就是属于经营地主经济的。涟川沈氏本人就是一个经营地主兼出租地主，张履祥每年雇工种田、地各十余亩。①徐敬可有四五百亩地，顺治十五年后自己回乡雇工进行农业生产。到了清朝乾隆时期，经营地主经济有所发展，不少地方出现了经营地主。具体情况，如下表所示。

地区	粮食作物	经济作物	备注
直隶	*	*	带*字号的系有经营地主经济的标记
陕西			
山东	*		
山西	*		
甘肃	*		
四川	*		
河南	*	*	
湖南			
湖北	*		
云南			
广东		*	
贵州			
广西	*		
浙江	*		
安徽			
江西	*	*	
吉林			
福建	*	*	
黑龙江			
台湾	*		应属福建，为明确起见单独列出
江苏	*	*	
奉天	*		
合计	15个地区		

① 《桐乡县志》：《杨园先生从祀十二条》第5条。

清代乾隆时期农业经济关系的演变和发展

经营地主经济，零星地分布在全国15个地区，无论南方北方，不管是"民地""旗地"，都出现这种经营方式。其中，有些经营地主土地经营的规模是相当大的。广东琼州府琼山县柯氏弟兄经营的槟榔园就是一个具有代表性事例。柯凤翔、柯凤集弟兄二人，从前各出本银20两，妹夫林嵩出本银十两，伙买定安县石落岭荒山一座。雇工栽种椰树5万株，后来椰树大了，每年生长椰子，都是典与人家收割。所得典价柯氏弟兄共得四股，林嵩只得一股。每年都是柯氏弟兄做主出典的。乾隆六年十一月二十五日林嵩不在家，柯氏弟兄，按往年习惯，照旧做主，与同县的刘白石讲定，价银86两，写立文约，将椰树典与刘白石收割。约内写有柯、林二姓出典字样，林嵩应分典价银17.2两。① 以后，椰价昂贵，又有同县的薛四观、沈有德、郑德等人，情愿出银132两向刘白石承典，刘认为有利可图，于十二月十八日把收割槟榔权力转与薛、沈、郑等人。到了椰子成熟时，薛等雇工收割。不料林嵩私将其名下1万株椰树重典与张宏略，张也雇工去收割。双方因争槟榔发生斗殴杀人命案。这座椰园的规模是较为庞大的，能容纳5万株椰树的山场面积也是十分可观的。从开山种植到每年收到槟榔，全是雇工经营，而且层层典租，都是把槟榔看作商品，都想通过交换攫取利润，可见这是属于经营地主经济的。

当时不仅在"民地"上出现了经营地主，同时在"旗地"上也出现了这种经营方式。不过在旗地上，生产指挥者，不是旗人地主（他们久已腐朽不堪，不懂得生产，只能过寄生生活。）而是旗人地主的代理人，即庄头或管家。如直隶保定府新城县钱瑾就是一个明显的例证。

钱瑾是镶红旗蒙古四等台吉孟喀喇及正身噉汉公主家庄头。在直隶保定府新城县大高村经营庄田。乾隆三十七年五月十一日钱瑾的家人李显宗雇张德兴、于囤子到钱瑾家去割麦，"那时他家共有五六十人在地里割麦，都是每人散给一个牌子，到晚上收牌给工钱的。"那日晚上散工时候张德兴和于囤子说不要现钱，等做完工时一总算账，钱瑾就把牌子收了，记了账。以后张、于图得双份工钱，发生斗殴，雇主打死了于囤子。② 从这个案件的情由，可以看出，钱瑾实际是旗地上经营地主的代理人。雇工数量

---

① 档案，乾隆八年十二月十四日来保题。
② 档案，乾隆三十九年四月五日舒赫德题。

相当庞大，有五六十个雇工同时劳动，占有土地之多是可以想见的。

清代乾隆时期经营地主经济是什么性质的呢？

就经营地主和雇工的关系来说，人身依附关系是相当松弛的，雇主不完全是用超经济强制力量，而是用经济手段来盘剥雇工。从一些经营地主的亲身感受中体现的十分明显，涟川沈氏就认为，过去的雇工能听从管束，吃苦耐劳，披星戴月的给雇主干活；现在是大不相同，骄惰成风，不给酒食就不干活。①说明雇主不能通过人身依附关系控制雇工，为了雇工能更好地给地主干活，他主张："供给之法亦宜优厚，炎天日长午后必饥，冬月严寒空腹难早出，夏必加下点心，冬必与以早粥。若冬月篝泥，必早与热酒饱其饮食。然后责其工程，彼既无辞谢我，我亦有颜诘之……"②经营地主所以用这套经济手段来笼络雇工，正是因为他们对雇工的人身已无法控制了。

另一经营地主张履祥和雇工的关系，也不是靠人身依附关系控制雇工，而且用物质的和经济上的办法指挥雇工生产，他对雇工是进行区别对待，即"别忙闲""异勤惰""分难易"，对勤快的雇工给予"优待""则勤者既奋，而惰者亦服。"③同时要注意雇工生活，不能因小失大。至于工银、酒食等等应当多供给一些。他认为表面看来这"似乎细故，而人心得失，恒必因之，"雇主不能只算小账，更不能过分地苛待雇工。对雇工"劳苦不知恤，疾痛不相关，最是失人心的大处。"④从这里可以看出，如果雇工对雇主有很强的人身依附关系，雇主就不需要这套办法了，那只消靠皮鞭、木棒就可以建立劳动秩序了。只有当雇工与雇主人身依附关系松弛时，雇工的人身较"自由"时，雇主对雇工才能采取这种态度，这是无须证明的道理。

当然经营地主对雇工的这种"关心"，完全是虚伪的，是别有用心的。说穿了就是为了能得到安心给地主干活的较强的劳动力。是为了"食在厨头，力在皮里。"有了强劳力，才能有高额产量，才能得到更多的剩余价值。同时还怕雇工与雇主闹矛盾，进行反抗斗争，造成"灶边荒了田地"

---

① 《杨园先生全集》卷49，《补农书》（上）。
② 《杨园先生全集》卷49，《补农书》（上）。
③ 《杨园先生全集》卷50，《补农书》（下）。
④ 《杨园先生全集》卷50，《补农书》（下）。

的恶果,所以他故作姿态地表示"关心"雇工生活罢了。① 从沈、张两个经营地主和雇工的关系,从他们这一套对待雇工的哲学,看不出有强烈的人身依附的迹象,能看到的还是较为"自由"的雇佣关系,也就是说主雇之间是劳动力的买与卖的关系。

经营地主的土地经营形式,多是占有大量土地,使用较多的雇工共同生产,是比较大规模生产,与封建的个体的分散的小农经济是有很大区别的。经营地主生产的产品,也不是为了满足他个人的消费,而是为市场生产的(如槟榔等),为了出卖而生产,这与自给自足的自然经济也是截然不同的。经营地主就其剥削关系来说,和出租地主也是完全不同的。出租地主是依据土地的垄断权,通过封建的租佃关系剥削佃户,向佃户榨取地租,进行封建剥削。经营地主是占有了全部生产资料,掌握了对土地的垄断权和经营权,通过雇佣关系剥削雇工的剩余价值。在这里,经营地主不仅以土地所有者身份出现,而且还以资本的掌握者的身份出现,因而经营地主所得的部分,也不是纯粹的地租形态,实际上是包括支付资本取得的利润和地租。所以这种剥削关系是一种带有资本主义性质的经济关系的萌芽。

由此可见,雇工和经营地主的关系,是不同于佃户和地主的关系,更不同于"僮仆""部曲""佃客""佣保""浮客""客作之人""佃仆""雇工人"等和主人的关系,这是一种新的经济关系,是一种土地经营的新方式。

乾隆时期虽然有了原始富农经济的萌芽和经营地主经济,但是还很不稳定,特别是经营地主是更不稳定的。当时在封建经济的汪洋大海中,出租地主的封建剥削方式,时时在影响着原始富农、经营地主的剥削方式。他们羡慕出租地主不费劳力,坐享其成,《补农书》就有这样的记述:"西乡地尽出租,安然享安逸之利,岂不甚美。"② 出力少,获利大,符合剥削者的口味。因而他们在土地积累较多时往往会变成出租地主(其中经营地主变化的可能性最大)。再加在某些地区生产水平不高,剩余劳动产品较少,原始富农经济的萌芽和经营地主经济是很难发展起来的,远不如出租

---

① 《杨园先生全集》卷50,《补农书》(下)。
② 《杨园先生全集》卷49,《补农书》(上)。

137

地主的地租剥削稳定。《履园丛话》的作者,站在地主阶级的立场上,就认为:"若雇工种田不如不种,即主人明察得宜亦不可也。盖农之一事,算尽锱铢,每田一亩丰收年岁,不过收米一二石不等。试思佣人工食用度,而加之以钱漕、差徭诸费,计每亩所值已去其大半,余者无几。或遇凶岁偏灾,则前功尽弃,然漕银岂可欠也?差徭岂可免也?总而计之亏本折利,不数年家资荡尽,是种田求富而反贫矣!"① 在封建生产关系、上层建筑的约制下,新经济因素的发展是十分困难的,当时已经有人认为雇工种田不是可靠的办法,是要冒风险的,搞不好就会破产,所以经营地主经济局限性很大。

上述种种表明,新经济关系的萌芽,确已出现;不过在当时社会经济中,它只能像大海中的几座孤岛。整个社会上到处都可看到的,仍是"晴事耕耘,雨勤纺织"的生产情况。② 在《补农书》中曾描绘一幅男耕女织的图案,他说:"若吾乡女工,则以纺织木棉与养蚕作绵为主,随其乡土,各有资息,以佐其夫,妇勤者其家必兴,女工游惰者其家必落。"③ 家庭手工业与农业的牢固结合,还是社会的普遍现象。封建的自然经济,并未由于新经济关系的萌芽而迅速分解,它仍然是社会上占主导地位经济形态。新经济关系的萌芽,在整个封建经济中依然是微弱的。

清代乾隆时期萌芽状态的原始富农经济和经营地主经济,尽管它还很微弱,还带有许多封建色彩,但已显示出其明显的优越性。

原始的富农经济和经营地主经济提高了社会生产力,提高了劳动生产率,有利于社会生产的发展,为劳动协作、生产社会化,为分解自然经济创造了条件。

原始的富农经济的萌芽、经营地主经济,有着充足劳动人手,提高了产量。原始富农、经营地主掌握了较多的资本,在平时或农忙时期,雇佣较多的雇工,能抓住季节不违农时地进行生产。四川灌县张宣在乾隆三十一年由于秋收的需要,一次就雇了陈定元等12人去割谷。④ 安徽定远县王二汉等五人,于乾隆三十七年六月,在怀远县的叶家做了几天工,每

---

① 钱泳:《履园丛话》卷7,《臆论种田》。
② 《安吴四种》卷25(上),《齐民四术》。
③ 《杨园先生全集》卷50,《补农书》(下)。
④ 档案,乾隆三十二年六月初四日阿尔泰题。

人得了96个工钱。① 这都是在同一时间,同一家,在同一雇主指挥之下进行农业生产,雇佣的工人多就能及时地进行耕种、管理和收割。何况这些雇工在一起劳动,是具有简单协作性质的生产。因为在劳动中往往是有着简单的分工,江苏沛县就有过分工割豆的情况。"据王德成供:小的是沛县人……(乾隆二十七年)工主叫小的同孟三、孟发、孙起龙、张怀、李海共六个人,同去割豆,每人分割十二垅。"②

这种共同劳动,可以取得社会必要劳动,在简单协作劳动时能提高工作效率,能够增加社会生产量。从下表中可以看得很清楚。

		沈氏经营			张氏经营			伴耕	个体农民
		田	地	合计	田	地	合计		
一个劳力耕种面积		8亩	4亩	12亩	5亩	5亩	10亩	10亩	10亩
产量	单产	米3.025石	叶90个		米2.25石	叶104个		米2.52石	米2石
	总产	米24.2石	叶360个		米11.25石	叶520个		米25.2石	米20石
价值		银24.2两	银36两	银60.2两	银11.25两	银52两	银63.25两	银25.2两	银20两
材料来源		《补农书》上			《补农书》下			《嘉兴府志》卷32	《履园丛话》卷7

米每石值银一两,桑叶每个一钱,桑叶亩产80个、90个、100个,以中等产量计算。

据上表,可见经营地主经济,在同样单位数量的土地上,由于经营方式不同,比农民之间相互伴耕,在产量上要超出很多。而这种农民伴耕较之一家一户为单位的农民个体生产也有其优点。如果把个体农民生产的产值和经营地主经济的产值相比,差距就更为悬殊了。从这里可以看出经营地主经济的优越性。原始富农也是使用雇工协作生产,产量也是较高的。如果把经营地主、原始富农和封建经济相较,无疑是向前跨进了一步,象

---

① 档案,乾隆三十九年十一月二十四日裴宗锡题。
② 档案,乾隆二十八年二月十八日庄有恭题。

征着历史车轮前进的方向。

原始的富农经济的萌芽、经营地主经济，拥有大量的土地，较多的牲畜、肥料，齐全的生产工具，有了发展生产、提高产量的条件。原始富农、经营地主有一个共同的特点，都经营着大量的土地，有佃地40亩、70亩、200亩、40垧，有占有四五百亩的。经营着大量的土地，可以轮换种植作物，合理使用地力，提高产量。

牲畜多、工具齐全，能按照农业季节的需要，及时进行耕种锄耘，割打贮运，使增加产量有了保证。

同时，原始富农、经营地主有充足的肥料，沈氏《补农书》中主张："壅地果能一年四壅，罱泥两番……"①在正常年景，产量可抵中等土地的一倍以上，如果种桑采叶在上等土地施足肥后，每亩可得八九十个。而中等土地只得四五十个，产量相差悬殊。原始富农、经营地主为了得到更多的利润，必须保证高产。获得高产的一个重要的条件，必须有充足的肥料，为此，这些土地经营者们，不仅要积极积肥，而且要去外地买肥。江苏松江府娄县就发生过一件因购买肥料而引起的斗殴杀人案件。"范吴氏供：乾隆四十五年正月二十五日丈夫与村邻马德岗、范德贞、曹三观，各摇一只船，往苏州去合买猪粪壅亩……"②肥足就可以增产，有了充足的肥料，产量就可以大大提高了。也就有了进行集约性农业生产的条件。

原始富农、经营地主有力量兴修一些水利事业，有利于农业生产的发展。当时搞大规模农业生产的原始富农、经营地主非常重视兴修水利。张履祥就认为："民事不可缓，农田水利之政，百年不讲，四海安得不困穷乎？"③把水利建设看成是农业的根本大计。张履祥认为农业生产的大纲有三，其中第二项，就是讲"沟渠宜浚也"，并且提出具体意见是："漏而不知塞，壅而不知疏，日积月累，愈久而力愈难；燥湿不得其宜，工费多而收较薄矣！其事系一家者，因宜相度开浚；即事非一家，到病均受者，亦当集众修治，不可观望推卸，萌私己之心。"④

---

① 《杨园先生全集》卷49，《补农书》（上）。
② 档案，乾隆四十年十二月十一日舒赫德题。
③ 《杨园先生全集》卷40，《备志录》，二。
④ 《杨园先生全集》卷50，《补农书》（下）。

事实上，原始富农、经营地主利用其较雄厚的经济力量，可随时雇工兴修水利。湖南永定的瞿若奉（商人兼经营地主）在乾隆二十七年二月间，因山水冲坏田二亩，于是雇李和五等五人，工价银二两五钱，修整堤塍，[①]不怕旱涝。由于原始富农、经营地主有较强的经济力量，能及时兴建水利工程，有利于农业生产量的提高。

提高了单位面积产量和劳动生产率。清代前期整个社会的劳动生产率是无从得知的。不过从局部地区的一个劳动力的劳动生产率的变化中可以做个比较。兹以明末清初归安、桐乡地区为例，如下表。

时代	土地种类数量		单产	总产	总产值	合计	比率
	种类	数量					
明末	田	8亩	米3.025石	米24.2石	银24.2两	银60.2两	100
明末	地	4亩	叶90个	叶360个	银36.0两		
清初	田	5亩	米2.25石	米11.25石	银11.25两	银63.25两	115
清初	地	5亩	叶104个	叶520个	银52.00两		

《杨园先生全集》卷49《补农书》（上）

一个劳动在一定量的单位土地上，从其生产的总产值来看，明末每个劳动力还只能生产60.2两，到了清初就达到63.25两，是有着提高的趋向。

单位面积产量也不断有所提高，明代富饶的苏松地区，一亩地一年收成，多的达到3石，少的也不过1石多。[②]到了清代，桐乡、吴兴地方一般的肥沃土地，每亩产量是米3石，折合成谷及现在的市斤为516.8斤到679.7斤。而高产地区每亩收成可达四五石，折合成现在的市斤是898.8斤到1123.5斤，[③]这都是经济比较发达地区，在原始富农和经营地主经营的土地上，单位面积的产量是有所增加的。

原始的富农经济的萌芽和经营地主经济的存在和发展，在不同地

---

① 档案，乾隆二十八年七月二十四日乔光烈题。
② 顾炎武：《日知录》卷10，《苏松二府田赋之重》。
③ 《杨园先生全集》卷50，《补农书》（下）。

区，不同程度上，更加深了社会经济关系的变化。一些地区的商业性农业日益发展，"各处膏腴皆种烟叶，占生谷之土已为不少。"①经济作物的大量种植，改变了一些地方的经济面貌。"且如兖州古称桑土，今至算识麦酒；青齐女红甲天下，今至算操针线。"②粮食也在某些局部地区大量地变成商品。苏州一带粮食产量较高，平常年景可产米二千二三百万石，去掉当年口粮，需一千四五百万石，可余米五六百万石。从江苏、安徽运来的米，每年又不少于600万石，据说还不够用，这些米大部分被用作手工业品的原料了。③为市场而生产的农产品的增多，加速了农产品的商品化。这种为卖而买的生产，绝不是为了个人的消费，而是为了取得利润，这就使从事粮食及其他作物的生产，都具有一些商品生产的属性，促进了商业性农业的发展，对封建自然经济也发生一定的分解作用。

发展了雇佣关系。原始富农和经营地主，往往租佃了较多的土地，雇用了较多的劳动力，在不断加强劳动强度、改进耕作方法的前提下，他们完全可以得到"余额"。为了扩大、增加"余额"，就必须增加雇工的数量，就需要向市场上购买大量的劳动力，使雇佣劳动不断扩大、深入到农业经济领域里，影响农业经济关系的演变。

从上述情况可以看出，原始的富农经济的萌芽、经营地主经济的存在，在提高劳动生产率、增加农业产量、促进社会经济的发展等方面，发挥了一定的作用。同时，这种经济关系，是封建社会诸矛盾不断激化的产物，是封建生产关系日益衰落的哀歌。因为，这种萌芽性质的经济关系，是封建制度的对立物。"地主为出卖而生产粮食（这种生产在农奴制后期特别发达），这是旧制度崩溃的先声。"④

这种经济关系，不断遭到了封建势力的顽强阻挠，通过各种途径，扼杀、限制原始富农经济的萌芽和经营地主经济，迫使原始富农变成封建地主，经营地主变成出租地主。封建势力从政治上、经济上采取了许多措施，使农业中的新的经济关系萌芽和经营方式发展极为缓慢，甚至也有时

---

① 《安吴四种》卷26，《齐民四术》。
② 《安吴四种》卷26，《齐民四术》。
③ 《安吴四种》卷26，《齐民四术》。
④ 《俄国资本主义的发展》，《列宁全集》第3卷，第158页。

中断、夭折（封建势力怎样阻碍农业中新经济关系萌芽的发展，另有专文论述，这里从略）。但是，新生事物任凭阻力多大，也是要发展的，原始富农和经营地主的经济关系的萌芽和经营方式，是时灭时生，大体上在明朝末年已经显露了头角，到了清代乾隆时期，这种具有资本主义性质的经济关系的萌芽，已经稀稀疏疏地散见于封建农业经济之中。迂回、曲折地向前发展着。

农业中从资本主义性质的经济关系萌芽出现之日起，就逐渐地充分地暴露出这种剥削制度的内在矛盾，雇工和雇主这两个集团，由于剥削和被剥削的地位，决定他们处于对立的状态。雇主是千方百计想通过加强劳动强度，延长工作时间，降低工人的生活待遇等办法，以便更多地榨取雇工的血汗。从《刑科题本》中看到很多这一类的材料，江苏高淳县孙文潮受雇在李台方家。每日工钱20文，没有议立文约年限，李台方欠孙文潮工钱1000文，屡讨不给。到乾隆四十三年闰六月初六日李台方又叫孙去做工，中午的时候，孙肚中饥饿，要回去吃饭，李台方一定要孙再锄一段田才许回家。孙因腹中饥饿不肯再锄。李就谩骂起来，雇工反抗，孙打死李。[①] 这是雇主要通过延长工作时间来盘剥雇工。雇主还想方设法加重雇工的劳动强度，山东临邑县雇工打死雇主儿子一案就反映了这种情况。"问据张景轩供：小的是本县翟家庄人……只因小的家近年穷苦，乾隆二十一年正月里，袁祥雇小的去做工，讲过每年工价小钱六千，没立文契，也没年限。小的自到他家勤力做活，不敢偷懒。闰九月初一日早晨袁就叫小的赴坡耕地，小的就到坡里去把地耕完；晌午回家吃饭，袁祥又叫小的往场里打豆秸，小的因才耕完了地回来，不容歇息，又叫打豆，把重难生活都要一日做了，口里原咕囔了两句，也不敢违拗……"[②]

不让雇工得到片刻休息，挑难活、重活让雇工一日做完，以便榨取雇工更多的剩余劳动。

雇主又克扣雇工的工钱，降低雇工的生活待遇，从雇工身上剥取更多的利润。广西陆川县邱亚马于乾隆二十七年二月初十日雇刘亚四做工，每年工谷2.5石。闰五月初十日亚马的母亲萧氏叫刘亚四去犁田，刘没力

---

① 档案，乾隆四十四年六月十八日英廉题。
② 档案，乾隆二十二年二月初八日鄂弥达题。

气不肯去。早晨刘在门口吃饭,萧氏说:"你不会犁田吃什么粥,就把刘拿在手里吃的粥夺过去泼掉……"①有的雇主在雇工吃粥时,雇工一面吃,他就一面往粥锅里倒凉水。有的雇主还嫌雇工饭量大,连饮食都不想给吃饱。②也有克扣工钱的,雍正十一年山西宁乡县刘河雇卖货儿为短工,每月工银五钱,工满未给;又雇为长工年银4两,年底卖货儿辞工算账,刘只给3.2两银子、500文钱,其余工银全部不给。③这显系克扣工银,扩大对雇工的剥削量。雇主也有抵赖工钱的,原来议定40文工作一日,到发工钱时,雇主硬厚着脸皮抵赖说雇工干活不好只能给20文工钱。雇主就是这样,千方百计,用了很多手法,以达到能多剥削一些剩余价值的目的。④

甚至当雇工失去劳动能力时,雇主不管雇工的死活,便一脚踢开,河南南召县史林的悲惨遭遇就是一面镜子。"讯据史林供:小的是直隶大名府长垣县人……一向在这县里佣工……乾隆三十四年正月里,小的到他家里看望,说寻雇工。表外甥李贵就留小的帮他做工,每年许给三千二百钱……不想本年二月里,旧病复发,总不见好,每日只会吃饭,不能做活。……到四月二十二日早,李贵问小的病体怎样?如今麦熟了,你既不能做活,可别寻去路,我另雇人罢!小的回说现在病得很,叫我往那里去。李贵说:这也顾你不得……"⑤

虽然是亲戚,可是在利害关头,李贵从雇主的黑心肠出发,硬逼走雇工史林。可见雇主与雇工完全是剥削与被剥削的赤裸裸的对抗关系。

这种新的剥削关系,从出现时起,就已暴露出雇主残酷剥削雇工的血腥实质,暴露出这种制度仍然是一种人吃人的制度。在雇主的剥削、压迫下,雇工过着饥寒交迫的生活,正因为这样,雇工不断掀起反对虐待、反对拖欠或减少工钱等斗争。其复杂、尖锐的程度,正如《醒世姻缘》中描绘的那样,书中说:"那些觅汉雇与人家做活,把那饭食嫌生道冷,千方百计的作梗。该与他的工粮,定住了要麦子绿豆,其次才是谷黍,再其次

---

① 档案,乾隆二十七年十月二十六日顾济美题。
② 档案,道光二年六月五日那彦成题。
③ 档案,乾隆元年七月二十四日觉罗石麟题。
④ 档案,乾隆三十七年八月二十六日何煟题。
⑤ 档案,乾隆三十七年四月十八日何煟题。

冤冤屈屈的要石把黄豆；若要搭些穄秫黑豆在内，他说：这些喂畜生的东西，怎么把与人吃？不是故意打死你的牛，就是使坏你的骡马，伤损你的农器，还要纠合了佃户和你著己的家人，通同了抵盗你的粮食。又说那些替人做短工的人……只是可恨他齐了行，千方百计的勒掯。到了地里，锄不成锄，割不成割。送饭来的迟些，大家便歇了手坐在地上。饶汝不做活也罢了，还要言三语四的声颡。……那饭桶里面必定要剩下许多方叫是够，若是没得剩下，本等吃得够了，他说才得半饱，定要蹩你重新另做饭添……打发他的工钱，故意挑死挑活的个不了，好乘机使低钱换你的好钱，又要重支图领。"①

作者显然站在雇主的立场上，替雇主喊"冤"，大骂雇工。不过也可看出主雇之间矛盾的尖锐，雇工巧妙地运用各种时机，灵活地进行斗争。使封建社会晚期的阶级斗争更复杂，更具有新的内容。并且揭示出农业中资本主义性质的经济关系的萌芽，就是建筑在雇主对雇工残酷剥削的基础上的。

综上所述，马克思所说的资本主义生产方式必须具备的条件，"归结起来就是：两种极不相同的商品所有者必须互相对立和发生接触；一方面是货币、生产资料和生活资料的所有者，他们要购买别人的劳动力来增殖自己所占有的价值总额；另一方面是自由劳动者，自己劳动力的出卖者，也就是劳动的出卖者"②。在清代乾隆时期的农业经济中，是隐隐约约可以看到这种迹象。这就是说，原始富农、经营地主是属于货币、生产资料、生活资料的所有者集团，这是一方；而具有前面所讲的那三种特点的雇工，即"可能的自由劳动者"，是劳动力的出卖者，这是另一方。而且双方已经在市场上相遇，通过对劳动力的买卖，建立了剥削与被剥削的主雇关系。这里蕴藏着资本主义经济关系原始形态的萌芽。因此，我们认为最晚在清代乾隆时期于农业生产领域里，已经孕育着资本主义性质的经济关系的萌芽。即在占主导地位的封建生产方式的缝隙中，有了新的经济因素。毛主席明确地指出："乾隆时代，中国已经有了一些资本主义生产关系的萌芽，但是

---

① 西周生：《醒世姻缘》第26回。
② 《资本论》，《马克思恩格斯全集》第23卷，第782页。

还是封建社会。"① 这种经济关系的萌芽,虽然在发展中不断遭到封建势力的阻挠、抑制,困难重重,但是,新生事物是富有生命力的,经过激烈、顽强的斗争,在日趋没落的封建社会母体中缓慢地滋长着。

（原刊于《清史论丛》第一辑）

---

① 毛泽东:《在扩大的中央工作会议上的讲话》,人民出版社1978年版,第20页。

清代前期赋役制度的改革

——从盛世"滋生人丁永不加赋"到"摊丁入亩"

李 华

一 清初赋役的繁重

清初的赋役制度沿袭明制，是以"田赋"和"丁役"作为封建国家主要收入的。马克思说："赋税是官僚、军队、教士和宫廷的生活源泉，一句话，它是行政权整个机构的生活源泉。强有力的政府和繁重的赋税是一回事。"① 毛泽东指出："地主阶级的国家又强迫农民缴纳贡税，并强迫农民从事无偿的劳役，去养活一大群的国家官吏和主要地是为了镇压农民之用的军队。"②

所谓"田赋"，就是土地所有者（包括地主和小土地所有者在内），每年按亩向政府交纳一定的税额；所谓"丁役"，就是年满十六岁到六十岁的男子称为"壮丁"，每年按丁向政府无偿的负担一定的徭役。"田赋"和"丁役"，历来是封建国家的主要收入。这两项税收，在封建社会初期，"田赋"是交纳粮食（亦称"本征"），"丁役"是服劳役的。封建社会末期，随着商品货币经济的发展，资本主义萌芽的出现，封建统治者需要的货币量日益增加，作为封建国家收入的"田赋"和"丁役"，除仍征收部

---

① 《路易·波拿巴的雾月十八日》，《马克思恩格斯选集》第1卷，第697页。
② 《中国革命和中国共产党》，《毛泽东选集》横排本，第587页。

分粮食（即漕粮）作为军队和各级封建政府消费外，大部分征收银和钱。这一部分以实物折成银、钱向封建国家交纳的赋役，又称"折征"和"丁役银"。

清朝前期的赋役制度十分复杂。就"田赋"来说，"曰民田，皆分上、中、下三则"。征收田赋的办法，"有本征者，有折征者，有本折各半者。本征曰漕。漕有正粮，有杂粮（正粮：米；杂粮：豆、麦、荞、麻等类）。折征者，始定以银，继则银、钱兼纳。"①至于"丁役"，各省多少不等，"率沿明之旧"。"有三等九则者，有一条鞭征者，有丁随地派者，有丁随丁派者。"②由上可知，清朝前期的田赋，虽然银、钱、粮三者并征，但主要是征银；"丁役"虽然各省征收的办法有别，主要的也是征银。清初统治者对"田赋"和"丁徭"采取分征的办法，即"丁自为丁，地自为地，本不相涉"的政策。③

清统治者为了欺骗劳动人民，"正赋"的额数并不为高，但"正赋"之外，另有种种名目的"附加税"。有些地区，"附加税"往往比"正赋"高达三五倍不等。④所谓"催纳之数不多,供亿之数更繁"⑤。劳动人民"不苦于赋，而苦于赋外赋"⑥。

清初的"附加税"名目很多。如"耗羡"（亦称"羡余"或"火耗"），即官府将征收来的散碎银子，要经过再加工铸造，熔炼成一定数量的银锭，再来上缴国库。其中的损耗、解运费用，名曰"耗羡"，都算在劳动人民头上。再如交纳粮食入仓的损耗，向劳动人民多征收一部分，称之为"雀耗""鼠耗"。清朝初年，各级文武官僚的薪俸，名义上并不为高。康熙十七年（1678）时，相当于五六品官的江宁织造曹玺，"每年应支俸银一百三十两"，"月支白米五斗"⑦。康熙三十七年（1698），曹玺的儿子曹寅，继任其父要职，"每年应支俸银一百五两"，"月支白米五斗"。⑧这

---

① 《清朝通典》卷7,《食货志》。
② 《清朝文献通考》卷19,《户口考》。
③ 《雍正朱批谕旨》第三函，第五册，雍正元年六月，山东巡抚黄炳奏。
④ 乾隆《新安县志》卷2,《食货志·革除》。
⑤ 光绪《清远县志》卷12,《前事》,《康熙四年九月巡抚王某（王来任）示禁》。
⑥ 《皇朝政典类纂》卷7,《田赋》七康熙十九年给事中许承宣奏。
⑦ 《关于江宁织造曹家档案史料》，中华书局，1975，第4页。
⑧ 《关于江宁织造曹家档案史料》，第12页。

样低的薪俸,远远不足以维持各级官僚及其家属、仆役的豪华生活。因此,清前期官僚的贪污案件层出不穷。为了杜绝官僚的贪污,清政府允许各地官吏,在征收"正赋"时,额外附加一定数量的银子,美其名曰"养廉银"。各级地方官吏可以任意滥征"养廉银"。有的征收数字竟高达"正赋"的百分之十以上。实际上,"养廉银"的征收,使贪污更加合法化了。除此之外,还有什么"浮收""杂徭"等,五花八门,无奇不有。这些种种名堂的"附加税",都落到劳动人民的头上,加重了劳动人民的负担,把劳动人民推向灾难的深渊。

除"附加税"之外,各级地方官僚还可以假借种种名义,巧立名目,横征暴敛,任意"私派"。康熙四十年代,湖南偏沅巡抚赵申乔指出:"百姓憔悴,虐政已非一日,而害民尤甚者,莫如私派。"①湖南有一种名曰"软抬"的"私派","阖邑摊费,其名软抬","每粮一石,加派至四五钱不等";另有一种名曰"硬驼"的"私派","各里轮当,其名硬驼","每粮一石,加派至四五两不等"②(按:湖南田赋征收,与他省按亩不同,而是以粮石为计算单位的)。封建官府的"吸髓吮膏",迫使劳动人民"卖儿鬻产,茕茕孑遗,不死即逃"③。湖南地方官,还要假称"公务,逐事私派。一年之内,难以计数",如"地丁销算有派,驿站销算有派,刑名费用有派,漕粮南粮费用有派"等。"甚至州县到府,与府到厅到省,无一不派。上司生辰令节与新官到任,铺设过客,下程代仪,无一不派"。④更有甚者,广东下乡催征钱粮的衙役,"带领家健皂快,多置爪牙以渔猎,私设哨官效用,广布腹心以通线索。百十成群,沿乡混捉。或妄称欠户,辱及妇女;或指诈里役,害遍鸡豚"。这就超出了"私派"的范围,而严重危害人民了。当时,广东巡抚王来任指出:"蠹国殃民,莫此为甚。"⑤

清朝初年,赋役转嫁,赋役不均的现象也十分严重。江苏吴江县,明末的"花分诡寄"弊端,一直到清初依然存在。"田无定数,役无成格。

---

① 赵申乔:《赵恭毅公剩稿》卷6,《严禁歇保包揽加派害民示》。
② 《清圣祖实录》卷199,康熙三十九年五月己酉。
③ 申乔:《赵恭毅公剩稿》卷6,《禁革私派重耗示》。
④ 申乔:《赵恭毅公剩稿》卷6,《禁革私派重耗示》。
⑤ 光绪《清远县志》卷12,《前事》,《康熙四年九月巡抚王(来任)示禁》。

甚有田连百顷而不役,有数亩及数十亩者,因役破家或逃亡"的情景,到顺治末康熙初年,已遍及全国。御史胡秉忠指出:"直隶各省州县卫所,编审花户人丁,俱沿袭旧数。壮不加丁,老不除籍,差役偏枯不均。"劳动人民,在繁重徭役的剥削下,走投无路,"或流入邪教,或逃窜盗薮,或投遁他乡"①。康熙元年(1662),苏、松两府,"名为金报殷实,竟不稽查田亩。有的田已卖掉,但仍负徭役。"有田连阡陌,全不应差,□移脱换,弊窦多端。田归不役之家,役累无田之户"②。当时社会上,普遍存在着"人已亡而不肯册除,人初生而负其当差。沟中之瘠,犹是册上之丁;黄口之儿,已入追呼之籍"的严重局面。③

清初在赋役上存在的种种弊端,不但引起了清政府财政上的混乱,而且直接影响到国库的收入,而且有逼使劳动人民铤而走险、激化阶级矛盾的危险。因此,清统治者设法对赋役制度进行一番整顿改革,就成为势所必然的了。

二 清初对赋役的整顿与改革

清统治者对赋役进行整顿改革,从入关后就开始了。整顿改革赋役,首先遇到的问题,就是明末以来户口、土地册籍荡然无存,赋役的征收毫无凭借。最早提出重新编纂赋役全书的是顺治元年(1644)御史宁承勋。他指出:"赋役之制未颁,官民无所遵守。"④顺治三年(1646),又重申了这个建议:"在内责成各该管衙门,在外责成抚按,将钱粮数目原额,严核详稽,汇造赋役全书。"⑤但在当时,农民起义军的革命声势方兴未艾,全国各地的抗清斗争风起云涌,清统治者重编赋役全书的企图未能实现。

顺治十三年(1656)以后,西南、东南各地的抗清斗争虽然仍在持

---

① 《东华录》康熙朝,顺治十八年十一月戊戌。
② 乾隆《娄县志》卷7,《民赋》。
③ 《皇朝政典类纂》卷7,《田赋》(七);《赋则》引陆陇其《三鱼堂集》。
④ 《清朝文献通考》卷1,《田赋考》一。
⑤ 《清朝文献通考》卷1,《田赋考》一。

150

续，但清政权的统治已经相对稳定，为在全国初步整顿赋役打下了良好的基础。顺治十四年（1657），特命户部右侍郎王弘祚，以明万历年间的赋役额为准，免除了明末天启、崇祯年间繁重的杂派，使其"条贯井然"，"纲举目张，汇成一编，名曰《赋役全书》，颁布天下"。①

《赋役全书》编成后，每州县发两本，"一存有司，一存学宫"②。另立鱼鳞册（亦称丈量册），"详载上中下田则"；又立黄册（亦称户口册），"岁记户口登耗"。使鱼鳞册和黄册，"与《赋役全书》相表里"③。在征收赋税时，采用了明万历年间的"一条鞭法"，即"以府、州、县，一岁中，夏税，秋粮，存留、起运之额，均徭、里甲、土贡、雇募、加银之额，通为一条，总征而均支之"④。

为了防止各级地方官吏的"私派"，向"花户"（即纳税户）颁发"易知由单"即通知单。由单"开列上、中、下则，正、杂、本、折钱、粮"，最后缀以总数。⑤"易知由"单，在开征前一个月，颁发给花户以为凭据，以防止发生差错。除"易知由"单外，还发给"截票"（亦称"串票"，或"二联印单"）。"截票"开列地丁钱粮的实数，"分为十限，月完一分，完成则截之"。在"截票"票面中间，盖以"钤印"，"就印字中分"两联，"官民各执其半"。此外，还设有"印簿""循环簿""粮册""奏销册""赤历册""序册"等名目繁多、内容芜杂的册籍作为辅助。⑥

顺治年间，清统治者虽对赋役的改革，煞费苦心，"定制可谓周且悉矣"。但在那战火纷飞的年月里，这些措施，既不可能禁止地主阶级隐匿田亩，将钱粮转嫁给无地少地农民，也无法禁止各级地方官吏"挪用正款，捏称民欠，及加派私征"等弊端。⑦

到康熙初年，已经看出了"易知由单"，虽名为易知，而实际上"款项繁多，民不易晓"。清统治者本着删繁就简的精神，因"序册""其条件悉如奏销册"，"以其糜费无益"，于康熙四年（1665）停止使用。康熙七

---

① 《清世祖实录》卷112，顺治十四年十月乙亥。
② 《清史稿》卷121，《食货》二。
③ 《清史稿》卷121，《食货》二。
④ 《清史稿》卷121，《食货》二。
⑤ 《清朝通志》卷83，《食货略》三。
⑥ 《清史稿》卷121，《食货志》二；《清朝通志》卷83，《食货略》二。
⑦ 《清史稿》卷121，《食货志》二。

151

年（668），又停止了"黄册十年一造，会计册每年一造"的规定。康熙十八年（1679），"赤历册，亦除之"①。

从顺治十四年（1657）王弘祚编成《赋役全书》以来，到康熙二十四年（1685）为止，已经近三十年了。在此期间，全国的户口和土地数字，不断有所变动。如仍按顺治年间编的《赋役全书》征收赋役，不但无法"按户增徭，因地加赋"，而且"条目纷繁，易于混淆"，不利于清统治者的国库收入，因而于当年下令重修《赋役全书》。这次重修，原则上规定："止载起运、存留、漕项、河工等切要款目，删去丝秒以下尾数，名曰《简明赋役全书》。"②康熙二十六年（1687）完成《简明赋役全书》之后，应山西巡按的奏请——因各地方官，假借刊刻"由单"之名，任意"指称纸版之费，用一派十，民间受累"——除江苏情况特殊，"仍听册报如旧"外，其他各省免刻由单。③

康熙年间，在征收赋税时，仍然沿用顺治朝的"截票"，"一给纳户，一存有司"。但地方官吏在征收时，往往"借称磨对，将纳户票强留不给"，因而"遂有已完作未完，多征作少征者"，官僚从中贪污自肥。为了防止此类事件的发生，于康熙二十八年（1689），改"二联印单"为"三联票法"。"三联票法"："凡征收钱粮及豆麦等项，俱如数登填。"这三联，"一存州县，一付差役应比，一给纳户执照"。还规定，在纳税时，如果"官吏揩不与填，及无票执"时，"许民间首告，以监守自盗论"处。④此后不久，又"刊四联串票"，"一送府，一存根，一给花户，一于完粮时，令花户别投一柜，以销欠"。从二联到三联，进而到四联，康熙朝统治者虽用心良苦，但越来越烦琐，因而四联串票实行"未几，仍复三联串票之制"⑤。康熙三十九年（1700），又设立滚单法来征收钱粮，名义上是防止各级官僚的"私行科派"，其办法是：每图（即每里）设一"滚簿"，以"易知由单"等项目为准，"共该若干，以为一图之总数"，"每甲每户，亦先

---

① 《清朝通志》卷83，《食货略》三。
② 《清史稿》卷121，《食货志》二。
③ 《清朝通志》卷83，《食货略》三。
④ 《清朝通志》卷83，《食货略》。
⑤ 《清史稿》卷121，《食货志》二。

贯田数于前，次开实征银数于后，以为花户之撒数，使民一目晓然"。① 为什么叫"滚单"？该办法规定："于每里之中，或五户或十户一单。于某名下，注明田地若干，银米若干，春秋应完若干。分为十限，发与甲首，以次滚催，自封投柜。一限既定，二限又依次滚催，其有停搁不完不缴者严惩，民以为便。"② 实质上，滚单法之所以制定得这样严密，其目的是害怕劳动人民交不上或不交钱粮，用保甲连坐法来保证统治者的税收。

清统治者这些法令和措施，都是无济于事的。在封建社会末期，封建地主阶级，不可能实行较为清廉的政治，而且经过了明末清初长期战乱之后，这些都不允许较彻底的执行。因此，一道道命令，再三修改，不但无法清除赋役上的营私舞弊，而且对土地和人口的清查也无法确知其多少。从当时官书上记载来看，人丁地亩的数字，增加十分迟缓。从顺治八年（1651）起，到康熙五十年（1711）为止，经过六十年来的长期恢复与发展，人口和地亩仅仅增加了一倍左右，远没有赶上明末的最高水平，一直到康熙四十年代，每当清政府"十年大造以清田"时，地主可以恃势将土地"以多报少"；"五年编审以清丁"时，劳动人民迫于赋役的繁重，而相率逃亡。③ 清统治者看出，有必要对赋役制度采取进一步措施。

康熙帝为了改变现状，保证税收和获得劳动人手，决定从康熙五十一年（1712）起，实行"滋生人丁永不加赋"的办法。并下令说：

> 各省督抚奏：编审人丁数目，并未将加增之数尽行开报。今海内承平已久，户口日繁，若按见在人丁加征钱粮，实有不可。人丁虽增，地亩并未加广。应令直省督抚，将见今钱粮册内有名丁数，勿增勿减，永为定额。其自后所生人丁，不必征收钱粮。编审时，止将增加实数察明，另造清册奏报。朕凡巡幸地方，所至询问，一户或有五六丁，止一人交纳钱粮，或九丁十丁，亦止二三人交纳钱粮。……前云南、贵州、广西、四川等省，遭叛逆之变。地方残坏，田亩抛荒，不堪见闻。自平定以来，人民渐增，开垦无遗。或沙石堆积，难

---

① 刘振清：《居官寡过录》卷2。
② 《清史稿》卷121，《食货志》。
③ 赵申乔：《赵恭毅公剩稿》卷5，《丁粮不宜从田起赋详》。

于耕种者，亦间有之。而山谷崎岖之地，已无弃土，尽皆耕种矣。由此观之，民之生齿实繁。朕故欲知人丁之实数，不在加征钱粮也。……直隶各省督抚及有司，自编审人丁时，不将实数开明具报者，特恐加征钱粮，是以隐匿不具实奏闻。①

盛世"滋生人丁永不加赋"，从康熙五十一年（1712）开始实行，以康熙五十年（1711）全国的人丁户口数字为准，此后到达成丁年龄的，再不承担丁役。康熙五十年（1711）的人丁户口数字是二千四百六十二万一千三百二十四人。田地、山荡、畦地六百九十三万三百四十四亩有奇。②

"滋生人丁永不加赋"，并没有触及地主阶级的利益，也没取消人丁税，但对无地、少地的劳动人民有一定的好处。在当时情况下，地主阶级田多丁少（或因"优免"，根本不纳丁税），劳动人民丁多地少（或根本没有土地）。这一种对赋役制度的改革，如果确能认真执行的话，尽管劳动人民的丁额负担并没有减轻，但丁税有了相对固定，从而免于到处逃亡，生活得到一定程度的安定。从康熙朝统治者来说，实行这一改革，其目的是把劳动人民重新吸引到大片未开垦的荒地上来，不但澄清了户口，同时也增加了田赋收入。从康熙五十一年（1712）实行"滋生人丁永不加赋"起，到康熙六十一年（1722），整整十年，人丁增加到二千五百三十万九千一百七十八人。又加永不加赋滋生人丁四十五万四千三百二十人；土地八百五十一万九百九十二顷四十亩；征银二千九百四十七万六千六百二十八两；征粮四百六十六万八千八百三十三石。③ 以此与顺治八年（1651）比较，人丁增加了一千五百一十三万零一百七十二人，增长率近150%；土地增加五百五十二万二千一百零七顷七十九亩，增长率达到110%以上；征银增加了八百三十七万六千四百八十六两，增长率达44%。只有征粮反而减少了一百万零七千三百九十六石六斗，这是因为商品货币经济的发展，封建统治阶级对

---

① 王先谦：《东华录》康熙朝，康熙五十一年二月乙亥。
② 《清圣祖实录》卷248，康熙五十年十月甲申。
③ 《清世宗实录》卷2，康熙六十一年十二月。

商品货币需要的加强，因而随着征收银钱的不断增加，征收实物——粮食——必然逐年在减少。

"滋生人丁永不加赋"，不但丝毫没有触及地主阶级的利益，而且还使制度本身暴露不少漏洞，因而达不到统治者所预期的效果。根据清统治者规定："凡载籍之丁，六十以上开除，十六以上添注。"① 一般来说，除江西、福建、广东等省，因为"从前有盐一项，分给小户，计口纳钞，既有妇女应征之项"，因而有"女丁"外，② 其他绝大多数省份只有十六岁以上、六十岁以下的"男丁"，才向封建国家交纳"丁银"。当"成丁"年过六十岁之后，名曰"除丁"，再"令以新增人丁补足旧缺数"③。如何补丁？按规定："缺额人丁，以本户新添者抵补。又不足，以同甲粮多者顶补"。在编审时，这种"除丁"曰"擦除"，"补丁"曰"擦补"。④ 因为"除丁"和"补丁"，不会那样恰到好处，"除""补"相符，不多不少。尽管清政府有那样的"除""补"规定，其结果还是"额丁子孙，多寡不同，或数十百丁承纳一丁。其故绝者，或一丁承一二十丁，其户势难完纳"⑤。实行的结果，仍然多的多，少的少，达不到"均丁"的目的。

特别在五年一次的编审期间，清初以来的营私舞弊，根本无法根除，官府衙役的"私派"有增无减。据康熙末年记载："民间派费甚多。有里书及州县书吏造册之费，有里长候审饭食之费，有黄绫、纸张、夹板、绳索、棕包之费"等，都加到壮丁头上，比向封建国家上交的"丁银"还多几倍。此种情况，已成普遍现象，"各省皆然，直隶尤甚"⑥。有人在康熙末年记载，浙江天台县编审人丁时指出："滋生人丁永不加赋"颁布之后，名义上"丁增而银不增"，但地丁册、粮册都掌握在"里内图头"手里。这些地主阶级的代表，一旦大权在握，就可以为所欲为，而置清政府"滋生人丁永不加赋"的法令于不顾。那些"无田无地，赤手穷民，则见丁当丁；而田连阡陌之家，粮册在手，公然脱漏，浸淫成习"。而劳动人民，

---

① 王庆云：《石渠余记》卷3，《纪停编审》。
② 王庆云：《石渠余记》卷3，《纪停编审》。
③ 《皇朝政典类纂》卷30，《户役》一，《户口》《丁》中。
④ 《皇朝政典类纂》卷30《户役》（一）《户口》《丁》（中）。
⑤ 吴振棫：《养吉斋余录》卷1。
⑥ 李绂：《穆堂初稿》卷39下，《请通融编审之法疏》。

"复于丁银之外，今年加一二分，明年又加二三分。年复一年，递增不觉。户无毫厘田产，每丁竟有完至二三钱四五钱者"。这个官僚愤然指出，"甲内图头"，实系"剜他人之肉，以补自己之疮"①。

三 雍正年间的"摊丁入亩"及其实施概况

康熙五十一年（1712）所颁布的"滋生人丁永不加赋"之所以仅仅实施了十年，是因为它并没有解决自清初以来所存在的赋役不均的严重情况。对赋役不均，时人曾提出过不少解决这一弊端的措施。早在顺治十三年（1656），江苏吴江县知县雷珽，曾提出过"田均而役亦均"的办法，但没有实行。②康熙元年（1662），江苏巡抚都御史韩世琦，在苏、松二府，根据当地存在的"田归不役之家，役累无田之户"的情况，而提出了"均田均役"法，但也无法实现。③康熙十三年（1674），江苏布政使慕天颜，他主张首先在自明以来赋役繁重的苏、松、杭、嘉四府，实行"均田均役"法。他较详细地提出了整套方案，大体上是："以一邑田地，均摊各里，每里每甲，田数齐平，粮则相等，差役划一，不许此盈彼缩，田多役少。五年一举，推收户田，汇总办课。"④上面这几个官僚，只看到问题的表象，都没有或不敢涉及问题的实质和要害。只有到康熙二十年（1681）左右，当过直隶省乐亭县知县的于成龙，看出了当时"丁分三等，役定九则"，而赋役不均的原因在于"田与丁分"。他认为，如果要从根本上解决，就要在乐亭县实行"富户正供之外，所增无几，而贫者永得息肩"的"均田均丁"法。⑤稍晚一些，湖南安乡县，也部分实行了"人丁随粮摊"的尝试。⑥这些较有眼光的官僚，在部分地区短期的采取了"地丁合一"政策，但也受到种种干扰和反对。于成龙在乐亭县提出的"均田均丁"法

---

① 戴兆佳：《天台治略》卷2《吁宪推广皇仁泽遍穷黎恩垂不朽事》。
② 乾隆《吴江县志》卷23，《名宦》。
③ 乾隆《娄县志》卷7，《民赋》。
④ 乾隆《沙头里志》卷1，《徭役》。
⑤ 嘉庆《乐亭县志》卷4，《田赋》。
⑥ 赵申乔：《赵恭毅公自治官书类集》卷13《批藩司详安乡县优免由》。

没有来得及实行,就被调离。湖南安乡县实行后,也受到巡抚赵申乔的严加指责和追查。①

在康熙年间,较早提出"摊丁入亩"在全国实行的,是康熙五十二年(1713)御史董之燧。他提出了"统计丁粮,按亩均派"的奏请,但结果是"(户)部议不便更张而止"。后来,经康熙帝默许,在"广东、四川两省先行之",作为试点。②一直拖到康熙五十五年(1716),"广东所属丁银,就各州县地亩摊征。每地银一两,摊丁银一钱六厘四毫不等"。自此之后,"丁随地起,见于明文者,自广东始"③。四川省作为试点,大约稍晚些。"康熙末年,四川……先以行之。田载丁而输纳,丁随田而买卖,公私称便"④。

雍正元年(1723)七月,新登上皇帝宝座的胤禛,根据直隶巡抚李维钧的奏请,先从直隶开始,然后正式在全国颁发诏令,推行"摊丁入亩"政策。此后,经过半个多世纪,一直到乾隆四十二年(1777)最后一个省份贵州宣布开始实行为止,除盛京因"户籍无定"没有实行外,全部完成了这一赋役制度的改革。现据资料,各省"摊丁入亩"实行情况,列表如下。

省份	实行摊丁入亩年月	地赋每两摊丁银数	备考
广东	康熙五十五年	一钱六厘四毫	
四川	康熙末年		以粮载丁征收
直隶	雍正二年	二钱六厘	
福建	雍正二年	五分二厘七毫至三钱一分二厘不等	
山东	雍正三年	一钱一分五厘	
云南	雍正四年		数字缺
河南	雍正四年	一分一厘七毫至二钱七厘不等	
陕西	雍正四年	一钱五分三厘,遇闰加四厘	城固县于崇祯八年,南郑、褒城于顺治十三年,丁随粮行

---

① 赵申乔:《赵恭毅公自治官书类集》卷13《批审司详安乡县优免由》。
② 吴振棫:《养吉斋余录》卷1。
③ 王庆云:《石渠余记》卷3《记丁随地起》。
④ 王庆云:《石渠余记》卷3《记丁随地起》。

续表

省份	实行摊丁入亩年月	地赋每两摊丁银数	备考
浙江	雍正四年	一钱四厘五毫不等	会典事例作二钱四厘五毫不等
甘肃	雍正四年	河东一钱五分九厘二毫，河西一分六毫	河东遇闰加，河西遇闰不加
江苏	雍正五年	一厘一毫至六分二厘九毫不等	以亩计算
安徽	雍正五年	一厘一毫至六分二厘九毫不等	以亩计算
江西	雍正五年	一钱五厘六毫	
湖南	雍正六年	一毫至八钱六分一厘不等	以粮石载丁征收
广西	雍正六年	一钱三分六厘不等	
湖北	雍正七年	一钱二分九厘六毫	
山西	乾隆元年	二钱八分一毫	只有临汾等十六州县，该年实行，道光二年全部实行
贵州	乾隆四十二年		详情待考

注：本表据王庆云《石渠余记》卷三，《记丁随地起》制定。

从上表可以看出，"摊丁入亩"，虽萌发于康熙初年，但到康熙晚年才得到统治阶级的默许，在广东、四川两省开始试点。自雍正元年（1723）向全国颁布后，经历了雍正、乾隆、嘉庆整三个朝代，达一百年之久，除盛京而外，才算基本完成。"摊丁入亩"实施的时间，不但各省先后不一，即一省各州县之间因情况不同，而实行的时间也相差很远。如福建省早在雍正二年（1724）就宣布开始了，但宁洋、寿宁、南平等少数州县迟迟无法推行。又如山西省，直到乾隆元年（1736）才在少数县份开始，经过八十七年，到道光二年（1822）最后几个县份才刚刚开始。从各省地亩均摊丁银平均数字来看，最高的湖南省，某些县份高达八钱六分一厘，因为它是"以粮石载丁"征收。其次是福建省部分地区，高达三钱一分二厘，其原因不得而知。山西省再次之，每亩二钱八分一毫，因山西多"富商大贾，不事田产"，山多地少，地土瘠薄。又次是直隶，每亩二钱六厘，因直隶是贵族官僚最集中的地区，他们依恃特权，地不纳粮，丁不服役，都转嫁给了劳动人民。除上述特殊情况外，一般来讲，地多丁少的省份，地亩摊丁银率则低；丁多地少，人口密集的地区，地亩摊丁银率则高。

"摊丁入亩"的实行，"独利于贫民，而不利于富室"这有一定的道理。因为"富室产多，而贫民产少"①。与此相反，地主丁少或无丁，而农民丁多。早在雍正元年（1723）直隶巡抚李维钧就指出，把丁银"摊入田粮内，实与贫民有益，……但有力之家，皆非所乐"。因为他早已意识到，地主阶级对摊丁入亩非"阻遏其请"不可了。②就拿雍正皇帝胤禛来说，他在对待"摊丁入亩"政策上，最初是消极的，甚至是反对的。他在雍正元年（1723）六月山东巡抚黄炳的奏折后面批道："摊丁之议，关系甚重，岂可草率从事？……况赋税出自田亩，……正供维艰，何堪再有更张之举。"他又对黄炳批了一通，说："观尔近来所奏，每多涉于孟浪。"③雍正四年（1726）七月，当福建布政使沈廷正条奏，关于福建实行"丁银摊入地亩"时，雍正帝说："朕深知此事当行，但不肯命勉强行之。"④胤禛对"摊丁入亩"的态度，是十分清楚的。

官僚地主阶级反对"摊丁入亩"，对这一政策的执行进行捣乱和破坏，并不是从雍正元年（1723）才开始的。早在此以前几十年，个别地方试行时就开始了。康熙三十年（1691）前后，当过广东归善县知县的邱秀瑞曾到过陕西户县，看到当地自明以来就实行"并丁于粮"。他反对说：这样会"使富户坐困于输丁"，而一些劳动人民，"皆相率为化外之民"。他站在地主阶级的立场上说："人无贫富，莫不有身丁可役。而一邑之中，有田者什二，无田者什九。乃欲专责富户之粮，包赔贫户之丁，将令游惰复何所惩。"⑤反对地丁合一，最坚决的要算大官僚赵申乔了。他在康熙四十年（1701）当浙江布政使时，坚决反对不利于地主阶级的"地丁合一"。他立场显明地指出："地、丁原属两项，似不应地上加丁。"他严厉禁止余杭县"按粮户田数之多寡，定人丁之等则，光丁豁除"的

---
① 戴兆佳：《天台治略》卷6。
② 《雍正朱批谕旨》第二函，第二册，雍正元年七月，李维钧奏。
③ 《雍正朱批谕旨》第三函，第五册，雍正元年六月，黄炳奏。
④ 《清雍正上谕内阁》，雍正四年七月，沈廷正奏。
⑤ 陆燿：《切问斋文钞》卷15，《财赋》，邱秀瑞《丁役议》。

159

办法。他主张"仍循旧贯"①。在此期间,他还下令镇压了宁波府提倡"照地派丁之说,与巨室相持"的所谓"黯民"②。

到雍正元年(1723)"摊丁入地"在全国范围内逐步实施后,地主阶级的反对更为激烈。雍正三年(1725)春,浙江"田多丁少之土棍",为了阻止"摊丁入地"在浙江实行,"蛊惑百余人,齐集巡抚衙门,喊叫阻拦摊丁",吓得刚上任不久的巡抚法海"惊慌失措","即令官员劝散,暂缓均摊之议"③。雍正六年(1728)"摊丁入亩"在浙江实行不过两年,钱塘、仁和二县地主实行反攻倒算,强迫佃户交租时,"每亩米加二升,银加二分,以助产主完丁之费"④。与此同时,直隶肃宁县,"业主借摊丁事端,每亩(向佃户)加租二分"⑤。乾隆二十二年(1757),官僚胡泽潢,本末倒置,把"丁粮摊入地亩,永不加赋",说成是造成户口不实的原因,他坚决反对这一改革。⑥

劳动人民为了保证"摊丁入亩"的实行,也曾不断地起来反抗官僚地主阶级对这一政策的破坏。如前所述,康熙四十年(1701)浙江宁波府劳动人民和官僚赵申乔的拥护与反对摊丁入亩的斗争,就是其中突出的一例。雍正三年(1725)浙江杭州"有丁无地,情愿均摊"的农民,联合"一班门面丁差"(即工商业户),反对地主阶级的"阻拦摊丁",也反对巡抚法海的姑息养奸。他们"聚众乡民,围辕吵闹","动则打街罢市,毫无忌惮"。一直到法海被撤职后,"又聚众进城,闹至县堂"⑦。道光八年(公元1828年),山东黄县知县某徇私舞弊,不按"摊丁入亩"规定办事,随意加增丁税钱粮。广大劳动人民,"进署恳求,照旧(即按摊丁入亩)完纳。该县痛加杖责"。恰好赶集的人很多,群情愤慨,"遂哄至大堂,将屏门等物挤倒"⑧。乾隆年间,山西劳动人民从另一角度也起来反对过清政府在山西硬性推行"丁银摊入地粮"的斗争。如上所述,一

---

① 赵申乔:《赵恭毅公剩稿》卷5,《查议余杭县编审事宜详》。
② 乾隆《杭州府志》卷79《名宦》。
③ 《雍正朱批谕旨》第二函,第二册,雍正四年八月,李维钧奏。
④ 乾隆《浙江通志》卷71,《户口》一。
⑤ 乾隆《肃宁县志》卷7,《人物》。
⑥ 《皇清奏议》卷33,乾隆二十二年,胡泽潢《请整饬保甲疏》。
⑦ 《雍正朱批谕旨》第十三函,第二册,雍正四年八月,李卫奏。
⑧ 《皇朝政典类纂》卷27,《田赋》二十七,《征收事例》。

一般来说，"摊丁入地"对地主阶级不利，而在客观上有益于劳动人民。但山西省情况特殊，大多数地区，山多地少，土瘠民贫，且又"向系富商大贾，不事田产"，没有多少土地。①如在山西实行"摊丁于地，是贫民代富民完粮也"，理所当然遭到劳动人民的反对。乾隆四年（1739），安邑县劳动人民，反抗不利于民的"摊丁入地"，"揭竿起，罢市烧城门，毁公署而堵焉。报急者日三四至，巡抚扰急，不知所为。"②这次斗争虽被镇压，但山西的"摊丁入地"迟迟无法推行，一直到嘉庆末年，才只有八十个厅、州、县实行。其他盂县等二十一州县，自道光二年起，才把丁银"摊入地粮项下征收"。③

"摊丁入亩"的实行，在中国封建社会赋税制度史上是一项重要的改革，具有积极意义。这一制度的推行，说明到了封建社会末期，劳动人民徭役减轻，与封建国家之间人身隶属关系也有了一定的松弛。"摊丁入亩"之所以能在一定程度上实行，首先是千百万劳动人民坚决反抗赋役不均，所进行的激烈阶级斗争的结果。作为地主阶级总代表的雍正皇帝，正因为这一制度的推行对封建地主不利，最初他犹豫不定，但这是大势所趋，人心所向，最后也只得勉强从事了。

在封建社会里，一项具有积极意义的制度，从颁布到执行，还要有一段很长的距离。特别是雍正、乾隆年间，封建社会已进入垮台前夕，封建官场的政治腐败，所到之处，贪污成风。"摊丁入亩"虽然名义上陆续在各省实行，但不可能持久认真较彻底的贯彻执行。因此，封建地主阶级明目张胆地反对，时有所闻。地主与封建官僚暗中勾结，从中捣乱，遍地皆是。所以，贯彻实行"摊丁入亩"的过程，也就是充满了拥护与反对的阶级斗争的过程。

"摊丁入地"实行后，虽能部分地解决了几千年压在劳动人民身上的"丁役"。但它并没有，也不可能解决各种各样的"附加税"和"私派"。特别是自雍正、乾隆以来，巧立名目的额外勒索多如牛毛。比如"耗羡"一项，顺治、康熙年间虽有，但与雍正、乾隆年间是无法相比的。再如

---

① 《清高宗实录》卷948，乾隆三十八年十二月己丑。
② 袁枚：《小仓山房文集》卷8，《记富察中丞旧事》。
③ 《皇朝攻典类纂》卷27，《田赋》二十七，《征收事例》。

"养廉银",到乾隆年间更加严重。乾隆四十五年(1780)时,"督抚养廉丰厚,岁入一二万金"。当过督抚的李侍尧,仍然"贪饕无厌","贪纵营私","婪索属员银两,盈千累万"①。此外,还有什么"锄头税","一家一丁执锄,令纳税银二分"等,②真是名目繁多,五花八门。

总上来看,"摊丁入亩"颁布之后,有些地区,在某些时期之内,不但"丁役银"没有取消,而且杂税还增多。清初那种"杂派三五倍于正赋"的情况,不但没有能根除,且有愈来愈严重之趋势。因此,我们绝不能过高地估计"摊丁入亩"的实际意义。

(原刊于《清史论丛》第一辑)

---

① 《清高宗实录》卷1103,乾隆四十五年三月乙未。
② 李绂:《穆堂别集》卷47,《禁锄头税檄》。

清代的茶马贸易

林永匡

在中国古代社会里，马匹不仅是人们日常生活中重要的交通工具和生产工具，而且在军事上有着重大的作用。"从古有兵则有马，兵之须马甚急也。"[①] 但是，马匹多产于中国西部和北部边境少数民族聚居的牧区，故历代封建统治者为着军事上的特殊需求，多与边境地区驯养马匹的少数民族互市于边。易马之物，初以金帛，后则易之以少数民族生活必需品的茶叶。

茶马贸易互市之制，最早始于唐代。当时唐王朝换取马匹之物，并非全用茶叶，有时用金，也有时用帛。唐代宗时"回纥有助收西京功，代宗厚遇之，与中国婚姻，岁送马十万匹，酬以缣帛百余万匹"[②]。直到唐德宗贞元末年时，才正式以茶易马，"时回纥入朝，始驱马市茶"[③]。这是后代茶马易市的先例，但当时唐王朝还未设置专官以管理边地茶马贸易。

宋王朝由于与辽、金政权战事频仍，对军马的需要也大大增加。于是，以茶易马以充军备就成为一件关系宋王朝安危的重要事情。宋朝统治者因此更加重视马政，为榷茶买马，专门创设茶马司以掌其事，据《宋史》载："都大提举茶马司，掌榷茶之利，以佐邦用。凡市马于四夷，率以茶易之。"[④]

---

① 杨恩：康熙《巩昌府志》卷17，《马政》。
② 《新唐书》卷51，《食货志》。
③ 《新唐书》卷196，《隐逸列传》，《陆羽》。
④ 《宋史》卷167，《职官志》。

但是，茶马贸易由金代至元代曾一度中断，直到明代才恢复，并且大大超过了前朝。

明代有官茶、商茶、贡茶，官茶与商茶皆贮边易马。明初，朱元璋为了巩固明朝的边防，故特别重视茶马贸易，想"用茶易马，固番人心"，以达到"且以强中国"之目的。[①]他还命制金牌四十一面，令官员捧入洮州、河州、西宁等民族地区，每年用茶五十余万斤，易马一万三千八百多匹。明政府还设有茶马司，委大使、副使各一人，掌管茶马易市。又先后设置洮州、秦州、河州、西宁、四川永宁、雅州碉门等茶马司，[②]并设司令、司丞等官员，具体管理这些地区的茶马贸易。同时，明朝政府还规定了在茶马贸易时，茶马交换的比率，以及用篦量茶时篦与茶（即篦绳与正茶）的标准重量，等等。

历代封建统治者不仅在边境地区以茶易马，以备军需之用，而且利用茶马贸易这种重要的经济手段，达到巩固边防，控制边疆少数民族的重要政治目的。所谓"历代之马政，其法不啻备矣。然无如西塞之招商榷茶，羁番易马者之为得策也"[③]。他们就是以这种"招商榷茶，羁番易马"的特殊民族贸易形式和手段，达到从经济上、政治上"制驭"边疆少数民族的目的，使之"彼得茶而怀向顺，我得马而壮军威"[④]。

一

清军入关建立全国统治以后，清朝统治者对茶政与马政亦十分重视。

在清代，茶树的种植较之明代更得到普遍的推广，除四川、湖北等省外，安徽、浙江、福建、湖南等省种植最广，产量最多。在提高茶叶本身的产量和质量方面，清代也比明代更为进步。

在茶政方面，清承明制，官茶"储边易马"，商茶"给引征课"，贡

[①] 《明史》卷80，《志》第56，《食货》（四），《茶法》。
[②] 洪武中，置洮州、秦州、河州三茶马司，明政府后罢洮州茶马司，以河州茶马司兼领。洪武三十年，又改秦州茶马司为西宁茶马司。又，洪武中，置四川永宁茶马司，后革，复置雅州碉门茶马司。
[③] 杨恩：康熙《巩昌府志》卷17，《马政》。
[④] 毕振姬：《西北之文》卷3，《河西》。

164

茶"则上用也"。同时，用茶"于陕、甘易番马"①。在茶课方面，清初沿袭明代旧制，初时用"引茶"征税，由茶商向政府取引，而后按引买卖。其制初分为长短两引，此外尚有引由，以补零畸及不足之额。商人凭引由以贩卖，且茶与引由不得相离，离者同私茶。每引茶不论粗细，连包重百斤。另设有批验茶引所，核对茶与引由是否相符。产茶者不得卖茶与无引者，违则杖六十，原价入官。凡伪造茶引由者，处斩，籍没，当房家产。各省仅茶课所得税额，就康熙二十二年（1683）而言，全国达银三万二千六百四十二两之多。具体而言，则先由户部颁引于布政使司，分给产茶州县，不另设征税机关。凡客商入山制茶，不论茶质粗精，以每百斤为一引，每引征税银三厘三毫。此外，所制之茶，如远贩过常关，由吏按引另行征课。由于茶质有精粗之分（茶马贸易中，易马之茶一般多用粗茶），贩路有远近之别，故茶商纳税仍有"行厘"与"引厘"的差别。凡是预计所经关卡可以径达者，用划一税则，统称为"行厘"。"引厘"则始自乾隆二十九年（1764），凡产茶州县，于产时给牙行户循环引簿，逐一载明，收茶商姓名、籍贯、引茶数目、经由关卡、贩卖地处等。市毕，茶商以簿缴官，造册送藩司考核。"引厘"春茶不过五十钱，子茶不过三十钱。商人持引票呈验所经关卡，如与"行厘"票勘合无讹，则许放行。

西北陕甘一带是盛产马匹区域之一，据《甘肃通志稿》记载："西宁、甘凉、宁夏一带，附近蒙番地方，产马多而驯良，约分数种：由农家畜养者为孳生马；由番地产者曰番马，蒙古地所产者为柴旦，由人力之调教，其最良者为走马，次为跑马，青黄红白黑各色均有，以花毛杂色者最劣。青马之毛色，由口齿之大小，随时变更，故有菊花青、锅铁青、墨点青各名称，口齿愈大，则白色增多，至纯白色则成老马矣。"②故清代茶马贸易多在这一带进行。

清代在陕西设有巡视茶马御史五：西宁司驻西宁，洮州司驻岷州，河州司驻河州，庄浪司驻平番，甘州司驻兰州，以专司其以茶易马备边之事。清初，掌茶马事务之职官，除依旧时设有茶马司外，又差茶马御史，

---

① 《清史稿》卷124，《食货》（五），《茶法》。
② 刘郁芬等：《甘肃通志稿》，《物产》，《第一类：动物》。

以管辖洮州、河州、西宁、庄浪、甘州五司各厅员。[1]此外，又有苑马寺卿，其职为司马匹之放牧、孳息繁殖之事；钦监七员，为司督理事务之职能。同时，还置满汉巡察御史、笔帖式、通事各员，以便各民族间互易之咨询。[2]

明代进行茶马贸易时，曾规定用篦量茶，并定每千斤为三百三十篦，即以六斤四两为准，作正茶三斤，篦绳三斤。顺治元年（1644）清政府则规定与"西番"易马，每茶一篦重十斤。关于茶马交换之比率，明政府规定，上马一匹给茶一百二十斤，中马一匹七十斤，驹五十斤。[3]清代则定为"上马给茶篦十二，中马给九，下马给七"[4]。清政府严禁边境地区私茶贩运出境。顺治二年（1645），"户部言，陕西召商茶以易番马，向有照给金牌勘合之制，查前明诏谕，通接西番关隘处所，拨官军巡守，不许私茶出境。凡进贡番僧应赏食茶，颁给勘合，行令四川布政司拨发库茶照数支放，不许于湖广等处收买私茶。违者尽数入官，仍将伴送人员治罪，此旧例之可行者。若金牌一项，系明初事例，永乐十四年已经停止，我朝定鼎，各番慕义驰贡，金牌可以不用。但以茶易马，务须酌量价值，两得其平。"[5]自此，明代金牌勘合之制取消，而严禁私茶出境货卖则一仍其旧，并以此保证封建国家控制下的茶马贸易顺利进行。

二

纵观清代的茶马贸易情况，大致可分为三个时期。第一个时期，即顺治元年（1644）起至康熙七年（1668）清政府裁茶马御史为止，这是清初茶马贸易较为兴盛的时期。第二个时期，即从康熙七年起至雍正十三年（1735）清政府复停甘肃"中马"为止，这是茶马贸易时罢时兴，逐步趋向衰落的时期。第三个时期，即乾隆元年（1736）起至道光二十年（1840）鸦片战争为止，这是茶马贸易停罢之后，清政府裁汰茶马司、处

---

[1] 查郎阿等：乾隆《甘肃通志》卷19，《茶马》。
[2] 查郎阿等：乾隆《甘肃通志》卷19，《茶马》。
[3] 《明史》卷80，《志》第56，《食货》（四），《茶法》。
[4] 《清朝文献通考》卷30，《征榷考》（五），《榷茶》。
[5] 《清朝文献通考》卷30，《征榷考》（五），《榷茶》。

清代的茶马贸易

理积滞陈茶，以致使茶马贸易永不复兴的时期。

顺治初年，清王朝为建立全国统治的战争仍在激烈地进行，故对军马所需甚急，且数量较多，加之清政府在察哈尔和西北各地的养马牧场还未建立，这样就更加仰赖于通过茶马贸易的形式来获取急需的军马。清政府对茶马贸易也给予特殊的重视。

顺治二年（1645）九月，清政府即派巡视陕西茶马监察御史廖攀龙亲赴陕西，以便能使陕西五个茶马司尽早恢复茶马贸易。九月十二日廖攀龙渡河入陕西境。同年十月，他在《为恭报入境事》的揭帖中，向清政府报告了他沿途所见及茶马贸易急待恢复的情况。他指出，陕西茶马司的一切旧籍已被焚尽，止存一二"近册"；而茶产于川、湖，由于战事，二三年内不能来；苑监的牧马现也荡然无余，三四年内也不能恢复；"伏乞我皇上敕部选补苑马七监等官，速催到任"①。次年，清政府为了使茶马贸易得以尽快尽速恢复，又允准了廖攀龙"免茶马增解额数"的请求，"茶马旧额一万一千八十八匹，自故明崇祯三年增解二千匹，所增马匹竟年年虚额，无济军需。茶马御史廖攀龙奏请永行蠲免，从之"②。同年，清政府还限定茶马交易所在，不准闯入边内。

由于清政府采取诸种措施，到顺治三年（1646），陕西五个茶马司已发茶引一百三十余道，"中马"达一千三百二十余匹。③第二年更增加到茶引二百二十八道，"中马"三十二次，"中马"一千二百零四匹④。可见茶马贸易已有一定程度的恢复。

清政府不仅要尽速恢复茶马贸易以解决部分作战用马之需，同时还要通过此种贸易来达到政治上对边疆少数民族"羁縻"的目的。具体而言，一方面恢复以茶易马，一方面则仍沿明旧制，动用官贮茶笼，对少数民族的上层人物进行赏赐。顺治六年（1649），户部尚书巴哈纳奏称，虽然"茶笼原供中马，不许别项动支"，但是"地方初附，番彝慕义投诚，必须赏赍以安反侧而靖封疆"，应允"赏番动用茶笼"，"抚赏以鼓远人之心，以示怀

---

① 《茶马类》，《为恭报入境事》（顺治二年十月八日）廖攀龙题，中国第一历史档案馆藏（以下简称"档案"）。
② 《清朝文献通考》卷30，《征榷考》（五），《榷茶》。
③ 档案，《为汇报茶马茶引事》（顺治四年八月十七日）苏京题。
④ 档案，《为汇报茶马茶引事》（顺治四年八月十七日）苏京题。

167

柔之意"①。后来，清政府为了使边疆少数民族能对清廷"慕义驰贡"，竞相争献名马，以备军用，除每年茶"中马"时定期以茶篦大量赏赐外，又在顺治十年（1653）令各司在交易茶马时，酌给烟酒，以示抚绥。

顺治七年（1650），清政府为加强对茶马贸易的管理，定陕西、甘肃茶引均从部颁发，并定茶引大、小均由官商平分以为"中马"之用，从而改变了明代陕西、甘肃茶引"系茶马御史自行印发""大引官商平分，小引纳税三分入官，七分给商"的旧制。据《甘肃通志》记载，大引篦茶，官商均分。"大引采茶九千三百斤为九百三十篦，商领部引输价买茶交茶马司，一半入官易马，一半给商发卖，例不抽税。"小引包茶，税分差等，每五斤为一包，每二百包为一引。"发卖民用，每引汉中税银九两四钱，西安、凤翔税银一十四两，今定大小引一例平分。"②

顺治十年，清政府又规定，每茶一千斤概准附茶一百四十斤，如有夹带私茶，严查治罪。"茶篦先由潼关、汉中二处盘查，运至巩昌，再经通判察验，然后分赴各司交纳，官茶贮库，商茶听商人在本司贸易。"③

至于陕西茶课及茶引的具体额数，据《陕西通志》记载，陕西茶课六千七百五十五两六钱，定额二万二千四百引，内易马二万七百九十六引。④其中，榆林、神木、宁夏三处，一千六百四引，每引征银三两九钱；又，安、汉二府各征商茶税二百五十两。⑤顺治十年，榆林、神木二道始行茶法，中路红山市口，额发茶引一千道，征价银三千九百两；东路神木黄甫川市口，额发茶引三百三十四道，征价银一千三百二两六钱，其引于巡按茶马察院领缴，商人俱往荆襄市茶至边口易卖。⑥清政府规定，茶马御史每岁于汉中、巩昌等处招商领引纳课报部。汉中府西乡县茶课银二百七十九两二钱三分七厘八毫，该县径解苑马寺支销。兴安州茶课银四十七两一钱一分二厘九毫，该州径解苑马寺支销，州属石泉县茶课银二十二两二分九毫，汉阴县茶课银五十两九钱一分一厘，紫阳县茶课银

---

① 档案，《为遵旨回奏事》（顺治六年七月二日）巴哈纳题。
② 查郎阿等：乾隆《甘肃通志》卷19，《茶马》。
③ 查郎阿等：乾隆《甘肃通志》卷19，《茶马》。
④ 刘於义等：雍正《陕西通志》卷42，《茶马》。
⑤ 刘於义等：雍正《陕西通志》卷42，《茶马》。
⑥ 刘於义等：雍正《陕西通志》卷42，《茶马》。

二百二十七两三钱四分六厘，俱径解该州转解苑马寺支销，榆林、神木二道报奉文三分减一额。茶引一千三百三十四道，征课银五千二百二两六钱，径解布政司。①

甘肃的茶课茶引额数，据《甘肃通志》记载，岁额茶课折色银六千二百六十六两二钱二分六厘，本色茶十三万六千四百八十篦，旧额新增共茶引二万八千七百六十六道。甘省五司旧额新增共引二万七千二百九十六道，茶商领引赴产茶地方办运，每引征茶五篦，每篦二封，每封五斤，共征茶十三万六千四百八十篦。又，宁夏道额引二百七十道，纳茶价银一千五十三两，余均系西安所属。②其中有关茶课折色银两问题，本文下面还要涉及，此处暂不多谈。

清政府采取的陕西、甘肃茶引一律从部颁发的措施，不仅反映了它对茶马贸易的高度重视，而且充分表明它对这种贸易的控制和管理的加强。至于采取茶引、大小引均由官商平分，商茶听商自卖，例不抽税的措施，这不仅可以刺激民间茶商的积极性，促使他们积极地、大量地自四川和湖北等地向陕西运售茶篦，从而保障清政府茶马司内贮存更多官茶茶篦，作为易取马匹之用，同时也使商人更为有利可图。所以，这些措施对清初茶马贸易的恢复及后来的兴盛，是起到了促进作用的。这样，从顺治七年到顺治十年期间，清代主要以茶易马的陕西五个茶马司的易马数、库贮官茶茶篦数，据档案记载，都有明显的增长。现根据档案材料，对顺治初到顺治十年，陕西洮岷、河州、西宁、庄浪、甘州五个茶马司以茶易马数增长情况，列表③如下：

	顺治三年易马数（匹）	顺治四年易马数（匹）	顺治七年正月至八年闰二月易马数（匹）	顺治八年闰二月至七月易马数（匹）	顺治九年十月至十年闰六月易马数（匹）
洮岷司		97	688	200	552
河州司		240	878	241	927

---

① 刘於义等：雍正《陕西通志》卷42，《茶马》。
② 查郎阿等：乾隆《甘肃通志》卷19，《茶马》。
③ 档案，《为汇报茶马茶引事》（顺治四年八月十七日）苏京题；档案，《为请差巡视茶马官事》（顺治八年九月一日）吴达题；档案，《为巡视茶马官员缴差事》（年月残）王道新题。

续表

	顺治三年易马数（匹）	顺治四年易马数（匹）	顺治七年正月至八年闰二月易马数（匹）	顺治八年闰二月至七月易马数（匹）	顺治九年十月至十年闰六月易马数（匹）
西宁司		250	580	1,150	1,300
庄浪司		546	183	200	300
甘州司		71			
总计	1,320	1,204	2,329	1,791	3,079

值得指出的是，顺治七年至十年期间，甘州、凉州、肃州所贮茶篦均未"中马"。在此期间，陕西茶马司所易之马匹，除一部分充作清军作战用马之外，其余主要是拨给各边镇作镇马和营马之用。现根据档案材料，将所易马匹分配情况列表①如下：

五司茶马拨发镇、营名称	顺治七年正月至八年闰二月拨发茶马数（匹）	顺治八年闰二月至七月拨发茶马数（匹）	顺治九年十月至十年闰六月拨发茶马数（匹）
临巩镇	299	200	250
兴安镇	350	200	250
宁夏镇	100	300	100
延绥镇	100	100	100
阶洮副将营	87		
西宁副将营	44		
洮州参将营	15		126
甘肃镇		300	100
固原镇		200	100
芦塘游击营		50	
镇羌游击营		50	
靖远副将营		50	
总督移拨平西王			500

---

① 档案，《为请差巡视茶马官员事》（顺治八年九月一日）吴达题；档案，《为巡视茶马官员缴差事》（年月残）王道新题。

续表

五司茶马拨发镇、营名称	顺治七年正月至八年闰二月拨发茶马数（匹）	顺治八年闰二月至七月拨发茶马数（匹）	顺治九年十月至十年闰六月拨发茶马数（匹）
总督			140
陕西提督			457
固原城守参将营			50
红水游击营			37
阶文副将营			69
现存候解平西王马			800
解军门马	1,334	340	
军门补拨给临巩镇马		1	
总计	2,329	1,791	3,079

顺治十年六月，巡视陕西茶马御史王道新向清政府报告称："臣履任四月以来，催到茶三十余万，中过马三千七十八匹。准督臣孟乔芳移会给过平西王五百匹，提督臣王一正四百五十七匹，督臣一百四十匹，分发临、兴、甘、延、宁、固六镇，洮、阶、固、红四营共一千一百八十二匹，见存七百九十九匹。"[①] 平西王即吴三桂，当时他与固山额真伯墨勒根一起，正"购马入川，系战剿急需"[②]，王道新呈报清政府议准，是否将余下的七百九十九匹马"可给为入川之用"[③]。从这个材料中，使我们再次看到，当时陕西五个茶马司每年所易取的马匹，主要作为清政府征战的军马之用。更可以看出，清政府由于当时军事活动频繁，所需军马甚急甚多，而通过茶马贸易获取军马，作为解决此问题的重要手段和渠道。也恰恰是在这种特殊的历史条件下，清初的茶马贸易才得以较快的恢复和兴盛。

陕西五个茶马司在顺治六年至十年期间，由于茶马贸易的恢复和兴

---

① 档案，《为种马入川未便恭请圣裁敕部酌议改给事》（顺治十年六月二十一日）王道新题。
② 档案，《为盘获大伙马贩据实纠举事》（顺治十二年三月九日）张秉贞题。
③ 档案，《为种马入川未便恭请圣裁敕部酌议改给事》（顺治十年六月二十一日）王道新题。

盛,其每年"中马"并"赏番"及实存茶篦数,都较前有所增长。据档案材料记载:

顺治六年,洮州茶马司"中马"并"赏番"用茶篦6,755斤;岷州茶马司用茶篦17,287.5斤;总计用茶24,042.5斤。①

顺治七年正月至八年（1651）闰二月,洮州茶马司中马并"赏番"用茶篦42,650斤;岷州司用茶篦81,370.5斤（包括转发洮州、拨发河州及西宁司中马茶篦数）;西宁司用茶篦61,720斤;河州司用茶篦96,080斤;庄浪司用茶篦14,650斤;总计用茶296,470.5斤。②

顺治八年闰二月至七月,洮州茶马司中马并"赏番"用茶篦6,270.5斤;岷州司用茶篦28,615.5斤;西宁司用茶篦则为113,655斤;河州司用茶篦62,145斤;庄浪司用茶篦则为17,440斤;甘州司用茶篦3,500斤;总计用茶231,626斤。③

顺治九年（1652年）十月至十年闰六月,洮州茶马司中马并"赏番"用茶篦34,220斤;岷州司用茶篦32,901斤;西宁司用茶篦124,975斤;河州司用茶篦88,380斤;庄浪司用茶篦则为30,255斤,总计用茶篦310,731斤。④

在实存茶篦数方面,顺治八年闰二月,洮州司存76,407斤;岷州司存14,572斤;西宁司存2,150斤;河州司存34斤;庄浪司则无存茶;总计实存茶篦93,163斤⑤。顺治十年闰六月,洮州司存78,022斤;岷州司存14,132斤;西宁司存57,720斤;河州司存41,

---

① 档案,《为请差巡视茶马官员事》（顺治八年九月一日）吴达题。
② 档案,《为请差巡视茶马官员事》（顺治八年九月一日）吴达题。
③ 档案,《为请差巡视茶马官员事》（顺治八年九月一日）吴达题。
④ 档案,《为巡视茶马官员缴差事》（年月残）王道新题。
⑤ 档案,《为请差巡视茶马官员事》（顺治八年九月一日）吴达题。

327.8斤；庄浪司存65,825斤；总计实存茶篦217,026.8斤。[1]

从上面这些统计材料我们可看出，由于在此期间以茶易马之数有所增加，故五司每年"中马"及"赏番"所用茶篦数也就必然增多。至于陕西五司在此期间实存茶篦数的增加，这要从两方面进行分析它的原因和结果，由于茶商每年运至陕西的茶叶增多，故所交官茶也必然增加，使清政府的陕西五茶马司库存茶篦充盈，这是一方面，它表明茶马贸易在此期间的恢复和兴盛。但是愈到后来，库贮茶篦大量增加，以至于部分发生霉变，则是由于五司出现了"无马可中"的情况所引起的，这又表明茶马贸易的衰落，以致后来清政府不得不下令停止"中马"，而被迫处理大批库存茶，这则是另一方面。对此，本文在后面还要专门论及，这里就不多谈。

清政府在陕西的洮岷等五司与少数民族进行的茶马贸易中，单就以茶易马数目一项而论，在清初顺治年间，五个茶马司中，以甘州司为最少，甘司设在兰州，故到康熙三十六年（1697），清政府以"兰城无马可中"[2]为由，将甘州茶马司裁去，自此后，茶马贸易主要在洮、岷等四司进行。

清初每年"榷茶中马"，实则由陕西的洮岷等茶马司"各厅员实掌其事"。关于茶马贸易的具体情况和过程，据《岷州志》记载，"每年茶院到任，按临巩城，传集各官商，将部颁茶引按西宁、庄浪、河州、洮岷四司令其分掣，计部引二万二千余道，每司约分掣五千余道"。商人在掣签之后，即领引赴楚中产茶处所办运茶斤，每引一道，办官茶五篦、商茶五篦，每篦二封，每封五斤，每引一道合茶一百斤。[3] 商人办运的茶叶"茶篦先由潼关、汉中二处厅员盘查，运至巩昌"。按定例，每引一道，办茶十篦，"商人运至，当官以其半充公家之用"，但由于有的茶商唯利是图，将所运之茶叶"分立官茶、商茶名色"，甚至"有以草茎树叶滥交司库者"。清代易马之茶叶虽然多用粗茶，但由于这种情况的出现，致使易马用的"官茶"质量大受影响。所以清政府的茶马司官员对茶商运至的茶

---

[1] 档案，《为巡视茶马官员缴差事》（年月残）王道新题。
[2] 汪元炯等：康熙《岷州志》卷9，《田赋》（下）。
[3] 汪元炯等：康熙《岷州志》卷9，《田赋》（下）。

斤，一律"仍秤掣以防轻短，煎熬以辨真伪，然后将存剩之茶退回本商贸易"①。采取这种措施可以保证易马之茶的质量和数量。

每年以茶易马时，西宁等茶马司"于茶院到任行文之后，各厅催令土司头目牵中马匹，俟茶院差期将满，将一年内中获马数报明汇数题报"。对所易取的马匹的分配情况和处理办法是，一部分马匹"除陆续奉文拨给各营驿外"，其余部分马匹则由茶马官员"请旨拨解京省"②。至于拨给各营驿的马匹的处理办法，则是"向来中马俱系奉有宪行拨定某营某驿若干匹，各照应中数目，先行分派，俟领马员役到日，然后牵中，各员役将每限验之马，公同印烙随中随领。营马则照依粮单向地方官支给草料开销，驿马则照依彼处每匹每日应支之项，自行动支供喂，中完之日，赶回各营驿骑操供差"③。

在西宁等四司中，每年以茶易取的马匹，以西宁司为最多，庄浪、河州二司次之，洮岷司则又次之。洮岷司中，若洮与岷"分别中马"，"以十分为率，洮居其七，岷居其三"。④

至于土司头目及他们所管"中马番人"部族的名称、数目和辖地的情况，以洮、岷二州而论，据《岷州志》载，属岷州的有：

土司赵廷贤，"始祖绰思觉，系革耶族生番。……居多纳族番地，在城南四十里，管中马番人四十三族，把守隘口五十七处"。这些"中马"部族是"多纳族，栗中族，本真寺，栗林族，车聂族，答哈族，竹力士族，只比族，占藏族"⑤等。

土司马天骥，"始祖马珍系本卫人。……居宕昌城汉地，在城南一百二十里"，"管中马番人"隆族，野地喇哈族，马安山族等十六个部族。⑥

土司后永庆四世，"祖后成系镇守都指挥能之季子。……居攒都沟汉地，在城北八十里，管中马番人二百九十名，把守隘口四处"⑦。

---

① 汪元炯等：康熙《岷州志》卷9，《田赋》（下）。
② 汪元炯等：康熙《岷州志》卷9，《田赋》（下）。
③ 汪元炯等：康熙《岷州志》卷9，《田赋》（下）。
④ 汪元炯等：康熙《岷州志》卷9，《田赋》（下）。
⑤ 康熙《岷州志》卷3，《舆地》（下），《番属》。
⑥ 康熙《岷州志》卷3，《舆地》（下），《番属》。
⑦ 康熙《岷州志》卷3，《舆地》（下），《番属》。

头目赵之英,"居麻竜汉地,在城东南八十里,管中马番人三族,把守隘口十处。"这三个"中马"部族是"峪儿族,达竹族,扎细族"①。

头目后君遴,"居闰井汉地,在城东一百二十里,管中马土人一十二户,把守溢口一十一处"②。

"番僧纲司"黄澄烛坚错,"系西司口外生番。……居黑略寺番地,在城南三百一十里","管中马番人"竜左喇哈,竜寡族,格卜族③等二十四个部族。

属于洮州的则有:

土司杨汝松,"始祖些的系本卫着藏族番人。……居卓泥番地,在洮城西南三十里,管中马番人二百三十四族,把守隘口二十三处"。这二百三十四个"中马"部族是"及大族,中哈那族,龙马沟族,根藏族,马昌沟族,必恶族,舨路族,娘族,术咱夏路族,火扎族,私古尕族,居吾多族"④等。

土司昝继祖,"始祖昝南秀节,系本卫底古族番人。……居眼藏族番地,在洮州城南十里","管中马番人"眼藏族,南沟族,花旦力,东山,牙哈族⑤等三十个部族。

头目杨世芳,"始祖永鲁扎剌肖,系着孙族番人。……管中马番人四十五家"⑥。

头目杨生格,"始祖喇嘛,领占伦卜","管中马番人"剌卜族,卓路族,北路哈族,列扎族⑦等十八个部族。

头目麻你温卜(温卜即主僧之意),"管中马番人一十五族",这十五个"中马"部族是"禄塞族,出卜汤哈族,着禄族,昌郭族,禄利二族,白禄族,潘园族,牙大巴地二族,纳子哈,浦藏哈,作智族,打折族,浦藏世族"⑧。

---

① 康熙《岷州志》卷3,《舆地》(下),《番属》。
② 康熙《岷州志》卷3,《舆地》(下),《番属》。
③ 康熙《岷州志》卷3,《舆地》(下),《番属》。
④ 康熙《岷州志》卷3,《舆地》(下),《番属》。
⑤ 康熙《岷州志》卷3,《舆地》(下),《番属》。
⑥ 康熙《岷州志》卷3,《舆地》(下),《番属》。
⑦ 康熙《岷州志》卷3,《舆地》(下),《番属》。
⑧ 康熙《岷州志》卷3,《舆地》(下),《番属》。

这些"中马番人"的部族，虽然每个部族的人数和规模有大小之别，但仅就洮、岷二州这些参加茶马贸易活动的部族而言，其数目和涉及的地区都是较为可观的。从这里我们更可以看出，在清代顺治年间，通过这种由清政府官方控制的特殊形式的民族贸易，在客观上，促进了汉民族和边疆地区蒙、藏等少数民族间经济上的交往，它也有利于维护和巩固封建的统一多民族国家在政治上的团结。因此，从这个意义上讲，茶马贸易本身，在清代是具有进步意义的，是应当给予充分肯定的。

　　但是，清代的茶马贸易到顺治年间的后期，由于诸种原因，已经开始出现衰落的征兆。顺治十三年（1656），清政府"以甘肃所中之马既足，命陈茶变价充饷"。十四年（1657）"复以广宁、开成、黑水、安定、清安、万安、武安七监马蕃，命私马私茶没入变价。原留中马支用者，悉改折充饷"①。

　　顺治十八年（1661），清政府虽然又允准达赖喇嘛及根都台吉之请，于云南北胜州互市，以马市茶，遂开茶马市场，商人则按两纳税三分，②但其茶马贸易的规模，较之陕西西宁等茶马司的茶马贸易而言，是很小的，而且范围也极其有限。

　　康熙年间，清政府利用北方的广阔牧地，先后在察哈尔等地建立起两翼牧厂、商都牧厂、达里冈厓牧厂、大凌河牧厂等养马牧厂，以满足大批的军马（包括皇室宫廷用马）之需，并以此作为军马的主要补给基地。这样，每年通过茶马贸易而易取大批军马以戍边，就并不是清政府的急需了。康熙四年（1665），清政府决定裁去陕西苑马各寺监，归并甘肃巡抚管辖。康熙七年（1668），清政府又裁茶马御史，归甘肃巡抚兼理。从此以后，茶马贸易便出现时兴时罢的状况，但总的趋势是逐步走向衰落了。

　　如上所述，这一时期由于清政府设有专门的机构（茶马司）和官员（茶马御史）管理茶马贸易，并确立了一套较为完整和严密的以茶中马制度，致使茶马贸易在清初恢复和发展较快。由于战事频仍，清政府通过茶马贸易获取军马甚急，故后来茶马贸易具有一定的规模，也较为兴盛。

---

① 《清史稿》卷124，志99，《食货》（五），《茶法》。
② 《清朝文献通考》卷33，《市籴考》（二）。

刚刚建立全国统治的清政府，通过茶马贸易，在政治、军事和经济上获得许多裨益。在政治上，通过茶马贸易，可以使边疆少数民族对清政府"忠顺""归服"，从而增强政治向心力。在经济和军事上，清政府通过茶马贸易，可以"捐山泽之毛，收駃騠之种，不费重资而军实壮"，又可以"遮隔强氛，遏其狂逞，作我外篱"①。所以，"虽茶产湖襄，马出渥洼"②，但通过茶马贸易这种特殊的经济手段，便可以达到巩固和加强清政府对少数民族聚居的北方与西北边疆统治的目的，从而造成边疆地区政治上的稳定和统一。正因为如此，清政府才把茶马贸易看作"实我秦陇三边之长计"。

三

清代茶马贸易的第二个时期，是从康熙七年起至雍正十三年清政府复停甘肃中马为止。在这一时期，清代的茶马贸易时罢时兴，但总的趋势是逐步走向衰落。在这一时期，陕西西宁等茶马司内，有时马匹"招中无几"，有时甚至出现"无马可中"的情况。面临这种茶马贸易衰落的状况，为了及时处理陕西五司内的积贮茶篦，清政府有时则将茶篦充饷，在五镇俸饷之内，银七茶三搭放；有时则将茶变价折银充饷；有时则将茶篦换取蒙、藏等少数民族的驼、牛、羊、粟、谷等物。

康熙七年，清政府裁去茶马御史，将茶马贸易归甘肃巡抚兼理。十年（1671），清政府又题准陕西各营马匹缺额，开数报部移行甘肃巡抚招中拨给。但要将补过马匹毛齿、领骑兵丁姓名造册报部查核，以便加强管理。同时，还规定，茶课官商对分，每引一道，额茶百斤，又加足费，附茶十四斤。每百引官商附茶一万一千四百斤，每封五斤，共二千二百八十封。其中，官茶一千封，赴甘省五司照例交纳，其商附茶封一千二百八十封，任商货卖归本，接济新引③。康熙三十二年（1693），由于"西宁五司收贮茶篦年久，难免浥烂"，为避免因茶马贸易日见衰

---

① 张彦笃等：光绪《洮州厅志》卷16，《茶马》。
② 张彦笃等：光绪《洮州厅志》卷16，《茶马》。
③ 刘於义等：雍正《陕西通志》卷42，《茶马》。

落而蒙受经济上的损失,清政府规定所贮茶篦,"每篦十斤,变价银六钱"①,作价处理。

康熙三十四年(1695),刑科给事中裘元佩又向清政府上疏,强调茶马贸易的重要性。他认为:"马政事关紧要,洮岷诸处,额茶三十余万篦,可中马一万匹。陈茶每年带销,又可中马数万匹。查茶斤中马,甚有裨益,应将额茶中得之马给营驿外,其余马,每年交秋,将数千匹送至红城口等处牧放"②。康熙帝批复:"茶马事关紧要,著遣专官管理。"③于是,清政府一面派遣专官管理茶马事务。同时,在第二年开放了"打箭炉番人市茶贸易"。"四川巡抚于养志遵旨会同乌斯藏(即西藏)喇嘛营官等查勘打箭炉地界,奏番人藉茶度生,居处年久,且达赖喇嘛曾经启奏准行,应仍准其贸易。理藩院议准,从之。"④康熙三十六年(1697),清政府仍差部员管理茶马事务。四十二年(1703),又题准陕西茶引共额二万七百九十六道,发西、庄、洮、河四司,通番中马。⑤尽管清政府采取种种措施,但茶马贸易不仅未见兴盛,且日渐衰落,远非裘元佩所期望的每年"中马"万匹,更非陈茶每年带销,又可"中马"数万匹。在裘元佩上奏的第二年,就出现了"兰城无马可中"的情况。清政府只得"将甘州司积贮茶篦,在五镇俸饷之内,银七茶三,每银一两搭放值三钱,茶一封"⑥。到康熙四十四年(1705),甚至连西宁茶马司等处也终"招中无几",清政府只得将"西宁等处所征茶篦停止易马,将茶变价折银充饷"⑦。规定每新茶一篦折银四钱,陈茶一篦折银六钱充饷。同年,清政府又决定"茶马事务停止差官,仍归甘肃巡抚兼管料理"⑧。

康熙五十七年(1718),清廷因陕西、西宁地方"为通番大路,原额茶引九千二百四十八道不敷民番食用"⑨,令加增茶引二千道,每引照例征茶五篦,每篦折银四钱,共征银四千两。康熙六十一年(1722),又规定

---

① 查郎阿等:乾隆《甘肃通志》卷19,《茶马》。
② 《清朝文献通考》卷30,《征榷考》(五),《榷茶》。
③ 《清朝文献通考》卷30,《征榷考》(五),《榷茶》。
④ 《清朝文献通考》卷30,《征榷考》(五),《榷茶》。
⑤ 查郎阿等:乾隆《甘肃通志》卷19,《茶马》。
⑥ 查郎阿等:乾隆《甘肃通志》卷19,《茶马》。
⑦ 《清朝文献通考》卷30,《征榷考》(五),《榷茶》。
⑧ 查郎阿等:乾隆《甘肃通志》卷19,《茶马》。
⑨ 查郎阿等:乾隆《甘肃通志》卷19,《茶马》。

在陕西西宁、庄浪、岷州、河州界连口外,增茶引四千道,交给总督办理,"一年定例之后,仍照旧交与巡抚办理"①。西宁等处,除行茶原照例易换马匹外,还可与蒙、藏等少数民族换取驼、牛、羊、粟、谷等物,并将西宁等处"旧茶悉出变卖,以作兵饷"②。

但是,自康熙年间将茶马御史裁去后,其事务归由甘肃巡抚兼理,而洮岷等五处茶马司仍然保留。雍正三年(1725),清政府将西宁厅改为西宁府,西司茶务归西宁府管理。③这也表明由于茶马贸易的缩小,清政府对管理机构和体制作了相应的调整与改变。同时,清政府又规定,甘肃四司茶篦自康熙六十一年为始,五年之内总收本色,五年之后即将五年以前之茶发出变价。挨次出陈易新,将变价银两按年题报,嗣后总以五年为率④。雍正八年(1730),清政府改岷厅为州,洮岷司茶务归洮岷道管理。还规定,五司茶价,西司每封九钱五分,庄司七钱五分,洮司七钱五分,河司九钱四分,甘司七钱二分。各司总在前议价值以上发卖,按季具结报部⑤。雍正九年(1731),清政府又曾一度恢复旧制,令西宁等"五司复行中马之法"⑥,且对以茶易马之比率作了详细规定,每上马一匹给茶十二篦,中马一匹给茶九篦,下马一匹给茶七篦,"俟一年之后,计收马之数。如所得一、二千匹,即留甘省军营之用。或马数甚多,分拨于河南、山西相近之各营汛喂养"⑦。十年(1732),又奏准,"中马之法应见马给茶",茶商船票仍由甘肃巡抚衙门给发。⑧

据雍正《陕西通志》记载,"自康熙六十一年,总督年羹尧管理茶马,令商人每百引纳官茶一千封外,纳捐助银七十三两六钱二分七厘,在甘肃布政司交纳。又令商人每百引纳养膳银四十三两八钱八分一厘,在甘肃巡抚衙门交纳"⑨,从而打破了过去"纳茶之外,更无余税"的旧例。至雍正初年,陕西的茶课银征收情况是:"汉中府属大小商五百九十

---

① 查郎阿等:乾隆《甘肃通志》卷19,《茶马》。
② 查郎阿等:乾隆《甘肃通志》卷19,《茶马》。
③ 查郎阿等:乾隆《甘肃通志》卷19,《茶马》。
④ 查郎阿等:乾隆《甘肃通志》卷19,《茶马》。
⑤ 查郎阿等:乾隆《甘肃通志》卷19,《茶马》。
⑥ 查郎阿等:乾隆《甘肃通志》卷19,《茶马》。
⑦ 查郎阿等:乾隆《甘肃通志》卷19,《茶马》。
⑧ 查郎阿等:乾隆《甘肃通志》卷19,《茶马》。
⑨ 刘於义等:雍正《陕西通志》卷42,《茶马》。

名，额引二万七千二百八十道，汉中同知征收。西乡县额征茶课银二百七十九两七钱六分一厘一毫。榆林府商一百一十八名，额引一千道，经知府额征茶课银三千九百两。神木县商一百三十四名，额引二百道。神木厅额征茶课银七百八十两。兴安州属本州额征茶课银四十九两九钱七分八厘四毫。紫阳县额征茶课银二百二十七两三钱四分六厘九毫三丝七忽。石泉县额征茶课银二十五两三钱二分八厘五毫。汉阴县额征茶课银五十两九钱一分一厘三毫七丝五忽。"①与清初比较，茶课银的征收额变动不大。从茶马贸易本身而言，西宁等五个茶马司所储易马之茶的来源和数量变化不太大。可见，茶马贸易的衰落，并不是由于易马之茶的短缺所引起的。正是由于以茶易马时，"无马可中"或"招中无几"，才出现茶马司易马之茶篦陈茶储久浥烂的情况。

雍正十三年（1735），清政府不得不停止西宁等五司以茶中马之事。②这样，西宁等五个茶马司虽然仍存在，但实际上已形同虚设。

四

从乾隆元年至道光二十年，是清代茶马贸易的第三个时期。这是清政府在茶马贸易停罢之后，开始裁汰茶马司及处理积滞陈茶，官茶改征折色银两的时期。在这个时期，我们从清代以茶中马制度上的巨大变化，以及清政府处理茶马贸易遗留问题的种种措施中，完全可以看出茶马贸易的兴衰过程和衰落的主要原因。

由于雍正十三年清政府复罢茶马贸易之制，"甘省官茶因停止招中马匹"③，故乾隆元年，清政府令甘肃官茶改征折色（即银两），每篦茶输银五钱。但由于乾隆初年西宁等五司"陈茶充牣"，故清政府又令每封茶减价二钱，然后"刻期变卖"处理。④关于这一时期五司陈茶充牣和茶封减价的原因等情况，据档案记载，乾隆三年（1738）十二月，纳亲等人在《为茶封久积难销酌请再行减价以实帑项以疏壅滞事》题奏中说："甘省西、

---

① 刘於义等：雍正《陕西通志》卷42，《茶马》。
② 《清朝文献通考》卷30，《征榷考》（五），《榷茶》。
③ 《清朝文献通考》卷30，《征榷考》（五），《榷茶》。
④ 《清朝文献通考》卷30，《征榷考》（五），《榷茶》。

庄、河、洮、甘五司茶封,原备招中番马之用。商人领取采办,每引一张,交黄茶五十斤为库茶,商人自办黑茶五十斤为商茶。黑茶色浓味厚,商人工本较重,而售价亦昂。黄茶色淡味薄,为夷番熬茶所需,民间买食者少,商人办本原轻,故售价仅可得黑茶之半。"①库茶一封,"原定部价三钱",但雍正元年"正值军兴,商旅云集,兵民辐凑,又商茶运送不前,所以茶价骤增",每封加至一两一、二钱,但后来由于战事停止,食茶者减少,故出现"价昂售少,帑项虚悬"②的状况。到乾隆元年,各司库茶积至二百余万封。从乾隆二年正月至三年春季为止,西、庄等五司库茶也仅变卖掉十二万三千二百四十一封二斤,尚存茶二百六十万一百七十五封。其中"黄茶本系色淡味薄,又库贮年久而价仍高昂,是以所销无几"③,而且"现存陈茶年复一年必致霉变"④,因此,"应将各司库茶分别年岁远近,酌请递行减价变卖"⑤。由于"茶封乃国帑攸关,原当慎重办理",但因"年久难于销售,亦须酌量变通"⑥。原因是"从前西陲用兵,食茶者众,销售固易,现在大兵已撤,茶价势必平贱"⑦,在此种情况下,茶封减价变卖就是势所必然了。在这里,值得注意的是,官茶由交本色(茶叶)而改征折色(银两),这是一个很大的变化。其所以如此,是由于雍正十三年停止了五司茶马贸易,对易马之茶无大量需求,不必再征本色,而改征折色。直到乾隆六年(1741),由于"各司销存库茶止九十二万余封,迨新茶办运到甘,陈茶接续分销,可存六十万封上下"⑧时,清政府才又准甘省官茶办交本色。乾隆十一年(1746),"甘肃巡抚黄廷桂奏言:'西宁、河州、庄

---

① 档案,《为茶封久积难销酌请再行减价以实帑项以疏壅滞事》(乾隆三年十二月十二日),纳亲等题。
② 档案,《为茶封久积难销酌请再行减价以实帑项以疏壅滞事》(乾隆三年十二月十二日),纳亲等题。
③ 档案,《为茶封久积难销酌请再行减价以实帑项以疏壅滞事》(乾隆三年十二月十二日),纳亲等题。
④ 档案,《为茶封久积难销酌请再行减价以实帑项以疏壅滞事》(乾隆三年十二月十二日),纳亲等题。
⑤ 档案,《为茶封久积难销酌请再行减价以实帑项以疏壅滞事》(乾隆三年十二月十二日),纳亲等题。
⑥ 档案,《为茶封久积难销酌请再行减价以实帑项以疏壅滞事》(乾隆三年十二月十二日),纳亲等题。
⑦ 档案,《为茶封久积难销酌请再行减价以实帑项以疏壅滞事》(乾隆三年十二月十二日),纳亲等题。
⑧ 《清朝文献通考》卷30,《征榷考》(五),《榷茶》。

浪三司，番、民错处，惟茶是赖。迩年以粮易茶，计用茶六万五千五百余封，易杂粮三万八千一百余石，请著为例。'报可"①。十三年（1748），"定甘肃应征茶封，每年收二成本色，八成折色，并申明水陆各路运商验引截角法，推行安徽、浙江、四川、云南、贵州"②。乾隆二十四年（1759），甘肃巡抚吴达善因甘省五司库茶积至一百四十余万封，奏准依照康熙三十七年例，银七茶三搭放各营俸饷③。乾隆二十五年（1760），吴达善又奏准，洮、河二司茶封归甘、庄二司办理。洮司地处偏僻，茶斤历年俱告改别司售卖，俟洮司库贮茶封搭饷完日，即行裁汰。乾隆二十七年（1762），吴达善奏请裁汰河司："臣等谨按李唐回纥入贡，以马易茶；宋熙宁、嘉泰间相继行之，渐置茶司之官；至故明斋金牌，三卫收马给茶，名曰差发。其制中废，当时筹国者屡以为言，然明政已弛，竟不能复也。我朝定鼎之初，差茶司御史招商领引纳课，所中马匹，牡者给各边兵，牝者发所司牧养孳息。顺治十四年，以七监马匹蕃庶，凡茶马变价银两改解充饷。康熙三十二年，以兰城无马可中，将甘州司积贮茶篦，银七茶三用充俸饷。盖本朝牧地广于前代，稍为孳息，则已骊黄遍野，云锦成群。今则大宛、西番尽为内地，渥洼天马④，皆枥上之驹。中马之制久停，是以甘肃茶封恒苦于霉变，或变折价银，或以充奉饷。甘省五司已裁其二，尚存甘、庄二司及西宁一司颁引征课，亦以留中马之旧迹于不废云。"⑤这个奏折回顾了历代茶马贸易的沿革，更重要的是涉及了清代茶马贸易衰落的原因。

由于自乾隆以来，以茶中马"其制已停"，陈茶的处理就是一个大问题了。乾隆二十七年，由于西宁等五司"茶斤积滞"，五司库茶存至一百五十余万封，为"筹画疏销"积滞的官茶，陕甘总督杨应琚奏请采取以下办法。一是官茶改征折价（银两），以改变征本色茶而陈茶日积的现象。二是准许商茶减配。按旧例，商人自卖茶封，每引止应配正茶五十斤，连附茶共配售三十余万封，后经吴达善奏准增配，致积压日

---

① 《清史稿》卷124，志99，《食货》（五），《茶法》。
② 《清朝文献通考》卷30，《征榷考》（五），《榷茶》。
③ 《清朝文献通考》卷30，《征榷考》（五），《榷茶》。
④ 渥洼，水名，在甘肃安西县境。据《汉书·武帝纪》载，汉时有暴利长者，屯田于此。数见群野马中有奇异者，持勒鞴牧而献之，武帝为作《天马》之歌。
⑤ 《清朝文献通考》卷30，《征榷考》（五），《榷茶》。

多,"今酌中筹计,商人情愿每引一道,止配茶十五封,内应酌减无课茶一十五万八千三百十六封,共止配茶四十万九千四百四十封,至二成本色茶封,现既酌议改征折价,自亦无庸配运"①。三是减价召商变卖陈茶,由每封四钱减为三钱,使商民有利可图。四是内地、新疆应一体搭放。即在新疆的满、汉各营,也应实行茶封搭饷(银七茶三的比率)的办法,以便更快销售积滞的甘省五司官茶。这些办法经户部议准,后一一施行②。由此可见,此时清政府的着眼点,已不再是如何恢复和扩大茶马贸易,而是如何处理西宁五司积滞的官茶。

乾隆二十九年(1764),清政府又裁甘肃巡抚,茶务(注意:这里仅是茶务,而非茶马贸易事务了)归陕甘总督兼理。这样,自乾隆七年(1742)改征本色(茶叶)以来,由于茶引日积,清政府将西宁等五个茶马司中的洮、河二司裁去,只留甘、庄与西宁三司"颁引征课"。所有这一切,确实表明仅存茶马贸易"中马之旧迹"③了。

嘉庆十七年(1812),清廷曾一度取消甘肃商纳官茶一成本色的旧制,改为全交折色银两。二十一年(1816),又定甘肃茶引每道交官茶五十斤,征一成本色,其余九成均折交银两。④可见,茶马贸易就再也没有恢复。

这样,在中国历史上,自唐代以来,历代封建统治者所重视并大力经营的茶马贸易,实际上到清代乾隆年间便宣告终结。

清政府"罢中马之制"以后,令商人纳税银进行茶叶贸易,并以兰州道理其事。分西、庄、甘三司,兰州属甘司,额引九千八百八十二,每引一税,茶十封以一封交茶,九封折银。每封三钱,共改折银二两七钱。共征茶九千九百八十二封,银二万六千九百五十一两四钱。⑤这样,茶叶不再是物物交换的产品,必须通过货币的媒介作用进入流通过程。乾隆三十七年(1772),清政府还进一步规定,省城(兰州)应为盘验兑汇之区,甘、庄、西三司官茶,俱运到兰州,由皋兰县办理装运。这样一来,兰州逐渐成为全国大茶商麇集的场所,西北地区重要的茶叶集散地。

---

① 《清朝文献通考》卷30,《征榷考》(五),《榷茶》。
② 《清朝文献通考》卷30,《征榷考》(五),《榷茶》。
③ 《清朝文献通考》卷30,《征榷考》(五),《榷茶》。
④ 《清朝续文献通考》卷42,《征榷考》(十四),《榷茶》。
⑤ 陈士桢等:道光《兰州府志》卷5,《田赋志》,《茶税》。

至于前面提到的所谓"商纳税银",系指商人经营官茶贸易,必须纳银请引(茶据),然后按照引上规定的数量运往指定地区销售,即是"引有定额"和"销有定额"的意思。关于销茶的地区,引上都有明确的规定,因此又有长引和短引的区别。在清初时,甘肃的茶务从销售地区来看,大部分都是长引,其范围包括甘肃、青海、西藏、新疆、蒙古等地。凡是纳完税银请到引的商人,都可按照引上规定的数量到以上的地区进行茶叶贸易。道光年间,甘肃地区的茶务大致是每引茶一百斤,另增消耗十四斤,每年销额数是一万八千九百九十六引,每引年课三两,杂课一两四钱,每年收税银十二万八千七百四十二两,统由兰州道管理。

经营甘省茶叶贸易的商人,分为东、西两柜,东柜为山陕帮,西柜多为回民。这两柜的茶叶引商采买茶叶,多在浙南和四川。

以上是清代初期和乾隆时罢"中马"之制前后,甘肃省有关茶叶贸易的简况。从中也能看出清初茶马贸易兴盛时及以后逐渐衰落时,对茶叶贸易本身所带来的影响和变化,从甘肃的茶务即可由此一"斑"而窥全"豹"了。

五

简单的小结。

(1)我国北方一些以游牧为生、肉食为主的少数民族中,茶叶是他们日常生活的必需品。由于在茶叶中含有芳香油成分,它能溶解脂肪,所以,饮茶有着消食生津,提神醒脑,恢复体力的作用。故在他们中间,一向有"宁可一日无食,不可一日无茶"的说法。也正因为我国北方一些少数民族对茶叶的这种特殊需求,所以,以茶易马,从唐宋时代起,即被"强兵攘夷"的封建统治者认为是一种"摘山之利,而易充厩之良"[①]的强有力"制夷"手段。

到了清代,清朝统治者为了解决战马之急需以及巩固边防,故在清初恢复在西北地区的茶马贸易,并在顺治年间这种贸易一度兴盛。但到康、

---

① 查郎阿等:乾隆《甘肃通志》卷19,《茶马》。

清代的茶马贸易

雍时期，茶马贸易由于诸种原因则时罢时兴，逐步趋向衰落，到乾隆年间以后，清政府则不得不停止以茶易马。

但就整个清代茶马贸易而言，这种贸易是很不兴盛的。即使在清初顺治年间，每年在西宁等五司的易马数也不过两三千匹，较之明代每年在洮州、河州、西宁等地，用茶五十余万斤，易马一万三千八百多匹相比[①]，已大为减少。就像这样的易马规模，清初也仅持续十来年时间，到以后便逐渐衰落。

（2）清代茶马贸易为何逐步趋向衰落，以至后来停止以茶易马呢？对此，我们必须从当时具体的历史条件来进行分析，方能得出正确的结论。

恩格斯指出："一切政府，甚至最专制的政府，归根到底都只不过是本国状况所产生的经济必然性的执行者。它们可以通过各种方式——好的、坏的或不好不坏的——来执行；它们可以加速或延缓经济发展及其政治和法律的结果，可是最终它们还是要遵循这种发展。"[②]

在清代，茶马贸易本身是一种官方控制下的贸易活动，是一种特殊形式的民族贸易。虽然如此，这种贸易和经济活动本身也要受当时的历史条件和经济发展必然性的制约。

清政府为了有效地解决大批军马和皇室宫廷用马（御马）的来源问题，先后在长城口外、辽西以及西北等地区，分别建立牧场和马场。

清初察哈尔一带的牧地辽阔，东迄科尔沁左翼前旗，西抵镶红旗察哈尔界，南倚长城，北与正蓝、正白、镶白、镶黄、正黄、正红等旗接壤，其中达里冈爱牧场更北伸与外蒙古毗邻。清政府在这一带建立牧场，对各大马群增设总管等官，由蒙古人主持。其中察哈尔两翼牧场属太仆寺，商都牧场、达里冈爱牧场及（辽西）盛京的大凌河牧场属内务府上驷院，号称御马场。后来在西北的甘肃、新疆等地也建有马场，但非直属中央，而是专为地方驻军供应军马的。以察哈尔两翼牧场而论，自康熙九年（1670）该场定下场址后，马匹繁殖很快，每年除供军需外，尚有剩余。乾隆四十八年（1783），乾隆帝出巡热河，一次就"调用太仆寺牧场

---

① 《明史》卷80，《志》第56，《食货》（四），《茶法》。
② 恩格斯：《致尼·弗·丹尼尔逊》（1892年6月18日），《马克思恩格斯选集》第4卷，人民出版社1972年版，第495页。

马四千匹"①，可见这些牧场规模之大，马匹繁衍之盛了。

在西北地区，乾隆元年以后，清政府先后在甘肃凉州、甘州、西宁、肃州、安西；以及新疆伊犁、巴里坤、古城、木垒河、济木萨、玛纳斯、塔尔巴哈台、乌鲁木齐等地建立马场。乾隆三十四年（1769），"西宁镇马场，生息繁庶，现有大小儿骒骟马三千七百余匹"②；嘉庆六年（1801），"甘州提标孳生马一万八千余匹"③。再以新疆巴里坤牧场为例,乾隆三十三年（1768），当时该场有马五千二百八十余匹，但由于马匹滋生繁衍很快，出现马匹"仍归一场，水草不敷"④的状况，于是，遂分为东、西两场放牧。到乾隆四十年（1775）时，"巴里坤东、西两场孳生马八千四百余匹"⑤，后又不得不分为三场放牧。到嘉庆十年（1805）时，巴里坤牧场已有马三万一千三百五十九匹之多⑥，可见其规模之大，马匹数量之多了。不仅如此，嘉庆十六年（1811）时，古城、济木萨二场，"该场二万三千余匹之马，俱属膘壮"，因此，也出现"因马多场窄，急于疏通"⑦的状况。

总之，上述这些牧场和马场建立的时间虽有先后之别，规模有大小之异，归属更有中央与地方的不同，但它们建立后，便使清政府的军队和皇室宫廷用马有了较为可靠的保证，不必单纯依赖茶叶交换马匹了。而全国性的战事活动减少后，军马的需求量也大为减少。随着清代西北地区经济的繁荣，茶叶市场的扩大，蒙古族、藏族等少数民族亦不必用马匹换取茶叶，可以通过其他交换途径。所以，后来就必然形成以"中马为累"的局面。正是在这种情况之下，清代茶马贸易才逐步趋向衰落，以致清政府不得不适应这种"经济必然性"，下令停止以茶易马。

（原刊于《清史论丛》第三辑）

---

① 嘉庆《大清会典事例》卷524，《兵部》，《马政》，《牧马》。
② 嘉庆《大清会典事例》卷524，《兵部》，《马政》，《牧马》。
③ 嘉庆《大清会典事例》卷524，《兵部》，《马政》，《牧马》。
④ 嘉庆《大清会典事例》卷524，《兵部》，《马政》，《牧马》。
⑤ 嘉庆《大清会典事例》卷524，《兵部》，《马政》，《牧马》。
⑥ 嘉庆《大清会典事例》卷524，《兵部》，《马政》，《牧马》。
⑦ 嘉庆《大清会典事例》卷524，《兵部》，《马政》，《牧马》。

关于刘爱塔事迹的研究（遗稿）

孟　森

一　刘爱塔事

明李介《天香阁集·刘爱塔小传》：

> 刘爱塔，辽人也。幼俘入□，伶俐善解人意，某王绝爱之，呼为爱塔。爱塔者，爱他也。及壮，配以□□，使守复州。爱塔素有归朝意，东江毛总兵文龙使人招之，为人所告。某王发兵围复州，缚爱塔归，将杀之，□□泣请，乃免。文龙又使人钩之。某王必欲杀爱塔，□□曰："此文龙所为，爱塔不知也。"卒获免。然爱塔归朝之意益甚。爱塔家居，时时招瞽者弹唱。一日夜饮，谓瞽者曰："汝弹唱好，吾将以吾指所带金指机酬汝，汝指可带否？"即起脱指机，带瞽者指上。因放火烧其室，而潜与其弟二骑西奔，一夜行三百里。明日出火中尸，□□曰："带金指机者则爱塔也。"众拣得之，喧传爱塔死矣。居三日，有人报爱塔至其庄，易马南驰。某王信爱塔死，不之追。爱塔至东江，会文龙被害，闻阁部孙承宗驻关门，即驰谒。承宗大喜，易名兴祚。时永平已陷，承宗乃命爱塔偕诸将往救。望见□□，谓诸将曰："诸君且止。"乃独率数百人赴□□左右冲突。□□□某王，惊曰："彼何人，乃知吾军中曲折？"探知为爱塔，乃尽选军中好手善射数十，与战一日，众寡悬绝，救不至，遂丛射死，而身不仆。

187

马晋允《通纪辑要》：

天启三年九月，麻羊守备张盘收复金州。先是奴以刘兴祚守复州，兴祚欲反正，事觉，奴缚之去，尽戮金、复等处辽民，逃者甚众。守备程鸿鸣等带领船只，俱往青山嘴接遇。盘招抚遗民以四千计。于是挑选丁壮，列有三十五队。因哨探金州城内，止虏五六百名守之。盘统领该部岛兵，并带壮丁助张声势，昼伏夜行，齐至金州南城门下，举火呐喊放炮，军声大振。贼从北门逃去，盘遂复金州。

张盘事始末别具。此文乃考见刘兴祚之反正被缚，在天启三年以前，即清太祖天命八年以前。缚兴祚归，不杀复用之，则在《东华录》中天聪元年太宗征朝鲜时。朝鲜王李倧遁觉华岛，大贝勒阿敏等遣兴祚渡江抵岛，严责倧。倧遣族弟李觉等偕往见诸贝勒请和。五月庚午，又命兴祚及英俄岱尔送李觉归国，其明验也。

《明清史料》甲编第一本：

崇祯二年闰四月，山东登莱道王廷试题本内云：承奉户部札付，该□辽总兵官毛文龙题前事等因，奉圣旨"……刘爱塔果否归顺，著督师与登州道臣核实具奏。……钦此钦遵。"彼时臣未知的实，□□信相半，不敢轻率奏报，止据毛文龙塘报，先经具疏奏闻讫。臣奉明旨，随先差守备张弘骠，带平素自辽回识认得刘爱塔人金文宪、王国□，星夜渡海，多方侦探，务得的确实情，报臣具奏。又思刘□□果真去邪归正，并毛文龙部下招降，不微加奖赏，又无以示鼓舞而□□顺。臣随从权捐俸，置办花红米面，差标下中军守备朱应宸，并原任□□□运都司高登贵去。……至本年四□□十四日，据张弘骠、朱应宸贵投总镇毛文龙手本，内称"……刘爱塔原是本镇之旧□，□忠顺天朝之心，不待今日来归而言。本镇既具疏奏闻皇上，正期刘爱塔与本镇灭奴复土，报效国恩。此归委属诚心，凭无诈冒。□□其带来夷人数目，前疏开明"等因。又接该镇手书云："刘爱塔手书云，刘爱塔初来，兢兢□□逾矩。适蒙恩台捐俸赐之，爱塔感殊深而辞颇切。不肖以恩台所颁，业已□□而西向百叩，代爱塔谢颂无已。"……查核刘爱塔一节，据张、朱二弁执□□，彼亲见爱塔，亲与讲论，归顺委出于真实，并非诈冒。毛镇又具有代刘爱塔□□札，且对二弁云："事统于我，不必候高登到，二人可先回登具覆也。"是其人已见，□□赏已领讫，来归非诈，无可疑议。郄督师先已奏闻，具悉其实情乎！然彼□□□来，我无以慰其望，非以示激劝而坚向往之诚。或赐敕宣谕，量加虚衔，以固其志。并敕谕镇臣毛文龙，宣其招降之功，使咸知兢劝，以图恢复。在圣主自有独断，阁部诸臣必酌远图，卑末小臣又何敢忘言也。若夫刘爱塔之心术事迹，朱应宸、张弘骠二弁知之颇真，言之最悉。特令二弁赍疏具题，伏乞皇上敕下阁部诸臣，面询施行。……

又，皮岛毛文龙致清太宗书，注天聪元年初次来字样。内有云"昨岁奉圣旨，颁行海外，有能捉获佟、李二门之人，并叛官金玉和、佟镇国等，及通事殷廷辂、刘兴祚、石廷柱者，加陞指挥。这是实情"等语。此为代剖与刘通书，出于他人反间之意。佟、李二门，佟即佟养正、养性等。养正亦作养真。天启初，已为镇江城中军陈良策执送毛文龙。清国史入忠义传。其先本以贸易家抚顺，以从弟养性先输诚太祖，及太祖克抚顺，挈家及族属来归。养性，据清国史传，业商，居抚顺。天命初，见太祖功德日盛，倾心输款，为明所觉，置之狱。潜出来归，赐尚宗室女，号曰西屋里额驸，封三等男。李则李永芳，万历季年，以抚顺游击据地降太祖，太祖妻以孙女。此两家贵宠于满洲，故毛文龙并以为言。其称刘兴祚为通事，知其入辽之始所业如此。

又，都督毛文龙致清太宗书，此书不署年月，然因其书中叙刘兴祚兄弟已降，而满洲人思抢回。是知在崇祯二年，即太宗天聪三年，是年五月，文龙为袁崇焕所杀，则此书乃二年五月以前所作。当时必满人欲抢刘氏兄弟，不得，误抢他人。故书中云："岂知你奸计百出，一面又来偷抢我人民。似此颠倒反覆，良心何在？天理何在？休说负天之盟，即常言亦不为。故不待详审。可知先番背盟之事，罪故不在我也。……况拿去的人，不过是我沙汰下不成才的光棍，没行影的花子，安插北岸就柴薪之辈。在得之者有何益？失之者有何损？况我这

189

边人，原是你那边走来的。今你抢去，是你自己抢了自己的去，与我大关系处有何碍窒耶？我自私自悔，当初原不该与你通这个机密。你到底是达子家，做事只图目前之小利，那知日远之大妙。渺想之事，屡做屡败。非我与你德不深诚不至之谓也，实我与你缘薄分浅，无大福以享受耳。亦天也命也，奈何奈何！不佞正嗟叹间，忽不言兔牛禄真夷一名，名十头库，口称我等非抢你人民来也，听说刘爱塔兄弟在铁山，我等星夜来抢拿他来了。你若是真要他弟兄们，待你我事说成之后，我送与你去不得么，为何动兵来！又起我两家猜疑。大事若成，连各岛人都是你的，何况他弟兄乎？你既是一国之君，非同小可，何其器量褊浅而无容忍之甚也！你漫说我信不如你，不知我原意真无妄。你思想了看，我若不是实心，拿着这个大事与你往来，为着何意？还是哄你城池来不成？还是哄你王子来不成？把可可事且当做我哄的罢么？未有一遭你受哄，而再遭又受哄乎？设如斯而不揣摸，我终不能剖白矣。倘若翻（幡）然醒悟，顿改昔非，莫若汗王与四大王对去人含刀暗盟，或令一心服汉人来，验我真假；或心服西夷亦可；勿令金人复来。外一不测差错，你又道我是个谎了。事如依议不谬，再有结局之期，你如何待我？如佟、李之隆，我不肯；如西夷之头领隆我，我亦不肯。其中主意，不可不思。外一切所以事，俱不敢明道。先去的刘得库，口内是实，再恳谨之慎之，勿致半途而废，何如？差去十头库，还叫同我的人回来说话。左冲。谨具大红金蟒一端。……奉引敬。都督毛文龙再拜。"首尾文龙名字上钤朱文平远大将军印。

案此为文龙约降满洲之机密，文理之难通，字体之谬误，具见为武人亲笔。但其词气倨傲，绝不似投降口吻。所云待遇之道，不愿如佟、李之连姻受爵，亦不愿如蒙古贝勒之种种礼遇。惟凭刘得库口语，不知所语云何，当是互相玩弄，非有意于归降也。

《明史·袁崇焕传》附叙毛文龙始末：

既斩文龙后，有云："乃分其卒二万八千为四协，以文龙子承祚、副将陈继盛、参将徐敷奏、游击刘兴祚主之。"收文龙敕印尚方剑，令继盛代掌。犒军士,檄抚诸岛,尽除文龙虐政。还镇,以其状上闻,末言文龙大将,非臣得擅诛,谨席藁待罪。时崇祯二年五月也。帝骤闻,意殊骇。念既死,且方倚崇焕,乃优旨褒答。俄传谕暴文龙罪,以安崇焕心。其爪牙伏京师者,令所司捕。崇焕上言:"文龙一匹夫,不法至此,以海外易为乱也。其众合老稚四万七千,妄称十万,且民多,兵不能二万,妄设将领千。今不宜更置帅,即以继盛摄之,于计便。"帝报可。

据此则二年五月杀文龙时,即以兴祚为统其余众四协之一,距兴祚来降时甚近。据王廷试题本在二年四月,固在兴祚已归后若干时。据《东华录》书兴祚之逃归明,为天聪二年,即崇祯元年九月,则亦不过数月在文龙军中耳。王廷试题本尚代请虚衔,而文龙诛时,已叙其官为游击,其为军中倚重可想。然据李介之《刘爱塔传》,以文龙死而驰谒孙承宗于关门。方文龙死时,承宗卧家未起。二年十月,以清兵警,廷臣请召入朝。是年三月,帝下崇焕狱。初四日,祖大寿兵变。乃命承宗自通州移镇关门。而三年正月,兴祚已为清兵所杀。其谓承宗在永平已陷后,即三年正月初四日以后。而《东华录》叙大清未拔永平,先擒兴祚,自谓擒兴祚胜得永平。盖兴祚阵亡,尚在永平陷前一日,其间盖微有舛错。所云兴祚之名,为是时承宗所名,亦未必然。

《东华录》:

天聪二年九月庚申,刘兴祚逃归明。兴祚,开原人,初未入学,冒用衣巾,开原道将挞之,兴祚遂来降。太祖克辽东,以兴祚为副将,令管金、海、盖三州。兴祚多索民间财富,为李继孝所讦,解任。自是有叛志,与明奸细往来交通,被获数次拟罪,上俱宥之。兴祚复差二仆送书于毛文龙,被获正法。因逮兴祚,上故谓事虚,复释兴祚,迁其家于城内。兴祚诈为自缢,其妻见而解之。事闻,上复令兴祚移城外故居。于是兴祚与弟兴治等谋,使弟兴贤逃附毛文龙。复为诡词曰:"吾弟已逃,吾必被诛,当自经死。"因作二书,以一书付其妻,令持送贝勒萨哈廉。其妻乃萨哈廉乳媪女也。一书付其妻，令持送榜式达海，云："吾屡被人劾奏，幸皇上不听谗言，仍加爱养。日夜不安，时切忧惧。昔曾子之母方织，有二人告曰：'尔子杀人'。母曰：'吾子非杀人者。'不听。至三次告曰：'尔子杀人。'曾母投杼而走。予虽以善自处，能如曾子乎？皇上虽爱吾，能如曾母爱其子乎？人日以谗至，岂有不信之理，予所以为拙计也。"又作一书付家人，送与榜式库尔缠，令葬其尸于边外扎木谷中。既诳其妻送书后，乃给一瞽者醉而缢杀之，诈以自代，遂焚室潜逃。达海、库尔缠素与兴祚善，以闻。复诣兴祚家，见瞽者尸，以为兴祚骸，抱之大恸。于是上以兴祚子五十袭副将职。乃征察哈尔，留兴治奉其兄祀，以五十随征。

十月还师以后，又叙云："初大兵行后，刘兴祚弟兴治等，诈为其兄遗言，葬兴祚于扎木谷，遂逃去。兴祚子五十以从军未得脱。后明人逃至，告知兴祚诈死，遂执兴祚母妻子与其兄弟之妻子系狱。"

"又天聪四年正月辛巳朔，大兵至榛子镇。……抵滦河驻营。壬午，至永平。十旗兵环城立营。上率诸贝勒环视攻城处。是夜，前哨擒一人来献，言刘兴祚与袁崇焕同来永平，率其所携满洲十五名，蒙古兵百名，欲往沙河。闻大兵将至永平，故不赴沙河，直趋近边之太平寨。时喀喇沁载所掠之俘，途次会食，刘兴祚袭斩五十级，令我等二十人携二十级，赴城中道官郑国昌处请赏。"上集贝勒大臣议曰："朕思擒刘兴祚，胜得永平。彼忘朕如许恩养，竟尔诈逃。上天谴责，仍被我擒，未可知也。"遣阿巴泰、济尔哈朗率兵五百追之。癸未，阿巴泰等见兴祚趋山海关，阿巴泰围其前，济尔哈朗蹑其后，阵斩兴祚及众兵，生擒其弟兴贤。军士掠兴祚衣服，裸尔弃之。库尔缠殓以衣，夺军士被覆之，以席裹瘗焉。上命碎其尸以徇。按时满洲上下视兴祚之重如此。

又按据《东华录》：

太宗征明，书于上年九月甲辰，而以十月朔，上亲统师启行。则大兵将至永平时，是否可有崇焕同兴祚同来。据《东华录》叙崇焕之诛云，二年十一月癸卯，遣归顺王太监贵和书致明主。上率诸贝勒环阅北京城。乙巳，屯南海子。丁未，进兵距关厢二里。戊申，闻袁崇焕、祖大寿营于城东南隅，竖立栅木，令我兵逼之而营。上率轻骑往视进攻之处，谕曰："路隘且险，若伤我军士，虽胜不足多也。"遂回营。先是获明太监二人，付与副将高鸿中、参将鲍承先、宁完我、榜式达海监收。至是回兵，高鸿中、鲍承先遵上所授密计，坐近二太监，故作耳语云："今日撤兵乃上计也。顷见上单骑向敌，敌有二人来见上，语良久乃去，意袁巡抚有密约，此事可立就矣。"时杨太监者，佯卧窃听，悉记其言。庚戌，纵杨太监归。杨太监将高鸿中、鲍承先之言详奏明帝，遂执袁崇焕下狱。祖大寿大惊，率所部奔锦州，毁山海关而出。庚戌为十一月二十九日，始纵杨太监回，回奏所闻，明帝遂执崇焕下狱。当时清兵逼都城，崇焕以入援在京。其偕兴祚曾赴永平，或是数日以前事，要为受崇焕驱策，非因毛文龙之死，遂驰谒孙承宗也。崇焕之诛以反间，本传亦略言之，其详盖在《清实录》。

因袁崇焕被诛之详，及其在《清实录》，又及毛文龙之诛，亦以《东华录》所叙为有异同。崇焕本传，斩文龙时，数文龙十二当斩，不言文龙通建州也。中云擅开马市于皮岛，私通外番，五当斩。亦只言其以开马市为通番，非谓其降虏也。《东华录》于天聪二年四月丙辰，叙明毛文龙据皮岛，招集辽民，令富民皆冒毛姓，为其子弟裔孙。民有逃奔者，辄斩首，假称阵获。明之君臣皆信之，遂升文龙为总兵，假便宜行事。文龙欲与吾国通好，屡遣使致书，因遣科廓等赍和书往报，往来数次，文龙乃执科廓等解送北京。后袁崇焕以文龙与吾国私通，杀之。据《明清史料》所载，文龙与太宗书，亦可指为私通，然固非以文龙为真有私通意也。崇焕数文龙之罪，亦不及此，当时固共信文龙非李永芳之流也。

《东华录》：

天聪五年，即崇祯四年，四月甲午，先是叛将刘兴祚弟兴治，收集逃亡满人，恃其强力，杀副将陈继新等①。遂据南海皮岛，周围小岛皆为所并。后数遣使求降。兴治母及妻子，并其兄弟等妻子，及阵获弟兴贤，向加囚禁。上命去其械系，令人看守，恩养加厚。又送兴治妻至皮岛。兴治犹豫不决，复煽惑岛中汉人，与在岛满洲人相攻，满洲人力战；杀兴治及其兄兴亮，挈所余男妇三百八十余人，乘船至朝鲜国登岸。上闻报，谕前往朝鲜使臣英俄尔岱等收抚之。朝鲜国麒麟寨人方以鸟枪戮杀，欲执送明国。英俄尔岱等遣人迎归沈阳。于是诛兴祚、兴治、兴亮、兴沛、兴邦之子及兴贤等，没其妇女为奴。上以兴祚母年老，诸子不孝，非母之罪，免死赡养之。《通鉴辑览》：明以袁崇焕督师蓟辽，赐尚方剑。崇焕素弗善文龙，明年六月，以阅兵为名泛海抵双岛，以计缚之，数其十二罪。文龙叩头乞免，竟诛之。分其兵为四协，以副将陈继盛等领之。自文龙专阃海外，前后章奏，或多虚张失实。部下健儿劲卒，不下二万余。崇焕恐其跋扈难制，故必欲杀之。然东江屹然巨镇，自文龙死，势日衰弱，且岛弁失主帅，心渐携，益不可用。又明年，参将刘兴治杀继盛等以叛。

《东华录》：

天聪七年二月己卯，诛榜式库尔缠。历数库尔缠罪状，有云："刘兴祚在时，与库尔缠交厚。兴祚欲逃，为上与诸贝勒所觉，时约束之。库尔缠力保云：'此人忠诚，断无逃理。'如此诬言，使彼闻之，何以自安？上与诸贝勒遂不加稽察，兴祚竟逃。己巳年征明，济尔哈朗杀兴祚，欲携尸还。库尔缠曰：'既已杀之，携尸何为？'旋以衣衾殓而葬之。上谓济尔哈朗曰：'兴祚之尸，何不携来？'答曰：'为库尔缠所止。'上命取至磔之。库尔缠复窃收其尸，以此款罪重，应处死籍没家产。上令处死，免籍没，止收其贝勒所与之物。"

又天聪七年二月丙戌，太宗复朝鲜王李倧书，有云："即如刘兴祚与伊弟刘兴治，俱尔潜纳，送入岛中。又将遣还官员家属，送与

---

① 继新即继盛。袁崇焕杀毛文龙，所命以摄东江军事者。《通鉴辑览》正作"继盛"。

明人。"又云:"朕思尔所行果是,则尔所送之刘兴祚、刘兴治;尔所助之毛文龙,皆当常享富贵而不死。惟所行不当,故毛文龙见诛于明朝;刘兴治被诛于岛人;刘兴祚天令之亡,就其刀锯,天其谁直耶?"

又天聪九年九月壬申,责大贝勒代善,有云:"其余小人,以不赡养而诉者,何可胜数!朕见其虐害爱塔,夺其乘马,取其财物,谓爱塔不能自存,必至逃亡。未几而爱塔果逃。诚心忧国者,当虐人如是乎!"

《明史·黄龙传》:

登莱巡抚孙元化,以刘兴治乱东江,请龙往镇。兵部尚书梁廷栋亦荐龙为总兵官,与元化恢复四卫,从之。先是毛文龙死,袁崇焕分其兵二万八千为四协,命副将陈继盛、参将刘兴治、毛承祚、徐敷奏主之。后改为两协,继盛领东协,兴治领西协,语详崇焕传。①

兴治凶狡好乱,与继盛不相能。其兄参将兴祚阵亡,继盛误听牒报,谓未死。兴治愤,择日为兴祚治丧,诸将咸吊,继盛至,伏兵执之,并执理饷经历杨应鹤等十一人,袖出一书,宣于众,诡言此继盛诬兴祚诈死,及以谋叛诬陷己者,遂杀继盛及应鹤等。又伪为岛中商民奏一通,请优恤兴祚,而令兴治镇东江。举朝大骇,以海外未遑诘也。兴治与诸弟兄放舟长山岛,大肆杀掠。岛去登州四十里,时登莱总兵官张可大赴援永平,帝用廷栋言,趣可大回登州。授副将周文郁大将印,令抚定兴治。会永平已复,兴治稍戢,返东江。龙莅皮岛受事,兴治犹桀骜如故。四年三月,复作乱,杖其弟兴基,杀参将沈世魁家众。世魁率其党夜袭杀兴治,乱乃定。②

---

① 崇焕传又云:"崇焕虽诛文龙,虑其部下为变,增饷银至十八万。然岛弁失主帅,心渐携,益不可用,其后致有叛去者。崇焕言东江一镇,牵制所必资。今定两协,马军十营,步军五,岁饷银四十二万,米十三万六千。帝颇以兵减饷增为疑,以崇焕故,特如其请。崇焕在辽,与率教、大寿、可刚定兵制,渐及登、莱、天津。及定东江兵制,合四镇兵十五万三千有奇,马八万一千有奇,岁费度支四百八十余万,减旧一百二十余万,帝嘉奖之。"
② 世魁本市侩,其女有殊色,为毛文龙小妻。世魁倚势横行岛中。后黄龙为孔有德所围,自到死,世魁代为总兵。事在崇祯六年。明年,尚可喜降清,岛中势益孤。十年援朝鲜,有德来袭,世魁阵亡。

刘兴祚归明甚诚，其一门于东江声势甚盛，死事亦甚烈。在清太宗视之甚重。而明史无传，其名杂见各传中。即其弟兴治，史言其凶狡好乱，其实亦岛中之豪，大率类是。毛文龙既死，不能受陈继盛部勒，致有横决。然家属俱为清所羁，始终不肯降清。为沈世魁所袭杀。《东华录》乃谓为满洲人所杀，当未必然。然亦可见满洲人从刘氏兄弟投明者，正不少矣。毛文龙部下投清者，清初四王乃居其三。使刘兴治肯如耿仲明、孔有德，当更早以拥兵之汉人为清所倚，亦一清初之异姓王也。兴治不为之，非刘氏之始终为明哉！辑其事迹略备，试为编缀绳削，以成较完善之纪载。

二　刘爱塔事续辑

故宫所藏天聪二年九月起至十二年二月各项稿簿：

天聪四年三月初八日与刘三弟兄谕帖：差原来人何尽忠去，谕刘三、刘四、刘五知悉。朕闻尔兄死，伤悼不已；及知脱身，屡谕朕意，尔所共知。昨闻尔兄在太平寨，特遣阿卜太贝勒、吉儿哈朗贝勒去令库儿叉，送书令兄，以告朕意。不想二位贝勒尚未曾到，令兄已被前探人杀死，只得刘六来了。朕想尔等奔岛，不过以令兄不在，内不自安，故单身独马逃命去耳。何尝伤朕甚么来么？尔等若说，我们既弃汗走了，又没了倚靠的兄长，虽是回去，岂肯养活。则大不然。朕心思之，若得尔等回来，待以厚礼，天下人必谓我不计人之过，有好养之德，皆慕朕矣！朕欲尔来，原为我名声。朕今正要播仁义之风于四方，岂肯诈尔三人乎？尔等如以朕言为是，来归若是轻身，即依尔南朝官爵，母子妻小团圆，任从尔便。若能带岛中人来，所带金、汉人，不拘多少，俱封与尔等择地住种，长享其福。朕之此言，是尔等再造之天也。朕为尔等谆谆如此。尔若不来，则尔母弟侄妻子，全杀不留。此杀非朕也，朕百般欲全尔等，而尔等不肯，是自杀之也。若不信朕言，宜先差个心腹人来，朕亲与他当面说誓。若信朕言，宜速速来，勿令人觉知不便。但尔等勿痴痴思南朝，南朝丧天下之时也。何也？昨朕到北京，天下兵马，尽皆杀死，四围州县，攻克殆尽。遵化、永平、滦州、迁安等城，俱各我兵屯种。其腹里之人，何暇种地？地既不得种，民无食何以生全？立见丧亡也。尔等当熟思之，勿失机会，后悔无及。尔等休说来了还是大贝勒的人。今若来了，就是朕的人了，朕自以礼待。特谕。

按此谕在天聪四年三月初八。据《东华录》是年正月壬午，上集贝勒大臣议曰："朕思得刘兴祚，胜得永平。彼忘朕如许恩养，竟尔诈逃，上天谴责，仍被我擒，未可知也。"遣阿巴泰、济尔哈朗率兵五百追之。癸未，初三日，阿巴泰等见兴祚趋山海关，阿巴泰围其前，济尔哈朗蹑其后，阵斩兴祚及众兵，生擒其弟兴贤。军士掠兴祚衣服，裸而弃之。库尔缠殓以衣，夺军士被覆之，以席裹瘗焉。上命碎其尸以徇。今对刘兴治等言，则云遣阿卜太、吉儿哈郎去令库儿义送书令兄，未到而令兄已被前探人杀死。阿卜太即阿巴泰，吉儿哈郎即济尔哈朗，库儿叉即库尔缠。其权词笼络如此。大贝勒即太宗兄代善。天聪九年太宗责代善虐爱塔，以致逃亡。此时已言及此，其实爱塔自忠于明，未必为不慊于代善之故。但可知当时八旗各以所属人丁为私产。此事当另有考。

天聪四年二月十四日发各岛谕帖：

敕谕皮岛副将陈继盛知悉。朕大兵于年前十月内，从蓟镇边上大安口、龙井关进入，节次征进。效命归顺者，沿边如台头营等城；腹里如永平等府州县，数十有余处，市肆不扰，秋毫无犯。逆命抗衡者，沿边大安等城；腹里如遵化等城，全城屠戮，孑遗不留。至各沿边各镇，将帅不为不多，兵马不为不精，连次接战，全军皆没。在阵杀死总兵赵率教、满桂、孙祖寿、副参叶副将、刘爱塔等，丧躯亡身。祖大寿弃京逃走。在阵生擒总兵麻登云、黑云龙、王参将、刘游击等。在城投顺文职，郭侍郎、白参政、马副使、贾郎中、陈户部、崔行人、张知县等，不止数十余人。朕皆复其官职，安其家业，此古所谓顺天者昌，逆天者亡，此之谓也。然天意属朕，故兵不血刃，长驱直前，北京咫尺可下，谅难久存。况你南朝皇帝，贪财好利，减克军饷，不恤民命，不忧臣僚，此又非天意乎？尔水泊中弹丸之地，能存几多？一勺之水，能活几人？且你将官勇略，未必高出满桂之上；兵马强壮，未必过于各边之劲。尔等不过农民，或为人诱吐，或畏惧逃走，岛中有何滋养利欲？权时安身，岂得已也。今朕体奉天心，广行仁政，除残去暴，设官安民。思念尔等皆属赤子，到此时势，你进无所乘，退无所依，真似如在水火。朕不得不宣谕提挟，拯溺救焚。尔等各想自己身家，小民情苦，乘时速来，官加品爵，民享生全，何等好处！目今春耕在即，农不容缓。尔果回心转念，弃暗投明，保守身家，轸念小民，任从尔等各人心愿。若盖州，析木城，岫岩地方，拣选住种，不教尔等北来奔驰。古云："良鸟相木而栖，贤臣择主而仕。"今古皆然。何况尔等寄身水泊，形似浮萍，岂能久存？其当早来投顺，又当何如。朕一片良言，甚是怜悯尔等，各宜三思，早图便计。特谕。差人赍去谕帖八封：

皮岛副将陈继盛一封、皮岛都司刘五一封外刘六家信一封、长山岛游击刘兴沛一封外刘六家信一封、大獐子岛游击李友良一封、鹿岛林游击一封、广陆岛、石城岛游击毛有候一封、旅顺口游击一封。

刘兴贤家信：弟兴贤百拜。去年七月内，袁督师差徐敷到岛调取，于八月二十九日自王扒什嘴上船相别。至九月二十二日，到觉华岛下船。值袁督师往锦州，后差人调至锦州，见过袁督师。分付送回皮岛练兵，全管岛民。因秋天风高，未得去，遂驻扎宁远。冬至月，袁督师上关去，路中闻汗大兵进了长城，差人把二哥调去，欲带往京中应援。二哥因无兵权，不曾去。后京中人回来说，袁督师、祖总兵，朝廷说他与汗兵马一齐到京，疑他素日与汗约会了，将袁督师拿在监中，祖总兵夜间逃回关上。二哥奉孙阁部明文，拨关上中后所弱人弱马六百，交付二哥，领往太平寨防守。汗闻听二哥在太平寨，差库儿叉榜什赍笔帖招二哥。比二哥于正月初三日五更时，起身回关，行至山沟，还未见库儿叉榜什，倒先撞遇拨夜乱箭误伤。这是我家不幸。弟随即跑出，声言高叫，方遇库儿叉听见，将弟救出。找问二哥，先于沟内拨夜射死。带弟见汗，分付说："他兄弟们，我甚疼他。今听见二哥在，恐怕他畏惧，故差库儿叉招服，不想误死，可怜可怜！"随将弟交付大人，"先送往沈阳，见他母亲，免他挂牵。"沿途路上，王子大人比常恩爱，一日苦也不曾受。及到城见太太、众嫂子、孩子们，一家俱全团圆，俱交付我了。但汗这样恩典，目今二哥又没了，上边又一发施恩。太太年高，养我们一场，大家孝顺一日，也是好事。哥哥没了，你在那里住着，也无好处。况北京周围，府州县城，得了一多半，北京看来料也难保。各边兵马都杀败了。承汗这样养活，好心不记前恨。此时不来，你等待何时？你速速来。你若不来，那时汗恼了，我们与太太受法，你心何忍？太太养我们，不能孝顺，返带累死辱，天也不容你，生居也见不得人。我因不会写，烦人代写。你们若不信，差小二先来讨我真信。弟跟二哥去，留下三个皮箱，可带来，莫要疏失忘了。弟交与李天禄往临清买货银子一千两，此时不知到否？如到，你收贮，来时带来。忙中草草，不及多叙。千万速来，免我与太太悬望。至嘱至嘱！①

弟兴贤百拜，上大哥得知。自旧年二月相别，四月内，同五哥随毛总爷到贵岛扰厚。后于十月内，随二哥往宁远见袁督师，分付还叫回皮岛练兵，全管岛民。因秋天风高，不能行船住下。冬至月，闻汗大兵从蓟镇边上进入，欲要带二哥去，二哥无兵，故不曾去。后京中人回来，说袁督师、祖总兵，朝廷说他与汗兵马一齐到京，疑他素日与汗约会了，将袁督师拿在监中，祖总兵夜间逃回关上。二哥奉孙阁部明文，拨关上中后所弱人弱马六百，交付二哥，领往太平寨防守。汗闻听二哥在太平寨，差库尔叉榜什，赍笔帖招二哥。比二哥于正月初三日五更，起身回关，行至山沟，还未见库儿叉榜什，倒先撞遇拨夜，乱箭误伤。是我家不幸。弟随跑出声言高叫，方遇库尔叉听见，将弟救出。找问二哥，先于山沟由拨夜射死。带弟见汗，分付说："他弟兄们我甚疼爱，今听见他二哥在，恐他畏惧，故差库尔叉招服，不想误死，可怜可怜！"随将弟交付大人，"先送沈阳，见他母亲，免他

---

① 此是与皮岛刘五家信。

挂怀。"到城见了太太、众嫂子们、侄儿们，一家俱团圆，交付弟领养。似这等恩典，无可报答。弟思如今京中，左右府州县镇，尽数投顺攻破，独京孤存，谅必不久。你岛中无有海运，又无主可倚，不如乘时。汗的谕帖招服，当速遵守，带领岛民前来。不惟全其身，抑且还有官做。望大哥裁思，勿执。嘱嘱嘱！①

按此为二月十四日所发谕帖，在三月初八日谕刘氏兄弟之先。其时尚以陈继盛统毛文龙之众，故谕陈全令归降，而附刘兴贤家信两封。正是向陈继盛间刘氏兄弟，陈之疑兴祚不死，与兴治之怒而杀继盛，未必不由此而来。谕帖八封之中，有谕毛有候一封，当即毛文龙之子毛承祚。刘兴贤信中之徐敷，下缺一字，正是分领毛兵之徐敷奏。

抄三月十八日刘六与刘三、四、五三人家信稿。

照前初八日与何尽忠谕帖一道，差来人韩尽忠等四名。

弟兴贤字拜，三、四、五爷得知。弟与二爷于旧年九月二十八日下船，有袁经略在锦州，将二爷连弟俱调赴锦州，随着袁经略带上关去。听见汗的兵马往西去，袁经略要带我们往京去，我们未去，留在关上。有袁经略兵马在北京折了，将袁经略拿进京去。有孙阁部来到关上，与了三、四百弱兵，叫往太平寨防边。正月初三日，汗到永平，打发吉儿哈郎贝勒、阿卜太贝勒，及库儿叉榜什，执汗的草帖，招服二爷。不料前探的兵马不认得，将二爷杀了，弟被这边人马拿着见汗。蒙汗恩养，先差人送到沈阳，看见太太，一家团圆，养活的甚好。弟到时，汗送缎子二匹、布十四、绵花十斤。虽是在监中，另盖的房子，凡少物件，一一送来。太太这边衣服，都是汗送来的。委实是疼我们，不是虚怯。况阿沙副将走了回来，汗照旧养活，前程照旧。昨跟汗到西边有功，又升总兵。我们人不是他一个骨血，你们可细思之。如今太太年高了，朝不保暮，也是养了我们一场。你们在岛子里有甚好处？弟虽不足惜，就是该死的；太太及孩子们，你们不思想可怜么？倘你们不来，汗一时发怒，杀了我们，你们在那边，心里何忍！就死在阴司，也是报怨你们。我

---
① 此是长山岛刘兴沛家信。

弟兄逃去，原是怕死。如今这样养活，汗是怕我们甚么？况前在阵上拿住的黑总兵、麻总兵，如今养活，做貂鼠皮袄、狐狸皮袄与他，甚是优厚。阵上拿获之人尚是如此。我们坏了他甚么，你们可速将岛子里人带来，岂有不陞赏之理。有个不养活我们的么？毕竟与前边不同。且莫说得官做，是亲见太太一面，日后太太老了，送上坟里，也完了我们弟兄的心。又吴成功在宁远，见在。周之彦弟兄二人俱死了。刘登举，我眼看着杀了。其余的人，各自跑了，我不曾见。弟思汗一则实心养活，二则要以仁服人，要声名远播，这是实情。可熟思之，千万千万！凡事要小心。又嘱。差韩尽忠等四名赍去，系来人。

按前兴贤家信，系附二月十四日谕各岛帖后，并由陈继盛转致。此信附三月初八日专谕刘三兄弟帖后。总之，陈继盛尚未为刘兴治所杀，故太宗尚用谕，未将刘兴治尊重至极地也。兴治不归太宗，太宗决不敢戮刘氏家属，此固非兴贤所知矣。

天聪四年四月二十八日，差佟老爷下人李世武同来人去。

金国汗书，与刘府列位兄弟知道。尔差何进忠等口，与书中之言，难以凭信。故差人去看。且我国与南朝争雄之际，尔果杀其官员，率其岛民归我，此天意特使尔等助我也。诚如尔言，但尔率来金、汉、蒙古人等，决不令入境，皆与尔为民。在境外任尔择地住种，作个属园过活。我若哄你来，既来之后，更改前言，不令各自住种，只哄得尔罢了，岂能哄得天么？天不罪我乎？休说尔等如此杀官率民，如岛中不论那官员，只率人民归顺，必将其率来人民与他为民矣。青天在上，我言皆实。或尔有诈，任从尔罢了。尔若真情，有所疑我，则当令尔族中一人来，便与尔面前亲盟。

此书在刘兴治已杀陈继盛而欲投建州之时，太宗已建号称尊，有所笼络之时，不惜自贬，以媚其人，指天为誓，言甘如蜜，较之明君臣事事隔膜，不可相比矣。

天聪四年五月十八日，差李世武同来人何尽孝赍去。

金国汗书，与刘府列位弟兄知道。今欲一金人到岛，说的有理。但因前年文龙哄下金人，到岛或杀或解，故人悼去矣。况尔既杀岛中多官，是在南朝作仇，在我有功也。我所疑者，杀死多官，真耶假耶？若是真，刘府弟兄何无一人驰来见我？令我及众贝勒对天盟誓而去。恐是别人假借名姓，行诡道也。尔亦岂有所疑我乎？我有个被人逼迫违背之理么？我上只有一个天。若你弟兄有一人来，我的心里就信你们了；我与他当面盟誓，你们心里就信我了。既如此相信之后，任尔或居岛，或上陆常作各岛民之主，各自过日，只借船兵助之。尔言众贝勒未必肯恕，意忒陋矣！果尔一人来了，我与盟誓，众贝勒有何不同盟誓乎？既我与众贝勒盟过誓，仍与我们计较，其罪归谁？或者你们恐一人来了留住，无可奈何。若留住来人，天不罪我乎？你们不过疑，以负我望。这一遭，你们若无一人来，我必谓尔虚矣。

又一书未用印。尔书有云："闻西报，汗得一城，未几复被汉兵占守"，是必说建昌也。永平攻下之后，建昌参将马光远率众归降。时欲发兵防守，以其城小地窄，恐扰官生军民，故未发兵。及马参将来永平见我，将欲回去。彼山海兵乘机到建昌，说马参将回来，诈进城去，即将秀才二十余名杀死，中军拿解山海枭首，以有其城，原非已降复叛也。想是南朝不说他诈进，而说民复叛，欲借此声名，以扬金兵苦害，令民恐惧，不复投降之计也。你们远听，自然信实。恐我不改前辙，将来必有所失。说的甚有理。但远方事情，何以得闻之确？只你们在这边时，我之为人，不好杀，不令人害民，亲所熟知也。推此度之，可知我行事矣。况孤兵深入他国之境，若行事不道，何以住得若此岁月之多也，亦有所令民感顺，方能兵住耳。我兵去年十月二十七日，分两路进了龙井、大安二关口。当日三屯营、汉儿庄、松棚楼兵马来援，尽皆杀败。进关之先，预写抚民告示，散谕各处。随即归降者，汉儿庄、潘家口、滦阳、喜峰口、红山口、大安口、大安营、马兰口、马兰营、乐文各等十余城池。头发未剃，畜产未动，一无所扰。进围遵化，谕之再三，不肯归降，攻破屠戮。三屯营降时，山海赵总兵来援，全军覆没。十一月十二日，起自遵化，前往京师，一路不杀人，不取民，丝毫无染。民亦知我兵不动其业，皆不离家乡，箪食壶浆，以迎我兵。十九日到京，围住不解。日久，天下勤王之师，前后皆到，皆被我兵杀死。京城四外，顺义、房山二县顺了；

良乡、固安、香河三县，及张家湾，谕之不降，攻屠。其乡村住民，并未动扰，房屋亦无烧毁。北京九门，塞土以守。我想先取永平为家，故于十二月二十六日，解围到永平。屡谕不降，遂攻下之。官生军民，一无杀死。除收官物官民，私业丝毫无动。今我在家，兵马换班，进去永平、滦州、迁安、遵化四城住了。但是服民，皆种田地；未服之民，不敢种地。先进兵马，今各回家，整治盔甲弓箭，待秋再进。其事之成败，自有天意。从来南朝虚诈，及我之真实，尔所共知。其北京四围城池，人民皆无，又乏粮食，孤城何以守乎？谨白。刘六附去家信一封。

弟兴贤字拜大、三、四、五爷得知。弟今见这番人来，又不见你弟兄一人来，不惟弟心挂虑不安，即汗亦不见信。如果四位爷有真心，又看太太及一家性命，可作速来。如今汗的宽仁大度，西边亦得许多城池。乘此机会，正好图功名之秋。倘机会一失，西边全得，你岛中有何光彩？有何倚靠？那时你们又如何见得汗？汗一心要干大事，又肯念小仇之理？我们又与他何仇，定无他虞。我这里也看透了。你们先着那一位来，万万莫疑！你们早来一日，替汗早办一日事，也尽我们忠心。至嘱至嘱！

八月分初□日，与刘府列位弟兄书。

金国汗书，与列位弟兄知道。我请列位一人到此，非欲留住也。莫说一位，即众位全来，单身独马，于我何益？况列位原不在这里来么？今列位杀南朝官员，率各岛民与我同心，是助我一国也。我不愿一国之助，而必欲列位几人何为？盖我初意，亲见一人，当天盟誓，以叙心事也。列位因各主职任，不能离岛，遂当差人盟誓矣。我想列位不能离岛，也是。事贵心诚，何必亲来。失信于人，尚且不可，况彼此对天盟誓，岂有违背之理？若违盟，天岂肯容？今我两国和好已成，使人往来不断可也。

按观太宗笼络诸刘，尊之为一国，尽用敌礼。诸刘不来，即顺其意而羁縻之。后来刘兴治既死，诸刘无岛兵可挟，即刘氏一家被杀矣。此等书固非太宗亲撰，但用意则必由太宗自主。其窃号自娱，并不因此而一肆不可复敛，固非器小易盈者比矣。

203

九月分初一日，差秀才迟变龙送与岛中刘府列位书。

金国汗致书，刘府列位知道。今冬彼此俱宜整理兵器，以待明年计议行事。两家既对天地盟誓和好，其逃亡之人，义不可收。今日虽无人逃，或有一二，亦未可知。自盟誓以先，有往来者，彼此俱皆收留。自盟誓日后，有去的，你那边送来；有来的，我这边送去。因和好已成，今将令夫人送去。自公离后，与尊太夫人住同一处，并无扰杂。华翰有云：事成之后，不言天无二日，亦甚幸也。诚能协助以成大事，我言天无二日，老天岂可违乎？乞勿多疑，惟勉前途可也。谨白。

刘六爷家信。弟兴贤拜，众位爷知。今日蒙汗恩典，将五奶奶送去。你们那边受荣，太太与弟蒙汗养活，也是说不尽。太太年老，众位爷可速速作事，即速得团举一日。况前边原是二爷作的事，与我等无干。你们切莫狐疑。只顾你们众位爷，只管放心干事。为人要识时务，趁此机会，正好建功立名之日。汗的仁圣，一毫不假，我这边已素知道。今日五奶奶一去，太太益发忧疑。只望众位爷急快些，或先着那一位来探看亦可。至嘱至嘱！

据此则刘兴治系行五。送刘五之妻而留其母，自是一种作用。并言决不说天无二日，则是共图灭明之后，与诸刘分国而治矣。此直是诓孩童之语，诸刘之终不往宜也。

十月分，二十八日，差李栖凤、李正茂赍去。

·附录·

赘言

商鸿逵

这是孟心史先生在北京大学所授《明清史料择题》讲义的一篇。记得先生曾道："刘兴祚应当表彰。由刘兴祚还可以看出当日满洲对笼络汉人之用心。"刘兴祚处于明清对峙之际,确是一个有影响的人物。自明天启元年(1621)努尔哈赤攻占抚顺,明守将李永芳降附,以后辽东的明官明将以及兵士和当地人民,有降有抗有逃。刘兴祚在满洲是受到重用的,但他却一心向明,百般设法企图逃脱,最后假托自焚走掉。崇祯二年(后金天聪三年,1629)皇太极率兵由龙井关、大安口攻入内地,近迫北京,侦知刘兴祚在明军中,派兵寻索,正值其回山海关途中被射杀。根据所列资料,刘兴祚和明军统帅袁崇焕、孙承宗都有接触。袁崇焕因崇祯帝朱由检中了皇太极所设"蒋干盗书"计,被逮下狱处死;而孙承宗则于崇祯二至四年间继续督师关门,如果兴祚不死,必然得受要职,成为一员坚持抗清的将官。

努尔哈赤和皇太极对收纳辽东人民的政策和态度有所不同。皇太极即位后,首先颁发谕旨:"治国之要,莫先安民。我国中汉官汉民,从前有私欲潜逃及令奸细往来者,事属已往,虽举首概置不论。嗣后惟已经在逃而被缉获者,论死;其未行者,虽首告亦不论。"[①] 其对刘兴祚的多次谋图归明,均予宽恕,即是由此。后来对孔有德、耿仲明等来降以及对洪承畴、祖大寿的耐心争取,都是这个政策的扩大运用和具体落实。再举一例,努尔哈赤于俘虏中"察出明绅衿,尽行处死"。皇太极则就"其时诸生隐匿得脱者约三百人",予以考试任用,并将"凡在皇上包衣下,八贝勒等包衣下及满洲、蒙古家为奴者,尽皆拔出"[②]。于此可以看到皇太极对知识分子的重视。他这一着给后来清军入关对广阔内地进行统治准备下选用汉人的基础,并且这也就是八旗汉军组成的基础。

刘兴祚死后,皇太极对在皮岛的刘兴祚之弟兴治,采用种种手段进行招降,这是为什么呢?他为的是要除掉皮岛这个海上威胁。朝鲜《李朝实录》光海君十三年(1621)七月乙丑记道,毛文龙"入据椴岛(即皮岛),声势日盛,奴贼(努尔哈赤)不能无东顾之虞"[③]。《明史》也说:"大清恶文龙蹑后。"袁崇焕虽以毛文龙专制一方,不听约束,将其处斩,而也认为

---

① 《清太宗实录》卷1,天命十一年九月甲戌。
② 《清太宗实录》卷5,天聪三年九月壬午朔。
③ 《李朝实录》第33册,《光海君日记》卷167,十三年七月乙丑,日本东洋文化研究所昭和37年(1962)版,第717页。

"东江一镇,牵制所必资"①。所以皇太极对袁崇焕所部署的守岛诸将陈继盛、刘兴治等人,不惜谦辞卑礼,以谕帖和家书形式,陈述利害,激发感情来招降他们。

于此还应指出,刘兴祚这个人能在满洲和达海、库尔缠结成挚友,他们不避罪嫌,参与其事,库尔缠竟因给兴祚作保并收敛其尸被处死。达海和库尔缠都是当时满洲的重要官员,是皇太极的亲信侍从,凡传达旨意及听取诸贝勒大臣陈奏,多是经由此二人。达海曾对创制加圈点满文做出过卓越贡献,被"满洲群推为圣人"②。又刘兴祚、兴治兄弟能够结合满洲人、蒙古人同其一道附明反清,足见其平素待人真诚并具有团结组织群众的才能。

又据心史先生所撰《明元清系通纪》(未刊部分)万历四十七年(1619)引朝鲜《李朝实录》:

> 都元帅姜弘立驰启曰:"刘都督差人留在昌城,而其中一人,乃是嘉山人,唐名刘牛,自言甲午为都督所带去,以内家丁常在都督眼前。"上年闰四月十四日,兵部文书到江西,使都督起行。都督自念年老,但欲在家享富贵,不愿做官。忽闻征役之报,长吁愁叹。羽音催文又到,诸将咸劝速行,不得已登程。自门庭乘船直到通州。以此军兵器械,皆未整顿,只待四川兵马之到。且同在镇下人自京城下来,极陈朝廷厚待之意。……按督府东来时,我国人中刘吉龙、刘吉寿、刘朝用等表表用事之人,而其外亦多有出来者云矣。所谓刘海,乃晋州人也,其父尚在。每言于都督,愿见其父,都督许之。海到京师,王不许下去,命本道上其父,列邑传驿以送。……海,嘉山居昌人,慎谭子也。③

心史先生附加按语:"刘海即后之刘兴祚,父名慎谭,朝鲜嘉山人。原

---

① 《明史》卷259,《袁崇焕附毛文龙》。
② 《清史稿》卷234,《达海》。
③ 见《李朝实录》第33册,《光海君日记》卷137,十一年二月辛酉,日本东洋文化研究所昭和37年(1962)版,第533页。此本与心史先生所引字句微不同:"……以内家丁长在都督眼前。……时有刘海,乃岭南人也,……海,即居昌人。"

名海，而在中国名牛。甲午为万历二十二年，刘綎以朝鲜有倭难入东，遂携海至中国，至四十七年已随綎二十五年矣。綎败殁，海遂入建州为爱塔。后十年战死。其入中国当甚稚。至清太宗，尽杀刘氏子孙，而兴祚之母尚在，刘氏兄弟年固不高，可推定也。"

明朝将官好蓄养家丁，并且多是由幼龄安置左右，成长后即为亲兵，他们既忠心护卫主人，又敢于冲锋陷阵，不顾生命。刘兴祚当是萨尔浒之役，刘綎战死，留在辽东，继而归于满洲。据《清史稿》记："兴祚者，开原人，见辱开原道，遂率其诸弟兴治等以降。"① 由此可以推知，刘氏兄弟及其母亲都是先从朝鲜到开原的。又据毛文龙所陈功绩文书中，有崇祯元年（1628年）十月初九日"于镇江高岭地方得获敌所用金州备御刘爱塔等，带同家眷男妇二百三十一名口"等语。② 兴祚等由满洲逃出是先到皮岛的。崇祯二年六月五日，袁崇焕以十二罪状杀毛文龙于皮岛后，处理该岛军事，分成四协，"以文龙子承祚，副将陈继盛、参将徐敷奏、游击刘兴祚主之。收文龙敕、印、尚方剑，令继盛代掌"③。此后当是刘兴祚随袁崇焕回宁远，兴治留在皮岛。据黄龙以总兵官往皮岛就是为的处理刘兴治事件。其四协将领则为"副将陈继盛、参将刘兴治、毛承祚、徐敷奏"④。刘兴祚战死，兴治为其发丧，继盛以为未死，因而引起冲突拼杀，从此岛事大坏。综观刘氏兄弟和皮岛的一段关系，也应是东江事迹中的一个重点。

（原刊于《清史论丛》第二辑）

---

① 《清史稿》卷228，《库尔缠》。
② 吴骞辑：《东江遗事》卷上。
③ 《明史》卷259，《袁崇焕附毛文龙》。
④ 《明史》卷271，《黄龙》。

顺治十一年

——明清相争关键的一年

顾 诚

治明清史者大抵认为1644年清军入关,特别是次年五月大顺政权与弘光政权相继倾覆以后,大局就已经确定。这以后,南明势力不过爝火余烬,苟延残喘而已。这种看法未必正确。历史的进程往往不像胜利者留下的"平定方略"那样凯歌行进。仔细研究明清之际的史事,可以看出各主要派别势力都有可胜之机。问题是谁掌握了这种机遇,谁就能战而胜之。1644年春夏之交,以李自成为首的大顺政权如果不是在政治上和军事上犯了一系列重大错误,有可能统一全国。弘光政权若不是在继统问题上钩心斗角,这个政权绝不至于那样迅速地土崩瓦解。1645年清军占领南京后,假如不强行推行剃发改制等民族压迫政策,也可以在很短时间里统一天下。1648年金声桓、李成栋、姜瓖、王永强、丁国栋等反清时,如果永历朝廷节制部署恰当,拥明势力互相接应,清廷的前景未可乐观。大西军联明抗清后,1652年李定国桂林、衡阳之役,刘文秀反攻四川之役,都表明明、清双方胜负尚在未定之天。那么,复明运动逐渐化作泡影是在什么时候呢?我认为是在1654年以后。或者说1654年(清顺治十一年,明永历八年)是关键性的一年。

首先,看一下清方的情况。明清之际各种军事力量中,满洲贵族的八旗兵无疑是最有战斗力的,无论在兵员素质上还是在组织指挥上,都属首屈一指。但是，满洲八旗兵有一个根本性的弱点，即受满族人口限制，可动员的兵员（即成丁男子）数量非常有限，不依赖汉族和蒙古族军队完全不可能征服和统治全国。目前史学界某些著作推测入关时清军数额往往偏高。我以为雍正帝在《大义觉迷录》中所说的"至世祖章皇帝入京师时，兵亦不过十万。……其时统领士卒者，即明之将弁；披坚执锐者，即明之甲兵也"，比较可信。顺治十二年（1655）五月郑亲王济尔哈朗临终前嘱咐清帝说"且满洲兵甚少，……应加抚恤"①，也可作为旁证。进入中原以后，满军阵亡和病死的人数很可能超过人口自然繁殖数；加上入关后享受着程度不等的优遇，在汉人的影响下逐渐滋长追求安逸生活的风气，远不像入关初期那样淳朴，勇于用命。至于入关初期叱咤风云的领兵大将由于染上天花，迷恋女色和内部倾轧，业已凋谢殆尽。如豫亲王多铎病死于顺治六年，摄政睿亲王多尔衮病死于顺治七年，肃亲王豪格于顺治五年死于狱中，英亲王阿济格于顺治八年赐死，巽亲王满达海顺治九年病死，衍禧郡王罗洛浑顺治三年病死军中，顺承郡王勒克德浑病死于顺治九年三月，饶余郡王阿巴泰顺治三年病死，其子端重亲王博洛顺治九年三月病死，多罗谦郡王瓦克达顺治九年八月病死，敬谨亲王尼堪于同年十一月在衡州阵亡。硕果仅存的郑亲王济尔哈朗自从顺治五年最后一次统兵出征湖南以后，到八年就因年事已高处于半退休状态，至十二年病死。满洲八旗固山额真图赖、准塔、叶臣先后在顺治三、四、五年病死；何洛会、谭泰在顺治八年被诛杀；汉岱、屯齐在顺治十一年因主帅尼堪战殁而削爵革任。列出上述名单，不难看出大约到顺治十年的时候，满洲贵族能征惯战的宿将几乎一扫而空。他们去世时一般都比较年轻，子弟虽可承袭爵位，却少不更事，缺少战斗经验，无法接替父辈驰骋疆场的重任。清廷统治集团内心非常清楚赖以支撑爱新觉罗皇室的主要支柱满洲兵将实力迅速下降，尽管他们讳莫如深，避免公开谈论自身弱点，在战略部署和战术运用上却不得不着重推行以汉制汉的方针。而汉族文官武将中投机者甚多，有的因各种关系同复明人士有所联系，有的受到满洲贵族的歧视，心怀不满，一旦情况变化，他们就可能反戈易帜。

---

① 《清史列传》卷2，《济尔哈朗传》。

再看看明方的情况。南明政权屡蹶屡起，而以大西军联明抗清后最具活力。以永历朝廷为旗帜的拥明势力可以大致概括为三个部分：一是以孙可望为代表的西南抗清武装（其内部永历帝、李定国、刘文秀、夔东十三家同孙可望存在矛盾），这是一支令清方望而生畏的劲旅；二是东南沿海闽浙地方有郑成功、张名振的军队，以擅长水战闻名全国；三是在清朝统治区内从事地下活动（也包括一些小股明火执仗的山寨武装）的复明势力，他们的弱点是基本没有军队、组织不严密，优点是其中不乏在社会上有影响的忠贞之士，可以利用各种关系探得清方军事部署等情况。形象地说，这三种复明力量呈现为杠铃态势。复明运动中有识之士都看到了要实现抗清大业关键是东西配合，连成一片，共图北进。1987年，我在一篇论文中详细论述了1654年李定国进攻广东，多次请郑成功率领主力来会，目的就是一举摧毁尚可喜、耿继茂集团，实现福建、广东、广西、贵州、云南、四川、湖南势连一体的伟大战略设想。这一计划本来是完全可以实现的，郑成功无意于此，虚应故事，李定国终于在这年年底兵败广东新会，返回南宁。① 这里就不再多说了。除了李定国追求的会师广东计划以外，还有一个几乎同时策划的会师长江战役方案。对于同长江战役有关的问题，到目前为止，史学界似乎只是就每一个局部作了一些探讨和叙述，没有作更深层次的研究。

所谓对局部作了一些叙述，是指单案孤立处理，比如我们可以看到以下一些涉及过的课题：

（1）张名振三入长江之役；

（2）郑成功派忠靖侯陈辉北上之役；

（3）1655年刘文秀进攻常德之役；

（4）钱谦益的复明活动；

（5）贺王盛、平一统等反清之案；

（6）1655年顾炎武擒杀世仆陆恩被捕之案；

（7）其他。

应当说，这些课题不少已有研究成果，或者在相关论著里作过正确和

---

① 拙文《从会师广东之役看郑成功同永历朝廷的关系》，见《郑成功研究国际学术会议论文集》。

错误的叙述，但主要的不足之处是缺乏综合研究。给读者印象上列各个事件都是孤立的，不存在什么内部联系；何况每一个事件本身也还有许多情节弄不清楚。本文正是有感于此而作。

一　张名振等三入长江之役

先谈谈张名振、张煌言三入长江之役。"三入长江"出自张煌言的《北征录》，他作为监军直接参与和指挥了这三次进入长江的战役，无可争议。然而，张煌言的这篇名著主要讲的是顺治十六年同郑成功一道北入长江进攻南京等地的战役，只回叙一笔在这以前他曾"三入长江"，因兵力不够，没有取得多大战绩。由于作者未具体讲明三进长江在何年何月，给后来的史家造成极大的困惑。下面就是清初以来有关南明史籍记载长江之役的部分摘要，读者不难看出其混乱。

金钟《皇明末造录》卷上记：

己丑（1649，顺治六年）"是年春，富平伯张名振海艘至镇江金山。"

郑达《野史无文》卷10《张名振传》记：

"庚寅（1650，顺治七年）春，名振攻崇明，一月未下。是夏，围台州，至镇江，驻师金山，遥拜孝陵，题诗，三日然后去。"

查继佐《罪惟录》卷12之下《张名振传》云：

辛卯（1651，顺治八年）"名振既间关监国，为之乞援国姓思明州。国姓责以无功，名振乃露背所刺'尽忠报国'字样，矢不二。成功心动，指腹结姻，助兵二万，行粮备，还撞舟山，不利，直溯金陵，获故叛金允彦礫之，祭诸忠，窥崇明，触京口，题诗金山寺，有'十年横海一孤臣'之句，闻者心恻。时内师守江严，横索江，截海舟数十号，退屯崇明之平洋沙。成功以师不利，见督。时长扬王术桂为名振曲解，复令平南伯陈辉、庆都伯王秀奇、忠孝伯洪旭、总兵周全斌等，壬辰（1652，顺治九年）复进崇明。兵饥，感名振之义，不变，遂有'太师甘枵腹，吾辈竟亡饥'之谣，众益励。十二月，内师踏冰出劲旅劫平洋沙。浴日将军王善长先登，诸将军姚志卓、任麟、王有才、王浚、张赟等战，大捷，敌阻冰，无还者。甲午（1654，顺治十一年）正月，复入京口，战不利，失参将阮姑娘；国姓复令戎政司马陈六御及将军程应蕃等协攻崇明，复不利。水徼登莱等处，抵高丽，乃还。"

同书列传卷9之下《张煌言传》记：

壬辰，煌言以兵部尚书同定西侯名振等舟师突京口，题诗金山寺，不利去。已，复取舟山。……甲午，舟山复败，屡从定西舟师窥吴淞，逼崇明，大风，舟覆，为土人所执，以其义，纵之复入海。

查继佐在《罪惟录》中记军至京口，题诗金山寺，名振传在辛卯年，煌言传在壬辰年，已自相抵捂。

他的另一部著作《鲁春秋》中记：

壬辰，监国鲁王"遣定西名振以己意乞师厦门，成功不许，至露其背所刺'尽忠报国'四字为感激，指腹为姻，随得助师二万，与尚书煌言、义英骏、诚意伯刘孔昭等直溯金塘，获叛者金允彦，磔之以祭舟山诸死事者，持不进，题诗金山寺而还，有'十年横海一孤臣'之句"。

"永历八年，甲午，监国九年，监国跸金门。春正月，全师复入京口，战不利，失一副将阮甲，淹四日退。招讨复遣戎政司马陈六御及将军陈应蕃等协力抵平洋沙，攻崇明不克，平原将军姚志卓愤自到。还触吴淞关，掠北战舰二百七十号。名振以沙船九百号泛登莱及高丽乃还。""秋八月，复地震浙闽，国姓遣将军陈辉总统水军同定西名振再窥吴淞，遇风变，师旋。"

查继佐曾在鲁监国政权中任职，他的著作中记张名振等率舟师入长江共两次，一次在清顺治八年或九年，一次在顺治十一年。第二次遇大风覆舟事纯为误记。海上之师遇飓风有两次，一次在顺治四年四月，舟山之师为接应清吴淞提督吴胜兆反正行至长江口遇风，大批舟只撞击倾覆，张名振落水后登岸潜逃；另一次是顺治十五年郑成功亲统大批舟师北上，至羊山遇飓风，损失很大，进攻南京之役被迫推迟至次年。查断佐显然是把这些事弄混了。

另一位也曾在鲁监国政权中任职的张岱撰《石匮书后集》，于《张名振传》中仅云："久之，名振以舟师直窥南都，题诗金山寺。时清戒江守严，以拦江索截海舟数百号，名振战不利，以小舟遁。"这更使人不得要领。

邵廷寀《东南纪事》卷2记：

"顺治九年壬辰（1652）正月，鲁王在金门。成功使名振总师北行，……进至崇明沙，登金山，大清江南北戒严。""顺治十年癸巳（1653），……冬，名振复及煌言北行，败大军于崇明之平洋沙，杀伤甚众。""顺治十一年甲午（1654）正月，王在金门。名振再入镇江，抵仪真，还逼吴淞关，遣使致启献捷。"

李隶求《鲁之春秋》在卷2《王师平定浙闽表下》，卷6《姚志卓传》，卷14《张煌言传》，卷20《张名振传》均记有长江之役，煌言传云：

癸巳（顺治十年，1653）"九月，复军于吴淞，会名振之师入长江，趋丹阳，掠丹徒，登金山，望祭孝陵，三军恸哭失声，烽火达江宁。时上游故有密约，而失期不至，左次崇明。……甲午（1654）正月，与名振再入长江，掠瓜州，侵仪真，直抵燕子矶，而所期终不至。复东下，驻舟山"。

名振传大致相同，有题诗句，"上游故有密约"作"上游有蜡书请内应"，不具录。

翁洲老民《海东逸史》卷2《监国纪下》，卷12《张名振传》，卷13《张煌言传》均载此事，以名振传所记较详，其言曰：

"癸巳春，名振请师北上，成功与兵二万，粮三月，以兵部侍郎张煌言监其军。师过舟山，遥祭死事诸公，遂入长江，趋丹阳，掠丹徒，登金山，望石头城，遥祭孝陵，三军恸哭失声。题诗绝壁，有'十年横海一孤臣'之句。冬尽撤回。明年（甲午）春，益以兵将，再入长江，掠瓜州，侵仪真，抵燕子矶，扎营平阳。时以上游有蜡书请为内应，故名振再举。而所约卒不至，乃还，复屯军南田。名振与士卒同甘苦，诸军感甚，有'太师既枵腹，我辈亦忘饥'之谣。会故仁武伯姚志卓、诚意伯刘孔昭并以军来，依名振立营，号召旧旅，声势益振，遂攻崇明，入吴淞，掠战船六百余号，径入山东登莱诸处，直抵高丽而还。"

江日升《台湾外记》卷3记：

"顺治十年癸巳三月，成功遣张名振率水师船二百余号北上，陈辉等为援。"

卷4记：顺治十一年甲午"三月，定西侯张名振、忠靖伯陈辉帅舟师突入长江，夺船百余只，犯天津，焚粮艘，次金山寺，设祭崇祯而回。"

213

阮旻锡《海上见闻录》(定本)卷1记：

"癸巳，永历七年（顺治十年，1653）三月，赐姓驻厦门。遣前军定西侯张名振等率水师恢复浙直州县，并遣忠靖伯陈辉等一齐进入长江。"甲午（1654）"三月，定西侯张名振、忠靖伯陈辉师入长江，夺战船百余只，入天津卫，焚夺粮船百余艘，名振直至金山致祭先帝而回，金陵闻风震动"。乙未（顺治十二年，1655）五月，"赐姓以抚局不就，分兵与定西侯、忠靖伯等会师入长江，捣其腹心。以水师洪旭为总督，以原北镇陈六御为五军戎政，总制陆师，率兵北上。"十月，郑军攻舟山，"张名振等出自长江来会"。

杨英《先王实录》记：

永历七年，癸巳（1653）"三月，藩驾驻中左。遣前军定西侯等水师恢复浙直。先时，定西侯启曰：'名振生长江南，将兵数十年，今虏各处兵将多系旧属。兹金酋（指清将金砺）既并力于闽，势必空虚浙直，我以百艘，乘此长风破浪，直入长江，号召旧时手足，攻城掠野，因时制宜，捣其心腹，虏无暇南顾，藩主得以恢复闽省，会师浙直，可指日待也。'藩从而遣之。并遣忠靖伯陈辉、中权镇黄兴、护卫右镇沈奇、林武镇林顺、智武营蓝衍、后镇施举等一齐进入长江"。永历八年甲午（1654）二月，"是月，定西侯张名振、忠靖伯等督师进入长江，夺虏舟百余只，义兵四起归附。遣亲标营顾忠入天津，焚夺运粮船百余艘。名振直至金山寺，致祭先帝而回，虏闻风惊惧"。

温睿临《南疆逸史》卷32《张煌言传》记：

"癸巳冬，返浙。明年（甲午）复监名振军入长江，登金山，遥祭孝陵，三军皆恸哭，烽火达于江宁。以上游师未至，左次崇明。顷之，舟入长江，掠瓜州，仪真，抵燕子矶，江宁震动，而师徒单弱，中原无响应者，遂乘流东下，连营浙海。"

计六奇《明季南略》卷16《张明正（名振）题诗金山》记载顺治十一年甲午正月和四月张名振等率舟师直抵镇江事，见下文。

李天根《爝火录》卷23记：

癸巳，顺治十年三月"定西侯张名振北征，郑成功与兵一万，粮三月，设宴饯行。兵渡舟山横水洋，获金允彦，磔诛之，进攻崇明，焚京口，截长江，登金山寺题诗；平原将军姚志卓、诚意伯刘孔昭俱依之立营，号召旧旅，兵势大振"。

同书卷24记：甲午，顺治十一年"正月十六日丁未，鲁王定西侯张名振再入京口，攻观音门，凡五日而退。大清擒其参将阮姑娘斩之"。

徐鼒《小腆纪年附考》卷18记：

癸巳，顺治十年，"是年春，名振请兵北上，与之兵二万，粮三艘，获叛将金允彦于金塘山，磔之。平原将军姚志倬、诚意伯刘孔昭偕其子永锡以众来依，号召旧旅，破京口，截长江，驻营崇明。寻被谗，撤回厦门。长阳王术桂为力辨于成功。及相见，语至夜分，更益以兵，而令陈辉、王秀奇、洪旭、周全斌偕行，至羊山，飓风折兵十之一，惟名振全军无恙。"甲午，顺治十一年正月，"明鲁定西侯张名振复以朱成功之师入长江，望祭孝陵，名振以上游有蜡书为内应，率海船数百，溯流而上，再入京口，掠仪真，至观音门。十三日，泊金山"。下文转抄《明季南略》旧文，不录。

《清史稿》卷224《张煌言传》记：

顺治"九年，监名振军，经舟山至崇明，进次金山。……十一年，又自吴淞入江，逼镇江，登金山，望祭明太祖陵，烽火达江宁。俄，退次崇明。再入江，略瓜州、仪真，薄燕子矶，寻还屯临门，皆与名振俱"。

同卷《张名振传》云：

郑成功予名振二万人，"共谋复南京，攻崇明，破镇江，题诗金山而还。复与成功偕出，师次羊山，飓作，舟多损，惟名振部独完。再攻崇明，复入镇江，观兵仪真，侵吴淞，战屡胜。顺治十二年十二月，卒于军，或云成功鸩之"。

近人许浩基在所撰《郑延平年谱》中"永历七年癸巳三月张名振、张煌言请师之长江"条下特别加上按语，云：

"名振与煌言凡三入长江，而未知初入长江为何年？又不知题诗祭陵为何年？各书记载纷歧，莫知所据。《鲁春秋》、《东南纪事》俱作壬辰（1652）。《海东逸史》作癸巳（1653）。《小腆纪年》作癸巳初入长江，而甲午（1654）题诗祭陵。《台湾外纪》、《海上见闻录》亦作癸巳，而未言祭陵事。《南疆逸史》、《明季南略》则俱作甲午。尤有不可解者，全氏

（指全祖望）撰苍水碑云，癸巳冬入吴淞，明年会名振之师入长江，遥祭孝陵。甲午再入长江。盖癸巳之明年即甲午也，既明年，下复繁甲午，误甚。谢山犹恍惚其词，后人更难推测矣。"按，全祖望撰张煌言神道碑云："癸巳冬，复间行入吴淞，寻招军于天台，次于舟山。明年，军于吴淞，会名振之师入长江，趋丹阳，掠丹徒，登金山，望石头城，遥祭孝陵，三军恸哭失声，烽火逮江宁。时上游故有宿约，而失期不至，左次崇明。甲午，再入长江，掠瓜州，侵仪真，抵燕子矶，而所期终不至，复东下驻舟山。"此文固有语病，全氏作张煌言年谱记顺治十一年甲午、十二年乙未均入长江，眉目虽清楚，但不得三次确说。赵之谦重撰煌言年谱，定初入长江为顺治九年，二入长江为顺治十年，三入则在十一年，谬误更甚。以上均见《张苍水集》附录。

上面列举的各家记述，就年代而言，张名振等入长江战役有记于顺治六年（1649）、七年（1650）、八年（1651）、九年（1652）、十年（1653）、十一年（1654）、十二年（1655）的各种说法。入长江次数，有记一次的，有记两次的，也有记三次的。至于具体情节相差更远。直到目前，所见明清史诸作在提及这一战役时，或者笼统地说张名振、张煌言曾经统率"三入长江"，或者置"三入长江"于不顾，径直在顺治十年、顺治十一年内记载明军曾入长江作战。如南炳文著《南明史》云，"永历七年（1653）三月"，郑成功"批准了"张名振的建议，"与之兵二万，粮三艘，并派忠靖伯陈辉等与之同行，一起进入长江。张名振等'破京口，截长江，驻营崇明。十二月，在崇明之平阳沙，大败前来进攻的清兵'"。"再入长江"则在"永历八年（1654）年初，张名振、陈辉等再次督师进入长江，夺清舟百余艘，'义兵四起归附'，……名振等直至金山寺，遥祭孝陵而回。在金山题诗"[①]。冯其庸等编《吴梅村年谱》于顺治十年（1653）《时事》下记：三月"张名振以郑成功师入长江，破京口，驻营崇明，十二月，在崇明大败清兵。"顺治十一年（1654）《时事》下记："正月，张名振以郑成功之师入长江，破仪真，泊金山，望祭孝陵，旋还师。"[②]这两种书的特点是在顺治十年和十一年下各记载一次，回避了张煌言本人所述"三入长

[①] 见该书第4章，第324页；1992年11月由南开大学出版社出版。
[②] 此书1990年5月由江苏古籍出版社出版，见第251页与第276页。

江"的问题。不久前出版的汉译《剑桥中国明代史》第767页是这样记载的:"在郑成功的鼓动下,1653和1654年,张名振三次带领远征军进入长江口,在大运河与长江的汇合处镇江骚扰运河上的交通。"同页有原作者注解说:"关于很受称许的'三征长江'的日期和情况很难确定。这里根据的是李学智的推论和考证,见他的《重考李振华先生〈明末海师三征长江考〉》。"[①]尽管作者未能作出准确的叙述,其客观态度是值得肯定的。这里引用的只是20世纪90年代出版的几种著作,其他说法尚多,请读者参看诸家作品,不再一一征引。

由于张名振等三入长江之役事关抗清复明大局,有必要考定其具体时间和情节。

依据清朝档案,参之以张煌言诗文,再以当时亲身见闻者的记载补充,可以断定张名振、张煌言三入长江之役都在甲午年(清顺治十一年,明永历八年,1654,但其第三次在十二月,按公历推算已至1655年)。经过情况如下。

1653年(顺治十年)八月,明定西侯张名振、监军兵部侍郎张煌言等带领五六百艘战船由福建北上,九月到达长江口崇明一带沙洲,"联艅突入黄浦港口",当地百姓纷纷响应。清总兵王憬在致江宁巡抚周国佐手札中说:"海邑人民听其愚惑,上海之衙役挟持县令竟欲开门揖盗。胥役人等公然包网。民心若是,内变堪虞。"又引上海知县闫绍庆的告急禀文说:"上海皆乐贼来,全无一人守城,终日持刀向知县项下逼之通贼,知县死在须臾,皂快为甚,等语。"周国佐不得不亲自带领军队赶赴上海。[②]明军以崇明一带沙洲为基地,"筑圩耕种,近城十里之外,贼众充斥。百姓菜色相望,饥馑难支。为我用者恹恹待整,为贼用者欣欣向荣"。"崇明产米

[①] 此书原版出于1988年,中文译本于1992年2月由中国社会科学出版社出版。按,李振华《明末海师三征长江考》定初入长江在顺治四年(1647)四月,二入长江在顺治十年(1653)三月,三入长江在顺治十一年(1654)三月,文载《大陆杂志》第6卷第6期。李学智先生重考文定初入长江在顺治十年九月,二入长江在顺治十一年正月,三入长江在同年四月,载《大陆杂志》第7卷第11期。

[②] 顺治十年九月江宁巡抚周国佐"为洋寇乘势鸱张,海邑人心煽惑,微臣谨率旅亲临,以寝邪谋,以巩地方事揭帖",见《明清档案》第十七册,A17-161号。

之乡皆在平洋山前东西阜沙,今被贼踞。"①崇明城内的清军兵力有限,不敢出战,被围长达八个月之久。张名振等统率的明军在三尖沙、稗沙、平洋沙安营屯种,联络内地复明势力,并没有立即发动长江战役。

顺治十一年(1654)正月十七日起,张名振、刘孔昭、张煌言带领明军乘船分批进入长江口,冲过狼山(今江苏南通市境,为沿江要地)、福山(与狼山隔江相对)、江阴、靖江、孟河、杨舍、三江、圌山(今镇江市境)等清军江防汛地,二十一日到达瓜州。②明军在金山上岸,缴获清军防江大炮十位和火药、钱粮等物。张名振、刘孔昭、张煌言登金山寺,向东南方遥祭明孝陵,泣下沾襟。张名振在金山寺题诗寄慨。③在这里停留了两三天。清江南总督马国柱同满、汉官员会商后,紧急派提督管效忠带领兵马由浦口、六合增援仪真、瓜州;阿达哈哈番尼堪率兵由龙潭救镇江。④明军在南京清军到达之前,回舟东下。这就是初入长江之役。

三月二十九日,张名振等率领明军分乘六百多艘船再入长江。四月"初五日已至圌山","初七日贼船由圌山关经过花园港连舻乘风直上",⑤突破镇江清兵防线,主力直达仪真(今仪征)。在仪真城外江中焚毁盐船数百艘。计六奇《明季南略》记:"四月初五日,海艘千数复上镇江,焚小闸,至仪真,索盐商金,弗与,遂焚六百艘而去。"⑥这一记载是可信的,日期与清朝档案相比可能提前了两三天,张名振的兵力在清方江南当局的奏疏中作六百余艘,或笼统而言"数百余号",计六奇写作"千余",估计偏高。但张名振部海师在四月上旬进至仪真,烧毁盐船确有其事。顺治

---

① 顺治十一年四月二十七日兵部尚书噶达洪等残题本,见《明清史料》丁编,第一本,第94页。工科给事中张王治在顺治十一年四月初七日题本中说:"苏州之崇明赋税输自各沙,今闻平阳一带到处侵踞,几不可问,止留崇明空城昼夜防守。卧榻之侧岂容他人鼾睡邪?"见《工垣谏草》。
② 顺治十一年三月初七日兵部尚书噶达洪等"为塘报海寇突犯京口"等事题本,见《郑成功档案史料选辑》,第76—79页;顺治十一年五月"江宁巡抚周国佐揭帖",见《明清档案》第19册,A19—181号,同件又见《明清史料》己编,第二本,第182页。
③ 登金山赋诗见计六奇《明季南略》卷16《张明正(名振)题诗金山》;张煌言《张苍水集》第二编《和定西侯张侯服留题金山原韵六首》。清朝工科给事中翁自涵在顺治十一年五月揭帖中也说:"贼登金山顶横槊赋诗,假仁假义,煽我人心。"见《明清史料》己编,第二本,第179页。
④ 顺治十二年三月江南总督马国柱"为沿海失事频仍"等事揭帖,见《郑成功档案史料选辑》,第116—123页。
⑤ 顺治十一年五月十一日到安徽巡抚李日芃揭帖,见《明清史料》甲编,第四本,第337页。
⑥ 计六奇《明季南略》卷16,《张明正题诗金山》条。

十一年七月，山西道御史胡来相揭帖中说："今春镇江盐艘被焚，岸市被掠，而财赋之区奚容致此，是防严未密，申饬不切耳。"①按习惯说法，旧历四月即算夏季，由于事情发生在四月上旬，胡来相大概没有弄清楚准确时间，说成是"今春"，仪真属扬州府，胡来相说成是"镇江"，也不确切。顺治十一年十一月初六日，工科给事中张王治在"为盐法关系甚重，谨陈责成之法以垂永久事"题本中说："即如四月间，海贼直犯仪真，未能先事绸缪，遂致焚烧盐艘数百号，折耗课赋商本数十万，迟延至今未见两淮运司设策画谋，作何补救。坐视商疲课绌，则悠忽概可见矣。"②清江南当局急忙调兵遣将，加强沿江防务，并对深入长江的明朝海师进行袭击。张名振等人在仪真停留的时间很短，就返航东下，撤回崇明一带沙洲。这就是二入长江之役。③

五月十八日，张名振因兵、饷不足，亲自率军南下，在浙江温州地区买米七船，又到福建厦门会见郑成功，要求提供兵员、火药、器械支援。郑成功答应派忠靖伯陈辉统水兵五千、陆兵一万，乘大船近百艘北上。④张名振得到郑成功同意出兵的诺言，即先行返回崇明一带沙洲基地。九月初六日，他率部进至上海县城下，清朝上海知县吓得瘫痪于地，城中百姓宣传张军乃"王者之师"，"有执梃而阻遏官府者，有包戴网巾者，有讹言惑众者，有恐喝官府者"。⑤清江宁巡抚周国佐火速领兵来援，以屠城相威胁，才稳定了上海局势。十二月，张名振等率军乘船四百余艘溯江而上，过圌山，十八日由三江营驶过焦山，直抵南京郊外的燕子矶，清朝官员惊呼"咫尺江宁，势甚披猖"。江南总督马国柱、提督管效忠指挥驻守南京的满、汉兵丁"奋勇截杀"，"乘胜追至三江口外，非此一举则大江南北岌岌乎殆矣"，⑥可见对东南半壁震动之大。明军在张名振等指挥下缓缓东下，在年尾至次年（1655）初退出长江。当时隐蔽于江苏常熟的陈璧（永历

---

① 《明清史料》已编，第二本，第193页。
② 张王治《工垣谏草》下册，此书前有魏象枢、韩诗顺治十二年写的序，约为顺治年间刻本。
③ 上引顺治十一年五月十一日到安徽巡抚李日芃揭帖。参见顺治十一年四月二十七日江宁巡抚周国佐"为贼艘入江窥漕"等事题本，见《郑成功档案史料选辑》，第92—93页；顺治十一年六月二十四日兵部尚书噶达洪等题本，见《郑成功满文档案史料选译》，第42—43页。
④ 顺治十一年九月十一日江南总督马国柱题本，见《郑成功满文档案史料选译》，第50—54页。
⑤ 姚廷遴《历年纪》（中），见《清代日记汇抄》。
⑥ 《明清史料》已编，第三本，第221页，缺名残揭帖；同书，第222—223页，江南江西总督浅揭帖。按，这两个残件均无年月，但222页有"十二□十八日辰时"，必为十二月十八日。

四年，1650，南明朝廷授予他右佥都御史官衔"督抚浙江军务兼恢剿闽、直"①）在顺治十一年冬作《雪中客夜》诗云："风送楼船龙渡海，泥深铁骑筏横江。"自注："时闻海舟进京口，清以木筏截金山下。"又《甲午五十除夕》诗中云："未知天命将何似，莫问楼船海上军。"自注："是月闻海兵进京口。"②陈璧曾经赴广西朝见永历帝，奉有联络东南抗清力量的秘密使命，藏身之处又靠近长江，他的诗篇不仅可以同清方南京当局的奏根相印证，还表明到甲午（即顺治十一年）除夕他还没有得到明军退出长江的消息。次年（顺治十二年，1655）五月，清朝新任江南总督马鸣珮在一份奏疏中写道："上年十二月间，贼艅由海入江，十八日至朱家咀，焚掳江西粮艘，……惟是朱家咀虽在江宁府上元县境内。……朱家咀堂奥也，镇江、瓜州门户也。今贼深入堂奥，岂能飞越而至？"又说："朱家咀失事乃贼入犯京口第三次也。"③这就是三入长江之役。

以上算是把张名振、张煌言等"三入长江"的年月交代清楚了。下面可以转而讨论长江战役的战略意图。

二　钱谦益等联络东西的密谋

张名振指挥的明朝舟师在甲午年（清顺治十一年、明永历八年）内，三次进入长江，第一次抵达镇江，第二次进抵仪征，第三次直逼南京，在一年多时间里积极活动于长江下游和入海口。从战绩而言，正如张煌言所述："三入长江，登金山，掠瓜、仪，而徒单弱，卒鲜成功。"④清朝江南总督马国柱则说："但能保全无恙，便为无罪。"⑤实际上双方没有大的战斗。张名振所部兵力原来就不太多，为了防止入江后被清军切断退路，在崇明诸沙还留下了部分军队和船只。顺治十一年五月清江宁巡抚周国佐揭帖中说："名振亦行间老猾，其不肯悉众深入，以防职之截其后也明矣。故其

---

① 鲁可藻：《岭表纪年》卷4。
② 《陈璧诗文残稿笺注》，上海古籍出版社1984年版，第28—29页。
③ 顺治十二年五月江南总督马鸣佩残揭帖，见《明清史料》己编，第三本，第235页。
④ 张煌言《北征录》，见《张苍水集》。
⑤ 顺治十二年三月江南总督马国柱揭帖，见《郑成功档案史料选辑》，第123页。

入犯者联镳数百号，环围崇明而伺隙各汛者尚留数百号。"①如果仅仅从表面现象来看，三入长江的战略意图颇难令人捉摸。明军旌旗炫耀，金鼓喧阗，火炮轰鸣，几百艘战船浩浩荡荡直入长江清方要害之区。清方则沿江戒严，重点保卫江南重镇南京。然而，一年之内三次深入内河，三次主动撤退，既不占领沿江州县，又不切断运河漕运，而且始终不离开长江口，这里面大有隐情。连清廷兵部也感到迷惑不解，在奏疏中说："江南督抚各官每损贼船有数百号，每船有数百人，如是则足有数万矣。若以数万人之力合而击之，何坚不摧，崇明系弹丸之地，然数月不破者，乃贼之狡谋矣。贼意如破崇明，恐江东郡邑皆以崇明为诫，披甲登城矣。且贼既至京口，何不攻镇江？既渡瓜、仪，何不进扬州？……今贼登上金山横持斧钺作赋，以假仁假义蛊惑人心。贼势全可拔崇明，犯镇江，劫扬州，然贼并不破城分封，与我死战。……贼自海入江，皆张扬虚名。上起湖南，下至闽广，贼必暗中串通。"②

可见，清廷兵部多少能够从战略高度来观察张名振舟师的活动。事实上这正是由内地反清复明人士秘密联络东、西，会师长江，恢复大江南北计划的一个组成部分。参与密谋的有原弘光朝礼部尚书钱谦益、鲁监国所封仁武伯姚志卓、鲁监国政权都察院左都御史加督师大学士衔李之椿、原兵部职方司主事贺王盛、生员眭本等一大批复明志士。由于这一地下密谋活动风险极大，事败之后参与者首先销毁证据，有的矢口否认，有的不幸被捕受审时也竭力避免供出细节，牵连同志；何况，迹象表明仕清的部分汉族官员因各种关系而暗中加以包庇，在这种情况下只能尽量钩稽材料说明事情的来龙去脉。首先应注意内地抗清人士的密谋活动由来已久，本文仅限于同张名振长江之役有关的背景作一勾画。

1652年（顺治九年，永历六年）冬天，原明朝礼部尚书钱谦益"迎姚志卓、朱全古祀神于其家，定入黔请命之举"。次年（1653）七月，"姚志卓入贵筑（今贵阳市）行营（即秦王孙可望行营），上疏安隆（即安龙，永历帝驻地）。召见，慰劳赐宴，遣志卓东还，招集义兵海上。冢宰范矿

---

① 《明清史料》甲编，第四本，第341页。
② 顺治十一年六月初四日兵部尚书噶达洪等题本，见《郑成功满文档案史料选译》，第34—36页。

以朱全古万里赴义，题授仪制司主事"①。和姚志卓同行的有原明兵部职方司主事贺王盛派遣的生员眭本。贺王盛的座师雷跃龙当时正担任孙可望行营的大学士，眭本的父亲眭明永在顺治二年松江抗清斗争中被杀，②凭借这种关系贺王盛让眭本以"往云贵清讨伊父恤典"为名，建立同永历朝廷的直接联系。三月间上道，行至湖南湘潭眭本患病不能前进，姚志卓唯恐耽误大事，自行前往贵州。十一月带回永历三年敕书、孙可望给的扎付、檄文和大学士雷跃龙的五封回信，孙可望任命贺王盛为兵部侍郎的敕谕一道。姚志卓把上述文件交给贺王盛，贺王盛又"潜通海寇"，"有茅山道士张充甫系海贼张名振的总线索"（张充甫在顺治十年十二月曾在贺王盛家中吃饭）。③姚志卓在鲁监国入海以前曾带领一支军队在浙西天目山区的於潜、昌化一带抗击清兵，后转战于同浙江接境的江西玉山、广丰地区，1646年冬兵败逃出，这以后的几年里他大概没有什么军队，长期从事秘密反清活动。1651年（顺治八年）五月曾在扬州同茅山道士张仲符（当即上引清档中之张充甫）等来往。④1653年（顺治十年）冬他从贵州返回后通过"海贼张名振的总线索"，张仲符同已进至崇明沙洲的明朝舟师取得联络。人们也许会奇怪，一个"茅山道士"怎么能担当联络海上"总线索"如此重任呢？其实，"道士"是他潜伏清统治区内活动的伪装，其真实身份是明鲁监国政权的兵部侍郎，和张煌言的职务相同。有关他的事迹还有待于深入探讨，我们只知道在史籍中他的名字有张仲符、张冲符、张中符、张充甫等写法。任光复《航海纪闻》中载，壬辰（1652，顺治九年）春，跟随监国朱以海到厦门的随臣有"赐蟒玉侍郎张冲符"⑤，彭士望诗集自序中写作张仲符，《山居感逝》诗中又写作张冲符。《鲁之春秋》卷2记：顺治九年"东阁大学士沈宸荃、兵部侍郎张煌言、任颖眉、曹从龙、蔡登昌、张中符、太常卿陈九徵、任廷贵（按，即《航海纪闻》的作者任光复）……定西侯张名振"等扈监国次中左所，寻居金门。同书卷11《徐

---

① 沈佳：《存信编》卷4。
② 钱肃润：《南忠纪》，"教谕眭公"条。
③ 《明清史料》己编，第二本，第184—188页，《刑部残题本》《江南江西总督马国柱残题本》。按，残题本中云，"与孙可望来的人姚志卓同去"，可知姚志卓在这次之前曾经到过贵州，与孙可望早有联系，详情已难考。
④ 彭士望：《耻躬堂诗集》自序。
⑤ 《荆驼逸史》本汪光复《航海纪闻》，汪字乃任字之误。

孚远传》亦记,"其同孚远从亡海上者,则有兵部侍郎兼副都御史任颖眉、兵部侍郎兼太仆寺少卿曹从龙、兵部侍郎兼大理寺少卿蔡登昌、兵部侍郎张中符,太常卿陈九徵、任廷贵"等。可见,张仲符在鲁监国政权中官位不低,同张名振、张煌言又是患难之交。很可能早在舟山时期,他就负有秘密使命,化装为道士潜入内地,建立联络网,往返于明、清控制区,总管清统治区内复明势力与海上的联络事宜。姚志卓除了把亲赴贵阳、安龙联络东西会师的结果通过张仲符转告张名振以外,还同钱谦益商议请他出资募军。钱谦益和夫人柳如是慷慨解囊,这就是彭士望诗中所写的:"时有二少年,一伯一中丞(姚志卓,浙江;黎士彦,新建)。屈已兄事我,怒呵犹顺承。可惜蹈江海,黄鸟徒哀伤。更有一老翁,破产图再兴。既耄气不衰,壮志能冥升。"①彭士望这首诗写于戊戌年(顺治十五年)底,不便点出钱谦益的名字,但对他的"老骥伏枥,志在千里。烈士暮年,壮心未已"的爱国精神倍加歌颂。钱谦益破产出资助姚志卓募军事,在他自己的诗注中也隐约其词地写道:"姚神武有先装五百罗汉之议,内子尽囊以资之,始成一军。"②钱氏为明清双方瞩目的人物,在清统治区内进行复明活动必然是干的多,写的少;所写密信及其他涉及密谋文字尽量避免留稿入集。间或留下一点述志感事之作,也不能不以隐晦之词表达。如他自己的决策多以柳夫人名义,柳如是固然与他同心协力,但绝不像大多数史籍所描写的那样,似乎是柳夫人牵着他的鼻子走。"先装五百罗汉"乃取明人典故,有人名汉,自讳其名,其妻供十八罗汉,家人讳云"供十八罗兵士",其子授读《汉书》,讳云"教读兵士书"。钱谦益即借此以罗汉代兵士,姚志卓封爵为仁武伯,改为"神武",既与"罗汉"相近,又可以宗教色彩掩护,万一事发,可作诡辩之退路。诸书记载,张名振、张煌言入长江时,"平原将军姚志卓、诚意伯刘孔昭偕其子永锡以众来依,号召旧旅,破京口,截长江,驻营崇明"③。姚志卓"以众来依",自然即为钱谦益

---

① 彭士望《耻躬堂诗钞》卷16,《山居感逝》。按,诗中注云姚志卓封仁武伯,"蹈海死",指顺治十二年姚志卓在崇明战役中阵亡。查继佐《鲁春秋》记,顺治十一年"攻崇明不克,平原将军姚志卓愤自刭",年代有误。姚志卓在顺治十二年崇明之战中死难无疑,各书多作阵亡,"蹈海""自刭"说待考。

② 钱谦益:《牧斋全集》,《投笔集》,《后秋兴三之三》。

③ 徐鼒嘉:《小腆纪年附考》卷18。按,是书记于顺治十年春,显然有误。上引档案证明十年十一月姚志卓方从贵州返回。姚志卓在鲁监国初期授平原将军,后加封仁武伯。

出资所募之兵。钱谦益同刘孔昭也是老交情，《有学集》卷5收有他写的《郁离公五十寿诗》，诗尾注明初"徐一夔郁离子序，郁离子者诚意伯刘公"，云云。张煌言在1654年入长江时有《寿诚意伯刘复阳》诗。① 钱谦益诗当作于大致相同时间，用韵也相似，后来收入集内时才借用第一代诚意伯刘基的号称之为"郁离公"。由此可以推知，长江战役时钱谦益同刘孔昭也保持着联系。上引钱谦益《后秋兴三之三》诗尾自注"夷陵文相国来书云云"，这是指永历朝廷大学士文安之（夷陵人，当时在贵州），虽不知文安之致钱谦益信中讲了些什么，但联系东、西明朝高层人物者为钱谦益，已无疑义。

介绍了上述情况，不难看出姚志卓1653年11月从贵州带回永历朝廷实权人物孙可望的大批文书，一个多月后，屯集于崇明沙洲的张名振等就率领海师大举入江。两度进至京口，一次迫近南京，时间持续之久，活动之频繁，都同等待上游明军主力密切相关。初入长江时，定西侯张名振正月二十一日在金山寺题诗《予以接济秦藩，师泊金山，遥拜孝陵有感》："十年横海一孤臣，佳气钟山望里真。鹢首义旗方出楚，燕云羽檄已通闽。王师桴鼓心肝噎，父老壶浆涕泪亲。南望孝陵兵缟素，看会大纛祃龙津。"② 张煌言有题为《同定西侯登金山，以上游师未至，遂左次崇明》诗，其中有句云："一诏敷天井誓师"，"已呼苍兕临流早，未审玄骓下濑迟"。③ 这两首诗和题目已经说得够清楚了，张名振等所领海师实为应诏而来"接济秦藩"（秦王孙可望）由湖广东下的主力（出楚）。只是由于"上游师未至"，张军徘徊终年，三度溯江而上接应，望眼欲穿，才废然而返。

上游秦藩之师没有按时出动，另有原因，下文再作讨论。钱谦益、姚志卓等人联络的东西会师长江之役在战略上却是可取的。早在1649年（永历三年，顺治六年）钱谦益给门生瞿式耜（时任南明留守桂林大学士）的密信中就提出"中兴之基业"在于顺江而下夺取江南。他在信中把用兵比喻为弈棋："人之当局如弈棋然，楸枰小枝，可以喻大。在今日有全着，有要着，有急着，善弈者视势之所急而善救之。今之急着，即要着

---

① 见《张苍水集》，第109页。按，据《南疆逸史》刘孔昭之子刘永锡战死时才十七岁，此五十寿辰之"郁离公"必为刘孔昭。
② 计六奇：《明季南略》卷16，"张名振题诗金山"条。
③ 张煌言：《张苍水集》。

也；今之要着，即全着也。夫天下要害必争之地，不过数四，中原根本自在江南。长淮、汴京，莫非都会，则宜移楚南诸勋重兵全力以恢荆襄，上扼汉沔，下撼武昌，大江以南在吾指顾之间。江南既定，财赋渐充，根本已固，然后移荆汴之锋扫清河朔。"他大力主张"王师亟先北下洞庭，别无反顾支缀，但得一入长江，将处处必多响集。……我得以完固根本，养精蓄锐，恢楚恢江，克复京阙。天心既转，人谋允臧"。这一以长江中下游为重点的战略方针，钱谦益称之为"楸枰三局"①。此后，他长期醉心于这个设想，直到顺治十六年南明败局已定时，他仍然写道："腐儒未谙楸枰谱，三局深惭崖帝思。"②发动长江战役，收复江南，取得这块财赋充盈、人才荟萃之地，再图北伐，在1649年时机未必成熟，而到1654年主客观条件都变化了。钱谦益等人长期隐蔽于清统治区，又以复明为宗旨，对清方兵力虚实作了周密调查，他们提出的东西会合，攻克南京（江宁）是有可能实现的。让我们先看一下1654年清方长江流域的兵力部署：夔州以上处于明军控制下，湖广地区清军主力是1652年（顺治九年）尼堪由北京带领南下的满洲八旗精锐，同年尼堪阵亡后这支清军由贝勒屯齐统率，在周家铺战役中虽然击败了孙可望的军队，但从《清实录》记载中可以知道清军伤亡也相当大。这支军队是清军入关以来损失最重，被拖得最疲惫不堪的满洲八旗兵。1653年（顺治十年）清廷委任洪承畴为五省经略大学士，次年他调集汉族官兵接替湖南防务时，在奏疏中说："四月初旬内官兵方到各县，正在安插间，即值贝勒大兵班师。"③说明这年春夏之交屯齐带领满洲兵马北返，洪承畴调集的兵力不仅人数有限（全部不过一万余名），由于从北直隶、陕西、河南等地长途跋涉而来，"水土不宜，疾病大作，官兵十病六七"，五月间甚至在宝庆（今湖南邵阳市）发生兵变，"夺门私逃"④。那么，湖广以下的清军江防兵力又是如何呢？清吏科右给事中郭一鹗给朝廷的奏疏中说，他于顺治十一年"九月十三日自南昌登舟，溯江而下。每见南北江岸建设墩堡，派兵分守，以防盗贼，法甚善也。及舟泊各

---

① 《瞿式耜集》卷1，奏疏，永历三年九月《根中兴机会疏》引钱谦益手书。
② 钱谦益：《投笔集》，《后秋兴六之一》。
③ 顺治十一年六月二十六日《经略洪承畴揭帖》，见《明清史料》丙编，第二本，第146页。
④ 见上引洪承畴顺治十二年六月二十六日揭帖；参见顺治十一年正月二十八日《经略洪承畴揭帖》，见《明清史料》丙编，第二本，第143页。

处,止见有兵丁一二名者,甚至空堡而无兵丁者,自安庆以下则更寥寥不可问矣。至江宁府(南京),又见演武场操点水师,兵丁不过二百余,人皆老弱不堪,如同儿戏;且战舡狭小,仅容数人,视大艘如望高山。如此形状,安望其对垒破敌,决胜于江海之上?所以海寇狂逞屡犯,如入无人之境,汛防官兵未闻乘风波战,一挫其锋,是徒有防守兵将之名,虚糜朝廷金钱,而毫无江防之实效"①。

正是在这种情况下,钱谦益、姚志卓等人认为应该把握时机,提出了长江战役的计划。他们不仅主动担负起联络东、西两面明军和内地反清义士的责任,还以出资、出力等方式亲自参加了这一重大的军事行动。值得注意的是,发动长江战役,夺取江南为基业,并不是钱谦益等内地少数复明志士一厢情愿的幻想。张名振等人全力以赴,表明他们认为这一方案是切实可行的;西南孙可望作出了相应的决策,证明他欣赏和支持这个战略部署。连清方一些人士也看到了潜在的危机。刑科右给事中张王治在题本中大声疾呼:"江南为皇上财赋之区。江南安,天下皆安;江南危,天下皆危。"②那么,这一颇具战略眼光的重大军事部署为什么半途而废了呢?

三 "秦藩"之师为什么没有按时东下?

从上文引沈佳《存信编》的记载和张名振、张煌言金山赋诗,都可以证明孙可望让姚志卓带回的信息,肯定是许下了以主力从长江中游东下的诺言。当时,他直接指挥的军队正驻于贵州以及湖南西部少数州县,李定国的兵马正由广西向广东推进。永历朝廷和这个朝廷内部的实权人物之间的矛盾已经开始激化。孙可望这时处于矛盾之中,一方面他想在抗清战场上取得辉煌战果,进一步提高自己的声威;另一方面他的政治野心日益膨胀,不满足于秦王、"国主",梦想干脆取代永历皇帝,自己黄袍加身。因

---

① 顺治十二年(原件无奏根日期,仅云"顺治十二年四月二十三日到")吏科右给事中郭一鹗"为严责成以重江防事"揭帖,见《郑成功档案史料选辑》,第128页。
② 《明清史料》已编,第2本,第269页。此件为残本,无年月,考张王治在顺治十一年十一月仍任工科给事中,十二月初三日任刑科右给事中,顺治十二年九月离职出京,此件必为顺治十一年十二月至十二年春之间所上。

此，他不愿自己亲自统兵东下，而李定国由于在顺治九年冬发现孙可望有谋害之意，领兵由湖南南下广西，尽量同他疏远。于是，孙可望决定起用因保宁战役失利废置昆明的抚南王刘文秀。史载1654年（永历八年、顺治十一年）正月，刘文秀被任命为"大招讨，都督诸军，出师东伐"①。几乎可以断定这正是孙可望为了配合张名振展开大规模长江战役的部署。可是，事态的发展并不像孙可望想象的那么顺利。在安龙的永历朝廷和在贵阳的秦王"国主"行营之间的危机，已经处于一触即发的阶段。永历帝为了保持自己象征性的地位和生命安全，不得不秘密求助在广西的安西王李定国率兵"救驾"。就抗清大业而言，孙可望拍板定调决定采纳北线长江会师方案；李定国在顺治十年（1653）、十一年（1654）致力于南线同福建厦门一带的郑成功会师广东的计划。永历朝廷固然希望南、北两线都能告捷，但重点是放在南线。永历八年甲午（1654）朝廷给左佥都御史徐孚远、兵部司臣张元畅的敕谕中说："今胡氛渐靖，朕业分遣藩勋诸师先定楚粤，建瓴东下。漳国勋臣成功（指漳国公郑成功）亦遣侯臣张名振等统帅舟师扬帆北上。尔务遥檄三吴忠义，俾乘时响应，共奋同仇，仍一面与勋臣成功商酌机宜，先靖五羊（即广州），会师楚粤，俟稍有成绩，尔等即星驰陛见……"②很明显，永历君臣更相信李定国和郑成功的忠贞，让徐孚远"遥檄三吴忠义"配合长江战役，而"与勋臣成功商酌机宜，先靖五羊（指广州）"，主次之分跃然纸上。作为原大西军的第三号巨头，刘文秀陷于左右为难的境地。他内心里同李定国一样立志为抗清复明干一番事业，不愿意为孙可望打天下。于是，他"屡辞招讨，不获；从容治装者月余，乃上道。至黔（指贵阳）时四月矣"③。"行营诸文武郊迎，辄下车揖谢。既至，翌日大宴，可望祭旗纛，授爵授文秀（个别文字疑有误）。文秀言：'某仗皇上洪福，国主威略，诸公侯将士智勇，庶几一日克敌，恢复中原。某菲材，诚恐不胜。'诸人听之皆悦。越数日，乃自于营中请宴文武诸人，优觞半，起谓诸人曰：'皇上犹佛菩萨也，造金殿玉宇以安之，乃我辈大和尚事。'已启言：'营镇诸将领征，历经战已久，不患不威勇，当

---

① 沈佳：《存信编》卷4；黄宗羲《行朝录》卷5，《永历纪年》载："永历八年甲午正月壬辰朔，上在安龙府。……诏以刘文秀为大招付，都督诸军，出师东伐。"
② 陈乃乾、陈洙纂《徐闇公先生年谱》，在徐孚远《钓璜堂存稿》一书之首。
③ 沈佳：《存信编》卷4。

通以忠义谋略，如《百将传》诸书宜各颁付，听礼延文儒讲论。'"①俗语云："说话听声，锣鼓听音。"刘文秀当着文官武将的面向孙可望敲响了警钟。他奉劝孙可望应该满足于当好庙中的主持方丈，不要忘乎所以，推倒殿上供奉的佛菩萨，自己爬上宝座，弄得不伦不类，信徒星散。同时针对诸将有勇无谋，只知"国主"不知皇帝，提出以《百将传》作教材加强忠贞教育。刘文秀在四月间发表这一篇振聋发聩的讲话，有其特定的时间背景，就在三月间孙可望一手炮制了因犯了"盗宝矫诏"密令李定国统兵"救驾"的包括大学士吴贞毓在内的"十八先生案"。安龙城中龙不安，永历皇帝和他剩下的一小批朝臣惊惶失措，不知命断何时。刘文秀的讲话目的在于维护永历朝廷，稳定贵州局势。然而，孙可望自以为兵权在握，众望所归，一意孤行，把刘文秀的警告当成耳旁风。这年五六月间，他由贵阳返回昆明，企图举行禅位礼，黄袍加身。②刘文秀眼见这位"大哥"行事乖张，内部既酝酿着一场重大的危机，自然应该以稳定西南政局为首务，"出师东伐"的计划因此搁浅。由于这是原大西军内部最高层领导人之间的分歧，史料欠缺，详细情节难以说清。但是，正当部署东西会师长江，收取江南计划付诸实行的关键时刻，刘文秀按兵不动，必定同孙可望图谋篡位有关。孙可望的野心未能实现，绝不是像某些史籍描写的那样因为"冠冕窄小"，"大雨如注"，不能成礼。③冠冕做小了（未必！），可以另做；择定的日期下雨，可以另选吉日良辰，封建史籍惯以这类讹言阐述天意，鄙陋之至。真正的原因是在广西手握重兵的李定国和坐镇贵州的刘文秀坚决反对，孙可望才知难而退。在这种形势下，刘文秀不可能也不愿意统领大军远离贵州进行东征。当孙可望返回昆明的时候，刘文秀的行动显得有点诡秘。史载：五月"七日，以单骑出历沅靖诸营，偏观诸险阻，劳恤军吏，十日而毕。又访求能知天文术数者，夏鸿胪言兴隆山中有隐士李石说星数有验，遣书往聘之。李石至，密言一日夜，赠之衣金而归。复以

---

① 沈佳：《存信编》卷4。
② 康熙三十五年《云南府志》卷5记的是年"六月，孙可望谋僭号，不果，复如贵州。"康熙五十八年《澄江府志》卷3，"沿革"记："十一年甲午六月，孙可望自贵州还云南，复入贵州。张胜率兵同往。"倪蜕《云南事略》、屈大均《安龙逸史》卷下都记载了孙可望回昆明谋僭位事。
③ 康熙《云南府志》卷5"沿革"记："可望自贵州还云南，谋僭号，届期冕小不可着，自寅至未大雨如注，雷电交作，可望不怿而止，遂赴贵州。"屈大均《安龙逸史》卷下所记相同。

夏鸿胪荐贤谢之金"①。这意味着刘文秀担心内变，一面加强同清方接境地区的防务，一面针对孙可望周围一些谄媚之徒所造的"天命在秦"②的舆论加以"验证"，也许他有点迷信，也许他是借鬼神以设教。总之一句话，孙可望热衷于皇帝梦的时候，他不能出征。六月，孙可望回到贵阳，禅位礼暂时没有举行，刘文秀仍然放不下心。大概是在孙可望催促之下，七月初六日"大招讨刘文秀择日出师，由平越道，屯于天柱（今贵州省天柱县，与湖南接境）"③。这以后半年里，刘文秀毫无挥军入楚之意。孙可望同李定国、刘文秀之间的矛盾在永历朝廷里成了公开的秘密。《存信编》卷5记载，永历九年（顺治十二年，1655）二月，"抚南王刘文秀驻川南"。同月二十二日，"简讨朱全古兼兵科给事中视师海上。先是，甲午（1654）秋文安之密与全古曰：'刘、李之交必合，众志皆与孙离，但未知事机得失如何也。我当以冬还蜀，君可以春还吴楚上下流观察形势，各靖其志，无蹈危殆。'安之寻遁入郝（摇旗），李（来亨）营中，可望追之不得。是年春，海上有警，行营吏部尚书范纩清请遣使宣谕姚志卓，遂命全古。全古还吴，转渡江，由海门至前山洲，志卓已卒。全古宣敕拜奠。丁酉，入楚报命。"

概括起来说，1654年南明高层人士策划的南线会师广东计划和北线会师长江计划都是切实可行的。没有取得预期战略效果的原因在于未能东西配合。南线是郑成功另有自己的算盘，不肯真心实意同李定国会师，共勷恢复大业。北线是孙可望虽然作了正确的决策，但他的图谋篡位使受命为"大招讨都督诸军"的刘文秀有后顾之忧，不敢带领重兵东下。军事上常讲：胜负之机，间不容发。1654年南北线会师的两场决定明清战局的重大战略部署，都是因为计划中负有关键使命的某一方拖延数月以至一年以上，战机全失，终至不可收拾。

到1655年（顺治十二年，永历九年）五月，刘文秀大概是根据当时情况判断永历朝廷的象征性地位暂时不至于受到重大威胁，才同卢明臣、

---

① 《存信篇》卷4。
② 李天根《爝火录》卷22记孙可望的兵部尚书任僎"博学能文，尤善太乙六壬，常语人曰：'明运已终，事无可为矣！'日谄事可望。"《明季南略》卷14《孙可望胁封谋禅本末》亦记："今日天命在秦，天之所命，人不能违。"
③ 《存信篇》卷4。

冯双礼等带领军队由贵州入湖南，进攻常德，准备入江东下（按，《清世祖实录》记刘文秀部水陆兵进攻常德和岳州）。然而，这时敌情已发生变化，不仅洪承畴调集的汉军得到了加强，在湖南站住了脚跟，而且清廷在洪承畴一再呼吁下已经派陈泰为宁南靖寇大将军，率领满洲八旗兵南下湖广。由于刘文秀部署失当，在夏季水涨之时乘船的前锋卢明臣部孤军深入，同陆路主力失去联系，被清军歼灭。刘文秀无心恋战，退回贵州，再一次被孙可望解除兵权，发回昆明闲住。刘文秀常德之战是会师长江之役的一次过时行动，兵力虽多达六万，却以损兵折将告终。只是因为它同上年计划中的会师长江计划有关，不能不简略提到一下。

四　郑成功与"三入长江"之役的关系

本文第一部分引用的多种史籍常说张名振、张煌言等人的"三入长江"是奉郑成功之命，或者说张名振等率领郑成功提供的两万名军队、粮食三月（或三艘），战船百艘，等等。更有甚者，干脆说张名振是同郑成功所遣忠靖伯陈辉等"一齐进入长江"。这些记载大抵出自亲郑文人的笔下，或者系作者不察，以讹传讹。

其一，应当清楚郑成功在"遥奉"永历帝以前是相拥唐派，张名振、张煌言是拥鲁派。浙东和福建被清军占领之后，隆武帝在汀州被俘杀，鲁监国逃于海上，郑氏集团的首脑郑芝龙被清方骗到北京软禁，其部众分化为三：一部分投降清军跟着佟养甲、李成栋去打广东，如武毅伯施福、总兵施琅、黄廷等人；一部分以建国公郑彩为首转而拥戴鲁监国，实际上是效法郑芝龙挟天子以令诸侯；郑鸿逵、郑成功叔侄则继续扯起隆武旗号，在闽粤接境的沿海地区割据自雄。1651年（清顺治八年）舟山失守，鲁监国在张名振等部舟师保护下南下金门，这里已是郑成功的地盘。郑成功确有把鲁监国作为一个藩王供养起来，趁机改编张名振等人的军队的想法；但他的企图显然遭到张名振和其他鲁监国旧臣的反对，由于大敌当前，火并不是办法，好在双方都支持西南的永历皇帝，保持一种联合大于摩擦的同盟关系。亲郑史籍按照郑成功的意图把张名振、张煌言等人说成是郑氏部将，并不正确。只要认真读一下张煌言、徐孚远等人的集子，不难看出他们对郑成功采取一种尊重和批判的态度，他们只承认自己是鲁监国和永历皇帝的臣子，而不是"国姓爷"藩下文官武将。自然，由于郑成功兵多爵高（后来永历帝加封郑成功为漳国公，位在定西侯张名振之上），这种同盟带有一点依存关系。但是，如果把这种依附关系夸张过大就将成为谬误。典型的例子是顺治十年到十一年郑成功同清方的"和谈"，张名振等人就根本不赞成。①郑成功也以张名振为挡箭牌拒绝清方要求剃头的条件。郑、张之间的关系在清方档案中也有明确的反映，如顺治十二年浙闽总督佟代残题本中说，"浙有张名振，闽有郑成功，恶比穷奇，势成犄角"②，把张、郑并提，符合当时的实际情况。

其二，张名振、张煌言"三入长江"之役几乎同郑成功没有多大关系。他们带的军队主要是自己的旧部（即原鲁监国的部分军队），到崇明沙洲会合了姚志卓、刘孔昭等人招集的一部分武装。正月初入长江，三月至四月二入长江，郑成功的嫡系部队集中在福建沿海，根本没有参加。顺治十一年五月，江宁巡抚周国佐揭帖中说："夫洋逆张名振以十余年之积寇，舡近千艘，众约二万余人，且日事舟楫，久狎波涛。"③某些史籍把张名振描写成"光杆司令"，没有多少军队，向郑成功乞得兵员二万，才勉成北征之举，这是严重违反事实的。1648年（顺治五年、鲁监国三年）十一月鲁监国移驻舟山时，晋升张名振为定西侯，其部下将领有"定西水师总兵张晋爵、叶有臣、朱鼎臣、方简俱挂印；马龙、顾忠、罗蕴章、鲍国祥、郑麟俱总兵；陆师焦文玉……晋总兵，史文龙、王有才、马泰、熊梦熙、杨复葵俱总兵，李英杰、林世杰、李化龙、任麟俱都督佥事，方刚、厉象乾、周鸣凤、周昉、赵贤等六十余人俱副将"④。这还不包括次年被他合并的定西伯王朝先部将。1651年（顺治八年）清军攻占舟山，负责留守的阮进等部顽强抵抗，损失很大，其中虽有张名振的一部兵将，如跳城出降的金允彦

---

① 张名振、张煌言反对郑成功同清方和谈，在本文他处已提到。徐孚远作《北议》诗云："侧闻幄中议，胡汉欲两全。款言来槎上，金帛走幽燕。……可怜蹈沧海，首尾已十年。权利乱其中，执节岂能坚？"见《钓璜堂存稿》卷3。
② 《明清史料》已编，第三本，第269页。
③ 《明清史料》甲编，第四本，第341页。
④ 任光复：《航海遗闻》。

就是张名振的中军（第一节引文中多次提及"获叛者金允彦，磔之"，即此人）；但张名振、张煌言分别统率主力出海南北牵制，结果基地虽失，实力尚存。顺治十三年九月顾忠、王有才率部至松江府降清时，有大小沙船七十余只，兵丁一千七百八十一名，携带的装备有大小铳炮三百八十九位，三眼枪八十一门，火箭、火罐、喷筒三百四十二件，其他刀枪器械二千余件，①兵员、船只，特别是配备的铳炮火药数量相当可观。马龙在顺治十五年十一月曾率部参加郑成功攻克浙江盘石卫的战役，次年五月初六日随郑成功、张煌言北征时在浙江嘉兴降清。②顾忠、马龙、王有才三人只是张名振麾下的二等将领，由此可证1654年时张名振部实力相当大。周国佐说他有舟近千艘，兵员二万余人，大致可信。某些史著把这二万之众说成是向郑成功乞得，未免疏于查考。鉴于张名振等的北征是从郑成功控制的金门、厦门地区起航的，自然很可能得到郑成功的默许和某些物资上（如粮食、火药之类）的支持，但郑成功当时正同清方"和谈"，他绝不会也确实没有派自己的军队去进攻福建以北清统治区，以免破坏"和谈"气氛（当时他的军队集中在福建沿海和广东潮州等府境内）。张煌言《和定西侯张侯服留题金山原韵六首》诗中，对郑成功同清廷和议颇有微词："白草黄沙笑雁臣，衣裳鳞介已非真。岂知捧翟犹宾粤，未必分茅可擅闽。南国羽书氛欲尽，西京露布墨应新。上游谁拥龙骧节，日毂亲扶出汉津。"③从题目和用韵可知，此诗作于顺治十一年正月下旬。诗中对郑成功与清廷的使者往返雁来嗤之以鼻，判断郑成功企图通过和议达到分茅擅闽的愿望未必能实现，而对"上游"大将统率的明军则寄予厚望。

那么，郑成功派忠靖伯陈辉北上的情况如何呢？上文已经提及顺治十一年五月十八日即二人长江之后，张名振曾亲自到厦门请求郑成功出兵相助，这件事在清方档案中有非常准确的记载。顺治十一年九月，江宁巡抚周国佐揭帖内云："逆寇张名振等五月上旬犹然鸟合连艕，盘踞海

---

① 顺治十二年十一月初二日《兵部残题本》，见《明清史料》已编，第三本，第270—272页。按，顾忠人称莽撞顾三，或讹化作网舱顾三，江苏崇明人，郑军将领多是福建泉州、漳州人。顾忠降清时已升挂印总兵，王有才加衔都督同知。
② 顺治十六年十一月十五日浙江巡抚佟国器揭帖，见《明清史料》甲编，第五本，第468页。
③ 张煌言：《张苍水集》第二编，第107页。

洋，出没于崇邑之二潋等处。"①同月周国佐在另一份揭贴中报："海逆张名振等盘踞崇明之平洋沙凡九阅月，……张（名振）、阮（骏）二逆全舵悉遁乃五月十八日事也。"②郑成功因为同清廷谈判受挫，答应派忠靖伯陈辉带领"四镇"（一作"六镇"）水陆兵一万五千名北上接应。这就是1654年十月间郑成功致李定国信中所说："奈尊使到敝营时，值南风盛发，利于北伐而未利于南征。故再发舟师，令定西侯张名振、忠靖伯陈辉等复出长江，水陆并进，规取金陵。"③陈辉等奉命北上不仅是在二入长江之后，而且行动极其迟缓，完全不像郑成功信中所说"值南风盛发"，正是乘风破浪的大好时机，可以迅速北上。据清方档案记载，"陈辉、陈奇、黄大进、黄兴、林锡、蓝芳、施举、沈奇等连艅八百余号，聚党数万余人，自顺治十一年八月十一日流突福宁三沙地方，劫掠攻堡，四民震恐。本府及左营将领、道标中军督率官兵与寇相持鏖战二十余日，……各逆因而失利，于九月初三等日始扬帆败遁北指。本道复令本府提师尾追堵剿至秦屿店、下沙堧一带，诸寇方舍闽入浙海而去"④。顺治十一年九月江南总督马国柱题本云，郑成功遣伯陈辉等四镇北上攻浙江昌国卫、石浦所、舟山，"先入定海，掠漕粮，断北路，后进南京"⑤。这就证明陈辉的率师北上是在1654年八月间，而且在福建省福宁地区耽搁了二十多天，直到九月间才起航赴浙江、江苏海城。那么，陈辉部是否参加了这年十二月的第三次深入长江之役呢？事实回答也没有。顺治十二年三月初七日，清江南总督马国柱从来降的明游击罗西峰口中获悉："张名振现有水艍、犁艚等舰八十余只、沙船四百余只。张名振曾向国姓夸口南下，故此国姓派陈辉领战船近百艘助伊。伊等于去年九月二十六日祭江，其声势浩大。船起航后，因张名振着陈辉降下旗纛，二人于濠头分裂。十月初五日抵达洋山，遇狂风，陈辉船顺风向温州黄华关以南之三都地方聚集。如此可断言其未来本地。阮四前曾行文国姓，请求招募南田之五、六百户人家耕种官田；国姓许之，阮四

---

① 《明清史料》甲编，第四本，第345页。
② 《明清史料》甲编，第四本，第346页。
③ 杨英：《先王实录》。
④ 佟国器：《三抚捷功奏疏》、《查覆疏稿》，顺治十二年十二月福建巡抚宜永贵为塘根事。
⑤ 见《郑成功满文档案史料选译》，第51页。

乃屯驻于官田。是故虽经张名振屡次行文调兵，亦未能来。"①这场"旗蠹"之争详情不大清楚，但郑军嫡系大将陈辉同张名振在距长江口不远的地方会师十天左右就闹翻了，陈辉随即率部南下浙江温州海域。张名振、张煌言的失望可想而知。张煌言写的《即事柬定西侯二首》诗颇值得注意，其第一首云："谁提玄钺向燕云，姓氏江南草木闻。已指黄龙麾战士，何劳青雀拥回军。两河父老犹挥涕，六诏乾坤正策勋。纵有鱼符专亦得，只今岂少信陵君。"②诗中借用信陵君椎杀老将晋鄙统兵救赵的典故，建议定西侯张名振对陈辉采取断然措施，合并郑军共进长江。第二首云："十载冰霜誓枕戈，岂应歧路转风波。和戎魏绛终当谬，结客燕丹恐亦讹。剖竹已非秦郡县，分茅可是汉山河。孤臣独有干将在，紫气青旻自不磨。"批判的矛头直指动摇于明清之间的郑成功，意思是指对可能叛明降清的郑军不必客气。张名振大概是考虑到清、郑和谈破裂的可能性很大，这样郑成功仍是明臣，何况即使击杀或劫持了陈辉也未必能统率郑系兵将，他自己的地位毕竟不同于当年的信陵君，因此没有采纳张煌言的建议。陈辉所领郑军南下以后，张名振、张煌言考虑到距离二入长江已过半年，说不定上游之师已经东下，只有凭借本部兵力在十二月间第三次进入长江，结果进至南京城郊，仍然杳无音信，怅然而返。陈辉的拒绝参加入江战役，自然不是擅自行动，而是奉郑成功之命。次年正月，郑成功在给福建巡抚佟国器的信里有这样一段话："自去岁议和之后，不佞遂按兵不动，即江淮截运之师，亦暂吊回；遣进浙西之旅，亦戒安辑；孙（可望）、李（定国）请援之兵，亦停未举。此示信于清朝，不可为不昭矣。"③在亲郑史籍中也记载了陈辉同张名振之间的矛盾："先时（恐系"先是"之误），定西侯张名振与陈忠靖北上，不和，藩（指郑成功）委刑官程应璠解之。名振尤（犹）未降心，故我师至舟山，驰会攻城，不至。中提督（甘辉）等议曰：'名振谓我南来之师，未知地利。但我等攻城略邑多矣，此一孤岛，何俟张名振会也？'迨泊，其城遂降。至是城下，名振等出自长江来会。"④这是1655年（清顺治十二年，明永历九年）十月间的事。从语气上来看，陈辉与张名

---

① 顺治十二年六月十一日兵部尚书李际期题本，见《郑成功满文档案史料选译》，第128—132页。
② 张煌言：《张苍水集》第二编，《奇零草》。
③ 杨英《先王实录》。
④ 杨英《先王实录》。

振不和的原因正在于张名振、张煌言不肯"降心"充当郑成功的部将,而说郑军攻下舟山以后张名振等"出自长江来会",也证明陈辉军根本没有参加第三次入长之役。清方另一件档案表明陈辉部曾到崇明,顺治十三年三月,江南总督马鸣珮揭帖中依据来降兵丁报告,十二年十二月二十九日晚听说张名振已死于舟山,原因是上年(即十一年)"张名振到国姓处请陈辉来镇守崇明县、平洋沙二处,后来陈辉回去说,攻崇明土城不曾破,折了许多兵。国姓说:你叫我发人守崇明,反去攻崇明,到折了三四千兵。要张名振去杀。名振闻知气急死了"①。在这篇文章里不打算讨论张名振的死因,只根据各种原始材料论证陈辉部在顺治十一年九十月间曾到达崇明一带海域,但没有参加十二月间张名振第三次进入长江之役。

1654年郑成功的私心自用是非常明显的。他的如意算盘是利用李定国进攻广东,孙可望重兵迫湘,张名振率舟师入江,清军主力备受牵制的时机同清方和谈,尽量扩大自己在福建一带的实力和势力范围。他既不肯出动主力响应李定国收复广东的战略,又以属于鲁监国的张名振部北入长江作为搪塞李定国的借口。派陈辉部北上和派林察、周瑞统兵南下都是军事上的一种佯动。实际上,郑成功对于同李定国会师广东和同孙可望、张名振等会师南京都不感兴趣,因为一旦会师大功告成,他在名义上"遥奉"永历,实则以隆武帝继承人自居的独立地位即将失去,而这是他非常不愿意看到的局面。

五 清统治区内复明志士和三入长江战役的关系

上文已说过张名振等三入长江之役不是一种孤立行动,而是由内地复明志士钱谦益、姚志卓等东商联络的大规模战略计划的一个组成部分。当时,清朝的统治远未稳固。明朝的遗民还多得很,他们人还在、心不死,出仕清朝的士大夫和将领也有一些是"人在曹营心在汉",脚踏两条船的人为数更多。联系到顺治十六年(1659)郑成功进攻南京之役,张煌言所

---

① 《明清史料》甲编,第四本,第376页。

部前锋"兵不满千,船不满百,惟以先声相号召,大义为感孚",竟然在极短时间里收得四府三州二十四县。①在这以前五年,明军实力更强,拥明势力的社会基础更大。然而,要说清楚曾经参与接应长江战役的人物情况却是极其困难的。有限的材料仅来自清政府破获密谋分子活动的档案和清初"文网尚疏",少数文人留下的一点诗文。由于地下复明势力在清初社会上具有相当大的能量,有必要钩稽史料作出尽量可信的叙述。

钱谦益的策划于密室,已见上述,但即便是博雅如陈寅恪先生也不可能全发其覆,就连钱谦益当时怎么能够蒙混过关就是一个老大的疑问。下面先谈谈顾炎武的情况。

到目前为止,研究顾炎武的著作数量极多。然而,一谈到他在1655年(顺治十二年)因"逆仆"陆恩谋告他"通海"而下狱一事,几乎所有相关著作都解释为顺治三年曾受隆武朝廷兵部职方司主事职并上有表文事。这种说法大约是根据陆陇其的记载:"陆翼王言,顾宁人系徐公肃之母舅,顾弘善乃其嫡侄。鼎革初,尝通书于海,糊在《金刚经》后,使一僧挟之以往。其仆知之,以金与僧,买而藏之。后其仆转靠叶方恒,叶重托之,宁人有所冀于此。仆曰:'金刚经上何物也,乃欲诈我乎?'宁人惧,遂与徐封翁谋,夜遣力士入其家,杀之。取其所有,并其所托亦尽焉。叶讼于官,下狱几死。赴钱牧斋救之得免,遂不复往昆山,游历燕、齐、秦、晋之间。"②顾炎武自云:"先是,有仆陆恩服事余家三世矣。见门祚日微,叛而投里豪。余持之急,乃欲告余通闽中事。余闻,亟擒之,数其罪,沉诸水。其婿复投豪讼之官,以二千金赂官求杀余。余既待讯,法当囚系,乃不之狱曹而执诸豪奴之家。同人不平,为代愬之兵备使者,移狱松江府,以杀奴论。豪计不行……"③炎武密友归庄记此事云,宁人因家境困窘,典田八百亩,"适宁人之仆陆恩得罪于主,公子钩致之,令诬宁人不轨,将兴大狱,以除顾氏。事泄,宁人率亲友掩其仆,执而棰之死。其同谋者惧,告公子(指叶方恒),公子挺身出,与宁人讼,执宁人囚诸

---

① 张煌言:《北征录》,见《张苍水集》第四编。
② 陆陇其:《三鱼堂日记》卷5。
③ 《顾亭林诗集汇注》卷3,《赠路光禄太平》诗序,见第445—446页。又,《从叔父穆庵府君行状》说:乙酉清兵南下后,"如是者又十年,而叛奴事起,余几不自脱,遂杖马棰跳之山东、河北。"见《顾亭林诗文集·亭林余集》,第167页。

奴家，胁令自裁。同人走叩宪副行提，始出宁人。比刑官以狱上，宁人杀无罪奴，拟城旦。宪副与公子年家，然心知是狱冤，又知郡之官吏，上下大小，无非公子人者，乃移狱云间守，坐宁人杀有罪奴，拟杖而已。公子忿怒，遣刺客戕宁人。宁人走金陵，刺客及之太平门外，击之，伤首坠驴，会救得免。而叛奴之党，受公子指，纠数十人，乘间劫宁人家，尽其累世之传以去。宁人度与公子讼，力不胜，则浩然有远行……"①顾炎武和当时尽力相救的归庄都只说"通闽""不轨"，不言为何时事，陆陇其坐实为"鼎革初"事，后世深信其说，实有太谬不然者。王蘧常先生在辑注《顾亭林诗集汇注》序中说："清人虽为炎武的生平、学术、诗文作过大量工作，但对他的研究还很不够，需要继续深入。如他在清朝统治下曾两度入狱，后一次尤为危殆，却能化险为夷，其中必有很曲折的经过，远非其诗文或后人所作年谱中记载的那么简单。"这话是很有见地的。友人何龄修教授从嘉庆《如皋县志》卷十六《李之椿传》中引清廷顺治六年诏谕："胜国初亡，人人未免有故主之心，况居官食禄者乎？凡顺治五年以前犯者勿作叛论罪。"②现存顾炎武诗文集中仍留《李定自延平归赍至御札》等作，足见"鼎革初"有通闽事不是构成顺治十二年之狱。但是，如果把陆恩事件发生前一年顾炎武的活动同张名振三入长江之役联系起来考察，那就可以得出一个完全不同的结论。1654年（清顺治十一年）顾炎武长期活动于镇江、南京一带，服商人衣，作贾人状，变姓名为蒋山佣，行动诡秘。诗篇中有不少涉及张名振的长江之役，如《金山》诗云："东风吹江水，一夕向西流。金山忽动摇，塔铃语不休。海师一十万，虎啸临皇州。巨舰作大营，飞橹为前茅。黄旗亘长江，战鼓出中州。举火蒜山旁，鸣角东龙湫。故侯张子房（原注：定西侯张名振），手运丈八矛。登高瞩山陵，

---

① 归庄：《送顾宁人北游》序，见《归庄集》。
② 何龄修：《李之椿案与复明运动》，《中国史研究》1990年第3期。何君所引见嘉庆九年《如皋县志》卷16，列传一，忠烈《李之椿》传。按，嘉庆县志李之椿传全据乾隆十五年县志卷29，忠烈传，删去一些编纂者的赞扬文字，如传尾"邑人黄钟曰：……缅怀信公（指宋文天祥），从容就义，则徂徕先生也（李之椿号徂徕）。"乾志忠烈传后"论曰：……李徂徕之死志，百折不变，杀身以成仁，呜呼，岂不伟哉！"亦被削去。嘉志引乾志"顺治六年下诏书曰"，于"诏书曰"处抬头三格，恭谨之至。此类事例均可见乾隆中期大兴文字狱后官神之谨小慎微。然李之椿中进士在天启二年，乾志误写作"万历壬戌登文震孟榜"，壬戌即天启二年，嘉志既未察其讹，又未觉乾志中传文与选举志互相矛盾，竟照原文录入。清修如皋县志在乾隆以前尚有康熙二十二年撰十六卷本，未检阅。

赋诗令人愁。沉吟十年余，不见旌斾浮。忽闻王旅来，先声动燕幽。阖庐用子胥，鄢郢不足收。况兹蠢逆胡，已是天亡秋。愿言告同袍，乘时莫淹留。"①《真州》篇云："击楫来江外，扬帆上旧京。鼓声殷地起，猎火照山明。楚尹频奔命，宛渠尚守城。真州非赤壁，风便一临兵（原注：真州闸外，焚船数百艘）。"②《江上》篇云："闻有伐荻人，欣然愿偕往。恐复非英流，空结千龄想。"③在《范文正公祠》篇内借范仲淹事抒发感慨："吾欲与公筹大事，到今忧乐恐无穷。"④这些诗篇不仅说明顾炎武极其关心张名振部的进展情况，也流露了作者本人直接参与其事。像"愿言告同袍，乘时莫淹留"，显然是劝同志复明者响应张名振，岂有劝人乘时参加而已驻足观望者？"欣然愿偕往"，"吾欲与公筹大事"，已是畅言无忌，攘臂奋行了。次年，逆仆陆恩事件的发生，很可能是他掌握着顾炎武沟通张名振义师的铁证，正准备告发时，被顾炎武察觉，一时情急，杀人灭口。清初人士把顾炎武的反清活动尽量说成是"鼎革初"的陈年老账，"事在赦前"，意在保护此老，用心良苦。后世学者依样画葫芦，未免太不了解顾炎武了。我们目前确实缺乏材料具体论述顾炎武为配合长江之役做了哪些工作，但研究顾炎武总应该看出他是一位积极的复明志士，而不是仅怀故国之思消极避世的单纯学者。值得注意的是，顾炎武在复明事业上的思路和张名振、张煌言非常接近。二张对大西军的联明抗清极为称赞，张煌言1652年（顺治九年）冬至日作《至夜传王师出东粤志喜》诗，有句云："忽报天声出五羊"，"铜马翻为汉辟疆"。⑤炎武大约同时写的《传闻》诗云："传闻西极马，新已下湘东。五岭遮天雾，三苗落木风。间关行幸日，瘴疠百蛮中。不有真王礼，谁收一战功？""廿载吴桥贼（指孔有德），于今伏斧砧。国威方一震，兵势已遥临。张楚三军令，尊周四海心。书生筹往略，不觉泪痕深。"⑥尽管顾炎武本人并没有到南明朝廷中任职，然而他的见解却远远"超出永历朝廷许多反对真封孙可望为秦王的腐儒之上。野史

---

① 《顾亭林诗集汇注》卷2，上海古籍出版社1983年排印本，第415—416页。
② 见《顾亭林诗集汇注》，第425页。
③ 见《顾亭林诗集汇注》，第432页。
④ 见《顾亭林诗集汇注》，第434—435页。
⑤ 《张苍水集》第二编，第82页。
⑥ 《顾亭林诗集汇注》卷2。

中有一种传布很广的说法：当顾炎武顺治十二年处境危急时，友人（指归庄）曾求救于钱谦益，钱氏答应援救，条件是顾炎武要写一个拜门生的帖子"。归庄知道顾炎武绝不会同意，就私自代炎武写了门生帖子送到钱家。炎武后来得知此事，竟沿街贴出条子否认曾拜钱谦益为师。钱谦益听说后苦笑道：顾宁人也太倔强了。这个小故事见之于顾炎武、归庄年谱和其他著作。我疑心这是好事之徒编造出来的。姑且不说钱谦益同顾炎武之间的个人关系，就钱谦益当时的处境而言，身为联络主谋，能隐瞒一人即可避免暴露更多的情节，盖救人即救己。生命攸关之际还以索门生帖子作为救援的条件，根本不合情理。这类著作的作者显然对钱谦益正是密谋的核心人物一无所知。

李之椿、唐虞、朱周锳等人与长江之役的关系。唐虞，字际斯，通州（今江苏南通）生员，是反清复明运动的积极分子。1653年（清顺治十年）十月，他听说张名振等统率的明军已来到长江入海口崇明一带沙洲后，欣喜不已，从清统治区"逃过三尖沙去投张名振，做了监军道，许他招兵一千。因不足数，又许他招人陆路起营接应"。次年（1654，即明军三入长江之年）八月，唐虞在内地联络义兵，奔走劳顿，不幸病死，赍志以殁。由于变节者告密，唐虞的儿子唐二、唐三、侄儿唐玉山等人都被清政府逮捕。审讯时，同谋人方鼎指证唐虞曾经和李之椿有密约。唐二供称："李大生（李之椿，字大生）见在江南常州府陆在生家。我父亲去年十月内在海上写书着冒万程送与李大生，叫他同来海上做事。大生回云：必须措备些犒兵饷银，方可到海上来。"①这说明李之椿不仅参与了响应长江之役的密谋，而且有实际行动。李之椿，江苏如皋人，幼有文名，中进士后在崇祯朝和弘光朝先后在行人司、吏部、光禄寺、尚宝司等衙门任职。鲁监国时出任左都御史，1646年他自告奋勇请求督师西征，加衔大学士。②同年清军渡钱塘江占领浙东，鲁监国流亡海上，他一直在清统治区内秘密联络反清人士，致力于复明运动，是一位具有崇高民族气节的人物。奇怪的是，李之椿在南明鲁监国政权内的地位不可谓不高，他的事迹轰轰烈烈，可歌可泣，然而除了他的故乡如皋县在本县县志里立传以外，各种南

---

① 《明清史料》已编，第3本，第226—227页，顺治十二年漕运总督蔡士英残题本。
② 林时对：《荷牐丛谈》卷4，《蠡城监国》。

明史籍和《明史》都没有为他单独写一篇传记。黄宗羲曾在鲁监国政权任职，官至左副都御史，朝廷既小，又与李之椿先后同一衙门，不可能不熟悉李之椿。可是，在他的著作中尽量避免提到李之椿。①其中大约有不可告人的隐情。由此可见，黄宗羲开创的浙东史派客观程度尚可商榷。②李之椿同张名振海上之师的秘密联络，虽然被知情人供出，他却逃过了这次厄运，直到1657年（顺治十四年）才在另一案件中被清政府捕获，大义凛然地死于狱中。③顺治十一年钱谦益、李之椿的免遭捕杀，必定和在清政府中任要职的汉族官员暗中掩护有关，沧海变幻，文献凋零，详情难考，惜哉！与唐虞、李之椿同时参加接应张名振长江之役的还有朱周锓等人。朱周锓的准确身份目前尚未查清。清政府审理这个案件时说他是"叛首，江西南昌人，朱三公子"，"一则称伪军门，一则称东平王"，在抄获的永历五年（1651）九月誊黄敕书内有"皇帝敕谕督师阁部周锓"等语，南明史籍中未查得印证。④据审讯材料，朱周锓在顺治二年（1645）曾经同阎应元、陈明遇一道守江阴，城破后逃出。顺治四年又参加吴淞提督吴胜兆的反清密谋，事败以后仍然多方联络复明志士进行反清活动。顺治十年张名振的海师到达崇明以后（次年才入长江），他立即响应，召集了一批义军，部下有总兵邹魁吾所领"亲丁五、六十名，弓箭鸟铳俱有，常买硝磺制造火药"，另有副总兵吴允吉、挂靖虏将军印任启祥领有定西侯张名振授给的札付。由于叛徒告密，朱周锓被擒，邹魁吾格斗而死。清方

---

① 黄宗羲仅在《思旧录》"沈士柱"条中云"终以李大生一案受祸"，轻轻带过。难道李之椿不是他的"旧"交，他无可"思"吗？
② 本文作者无意把南明史籍未能为李之椿立传的责任全归因于黄宗羲，只是说同他有较大关系。
③ 参见何龄修《李之椿案与复明运动》，《中国史研究》1990年第3期。
④ 顺治十二年"漕运总督蔡士英残题本"，见《明清史料》己编，第三本，第226—230页。《清世祖实录》卷87记：顺治十一年十二月己未"漕运总督沈文奎奏言：滨海之地，奸宄易藏，有叛首朱周锓者，纠众煽乱，辄称伪军门及伪东平王各号，啸聚于楼房基等处，为事内人所首，旋即被擒，并获伪敕印及叛党陈德等，地方隐患得以消除。"按，清方审理档案虽然是第一手材料，实录依据档案删削成文，准确性很高，但正如上文所说，仕清汉族官员很可能采取"舍车保帅"的办法，故意把朱周锓说成"叛首"，实则未必。朱周锓的活动只能证明他是全部密谋中一股势力的首脑，所谓"东平王"不符合明朝制度，"朱三公子"更是闪烁其词，既可暗示为"朱三太子"，又可落实为朱明宗室中某一支派的第三个儿子。至于"督师阁部"不过是永历朝廷在清统治区内为招徕人心而颁给的虚衔（像上文提到的陈璧，此类人物甚多）。清方文书虽极力夸张他的地位，实际上从未把他看成南明朝廷的重要人物。联系到同一年清方破获山西、河南复明运动的密谋，真正的"主犯"之一傅山被朝廷和地方官包庇下来，次犯和稍有牵连的人物却被处斩。其中微妙关系，由此可想而知。

文书中说："叛首朱周琪造逆多年，乃持伪敕、伪札自海上潜来，擅称督师，号召亡命，会合前盗，蜂屯蚁聚，约通海贼，阴图大举。置号衣，售军器，选将招兵，眈眈欲逞。只待东风之便，竖旗内应耳。"①从朱周锟一案来看，他并不是长江之役的核心人物，然而他本人持有永历帝颁给敕书，部将领有张名振札付，进一步说明东、西抗清势力存在公开和秘密的联系。尽管由于当时两面被清军隔断，联络不易，使者迂回于路，动辄数月经年，但不能因此把各个局部孤立起来，仿佛各地虽有一批反清复明人士，只是各行其是，互不联系。

最后，我们还应当看到另外有一批清统治区内复明人士当时的动向。例如，方文、方密之叔侄，钱秉镫之辈，虽然没有证据表明他们采取了实际行动，但绝不能以为他们在脱离南明朝廷以后就真的心若死灰，对世事毫不关念。方以智在永历朝廷内曾经被委任为大学士，但因内部摩擦他一直拒绝入阁办事。永历四年（顺治七年，1650）冬，清定南王孔有德攻陷桂林，方以智即披剃为僧，在清统治区内云游、坐禅，似乎与世无争。实际上并不这样简单。1654年（顺治十一年，即海师入长江之年），他在南京闭关坐禅。钱秉镫记："顺治甲午年方密之以智既为僧，闭关高座寺，余往看之。寓报恩寺，坐卖卜周勿庵肆中，有老僧与同坐，故中官也。问余，知为桐城人，因曰：'桐城有一方以智尚在乎？'昔于内廷供事，烈皇（指崇祯帝）一日御经筵回，天颜不怿，忽而叹曰：求忠臣必于孝子之门。如是者再。"中官跪请其故，崇祯答以河南巡抚陈某（陈必谦）、湖广巡抚方孔炤均因"寇乱"下狱论斩。陈子时为经筵展书官，衣锦熏香，略无戚容；孔炤子以智为新进士，"怀血疏，日日于朝门外候百官过，叩头呼号，求为上达，此亦是人子"。未几，方孔炤释放，陈某处决。钱秉镫把旧中官谈的宫中内幕转告以智，"以智伏地哭失声，北向九叩头谢恩。甲午秋九月事也"②。这件事表明方以智内心里对明朝仍怀有深厚的感情。同一年，他的堂叔方文给他写了一首诗，题为《寄怀无可道人》，诗云："当年流寓石城阴，正学荒祠日日寻。谁料金川门又启，可怜高座寺重临。闭关人似猿栖穴，炼性诗如鹤叫林。闻说润州（镇江）钲鼓动，且将钗钏试

---

① 同上引顺治十二年"漕运总督蔡士英残题本"。
② 《田间文集》卷12，杂文，《长干寺遇旧中官述往事记》。

禅心。"①方文这首诗含意非常清楚，以早年流寓南京常拜谒明初建文忠臣文孝孺作由头，兴起志士之心；接着说方以智表面上虽闭关炼性，实际上似猿好动，如鹤呼朋，不甘寂寞；末一联把张名振军金鼓齐鸣直抵南京附近的形势点得明明白白。方文同方以智的关系极为密切，当然知道以智的内心想法，并不需要借此"试"方以智的"禅心"坚定不坚定。公开流传的这首诗充分流露了他叔侄二人当时怦然心动，不仅乐观其成，而且自身也要有所作为的愿望。从钱秉镫的记载分析，1654年他和方以智等人（包括张怡之类"遗民"）在南京的聚会，显然不仅是叙旧，留下的只言片语透出的蛛丝马迹，很值得研究。

　　在未查得证据的情况下，目前只能说方以智、方文、钱秉镫等人确实同1654年的复明运动心心相印，不能断言他们进行有组织的实际行动。但是，当时有组织的活动（除上述钱谦益等人已明确以外）是存在的。李邺嗣的父亲在顺治初反清殉难，他本人也曾被捕入狱，国破家亡之恨深藏心中。顺治十二年后他写了一首题为《诸公小集草堂，因念午、未间旧盟，怅然亡友之作》的诗，全诗云："草堂呼友听松声，俯仰存亡涕复横。各视短袍惭后死，独悬长剑哭先生。碧花赖吐中原气，浊酒难浇五岳平。对汝夜台终有日，抚心何以答前盟！"②原诗未注明年月，但列在《哭允康先生四首》之后，允康为万曰吉字，可知此诗作于乙未年（顺治十二年）之后。诗题和原诗最后一句显然是说李邺嗣和他的同志旧友在甲午（顺治十一年）、乙未（顺治十二年）有结盟反清复明之举。详情虽不可考，联系到作者在此诗之前有《句甬怀古》云："地形自古重鄞州（今宁波），埤堄临江压上游。百阜龙蟠天北垒，一卷虎控海东洲。锦衣俊士新乘舰，咒甲诸军尽习流。属国梯航俱此地，谁云雉堞未全收？"③可知李邺嗣等结盟与张名振海师入江有关。

　　概括起来说，朱周锳、李之椿等人的密谋网被破获了；钱谦益、姚志卓等人的有组织密谋也有证可查；李邺嗣自称午、未间有旧盟，而且表达了自己辜负同盟死难诸友的心理；顾炎武有活动而不明其组织联络状况：

---

①　方文：《涂山集》卷9，七言律。
②　李邺嗣：《杲堂诗文集》，《杲堂诗续钞》卷5，七言律诗。
③　同上。

这就向明清史家提出一个尖锐的问题，究竟这一批人相互间存在什么关系？他们同仕清的某些汉族官员又有哪些暗中勾结？本文毫无夸张清统治区内复明人士活动的意思，也不是仅仅为了肯定他的志节，而是力图说明历史上的事件非常复杂，简单孤立地叙述浮在表面的某些现象，很难掌握和驾驭当年局势的全貌，解释历史进程的走向。

上面比较全面地叙述和分析了1654年全国各方势力面临的形势和采取的对策。目的在于说明明清之争决定胜负的因素并不是简单的力量强弱异形，而是在相当大的程度上取决于双方的决策和内部的凝聚力。由于文章牵涉面广，疏漏在所难免。只是在部分问题上提出了一得之见，更多的是列出了一些值得认真探讨的课题。本文算是抛砖引玉，愿意同学术界关心这一段历史的朋友继续作深层次研究。

（原刊于《清史论丛》1993年号）

清世宗胤禛继承皇位问题新探

许曾重

两个多世纪以来，人们对清世宗胤禛继承皇位的合法性所以表示很大怀疑，一是清圣祖玄烨的突然死亡，二是胤禛的突然即位及其关于这一问题的不成样子的辩解，三是皇第十四子、抚远大将军允禵在政治舞台上的突然兴起和消失。根据现存材料的情况，本文拟从允禵政治地位急遽变化的原因着手，试图对本问题进行某些新的探索。

一 允禵出任抚远大将军的意义

允禵，原名胤祯，玄烨第十四子，胤禛同母弟，生于康熙二十七年（1688）。他在康熙五十七年（1718）冬被任命为抚远大将军，在西北主持军务达四年之久，当时被人们认为是玄烨意中的皇位继承人。

可是胤禛却说："允禵平日素为圣祖皇考所轻贱，从未有一嘉予之语。曾有向太后闲论之语：'汝之小儿子（允禵）即与汝之大儿子（胤禛）当护卫使令，彼亦不要。'此太后宫内人所共知者。圣祖皇考之鄙贱允禵也如此。"

胤禛解释道："逆党（指允禩、允禟亲信）乃云圣意欲传大位于允禵。独不思皇考春秋已高，岂有将欲传大位之人，令其在边外数千里外之理？虽天下至愚之人亦知必无是事矣。"

允禵所以出任抚远大将军，胤禛指出："只因西陲用兵，圣祖皇考之意，欲以皇子虚名坐镇，知允禵在京毫无用处，况秉性愚悍，素不安静，实借此驱远之意也。"任抚远大将军后，"以允禵之庸劣狂愚，无才无识，威不足以服众，德不足以感人。而陕西地方复有总督年羹尧在彼弹压，允禵所统者不过兵丁数千人耳。"[①]

按照胤禛的这些说法，允禵显然不可能成为皇位继承人。而各方面的事实却与此完全相反。

（一）抚远大将军的任务

17世纪初，漠西厄鲁特蒙古准噶尔部的力量在不断增长。康熙十年（1671）噶尔丹自立为准噶尔汗后，控制厄鲁特各部，攻占回部，向青海、西藏扩张，并于康熙二十七年（1688）击败喀尔喀蒙古。康熙二十九年（1690）噶尔丹深入内蒙古，进抵仅距北京七百里的乌兰布通，被玄烨统帅的清军击败。此后，玄烨又在康熙三十五、三十六年（1696、1697）两次亲征，给噶尔丹沉重打击，而准噶尔统治集团也已处于分裂状态。噶尔丹在众叛亲离，走投无路的情况下，于康熙三十六年因病去世。

噶尔丹在明、清两代蒙古族统治阶层中，可算是一位有才能的人物。当他出任准噶尔汗的时候，蒙古族加入中华民族大家庭的历史已经相当悠久了。蒙古族的成吉思汗、忽必烈在中华民族的历史舞台上，演出过许多惊心动魄、威武雄壮的戏剧。历史证明，蒙古族的加入，加深了各民族相互间的了解和联系，推动了蒙古族本民族的发展和进步，当然也就促进了多民族统一国家、中华民族大家庭的扩大和巩固。而这时候，清朝已经建立起统一的中央政权，政治上逐步稳定。这个政权执行适当的政策，恢复和发展经济，加强国家统一，抵御外国殖民主义侵略势力，基本上符合各民族的共同愿望和利益。因此，噶尔丹的才能怎样发挥？是加强还是削弱我们多民族国家的统一和团结？将决定噶尔丹所起的作用的性质，决定他的历史地位。

---

① 《大义觉迷录》卷3。

可惜的是，噶尔丹没有朝正确的政治方向迈开他的历史的脚步。他任准噶尔汗27年的行动表明，他想建立一个以蒙古族统治阶级为主体的大帝国，与清朝相抗衡。很显然，这样的政治意图是完全违背历史潮流，得不到人民的支持的。

尤其严重的是，噶尔丹为加强对抗清朝的力量，竟然联络沙俄侵略者，把外国侵略势力引进国内民族斗争。这种做法适应了沙皇俄国分裂和侵略中国的罪恶阴谋的需要，注定要遭到全国人民包括本蒙古民族人民的唾弃。

噶尔丹以强凌弱，与蒙古各部首领的关系处于紧张状态。因而噶尔丹在康熙二十七年进军喀尔喀蒙古时，各该部首领就被迫率领绝大部分牧民南下，寻求以满族贵族为主体的清朝中央政权的保护。这是他在政治上的最大失败，也是人心向往统一的鲜明例证。而他在乌兰布通之役的失败，则是其军事上走向没落的转折点。玄烨充分利用了政治、军事上的这一时机，连续几次亲征，不容噶尔丹有喘息时间，终于导致他的彻底覆灭。

策妄阿喇布坦继噶尔丹成为准噶尔汗后，依然踏上噶尔丹的道路。准噶尔的实力一经恢复，他就立即在康熙五十四年（1715）初袭击哈密地区，两年后又派遣其弟策零敦多卜率兵经青海进入西藏，杀拉藏汗。包括陕、甘、川、滇在内的西北、西南相继告警。可见，清朝与准噶尔统治集团的斗争，始终涉及西北、西南地区与祖国统一还是分裂，即中国半壁江山谁属的大问题。

康熙五十四年四月，清朝作出西征准噶尔的重大决策，开始向西北地区增派援军。此后直到康熙六十一年（1722）十一月玄烨突然去世的七年半当中，它始终是清统治者必须优先处理的重大问题。

西征之役意义重大，情况复杂（涉及军事、政治、民族、宗教等一系列问题）、战线漫长（蒙、新、青、藏）、距京遥远、困难极多，因而玄烨对此十分慎重，在人力、物力方面进行充分准备，进兵行动一拖再拖。玄烨虽没有必要亲征，但派出大将军或经略，授予大权，掌握前线全局，则势在必行，只是时间问题。史载，康熙五十四年秋冬之际，废太子允礽曾"于拘禁处，以矾水作书致普奇，嘱其保举为大将军"①。这表明大将军一

---

① 《清圣祖实录》卷266，康熙五十四年十一月庚子。卷277，康熙五十七年正月庚午。普奇，公，正红旗满洲都统。

职在当时的特殊重要意义，允礽将它作为恢复皇太子高位的阶梯，可以想象，它也已成为争位众皇子逐鹿的对象。

康熙五十七年十月十二日，玄烨正式任命允禵为抚远大将军，"率兵进剿策妄阿喇布坦"。半个月后，又指示"议政大臣等，十四阿哥既授为大将军，领兵前去，其纛用正黄旗之纛，照依王纛式样"①。当时玄烨诸子中，皇第三子、第四子、第五子为亲王，皇第七子、第十子为郡王，允禵是皇第十四子，受到王的待遇，这是破格的措施。允禵出征前夕，玄烨特地"亲诣堂子行礼"②，启程时又为他举行了规模宏大、隆重的欢送仪式。③这虽属于惯例，却也明白无误地表明对西征之役及允禵所负大任的重视。

应该指出，允禵是在西线军情紧迫下出任抚远大将军的。

策妄阿喇布坦派遣策零敦多卜于康熙五十六年末控制西藏后，对信奉黄教的蒙古各部，不能不产生一定影响。前湖广总督、署西安将军额伦特及侍卫色楞等，在玄烨命令下经由青海进军拉萨，在藏北与策零敦多卜军激战多日，终因孤军深入，后援不继，饷道被切断，而全军覆没。噩耗在康熙五十七年九月底传到北京，④紧张气氛笼罩着清廷。

允禵的任命下达后，十月二十一日玄烨说："朕近日以西边军务，颇关念虑，前已降有谕旨。今冬至在迩，腿足渐觉不快，颜面亦殊消瘦，欲于二十四日暂往汤泉……朕在汤泉不过住数日耳。"⑤寥寥数语，道出玄烨因西线失利而焦虑不安，以及任命允禵西征后产生的重任付托得人的心情，因而准备在汤泉小住数日，以解除疲劳，恢复健康。

总之，抚远大将军的任命不仅关系到扭转西线战局，实际上涉及清朝今后的安危问题，因为准噶尔部控制西藏，就有可能借黄教煽动蒙古各部脱离清朝统治。因而玄烨必须认真对待，选择他所最信任、认为最有能力的人出任大将军，代替他的亲征。最后胤禛等皇子落选，大任落在允禵肩上。

---

① 《清圣祖实录》卷281，康熙五十七年十月庚午。
② 《清圣祖实录》卷282，康熙五十七年十一月己丑。
③ 《清圣祖实录》卷282，康熙五十七年十二月乙卯。
④ 《清圣祖实录》卷281，康熙五十七年九月甲辰。
⑤ 《清圣祖实录》卷281，康熙五十七年十月乙丑。

(二)玄烨的建嗣计划

康熙五十八年(1719)玄烨曾亲自对青海蒙古各部盟长罗卜藏丹津及其他人说:"大将军王是我皇子,确系良将,带领大军,深知有带兵才能,故令掌生杀重任。尔等或军务,或巨细事务,均应谨遵大将军王指示。如能诚意奋勉,即与我当面训示无异。"①可见玄烨对允禵十分赞赏,高度信任。虽然允禵处分军中级别较高的官员,最后还是要请示玄烨决定,但大将军"掌生杀重任"的提法,在清朝历史上终究是绝无仅有的。不妨回顾玄烨第二次亲征噶尔丹时,皇太子允礽留守北京的情况:"凡事俱著皇太子听理。若重大紧要事,著诸大臣会同议定,启奏皇太子。"②两相比较,允禵受信任的程度与权力之大,并不下于当日的允礽。这也很能说明问题。

对此,胤禛即位后还愤愤地说:"昔年用兵有诸王掌大将军印者,有大臣掌大将军印者,惟允禵妄自尊大,种种不法,我朝大将军如此行事者,从未之闻也。……允禵所行,悉僭妄非制。"③

允禵的"僭妄非制"的大权是谁给的?是胤禛的父皇玄烨,这是他已被选定为皇位继承人的重要迹象。胤禛指责允禵时如此激动,实际上是在发泄他对玄烨关于皇太子问题的决策的严重不满。

胤禛即位后曾痛斥宗室、辅国公阿布兰"素行卑污",因为康熙六十年(1721)"大将军允禵自军前回时,伊特出班跪接",而"从来宗室公,于诸王、阿哥并无此例也"。④阿布兰的行动表明,清廷的部分王公大臣当时已将允禵作为皇太子看待了。

尤其值得注意的是《永宪录》的下述记载。雍正元年五月,"革贝子允禵禄米",原因是"云贵总督高其倬奏疏,误以大将军王与皇上并写。上以贝子在军惟以施威僭分为事,以致声名赫奕,官吏皆畏惧如此。其禄米永行停止。其倬降职留任"。⑤

---

① 爱新觉罗·胤禛:《抚远大将军奏议》。
② 《清圣祖实录》卷171,康熙三十五年二月甲寅。
③ 《清世宗实录》卷33,雍正三年六月甲戌。
④ 《清世宗实录》,卷19,雍正二年闰四月丁亥。
⑤ 肖奭:《永宪录》卷2上,中华书局1959年版,第114页。《清世宗实录》卷八仅载"命云贵革职总督高其倬仍留原任",而避不说明原因。

清朝官员的奏折中，凡遇"皇上""圣主""圣君"等词时必须抬两格书写。所谓"误以大将军王与皇上并写"，当是将"大将军王"作同样抬头（或抬一格）。这个非同小可的错误并非偶然。

高其倬，汉军镶黄旗人，康熙三十三年进士，曾任内阁学士，康熙五十九年升任广西巡抚，六十一年署理云贵总督，胤禛即位后实授云贵总督。这个老于宦途而又谨小慎微的大员之所以出此差错，并非笔误，更不是别出心裁，而是一种习惯写法的流露，反映最迟在康熙五十九年十月，允禵在驱准保藏的战役中建立重大功勋后（见下文），部分大臣在奏折中就已采取这种写法。胤禛关于"官吏皆畏惧如此"一语，是说大臣们慑于允禵的权势，在奏折中都抬写其名。这正是玄烨在位时这一写法已成为惯例的有力证明。

这一现象意味着康熙末年允禵的威信已大大超过玄烨其他诸子。允祉、胤禛、允祺等代替玄烨主持各种祭祀大典或处理某些日常政务，与允禵在驱准保藏中的重大功绩相比较，已相形见绌。因而不少官员在奏折中将"大将军王"抬写，以表示对他的敬重，甚至作为皇太子看待。如果允禵并非玄烨心目中的皇位继承人，他对这种写法一定会严加申斥；事实则是它终于形成惯例，这就说明玄烨并未提出异议，从而表明已默认允禵的皇太子地位。群臣的这种自发行动，显然是玄烨新建嗣计划（见下文）颇见成效的表现。

胤禛即位后，高其倬还采取这种写法，除去习惯的因素外，也是允禵当时在清统治集团中有较高威信的反映。

玄烨曾指出："前允礽为皇太子时，一切礼仪皆索额图所定，服用仪仗等物逾越礼制，竟与朕所用相等。"①允禵亲信秦道然说："二阿哥在东宫时，允禩、允祹、允禵时有抱怨之言。二阿哥未废，是三位的主子，若抱怨，如何使得。"②足见皇太子也是众人的"主子"，地位和待遇极高，因而在奏折中显然要抬两格或一格书写。康熙末年部分大臣对允禵的写法，当是依据允礽的先例。

总之，允禵在玄烨在位最后四年当中，逐步成为政治上十分显赫的人

---

① 《清圣祖实录》卷277，康熙五十七年正月庚午。
② 《文献丛编》第三辑，秦道然口供。

物，越来越多的王公大臣和督抚大吏将他作为实际上的皇太子看待，玄烨也并不以此为忤。这方面的大量材料虽然都已被有意识地销毁掉，但上引仅存的两例，就足以说明事实的真相。同时，胤禛对此二事的看法及处理，也充分暴露出他对允禵的无比嫉恨及对玄烨的真实感情。

玄烨的其他一些言行，也反映允禵出任抚远大将军，与建立储位息息相关。

康熙五十一年（1712）九月皇太子允礽再次被废黜后，玄烨在五年之内很少提到建储问题。康熙五十六年十一月二十一日，玄烨突然召集众皇子和全体大臣，颁布了一道叙述自己"一生之事"的"手书谕旨"，强调以后"若有遗诏，无非此言"。他在讲话中明确表示："立储大事，朕岂忘耶？"又说："天下神器至重，倘得释此负荷，优游安适，无一事婴心，便可望加增年岁"，并问大家有"何道俾朕得此息肩之日也？"①与此同时，即"康熙五十六年冬，圣祖仁皇帝召诸王子面询建储之事"，不料"塞思黑（即允禩）陈奏之语背谬，圣祖仁皇帝面加切责。是夜三鼓时，圣祖仁皇帝念及塞思黑之言，益增愤怒，中夜起坐"②，估计，可能是允禩再次推荐允禵为皇太子，引起玄烨的极大不满。

与此同时，廷臣中的朱都纳、朱天保父子及常赉、戴保等人上书玄烨，吹捧允礽，要求将其释放，实际是希望他第三次成为皇太子。这也同样引起玄烨的愤怒，指出这是"一二不法匪类，曾经治罪免死之徒，探知朕疾，伙同结党，谋欲放出二阿哥"，于是斩朱天保、戴保，将其他人"永远枷示"或拘禁。③

废太子允礽及皇八子允禩的亲信作出的反应，显然使玄烨更加感到在建储问题上矛盾的复杂、尖锐，于是他开始实施已成竹在胸的挑选继承人的计划。

他向廷臣指出，允礽做皇太子时，政治、经济等待遇的规格过高，几乎与他并驾齐驱，暗示有侵夺他大权的危险，命令大学士等，"今于未立皇太子之前，当预将礼仪议定"，"查核详议具奏"。④下述这段话则更为关

---

① 《清圣祖实录》卷275，康熙五十六年十一月辛未。
② 《清世宗实录》卷45，雍正四年六月甲子。
③ 《清圣祖实录》卷277，康熙五十七年二月乙酉。
④ 《清圣祖实录》卷277，康熙五十七年正月庚午。

键:"朕万年后,必择一坚固可托之人与尔等作主,必令尔等倾心悦服,断不致贻累于尔诸臣也。"①

哪个皇子在群臣中有很高威信,为他们所"倾心悦服"呢?允礽在第一次被废黜前即已声名狼藉。允祺虽颇有声望,如大学士李光地在康熙五十七年时还说"目下诸王,八王最贤"②,但又为玄烨所深恶痛绝。皇三子允祉、皇四子胤禛虽经常代替玄烨主持各种祭祀大典,间或处理某些日常事务,显然没有威信。现存材料中还没有发现有哪个王公大臣,公开或私下作出胤禛"最贤",可继承皇位的表示。在这种情况下,只有逐步培养了。

由此可见,允禵被任命为抚远大将军,是玄烨总结了有关经验教训后,以新的方式选择、培养皇太子的决定性环节。自然,允禵之被选中并非偶然,康熙四十七年后,他在玄烨诸子中的政治地位即已出现上升的迹象,其原因当在下文述及。康熙五十八年在与漠南、漠北及青海各部蒙古王公会盟时,玄烨所以当众对罗卜藏丹津等公开赞扬允禵的带兵才能,明确指出他在西北地区代表自己行使生杀大权,绝非泛泛之谈,而是明显地为提高未来皇太子的威信而制造舆论。这番话会盟时对蒙古王公讲,对朝廷内的王公大臣显然也会讲,这就无怪乎阿布兰当允禵返京要出班跪接,督抚大吏的奏折上将大将军王与皇帝并写了。

任命允禵为抚远大将军,就是代替玄烨亲征,以解决从清初起就已存在的准噶尔问题,进一步巩固清朝的统治,也就是为允禵得以建立"丰功伟绩"创造机会,使之具备足以服众的条件,水到渠成,从而成为皇位继承人。清统治者在入关前及入关初期十分重视军功。努尔哈赤、皇太极及多尔衮就都是能征善战的创业者。玄烨三次亲征噶尔丹,也是这一传统的继续。所以他着重从军功方面为允禵继承皇位开辟道路,是含有深意的,也是可以理解的。足见允禵是玄烨暮年所最后确定的,按新的方式培养的未来皇太子。这也是他不顾自己年近古稀,还是让允禵在西陲主持军务达四年之久的真实原因。

---

① 《清世宗实录》卷10,雍正元年八月甲子。这番话为胤禛所追述,发表时间不明,可能在康熙五十六年冬玄烨再次提及建嗣问题后。
② 《文献丛编》第三辑,戴铎奏折。

总之，从康熙五十六年十一月颁布相当于遗诏的"手书谕旨"，到六十一年十一月突然去世的五年当中，玄烨除去任命允禵为抚远大将军，赋予他当年皇太子允礽所曾掌握的大权外，对其他皇子的态度，与过去比较则并无任何特殊变化。如果允禵不是玄烨的意中人，为什么对他如此器重，加意培养并尽量提高其威信呢？如果胤禛被玄烨所属意，那么为什么对他却一无特殊表示呢？其实胤禛本人也说，当玄烨去世隆科多告以传位遗诏时，他"闻之惊痛，昏仆于地"①。不管这段表白是否真实，终究反映玄烨生前从未对胤禛作出传位予他的任何暗示这一重要事实。两相对照，允禵成为玄烨所属意的皇位继承人，已是相当明显的事实。

（三）如何估计允禵与允禩、允禟的密切关系

表明允禵与允禩、允禟密切关系的显著事例，发生在康熙四十七年九月皇太子允礽第一次被废黜时。当玄烨发现允禩"妄蓄大志"，"谋害允礽"后，立即下令"将允禩锁拿，交与议政处审理"。在这关键时刻，"允禟语……允禵云，尔我此时不言，何待。允禵奏曰，八阿哥无此心，臣等愿保之。上震怒，出所佩刀欲诛允禵。皇五子允祺，跪抱劝止"②。（据允禩亲信秦道然说，是允禵主动邀约允禟保救允禩③。）因而胤禛指出，允禵当时就已和允禩"结为死党"，"听其指使"，遭到玄烨的厌恶，以此说明他不会成为皇位继承人。

不过从仅存的有关允禵的极少量材料来分析，他和允禩、允禟终究有所区别。

允禵其人，允禟曾指出他"聪明绝顶""才德双全，我弟兄内皆不如"。④ 如与前引玄烨对允禵领兵才能的赞赏相对照，反映他确实很有才干。此人性格较直爽，"甚有义气"⑤。胤禛在允禩死后曾透露，"当日皇考拘执阿其那之时，允禵与塞思黑公然挺身保奏，允禵且曾邀约朕躬。伊等

---

① 《大义觉迷录》卷3。
② 《清圣祖实录》卷234，康熙四十七年九月壬寅。八阿哥即允禩。
③ 《文献丛编》第三辑，《允禩、允禟案》，秦道然口供。
④ 《文献丛编》第一、三辑，《允禩、允禟案》，秦道然口供。
⑤ 《文献丛编》第三辑，《允禩、允禟案》，秦道然口供。

又私藏毒药，愿与同死"①。可见当他听到允禩得罪后，就毫不考虑后果，挺身而出，不仅邀约允禟，甚至希望他的同母兄胤禛也能为此助一臂之力。胤禛认为允禩"阴险诡谲"，允禟"狡诈奸顽"，而对允䄉的评语则是"狂悖糊涂"②，倒是多少反映出允䄉的性格、作风上的这一特点。

允禟、允䄉保救允禩时，玄烨虽然认为他们的义气"都是梁山泊的义气"，并当场"将十四阿哥打了二十板"③；不过事后的一些措施，却表明他并不将允䄉与允禩、允禟二人同等看待。

康熙四十七年十一月初一日，即允䄉为允禩辩护事件后的一个月，当皇长子允禔被革去王爵，加以幽禁时，玄烨下令将他的"上三旗所分佐领，可尽撤回，给与允禟……其包衣佐领及浑托和人口均分，以一半给与允䄉。"④这些可能表明玄烨对允䄉的性格和作风深为了解，"手刃"等只是盛怒之下的一时冲动，因而在事后通过这种赏赐，表示对允䄉的真实态度，并示安慰。

又如康熙五十五年九月，允禩"染患伤寒"，玄烨降旨："十四阿哥允䄉向来与八阿哥允禩相好,著伊同太医商酌调治。"⑤虽然暗示他和允禩仍是一党，却并未斥责。这些都反映玄烨是将他和允禩、允禟区别对待的。

总之，允䄉尽管属于具有较大影响的允禩、允禟集团，但又和他们有所区别。另外，他还是拥有不可忽视的潜在力量的胤禛的同母弟，他的性格和作风又有可能使他和其他皇子都保持着一定的和睦关系，所以他在玄烨诸子中处于相当特殊的地位，如果成为皇太子，就有可能被各派势力所勉强接受。这是否可能是玄烨选中他的因素之一呢？

现存材料表明，允䄉出任抚远大将军的四年当中，他对关键性问题如征讨策妄阿喇布坦的具体时间的建议等，几次都被玄烨接受，表示对他的高度信任始终不衰。此外，这一期间，允䄉和允禟之间人员和书信的往来十分频繁，允䄉甚至将"军需银数十万两，屡次遣人私送与阿其

---

① 《清世宗实录》卷48，雍正四年九月戊午。阿其那指允禩，塞思黑指允禟。
② 《大义觉迷录》卷1。
③ 《文献丛编》第三辑，《允禩、允禟案》，秦道然口供。
④ 《清圣祖实录》卷235，康熙四十七年十一月癸酉。
⑤ 《清圣祖实录》卷269，康熙五十五年九月戊辰。

那,听其挥霍"①,他们之间的关系显然有了更进一步的发展。玄烨对皇子们的动态始终密切注视,对上述情况至少有着基本了解,但并未因此而改变对允禵的态度。由此可见,允禵与允禩的密切关系,并不妨碍他成为皇位继承人。

自然,随着允禵地位的变化,他和允禩等的关系也具有不同的意义。作为一般的皇子,允禵成为允禩争夺皇位集团的成员,当然会使玄烨不悦;如果允禵真的被内定为皇太子,那么允禩集团在某种程度上反而会成为使他继承大统的不可忽视的力量或支柱,玄烨对他们的交往也就不过分干涉了。允禵出任大将军后的情况正是如此。这是他被玄烨所属意的又一证据。

允禩在康熙五十五年秋"染患伤寒",病愈后,玄烨不再将他禁锢,并恢复他的俸银、俸米,②行围、谒陵或"巡视畿甸"时,也让他和众皇子一起随行,对他的态度有较大变化,这可能也是玄烨当时已在考虑允禵继位问题的蛛丝马迹。

允禩集团的主要人物对允禵政治地位上升的反映,也是很值得玩味的。"允禵有大将军之命,允䄉便喜欢之极,指望他立了大功,早正诸位。"③允䄉始终是允禩的忠实追随者,他对允禵的态度,应该在一定程度上反映允禩的看法。允禵赠给允禩巨款,说明后者至少在口头上支持允禵在将来继承大统,双方有了默契。显然,在允禩遭到玄烨唾弃的情况下,如果皇位落在胤禛或其他争位者之手,允禩、允䄉都会陷入困境,甚至绝境。只有允禵继位,才能成为他们性命与权势的保护者,而且他们还很可能对允禵施加影响。如允䄉就私下说"十四爷若得立为皇太子,必然听我几分说话"④,等等。至于允禵,即使过去不曾有争位野心,成为抚远大将军后,由于玄烨的各方面的表示,当然会"顿萌大志"⑤,以未来的皇太子自居,必然着手加强本身的实力,而取得允禩集团的支持,则是关键性的一环。在相互需要的前提下,他们的关系大大发展了一步。

---

① 《大义觉迷录》卷3。
② 《清圣祖实录》卷270,康熙五十五年十月辛卯。
③ 《文献丛编》第一辑,《允禩、允䄉案》,秦道然口供。
④ 《文献丛编》第一辑,《允禩、允䄉案》,秦道然口供。
⑤ 《清世宗实录》卷44,雍正四年五月戊申。

通过上述三方面的事实和分析，表明允禩实际上已是玄烨暮年所最后确定的皇位继承人。如将这些事实与前引胤禛的有关论证相比较，就会看出他为掩盖康熙末年允禩的政治地位急遽变化及其重要意义的真相，不择手段地歪曲事实、伪造历史竟然达到怎样的地步。

（四）《清圣祖实录》中胤禛形象的分析

清入关后从康熙到宣统所编纂的九朝实录中，没有哪个实录像《清圣祖实录》那样，对未来的皇位继承人的形象和事迹，如此吹嘘和修饰，令人们感到很不正常，定有蹊跷。

胤禛在《清圣祖实录》中以如下的面貌出现：对玄烨极尽其孝养的能事，对众兄弟十分友爱与扶持，从无继承大位之念，因此博得玄烨对他的"诚孝""伟人"的评语。他与皇三子诚亲王允祉，长期享有不时"恭请"玄烨赴王园游宴的"殊遇"。皇子们代表玄烨主持各种祭祀大典中，以他的次数最多。他有时还被玄烨委托处理各种事务等。凡此种种，都使人们产生胤禛在玄烨诸子中德、行皆优，最受信任与重视，未来皇位非他莫属的印象。

不过人们会立即想到，同一个胤禛，为什么在即位后竟然表现得如此心胸狭窄、猜忌多疑、刻薄寡恩、心毒手辣呢？结论只能是此人深沉狡诈，善于伪装，而且《清圣祖实录》中关于他的叙述，存在若干不实不尽之处。

玄烨是中国封建社会很有作为的皇帝，对皇子们当然都有某种程度的了解。他之所以对胤禛重视与信任，而又从未作出以之为继承人的任何表示，一是对其信任与重视，绝非《清圣祖实录》所夸张的那样，而是有一定限度；二是他已看出胤禛其人的心口不一的两面作风。

弘旺《皇清通志纲要》载，康熙"四十七年九月，皇太子、皇长子、皇十三子圈禁……十一月，上违和，皇三子同世宗皇帝、五皇子、八皇子、皇太子开释"。透露出胤禛在争夺皇位的生死斗争中所扮演的重要角色，以及玄烨对他的怀疑与警惕。

允礽首次被废立前，早已成为争位皇子们的众矢之的，反对者中以允

255

禩集团声势最大，有允禩、允禟、允䄉、允䄉、允䄉，康熙末年又增加允礼；而胤禛与此集团的关系，最初也相当密切。胤禛其后虽竭力掩饰这一点，但某些有关材料还遗留至今，他本人也曾说漏了嘴。

康熙四十七年冬，玄烨因废立允礽事件而病倒。胤禛在《大义觉迷录》卷3中透露，玄烨病愈后，允禩曾"攒眉向朕言：'目前何尝不好，虽然如此，但将来之事奈何？'是阿其那残忍不孝之心，不觉其出诸口矣。朕曾将伊不是处，对众宣扬羞辱之，而伊深为愧恨"①。允禩将内心深处的想法告之胤禛，表明他们的关系，直到被圈禁期间和被释放后不久，还相当密切。不过胤禛这时因允禩已为玄烨所唾弃，于是将他这番话在大庭广众之间揭发，其实是对玄烨作出姿态，表示已和允禩分道扬镳、划清界限，以获取玄烨的信任和欢心。允禩与胤禛的关系所以变得势如水火，当由这时开始。胤禛即位后不止一次吹嘘，他经常在玄烨面前，为犯错误的兄弟"解释调停"（见下文），可是他对允禩的做法，却是另外一套，足见此人的心口不一。

再如前述康熙四十七年玄烨"将允禩锁拿"时，允䄉曾邀约允禟、胤禛二人保奏。允禟是允禩亲信，允䄉约他，不足为奇；但为什么还约胤禛，而不是其他皇子？这就绝非偶然，反映胤禛与允禩的关系很不寻常。

又如康熙五十五年九月，允禩在京"染患伤寒"，病势沉重时，玄烨正在从热河返回北京的途中，曾命令胤禛派人前去问候，可是后来胤禛又亲自前往探视。玄烨于是说，"观此关切之意，亦似党庇允禩。允禩医药之事，即著四阿哥料理"②，随后又命令"固山贝子苏努、舅舅佟国维、大学士马齐、领侍卫内大臣公阿灵阿、鄂伦岱、侯巴浑德同往看视允禩病，同四阿哥多方延医，竭力调治"③。在此之前已令允䄉前往北京，"同太医商酌调治"。

值得注意的是，允䄉、苏努、佟国维等人无一不是允禩集团的重要成员。（允禟已在北京）玄烨所以先后命令他们前去延医调治，是因当时允禩正被禁锢，万一死去，这一集团可能会制造为人谋害的舆论，于是先发

---

① 《大义觉迷录》卷3。
② 《清圣祖实录》卷269，康熙五十五年九月己卯。
③ 《清圣祖实录》卷269，康熙五十五年九月癸未。

制人，指定他的亲信一手负责医疗事宜，以避免自己可能的被动。这也就透露玄烨长期严重怀疑胤禛也属于允禩集团成员的这一重要信息，否则不会仅仅因胤禛亲自返京探视允禩，就说出"亦似党庇允禩"这种很有政治分量的话，并命令他与允禩集团成员一起料理医药了。

由此可见，胤禛在康熙四十七年秋冬之际与允禩一起被圈禁，是因允禩及其集团中人受审时，供出平日与胤禛的密切关系而引起；而胤禛一向对玄烨极为"孝顺"，对皇太子显然也会毕恭毕敬，现在突然被揭发与反对太子最有力的允禩接触频繁，关系密切，从而被玄烨看破他的严重的两面派作风，这当是胤禛始终不曾被考虑为皇位继承人的根本原因。两相对比，允䄉虽是允禩一党，却心口如一，没有胤禛的阴险作风，这两个同母兄弟在玄烨心目中的地位，也就可想而知了。

胤禛在康熙四十七年冬被监禁的事件，《清圣祖实录》不但不予记载，反而大肆渲染当时玄烨因允礽事件病倒，胤禛如何侍奉汤药等"诚孝"事迹，以及玄烨病愈后对他的奖谕等。以此一例就可看出，《清圣祖实录》编纂者已将一切对胤禛不利的材料全部删掉。所以对《清圣祖实录》中有关胤禛的记载不能全然相信，在使用时要慎重地加以分析、鉴别。

《清圣祖实录》这方面的编纂手法相当露骨，这就是将玄烨对其他皇子的奖谕及委托他们处理日常政务的材料全然不载，不得不载时则轻描淡写，简单到无以复加。而关于玄烨对允禔、允礽、允禩、允禟、允䄉的申斥，则大书特书，可能还有添枝加叶之处。所以对《清圣祖实录》中有关其他皇子的记载也不能全然相信，否则也会受骗。

雍正三年、四年，胤禛最后处理允禩、允禟集团时，曾连篇累牍地进行自我吹嘘，如"皇考恩德甚重，朕心不忍忘负，是以但宁静守分，敬谨孝顺于皇考之前。朕自幼时，诸兄弟俱恭敬朕躬，朕于兄弟中亦无私嫌，而朕亦从无希冀大位之念……昔朕之兄弟中，往往有得罪皇考者，朕身为之解释调停，以宽解皇考之怒，凡此不可枚举……朕非邀名，亦非为伊等，乃实为君父年高，仰体圣躬之故，是以坚持心志而行之耳"①，等等，显然，《清圣祖实录》的编纂者对胤禛形象的塑造，正是以他的诸如此类

---

① 《清世宗实录》卷44，雍正四年五月戊申。

的吹嘘作蓝本的。

《清圣祖实录》编纂者的一个重要原则是，竭力清除显示允禩曾是当然皇位继承人的材料，必须记载时，则极力简化之。对于胤禛，则因玄烨未曾作出以他为皇位继承人的任何表示，因而大力拼凑甚至不惜夸大、编造胤禛德、行俱优，受到玄烨突出信任与重用的材料，以造成人们相信胤禛必然继承皇位的效果。这就是《清圣祖实录》在清入关后的九朝实录中与众不同之处的原因。

《清圣祖实录》中康熙四十七年之后的那一部分表明，玄烨在初次废黜允礽后，根据皇子们平日表现及此次事件中暴露的问题，而采取了不同的态度和对待。对争夺储位情节恶劣或屡教不改的长次二子（允禔、允礽）先后予以禁锢。对继续热衷于皇位继承问题的第八、第九二子（允禩、允禟）则深恶痛绝，不时予以压制和指责。对一度被圈禁，其后在争位方面大为收敛（更加隐蔽）的第三、第四、第五子（允祉、胤禛、允祺），则表示一定程度的信任与重视（相对说来，对胤禛比较突出），一律晋封为亲王，但对他们并未表示有传位之意。年轻皇子中，第十三子允祥因允礽事件的牵连，被革去贝子，为玄烨所厌恶（此人始终是胤禛的重要亲信）；对其他人则比较一般，部分人分别被封为郡王、贝勒、贝子。独有允禵，显然得到玄烨的好感，政治地位呈现上升的趋势，康熙五十七年终于脱颖而出，成为事实上的皇位继承人。

在此期间，允礽、允禩两个集团曾几次进行获得皇位继承权的活动，但都遭到彻底失败，从而表明这一斗争最主要的对手，只剩下胤禛、允禵同母兄弟两人。不过当时绝大多数人都没有意识到这一点，玄烨、允禵也未觉察。这大体上就是康熙末年皇位继承斗争的形势。

二　玄烨建嗣计划功败垂成的原因

在《大义觉迷录》一书中，胤禛就玄烨之死以及他接受传位遗诏的情况叙述道："康熙六十一年十一月冬至之前，朕奉皇考之命代祀南郊时，皇考圣躬不豫，静摄于畅春园。朕请侍奉左右，皇考以南郊大典，应于斋所虔诚斋戒，朕遵旨于斋所致斋，至十三日皇考召朕于斋所。朕未至畅春园之先，皇考命诚亲王允祉、淳亲王允祐、阿其那、塞思黑、允䄉、公允祹、怡亲王允祥、原任理藩院尚书隆科多至御榻前，谕曰：'皇四子人品贵重，深肖朕躬，必能克承大统，著继朕即皇帝位。'是时惟恒亲王允祺以冬至命往孝东陵行礼，未在京师，庄亲王允禄、果亲王允礼、贝勒允裪、贝子允祎俱在寝宫外祗候。及朕驰至问安，皇考告以症候日增之故，朕含泪劝慰。其夜戌时，龙驭上宾，朕哀恸号呼，实不欲生。隆科多乃述皇考遗诏，朕闻之惊恸，昏仆于地，诚亲王等向朕叩首，劝朕节哀，朕始强起办理大事。此当日之情形，朕之诸兄弟及宫人、内侍与内廷行走之大小臣工所共知共见者。"①

《清圣祖实录》的记载与胤禛的说法相同，而更加具体：

> 康熙六十一年十一月。……
> 庚寅（初九），上因圣躬不豫，十五日南郊大祀，特命皇四子和硕雍亲王胤禛恭代。皇四子胤禛以圣躬违和，恳求侍奉左右。上谕曰……皇四子胤禛遵旨于斋所致斋。
> 辛卯（初十），皇四子胤禛三次遣护卫、太监等至畅春园候请圣安。上传谕：朕体稍愈。
> 壬辰（十一），皇四子胤禛遣护卫、太监等至畅春园候请圣安。上传谕：朕体稍愈。
> 癸巳（十二），皇四子胤禛遣护卫、太监等至畅春园候请圣安。上传谕：朕体稍愈。
> 甲午（十三），丑刻，上疾大渐，命趣召皇四子胤禛于斋所，谕令速至。南郊祀典，著派公吴尔占恭代。
> 寅刻，召……允祉、……允祐、……允禩、……允禟、……允䄉、……允祹、……允祥、理藩院尚书隆科多至御榻前，谕曰：'皇四子胤禛人品贵重，深肖朕躬，必能克承大统，著继朕登基，即皇帝位。'
> 皇四子胤禛闻召驰至，巳刻，趋进寝宫，上告以病势日臻之故。

---

① 《大义觉迷录》卷1。

是日，皇四子胤禛三次进见问安。

戌刻，上崩于寝宫。①

胤禛关于皇位继承情况的叙述，处令人生疑。

如果胤禛是皇位继承人，那么玄烨病危时"谕令速至"，显然是要在全体皇子及重臣们的面前宣布传位遗诏，使他的继位名正言顺。在皇位继承权的斗争激烈进行时，这种做法对胤禛显然十分有利，而且也合乎常情。

可是，玄烨竟然只将传位遗诏告知允祉等七皇子及隆科多，对胤禛却仅仅告以"病势日臻之故"。此后五个时辰（巳刻至戌刻）即十小时内，胤禛虽三次问安，玄烨还是不将这一关系重大的问题告诉他。

玄烨倘若已公开宣布胤禛为皇位继承人，并曾将身后之事详尽嘱托，上述离奇作法还可理解。而事实却是，玄烨从未对胤禛作出传位与他的任何暗示。按照常情，玄烨更应在临危之际，抓紧最后时间，嘱托后事了。

同样令人不解的是，胤禛抵达畅春园后的十小时内，允祉等七皇子及隆科多，居然也守口如瓶，不将遗诏相告，玄烨死后，才由隆科多转达。

人们还诧异地发现，胤禛一向精明干练，但在十一月十三日全天，突然处于对一切有关问题毫不知情，不闻不问，任人摆布的完全被动状态，与平时判若两人。这种奇特表现，又如何解释？

此外，玄烨告知胤禛以"病势日臻之故"，而胤禛前此连续三天遣人"候请圣安"时，玄烨都在说"朕体稍愈"，二者岂不矛盾？

十三日丑刻玄烨病危，急召胤禛。既然十万火急，胤禛为何在巳刻才"趋进寝宫"，途中竟用去四个时辰（八小时）？而其他皇子则在一个时辰内（丑刻至寅刻）都已齐集畅春园。胤禛素以"诚孝"自居，在此关键时刻，为何如此怠慢？

隆科多并非唯一皇亲国戚及重臣，玄烨对他并不欣赏（见下文），为什么宣布传位遗诏时，除去皇子外，只有他一个人在场？

---

① 《清圣祖实录》卷300，康熙六十一年十一月。括号内的日子和文中的着重号是引用者所加。

清世宗胤禛继承皇位问题新探

凡此种种，在在说明胤禛继承"大统"时，出现了一系列不寻常的情况，有必要进行多方面的探索。

（一）允祉、允禩等七皇子是否听到玄烨传位胤禛的口头遗诏？

胤禛论证其继承皇位合法性的唯一根据，是所谓允祉、允禩等七皇子亲自听到玄烨口述的传位遗诏一事。他还振振有词地说："夫以朕兄弟之中，如阿其那、塞思黑等，久蓄邪谋，希冀储位，当兹授受之际，伊等若非亲承皇考付朕鸿基之遗诏，安肯帖无一语，俯首臣伏于朕之前乎。"①

由此可见，胤禛为人们提出了衡量其继承皇位是否名正言顺的标准，即玄烨去世当时，如允禩、允禟确实"帖无一语，俯首臣伏"，那就说明他们听到传位遗诏是真，而胤禛的继位自然也就无可置疑；如若不然，则反映他们不曾听到遗诏，胤禛的皇位因而就是以不可告人的手段所攫取。下面可让事实本身说明问题的真相。

《大义觉迷录》卷1，胤禛上谕："皇考升遐之日，朕在哀痛之时，塞思黑突至朕前，箕踞对坐，傲慢无礼，其意大不可测。若非朕镇定隐忍，必至激成事端。"②

《清世宗实录》："圣祖仁皇帝宾天时，阿其那并不哀戚，乃于院外倚柱，独立凝思，派办事务，全然不理，亦不回答，其怨愤可知。"③

请看，允禩、允禟当时完全不是"俯首臣伏"的样子，他们一个愤怒得在新皇帝面前流露出以死相拼之意，一个惊讶得目瞪口呆，视而不见，听而不闻，而这种强烈反应，只能发生在一个人突然听到完全出乎意料的重大事件的场合。如果玄烨在十一月十三日寅刻，曾对允祉、允禩、允禟等七皇子口授传位胤禛的遗诏，那么允禩、允禟当时完全有可能因事出意外，呆若木鸡，而不会过了八个时辰，在玄烨死后还表现得如此激动。相反，他们甚至更可能因胤禛继位确实名正言顺，尽管嫉恨交加，也要被迫

---

① 《大义觉迷录》卷1。
② 并见《清世宗实录》卷45，雍正四年六月甲子；《永宪录》卷4。
③ 《清世宗实录》卷45，雍正四年六月甲子。

261

在他面前表现一定程度的恭顺之意。现在事实完全与此不同，这就说明允禩、允禟并未听到传位遗诏，而是玄烨死后才由隆科多所下达，在突然面临皇位已被胤禛夺取，木已成舟，无可挽回的情况下，才愤怒、惊讶到如此程度的。可见仅仅根据胤禛本人提出的标准来衡量，他的继承皇位显然是采取了不可告人的阴谋手段。

其实七个皇子中不曾听到传位遗诏的，岂止允禩、允禟二人。不可能想象，十一月十三日寅刻，允祉、允祺（此人为允禩亲信）等五个皇子在玄烨病榻前听他口述传位遗诏，而实力雄厚、地位重要的允禩、允禟却还被蒙在鼓里，直到八个时辰后，即玄烨已经去世，才得知此事。合理的解释是，允祉、允祺等五皇子同样没有听到传位遗诏，同样是在玄烨死后由隆科多所转达。正是由于这一事实，允禩、允禟等人的"心腹太监"，在各地宣扬胤禛矫诏夺位的情况时，才明确指出："先帝宾天之日……隆科多传旨，遂立当今。"① 这是允禩、允禟通过旁人之口所透露的胤禛夺位的最重要的事实。

允祉、允禩、允禟等七皇子既然没有听到玄烨口述的传位遗诏，而胤禛也声称它是由隆科多所下达的，那么，对清朝最高统治集团极为重要的这一传位遗诏，原来竟是隆科多一人"听到"，并由他下达给全体皇子，而且居然被大家所"承认"。这种异常情况是怎样出现的呢？

玄烨在十一月十三日丑刻"病危"，戌刻去世；当天玄烨在京诸子，除去个别人外②，其余都在他身边，这些情况不可能假造，也没有必要假造。问题在于，各皇子为什么在玄烨身边而居然没有听到他口授的传位遗诏？这说明玄烨当天始终昏迷不醒，完全失去知觉；而这种状况有极大可能是由于他的神经中枢已被某种毒药所摧毁。允禩、允禟的亲信宣扬："圣祖皇帝在畅春园病重，皇上就进一碗人参汤，不知何如，圣祖皇帝就崩了驾，皇上就登了位。"③ 胤禛虽辩解说这是"加恶名于朕，可谓丧尽天理"，

---

① 《大义觉迷录》卷3。
② 雍正八年五月初九日上谕："朕御极后，隆科多奏云：'圣祖皇帝宾天之日，臣先回京城，果亲王（允礼）在内值班，闻大事出，与臣遇于西直门大街，告以圣上绍登大位之言。果亲王神色乖张，有类疯狂，闻其奔回邸，并未在宫迎驾伺候'等语。"（《上谕八旗》，雍正八年五月初九日）足见允礼十一月十三日并不在畅春园，直到玄烨的死讯传来，才匆匆奔往，并在途中听到"遗诏"的。此外，皇五子恒亲王允祺当时在东陵。
③ 《大义觉迷录》卷3。

但也不能否认有"六十一年之进奉汤药"①一事的存在。因而玄烨死于中毒的可能性极大（其他有关情况见下文），至于毒药放在人参汤还是其他汤药或食品内，则是次要问题。

玄烨既然始终昏迷不醒，隆科多又怎样会听到他口述的传位遗诏？这个问题其实也不难解释，隆科多只要声称，传位遗诏是玄烨不省人事前所仓促口授，也就无懈可击了。

允祺、允祹在皇子当中，拥有不容忽视的实力，并具有较大影响，但在十一月十三日全天，尽管一系列情况很不正常，他们却一直留在玄烨身边，居然无所作为，坐视事态发展，隆科多下达"传位遗诏"后，也只是大发脾气或惊讶得无以复加，比起他们的野心及实力又何其不相称！这只能反映，允祺、允祹在当天凌晨赶到玄烨身边后，立即处于被变相软禁的状态，失去离开畅春园的自由，从而在关键时刻，被剥夺了纠集亲信，组织反击的最后机会。

（二）玄烨去世前的"静养斋戒"

关于玄烨去世前后的一些重要情况，正史已一无所载，只有《永宪录》还提供了少许很能说明问题的线索：

> 康熙六十一年冬十有一月……
> 戊子（初七），上由南苑复幸畅春苑。
> 己丑（初八），上不豫。传旨：偶冒风寒，本日即透汗。自初十至十五日静养斋戒，一应奏章，不必启奏。
> 甲午（十三），戌刻，上崩于畅春苑。上宴驾后，内侍仍扶御銮舆入大内。相传隆科多先护皇四子雍亲王回朝哭迎，身守阙下，诸王非传令不得进。次日至庚子（十四至十九日），九门皆未启。②

---

① 《大义觉迷录》卷3。
② 肖奭：《永宪录》卷1，中华书局1959年版，第48—49页。括号内日子和文中着重号，系引者所加。

可见玄烨在十一月初八日，只是得了轻微的感冒，当天就已好转，因而计划为冬至大祀"静养斋戒"五天；胤禛在《大义觉迷录》卷3中也指出，当时"皇考圣躬不豫，静摄于畅春园"，这就证明《永宪录》的记载无误，而《清圣祖实录》却将这条关键性材料删掉。他不准备在十五日亲临天坛祭祀，而是让胤禛"恭代"，从初九日开始在斋所致斋。① 直到十二日，他的病情并未恶化，"朕体稍愈"，逐日好转。而且据《清圣祖实录》记载，玄烨于康熙六十一年八月在热河行围达一个月之久，返京后很快又去南苑行围，表明他的身体状况当时还比较正常。

正是由于玄烨从十一月初十日起开始"静养斋戒"，又不处理政事，因而皇子们都不在他身旁，满汉文武大臣更不敢前去打扰，他一时处于与外界隔绝的状态，于是他的安危实际上已取决于负责拱卫京师的步军统领隆科多。事实证明，此人早已成为胤禛的重要亲信了。

佟国维、隆科多父子虽是玄烨至亲，受到一定程度的重用，如隆科多在康熙五十年就已"署步军统领事"②，只是佟国维党庇允禩，隆科多又"与大阿哥相善，人皆知之"③，因而他对他们又相当不满。佟国维死于康熙五十八年二月④，而直到玄烨去世为止的将近四年期间，他对于佟国维的一等公爵的承袭问题，竟然始终不予处理。可以想象，隆科多及佟氏家族其他成员的不满与不安心情。

由于隆科多所担任的重要职务，深谋远虑的胤禛必然早就和他有密切交往，现在他又处于这样一种不尽如人意的状况，当然会进一步拉拢，终于使之成为自己的得力党羽。

玄烨"静摄"期间，隆科多作为内弟及步军统领，是借口保卫他，可以和他接近，并控制畅春园地区的唯一高级官员。于是玄烨突然"病危"，他生命的最后一日，就陷入由胤禛、隆科多所任意摆布的悲惨境地。

综合《清圣祖实录》、《大义觉迷录》及《永宪录》的有关材料，大体可看出十一月十三日事件的演变轮廓。

十一月十二日晚，在严密控制畅春园并得到玄烨某些内侍协助的情况

---

① 《大义觉迷录》卷1；《清圣祖实录》卷300，康熙六十一年十一月庚寅。
② 《清圣祖实录》卷248，康熙五十年十月乙亥。
③ 《清圣祖实录》卷236，康熙四十八年二月己巳。
④ 《清圣祖实录》卷282，康熙五十八年二月乙丑。

下,隆科多在药品或是食物中投放了致命性的毒药。药性发作后,玄烨虽未立即死亡,但已处于严重昏迷状态。隆科多于是一方面严密封锁这一消息,另一方面又矫诏将皇子们急召到畅春园,然后才告知玄烨"病危",随之他们也就参加对玄烨的照料和抢救,实际上是处于被变相软禁的状态。所以玄烨"病危"一事,皇亲国戚及满汉文武大臣当天并不知情,甚至"在内值班"的果亲王允礼都被蒙在鼓里,否则他必然要立即前往玄烨身边,帮同抢救或诀别,而不会得到玄烨死讯后才仓皇赶去。这种保密做法,是为麻痹允禩、允禟集团其他成员,以及废太子允礽的亲信,防止他们因此而有所警觉,进行反击准备。至于胤禛,则是作了进一步应变部署后,才在当天巳刻不慌不忙地来到畅春园。

关于传位遗诏问题,隆科多可以声称,玄烨昏迷前虽曾对他口授传位遗诏,但还是等待皇帝清醒时直接向皇子们口授,更为信实、妥善。实际上,胤禛、隆科多根据毒药性能,明知玄烨已经失去恢复神智的任何希望了。总之,胤禛捏造的传位于他的所谓口头遗诏,直拖到玄烨死后才由隆科多向在场皇子们下达。这使大家完全出乎意料,对允禩、允禟更不啻晴天霹雳,从而产生前述的激烈反应。

根据当时一系列不正常情况,皇子们对玄烨被害及胤禛矫诏夺位,显然心中都已有数,但是在武力胁迫下,他们之中的大部分人不得不承认这一既成事实,正如胤禛所说,当时"诚亲王等向朕叩首,劝朕节哀"等。允禩、允禟最后也只能坐视事态的发展,因为北京城郊内外这时已是"铁骑四出"[①],戒备森严,如临大敌,局势再也不可逆转了。

康熙六十一年十一月十三日事件,是一场以武力为后盾、精心策划、巧妙安排的宫廷政变。不过,玄烨是在健康状况基本正常,感冒后身体逐日好转的过程中,突然不明不白地死去,尤其"传位遗诏"只是隆科多"听到"和下达,这两方面的异常情况却无从掩饰,从而使人们疑窦丛生,加以允禩集团的揭露,于是胤禛矫诏夺位说在北京广泛传播,甚至连朝鲜李氏王朝祝贺胤禛登极的专使回国后都指出:"雍正继立,或云出于矫诏。"[②]

---

① 转引自王锺翰《清史杂考》,人民出版社1957年版,第153、178页。
② 吴晗辑《朝鲜李朝实录中的中国史料》第11册,中华书局1980年版,总第4387页。

胤禛夺位成功，大权在握，诸如此类的"传说"当然动摇不了他的宝座。他和允禩、允禟等人已分属君臣，所以无须顾虑他们会向他提出这方面的任何质疑；他也明知，允禩等人同样不敢要求隆科多解释这些问题，因为怀疑新君继承皇位的合法性，将构成大不敬的重罪，招致不堪设想的后果。不过这个问题终究涉及他的继位是否名正言顺，关系到他生前、死后的威信和名声，于是他采取了相应的对策，竭力掩饰"大位授受之际"的真相。

雍正元年八月十七日，胤禛在宣布采取秘密建嗣制度时，对在场的全体王公大臣们说："我圣祖仁皇帝为宗社臣民计，慎选于诸子之中，命朕缵承统绪，于去年十一月十三日，仓猝之间，一言而定大计……圣祖之精神力量，默运于事先，贯注于事后，神圣睿哲，高出于千古帝王之上，自能主持，若朕则岂能及此也。"①

这里，胤禛一方面声称，他的继承皇位，是玄烨临终时"仓促之间，一言而定"；另一方面却又说，这是经过玄烨的"慎选"和深思熟虑，而且认为这种异乎寻常的做法，比其他一切帝王都要高明。这番在逻辑上和情理上都讲不通的谈话，适足以证明他即位初期，在继承皇位问题上还不能自圆其说的尴尬情况。

雍正二年，他对这一问题的提法已有所不同，如一道上谕中指出："朕向者不特无意于大位，心实苦之。前岁十一月十三日，皇考始下旨意，朕竟不知。朕若知之，自别有道理。皇考宾天之后，方宣旨于朕。"②

这番十分虚伪的表白，显然是在诱导人们得出下列结论：胤禛既然不愿做皇帝，甚至苦于做皇帝，岂能矫诏夺位？足见这道上谕的意图是在平息当时盛传的胤禛非法夺位的舆论。问题在于他拿不出任何确凿的事实以论证自己的表白，只是不着边际地讲什么"皇考始下旨意""皇考宾天后方宣旨于朕"，避而不谈玄烨临终前就传位问题曾对哪些人"下旨意"。

皇位继承是封建王朝的最重要大事，并非儿戏，胤禛对自己继位情况，尤其是玄烨"下旨意"的叙述，竟然如此含含糊糊、躲躲闪闪、忸忸怩怩，既不合乎情理，又与胤禛其人凡事寻根究底、哓哓置辩的作风大不

---

① 《清世宗实录》卷10，雍正元年八月甲子。
② 《上谕内阁》，雍正二年八月二十二日谕。

相同。这只能解释为由于当时允禩、允禟集团及允祉等人还有一定实力和影响，胤禛因而不便冒这种大不韪，将所谓"下旨意"，即关于七皇子亲自听到玄烨口授传位遗诏的神话贸然宣布，只能笼而统之地讲到这种程度，为今后时机到来再全部抛出作一伏笔。

《大义觉迷录》及《清圣祖实录》的有关记载反映，十一月十三日当天，胤禛只是全神贯注于玄烨的病情，对其他问题不加考虑，不闻不问，也毫不知情；不仅玄烨，而且允祉等七皇子及隆科多竟然也对他封锁关于他即将继承"大统"的这一重要消息，也就是说，胤禛当时处于一种完全被动而又清白无害的状态。雍正二年的这道十分虚伪的上谕，则是他第一次公开提醒人们注意他在"大位授受之际"的这种"清白"形象，以作为他并未矫诏夺位的第二个证明。

胤禛夺位当时所扮演的这种角色，反映出他在策划夺位阴谋时的心理状态：对矫诏夺位后能否掩人耳目，不致败坏自己的名声没有把握，所以决定使自己在现场始终处于被动状态，以避免人们的怀疑和指责，而将一切问题和矛盾全部推给隆科多去承担。足见此人的心计之深。不过这也恰恰从一个侧面暴露出他的罪犯心理，因为某些罪犯作案时，总是要制造假象，借以表白自己清白无辜的。还须考虑到，胤禛十分重视自己的形象和声誉，竭力要把自己打扮成"一代之令主""全无缺陷"的皇帝，[①]认为"自古有大志之人，岂有不愿声名美善之理"[②]，强调"我之名节，关乎千古"[③]，等等。这一特点，可能也在很大程度上导致他作出夺位时扮演这种角色的决定。

胤禛进一步抛出七皇子听到遗诏的神话，大体在雍正三年开始大举镇压允禩、允禟集团前后，如雍正五年的一道上谕说："皇考升遐之日，召朕之诸兄弟及隆科多入见，面降谕旨，以大统付朕。"[④]此后，当他进一步集中权力，皇权发展到玄烨统治时期从未曾有的高度时，这一神话也相应地更加详尽、具体，前引雍正七年编纂的《大义觉迷录》一书中胤禛的有关叙述，就是明证。

[①] 《大义觉迷录》卷1。
[②] 《清世宗实录》卷44，雍正四年五月戊申。
[③] 《文献丛编》第三辑，戴铎奏折。
[④] 《清世宗实录》卷62，雍正五年十月丁亥。

矛盾是不可调和的。胤禛既要编造玄烨临终前神志清醒，亲自对允祉等七皇子及隆科多口授遗诏的神话，又要突出自己被动、清白的善良形象，坚持遗诏是玄烨去世后才由隆科多下达给他，从而就出现玄烨不将遗诏直接告知他，允祉、隆科多等人也对他封锁这一重要消息的怪现象。这一漏洞所以不曾被修补，表明胤禛在世时并未发现。即或他已发现，但由于他还通过其他途径掩饰夺位问题的真相，如前述在《清圣祖实录》中的上下其手，以及即将指出的其他手法等，他可能也就认为这一漏洞终究属于次要问题，而无碍于自己伪造夺位历史的全局。

正是由于胤禛扮演了被动、清白的角色，隆科多在事件的全过程中，就成为举足轻重的关键人物。他以"大行皇帝"至亲、新皇舅父及"大位授受之际"保卫新皇及京师安全的步军统领的双重身份包揽一切，如负责将"传位遗诏"下达给胤禛，并通知其他皇子（如告知允礼等）；下令所属"劲旅"在北京城郊内外处于警戒状态（"铁骑四出""九门皆未启"）；"先回京城""身守阙下，诸王非令不得进"，名为准备迎接玄烨遗体及新皇回宫的各种事宜，实则坐镇京师，随时准备对付可能出现的不测事件；等等。他一时已控制住清朝的全部神经中枢。

胤禛即位后虽对隆科多荣宠有加，却又迅速解除了他的步军统领一职，①以削弱其过分庞大的权力。隆科多所谓"白帝城受命之日，即是死期已至之时"②，显然是觉察出自己兔死狗烹的前景后发出的怨言。

值得注意的是，隆科多被免除步军统领一职后的第十九天，胤禛再度让他"仍兼管步军统领事务"③，有很大可能表明，经过一番斗争后，他不得不暂时让步，以防止拥有相当实力的隆科多，倒向仍在虎视眈眈的允禩集团。雍正四年胤禛与隆科多的最后破裂，已在此时显露端倪。

至于玄烨的遗诏问题，有必要上溯到康熙五十六年的"手书谕旨"。玄烨在当年十一月二十一日，曾召集皇子及王公大臣，宣布了汉字的"手书谕旨"，叙述"一生之事"，强调以后"若有遗诏，无非此言"，并命令廷臣译成满文，研究颁发方式。谕旨只是说"立储大事，朕岂忘耶？"要

---

① 《清世宗实录》卷1，康熙六十一年十一月丙午。
② 《清世宗实录》卷62，雍正五年十月丁亥。
③ 《清世宗实录》卷2，康熙六十一年十二月甲子。

求群臣协助他早日解决这一问题。①可见玄烨除这道"手书谕旨"外，决定不再写其他遗诏，这就意味着他有决心和信心，在自己有生之年解决立储问题。这一点十分重要，说明玄烨生前并未写过任何关于传位的遗诏；而《大义觉迷录》所汇辑的胤禛有关谕旨也说，玄烨临终前只是面谕允祉等七皇子及隆科多传位于胤禛，而没有指出还有笔写的传位遗诏。所以允禵、允禟的亲信到处散播所谓胤禛将玄烨"传位十四子"的遗诏，改为"传位于四子"的说法，只是想当然，为了增加宣传效果罢了。

《清圣祖实录》所载玄烨遗诏，基本上是由"手书谕旨"及所谓口头传位遗诏两部分组成，此外不可能再有其他内容的遗诏了。

（三）玄烨之死与西征之役

康熙五十四年发端的西征准噶尔之役，对清朝统治者意义重大，任务艰巨。玄烨经长期慎重考虑，在战局对清朝不利时，将此重任委托允禵去完成。其后的事实证明，他并没有辜负玄烨的期望。

康熙五十八年，允禵为护送新呼必尔汗（第六世达赖喇嘛）入藏，以及驱逐策零敦多卜，根据玄烨的指示，在政治与军事方面作了一系列准备工作。康熙五十九年正月，允禵"移驻穆鲁斯乌苏，管理进藏军务、粮饷"②。同年夏秋之交，清军从青海、四川两路进军西藏。十月，东路军借策零敦多卜军与北路军鏖战之际，收复拉萨；策零敦多卜战败，逃回伊犁。达赖六世顺利抵达拉萨。清朝在政治、军事上获得重大胜利，作为西征军的统帅，允禵建立了突出的功勋。清宗人府为此修建碑亭。胤禛即位后指出，碑文"并不颂扬皇考功德，惟称赞大将军允禵"③。其实这是玄烨为提高允禵威信所默许，胤禛对此一清二楚，但在即位后却横加指责，其矛头显然针对玄烨。

康熙六十年十月，允禵因来年将向准噶尔大举进军，"事关重大"，请求"轻装赴京，恭请训旨"。玄烨表示同意，并命令西线三支主力军各派

---

① 《清圣祖实录》卷275，康熙五十六年十一月辛未。
② 《清圣祖实录》卷287，康熙五十九年正月丁酉。
③ 《清世宗实录》卷19，雍正二年闰四月十四日丁亥。

重要将领"俱于年内到京,以便指示来年大举进剿方略"①。

这次最高军事会议的结论见于玄烨康熙六十一年正月的一道谕旨:策妄阿喇布坦在西藏战败后,收缩兵力,在"伊里地方,固守三岭","若我满洲兵至,则舍命交战;势有不敌,又思逃避他所"。而且"伊里山溪险隘,我朝大兵虽欲今年进剿,倘为山岭阻隔,迟延时日……不可不详加定议"②。

可见清军即使攻占伊犁地区,仍然不能彻底解决问题;何况孤军深入后,万一双方相持不下,不仅清军的粮草运输大成问题,如遭到对方的突然袭击或包围,就可能出现不堪设想的后果,因而必须万分慎重。

西征之役到康熙六十一年初已将近七年,清军准备得不为不充分,西藏之役又获得重大胜利,可是在最后阶段,玄烨为什么竟然如此踌躇呢?

准噶尔部统治集团,始终是清统治者的劲敌。玄烨首次亲征噶尔丹时,清军先败后胜。第二次亲征又经过激烈战斗,方获得胜利。噶尔丹失败的主观原因,在于侵入喀尔喀蒙古,不得人心;加以准噶尔统治集团严重分裂,策妄阿喇布坦整个控制了该部,他已陷入众叛亲离,孤立无援的境地。

魏源在《圣武记》中指出:"康熙三十六年大军殄灭噶尔丹时,伊犁数千里空无主,策妄生聚未盛。中国方乘屡胜之势,若骤进大军,收其部落,涣其羽翼,戍以偏师,立可郡县版籍。"③言外之意是那就可免去此后六十年出现的一系列有关问题了。

其实清军当时如再前进几千里,进入准噶尔部落,给养问题不仅无从解决,还将遭到因民族、宗教不同而引起的强烈抵抗,在满洲八旗的战斗力不断降低的情况下,胜负之分很难预料。魏源指出,"准部自噶尔丹以后,三世皆枭雄,能用其众"④,这一说法是值得注意的。所以玄烨当时不再乘胜前进,是相当明智之举。这也是他在西征之役中万分慎重,没有充分把握,决不深入准噶尔境内,只是采取频繁奔袭、逐步蚕食策略的主要原因。

胤禛在这方面则较玄烨逊色,他所组织的西征准噶尔之役中,傅尔丹

---

① 《清圣祖实录》卷295,康熙六十年十月丙寅。
② 《清圣祖实录》卷296,康熙六十一年正月庚子。
③ 魏源:《圣武记》卷3,《雍正两征厄鲁特记》。
④ 魏源:《圣武记》卷4,《乾隆荡平准部记》。

率领的北路军在雍正九年夏遭到惨败,虽然额驸策零其后取得光显寺大捷,但这主要是喀尔喀蒙古之力。此次西征不得不草草收场。①直到乾隆二十年至二十三年(1755—1758),清高宗弘历才借准噶尔统治集团彻底分裂、相互火拼的机会,最后解决了这一地区的问题。

总之,玄烨在康熙六十一年初作出了新的决策,开始进行和平解决的试探工作,命令议政大臣"议写发往策妄阿喇布坦之书,著泽卜尊丹巴胡土克图选派好喇嘛为使,作速差往","其向伊里进兵之事,议令暂停,姑待机会行事",如准噶尔部"内变生乱","则我兵进发,亦不可缓"。②

西征之役绵延七年半之久,调兵转饷,几乎牵动了全国,"士卒暴露,转运罢敝,民生乏食,物价腾贵"③。玄烨去世前夕的这番话,流露出迅速结束这场战争的急迫心情。可以想象,准噶尔部也处于同样窘境,也会产生同等要求。和议的成功已具备必要的条件。

玄烨的新的决策对允禵十分有利。大举进攻,胜负还在未定之天,万一失利,对玄烨和允禵的威信都将是沉重打击,建嗣问题会再度后延。而进行和议,成功的或然率很大,西征之役当可早日结束,首功仍然归于允禵,玄烨的建嗣计划基本上可以实现。

西征准噶尔之役是康熙末年的重大政治、军事事件,可是对将导致这一旷日持久的事件得以结束的双方和议,《清圣祖实录》竟然不予一顾,毫无记载。这次和议是玄烨的决策,并由他主持,《清圣祖实录》的编纂者没有任何理由,更没有权力将其抹杀,所以只能是遵循胤禛的指示。胤禛的意图何在,事实可作说明。

雍正元年正月十一日,"署理抚远大将军事务,辅国公延信折奏,甘州所屯兵丁,除京城满洲兵外,有予备调遣鄂尔多斯兵三百名……(共二千六十名)分屯各处,现今并无调遣,请据令撤回本处。奏入,报闻"④。

雍正元年正月十二日,"谕:自西陲用兵以来,青海之王以下,台吉以上,各著劳绩,皇考曾降旨,俟凯旋之日,再行计功。今青海王、台吉

---

① 魏源:《圣武记》卷3,《雍正两征厄鲁特记》。
② 《清圣祖实录》卷296,康熙六十一年正月庚子。
③ 《清圣祖实录》卷299,康熙六十一年十月戊寅。
④ 《清世宗实录》卷3,雍正元年正月辛卯。

等，历年效绩，作何加封施恩之处，察明议叙具奏"①。

雍正元年正月上半月，胤禛已开始考虑西征之役中论功行赏问题，署理抚远大将军延信也提出第一批撤兵的建议，足见康熙六十一年二月以来，和议进行比较顺利，康熙去世前已基本定局。

雍正元年正月二十六日，"策妄阿喇布坦使臣垂纳木喀等朝见"，胤禛责令策妄阿喇布坦"即遣亲信之人，诚恳陈词，朕即宽宥……若冥顽不灵，仍构兵端，亦可明言其意……可作速定夺来奏"②，表明和议已进入最后阶段。

以垂纳木喀为首的准噶尔使团正月二十六日"朝见"时，距离玄烨去世已七十二天（康熙六十一年十一月十三日甲午至雍正元年正月二十六日丙午）。伊犁到北京相距遥远，以马代步，在路上最快也需要四十天左右的时间，也就是使团出发时还没有听到玄烨去世的消息。足见准噶尔派遣使团赴京一事，是玄烨在世时双方所商定，从而反映康熙六十一年二月以后，和议不断取得进展的这一重要事实。

和议结局，《清世宗实录》居然也不予记载。《永宪录》则指出，雍正元年二月（疑有误），"泽旺阿拉蒲坦来归，赐使臣筵宴贮币有差"，"川陕总督年羹尧，差官赴泽旺阿拉蒲坦，示以威福，谕令投诚，带伊所差亲台吉五人进表阙下，遂各罢兵"。③

如果和议在玄烨去世的情况下，尚且在雍正元年春达成协议，那么不发生这一意外事件，岂不更将提前。也就是说，允禵很快就会功成返京，而按照前述玄烨的建嗣计划，紧接着则将是册立皇太子的大典了。

问题在于，玄烨为什么偏偏在这一关键时刻突然死去？是自然规律造成这种"巧合"，还是剥削阶级政治的规律在起作用呢？如果不是后者，胤禛为何不敢在《清圣祖实录》中记载和议的进程？足见他怀有鬼胎，因而才千方百计企图消除这一"巧合"的历史事实。这是胤禛为掩饰其夺位阴谋的又一重要手法。

《清世宗实录》关于此次和议的记载，所以如此简单、含糊，残缺不

---

① 《清世宗实录》卷3，雍正元年正月壬辰。
② 《清世宗实录》卷3，雍正元年正月丙午。
③ 萧奭：《永宪录》卷2（上），中华书局1959年版，第88页。

全，显然是由于允禵生前已将这方面的材料销毁殆尽。影响所及，以至魏源在《圣武记》中写到这里时，因无更多依据，可能也因理解在这个敏感问题上的禁忌，只有草草带过，不敢多置一词。①

另一个值得注意的问题是，允禵为"恭请训旨"在北京停留达五个月之久，而《清圣祖实录》则仅仅指出他来去的日期，其他一无所记。允禵在京如遭到玄烨冷遇，《清圣祖实录》必然会详加记载，以作为他并非皇位继承人的有力材料。事实既然与此相反，也就从反面证明，玄烨这一时期的有关言行中，有一系列表明允禵即将成为皇太子的显著迹象和征兆，从而迫使《清圣祖实录》的编纂者不得不采取讳莫如深的态度。

只有《永宪录》还透露一些允禵抵京的情况："大将军于六十年十一月二十六日陛见至京。上命诚亲王、雍亲王领内大臣郊迎。"②前引允禵斥责阿布兰在允禵返京时"出班跪接"一事，也多少反映此次迎接的规模。这些都可作为推测允禵在京情况的参考。

对于允禵行将成为皇太子一事，允禩、允禟、允礼如果只是想当然，而无可靠的信息作依据，那么他们在听到胤禛继承皇位后，是不会产生如此强烈反应的。联系允禵在玄烨死后被召返京时的表现，就更能说明这一问题。

胤禛在《大义觉迷录》中指出："及允禵将到京之时，先行文礼部，询问见联仪注，举朝无不骇异。及到京见朕，其举动乖张，词气傲慢，狂悖之状不可殚述。"

允禵所以向礼部询问与新皇帝见面的礼仪，正是为表明自己的皇位合法继承人身份，以及胤禛即位的非法性，暗示不能和他行君臣之礼；他对胤禛"词气傲慢"，显然也出于同一理由。

允禵的行动是对刚刚即位的胤禛的公然鄙视和蔑视，在封建王朝是一桩非同小可的事件，反映在京"恭请训旨"期间，他从玄烨的有关言行中已得出自己是皇位当然继承者的确切结论，从而理足气壮地对胤禛采取这种异乎寻常的做法。这是允禵在局势不可逆转的情况下，对胤禛所能发出的最大限度的政治挑战和抗议，对清朝统治集团成员的最后呼吁，但是

---

① 魏源：《圣武记》卷3，"雍正两征厄鲁特记"。
② 萧奭：《永宪录》卷1，中华书局1959年版，第28页。

这已经于事无补了。

胤禛矫诏夺位事件所以发生在允禵返京"请训"之后，而不是在此之前，表明胤禛从允禵在京时玄烨的大量言行中，也断定允禵的继承皇位已成定局，自己已毫无希望，只有在西征之役结束前迅速采取断然手段，方能实现梦寐以求的夙愿，迟则无及。

上述各方面的情况表明，康熙六十年十一月到次年四月，清朝政治舞台上出现了对允禵十分有利的事件，给人们以皇位继承问题终于临近解决的强烈印象。《清圣祖实录》的编纂者在胤禛的指示下，坚决、彻底删除这一阶段有关允禵的全部记载，自然不足为奇。这是胤禛为掩饰其夺位问题真相的又一重要手法。

封建皇族之间的最高权力之争是生死斗争，父子兄弟之情都退居微不足道的地位。前述胤禛即位后，对玄烨赋予允禵大权及提高其威信的诸般措施的恼怒，从一个侧面表达出他的仇恨心理，因而他以毒辣手段矫诏夺位，不足为奇。

允禩、允禟所以没有采取阴谋手段夺位，并不表明其善良，而是由于对允禵继承皇位一事已确信无疑，否则他们同样会运用血腥手段的。允禟被贬谪西宁期间致允䄉的一封密信中，曾就这场皇位继承权争夺战的结局发出"机会已失，悔之无及"①的哀叹，暴露他们对玄烨的死于非命，不但没有任何悲痛之感，而且还为自己当时一心坐待允禵成为名正言顺的皇太子，丧失抢在胤禛之前矫诏夺位的良机而悔恨不迭。足见允禩、允禟等人在争夺皇位方面，与胤禛并无何等区别，他们的有关言行都是其腐朽、丑恶的剥削阶级意识的集中反映。

《文献丛编》第一辑所载《雍亲王致年羹尧书》（真迹）有着重要史料价值。胤禛此文应写于康熙五十六年三月以前，②内容大体是斥责隶属其门下的四川巡抚年羹尧"具启称职"，不称奴才，违背"各王门旗属主仆称呼"的制度，而且"六七个月无一请安启字"，"视本门之主已同陌路人"，

---

① 《清世宗实录》卷44，雍正四年五月戊申。又见《大义觉迷录》卷一。
② 康熙五十五年十二月，逃人孟光祖假冒诚亲王允祉门下，在川、湘、鄂、桂、晋、陕等省招摇撞骗案被揭发，年羹尧曾与孟光祖相互馈赠礼物，但在五十六年三月前未如实陈奏，胤禛所谓"朦胧皇上"即指此事。同年四月玄烨已知"年羹尧曾馈送过（孟光祖）马匹银两"。所以胤禛此书当写于三月以前。

警告他"真实悔悟",否则将揭发其在四川"骄横不法,狂悖无忌","朦胧皇上"之处,以及他过去写给胤禛的"今日之不负皇上,即异日之不负主子"等"无法无天"之谈,"一一奏明,谅皇上自有定夺也"。

年羹尧一度与主子疏远,除去少年得志("当抚川时,年未三十"①),忘乎所以外,还可能与其他皇子的拉拢有关。②《雍亲王致年羹尧书》所以写于康熙五十六年,表明众皇子之间争夺抚远大将军这一职位的斗争日益激烈,作为四川巡抚的年羹尧,在西征准噶尔之役中起重要作用,因而成为皇子们的争取对象。胤禛为控制年羹尧,使之为己所用,不惜使出无赖手段,威胁要将过去主仆间的私房话向玄烨揭发,但又指出如能"真实悔悟,则诚汝之福也"。据其后的事实看,胤禛的威胁利诱确已奏效,年羹尧配合胤禛矫诏夺位,在西北成功地"弹压"允禵,③就足以证明这一点。胤禛与年羹尧关系中最初出现的这一裂痕,多少也是胤禛其后对他采取断然措施的一个原因。

允禵出任抚远大将军的同时,年羹尧由四川巡抚被提升为四川总督,康熙六十年五月又担任川陕总督。玄烨既然无意于让胤禛继承皇位,为何提拔他的亲信,委以重任,安排到川陕两省,以辅佐允禵呢?允禵对此又是何种态度呢?

允礽的两次被废立,都与他急于夺位有密切关联。接受这一教训,玄烨晚年特别强调"天下大权惟一人操之,不可旁落"④,"此权岂可假诸人手"⑤,牢牢掌握决策及用人等大权。前述他于康熙五十七年初重新拟定皇太子礼仪一事,也是出于削弱未来皇太子权力的考虑。

康熙后期,在皇子们激烈争夺皇位继承权的过程中,满汉文武大臣几乎都在不同程度上被卷入。所以玄烨对属于或倾向于某皇子集团的官员加以新的任命、提拔,并不足以说明他对该皇子的信任,甚至暗示他将成为皇位继承人。如隆科多亲近被终身禁锢的皇长子允禔,允禔又与允禩关系

---

① 萧奭:《永宪录》卷1,中华书局1959年版,第54页。
② 年羹尧在康熙五十九年曾接受允禟的馈赠(见《文献丛编》第一辑,《允禩、允禟案》,穆景远口供),足见双方在此之前早有联系。
③ 《大义觉迷录》卷3。
④ 《清圣祖实录》卷259,康熙五十三年六月辛未。
⑤ 《清圣祖实录》卷234,康熙四十七年九月辛丑。

密切，但在康熙五十年还是被委以步军统领这一拱卫京师的重任。年羹尧的被提拔，关键在于此人颇有才干，"自军兴以来，办事明敏……又能度量西去进剿之兵……运食物米粮接济，殊属可嘉……见今军机紧要，将年羹尧授为四川总督"①。再就是他很可能擅长扮演两面派的角色，作出虽属于胤禛门下，却更忠实于玄烨的姿态，获得老皇帝的欢心和信任。最后，玄烨虽选定允禵为继承人，但有迹象表明他绝不愿允禵集团的势力因而过分庞大，所以没有将其成员安排到西北地区，而宁肯提拔胤禛的门下人年羹尧，从而显示他在皇子们当中搞平衡的意图和苦心。本文已指出允禵被选中为继承人的一个原因，在于他可能是皇子们都能勉强接受的人物，也是同样道理。至于允禵，他对玄烨的这种安排，自然不能提出任何异议，何况他可能也逐渐被年羹尧所欺骗。

胤禛所以能够直接指挥隆科多在北京、年羹尧在西北，分别控制玄烨和允禵这两个关键人物，迅速实现其夺位企图，主要在于他以长期的伪善面目，使玄烨逐渐放松对他的警惕，而将注意力更多放在废太子允礽集团等方面，由此错误估计关于皇位继承权的斗争形势，并作出某些不当的人事安排，使胤禛得以充分利用这些有利条件，选择适当时机，进行突然袭击，一举成功。事态的发展证明，这场继承皇位的极其错综复杂的斗争中，英明一世的玄烨终于败在胤禛之手，随着惨淡经营达四年之久的建嗣计划毁于一旦，他也随之离开了人世。而允禵也从声势煊赫的抚远大将军、未来的皇太子，一变而为阶下囚，被长期圈禁。

余 论

西征之役是玄烨在位最后七年半中，清朝最重要的政治、军事事件，玄烨、允禵则是中心人物。可是涉及这一重大事件及玄烨、允禵这方面情况的卷帙浩繁的材料，连同玄烨同一时期关于皇位继承问题的言论、措施，以及各个皇子的材料，都已荡然无存。由于胤禛论证允禵问题及皇位

---

① 《清圣祖实录》卷281，康熙五十七年十月甲子。

继承问题时玩弄的手法,人们就有充分理由判断,一切直接或间接说明胤䄉得位真相的材料,在他登极后都已被有计划地销毁了。这个推测从《清圣祖实录》的编纂情况,得到进一步的证明。

康熙一朝是清入关后十分重要的时期,玄烨为清朝统一中国并持续两个多世纪的统治,最终奠定了基础。胤䄉因而在《大义觉迷录》中说:"圣祖在位六十二年①……文德武功,超越三代",树立"际天蟠地之功勋"。可是他所指示编纂的《清圣祖实录》,在清入关后的九朝实录中却最为简略(见下表)。

清九朝实录年平均卷数统计表

	卷数	在位年数	年平均卷数	年平均卷数的指数(以《圣祖实录》为基数)
《清世祖实录》	144	18	8	160%
《清圣祖实录》	300	61	4.9	100%
《清世宗实录》	159	13	12.2	250%
《清高宗实录》	1500	60	25	510%
《清仁宗实录》	374	25	15	310%
《清宣宗实录》	476	30	15.9	320%
《清文宗实录》	356	11	32.4	640%
《清穆宗实录》	374	13	28.8	590%
《清德宗实录》	597	34	17.6	360%

可见就年平均卷数而言,《圣祖实录》约是《世祖实录》的百分之六十一,约为《世宗实录》的百分之四十,约为《高宗实录》的百分之二十。这种不正常状况的产生在于,《清圣祖实录》的编纂者,将康熙五十四年至六十一年期间最重要的事件即西征之役的内容,压缩到残缺不全的程度,关于允䄉的情况尤其如此。如上谕、奏折中肯定会大量反映的有关允䄉西征期间在甘肃、青海和陕西的重要活动;关于允䄉在玄烨去世后所以立即受制于年羹尧,也就是他和年羹尧及领兵大员如富宁阿、傅尔丹、祁里德等人关系的关键性材料,《清圣祖实录》都一概删除;又如前

---

① 玄烨于顺治十八年正月初七日登极,故此在位六十二年。

引玄烨对允禵高度赞赏与信任的、对罗卜藏丹津等人的重要讲话，允禵返京期间的重要动态，以及与准噶尔和议的进展情况等等，《清圣祖实录》也不予记载。

不仅如此，对允禵西征时的大量奏折，《清圣祖实录》从未转载，有的只是作一简单叙述而已。继任抚远大将军的年羹尧在征讨罗卜藏丹津时的奏折，《清世宗实录》则一再引用，如雍正元年十一月到二年正月即达十余次之多。

允禵是长期被圈禁的罪犯，年羹尧是被"赐死"的罪犯，两部实录对他们奏折的处理却截然不同，表明胤禛在《清圣祖实录》编纂过程中，竭力清除反映允禵已是皇位继承人的一切材料，是他怀有鬼胎的表现，而《清世宗实录》则是按惯例编纂的。

正是由于《清圣祖实录》在这一阶段的残缺不全，其他各卷必然也要相应缩减，以保持全书各卷间的平衡，终于出现《清圣祖实录》最为简略的情况。

胤禛在一道谕旨中说："张廷玉……纂修《圣祖仁皇帝实录》，宣力独多。每年遵旨缮写上谕，悉能详达朕意，训示臣民，其功甚巨……朕万年之后……著配享太庙。"[①]

《清圣祖实录》残缺不全，张廷玉作为此书主要编纂人，却被胤禛大加赞扬，这难道还不发人深思。胤禛对张廷玉"遵旨缮写"的上谕也给予很高评价，使人们有理由猜想，《大义觉迷录》所收上谕中，可能有相当一部分是张廷玉的手笔；胤禛明令张廷玉以后"配享太庙"的这道上谕，写于雍正八年六月，正是《大义觉迷录》向全国颁发之时，就更证明了这一点。

可见张廷玉所以获得"配享太庙"的"殊荣"，一因修纂《清圣祖实录》时上下其手，并销毁大量对胤禛不利的材料；二因撰写汇集于《大义觉迷录》中的论证胤禛继承皇位名正言顺的上谕，在关键性的两个方面，协助胤禛遮掩夺位真相，立下汗马功劳。这是胤禛在继承皇位方面，有不可告人的阴私的又一个重要旁证。

---

① 《清高宗实录》卷1，雍正十三年八月庚寅。

胤禛为掩饰矫诏夺位问题的真相，以其作为清朝皇帝所拥有的庞大皇权，销毁大量有关材料；在《清圣祖实录》中通过各种方式制造了一系列假象并伪造某些史实；《大义觉迷录》汇辑的有关这一问题的上谕，则包含一系列不实不尽之处甚至谎言；他即位后对某些当事人的处死或圈禁，不容否认其中也包括掩饰这一问题真相的动机。凡此种种，都给人们探讨这一问题，带来极大困难。

胤禛矫诏夺位是康雍之际清王朝的重大政治事件，它与康熙四十七年首次废黜太子后有关皇位继承问题，与西征之役及允禵出任抚远大将军，与康熙后期清统治集团内部错综复杂、纵横捭阖的政治斗争，都有着十分密切的联系。这些事件也必然给予各阶层人们不同程度的影响，引起他们形形色色的议论和记载。因而与此事有关联的材料胤禛是毁不胜毁、改不胜改的，他所制造的有关假象在不少场合也曲折反映了事物的真相（本质），将他的有关谎言与某些史实（包括胤禛本人言行）相对照，反而也被人们识破其企图掩饰的事物的原委和真相，有时在谎言中也会说走了嘴，泄露出某些有关事件的真实情况。此外，胤禛的严刑峻法及周密的政治思想统治，也不可能完全禁绝有关的材料和记载，如《抚远大将军奏议》《皇清通志纲要》《永宪录》等直接、间接说明康熙后期皇位继承问题的斗争，甚至胤禛矫诏夺位当时个别情节的材料和书籍也仍然流传至今，而朝鲜的《李朝实录》中竟然也有着这方面的重要记载。这一切，都为人们研究胤禛夺位问题提供了有参考价值的材料，这是完全出乎他意料之外的。

玄烨统治后期争夺皇位继承权的斗争，影响极其恶劣，部分皇子各自搜罗亲信，形成集团，皇亲国戚、文武大臣几乎都在不同程度上先后被卷入这一旋涡，清朝统治集团孕育着严重分裂危机，玄烨亲政后不断加强的皇权遭到削弱，他也为这一问题消耗大量时间和精力。与此同时，吏治废弛，贪污盛行，财政紊乱，土地兼并加速进行，剥削日益严重，被压迫者因而展开形形色色的斗争。康熙六十年朱一贵起义，席卷台湾全岛，是当时社会动荡不安，清朝统治秩序呈现不稳定状态的集中反映。

胤禛夺取皇位后，迅速采取秘密建储制度，堵塞日后宗室诸王为皇位继承权产生争端的漏洞，基本解决努尔哈赤以来的这一问题，对维护清朝最高统治集团内部的统一作出重要贡献。

雍正初年，胤禛大力禁绝"朋党"，其矛头首先针对存在二十余年，实力雄厚的允禩、允禟集团。由于争夺储位的斗争已达到你死我活的地步，允禩、允禟等人绝不因胤禛得位而终止其活动，而是以更为隐蔽的方式展开。所以胤禛明确指出："若不先期防范，及彼谋成事就而后应之，则朕之力不能胜……宗社之安危正不可必，天下生灵皆遭涂炭之厄矣。"①为防止统治集团及国家可能的分裂，他不得不采取断然措施，这是不可避免，势在必行，无可厚非的。如果允禵得位，也会对胤禛及其他一些皇子采取类似措施。在这个问题上，不能单纯从个人品质、性格等作出解释。

胤禛还不失时机地清除隆科多、年羹尧新的实力集团；制定各种制度，严格限制宗室诸王的权力；进一步削弱八旗旗主的权力；设立军机处；等等。终于将清朝的统治权力最大限度地集中在自己手中，使皇权发展到中国封建社会前所未有的高度。

胤禛在镇压"朋党"，扩大皇权的同时，继续执行玄烨的内外政策，并拟订某些新的政策。他采取一系列措施，大力清除玄烨统治后期恶性发展的各种弊端，取得一定成效。重视农业生产，奖励垦荒，兴修水利，是胤禛施政中的突出重点，为当时社会经济的某种程度的发展打下基础。"地丁合一"赋役制度，在雍正时期全面推行并基本完成。平定西藏阿尔布巴叛乱，设立驻藏大臣，西南地区的改土归流措施，无疑都具有重要意义。对于准噶尔统治集团的分裂活动，胤禛的相应对策虽未取得预期效果，但有助于其后清高宗弘历对这一问题的解决。划定中俄边界及处理两国通商问题等方面，他也维护了国家主权和民族尊严。

另外，胤禛还大大加强政治思想统治，极力宣扬封建纲常伦纪及忠君思想，大兴文字狱，进一步推行保甲制度，残酷镇压起而斗争的各族人民，给广大被压迫者带来更多灾难。

胤禛的所作所为，归根到底是通过加强皇权，消除异己，镇压人民，维护腐朽没落的封建制度，以巩固自己的皇位，使清朝对中国的统治"亿万斯年"。这就阻滞了资本主义生产关系萌芽的发展，延缓了封建制度解体的进程，使中国愈益落后于西方。

---

① 《大义觉迷录》卷3。

不容否认，胤禛终究在发展经济，加强国家统一，抵御外国殖民主义侵略势力方面，作出一定贡献，客观上大体符合各民族的共同愿望和利益；而玄烨统治后期日益动荡不安的局势，也是由他所及时扭转。这都为其后乾隆盛世的出现奠定了基础。总之，胤禛的统治虽然相当短暂，却对康乾盛世及清朝的历史进程产生重大影响，不能低估。

胤禛其人猜忌多疑，刻薄寡恩，统治严酷。不过他的作风也具备某些特点，如勤于"政务"，为中国历代帝王所仅见；不拘一格起用人才，也是相当突出之举；其生活以封建帝王标准衡量，较为俭约，某些方面则胜于玄烨；他即位初期的个别措施，也引人注目。

据朝鲜李朝实录记载，玄烨诸子平日"受贿鬻官"，向"京外富民之家""勒取财产""占夺田园人畜""人或不与，则侵虐万端，必夺乃已"。"新皇帝（胤禛）亦尝黩货致富，及登大位，前日所占夺者，并还本主"，并命令其他皇子将"所夺民财，限一年并还其主"。皇子中"果有贫寒者……内库所储，可以随乏周给""若久不还，致有本主来诉，断不以私恩贳之也"。①

又如玄烨"以游猎为事，鹰犬之贡，车马之费，为弊于天下"。"新皇帝诏罢鹰犬之贡，以示不用，而凡诸宫中所畜珍禽异兽，俱令放散，无一留者。"②

胤禛采取的诸如此类的措施，不仅仅是故作姿态，显然还在于通过实际行动，表明清除康熙后期各种弊端的决心。

如果允禵继承皇位，将出现何等局势，不便作无根据的揣测。不过有一点大体可以看出，即他之处理"朋党"问题，其困难程度将大大超过胤禛。因为允禩、允禟集团所以全力支持允禵争夺皇位，其目的之一则是在他即位后，对他施加影响，甚至进行控制，以谋取本集团的私利。前引允禟的这番话"十四爷若得立为皇太子，必然听我几分说话"，就是其政治野心的自我暴露，而这对于任何专制君主显然都是不能容忍的。所以允禵不仅要处理允礽、胤禛、允祉等派系，还会逐渐与允禩集团发生冲突。由于允禵就是这一集团的成员，与允禩、允禟、允䄉等人有着千丝万缕的联

---

① 吴晗辑《朝鲜李朝实录中的中国史料》第 11 辑，中华书局 1980 年版，总第 4382 页。
② 吴晗辑《朝鲜李朝实录中的中国史料》第 11 辑，总第 4383 页。

系，很重"义气"，因而他能否像胤禛那样断然处置其往日的同盟者，很令人怀疑。可见这场斗争将是十分复杂，而又旷日持久的。

总之，处理"朋党"，对允禵是极为困难的任务，而这一问题的不能及时解决，将影响皇权的集中及统治集团内部的稳定，从而妨碍对玄烨时期政策的推行，也不利于清除当时存在的种种弊端。从这一角度看问题，对清朝统治集团，甚至当时的中国社会，相对说来，胤禛在位，反而比允禵当权较为有利。

胤禛虽然阴谋夺位，并以很不高明的手法制造假象，企图掩饰这一不光彩的历史，不过他在位期间的诸般措施，客观上对我们统一的多民族国家的进一步形成和巩固，对清代关键性的历史时期（康乾盛世）之得以保持其连续性，却作出有益的贡献，表现为中国封建社会的一个相当有作为的皇帝。这一矛盾的历史现象，适足表明剥削阶级历史人物的复杂性，不足为奇。

（原刊于《清史论丛》第四辑）

康熙遗诏与雍正篡位

杨启樵

一

这篇报告主要是评论王锺翰教授的大作《清圣祖遗诏考辨》。[①]王老乃当前清史专家的翘楚，也是研究雍正篡位问题的老前辈，40余年前有关雍正夺嫡的两篇宏文，[②]时至今日，依旧是探讨这个问题的必读之作。遗憾的是他老人家以后精力集中在民族史及史籍校注方面——这当然有贡献，然而对于研讨康、雍宫闱史的我们来说，未免感到寂寞，想不到大连清史国际学术讨论会中，他赓续40年前旧业，发表了遗诏考辨的新作，实在令人兴奋！

可是我对那篇著作，有不同的见解。王老自述撰文动机，因中国第一历史档案馆赠送他一帧相片而起，那是圣祖遗诏原件的摄影。读后顿起疑念，以清代各种官书来对比校勘，作出结论："圣祖遗诏是伪造的，亦是为世宗篡位增添一个历史文献物证。"

无巧不成书，就在王老获得相片的前一年，我已经在一史馆展阅了原件，请馆中专家摄成相片，时在1985年7月。在我看来，这仅是一件有纪

[①] 1986年7月，大连清史国际学术讨论会报告。初刊于《社会科学辑刊》1987年第1期，辽宁社会科学院出版。后收于王著《清史新考》中，1990年7月，辽宁大学出版社出版。亦收于白寿彝主编《清史国际学术讨论会论文集》（中），辽宁人民出版社1990年版。

[②] 王著《清世宗夺嫡考实》，《燕京学报》第36期，1949年6月。《胤禛西征纪实》，《燕京学报》第38期，1950年6月。

念性的文献，至于学术上则并无太大参考价值，因为早见于《康熙实录》《永宪录》中，连《朝鲜实录》也有刊载，不足为奇。王老却是"再四展阅，真是喜出望外"，即刻写成考辨一文，于1986年大连清史国际会议中发表。

笔者既是与会者，若有异见，何不当场发问？为的是王老的报告，百分之九十是把遗诏与各种官书对比，证明遗诏乃从康熙五十六年十一月廿一日的"面谕"增删而来。这我完全同意，毋庸发问，反对的是该文的主旨、结论。那有两点：（1）王老主张遗诏是雍正"一手遮天""盗窃""面谕"而成，我则以为虽然遗诏采用"面谕"，却不是盗窃，有它的必要性。（2）王老主张此乃雍正篡位的重要证据，我则以为毫无关系。要阐明这两点须费一番唇舌，希望散会后面谈，可是一直没机会，也就作罢。

返日后，读到《人民日报》上大连清史国际会议的报道，特出地介绍了考辨一文，说是雍正篡位得到了新的有力的证明，我觉得这不是事实，应该提意见，王老虚怀若谷，绝不会见怪。但终于没有执笔，原因很多，其中一点是当时入手的是一份打印报告，成书时也许有所损益，一方面也等待着国内行家的意见。

然而3年过去了，海内外一无反应，大连清史国际会议的论文集也迟迟未梓行。1989年终，王老访日，莅临神户寒舍，我旧事重提，说要写一篇文评。他欣然允诺，还告诉我大连报告，已在一份刊物上登载，返国后寄来。果然1990年春刊物送达，其中有考辨一文。我草成文评，打算在该年10月东京外大亚非研究所主办的清代档案会议中发表，因为王老也出席，便有请教机会，以后因故没有报告。可是我认为这是一个比较重要的问题，应该公之于众，请方家指教。所以在这里献丑了。

二

王锺翰教授的论点是：康熙遗诏中出现了五十六年的"面谕"，因此断定遗诏是雍正伪造的。当然遗诏中命谁继统一事也不可信。证明雍正的皇位是篡夺而来。我则以为遗诏中采入"面谕"是理所当然的（详后），而皇位的继承在遗诏中并不占重要的地位。王老重视遗诏，因为内有嗣君的指名，也就是看作传位诏了。其实诏中虽有命某某人承大统的字样，但别有所据：或早已立储，或出于大行皇帝的末命，或存有朱笔密旨等，待皇位决定以后，始由文臣书于诏中。其内容不仅于此，主要叙述皇帝生前的作为，或今后施政方针，既非御笔亲书，亦无签署，都是皇帝宾天后才草拟，缮写后颁发全国，也遣使节持往邻邦，因此《朝鲜实录》中多有转载。

遗诏不等于先帝遗言，且举例说明。清承明制，皇位递嬗的方式虽然迥异，但遗诏的草拟和颁布过程，大致相同，而且清初确实作过模仿，所以宜从明代叙起。明代除了二三特殊的例子外，都早已立储，因此夺位纠纷较少，明代遗诏虽然用大行皇帝名义，实际上由顾命大臣草拟。这是厘剔先朝蠹政的好机会，有魄力的政治家，往往借此作一番整顿、改革，以下且举三例。

（一）武宗朝

正德十六年三月丙寅，荒淫无道的武宗撒手尘寰，无子，大学士杨廷和做主，立帝从弟厚熜为嗣主，这就是世宗。遗诏中却说出于武宗宸断。不宁唯是，廷和还借遗诏，把弊端尽行革除，如中止劳民耗财的营建工务，释放无辜囚犯，遣返各地送来的美女，逐走蛊惑邀宠的番僧，将取出的珠宝送归内库等。①

（二）世宗朝

世宗崩后，内阁首辅徐阶也依样葫芦，借大行皇帝名义，在遗诏中自责，并罢诸弊政，说：只缘多病，过求长生，遂致妖人乘机诳惑。祷祠日举，土木岁兴，郊庙不亲，朝讲久废。于是一切蠹政一扫而空。②实在是

---

① 《明武宗实录》卷197，正德十六年三月丙寅；《明通鉴》卷49；《明史》卷16《武宗本纪》。
② 《明世宗实录》卷566，嘉靖四十五年十二月辛丑；《明通鉴》卷63；《国榷》卷64。

一大德政，但竟为同僚郭朴抨击："徐公谤先帝，可斩也。"①由"谤先帝"看来，便可知遗诏根本不是世宗本意。

（三）神宗朝

万历四十八年七月丙申，神宗崩，大学士方从哲等又借遗诏革新除旧，说：

> 比缘多病，静摄有年，郊庙勿躬，朝讲希御，封章多滞，僚寀半空。加以矿税烦兴，征调四出，民生日蹙，边衅渐开，夙夜思维，不胜追悔。……建言废弃及矿税诖误诸臣，酌量起用。一切榷税并新造、织造、烧造等项，悉皆停止。各监犯俱送法司审释。东师阙饷，宜多发内帑以助军需。阵亡将士，速加恤录。②

三

清代入关前二帝，尚在草创时期，谈不到遗诏，史书记载他们弥留的情况，仅寥寥数句，如太祖努尔哈赤，天命十一年八月十一日卒，《清实录》说："上于国家政事、子孙遗训，平日皆预定告诫，临崩不复言。"③如太宗皇太极，《清实录》说："是夜，上无疾，端坐而崩。"④

至顺治朝始有遗诏，和前举明代三例相似。诏中胪列十三项愆尤，期望嗣君勿重蹈前辙，如"渐习汉俗，于淳朴旧制日有更张"；如"委任汉官"，不信满洲诸臣；如"廷臣中有明知其不肖，不即罢斥"；如"经营殿宇，造作器具，务极精工"；如"委任宦寺"，"与明无异，以致营私作弊，更逾往时"；如"不能听言纳谏"，"以致臣工缄默，不肯进言"。⑤

---

① 《明史》卷213，《徐阶传》。
② 《明神宗实录》卷596，万历四十八年七月戊戌；《国榷》卷83。
③ 《清太祖实录》卷10，天命十一年八月丙午。
④ 《清太宗实录》卷65，崇德八年八月庚午。
⑤ 《清世祖实录》卷144，顺治十八年正月丁巳。

这道遗诏很明显地保持了明代遗风：由后人借先帝名义，自暴过失，冀嗣主作一番改革。①

四

继顺治后的遗诏，就是所谓有疑窦的康熙的那份。这和以前"罪己诏"式的不同，充满了自夸的表功，以后诸帝也颇有这种倾向，因为君主独裁权越强，顾命大臣便不敢"诽谤"先帝了。虽然如此，遗诏乃驾崩后始由大臣草拟这点，却始终不变，且看以下数例。

（一）雍正朝

雍正暴死在离宫圆明园，据顾命大臣张廷玉的《自撰年谱》说：他火急赶至离宫时，龙驭已上宾，因此御笔亲书乾隆名的传位密旨，一时竟不知放在何处。②因此可以肯定遗诏乃雍正卒后才草拟的。诏中有一段说：当年为整饬人心，将法律加严，原不过是一时性的措施，今后应斟酌放宽。云云。这可能是乾隆与众臣的意见。

（二）同治朝

同治十三年十二月初五日，帝崩，皇太后颁懿旨，着载湉（光绪帝）继位，但遗诏仍用同治的口吻。还命新主"孝养两宫皇太后，仰慰慈怀"③。懿旨颁发于帝崩之后，按理说遗诏书成于帝崩之前，今遗诏中竟有

---

① 有些史料显示出遗诏出自顺治之口。如《圣祖实录》卷1，第46页。《王熙自撰年谱》（见《王文靖集》）。但孟森先生以为向王大臣宣示的是王熙笔录遗诏，其后向天下颁布的，是经过皇太后及诸王斟酌改定的遗诏。说："遗诏胪列罪己各款，如一近奄官，内宠逾制，皆世祖所不能自克者，故知原诏文未必然也。"孟先生言之有理，今从之。见孟著《世祖出家事考实》，收于《清代史》（中），第457、458页，1960年11月，台北：正中书局出版。
② 张廷玉：《澄怀园自订年谱》，第165页，《近代中国史料丛刊分类选集》丙集第8册，台北：文海出版社出版。
③ 《清穆宗实录》卷374，同治十三年十二月甲戌。

懿旨如何云云，岂非矛盾！

（三）光绪朝

与同治相同，光绪也在殁后始由皇太后颁懿旨，命溥仪入承大统，而遗诏中与前例相同，将懿旨记入。①因为已成惯例，谁也不觉矛盾。

以上三例比较明显，究其实，历代遗诏无一在生前拟定的。这仅是形式化的官样文章，没有人认真看待它，而且每况愈下，越来越简单。自顺治至光绪九帝中，以康熙遗诏为最长，共1087字，到了同、光两朝，都只有300余字，敷衍了事而已。

五

话题回到"面谕"和康熙遗诏，先论前者。康熙五十六年十一月廿一日，康熙于乾清宫东暖阁，忽然传旨召诸皇子及满汉大臣，发表了一段长达2300余字的谈话，这就是所谓"面谕"，内容拉杂，归纳起来大致有两点：(1)自述生平，包括用兵、行政及健康状态。(2)皇储问题。后者讲得比较暧昧，说：

> 立储大事，朕岂忘耶！天下神器至重，倘得释此负荷，优游安适，无一事婴心，便可望增加年岁。诸臣受朕深恩，何道俾朕得此息肩之日也。②

最后两句显然是暗示诸臣，推荐储贰，自己便可卸下重担，过悠闲日子，则延年益寿可期。但翰林院检讨朱天保奏请复立允礽为太子时，竟罹重刑。③皇帝心目中的皇储当另有其人，所以朱天保碰了硬钉子。

---

① 《清德宗实录》卷597，光绪三十四年十月癸酉。
② 《清圣祖实录》卷275，康熙五十六年十一月辛未。
③ 同上卷277，康熙五十七年正月己巳。

六

"面谕"正如它字面所表示，是一篇谈话，因此遣词造句、次序安排都有不妥当的地方，但不妨采入遗诏中——而且必须采入遗诏中，因为这的的确确是康熙本人的意志，在"面谕"中一再表示：

> 自昔帝王多以死为忌讳，每观其遗诏，殊非帝王语气，并非中心之所欲言。此皆昏瞀之际，觅文臣任意撰拟者。朕则不然，今预使尔等知朕之血诚耳。①

又说：

> 恐前途倘有一时不讳，不能一言，则吾之衷曲未吐，岂不可惜！故预于明爽之际一一言之，可以尽一生之事，岂不快哉！②

还说：

> 此谕已备十年，倘有遗诏，无非此言。披肝露胆，罄尽五内，朕言不再。③

康熙清楚明晰地指出，这就是"遗诏"，要交代的都交代了，此后别无话可补充。因此无论哪个皇子继位，必须把这篇"面谕"采入遗诏内，否则就是蔑视父皇，不尽孝道了。假定十四阿哥继统，也必然采取"面谕"，只是易"雍亲王四子胤禛"为"贝子十四子胤禵"而已。

---

① 《清圣祖实录》卷275，康熙五十六年十一月辛未。
② 《清圣祖实录》卷275，康熙五十六年十一月辛未。
③ 《清圣祖实录》卷275，康熙五十六年十一月辛未。

七

我以为康熙遗诏虽然成于雍正时代，这是惯例，并不稀奇，而且与篡位毫无关系，理由有以下数点。

（1）遗诏不等于传位诏，以明清两朝的例子来看，嗣君的入承大统，或由王公大臣公推，或已立为皇储，顺理成章的继统，或出于皇帝弥留之际的末命，或已密建皇储，先帝宾天始揭露，或由皇太后懿旨决定。嗣主指名完毕后，始记入遗诏中，已经成为官样文章，和皇位的继承没有多大关系。因此，雍正从来没说过，自己的登位出于遗诏。①

（2）雍正没有必要盗窃"面谕"的内容，篡改成遗诏；如有需要，尽可命文学侍从之臣仿康熙语气撰文。

（3）那道"面谕"一个月后奉旨命内阁、起居注各录一通收贮。②也收录在雍正朝编纂的《清圣祖实录》内，已不算是密件。而遗诏则天下共知，甚至远播外国。两者不难发现，对照之下立即可以知道同出一源。如果这属于"盗窃""伪造"行为，倘若持此作为嗣君的证明，是很幼稚的手段，精明如雍正者绝不会出此下策。

（4）"面谕"的内容可据以写成遗诏，实出于康熙生前的本意，读上引康熙谈话可以知道；如不采用，就反蒙不孝之名。

基于以上数点理由，我认为"面谕"被采入遗诏中，合情合理，与雍正篡位并无关连性。

（原刊于《清史论丛》1992年号）

---

① 《大义觉迷录》（卷1，第17a—18b页）中，雍正曾说："伊等（指允禩、允禟等）若非亲承皇考付朕鸿基之遗诏，安肯帖无一语，俯首臣伏于朕之前乎？"此中"遗诏"两字，显然指末命，非颁布海内外之遗诏。

② 《清圣祖实录》卷276，康熙五十六年十二月甲辰。

清朝皇位继承制度特点研究[*]

杨 珍

皇位继承的实质是皇权的传承。皇位继承制度研究，是皇权研究的一个重要组成部分。清朝是由满族统治者建立的中国最后一个封建大一统中央王朝，它的皇位继承制度，既反映出对于历代王朝皇位继承制度的总结、借鉴和改进，又独具特色，同其他王朝迥然有别。

总括而言，清朝皇位继承制度具有皇位继承形态的多样性，以建立新的皇位继承制度为主要内涵的开创性，较大的包容性即多元文化特色三大特点。此外，清朝皇位继承形态的转换，呈现出同清朝皇权发展阶段之间较强的一致性，这是清朝皇位继承制度发展演变历程的一个特点。虽然清朝皇位继承形态不断变化，但历次皇位传承，都能相对平稳地实现，从而构成清朝皇位继承制度实施过程的一个特色。

上述不同方面的特点之间，有着密切联系。它们既分别对清朝皇位继承制度的演变产生较大作用，相互间也发生一定影响，为这一制度增添了多姿的色彩。

---

[*] 拙著《清朝皇位继承制度》于2001年底出版后，我对该书所涉及的若干问题，作了进一步思考，本文是其中的一部分。

一　皇位继承形态的多样性

清朝历时268年（1644~1911），如果将它在关外的28年（1616~1643）包括在内，那么，清朝历史共计296年。这是中国皇权、中国皇位继承制度退出历史舞台前的最后的约三个世纪。

在此约三百年中，清朝先后出现了汗位推选制、嫡长子皇位继承制、秘密建储制，以及懿旨确立嗣君四种皇位继承形态。[1]皇位继承形态的多样性，是清朝皇位继承制度与其他王朝皇位继承制度的一个显著不同。

清朝以前，历代汉族封建王朝（秦除外），无不实施嫡长子皇位继承制。元朝是由蒙古贵族建立的封建大一统中央王朝，它在仿依汉制，实施嫡长子皇位继承制过程中，虽然受到其原有选汗制度及某些传统、习俗的较大影响，但未曾创立新的皇位继承制度，所以并不具有皇位继承形态多样性的特点。

中国历史上，只有清朝皇位继承制度在发展演变历程中，先后出现了既相对独立又互有传承关系的四种皇位继承形态。限于篇幅，本文不拟对四种皇位继承形态进行全面论述，[2]仅就它们各自具有的特点以及若干重要问题，试作阐释。

（一）汗位推选制

这是清朝历史上最早出现的最高权力继承制度。这一制度于天命七年（1622）由后金汗努尔哈赤确立后，总共实施过两次，即努尔哈赤死后的权力传承，以及努尔哈赤的继任者皇太极死后的权力传承。该制的实施，仅限于天命、崇德（含天聪朝）两朝，历时21年。

八旗制度乃后金建国之本，然而随着后金的发展壮大，八旗各旗的力

---

[1] 谢俊美著《政治制度与近代中国》（上海人民出版社，1995）一书指出，清朝曾先后采用旗主贝勒共议共举的立嗣制度、公开立嫡长的皇位继承制度、秘密立储制度和懿旨钦定储位的做法。参见该书第21~31页。
[2] 关于清朝四种皇位继承形态具体内容的论述，参见杨珍《清朝皇位继承制度》（以下简称《制度》），学苑出版社，2001。

量逐步增长，其原本具有的相对独立地位进一步提高，出现分权倾向。①特别是分掌五旗的代善、阿敏、莽古尔泰、皇太极四大贝勒，"共理机务"，"按月分值"，②权势最大，日渐构成对后金汗权的一种潜在牵制力量。加之他们因觊觎汗位，彼此明争暗斗，矛盾日益尖锐。③为此，努尔哈赤宣布并部分实施八王共治国政制，使八王（诸贝勒）互相牵制，以遏制八旗分权倾向。

汗位推选制则是努尔哈赤晚年两次立嗣失败后，被迫放弃个人独断预立继承人的做法，在八王共治国政制基础上，所创建的后金最高权力传承制度。④汗位推选制下，作为八旗旗主的八王既为推选人，也是被推选人，嗣汗可能出自八旗中任何一旗，体现了八旗均等的宗旨。这一制度拟通过八王（诸贝勒）推选方式，解决汗位继承人问题，并保证嗣汗在分权的政治体制下，继续实施对后金的统治。

按照汗位推选制确定的权力传承规则，身为八王（诸贝勒）的努尔哈赤的部分子、侄、孙，都有推选汗位继承人的权力和被推选为嗣汗的资格。这同以嫡长子继承制为核心的汉族宗法制继承规则，截然不同。汗位推选制中嫡长子继承观念的阙如，乃当时后金社会尚无宗法制度的一个具体反映。

从汗位推选制的两次实施情况看，⑤通过这一制度先后产生的两位权力继承人皇太极与福临，均为所继承者的亲子而非侄、孙。这表明，汗位推选制中已含有父死子继的鲜明倾向。

八王共治国政制的出台，阻滞了后金汗权向权力更为集中、强化的封建皇权逐步演变的历史进程，因此是一种倒退。但是，八王共治国政制在努尔哈赤绝对专权下的部分实施，对于扼制八旗的分权倾向，维护后金进

---

① 如镶蓝旗旗主、四大贝勒之一阿敏曾拟率该旗"出居外藩"，另立门户。此事发生在皇太极由诸贝勒推选，即将继承汗位之际，但是天命时期八旗具有分权倾向的一个突出例证。参见《清太宗实录》卷48，崇德四年八月辛亥。
② 《清太宗实录》卷1；《清太宗实录》卷5，天聪三年正月丁丑。
③ 参见王锺翰辑录《朝鲜〈李朝实录〉中的女真史料选编》，辽宁大学历史系清初史料丛刊本，第283~284页；中国第一历史档案馆、中国社会科学院历史研究所译注《满文老档》上册，中华书局，1990，第241~242、278页。
④ 有关汗位推选制的具体做法，详见《满文老档》上册，第345~346页。
⑤ 《清太宗实录》卷1，天命十一年八月庚戌、九月辛未；《清世祖实录》卷1，崇德八年八月乙亥。

入辽沈地区后的统治地位，也起有积极作用。同时，它的部分实施，促使四大贝勒之间因争夺嗣位而产生的矛盾有所缓减，从而有助于在后金最高统治集团内部，营造一种相对和谐的政治氛围，使具有较高威信的皇太极免于成为众矢之的，并于努尔哈赤死后被众贝勒推选为后金新汗。

皇太极继承汗位后，大力集中个人权力，不断削弱八旗旗主，尤其是三大贝勒的权势，促成后金汗权向清朝皇权的转变。崇德年间，崇德皇权已初步具有专制集权的特征。八王共治国政制以及以之为依托的汗位推选制，虽然未被皇太极明令废除，但已名存实亡。因此，皇太极死后，清朝解决皇位传承问题时，尽管仍然沿用推选制的形式，但其内涵却发生了变化。一方面，"立帝之子"，成为清朝最高统治集团内大多数人的共识；①另一方面，在决定皇位继承人选的问题上，代表皇权，以孝庄为核心的崇德后宫，发挥了十分重要的作用。孝庄之子六龄童福临最终继承皇位，应当说是清朝皇权的一个重大胜利，它反映出清朝最高统治者能够在较大程度上，按照其个人意志，决定皇位继承人，只是还需通过推选这一形式而已。②

崇（德）顺（治）两朝的皇位交接中，八旗诸王贝勒从原有的主角，退至相对次要位置的角色转换，虽然尚未最终完成，但这一趋势已很明显。这表明，由于清朝皇权的逐步集中、强化，清帝对八旗的控制日趋紧严，八旗诸王的政治地位与权力都进一步降低。八旗制度虽然仍被视为立国之本，受到清帝的高度重视和加强，可是，在朝着不再与清朝最高权力继承制度之间发生联系的方向，迅速发展。自然，汗位推选制对于此后清朝皇位继承制度的发展演变，仍然产生了一定影响。

至于顺康两朝的皇位交接，则是在汗位推选制业已消亡，新的皇位继承制度尚未产生之际，清朝最高统治者按照个人意志，选择皇位继承人的首次成功实践。不过，顺治帝在此中扮演了相对被动的角色，以两黄旗重臣为心腹，仍然掌握实权的孝庄太后，③则居于主导地位。从清朝皇位继

---

① 《沈阳状启》，仁祖二十一年八月二十六日，辽宁大学历史系清初史料丛刊本，第514页。另参见《清史稿》卷249，《列传》36，《索尼》。
② 参见《制度》第二章第二节《崇德时期的皇位传承》。
③ 吴晗辑《朝鲜李朝实录中的中国史料》（中华书局，1980，第9册，第3884页）载，康熙朝初年，"四辅臣担当国事，裁决庶务，入白太后"。另参见〔德〕魏特《汤若望传》，杨丙辰译，商务印书馆，1949，第328页。

承制度发展演变的全过程审视,此次皇位交接,发生在两种皇位继承形态(汗位推选制与嫡长子皇位继承制)的转换完成之前,因而具有过渡性的特点。

(二)嫡长子皇位继承制

清代,唯有康熙朝采用了嫡长子皇位继承制,历时37年(康熙十四年十二月至康熙五十一年十月)。这是自西汉初年开始实行,有着1900余年历史的嫡长子皇位继承制,在中国历史上最后一次实施。在此期间,发生了皇帝两立两废太子这一史无先例之事。

康熙帝是在清朝皇权进一步集中、强化,满汉文化由激烈冲撞转向逐步融合的政治、文化背景下,决定采用这一汉制,但是以失败而告终。究其原因,不能主要归结于某一个人行为。换言之,康熙帝施教太子过程中的种种失误,以及皇太子允礽的暴虐恣肆,只是导致这一制度的实施最终失败的次要因素,其根本原因,乃嫡长子皇位继承制所代表的汉族宗法制嫡长观念,尚不能为当时仍然深受满族传统旧制影响的满族王公大臣所接受。与汉族王朝王公大臣视太子为国本,对其采取支持与宽容的态度全然相反,满族王公大臣中的大部分人,对于只是凭依嫡子身份取得储位,又十分缺乏自律性的皇太子允礽深为厌恶。康熙四十七年(1708)十一月,当康熙帝准备通过群臣保举的方式,复立允礽为太子时,以佟国维、阿灵阿、鄂伦岱、马齐、揆叙为首的满族大臣,明知其意而违之,弃允礽而不举,于众臣中倡议保举皇八子允禩为皇太子,便是这种心态的一次充分表露。至于一向看满族大臣眼色行事的汉族大臣,此次也无例外,同样以全票保举允禩,亦即否决了允礽。[1]

值得注意的是,即使是康熙帝本人,在实施这一制度的过程中,也时时不自觉地流露出满族传统的观念与意识,并采取了与该制相抵牾的有关做法。例如,他将嫡长子允礽立为太子后,又在较大程度上违背了宗法制度的嫡庶有别原则,按照满族的传统,培养、重用诸皇子,逐步赋予他们

---

[1] 《清圣祖实录》卷235,康熙四十七年十一月丙戌。

相当大的权力，使之参与国政。① 于是，部分既有权势，又对皇位怀有希冀的皇子们结为反太子派，并逐步形成以他们为核心，包括皇亲国戚、八旗王公在内，实力相当雄厚的一股政治力量。这一反太子派群体，在两废太子中发挥了重要作用。②

总之，集中与强化的皇权，虽然在政治层面上为康熙帝排除干扰，实施此制提供了支持和保证，可是，如果从包括康熙帝在内的满族贵族的思想观念进行考察，不难看出，采用此制的时机，尚未完全成熟。嫡长子皇位继承制在康熙朝的实施具有一定的超前性，它的最终失败，乃无从避免。

康熙朝采用嫡长子皇位继承制过程中，始终存在着满汉两种观念、习俗的冲突与斗争，这构成康熙朝嫡长子皇位继承制的一个特点。

崇德元年（1636），清朝始定亲王以下九等爵位，并于"是年定庶子受封例"③，显示了接受、采纳汉族宗法制嫡庶有别宗旨的鲜明意图。然而终顺康两朝，清廷关于袭爵中嫡庶标准的规定，时常出现互相矛盾现象，直到雍乾时期，明确区别嫡庶之分的宗室封爵制度，方正式确立。④ 看来，人的观念的变化，往往滞后于社会与制度的变化。有关明文规定，并不能迅速改变人们原有的价值取向，无法即刻消除传统旧制对人们所产生的潜移默化的影响和束缚。康熙朝实施嫡长子皇位继承制遭到失败，实际上是深受满族传统制度、习俗影响，对该制抱有抵触情绪的满族贵族内部，形成的一股强大合力使然。

（三）秘密建储制度

秘密建储制度是清朝独创的皇位继承制度。秘密建储在清代正式实施了四次（雍、乾、嘉、道各朝），历时一个世纪以上（雍正元年至道光

---

① 从康熙朝四十年代始，每当康熙帝离京外出，即令部分年长皇子于紫禁城、畅春园两处轮班值守，处理一应政务。参见中国第一历史档案馆藏，满文朱批奏折三件，胤祉、胤禛奏，康熙四十六年七月二十日；胤祉奏，康熙四十九年五月二十八日；胤祉等奏，康熙五十年六月初一日。
② 参见《制度》第四章第一节《两废太子》。
③ 《清文献通考》卷246，《封建》1。
④ 参见鄂尔泰等修《八旗通志初集》卷50，《典礼志》1；卷75，《封爵世表》1；《清文献通考》卷246，《封建》1。

三十年，1723年至1850年）。道光以后，清帝或只有独子（如咸丰帝），或无子（如同治、光绪二帝），秘密建储制度的实施被迫终止。

关于秘密建储制度，以下两个问题需作重点阐述。

第一，秘密建储制度的创立，先后经过政策创新与制度创新两个阶段，是由康、雍、乾三帝共同完成。

康熙帝晚年曾实行了并未成功的秘密建储计划，他是秘密建储制度的开创者。

康熙帝二废太子后，于五十二年（1713）二月对领侍卫内大臣、大学士等人的讲话，①五十六年（1717）十一月向满汉朝臣宣布的"长篇面谕"，②以及其后的一系列有关举措中，已含有秘密建储的四项内容，即皇帝全权决定储君人选，择贤而立，暗中考察培养储君，严格实行保密宗旨。③秘密建储计划乃初创，带有较大的随意性，缺乏必要的制度化措施，并且还未完全脱离原有制度（嫡长子皇位继承制）框架的制约。④所以，它具有政策创新的性质，尽管康熙帝本人不可能认识到这一点。秘密建储计划存在一些重要疏漏，特别是康熙帝过分拘泥于保密宗旨，而未采取与此相配合的其他步骤，因而当他突然去世后，其属意者无法完成从暗定皇储到嗣帝的角色转换，秘密建储计划彻底失败了。

在秘密建储制度建立过程中，雍正帝是一位承先启后者。他继承其父秘密建储计划的主要内容，继续实行秘密建储，但又总结吸取了秘密建储计划失败的经验教训。雍正帝对秘密建储所作出的最重要的改进，是于元年（1723）八月对全体朝臣公开宣布实行秘密建储，并告知存放建储密旨的地点。⑤这样，当他本人一旦发生意外，众臣仍能遵循他的密旨，拥立其属意者为帝。这种既秘密又公开、藏密于公开的建储方式，表明雍正帝的建储思想，比康熙帝大大提高一步，且具有一定的辩证色彩。

但是，雍正帝仍然是将秘密建储作为一种权宜之计，并未将它定为一

---

① 《清圣祖实录》卷293，康熙五十二年二月庚戌。
② 《清圣祖实录》卷275，康熙五十六年十一月辛未。
③ 参见《制度》第四章第二节《秘密建储计划》。
④ 这主要表现在康熙帝只是抑制储权，并未取消储权，他拟于秘密建储计划完成后，继续公开册立储君。参见中国第一历史档案馆《康熙起居注》第3册，中华书局，1984，第2464页；《清圣祖实录》卷277，康熙五十七年正月辛酉、庚午。
⑤ 中国第一历史档案馆《雍正朝起居注册》，中华书局，1993，第1册，第83~84页。

项制度。

乾隆帝是秘密建储制度的最终确立者。乾隆帝继位初始，即曾秘密建储。①暗定储君早卒后，加之其他一些原因，他在是否继续实施秘密建储问题上，思想认识方面曾有过一定反复。三十八年（1773）冬，他再次秘密建储。②四十三年（1778）九月，乾隆帝下达谕旨指出："不可不立储，而尤不可显立储，最为良法美意，我世子孙当遵守而弗变者。"③这是将秘密建储确立为制度的一个标志。秘密建储制度创立过程中由政策创新向制度创新的转换，至此而完成。

从康熙五十六年（1717）康熙帝实施秘密建储计划，至乾隆四十三年（1778）秘密建储被乾隆帝定为一项制度，前后长达61年。康、雍、乾三帝秘密建储思想的发展，经历了一个从产生到不断充实，又到逐步成熟的递进过程。

第二，秘密建储制度对于嫡长子皇位继承制的立嫡立长原则，并未完全抛弃。

乾隆帝虽曾多次指出历代实施嫡长子皇位继承制的弊端，④对此予以严厉抨击，但是，通观其第二次秘密建储后的有关谕旨，他只是反复强调不可明立储君，从未明确指出秘密建储制度的择储标准。⑤换言之，乾隆帝所阐述的仅为秘密建储的方式，对于涉及嫡长问题的择储标准这一更为关键处，却采取了回避的态度。这使他所精心构建的秘密建储思想体系，具有明显的不完整性。

事实上，嘉庆帝实施秘密建储时，择嫡长子旻宁为嗣，是为道光帝。道光帝则弃天资较高、素为其钟爱的皇六子奕䜣而以皇长子奕詝为暗定储君，是为咸丰帝。上述两例表明，清帝实施秘密建储过程中，在其全权决定储君人选，择优而立时，除去情况特殊（如废太子允礽是康熙帝唯一嫡

---

① 《清高宗实录》卷22，乾隆元年七月甲午。
② 《清高宗实录》卷1066，乾隆四十三年九月乙未。
③ 《清高宗实录》卷1067，乾隆四十三年九月丁未。
④ 参见《清高宗实录》卷1067，乾隆四十三年九月丁未；卷1189，乾隆四十八年九月戊午；《钦定古今储贰金鉴》卷首，《上谕》。
⑤ 乾隆帝曾于批阅史籍时，针对明太祖朱元璋择储不当一事指出："神器当择贤而畀。"说明他对立嫡立长的做法确有看法，但这并不意味着是对秘密建储制度提出择储标准。参见《评鉴阐要》卷10。

子，康熙帝长子允禔罹罪禁锢；雍正帝无嫡子，又与其居长子位的弘时关系紧张；乾隆帝皇后乌拉纳喇氏被贬，其亲子永璂因而不为乾隆帝所喜），无从施行外，对于嫡子或长子仍是优先考虑的。

秘密建储制度对于宗法制思想做出很大妥协，这是清朝最高统治者为维护以宗法制为基础的中国封建社会的统治秩序，保证社会安定，并获取汉族官僚集团与士大夫阶层对秘密建储政治理念的认同和支持，而不得不然之举。限于篇幅，对这一问题的进一步阐述，此处从略。[①]

（四）懿旨确立嗣君

懿旨确立嗣君是晚清慈禧皇太后专权时期（同治元年至光绪三十四年，1862~1908年）的皇位传承形态。它并非皇位继承制度，而是在清帝无嗣的情况下，独揽大权的慈禧用以确定皇位传承人的一种应急措施。

懿旨确立嗣君先后有过两次成功的实施。第一次是同治帝去世后，慈禧以懿旨确立载湉为嗣君，是为光绪帝；第二次是光绪帝去世后，慈禧又以懿旨确立溥仪为嗣君，是为宣统帝。

这一皇位继承形态具有以下特点。

其一，懿旨确立嗣君的实质，只是传承皇位，并非传承皇权。

同治帝与光绪帝在位期间，均为慈禧所控制，徒有皇位，并无实权。他们两人都早逝而无子。慈禧考虑皇位传承问题的出发点，是如何保证皇位交接完成后，她本人仍能继续掌握实权，使皇位与皇权相分离的状态，长期延续下去。慈禧成功地贯彻了这一既定方针。四岁继位的光绪帝长大后，未能像清初顺康二帝那样，亲掌大政，而是始终处于傀儡地位。如果慈禧仍然在世，则将继续控制宣统帝。

传承皇位而非传承皇权，是慈禧权力传承思想的主旨。与对继承人托付社稷的历代清帝大为不同，慈禧将处理皇位传承问题，作为使自己得以继续揽权的一种手段。她的权力传承思想中，极端自私与偏狭的特征十分突出，并表现出相对更为强烈的权力欲望。

[①] 参见《制度》第五章第四节"关于秘密建储制度的几点思考"。

其二，对汗位推选制度、秘密建储制度的吸收和借鉴。

懿旨确立嗣君这一晚清皇位继承形态，是清朝皇位继承制度发展演变过程中一个重要的组成部分。它在不同程度上受到清入关前的汗位推选制、清中期的秘密建储制的影响，与两者有一定的传承关系。

慈禧先后两次下达懿旨，确立皇位继承人之前，虽然早有成算，但都曾召集部分宗室成员及满汉重臣面议，让他们提出嗣君人选。① 对于大臣们提出的人选，慈禧都不屑一顾，未予采纳，然而却要走此过场，将众臣推选嗣君之举，作为实现其立储意图的一个必要环节。慈禧这样做，固然是由于晚清皇权衰微，即使在决定皇位继承人问题上，清朝最高统治者也需故作姿态，屈躬问及臣下。除此原因外，慈禧很可能还受到满族传统的汗位推选制的影响。19世纪后期清朝皇权急剧衰微的政治态势，也促使她认为有必要仿效这一旧制，先让众臣推举皇位继承人，通过这种迂回方式，最终达到其目的。

同光、光宣皇位交接之际的嗣君人选，最终均为慈禧本人所定。这表明，秘密建储制度中皇帝全权决定储君人选的宗旨，在晚清懿旨确立嗣君这一皇位继承形态中，仍有一定体现。

慈禧虽然早已暗定嗣君人选，但在下达懿旨前，未向众臣稍有透露。这种严格保密的做法，显然也吸收了秘密建储制度的有关内容。

其三，鸦片战争后，由于中国主权不断丧失，中国社会逐步半殖民地化，清朝最高统治者所拥有的对大政方针的决策权受到侵夺，列强愈来愈多地干涉清廷内部事务。中国此时已出现民族资产阶级与无产阶级，特别是经过戊戌变法运动，变革求新思潮日益深入人心，清朝皇权受到前所未有的挑战和多方面的牵制。在这种社会、政治背景下，出现了"戊己废立"这一并未成功的皇位传承事件。

戊戌变法失败后，慈禧一度想废黜光绪帝，光绪二十五年（1899）十二月她以光绪帝的名义颁诏，"封载漪之子溥儁为皇子，以绵统绪"，"承继为穆宗毅皇帝之子"，"为将来大统之归"。② 可是，慈禧拟以溥儁取

---

① 〔英〕濮兰德、白克浩司：《慈禧外记》，上海中华书局，1917，第84~86页；陈灨一：《睇向斋谈往》，《睇向斋秘录·孝钦轶事二则》。
② 《清德宗实录》卷457，光绪二十五年十二月丁酉。

代光绪帝的图谋,很快遭到西方列强、地方督抚大吏和以侨民、商人、士绅为代表的广大民众的反对。[①]迫于各方压力,光绪二十七年(1901)十月,慈禧将溥儁撤去大阿哥名号。

综上所论,"戊己废立"的性质,是一次由戊戌变法失败而直接引发,又因中外各种势力的干预而未能实现的清朝皇位传承计划,也是懿旨确立嗣君这一晚清皇位继承形态下的一个特例。

清朝皇位继承形态的多样性,还表现在以下方面。

如果从建储方式、有无储君、有无储权等角度审视,清朝皇位继承形态的演变,先后经历了从后金汗(皇帝)死后方推立嗣汗(汗位推选制),既无储君又无储权,到公开建储(嫡长子皇位继承制),有公开册立的储君,并有储权;又到秘密建储(秘密建储制),有暗定储君,并无储权;再到皇帝死后方选立嗣君(懿旨确立嗣君),既无储君亦无储权等三次重大转折。其总的趋势,是朝着秘密建储,有暗定储君(晚清时期除外),并取消储权的方向发展。

上述三次转折从一重要方面,显示出清朝四种皇位继承形态的核心内涵,以及清朝皇权发展的不同历史时段中,最高统治者关于储君问题的不同认识及其处理方式。

二 对中国古代皇位继承制度的创新

清朝皇位继承制度具有较大的开创性,这是它的特点之一,也是与其他王朝皇位继承制度的另一不同之处。

中国历代封建大一统中央王朝(秦朝除外),均实施嫡长子皇位继承制度,长达1900余年之久,只是到了清代,这种情况方发生根本性变化。清朝建立并实施了新的皇位继承制度,即秘密建储制度,这是对中国古代皇位继承制度的重大改革。清朝皇位继承制度所具有的开创性,主要体现

[①] 参见光绪二十六年正月十五日《知新报》,中国近代史资料丛刊《戊戌变法》,上海人民出版社,1961,第3册,第473页;王无生《述庵秘录》,《光绪帝之几废》,《清代野史》,巴蜀书社,1987,第3辑,第352页;光绪二十六年正月十五日《知新报》,中国近代史资料丛刊《戊戌变法》第3册,第474、475页。

在这里。

与嫡长子皇位继承制度相比较，秘密建储制度有以下创新。

首先，在建储形式上，它改变了嫡长子皇位继承制明立储君的建储方式，实行秘密建储，暗立储君。

其次，它改变了嫡长子皇位继承制立嫡立长的择储标准。虽然择储范围仍局限在皇子之内，但储君人选是由皇帝全权决定，既择贤而立，又优先考虑嫡子或长子。

最后，嫡长子皇位继承制下，公开建储，存在储权。而秘密建储制度暗定储君，并无储权。[①]换言之，秘密建储制度的实质，是使储君与储权相分离，进而取消储权。这是秘密建储制与嫡长子皇位继承制的最大区别，也是制度创新的关键所在。

中国皇帝制度下，皇帝由于治理国政和传承皇权，即行权与传权的需要，不得不将部分权力赋予丞相与储君，相权与储权由此产生。不过，秦朝虽然是中国历史上第一个封建大一统中央王朝，但仅历时15年，作为中国皇帝制度创立者的秦始皇，没有明确制定皇位继承制度，未曾预立太子。从汉高祖刘邦开始，历代汉族王朝都采用嫡长子皇位继承制，解决皇位传承问题，储权也就成为历朝不可或缺的一种政治权力。

储权是皇帝对于储君未来所拥有的皇权的部分预支，即皇帝将其本人所拥有的权力与财富的一部分，提前交付储君。从中国封建王朝内部政治权力的权限大小看，储权仅仅低于皇权。拥有储权的储君处于一人之下，万人之上的地位。专门为太子而设的东宫机构（如詹事府）及其大批属员，在培养太子，管理太子事务的同时，还在协助储君行使储权，进行从政实践（如在皇帝离京时代理政务）等方面，发挥了无可替代的作用。

皇储矛盾、储位之争及其所引发的王朝各利益集团之间的纷争，有时甚至造成内乱，引起社会动荡，成为王朝衰败的导火线。中国历史上，这方面的事例甚多，兹不复举。而公开建储以及由此产生的储权，是出现上述问题的症结所在。

---

① 白新良先生在《乾隆帝》（辽宁教育出版社，1990）一书内，首先提出秘密建储制度中的储权问题："就秘密建储制度的实质而言，是以牺牲和侵犯储权的方式无限制地加强皇权。"参见该书第445页。

虽然嫡长子皇位继承制存在诸多其自身无法解决的弊端，但历朝统治者无不承而行之。当明太祖朱元璋废除丞相制，拉开明清两朝皇权高度集中与强化的序幕后，仍然明令实施嫡长子皇位继承制，①对储权未做丝毫触动。这是由于嫡长子皇位继承制的改革，势必触及宗法制度，甚至会动摇中国封建王朝的统治根基，历代帝王对此避之唯恐不及。这是该制延续1900余年之久的主要原因。

明朝代替丞相制的内阁制，并不能完全适应高度集中、强化的皇权运作需要，实施嫡长子皇位继承制，又不断引发统治集团内部的矛盾（如靖难之役、朱高煦争位、国本之争等）。上述两方面，都不同程度地给明朝的统治带来危害，对皇权集中与强化起有严重的干扰作用。

清朝建立军机处，解决了朱元璋废除相权后在中枢辅政机构方面所遗留的问题。②同时，它创建秘密建储制度，取消了储权，困扰历代帝王的皇储矛盾与储位之争，由此不复存在。废除相权与取消储权，具有同等重要意义，它们是明清时期皇权极度集中、强化的两个重要标志。

秘密建储后，既然已有暗定储君，是否具有隐性储权？答案是否定的。

为了保证秘密建储制度的顺利实施，独掌择嗣大权的皇帝，对皇储人选严格保密。因此，暗定储君的各种待遇，同其他皇子并无不同。尽管由于种种原因，实施秘密建储的过程中，保密的程度往往难以尽如人意，大臣们有时会根据一些具体情况，较为容易地猜测出为皇帝所暗定的储君人选（这在雍正、嘉庆两朝较为突出）。可是，即使如此，他们也只能心照不宣，不敢也无可能将某一位皇子当作太子对待。更重要的是，秘密建储制度下，暗定储君不仅没有太子地位，而且也没有专门服务于他的东宫机构及其臣僚属员，因而无从出现储权。

嘉庆帝继位前，曾经做了长达23年的暗定皇储（乾隆三十八年至六十年，1773年至1795年）。由于他并无储权，在朝中始终未能形成个人势力，遑论组建自己的臣僚班底。所以，当他继位后，无从对太上皇乾隆的权力构成任何威胁，后者方能继续独揽大政，成为中国历史上权力最大

---

① 《明太祖实录》卷29，洪武元年正月乙亥；卷51，洪武三年四月乙丑。
② 参见杨珍《明清皇权高度集中与强化的历程——以明内阁、清军机处为中心》，《中国史学》第9卷，1999。

的一位太上皇。而嘉庆帝唯有听任乾隆帝的控制，暗行韬晦之计。他"终日宴戏，初不游目，侍坐太上皇，上皇喜则亦喜，笑则亦笑"①，并大力笼络乾隆帝的宠臣和珅，"以示亲信之意，俾不生疑惧"②。

嘉庆初年的上述情况，与乾隆中后期秘密建储制度的成功实施，有着一定的因果关系。这是秘密建储制度下，皇子被暗定为储君后，无论历时长短，终无储权的一个反证。

概言之，实施秘密建储后，即使皇帝本人发生意外，由于有了提前写出建储密旨这一制度化措施，皇位传承仍能按照皇帝生前意志，顺利实现。秘密建储制度在保证皇位平稳交接及社会稳定等方面，都优于嫡长子皇位继承制度。

秘密建储制度是对绵延近两千年的嫡长子皇位继承制度的重大改革，其总体实施情况与效果，即秘密建储制度的政治功能与社会功能，体现了中国封建社会皇位继承制度的最高水平。中国皇位继承制度，由此发展到一个新的阶段。

秘密建储制度的确立，也从一个方面表明，中国皇位继承制度中个人专制独断的非理性特征，又有进一步发展，达到无以复加的地步。这是中国皇权暨皇位继承制度行将灭亡的一个征兆。

为什么中国古代皇位继承制度到了清代，才发生这一变革，是满族统治者，而非其他王朝统治者，创建了秘密建储制度？其原因十分复杂，这里仅指出几点，不做详论。

其一，清朝处于中国封建社会晚期，是中国历史上最后一个封建王朝，它不自觉地扮演了对中国封建社会及历代封建王朝各个方面总其成的角色。秘密建储制度是满族统治者在总结吸取历代王朝皇位继承制度，即嫡长子皇位继承制的成败得失的基础上所创立。它是封建社会晚期，中国封建政治臻于成熟这一总体状况，在皇位继承制度中的一个体现。从事物的内在发展逻辑看，清朝创立秘密建储制度，完成对中国皇位继承制度的改革，乃为水到渠成之举。

其二，较之历代汉族帝王，清帝受到宗法制思想的束缚较少。加之

---

① 吴晗辑《朝鲜李朝实录中的中国史料》第12册，第4918页。
② 吴晗辑《朝鲜李朝实录中的中国史料》第12册，第4989页。

康、雍、乾三帝都是雄才大略之君，他们在创立秘密建储制度时所承受的心理压力，比起如果同样进行这一改革的汉族王朝统治者，显然要轻得多，而且也更有魄力和胆识。

其三，满族传统政治制度与习俗，为清帝进行这一创新提供了文化、心理层面的重要支持，其某些内容亦为秘密建储制度所借鉴。下文还将述及这一问题。

其四，创建秘密建储制度，取消储权，是明清两朝皇权高度集中与强化的进程中一个有机组成部分，也是清朝皇权逐步集中强化，并最终达于极致的政治态势所要求。这一客观形势下，倘若继续实施嫡长子皇位继承制，则将对此历史进程产生干扰作用，为高度集中与强化的皇权所不容。康熙年间的有关情况，就是证明。

三　多元文化特色

清朝皇位继承制度的发展演变历程，与清代满汉文化的冲撞、交流与融合进程相始终。清朝皇位继承制度借鉴吸收了不同民族文化的部分内容，具有较大的包容性。这是它的又一特点。

清朝皇位继承制度的四种形态，是代表不同文化的皇位继承模式的一个有机组合体。

汗位推选制是满族（女真族）最早的最高权力传承制度，它反映出北方少数民族（如契丹族、女真族、蒙古族）不预立嗣汗，由贵族成员推举汗位继承人的文化习俗。

康熙朝采用汉族的嫡长子皇位继承制，但在实施中，又赋予它不少新的内容，满族旧制及其传统观念的影响处处可见。严格地说，康熙朝所实施的嫡长子皇位继承制，并非真正的汉制，而是在满汉文化冲撞与交流的特定背景下，出现的带有鲜明满族特色的嫡长子皇位继承制度。类似情况在其他少数民族王朝（如辽、金、元）采用嫡长子皇位继承制的过程中，也曾不同程度地存在。但是，由于清朝实施该制的时间相对短暂（仅为康熙时期的37年），因而这一特点有着更为集中的反映。

清朝皇位继承制度的多元文化特色，在秘密建储制度上表现得最为突出。这一制度不仅保留了满族汗位推选制的某些特点，吸收了汉族嫡长子皇位继承制的部分内容，而且在一定程度上，对于古代波斯王朝的王位继承法，也有所借鉴。

努尔哈赤建立的汗位推选制规定，当他故去后，乃由八王公推嗣汗，亦即他生前不预立嗣汗。值得注意的是，秘密建储制度的创立者康、雍、乾三帝，在论及建储问题时，都曾强调这一旧制，指出太祖、太宗等皆未预立太子。[①]满族的这一政治传统，为康、雍、乾三帝在创建秘密建储制度过程中采取不明立储君的做法，提供了重要的历史依据，使他们从中获得支持，增强了信心。康、雍、乾三帝对于这一满族旧制的强调，也在客观上提醒我们，秘密建储制度的不明立储君，与汗位推选制的不预立嗣汗之间，虽然有着本质的不同，但两者却具有一定的渊源关系。

秘密建储制度吸收了汉族皇位继承制度立储的做法，然而又将后者的公开册立，改为秘密建储。嫡长子皇位继承制的明立储君与汗位推选制的不预立储君，本是互为对立面的两种建储形式，但秘密建储制度在进行取舍、改进之后，将两者巧妙地结合起来，使其共同存在于秘密建储制度之中，发挥了互补的作用。

秘密建储制度下既择贤而立，又重视嫡长的做法，可以视为兼容满汉文化的一个突出范例。

清朝入关前的汗位推选制，是以贤能与否作为众贝勒（八王）推举嗣汗的标准，与满族的传统习俗相一致。康熙朝实施嫡长子皇位继承制，以皇子是否具有嫡长身份，作为唯一标准，这同汉族宗法制的嫡长原则相符合，体现了汉族的文化传统。秘密建储制度确立后，皇帝挑选皇位继承人时，将满汉不同的传统理念相融合，既注重择贤，又优先考虑嫡长。虽然该制对择储标准并未做出明确规定，但实际上却赋予它双重内容，并使之相对全面。从汗位推选制到秘密建储制，清朝在选择皇位继承人标准的反复变化上，呈现出否定之否定的发展轨迹。足见，清朝皇位继承制度的演变，经历了一个从遵循满洲旧制，到采用汉制，又到兼顾满汉传统，但各

---

① 《清圣祖实录》卷253，康熙五十二年二月庚戌；《清世宗实录》卷83，雍正七年七月丙午；《清高宗实录》卷1067，乾隆四十三年九月丁未。

有扬弃,并有所创新的发展过程。

乾隆年间,清朝已入关百余年,满汉文化的交流与融合进程,也走过入关初期的激烈冲撞时期,进入了一个新的阶段。兼容满汉文化的秘密建储制度,是满汉文化的融合在深度与广度方面,达到更高层次的一个有力见证。

据《旧唐书》中《波斯传》载,波斯人曾经实行过秘密建储法:"其王初嗣位,便密选子才堪承统者,书其名字,封而藏之。王死后,大臣与王之群子发封而视之,奉所书名者为主焉。"[①] 波斯王继位之初,便将所定储君之名书于密旨,待其死后方由众臣开启密旨,并以此作为被暗定为储君者继承王位的法律依据。虽然尚未发现在中国历史上也曾实行过这种独特做法,但康、雍、乾三帝都是自幼接受中国传统文化的严格教育与训练,长期披阅经史,研读儒家经典。如康熙五十六年(1717)十月,康熙帝在对大学士的讲话中说:"二十一史,朕皆披阅。"[②] 所以,他们对于上述《旧唐书》所记载的有关情况,应是清楚的。由此分析,秘密建储制度很可能在其具体做法上,吸收了古代波斯文化的某些内容,并根据清朝的具体情况,加以改进。秘密建储制度的多元文化特色,应当说也含有波斯文化的因素在内。

至于懿旨确立嗣君之举,中国历史上并非没有先例。可是,晚清的懿旨确立嗣君,却在某些方面借鉴了汗位推选制、秘密建储制的部分内容。这表明,它是在中国皇权发生重大变化,中国社会逐步半殖民地化的政治与社会背景下,依然兼容满汉习俗,兼有满汉传统政治特点的一种皇位继承形态。从某种意义上讲,晚清时期,满汉文化的融合已告完成。所以,较之清朝前期与中期的皇位继承形态,懿旨确立嗣君中不同民族文化相互作用与影响的印迹虽仍存在,但已隐而难辨了。

---

① 《旧唐书》卷198,《列传》48,《西戎·波斯》;参见冯尔康《雍正传》,人民出版社,1985,第552页。
② 《清圣祖实录》卷274,康熙五十六年十月庚戌。

四　皇位继承形态的转换与皇权发展阶段的一致性

清朝皇位继承形态的转换与清朝皇权发展阶段之间，呈现出较强的一致性，在皇权发展的不同阶段，都出现了与之相适应的皇位继承形态。清朝皇位继承制度的演变与清朝皇权发展进程之间所具有的密切联系，超过中国封建社会任何一个王朝，这是清朝皇位继承制度的发展历程所具有的一个特点。

汗位推选制出现在后金（清朝）尚为地方政权之际。当时，后金汗权还带有浓厚的氏族社会后期家庭血缘关系色彩，军事民主制思想对人们还有比较深的影响，八旗分权倾向较为严重。所以，努尔哈赤只能通过确立八王共治国政制和汗位推选制，以八王推选方式，解决其身后的汗位继承人选及权力分配问题。这意味着后金汗将决定汗位继承人的权力，主动让与同他有着血缘关系的诸贝勒，即作为一个特殊政治群体的后金最高统治集团成员。

崇德时期，后金社会急速向封建制过渡，皇太极在皇权建设中采取一系列举措，终于使封建专制主义的皇权统治，取代父家长制的汗权统治。但这毕竟只是一个开始，皇权所具有的绝对独占性与绝对排他性，尚未充分显现。皇太极曾有拟立宸妃之子为储嗣的意图，[①]因该子夭折而成泡影。皇太极并未明令废弃建立在八王共治国政制基础上的汗位推选制度，因而当他去世后，清朝解决继统危机的过程中，推选制的形式仍被保留。

嫡长子皇位继承制出现在清朝皇权高度集中与强化的初始阶段。康熙十四年（1775），康熙帝采用嫡长子皇位继承制度，册立储君，这标志着汗位（皇位）推选制已正式为嫡长子皇位继承制度所取代，同时也反映出自皇太极去世至康熙帝建储前的三十三年（崇德八年至康熙十四年，1643年至1675年）中，清朝皇权不仅已从地方政权转变为全国性政权，其集中与强化的程度，也有很大提高。上述重要变化，是康熙帝公开废弃原有的最高权力继承制度，排除阻力，毅然采用汉制的先决条件。

[①]《清太宗实录》卷37，崇德二年七月壬午。

康熙五十一年（1712），清廷对其统治方针进行了重大调整。康熙帝针对当时统治集团内部矛盾开始激化，各种社会问题日渐尖锐等新情况，相继做出抬高朱熹地位、滋生人丁永不加赋、二废太子、扩大密折行使范围等四项重要决定，旨在稳定政局、发展经济、缓和矛盾，巩固清朝统治。[1]这一政策调整的核心，是集中、强化皇权，全面加强统治，而其后实施的秘密建储计划，则是这一政策调整的延续和深化。由于皇权的进一步集中、强化，康熙帝方能在二废太子后，有较为充裕的时间、精力，进行改革皇位继承制度的探索。

康熙帝的秘密建储计划最终未能成功，乃因这一计划中，防止外部因素干扰，保证皇位顺利交接的机制，尚不具备。康熙帝对保密原则的理解，过于僵化和绝对。他所属意者皇十四子允禵的储君身份，唯有其本人知晓，而他一旦亡故，便无人能予证实，皇四子胤禛则在步军统领隆科多的武力支持下，侥幸取得皇位。即使康熙帝生前已写有传位密旨，但因众臣未知此事，所以，雍正帝找到该旨并予以销毁，乃轻而易举。[2]

雍乾时期，皇权集中、强化的程度逐步达于极致。在此基础上，清帝才能够改进秘密建储计划，并向前发展一步，将秘密建储确立为制度。这一皇位继承形态的显著特点是，皇帝独掌皇权传承之权，全权决定储嗣人选，在实施建储的每一个环节，都能够完全排除他人干扰，即使皇帝本人发生不测事件，其有关措施也能保证他的遗愿得到实现。

秘密建储制度是皇权的集中与强化达到极致的产物。同时，由于取消储权，解决了皇储矛盾与储位之争，因而又对皇权的集中与强化起到有力的促进作用。

---

[1] 参见杨珍《康熙统治方针的一次重大调整》，载《庆祝杨向奎先生教研六十年论文集》，河北教育出版社，1998。

[2] 据满文档案记载，雍正元年（1723）四月十四日，胤禛曾对其兄弟允祺、允祐等人讲："尔等妃母均已高龄。先前皇父已于两处写有朱笔谕旨。见尔等将妃母各自接回府中，也可问安侍奉，尽尔孝心。"另据《雍正起居注册》载，四年（1726）正月，胤禛再次提及此事："朕即位后，恭检皇考所遗朱批谕旨，内有料理宫闱家务事宜一纸，皇考谕令有子之妃嫔，年老者各随其子，归养府邸，年少者暂留宫中。"参见台北故宫博物院《宫中档雍正朝奏折》第28辑（满文谕折第1辑），第374页；中国第一历史档案馆《雍正朝起居注册》第1册，中华书局，1993，第662页。康熙帝既然对其身后如何安排妃嫔问题，都事先在两处备有谕旨，以防出现意外而无从交代，那么，他也应当写有比安排妃嫔事更为重要的传位密旨，以备不虞。如果其旨乃传位胤禛，雍正帝继位后发现该密旨，即会立即公之于众，以平息有关他得位不正的各种流言。然而雍正帝并未这样做，这就从反面证明，康熙帝所属意者并非胤禛。

乾隆朝后期，皇权从极度集中、强化的巅峰迅速下滑，嘉庆、道光两朝，清朝已处于中衰阶段，但秘密建储制度仍被遵行。甚至当道光二十二年（1842）清朝签订中英《南京条约》，中国主权受到侵夺，皇权已进入衰微阶段后，道光帝仍于二十六年（1846）以秘密建储方式，确立储嗣，并于三十年（1850）正月顺利完成皇位交接。[①] 这一情况表明，皇权发展演变的不同阶段中，前一阶段的皇权发展定势，不可能骤然改变，而任何一种皇位继承形态，都具有相对稳定的特点。不过，后者的转换虽然较为滞后，却终究会发生，并不以统治者的个人意志为转移。

懿旨确立嗣君是清朝最后一种皇位继承形态。由于列强入侵及一系列不平等条约的签订，中国社会逐步半殖民地化，清朝皇权迅速衰微，皇帝的绝对权威及其对统治阶层成员的威慑力已大幅度降低。虽然咸丰帝临终前建立了八大臣赞襄体制，有关遗旨乃为众臣所知，[②] 可是已无法像皇权高度集中、强化的清代前期那样，当皇帝本人去世后，其遗旨仍然具有使所有臣工（包括后宫成员）无条件执行的威慑力量。因此，奕䜣、慈禧等人方敢于通过辛酉政变，推翻咸丰帝生前的决策，以垂帘听政体制取代八大臣赞襄体制。这是导致慈禧的专权，出现懿旨确立嗣君这一皇位继承形态的关键性原因。

康、雍、乾时期确立的有关集中、强化皇权的各种制度、措施，在晚清仍有较大影响，并继续发挥一定的作用。此外，慈禧专权后，由于皇权衰微，不得不对实力迅速增强的地方势力，作出一定妥协、让步，得到他们的支持，以便缩小阵地，集中力量，加强对中枢政权机构的控制。实施这一策略的确收到一定效果，慈禧进一步树立起个人权威。这是她的专权能够长达47年之久（同治元年至光绪三十八年，1662年至1908年），在此期间出现懿旨确立嗣君这一皇位继承形态的另一重要原因。

然而随着中国主权不断丧失，清朝皇权已不完整。所以，慈禧的专权，同清朝前期与中期诸帝的专权有很大不同，这在懿旨确立嗣君中也有

---

① 中国第一历史档案馆藏，上谕档，1156（一），第133页；《清宣宗实录》卷477，道光二十六年六月己巳。
② 中国第一历史档案馆《清代档案史料丛编》第1辑，中华书局，1978，第83页。

所反映。同光两朝、光宣两朝的皇位交接，在决定皇位继承人选问题上，慈禧仍能基本做到独断而定。但"戊己废立"的失败却表明，即使在慈禧专权的情况下，皇位继承人选，即皇权传承的决定权，有时也会受到多种因素的制约，而列强直接干预清朝的皇位传承问题，则反映出晚清皇位继承形态所独具的特征。

清朝皇权的发展，经历了从汗权相对分散，到皇权逐步集中与强化，达于极致后，又迅速衰亡这一曲折的发展历程。清朝皇位继承制度，也相应地出现了从后金汗权时期具有军事民主制特征的推选嗣汗制度，到皇权逐步集中、强化时期的嫡长子皇位继承制，又到皇权的集中、强化达到极致时期，皇帝独掌皇位传承权力的秘密建储制度，再到皇权衰微下的懿旨确立嗣君等皇位继承形态。

清朝皇位继承形态的转换，虽然取决于清朝皇权的发展演变进程，但它也对皇权的集中、强化起到促进作用（如秘密建储制度），或产生牵制（如汗位推选制和嫡长子皇位继承制），甚至削弱（如懿旨确立嗣君）的后果。

另需指出，清朝四种皇位继承形态下储嗣培养方式的变化，同清朝皇权的发展演变之间，也有紧密联系。

努尔哈赤确立的汗位推选制不预立嗣汗，所以不存在培养储嗣问题。但是，后金嗣汗所从出的八王皆为旗主，他们在率军从征，协助努尔哈赤治国理政中，扮演了十分重要的角色。这一情况，实际上反映出努尔哈赤对于嗣汗候选人这一特殊群体，大力培养与锻炼的方针。康熙朝实施嫡长子皇位继承制过程中，皇太子允礽受到其父的精心培育，既精通国语、骑射，又具有较高的汉文化素养，并曾代康熙帝处理国政。秘密建储制度下，由皇帝所暗定的储君，不可能得到特殊培养，而诸皇子参与政事的机会也大为减少，他们在理政实践方面所受到的培养和锻炼，与清朝入关前以及康熙时期比较，差距日益扩大。慈禧通过懿旨所确立的嗣君，皆为幼儿，且为皇位交接前夕所指定，无从接受培养训练。

清朝皇位继承形态的转换中，清帝对储君的培养力度、质量及其效果，均呈现日渐下降之势。这是在清朝皇权愈益集中、强化，储权逐步削弱，乃至最终被取消这一政治背景下，出现的一种必然现象。自然，晚清的有关情况，应作别论。

五　皇位传承较为平稳

清朝虽然先后有过四种皇位继承形态，但无论在哪一种皇位继承形态下，皇位传承都基本上得以相对顺利地完成。可以说，清朝皇位继承制度在其长达约三个世纪的实施中，较为成功，与其他封建大一统中央王朝相比，也是相当突出的。

如果将清朝入关前皇太极继承汗位也包括在内，清朝前后共有11次皇位交接。其中，汗位推选制下两次（努尔哈赤死后以及皇太极死后的最高权力交接）；秘密建储制度下四次（雍乾两朝、乾嘉两朝、嘉道两朝、道咸两朝的皇位交接），康雍两朝皇位交接，应作为秘密建储制度尚未确立前的一次并不成功的特例；懿旨确立嗣君下两次（同光两朝、光宣两朝皇位交接）。顺康两朝及咸同两朝的皇位交接较为特殊，前已论及。作为清朝皇位继承形态之一的嫡长子皇位继承制下，并未出现过皇位交接。

四种不同皇位继承形态下，虽有少数情况，皇位争夺也很激烈，如皇太极去世后曾出现继统危机，康熙后期诸皇子角逐储位，雍正帝侥幸继位后大批清洗政敌，但是，上述案例皆为有惊无险，尽管出现激烈纷争，均未酿成内乱。不仅如此，清朝前期与中期的大多数皇权传承案例（如顺康两朝、康雍两朝以及雍乾两朝皇位交接），从其最终效果看，对清朝统治的加强与政局稳定，还起有促进作用。

清朝虽然经历了皇位继承形态的多次转换，但历次皇位交接，均较为平稳，这是在下述因素的综合影响下而出现。

第一，集中、强大的皇权，是维护皇位传承较为平稳进行的有力保障。崇德元年（1636）清朝完成由后金汗权向清朝皇权的转化后，其最高统治者对皇权的集中与强化即予以高度重视，并建立了各种有关规制，收效显著；皇位传承的决定权，也在逐步向皇帝个人独掌的方向发展。这成为清朝的一个重要政治传统，清朝皇权的集中与强化进程，也因此而不断推进。

清朝入关初期，即顺治朝及康熙朝初期，汗位推选制虽已被废弃，但是，决定皇位传承的权力，尚未完全掌握在皇帝手中。如顺康皇位交接，孝庄太后起有主导作用。康熙十四年（1675）康熙帝立嫡子允礽为皇太子，显然也是在取得孝庄太皇太后的首肯之后。四十七年（1708）一废太子的全过程表明，康熙帝已独掌选立皇位继承人的权力，不过仍受到最高统治集团内部某些成员的一定影响。秘密建储制度确立后，皇帝能够完全做到全权决定皇位继承人选，有效行使传承皇位的权力。鸦片战争以降，皇权日渐衰微，中国社会逐步半殖民地化，但上述政治传统，还在一定程度上发挥作用。道光帝仍然通过实施秘密建储，完成皇权传承；慈禧能够长期专权，以懿旨确立嗣君，晚清历次皇位交接得以平稳进行，均与此有着密切联系。

第二，清代是一个满汉文化相融合的历史时期。在这种特殊历史背景下，自幼受到两种不同民族文化滋养、熏陶以及严格、系统教育的历代清帝，尤其是康、雍、乾三帝，具备较高的满汉文化素养，能够相对客观地对两种文化进行多方面地比较，汲取两者的精华，较好地处理学习、采用汉制与保持本民族部分传统习俗，继承满族政治传统之间的关系，将两者有机地结合起来，使之融合在清朝皇位继承制度里。同时，清帝还能根据实际需要，借鉴其他民族（如波斯王位密建法）的有关做法，对清朝皇位继承制度加以充实、完善。可以说，清朝皇位继承制度的演变，是一个兼容满汉政治、文化传统，不断改进与创新的过程。满族作为一个新兴的少数民族，其锐意进取，善于学习、总结，较为灵活、务实等长处，在这一进程中得到充分表现和发挥。这对于清朝皇权传承得以相对平稳地进行，起有重要作用。

第三，清朝皇权（汗权）在其约三个世纪的漫长历程中，经历了从弱到强，极度集中、强化后又迅速衰微，乃至消亡的各个发展阶段。在上述不同时期，皇权的特定发展状况，要求与之相适合的皇位继承形态，而面临内外复杂、尖锐矛盾，且为满族统治者的康、雍、乾三帝，都怀有一定程度的紧迫感和危机感，因此高度重视对原有的皇位继承形态进行调整，或做出改进，或予以废弃，创立与当时的皇权发展阶段相适应的新的皇位继承制度，以巩固其皇权统治。因此，清朝皇位继承形态的变化，基本上能够符合清朝皇权政治发展的需要，两者具有良性的互动关系。这是清朝皇位继承形态虽然复杂多样，皇位继承却始终较为平稳的原因之一。

清朝皇位继承制度以其丰富内涵与鲜明特点，在中国皇位继承制度发展史上独树一帜，占有重要地位。但毋庸讳言，它对于中国封建社会终结前最后约三百年的历史进程所起的作用，具有两面性。

清朝在封建社会晚期社会危机愈益加重，民族矛盾交织，又日益受到西方列强侵略威胁的不利形势下，仍绵延了两个半世纪以上，并出现持续百余年，其总体规模超出任何一个封建盛世的康乾盛世。在此期间，封建政治、经济与文化，都发展到中国封建社会最高水平，中国的版图得以最终奠定。这其中固然有多方面的原因，而清朝皇位继承制度较为成功，历次皇位传承相对平稳，显然也是十分重要，必不可缺的。

清朝皇位继承制度处于世界已进入封建制度向资本主义转化的时代，终究是一种封闭、落后的、即将被历史所淘汰的最高权力传承制度。它始终扮演着已经濒临灭亡的中国皇帝制度卫道士的角色，并竭力维护、强化清帝的专制统治。所以，它对于阻滞中国近代化进程，致使中国进一步落后于西方，造成鸦片战争后中华民族长时期的深重灾难，负有一份间接的却是无可推卸的责任。

从整体视角考察清朝皇位继承制度的演变，总结、分析这一制度不同于其他王朝皇位继承制度的独特之处，将有助于我们更为深入地认识清朝皇权，把握封建社会晚期皇权政治的发展脉络，以史为鉴。

（原刊于《清史论丛》2002年号）

对清代议政王大臣会议的某些考察

杜家骥

无论是通史、断代清史，还是专题性论文，谈到清代政治，都不可避免地要涉及其影响政局的权力机构——议政王大臣会议。可是这一机构并不属国家正规衙署，官修政书绝少记述。乾嘉以后，清人对其具体状况就已很不了解。延续一个多世纪的议政王大臣会议，其产生及不同时期的人员组成、具体职掌、作用等到底如何，论述的文章还不多，本文试就这些问题作一初步探讨。

一

议政王大臣会议是后金及后来清政权的一种议政形式，也是它的主要权力机构。从总的行政过程考察，其成员始终是宗室贵族与八旗要员，又主要采取二者联合议政的方式，因此，应把其产生上溯至诸贝勒五大臣议政时期。

自1615年努尔哈赤创建八旗后，即置"议政五大臣"[1]，"凡军国重务皆命赞决焉"。[2] 同时参与议政的，除了代善、阿敏、莽古尔泰、皇太极，即所谓"四大贝勒"外，济尔哈朗、杜度、岳托、德格类、硕托等贝勒、

---

[1] 王先谦：《东华录》，天命十一年九月丁丑。
[2] 《啸亭杂录》卷35，《大臣》。

台吉也"从五大臣议政"。①这些贝勒、台吉全部是努尔哈赤的子、侄、孙，属于后来所称的宗室贵族，他们与五大臣在努尔哈赤主持下，"每五日朝集一次，协议国政，军国大事，均于此决之"②。天命十一年（1626）九月以后，后金又实行八和硕贝勒"共议国政"制，议政的宗室贵族除了上述"四大贝勒"，还有"议政十贝勒"③，这十个贝勒是阿巴泰、德格类、济尔哈朗、阿济格、多尔衮、多铎、杜度、岳托、萨哈廉、豪格，宗室贵族中被封为贝勒者全部充当议政成员。八旗固山额真"兼议政大臣"，并明确规定他们"凡议政处，与诸贝勒偕坐共议之"④。按照努尔哈赤生前的规定，后金军国重务必须由分主八旗的八和硕贝勒"毕集同谋议"，八旗联合议决。⑤天命、天聪时期（1616~1636）这种由宗室贵族——旗主贝勒、贝勒与八旗中的五大臣、固山额真组成的议政机构，虽无议政王大臣会议之名，实际是后来议政王大臣会议的早期形态，而诸贝勒、五大臣议政时期，可认为是它的产生时期，迨天命十一年九月后臻于正规与完善。当时后金还没有设置其他权力机关，军国政务均决于此，因此，它也是统理后金政务的最高权力机构。

崇德元年（1636），皇太极称帝，改国号为清，并将原旗主贝勒全部封为亲王。崇德二年四月，又以"向来议政大臣（笔者注：指八固山额真）或出兵或在家，有事咨商人员甚少"，"每旗复设议政大臣三员"，⑥开始出现作为正式职衔的议政大臣。此后，宗室贵族中的王与八旗固山额真兼议政大臣、议政大臣共同议政的形式，即称为议政王大臣会议。因参与议政的宗室贵族还有贝勒、贝子等，故又有"议政王贝勒大臣会议"等名称。这些称呼不过是以前诸贝勒与五大臣、八旗固山额真联合会议在称谓上的改变而已。

崇德年间的议政王大臣会议虽然还保持着后金政权时期最高权力机构的地位，但其权限已大大缩小，主要由于天聪五年设置六部后，诸凡八

---

① 《清史稿》列传 4，诸王三《阿巴泰传》。
② 《满洲秘档》，《太祖行军项记》。
③ 《清太宗实录》卷 8，天聪五年三月乙亥。
④ 《清太宗实录》卷 1，天命十一年九月丁丑。
⑤ 《太祖武皇帝实录》卷 3，天命七年三月三日；王先谦：《东华录》，天命七年三月己亥。
⑥ 《清太宗实录》卷 34，崇德二年四月丁酉。

旗官员在各机关的任用与调动，旗下差役之征发，财物之分拨，科举之举行，处置战俘，审理旗下案件，殿、堡、山陵工程之兴修等有关吏户礼兵刑工六部政务，已由各部分别处理。①各部事务"有不能决断者"，才由议政诸王贝勒大臣会同议决。②如崇德三年五月，礼亲王代善所属正红旗下发生三件触及两黄旗利益之事，管刑部的郑亲王济尔哈朗以事关皇帝，"非我部所能独审"而上交议政诸王大臣议决。③从《清太宗实录》的记载来看，其职掌多为满洲王公大臣刑案的审理。④另外是军务，即所谓"凡遇出师，必先议定而行"。主要是兵刑二务。

另外，经过天聪一朝皇太极与对汗权抗衡的三大贝勒的斗争，至崇德建元，身为皇帝的皇太极已基本树立皇权专制的尊威，超脱并凌驾于"共议国政"机构之上，掌握了宗室贵族议政的任用权。天聪初，宗室诸贝勒，尤其是充当旗主的八和硕贝勒是作为当然议政者与议的，崇德后，这种当然议政的资格已开始被皇帝取消。天聪九年十二月皇太极即将称帝之际，曾责令诸贝勒大臣各立誓词，凡有议政之事，不可谋于"微贱之人"及妻妾，以免营私，大贝勒代善也奏称，"倘皇上不令臣预议事之列，臣亦何敢违背，上命即不盟誓可也，若皇上怜臣而仍令居议事之列，臣性顽钝善忘，必书誓词"⑤，实际自崇德以后，已很少令代善参与议政了。权势最大的正红旗主礼亲王代善能否议政已由皇太极决定，其他人就更可想而知了。镶白旗主睿亲王多尔衮，只因在打锦州时违背了皇太极的旨意，在与诸王议政时，竟被赶出议政署。⑥镶红旗主岳托的袭爵者罗洛宏即已不再被授命入议政之列。为了加强议政职能，皇太极开始将宗室中较低级的贵族——贝子、公等提拔数人与议。⑦再从行政程序上分析，各部重要政务必须先上奏皇帝，皇帝认为属于有必要共同议决的"当议事务"，才交

---

① 《清太宗实录》卷42，崇德三年七月丙戌，卷9，天聪五年七月癸巳，卷18，天聪八年三月辛巳，卷20，天聪八年九月甲戌，卷11，天聪六年二月己卯、丁酉，卷20，天聪八年十月己丑；《清文献通考》卷21，职役一；卷34，市籴三……
② 《清太宗实录》卷63，崇德七年十月甲子。
③ 《清太宗实录》卷41，崇德三年五月乙亥。
④ 《清太宗实录》卷48，崇德四年九月壬申；卷36，崇德二年六月癸卯，卷53，崇德五年十二月己酉；卷43，崇德三年八月己未。
⑤ 《清太宗实录》卷26，天聪九年十二月甲辰。
⑥ 《清太宗实录》卷55，崇德六年三月戊戌。
⑦ 《清太宗实录》卷34，崇德二年四月丁酉。

由议政王大臣会同议奏，议政者也只能"候旨齐集"①，听从皇帝的临时传集，这就是说，其职能的发挥很大程度上取决于皇权的意志。崇德一朝，议政王大臣会议的职掌所以并不广泛，正是因为在皇帝直掌六部的体制下，皇太极以内三院人员作为处理政务的顾问，专制集权的结果。以至崇德七年十月，皇太极身染沉疴之时，都察院参政祖可法等疏请其"节劳"的情况下，才下令"令后诸务令郑亲王、睿亲王、肃亲王、武英郡王会议完结"②。可见，在崇德年间清政权的君主专制集权体制下，皇帝已将议政王大臣会议成员的任用、职掌的行使控制在皇权的范围之内。入关以后议政王大臣会议的组成、职掌及权限的变化，以至最后取消，正是在这个基点上开始的。

二

清兵入关，定鼎燕京，多尔衮以摄政王的身份执掌皇权。由于在皇太极暴逝之后，满洲王公曾为争夺皇位而展开过一场几至流血的内讧，两白旗王与正蓝旗、两黄旗王大臣产生了尖锐矛盾，与镶蓝旗王济尔哈朗等人也是貌合神离，各怀异志，所以多尔衮摄政之初（入关前），便以诸王贝勒商讨国政是"盈廷聚讼、纷纭不决，反误国家政务"③，限制他们参与朝政，"不令诸王贝勒贝子公等入朝办事"④。另由于入关初王公大臣领兵在外，所以这一时期虽然各种矛盾激化，政务纷杂军务繁巨，却无诸王贝勒大臣共议大政。或有议政之事，多是在多尔衮操纵下对其反对者豪格、济尔哈朗及两黄旗大臣的议处。议政王大臣会议基本是有名无实。只是到其摄政末期，自己的同母兄英亲王阿济格、侄和硕亲王多尼及一批党羽在朝中形成占据绝对优势的政治势力之后，议政王大臣会议的职掌才开始扩大（其扩大还有另外原因，拟作专文另述）。

顺治七年（1650）至康熙十二年（1673），是议政王大臣会议职掌最

---

① 《清太宗实录》卷63，崇德七年十月甲子。
② 《清太宗实录》卷63，崇德七年十月甲子。
③ 《清世祖实录》卷2，崇德八年十二月乙亥。
④ 《清世祖实录》卷53，顺治八年二月乙亥。

广泛,权限达到其顶峰的时期。其中前十二年即顺治七年至顺治朝终,又是议政王大臣会议的成员迅速扩充、成分复杂化的时期。

顺治七年以后,主要是在清世祖福临亲政后,议政王大臣会议的组成规模迅速扩大。首先是,一大批宗室贵族如亲王多尼,顺承郡王勒克德浑,贝子务达海、锡翰、公汉岱,承泽亲王硕塞,谦郡王瓦克达,济尔哈朗之子世子济度(后袭父和硕亲王爵,号简),敏郡王勒都,安郡王岳乐,贝勒尚善、杜尔祜、杜兰,以及显亲王富绥等在顺治七至九年的三年中,陆续被任命议政,①若加上诸王之首郑亲王济尔哈朗及理政三王巽亲王满达海、端重亲王博洛、敬谨亲王尼堪,那么,福临亲政初,议政的宗室贵族已近二十人。另外,议政大臣也在人数上显著增加,仅顺治八年至十二年所任命的议政大臣就多达三十余人。②而且成分复杂化,其中八旗蒙古固山额真开始被任为议政大臣,六部满蒙尚书则全部列入。③顺治九年至十三年几年间,内院大学士满洲希福、额色黑、汉军旗人范文程、宁完我也一度参与议政。④其他如皇帝的侍从——内大臣、侍卫,以及在王贝勒府中掌管事务的长史、无职的旗下闲散也被列入议政。⑤以上宗室贵族皆掌政统兵,是清廷军政大权的核心。议政大臣中,八旗满蒙固山额真、六部满蒙尚书是清廷军政要员,所以,这阶段的议政王大臣会议,实际是清廷所有掌军政大权的宗室贵族,八旗满蒙汉军大员的联合会议。人员的大量增加,成分的复杂化,表明它比入关前的崇德朝大大发展了。

其职掌也显著扩大,议处政务的广泛远非入关前可比。政务的纷繁,也使议政的形式复杂化,除了有宗室贵族组成的议政王会议和满蒙人员的议政王贝勒大臣会议,还有上述成员与大学士、九卿、翰、詹、科、道等

---

① 《清世祖实录》卷49,顺治七年五月辛酉;卷61,顺治八年十月己酉;卷69,顺治九年十月戊午;《清史列传》卷2,《豪格传》。
② 《清世祖实录》卷52,顺治八年正月辛亥、乙卯、己巳、戊寅条,卷58,顺治八年七月戊子;卷63,顺治九年三月癸巳;卷68,顺治九年九月庚午。
③ 《清世祖实录》卷49,顺治七年五月辛酉;卷69,顺治九年十月甲寅;卷63,顺治九年三月癸巳;卷68,顺治九年九月庚午。
④ 《清世祖实录》卷69,顺治九年十月甲寅;卷81,顺治十一年二月辛未;卷103,顺治十三年九月癸酉。
⑤ 《清世祖实录》卷52,顺治八年正月丁丑;卷63,顺治九年三月癸巳;卷87,顺治十一年十二月庚午;卷85,顺治十一年五月庚子;卷79,顺治十年十二月丁卯;《清史稿》列传16,《恩格德尔传》;列传36,《索尼传》。

满汉官员的联合会议。后一种形式中，主持者和决策者仍是议政王大臣，所以可称作扩大的议政王大臣会议。兹据议处政务的性质摘其要者分列如次，主要有以下九项。

第一，讞断刑狱，议处宗室王公及满汉大僚，复审重大刑名案件。比如，顺治八年议处英亲王阿济格、摄政睿亲王多尔衮及其党羽刚林、祁充格、谭泰等人，康熙八年议处辅政大臣鳌拜集团，顺治十一年规定三法司核拟的重大人命案件，须由议政王大臣会议详确拟议。①

第二，议处宗室王公、满洲大臣爵职的承袭，如顺治八年多尔衮之继子多尔博的承袭，康熙元年加授辅政大臣遏必隆一等公爵。

第三，商讨军务，议定对策及出兵方略。顺治十一年议定对郑成功发兵征剿，部署出军，十四年密议剪除郑芝龙，调整东南沿海兵力部署，议准追剿南明永历帝。

第四，对汉藩王及其属下的处理。永历政权被摧垮后，吴、耿、尚三藩部队的安置，"事关重大"，由议政王大臣密议奏上裁决。康熙十一年议准停止义王孙可望的世袭罔替，子孙降袭公爵。

第五，议处少数民族问题。顺治十年，达赖五世因水土不服奏请回藏，如何对待其去留，关乎清廷与喀尔喀、厄鲁特蒙古的关系，经议政王贝勒大臣商议，决定赐其金帛，册封名号给以金册，盛情挽留，并召蒙古王贝勒与达赖相会。临回藏时，封为"西天大善自在佛所领天下释教普通瓦赤喇怛喇达赖喇嘛"②，进一步密切了与西藏和外藩蒙古的关系。

第六，调处满汉矛盾，维护满族统治者的经济利益。顺治中到康熙初，以"逃人法"及"圈地"激化了民族矛盾，"良民失业，铤而走险"，议政王大臣多次与满汉九卿合议对策。③

第七，奉旨铨任重要官员。顺治八年，命议政王大臣议定吏、刑、工三部尚书及正蓝旗满洲固山额真缺员的人选，康熙八年同吏部会议，将解任降级的礼部尚书祁彻白等人复级起用。

第八，惩治渎职官员，整饬吏治。顺治十三年二月，员外郎朱世德亏

---

① 《清世祖实录》卷78，顺治十一年十月丁丑。
② 《清世祖实录》卷71，顺治十年正月戊子、四月丁丑。
③ 《清世祖实录》卷80，顺治十一年正月丁巳；卷90，顺治十二年正月丙午；《清圣祖实录》卷14，康熙四年正月甲午；卷30，康熙八年六月戊寅。

空银两一案，曾经户吏二部及都察院三衙门分别清查审议，但部院大员互相推诿，不能结案，福临盛怒之下，命议政王贝勒大臣及满汉九卿詹事科道等官会同审查议处，将尚书、侍郎等二十余人降职处分。

弘文院大学士图海在内阁行事执谬、专擅，调入刑部后，又不实心任职，敷衍政务，以至错判案件，交议政王大臣从重议处，免死革职籍家。①

第九，议定典章制度，改革、完善行政制度。这方面政务，多由议政王大臣与满汉大学士九卿科道等官合议。比如，改革内院票拟制，各部本章由部臣面奉谕旨回署拟票改为皇帝批旨，又进一步改为内直大学士、学士在御前批拟。②顺治十八年，又明确责令议政诸王大臣与九卿科道官将大小各衙门现行事务如铨法、兵制、钱谷财用、刑名律例、内外文武各官之恩恤荫赠以及祭葬仪制等项，详考入关前成宪，变通满汉、今昔之异同，"斟酌更定，汇集成书，勒为一代典章，永远遵行"。③

以上所列，仅是摘其较有影响的事项，为叙述之简便，其他不再备举。由所有掌军政大权的宗室贵族、满蒙军政要员联合组成的议政王大臣会议所议处的上述九项事务，基本占据了这一时期全部政务的主要方面，仅就这点便可看出，议政王大臣会议是当时清廷的最高权力机构，这一机构在入关后从成员到职掌、权限的扩大与发展，是满汉地主阶级联合统治的政体建立后，满族上层统治集团占据核心和主导地位的集中保证，使它能在民族矛盾尖锐的情况下，一定程度上达到了扩大并巩固对全国统治的目的，维护了满族贵族的政治、经济利益，在这阶段的特定历史条件下，起到了入关前及以后所不能起到的作用，这也正是它在这一历史时期的主要职能所在。

三

康熙十二年以后至雍正朝军机处设立，是议政王大臣会议组成人员的

---

① 《清世祖实录》卷125，顺治十六年闰三月壬午。
② 《清世祖实录》卷71，顺治十年正月甲戌；卷78，顺治十年十月戊子。
③ 《清圣祖实录》卷2，顺治十八年三月丙寅。

成分较为单纯，职掌范围缩小并较为固定的时期。

顺治后期，济尔哈朗等十名议政王先后死去，五名议政贝勒、贝子、公有两名于顺治十二年病逝，两人被处死，一名削职。其子嗣袭爵者，皇帝仅令三人与议，议政的宗室贵族已显著减少。康熙元年至十一年，又对议政成员进行了三次裁减。一次在康熙元年，吏部因正白旗议政大臣额少，奏请补齐。旨下，以"满洲蒙古都统及尚书俱系议政大臣"，不但未补缺额，而且将其他旗所设平均员数的议政大臣全部裁撤。① 一次为康熙八年，又因议政人员繁杂泄漏了机密，停止王府长史及闲散议政大臣议政。② 经过这两次大裁减，议政大臣基本上仅剩在中央机关中任职的满蒙都统（即原固山额真）、尚书及皇帝的御前扈从人员——内大臣，此后，议政大臣主要由这三种官员充任了。③ 康熙十一年，又对议政贵族进行了两次（前后仅隔七天，也可算作一次）裁汰。三藩事发之时，议政王、贝勒、贝子只有杰书、岳乐、福全、勒尔锦、察尼、董额（或作洞鄂）、尚善、温齐几人。不久，勒尔锦、董额、察尼、温齐在征三藩时以贻误军机等罪被削爵罢议政，尚善卒于军。二十四年五月，岳乐也被罢免。二十九年，福全及任命不久的恭亲王常宁又被罢掉，后杰书死去，就很少再见到王贝勒贝子参与议政了。此后至康熙六十一年这二十多年，这一机构在《清圣祖实录》中已只记为"议政大臣会议"。虽然尚有低级宗室贵族如延信（肃亲王豪格之孙，此时为三等奉国将军、正蓝旗满洲都统）等人议政，但他们是以满蒙都统的资格被划入议政大臣之列的。雍乾二朝初年，近支亲王综理政务，宗室王再次与议，但他们已不称议政王，与以前的低级宗室一样，授似议政大臣了。④ 文献上（主要是《清实录》）虽然还写作议政王大臣会议，实际也可称为"议政大臣会议"。

康熙十二年至雍正朝军机处设立这五十多年中，议政王大臣会议所处理的政务除了官员服饰、八旗旗下生计、王公、功臣爵职之承袭、重大丧

---

① 《清圣祖实录》卷6，康熙元年正月丁酉。
② 《清圣祖实录》卷31，康熙八年八月壬戌。
③ 《清圣祖实录》卷40，康熙十一年十二月乙巳条、壬子。
④ 《永宪录》，中华书局版，第279页；《清皇室四谱》卷2；《清高宗实录》卷430，乾隆十八年正月壬午。

礼等一般性事务外①，主要有以下四项。

第一，议处军务。长达八年之久的平定三藩之乱，攻取台湾，反击沙俄的雅克萨之战，三征噶尔丹，征讨策妄阿喇布坦、罗卜藏丹津等重大军事行动，从和战之决策，到具体军事方略之策划、兵将之调拨，始终由议政王大臣会议，或经议政大臣参与处理。这方面资料在《清圣祖实录》和《清世宗实录》中有大量记载，不作赘举。②

第二，有关蒙古各部、西藏等少数民族事务的议处。三征噶尔丹前后，凡率部依附、归降清廷的喀尔喀、厄鲁特人众的安置，争取青海诸部孤立噶尔丹一应复杂事务，都由议政王大臣讨论处理。③为加强对西藏地区的统治，经议政大臣商定，增派朝廷官员协助拉藏汗，正式册封六世达赖喇嘛，并决定派兵护送进藏坐床。④雍正五年又议设驻藏大臣⑤等。

第三，处理与沙俄边界问题。康熙二十八年，议定《尼布楚条约》签订后诸应行事宜。⑥雍正五年，议准并补充《布连斯奇条约》。⑦

第四，鞫审重大刑案。三藩平定之后，凡叛从吴三桂作乱被拿获，或败后又降清者，如耿精忠、马宝、彭时亨、谭天秘等二十多人，皆议政王大臣审讯，全部处以凌迟、立斩枭示的极刑。⑧并对触犯军法的带兵宗室贵族、官员审查议处，或削爵，或免死革职、籍家。⑨康熙四十七年九月，鞫审在储位之争中陷害废太子允礽谋夺储位的皇八子允禩。⑩雍正初，复审允禩所拟敦郡王允䄉奉使口外违旨不前一案，⑪以打击清世宗的政敌——

---

① 《清圣祖实录》卷120，康熙二十四年三月壬申；卷111，康熙二十二年八月壬子；卷115，康熙二十三年五月癸未；卷283，康熙五十八年正月辛丑；卷133，康熙二十七年二月丁卯。
② 《清圣祖实录》卷44，康熙十二年十二月丙辰、己未、庚申；卷48，十三年七月戊辰；卷49，十三年八月己未、九月己卯；卷65，十六年正月丙申；卷75，十七年七月甲辰；卷96，二十年七月己卯；《清世宗实录》卷13，雍正元年十一月己亥。
③ 《清圣祖实录》卷136，康熙二十七年七月甲戌；卷145，康熙二十九年三月壬辰；卷176，康熙三十五年九月乙卯。
④ 《清圣祖实录》卷236，康熙四十八年正月己亥；卷241，康熙四十九年三月戊寅；卷285，康熙五十八年九月乙未。
⑤ 《清世宗实录》卷52，雍正五年正月丁巳。
⑥ 《清圣祖实录》卷143，康熙二十八年十二月丙子。
⑦ 《清世宗实录》卷60，雍正五年八月乙巳。
⑧ 《清圣祖实录》卷148，康熙二十年九月甲戌。
⑨ 《清圣祖实录》卷106，康熙二十一年十二月癸巳。
⑩ 《清圣祖实录》卷234，康熙四十七年九月壬寅。
⑪ 《清世宗实录》卷18，雍正二年四月辛亥。

皇八子党。不久，又命议政王大臣与刑部胪列权臣年羹尧罪状，议拟正法①等等。

康熙后期的储位之争及雍正初胤禛与皇子党、擅权重臣的矛盾，是皇帝在行政中重点解决的问题，议政王大臣会议鞫审狱案这一专职，再次发挥了它的作用，在皇帝的操纵下，打击清除了威胁皇权的政治势力，维护了皇帝的专制集权。

四

军机处设立之后至乾隆五十六年这六十余年，是议政王大臣会议的成员有所缩减，职掌显著减少，逐渐空存其名，最终消亡的时期。

自雍正中设军机处后，对准部用兵两路大军的军务及与此相关的少数民族事务，就已归诸军机处办理。②此后至雍正朝终，便不再见到议政大臣们经理政务，《清世宗实录》中雍正七八年前、后的记载明显地体现了这点。

由于议政王大臣会议的旧制仍然存在，所以乾隆初，一些满蒙尚书、左都御史如大学士兼工部尚书福敏、左都御史马尔泰、理藩院尚书纳彦泰（蒙）、兵部尚书鄂善等人，在他们任如上职务后，即按旧例列为议政大臣，称为议政处行走。③人员最多的满蒙都统任议政大臣的已不多见。职掌又有所恢复，主要是在乾隆十几年用兵之时，④此后琐碎政务居多，如商议祭堂子典礼、出师告捷典礼、裁撤治理浙江海塘的机构之类。⑤有些人名为议政大臣，却在稽查钦奉上谕事件处办事。议政王大臣会议的另一项重要职掌——谳审重大案件，则已消失。如原理亲王弘晳希图皇位一案、漕运总督宗室蕰著诬陷两淮盐政吉庆等有关宗室王公的大案件，已由宗人

---

① 《清世宗实录》卷39，雍正三年十二月甲戌。
② 《清世宗实录》卷96，雍正八年七月辛亥。
③ 《清高宗实录》卷60，乾隆三年正月乙亥。
④ 《清高宗实录》卷376，乾隆十五年十一月乙卯。
⑤ 《清高宗实录》卷338，乾隆十四年四月丙午。

府宗令会同军机大臣审理,①议处满洲大员理藩院尚书、平定霍集占叛乱的统兵者富德在军营侵贪营私一案,又由诸王、军机大臣、刑部尚书会审。②在乾隆二十几年以后,议政大臣一职已无职掌,正如乾隆帝在上谕中所说:"国初以来,设立议政王大臣……自雍正年间设立军机处之后,皆系军机大臣每日召对承旨遵办,而满洲大学士尚书向例俱兼议政虚衔,无应办之事,殊属有名无实。"③终于在乾隆五十六年宣布取消④,延续一百多年的议政王大臣会议,至此走完了它的全部政治途程。

五

根据以上所举材料,我们还可将其性质特点作如下简单总结。

议政王大臣会议从其产生时起,始终以宗室贵族作为议政的主要成员,尤其是天命十一年九月八和硕贝勒共议国政制以后,宗室贵族更在议政中占据主导地位,它是宗室贵族政治权力的主要体现形式。其他如八旗固山额真及议政大臣等只是陪同共议,不少情况下又采取无议政大臣参加的议政王会议形式。康熙后期虽无议政王贝勒,也不是这一体制的根本破除,低级宗室贵族仍然参与,而且雍正后宗室王又再次进入议政。相对于同时存在的阁部等机关的官僚政体而言,这一机构带有落后的贵族政治性。

其组成人员又始终以满洲为主。崇德以前是清一色满人。崇德以后,新的民族共同体——八旗满洲蒙古汉军——逐渐明显形成,始吸收少数新的满族成员——八旗蒙古汉军,如布颜、明安达礼、额尔克戴青、毕力克图、果尔沁、拉锡、纳彦泰、范文程、宁完我、萧永藻、蔡铤等人。⑤但无论其组成规模如何扩大,又怎样调整补充,汉官被授予议政大臣者绝无仅有,因而它又带有明显的民族性。

从职掌上看,虽远不如阁部那样每天都有大量政务,但前所列举,皆

---

① 《清高宗实录》卷106,乾隆四年十二月戊寅。
② 《清高宗实录》卷674,乾隆二十七年十一月戊辰。
③ 《清高宗实录》卷1389,乾隆五十六年十月乙丑。
④ 《清高宗实录》卷1389,乾隆五十六年十月乙丑。
⑤ 《清世祖实录》卷63,顺治九年三月丙申;《清高宗实录》卷66,乾隆三年四月癸丑。

属当时重大事件，相对于前者的多而杂，后者则少而"要"。另外，其一贯职掌军务及某些重大刑案，又属机密事务。正如康熙屡次声称"会议之事，俱系国家重大机密事务"，"议政所关，殊为机密重要。"①简而言之，可概括为"机要"二字。

作为中枢机构，它并非如内阁那样只属于决策机关，而是还要进行具体政务的处理，诸如审案、调兵遣将等，行使某些部院职能，但又不像部院那样专门负责某种政务。这种状况，应是其初期诸贝勒五大臣议政时期，这些八旗兵的带兵武将既集议军务又马下治国谳狱那种分工粗糙的落后制度的遗留，入关后，又保持了与清廷各机关名不副实、满官文武互用这一总特征的一致性。既然既决策，又处理具体政务，故本文权且称之为"议处"机构。从它的存在形式看，似应是一种旧制，虽设议政处，也不属国家正规衙署，除如上所述无明确的职掌规定，更无正规的行政体制，没有较固定的缺额，崇德顺治朝迅速增多，康熙初大规模削减，此后又有所补充，后期诸王被屏斥在外，雍正后又再度与议。诸种因素影响使其成员不断变动，而且是或增或减无规则的幅度较大的变动。从职掌和成员体制上呈现了非正规性。

因此我们认为，议政王大臣会议是以满族宗室贵族与旗、部（院）旗人要员联合组成的带有贵族政治性、民族性的非正规的议处机要重务的权力机构。

正因为其非正规性，无明确的职掌规定，具有很大伸缩性，所以，顺治朝、康熙初适应了满族统治者建立并巩固对全国统治的需要，职掌迅速扩大。另外，皇权的意志又足可以影响其职能的发挥。代行皇权的多尔衮一度不令诸王贝勒会议军国大政，这一机构便形同虚设，后来雍乾二帝将其主要职掌交由军机处办理，又导致其无应办之事而最终消亡。

（原刊于《清史论丛》第七辑）

---

① 《清圣祖实录》卷31，康熙八年八月壬戌条。

清初理学与政治

高 翔

本文要讨论的是一个十分艰难的话题。迄今为止，学术界对理学在清初历史上的地位仍不十分明晰。虽说钱穆有治近代学术，"必始于宋"的著名论断，[1] 但其《中国近三百年学术史》，本身就对有清一代理学之发展，未做认真梳理。当然，从纯思想史和学术史研究的角度看，在一定程度上忽视理学是可以理解的。因为和明清之际洋溢着激情的启蒙思潮比起来，和18世纪汉学家们宏伟的学术成就比起来，和19世纪充满活力的变革思潮、维新思潮比起来，无论是理论的创新，还是学术的邃深，清初理学所取得的成就都黯然失色。然而，在任何时候，对人类精神成果的估价，都不能局限于单纯的认知领域，而应从更加宽广的视野，将其置于社会演变的历史长河中，探索其盛衰轨迹，衡量其是非得失。需要我们特别注意的是，清初理学绝非纯粹的学术思潮，而是一种在明清鼎革的独特历史时期，具有明确经世目的，真正见诸实践，并且取得巨大成功的社会学说。没有理学，清朝政权的儒学化，清初社会的重建，清朝统治的稳定，以及康乾盛世的出现，都是不可思议的。考察清初政治文化，理学是最重要的入手处之一。如果我们仅仅以纯学术史的眼光看待或要求清初理学，必然会漠视或曲解这个曾在历史上辉煌一时的社会思潮；如果我们仅仅从纯权力斗争或利益纷争的角度，考察和分析清初政治，则很难揭示出当时历史变革本身所具有的深厚而复杂的文化内涵。我们有必要对清初理学和政治

---

[1] 钱穆：《中国近三百年学术史》，第1章"引论"。

的关系，进行比较深入的研究，而本文则是对这一问题的粗略探讨。

一 清初理学的政治立场

每一种社会思潮，都是特定历史时代的产物。研究明清之际的社会思潮，必须将其严格置于鼎革之际独特的历史环境之中。原因很简单，在当时大多数汉族士人、百姓看来，明清鼎革绝不是简单的改朝换代，而是关系到文明兴废、民族存亡的深重社会危机，所谓"甲申、乙酉，沧桑变革，动魂惊魄"①。顾炎武视清军入关为"亡天下"，哀叹"仁义充塞，而致于率兽食人，人将相食"，疾呼"保天下者，匹夫之贱，与有责焉"，即生动反映出汉族士人强烈的民族危机意识。②清初的学术，清初的思想，无不打上时人国破家亡的痛楚烙印。

在人类历史上，每一次重要的社会危机，都会引发人们对历史与现实的反思。晚明以来，基于社会结构变迁而出现的一些具有人文主义因素的反传统观念，从不同的侧面动摇着传统社会精心建构的伦理大厦。降至鼎革之际，战乱频仍，"天崩地解"。破国亡家之恨，中原陆沉之痛，更使不少激进士人将长期居于意识形态主导地位的理学作为批判对象。方苞称："仆少所交，多楚越遗民，重文藻，喜事功，视宋儒为腐烂。"③即生动反映了明遗民中一些精英分子的思想倾向。在普通士人民众中，更广泛存在着对儒学的反感情绪，以致一些理学名家有"学绝道晦"之悲叹。④汤斌尝说："近世圣学不明，谈及学问，便共非笑，不以为立异，即以为好名。"⑤魏裔介称："明季以来，风俗颓靡，僭越无度，浮屠盛行，礼乐崩坏。"⑥陆陇其哀叹：晚明以来，"荡佚礼法，蔑视伦常，天下之人恣睢横肆，不

---

① 《陈确集》卷首，陈翼《乾初府君行略》，中华书局，1979。
② 顾炎武：《日知录》卷13，《正始》。
③ 《方苞集》卷6，《再与刘拙修书》。
④ 这本是顺治十四年张履祥在给陈确的一封信中说的话；参见《陈确集·别集》卷16，《大学辨三·答张考夫书附张履祥与陈乾初书》。
⑤ 汤斌：《汤子遗书》卷5，《与田篑山书》，《四库全书》本。
⑥ 魏裔介：《魏文毅公奏议》卷1，《兴教化以正风俗疏》。

复自安于规矩绳墨之内，而百病交作"[1]，甚至一些下层知识分子，也哀叹"近来儒道式微，理学日晦"，"邪教横行，人心颠倒"。[2]这是一个传统道德的权威地位受到动摇，社会价值体系出现巨大分化的时代。这种分化，是社会动荡的产物，反过来，又加剧了社会动荡的程度。

然而，明清鼎革所造成的道德真空，不可能长期存在，社会走向稳定，毕竟符合大多数人的利益与愿望。而要实现稳定，必须要有一种可供操作的体系化的意识形态，以整合观念，维系人心。这一巨大的时代使命，是尖锐多于深刻，支离远胜系统的反传统思潮所难以承担的。在这个问题上，历史留给鼎革之际的朝廷和士人可供选择的余地并不太大。正因为如此，清军入关后不久，理学就成为知识界一批有影响的代表人物的理论旗帜，成为他们致力于道德重建的思想武器。像孙奇逢，"尝念圣学久湮，慨然以绍往继来为己任"[3]。夏峰的理学传播，在当时产生了重要的社会影响。时人"见者皆服其诚信"，"闻其绪论，无不信圣贤之学"。[4]申涵光谓夏峰"始于豪杰，终以圣贤"，在一定程度上反映了孙奇逢在清初知识界的崇高地位。[5]清初另一位具有重要影响的理学家是李颙，"其学以尊德性为本体，以道问学为功夫，以悔过自新为始基"，在理学界独树一帜。[6]李颙的学术，在清初士林颇受重视，时人谓："学者或亲受业于先生，或闻先生之绪余而私淑向往者，几遍天下也。"[7]

在明朝遗民中，陆世仪是一个值得重视的理学名家。世仪之学，"主于敦守礼法，不虚谈诚敬之旨；主于施行实政，不空为心性之功，于近代讲学诸家最为笃实"[8]。顺康时期，陆世仪声望虽不及夏峰，但在官府和士人阶层均颇受欢迎。时人说："有司闻其名，争式庐焉。"至若向学之士，更是"闻先生（世仪）来，踊跃兴起，造请无虚日"。[9]

有一个事实是值得我们充分重视的，那就是清初遗民中影响最大的理

---

[1] 陆陇其：《三鱼堂文集》卷2，《学术辨上》。
[2] 艾衲居士：《豆棚闲话》卷12，《陈斋长论地谈天》，中华书局，2000。
[3] 佚名：《皇明遗民传》卷3，《孙奇逢》。
[4] 魏裔介：《兼济堂文集》卷11，《孙征君先生传》，《四库全书》本。
[5] 申涵光：《聪山集》卷3，《征君孙钟元先生诔词》。
[6] 李颙：《二曲集》附录二，刘宗泗作《盩厔李征君二曲先生墓表》。
[7] 《二曲集》附录四，郑重序。
[8] 《四库全书总目提要》卷94，子部四，《思辨录辑要》。
[9] 《碑传集》卷127，汤脩业作《陆桴亭先生小传》。

学倡导者,尽管他们内部存在着程朱陆王等门户纷争,但几乎无一例外地放弃了反清立场,[①]并且在一系列重要的社会政治见解上,具有共同之处。他们怀念明朝,但并不打算改变清朝统治的现实,而且还直接或间接地和清朝统治相合作,力图尽快结束晚明以来的动乱状态,营造一个安定和谐的社会环境。像孙奇逢在清朝统治确立后,躬耕讲学,"生徒数十人,筑室相就,对之谈学,往往丙夜不倦"[②]。耐人寻味的是,孙奇逢和一些在朝官僚保持着密切的联系。比较典型的,如清初理学名臣魏裔介、魏象枢、汤斌等人均和他有过交往,且受到了他的学术影响。魏象枢称自己"私淑先生(孙奇逢)者廿年矣"[③]。而汤斌,"谢病归田,从学先生之门,受而读之,其折衷去取,精义微言,幸承面诲而得有闻焉"[④]。李颙为免于仕清,曾一度"绝食抗旨"。然当四十二年(1703)康熙帝西巡时,却遵旨将所著《四书反身录》《二曲集》等进呈,并获康熙帝所赐御书匾额,李颙本人则为之感动不已。其子慎言称:"言父病中闻之,喜极涕零,叹不能起言祖母于九泉,一睹圣主荣恩也。亟命言兄弟扶掖向阙,叩首谢恩。"[⑤]曾矢志抗清,后知事不可为,"于是髡缁间行,归老江村"[⑥]的钱澄之,眷念明朝,"讯闽越遗事",则与友人"相持涕泣"[⑦]。然他和徐元文等朝廷重臣过从甚密,所作《正统论》上下篇尤其值得重视。在《正统论》上篇中,他提出判断一个政权正统与否,应"一以人心断之","人心一日未忘,即天命一日未去,正统一日未绝也"。[⑧]从表面上看,似乎在为南明作辩护,然而,在《正统论》下篇中,他就道出了自己的真实想法:"天下如大第宅,其更姓易主者常也","今夫大盗入人室,杀其主,歼其子孙,尽据其所

[①] 需要说明的是,在清初以理学著称的学者中,吕留良是比较特殊的,他虽然不公开反对清朝,但颇重华夷之变,而且反对秦汉以来的君主专制,认为秦以来,"开国之心,多从自私自利起念。制度、政令,皆由此出"。强调"天秩天讨,非君臣之所得而私也"(参见吕留良《天盖楼四书语录》卷2,《大学》;卷15,《论语上》,康熙金陵玉堂刻本),其思想在一定程度上背离了宋元以来理学崇尚君权之传统。尽管类似的观点在清初遗民理学家中不难发现,但在士林队伍中不具有代表性,也没有产生较大的社会影响。
[②] 参见黄容《明遗民录》卷4,《孙奇逢》。
[③] 魏象枢:《寒松堂全集》卷9,《柬孙钟元先生书》。
[④] 汤斌:《汤子遗书》卷3,《理学宗传序》。
[⑤] 《二曲集》卷46,惠龗嗣编《潜确录》。
[⑥] 《田间文集》唐甄序。
[⑦] 钱澄之:《田间文集》卷13,《敬亭集序》。
[⑧] 《田间文集》卷3,《正统论上》。

有，人人痛愤。有壮士奋起剿灭之，凡盗所据有者皆悉为壮士有，举世莫不称快，而议者犹谓'壮士与盗向皆利主人所有，使不为盗据，彼且据之矣，今特借报仇为名，原其心，与盗同律'。可乎？"①这一主张即使不是为清朝取代明朝作辩护，也至少表明他并不赞成将为前明"复君父仇"的清朝简单地排除在正统之外。至于鼎革后"高尚其志"的陆世仪，则满怀经世热情，为清廷如何笼络遗民、重建伦理道德秩序出谋划策。他建议清廷用"遗黎故老"于学校。他说：

愚谓有天下者若易代之后，而不用胜国之遗黎故老，则贤才可惜。若用遗黎故老，而遗黎故老竟乐为新主所用，则又乖不事二君之义，于此有两全之道。学校之职臣也，而实师也。若能如前不用品级之说，则全乎师而非臣。昔武王访道于箕子，而箕子为之陈《洪范》，盖道乃天下后世公共之物，不以兴废存亡而有异也。聘遗黎故老为学校之师，于新朝有益，而于故老无损，庶几道法可尝行于天地之间，而改革之际，不至贤人尽归放废矣。

问："胜国之老曾为先朝大臣者，亦可为学校之职乎？"曰："若如今者，学校之职则不可为也。"若如前说则既为之师而非职矣，不受爵于朝廷，不受制于上司，县官以礼聘请讲道论德，合则留，不合则去，虽先朝大臣奚不可哉？特患为大臣者，原无道德可风，而州县之聘之者亦不以道，则此说一倡，又为不肖者长奔竞之门耳。故曰："苟非其人，道不虚行。若如前说，学校师当议为定制，受聘不受爵，受养不受禄。居于其国，自县官及缙绅以下，皆执弟子礼，见藩臬尊官，不行拜跪，其往来书策，不用文移，则胜国之遗黎故老，皆可以受之而无愧矣。"②

陆世仪的建议，显然反映了当时一大批为"事业文章都无用处"而感到烦闷的明朝遗民急于有所作为的社会心态。③

---

① 《田间文集》卷3，《正统论下》。
② 陆世仪：《思辨录辑要》卷20，《治平类·学校》。
③ 陈确：《陈确集》卷1，《与许芝田书》附《答书》。

清初理学不反对清朝统治，致力于重建社会伦理秩序的政治立场，为其扩大社会影响，协助当政者结束晚明以来"昧义命，鲜羞恶，而礼义廉耻之大闲，多荡而不可问"①的混乱局面，提供了十分广阔的空间。其中，清初理学（特别是程朱理学）所具有的以下两个鲜明的思想主张，在社会秩序的重建过程中尤其具有十分重要的意义。

一是倡扬主敬。主敬本是程朱涵养功夫。即"天地设位而易行乎中，只是敬也，敬则无间断。体物而不可遗者，诚敬而已矣"②。其核心内容是"主一无适"，即精神专注于一，不要有所游移。姜宸英曾概括说："河南二程子以持敬之学教学者。其旨以严恭俨恪为要，其功始于动容貌、正颜色、出辞气之间，而推之至于尽性达天知命，盖作圣之基，学者无时而可离者也。"③张履祥说："其不敢苟且以从事，或始勤而终怠，及参以二三，是为居敬。"④清初理学，特别是信奉程朱的学者高扬"主敬"大旗，以吸引信徒，批驳"邪说"。陆世仪强调："居敬穷理四个字，是学者学圣人第一功夫。彻上彻下，彻首彻尾，总只此四字。四个字是居敬穷理。一个字是敬。""只提一敬字，便觉此身举止动作，如在明镜中。敬如日月在胸，万物无不毕照。"⑤魏象枢认为："敬诚所以求仁也。""敬诚之至，即仁之至矣。"⑥汤斌虽然学源奇逢，"其根底在姚江"⑦，但仍将"涵养须用敬，进学在致知"视为"入道真诀"，⑧予以高度重视。⑨清初理学大力鼓吹主敬，有着十分现实的社会目的，那就是在学术上通过宣传主敬，改变晚明以来学术歧异、是非混乱的局面，恢复正统理学的主导地位，使学者做到"周孔之书，程朱之笔；一言终身，敬哉无逸"；⑩在政治上，通过主敬表明自己拥护新朝的政治立场，在理学和清朝统治之间建起一座可以沟通的桥梁。

---

① 《二曲集》卷10，《南行述》。
② 程颢、程颐：《二程遗书》卷11，《明道先生语一》。
③ 姜宸英：《湛园集》卷3，《持敬堂记》。
④ 唐鉴：《学案小识》卷1，《桐乡张先生》。
⑤ 《思辨录辑要》卷2，《居敬类》。
⑥ 《寒松堂全集》卷9，《答白东谷先生书》。
⑦ 《四库全书总目提要》卷173，"汤子遗书"条。
⑧ 汤斌：《汤子遗书》卷5，《答刘叔续书》。
⑨ 孙奇逢也强调："天理之常存，生于敬畏之无间隔，离此，则成无忌惮矣"（《夏峰集》卷1，《语录》）。
⑩ 熊赐履：《经义斋集》卷5，《主敬箴》。

理学的主敬，一方面要求统治者"敬天法祖，知人安民"，①告诫皇帝："人主一日万机，焉能事事尽善？一物不得其所，皆足感召天变，如之何不慎之又慎也。"②另一方面，也是其最主要的内容是通过宣传主敬，协助清廷重建以儒家纲常伦理为主导的社会秩序，其具体做法是要求政治上无权无势的普通百姓安分守己，诚敬事上。孙奇逢说："君臣还其为君臣，父子还其为父子，而政之能事毕矣。不君不臣，不父不子，便有多少不尽分处。"③李光地则直言不讳地告诉士人、百姓："敬之一言，于事君尤所重。"④正因为如此，清初的理学名臣们纷纷向统治者表示："帝王之道，以尧舜为极，孔孟之学，即尧舜之道也。"⑤而理学主敬、穷理、践行三大主旨，不但系"为学入德之方"，也系"尊王庇民之道"。⑥

二是崇尚躬行。明代姚江学术有一个重要特点，那就是过分偏重认知，忽视践行。王阳明宣扬"知行合一"，主张"知之真切笃实处即是行，行之明觉精察处即是知，知行工夫本不可离"⑦。又云："一念发动处便即是行了。"⑧这实际上是"以知为行"，将理学的视野局限于狭隘的认知领域。王夫之曾针对象山、阳明知行观指出："彼非谓知者可后也，其所谓知者非知，而行者非行也。知者非知，然而犹有其知也，亦敝然若有所见也。行者非行，则确乎其非行，而以其所知为行也。以知为行，则以不行为行，而人之伦，物之理，若或见之，不以身心尝试焉。"⑨应该说王夫之这一批评击中了阳明学术的要害。清初理学名家反思学术之兴衰，往往将晚明儒学之凋敝，归罪于当时空谈之陋习，所谓"吾道衰颓，总由躬行实践者少，利欲之根难断，巧伪之术易工"⑩。崇尚躬行实践，随之成为清初清理的一大特点，甚至连陆王一系也承认"中庸之道一，日用饮食之常而

---

① 《碑传集》卷11，孙继涵作熊赐履年谱，康熙八年条。
② 《康熙起居注》第1册，中华书局，1984，第120页。
③ 孙奇逢：《四书近指》卷9，《景公问政章》。
④ 李光地：《榕村集》卷22，《己丑会试策问》。
⑤ 《康熙起居注》第1册，第125页。
⑥ 李光地：《榕村集》卷22，《己丑会试策问》。
⑦ 王阳明：《王阳明全集》卷2，《语录二·传习录中》。
⑧ 《王阳明全集》卷3，《语录三·传习录下》。
⑨ 王夫之：《尚书引义》卷3，《说命中二》。
⑩ 汤斌：《汤子遗书》卷5，《答施愚山书》。

已"①,强调"圣门以力行为主"②。至于程朱学者,这时更将躬行实践推崇到无以复加的地步。魏象枢指出:"圣人之学,始于立志,成于躬行。"③提出:"以言道学,则躬行实践真道学也;以言经济,则建功立业真是经济也"。④张伯行宣称:"我平日讲学,原是讲明道理,以便身体而力行之也。若口里只管讲,行时却不照着这个道理行,讲他何用?"⑤魏裔介说:"圣贤之学,躬行为急,著述立说,其末也。自讲学者纷纷,而去道益远。本光明也,或以讲而反晦;道本正大也,或以讲而反凿。呜呼!岂圣经贤传可不遵而犹须多议论以相尚哉?"⑥熊赐履说"为学须从日用常行处著工夫"⑦,强调"理学不过正心诚意,日用伦常之事,原无奇特","我平日虽有理学虚名,不曾立讲学名色。我辈惟务躬行,不在口讲"⑧。汪琬更直言不讳地表示:"使舍其日用常行而欲求所谓性命于恍惚不可知之地,是异端也,是淫词邪说也。"⑨躬行实践,可以说是清初理学最鲜明的学术特征。

应该指出,清初理学所谓的躬行实践,绝非简单地提倡个人通过恪守纲常伦理以实践儒学,更重要的是要经世致用,这主要有两层含义:一是弘扬儒学,"以阐明学术,救正人心为己任"⑩;二是要济世救民。魏裔介说:"著书立说,只是一事,然坐视民生之阽危而不能救,先圣之家法尚不如是也。"⑪潘天成谓,"至于经济,各随其性之所近讲习之,以待国家之用。即不用我,我不可无待用之具"⑫,即反映出清初理学服务现实的鲜明倾向。当然,在清初理学名家中,研究经世之学成就最为突出者非陆世仪莫属。世仪之学,脚踏实地,务于实用,不但对治道、学校、礼乐进行深入考察,而且对天文、火器、农事等一般理学家不愿过多着力的领域,也潜心研究,颇有所得。张伯行称世仪之学,"其思精切而不浮也,其辨详

---

① 《四书近指》卷2,《道之不行章》。
② 孙奇逢:《四书近指》卷9,《子路问闻章》。
③ 魏象枢:《寒松堂全集》卷9,《上少保胡馆师书》。
④ 《寒松堂全集》卷12,《保泰十二策跋》。
⑤ 张伯行:《正谊堂文集》卷6,《上叔父》,《丛书集成初编》本。
⑥ 魏裔介:《兼济堂文集》卷4,《熊敬庵〈闲道录〉序》。
⑦ 参见《经义斋集》卷9,《答刘黎元》。
⑧ 《康熙起居注》第1册,中华书局,1984,第39页。
⑨ 汪琬:《尧峰文钞》卷32,《与计甫草论道书》。
⑩ 《二曲集》卷4,郑重《靖江语要序》。
⑪ 《兼济堂文集》卷9,《复黄蓁园书》。
⑫ 潘天成:《铁庐集》卷2,《壬寅三月与宜兴诸门人》。

密而不紊"，"陆子之为人心世道计者至深远矣"。[1]可以说比较准确地反映了世仪学术的经世特色。

总的说来，清初理学既不是批判现实的，也不是反传统的，它力图通过合法的渠道，按照儒家的正统模式，重建中国社会伦理道德秩序，并借机恢复自己在意识形态中的独尊地位。而要完成这一历史使命，有一个前提是必不可少的，这就是获得清廷对自己的认同和支持。这一工作显然非理学名家中的山林隐逸之士所能完成，而只能寄希望于在朝的理学官僚。[2]这，也许是孙奇逢、李颙等人愿意，也能够和当时跻身清廷的官僚学者保持密切联系的重要原因。

事实也是如此，在清初，真正将理学推向朝廷，使其获得正统地位的，不是隐居山林的孙奇逢、李颙、陆世仪等通儒硕学，而是以熊赐履、魏裔介、魏象枢、汤斌、李光地等人为代表的理学名臣。

二 "正君心"：近三十年的不懈努力

顺治和康熙初年，清朝政权面临着种种错综复杂的政治矛盾，如君臣权力分配未得解决，满汉官僚之间的利益冲突十分尖锐，制度设施亟待健全，等等。但最根本的问题只有一个，那就是将百废待兴的清初社会引向何方，也就是用何种意识形态重建政治和社会秩序。围绕这个问题，存在着两种可能的现实选择：一是固守满洲贵族的家法祖制；二是用中原地区源远流长的儒家学说整合人心，实现太平。

形成于入关前的清明家法祖制，尽管在不少地方和儒家传统有相通之外，而且它本身受到了儒家思想的明显影响，但在一些根本问题上，仍和中原政治传统存在着严重的对立。这主要表现为以下三个方面。

第一，在政治体制上，家法祖制推崇的是贵族统治特权，主张的是诸王共议国政，而不是君主独裁。如果按照努尔哈赤当初提出的政治设想，

---

[1] 《思辨录辑要》，张伯行序。
[2] 需要说明的是，本文所说"理学官僚"，主要是指官僚队伍中理学的信奉者，他们并非都是具有较深学术素养的理学家。

议政王大臣会议不但是清朝最高决策核心，而且是最高权力机关，具有废立君主的权力，即人君若"不纳谏，不遵道，可更择有德者立之"。①根据家法祖制建立起来的政治体制，只能是带有一定贵族共和色彩的君主制政体，而不可能是君主专制政体。而宋明以来形成的儒家政治传统正好相反，它推崇的是人君独裁，强调的是臣民和君主之间森严的政治等级，主张建立的是以皇权为核心的专制主义的官僚政治体制。在这个问题上，二者间基本上没有调和余地。

第二，在统治方式上，尽管入关前后金就宣布"国家文武并用，以武功戡祸乱，以文教佐太平"，表示"欲振兴文治"。②但实际上，入关后相当长的一段时间，在"本朝家法""祖宗成宪"的影响下，清朝政权内部仍存在着重骑射、尚勇武与以文教治天下的矛盾；存在着满族多种信仰与隆重师儒、独尊儒术的矛盾；存在着满洲贵族垄断政治权力与重用经术人才、礼遇汉族士人的矛盾。顺治帝在其遗诏中开篇即称自己"自亲政以来，纪纲法度，用人行政，不能仰法太祖、太宗谟烈，因循悠忽，苟且目前，且渐习汉俗，于淳朴旧制日有更张，以致国治未臻，民生未遂"；③康熙初，熊赐履在《应诏万言疏》中哀叹"学校极其废弛，文教因之日衰"，"惑世诬民，充塞仁义，斯道之沦晦，未有甚于此时者也"，④从不同的角度反映了当时清廷内部两种政治文化斗争之激烈。

第三，在如何组织社会经济生活上，存在着农奴制和地主制的矛盾。清初的圈地，并不是简单的民族掠夺，它是通过摧毁被圈地区固有的经济关系，代之而推行落后的农奴制而进行的，其结果使大批汉族农民不但丧失土地和财产，而且失去人身自由，沦为农奴或奴隶。圈地、投充和《逃人法》，从顺治时起就遭到不少推崇儒学的官僚士人的强烈反对。像著名理学官僚魏裔介站在儒家仁爱立场，直言不讳地指责《逃人法》太严，并对旗地上严酷的农奴制提出尖锐批评，表示朝廷若加严逃人之法，"下拂人心，上干天和，非寻常政治小小得失而已。皇上爱民如子，各旗亦宜仰体

---

① 《清太祖武皇帝实录》卷4，天命七年三月初三日。
② 乾隆官修《清朝文献通考》卷47，《选举一》。
③ 《清世祖实录》卷144，顺治十八年正月丁巳。
④ 《经义斋集》卷1，《应诏万言疏》。

圣意，遇下以恩。彼虽奴隶，岂无恋主之心，而纷纷鸟兽串，胡为也？"[1]魏琯力主放宽逃人处分，"于减中求减"。[2]尽管清朝统治者将反对圈地，放宽逃人处分的主张，斥责为"偏护汉人，欲令满人困苦，谋国不忠"[3]，力图通过高压手段予以压制，然降至康熙时，反对之声仍不绝于耳。像御史徐越就"因亢旱祈祷，请宽逃人株连之罪，则和气自应。事虽不行，时论韪之"[4]。进士出身的浙江巡抚范承谟奏称"逃人一项为害甚烈"，表示"国法一日不更，百姓身家一日不保"。[5]围绕圈地、逃人的斗争，既是两种生产方式的对立，也是儒家仁政思想和满洲政治传统的对立。

激烈的满汉文化冲突，加剧了顺治和康熙初年的社会矛盾，以致广大汉族士民处境十分险恶。吴绮描述说："时值纷纠，俗成刁犷，斗开告密，狱起同文。一二奸渠，缘上书而肆志，百千丑类，借投匦以宣威。巨室屏息以寒心，当途望尘而摇手。兼以营丁毒虐，比户凋残，刑拷视为常闻，炮烙骇其未有。一家受陷，姻党为之啼号。匹妇言通，井里因而惊窜。兵缘棍线，男女行鸎于昏途。棍籍兵威，魑魑横行于白昼。"[6]在这种情况下，清朝统治不可能获得真正的巩固。

满汉官僚间激烈的文化冲突，不但影响到了清朝政权政策的稳定性，而且也直接影响到了在朝官僚的切身利益。对于清初在朝汉族官僚，特别是理学官僚来说，要改变这种状况，办法只有一个，那就是向统治者灌输儒家思想，使其真正认识到儒家学说与实现清朝久安长治的重要关系。源远流长的程朱理学成为他们传播儒学最重要的工具，而皇帝则成为他们最重要的争取对象，原因很简单，顺治、康熙二帝均冲龄即位，可塑性强。而在理学官僚们看来，皇帝的文化选择，在很大程度上也就是政权的文化选择，所谓"君心正则天下治，如天枢之运众星"[7]。国家"根本切要之地，端在我皇上之一身。盖皇躬者，又万机之所受裁，而万化之所从出也"[8]。

---

[1] 《碑传集》卷11，徐乾学作魏裔介墓志铭。
[2] 《清史列传》卷70，魏琯。
[3] 《清世祖实录》卷70，顺治十二年三月甲午。
[4] 姜宸英：《湛园集》卷5，《兵部督捕理事前浙江道御史徐公神道碑》。
[5] 范承谟：《范忠贞集》卷2，《请纾东南大困疏》。
[6] 吴绮：《林惠堂全集》卷1，《上龚大宗伯书》。
[7] 《碑传集》卷16，彭绍升作汤斌事状。
[8] 《经义斋集》卷1，《应诏万言疏》。

故在促使皇帝尽心儒学问题上，理学官僚们意见十分一致，将其视为当今"第一要务"①。

清军入关不久，在朝官僚中就出现了要求满洲贵族，特别是皇帝学习儒学的呼声。顺治元年十一月，詹事府少詹事李若琳建议："满洲勋臣子弟有志向学者，宜令奏送国学读书，一体讲习。"②次年三月，大学士冯铨、洪承畴以"上古帝王奠安天下，必以修德勤学为首务"，建议创立清朝帝王培养教育制度，以加强少年皇帝的儒学训练："帝王修身治人之道，尽备于六经。一日之间，万机待理，必习汉文，晓汉语，始上意得达，而下情易通。伏祈择满汉词臣朝夕进讲，则圣德日进，而治化益光矣。"③七月，工科给事中许作梅又以"圣德学问为先"，建议选择满汉子弟入侍皇帝读书，并举行经筵大典，明确提出"圣学王道合而为一"的政治主张。④八月，户科给事中杜立德上奏提出治平之道有三：敬天，法古，爱人。礼科给事中梁维本奏请"隆圣学以光典礼，御经筵以精学问"⑤。五年，工科给事中魏裔介更以"年岁既盛，则嗜欲日开。嗜欲既开，则聪明日淆。虽神明生知之圣，非愚贱下臣可管窥蠡测，然少而勤学，古人比之日出之光，与壮而努力者，劳逸相倍蓰也"，请求清廷重视皇帝教育问题。⑥八年，刑科给事中魏象枢上疏提出了加强皇帝儒学修养的具体措施："凡遇亲临便殿，或驾御午门，即召满、汉辅臣二员，讲说帝王用人行政之本，人心道心之微，以弼盛德；仍择满、汉词臣、文学雅重者六员或八员，以备顾问，并注起居。再请退朝以后，节膳却虑，潜心治道，以图励精。皇城以外，命驾勿轻，保护必慎。"⑦显然，这些建议均将儒家经典，特别是理学的政治主张作为教育皇帝的重要内容，却均未被清廷采纳。尽管顺治九年，清廷确立了经筵日讲制度，⑧尽管顺治帝在亲政后表示"帝王贤哲修

---

① 《碑传集》卷11，彭绍升作熊赐履事状。
② 《清世祖实录》卷11，顺治元年十一月乙酉。
③ 《清世祖实录》卷15，顺治二年三月乙未。
④ 《清世祖实录》卷19，顺治二年七月戊寅。
⑤ 《清世祖实录》卷20，顺治二年八月庚辰。
⑥ 《魏文毅公奏议》卷1，《崇讲学以弘圣德疏》，畿辅丛书本。
⑦ 《寒松堂全集》卷1，《圣德勤修日懋等事疏》；参见《清世祖实录》卷60，顺治八年九月庚寅。
⑧ 光绪《钦定大清会典事例》卷308，《礼部·经筵》。

身，莫不本于德而成于学"①，但他本身的汉语水平和儒学素养都十分有限，且其信仰受到了佛学的深刻影响，故终其一朝，用何种意识形态重建清代社会这一根本性问题并没有得到真正解决。

顺治帝去世以后，年仅八岁的康熙帝继位，四大辅臣"于一切政务，思欲率循祖制，咸复旧章"②，清廷内部满汉政治文化的冲突迅速激化。而在权力分配中居于弱势地位的理学官僚们只能将振兴儒学、改善自己政治处境的希望寄托于少年皇帝身上。于是，顺治时期要求皇帝学习儒学的历史场面在康熙初年重新出现。顺治帝去世甫过半载，工科给事中王曰高就疏请举行经筵大典，"以光盛德，以端化源"③。康熙四年，太常寺少卿钱綎又以"君德关于治道，圣学尤为急务"，提出"将满汉诸臣中老成耆旧，德性温良，博通经史者，各慎选数员，令其出入待从，以备朝夕顾问。先将经史中古帝王敬天勤民，用贤纳谏等善政，采集成书，分班直讲，每日陈说数条，行之无间，必能仰裨圣德"。④由于鳌拜等人当朝，加之孝庄皇太后"甚厌汉语，或有儿辈习汉俗者，则以为汉俗盛则胡运衰，辄加禁抑"，以致这些建议均未得到实施。

六年，康熙帝"躬亲万机"。此后，要求皇帝学习儒学的呼声骤然高涨。给事中兰挺达、御史田六等人纷纷上疏，建议皇帝讲求经史。时任弘文院侍读的熊赐履是当时最重要的人物。六年六月，他上了一道在清朝政治史上具有重大意义的《万言疏》。在疏中，熊赐履站在理学的立场，对当时的政治现状提出尖锐批评，认为清朝存在着"政事纷更而法制未定""职业隳废而士气日靡""学校废弛而文教日衰""风俗潜侈而礼制日废"等重大弊端，明确告诫皇帝：治乱的本原之地"亦在乎朝廷而已"。熊赐履在奏疏中建议康熙帝加强儒学修养，"慎选耆儒硕德，置之左右，优以保衡之任，使之从容闲宴，讲论道理，启沃宸衷，涵养圣德。又妙选天下英俊，陪侍法从，以备顾问，毋徒事讲幄虚文。若夫《大学衍义》一书，叙千圣之心传，备百王之治统，伏愿皇上朝夕讲贯，证诸六经之文，

---

① 《清世祖实录》卷88，顺治十二年正月丙午。
② 《清圣祖实录》卷3，顺治十八年六月丁酉。
③ 《清圣祖实录》卷4，顺治十八年闰七月庚辰。
④ 《清圣祖实录》卷14，康熙四年三月丙午。

通诸历代之史，以为敷政出治之本"①。熊赐履这道万言疏，得到了康熙帝的认可。虽然鳌拜"恶其侵己"，欲治其罪，但为康熙帝所阻止。②此后，熊赐履又利用各种机会，进一步阐明自己的政治主张。

康熙七年正月，清廷建"孝陵神功圣德碑"，熊赐履代拟碑文草稿。在草稿中，熊赐履针对顺治帝遗诏的内容，特别是针对"渐习汉俗，于淳朴旧制日有更张"的说法，为其作了全面平反，将顺治帝描写成了一个实践儒学的理学皇帝，称："我皇考以道统为治统，以心法为治法。禀天纵之资，加日新之学，宜其直接乎帝王之传而允跻于三五之隆也。"③这种脱离历史实际的溢美之词，与其说是歌颂顺治帝的丰功伟绩，毋宁说反映了理学官僚们对康熙帝的殷切期望。据熊赐履自述："稿成，满汉看，定全用。及发译，参用它作。"表明当时大多数在朝官员认可了熊赐履的政治主张。虽然清廷正式公布的碑文，比较平实，没有简单地将顺治帝和"心法""道统"等联系起来，但有一条主线和熊文是一脉相承的，这就是为顺治帝平反，充分肯定其"好学不倦"，"知性知天，洞悉至道"。④这一事实暴露出康熙帝对熊赐履等人在基本政治立场和文化理念上的认同，预示着清朝政治的重大转折即将到来。

康熙七年九月，熊赐履又上《请除积习销隐忧疏》，该疏鲜明地表达出理学官僚们对鳌拜当朝用事的不满，以及对清朝政治前途的担心，表示"朝政积习未除，国计隐忧可虑"，并使用了"我皇上聪明天亶，朝纲独握"这种富于激励性的词语。在奏疏中，熊赐履明确要求康熙帝重用儒臣，提出"讲学与勤政二者不可偏废"，曰："伏愿皇上临莅之暇，间御便殿，接见儒臣，咨诹讲论，如天人理欲之分，危微操舍之关，国运盛衰之故，以及人才消长、民生休戚、天命去留、生灵向背，一一明晰而讨究之。或引证经史，或指切时务，务期表里精粗，洞彻融贯。"⑤这道奏疏显然触动了鳌拜和康熙帝两人的敏感神经。鳌拜怒而诘其"积习""隐忧"实事，并以所陈无据，下部议，降二级用；而康熙帝却宽免了对熊赐履的

---

① 《清圣祖实录》，卷22，康熙六年六月甲戌。
② 《碑传集》卷11，彭绍升作熊赐履事状。
③ 《经义斋集》卷2，《恭拟大清孝陵圣德神功碑文》。
④ 《清圣祖实录》卷25，康熙七年正月庚戌。
⑤ 《经义斋集》卷1，《请除积习销隐忧疏》。

处分。数月后，康熙帝即清除鳌拜集团，并手书鳌拜责难熊赐履一事，令治其"欺罔"之罪。①

鳌拜被清除，为理学在清朝政治社会中发挥意识形态主导作用扫清了最大的障碍，在相当程度上标志着顺康时期清廷内部持续近三十年的满汉文化纷争，以理学官僚的胜利而告终。此后，以康熙帝为核心的满洲贵族开始了全面学习儒家文化的进程，一批重要的理学官僚登朝用事，成为康熙帝亲密的谋士和助手。特别是熊赐履地位急剧上升，"名甚盛，又得君"②，成为清廷举足轻重的人物。理学在清朝政治中的影响随之急剧扩大，清朝政权的儒学化程度迅速加深，中国政治和社会因而出现了新的景象。

三 儒学化：清初政治的转型

在传统社会，政权的文化选择，影响甚至规定着社会文化的演变方向。有清一代，满汉文化交流虽开始于民间，但其真正全方位的交融汇合，却是以康熙时期清廷对理学思想的充分认同和吸收为标志的。与这一进程相伴的是，清朝政治完成了从满洲传统政治向中原政治的历史性转型。这一转型的核心内容就是从诸王议政向君主专制转变；从贵族理政向官僚政治转变；从"家法祖制"向推行仁政，崇尚文治转变；一句话，就是实现清朝政权的儒学化。正是政权的儒学化，使满汉间全方位的深层次的民族融合成为可能。理学，是这一政治进程的重要推动者。下面几个方面是值得研究者充分重视的。

第一，从康熙朝开始，清朝最高统治者完全接受了理学的基本教义，并力图付诸实践，实现治统与道统的合一，从指导思想的角度，规定了清朝政治的演变方向。

康熙帝和顺治帝不同，自幼即对佛法不感兴趣，而有志于儒学的学习。亲政以后，特别是在清除鳌拜势力以后，他更如饥似渴地学习儒学，而熊

---

① 《碑传集》卷11，孔继涵编熊赐履年谱，康熙七年条。康熙八年，康亲王杰书等遵旨勘问鳌拜，列数其罪状，其中一条为："熊赐履条奏之事，鳌拜以为劾己，意图倾害，罪十六。"《清圣祖实录》卷29，康熙八年五月庚申。

② 李光地：《榕村语录续集》卷13，《本朝时事》。

赐履也竭力向年轻的皇帝灌输理学的基本主张和治国安邦之道,所谓"早夜惟谨,未尝不以内圣外王之道,正心修身之本,直言讲论,务得至理而后已"①。清初理学以崇尚主敬为其重要学术特征,对此,康熙帝全盘接受,而且结合自己身为人君的实际,予以发挥。熊赐履尝告诉康熙帝:人君必须清心寡欲,常存敬畏之心,"若心体一有所著,为外物所蔽,而本体失矣。本体一失,诸事尚可问乎?古之人臣,无时不以存敬畏、戒逸豫告诫其君者,良有以也"②。康熙帝对熊赐履的主张完全赞同,强调"诚敬一理,敬又为诚之本"③。他在学术上专宗程朱,称自己"性理宗濂洛"④,认为"二帝三王之治本于道,二帝三王之道本于心,辨析心性之理而羽翼六经,发挥圣道者,莫详于有宋诸儒"⑤。康熙帝不但在学术上推崇主敬,而且强调躬行,将其作为出治的基本原则,力图付诸政治实践。他在《居敬行简论》中提出:"必以主之以至一,本之以无私。"正心以穷理而是非不得混淆其中,虚己以知人而邪正不得荧其外。夫然后见之措施,清净划一,无为而治,事有不期简而自简者。故曰:君子之学大居敬。⑥他对熊赐履说:"人主势位崇高,何求不得?但须有一段敬畏之意,自然不至差错。便有差错,也会省改。若任意率行,鲜有不失之纵佚者。朕每念及此,未尝一刻敢暇逸也。"⑦主敬躬行思想,可以说贯穿了康熙帝的一生。康熙五十年三月,他在回忆自己一生事业时说:"朕自幼读书,略观经史。持身务以诚敬为本,治天下务以宽仁为尚。虽德之凉薄,性之不敏,而此心此念兢守五十年,夙夜无间,即纤悉细务不敢少有怠忽。"⑧

在清朝政权儒学化过程中,特别值得一提的是,康熙十六年十二月,康熙帝亲制《日讲四书解义序》。在这篇纲领性文献中,他强调"万世道统之传,即万世治统之所系也",明确宣布清廷要阐扬儒学,以德礼治国。

---

① 《圣祖仁皇帝御制文》第4集卷1,《敕谕·康熙五十一年四月二十日谕吏部》。康熙帝还说:"熊某之德何可忘?我至今晓得些文字,知些道理,不亏他如何有此?"李光地:《榕村语录续集》卷14,《本朝时事》。
② 《康熙起居注》第1册,第119页。
③ 《康熙起居注》第1册,第366页。
④ 《圣祖仁皇帝御制文》第3集卷45,《诗·静坐读书自喻》。
⑤ 《圣祖仁皇帝御制文集》初集卷19,《性理大全序》。
⑥ 《圣祖仁皇帝御制文集》初集卷18,《居敬行简论》。
⑦ 《康熙起居注》第1册,第127页。
⑧ 《圣祖仁皇帝御制文》第3集卷17,《敕谕·康熙五十年三月初三日》。

清初理学与政治

他说：

> 孔子以生民未有之圣，与列国君、大夫及门弟子论政与学，天德王道之全，修己治人之要，其在《论语》一书。《学》、《庸》皆孔子之传，而曾子、子思独得其宗。明新止善，家国天下之所以齐治平也；性教中和，天地万物之所以位育，九经达道之所以行也。至于孟子继往圣而开来学，辟邪说以正人心，性善仁义之旨著明于天下。此圣贤训辞诏后，皆为万世生民而作也。道统在是，治统亦在是矣。历代贤哲之君，创业守成，莫不尊崇表章，讲明斯道。朕绍祖宗丕基，孳孳求治，留心问学。命儒臣撰为讲义，务使阐发义理，裨益政治，同诸经史进讲，经历寒暑，罔敢间辍。兹已告竣，思与海内臣民共臻至治，特命校刊，用垂永久。爰制序言，弁之简首，每念厚风俗，必先正人心，正人心，必先明学术。诚因此编之大义，究先圣之微言，则以此为化民成俗之方，用期夫一道同风之治，庶几进于唐、虞三代文明之盛也夫。①

康熙帝实际上是通过序言的方式，正式而明确地宣布清廷将理学作为用人、行政的指导思想。理学，从此在清朝社会，特别是在朝廷政治生活中获得了正统的，而且是合法的主导地位。这一历史性的转折，从政治的高度，促使17世纪中国政治文化在经过明末清初的急剧震荡之后，重新确立了以儒家纲常伦理为核心的主导意识形态，程朱理学因此获得了宝贵的复兴之机。当时一些目光敏锐的理学家觉察到了这一重要政治动向，并试图予以推动。像"三藩之乱"尚未完全平定，李光地即对康熙帝说："自朱子以来，至我皇上又五百年，应王者之期，躬圣贤之学，天其殆将复启尧舜之运，而道与治之统复合乎？伏惟皇上承天之命，任斯道之统，以升于大猷。臣虽无知，或者得依附末光而闻大道之要，臣不胜拳拳。"②

第二，理学在清朝帝王培养教育中占据了主导地位。有清一代，理学在清朝政治生活中稳定地发挥主导作用的第一个清晰路标，是经筵日讲

---

① 《康熙起居注》第1册，第339~340页。
② 《碑传集》卷13，彭绍升作李光地事状。

343

制度的恢复。九年七月，康熙帝召熊赐履进讲"道千乘之国"一章，继讲"务民之义"。①十月，他正式宣布举行经筵日讲，令礼部"择吉具仪奏闻"。②不久，清廷决定，日讲从九年十一月二十一日开讲，经筵从次年二月十七日开讲，春秋二次举行。③康熙时，担任皇帝讲官的大多系学问湛深的理学官僚，如熊赐履、徐元文、陈廷敬、张英等。这批儒臣往往侍直内廷，兼记注起居与讲解经史于一身，与年轻皇帝切磋学问，交流思想，对加强其儒学修养起到了十分重要的作用。康熙二十六年，康熙帝又确定了皇子培养教育的基本方针，这就是"文武要务并行，讲肄骑射不敢少废。"④所谓"文"，就是以理学为核心的儒家文化。当时担任皇太子讲官的汤斌、耿介、熊赐履等，均系享有盛誉的理学名家。而康熙帝诸子对儒学的学习也十分认真，成绩突出。二十六年六月初十日，康熙帝当众考试诸皇子学习情况。时在案上陈经书十余本，汤斌"信手抽出"，令诸皇子诵读。"汤斌随揭经书，皇三子、皇四子、皇七子、皇八子以次进前，各读数篇，纯熟舒徐，声音朗朗。又命皇长子讲'格物致知'一节，皇三子讲《论语·乡党》首章，皆逐字疏解，又能融贯大义"⑤。以儒家思想，特别是理学思想作为教育皇子的基本内容，在康熙朝被正式确定下来后，作为一种制度为后世严格遵循。像雍正帝尽管对理学兴趣不大，但他为乾隆帝选择的师傅朱轼、蔡世远，都是著名理学家。而嘉庆帝师傅朱珪，也以理学名震一时。以理学教育皇子，实际上就从思想传承的角度，保证了理学在清朝政权中长期居于指导地位。⑥

第三，理学官僚在清朝政权中逐渐占据显要位置，成为能够影响政治演变方向的重要力量。康熙帝亲政以后，理学官僚在清廷的地位迅速提高，其中受到皇帝信重者大多掌权用事，参与决策，直接影响清廷大政方针的确立。康熙朝两位最著名的理学名臣——熊赐履和李光地，都位至

---

① 王士禛：《池北偶谈》卷1，《经筵日讲》。
② 《清圣祖实录》卷34，康熙九年十月乙未。
③ 《清圣祖实录》卷34，康熙九年十月丙辰。
④ 《康熙起居注》第2册，第1639页。
⑤ 《康熙起居注》第2册，第1644~1645页。
⑥ 赵翼尝感概说："本朝家法之严，即皇子读书一事，已迥绝千古。""皇子孙不惟诗文书画无一不擅其妙，而千古成败理乱已了然于胸中，以之临政，复何事不办？（《簷曝杂记》卷1，《皇子读书》）而这一卓有成效的制度，是康熙时建立起来的。

"宰辅"。熊赐履"锐志图史,讲求军国利弊,敷陈献纳,大凡厥辞。其颁为令甲者,屡书莫罄,贤士大夫类能诵习而传道之"①。至于李光地,后来成为皇帝之知交(康熙帝尝说"惟朕知卿最悉,亦惟卿知朕最深")②,权势赫奕,不少官员投奔其门下,甚至连满洲大学士松柱,也"但务趋奉李光地、赵申乔,令伊于朕前称汝之善而已"。以致康熙帝感叹:"今汉大臣欺压满大臣,八旗皆受辱矣。"③南书房系康熙朝新设立的政治机构,直接参与决策,"凡诏旨密勿,时被顾问。非崇班贵禀,上所亲信者不得入"④。而当时入直南书房者基本上都是理学官僚,特别是负责管理南书房事务的两位大臣张英和陈廷敬,均系著名理学家。⑤张英学问湛深,作《易经衷论》,"大抵以朱子本义为宗","一扫纷纭缪辖之见";⑥所作《书经衷论》,"平正通达,胜支离蔓衍者多矣"⑦。张英颇受康熙帝的信重,"在密勿论思之地,昼日三接,夕漏不休。造膝之谋,同列不闻;伏蒲之语,外庭不知。推贤与能,庆流朝著;横经讲艺,泽及民生;弥历岁年,延登受策"⑧,对朝廷用人行政发挥着重要影响。至若陈廷敬,更是"回翔馆阁,遭际昌期,膺受非常之知遇,出入禁闼几四十年"⑨,为备受康熙帝倚重的辅政大臣。其他如徐乾学,"权势奔走天下",主持风气,操纵选举,"以

---

① 《经义斋集》康熙庚午(康熙二十九年)八月刘然序。
② 《榕村谱录合考》卷下,康熙五十七年。
③ 《康熙起居注》第3册,第2280页。
④ 萧奭:《永宪录》卷1。
⑤ 南书房设官,按清朝官书文件,一般无统领或领班一类名目,但康熙时,皇帝确实指定专门大臣管理其事,张英、陈廷敬均管理过南书房。朱方增《从政观法录》载:"十六年,始立南书房,迁英(即张英)侍读学士,领其事,辰入酉出,以为常。"时赐第张英"瀛台之西。圣祖每日御乾清门听政后,即幸懋勤殿召英讲论经史,寒暑靡间"(参见朱方增《从政观法录》卷6,《大学士张英》;《国朝耆献类征初编》卷9,张英)。《郎潜纪闻》载:张英在康熙十二年以词臣"入侍左右,被顾问","十六年始立南书房,特召公侍讲学士,使领其事"(陈康祺:《郎潜纪闻初笔》卷2,《择词臣入被顾问》)。吴振棫《养吉斋丛录》引杨绳武所撰陈廷敬神道碑:陈廷敬曾继张英"总督南书房"。然南书房总督一职未见诸正式官书,故吴振棫疑云:"岂当时入直人多,以大臣统率之,遂云总督耶?"(《养吉斋丛录》卷4)雍正《山西通志》也称:"壬午(康熙四十一年)三月,桐城张文端公英致仕,命总理南书房事。自是,部务毕,辄入直以为常。"(觉罗石麟:《山西通志》卷122,陈廷敬)据陈廷敬之子陈壮履称:康熙五十一年四月十九日,陈廷敬病危,康熙帝还传旨问"大臣中学问人品如大学士,可代理内廷事务者为谁",足见管理南书房事务,系康熙时非常重要的职务(《皇城石刻文编》,第24页,陈壮履《叠遭近臣存问》,皇城历史文化丛书刻印本,1998)。
⑥ 《四库全书总目提要》卷6,"易经衷论"条。
⑦ 《四库全书总目提要》卷13,"书经衷论"条。
⑧ 陈廷敬《午亭文编》卷37,《存诚堂集序》。
⑨ 《四库全书总目提要》卷173,《午亭文编条》。

是游其门者，无不得科第"①。高士奇本以寒素起家，因入直南书房，"地既亲切，权势日益崇"，声势赫奕，"每归第，则九卿肩舆伺其巷皆满，明公（大学士明珠）亦在焉"，进而呼朋引类，自立门户，招权揽事，贪缘受贿，"馈至成千累万，即不属党护者，亦有常例，名之曰'平安钱'"。②理学官僚在清廷政治地位的提高，虽然不能从根本上改变"首崇满洲"这一基本方针，也不能改变清朝核心统治阶层以满洲贵族为主体这一政治现实，但它毕竟意味着儒家政治思想在清廷影响的扩大，从权力分配和人事安排的角度表明，清朝政治在逐渐和中原政治接轨。

第四，以专制皇权为核心的官僚政治体制的最终确立。衡量一个政权的性质，必须考察其基本政治制度之设施。就制度而言，清朝政权儒学化最重要的内容就是建立以专制皇权为核心的官僚政治体制。应该说，理学一直是专制皇权的坚定支持者。朱熹所谓："才出门去事君，这身便不是自家底了。贪生怕死，何所不至！"张伯行宣称："既以身许国，可生可死，惟君之命矣。"③均反映出理学对皇权的高度推崇。这种观念和强调诸王共议国政的满族家法祖制形成了鲜明对比，这也是康熙帝最终将理学作为清朝统治思想最重要的政治原因。康熙时期，清朝专制政体最终确立的显著标志，是皇权取得了对议政王大臣会议的最后胜利。当时，议政王大臣会议不但对最高统治权力的交接丧失了发言权，而且对政务的干预权也日渐缩小，清朝逐渐形成了"天下大事，皆朕一人独任"④的皇帝独裁局面。与此同时，清朝官僚政治体制也获得完善和巩固。这里有两个现象是值得特别注意的。一是康熙九年八月，将内三院改为内阁。内阁，是清朝的法定中央政府，掌"议天下之政"⑤，内阁大学士由皇帝特简，"赞理机务，表率百僚"，为清朝行政首脑，⑥可以说是官僚制度的重要象征。清军入关，内三院在一定程度上代行了部分政府职能。顺治十五年，清朝参照明制，将内三院改为内阁。及十八年顺治帝去世，大幅度恢复入关前旧制，废除内

---

① 赵翼：《檐曝杂记》卷2，《徐健庵》。
② 《清史列传》卷10，《高士奇》。参阅赵翼《簷曝杂记》卷2，《高士奇》及《榕村谱录合考》卷上。
③ 张伯行：《续近思录》卷7，《出处》。
④ 康熙帝语。《清圣祖实录》卷144，康熙二十九年正月己亥。
⑤ 光绪《钦定大清会典》卷2，《内阁》。
⑥ 《历代职官表》卷2，《内阁上》。

阁，重新恢复内三院（当时被废除的还有翰林院）。至是，随着康熙帝亲政，又将内三院改为内阁。内阁的兴废，实际上反映了围绕政治体制这一关键问题，满洲政治传统与儒家政治传统的激烈斗争。康熙九年内阁的恢复，从机构建制的角度，确立了官僚制度的合法性。清代内阁制度从此稳定下来，一直存在到清末。而在康熙朝内阁大学士中，理学官僚占有十分显著的位置。二是康熙二十三年，开始纂修《大清会典》，这是有清一代第一部重要的政典。早在入关前，一些投清（后金）汉官就提出纂修《会典》的建议。天聪七年（1733）八月，宁完我上疏皇太极，提出要变通《大明会典》，"立个金典出来"，"庶日后得了蛮子地方，不至手忙脚乱"。①然而，这一建议一直未得到实施。纂修《会典》的目的，就是要以成文的方式规定清朝官僚政治的基本制度及其运作程序，并从行政法的角度确定其合理性、合法性。乾隆帝说："皇祖圣祖仁皇帝康熙二十三年始敕厘定《会典》，则以时当大业，甫成宝永，肩我太祖、太宗、世祖三朝之统绪，不可以无述，而述固兼作矣。"②康熙帝对《会典》的纂修极其重视，以大学士勒德洪、明珠、李霨、王熙、吴正治为总裁官，以内阁学士麻尔图、阿哈达、金汝祥、王鸿绪、汤斌为副总裁官，要求纂修官"务使文质适中，事理咸备，行诸今而无弊，传诸后而可证。悉心考订，克成一代之典，俾子孙臣庶，遵守罔愆。"《会典》于康熙二十九年完成，凡162卷。③从此，清朝官僚政治的运行，基本做到了有法可依，有章可循，初步实现了政治运作的规范化。

值得一提的是，在清朝政权儒学化过程中，旗人特别是满洲贵族内部掀起了一股学习儒学的热潮，许多人逐渐成为理学的信奉者和宣传者。像国舅佟国维，"不以揽权为要，暇时惟延学士讲文艺以为乐"④，虽有沽名之嫌，但也可见其时满人向学之风。这个时期，儒学经典被大量翻译成满文，成为教育旗人的教材。二十五年，康熙帝感叹说："因有满书，满洲武官翻阅史书，通达义理者甚多。汉人武官读书者甚少，竟有一字不识者。"

---

① 《天聪朝臣工奏议·宁完我请变通大明会典设立部通事奏》，《清入关前史料选辑》第2辑，第82面。
② 乾隆《钦定大清会典》，乾隆帝甲申序。
③ 乾隆《钦定大清会典》，和硕履亲王允祹等《纂修水清会典告成谨上表》。
④ 昭梿《啸亭杂录》卷7，《佟国舅讲左传》。

下令大学士、九卿设法给汉人武官讲明义理。①甚至连本来对汉文化不感兴趣的太皇太后,也开始在深宫翻阅《大学衍义》,并对理学的基本主张表示认同,认为人主"代天理物,端在躬行;致治兴化,必先修己",称赞该书"法戒毕陈,诚为切要"。②满洲贵族中出现了一批享有盛誉的文人学者。像完颜给谏阿什坦,"通经学,笃于践履"。鳌拜当政时,"欲令一见,终不往"。及康熙帝亲政后,以理学告诫皇帝,云:"节用莫要于寡欲,爱人莫先于用贤。"被康熙帝誉为:"此我朝大儒也。"③再如顾八代,长期致力于儒学,"虽有疾,视听不衰,益研究经学"。雍正帝称其"论忠孝之大纲,语根至性;研经书之微旨,理契前儒"。④至于大学士明珠之子揆叙,更是才学优长,"所学不但超出满洲之中,即汉人中亦少"⑤。其时满洲贵族中精通诗文者,就更为常见。像顺治帝之庶兄国鼐,"性淡泊,如枯禅老衲,好读书。善弹琴,精曲理,乐与文士游处"⑥。宗室岳瑞,工诗画,著有《玉池生集》。"镇国将军博问亭,自号东皋主人,亦以诗名,刻《白燕楼诗》若干卷"⑦。当然,清初旗人贵族学习儒学,是与当时任职清廷的理学官僚的刻意推动分不开的。像魏裔介曾专门上疏,要求加强八旗的儒学教育,强调"不特文臣不可以不学,即古来名将,深通韬略图形麟阁,未有不由于学者"⑧。徐元文为国子监祭酒,"规条严肃,满洲子弟不率教者,必加挞责"⑨。其时满洲贵族青年学者,颇得益于这种严格训练。

满族统治集团素质的提高,实际上使作为中央政府的清朝政权,在保持自己独有的民族特色的同时,又因吸收了源远流长、博大精深的中原政治传统,从而具有了更加丰厚的文化底蕴。儒学化,使这个政权第一次具有了系统而明确的理论指导,从根本上解决了清初政治演变方向这一历史性课题,为清朝社会进入协调、稳定的发展阶段,打下了坚实的思想基础和制度基础。还需指出的是,正是在儒学化过程中,对汉族民众具有较大

---

① 《康熙起居注》第2册,第1474页。
② 《清圣祖实录》卷41,康熙十二年二月己未。
③ 陈康祺《郎潜纪闻》二笔卷3,《圣祖称完颜给谏为大儒》。
④ 《碑传集》卷18,《顾八代传》。
⑤ 《康熙起居注》第3册,第2351页。
⑥ 王士禛:《带经堂诗话》卷首,《御笔类》,人民文学出版社,1998。
⑦ 王士禛:《带经堂诗话》卷首,《御笔类》。
⑧ 魏裔介《魏文毅公奏议》卷3,《请复八旗之科目疏》。
⑨ 《碑传集》卷12,韩菼作徐元文行状。

影响的中原知识界开始全方位转向清朝。朝鲜实学派代表人物朴趾源，在乾隆时反观清初历史，感慨颇深，他说："及清人入主中国，阴察学术宗主之所在，与夫当时趋向之众寡，于是从众而力主之，升享朱子于十哲之列，而号于天下曰：'朱子之道，即吾帝室之家学也。'遂天下洽然悦服者有之，缘饰希世者有之。"①其言未必准确，但大体反映了康熙帝提倡儒学，有助于巩固和扩大清朝统治基础这一历史实际。比较典型的事例是，顺治时，许多士人还拒不和清廷合作，拒不参加科举，强调"不试未即是义，而出试则殊害义"，甚至"遗命戒习举业，有如违逆论"。②但到康熙亲政后，就逐渐对清廷产生文化认同，进而转变态度，积极合作。史称："康熙丁巳（十六年）、戊戌（十七年）间，入贽得官者甚众，继复荐举博学鸿儒，于是隐逸之士亦争趋辇毂，惟恐不与。"③真正出现了"一队夷齐下首阳"的新景象。遗民态度的转变，意味着清朝统治的合法性已经获得大多数社会成员的认可，至于理学在这一历史性转变中所起的独特作用，则是不言而喻的。

四 理学官僚与清初社会重建

理学对清初政治的影响，集中体现为两个方面：一是在顺康时期，它是促进清朝政权儒学化，缓和满汉民族矛盾，推动满汉民族融合最重要的精神动力；二是在清初重建社会伦理秩序中，它是最重要的理论工具。正是在理学思想的鼓舞和指导下，一大批理学官僚通过自己的身体力行，协助清廷将动荡不安的中国社会，逐渐引向儒家纲常轨道，进而走向稳定和协调。

晚明以来的中国社会，长期陷于混乱，即所谓"荒经蔑古，纵欲败检，几至不可收拾"④。要结束混乱，恢复儒家纲常伦理之权威，必须解决三个方面的问题：一是要调整统治方针，其核心内容是通过减轻百姓的经济负担，

---

① 朴趾源：《热河日记》，上海书店，1997，第218页。
② 《陈确集》卷2，《与吴裒仲书》（丙申）。
③ 王应奎：《柳南随笔》卷4。
④ 张伯行：《正谊堂续集》卷4，《王学质疑序》。

使其能够安居乐业，休养生息，为社会秩序的重建提供良好的政策环境；二是要改革官风，实现清廉为政，缓和朝廷和百姓的紧张关系，为社会秩序的重建，提供良好的政治环境；三是要大力推行教化，用儒家思想统一人心，为社会秩序的重建，提供良好的文化环境。即所谓"至治之世，不以法令为亟，而以教化为先"，"盖法令禁于一时，而教化维于可久。若徒恃法令而教化不先，是舍本而务末也"。①清初的理学官僚，特别是理学名臣，大多不尚空谈，务求实效，饱含经世热情，致力于社会重建。

（一）推行休养生息

清初理学家继承了"民为邦本"这一传统思想，主张采取切实可行的措施，改善百姓生产生活环境，使其能够休养生息。孙奇逢在论及传统道德和百姓生活质量的关系时，曾直言不讳地说："礼义生于富足，故财用者，诸德之总也。财用足，制度定，则物宿于有余之地，险诈不行，积私何用？父兄妻子之间油然雍睦，广之为仁，公之为义，推之为让，奉之为礼，皆本于此。"②熊赐履对康熙帝说："民为邦本，本固邦宁。今天下小民穷苦尚无起色，惟在修养抚息。务令家给人足，庶几教化可兴，此万世治平之基地。"③魏裔介在《治道论》中强调："衣食者，生民之要务；礼乐者，维世之大防。古之帝王所以治天下者，不过此二端，所谓富而教之也。至于刑罚乃不得已而用之耳。然裕民之衣食，要在易其田畴，薄其税敛，孟子二语尽之矣。"④陆陇其说："静观今日之时势，百病之源起于民贫。"故其主张采取措施，减轻百姓负担。⑤为监察御史时，陆陇其曾上疏朝廷，要求皇帝"恩已厚而不嫌更厚，心已周而不厌更周，则家给人足，庶乎可望"。⑥应该说，清初理学家首重民生，将百姓是否安居乐业，作为实现清朝长治久安之根本是正确的，显示出敏锐而长远的政治目光。

---

① 《清圣祖实录》卷34，康熙九年十月癸巳。
② 孙奇逢：《四书近指》卷20，《易其田畴章》。
③ 《康熙起居注》第1册，第84页。
④ 魏裔介：《兼济堂文集》卷14，《治道论》。
⑤ 《碑传集》卷16，柯崇朴作陆陇其行状。
⑥ 《碑传集》卷16，柯崇朴作陆陇其行状。

需要说明的是，顺康时期的许多理学官僚，在具体政务活动中，认真实践了"礼义生于富足"这一基本政治主张。本文前面已经提及，范承谟为浙江巡抚，曾不顾时忌，痛陈《逃人法》之危害，指出"逃人一项为害甚烈"，"致百姓日困，生业消亡遗累，地方因而凋敝"，"若不亟请皇上乾纲独断，分别新旧，另定处分，恐朝廷输课纳税之良民，不足供此辈恣好肆虐之渔肉也。臣若一日不言，皇上一日不闻；国法一日不更，百姓身家一日不保"。① 魏象枢为户部侍郎时，正值"三藩之乱"，朝廷经费拮据，但他仍否定了通过清查隐漏人丁，以增加朝廷收入的建议。据《寒松老人年谱》载：

> （丁巳年，即康熙十六年）年，有科臣甘文焌，疏请清查隐漏人丁，可得银数十万两，敕下户部议复。彼时军需浩繁，一切议生议节者，多蒙俞允。司稿已定，呈余画题。余力持不可，满司诘余曰："脱漏户口，有罪人丁，不当清查乎？"余曰："人丁固不可溃漏，但朝廷之大典，无竭泽而渔之理。五年编审，非清查而何？若尽行查报，势亦不能。即如淮、扬一带地方，河决为灾，田产尽行漂没，抱儿携女，日则沿途乞食，夜则依堤露处，此辈能纳丁银乎？近贼之地，被贼蹂躏抢掳，今甫经恢复，惊魂未定，家室荡然，此辈能纳丁银乎？大兵屯驻地方，百姓供应粮草，运送军器，盖造营房，以及刈草喂马等役，无一非民力，是用困苦已极，何忍再加钱粮。我辈身为户部，原为朝廷养民之官，若此令一行，贻害百姓不小，且恐奸民逃避差徭，乌合啸聚，地方多事，皆不可定，彼时咎将谁归？"满、汉同官皆以余言为是，遂公议不行。奉旨："依议。"②

再如陈鹏年，甫为知县，即自誓曰："自今伊始，鹏年服官行政有不若于天理，不即于人心者，明神殛之。"③ 任西安知县，到任后，"即以清丈为急。务使税出于田，田归各户，民庆更生。于公生日，醵钱欢饮，号'陈

---

① 范承谟：《范忠贞集》卷2，《抚浙奏议》。
② 魏象枢：《寒松老人年谱》，丁巳年条。
③ 《碑传集》卷75，余庭灿作陈鹏年行状。

351

公会'"①。事实上，清初的理学官僚，特别是理学名家，大多做到了任职一县，使一县之民乐业；任职一省，使一省之民受惠，从改善百姓生产、生活条件的角度，推动着清朝建立和巩固在全国的统治。

（二）清廉为政

在中国传统社会，政治关系，从等级序列的角度看主要由两部分组成：一是君臣关系，二是官民关系。而人们通常所说的君主和百姓的关系，以及朝廷和百姓的关系，在很大程度上是通过官民关系得到体现的，即所谓"国家德意，惟在有司实意奉行，始无屯膏之弊"②。因此，官风好坏，直接关系到一个朝代的兴衰存亡。

康熙朝中国社会之所以能够结束动乱，走向稳定，进而出现繁荣景象，与这个时期官风廉洁，政治相对清明存在着密切关系。有一个事实是值得研究者高度重视的，那就是康熙朝以清官辈出著称，至少在康熙中前期，就政治清明而言，当时的清朝创造了中国官僚政治之奇迹。在历史上，任何一种政治现象的出现，都具有深刻的社会背景和文化背景。应该说，理学的复兴，特别是存理遏欲思想的传播，洁己奉公观念的流行，是当时清官大量产生的重要文化土壤，而理学名臣在这方面做出了光辉的榜样。像人称"天下清官第一"的张伯行，尝对康熙帝说，自己之清廉来自家教。辞云："臣父在日，常训臣以廉谨报效朝廷。若受人一钱，不惟不忠，且不孝"③。故其"历官数十载，常俸外未尝受一钱，所用粟米丝布皆自取给于家，公于悉于养士恤民之费"④。张伯行尝对好友冉永光感慨道："世之宦游者比比皆是也，而衣食之资，日用之费，取给于家乡者，惟弟与老先生两人。"⑤著名清官于成龙，出仕时即表示"某此行绝不以温饱为念，所自信者天理良心四字而已"。终其一生，屏绝馈送，"凡在亲戚交游相请托者，概行峻拒。所属人员并戚友，一介不取"，被誉为"天下廉

---

① 陈康祺：《郎潜纪闻》二笔卷3，《陈恪勤公任县宰时循绩》。
② 《清圣祖御制文》第3集卷31，《古文评论·霖雨伤稼诏》。
③ 《碑传集》卷17，费元衡作张伯行行状。
④ 《碑传集》卷17，朱轼作张伯行神道碑。
⑤ 张伯行《正宜堂续集》卷5，《与冉永光检讨》。

吏第一"。康熙帝称其"服官敦廉隅，抗志贵孤洁"，为"理学之真者"①。陆陇其理学淳深，为知县时，"洁己奉公，实心任事，革除火耗陋规，务重农谷，匪类敛迹"②，时人赞其"清操饮冰，爱民如子"③。需要特别指出的是：清初实行的是低俸禄制度，官僚待遇非常菲薄。要做清官，就意味着要过清贫的生活。像于成龙官至总督，每日还以青菜为食，致有"于青菜"之名。汤斌"居官不以丝毫扰于民，夏从质肆中易苇帐自蔽，春野荠生日，采取啖之。脱粟羹豆，与幕客对饭下。至赀斧，皆怡然无怨焉。民间至以公姓为谚语，谓之'豆腐汤'云"④。陆陇其虽为知县，仍"与妻同驾小舟，惟有图书数卷，其妻织机一张而已"⑤。再如陈璸尝谓"贪取一钱，即与百千万金无异"⑥。身为封疆大吏，"而室中萧然无一物可以与人"，"能为人所不能为，与苦行僧无异"⑦。对这些官僚来说，没有坚定的信念，没有"先天下之忧而忧"的崇高境界，是不可能承受这种艰苦生活的。源远流长的理学思想，为他们提供了坚强的精神支持。

（三）力行教化

在努力为百姓提供相对良好的生产生活环境的同时，大力推行教化，重建社会伦理秩序，是清初理学的基本政治主张。清初的理学官僚，特别是理学名家，大多对理学能否传承与光大深怀危机意识，并将学问之取向、人心之向背视为国家治乱盛衰之关键。故一有机会，便不遗余力地宣传纲常伦理，传播理学学说。熊赐履在《应诏万言疏》中明确要求朝廷"隆重师儒，兴起学校"，为士子"讲明正学。非六经语孟子书不得读，非濂洛关闽之学不得讲，敦崇实行，扶持正教"⑧。一些居乡理学家，积极传播理学教义。像张鹏翼，"笃信程朱，锐意问学"，"所居乡曰'新

---

① 参见《国朝先正事略》卷7，于成龙事略；《清史列传》卷8，于成龙。
② 《清史列传》卷8，陆陇其。
③ 魏象枢：《寒松堂全集》卷4，《遵谕举廉以惜人才等事疏》。
④ 姜宸英：《湛园集》卷5，《碑·工部尚书睢阳汤公神道碑》。
⑤ 《寒松堂全集》卷4，《遵谕举廉以惜人才等事疏》。
⑥ 《清史列传》卷11，陈璸。
⑦ 《康熙起居注》第3册，第2233页。
⑧ 《经义斋集》卷1，《应诏万言疏》。

泉',男女往来分二桥,道不拾遗。市中交易,先让外客,皆服先生之教也"①。而任职地方的官僚,更将教化的推行,作为最主要的行政内容之一。人称"当代真儒"的张沐,任直隶内黄知县,"敦教化,重农桑,注六喻敷言,反复譬喻,虽妇孺闻知,亦憬然改过也"②。汤斌任江苏巡抚,"广立义仓、社学,聚民讲《孝经》。月吉读上谕律令,旧俗丕变"③。汤斌颇为自豪地对康熙帝说,经过自己的整顿,江苏地方"寺院无妇女之迹,河下无管弦之声,迎神罢会,艳曲绝编,打降之辈,亦稍知敛迹。若地方有司守臣之法,三年之后,可以返朴还淳"④。当然,在传播理学方面成就最为突出的是福建巡抚张伯行。张伯行在福建,"惟思以广教化为先务。自郡邑弟子员,莫不亲加考课,申严规程,端厥趋向,庶咸蒸蒸向风矣"⑤。当时,他以俸钱捐建鳌峰书院,"以延英俊之士"。"作藏书楼,贮经传史集数千卷。命书生课业之暇,日纂录古圣贤嘉言善行,予总其成,简择裁汰之,取朱子《小学纲目》例,分门别类,编次联贯,凡得八十六卷,名曰《小学衍义》"⑥。张伯行在福建成就人才甚众,"士皆鼓舞振兴,理学复明"。数十年后,仍"弦歌不绝,皆公倡导力也"⑦,以致学界有"道南嗣音"之誉。⑧

经过朝廷和理学官僚的共同努力,清初社会秩序在康熙中叶以后渐趋稳定,理学也出现复兴景象。不但专制皇帝"殊觉义理无穷,乐此不倦",⑨而且本来具有强烈反清意识的东南士人,这时也纷纷归顺于程朱门下,"多所感发,有跃跃兴起之势,旧时习气为之一变"。以致当初为"圣学""一线之薪传,毕竟作何交割"而忧心忡忡的熊赐履,至是欢呼"吾道振兴有日矣"。⑩值得特别重视的是,一些在社会上具有重要影响的著名

---

① 《郎潜纪闻》二笔卷16,《张鹏翼笃信程朱》。
② 《郎潜纪闻》三笔卷8,《汤文正许张仲诚为真儒》。
③ 《碑传集》卷16,徐乾学作汤斌神道碑。
④ 汤斌:《汤潜庵集》卷上,《请毁淫祠疏》,《丛书集成初编》本。
⑤ 张伯行:《正谊堂文集》卷9,《鳌峰书院记》。
⑥ 《正谊堂文集》卷8,《小学衍义序》。
⑦ 杭世骏:《道古堂文集》卷31,《礼部尚书张公伯行传》,光绪十年汪曾唯刻本。
⑧ 《碑传集》卷17,朱轼作张伯行神道碑。
⑨ 《康熙起居注》第1册,中华书局,1984,第80页。
⑩ 参见熊赐履《经义斋集》卷9,《与萧文超》;卷10,《答施虹玉》。

学者这时纷纷转向程朱,成为程朱理学虔诚的践行者或宣传者。① 侍讲学士张贞生初年"颇阐阳明之学",其后追随潮流,"一宗考亭"。② 刘原渌最初信奉道家之学,"求长生久视之术,寝食俱废","后读宋儒书,乃笃信朱子之学",集朱子之书,作《续近思录》。③ 颜元信徒王源也经历了与张贞生类似的变化。他尝在方苞家中,"尽发程朱之所以失,习斋之所以得",并称:"使百世以下聪明杰魁之士沉溺于无用之学而不返,是即程朱之罪也"。然经方苞解说,"自是终其身,口未尝非程朱"。李塨在其晚年也颇为"自责","取不满程朱语载《经说》中已镂版者,削之过半"。④ 程朱理学在清廷的刻意扶持和理学官僚的大力宣传下,逐渐在士林队伍中占据了主导地位,成为具有重要影响的主导意识形态。

百姓负担的减轻,官民关系的缓和,社会秩序的重建与稳定,表明清初中国社会已经摆脱了鼎革之际的动荡与混乱,进入一个新的和谐发展时期,为持续百余年的康乾盛世打下了坚实的基础。总的说来,这一成就是在理学思想的指导下完成的。特别是熊赐履、李光地、张伯行等著名理学官僚,"或登台辅,或居卿贰,以大儒为名臣",推动清廷"本建中立极之学,行化民成物之政"⑤,在清初政治生活中发挥了其他任何官僚群体无法取代的独特的历史作用。嘉道时昭梿反观历史,认为:康熙时"宋学昌明,世多醇儒耆学,风俗醇厚,非后所能及也"⑥,并有"谁谓理学无益于国"之慨叹。⑦ 应该说,这一论断是具有充分的历史依据的。

---

① 需要说明的是,知识界从推崇陆王到批判陆王这一思想转变过程,从顺治时就已开始,而遗民则开其先河。究其原因在于,在不少遗民看来,王学应对明朝的覆亡负责。吕留良谓:"正嘉以来,邪说横流,生心害政,至于陆沉,此生民祸乱之原,非仅争儒林之门户也。……今日辟邪,当先正姚江之非,而欲正姚江之非,当真得紫阳之是。"(《吕晚村先生文集》卷1,《复高汇旃书》,雍正三年天盖楼刻本)。像本来认为阳明"尤以理学入圣域"的吴肃公,正是在顺治年间对《传习录》产生怀疑,进而从九年开始作《正王或问》,又"取其书逐节正之,遂成卷帙"。当时,读其书者赞同者诚有之,但也有人"口呋目瞠,如丧神守"(吴肃公《街南文集》卷20,《王正或问》序,康熙二十八年吴承励刻本)。
② 《池北偶谈》卷5,《张学士》。
③ 江藩:《国朝宋学渊源记》卷上,刘原渌。
④ 方苞:《方苞集》卷10,《李刚主墓志铭》。
⑤ 江藩:《宋学渊源记》达三序,卷上自序。
⑥ 昭梿:《啸亭杂录》卷1,《崇理学》。
⑦ 《啸亭杂录》卷10,《本朝理学大臣》。

五　余论：时代变迁与理学衰微

　　清代理学最繁荣的时期，是康熙中前期，其政治原则、社会主张在当时得到了比较成功的实践。道光二十五年，钱仪吉为《夏峰集》作序，反思清初政治，曾感叹说：夏峰之教，在康熙朝"沛然大行"，"达于朝而上为道揆，施于野而下为善俗，其在近世讲学诸子，风声所被，教泽所加，未有及先生者也"①，其言也可以看作对清初理学在康熙朝历史地位的基本估计。然而这一繁荣局面并没有持续多久。当历史进入雍乾之际，特别是18世纪中叶以后，它便转而呈现衰微之势。② 它在士林中的影响急剧削弱，即所谓"近今之士，竞尊汉儒之字，排击宋儒，几乎南北皆是矣"③。人们追寻"圣道"，研习学问的途径随之发生了变化。孙星衍说："今儒家欲知圣道，上则考之周公、孔子著述之书，次则汉儒传经之学，又次则为唐人疏释，最下则宋人语录及后世应举之文。"④ 宋学在知识阶层中的地位已经大大下降，为不少士人所鄙夷。昭梿说："近日士大夫皆不尚友宋儒。虽江浙文士之薮，其仕者无一人以理学著。"⑤ 排宋风气甚至影响到了清廷的帝王教育活动。乾隆皇帝说："两年来，诸臣条举经史，各就所见为说，而未有将宋儒性理诸书切实敷陈，与儒先相表里者。盖近来留意词章之学者尚不乏人，而究心理学者盖鲜。"⑥ 可以说，持续数百年的理学的真正衰落，是从18世纪开始的，而在此之后，理学再也没有出现过比较完整意义上的复兴之势，甚至像清初那种短暂的繁荣景象也一去不返。⑦

　　理学在康熙朝急剧走向繁荣，在雍乾时期又急剧走向衰微，盛衰之变，何其骤也！导致清代理学衰微的原因十分复杂，归纳起来，主要有以

---

① 《夏峰集》卷首，钱以吉序，道光二十五年大梁书院刻本。
② 需要特别说明的是，这里说的"衰微"，主要是就理学的社会地位，特别是对知识界的影响而言的。理学，尤其是它所倡导的纲常伦理，在清朝官方意识形态中，仍居于主导地位。
③ 袁枚：《随园诗话》卷2，第43条。
④ 孙星衍：《问字堂集》卷2，《三教论》。
⑤ 昭梿：《啸亭杂录》卷10，《满洲二理学之士》。
⑥ 《清高宗实录》卷128，乾隆五年十月己酉。
⑦ 有人认为晚清咸同时期曾出现过新的"理学的复兴"。但观曾国藩等人的学说，虽以理学为根本，但已非传统理学所能简单概括，何况这样一个基本事实是不能否认的：从传统向近代转变，是晚清中国社会思潮演变之总趋势。脱离这个历史总趋势，因极少数所谓理学名家的出现，而断言理学出现了所谓"复兴"，是没有实际意义的。

下几点。

（一）政治环境的改变

在中国历史上，社会思潮（包括一些重要的学术思潮）之兴衰存废，从来都和政治的变革紧密相关，权力的论证，永远要重于理论的论证。清初理学之所以在康熙时得到短暂的复兴，除了它自身具有的种种学术优势外，还在于它争取到了清朝皇帝和满洲贵族的支持，而当时的清廷也急需理学这一博大精深、源远流长的社会学说，为自己重建意识形态和社会秩序作理论的指导和舆论的准备。正是现实的政治需要，使理学的复兴具有了客观必然性。然而，当历史降至雍乾时期，形势发生了深刻变化。这时，清朝政权早已巩固，社会秩序早已稳定，对清朝统治者来说，理学的教义虽对维系人心关系甚巨，但已经不像康熙前期那样急不可待，不可或缺。和康熙帝比起来，雍正、乾隆二帝的理论修养要平庸得多，对理学的兴趣也要小得多。他们虽一如既往地坚定维护理学所推崇的纲常伦理，但对理学本身的理论内涵、学术体系，已经没有太多的兴趣，远不能像康熙帝那样潜心钻研，"效法不已，渐近自然"[①]。雍正帝在这方面走得颇远。他置理学主敬之说于不顾，大搞三教合一，公然宣称自己"向来三教并重，视为一体"[②]。甚至对理学的基本范畴，也大加攻讦，主张用"诚"取代理学之"理"。尝说："理之一字，可上可下。或执一偏之见为理，或以利挟小知为理，或以寻章摘句，得古人之糟粕为理，或以错会先贤之意为理，或以道听途说，被庸师邪友所惑为理，不胜枚举，总不如一诚字无可挪移般驳也。"[③] 雍正六年（1728），雍正帝更罗织罪名，对李光地门生、理学名儒杨名时痛加惩处、责辱。时杨名时任云南巡抚，雍正帝令总督鄂尔泰将其"罪行"通行晓谕，"使滇省之人共知杨名时平素之虚诈巧饰，于伊奉旨起身之时相率而贱辱之"[④]。雍正帝责辱杨名时的真实目的是打击科甲官僚，特别是理学官僚，认为"此辈假道学，实系真光棍，诚为名教罪人，

[①]《康熙起居注》第2册，第1440页。
[②]《雍正朝汉文朱批汇编》第1册，第525~526页。
[③]《雍正朝汉文朱批奏折汇编》第16册，第237页。
[④]《雍正起居注》六年正月二十三日。

国家蛊毒。若不歼其渠魁，恶习万不能革"①。对杨名时的惩处，在客观上动摇了理学在官僚队伍中的权威地位。因为杨名时系理学和科甲官僚的领袖人物，"即如朱轼、张廷玉现任大学士，莫不因伊前辈，慑服尊重"②。继雍正帝之后的乾隆皇帝虽然表示："典章制度，汉唐诸儒有所传述考据，固不可废，而经术之精微，必得宋儒参考而阐发之。"③但他的主要兴趣在作诗作文上面，在搞文化大工程上面，而对相对枯燥的理学义理并没有真正上心，一些在朝官僚则推波助澜，美其名曰"以实学倡天下士"④。

皇帝对理学兴趣的减小，在客观上必然影响当时的社会政治，特别是士林风气，使理学发展深受其害。作为理学的推崇者，昭梿对此痛心疾首。他说："自于（敏中）、和（珅）当权后，朝士习为奔竞，弃置正道。黠者诟骂正人，以文己过；迂者株守考订，訾议宋儒，遂将濂洛关闽之书，束之高阁，无读之者。余尝购求薛文清《读书笔记》及胡居仁《居业录》诸书于书坊中，贾者云：'近二十余年，坊中久不贮此种书，恐其无人市易，徒伤赀本耳。'伤哉是言，主文衡者可不省欤？"⑤又云："自乾隆中，傅（恒）、和（珅）二相擅权，正人与之梗者，多置九卿闲曹，终身不迁，所超擢者，皆急功近名之士，故习理学者日少，至书贾不售理学诸书。"⑥可见，有清一代，理学的发展影响到了政治的演变，而政治变革本身，又深刻地影响到了理学的前途和命运。学说盛衰和政治的联系如此紧密，大概是清代理学和当时其他学术流派最重要的区别之一。这就决定了研究清代理学，必须和研究清代政治紧密结合起来。

（二）清初理学自身的学术局限

清初理学笃于主敬而殊少发明，勤于践行而疏于立言（潘天成说："君子立言，总不要自出名目。只把四书五经现成话阐明，定无流弊。"⑦张伯

---

① 《雍正朝汉文朱批奏折汇编》第11册，第859~861页。
② 《雍正朝汉文朱批奏折汇编》第11册，第859~861页。
③ 《清高宗实录》卷128，乾隆五年十月己酉。
④ 王鸣盛：《西庄始存稿》卷25，《福建乡试录序》。
⑤ 《啸亭杂录》卷10，《书贾语》。
⑥ 《啸亭续录》卷4，《理学盛衰》。
⑦ 潘天成：《铁庐集》卷3，《语录一》。

行谓,"内圣外王之道,灿然著于六经,折衷于四子,而发挥阐释于周程张朱五夫子之绪言,至矣,尽矣,不可以复加矣。后之著书立说者,非浅陋卑近,则沦于空虚,入于邪异,师心自用,叛道离经,谓之不知而作可也。故有志圣贤之学者,惟取六经四子与夫周程张朱五夫子之绪言,虚心学问,俛焉日有孳孳,而著书立说不惟不可,亦不必也",① 即是这一学风的生动说明)。一些著名理学家甚至以讲学为戒(像汤斌拒不讲学,称"吾知尽吾职,不知讲学也"),② 这必然限制理学的传播。确实,清初理学充满了一种朴实的风气,这显然是对晚明空谈自是,信口游谈陋习的反动,短期内的确在一定程度上能够起到"纯洁""正学"之作用,且予人以耳目一新之感,有助于凝聚信徒,扩大影响。然对理学发展来说,主敬躬行诚然重要,穷理讲论也必不可少。学术少发明,必缺活力;少讲论,必乏信徒。长此以往,学术发展的内在潜力必然陷于枯竭。故到康熙后期,特别是进入18世纪以后,随着理学大家、道学名臣纷纷凋谢,昔日人才济济的理学界便呈后继乏人之势,能穷理践行者更是日渐稀少,理学随之趋于萎靡。

(三)理学宣传与理学实践的脱节

崇尚道德说教的思想传播,和纯粹的学术传授不同,它的成败很大程度上与其倡导者自身的道德自律状况密切相关。早在顺治时,就有人对理学界的"假道学"提出批评。陈确说:"学问之事,先论真假,次论是非","今世所谓假道学有三种:一则外窃仁义之声,内鲜忠信之实者,谓之外假;一则内有好善之心,外无立善之事者,谓之内假。又有一种似是而非之学,内外虽符,名义亦正,而于道日隔,里真亦假。破此三假,然后可以语学矣。"特别强调:"真假之辨,只在日用常行间验之,最易分晓。"③ 降至康熙时,理学社会地位提高,其信从者难免泥沙俱下,随之而来,理学道德宣传的虚伪性日益明显地暴露出来。康熙帝尝斥责说:"今

---

① 《思辨录辑要》康熙四十八年张伯行序。
② 姜宸英:《湛园集》卷5,《碑·工部尚书睢阳汤公神道碑》。
③ 《陈确集》卷2,《寄刘伯绳书》。

有道学名者甚多，考其究竟，言行皆悖。"①"朕见言行不相符者甚多。终日讲理学，而所行之事全与其言悖谬，岂可谓之理学？"②而一些理学名臣自身行为的不检，以及他们彼此间或出于学术门户，或为了争权夺利而进行的钩心斗角、尔虞我诈，也将理学"存理遏欲"、主敬躬行说教的虚伪性暴露无遗。康熙朝最重要的两个理学名臣熊赐履和李光地虽位尊望隆，但均有不少行为颇遭时人物议。如熊赐履的"嚼签案"③，李光地的"夺情案"，被时人视为"道学败露之耻"。而熊赐履、李光地之间彼此倾轧、互相攻击，言辞刻毒，及于下流（熊说李"一字不通，且为人奸伪"④；李说熊"平生一味大言欺人，盛气加人"，"罪又在徐乾学、高士奇上"），⑤充分表现出道学家的自私与狭隘，这在客观上不能不影响到理学的社会形象。理学道德说教虚伪性的暴露，必然会动摇它在社会，特别是在知识界的权威地位。

（四）清初理学内部的分化

这在客观上动摇了程朱理学在知识界的独尊地位，加速了理学的衰微。学术的发展过程，也是学术的分化过程。在历史上，没有哪一种思想学术流派，能长期一成不变。不同的人，对同一社会存在总会产生不尽相同的感受，对同一经典、教义，也会产生或大或小的认识歧异，这就决定了思想、学术的分化具有客观必然性。就在程朱学说最盛的康熙年间，理学界内部就传出了种种不同声音。像应谦不但不喜陆王之学，而且与当时固守程朱风气相反，其学"与朱学亦不尽同"。"如论《易》则谓孔子得《易》之乾，老子得《易》之坤"。故人称"先生之深造自得，固非随声附和者"⑥。康熙帝讲官牛钮则提出："随事体认，义理俱无穷益，不必立理学

---

① 《清史列传》卷8，汤斌。
② 《康熙起居注》第2册，第1089页。
③ 康熙十五年，身为大学士的熊赐履票拟错误，竟欲委咎同官杜立德，嚼毁自己错批之签，事发落职。
④ 李光地:《榕村语录续集》卷13，《本朝时事》。
⑤ 《榕村语录续集》卷14，《本朝时事》。
⑥ 全祖望:《鲒埼亭集》卷12，《应潜斋先生神道碑》。

之名。"① 另有一些学者更主张为学不能过分拘泥程朱之说，姜宸英说："宋元诸儒羽翼六经，各有著述，大抵本于朱子之学，而不能无得失其间毗，学者兼存而节取之可也。"② 孙枝蔚在《论语孟子广义序》中更明确要求学者独立思考，"勿效痴蝇之钻纸窗"。他说：

程朱岂尽当？程子谓自汉以来无人识权字。朱注存其说。然唐人如陆宣公替换李楚琳状，发明《论语》权字甚晰且确，故氏深取之，以为秦汉诸儒所不及。是程说可不存也。近日钱虞山每劝学者通经先汉而后唐宋，又跋《文中子中说》云：文中子序述六经，为洙泗之宗子。有宋钜儒自命得不传之学，禁遏之如石压笋，使不得出六百余年矣。余尝闻其言而心是之。方恨举业盛行时，鲜有可共语者，不谓专心时俗之文，乃出老山人膝下，可叹也。况汝辈谓能笃信朱注，抑知朱注固非，无所根据耶？因为旁引汉唐诸家之说，间亦采及近贤杂辨，复附以隅说，及久成帙，命曰'广义'，非敢妄议紫阳，自同蚍蜉之撼大树，聊以劝勉后人，勿效痴蝇之钻纸窗云耳。③

孙枝蔚这一观点，体现了一种求真求是，反对学术迷信的倾向。而生活时代较晚的戴名世更提出了所谓程朱"佞臣"之说。他说："世苟有通经学古之士，潜心冥会，融释贯通，其于程、朱继志述事，能补其所未及，是亦程、朱之功臣也。若乃骋其私见小慧，支离曼衍，显无忌惮，而务求胜于古人，是乃所谓叛臣者也。其或读古人之书而阿谀曲从，不敢有毫发之别异，是乃所谓佞臣者也。佞之为古人之害也与叛等。"④ 应该说这在当时是一种十分大胆的提法。这和熊赐履等人"寻章守句，不敢少缪于圣人"⑤的保守学风相比，无疑是一个巨大的观念进步。这类观点一旦流行，必然产生思想解放作用，加速社会观念的多元趋势。

---

① 《康熙起居注》第2册，第1089页。
② 姜宸英：《湛园集》卷4，《对·第一问（癸酉乡试）》。
③ 孙枝蔚：《溉堂文集》卷1，《论语孟子广义序》。
④ 戴名世：《戴名世集》卷3，《读易质疑序》，中华书局，1986。
⑤ 《经义斋集》卷10，《答孔道尊》。

（五）清代学术的转型

清初理学的衰落，以及雍乾时期汉学的兴起，虽和当时的政治变迁紧密相关，但在一定程度上也可以说是学术发展的必然结果。宋明以来学术争论本身，已经显示出以考据、训诂为重要特征的汉学的兴起具有客观必然性。原因很简单，程朱陆王二家在观念上的纷争（如道问学与尊德性之争等），最终都要落实到对儒家经典的认识和理解上，而要准确理解先儒经典，就必须借助考据、训诂等小学手段，就必须充分重视，认真参考生活时代离古代相对较近，而经学素养相对精湛的汉儒所取得的学术成就，而当学术走到这一步，汉学的出现实际上已经呼之欲出了。清初的社会思潮，自当以程朱理学的复兴为其主流。但在推崇宋学的同时，一些理学学者也承认汉学的积极贡献。皮锡瑞将清初学术称为"汉宋兼采之学"①，虽未能揭示理学复兴这一时代思潮之主流，但也或多或少地反映了局部的历史真实。像陆世仪对两汉注疏之学不以为然（认为"私意穿凿，谬误百出，即有佳处，亦属客气"），②但也承认"汉儒之学，虽未精纯，然尊重师傅，渊源有本，是以其学尤多近实"。③和陆世仪类似，姜宸英也认为："汉当秦灭经之后，诸儒掇拾于煨烬之余，各相传说，使圣人之道不泯于后世，而有宋诸大儒因得以寻流而溯源，厥功伟矣。"④陈廷敬对汉儒说经在学术上的独特价值，予以充分肯定。他说："秦烧书坑儒，经佚矣。汉兴于残烟断烬之余，掇拾其什一二。其时专门名家，引经制事，虽守残抱阙，彬彬乎有近古之风焉。"⑤他对东汉经学家郑玄十分推崇。云："尝见汉以来儒者，如康成之卓然行修，终始不渝，非扬雄、刘向之徒所得并论。况其博研经籍，殚精圣道，虽仲舒之贤，犹当避其淹恰焉，又岂马融、何休诸人所能仿佛者哉！"⑥而汤斌在评论汉宋学术时，则和陆、陈的局部肯定不同，暴露出明显的"汉宋兼采"倾向。他说：

---

① 皮锡瑞：《经学历史》，中华书局，1963，第341页。
② 《思辨录辑要》卷29，《诸儒类·周至唐宋》。
③ 《思辨录辑要》卷20，《治平类·学校》。
④ 《湛园集》卷4，《对·第一问（癸酉乡试）》。
⑤ 《午亭文编》卷35，《经义考序》。
⑥ 《午亭文编》卷34，《史评·郑康成》。

> 总而论之，汉儒去古未远，师友转相传授，渊源有自，后人多因之。……是知汉儒之学，长于数，得圣人之博。宋自周程张邵，逮于朱蔡，天地阴阳之奥，道德性命之微，深究其妙，不泥前人之说，其学也得圣人之约，合二者而一之，然后得圣人之全经。若偏方一家，是汉儒、宋儒之经而非圣人之经也，岂深于经者哉？①

田雯在《汉儒宋儒》一文中，更明确地肯定了汉儒对儒学发展的贡献，暴露出褒汉贬宋倾向。辞云：

> 天下事，执一理字，说之甚长，行之多庚，宋儒是也。余尝谓经学与理学相为表里，后人谓理学明于宋，而汉儒则纯杂之不同，非也。宋儒理学皆本于经学。周程张朱自是一代名贤。使值当时秦火之余，非有仅儒诸人倡明而阐发之，火续薪传，以闻于后世，宋儒欲直登洙泗之堂，不可得也。宋儒无汉儒之学问，而执一理字，其势又踞汉儒之上。后世腐儒，胸无寸长，徒拾宋人牙后慧，窃据一理字，藉名溷厕其中，鼓雌黄之舌，以与人辩论，而道德经济，有志当世之士，反智短而为其所困，岂不大可叹哉？②

与承认汉儒学术贡献相伴的是，一些学者注重用小学的方法探寻儒家经典的本意。陈廷敬尝谓"小学之为功于经书甚巨"，提出研究者应重视对经书字义的考察，"为此以昭后学，亦小学之功也"。③与陈廷敬同时代的理学家李光地虽对一些考据学家否定理学经典的做法深恶痛绝，但对形声训诂本身不但亲自参究，而且对这一学术还相当支持。在《阎百诗小传》中他说：

> 今之学者，大抵搜华撷卉为文辞之用而已，至于字义、故实、书文、形声，尚未有留意讲考于其间者。若大者为遗经源流，礼典同异；

---

① 《汤子遗书》卷6，《十三经注疏论》。
② 田雯：《古欢堂集》卷20，《汉儒朱儒》。
③ 陈廷敬：《午亭文编》卷35，《四书字画约序》，《四库全书》本。

细而地名、山川、史载人物真赝是非之迹,则岂徒以朴实置之,抑其恶赜就简,而自恬于伪陋?呜呼!文武之道,岂有小大哉?万一朝廷举行石渠之典,吾知众籍罗凑,而莫之措辞,儒者之羞,非云小缺。①

陈廷敬、李光地对小学的态度在某种程度上反映了理学发展本身对考据的客观需求。事实上,到康熙时期,一些敏感的理学家已经觉察到了一种新学风的崛起,这就是由顾炎武等人倡导的带实证特色的朴实学风。顾炎武强调"古之所谓理学,经学也,非数十年不能通也"②。明确提出"读九经自考文始,考文自知音始,以至诸子百家之书亦莫不然"③。而当时的正统理学家们也深刻地感到了这种新学风的严重威胁。熊赐履抨击说:

经学之不明,不独异端害之也,即训诂家亦有过焉。盖自考亭而后,鲁邹濂洛之绪已较然矣,而学者又从而推衍之,衍之不见,乃至辗转胶辖,愈烦愈支,骈枝垒架之病,实不能免,宜无足以服异学者之心矣。且夫训诂亦何可少也?学者由此说以求古圣贤之微旨,将造道入德之方于是乎在,其功岂不与作者等哉?然而微言大义具载遗经,苟非有近里体察之功以相验证,仅沾沾焉剽窃涂抹蠹食蛆长于编摹帖括之间,无论其未必皆是也,即是亦奚足贵乎?况乎护同伐异,长傲遂非,立言浸多,去道益远。呜呼!此今昔之所同讥,而吾党之最宜痛自刻责者也。④

康熙二十九年(1690),为熊赐履《经义斋集》作序的钱肃润也对当时的学风表示出类似的忧虑。他说:"呜呼!世风不古甚矣。匪空虚是好,即靡曼相成。朝庙典章捃摭凌厉,而习尚支流,遂至薄经术而摹声韵,轻

---

① 李光地:《榕村集》卷33,《阎百诗小传》,《四库全书》本。
② 顾炎武:《亭林文集》卷3,《与施愚山书》,《亭林遗书十种二十七卷》本,清吴江潘氏遂初堂刻本,见《四库禁毁书丛刊》。
③ 《亭林文集》卷4,《答李子德书》。
④ 《经义斋集》卷3,《四书绪言序》。

道义而重词翰。"①事实上，他们的担心是有道理的，因为在此前后，以胡渭、阎若璩、毛奇龄为代表的一批学者，纷纷用考据的方法，验证理学经典之真伪，从而开启了18世纪学术转变之先河。

（六）反礼教呼声的高涨

中国知识界对理学基本伦理教义作系统清算的第一次尝试发生在明末清初。当时，以陈确等人为代表的激进思想家曾对正统理学的道德说教作过尖锐批判。陈确虽被清人视为理学中人，但其思想主张早已和正统理学大相径庭，尝指责理学"无欲之教"为"不禅而禅"，明确提出："饮食男女皆义理所从出，功名富贵即道德之攸归"，"人心本无天理，天理正从人欲中见，人欲恰好处即天理也。向无人欲，则亦并无天理之可言矣。"②其他如王夫之、傅山、唐甄等人对纲常名教的批判，也具有十分深刻的启蒙意义。康熙时，刘献廷则针对理学名家当权用事，动以遏欲为言的社会现实，评论说：

> 余尝观世之小人，未有不好唱歌看戏者，此性天中之《诗》与《乐》也；未有不看小说听说书者，此性天中之《书》与《春秋》也；未有不信占卜祀鬼神者，此性天中之《易》与《礼》也。圣人六经之教，原本乎人情，而后之儒者，乃不能因其势而利导之，百计禁止遏抑，务以成周之刍狗茅塞人心，是何异壅川使之不流，无怪其决裂溃败也。夫今之儒者之心，为刍狗之塞也久矣，而以天下大器使之为之，爰以图治，不亦难乎？③

需要特别指出的是，康熙中叶以后，清代社会逐渐出现繁荣景象，商品经济发展，利益关系趋于复杂，社会生活水平提高，人们的思想观念逐渐出现多元化格局。在这种情况下，以"存理遏欲"相标榜的理学，要在

---

① 《经义斋集》卷前，钱肃润序。
② 陈确：《陈确集·别集》卷5，《无欲作圣辨》。
③ 刘献廷：《广阳杂记》卷2，中华书局，1957。

知识界和民众中长期维持其独尊地位，实际上已经非常困难了。降至18世纪，以反对礼教束缚为基本特征的反传统思潮（这一思潮最重要的代表人物是袁枚），和逐渐昌盛的汉学思潮交相辉映，其中的激进分子不约而同地将理学作为最主要的批判对象，作为游谈无根、空疏不学的代名词；作为扼杀人性、"以理杀人"的代名词。在这种情况下，在学术上失去了清廷特别庇护的理学，除了走向衰微，别无出路。对这一巨大的观念变迁，乾隆时，程晋芳曾深有感触。他说：清初海内士大夫以宗阳明为耻，"而四十年来，并程朱之脉，亦无有续者，此则非愚意料所及也"[①]。

　　三百年风流聚散，沧海桑田。今天，我们反观清初的政治变迁与社会思潮，不能不说，以程朱学说为主导的清初理学的兴起，是一种巨大的历史进步。它从思想文化的角度，推动着满汉民族的融合，为清初伦理道德秩序的重建，为清朝政治的规范化运行，为清代中国从动乱走向安宁提供了必不可少的理论支持。事实上，康熙时期的中国社会，正是在一片修身齐家、主敬躬行的教化声中创造出传统社会繁荣昌盛的历史奇迹。当然，18世纪清代理学的衰微，也是一种历史进步。这是一种新的进步，是思想解放的进步，是观念多元的进步，是人性自由的进步。这种进步，从时代精神的角度，揭开了中国早期近代化新的一页，并为未来的社会变革，准备了必不可少的文化前提。

（原刊于《清史论丛》2002年号）

[①] 程晋芳《勉行堂文集》卷1，《正学论三》，嘉庆庚辰本堂藏版。

关于雍正年间养廉银制度的若干问题

——与日本学者佐伯富博士商榷

黄乘矩

为各级地方官员设置养廉银，是清代雍正年间的一项重要改革。日本学者佐伯富博士所撰《清代雍正朝的养廉银研究》（以下简称《研究》），就是对养廉银制度进行研究的一篇专论。佐伯先生是日本学术界一位颇有影响的中国学专家，有关中国史的论著甚多。《研究》于1970~1972年连续刊载于京都大学文学部东洋史研究会发行的《东洋史研究》第29卷第1、2、3号及第30卷第4号。1975年，台湾郑梁生先生将该文译成中文，佐伯先生亲自作序，由台湾商务印书馆以单行本出版。

《研究》对养廉银制度的沿革、这一制度建立后的实施情况、它的作用等问题进行了全面的探讨，提出了很多颇有见地的看法。如作者在考察养廉银制度的起源时指出：在雍正元年（1723），湖南与山西两省就开始实行提解耗羡并对各级官员"支给养廉银"或"类似养廉银的东西"，部分补正了《皇朝文献通考》卷90《职官考》认为养廉银制度始于雍正二年（1724）这一流行的说法。在"养廉银的财源"一章中又指出："养廉银的主要财源为耗羡。"笔者认为，《研究》的这些论点基本上是符合实际的。《研究》在资料的整理上也取得了成绩。该文在对有关资料进行归纳、综合的基础上，对某些名词、术语的考释是有独到之处的。如"平头银"或"平余银"，《研究》第三章指出，"平就是称，余就是赢余的意思"，"平余银"就是"收放银两之际，由操作称所得的余银"，也就是"库平与市平之差额所产生的赢余"。①又如"找支"，《研究》诠释道："当对军队支给价银使之采购米谷草束，在丰年粮草价贱时虽容易采买，然于歉收昂价之际，则感不足。为补贴其不足而给与的，就是找支。"②无疑，《研究》所取得的成果，对于我们进一步考察养廉银制度是很有帮助的。

《研究》虽然为探讨养廉银制度做了有益的工作，但笔者感到，作者佐伯先生无论在观点、方法还是资料的运用上，似都有不周到和失误的地方，致使该文对有关养廉银的某些重大问题，未能得出完全符合实际的结论。我们在此提出几个问题与佐伯博士商榷，并就教于学人。

一　养廉银制度建立以前各级官吏普遍贪污的根源

雍正年间建立的养廉银制度的基本内容，是从提取到各省布政司库的耗羡银（即归公后的耗羡）中，抽出一部分（多数省份占耗羡银的大部），作为各级地方官的"养廉银"——用于官员的私人生活和衙门的公务开支。之所以要实行这项改革，是因为长期以来，各级地方官员的公私费用不能从清朝中央政府那儿得到保证，因而助长了上级衙门对下属的苛取勒索、州县官对民间的私征加派，使财政上呈现某种混乱。这一点，《研究》是注意到了。该文第一章谈到养廉银实施的原因时写道：

> 因总督、巡抚等地方大官之多数的家口甚众，日常开支已极浩繁，而且还须负担未领俸给之胥吏们的费用，及衙门的一切设备、消耗等费，那不是一年不满二百两的少数俸给所能支付的，所以总督、巡抚便以种种方式向所管辖的官衙、商人等索取必要的经费，因此，下级官吏就以附加税的名义，向人民征收巨额的耗羡，把相当于贿赂的陋规送给上司，剩下的就中饱私囊了。如果把官吏征收耗羡的陋规

---

① 〔日〕佐伯富：《清代雍正朝的养廉银研究》（以下简称《研究》），郑梁生译，台湾商务印书馆，1975，第55~59页。
② 《研究》，第71页。

置之不理，人民的负担就会日甚一日，而又不能在不调整官吏的俸禄之下，禁止已往官吏们的所作所为。因此，承认往日惯例，作合理程度的征收，以限制他们任意向人民索取钱财，借以保障官吏之生计，与地方衙门的各种开支，那就是养廉银了。①

从这一段关于实施养廉银的原因大体上讲得正确的论述中，我们可以看到，《研究》把作为养廉银制度产生的直接背景——各级官吏普遍贪污这种现象的根源，完全归结为官吏俸禄的微薄。这一点，佐伯先生在中译本序言中讲得更明确：

中国当时官吏的腐败，地方政治的废弛，实肇因于其待遇的菲薄。

吏治的败坏，是由于官吏的待遇太低了。这是《研究》考察养廉银制度的一个基本观点。但这种认识是片面的、表面的。综观中国封建社会的历史，就会看到，官吏的贪污腐化是和整个封建时代相始终的，而不论其时官吏的待遇是否优厚。封建社会的基本特征是地主对农民的剥削，盘踞各级衙门的官僚永远满足不了的贪欲，正是无止境地从农民身上榨取血汗这种地主阶级阶级本性的集中表现。而中国极权主义的封建专制制度下的官僚体制——在这种体制下，各级地方长官对他们辖下的"子民"具有威严无比的"父权"——又为各级官吏的巧取豪夺提供了最大的方便。因此，从根本上讲，官吏的贪污腐化是封建制度的产物。当然，在封建时代，官场腐败的程度是因时而异的，这取决于当时的政治形势、经济状况、统治者是否励精图治、整顿吏治的措施是否得力等，需要具体分析。清初财政制度不健全，地方官吏的俸禄偏低，又常被克扣，确是康熙后期贪污之风恶性发展的一个直接原因，但必须看到，导致当时吏治日益败坏还有其他的因素，不能一概归之于"官吏待遇的菲薄。"②

---

① 《研究》，第4~5页。
② 关于康熙后期吏治渐趋败坏的情况，以及导致这种状况的某些直接原因，笔者将在《论雍正年间的吏治》一文另加论述，此处不赘。

二 养廉银制度的作用

养廉银制度建立以后所起的历史作用：一是作为财政制度的改革，它改变了长期以来各级官府公私费用无所出的不正常的状况，使它们有了经常的、合法的经费来源，使清朝政府的财政制度进一步健全起来；二是在实行耗羡归公的过程中，各省普遍降低了耗羡的分数，养廉银制度建立以后，又对各项陋规进行了查禁和裁革，规定各级官吏除俸给与养廉银以外，原则上不得另有所取，使得长时期以来漫无限制的私征加派受到了约束，人民的负担有所减轻。在雍正年间的吏治整顿中，起到了重要的作用。

对于养廉银这两方面的积极作用，佐伯先生是看到了的，他在《研究》中作了如下的评价：

> 因此制度，往日为地方官暗中中饱私囊的耗羡银或陋规，既被公开而受到限制，其数目也被减少，这对民众而言，实为莫大的恩惠。同时，地方经费也因而明确化，预算化，这在实施地方行政方面，可说是一大进步。过去以负疲方式支撑官吏们之生活的耗羡或陋规，必须先提解布政司库，然后把它作为养廉银，而依其职位之繁、简、冲、僻予以公平分配，这不仅使地方官的生活获得安定，使官场清明，也对肃清官场完成了重要的使命。[①]

这一段评论，还是比较公允的。但佐伯先生对养廉银的赞赏远不以此为限：

> 官吏的俸给虽然微薄，但当支给数十倍于俸给的养廉银以后，他们便能够把全副精神放在地方政治了。[②]

[①] 《研究》，第137页。
[②] 《研究》，第2、1、137页。

关于雍正年间养廉银制度的若干问题

外来民族——"满清"①之所以能够把中国统治了近三百年,其原因虽多,而主要在于中央政府的决策之能相当顺利地贯彻于地方,换句话说,就是中央政府能够控制地方官吏,并能够将其命令实行到某种程度的关系。"满清"政府之所以能够如此,实因为支给养廉银,使地方官吏的生活大致安定,从而肃清政风、维持了纲纪,使地方政治得以推行所致。②

佐伯先生进一步认为:

这个制度与雍正帝之设立军机处、地丁并征制、太子密建法同样具有划时代意义。③

从这些话可以看出,佐伯先生对养廉银制度总的评价显然是过高了。这就是:(1)片面强调了养廉银的设置在雍正年间整顿吏治中所发挥的作用;(2)夸大了因养廉银制度的建立而收到的"官场肃清"的后果;(3)在雍正年间所进行的一系列的改革中,把养廉银制度的建立摆到了不适当的地位。

佐伯先生对养廉银制度作出过高的评价,是与他把吏治败坏的原因主要归咎于官吏待遇的菲薄这个前提相一致的。逻辑的推论必然是这样:既然"官吏的腐败""地方政治的废弛"都是由于"待遇的菲薄",那么,只要给他们以优厚的待遇(给他们议给高出于俸禄数十倍、上百倍的养廉银便是这种措施),一切问题便会迎刃而解。

在清代,雍正年间出现了一个吏治相对澄清的时期。这是由于清世宗即位后雷厉风行地对吏治进行了整顿。当时,官吏的贪赃行为有所收敛,并不如《研究》所说,仅仅因为他们得到了优厚的养廉银,生活安定了,就不另有所取了,而是由于清世宗采取了包括建立养廉银制度在内的一系列整顿吏治的措施,如清理钱粮、追赔亏欠、严惩贪官污吏等。清世宗在

---

① 满族从来就是我国统一多民族国家中的重要一员,把它说成是"外来民族",我们认为是不妥当的。
② 《研究》,第1页。
③ 《研究》,第137页。

雍正七年（1729）整顿吏治初见成效时就指出过："数年以来，侵盗贪赃之风较前稍减，然大约由于督抚大臣之实心察吏，禁约稽查，各怀畏惧之所致，非属员等之尽能洗心涤虑，砥砺廉隅也。"① 建立养廉银制度并不是清世宗整顿吏治唯一的，甚至也不是最主要的手段，它与其他措施是相辅相成的。

雍正年间的"官场肃清"是相对的。它只是相对于康熙后期和乾隆以后的时期而言的，并非说当时的官场已经达到了"弊绝风清"的境界。这段政治相对清明的时间也是短暂的，清高宗即位后，吏治渐趋懈弛，到乾隆后期，官场的腐败比康熙年间更有过之。《研究》认为，由于养廉银的实施，"使地方官吏的生活安定"，"他们便能够把全副精神放在地方政治"，"从而肃清政风，维持了纲纪"，因而使清朝能够维持约三百年的统治。显然，在佐伯先生看来，养廉银制度建立后，出现了一个长时期的"官场肃清"的局面，这与历史上的实际情况是相去甚远的。至于养廉银制度在强化专制主义皇权中的作用，是不能和密建皇储、打击朋党、进一步完善密奏制度、设立军机处这些措施相提并论的。把养廉银制度的建立视为清朝中央集权得以加强的终极原因，是对养廉银制度的偏爱。

三 养廉银制度为什么会遭到破坏？

《研究》注意到了乾隆以后，养廉银制度较之初建立时便多所更张，它的一些重要规章遭到了破坏，"纲纪日见废弛"，对于"肃清官场"，养廉银制度实际上已起不到多少作用这一事实，因而感到养廉银到后来已"无法完成其本来的机能了"②。养廉银制度为什么会发生这样巨大的演变呢？作者作出了三点解释。一是"君权弱化"。"降至乾隆时代，过去一直慑伏于雍正帝之权威的官吏，在这个时候就崭露其本来面目，除养廉银

---

① 《上谕内阁》，雍正七年九月二十六日。
② 《研究》，第141页。

外,更对人民加派而要求陋规了。"① 二是乾隆放宽对官吏的约束。三是物价不断高涨。在这三方面的原因中,作者认为,物价高涨是最主要的:

> 为什么流行这种不正当之事(按:指借支、预支养廉银之事)呢?乾隆帝一反雍正时代的严厉态度,放宽对官吏的约束,致其纲纪废弛,固为原因之一,但由于物价腾踊,致无法专靠养廉银维持生计及推动公务,也是其症结之所在。
>
> 乾隆以后,物价波动得相当厉害,尤其在清朝末期,竟比雍正时代涨了好几倍,可是养廉银却与俸给一样,一旦固定后,几无增加,因此养廉银便无法完成其本来的机能了。②

就这样,在《研究》中,清朝官吏的待遇在养廉银制度建立前后经历了一个螺旋式的发展过程。为使各级官吏免除因薪俸过低、生活没有保障之苦而建立的养廉银制度,又因为物价高涨、养廉银额却没有随之增加,各级官吏从政府那儿得到的实际收入逐步回到了实施养廉银制度以前的情况,因而又遭到了破坏。官吏的待遇如何是问题的总根子,这种观点贯穿《研究》一文的始终。

养廉银制度究竟为什么到后来会变得无法完成其本来的机能?扩而言之,雍正年间一系列整顿吏治的措施,为什么只能奏一时之效,而不能行之永久?根本原因是采取这些措施的目的不是为了削弱而是为了加强封建专制制度,这就谈不上从根本上革除这种制度本身带来的任何弊害。各级官员的养廉银额定为多少,最后决定权在皇帝本人。在雍正和乾隆早期,就曾多次调整过地方官员的养廉银额。假若果真如《研究》认定的那样,只要待遇优厚,各级官员就能以全副精力从事本职工作,从而收到"整肃纲纪""安定地方"之效,又能巩固皇权,雍正以后诸帝完全可以随着物价的上涨相应提高养廉银的金额。他们不这样做,显然时过境迁,即使不断提高养廉银额,也起不到养廉银初建立时那种"整肃官场"的作用了。养廉银尽管定得很优厚,但比起过去收受的陋规来

---

① 《研究》,第138页。
② 《研究》,第141页。

还是要少得多。习惯于收受贿赂的各级官吏，觉得耗羡归公和定给养廉以后所受的限制难以忍受。从耗羡归公和养廉银制度推行之日起，这种"反限制"的斗争就从未停息过。最初，"反限制"的官僚公开反对提解耗羡，实力推行耗羡归公和养廉银制度的山西巡抚诺岷、河南巡抚田文镜在中央为"举朝所怨"，在地方则为"通省衔恨"，[①]成了众矢之的，说明多数官员顽固地企图维持随心所欲地收取陋规的原状。当提解耗羡和养廉银制度势在必行之后，他们不甘罢休，采用新的手法来"反限制"：一是减耗之后复暗行加耗；二是将养廉银尽入私囊，而复私收陋规如故；三是有些本来可以不议给养廉银的官员也要求增给养廉。[②]由此可见，养廉银制度的建立有它的二重性：一方面，它约束官吏的贪污行为；但另一方面，它又是对长期处于非法地位的"私征加派"的承认，是清政府对漫延日久的公开贪污行为的妥协，它本身就是封建制度对贪污腐化现象无能为力的一个明证。养廉银制度建立之初，它对恶性膨胀的贪污之风的缓和和限制作用是主要的，随着时间的推移，对越来越多的官员来说，养廉银反倒成了非法收受的陋规之外的一项合法的、固定的财源。在封建制度下，各级官僚要尽可能多地掠取财富，是一种强大的趋势，任何一个英明的统治者都无法把这种趋势完全刹住。清世宗精心修筑的反贪污的堤防，也终于抗拒不住这种客观趋势，养廉银制度就是在这种"限制"与"反限制"的斗争中被冲垮的。

四 各级官吏养廉银的多少是由什么决定的？

在养廉银制度建立的过程中，给各级官员所定的养廉银的数量是很引人注目的。它有三个特点。一是大大超过了各级官员的俸银。如总督每年的俸银为180两，雍正年间总督的养廉银一般在1.5万～2万两，巡抚的俸银为150两，养廉银额在1万～2万两，最少者也有8000两。二

[①] 《朱批谕旨》第29册，第34页，对田文镜雍正二年十月二日奏折之批谕；第46页，对田文镜雍正二年十一月二十一日奏折之批谕。

[②] 《上谕内阁》，雍正七年七月初四日；《朱批谕旨》第36册，四月，宋筠雍正六年九月十三日奏折；《朱批谕旨》第39册，杨鲲奏折等。

是同一级的衙门，养廉银额参差不齐。如同为巡抚，少者8000两，高者达3万余两；知县：大县为1000~1200两，小县为400两。三是上下级衙门所得相差悬殊，总督的养廉银为知县的15~20倍。

那么，各级官员以及同一级官员所得养廉银的差别究竟是由什么决定的？

（一）议给养廉银的基本原则

佐伯先生是这样说明为何同一级的官员养廉银额却存在着差异的：

> 雍正帝在支给养廉银之初，有许多地方是偏重于职阶制性质的，即使同为总督，也因其地位之重要与否，及个人能力的高低，其养廉银的数目便有差别。那是雍正帝对于政治的信心，即雍正帝以为只要提拔精明能干者为上级官吏，并给予充分的津贴，以肃清上层的政治，下面的人便能仿而效之，把政治办得条理井然了。这就如第六表所示，各省总督之间既有很大的距离，即使同为总督，也因人与年代之不同而有很大的差异。[①]

按照这个解释，督抚一级养廉银额的高低主要取决于官员的才干，其实毋宁说，取决于世宗对其能力的信赖程度。但这并不符合当时的实际情况。雍正一代，最为世宗宠信的重臣，当首推鄂尔泰。但鄂尔泰任云贵总督时的养廉银先后为1.7万两，2.2万两，远逊于田文镜任河南、河东总督时的2.89万两。李卫也是雍正一代始终为世宗倚重的地方督抚，但在李卫任浙江总督时，总督衙门的养廉银只有5000两（加上兼管盐政衙门旧存4.8万两，掣规3000两，也只近1.3万两），低于总督养廉银的平均数。对此，佐伯先生也作了解释：

> 这并不是说鄂尔泰的才能不如高其倬，可能是当时云南、贵州的

[①]《研究》，第109页。

政治已上轨道，而不须支给那么多的养廉银，或者因鄂尔泰系雍正帝最信赖的、出身满族的股肱之臣，其生活也异常朴素，以此数目便能维持其开支之故。浙江总督李卫的生活既很朴素，其生活上所需的米也由家乡输送，所以似乎有一万三千两的养廉银便够了。①

这不但是自相矛盾的解释，而且把作者推测的官员生活的朴素、可以从自己家里取得钱粮接济等作为定给较低养廉银的依据，也是难以令人信服的。

《研究》第五章第四节"养廉银额决定的标准"在归纳高其倬、张坦麟、赵城等人奏折的基础上，又指出：

养廉银额乃是斟酌各官员所管辖的地区之大小、冲僻、繁简及其官职之大小来决定的。

诚然，地区的大小、冲僻、繁简、官职的大小在议定养廉银时，都起着作用。但只此显然还不够，应该进一步弄清上述各因素之间的关系是怎样的？它们对决定养廉银额是否有着同等的影响，抑或有主次之分？是否还有其他因素对养廉银额的多少起着作用？

依笔者之见，决定养廉银额一个最基本的原则，就是田文镜所说："人臣食禄当因事，事繁而禄少则不给，事简而禄多则虚糜。"②因事务的繁简而为低昂，是议给养廉银多寡最主要的依据。一般说来，大的府、县、冲要地区、上级衙门的事务总要繁多一些，议给他们的养廉银就相应要多一些。所以《研究》所列举的这些决定养廉银额的"标准"，在实质上是一致的。在各省养廉银议定过程中，对下列情况的处理，足以说明"事务的繁简"是议给养廉银的主要依据：

雍正五年（1727），在直隶总督之外，又任命协理总督一员，共同管理总督衙门事务，直隶总督的养廉银便由总督、协督二人各领取一半，而

---

① 《研究》，第109页。
② 《朱批谕旨》第31册，田文镜雍正六年十月二十七日奏折。

不是另给协督增议一分养廉银；①

雍正五年（1727），增设浙江总督，浙督的养廉银为原闽浙总督的一半；②

雍正七年（1729），建置河东总督，辖河南、山东两省。清世宗随即准备给任河东总督的原河南总督田文镜，再增加10，000两养廉银；③

当某一官员兼管另一衙门的事务时，兼理期间便要支取该衙门的全部或部分养廉银；④

雍正七年（1729）十月，福建巡抚刘世明拟定的福建各官养廉中，知府的养廉银多于道员，清世宗问道："别省道员养廉，率皆多于知府，兹尔闽省知府养廉反多于道员，其中情况，朕甚不解。"刘世明解释道："知府一官，职司民牧，有统理属县钱谷刑名之责，每年延请幕宾束脩及巡历县治、察盘仓库等项，往来费用过于道员，较之道官驻札一方遥制府属者，其中政务繁简有间，是以……所开知府养廉，数目多于道员。"⑤可见由于"政务繁简"的不同，定养廉时甚至可以冲破官阶的限制。

当某一官员兼管其他事务时，养廉银便要视事务的多少而增加。浙江总督程元章的一份奏折说："兵备道王敛福，前在杭嘉湖道任内，年给养廉银一千六百两，因兼办海塘公务，又增给银一千两，俟工竣停其添给。"⑥增给银即增养廉，事毕便停养廉，议给养廉银的基本原则是什么，在这里表露得最清楚不过了。

（二）影响养廉银额的其他因素

但在养廉银制度的初创时期，养廉银议给的实际情况却是：各级官员所得养廉银额并不完全与各衙门事务的繁简相一致。这是因为还有其他的因素影响着养廉银的制定。这些因素就是如下几点。

---

① 《朱批谕旨》第14册，宜兆熊、刘师恕雍正五年九月十五日奏折。
② 《朱批谕旨》第41册，李卫雍正六年五月初九日奏折。
③ 《朱批谕旨》第32册，田文镜雍正七年六月十五日奏折。
④ 详见下文对兼务官员养廉银的讨论。
⑤ 《朱批谕旨》第14册，刘世明雍正七年十一月十七日奏折。
⑥ 《朱批谕旨》第52册，浙江总督程元章奏折。

（1）清世宗在决定各级官员的养廉银时，照顾到了过去收受陋规的情况。这表现在如下方面。第一，各级官员的养廉银定得都很优厚，为公私用途留有充分的余地。而对一些在拟订养廉时，对过去陋规裁革过分的奏请，反倒予以申饬——斥之为"矫廉"。第二，由于各地收受陋规的情况不一，所以在养廉银制度的初创时期，各省督抚养廉银参差不齐的情况比较突出。如雍正二年（1724），河南巡抚石文焯奏请以沿旧例收受的全省火耗的十分之一共3万两为巡抚养廉，清世宗立即照准，并且说："即加倍亦未尝不可，但此外必无染指，方见操守。"①因为河南巡抚过去收受的"各项陋规不下二十万两"②，石文焯所请，只是其中的一小部分。制定养廉银之初适当照顾到过去收受陋规的情况，是为了让督、抚这样的封疆大吏，在从私相授受贿赂到按养廉银制度的章程办事这一转变中，不致因转弯太急而感到无法接受，以利于改革的推行。随着养廉银制度的确立，不符合"因事务的繁简而为低昂"这一原则而产生的差额便逐步缩小。雍正三年（1725），田文镜接任河南巡抚，养廉银便减至2万两。乾隆十二年（1747），清高宗对各省督抚的养廉银进行了一次全面的调整，使情况类似的省份大致趋于划一（见附录一）。

（2）除养廉银外是否还有其他经费来源（主要是陋规保留多少）。虽然养廉银制度建立以后，原则上要求除俸银和养廉之外，不得另有所取，但在实际执行时，清世宗对那些"相沿日久，历来相安无碍"之"成规"，他并不主张全部革除，他认为这些"常规羡余，上不亏于国帑，下无害于民生"，是各级地方官"分内应得之项"，仍应归他们收用。③因此，养廉银制度建立以后，各地还在不同程度上"合法地"保留着一些陋规。如浙江设总督后，额定养廉银长期稳定为原闽浙总督的一半，只有5000两。而福建总督的养廉银则于雍正七年调整到1.6万两。④因为浙江总督衙门还另有两笔大收入：原盐政衙门公费银4800两，以及"每年两次掣盐，每次有规费银二千两……除犒赏外，每年约三千两"⑤。福建总督衙门保留的

---

① 《朱批谕旨》第11册，石文焯雍正二年三月初三日奏折。
② 《朱批谕旨》第29册，田文镜雍正三年正月二十四日奏折。
③ 《朱批谕旨》第10册，塞楞额雍正五年正月二十四日奏折。
④ 《朱批谕旨》第51册，史贻直雍正十二年正月初六日奏折。
⑤ 《朱批谕旨》第52册，程元章奏折。

陋规则可能没有浙江那么多。

（3）所在地区富庶抑或贫瘠。如贵州、广西、安徽三省巡抚养廉分别为8500两、8400两、8000两，为各省巡抚中最低者，且多年稳定不变。这显然与这三省的农、工、商业发展水平较低、耗羡少，经费筹措较为困难有关。

（4）封建等级精神。上下级衙门养廉银相差悬殊，相当程度上是等级观念的体现。

就是这些多方面的因素，造成了养廉银在数量上的复杂情况。

五　什么是"规例养廉"？

佐伯先生看来未能摆脱某些研究中国问题的外国学者在语言、文字以致对中国国情体察上的隔膜，对所援引的某些历史资料未能弄清它的真正含义。《研究》在考定督抚的养廉银额时，被"旧规养廉"（或"规例养廉""养廉规例"）一语引入了迷宫，便是一个典型的例子。

《研究》第7表"巡抚养廉银额"（见附录二）第16栏列雍正五年（1727）江西巡抚之养廉银为8800两。其依据为《朱批谕旨》布兰泰雍正五年（1727）七月十四日奏折。布兰泰该奏中称："江西巡抚有皇上恩赏养廉银八千八百两，又有盐规银三千两，向系抚臣收用。"（着重号是笔者加的，下同。）佐伯先生在该表中把布兰泰这一段话中提到的8800两确定为雍正五年议给江西巡抚衙门的养廉银，是错误的。按据《朱批谕旨》张坦麟雍正六（1728）年十月二十日奏折中称："江省向有督臣养廉，恐未足支应，将巡抚衙门旧规养廉八千八百两内分出一千八百两以为督臣养廉……臣衙门只存银七千两，实于公私费用有所不敷，伏乞皇恩，将前项盐规三千两并现在养廉七千两，合共一万两，定为养廉之数。"世宗批谕："好！"可见，江西巡抚衙门的养廉银，雍正六年（1728）经张坦麟请准为1万两，而不是8800两。这8800两，张坦麟讲得很清楚，系"旧规养廉"。石成峨指出了这笔"旧规养廉"的来源："江西布政使衙门，向有生辰署印规礼，以及解库平头，每年约有四万余两。臣到任后，将一切节礼尽行裁革,止存平头一项,每收银一万两,有平头银一百七十五两,每年约二万三、四千两,内除总督养廉银四千四百两,巡抚养廉银八千八百两"①,可知这笔"旧规养廉"银之来源即为解库平头银。

那么,"旧规养廉"究竟是什么呢?

耗羡归公和养廉银制度的确立有一个长时期的酝酿过程。在提解耗羡以前,州县官敛取耗羡后,以"节礼""寿礼""规礼"等名目奉送上司,私相授受,成为督抚、布、按、道、府衙门公私费用的主要来源,当时往往也称之为各衙门的"养廉银"。这就是岳浚所指出的那种情况:"(山)东省济东道管理通省驿务,各属送有陋规,相沿已久,历来听其收受,作为养廉,从未逐项清查确知银数。"②所谓"旧规养廉""规例养廉",也就是岳浚这里所说的"相沿已久,历来听其收受"的陋规。它们名目繁多,如江苏巡抚衙门除"节礼诸项正数之外,又有堂礼、随礼、绸缎礼、吃食礼……盈千累万"③,很难推算出准确的数字。雍正初年,各省推行改革的进展是很不平衡的,有的省份在雍正元年(1723)即开始试行耗羡归公和养廉银制度,④有的省份被迫对陋规作了裁减,将部分归于正项或予以裁革,但也有的省份仍然沿旧例收受陋规。在他们向世宗奏报收受和裁革陋规的情况时,往往请求将"旧规养廉"的一部分或全部仍留本衙门为"养廉之用"。一方面,对于这种请求,世宗有的则予以申饬(嫌他们收受太多或裁革过分),有的虽未置可否或权宜应允,也只能看成对该省尚未筹措出妥善的办法之前暂时的认可,而不能把这些照旧收受的陋规(或收受其中的一部分)即当成雍正年间正式议定的养廉银。另一方面,养廉银正式议定后,虽然其来源仍与"旧规养廉"一样(或是"旧规养廉"中的若干部分),如甘肃巡抚的养廉银,便是直接由"旧规养廉"转化而来,而且终雍正一代没有变化;⑤湖北巡抚的养廉银便是"规例养廉"经裁汰后尚保留的"荆关税羡并盐商小礼银"这两项转化而来。⑥我们不能据此就将雍正初年沿旧例

---

① 《朱批谕旨》第48册,江西布政使石成峨奏折。
② 《朱批谕旨》第49册,岳浚雍正六年七月十三日奏折。
③ 《朱批谕旨》第8册,何无培雍正元年十月十九日奏折。
④ 参阅薛瑞禄《雍正养廉银实施时间考》,载《清史研究通讯》1982年第2期。
⑤ 《朱批谕旨》第35册,陕甘布政使孔毓璞雍正六年六月三十一日奏折。《东华录》,乾隆二十五,乾隆十二年四月己亥。
⑥ 《朱批谕旨》第10册,福敏雍正五年四月二十一日奏折。

收受的陋规与养廉银制度建立后所定给的养廉银混为一谈。佐伯先生的疏漏就在于把"向系抚臣收用"的一部分旧规养廉当作养廉银制度确立后给该抚所定的养廉银了。同表中第七栏将雍正五年（1727）四川巡抚衙门之养廉定为3.95万两，第十四栏将雍正七年（1729）福建巡抚的养廉银定为3.3万两，均系同一性质的错误。

《研究》由于把"旧规养廉"与雍正年间所定的养廉银相混淆，还导致了错误地推定某些省份开始实行养廉银的时间。如该文第二章第二节"各省开始支给养廉银的年代"中对浙江和四川两省开始实行养廉银时间的推定：

> 又谕旨（11，86，b）雍正二年十月十五日，署理浙江巡抚印务河南巡抚石文焯的奏折中，曾就浙江养廉之事曰："各衙门养廉规例，皆出自州、县耗羡之内。"可见，浙江省也在雍正二年内支给养廉的。①

> 关于四川的养廉银，谕旨（12，20，a）雍正五年四月十八日，四川巡抚马会伯奏曰："臣抵任后查得巡抚衙门，每年向有各税规，条粮耗规，盐茶耗规，共银三万九千五百六十两零，以为养廉。"言马会伯任四川巡抚时，已实施养廉银制度了。因马会伯之任四川巡抚，是在雍正五年四月，故四川之实施这种制度，是在雍正四年以前之事。②

应该说，《研究》对浙江和四川两省开始支给养廉银的年代的判断都是错误的。我们所要考定的是各省养廉银制度建立以后，开始支给养廉银的时间，即《研究》在该节开头时所讲的"被制度化的养廉银的实施"③。养廉银制度建立的标志是，各省总督、巡抚或布政使对耗羡的提解和各官养廉银的分配都拟订出了一个具体可行的方案，并且得到了世宗明确的认可。养廉银制度开始实行以后，一般说来，其财源是相对固定的，其数额

---

① 《研究》，第14页。
② 《研究》，第16页。
③ 《研究》，第13页。

是相对稳定的。在耗羡提解和养廉银的分配尚未制定出详细的方案之前，各省督抚和布政使等所奏请的以"旧规养廉"中的若干部分为养廉银，即使得到世宗的允准，也只带有临时的性质，在养廉银正式议定以后，在数量上一般还会有所调整。李卫在雍正五年（1727）五月二十七日奏折中称：浙江"以前原有各项养廉旧规，后经节次裁减，其各省督抚现在皆有耗羡，独浙江实无此例"①。说的就是其他各省督抚都已从归公后的耗羡中支取养廉银，而浙江则尚未实行。显然，浙江省前此对"养廉旧规"陆续进行的"裁减"，是不能视之为已经开始支取养廉银的。实际上，浙江省直到李卫任浙江巡抚后，于雍正五年开始筹措，雍正六年方始拟订出一个全省各官养廉银的详明方案，得到了世宗的批准。②因此，浙江开始实行养廉银制度应是雍正六年。至于四川，在马会伯之前，法敏任川抚时，曾于雍正四年（1726）六月奏请于往年收受的3.6万余两陋规中，留取1.2万两为巡抚衙门养廉。世宗当时批谕道："尔等督抚之贪廉不在于此，惟务实行，朕自能周知，全不在章奏语言间也。"③从世宗的语气看，颇有不以法敏所议为然之意（嫌他对旧规养廉裁革过分），只是姑允其请而已。所以马会伯此次又奏请在沿旧例收受的3.956万两陋规中，以18864两为巡抚养廉，得到了世宗的认可。顺便说一下，《研究》在第七表中把川抚雍正五年的养廉银额定为3.956万两，在数量上也是错误的。马会伯的奏折是这样说的："臣抵任后，查得巡抚衙门，每年向有各税规、条粮耗规、盐茶规共银三万九千五百六十两零，但臣受恩深重，何敢多取余资，以肥囊橐。今除……所有各处税规限……亦经臣革除外，尚余布政司缴条粮耗规银六千六百六十两，按察司缴盐茶耗规银六千五百六十四两，又荥经县茶规、射洪、遂宁、蓬溪、南部、云阳五县盐规共银五千六百四十两，以上通共存银一万八千八百六十四两零，仰吁皇恩，留为微臣养廉以及犒赏之用，此外一切陋规悉行革除。"朱批："知道了，将此与宪德看，令伊知之，伊任内所奏养廉之数，亦令其明白说与汝知。"可见马会伯所请求作为川抚养廉并得到世宗认可的数额是18864两，而不是3.956万两。从上述情

---

① 《朱批谕旨》第40册，李卫雍正五年二月十七日奏折。
② 《朱批谕旨》第40册，李卫雍正五年二月十七日奏折；第41册，雍正六年五月初九日奏折。
③ 《朱批谕旨》第16册，法敏雍正四年六月初四日奏折。

况看来，法敏、马会伯任四川巡抚时，四川尚处在雍正五年（1727）以前浙江所处的那个阶段，各官养廉银的议给尚在酝酿和拟议之中，所以巡抚的养廉银随任均有变化。

事实上，《研究》所引石文焯的奏折只是说明在他署理浙江巡抚以前，浙江巡抚衙门收受的各项陋规的来源为州县的耗羡，马会伯那几句话同样只是奏报他到川抚任前，巡抚衙门沿旧例收受的各项陋规的总数是多少。佐伯先生因为在这两段引文里，都有"养廉"二字（石奏中的"养廉规例"，马奏中的"以为养廉"），就把他们各自所讲的过去收受的陋规都当成养廉银制度建立以后支给的养廉银了。

六　兼务官的养廉银问题

关于兼务官的养廉银额，《研究》列举了赵城、赵弘恩等人的奏折后，得出结论说：

> 由上述各例看来，兼务官的养廉银额大约为其本职之一半，另外一半则因留充公用而把它贮存司库。①

但《研究》第7表第10栏所列雍正七年云贵总督兼理云南巡抚时的养廉银额为9000两，就与上述结论不相吻合。

云南巡抚的养廉银，原与云贵总督同为1.7万两，雍正六年（1728年）六月经世宗裁定，总督增加5000两，为2.2万两，巡抚则减去5000两，为1.2万两。② 表中该栏所据为鄂尔泰雍正七年（1729）二月二十四日奏折。该奏中称："臣昨岁兼理抚篆，多得养廉银九千两。"这就是佐伯先生把雍正七年云南巡抚的养廉银定为9000两的依据。但鄂尔泰的奏折中明明讲的是"昨岁兼理抚篆"，"昨岁"即是雍正六年，因此该表中列为雍正七年是错误的（该表中不止一处把具折之年即作为得养廉之年，是不

---

① 《研究》，第125页。
② 《朱批谕旨》第26册，鄂尔泰雍正六年六月十二日奏折。

妥的）。如果把该栏的"七年"改为"六年"，该表中就会出现一个很大的矛盾，即雍正六年（1728）云南巡抚所得养廉银究竟是9000两还是1.2万两？如果说，巡抚的养廉银本应是1.2万两，因为系总督兼理，所以未全部支领，那么，兼务官的养廉银"为其本职之一半"，则应是6000两，而不应是9000两。

为了弄清真相，首先要查明鄂尔泰"兼理抚篆"的时间究竟有多长。鄂尔泰是前滇抚朱纲离任之后，新抚沈廷正到任之前这一段时间管理滇抚印务的。据《朱批谕旨》所载，朱纲于雍正六年三月十五日"交印卸事"，沈廷正于雍正六年七月被任命为云南巡抚，仍继续署理黔抚，于雍正七年（1729）正月十六日将黔抚印务交与张广泗，十七日起程赴滇抚新任，二月一日抵任。① 因此，鄂尔泰兼理滇抚事务的时间当是雍正六年三月十五日——七年正月十六或二月初一。他"兼理抚篆多得养廉银九千两"，即是代理巡抚期间所得。"增事则增养廉，事毕则停养廉"，实际上，他是支取了从六年四月到十二月这九个整月的养廉银，与世宗裁定的云南巡抚每年1.2万两之数是符合的。《研究》的失误是把鄂尔泰"兼理抚篆"所得9个月的养廉银当成全年的养廉银了。但由此可以看出，兼务官的养廉银并非都是"其本职之一半"，有时也领取本职的全部养廉银的。事实上，还有既非支取一半也非支取全部的情况：雍正五年十一月，原浙江巡抚升任浙江总督，仍兼理巡抚衙门事务，浙江各官养廉银议定后，巡抚衙门的一万两养廉银曾一度全部"留存司库充公用"，后李卫因用度不敷，又奏请动用。程元章接任浙督后，再一次奏请将巡抚衙门的全部养廉银"仍存藩库，以充地方有益公事之用"。世宗申斥道："从前李卫督浙，朕尚以为不敷，在程元章今日即减至此数，朕犹以为过分。扪心自问，方知勿斤斤以洁己为得也。"② 深不以程元章所请为然，嫌他对经费克省过分，无求实之心。这些事例说明：兼务官究竟支领多少养廉银，雍正年间并没有作出"一刀切"的规定，主要还是取决于兼理之后所增添的"事务繁简"的程度。

---

① 《朱批谕旨》第12册，朱纲雍正六年五月初十日奏折；第15册，沈廷正雍正七年正月十六、二月十九日奏折。
② 《朱批谕旨》第41册，李卫雍正六年五月初九日奏折；第52册，程元章奏折。

日本学者在清史研究方面取得了许多有学术价值的成果，佐伯先生的《研究》是其中之一。但是，科学研究是无止境的。由于资料积累情况不同，研究者的指导思想、理论和方法不同，在科学上产生不同意见，或试图用新的结论取代旧的结论的现象，是层出不穷的。因此，我们认为在学术上提出问题并进行讨论，对于研究的深入和学科的发展总是有益的。本着这样的想法，我们写了这篇文章，与佐伯富先生商榷，诚恳地期待着佐伯富先生和国内外同行们给以批评指正。

附录一 乾隆十二年（1747）对各省督抚养廉之调整

乾隆十二年，清高宗对各省督抚的养廉银，进行了一次普遍的调整。这是养廉银制度从雍正年间开始建立以后趋向"定形"的标志。现将《东华录》的有关记载摘录于下。

《东华录》，乾隆二十五年（1760），乾隆十二年四月己亥：

谕军机大臣等："各省督抚养廉有一二万两者，有仅数千两者。在督抚俱属办理公务，而养廉多寡悬殊，似属未均。著军机大臣等酌量地方远近，事务繁简，用度多寡，量为衰益，定议具奏。"

寻议："查各省督抚养廉银，见在湖广总督一万五千两，两广一万五千两，江苏巡抚一万二千两，江西、浙江、湖南、湖北、四川，各一万两，不甚悬殊，无庸置议外；直隶畿辅重地，事务繁多，总督养廉止一万二千两，较各省觉少，请增银三千两；山东、山西、河南三省同属近地，事务用度亦属相仿，且俱系兼管提督，而山东、山西二省各二万两，河南只一万二千两，请将山东、山西二省各减五千两，河南增三千两，各成一万五千两之数；广东巡抚一万五千两，广西止八千四百余两，虽广东用度稍多，然相去太远，请将广东减二千两，广西增一千六百两，以足一万两之数；川陕总督，虽有节制边方、犒赏兵丁之费，然养廉三万两，较各省过多，而西安、甘肃二省巡抚，西安居腹里，甘肃为边地，乃西安二万两，甘肃止一万一千九百两，请将川陕总督减五千两，西安巡抚减八千两，甘肃巡抚增一百两，以足一万二千两之数；闽浙总督，其道里远近，事务繁简与两广相仿，而养廉二万一千两未免过多，请减三千两；福建巡抚养廉一万二千两未免不敷，请增一千两；江苏巡抚一万二千两，安徽则止八千两，云南巡抚一万五百五十两，贵州则止八千五百两，亦属未均，请将安徽增二千两，贵州增一千五百两，以足一万两之数。至各省督抚养廉间有奇零，乃从前据火耗之额定数，今未经定制零数，应删。请将两江总督养廉银一万八千二百两内，去零银二百两，云贵总督、云南巡抚各去银五百五十两。"从之。

这是研究养廉银制度的一个极其重要的文件。它既反映了决定养廉银多寡的主要原则，也部分地表明了影响养廉银额的其他因素；从这条记载还可以了解雍正年间各省督抚养廉银相对稳定抑或有所变动等情况，如从此次调整以前各省督抚所得养廉银数，我们大致可以断定：山东巡抚的养廉银自雍正二年议定为2万两、贵州巡抚自雍正三年议定为8500两，安徽巡抚至迟自雍正四年起所得养廉银为8000两、陕西巡抚自雍正五年议定为2万两、广西巡抚至迟自雍正六年起所得养廉银为8400两、江西巡抚自雍正六年议定为1万两、浙江巡抚自雍正六年议定为1万两以后，终雍正一代，均无变化。

现据上引《东华录》所载，将乾隆十二年各省督抚养廉银调整情况制表如下。

（一）总督养廉银调整表

总督名	调整前养廉银（两）	调整后养廉银（两）	总督名	调整前养廉银（两）	调整后养廉银（两）
湖广	15,000	15,000	川陕	30,000	25,000
两广	15,000	15,000	闽浙	21,000	18,000
直隶	12,000	15,000	两江	18,000	18,000

（二）巡抚养廉银调整表

巡抚名	调整前养廉银（两）	调整后养廉银（两）	巡抚名	调整前养廉银（两）	调整后养廉银（两）
江苏	12,000	12,000	广东	15,000	13,000
江西	10,000	10,000	广西	8,400	10,000
浙江	10,000	10,000	西安	20,000	12,000
湖南	10,000	10,000	甘肃	11,900	12,000
湖北	10,000	10,000	福建	12,000	13,000
四川	10,000	10,000	江苏	12,000	12,000
山东	20,000	15,000	安徽	8,000	10,000
山西	20,000	15,000	云南	10,550	10,000
河南	12,000	15,000	贵州	8,500	10,000

附录二　佐伯富制巡抚养廉银额表

省份	年次	巡抚名	养廉银额	典据
山西	雍正 四年		31,700 两	谕旨伊都立 2、70、a
	五年	总督管理伊都立	30,000 两	世宗实录 54
河南	五年		30,000 两	世宗实录 54
山东	五年	署理塞楞额	20,000 两	谕旨塞楞额 10、38、a
陕西	五年	张保	20,000 两	谕旨张保 17、16、b
甘肃	七年	许容（兰州）	11,900 两	谕旨许容 52、19、a
四川	五年	马会伯	39,560 两	谕旨马会伯 12、20、a
云南	三年	石礼哈	8,500 两	谕旨高其倬 45、75、b
	六年		12,000 两	谕旨鄂尔泰 26、88、b
	七年	总督兼理鄂尔泰	9,000 两	谕旨鄂尔泰 27、36、a
湖广	五年		14,000 两	谕旨福敏 10、24、a

续表

省份	年次	巡抚名	养廉银额	典据
广东	四年	杨文乾	9,000两	谕旨杨文乾4、69、b
广西	十年	金鉷	8,400两	谕旨金鉷49、93、a
福建	七年	刘世明	33,000两	谕旨刘世明14、16、a
浙江	十年	程元章	10,000两	谕旨程元章52、96、a
江西	五年	布兰泰	8,800两	谕旨布兰泰6、29、b
	六年	署理张坦麟	7,000~10,000两	谕旨张坦麟15、90、a

资料来源：佐伯富：《清代雍正朝的养廉银研究》第7表

（原刊于《清史论丛》第六辑）

清代两次大规模增广学额之比较研究

李世愉

清代有两次大规模的增广学额，一次是在乾隆时期，一次是在咸、同时期。这两次增广学额不仅在制度上有着明显的差异，而且在目的性、操作程序及客观效果上也有着明显的区别。同样是增广学额，但这两次广额都深深打上了时代的烙印，成为透视清代前后两个时期治乱兴衰的一面镜子。

一 清代的学额与增广学额

所谓"学额"是指政府规定的府、州、县学每届考试入学的固定名额。"各省文童三年考试二次"①，每次均按规定数额录取。学额属于学校教育制度的一个组成部分，是适用于全国的。关于学额问题需要说明三点。

一是所谓"固定"，是指相对时间内的固定。清代的学额自清初规定之后，有多次调整，这属于制度的变化，至雍正朝基本固定下来。光绪《大清会典事例》记录了这一变化情况："顺治四年定，各省儒学，视人文多寡，分大、中、小学，取进童生，大学四十名，中学三十名，小学二十名。……十五年题准，直省取进童生，大府二十名，大州县十五名，小学或四名或五名。康熙九年题准，各直省取进童生，大府州县仍旧，

---

① 《清高宗实录》卷844，乾隆三十四年十月壬戌。

中学十二名，小学或八名，或七名。雍正二年谕：我圣祖仁皇帝寿考作人，六十年来山陬海澨，莫不家弦户诵。直省应试童子人多额少，有垂老不获一衿者。其令督抚、学政会核人文最盛之州县，题请小学改为中学，中学改为大学，大学照府学额取录。督抚务宜秉公详查，不得徇私冒滥。"①经过雍正朝的调整，各省学额一般为府学（包括一些照府学额的大州县学）20名，州县学按大、中、小分别为15名、12名、7或8名。如《上元县志》所载："额取府学二十名，大学十五名，中学十二名，小学八名。"②

二是所谓"适用于全国"，只是讲这一基本数额对于各省来说是一个统一标准。由于各地文化事业发展极不平衡，因此，实际上的学额在某些地区还是有差异的，如文化发达的江苏、安徽、浙江三省中相当一些府学为25名，州县学按大、中、小分别为20名、16名、12名，要高于统一标准；而文化落后地区的一些府、州、县学，或新分设的府、州、县学，其学额要低于统一标准。如雍正十三年十一月经改土归流新设的湖北施南府宣恩、来凤、咸丰、利川四县，至乾隆三十六年才批准设县学，宣恩、来凤、咸丰三县学各定学额3名，利川县学4名。③不论是高于还是低于统一标准，对于这些学校来说，它的录取名额同样作为制度所规定的学额。

三是清政府所规定的学额，不是所有学校一次到位的，也不是各地学校同时到位。如新设的府、州、县学，要经过几次调整才达到规定数字，有些学校一直低于规定数字。另外，任何学校学额的调整，都要经过各省学政奏报，由礼部议定，再由皇帝批准才能正式实施。如前引雍正朝改中学为大学，小学为中学的谕旨是雍正二年三月颁发的，④而全国落实这一谕旨却经历了两年多的时间。我们从《清世宗实录》中可以清楚地看到这一情况。详见下表。

---

① 光绪《大清会典事例》卷370，《礼部·学校·学额通例》。
② 道光《上元县志》卷9，《学校》。
③ 《清高宗实录》卷899，乾隆三十六年十二月丙戌。
④ 见《清世宗实录》卷17，雍正二年三月乙亥。

雍正朝地方儒学调整学额统计表

时间	省份	学校升等、调整学额情况	涉及学校（所）	资料来源	共有学校（所）
二年九月	福建	26 州县大学照府学额各取进 20 名；2 中学升大学，各取进 15 名；3 小学升中学，各取进 12 名（以下学额同者不再列）	31	《清世宗实录》（以下略）卷 24，雍正二年九月丁卯	71
二年九月	河南	11 州县大学照府学额，11 中学升大学，4 小学升中学	26	卷 24，雍正二年九月辛酉	125
二年十月	陕西	6 府、县学照府学额，18 中学升大学，12 小学升中学	36	卷 25，雍正二年十月丙申	61
二年十二月	顺天	大兴、宛平二县学照府学额，各取进 25 名	2	卷 27，雍正二年十二月壬午	20
三年二月	湖北	16 州县大学照府学额，2 中学升大学，1 小学升中学	19	卷 29，雍正三年二月癸巳	70
三年二月	四川	1 大学照府学额，10 中学升大学，13 小学升中学	24	卷 29，雍正三年二月甲午	114
三年三月	山东	28 州县大学照府学额，30 中学升大学，5 小学升中学	63	卷 30，雍正三年三月己亥	113
三年三月	直隶	18 州县大学照府学额，各取进 23 名；24 中学升大学，各取进 18 名；16 小学升中学，各取进 15 名	58	卷 30，雍正三年三月辛丑	125
三年三月	广东	11 州县大学照府学额，10 中学升大学，11 小学升中学	32	卷 30，雍正三年三月甲辰	91
三年三月	山西	24 州县大学照府学额，12 中学升大学，7 小学升中学	43	卷 30，雍正三年三月丙午	83
三年四月	广西	10 州县大学照府学额，8 中学升大学，1 小学升中学	19	卷 31，雍正三年四月乙酉	71
三年六月	云南	20 州县大学照府学额，8 中学升大学，添设 3 小学	31	卷 33，雍正三年六月壬午	79
三年八月	江南 江苏所属	33 州县大学照府学额，各取进 25 名；13 州县卫中学升大学，各取进 20 名；3 小学升中学，各取进 16 名	49	卷 35，雍正三年八月己巳	59
三年八月	江南 安徽所属	6 州县大学照府学额，各取进 25 名；20 中学升大学，各取进 20 名；9 小学升中学，各取进 16 名	35	卷 35，雍正三年八月己巳	65

391

续表

时间	省份	学校升等、调整学额情况	涉及学校（所）	资料来源	共有学校（所）
三年八月	江西	17州县大学照府学额，14中学升大学，8小学升中学	39	卷35，雍正三年八月戊寅	89
三年十月	浙江	25州县大学照府学额，各取进25名；8中学升大学，各取进20名；4小学升中学，各取进16名	37	卷37，雍正三年十月癸未	88
三年十二月	贵州	3府学增额至20名，1大学照府学额，1中学升大学，5小学升中学	10	卷39，雍正三年十二月庚午	58
四年六月	湖南	22州县大学照府学额，7中学升大学，1小学升中学	30	卷45，雍正四年六月己巳	71

上表最后一栏的学校数字，是据光绪《大清会典事例》卷24《各省学政、学官》统计，它反映的是清末的情况。有些府、州、县学的建立是在雍正朝以后，因此在雍正朝调整学额时的实际学校数与此数有一些差距。列出这一数字的目的是为了提供一个参考数字，以便于对照。从实际调整学额所涉及的学校看，大部分省份的调整面多在半数左右，而江苏的调整面最大，贵州、河南、四川、广西的调整面较小。这种状况正是根据谕旨的原则，将人文最盛之区加以调整的结果。同治《新化县志》所载很能说明问题："雍正三年，令人文广益之处升同府学，每岁、科试，许二十人入学，新化由此益额。"① 显然，新化县学处于"人文广益"之区，故得以增额。所谓雍正三年或许是湖南贯彻雍正帝谕旨的时间，而批准时间为雍正四年。这些调整过的府、州、县学学额即作为日后的固定学额。没有在这次调整的学校即按原额，其中有少数在以后有所调整。

所谓"增广学额"，有其特定的含义，是指在定制外另行增加的学额。而这种增加，并不作为对定制的调整。它与调整学额的区别在于，它不能成为定制，不具有普遍的指导意义。如前述雍正朝学额的增加，以及雍正、乾隆时期新设府、州、县所增加的学额，在《清实录》中均称"增额"，因属于制度内的调整，不属于增广学额，故称"增额"。而"增广学

---

① 同治《新化县志》卷10，《学校》。

额"一般简称为"广额"。清代文献中很注意对"增"与"广"的区别使用。"增额"指制度内的调整;"广额"则为制度外的加恩。因此,雍正朝学额的大规模增加,在光绪《大清会典事例》中列入《学额通例》项,作为学额的调整。

清代增广学额的情况,从广额的范围来看,有全国性的广额,也有针对部分省区的广额;从广额的有效时间上看,有一次性的广额,也有永久性的广额。一次性广额既有全国性的,也有区域性的。而永久性的广额只出现在咸丰、同治时期,并且是有目的地针对某些地区的。为了区别一次性广额及永久性广额,光绪《大清会典事例》分别称为"增广学额""永广学额"。

据光绪《大清会典事例》、《钦定学政全书》以及历朝《实录》,清代的增广学额情况如下:康熙三十八年、六十一年,雍正元年、十三年,乾隆元年、二年、十三年、十六年、二十二年、二十七年、三十年、三十二年、三十五年、三十六年、四十一年、四十三年、四十五年、四十八年、四十九年、五十五年、六十年,嘉庆元年、四年、十三年、十六年、二十三年、二十五年,道光元年、九年、三十年,咸丰二年、十一年,光绪元年,分别对全国或部分省区进行一次性广额,其中以乾隆朝最为突出。而咸丰、同治时期的永广学额,从咸丰三年到同治十年,每年都有数次,同样十分突出。

不论是"增广学额",还是"永广学额",相对于定制的学额而言,都是额外增加的。而这种额外增加,在清代前期和后期,即乾隆时期及咸、同时期出现了两次高潮,无疑是令人关注的,有必要对这两次大规模的增广学额进行认真研究,作一对比分析。

二 乾隆时期的增广学额

如果从乾隆帝登极开始计算,那么前述雍正十三年的那次广额也应包括在内,因为那是雍正十三年九月乾隆帝行登基大典之后所颁恩诏中的一项重要内容。根据资料统计,乾隆帝自登极至退位作太上皇期间,共增广学额 20 次。其详细情况列表如下。

乾隆时期增广学额统计表

时间	广额对象	起因	广额情况	资料来源	估计数字（名）
雍正十三年	各省府、州、县学	登极	大学加7名，中学加5名，小学加3名	《清高宗实录》（以下简称《实录》）卷2，雍正十三年九月己亥	7500
乾隆元年	奉天府、锦州府学	加恩	奉天府学满字号加5名，锦州府学、复州学加3名，辽阳州等学分别加2名、1名	《钦定学政全书》卷86，《增广学额》	20
二年	各省府、州、县学	世宗宪皇帝配天礼成	大学增取7名，中学增5名，小学增3名	《实录》卷141，乾隆二年四月乙亥	7500
十三年	山东通省府、州、县学	东巡	府学、大学增取3名，中学增2名，小学增1名	《实录》卷309，乾隆十三年二月庚辰	226
十六年	江苏、安徽、浙江三省府、州、县学	南巡	府学及州县大学增取5名，中学增4名，小学增3名	《实录》卷382，乾隆十六年二月己巳	848
二十二年	江苏、安徽、浙江三省府、州、县学	南巡	府学及州县大学增取5名，中学增4名，小学增3名	《实录》卷532，乾隆二十二年二月庚午	848
二十七年	江苏、安徽、浙江三省府、州、县学	南巡	府学及州县大学增取5名，中学增4名，小学增3名	《实录》卷655，乾隆二十七年二月壬辰	848
三十年	江苏、安徽、浙江三省府、州、县学	南巡	府学及州县大学增取5名，中学增4名，小学增3名	《实录》卷730，乾隆三十年闰二月庚戌	848
三十二年	直隶各府、州、县学	巡幸天津	大学增取5名，中学增取4名，小学增取3名	《钦定学政全书》卷86，《增广学额》	500
三十五年	直隶各府、州、县学	加恩	大学增取5名，中学增取4名，小学增取3名	《钦定学政全书》卷86，《增广学额》	500
三十六年	山东通省府、州、县学	祭泰山，诣阙里	大学增取5名，中学增取4名，小学增取3名	《钦定学政全书》卷86，《增广学额》	452
四十一年	直隶各府、州、县学	两金川平定	大学增取5名，中学增取4名，小学增取3名	《钦定学政全书》卷86，《增广学额》	500

续表

时间	广额对象	起因	广额情况	资料来源	估计数字（名）
四十一年	山东通省府、州、县学	两金川平定	大学增取5名，中学增取4名，小学增取3名	《钦定学政全书》卷86，《增广学额》	452
四十三年	盛京	加恩	盛京满、合二号及奉天所属各学，原取6名以上者增取3名，原取4或5名者各增取2名，2或3名者各增取1名	《钦定学政全书》卷86，《增广学额》	25
四十五年	江苏、安徽、浙江三省府、州、县学	南巡	府及州县大学增取5名，中学增取4名，小学增取3名	《实录》卷1100，乾隆四十五年二月壬戌	848
四十八年	盛京	巡幸盛京	盛京满、合二号及奉天所属各学，原取6名以上者增取3名，4或5名者增取2名，2或3名者增取1名	《钦定学政全书》卷86《增广学额》	25
四十九年	江苏、安徽、浙江三省府、州、县学	南巡	府及州县大学增取5名，中学增取4名，小学增取3名	《实录》卷1199，乾隆四十九年二月戊寅	848
五十五年	直隶各府、州、县学	东巡	大学增取5名，中学增取4名，小学增取3名	《钦定学政全书》卷86，《增广学额》	500
五十五年	山东通省府、州、县学	东巡	大学增取5名，中学增取4名，小学增取3名	《钦定学政全书》卷86，《增广学额》	452
六十年	各省府、州、县学	临雍讲学	查照向例，分别广额	《实录》卷1470，乾隆六十年二月丁巳	7500

以上是乾隆时期增广学额的基本情况。这一时期是清王朝发展的鼎盛时期，政局稳定，疆域拓展，经济发展，文教事业繁荣，国力日盛。显然，这时的增广学额是盛世的产物，20次广额的起因也能充分证明这一点。乾隆朝增广学额都是以诏书或上谕形式颁布的，是最高统治者的主动行为。其直接出发点，一是为了嘉惠士林，以显示皇恩浩荡，一是为了"崇儒重道"，更多地培养清政府需要的人才。如乾隆二年，以世宗宪

皇帝配天礼成，颁诏天下，称："既极尊崇之典，宜施浩荡之恩。"①十三年增广山东学额的上谕称："国家崇儒重道，尊礼先师，……念鲁国诸生素传礼教，应加恩黉序，广励人材。"②十六年、二十二年等数次增广江浙学额的上谕称："三吴两浙，为人文所萃。"③"三吴两浙，民多俊秀，加以百年教泽，比户书声，应试之人日多，甚有皓首而困于童子试者，其无遗珠之惜耶。"④三十二年增广直隶学额的上谕称："畿辅为首善之区，人文渐被，多士蔚兴，……宜嘉惠士林，用光黉序。"⑤

从上表中可以看出，乾隆帝在位期间先后20次增广学额。那么，这一时期增广学额的数字究竟有多少呢？目前已很难做出精确的统计。一是乾隆帝在位的60年间，各省学校在不断变化，合并、分设学校的情况时有发生，20次广额所面向的学校数字是不同的，即使像山东、直隶或江浙个别省份也都有一些变化，更不必说全国各省了。如乾隆三十六年恩诏山东广额时，"灵山卫业已归并胶州，并非各为一学"⑥，因此，灵山卫学不再按小学例广额。二是广额恩诏或上谕到省后，未必各学校均按指定数字加增，总有一些特殊情况。如乾隆二十七年令江浙广额的上谕到达浙江时，宁波等六府"未奉文之前，先已考竣"，只得"留俟下届岁考补行增取"⑦。三是各省大、中、小学也时有变化。如乾隆三十二年诏直隶增广学额，但礼部根据直隶奏报，认为"顺天府暨宛平、大兴二县，一学实分三学，应照三大学例，各增取五名。其宝坻县分设宁河县，俱系小学，应照小学例各增额三名。魏县归并大名县，改为大名乡学，与大名县学俱系中学，应照中学例各增额四名"⑧。

尽管这一时期广额的精确数字难以统计，但是总可以有一个大致的估计。据光绪《大清会典事例》卷24《各省学政、学官》项统计，至光绪中，全国共有府、州、县学1506所。这个数字与乾隆时期相比肯定有一

---

① 《清高宗实录》卷41，乾隆二年四月乙亥。
② 《清高宗实录》卷309，乾隆十三年二月庚辰。
③ 《清高宗实录》卷382，乾隆十六年二月己巳。
④ 《清高宗实录》卷532，乾隆二十二年二月庚午。
⑤ 《钦定学政全书》卷86，《增广学额》。
⑥ 《钦定学政全书》卷86，《增广学额》。
⑦ 《钦定学政全书》卷86，《增广学额》。
⑧ 《钦定学政全书》卷86，《增广学额》。

些差距，我们姑且以1500计算。而全国性的广额，大、中、小学分别为7名、5名、3名，我们姑且以中学额5名为准，即大学、小学亦按中学额计算。清初大学的数量要少于小学。但经过雍正朝的调整，大学数量基本上同于小学，一些有省份还超过小学。以此计算，三次全国性广额，每次为7500人。同样，根据这一原则，我们对上表20次广额的统计数字（各省学校数已列于前表）依次为7500，20，7500，226，848，848，848，848，500，500，452，500，452，25，848，25，848，500，452，7500。这就是上表中最后一栏的估计数字，合计为3.124万。也就是说，乾隆帝在位期间，全国各府、州、县学共额外录取了约3.124万名生员。如果留有余地的话，至少可以得出这样一个结论，即乾隆时期的增广学额大约在3万名，这的确是个不小的数字。

三 咸丰、同治时期的永广学额

咸丰、同治时期只有两次循例而行的"增广学额"，一次是咸丰二年四月，"以恭奉宣宗成皇帝配天礼成，颁诏天下：'……各省童生入学额数，大学著增七名，中学增五名，小学增三名。诏到举行一次，不著为例'"[1]。一次是咸丰十一年九月，以同治帝登极，"恩诏各直省入学额数，大学加七名，中学加五名，小学加三名"[2]。而我们从文献资料中看到的却是大量的"永广学额"。这一状况与当时的政治形势有着密切的联系。

康乾盛世之后，清王朝的统治开始走下坡路。道光时，吏治的腐败已很严重。在各级衙门中，蠹吏侵扣巨帑，需索私费，官员贪污受贿成灾，而"九卿无一人陈时事之得失，司道无一折言地方之利病，相率缄默"[3]。各级官吏所关心的只是搜刮、聚敛、升迁，哪里去管百姓疾苦和国家安危。而武备的败坏更令人担忧，军官不理营务，兵卒亦不操练，武器生锈，炮台不堪一击，就连守卫京师的八旗兵也"三五成群，手提鸟笼雀架，终日

---

[1] 《清文宗实录》卷58，咸丰二年四月癸未。
[2] 光绪《大清会典事例》卷381，《礼部·学校·增广学额》。
[3] 曾国藩：《曾文正公全集·奏稿》卷1，《应诏陈言疏》。

闲游,甚或相聚赌博"①。意欲有所作为的道光帝面对江河日下的颓势窘境也是无能为力了。在清王朝每况愈下的情况下,鸦片战争的失败,更把中国推向了灾难的深渊,同时也更加暴露了清政权的腐朽与没落。

咸丰帝自登极之日起,就面临着一个烂摊子。特别是太平天国起义,沉重打击了清王朝的统治。为了镇压太平军,急需解决军费问题,于是,以增加学额来换取军费便成了清政府的一个法宝。在各地督抚的要求下,咸丰三年颁发谕旨:"现在大江南北军营,援剿之兵不下二十余万。朕不惜帑金,为民除害,统计所拨已及二千七百余万两。际兹大兵云集,需饷尤殷,仍不能不借资民力,以济军储。著照大学士等所请,由各省督抚妥为劝导,无论已捐未捐省分(份),凡绅士、商民捐资储饷,一省至十万两者,准广该省文武乡试中额各一名,一厅州县捐至二千两者,准广该处文武试学额各一名。如应广之额,浮于原额,即递行推展。傥捐数较多,展至数次犹有赢余者,准其于奏请时声明,分别酌加永远定额。"②这是清政府第一次公开动员各地捐军饷,以换取学额的增加。也就是说,一州县捐银二千两,即可一次性广额一名,如捐资数额多,增广名额超过原学额,可于下次考试入学时使用,而多达一定数额可成为永远定额,但这一定的数额是多少并没有明确规定。此谕旨颁发后,各地督抚纷纷行动,劝民捐输。咸丰八年,清政府终于规定:"一厅州县捐银一万两者,加永远文武学额各一名,均以十名为限。惟原额不及十名者,各学所加永远定额概不得浮于原额之数。其原额仅止十名,并原额不止十名各学,所加定额已至十名者,续有捐输,不准再加定额。"③出于对军饷的迫切需要,这一规定在实行了十年之后,至同治七年,清政府把永广一名学额的捐款数额翻了一番。新的规定称:"嗣后各省如有地方绅富捐输巨款,暨官弁兵勇报效欠饷,不请奖叙,专请加学额者,其银数照旧章酌加一倍,其一厅、一州、一县,捐银至二万两者,酌加文武学定额各一名。"同时提出了新的要求:"凡未经报部者,概不计算。令各该督抚查明实用实销之款,切实核减,方准奏请加额,不得任听笼统开报,致滋流弊。"④这里显然加强了对捐款

---

① 黄爵滋:《敬陈六事疏》,《黄爵滋奏疏许乃济奏疏合刊》,中华书局,1959,第47页。
② 光绪《大清会典事例》卷370,《礼部·学校·永广学额通例》。
③ 光绪《大清会典事例》卷370,《礼部·学校·永广学额通例》。
④ 光绪《大清会典事例》卷370,《礼部·学校·永广学额通例》。

的管理，不允许有笼统开报的情况，换句话说，户部未核准捐银数，礼部即不批永广名额。至于官员捐款，则增加其原籍学校的入学名额。

咸丰、同治两朝永广学额的具体情况，我们根据光绪《大清会典事例》卷370至卷381，各省《永广学额》的记载，整理归纳如下。

奉天：承德县学7名，吉林府学、海城县学各4名，长春府学3名，盖平、开原、锦县等学各2名，辽阳、铁岭、宁远、广宁、义州等学各1名。

直隶：天津县学13名，天津府学5名，邯郸、定州等学各3名，临榆、藁城、赤峰、南宫、枣强等学各2名，大兴、平乡、广宗、任县、曲周、成安等学各1名。

江苏：上海县学14名，苏州府、松江府、泰州、通州、常熟、六和、长洲、吴县、南汇、武进、丹徒、丹阳、江都、东台、崇明、如皋等学各10名，阳湖、金坛、泰兴等学各9名，镇江府、高邮、六合、昭文、甘泉等学各8名，吴江、盐城、宝应、仪征等学各7名，太仓、海州、金匮等学各6名，上元、江宁、金山、无锡、兴化等学各5名，昆山、新阳、娄县、山阳、嘉定、海门厅等学各4名，江阳、清河等学各3名，青浦、宜兴、靖江、溧阳、铜山、宝山、镇洋等学各2名，华亭、奉贤、宿迁、沭阳等学各1名。

安徽：休宁、合肥二县学各13名，歙县、黟县、庐江、凤阳、祁门等学各12名，太湖县学11名，徽州府、桐城、潜山、婺源、泾县、无为、寿州、阜阳、六安、霍山、盱眙等学各10名，怀宁县学9名，绩溪县学8名，宿松县学7名，怀远县学6名，南陵、舒城、英山等学各5名，青阳、定远、太和、泗州、望江、天长等学各4名，宣城、巢县、颍上、铜陵、霍邱等学各3名，石埭、建德、临淮乡、亳州、滁州、全椒、和州、含山、五河等学各2名，凤台、来安、广德等学各1名。

浙江：永嘉县学12名，诸暨县学11名，杭州府、嘉兴府、宁波府、绍兴府、仁和、钱塘、海宁、秀水、平湖、乌程、归安、鄞县、慈溪、镇海、山阴、会稽、萧山、余姚、上虞等学各10名，嘉兴、太平二县学各9名，湖州府学8名，嘉善、德清、平阳等学各7名，东阳、临海二县学各6名，海盐、桐乡、永康、西安、乐清、瑞安、天台等学各5名，石门、长兴、定海厅、嵊县、义乌、浦江、江山、黄岩、龙泉等学各4名，台州府、宁海、仙居、缙云、青田、遂昌等学各3名，余杭、象山二县学各2名，兰溪、常山、开化、富阳、淳安、遂安、桐庐、泰顺、丽水等学各1名。

江西：南昌府学15名，南昌县、新建县学各13名，万载县学12名（土籍10名，客籍2名），瑞州府、临江府、吉安府、九江府、南安府、丰城、进贤、奉新、义宁、高安、上高、新昌、宜春、萍乡、清江、新淦、新喻、峡江、庐陵、吉水、永丰、万安、泰和、安福、崇仁、乐安、宜黄、南城、广昌、贵溪、鄱阳、弋阳、余干、乐平、浮梁、安仁、德兴、万年、都昌、建昌、安义、德化、湖口、彭泽、大庾、南康、赣县、雩都、信丰、兴国、龙南、长宁、宁都、石城等学各10名，抚州府、永新、金溪、德安等学各9名，武宁、龙泉、瑞昌、上犹、崇义、会昌等学各8名，定南厅、清安、临川、星子等学各7名，莲花厅、分宜、上饶、瑞金等学各6名，广信、饶州、南康三府及新城县学各5名，建昌府学、永宁县学各4名，赣州府学、广丰县学各3名，南丰、玉山、铅山等县学各2名，安远县学1名。

福建：上杭县学13名，建安县学12名，瓯宁县学11名，福州府、闽县、侯官、长乐、福清、古田、晋江、同安、龙溪、南平、永安、武平、德化等学各10名，宁德县学9名，闽清、永福二县学各8名，莆田、仙游、永春等学各7名，沙县学6名，连江、尤溪、崇安、宁化等学各5名，建阳、浦城、松溪、政和、光泽、建宁、长汀、福鼎、福安、漳平等学各4名，屏南、南安、海澄、邵武、归化、连城、寿宁等学各3名，惠安、安溪、霞浦、将乐、龙岩等学各2名，罗源、诏安、顺昌、清流、大田、宁洋等学各1名。

台湾：台湾府学11名（闽籍9名，粤籍2名），彰化县学3名，淡水、台湾、凤山、嘉义四厅学各2名，噶玛兰厅学1名。

河南：开封府学、祥符县学各12名，固始县学10名，河内、温县、邓州、淮宁、光山等学各8名，修武、汝阳、光州、商城等学各6名，尉氏、怀庆、太康、许州、息县等学各5名，鄢陵、商丘、武陟、登封、内乡、汝州、郏县等学各4名，中牟、滑县、孟县、宜阳、新安、叶县、新蔡、沈丘、扶沟、襄城等学各3名，杞县、郑州、汜水、禹州、密县、睢州、阳武、洛阳、巩县、正阳、信阳、罗山、西华、高水、项城、宝丰等学各2名，通许、兰仪、宁陵、鹿邑、汲县、新乡、辉县、延津、封丘、济源、偃师、永宁、嵩县、南阳、桐柏、舞阳、上蔡、遂平、郾城、鲁山、陕州、卢氏等学各1名。

山东：章邱县学10名，潍县学9名，济宁州学8名，长清、清平二县学各7名，沂水、博山、昌邑、黄县等学各6名，淄川、武城二县学各5名，历城、临邑二县学各4名，齐河、平阴、聊城、夏津、临朐等学各3名，长山、新城、东平、单县、恩县、胶州等学各2名，德州、菏泽、曹县、临清、益都、临淄、寿光、安丘、诸城、掖县、高密、福山、宁海等学各1名。

山西：榆次、太谷、介休、祁县等学各10名，徐沟、太平、平遥、绛州等学各4名，稷山、忻州等学各3名，阳曲、汾阳、孝义、凤台、河津等学各2名，清源乡、曲沃、翼城、永济、猗氏、临晋、虞乡、荣河、寿阳、崞县、解州、闻喜等学各1名。

湖北：沔阳、罗田、随州、江陵等学各13名，江夏、兴国、汉川、黄陂、黄冈、蕲水、麻城、黄安、天门、枣阳、应城等学各12名，武昌、孝感、蕲州等学各11名，咸宁、崇阳、通城、大冶、汉阳、东湖等学各10名，蒲圻、黄梅、应山、荆门等学各9名，通山、广济、钟祥、安陆、监利等学各8名，京山、襄阳、南漳等学各7名，松滋县学5名，潜江、嘉鱼、宜城、光化、恩施、当阳等学各4名，云梦、谷城、均州等学各3名，枝江、长阳、利川等学各2名，公安、石首、宜都、郧县、房县、保康、长乐、远安等学各1名。

湖南：长沙府学、湘乡、平江、新宁县学各13名，长沙、善化县学各12名，岳州府、衡州府、益阳、攸县、湘潭、湘阴、宁乡、浏阳、醴陵、安化、衡阳、清泉、耒阳、衡山、祁阳、宁远、邵阳、新化、龙阳、澧州、安福等学各10名，武冈州学9名，武陵、桃源二县各8名，宝庆府学、巴陵县学各7名，道州学6名，茶陵、溆浦、零陵、桂阳等学各5名，江华、黔阳、保靖、桂东、慈利等学各4名，临乡、安仁、沅陵、辰溪、芷江、凤凰厅、郴州、永兴、宜章、兴宁、石门等学各3名，常宁、酃县（今炎陵县）、永明、永顺、会同等学各2名，麻阳、龙山、靖州、永定等学各1名。

陕西：泾阳、渭南、三原、朝邑、韩城等县学各10名，大荔、郃阳二县学各9名，蒲城县学6名，咸宁县学4名，临潼、岐山、凤翔、三水等县学各3名，富平、华州、澄城等学各2名，长安、咸阳、鄠县、盩厔、华阴、宝鸡、雒南等学各1名。

甘肃：皋兰县学5名，泰州、靖远县学各1名。

四川：夔州府、成都、华阳、简州、崇庆、巴县、南充、广安、宜宾、富顺、乐山、治县、遂宁、中江、眉州、邛州、泸州、内江、绵州等学各10名，犍为、仁寿、德阳等县学各9名，江津、岳池、奉节、万县、蓬溪、安岳、达县、大竹、资州、资阳、绵竹、酉阳等学各8名，合州、汉州、梁山等学各7名，温江、灌县、彭县、长寿、江北厅、洪雅、荣县、大邑、合江等学各6名，什邡、铜梁、邻水、隆昌、渠县等学各5名，新都、大足、永川、定远、南部、南溪、开县、威远、射洪、蒲江、江安、垫江等学各4名，郫县、金堂、新津、双流、荣昌、涪州、阆中、营山、蓬州、仪陇、彰明、名山、峨眉、乐至、新宁、安县、罗江等学各3名，广元、巴州、西充、江油、雅安、夹江、盐亭、东乡、忠州、彭山、叙永厅等学各2名，崇宁、新繁、南川、苍溪、通江、高县、兴文、丹棱、井研、梓潼、酆都等学各1名。

广东：南海、兴宁二县学各14名，新会县学13名，归善、茂名二县学各12名，顺德县、化州二学各11名，番禺、东莞、香山、南雄、河源、永安、连平、嘉应等学各10名，龙川、高要、电白、文昌等学各9名，海阳县学8名，三水、翁源、长乐等学各7名，增城、英德、澄海、新兴、阳江厅、合浦等学各6名，广州府、新宁、始兴、博罗、吴川、灵山、琼山等学各5名，清远、花县、长宁、潮阳、开平、鹤山、石城、平远、东安等学各4名，从化、和平、大埔、丰顺、恩平、阳春、广宁、罗定、西宁等学各3名，新安、曲江、陆丰、潮州府、饶平、四会、高明、德庆、封川、信宜、钦州、会同、连州、阳山、镇平、连山厅等学各2名，龙门、海丰、揭阳、普宁、海康、遂宁、徐闻、崖州、澄迈、安定、乐会等学各1名。

广西：临桂县学12名，全州学10名，郁林州学7名，怀集、博白县学各6名，藤县、平南、宜山、北流、陆川、容县等学各4名，桂林府、灌阳、贵县、天保、河池、思恩、宾州等学各3名，灵川、恭城、桂平、东兰、兴业、融县等学各2名，兴安、阳朔、平乐、贺县、昭平、苍梧、横州、归顺、马平、柳城、天河等学各1名。

云南：昆明县学3名。

贵州：安化县学1名。

商籍：浙江商籍、山西商籍各10名，直隶灶籍1名。

以上只是简单排列了得到永广学额的各省儒学及广额数字。这些永广学额的绝大多数是以捐输军饷而获得的。但得到永广学额的途径绝不只此一项，对此，文献中有详细的记载。归纳起来，获永广学额的途径有以下几种情况。

捐输军饷。这是按清政府规定，各地方在不同时期捐输不同银两（或1万两，或2万两）获得永广学额的主要途径。这项占的比例很大，包括地方绅民、商贩捐输，以及朝廷官员为家乡捐输。

捐输团练。这是仅次于捐输军饷而获得永广学额的重要途径。如咸丰十一年八月，"以陕西捐输团练，永广乡试中额五名，韩城县学额六名，合阳县四名，临潼、凤翔、大荔、蒲城四县各三名，咸宁、渭南、三原、澄城、华、三水六州县各二名，长安、富平、鄠、岐山、宝鸡、华阴六县各一名"①。

守城出力、力保危城、克复城池。这类情况也较多，属于协助清政府作战，是唯一一种未出资而获永广学额的途径。如咸丰四年三月，"以江苏六合县绅民守城出力，永广学额二名"②。同治四年六月，"以广东三水县绅民力保危城，永广学额二名"③。"以浙江缙云县绅民随同克复城池，永广学额三名"④。

捐修城工。如同治五年十一月，"以河南内乡县捐修城工，永广学额三名"⑤。

捐建文庙。如同治五年十一月，"以浙江永康县文生应参申捐建文庙，

---

① 《清穆宗实录》卷2，咸丰十一年八月己未。
② 《清文宗实录》卷123，咸丰四年三月丁未。
③ 《清穆宗实录》卷145，同治四年六月戊申。
④ 《清穆宗实录》卷145，同治四年六月辛亥。
⑤ 《清穆宗实录》卷190，同治五年十一月庚辰。

永广学额一名"①。

捐输船炮。如同治三年六月,"以江南军营总兵官詹启纶捐输船炮,永广湖北黄安(今红安)县学额一名"②。

捐津贴。此捐项在光绪《大清会典事例》的《永广学额》内称作"按粮津贴军饷"。这种情况以四川最突出。如同治四年六月,"以四川续捐津贴,永广眉、仁寿、洪雅三州县学额各二名,简、崇庆、绵竹、南充、广安、三台、中江、蓬溪、名山、宜宾、富顺、邛、大邑、泸、合江十五州县各一名"③。

此外,尚有捐输欠饷、捐输积饷、呈缴盐平银两、捐输义谷、捐垫勇粮、垫办军需、犒师助剿等名目,合计有十四五种。

各府、州、县学的永广学额多是经过几次相同或不同途径获得的。如安徽凤阳县学的永广学额为12名,其中,咸丰十年以克城池永广学额3名,同治三年以捐输军饷永广学额1名,同治八年以捐输军饷永广学额8名④。

同治十年,礼部等议奏并获准:"嗣后外省捐输,止准请加一次文武学额,概不准请加永远学额。"⑤至此,自咸丰三年开始的永广学额不再增加。

下面把永广学额的情况作一分析,先看下表。

咸丰、同治时期永广学额统计表 *

省区	涉及学校(所)	永广数额(名)	获得永广学额的途径及数额(名)
奉天	12	29	捐输军饷29(16,8,5)(前括号内的三个数字,分别为咸丰三年至七年,咸丰八年至同治七年,同治八年以后三个不同时期数字。下同)
直隶	15	40	捐输军饷15(0,15,0);捐资团练10;捐修城工14;垫办军需1
江苏	56	360	捐输军饷357(39,276,42);力保危城2;垫办军需1
安徽	49	312	捐输军饷213(0,196,17);捐资团练22;守城出力42;情况不明35
浙江	62	374	捐输军饷307(85,121,101);克复城池38;助剿28;捐建文庙1
江西	88	770	捐输军饷690(40,606,44);捐办团练63,守城出力11,情况不明6

---

① 《清穆宗实录》卷190,同治五年十一月丙子。
② 《清穆宗实录》卷114,同治三年九月庚子。
③ 《清穆宗实录》卷144,同治四年六月癸卯。
④ 参见光绪《大清会典事例》卷372,《礼部·学校·安徽永广学额》。
⑤ 光绪《大清会典事例》卷370,《礼部·学校·安徽永广学额》。

续表

省区	涉及学校（所）	永广数额（名）	获得永广学额的途径及数额（名）
福建	55	315	捐输军饷280（11，0，269）；捐办团练3；力保危城6；情况不明26
台湾	7	23	捐输军饷23（0，23，0）
河南	72	235	捐输军饷197（36，120，41）；捐输团练3；捐修城工12；捐垫勇粮3；守城出力16；情况不明4
山东	37	123	捐输军饷57（0，57，0）；捐输团练63；捐修城工3
山西	27	84	捐输军饷84（36，48，0）
湖北	57	426	捐输军饷258（2，255，1）；捐输团练164；守城出力2；助剿2
湖南	62	418	捐输军饷402（96，291，15）；捐输团练9；守城出力7
陕西	23	103	捐输军饷100（21，78，1）捐修城工1；情况不明2
甘肃	3	7	捐输军饷7（1，6，0）
四川	102	545	捐输军饷160（0，157，3）；捐输欠饷18；按粮津贴军饷367
广东	81	409	捐输军饷327（90，235，2）；捐输船炮6；助剿守城28；捐资募勇41；捐欠勇粮1；情况不明6
广西	35	109	捐输军饷42（0，42，0）；捐输团练62；守城出力5
云南	1	3	捐垫款3
贵州	1	1	捐输军饷1（1，0，0）
商籍		21	捐输军饷21（18，3，0）
总计	845	4707	捐输军饷3570（492，2537，541）；捐输团练399；捐修城工、文庙31；守城、克城、助剿187；垫办军需、欠饷、捐欠勇粮、捐输船炮等441；情况不明79

* 此表据光绪《大清会典事例》卷370至卷381，各省《永广学额》而作。

根据上表，咸丰、同治时期的永广学额，涉及20个省区，包括了所有直省；涉及府、厅、州、县学共845处，如果按光绪时统计的全国1506个府、州、县学计算（差距已很小），涉及的学校占全国地方儒学的56.1%。涉及学校最多的是四川，其次是江西、广东、河南、浙江、湖南、湖北、江苏、福建、安徽（以上为前10位）。永广学额的数字，共计为4707名。以省为单位，永广学额最多者为江西，其次为四川、湖北、湖

405

南、广东、浙江、江苏、福建、安徽、河南（以上为前10位）。以地方儒学为单位，永广学额最多的是江西南昌府学，15名；其次是江苏上海县学、广东南海县学、兴宁县学，各14名；直隶天津县学、安徽合肥县学、休宁县学、江西南昌县学、新建县学、福建上杭县学、湖北沔州学、随州学、江陵县学、罗田县学、湖南长沙府学、湘乡县学、平江县学、新宁县学、广东新会县学，各13名。

在4707个永广学额中，捐输军饷者占3570名，在捐款额不同的三个时间段内的数字分别为492、2537、541；捐输团练者占399名；捐修城工、文庙者占31名；垫办军需、欠饷、捐办勇粮、捐输船炮等项占441名；守城、克城、助剿等项占187名；由于光绪《大清会典事例》总的统计数字与分别阐述的情况有一些出入，因此有些广额的情况不明，这类情况共占79名。如果把所有捐项合并，共计4441名，占总数的94.35%。尚有情况不明者中肯定还有捐输者，因此可以说，以各种形式出资获取学额者占永广学额总数的95%以上。而直接捐输军饷者占75.84%。

下面再来看一下各地在获得永广学额过程中向政府捐银的数额。

按咸丰三年的规定，捐银二千两可获准广学额一名，但只是一次性的，至于"永远名额"需要多少尚未明确，至少要远远高于二千两。咸丰八年明确规定捐银一万两加永远学额一名，同治七年改为二万两加永远学额一名。我们姑且将统计的咸丰三年至七年、咸丰八年至同治六年、同治七年以后三个时间以捐输军饷获永广学额的数字分别按二千两、一万两、二万两计算，那么，捐输银两数字分别为98.4万两、2537万两、1082万两，三项合计为3717.4万两。也就是说，明确属于捐输军饷的永广学额，其捐银总数至少在3717.4万两。如果再将其他所有捐项亦按捐银折算，以平均一万两永广学额一名计，那么这些捐项的永广学额为871名，合银871万两。连同前项共计4588.4万两。

应该说，清政府利用增广学额而获取的银两还不止这些，有一些情况因难以统计尚未计算在内。一是尚有79名永广学额情况不明，其中大部分应是因捐输而获准者。二是因为没有明确数字，第一阶段捐款额仅按二千两计算，而实际数额肯定要远远超过二千两。三是在批准永远学额的同时，由于捐银数及永广名额的限制，清政府还批准了许多一次性广额。

如吴林《宜兴永广文武学额记》载："宜兴、荆溪自军兴以来，捐饷何啻数万，散捐者或不问，独捐者或请奖。自咸丰八年至同治十一年，两邑学额因捐饷广一次者，前后统计文武各十五名。"[①]另外，同治十年又规定，以后捐输"止准请加一次文武学额，概不准请加永远学额"。而这些一次性广额的捐银数是很难统计的。因此，即使保守一些的估计，咸丰、同治时期因增广学额而向民间征得的捐银总数（包括部分实物折银数）也应超过5000万两。

在4707名永广学额中，除79名情况不明外，我们根据光绪《大清会典事例》的记载，对其余4628名的逐年广额情况作了统计，即咸丰三年永广学额43名，四年59名，五年62名，六年103名，七年423名，八年262名，九年230名，十年356名，十一年256名，同治元年230名，二年69名，三年510名，四年172名，五年575名，六年538名，七年281名，八年51名，九年381名，十年27名。

四　两次广额之比较

清代文献对乾隆时期及咸、同时期增广学额的记载都很多，而且从记载中可以看到两次广额的规模都很大，广额的数字都很惊人，似乎这两次广额都带来了学校的大发展。其实不然，透过表面的相同，我们可以看到背后有着众多的不同。下面，从几个方面对这两次广额作一对比。

（1）广额的数量。两次广额的数量都很大，这是两次广额唯一相同之处。那么，这两次广额究竟使多少人得以入学而获得生员身份呢。乾隆时期的广额均为一次性广额，前面统计的广额数字，也就是在定制外增加的生员名额。这个数字大约在3万。而咸、同时期的广额是永广学额，只要定下这个名额，它就可以在日后每次童生试时使用。也就是说，永广学额的数字是4707，而它在咸丰、同治时期的24年间实际增加的生员要远远大于这一数字。以咸丰三年首次批准的43名永广学额为例，根据府、州、县

---

① 光绪《宜兴荆溪县新志》卷4，《文教·学额》。

407

学三年两次童生试的规定，如果到同治十三年，共有21年，即有14次童生试，那么这43个永广名额至同治末即可额外取进生员602名。当然，这只是理论上推断的数字，不可能很准确。但根据这一方法，可以大致推算出咸、同时期实际广额的数字，大约在33800名。这个推算数字肯定与实际广额数字有一定的差距，但总可以让我们在总体上有个大致的估计。因此，保守一些讲，咸、同时期全国额外加取的生员也应在3万名左右，基本与乾隆时期相同，或略超过乾隆时期。对此，同治四年湖南巡抚恽世临的奏折可提供参考："湖南自雍正元年分闱乡试，额设房官九员，近年……应试士子较前多至千余卷，房官分卷有加，而期限犹昔，去取未能详审，恳添设房官二员，得以尽心阅看。"① 至同治四年，仅湖南省应试士子已比以前多至千余名，而应乡试者，并非所有生员。从这里也可看出，咸、同时期全国增加的生员数字还是很大的。还有一个值得注意的现象，即同治以后各省乡试负责阅卷的同考官多有增加。湖南巡抚恽世临奏请增加同考官2员得到了批准，同年，四川又添设乡试同考官2员。此后，陆续有添设者。同治五年，广东添设2员；八年，江西添设2员；九年，湖北添设2员；山东添设2员；十一年，河南添设2员。② 江西和四川是我们在前面统计的永广学额最多的两个省份，而其他省份也是广额较多的。同考官的增加集中发生在同治年间，不能不说与永广学额的数量多有关。

（2）广额的背景。从前面对两次大规模广额的具体情况介绍中已可看出，这是在完全不同的社会背景下出现的两次增广学额。

第一次大规模广额是在康乾盛世的高峰，即清朝鼎盛时期推行的。这一时期出现了清朝历史上前所未有的兴旺局面，政权巩固，国家统一，经济繁荣，文化昌盛。史载："高宗登极，所布诏令、善政络绎，海宇睹闻，莫不蹈舞。"③ "纯皇帝即位时，承宪皇严肃之后，皆以宽大为政。罢开垦、停捐纳、重农桑、汰僧尼之诏累下，万民欢悦，颂声如雷。"④ 当时，江南还有民谣："乾隆宝，增寿考；乾隆钱，万万年。"⑤ 类似记载不胜枚举。这

---

① 《清穆宗实录》卷129，同治四年二月癸酉。
② 光绪《大清会典事例》卷334，《礼部·贡举·乡会同考官》。
③ 陈康祺：《郎潜纪闻二笔》卷2。
④ 昭梿：《啸亭杂录》卷1，《纯皇初政》。
⑤ 昭梿：《啸亭杂录》卷1，《纯皇初政》。

些评论并非都是颂谀之辞,它毕竟从一个侧面反映了清朝的鼎盛局面。这一时期社会经济的发展是显而易见的。据统计,顺治九年,国家岁收入只有2428万两,康熙二十四年增加到3123万余两,雍正三年达到3585万两,而乾隆十八年迅速增加到4069万两,乾隆三十一年达到4854万两,相当于顺治时的两倍。此外,国库盈余也逐年增多。乾隆二十年以前,国库存银通常在三四千万两之间,以后直线上升,至乾隆三十一年,已达6000万两,乾隆三十三年竟超过7000万两,①几乎相当于当时全国一年半的总收入。正是在这种情况下,才会有"善政"的络绎颁布,而增广学额显然也是所布善政之一。同时,社会的稳定,经济的繁荣,必然带来文教、科技事业的迅速发展。由于以乾隆帝为首的清统治者重视学校教育、科举考试,而增广学额正是这一方针的表现形式之一,因此,学校教育事业的兴旺发达,与这一时期文化、科技事业的突出成就,如《四库全书》的编纂、乾嘉学派的形成、《儒林外史》及《红楼梦》的问世、《乾隆内府舆图》的绘制、《授时通考》的颁行等,都为盛世增添了无限光彩,并作为盛世的产物而永载史册。

　　第二次大规模广额是在社会剧烈动荡、内政外交焦头烂额的情况下推行的。由于受到西方列强的侵略,以及太平天国为主的人民大起义的重创,咸、同时期已处于乱世,尽管清统治者极力想改变这一局面,有识之士也高呼"我劝天公重抖擞",无奈清政府的腐败已不可能从根本上改变这一状况。更加糟糕的是,这一时期的政府财政也一度陷入极度混乱,而为了应付外国入侵,镇压农民起义,政府每年都要有巨额支出。要走出困境,渡过危机,清政府首先要解决的就是经费问题。据学者统计,自咸丰元年起的20余年间,清政府镇压农民起义及击退外族乘乱入侵的费用,至少合银8亿两。②再加上日常的财政支出,清政府的岁出数额的确很大。为了保证军费供应,清政府只有谋求向民间索取筹措了。于是,清政府在从田赋、漕粮、盐课、榷关等方面打主意的同时,大力推行"借资民力"的政策。咸丰三年出现的"厘金"就是这一政策的产物,它是专为筹措镇压太平天国军费而收取的一种额外商业税。"劝借"也算是一种高

---

① 法式善:《陶庐杂录》卷1。
② 参见《清代全史》第8卷,辽宁人民出版社,1993,第150页。

明的手段，即向殷富之家"暂时挪借，以助国用"。为了达到"借资民力"的目的，最为便利的还属捐纳与捐输。咸丰三年，清政府又颁布《推广捐例章程》，将原来本为烦琐，但为了显示郑重的捐纳手续大为化简，由户部预先把大批空白文武职衔及贡监"部照"，即户部执照，发至各省，明码标价，以便随时填发。这样，"无论虚衔、空缺，分发荣封，皆可顷刻而待"①。捐输也正是在此时得以与捐纳同时推行。其实质与卖官鬻爵无异。因此，清代的第二次大规模广额完全是乱世的种种表现之一。表面繁荣的学校教育，根本无法掩盖清政权日益衰败的现实。

（3）广额的目的。从广额的背景中已可看出，这两次大规模广额的目的是完全不同的。乾隆时的增广学额，其目的主要是为了发展教育，这一点是非常清楚的。在乾隆朝所有关于增广学额的恩诏、谕旨中都表示，这是朝廷"嘉惠士林""嘉惠黎元""嘉惠胶庠"之举，乃朝廷之"渥恩"。围绕发展教育，乾隆帝具体阐述了两点。一是培养人才。每次增广学额，乾隆帝都强调这一点，"乐育人才""育才作人""育才造士""培植士林""鼓励人才""乐育甄陶"不断出现在恩诏、谕旨中。这绝不是乾隆帝打出的招牌，因为只有通过发展教育，培养对清政府有用的人才，才能达到巩固统治的目的。二是要贯彻"崇儒重道"的基本国策。"崇儒重道"是清前期文化政策的核心，但它必须以发展教育为基础，这一点乾隆帝是非常清楚的。如乾隆十三年增广山东学额的谕旨称，"国家崇儒重道，尊礼先师"，而山东诸生"素传礼教"，对山东学额的增广，正是通过"加恩黉序，广励人才"，"以广圣泽，以光文治"②。乾隆六十年增广全国学额，正是在乾隆帝临雍讲学，亲行祭先师孔子礼成之后颁布的谕旨，而且再次强调，以此"示重道崇儒、寿世作人至意"③。这正是乾隆帝重视教育的具体体现。另外，乾隆朝的广额，除三次为全国性广额外，其余均针对江浙、山东、奉天和直隶，这也是有原因的。江浙乃文化发达地区，"应试之人日多，而入学则有定额，甚有皓首而困于童子试者，其无遗珠之惜耶"④。因此，六次单独增广江浙学额，正是为了适应该地区教育发展形势

---

① 柯悟迟：《漏网喁鱼集》，第23页。
② 《清高宗实录》卷309，乾隆十三年二月庚辰。
③ 《清高宗实录》卷1470，乾隆六十年二月丁巳。
④ 《清高宗实录》卷532，乾隆二十二年二月庚午。

的需要。而山东为孔子的家乡，奉天为清朝的发祥地，直隶乃首善之区，发展这些地区的教育同样是当务之急。

咸、同时期广额的目的也是非常明确的，那就是为镇压农民起义而筹措军费。一句话，为的是向百姓要钱。只要有钱，即所谓捐输军饷，不管什么地方，也不论是文化发达地区，还是文化落后地区，一律广额。咸丰元年冬，清廷召集王公大臣与户部等筹议解决饷需办法，户部议奏，令王公及一品以下内外文武官员"量力捐输"。其后，户部又以"粤西军需孔亟"，奏请各省"劝谕"绅商士民"捐助军饷"，建议按捐款多少，"破格施恩，议论职衔"①。三年二月，清政府终于颁布了第一道关于捐输广额的谕旨，令一州县捐银二千两可广学额一名。其后，咸丰八年、同治七年又分别将捐额提高到一万两、二万两。在有关上述三个捐输广额的谕旨中，只是谈"不能不借资民力，以济军储"，而只字不提发展教育事。而且每当军费紧张，清政府便加紧"劝捐"。如咸丰九年，"江西军饷不继"，清政府不仅"劝谕该省在川商民捐输报效"，而且"在川设局劝捐"，结果"共收银二十三万五千九百两有奇"②。所谓地方政府"劝捐"，无非讲得动听一些，实际上是强行勒派。所谓百姓"捐输"也绝非自愿。在《清文宗实录》《清穆宗实录》中多次出现在同一天内，皇帝一边颁发谕旨，强调军费紧张，一边以各地捐输准予广额的情况。如咸丰十年五月戊午这一日，清廷惊呼"江北饷需益绌"，且"刻下运库已空，所有应发各项饷银无从筹给"。同时，以捐输军饷，永广江苏4学校学额16名，江西一县学额9名，四川16州县学额18名。③同治元年闰八月己丑，清廷公开声明"现在临淮一带剿捻，军情正值吃紧，兵勇尤难枵腹荷戈，亟应速筹接济"，同日即以捐输军饷永广广西17州县学额40名。④这种做法显然有示范作用，目的当然是为了向百姓"劝捐"。此外，咸丰八年规定各地方儒学永广学额"均以十名为限"，"所加定额已至十名者，续有捐输，不准再加定额"。实际上超过10名的学校有54个。而且所超名额多是在明文规定之后。如上海县学永

---

① 中国第一历史档案馆藏《军机处录副奏折》，咸丰三年正月二十六日户部尚书祁寯藻奏。
② 中国第一历史档案馆藏《军机处录副奏折》，咸丰九年元月初二日四川总督王庆云奏。
③ 《清文宗实录》卷320，咸丰十年五月戊午。
④ 《清穆宗实录》卷39，同治元年闰八月己丑。

广学额14名,其中咸丰八年10名,同治四年又广4名。①南昌府学永广学额15名,其中咸丰四年5名,十一年5名,同治三年又广5名。②其实道理很简单,对于地方而言,如果不能再加定额,也就没必要续捐;而对清政府来说,规定可以破例,但捐输的银两却是多多益善。

(4)广额的操作程序。对于地方儒学而言,广额是一项非常严肃的工作,应该有个严格的操作程序。但清代两次大规模广额的操作程序却有着很大差异。乾隆朝的增广学额,是由皇帝颁发恩诏或谕旨,将广额的对象、数额及要求明确告知各省学政,由学政具体组织实施。由于地方州县的调整带来学校的分或并,以及恩诏、谕旨到省时间与具体各学校取进生员时间上的矛盾,都使得各省在操作程序上不可能一刀切。因此,在具体实施过程中如果遇到问题,一定要及时上报礼部,由礼部议论后再报皇帝批准。如乾隆十三年,增广山东各学学额,当时"灵山卫附并胶州,鳌山卫附并即墨县",由于地方建置的调整,灵山、鳌山二卫学已不复存在,但考生的数额未减,因此,山东省奏请"仍照前例,胶州、即墨县之童生,照大学例各增广三名。灵山、鳌山之卫籍童生照小学例各增广一名"③。这是一种特殊情况,礼部接山东奏报后同意,并经乾隆帝批准备案。乾隆二十七年,增广江浙学额。而浙江的"宁波等六府,未奉文之前,先已考竣"。这是因为各地方儒学的童生试要经县试、府试、提学试三个阶段。所谓提学试即各省学政的案临考试,并由此决定是否录取。按清制,学政是轮流到各府去主持考试的,因此出现谕旨到省时部分府的学校取录生员工作已经结束。浙江便是这种情况,于是奏请先将未考五府的学校按谕旨精神广额,已考完的六府学校,"留俟下届岁考补行增取"④。同样得到了批准。可见,乾隆朝的广额,从上到下都严格按制度办理,并且是由教育行政管理部门直接操作运行的。因此,我们说,乾隆朝的广额是一项由皇帝决策,明确具体任务、对象,交地方学政组织实施,并使各州县学的教官、考生都很清楚的发展教育事业的具体措施。咸、同时期的永广学额则大不相同,它采取的是一种"拍卖"式的操作程序。政府只是明

---

① 见光绪《大清会典事例》卷371,《礼部·学校·江苏永广学额》。
② 见光绪《大清会典事例》卷373,《礼部·学校·江西永广学额》。
③ 《钦定学政全书》卷86,《增广学额》。
④ 《钦定学政全书》卷86,《增广学额》。

码标价，一万两或二万两可永广学额一名，至于何时何地何人捐输，全不过问，一切由地方自己操办，总之是见银广额，多多益善。哪个州县想广额，哪个州县的绅民就要按标价捐足银两。至于哪个省需要广额，应增广多少，根本无须考虑，而且"拍卖"的最终结果会是怎样，政府和地方学校都是心中无数。总之，这次永广学额，既无明确对象，更无具体数额，而且没有纳入教育行政管理部门的职责范围。很清楚，广额是诱饵，获取军费所需之银两才是最终的目的。另外，在广额过程中，其操作程序也很混乱。一些省份各行其是，如福建，一直是在百姓捐输后，"由该督抚核明捐数，造册咨送学政，先行取进"，然后再"奏明在案"。这样一来，由于"相承日久，错误必多，其中捐数是否相符，加额是否合例"，上下都是一笔糊涂账。因此，至同治二年，礼部奏准，要求"将捐数及加广额数专折奏明，俟部议核准后，行知该省，再行取进"①。

（5）广额的效果。由于两次大规模广额的背景、目的、操作程序都有着很大差别，因而必然导致其效果的明显不同。乾隆朝的增广学额是清政府有关学校教育总体规划的组成部分，适应了当时学校教育的实际情况，因而取得了较好的效果，不仅使更多的人有了竞争入仕的机会，而且起到了鼓励士林的作用，最终对培养人才是有益的。文献中记载的"高宗登极，所布诏令、善政络绎，海内睹闻，莫不蹈舞"，还是反映了一些情况。在经过了五次广额之后，乾隆二十二年，乾隆帝南巡时，看到的是"济济青衿，来迎道左"，听到的是"比户书声"②。这的确反映了乾隆时期教育事业的普及和发展。特别是在边疆省份，也出现了"礼教渐兴"的现象，许多"夷人子弟读书习礼"③。

咸、同时期的永广学额完全脱离教育事业的发展轨道，不顾及学校教育的实际情况，不仅造成了混乱，搞乱了人心，而且对培养人才毫无益处可言。对此，在广额过程中就有人指出，并希望加以纠正。如同治七年，湖北学政张之洞奏称："近来各省开报捐数，动多浮冒，以致各州县广额过多。其中根柢浅薄、文艺粗疏者，滥竽充数。"同治帝的批谕亦称，"军

---

① 光绪《大清会典事例》卷373，《礼部·学校·福建永广学额》。
② 《清高宗实录》卷532，乾隆二十二年二月庚午。
③ 道光《广南府志》卷1，《图说》。

兴以来，各省捐输团练经费，均准加广学额，原于鼓励人心之中，寓嘉惠士林之意"，而张之洞所奏之情况"殊非朝廷培植人才之意"，因此令礼部"将原定捐输广额章程，量为变通"。后礼部议定："现在各府、厅、州、县除原额及永远定额照数取进外，所加一次广额，拟请比照恩诏加额之例，大学七名、中学五名、小学三名，以示限制。所有余额，分届递广。其实在人数不敷及文少通顺者，仍责成学臣任缺无滥。"①尽管有此补充规定，实际上滥竽充数的现象已无法避免。同治十年，两广总督瑞麟以"绅民剿匪守城出力"，请加广东学额，连同治帝都认为"该省学额历次加广甚多，若再陆续奏请，未免太滥"②。这种不考虑学校教育实际情况的永广学额，还带来了另一个负面影响，那就是文风日渐衰落，士子只想追求名声、地位。按清政府的规定，经地方儒学取录的生员可以享受一定的待遇，免自身徭役。嘉、道以后，所谓入学肄业者，已多是有名无实，士子获取生员身份后就等待参加科举考试。至同治末年，全国增加了数万个生员，这些人大多为了混个名声，实际是拿银两换取生员的身份和地位。这些人越多，问题也就越多。其中很多人不按规定参加录科考试，成为同治末年士风败坏的突出表现之一。为此，同治十一年，湖南学政廖寿恒特上"整饬录科事宜"一折，指出："湖南近来风气，凡捐纳保举至州县以上者，往往领卷出场，誊真后始行送进，并有生员、贡监，不由学官、地方官申送，自行投卷考录者。"同治帝也承认："此等情弊，恐不独湖南一省为然。"并要求各省学政认真"整饬士习"。③原已混乱的学校教育，在永广学额之后更是弊端丛生了。

通过以上几个方面的对比，可以看出，清代这两次大规模的增广学额，是在完全不同的社会背景下进行的，因而其目的性、操作程序、实际效果也就大相径庭。前者成为盛世的标志，后者则是清王朝衰落腐败的又一见证。

（原刊于《清史论丛》1999年号）

---

① 《清穆宗实录》卷239，同治七年七月壬寅。
② 《清穆宗实录》卷309，同治十年四月乙未。
③ 《清穆宗实录》卷343，同治十一年十月癸酉。

清代土司制度

张捷夫

关于我国历史上的土司制度，通常都认为始于元，明代大力推行，清代改土归流，因此，凡论及土司制度时，均以明代为例。其实，并不尽然。清代，特别是雍正年间的改土归流，不过是清王朝为巩固自己的统治，打击土司势力的一系列措施之一，并没有废除这一制度。就是在雍正年间大规模进行改土归流的同时，也还设置了许多新土司。清代，不仅土司总数和职衔比明代多，制度也远比明代完备。特别是在如何利用这一制度来维护自己的统治方面，清朝统治者更比明朝统治者动了一番脑筋。整个清代，在西南和西北民族地区，一直实行这一制度。对这些地区的政治、经济、文化各方面，仍然起着重要作用。所以，无论研究清史，还是研究民族史，都不宜忽视对清代土司制度的研究。

一 清代土司制度的确立

元明以来，在我国西南、西北，主要是西南民族地区，大小土司星罗棋布。他们历代承袭，世长其民，不仅拥有大量领地，而且还有大量土兵，虎踞一方，自王其地。清王朝能否成功地解决这个问题，对建立并巩固自己在全国的统治，是至关重要的。

从顺治元年（1644）清军入关以后，到康熙二十年（1681）讨平"三藩之乱"，西南民族地区，基本上是处于动乱状态。先是明末农民军余部和南明政权继续和清军对抗，后又有三藩叛乱，清王朝一直未能建立起巩固的统治，当然也就谈不上解决土司问题。这期间，虽然有些土司向清王朝请封，清王朝也曾给他们授予职衔，但由于连年战乱，也只是徒有其名。不过，在镇压农民军余部和摧毁南明政权的过程中，清朝统治者看到了土司的可利用之处，因此，对各地土司，想方设法加以招抚。顺治五年（1648）十一月，清王朝大计天下，提出："各处土司，原应世守地方，不得轻信叛逆招诱，自外王化。凡未经归顺，今来投诚者，开具原管地方部落，准于照旧袭封；有擒执叛逆来献者，仍厚加升赏；已归顺土司官，曾立功绩及未经授职者，该督抚按官通察具奏，论功升授。"①此后，于十四年三月、十五年正月、十七年正月，又一而再，再而三地发布和上述内容相同的诏谕。顺治十五年（1658年），平西王吴三桂等人率大军南征时，顺治帝又多次颁发敕谕，要他们在进军途中，对各地土司要特别关照，加意抚绥。"其中有能效力建功者，不靳高爵厚禄，以示鼓劝。"②并刊刻榜文，遍行传谕，千方百计把土司拉到自己一边，或者使他们在清军与农民军余部及南明的战争中保持中立。清朝统治者对土司的这种抚绥政策，在最后击败农民军余部和南明政权的战争中起了作用，除少数土司参与抗清外，多数按兵不动，采取了中立态度。有的还协助清军作战。不过，清王朝对土司的这种利用和招抚，只是战时的方针，以后怎么办？尚未作通盘考虑。正如当时户部右侍郎王弘祚所说："滇黔土司，宜暂从其俗，俟平定后，绳以新制也。"③

顺治十八年（1661），清军摧毁了踟蹰西南的南明永历小朝廷，命吴三桂总管云南、贵州。在吴三桂统治云贵时，向清王朝上疏，"请准土司世袭，悉给印札"④。吴三桂这样做，绝非简单地承袭旧制，而是别有图谋。一是重敛土司金币，并通过土司，增加对人民的搜刮掠夺；二是对土司进行拉拢，企图借助土兵，扩大自己的力量。这两点都是出于他的政治野心，为其以后进行分裂性战争作准备。所以，在康熙十二年（1673）吴三

---

① 《清世祖实录》卷41，顺治五年十一月辛未。
② 《清世祖实录》卷122，顺治十五年十二月己丑。
③ 《清世祖实录》卷76，顺治十年六月乙卯。
④ 倪蜕：《滇云历年传》卷11。

桂发动叛乱后，根本不顾以往关于土司授职、承袭的规定，乱授职衔，滥加品秩。因此，有些土司受其蒙蔽裹胁。清王朝在平定三藩的战争中，也针锋相对，极力争取土司。康熙帝曾多次发出敕谕，要土司反戈一击，和清军里应外合。康熙十八年（1679）十二月，他在给四川松潘土司的敕谕中说："尔等俱系世守疆土之臣，尤当鼓励忠义，报效朝廷。自吴三桂叛乱以来，吴之茂盘踞松潘，荼毒肆虐，蹂躏地方，困苦已极。念尔等皆系国家赤子，今被其迫胁，虽素怀忠荩，莫能自伸，朕心甚为悯恻。兹湖南、广西、汉中、兴安诸处俱经底定，各路兵马奋力齐进，贼势摧败立见荡平，正尔等出离水火之日，不宜坐失机会。今特降专敕，详加开谕，尔等果能感戴国恩，倡义联络，执擒吴之茂以献，建功树绩，朕即优加叙录，宠以封爵，撰给敕命，以酬尔勋庸。大兵到日，尔等若相机策应，协同剿寇，亦尔等之功。尔等宜速时会，早奏肤功。"①并对战争中伤亡的土司，优加抚恤。如云南土司副将徐升耀，于康熙十九年（1680）前往四川保宁招抚王屏藩等遇害，照阵亡总兵官例赠左都督，子弟一人授以管土兵守备，并厚赏恤银。二十一年（1682），当灵柩由保宁府运回原籍云南武定府时，康熙帝又命礼部派官员前往致祭。甚至已被改流的土司，如有"立功"表现，也予恢复原职。如贵州水西土司，康熙三年（1664）实行了改土归流，在平定吴三桂叛乱时，被革职的土司带领其土兵协助清军平叛，又被委为宣慰使。

总之，从顺治元年到康熙二十年，西南民族地区由于连年战乱，土司制度很不健全。平定三藩以后，这一问题才正式被提到日程上来，许多被派到西南民族地区的文武官员，纷纷上疏，各抒己见："或云土司系外彝，即令土官管理，易于行事，不可遂取其地；或云土司予以大职，令其管理事务，恐有权柄，不为我节制；或云我所取之地，何复令彼管理，仍取之为便；或云设流官管理，可多得钱粮。"②"或云宜补流官，或云宜补土官，或云可令管兵，或云不可令管兵，种种陈奏不一。"③康熙是一个有政治卓识的封建帝王，对如此一重大问题采取了慎重态度。康熙二十二

---

① 《清圣祖实录》卷87，康熙十八年十二月庚辰。
② 《清圣祖实录》卷108，康熙二十二年三月己巳。
③ 《清圣祖实录》卷108，康熙二十二年三月戊午。

年（1683），特派兵部侍郎库勒纳等人前往云贵，会同云贵督抚提督，"酌量彼此情形，详加定议"。并谕库勒纳等人："今遣尔等前往，务善为区处，使可永远遵行，尔等即定议来复，毋得游移两可。"①库勒纳等经过实地察看，认为除贵州水西土司改为四府，设立流官，相安已久，粮差诸务并未违误，不便复设土官外，其他各土司，应准其承袭，继续任职。此后，便开始大量办理土司授职。凡属吴三桂乱授的职衔、滥加的品秩，以及在战争中，清军为"鼓舞招徕，各照伪衔换给札付"②，全部追缴，一律按明代原有官职授给，并陆续颁布了有关法令，土司制度才最终得到确立。

二 土司职衔和承袭

清代土司职衔和承袭办法，基本上因袭明制，凡明代土司请封，即以原官授给。但随着清王朝对民族地区统治的加强，土司职衔比明代更多，承袭办法也比明代规定得更加具体。清代土司仍分文职与武职，文职隶于吏部，武职隶于兵部，西北有少数土司隶理藩院。

文职衔有：

土府六等：土知府，从四品；土同知，正五品；土通判，正六品；土推官，正七品；土经历，正八品；土知事，正九品。

土州四等：土知州，从五品；土州同，从六品；土州判，从七品；土吏目，从九品。

土县四等：土知县，正七品；土县丞，正八品；土主簿，正九品；土典史，无品级。

此外，还有土巡检、土驿丞为土官支庶，降授所不及，不列于等。乾隆五十年（1785）又规定：各省土司向不管辖地方村寨者，将原袭职衔改授土官，如土通判改授正六品土官，土推官改授正七品土官，土县丞改授正八品土官，土主簿改授正九品土官，土巡检改授从九品土官。遇袭替时，只准换给号纸，按照品级填写几品土官，不再写通判、推官、县丞、

---

① 《清圣祖实录》卷108，康熙二十二年三月己巳。
② 《清圣祖实录》卷105，康熙二十一年十月丁亥。

主簿、巡检等字样。如有印信，将印信送礼部销毁。如管理地方村寨者，仍照旧例授给职衔。[①]

武职衔有：

指挥使以下（包括指挥使）七等：指挥使，正三品；指挥同知，从三品；指挥佥事，正四品；土千户，正五品；副土千户，从五品；土百户，正六品；百长，无品级。

宣慰使司四等：宣慰使司宣慰使，从三品；宣慰使司同知，正四品；宣慰使司副使，从四品；宣慰使司佥事，正五品。

宣抚使司四等：宣抚使司宣抚使，从四品；宣抚使司同知，正五品；宣抚使司副使，从五品；宣抚使司佥事，正六品。

安抚使司四等：安抚使司安抚使，从五品；安抚使司同知，正六品；安抚使司副使，从六品；安抚使司佥事，正七品。

招讨使司二等：招讨使司招讨使，从五品；招讨使司副使，正六品。

长官司二等：长官司长官，正六品；长官司副长官，正七品。

土弁五种：土游击，从三品；土都司，正四品；土守备，正五品；土千总，正六品；土把总，正七品。

此外还有土舍、土目等，无专职品级。

清代土司所有职衔，大致如此。

凡土司皆世袭之职，由王朝中央发给号纸（证书），上写土司职衔、世系及袭职年月。如遇土司故去、革职或年老有疾不能视事者，准予袭替。文职承袭隶属吏部验封司，武职承袭隶属兵部武选清吏司，手续是一样的。

土司承袭是一个重要而复杂的问题，长期以来，土司纠纷和封建王朝兴师动众，许多是由承袭问题引起的。因此，清代对土司承袭的规定，比明代更加完备具体。关于宗支嫡庶规定得非常严格：应袭者，当是嫡子嫡孙，无嫡子嫡孙者，以庶子庶孙承袭，无子孙者，以其弟或族人承袭，族无可袭者，或妻或婿有为"土民"所服者，也准承袭。挨次进行，不得越序，"不得以亲爱过继为词"[②]。应袭人病废，或身有过犯，或"土民"不肯悦服者例不准请袭外，其承继之人，仍论其本身支派。如非挨次，只许分

[①] 嘉庆《大清会典事例》卷121，《吏部》。
[②] 嘉庆《大清会典事例》卷121，《吏部》。

授财产，不准袭职。如遇特殊情况，以上可袭之人都没有，也可作特殊处理。如乾隆三十八年（1773），西宁苏尔莽族土百户、喇嘛噶尔旺瓦病故，无伯叔兄弟侄婿可以承袭，经部同意，将百户之职由"转生"喇嘛噶尔旺瓦承袭。①

规定了严格的承袭顺序，并不等于万事大吉了，土司"私相传接，支系不明，争夺由起，遂致酿成变乱"之事仍难避免。为此，清王朝还规定："每遇岁终，各将世系履历及有无嗣子，开报布政司注册，三年入觐时报部，以凭稽核。"②"袭职时，文武土官造送宗图册内，将本支各派全行开列，逐一添注，以备稽查。"③如"承袭之人有宗派不清、顶冒、陵夺各弊，查出革职，具结之邻封土舍，照例议处"④。承袭的年龄，清王朝规定为十五岁以上。应袭人如未满十五岁，由督抚题明注册，将土司印信、事务暂委本族土舍或其母护理，待满十五岁，方可承袭任职。

以上系指土司故去或年老有病不能视事而言，至于土司因罪被革职，或大罪被戮则另有规定："土官受贿隐匿凶犯逃人者，革职提问，不准亲子承袭，择本支叔伯兄弟、兄弟之子以继其职。若有大罪被戮，即立夷众素所推服者以继其职。"⑤

关于承袭手续，清初规定："由督抚具题，将该土官顶辈宗图、亲供、司府州邻印甘各结及原敕印，亲身赴部，由部核明，方准承袭。"⑥后来虽然取消了亲身赴部，但其他手续仍很严格：每遇承袭，由各省掌印都司（乾隆初年，各省掌印都司裁汰后，由布政司负责）验明起文，取具地方并邻封土司印甘各结、土司亲供、户族宗图，以及原领号纸，详报督抚，由督抚具题请袭。经部核对无异，题明准袭后，将袭替职衔、年月、顶辈各项填入号纸发给，方为正式承袭。号纸是土司的身份证明书，填满换发，如遇水火、被盗损失者，于所在官司告给执照，赴部查明补发。如有犯罪革职、故绝等事，都司、布政司开具所由，将号纸缴部注销。

---

① 嘉庆《大清会典事例》卷469，《兵部》。
② 《清世祖实录》卷127，顺治十六年八月己丑。
③ 嘉庆《大清会典事例》卷469，《兵部》。
④ 嘉庆《大清会典事例》卷469，《兵部》。
⑤ 嘉庆《大清会典事例》卷121，《吏部》。
⑥ 嘉庆《大清会典事例》卷469，《兵部》。

由于土司承袭是一个重要而复杂的问题，负责办理土司承袭，也就成了一大肥缺。许多流官，往往借承袭对土司进行敲诈勒索，应袭或争袭之人，为了得到继承权，也每每对他们进行贿赂，否则，就有可能被反复查驳，长期不予题报。有的甚至酿成事端。为此，雍正三年（1725）规定："凡土官病故，该督抚于题报时即查明应袭之人，取具宗图、邻封甘结并原领号纸，定限六个月内具题承袭。其未经具题之先，即令承袭之人照署印官例署印任事，地方官不得将印信封固，致滋事端。有勒索留难者，将该管上司照违限例议处。"① 乾隆七年（1742），又补充规定："如有事故稽迟，不能请袭者，于半年内咨部存案，日久亦准承袭。"②

清王朝对土司承袭办法规定得如此严格具体，是因为土司承袭历来是一个容易滋生事端的大问题。所谓"自古苗乱起于土司，土司之乱起于承袭"。兄弟、叔侄，甚至母子之间，为争袭土司职位，往往同室操戈，互相仇杀。特别是明代，这种为争袭而引起的仇杀经常发生，有的甚至延续许多年，给人民的生命财产带来极大损失。鉴于明代这一教训，清代关于土司承袭办法规定得比较严格具体，因此，由土司承袭引起的事端比明代大为减少。这样做不光有利于维护清王朝的统治，对社会生产、人民的生活也有益处，所以，不能对此一概否定。

三　土司的义务、奖惩和抚恤

各地土司作为朝廷的命官，除负责所谓"世守地方，保境安民"外，还要交纳贡赋和供征调。贡赋，是封建王朝对土司区的一种经济剥削，包括进贡和纳赋两项。这在明代就有，不过清代有变化，反映出清代对民族地区的政策和明代有些不同。

明代土司进贡，开始为每年一贡，后改为三年一贡。贡品有象、马、金、银、珠宝、玉石、象牙、犀角、贝母、麝香，以及各种鸟兽、奇花异草等。种种方物，应有尽有。所有这些贡品，都是用人民的血汗换来的，

---

① 《清世宗实录》卷36，雍正三年九月乙巳。
② 嘉庆《大清会典事例》卷469，《兵部》。

有些贡品，名为方物，实际上并不产于当地，而是要出高价辗转求得。进贡不仅是对土司区人民一种沉重的剥削，而且在当时交通不便的情况下，把贡品千里迢迢送到京城，沿途人民也无不受到连累。所谓"金之累在于本土，象之累在于客途，是役也。象，人以为奇货，百相索也，百相应也。入其疆，如芒刺在背，出其疆，如重负之息肩也"①。因此，在明代为强索贡品而引起的人民反抗斗争，曾多次发生。

清朝继续要土司纳贡，以考察土司的"忠勤"。但鉴于明代纳贡弊病，清王朝作了一番整顿：规定各地土司纳贡，全部定为三年一次；免贡实物，将各种贡品折成银两。折价也不很高，如贡马一匹，初定折银十二两，后因国家征购驿马，每匹给八两，于是，乾隆二年规定：各地土司贡马，俱照驿马之数，裁减四两，定为八两。而且纳贡数量也比明代有所减少，明代土司贡马，一次有多至百匹的，清代一般每次一匹，多至三、五匹。这说明清王朝对民族地区的经济剥削，和明朝相比，有某些减轻。

纳赋是清王朝对土司区的另一种经济剥削。清代土司区不丈量土地，也不编丁，所纳赋役，基本上是参照明代纳赋之数。也有是土司归附时，自报认纳的。这种赋役，一般说比流官统治区的丁粮为轻。如四川木里安抚司，"辖地四至共二千二百里，所管夷民三千二百八十三户，年纳荞粮一百二十石，折米六十石。每石折银一两二钱四分，共折银七十四两四钱"②。也有为数不少的土司，在政治上接受清王朝的印信、号纸，但免缴赋役。如四川喇滚安抚司，辖民一千户；鄂克什安抚司，辖民六百户；明正宣慰司，辖民四百六十户；阳地隘口长官司，辖民三百八十四户，等等，"并无认纳税银粮马"。清代各地土司纳赋最多的，要算云南车里宣慰司，每年纳米一千八十四石。

土司向清王朝所缴纳的贡赋，从表面数字来看并不算很重，但实际却不止于此，主要是地方官员的敲诈勒索。有的达不到目的，甚至奏请出兵征剿。如康熙二十五年（1686），云贵总督蔡毓荣等人，敲诈勒索不到手，便奏请出兵，结果受到康熙帝的严厉斥责："今览蔡毓荣奏疏，已稔悉其情由。盖因土司地方所产金帛异物颇多，不肖之人，苟求剥削，苟不遂

---

① 顾炎武：《天下郡国利病书》，《云贵》，《赋役志》。
② 常明：嘉庆《四川通志》卷97，《武备志·土司》。

所欲，辄以为抗拒反叛，请求征剿……身为督抚，不思安静抚绥，惟诛求无已，是何理也？"①更为严重的是，各地土司借贡赋之名，额外滥征，百般苛索，使人民的负担不知要增加多少倍。如云南镇沅土府，每年应纳米一百石，实际征收一千二百一十二石；每年应征银三十六两，实际征收二千三百四十八两。"是其征之私橐者不啻百倍、数十倍，而输之仓库者，十不及一、二，百不及二、三"②。

各地土司，一般都拥有数量不等的土兵，多者可达数万人。这些土兵，平时除供土司用来镇压人民、同其他土司互相攻杀外，国家有战事时，可供朝廷征调。这没有多少具体规定，凡是朝廷需要时，随时可以征调。如康熙年间讨平三藩叛乱、乾隆年间征金川、镇压西北回民起义、黔东湘西苗民起义等，都曾征调土兵。而且作战时，土兵往往被摆在前阵，不少土司为清王朝立下"汗马功劳"，受到清王朝的嘉奖。如乾隆四十六年（1781）镇压西北苏四十三起义时，土指挥使鲁璠加一级，赏戴花翎，赏二品顶戴及大缎二匹；土司韩煜，赏戴花翎，赏三品顶戴及大缎二匹。征金川受赏的土司就更多了。

为使土司忠于职守，清王朝还制定了对土司的奖惩办法，有功则奖，有罪则惩。奖励方面，土司"经征钱粮，一年内全完者，督抚奖以银牌花红；能严行钤束擒剿盗贼，一应案件于一年内全完者，加一级，完结过半者，督抚嘉奖；军功保列出众者加衔一等，头等者加一级，二等者纪录二次，三等者纪录一次；凶犯盗首逃匿土官境内，一年内查解五名以上者纪录一次，十名以上者纪录二次，十五名以上者加职一级，三十名以上者加职二级。如不足五名者，准并次年查解之数积算"③。有罪则惩，土官惩处，一般比流官为轻，"罚俸者，按品计俸罚米，贮常平仓备赈；应降调三级以内者，皆降一级留任；五级以内者皆降二级留任；革职者降四级留任。如有贪婪等罪者，潜往外省及纵容土人潜往外省者、土民有犯盗抄抢掠争讼等者、准州县移会徇庇不解者、承缉凶犯盗犯议以降级留任至五案以上者皆革职，择其子弟之贤者承袭。如隐匿逸犯逃人，查获之日，审系土官

---

① 《清圣祖实录》卷124，康熙二十五年二月庚子。
② 《朱批谕旨》第49册，雍正四年九月十九日云贵总督鄂尔泰奏。
③ 嘉庆《大清会典》卷9，《吏部》。

受贿者革职,不准亲子承袭,择本支伯叔兄弟子孙之贤者承袭"①。

上述规定,并非始终如一,前后也是有变化的,如关于土司查解"凶犯逃人"的奖赏,康熙二十二年(1683)规定:"无论逃人逃兵叛属,擒获六十名者加一级,数多者,递准加级,不及六十名者,督抚量加奖赏。"②乾隆二十九年(1764)改为:"不拘本省邻省之凶手、盗首,逃匿土司地方,该土司能查解五名以上者纪录一次,十名至十四名者纪录二次,十五名者加职一级,三十名者加职二级。如一年不敷议叙之数,准并次年接算议叙,不准三年合算。"③关于军功奖赏,乾隆三十九年(1774)规定:"土司土职,军功保列出众者,方准加衔一等,头等者加一级,二等者纪录二次,三等者纪录一次。其土兵列为出众者赏银三两,头等者赏银二两五钱,二等者赏银一两五钱,三等者赏银五钱。"④四十九年(1784)改为"保列出众土司加衔一等,再加一级,头等者加衔一等,二等者加一级,三等者纪录二次,土兵于应得例赏之外,各按所列等第应得银数,加赏三分之一。"⑤关于罚俸,康熙十四年(1675)曾规定:"土官不食俸,有罚俸降俸之案,皆免其处分。"⑥后发现只政治上的惩处,而无经济上的制裁,不足以使土司畏服,故于三十年(1691)改为:"如遇罚俸降俸等事,均按其品级计俸罚米,每罚银一两,罚米一石,移贮附近常平仓,以备赈荒。"⑦

土司因功议叙,俱"照原官品级,以次升授递加,至宣慰使、指挥使而止,如有余功,准其随带,仍令以本职管事,及袭替时,亦止以原职承袭。"⑧因罪议处,以"部民生事"土司失察、受贿隐藏逃人和吓诈部民、恣意侵害者严厉,"部民生事","聚众不及五十人者,百户寨长各罚俸六月,五十人者罚俸一年,百人者革职,百人以上者革职,杖责四十,不准折赎。知情不禁者革职,枷示一月、杖责如前,不准折赎。若商谋指使、

---

① 嘉庆《大清会典》卷9,《吏部》。
② 嘉庆《大清会典事例》卷469,《兵部》。
③ 嘉庆《大清会典事例》卷469,《兵部》。
④ 嘉庆《大清会典事例》卷469,《兵部》。
⑤ 嘉庆《大清会典事例》卷469,《兵部》。
⑥ 嘉庆《大清会典事例》卷469,《兵部》。
⑦ 嘉庆《大清会典事例》卷469,《兵部》。
⑧ 嘉庆《大清会典事例》卷469,《兵部》。

意在分肥者照首犯治罪"①。受贿隐藏逃人者革职，不准亲子承袭；吓诈部民、恣意侵害者革职。至于土司之间的互相仇杀，如能自悔过和息者，免予处分。

前面谈到，封建王朝遇有战事可征调土司土兵，被征调的土司土兵如有伤亡，封建王朝给予抚恤。关于土司土兵抚恤，清初只规定土兵伤亡，"照绿营兵丁减半赏恤"②。土司伤亡，抚恤则无定例，乾隆年间征剿金川，土司出力甚多，为此，乾隆三十七年（1772）议定："土司土职阵亡伤亡者，三品土官赏银二百五十两，四品土官赏银二百两，五品土官赏银一百五十两，六品土官赏银一百两，七品、八品土官赏银五十两。俱加衔一等，令伊子承袭一次，仍以本身应得土职照旧管事。再袭时，将所加之衔注销。空衔顶戴，照八品土官例赏赉，毋庸给与加衔。"③土司土兵打仗负伤，例给期限，头等伤予限半年，二等伤予限五个月，三等伤予限四个月。如限内因伤亡故，仍照阵亡例议恤。其有限外因伤亡故者，头等伤再予限六个月，二等伤再予限五个月，三等伤再予限四个月，俱令该管官出具印甘各结，报部议恤。如系"出征病故，三品、四品土官赏银二十五两，五品、六品土官赏银二十两，七品、八品土官赏银十五两。其打仗奋勉、屡著劳绩、立功后病故，经该将军保列等第报部者，即照该土司应得议叙之加衔、加级、记录，分别令伊子承袭土司时随带一次，土兵赏银八两"④。

以上关于土司议恤规定虽也周详，但和绿营阵亡官员议恤相比，颇有差距。绿营阵亡官员俱给予世职，俟袭次完时，给以恩骑尉世袭罔替。而土司应征阵亡，只给赏恤银两，分别加衔，并未一体议给世职，这一点连乾隆皇帝也感到"未免稍觉向隅"⑤。于是，乾隆五十八年（1793）遵旨议定：所有应征土司，如有阵亡，俱照绿营副将以下、经制外委以上之例，给予云骑尉世职，袭次完时，给予恩骑尉世袭罔替。并颁给敕书，遇有该管员弁缺出，先尽补用。

---

① 嘉庆《大清会典事例》卷469，《兵部》。
② 嘉庆《大清会典事例》卷469，《兵部》。
③ 嘉庆《大清会典事例》卷469，《兵部》。
④ 嘉庆《大清会典事例》卷469，《兵部》。
⑤ 嘉庆《大清会典事例》卷469，《兵部》。

从以上所谈清王朝有关土司的义务、职责、奖惩和抚恤的规定，可以清楚地看出，明清两代有着显著的不同。《明史》说明代设置土司，"其道在于羁縻"①，这为历来史学家所公认。"羁，马络头也；縻，牛缰也。"②这就是说，在民族地区实行土司制度，就是将这些地方拴住。只要政治上接受封建王朝的统治，其他方面不予干涉。可"顺其犷野之性也"③。但到清代，"羁縻"这一提法已很少见到。这绝不是疏忽。随着清代中央专制主义集权的加强，在如此广大区域内设置大量土司，重要的是要建立一套和这些地区经济、政治发展水平和风俗习惯相适应的制度，作为封建王朝在这些地区的得力统治工具。事实上，清代土司和流官之间，除世袭、非世袭和有无俸禄的区别外，其义务、职责、奖惩、抚恤等方面已基本上相同。因此，有同志主张把清代土司制度也称为羁縻制度，就不那么恰当了。

四　清代土司总数和分布情况

关于清代土司总共有多少个，各书记载不同，本文根据各省通志，并参照《大清会典》《大清一统志》《清史稿》等书，作一粗略统计，清代鸦片战争前曾经存在过的土司，有八百多个。其分布区域，主要是湖广、云南、贵州、广西、四川和甘肃，青海、西藏也有少数土百户、百长等。湖广经过雍正年间的改土归流以后，除几个不管村寨的空衔之外，基本上已无土司，其他各省，整个清代都有土司存在。若将八百多个土司名称一一列出，占用篇幅太多，但为了对清代土司分布情况有个大致的了解，兹将各地各类土司数和全国各类土司累计数列后。

湖广：指挥使一人；副总兵官四人；宣慰使司宣慰使四人；宣抚使司宣抚使三人；安抚使司安抚使十二人；长官司长官二十一人；土千户五人；副土千户一人；土百户六人。

云南：土知府六人；土同知二人；土通判二人；土经历一人；土知事

---

① 《明史》卷310，列传第198，《土司》。
② 《史记》卷117，《司马相如传》索隐。
③ 张萱：《西园闻见录》卷79，《土官》。

一人；土知州六人；土州同五人；土州判三人；土知县二人；土县丞六人；土主簿三人；土典史一人；土巡检十九人；土驿丞三人；宣慰使司宣慰使一人；宣抚使司宣抚使五人；宣抚使司副使三人；安抚使司安抚使二人；长官司长官五人；长官司副长官五人；土千户四人；土守备三人；土千总十五人；土把总二十七人。

贵州：土同知二人；土通判一人；土推官一人；土县丞五人；土主簿二人；土吏目二人；土巡检三人；宣慰使司宣慰使一人；长官司长官七十二人；长官司副长官十八人；土千总四十一人；土把总二十人；土外委一人。

四川：土知府三人；土通判二人；土知事一人；土巡检二人；副土巡检一人；宣慰使司宣慰使十人；宣抚使司宣抚使六人；宣抚使司副使三人；安抚使司安抚使十六人；安抚使司副使一人；招讨使司招讨使一人；招讨使司副使一人；长官司长官二十七人；长官司副长官二人；土千户三十八人；土百户一百四十八人；土千总四人；土把总四人。

广西：土知府二人；土知州三十三人；土州同一人；土州判一人；土知县四人；土巡检十一人；长官司长官三人；长官司副长官一人。

甘肃：指挥使八人；指挥同知七人；指挥佥事八人；土千户八人；副土千户二人；土百户九人。

青海：土千户一人；土百户二十四人；百长二十二人。

西藏：土百户十五人；百长五十二人。

将以上所列分布在各地的土司，按职衔分类加以累计，清代全国共有：土知府十一人；土同知四人；土通判三人；土推官一人；土经历一人；土知事二人；土知州三十九人；土州同六人；土州判四人；土吏目二人；土知县六人；土县丞十一人；土主簿五人；土典史一人；土巡检三十五人；副土巡检一人；副总兵官四人；指挥使九人；指挥同七人；指挥佥事八人；土千户五十六人；副土千户三人；土百户二百零二人；百长七十四人；宣慰使司宣慰使十六人；宣抚使司宣抚使十四人；宣抚使司副使六人；安抚使司安抚使三十人；安抚使司副使一人；招讨使司招讨使一人；招讨使司副使一人；长官司长官一百二十八人；长官司副长官二十六人；土守备三人；土千总六十人；土把总五十一人；土外委一人。

五　清王朝对土司的限制政策

清代对土司的政策，各朝不尽相同，顺康年间以抚绥为主，部分地区进行了改土归流；雍正年间，一方面大规模地进行改土归流，另一方面又新设置大量土司；到乾隆年间，对土司采取了较优厚的态度，甚至出现个别撤流复土的现象。尽管如此，但有的政策是贯串始终的，和明代有显著不同，这就是对土司的限制政策。

明代实行土司制度，在维护国家的统一，促进社会生产的发展和各族人民之间的经济、文化交流方面，虽然起了某些有益的作用，但存在的问题较多，危害最大的就是土司叛乱和他们彼此之间的长期互相仇杀。造成这种局面的原因很多，其中重要的就是土司势力无限制地膨胀，不甘受明王朝的节制。明代土司叛乱，不仅次数多，而且规模很大。云南麓川土司，在明朝建立后的五六十年里，经常发动叛乱，动辄兴兵数万，多至十几万。贵州水西土司安邦彦和川南永宁土司奢崇明，在天启、崇祯年间发动的叛乱，也合兵十余万。安邦彦攻陷贵阳，奢崇明占领重庆、泸州、遵义，并围攻成都数月之久。还有一些土司，身为朝廷命官，却根本不把朝廷放在眼里。广西泗城土知州岑豹，正统二年（1437）无故进攻利州，抢占其地，并掠走土知州岑颜的妻子财物，两相开战，正统帝几次派人前往救谕，令岑豹归还所掠夺的人口、田土、财物，豹根本不予理睬。这种土司叛乱和他们彼此间的互相攻杀，不仅给社会生产、人民的生活带来了严重的破坏，而且也直接威胁着明王朝在这些地方的统治。鉴于明代这种严重的历史教训，清王朝采取了两项办法：一是实行改土归流，二是限制土司势力的发展。清代改土归流，对土司势力是一个沉重的打击，不仅将水西、丽江、东川、乌蒙、镇雄等许多大土司被革除，代之以流官，而且对其他土司，也起到了杀一儆百的作用。关于改土归流的问题，拙文《论改土归流的进步作用》（见《清史论丛》第二辑）曾作较多论述，这里只谈第二个问题，即清王朝对土司的限制政策。

清代对土司的限制，主要有这样几个方面。

（1）流土并治。所谓流土并治，就是在土司区派驻流官，和土司共同治理地方。有的以土司为正职,以流官副之;有的以流官为正职,土司副之。目的是协助和监视土司。流土并治在明代已有之,不过明代派驻土司区的流官,有的常驻省城,并未到任;有的受到土司刁难,发挥作用不大。清代派往土司区的流官则大不相同,他们不仅有职,而且有权。土司要受流官节制。有些地方,土司仅一空衔,除负责"催征、捕盗"外,无权干预地方事务。同时,清王朝又在土司区普遍建立军事机构,驻扎大量军队,"凡镇臣所驻地方,境内土司俱应属其统辖"[1]。这样,就使以往那种土司割据一方,自王其地的局面有所改变。

（2）分袭。就是将土司领地分封诸子,其目的在于"分离其势,离散其心"。这是雍正帝出的主意,他说:"从来统驭外藩,以众建诸侯而分其势为善策……苟可缓缓设法谕令听从逐渐分袭,似亦潜运默化之一道。其强弱欺凌之虞,何以为之远虑耶?朕谓其势既分,心即离异,日后纵欲鸱张,其中心互相掣肘。"[2]其办法是:"土官支庶子弟,有驯谨能率众者,许本官申请分袭。其职衔,视本官降二等;分管疆土,视本官或三分之一,或五分之一。再有子孙可分者,分土如前例,授职再降一等。"[3]如土司系知府,则所分者给通判衔;土司系通判,则所分者给县丞衔;土司系指挥使,则所分者给指挥佥事衔;土司系指挥佥事,则所分者给正千户衔。俱照例颁给印信、号纸。有时遇到诸子争袭,难以判明谁拥有承袭权时,也往往采取分袭的办法解决。如云南纳楼茶甸长官司诸子争袭,乃将其地分封诸子,降为土舍。在没有实行分袭的地方如湘西,在财产继承上,也逐渐由嫡长子继承,变为兄弟均分。这也是分散土司势力的办法之一。

（3）缩小土司管辖范围和不准土司擅自买地。凡土司,均管地方村寨,许多大土司管辖范围往往可达百里、数百里,甚至千里。地广民众,不可一世。因此,清王朝便借调整行政区划,来缩小土司管辖范围。这在康熙初年就已开始,四川酉阳宣慰司,"兼石耶、平茶、邑梅三长官司,封畛过侈,不得不为先事之防。考名胜志,明永乐初,平茶、梅邑隶渝州,渝州即今重庆府也。宜照此例,将平茶、邑梅二司改隶重庆,以消蛮

---

[1] 《清圣祖实录》卷8,康熙二年正月丙申。
[2] 佘贻泽:《中国土司制度》,正中书局,1947,第85页。
[3] 《清世宗实录》卷36,雍正三年九月乙巳。

司土广民众之势"①。清代，随着土司地区地主经济的发展，土地买卖日益增多，许多土司依官仗势，大量购置土地。清王朝为防止土司进一步扩大领地，对土司采取限制办法，不仅不允许土司随便强占土地，就连出钱购买也被视为不法，政府不发给执照。这种限制，以雍正年间最为严格，如有违犯，一经查出，买卖双方各杖一百，田价入官，田亩变价充饷。当时，湖广容美、保靖等土司，都曾因为擅自购买民田受到严厉处分。

（4）不准土司随意外出，防止私下串通。规定："土官土人，因公远赴外省，许呈该管官转报督抚给咨知会所到地方之督抚查核，于事竣日，给咨知会本省督抚。均计程立限，毋许逗留，有不行申报，擅自出境者，土官革职，土人照无引私渡关津杖八十。若潜往外省生事为匪，别经发觉者，除实犯死罪外，徒罪以上，皆照军人私出外境掳掠，不分首从，发边远充军律治罪，其本境及所到汛守官失察者，罚俸降调有差。"②这种限制土司、"土人"行动的无理规定，既反映了清朝统治者的虚弱心理，也反映出清代各族人民之间的互相往来及其反抗斗争的日益增多。

清王朝通过以上几种办法，确实收到了限制土司势力发展的效果。许多土司，以往那种积势坐大，不甘受中央节制的行为有所收敛，闹事、叛乱也比明代大为减少。因此，从作为封建王朝的统治工具这个意义上来说，清代土司比明代土司起了更大的作用。当然，有的规定，如上面所谈的对土司、"土民"行动的限制，妨碍了各族人民之间的交往，是应当受到批判的。

既然限制土司势力的发展符合清王朝的利益，有利于清王朝在民族地区的统治，那么为什么在对土司实行限制政策的同时，又新设置许多土司，甚至有的在康雍年间已被改流，到乾隆年间又让其官复原职呢？这不是矛盾的吗？不，这既不矛盾，也不是什么倒退行为，而是清王朝为了维护自己的统治，同时采取的形式不同的两手。对土司的限制政策，是不让土司势力无限制地发展，防止出现尾大不掉之势，甚至向中央闹分裂、闹独立，以便服服帖帖地接受清王朝的统治。在这个前提下，设置一些新土司，同样也是出于维护自己的统治所需要，并非对土司的妥协和迁就。第

---

① 《清圣祖实录》卷26，康熙七年七月壬戌。
② 嘉庆《大清会典事例》卷469，《兵部》。

一，在新设置的土司中，五品以下的中小土司，并且主要是小土司，占百分之九十五以上，以往那种领地千里，土兵万计的土府一个也没有。这些新设置的土司（尽管有的人品级较高），一般管辖范围较小，土兵也不多，不足以威胁清王朝的统治。第二，从新设土司的地区看，湖广、贵州、广西基本没有，云南只设置了少数土千总、土把总，而百分之七十以上集中在川西和川北。这些地方地域辽阔，交通不便，经济、文化发展水平较低，如若派驻大量流官，显然不如起用当地各部族首领更为简便。而且这些新授职的土司，有的还是清王朝的有功人员。因此，在这些地方设置土司，在当时历史条件下，是有利于清王朝的统治的。至于有少数在康雍年间被革职的土司，到乾隆年间又准于重新承袭的问题，也和明代废流复土的情况不同。明代废流复土的出现，是由于改土归流的条件不成熟，土司被革职以后，犹如百足之虫，死而不僵，其势力仍然存在，流官无法进行统治。因此，不得已而为之。而清代乾隆年间给少数被改流的土司复职，是在清王朝完全有条件进行统治的情况下，对当地上层人物的一种恩赐和拉拢，使其"翻然悔悟"，为清王朝效力。如果发现不利于自己的统治，随时可以裁革。

六 清代土司制度的危机

土司制度作为一种上层建筑，基本上和封建领主制经济相适应。但由于社会生产力不断发展，明中叶以后，许多土司区先后不同程度地出现了封建地主经济。清代，这种地主经济进一步发展，向封建领主经济进行了有力冲击。有的地区，甚至取而代之，占了主导地位，以致严重地动摇了土司制度的基础。

明朝建立以后，为了维护其统治，建立了一支庞大的军队，全国各地均驻有重兵，明王朝为了解决军队的粮饷，曾大力推行屯田制度，民族地区也不例外。以云南为例，从洪武十五年（1382）开始屯田，经过五六年的时间，到洪武二十一年（1388），驻云南官兵共有六万五千三百零三人，屯田四十三万五千零三十六亩，得粮三十三万六千零七石，有马三千五百四十五匹,屯牛一万二千九百九十四头。而当时云南布政使司所管辖的户口只有六万三千七百四十户,粮仅七万六千五百六十二石。①明初实行的屯田制度,实际上是一种有组织、有计划的军事移民,参加屯田的官兵,大都携带家属到指定的戍所定居安家,假如一名屯兵为一户的话,就有六万多户。这就是说,当时云南当地在籍户口和屯田官兵户口,大体相等;全省田赋不到屯田收入的四分之一。这是云南的情况,湖广、贵州、广西、四川等地的屯田,规模也都很大,不必一一列举。通过屯田,使包括土司领地在内的、大量肥沃而又长期荒芜的土地得以耕种,大大促进了社会生产的发展,从而为封建地主经济的出现创造了条件。

明代实行屯田的初期,土地所有权属封建国家。明中叶以后,屯田制度遭到破坏,许多王公勋贵和屯田军官等人,依官仗势,乘机把大量屯田据为己有。他们依照内地的方式,学习封建地主的榜样,把土地租给农民耕种,从事地租剥削,或者将土地出卖。大量屯田民田化,给地主经济的发展,造成了可乘之机。清朝建立以后,随着在民族地区统治的加强,又有大量满汉官兵和汉族农民、商人,陆续进入民族地区,对民族地区地主经济的发展,起了推波助澜的作用。

地主经济的发展,也刺激了封建领主土司,使土司内部的经济结构开始发生变化。许多土司不顾官府的规定,越境购买土地。如湖广容美土司,所买田土遍于石门、澧州、宜都、枝江等数县。②保靖土司彭泽虹所买田地,钱粮多达八百两③。土司将买得的土地,出租给当地农民耕种,收取地租。土司下的土舍、土目等人,也暗里将土司分给他们照管的土地出租或典卖。这种情况的出现,既是土司区地主经济发展的结果,反过来又是地主经济进一步发展的有利因素。

土司区地主经济的发展,动摇了土司的统治,许多原来在土司领地上从事无偿劳役的农奴,不堪继续忍受土司残酷的农奴制压迫和剥削,有的逃跑,有的转而佃耕地主的土地。同时,新兴起的地主阶级登上历史舞

---

① 《明太祖实录》卷194,洪武二十一年十月壬寅。
② 赵申乔:《赵恭毅公剩稿》卷3,《请禁土司置买汉民田屋奏折》。
③ 赵申乔:《赵恭毅公剩稿》卷7,《批辰沅靖道详保靖司彭泽虹占冲角营田亩由》。

台以后，对压制和打击他们的封建领主土司，也不断发起攻击。如康熙四十九年（1710年），湘西苗族地主麻龙德等人，向官府投状，要求取消土司制度，摆脱保靖宣慰司的统治，以利于地主经济的发展。①

"过了时的社会力量，虽然它存在的基础早已腐朽，可是，在名义上它还控制着权力的一切象征，它继续苟延残喘……为历史所证明的古老真理告诉我们：正是这种社会力量在咽气以前还要作最后的挣扎，由防御转为进攻，不但不避开斗争，反而挑起斗争"②。土司制度正是这样，虽然它存在的基础封建领主经济已经腐朽，可是，在名义上它还控制着权力的一切象征。他们为了苟延残喘，继续保持他们的那些已经摇摇欲坠的特权，对农民的压迫和剥削，愈来愈残酷。关于清代土司对农民残酷的农奴制压迫和剥削，拙作《论改土归流的进步作用》一文③已有较多论述，此处从略。正是由于这种压迫和剥削，引起了各地人民如火如荼的反抗斗争，有力地打击了土司的反动统治。这是土司制度发生危机的另一个重要原因。

清代各族人民的反土司斗争，各地都曾发生，不仅次数多，斗争规模也很大。以居住在云南维西、永北一带的傈僳族为例，嘉庆六年至八年（1801~1803年）恒乍绷领导的、反对康普女土千总禾娘禾志明的斗争，历时两年，斗争烈火燃及八县。除傈僳族人民以外，还有怒族、白族、纳西族、汉族人民参加。斗争高潮时，人数多达万余。愤怒的群众攻入了土司衙门、散发了土司的囤粮、处死了罪大恶极的女土千总禾志明和平时骑在人民头上为非作歹的大小土目十多人。在攻占维西城以后，他们又继续向石鼓、丽江、剑川、兰坪等县进发，把斗争的矛头由土司进而转向清王朝。清王朝大为震惊，派云贵总督觉罗琅玕、云南提督乌大经、鹤丽镇总兵那麟泰、昭通守备鲍友信等，调集大量兵力前往镇压，曾多次被农民所打败，并击毙了昭通守备鲍友信，击伤鹤丽镇总兵那麟泰。最高统帅云贵总督觉罗琅玕，也被嘉庆皇帝以"虚縻兵饷，实属无耻无能"，革除了总督花翎顶戴。

---

① 李瀚章：光绪《湖南通志》卷84，《武备》七，《苗防》四。
② 马克思：《反教会运动——海德公园的示威》，《马克思恩格斯全集》第11卷，第363页。
③ 《清史论丛》第2辑，中华书局，1980，第200~214页。

嘉庆二十五年（1820年）唐贵领导的、反抗永北土知州高善等人掠夺土地、横征暴敛的斗争，包括傈僳族、彝族、傣族、回族、汉族，参加的人也有万余。他们攻占了永北、大姚二县，夺回了被土司强占去的土地，还建立了农民政权组织："唐贵称地王，傅添贵称制命先生，陈天培称地理。"①农民的反抗斗争，不仅狠狠地打击了土司的反动统治，而且使刚登上宝座的道光皇帝也忧心如焚，慨叹地说："永北、大姚夷匪滋事，为时已及三月，剿办尚无端绪，现在逆夷裹胁，众已逾万，办理不可再缓。"②

综观各地此伏彼起的人民反土司斗争，规模虽各有不同，但有几个共同的特点：一是各族人民联合斗争，说明清代各族人民之间的联系进一步增多，团结斗争精神进一步发扬；二是多有地主阶级参加，说明清代土司区，封建领主制经济正在衰落，地主经济方兴未艾；三是斗争的矛头，最后都发展为指向清王朝，说明清王朝和土司之间虽有矛盾，但在对付农民方面是站在一起的，他们的根本利益是一致的。

各地人民的反土司斗争，最后虽然都被清王朝镇压下去了，但人民的鲜血并没有白流，有些恶贯满盈的土司受到了人民的无情惩罚；有些土司虽然保住了脑袋，但由于受到了沉重打击，从此一蹶不振了。同时，清王朝为了平息人民的反抗斗争情绪，也不得不牺牲土司某些利益，对人民作出某些让步。如上面所举的两例，恒乍绷领导的斗争被镇压下去以后，贪官污吏、云南布政使陈孝升和迤西道萨荣安等人被革职，免去维西等三十三厅、州、县额赋。唐贵领导的斗争被镇压下去以后，永北土知州高善被革职，"照例迁徙，另选应袭之人承袭"；永北流官同知张懿被"发往新疆效力赎恶"；还有云南提督张凤等一大批文武官员，有的被革职，有的交部议处。并发布敕谕，禁止土司对农民任意苛派："夷人本无恒产，该土司等既纳其租，又复苛派差徭，殊滋苦累，嗣后著严行饬禁。租息而外，不准额外诛求，倘有不遵，将该土司等查参惩办，厅官徇庇者，一并惩处。"③这是人民反土司斗争的成果。

---

① 阮元：道光《云南通志稿》卷105，《武备志》二之五，《戎事》五。
② 《清宣宗实录》卷16，道光元年四月庚寅。
③ 《清宣宗实录》卷20，道光元年六月庚子。

总之，由于地主经济的发展和各族人民风起云涌的反土司斗争，使清代土司制度发生了严重危机。许多土司再也无力控制局面，难以按老办法继续统治下去。有的自动引退，让子孙袭替；有的向清王朝请求交印纳土，改换流官统治；更多的是徒具空衔，不管地方事务。只是由于清王朝的百般扶植，才使这一落后的制度得以苟延残喘，甚至在清王朝覆灭之后，仍未绝迹。

（原刊于《清史论丛》第三辑）

嘉庆"癸酉之变"后京畿地区流言浅析

宋 军

嘉庆十八年（癸酉，1813）对整个中国社会而言，都是不平凡的一年，轰轰烈烈、短暂而惊心动魄的天理教起事，无论给施政者还是受治者都留下了深刻的影响。"汉唐宋明未有之事"[①]竟在清帝国的心脏——紫禁城爆发，一时间京城之中刀光剑影，狼奔豕突，呼声四起，混乱不堪。京畿地区也是人心惶惶，谣言满天。多少人的神经都为之兴奋，多少唇舌都在编织着惊世骇俗的神话与传闻。从中我们可以捕捉到很多有趣的信息，既有帝王将相的欺诈，又有乡野村夫的愚昧。

一 关帝显圣

嘉庆十八年九月十五日夜，北京月色皎洁，寒风凛冽。白天一群以京郊农民为主的教徒突然攻击东华门和西华门，且有少数人竟能闯入大内，令平日养尊处优的王公大臣惊恐万状，也使内外百姓满腹狐疑。城内风声鹤唳，草木皆兵，"柝声丛杂，竟夜不绝"。当时礼亲王昭梿也在紧张应变的满汉王公大臣行列之中，率火器营兵丁数十人在西华门至午门的城上巡逻。后来他记述当时的情景道："天殆明，乌云自西北起，霹雳春然，人皆辟易。俄而大雨如注，军士火绳俱灭。闻五凤楼中有人沸声，余命火枪

[①] 《清仁宗实录》卷274，嘉庆十八年九月庚辰。

齐发，然雨势甚大，因退屯咸安门下。是时，兵弁无不怨雨非时者。后知是夜逸贼匿于五凤楼者，欲于是时纵火突出，会闻雷声惊溃，雨复灭其火种。固国家无疆之福，天有以佑之也。"①对于攻入紫禁城的部分教徒计划点燃五凤楼，乘乱连夜逃走，却因雨失败这件事，昭梿仅只笼统地归因于"天佑"而已。

然而，事隔一个半月之后，即十一月初六日，嘉庆帝却突发一道上谕："九月十五日，逆匪林清潜遣伙党，突入禁门谋逆，当经官兵将逆党歼捕净尽。嗣讯据获犯供称，是日逆匪等在禁城滋扰时，恍惚之中，望见关帝神像，该逆众立时畏慑奔窜，悉就歼擒。"并命太常寺于冬至日（该年为十一月三十日）前安排在地安门外关帝庙报祀，届时派立了大功的皇次子智亲王即日后的道光帝旻宁前往行礼。②

此事如此突然且荒唐，无法不令人怀疑其真实性。嘉庆仅称消息来源于"获犯"供词，却未明确指出犯人的具体姓名，颇显暧昧。不妨先假定嘉庆所言为实，那么供称目睹关公显圣的犯人必定是九月十五日夜在五凤楼之上者。目前尚无史料说明有多少教徒自午门上跳城自尽，但据报当时在午门上的八旗官兵"共十三人，杀死贼人四名"，后于"午门天花板上，奕绍带正白前锋百旺、保林、乌尔恭额拿贼四名，内一名关东儿，黄村人，其三贼已死"③。可知当时至少有四人幸存，后三人因伤重相继死亡，关东儿成了已知唯一的当事人。

"癸酉之变"发生后，紫禁城内各处就已在仔细搜拿入城教徒，据十六日所报："擅进西华门持刃伤人约八九十人"，"约有拿获、砍死贼人在各处者二三十人"④。在这二三十人中想必也包括了五凤楼上的教徒。嘉庆帝对此事尤为关心，要求确查杀毙及拿获入城者的具体数字，为此仪亲王永璇等回奏："今于十六日巳时以后，续有拿活贼二十六名，杀贼四名；又续杀贼十名，活贼一名，二共四十一名，连前奏三十一名，共七十二名。

---
① 昭梿：《啸亭杂录》卷6，《癸酉之变》。
② 《清仁宗实录》卷278，嘉庆十八年十一月己巳。
③ 军机处录副第8821卷第24号，时间及作者不详。从下文可以推测关东儿被搜出的日期应在十九日之前。
④ 军机处录副第8821卷第12号，嘉庆十八年九月十六日，穆克登额等联折。

现在十六日通夜甚为安静。"① 对永璇所称72人一说，有的学者认为极不可信，是在谎报求功。② 这或许有其道理，但当事人若真在作假，极有可能拿死人作文章，至于活捉者的数目，因要交刑部过堂，不便谎报，故此有理由相信十六日被活捉的教徒应有26名。次日，穆克登额等又奏称拿获5名③；十八日，"武英殿前河内续拿贼一名贺五，又宫内交出太监刘得才等五名，又十八日交出太监张禄等十二名"④。至此，已知清政府共活捉了49名教徒，通过日后的供词可知，这49人中包括了尚未进入东华门或西华门就已被捕的。按常理推测，应该说当嘉庆十九日回宫时，为了确保其绝对安全，王公大臣必尽全力对紫禁城反复进行搜查，不会再有什么人藏匿其间了。嘉庆帝自己也承认："本月十五日，贼匪擅入禁城，经在京王公大臣等督率官兵，立时歼捕，连日搜拿净尽。朕本日进宫，一切整肃如常，办理甚为妥协。"⑤ 但他还是有些心虚，下令于次日开始分段搜查紫禁城，当然不会有什么收获。

对被捕教徒的审讯由刑部负责，中国第一历史档案馆所藏《军机处汉文档册·林清案档》，为我们留下九月十九日至十月二十七日的供词记录和刑部的判决，共收有84人的94份供词，可惜其中没有关东儿的供词，在军机处录副及上谕档中所存大量供词中的也没有找到。而这一期间被判凌迟处死的绝大部分是真正进入紫禁城的教徒，可以说在半个月之内，这些被捕的入城者已被杀尽，关东儿自然也在其中，然而他们却无一人在供述中提及自己在十五日夜看到关帝在午门上空端坐的事。怎么可能在十一月，突然出现一个至迟不会晚于九月十八日在午门被捕的人交代一个惊人的神话呢？

另外值得怀疑的一点是，如果十五日夜确有其事，目击者不应仅限于企图逃走的教徒，其他在场官兵也必有目睹这一神迹者，然而通览当时多如雪片的奏折，却无一涉及于此。十五日夜，王公大臣分守紫禁城各

---

① 军机处录副第8821卷第14号，嘉庆十八年九月十七日，永璇等联折。
② 马西沙：《清代八卦教》，中国人民大学出版社，1989，第258页。
③ 军机处录副第8827卷第3号，嘉庆十八年九月十七日，穆克登额等联折。
④ 军机处录副第8821卷第19号，嘉庆十八年九月十八日，永璇、福庆联折。
⑤ 《清仁宗实录》卷274，嘉庆十八年九月壬午。

门，其中"午门策楞，东华门瑞龄，西华门庆祥，各带兵捕贼"①，再加上亲历其境的礼亲王昭梿。他们若看见了关帝显圣这么重大的事，如何会无动于衷，缄口不言呢？显然，关公显圣是子虚乌有的谎言。在一个半月之间，降雨灭火这一偶发事件，便由"天佑"具体化为关公显圣，这一神话形成本身就表明它有着存在的合理性和独特的价值。平民敢于攻打紫禁城这一震惊朝野的事件，无疑是对帝国的公然藐视，极大地损害了皇权在民众中的尊严，如何修复帝国的威信，向臣民证明自身的合理性，表白受命于"天"的大清帝国依然受到"天"的眷顾，乃较追捕几个造反者意义更为深远的事情。仿佛是突然有所醒悟，事隔一个多月后，嘉庆帝决定拿所谓的关公显圣神话大作文章。首先他于十一月六日颁布前文提到的那道上谕，从官方的立场对该神话予以肯定。

继十一月二十一日祭关帝庙之后，嘉庆十九年（1814）正月四日，嘉庆御前再传关帝"显圣"神话。原来上年十二月初十日，那彦成率部用地雷轰破滑县县城西南角，终于攻入城中，起事者利用民房顽强抵抗并坚持到天黑，然后利用夜色突围。据那彦成叙述当时的情景："是夜三更，臣等正在督兵防守，讵城内突有贼匪多人迳扑墙缺处所，齐声呐喊，蜂拥而来。经官兵奋勇截杀，贼匪拼命突围，甚属凶悍。时正月黑，官兵施放枪箭未能真切，适城旁有一庙宇忽然自行起火，照见贼匪约有二三千人，官兵如在白昼之中，直前冲杀。城内官兵亦赶出，两路夹击，毙贼约有一千余人，始将余匪截回城内。"经过三昼夜的剿捕，最终彻底消灭了城中的农民军。"事定后询之居民，乃知城旁之庙，后为三教佛，前殿即塑关帝神像。庙虽焚毁，神像岿然独存，毫无损动"②。于是，那彦成急忙上奏报喜，请求修庙赐匾。

显然，那彦成对此事的解释过于牵强附会，城旁庙宇起火，事必有因，他却不作调查，简单归结为"自行起火"；关羽塑像若果幸免于火，也属偶然，怎知此火即此土梗木偶所为？然而，事情的真伪在此已无关紧要，关键在于它的政治效果足堪利用，这次嘉庆帝不再犹豫，阅奏后即欣然提笔朱批道："览奏实深钦感。京中九月十五日夜，贼人见关帝端坐午门

---

① 军机处录副第8821卷第13号，嘉庆十八年九月十六日，永璇、福庆联折。
② 军机处录副第8819卷第41号，嘉庆十八年十二月二十九日，那彦成折。

上，遂相率投诚、自尽。仰蒙垂佑，曷胜虔悚！"①并于当日谕内阁："此次逆匪滋事，屡荷关帝灵爽翊卫，实深寅感。著该衙门于原定封号敬拟加封二字进呈，候朕酌定，通颁直省，用答神庥。其滑县庙宇，俟重修落成之日，该抚再行奏请御书匾额，敬谨悬挂。"②

当时，关帝保持的封号为乾隆三十三年（1768）赐"灵佑"后所形成之"忠义神武灵佑关圣大帝"③。此次承蒙关帝如此鼎力相助，自当再加表彰，最终嘉庆帝选中了"仁勇"二字添在"灵佑"二字之下。正如嘉庆谕中所言："我朝崇祀关帝，灵应屡彰。"④

关羽作为军神武圣，颇受彪悍尚武的满族的崇敬，"未入关之先，以翻译《三国志演义》为兵略，故极崇拜关羽"。入关后更是备受青睐，屡"有托为关神显灵卫驾之说，屡加封号，庙祀遂遍天下"⑤。每当清政府遇到兵戎之事，如反击廓尔喀之役、镇压川楚陕"白莲教"起义、平定张格尔之乱、镇压太平天国起义等等，往往都会声称有关帝显灵相助。⑥作为这种互利关系的双方，关帝只不过得到了一大串谄媚的虚名和袅袅青烟、若干供品罢了；而清王朝却是真正的受益者，它荣获了天佑神助的光环，为政权存在的正统性和合理性找到了佐证。这是因为关羽受到历代汉人的崇拜，在汉族社会中地位颇高，且关帝信仰在广大乡土社会中也有着极为深厚的土壤。⑦清廷热衷于利用关公，以关羽为帝国的守护神，正是适应和迎合了国内主要民族汉人的心理，容易为他们所理解和接受，以便在汉人中修复被损害了的清王朝的神圣性，使人们恢复对清政权的信心和敬畏。可见，神道设教在统治者手中就如同颇为应手的工具一般，任人摆布。事实上，关帝并不独爱一家，任何有意者（哪怕是敌对双方）都可获得他的慷慨"帮助"。如清统治者大力宣扬清军入关期间，关帝"每显灵助战"⑧；而明朝一方也有类似传说："崇祯三年十一月内，奴□□破遵化、固安等城。

---

① 军机处录副第8819卷第41号，嘉庆十八年十二月二十九日，那彦成折。
② 《清仁宗实录》卷282，嘉庆十九年正月丙寅。
③ 《清会典事例》卷438，〈礼部·中祀〉。
④ 上谕档，嘉庆十九年二月二十一日谕。
⑤ 王嵩儒：《掌固零拾》卷1，《译书》。
⑥ 关于清王朝与关帝的互利关系，请参阅郭松义《论明清时期的关羽崇拜》，《中国史研究》1990年第3期。
⑦ 参阅郑土有《关公信仰》，学苑出版社，1994。
⑧ 何刚德：《客座偶谈》卷4。

嘉庆"癸酉之变"后京畿地区流言浅析

十二月初九日,直逼都城。二十日,满桂、祖大寿与贼交战,贼败。次日再战,贼奴大败,城中稍安。正阳门住人,不常□入庙里抽签,这两日都见帝庙上那些□人泥马,个个遍身流汗,于是满城欢呼道:威灵显赫,护国庇民,从古所无。"①

事实证明,"癸酉之变"后出现的这一来自最高权力机构的神话,是神道设教的一次成功应用,它的确在民间生了根。事发不久,京畿地区的村民中就开始传说:"那纸人纸马成过事,都起在半空,被关帝显圣一阵雨把纸人纸马都打掉了。"②乡土百姓的历史记忆往往就是史实与传说的混杂,在人们茶余饭后、休闲纳凉中,故事代代相传,内容渐趋丰富。我们可以从清末民初天津一带流传的一则传说中找到佐证:白莲教"京都闹的更甚,太和宝殿、保和宝殿殿座,皇上临宣之处天花板上,皆有白莲邪教之人隐现。道光皇爷震怒,亲放鸟枪击下邪教之人,发在刑部严刑鞫问,勘问确实,入奏;上谕下,枭示。关圣帝君显圣,驱逐邪教,朝中始安,皇上敕封护国汉圣清佛"③。显然经过半个多世纪的流传、增补、编织,有关"癸酉之变"及关羽显圣的传说在民间更趋完整和条理化了。这类神话的流传无疑使人们对遍布城乡的关帝庙平添几许虚妄的敬畏和遐想。

二 纸人纸马与迷药

马祥玉,真名叫马士瑞,山东武定府惠民县人。素无恒业,在京畿地区游荡谋生,曾在宝坻县林亭口做过生意,后改"各处摆摊相面为生",到庄稼成熟季节,便买把镰刀给人做"秋活"。嘉庆十八年八月,经朋友介绍到通州董村李在天(李元陇?)家佣工。下面是他们在李在天家有关天理教的一段对话:"小的就问李在天是什么教。他说是天理良心教,人

---

① 明刻《关帝历代显圣志传》卷4,《两朝加敕赐封号》。此传说应为崇祯二年之事,日期亦不准确。
② 军机处录副第8811卷第44号,马祥玉供词。
③ 储仁逊:《闻见录》第1册卷1上,道光元年辛巳下元条。天津社会科学院图书馆抄本,原本藏天津图书馆。据该书所附《天津日本图书馆志》记载:储仁逊字拙庵,天津人,生于同治十三年(1874),卒于民国十七年(1928)。他以"有闻必录"的精神,将平日点滴所得,手录成册。可知此神话至少在清末民初尚有流传。

441

教要拜天地君亲师，就可以传道。小的就问传什么道。他说传道要跪一炷香，黑夜不许点灯，男女都可传得，骑木凳为马，再使铜盆洗脸，就可看见南天门，还看见前世冠戴什么顶子，花几两银子还可以买职分。李在天叫小的入教，叫小的拿出几两银子。小的说没有银子。他又说大有大成，小有小就，他就要上京，俟回来再著小的入会。他们还有丸药，说是吃了就不怕杀砍。小的拿一丸吃了，因不好吃，小的就吐了。"回到场院，李在天的"亲谊"刘二又对他说："李在天会念咒语，实在厉害。家里有一位军师，有纸人纸马在木匣里盛放，到满了月，他就会活了成事。若不到日子把匣开了，晚上他还要混闹。"当事件发生时，马士瑞被留下看守场院粮食。逃离董村后，又继续"算命、卜卦、相面度日"，十一月底被差人盘获。①

显而易见，上述供词中真假参半，供述者在极力避免将自己牵扯到天理教和攻打紫禁城的事件当中。他究竟是否入教以及是否参加董四等人的行动在这里并不重要，关键在于他编织了一个有趣的故事，从中我们可以了解到宗教结社在当时民众的心目中究竟是什么样的存在。

供述中反映了几项天理教的法术，即木马纸人、铜盆现象、药物迷人。这些都属人们对所谓"白莲教妖术"的描述，其他类似的还有撒豆成兵、驾席飞行等。无知民众茶余饭后、街头巷尾、田间路遇，一言十传，往往用生活经历或社会事件与之附会，以至花样翻新、层出不穷。其中木马（或纸马）纸人是民间流传甚广的神秘法术，尤其纸人作祟、剪鸡翅、男妇辫髻、小孩阳物等传闻颇多，②一般称作"剪纸成兵术"。据闻，施法术者将随意剪好的纸人排放在地上，接着披发仗剑、禹步念咒，最后口中含水喷向纸人，纸人便会动起来，出去作祟。待回来后再按前法照样做上一遍，便可恢复纸人状态。③宗教结社的教首常用这种法术引人入教，史书及民间多有记载和传闻。

如明永乐十八年（1420），山东蒲台县唐赛儿"自称佛母，诡言能知前后成败事；又云能剪纸为人马相战斗。往来益都、诸城、安丘、莒县、

---

① 军机处录副第8811卷第44号，马祥玉供词。
② 参照徐珂《清稗类钞》第10册《方伎类·纸人为祟》，中华书局，1986，第4653~4654页；蒲松龄：《聊斋志异·妖术》。
③ 《道教之本》，东京：学习研究社，1992，第155页。

即墨、寿光诸州县，扇诱愚民"①。

嘉靖三十六年（1557），有马祖师在浙江乌程云雾山中聚众，"自言能剪纸为兵，或为蝴蝶样，人以刀杖击之，则反击，多伤。夜能飞入人家，男妇睡时，多为所压，辄昏瞆不醒"②。

万历十七年（1589），僧人李圆朗在广东始兴县造反。宣称"有易死还生、先天演禽及剪纸为人马，夜则飞动，并飞剑杀人诸秘法"③。

天启元年（1621）闰二月，罗江县白莲教首刘明选在四川绵州石马镇起事，官方曾接到报告，说教军在作战时使用"纸人纸马"和"草剑豆兵"④。据称当时仁寿县梅子然、侯元所传白莲教中，也有剪纸人纸马之事。

清乾隆末年，"陕西白莲教匪孙士凤窜入川境"，收徒传教，拜灯念咒，"诡称灯花如斗大簸箕，可以腾云；板凳可以骑马；刀枪不能近身"⑤。

民间传闻白莲教"持纸人纸马，能在暗处剪人发辫及辫网子。纸人持刀杀人，搅扰家家户户不安，临晚安寝，皆在房门内、房顶上、窗户、猫道安放水碗"⑥。

另有故事曰："黄某，佚其名，勇敢有力，且工剑术。人有以白莲教说之者，辄嗤以鼻，曰：'庸人自扰耳。'某夜，挑灯夜读，声朗朗达户外。夜三鼓，闻窗前履声甚响，黄疑之，左手持灯，右手仗剑，徒步出门，猝见一人，身长丈余，面目狰狞可怖，黄舞剑与之斗。久之，渐不敌，遁入房，取狗血喷之，应声而倒。所谓丈余长人者，乃以三寸纸所剪之侏儒也。"⑦

甚至在文人之中，纸人纸马之说亦有一定市场。明人朱国祯就曾记述了自己的一段经历："万历庚辰年，余馆于沈氏阡步之墅。薄暮，觉五里外汹汹人声，如捕贼者。稍冥，声益近而厉，如数千人水战状，大呼击

---

① 《明太宗实录》卷222，永乐十八年二月己酉条。
② 查继佐：《罪惟录》列传卷之31《马祖师》。
③ 《明神宗实录》卷210，万历十七年四月乙酉条。
④ 朱燮元：《少师朱襄毅公督蜀疏草》。
⑤ 民国《重修宣汉县志》卷10《武备·历代兵事》。
⑥ 储仁逊：《闻见录》第1册卷1上，道光元年辛巳下元条。
⑦ 徐珂：《清稗类钞》第4册《宗教类·白莲教》，中华书局，1984，第1971页。

撞。主人惧，以小舟遁去。余步墙外，火光四合，焰在树端，与人声震动大地。渐渐近在隔河，而墅之左右竟不能逼。余心知妖术，不为动。夜半方熄。次日归家，知浔中亦尔，盖广袤且百里矣。此妖术所为。捕兵遇一舟，有人方剪纸人马，仅寸许。擒送官，治之。后不复作。"①

蒲松龄也记述了这样一则奇事：明天启年间，山东滕县赵旺一家参加徐鸿儒"白莲教"（实为闻香教，相传徐鸿儒，亦"能以纸人马斗"②）。其女"小二知书善解，凡纸兵豆马之术，一见辄精"。钟情于她的同窗丁生往见小二，劝她出教一起逃走。小二"豁如梦觉"，劝说家人无效，便"出二纸鸢，与丁各跨其一。鸢肃肃振翼，似鹣鹣之鸟，比翼而飞。质明，抵莱芜界。女以指拈鸢项，忽即敛堕，遂收鸢，更以双卫，驰至山阴里，托为避乱者，僦屋而居"。与其为邻的翁姓，"绿林之雄也"。小二"乃剪纸作判官状，置地下，覆以鸡笼"。然后与丁生斗酒为乐，"方喧竞时，闻笼中戛戛。女起曰：'至矣。'启笼验视，则在囊中有巨金，累累充溢。丁不胜愕喜。后翁家媪抱儿来戏，窃言：'主人初归，篝灯夜坐，地忽暴裂，深不可底。一判官自内出，言：我地府司隶也。太山帝君会诸冥曹，造暴客恶录，须银灯千架，架计重十两。施百架，则消灭罪愆。主人骇惧，焚香叩祷，奉以千金。判官荏苒而入，地亦遂合。'夫妇听其言，故啧啧诧异之"③。

纸人纸马的变种是纸兔，"癸酉之变"发生前后在京南地区流传。八月底九月初，有一"过路人"途经宛平县西大营村，对吃过晚饭正在场院里闲坐的巴四家雇工谷二格和贾二说："黄村有姓林的要闹事，同伙的人来，就杀牛宴会；又听见林家有纸兔儿，烧上香纸，兔儿就会跳动。"④

与木马纸人的荒唐无稽不同的是，铜盆现象却是一种江湖骗术，称"照水术"。凭着特殊制造的铜镜或水盆，就可以让人看见自己穿戴帝王将

---

① 朱国祯：《涌幢小品》卷 32《妖人物》。
② 道光《城武县志》卷 13《外志·寇警》。
③ 蒲松龄：《聊斋志异·小二》。
④ 军机处录副第 8834 卷第 69 号，十二月二十一日，贾二供词；另见第 8834 卷第 23 号，谷二格供词。

相衣冠或其他幻象,令其上当。[1]该骗术多为民间教首所用,甚至罗教教祖罗清直接将"法水认相"作为"白莲教"的特征之一,"求拜日月是白莲,哄的男女都造难。法水照着公侯伯,早晚拿住都造难"[2]。

明嘉靖初年,发生了著名的"李福达之狱"。山西崞县人李福达的祖父就擅长"幻术",福达于"正德中复以其术走延绥","谓弥勒佛空降,当主世界。注水一盂,引男女自照,得诸冠服状不等,遂以为某当文武将相,某当后妃夫人。于是远近争来照水"[3]。

后有马祖师,"传正德中妖贼李福达之术,以盆水照影,文武冠带,男女具备。马即因其影,署官爵,大小高下不等"[4]。

明末福建瓯宁吴建"以幻术诱众,妄言世界将更,令人照水,现出富贵冠服,动其心,人皆信之"[5]。

前面提到的刘明选也会此幻术,一次中秋宴会上,他"取水盆照面",只见"冠上生两翅,牙幢环列甚盛"[6]。遂宁县的宋宗吉的做法是"用锡盆盛水,于灯下聚百十人为一堂,循序进拜。各于水盆中一照,或见冕旒衮袍,或见纱帽彩服,便知将来分位"[7]。

万历年间,江南丰县闻香教首高姓,"能使人目见金山、银山、面山、米山、油泉、酒井,谓有皈依之者,终身不贫"[8]。徐鸿儒也擅长此道,他"祖瓜刀悬镜之术,以水贮盆,令男妇持斋,授以俚偈熟诵。往照,现出前后幻身"[9]。还可"使各自见其为帝王将相衣冠"[10]。

---

[1] 据说清末民初著名骗子李星南及其助手即有此骗术。他们行骗香港富商之子陈某时,先点香请神,让陈某凝神注视一只装有清水的碗,然后一边念咒,一边从红色葫芦中倒水添入碗中。陈某突然看见自己的形象,后面有三堆金元宝和两个看守金子的恶鬼,随即影像全无,由此展开一场精心策划的骗局。原来那水碗是特制的,碗底为一块凸水晶,上贴一纸,画有陈某、金元宝及恶鬼的形象。碗里水少时,凸水晶将光线反射出去,看不到图画,当注水到一定程度时,那些图像就显现出来。吴雨等著《民国黑社会》,江苏古籍出版社,1988,第62~65页。
[2] 《正信除疑无修证自在宝卷·拜日月邪法品第十八》。
[3] 查继佐:《罪惟录》列传卷之31《李福达》。
[4] 查继佐:《罪惟录》列传卷之31《马祖师》。
[5] 董应举:《崇相集》,《议》二。
[6] 朱燮元:《蜀事纪略》。
[7] 朱燮元:《少师朱襄毅公督蜀疏草》。
[8] 康熙《邹县志》卷3《灾乱》。
[9] 《徐忠烈公集》卷2《平妖纪事》。
[10] 康熙《郓城县志》卷7《杂稽》。

另据记载：有李五"谓弥勒佛出世，当王天下。某人当为文武将佐，某女当为后妃嫔御。置水一盆，令其自照，果见各样冠服，于是人皆尊信不疑"①。

或许清政府也认为木马纸人、铜盆现象太过荒唐，故而对之未作什么反应，但有关药物迷人的内容却引起了官方的极大关注。因为消息来源不仅于此，仿佛京畿地区城乡已遍传林清聚人造反与神秘药物有关，否则人们便无法理解这一近乎疯狂的举动：仅凭少许的农民和简陋的武器，教徒们竟敢攻打帝国的心脏——紫禁城！按当时人的推测，他们一定是被什么迷了心窍。嘉庆帝所言"自问此事因何而起？总不出因循蒙蔽四字"②，也只是在统治机构内部找原因。而对于这些首善之区、较之其他府县更受"皇恩"的京畿农民为何做出如此惊人之举，则表现出由衷的困惑："朕虽未能仰绍爱民之实政，亦无害民之虐事。突遭此变，实不可解。"③此外，在官员奏折的批示中，嘉庆帝也流露出了类似的疑问："结怨于民，不知何故？"④在此，笔者不想讨论癸酉之变的原因，而是要明确一个前提，即事件发生后自上至下都对近畿村民的异常举动怀有极大的疑惑，并因而从各自的角度寻求答案。

供词所述的药物作用，即"吃了就不怕砍杀"，就是当时十分普遍的一种看法，因为长久以来，人们都认为迷药与"白莲教"之间是有着一定关联的。如明嘉靖年间，有河南人杨惠到山东曹濮间传白莲教，"善咒符水，托言能驱鬼兵，煽惑愚民"⑤。并于二十六年（1547）三月起事。后来，有人就声称："凡所掠丁壮，醉以药咒，列阵前，则憨战不避死伤"⑥。另明中期，有僧人张金峰"游陕西朝邑，颇以药饵符咒惑众"⑦。

于是"癸酉之变"后，有的教徒也利用它为自己辩解以求开脱。如白阳教首张廷太的儿媳张刘氏在供述自己入教经过时，称："十七年秋间，我公公同我男人逼我入教，我不肯从，被我男人多方折磨。十八年六月，我

---

① 《皇明从信录》卷26。
② 宫中朱批第522卷第1号，嘉庆十八年十月初一日，和宁奏折朱批。
③ 《清仁宗实录》卷274，嘉庆十八年九月庚辰。
④ 宫中朱批第522卷第9号，嘉庆十八年十月初七日，浙江学政汪廷珍奏折朱批。
⑤ 民国《单县志》卷20《艺文六·平寇祠碑》。
⑥ 毛奇龄：《后鉴录》。
⑦ 查继佐：《罪惟录》列传卷之31《张金峰》。

男人暗将黄药面子放在饭内，被我吃下，心中迷惑，遂入荣华会。"①但到了刑部她便推翻前供，道出实情："我在北城所供吃了黄面子药就发糊涂才肯入教的话，都是我怕死捏造出来的。其实我们教里并没有什么药，我入教时我男人并没有叫我吃什么药，是我到案时心里想着说是吃了药才肯入教，或者可以轻些罪名，我才这么捏造的。"②

民间的盛传，使清政府也处于半信半疑状态。早在嘉庆十八年（1813）审案之初，官方对此即有所调查。曾攻入西华门的田马儿被捕后"坚供伊父子并未服药，亦不知林清有何药物"。林清的外甥董帼太也为田马儿作证说："林清只有壮药，并无迷药。"③随后，董帼太又补充道："九月十四日，刘呈祥、刘进亭、贺八一干人都从我舅舅家起身进城，我见他们临走时神气照常，并没说一句糊涂话，也不像吃过迷药的。我想我舅舅从药铺出身，晓得些药方，如果另有迷药，或是他各自配的，我却没见过。"④显然，田马儿的矢口否认和董帼太的作证并没有打消清政府的疑惑，民间也依然沸沸扬扬地流传着类似谣言，最终在药纽扣案中达到顶峰。

嘉庆十九年（1814）二月十五日，平谷县东关庙会上人来人往，远近村民的神经仍然因前不久发生的事处于兴奋状态，熟人见面，自然要聊上几句热门话题。平谷营马兵施进德当日被派巡查，见十字街东边有四五个乡下赶会来的人聚在一起说话，他便凑了上去，"听见有一人说近来听见蓟州地方有唱傀儡戏的将药纽卖给人，说纽中药甚灵，带了这钮子一百日后，就要发疯狂，逢人杀人。并说那卖钮子的是白莲教"⑤。施进德随即向本营把总王寿彪报告。半个月后即三月初四日，王寿彪到石匣去找守备富僧额述职时，才顺便说了此事，可见他们对这些街谈巷议并不十分相信。然而，言者无意听者有心，当时在座的密云县县丞徐振璜却认为此事非同小可，立即告知顺天府尹。

不久，在通州北乡拿获了唱木偶戏带卖纽扣的张化祥等人，"在于戏

---

① 军机处录副第 8832 卷第 46 号，嘉庆二十年正月二十四日，清安、孙升长联折。
② 军机处录副第 8831 卷第 57 号，刘张氏供词。
③ 军机处录副第 8822 卷第 65 号，刑部折。
④ 军机处录副第 8822 卷第 66 号，十一月初十日，董帼太供词。
⑤ 军机处录副第 8835 卷第 19 号，施进德供词。

箱内搜出铜钮扣两包,锤碎查验,内有红药"①。据供所贩钮扣买自山东长山县周村镇沈姓铺内,沈姓告知"这扣里是灌药的,带到一百天后,并六月暖天出了汗,人都会迷糊了,就腾云驾雾,闹起事来"②。对此,正在担心林清余党图谋不轨的嘉庆帝,似乎已有些相信这些散在近畿地区的钮扣与天理教闹事有关,他面谕刘镮之等,让顺天府"饬令各地方官妥为劝谕呈缴"③。官方的"妥为劝谕",实际上等于在某种程度上承认这一流言的真实性,于是药钮扣之说以平谷县为中心迅速蔓延开来。后官方派人调查流传范围及村民态度,"行抵蓟州,后周历五十余村,并蓟州西之通州、三河,蓟州东之遵化、玉田等处。……但闻乡民传言本年二月以后即有药钮扣迷人之说,因此见者不敢买,买者不敢用。至于佩带日久如何迷糊,却未见有应验"④。

此案的关键在于如何解释钮扣中发现的红色粉末。随着山东方面审理结果提交到京,案情终于大白。原来那红色粉末与钮扣的制作工艺有关,据扣匠解释:"做扣是用铜页凿成小圆片,打成碗样,钻眼安鼻,点上铜铅化的老焊药,又加上铜锡末或铁末,将鼻子焊住,把两个圆片对住合成一个扣子样,再用铜锡化成的灰焊药,加上硼砂调匀焊就,即是黑色粗扣。拿到沈益三铺里卖钱,他又把粗扣送到霉坊霉白发卖。至钮扣内焊的药,有用铜锡末调焊的,也有图省料钱用铁末调焊的。霉煮时扣鼻子透气,漏进黄矾水去,日久就变成红色;若是铁末调焊的扣子,放在潮湿地方,即不透水,日久也要变成红色。"⑤钮扣铺和霉坊的有关人等也都证实了上述说法。显然,药钮扣之说纯属以讹传讹、子虚乌有;官方持续了近两个月的追查也就偃旗息鼓了。

总而言之,骑木凳为马也好,纸人纸马闹事也罢,都无非是民间迷信中一些有关神秘巫术的言论,纯属无稽之谈。但它却成为一般民众甚至文人士大夫描述民间宗教结社的常用词语,这说明他们对这一亚文化群体的无知和偏见,人们习惯于将超乎常识的奇事怪事统统安到"白莲教"头

---

① 军机处录副第8835卷第1号,嘉庆十九年三月二十六日(朱批日期),刘镮之、费锡章联折。
② 军机处录副第8835卷第5号,张化祥供词。
③ 军机处录副第8835卷第7号,嘉庆十九年三月三十日,刘镮之、费锡章联折。
④ 军机处录副第8835卷第17号,嘉庆十九年四月二十六日,刘镮之、费锡章联折。
⑤ 军机处录副第8835卷第16号,张旭等供词。

上，当听到"白莲教"一词时，也很自然地联想到这些"白莲邪术"；而部分宗教结社的神秘色彩与不同寻常的行为，也使由此而来的疑惑、猜忌逐渐衍生出荒唐的解释。同时，历代统治者有关"邪教"的渲染，无疑强化了这一趋势。另外，从上述有关迷药的流言中，我们可以看到当社会发生动荡、民众的日常生活受到影响、人们普遍存在恐惧不安心理时，无论是统治者还是普通百姓，往往都会谈虎色变、疑神疑鬼，些许的风吹草动、谣言传说，就会在社会中产生强烈的回应，人们借此释放恐惧感，转移不满情绪，对社会和自身所处的景况作出解释。

"癸酉之变"的爆发在人们心理上产生了巨大的影响，有关关帝显圣、纸人纸马以及药纽扣等，都是传播在当时京畿地区的流言，但清政府的反应却各有不同。当统治者意识到关帝显圣可以帮助王朝恢复威严、使其存在的合理性与神圣性得到强调、树立民众特别是汉人对既存统治秩序尊敬与顺服时，便大加利用，极力宣传、鼓励，甚至不排除这一流言本身就是官方编造的可能性；而显然来自民间的纸人纸马与药纽扣之说，对维护政权的尊严与形象就没有什么作用，利用价值不大，之所以对其大加追查，主要是担心宗教结社是否果有迷人之药，用以犯上作乱，至于其中纯属无稽之谈的部分，官方便不予理睬，任其传言。从中可以看到"癸酉之变"后，清统治者对当时社会上所传流言的态度和对策，这取决于流言的内容与政权的利害关系，反映了清王朝控制、疏导社会舆论所做的努力，同时还说明了事发后以嘉庆帝为首的中央政府对神道设教的运用是纯熟和成功的。

（原刊于《清史论丛》1999年号）

清代的今文经学

杨向奎

西汉以后，今文经学（公羊学）若潜流于地下，默默无闻。清乾、嘉时代，当朴学发皇垄断一时的时候，公羊经学若奇峰突起，晚清康有为大张其帜，枝叶扶疏，倡变法以图强，今文经学又家喻户晓。溯源导流，清代公羊学的首倡者当推庄存与。

一　庄存与

庄存与，字方耕，江苏武进人，1719年（康熙五十八年）生，卒于1788年（乾隆五十三年）。他是中国封建社会末期公羊学的首倡者，此后这一学派中的重要人物几乎都受他的影响，著名者有门人孔广森、外孙刘逢禄等。他生存的时代，正是中国封建社会遭受危机的时代，内部的资本主义萌芽正在滋长，表现在农业生产和租佃制度上是富农式的经营出现，他们从地主手中承佃土地而转佃给贫苦农民。这种情况最早发现在南方各地区，比如广东。在北方，比如河北，在旗地众多的地区，庄头取得了二地主的地位。这也使农民和地主的关系出现隔离。当时的奏议有云："再查直隶一省，旗民居多，若任业主以董庄田，任庄头以率散田，其为力尤易，而为法尤简。"① 这"任庄头以率散田"，是庄头代地主为散田主而取得

---

① 《皇清奏议》卷44，赵青藜乾隆十二年疏。

二地主的地位。一方面，新的农业经营方式的出现，意味着古老的土地制度趋于没落，相伴而来的是佃农和地主之间的关系逐渐松弛，人身依附关系削弱了。这对于封建地主来说，不是兴旺的象征，而是他们的末路了。

另一方面的趋势与上述情况相辅而行，土地兼并更加剧烈，大多数农民被迫为佃农而衣食不济，比如"旧时有田之人，今俱为田耕之庄，每岁收入难敷一家口食，必须买米接济，而富庄登场之后，非得贵价，莫肯轻售，实操粮价低昂之权"①。地主阶级卡住农民的喉咙，掌握着他们的生存命脉。这本来是老问题，但愈演愈烈，阶级矛盾更加尖锐，农民起义和农民战争的风暴久而不息，波澜壮阔的太平天国随之而起。一方面是地主和农民间的隶属关系松弛，一方面是地主和农民间的阶级关系紧张，这都是促使封建社会走向崩溃的原因，而在这一张一弛之间，资本主义的因素随之萌芽，它一是表现在土地经营上，一是表现在手工业和商业的发展上。在乾隆时代，商贾的力量较快地加强而成为政治经济领域中的重要力量，农民一不如地主，二不如商贾，以致地主阶级也在论："农民最为苦，无田可耕则力佃人田，无资无佃，则力佣自活，……以苟免饥寒，即为乐岁。……此等民人自以为上不如有田之户得蒙恩免地丁钱粮之惠，次不如服贾之家得被恩免关津米豆之税。……夫同为圣世之民而有田之户与服贾之家得受国家蠲免之泽。"②在中国的封建社会内商贾是受排挤的，如今地位突出，几乎和地主等齐，政治上的身份，说明他们的经济力量；这新兴的力量要和封建主进行较量了，也就是资本主义萌芽要脱颖而出了。商业资本虽然还不是资本主义的资本，但是它的前身，是资本最初的表现形式，马克思指出说：

"商品流通的这个最后产物是资本的最初的表现形式。""资本在历史上起初到处是以货币形式，作为货币财产，作为商人资本和高利贷资本，与地产相对立"。③

---

① 《皇清奏议》卷44，杨锡绂乾隆十三年疏。
② 《皇清奏议》卷45，刘方霭乾隆十四年疏。
③ 《资本论》第1卷，《马克思恩格斯全集》第23卷，第167页。

"作为商人资本和高利贷资本,与地产相对立",正说明乾隆时代的对立情形,而商人资本孕育着资本主义的萌芽。过去在封建社会的早期、中期也曾经出现过商人资本,但这时的资本不是和地产相对立,而是和地产的结合,使商人变为商人地主,使资本消融在土地中。

现象比较复杂,引起的社会矛盾也是复杂的:地主和农民间的人身隶属关系出现松弛,同时他们之间的矛盾又形激化,在这一张一弛的夹缝中商业资本有了发展,形成了资本主义的萌芽,这萌芽是要发展、壮大到最终埋葬封建社会的主要力量,因之地主和商人之间存在着矛盾。对于地主阶级来说,这都是不吉利的征兆,他们有大祸临头的感觉,他们觉得自己的社会地位倾危,于是他们来一次自救运动而求助于多变的公羊学。看到前期公羊学的发展,我们知道地主阶级运用公羊学以自救的方式有二:一是世族地主阶级为了巩固原有的阶级地位而强调公羊学中的专制主义;一是新兴地主阶级为了争取新的统治秩序而运用公羊学中的改制思想。庄存与的时代是旧有的地主阶级感觉到自己处于危亡的时代,他们要进行自救,要巩固这固有的阶级秩序,但他们还不具有改制的要求,要等到资本主义势力有了进一步发展时,才能出现政治上的改制要求。

庄存与还是一个经师,他不是一个变法图强的政治家,因此他直接牵涉到政治问题的理论很少,但在他的思想中,要求巩固旧有的阶级秩序的愿望是强烈的。原来公羊学派的历史观点和政治理论相结合,他们的历史观进退于先王、后王之间,所以他们的改制理论并不彻底,即使是要建立地主阶级的新秩序也抛不下旧有的世族地主。庄存与的时代变了,他自己也不是一个有见识的历史学家,他用以和政治理论相结合的不是传统的公羊学史观,而引进了宋代理学。这混淆了学统,比如在《春秋正辞》的"奉天辞"中他引用二程的话道:"人理灭矣,天运乖矣,阴阳失序,岁功不成矣,故不具四时。"以理学解《春秋》,这是新的"天人之学",前所未闻。这混淆了学统,混淆了汉宋,所以后人在《清儒学案》中《方耕学案》的按语中说:"方耕于六经皆有撰述,深造自得,不斤斤分别汉宋,但期融通圣奥,归诸至当,在乾隆诸儒中,实别为一派。"

这位别为一派的经师不仅是混淆汉宋,而且是不分今古。在传统的学术流派中,汉学和宋学本来是互相水火,彼此抨击,庄方耕能够兼容并包,一方面说明他的学风,一方面这也是适应当时社会的需要。为了巩固这旧的阶级秩序他使用两道堤防。同是经学,今文经和古文经一向互为水火,从公羊学派看古文经更不能相容,因之今文《公羊》排斥古文《周礼》。但庄方耕却在以《周礼》济《公羊》之穷,这也可以说是刘歆的传统,他是以今文学派的世家而提倡古文经的。这也许是他们的不得已。公羊学在政治上只能是理论方面的发挥,它是一部历史哲学,不是一部政治纲领,它不具备可运用的典章制度,只是空洞议论,因之要借用《周礼》"以明因监"。庄方耕虽然一不主张改制,二不提倡变法,但即使是希望巩固原有的阶级秩序,也要有可借鉴的典章制度,于是他也想到《周礼》,在《周官记》中他说:"古先圣王之所以导其民者,先务于农民。农非徒为地利也,贵其志也。民农则朴,朴则易用,易用则边境安,主位尊。民农则重,重则少私义,少私义则公法立,力专一。民农则其产复,其产复则重徙,重徙则死其处而无二虑。民舍本而事末则不令,不令则不可以守,不可以战。民舍本而事末则其产约,其产约则轻迁徙,轻迁徙则国家有患。皆有远志,无有居心。民舍本而事末则好智,好智则多诈,多诈则巧法令,以是为非,以非为是。"齐民务农与否的问题,对于封建国家说有三利三不利,这些话和先秦法家,尤其是商鞅的学说非常相近,重农轻商,他们认为是富国强兵之本。我们可以说,公羊学派是儒家之左翼和法家之保守派。公羊学是沟通儒法两家的桥梁,以此公羊与荀卿近,所以我们曾说"公羊属于荀学"。

庄方耕在《春秋正辞》中《内辞第三》土功条也谈到此一问题,"王事惟农是务,无有求利于其官,以于农工,谷不可胜,由此道也"。所谓"农工"即"农民之工"。先秦法家之鼓吹农战,把农民束缚在土地上,从事农业生产,供他们剥削,战时从军,作他们的卫士,这是巩固封建地主政权的上策,所以庄方耕以经师而谈政治,由公羊学出发,以《周礼》为鉴,与法家正殊途而同归。《周礼》也尚法重农,和法家不二,公羊学而讲《周礼》,重农尊法,更接近法家;那么《公羊》与《周礼》不存在无法逾越的鸿沟。庄方耕重新疏通二者之间的关系实在具有卓识。晚清,康有为出,鼓吹《公羊》而排斥《周礼》,在二者之间又筑起鸿沟,这个时代变了,康有为要改制不必借镜于《周礼》,他要向资本主义社会迈进,

453

不需要导向巩固封建秩序的《周礼》了。

庄存与理想一个"大一统"的天下,这是公羊学千古不绝的伟大传统。庄所处的时代正是新的"南夷与北狄交,王室不绝若线"的时代。在南方,英国资本主义势力正在叩关,他们的鸦片烟船停泊以待;在北方,沙皇俄国得寸进尺,蚕食而鲸吞。这不是"夷狄"进于中国的太平世界,而是如何抵抗"夷狄"的问题,所以他的"大一统"不能和"张三世"的理论结合,而止于"内诸夏而外夷狄"。在《天子辞》"大规天子"条,他发挥道:"周公欲天下之一乎周也,二之以晋制则不可,其不可于是始,君子谨而致之,欲天下之一乎周也。"他没有进一步说明"夷狄"进而为中国的道理,"欲天下之一乎周",在当时来说也就是"欲天下之一乎清"。"欲天下之一乎周"而不可得,他转而肯定"二伯",因为齐桓、晋文是能够抵抗四夷,维持当时阶级秩序的人。他指出,"诸侯无伯,亦《春秋》之所恶也。则其不主晋何?曰,诸侯之无伯也,晋襄公始为之也,不主晋于是始而王道行矣。桓文作而'春秋'有伯辞,实与而文不与也"。①

"实与而文不与"是公羊学义法之不得已!"实与"是实质上赞许其维护当时的阶级秩序,"文不与"是不能公开地称道这以伯代王。在《二伯辞》中他又发挥道:"未有言同盟者,其言同盟于幽何?齐桓自是为诸侯正也。……齐主命则其言同盟何?夺其为正之辞也。……曷为夺之?有天子存在,则诸侯不得主诸侯命也。……盖自是礼乐征伐自诸侯出,天下且见为当然,而相率以安之矣。"②礼乐征伐是王者事,不能自诸侯出,有之,仍然是不能公开赞许的事!

"大一统"的天下是能够维护旧阶级秩序的天下,而不是在改制后,成立一个新秩序的天下。维护旧的阶级秩序和成立一个新的阶级秩序是公羊学在不同阶段不同时期中的不同主张。庄存与处在清代公羊学派中的前期,他的时代还要求他维护这即将崩溃的旧社会,而不是通过改制来建立一个新社会——资本主义社会。所以他要以道德学济公羊学之穷而引进理学。理学和公羊学结合的结果,使今文经学增添了新的内容,这新内容不仅使《春秋》为后王立法,并为后王立道德规范。在《诛乱辞》中他

---

① 《春秋正辞》,《诸夏辞》第5。
② 《春秋正辞》第4。

说道:"《春秋》礼义之大宗也,治有司者也。法可穷,《春秋》之道则不穷。""法可穷",因为法有时代的局限性,而《春秋》之道无穷,道是不变的。这仍然是董仲舒"天不变、道亦不变"的传统,而董仲舒也是理学宗师。

正如我们所指出的,庄存与所处的时代,是一个新社会正在萌芽的时代,新社会力量萌芽,新经济因素萌芽,新的意识形态也在萌芽。这些新萌芽在冲击着旧的,旧有的阶级秩序,旧有的经济关系,旧有的思想作风,因之道德标准也在变换着。庄存与作为多变的公羊学者本来应当适应或者是推动这种变换,但也如我们曾经指出的,他是巩固旧秩序的公羊学家,打算以变来维护不变,所以他说:"乱天下之大防者晋也。诸侯以晋为正,实以力为正,自时厥后,苟有力其从之。何知仁义,以享其利者为有德。其机在此,此谓大恶。"①晋为春秋时强有力的大国,公羊学虽然肯定晋文之伯业,但庄存与仍然以为自时厥后,屡乱天下之大防,而诸侯以之为正。所谓乱天下之大防即乱旧的阶级秩序,旧的秩序被扰乱,于是而有新的道德规范。在过去,比如西汉,因为新兴地主阶级出现,司马迁曾经说:"何知仁义,以享其利者为有德。"事过千余年,庄存与又重复这个问题,这意味着更新的阶级在萌芽,新的事物在萌芽,旧道德将被扬弃,所以他也说:"何知仁义,以享其利者为有德。"在《外辞》中他又提出"窃钩者诛,窃国者为诸侯"。这也是司马迁强调的道德学说。阶级关系不是永久不变的,新的阶级在日渐强大,他们有他们的价值观,他们有他们的道德标准。恩格斯在批判杜林的时候指出:

> 一切已往的道德论归根到底都是当时的社会经济状况的产物。而社会直到现在还是在阶级对立中运动的,所以道德始终是阶级的道德;它或者为统治阶级的统治和利益辩护,或者当被压迫阶级变得足够强大时,代表被压迫者对这个统治的反抗和他们的未来利益。②

"何知仁义,以享其利者为有德",既可解释为统治阶级的利益辩护,

---

① 《春秋正辞》,《诸夏辞》第5。
② 《反杜林论》,《马克思恩格斯选集》第20卷,人民出版社,1971,第103页。

也可以解释为新社会力量未来的利益辩护。稍后,当太平天国起义前夕,龚自珍遂有歌颂"私"的文章,这是一种新的消息,有如春雷,在前资本主义社会,"私有制"是不完备的概念,在资本主义社会"私有"才是不可侵犯的。这正如恩格斯所指出的,每个阶级都是"从他们进行生产和交换的经济关系中,吸取自己的道德观念。"龚自珍的"私",只能在进行生产和交换的经济关系中去寻找它的道德观念。

如果庄存与在维护旧秩序的理论上,只是提倡旧的而压抑新生事物的萌芽,这并不是公羊学的传统,《公羊》是地主阶级的应变哲学,在他们走投无路的时代,地主阶级也有人在打算"变",在不变基础上的变,谋求改变一些制度来巩固这已有裂痕的基础,只能是在基础不变的情况下来谈变,所以庄存与也在"讥世卿",这是向世族地主挑战了。他说:"公羊子曰:讥世卿。世卿非礼也。其圣人之志乎?制《春秋》以俟后圣。后世之变,害家凶国,不皆以世卿,故圣人明其忧患与故,岂不知之,则何以必讥?告为民上者,知天人之本,笃君臣之义也。告哀公曰:义者宜也,尊贤为大。……非故非贤不可以为卿。君不尊贤则失其所以为君,彼世卿者,失贤之路,蔽贤之蠹也。……世卿非文王之典也,无故无新,惟仁之视,尊贤养贤之家法也。"①庄存与的时代世卿是满人贵族,他们掌握政权,非满人贵族不得居高位,非满人贵族不得据要津,于是新人被抑,而庄存与遂鼓吹尚贤。当社会处于转换的前夕,贤人多属未来的阶级,于是他在"讥世卿"。"讥世卿"本来是前期公羊学者站在新兴地主阶级的立场对世族地主的抨击。当然不能说庄可以站在未来阶级的立场上,只能说他对旧贵族政权表示了不满,这不满的意识将随着新兴阶级的产生而越来越明确和强烈。就庄存与而言,我们还看不出他有改制或变法的决心,他只是想望如何用贤人以巩固原有的秩序,不能以旧补旧,这时贤人往往是新人。这是公羊学派固有的矛盾之一,他们想变,又不想彻底地变,变而不变,所以他们多微言大义,多非常异义可怪之论!

庄存与是中国封建社会后期公羊学派的创始人。汉以后公羊学派沉沦已千余年,然而它是一种地主阶级的应变哲学,当中国封建社会崩溃的

---

① 《春秋正辞》,《天子辞》。

前夕，地主阶级中的"开明"之士又感到有变的必要了，所以庄存与鼓吹公羊学，这是千余年不绝若线的"绝学"，它的复兴不是没有阶级基础的。但在乾隆时期，还不是封建社会已在崩溃的时期，而是前夕，一切新因素都在萌芽，对于封建地主阶级来说，内外交困的时代还在未来，因此他们还要维护这将倾的古厦，而不是根本铲除它建立新的社会。以此庄存与之鼓吹公羊学也只是作维护旧基础的打算而缺乏崭新的内容。但时代在变，所有新萌芽都在茁壮发展，而外来的侵略势力恣肆张狂，封建社会和它的政权，越来越不稳定，这大厦将倾，于是他们越发向往于多变的公羊学，此后一直到清代末期公羊学始终在活跃着！

二　孔广森

阮元序《方耕经说》云："通其学者门人邵学士、孔检讨及子孙数人而已。"以上，邵学士不以今文经名家，而孔广森虽讲公羊学，但宗旨与方耕不合，一语而两失，亦足见公羊学之不为人所知。孔广森，山东曲阜人，是"袭封衍圣公"孔传铎之孙，生于1752年（乾隆十七年），卒于1786年（乾隆五十六年）。长于音韵小学，治经殆非所长，以此其公羊学亦卑之无甚高论。他是孔门裔孙，而孔氏一家自汉以来是世袭贵族地主，到清乾隆年间还是鼎盛时期，孔家在政治、经济上需要王朝的封赠和支持，而封建王朝则需要孔氏的道德学和精神力量，千百年来他们彼此之间是这样结合在一起的；但他们之间也存在着矛盾，这主要表现在土地兼并和依附农民问题上。封建王朝当然保护地主阶级土地所有制，不过世族地主的过度膨胀，对于当时的朝廷来说又形成一种对抗的力量。大土地所有者既有土地又有农民，而土地可以隐瞒，农民可以挂漏，对于封建王朝既不纳税，又不出徭，这形成一种独立的力量。当时的王朝有力压制这庞大的力量使世族地主就范，就可以维持一个强盛的统一局面；不能做到这一点，世族地主可以变作强藩，形成一种分散或割据的力量，而不可能有强有力的中央。

清初曲阜孔家的地位如故，他们和王朝间的勾结及矛盾也继续下来。

在中国历史上每当旧王朝趋于瓦解，或者是新王朝初建的时候，社会秩序动荡，科徭繁重，大批自耕农民以至小地主托庇在大地主庄园下，于是朝廷失去税粮和差丁，矛盾更加突出。明末如此，这是旧王朝趋于瓦解的时候；清初如此，这是新王朝初建的时候，纠纷不已。朝廷和孔家互争土地和农民，一直斗争下来，到乾隆年间他要解决这棘手的问题，他要和衍圣公作面对面地斗争了。当时的衍圣公孔昭焕以为地方官额外差徭过多，例应优免差徭的庙户（即孔家的依附农民）也得不到免除，于是他悻悻然地说："请将现存户丁酌留五十户，其余户丁，改归民籍，交地方官编审，与民籍一体当差。"① 这是违反心愿的话，因为本应免徭而加派，所以他表示不满。乾隆则加以呵斥说，根本不存在繁重的科徭问题，有些水利事业，本为民办，不得谓之差徭。并此等民差亦不应承，一以委之乡中贫农，使依托孔氏的农户得逍遥于一切差徭外，是没有道理的。当时山东巡抚白钟山也公开地说，"有粮之家，依托庙户，影射居奇"。这是指中小地主也在依托孔家而逃避税丁。世族地主的这种膨胀的行径影响当时朝廷的地位，他们不会容忍这种行为。衍圣公究竟不是教皇，他只是"文章道德圣人家"，于是孔昭焕遭到议处。乾隆朝还是清朝的有力时代，虽然已经中干，但和一个世族地主斗法的话，还是有余裕。如果朝廷制服不了这种膨胀的势力，势必出现分裂的局面，所以我们说，贵族地主阶级的膨胀是一种分散的力量。

乾隆也只是稍抑贵族地主的凶焰，使他们一时收敛而已，还没有根本解决问题，因为在封建社会孔家是"与天并老"的，他们的庙、佃两户仍然继续得到优免，地方徭役也没有能够均平。孔广森是处于这个时代这种环境中的一个经师，存在决定了他的意识，那么他讲《公羊》，在这多变的体系中，他将吸取什么，发挥什么？在早期的公羊学派中，他们的中心思想是：（1）鼓吹"大一统"；（2）把理想世界放到现在和未来。在庄存与的公羊学中已经失掉了这种中心思想，在孔广森的思想体系中同样找不到这种思想。不过在他的《春秋公羊通义》的开端他却作了如下的发挥："天子诸侯通称'君'，古者诸侯分土而守，分民而治，有不纯臣之义，故各

---

① 《清朝文献通考》，《职役》五。

得纪元于其境内,而何劭公猥谓,唯王者然后改元立号,《经》书'元年'为托王于鲁。则自蹈所云'反传违戾之失矣。'"这不是在鼓吹"大一统",是在鼓吹分裂了,这是自有公羊学以来不曾有过的义法,也是不可能有的义法。《公羊传》隐公元年首先即发挥"大一统"的理论,它说,"元年者何?君之始年也。春者何,岁之始也。王者孰谓,谓文王也。曷为先言王而后言正月?王正月也。何言乎王正月?大一统也"。后来封建王朝之所谓"奉正朔",即以之作为"大一统"的象征。而孔广森避此而不谈,以为古者诸侯分土而守,分民而治,各得纪元于其境内。这不是公羊学原有义。孔所云云是古代历史的真实情况,而《公羊》是历史哲学,他们是就历史记载(《春秋》)发挥自己的历史学说。不是何劭公曲解,而是孔广森自蹈"反传违戾之失"。而且这种不纯臣的现象到乾隆时已不存在,如果说还有类似典型的话,当时的曲阜孔家是一个,清初的三藩也还类似,三藩已不存在,而孔家还在和朝廷争夺土地和人民,这是分土而守,分民而治,而且有不纯臣之义。存在决定意识,孔广森为他们的贵族地主地位作辩护。

公羊学的政治理想和他们的历史观分不开,公羊学的历史观近于荀子的法后王,而把理想的社会放在后来,但孔广森于此毫无发挥,他似乎不理解公羊学派的"三世说","三世说"是公羊学"三科九旨"的主要内容之一。这在何休的《春秋文谥例》中曾有明确交代,一直到清末的公羊学家都集中到"三科九旨"上加以发挥,但孔广森却驳斥何休,以为他是"志通《公羊》,而往往还为《公羊》疾病者也"。他说,"《公羊》者旧有新周故宋之说","新周"虽出此传,实非如注解。"故宋"传绝无文,唯《穀梁》有之,然意犹不相涉。是以晋儒王祖游讥何氏"黜周王鲁,大体乖硋,志通《公羊》,而往往还为《公羊》疾病者也"[①]。他不相信何劭公的"三科九旨",而另立自己的"三科九旨",道:

夫周纲解弛,鲁道陵迟,攻战相寻,彝伦或熄,以为虽有继周王者,犹不能以三皇之象刑,二帝之干羽,议可坐而化也。必将因衰世

[①]《春秋公羊通义》定公十六年。

之宜，定新国之典，宽于劝贤而峻于治不肖，庶几风俗可渐更，仁义可渐明，政权可渐兴。乌乎托之？托之《春秋》。《春秋》之为书也，上本天道，中用王法，而下理人情。不奉天道，王法不正；不合人情，王法不行。天道者：一曰时，二曰月，三曰日。王法者，一曰讥，二曰贬，三曰绝。人情者，一曰尊，二曰亲，三曰贤。此三科九旨既布，而壹裁以内外之异例，远近之异辞。错综酌剂，相须成体。凡传《春秋》者三家，粤惟"公羊"有是说焉。①

以上所谓日、月、时之例，讥、贬、绝之辞，尊、贤、亲三议都是公羊学原有义，但以之为《公羊》中的"三科九旨"，却是以小作大，不能发挥《公羊》在政治和历史上应有的影响和作用。我们所谓公羊学是指自公羊学开始直到东汉何休。何休之总结《公羊》虽然和当时的社会具体情况脱节，但是公羊派应有的总结，这种总结保存了公羊学丰富的内容，也保存了公羊学优良的传统。这种总结在清朝末年康有为的变法运动中发挥了应有的作用。孔广森的《通义》，是以朴学精神治《公羊》，不本何休，而出自他本人的归纳，这是一种平凡的归纳，缺乏公羊学原有的闳肆见解和富于理想的开阔议论。虽然他就《公羊》而论《公羊》，免于"反传违戾之失"，但无与于学术思想的发挥。

《公羊通义序》是孔广森系统的发挥《公羊》义理的文章，他认为《公羊》与《孟子》相合，孟子是最善言《春秋》的，他说：

> 东汉时帝者号称以经术治天下，而博士弟子因瑞献谀妄，言西狩获麟，是庶姓刘季之瑞，圣人应符为汉制作，黜周王鲁，以《春秋》当新王云云之说，皆绝不见本传，重自诬其师以召二家之纠摘矣。然而孟子有言，《春秋》天子之事也。《经》有变周之文，从殷之质，非天子之因革耶？甸服之君三等，蕃卫之君七等。大夫不世，小国大夫不以名氏通，非天子之爵禄耶？上抑杞，下存宋，褒滕薛邾娄仪父，贱谷邓而贵盛郜，非天子之黜陟耶？内其国而外诸夏，内诸夏而外四

---

① 《春秋公羊通义》序。

裔，殆所谓天下之本在国，国之本在家者与？愚以为公羊学家独有合于孟子。乃若对齐宣王言小事大，则纪季之所以为善，对滕文公言效死勿志，则莱侯之所以为正，其论异姓之卿，则曹羁之所以为贤，论贵戚之卿又实本于不言剡立以恶衎之义。……故孟子最善言《春秋》。岂徒见税亩、伯于阳两传文句之偶合哉。①

这是《孟子与公羊相通考》，孟子、公羊思想体系绝不相同，也没法相通。其实仅摘录文句，《左传》《穀梁》都有与《孟子》相通处，这种做法和后来的刘师培论《孟子》与三传相合的论文相似，都不能说明任何问题。我们曾经批评刘师培以为这样做法不妥，今于孔广森亦然。虽然他们一今一古，但都长于朴学，因之以朴学的方法从事排比的工作。即以《孟子》《公羊》相通而论，他们之间不相合之处甚多。比如《左传》宣公四年有云："凡杀君称君，君无道也；称臣，臣之罪也。"这是《左传》五十凡之一，凡例，《左氏》中之大法，是一种纲领，但这最为《公羊》《穀梁》所讥，因为它违反了传统的道德伦理，但孟子却说：

齐宣王问曰：汤伐桀，武王伐纣，有诸？孟子对曰：于《传》有之。曰：臣弑其君可乎？曰：贼仁者谓之贼，贼义者谓之残，残贼之人，谓之一夫。闻诛一夫纣矣、未闻弑君也。②

以上是《孟子》与《左传》相通而不同于《公羊》。所以我们说类似的相通说，不说明任何问题。

孔广森有他自己的"三科九旨"，实际与传统的三科九旨不同而目的是维护旧的统治秩序，他不倡大一统，也不倡法后王，但主张世族地主可以割据称王。因为孔家是世族大地主，是既得利益者，"已享其利者为有德"，于是他们自称是"文章道德圣人家"，他们用全力来巩固这种局面。但《公羊》是讲"变"的书，原有的三科九旨都在讲变，也就是说他们认为社会在发展，历史在前进，这是他们的可取处，虽然他们主要还是为了

① 《春秋公羊通义》序。
② 《孟子》，《梁惠王》（下）。

地主阶级的利益立言。每当地主阶级处于困境的时候，公羊学往往应运而出，地主阶级中的不同阶层遂于其中各取所需。世族地主主张巩固这旧有的阶级秩序，而新兴的地主阶级则希望取而代之，封建社会后期的商业资本的持有者则向往着未来，向往着一个资本主义社会；因而他们对于《公羊》的需要也各有不同，他们可能都鼓吹改制，而所走的方向不同。孔广森是世族大地主，他的公羊学和他的社会地位未曾脱离，以此他要求于公羊学中的思想是如何来巩固这世族地主的地位，他在鼓吹"分土而守，分民而治，有不纯臣之义"，他在向往着教皇的地位。他学自庄存与，但他向后倒退的步伐，比庄存与更显著了。

虽然公羊学有反动的一面，但公羊学派究竟接近法家，处于变革之际的阶级秩序，不是儒家的伦理道德能够发挥作用的，于是孔广森有所求于法家，他曾经提倡法家的刑赏二柄说：

> 天下者大柄有二：曰威，曰福。二柄举则天下治矣，一有失矣，不以沦亡，则以败乱。下或擅之，小则以霸，大则以王。然威之为用，足以制人而已，王者之末也。福者积微以为用，以晦而彰，以柔而强，及其至也，威不足以言之，是王道之本也。何谓福？恩惠是也；何谓威？甲兵是也。先王经世有赐诸侯弓矢得专征伐之威，未与臣下得私恩惠之福，故礼家施不及国者，不与大夫得作福于国也。《诗》戒诸侯专封者，不与有国者得作福于天下也。……有威可畏，有惠可怀，此文王之所以造周也。①

"二柄"说出自法家，《管子》有"六秉"说，《韩非子》有"二柄"说。"二柄"即刑、赏，孔广森称之为威、福二柄，意义相同。《公羊》而有法家的学说，本非意外，但这样公开地提倡刑、赏二柄，在经师中还不多见。孔广森又多引《荀子》说《公羊》，这是他有见识处。

虽然他以法家解《公羊》是有见识，但他在《公羊》义法上少创见，而且谈不上墨守。他究竟是有名的训诂学家，当他以朴学讲《公羊》的时

---

① 《春秋公羊通义》。

候，却有所长，比如隐公五年春，公观鱼于棠。《公羊》云："公曷为远而观鱼，登来之也。""登来"两字，索解为难，于是孔广森曰："登来"之者犹言得之也。齐鲁之间无入声，呼得声如"登来"之合。郑司农注《大学》引《春秋传》云，"登戾之"即此文也。来古音貍，又转为戾。故《易》曰，"震索索中未得也，虽凶无咎，畏邻戒也"。彼"得"字以"登戾"反读之，乃正协"韵"。①这是一篇精致的音韵训诂，在公羊学中为仅见。又如他解隐公十五年《公羊传》"百金之鱼"时指出："本缘黄金方一寸重一斤，谓之一金，或可凡物以斤计者亦通言金，百金之鱼盖大鱼重百斤者与？"②这都是以朴学讲《公羊》，虽非《公羊》传统，但关于索解字义究有所长，东汉末年的汉学家，本来结合今古，寓义法于朴学之中，此所以何劭公有"入室操戈"之叹。孔广森的作风犹是汉学的传统，但不是乾嘉学派的正统，正统乾嘉不谈义理，谈亦捉襟见肘，此于段玉裁的著作中可见。

孔广森的公羊学可称道者仅此而已。在他以前庄存与是清代公羊学的开创者，虽少发挥，但处于变革的前夕，新的萌芽在冲击着旧的阶级基础，于是庄存与强调以道德济王法之穷，同时而有讥世卿的理论，这本来是进退于新旧之间，未免矛盾。孔广森和庄存与同时，他们的身份地位却不相同，因之表现在思想意识上也不相同。孔广森是大世族地主，他鼓吹世卿世禄而且进一步主张分土而守，分民而治，不提倡加强王室的大一统。公羊学而不强调"大一统"反来提出"有不纯臣之义"，这不是公羊学，但孔广森又使《公羊》与法家结合，以法家思想讲《公羊》，使"刑赏"二柄济儒家之穷，这又是公羊学的传统。出入主奴，随心所欲，都说明处在过渡时代的矛盾状态。"二柄"是为了巩固旧有的秩序，而旧有的秩序应当是贵族有不纯臣之义，因而使他的学说陷入不可解脱的矛盾中。

孔广森本来擅长朴学，义理非其所长，如果他以朴学解《公羊》，可能有较好的成就。但《公羊》不同于《左传》，非历史书，训诂与义理的结合是阮元一派所向往，非所求于公羊学者。

---

① 《春秋公羊通义》。
② 《春秋公羊通义》。

三　刘逢禄

　　清代中叶的公羊学者对后来最有影响的人是刘逢禄。刘逢禄江苏武进人，他是庄存与的外孙，生于1776年（乾隆四十一年），卒于1829年（道光九年）。他的时代已经是鸦片战争的前夕，也是中国面临半封建半殖民地社会的前夕，这正是《公羊》所谓"南夷与北狄交，王室之不绝若线"的时代，也正是地主阶级感觉到危亡非变不可的时代。于是已经萌芽的公羊学越发具有发育的土壤。庄存与、孔广森虽然发现了公羊学，发现公羊学是地主阶级感觉到恐慌的征兆，但他们还没有从《公羊》中找到解脱的方案，也就是说前期的公羊学家还在摸索，他们还没有找到公羊学的关键所在。

　　刘逢禄是继续寻找这关键所在的人。其实这关键就是何劭公经过十七年的探索而总结出来的"微言大义"。何休的总结和他的时代还是息息相关的，东汉末年也是一个危机四伏的时代，可惜他不是一个政治家，他不能用《公羊》来解脱当时的危机，只能是一个"书面总结"，没有发生实际效果。但他的总结仍然具有历史意义，在后来产生了巨大影响。社会在发展，虽然封建社会发展缓慢，可以应用于昨日的药方，不可能用于今日或明日，那么医疗方案也应当发展。庄存与和孔广森还没有找到有效的旧方案，更谈不到新发展，刘逢禄找到原有的旧方案，公羊学中心思想，就此而论，他已经前进了一步，因为他探索的是核心问题，庄与孔并没有找到这核心所在。

　　刘逢禄是发现何休总结《公羊》的一个人，他适当地评价了这个总结而有他自己的理解，有了他自己的理解就有了新的内容。此后，公羊学逐步和历史实际相结合而有所发展。鸦片战争后，公羊学派风起云涌，谈改制，谈变法，都是在《公羊》中找方案，刘逢禄是提供方案的人。我们曾经指出，在公羊学的思想体系中，"大一统"和"张三世"是它的核心所在。他们鼓吹一个"大一统"的天下，这"大一统"是理想也是事实，因为中国自三代以来始终一统；是理想，因为在王朝的季世有时分裂，所以他们把希望放在未来，未来的世界应当是"大一统"。庄存与没有意识到这一点，孔广森更不理会这"大一统"，他的"三科九旨"完全和上述主题无关。刘逢禄出而局面为之一变！

刘逢禄论"大一统"：

> 自王纲不振，小雅尽废，强大兼并，君臣放弑，诸侯奔走，不得保其社稷者不可胜数。极于中国微灭，吴楚狎主，而三代之彝伦法制斁坏，简弃无复存者。盖夏商之末失以强，而周之末失以弱。……厉幽之亡，不生孔子，天将以《春秋》之制统三正而正万世也。周之衰也，始则礼乐征伐自诸侯出而专封专讨，天子不能问也。继则自大夫出而擅作威福，君若赘旒，下至陪臣效尤，而皂隶舆台，启假威坐床之叠，外至四夷乘便，而文身左衽，张僭号争长之心。……夫子遂为之极其义曰："臣弑其君，子弑其父，非一朝一夕之故，其所由来者渐矣，由辨之不早辨也"。……然犹以为托之空言，不如见诸行事之深切著明，于是受命制作，取百二十国之宝书，断二百四十二年之行事，上诛平王而下及于庶人，内诛鲁公而外及于吴楚，虽冒万世之罪而不敢避。……夫医者之治疾也，不攻其病之已然，而攻其受病之处。《小雅》尽废，乱贼所以横行也。《春秋》欲攘蛮荆，先正诸夏，欲正诸夏，先正京师，欲正士庶，先正大夫，……欲正诸侯，先正天子京师，天子之不可正则托王于鲁以正之。①

刘逢禄没有正面提出"大一统"，但"王鲁"之义，主要是扶持一个强有力的天子发号施令，以期王纲之不坠。理想的"大一统"是四夷进于诸夏，但在乱世，臣弑其君，子弑其父，政自大夫，王若赘旒，浸假而与舆皂隶假威坐床，四夷乘便文身左衽，这本来是社会发展之必然，阶级矛盾与民族矛盾交织，王纲之不坠若线。清代乾嘉以来，道光年间又出现了类似局面，这当然不是历史的重演，这时有这时的内忧，这时有这时的外患，而这种内忧外患将迫使这古老的社会崩溃，使这文明古国沦亡，这不是使四夷进于中国的大同世界，而是拥护天子以攘夷的乱世。周天子不可

---

① 《公羊何氏释例》，《诛绝例》第9。

得，于是他有所望于新王，希望有一个新局面来维持这即将紊乱的社会秩序。于是由维护一统而立新王，由立新王而有变法改制的主张，这是由公羊旧义可以引申的新义，所以我们说《公羊》多变。但在刘逢禄的思想体系中不存在一个新社会的理想，也就是说在他的思想中不具有资本主义社会的萌芽。这在稍后龚自珍的思想中可以望见端倪，而在康有为的著作中已经是呼之欲出了。不过刘逢禄还是要求一个新王，他一再鼓吹"王鲁"：

> "王鲁"者即所谓以《春秋》当新王也。夫子受命制作，以为托诸空言，不如行事博深切明，故引《史记》而加乎王心焉。孟子曰："《春秋》者天子之事也。"夫制新王之法，以俟后圣，何以必乎鲁？曰：因具史之文，避制作之僭，祖之所逮闻，惟鲁为近，故据以为京师，张治本也。圣人在位如日之丽乎天，万国幽隐，莫不毕照，庶物蠢蠢，咸得系命，尧舜禹汤文武是也。圣人不得位，如火之丽乎地，非假薪蒸之属，不能舒其光，究其用。天不生仲尼，万古如长夜，故曰归明于西，而以火继之，尧舜禹汤文武之没而以《春秋》治之，虽百世可知也。①

他进一步说明"王鲁"即以《春秋》当新王，《春秋》乃史书而可以当新王，是《春秋》为新王立法，后来遂落实为汉立法，其中心思想都是在要求一个新局面，一个新的"大一统"局面，秦虽统一，但不足以当之，至西汉，今文经盛行，于是遂以《春秋》为汉立法，孔子而可以为汉立法，是孔子可以前知，于是在今文谶纬书中孔子被立为宗教主，为教皇，董仲舒遂有造神运动而使孔子神化，后来康有为倡素王说而自号"长素"亦此意。根据《公羊》三世义，以《春秋》当新王，上黜杞，下新周而故宋。以《春秋》当新王即以未来的新局面为王，旧王即周王朝已经成了新被灭亡的朝代，所以称之为"新周"，这"新周"是"故周"的别解，故宋是古老的王朝，于是有"三恪"说。这是发展的历史观，不同于保守的儒家

---

① 《公羊何氏释例》，《王鲁例》第11。

言必称先王，他们却鼓吹新王，这新王也恰好是后王，于是我们说公羊学近于法家。

周不可兴而"王鲁"，而新王之法具于《春秋》，具于《公羊春秋》，《公羊春秋》理想的社会是"大一统"的社会。但理想与现实乖违，理想的"大一统"是四夷进于中国，现实的《春秋》时代是四夷狎主中国，这不能是攘夷的时代，而只能是进四夷于中国的时代，于是他肯定四夷狎盟的现象而有《秦楚吴进黜表》：

> 余览《春秋》进黜吴楚之末，未尝不叹圣人驭外之意至深且密也。昔圣人序东周之《书》，唯存《文侯之命》及《秦誓》，著其盛衰大旨。其于删《诗》，则列秦于《风》。序《蒹葭》曰："未能用周礼"，序《终南》曰，"能取周地"。然则代周而改周法者，断自秦始，何其辞之博深切明也。秦始小国辟远，诸夏摈之，比于戎狄，然其地为周之旧，有文武贞信之教，无放僻骄侈之志，亦无淫佚昏惰之风，故于《诗》为夏声，其在《春秋》无僭王猾夏之行，亦无君臣篡弑之祸，故《春秋》以小国治之，内之也。吴通上国最后，而其强也最骤，故亡也忽焉。秦强于内治，败敝于后，不勤远略，故兴也勃焉。楚之长驾远取强于秦，而其内治亦强于吴，故秦灭国而终覆秦者楚也。圣人以中外狎主承天之运而反之于礼义，所以财成辅相天地之道而不过乎物，故于楚庄秦穆之贤而予之，卒以为中国无桓文则文归之矣，何待定哀之末而后京师楚哉。于吴光之败陈许，几以中国听之，慨然深思其故曰：中国亦新夷狄也。……故观于《诗》《书》，知代周者秦，而周法之坏，虽圣人不可复也。观于《春秋》知天之以吴楚狎主中国而进黜之义虽百世不可易也。①

《春秋》"于楚庄秦穆之贤而予之，卒以为中国无桓文则文归之矣"。又于"吴光之败陈许，几以中国听之"。《春秋》大义，于据乱世本来是内中国而外诸夏，而今进夷狄于中国，以当时中国衰乱，"中国亦新夷狄也"。这

---

① 《公羊何氏释例》。

种演变，孔子知之，是以孔子已能前知，这是今文学的传统，当孔子删诗、书时已经知道"代周而改周法者，断自秦始"。秦本来是西方小国，远于诸夏，诸夏之国摈弃之而比于戎狄，但其地为周旧，有良好的传统而没有淫佚昏惰的风俗，所以《春秋》内之。楚也是有深厚基础的国家，所以在秦统一后而楚代秦。秦楚狎主中国而《春秋》许之，因为这时的中国无异于夷狄，旧的王朝已经不能维持，新王朝的产生已经是不可避免了。

公羊学派之肯定新王朝的出现，说明他们的历史观是向前看而不是法先王，以此我们说他们的学说近于法家，而刘逢禄也曾经使儒家的礼义和法家的刑法互相结合。本来董仲舒曾经认为《春秋》是礼义之大宗，因为这《春秋》是公羊学派的《春秋》，所以关于礼义的含义也就不同于其他学派。刘逢禄说：

> 或称《春秋》为圣人之刑书；又云，五经之有《春秋》犹法律之有断令。而温城董君独以为礼义之大宗何哉？盖礼者刑之精华也，失乎礼即入乎刑，无中立之道，故刑者礼之科条也。《春秋》之道始于元，终于麟，绝于夏之冬而犹系于周之春，威厉而不试，刑措而不用，此亦太平之极轨也。若乃意深于拨乱，故制刑常用重典，无变三代之实而有异文武之文，然其原心诛意，禁于未然，其立法严，其行法恕，匪用为教，覆用为虐，则秋荼也。曲学阿世，缘经文奸，岂非罪哉！抑又闻之董生，《春秋》显微隐权，先德而后刑，其道盖原于天。……夫刑反德而顺于德，亦权之类矣。……矫枉者弗过其正则不能直，故权必反乎经，然后可与适道。①

以上论"礼者刑之精华也，失乎礼即入乎刑，无中立之道，故刑者礼之科条也"。这不同于正统派儒家关于礼的定义，不同于封建社会初期礼刑分别用于不同阶级的传统，所谓"刑不上大夫，礼不下庶人"是这种传统，而今谓礼是刑之精华，刑是礼之科条，不入于礼即入于刑，无中立之道！这几句解释体现了公羊派是儒家左派的传统，体现了公羊派的多变精神。

---

① 《公羊何氏释例》，《律意轻重例》第10。

"无中立之道"更是对于正统派儒家的革命,所谓孔孟之道从一点上说,即"中庸之道",他们以为过犹不及而严守中庸,如今说"无中立之道"是反乎中庸,反乎中庸即反孔孟之道,无论刘逢禄意识到与否,这都是一种崭新的精神,是新儒家的口号,儒家而反对中庸,是儒家而反对儒家,所以我们称之为新儒家。本来公羊—荀卿学派就是新儒家,至此这新儒家还在发展他们的学说。刘逢禄的议论颇有辩证的意味,他说"刑反德而顺于德,亦权之类矣。……矫枉者弗过其正则不能直,故权必反乎经,然后可与适道。"刑反于德而顺于德,权反于经而适于道,使刑与德、权与道都处于对立统一的地位,这样才会有发展的前途。这种崭新的议论是有他的阶级基础的,说明阶级关系在变换中,一切价值的概念也在变换中,礼与刑的概念在变换中,它们不再是不同阶级的所有物,新的阶级在出现,对于他们是用礼,用刑?他们不是地主,也不是农奴,礼与刑都不适用,于是变更礼与刑的定义,礼与刑不再是隔绝的了,它们统一起来,对立地统一起来,于是资产阶级强调法,刘逢禄也说,"五经之有《春秋》,犹法律之有断令"。法律统一了礼、刑,而今而后,礼与刑都失其原有地位而以法律代之。

公羊学派始终和法家接近,但他们缺少法家的治国方案,所以今文经不得不借古文经以济其穷,刘歆、王莽如此,王安石如此,刘逢禄而欲改革亦应如此,可惜他摒弃了这种做法而排斥古文经,这是扬弃了今文学派的优良传统,以致重新引起今古文之争,愈演愈烈,清末康有为和章太炎遂各代表今古而进行了持久的火并!刘逢禄重新严格今文、古文的界限,而以《周礼》为"战国阴谋渎乱不验之书"[1]。这种意见来自东汉何休,如今重新提起,这也说明以古文经为治国方案的时代过去了,时代变了,条件变了,不是对于封建社会修修补补的时代,是如何适应新社会发展的时代,古文经完全无能为力,所以刘逢禄也就弃之如遗!

刘逢禄对于另一部古文经《左传》也进行抨击,作了全部否定,以为其中的义法凡例出自刘歆伪造,他有《左氏春秋考证》一书,认为《左氏春秋》犹如《晏子春秋》《吕氏春秋》。直称《春秋》是太史公所据旧名,

---

[1] 《公羊何氏释例》,《朝聘会盟例》第15。

冒名的《春秋左氏传》乃东汉以后的以讹传讹，而其始作俑者实为刘歆。《左氏》本不传《春秋》，刘歆乃效法《公羊》，缘饰书法、凡例，君子曰等于《左传》，一似《左氏》本传《春秋》者，他说：

> 余年十二读《左氏春秋》，疑其书法是非多失大义。继读《公羊》及董子书乃恍然于《春秋》非记事之书，不必待左氏而明。左氏为战国时人，故其书终三家分晋，而续经乃刘歆妄作也。① 这指出《左传》书法多失大意，而以为《春秋》非记事书，不必待左氏而后明，并认为三家分晋以后续经乃刘歆妄作。他并且具体地指出左氏书法之不当处，如"元年春王正月，不书即位，摄也"。以为"此类皆袭《公羊》而昧其义例，增'周'字亦不辞"。对于《左传》中的"君子曰"，他也曾经指出："君子曰，颍考叔纯孝也"之不辞：
> 考叔于庄公君臣也，不可云"施及"，亦不可云"尔类"，不辞甚矣。凡引"君子"之云，多出后人附益，朱子亦尝辨之。②

由《左传》书法及于"君子曰"，以为出于后人的附益，并引朱子的话以为证。朱熹宋理学家，非东汉朴学，其学近于今文，以此庄存与可引二程语录，至此刘逢禄进而引用朱熹。此与道统论者自董仲舒而及韩愈以及宋代理学一脉相传者若合符节。《左传》中又有"五十凡"，他也加以抨击道：

> 凡例以称人而执为执有罪，固不可通矣。郑自受盟于蒲，《经》未著其背中国，故执之，非伯讨也。作伪者以其例不可通，遂诬为受赂而与楚会，又许子重救郑。不知楚自盟蜀之后，恃其强暴，再驾伐郑，后复溃莒入运，岂以重赂求郑者哉！③

此以凡例为不通。《左传》如去掉书法、凡例、君子曰及一切解《经》语，当不成其为传《经》书。他并且以《史记》证《左氏》，发现《左氏》记

---

① 《左氏春秋考证》。
② 《左氏春秋考证》。
③ 《左氏春秋考证》。

载有不同于《史记》者，遂以为后人的附益。比如《左传》有"惠公元妃孟子"，刘逢禄曰：

> 此篇非《左氏》旧文，比附《公羊》家言，桓为右媵子，隐为桓立之文而作也。《鲁世家》云，"惠公适夫人无子，贱妾声子生子息，息长为取于宋，宋女至而好，惠公夺而自妻之，生子允，登宋女为夫人，以允为太子。"《年表》桓公母宋武公女，生手文为"鲁夫人"，亦不云仲子，盖太史公所见《左氏》旧文如此。刘歆等改《左氏》为传《春秋》之书，而未及兼改《史记》，往往可以发蒙。①

以上是一些站不住的议论，是一些武断的说法，这种鲁莽灭裂的理论至康有为、崔适而集其大成。而崔适的说法正可以抵消刘逢禄的说法，刘逢禄尚以为刘歆"未及兼改《史记》，往往可以发蒙"，崔适则以为刘歆曾经编伪《史记》，以证《左氏》之为传《经》书，因而有《史记探原》一书。康有为则又和当时的政治联系在一起说刘歆窜改《左氏》的原因是：

> 所以翼成王莽居摄而篡位者也。②

学术斗争结合政治斗争，以致有章太炎之驳康氏而认为刘歆之功超过孔丘，都是在闭户造车，不顾客观事实，我曾经对于康、崔诸人说有过批判，但亦不直太炎说，太炎长于音韵小学，而短于经。我以为《左传》中的书法、凡例是《左传》原编者取当时流行的议论夹杂于记事中，《小戴礼记》中多有类似《左传》凡例的文句，这种体裁实为当时谈礼者共有公式，而《左传》凡例最初见引于《尚书大传》，这不可能是后人所伪造。

《左传》中之"君子曰"，先秦古籍中多有之，散见于诸子及《国语》及《国策》诸书内，其性质均大体相同，乃原作者对于某事某人所作的论断。这种论断或为其本人所有，或为取自他人的议论，在当时固能代表一部分人的看法，而事过境迁，在前人以为公平议论者，后人或认为荒谬不

---

① 《左氏春秋考证》。
② 《史记经说足证伪经考》。

通，此《左传》中"君子曰"乃后人附益说的起因。其实《国语》中亦多"君子曰"，如《晋语》内第七、八、十、十二各卷都有，其中和《左氏》君子曰相似者有《晋语》八荀息死节一段。因此我们说这种议论的体裁是先秦史家所共有，一如今之"编者案"。然而今文学派不止于此，又说《左传》《国语》本是一书，"君子曰"既然可以加之于《左传》，未尝不能加之于《国语》。但我们知道，《国语》中的"君子曰"都在《晋语》，这给我们一种启示，作为发表议论的"君子曰"是晋国史家所习用，一如《资治通鉴》之习用"臣光曰"。《左传》一书本来出自三晋，习用"君子曰"毫不足怪，而且还有另外的证据足可以证成此说，有些在《左传》中作君子如何如何者，在《国语·鲁语》中则改作某某人曰，因此我们知道这是《左传》原编者变某人曰为"君子曰"。如果说《晋语》中"君子曰"也出自后人的附益，那么在《韩非子》及《史记》中的记载又足破其说，因为这些书都引用了"君子曰"或者还有评论；这些都排斥了"君子曰"是后人附益的可能。

由于以上的说明，我们说《左传》原来传《经》，加罪于刘歆，并谓刘歆篡经以佐王莽篡国政说不通。但此后今、古文之争，因政争而更加剧烈，刘歆之罪在今文家看来是罪不容诛；古文家则以为刘歆之功，功不在孔子下。刘逢禄反对古文经除罪刘外，并对郑玄之混淆今文、古文因而对于何休"入室操戈"深致不满。何休稍长于郑玄，郑曾就其书加以抨击，以致何休有"入室操戈"之叹。刘逢禄遂代何休反击，比如郑玄《发墨守》中有关于郑居留的考证，结论虽有问题，但方法可取，开后来朴学之风，刘逢禄摘拾小疵加以批驳，非干是非乃学派之争。

总之刘逢禄对于《公羊》义法有所发挥，庄存与后，他开始发挥了前期公羊学的传统，鼓吹"三科九旨"大体依何而有所创造，以《春秋》为刑书，而以刑为礼之科条，不同于儒家关于礼刑的定义，不入于刑即入于礼，无中立之道，因而反乎中庸，都是崭新的议论，这崭新的议论导致礼与刑的结合而法令的观念出，可以说礼与刑的对峙是前资本主义社会的上层建筑，而礼与刑的结合，法的出现是资产阶级的要求，因为他们不属于礼的范畴，更不属于刑的行列。因之我们说刘逢禄的议论代表了一种新的呼声，虽然他的本意是要挽救这即将倾危的封建古厦，但他的呼声都预示了一种新的先进的意识，对于封建社会倒是一种挽歌了！

四　凌曙与陈立

《清儒学案》中《晓楼学案》有云："乾隆、嘉庆之际治公羊学者以㢲轩孔氏、申受刘氏为大师，皆谨守何氏之说，详义例而略典礼训诂。晓楼盖亦好刘氏学者，而溯其源于董子，既为《繁露》撰注，又别为《公羊礼疏》《礼说》《问答》等书，实为何、徐功臣。卓人传其师说，钩稽贯串，撰《义疏》一书，遂集《公羊》之大成矣。"今按：《清儒学案》编者椎埋无文，鲜通学术，不治《公羊》，孔㢲轩实非《公羊》大师，谈"三科"迷途，论"九旨"失路，刘申受始续劭公之业，注意到《公羊》义法而略于典礼训诂，此所谓"贤者识其大"也。凌曙与刘逢禄同时，生于1775年（乾隆四十年），卒于1829年（道光九年），喜好《公羊》，但改变了刘申受的学风而注意于《公羊》的礼制，多卑微不足道，可谓"不贤者识其小"。原《公羊》中的礼制或寓有褒贬义，但殊难发挥；"三科九旨"之言枝叶扶疏，寓历史变化于三世之中，盖调停先王、后王之折中论者，在保守的儒家学派中亦新奇可喜，影响大而变化多端。舍其大而逐其小，是凌、陈学风，但陈立的《公羊义疏》用力勤而取材丰富，在清人的义疏中，论材料之丰富可称上选，但缺乏断制工夫，以致獭祭而无所适从，更谈不到"集公羊学之大成"。

陈立师凌曙，生于1809年（嘉庆十四年），卒于1869年（同治八年），当时中国已属半封建半殖民地时代，各种矛盾加深，而资本主义势力方长驱直入，蚕食鲸吞，中国处于危亡的边缘，中华民族处于危亡的边缘，于是大规模的农民起义屡仆屡起，前有太平天国，后有捻军及义和团，这是大规模的农民革命战争，他们的矛头指向封建地主政权，指向资本主义侵略势力，而贪残无耻的封建地主阶级遂向外来的侵略势力投降，以图压迫揭竿而起的劳动人民。这时的公羊学又变作"开明"地主们的自救良方，于是在同、光时代，遂家家"公羊"、户户"三世"矣！陈立虽然对于公羊学的义理茫然，但在这种气氛下亦忙于《公羊》材料的收集，忙于材料必然走上朴学一途，于是陈立在有关材料的训诂考据上，仍然做出了成绩。

凌曙则无论在材料上、训诂上以至义理的发挥上都少成绩可言，他没有吸取公羊学派的历史观而形成自己的历史学说，他也没有自己的政治观点。既不能以《公羊》结合政治，又不能用朴学治《公羊》，非义理，非考证，又不长于文辞，势必无所适从。比如他在《公羊礼疏》中隐公元年春王正月注，"惟王者然后改元立号"时说："万氏斯大《学春秋随笔》，君曰元首，臣曰股肱，天子为天下共主，五等诸侯，出作屏藩，入为卿士，依然臣也。一统天下，咸奉正朔，同轨同文，安有诸侯改元之理，即曰国自有史，亦必大书天子之年而分系其事。"何休曰："必天子然后改元，此说是也。"这是《公羊春秋》中的大事，因为它涉及形式上的大一统问题，何休以为"必天子然后改元"，孔广森则以为诸侯可以改元立号有不纯臣之义，他们各自有自己的立场，不能轻轻带过，那么凌曙对于"元年春王正月"的含义必须有自己的发挥，有自己的交代，而他只是说：

何休曰："必天子然后改元"。此说是也。

为什么"是也"，应有解释，不能人云亦云。在许多关键问题上，比如关于"大一统""法后王"等他都没有自己的解释，有解释也是敷衍成文，不中要害，关于"讥世卿"他说：

《白虎通》，大夫不世位何？股肱之臣任事者也，为其专权擅势，倾覆国家。……《春秋公羊传》曰，"讥世卿，世卿非礼也"。……《春秋左氏》说，卿大夫得世禄，不得世位。父为大夫死，子得食其故采地，而有贤才，则复升父故位。《后汉书·乐恢传》，夫政在大夫，孔子所疾，世卿持禄，《春秋》以戒，圣人恳恻，不虚言也。①

"讥世卿"反映了社会发展到一个新阶段的事实，在宗法贵族当权专政时

---

① 《公羊礼疏》(一)。

代，无卿不世，有禄皆世，当新的地主阶级兴起，他们要取而代之，于是提倡以贤代亲，于是有《讥世卿》，虽然我们不能从社会发展史的角度来责备凌曙，但公羊学家应当有变的概念，有结合到政治上而发表自己见解的明确概念，否则也应当具有纯义理的今文经学的发挥，如今他一引《左氏》，二引《汉书》不伦不类，论义理无发挥，论考据不精辟，论材料不丰富，唯唯诺诺，虚应故事，很难说他是及格的公羊学家。

《公羊》书法中有"实与而文不与"，《春秋繁露》中有"诛意不诛辞"，都表明了在一个变革的时代，政论家或者史学家对于某些事物的看法和评论，他们可能同意某种事物但不能公开用文字赞成，遂变更其叙事方法，有所谓"实与而文不与"；他们不同意某种事物，但不便公开反对，于是也变更其叙事方法，有所谓"诛意不诛辞"，这都是公羊学中的关键所在，或者称之曰"非常异义可怪之论"，公羊学者对之必须有彻底了解，否则何所取于《公羊》？他既不能使《公羊》和当时的社会问题相结合进而解决社会问题，也不能脱开社会问题而作纯理论上的发挥，他只是朦胧地研究《公羊》而不知所以，因而有时陷于陋，比如宣公六年关于古帝王感生说，他说：

> 《异义》，《诗》；齐、鲁、韩，《春秋公羊》说，圣人皆无父感天而生。《左氏》说，圣人皆有父。谨案：《尧典》，"以亲九族"，即尧母庆都感赤龙而生尧，尧可得九族而亲之。《谶》云，"唐五庙"，知不感天而生。驳曰，元之闻也，诸言感生得无父，有父则不感生，此皆偏见之说也。《商颂》曰："天命玄鸟，降而生商"，谓娀简吞鳦子生契。是圣人感生见于"经"之明文。刘媪是汉太上皇之妻感赤龙而生高祖，是非有父感神而生者耶？……况乎天气，因人之精，就而神之，反不使子贤圣乎？是则然矣，又何多怪。[①]

感生说的来源本来是封建地主阶级为了神化自己、抬高自己，以巩固他们自己的地位，而把他们说成是天神的儿子，以证实这"天子"的由来，两

---

① 《公羊礼疏》(六)。

汉谶纬说出，遂多附会其说而使经书变作圣经，今文经本多异义可怪之论，它们之间的结合，遂使儒家宗教化，而孔丘变作教主，不过这已经是两千年前的往事了，凌曙的时代应当理解这种说法之不合理，但他要维护这种说法而加以发挥，说"况乎天气，因人之精，就而神之，反不使子贤圣乎"。非驴非马，不知所云。他自己也不清楚他说的是些什么，真是以其昏昏，当然不能使人昭昭了。后来到康有为为了政治目的也曾经有一次造神运动而神化孔子，但他自己清楚，他是在造神，而凌曙以不清楚的理论，作含糊的发挥，非康有为俦也。

在义理方面，凌晓楼不是内行，在典章制度方面他也是外行。他的著作既云《礼疏》，对于所疏应当占有材料，明晰训诂，但他不能疏清任何问题，撮拾成说而无选择的能力。比如关于"初税亩"这是中国史上的大事，从任何观点看这也是应当重视的问题，或讥或贬，或同意或否定，都应当有明确的交代，而他在《公羊礼疏》内只是杂乱无章地撮录一些有关井田的旧说，于问题本身却少触及，我们引用一段足以窥豹一斑：

> 《公羊》十一年税，远近无差，改制收租，田有上中下，与"周礼"同义。注，庐舍二亩半，凡为田一顷十二亩半，八家而九顷，共为一井。故曰：井田庐舍在内，贵人也；公田次之，重公也；私田在外，贱私也。井田之义，一曰无泄地气，二曰无费一家；三曰同风俗；四曰合巧拙；五曰通财货。因井田以为市，故俗曰"市井"。①

以上对于所疏并无补助，而引《公羊注》井田之义，一曰"无泄地气"云云，完全不知井田为何物，何谓"无泄地气？"凌曙自己亦不知所云。

陈立的成就高于凌曙，在材料及训诂方面，他都超过了凌曙。虽然他也是罗列材料，一如《集解》而不是《义疏》。既言《义疏》，应当对义理有疏，凌曙不足语此，陈立亦不足语此。我们曾经指出何休是东汉末为《公羊》作总结的人，陈立则是清末试图为《公羊》作总结的人。《公羊》不同于《左传》，不是记事书，何休因之总结《公羊》的义理，虽不

---

① 《公羊礼疏》（六）。

免"非常异义可怪之论",但在以后发挥了作用,这是公羊学应有的传统。陈立虽然没有"非常异义可怪之论",但无发挥无判断,因之我们说他没有本领为《公羊》作总结,所以他的总结也没有发生影响。但他有比较丰富的材料,如果我们要翻检有关《公羊》的材料,他的书可以提供方便,仅此而已;然而即此已经超过凌晓楼的成绩了。

在《公羊》的微言大义方面,陈立虽然没有发挥,但他并没有遗漏这方面的材料,比如关于"三科九旨",他说:

> 旧疏问曰:《春秋说》云,《春秋》设三科九旨,其义如何?答曰:何氏之义,以为三科九旨,正是一物,若总言之,谓之三科,科者段也。析而言之,谓之九旨,旨者意也。故氏作"文谥例"云,三科九旨者,新周,故宋,以《春秋》当新王,此一科三旨也。又云,所见异辞,所闻异辞,所传闻异辞,二科六旨也。又,内其国而外诸夏,内诸夏而外四夷,是三科九旨也。问曰:宋氏之注《春秋说》三科者:一曰张三世,二曰存三统,三曰同内外,是三科也。九旨者,一曰时,二曰月,三曰日,四曰王,五曰天王,六曰天子,七曰讥,八曰贬,九曰绝。时与日月,详细之旨也;王与天王天子,是录远近亲疏之旨也;讥与贬绝则轻重之旨也。旧疏引"文谥例"又云,此"春秋"五始、三科、九旨、七等、六辅、二类之义,以矫枉拨乱,为受命品道之端,正德之纪也。①

陈立也曾经引用旧说以解五始、六辅以及七缺之义。孔广森之所谓"三科九旨"与何休不同,其实是杂采《春秋说》宋氏注。三种三科九旨,他都罗列在一起,但这些科旨都意味着什么,什么是他自己的"三科九旨",他都没有说明。罗列材料而不知其所以,只能是獭祭。关于"大一统"他也采集了一些材料,比如:

> 《汉书·王阳传》,王阳曰,"春秋所以大一统者,六合同风,九

---

① 《公羊义疏》(一)。

州共贯也"。《礼记·坊记》曰:"天无二日,土无二王,国无二君,家无二尊,以一治之也"。即大一统之义也。《解诂笺》云,大一统者通三统为一统,周监夏商而建天统,教以文,制尚文。《春秋》监商周而建人统,教以忠,制尚贤也。①

"大一统"是《公羊》的理想,这是他们要强调的中心问题,这种理论在后来中国的政治实际上发挥了积极作用,只能一统,不能分裂,是我们的历史传统。陈立既然在疏《公羊》,于此应当有重点发挥,但他也只是獭祭鱼,罗列众说而已。"大一统"应当是"太平世"的当然结果,什么是《春秋》的"太平世"? 陈立以为:

> 内其国而外诸夏,所传闻世也;内诸夏而外夷狄,谓所闻世也。至所见世,则著治太平,夷狄进至于爵,天下远近大小若一矣。②

"天下远近大小若一"就是大一统,但这和所见世有什么关系? 两者的有机联系是什么? 春秋昭、定、哀是所见世,而事实上这是最不一统的"世",为什么公羊学家认为"太平"? 为什么不把太平世放在所闻或者是所传闻? 如果那样倒是正统派儒家的传统,如今一反传统而颠之倒之,把太平世放在后来,这是历史观的改变,历史观的改变决定着他们政治主张的改变,他们把希望放在后来,这是"法后王"的别解。把理想的世界放在后来,但后来的周天子已经不具备这新王的资格,于是《公羊》以鲁当新王,鲁是小国,其实不足以当新王,于是以《春秋》当新王,《春秋》是政治上的大权威,因为他为新王立法,后来遂落实为汉立法,为汉立法,所以汉代完成大一统的事业,汉武帝正是大一统事业的完成者,所以也是公羊学最辉煌的时代。这都是一些互相关联的问题,公羊学者于此必须有透彻的理解,否则如何义疏? 但陈立于此茫然,为什么要以《春秋》当新王,他只是杂采众说而无所适从。没有别择的力量,人云亦云,是他的特点。

---

① 《公羊义疏》一。
② 《公羊义疏》(五十四)。

我们不是要求陈立必须对《公羊》有新的发挥，但《公羊》是一种历史哲学，对于这类书的义疏，必须是对义理作疏，而不能是重点疏解典章制度上。义理、辞章、考据在清人的心目中还是泾渭分明的。义理不明则关于《公羊》的根本宗旨不清，不清楚它的根本宗旨，你还在义疏什么？我们也不是完全抹杀陈立的功绩，我们屡次指出，在有关材料的收集上，《公羊义疏》仍然是一部有用的书。我们曾经说过《公羊》和荀子的政治主张有共同点，因之对于刘师培的《公羊荀子相通考》应当有适当的评价。类似的说法在《公羊义疏》中也可以得到证明，比如《公羊》僖公四年传有云：

> 古者周公东征则西国怨，西征则东国怨。

《荀子·王制》有同样的记载：

> 周公南征而北国怨曰：何独不来也。东征而西国怨曰，何独我后也。

除文字少异外，内容相同。又《公羊》文公十二年有"秦无大夫，此何以书？贤缪公也。何贤乎缪公？以为能变也"。《荀子·大略篇》有"易曰，复自道何其咎。《春秋》贤穆公以为能变也"。又《公羊》定公三年有云，"王者必以其祖配"。《荀子·礼论》有云，"故礼上事天，下事地，尊先祖而隆君师，是礼之三本也。故王者天太祖"。注谓"以祖配天也"。这些都说明《公羊》《荀子》两者相通。此外在零星字句上两者相同处尚多，都可以说明两者间的关系。这也不仅是字句间相同的问题，而是说明它们之间的思想体系有相通处，虽然陈立还不能充分理解这一点，但他提供了这方面的材料，提供研究《公羊》和《荀子》之间关系的线索还是有用的。

虽然陈立收罗了比较丰富的材料是有用的，但在材料的使用上也需要许多专门知识，否则虽有材料也不能解决问题，因而不起什么作用。比如有关春秋时的历法问题，关于日食问题，关于失闰问题，关于告朔问题，虽然他都注意到，因为他不具备这方面的专门知识，因而不能解决任何问题。比如文公六年《春秋》经文有"闰月不告月，犹朝于庙"的记载，

《公羊传》云：

> 不告月者何？不告朔也。

又文公十六年《经》有"夏五月公四不视朔"，《公羊传》云：

> 公曷为四不视朔？公有疾也。何言乎公有疾不视朔？自是公无疾不视朔也。

"告朔"是当时的重要典礼，天子、诸侯而不告朔视朔是反常的现象，何况连续"四不视朔"。当时的统治者每月以朔日告于神谓之"告朔"，《论语》有所谓"告朔之饩羊"即指此事。于此时听治此月朔之事，谓之听朔，《礼·玉藻》中曾有这方面的记载。"听朔"又谓之"视朔"，文公之四不视朔即指此。告朔又谓之告月，即文公六年所谓"闰月不告月"。此礼，天子行于明堂，诸侯行于太祖庙，毕，然后祭于诸庙，谓之朝享，又谓之朝庙，又谓之朝正，又谓之月祭。陈立虽然罗列许多材料来说明告朔典礼的重要性，但他不能进一步说明文公为什么不告朔。文公有疾不视朔，以后无疾亦不视朔，究竟因为什么？是他故意忽视？还是另有原因。于此，义疏应有说明，不能作出解释，仅罗列材料，只能是獭祭了。

近代天文学者的研究结果，知道春秋文公时代正处在历法的变更时期，以此时为界，春秋的历法可以分作前后两期，在前期大体上是以冬至后一个月为正月，到后期则是以冬至为正月始。同时前期的置闰法是不规则的，后期规则化了。这种变化始于文公时代，当时对于天文历法的观察方法可能有重大的改变，因此也产生了重要的结果。所谓观察方法的改变即采用了土圭测影法，这种方法见于《周礼》。以土圭测量日影，因日影的最长最短而定出冬至、夏至。在稍后的《墨经》中对此曾经有所发挥，《墨经》中关于光学记载有许多条，其中至少有两条谈立竿测影法，重差勾股的算法即由此产生。西汉《周髀算经》出而此法盛行，有更加精密的观测技术，不过仍然存在不科学的地方，后来唐一行等人的实地测量才把错误改正过来。

因观测方法的改革而引起了历法的改变,这是一种进步,鲁文公四不视朔,不是他个人的疏忽,当时不容许有这种疏忽,各方面都在监督,只能说这是历法在改变中。当时的天文历法专家也许存在着方法上的分歧,意见不一,因而不能班朔,也就不能视朔、听朔。这虽然是科学史上的专门问题不能要求人人精通,但到陈立时代对此研究已有成果,他应当知道而且应有理解,但他似乎对此毫无理解,似乎茫然!

另一些重要礼制问题,比如田制和赋税,也是《公羊义疏》应当作重点说明的地方,陈立于此也不内行,宣公十五年经云:"初税亩"《公羊传》云:

> 初者何?始也。税亩者何?履亩而税也。初税亩,何以书?讥。何讥尔?讥始履亩而税也。何讥乎始履亩而税?古者什一而藉。

这是一件大事,牵涉到赋税制度的改革,牵涉到土地制度的改革,是社会历史变革的大问题。这种变革比当时的历法改变更加重要。当古老的中国封建初期实行井田制的时候,土地在名义上属于天子或诸侯所有,而由井田农民共耕,八家为井置有公田,农民服劳役租。在国中(京师附近)则十夫为井,并无公田,耕者属于士的阶层,他们是贵族的最下级。这时国家和地主还不能分开,所以地租和赋税也还不能分开。到春秋时代生产力有所提高,生产比过去发达,土地开垦多了,在井田外又出现私亩,其初,私亩并没有地租或者是地税,如今开始税亩,这是历史上的大事,但陈立只是说:

> 郑注云,藉之言借也,借民力治公田,美恶取于此,不税民之所自治也。《说文》殷人七十而助,助,藉税也。……助与藉古音同声。……藉者借也,犹人相借力助之也。……自鲁宣公因其旧法而倍收之,是为什而税二矣。[1]

---

[1] 《公羊义疏》(四十八)。

他收集了许多材料，有关这方面的材料，他没有什么遗漏，但未能解决实质性问题。我们也不是要求他通过此疏说明历史变化的过程，但他在收集大量材料加以整理后，应当得出自己的结论，但没有他的结论。老实说关于借助等税法的理解，他还不如东汉的郑玄。

陈立义疏《公羊》没有把重点放在义理上而是放在训诂考据上，但他的训诂没有解决重要典章制度问题已如上述。我们也不是完全否定他的成绩，他收集了许多有用的材料，也间有可取的见解，比如关于"龟三卜"的问题，郭沫若同志在《卜辞通纂》别录一有云："《书金縢》'乃卜三龟，一习吉'。……《论衡·知实篇》及《死伪篇》皆云'卜乃三龟，三龟皆吉'。疑古人以三龟为一习，每卜用三龟。（《洪范》'三人占'亦一证据）一卜不吉，则再用三龟，其用骨者当亦同然。言'习一卜''习二卜'者疑前后共卜六骨也。"以上论断非常正确，后来在《安阳新出土的牛胛骨及其刻辞》[①]中，已经得到证实。陈立在《义疏》中也曾经多次接触到这个问题，也搜集了一些材料，足以证成此说。比如庄公三十一年经云"夏四月四卜郊不从，乃免牲"。《公羊传》云：

曷为或言三卜，或言四卜。三卜礼也，四卜非礼也。

此外襄公十一年《经》又有"夏四月四卜郊，不从，乃不郊。"而成公十年有五卜的记载，《经》云，"夏四月五卜郊，不从，乃不郊。"三卜合礼，四卜、五卜为不合礼，定公十五年《义疏》有云：

旧疏云，……僖三十一年传，三卜礼也。三卜何以礼？求吉之道三。彼注云：三卜吉凶，必有相奇者可以决疑，故求吉必三卜也，是其得二吉乃可为事之义。今此五月而郊，故知得二吉也。胡氏匡衷《仪礼·释官》云，卜筮古者并用三兆三易。《洪范》立时人作卜筮，三人占则从二人之言。郑注，卜筮各三人，大卜掌三兆三易。是郑意卜则掌三兆者各一人，筮则掌三易者各一人，故《金縢》乃卜三龟。

[①] 《考古》1972年第2期。

"士三礼"占者三人，注，"以为掌玉兆、瓦兆、原兆是也。……盖或卜或筮得一兆三人共占之，其从多者为吉，所谓二吉也"。①

于此陈立收集了许多材料，当然有助于我们对于古代风俗制度的了解。所谓"一习吉""习一卜""习二卜"的习字系卜筮专用字。《易·乾卦》有"不习无不利"句，又《坎卦》有"习坎"。《经典释文》以为"习，重也。"又伪《尚书·大禹谟》有"卜不习吉"，伪孔传，"习，因也"。归纳这些用法都可以说明"习吉""习卜"的原义。

在音韵学方面，陈立也不外行，比如《公羊》宣公十五年《经》云，"公孙归父帅师伐邾娄取蘱"，《义疏》云：

《左氏》、《穀梁》作"绎"。按"蘱"字《广韵》在十八队，队为脂微等部之去声。'绎'《广韵》在二十二昔，为鱼摸等部之入声。古韵不同部，不得通假，必有一误。②

由《广韵》求古音是一个门径，可见陈立具有音韵学的根底，不通音韵没法做训诂工作。在收集材料方面他下的功夫很多，《公羊》桓公十一年传有"实何以名？挈乎祭仲也"。他引《墨子·经说》云"挈，有力也；引，无力也"。《墨经》成为绝学已千余年，清乾隆年间开始有人注意，他居然引用，说明他的博学。

因为他的博学，提供了许多有用的材料，这些材料对于研究中国古代史，研究古代典章制度都有用处，比如僖公十八年《经》云，"秋八月丁亥葬齐桓公"。他说：

《皇览》曰：桓公冢在临淄城南十七里所菑水南。《正义》引《括地志》云，齐桓公墓在临菑县南二十一里牛山上，亦名鼎足山，一名牛首堈，一所二坟。晋永嘉末人发之，初得版，次得小银池，有气不得入。经数日乃牵犬入中，得金蚕数十薄，珠襦玉匣缯彩军器不可胜

---

① 《公羊义疏》（七十二）。
② 《公羊义疏》（四十七）。

数,又以人殉葬,骸骨狼藉也。①

这些有助于我们了解古代防腐的方法,在考古学上是有用处的。

我们试图给《公羊义疏》一个比较全面的评价,所以论及各方面。《清儒学案》曾经评价他"于《公羊》用力尤深……近人如曲阜孔氏,武进刘氏,谨守何氏之说,详义例而略典礼训诂。先生乃博稽载籍,凡唐以前《公羊》大义及有清诸儒说《公羊》者左右采获,择精语详,草创三十年,长编甫具,南归后乃整齐排比,融合贯通,成《公羊义疏》七十六卷"。以上有适当处,有过誉处。材料是丰富的,但不能说他对于材料能够融会贯通,而且《公羊》不是历史书,以考据训诂治《公羊》,未免用力多而收功少。可以说陈立于考据并非所长,而于义例乃其所短,材料丰富是可取处,以后这部书没有发挥什么作用,原因在此。

五 龚自珍

清代从庄存与到陈立这一批公羊学者中,可以称作思想家者当推龚自珍。《清儒学案》曾经指出:"定盦学出金坛段氏,后从武进刘氏受《公羊春秋》遂大明西京之学。其见于文字者,推究治学本原,洞认周以前家法。同光学者喜治《公羊》,托于微言大义,穿凿附会,寖致恣肆,此则末流之失,未可以议前人也。"②为学之道,譬如积薪,总是后来居上,如果公羊学者拘于西京家法而无所发挥,那仍然是西京之学,不是晚清之学,晚清有晚清的社会问题,公羊学者结合当时的问题发挥公羊学的作用是他们的传统,《学案》编者指出"托于微言大义,穿凿附会,寖致恣肆,此则末流之失",一来不知《公羊》,二来这代表了清末保守派的观点,他们反对进步、反对革新,毛主席就曾经指出这一派的"末流"康有为是寻找真理的先进人物:

---

① 《公羊义疏》(三十三)。
② 《清儒学案》,《定盦学案》。

洪秀全、康有为、严复和孙中山，代表了在中国共产党出世以前向西方寻找真理的一派人物。①

康有为受了西方资产阶级的影响所以向西方寻求真理，同时他又是一个公羊学家，他使西方真理和中国传统的经学结合起来。前此，龚自珍是一位对同光公羊学派影响最大的人，后来的许多论点是来自龚自珍。

龚自珍生于1792年（乾隆五十七年），卒于1841年（道光二十一年），时当中国封建社会走向半封建半殖民地社会的开端。这是中国处于危亡的边缘而地主政权正在摇摇欲坠的时候，这时地主阶级中的知识分子为了挽救封建国家的危亡，为了巩固地主阶级的政权，他们急于改革，急于向各方寻求真理，他们虽然已经接触到西方，但他们不了解西方，还没有向西方寻求真理的企图，他们面对虎狼的西方资本主义势力，还在作"攘夷"的打算。龚自珍是一位有思想的公羊学家，他曾经探讨过世界观、人生观，基础和上层建筑各方面的哲学问题。但他没有形成一个完整的思想体系，有时自相矛盾，还有许多渣滓必须加以批判，比如关于"神灭""神不灭"的争论，这是判别一个人的思想体系究竟属于哪个阵营的根本问题。龚自珍曾经说：

> 神不灭者，敢问谁氏之言与？"精气游魂"，吾闻之《大易》；"于昭在上"，又闻之《诗》；"魂升魄降"，又闻之《礼》。儒家者流，莫不肄《易》，莫不肄《诗》，莫不肄《礼》；顾儒者曰，"神不灭，佛之言也，吾儒不然。此身存即存，此身灭即灭。"则吾壹不知儒之于《易》于《诗》于《礼》尽若是其莽莽耶！尽若是其墨墨耶！尽若是其熟视如无睹耶！抑违中之佞耶！②

他以为"神不灭"本来出自儒家经典，"精气游魂"出自《大易》，"于昭在上"、闻之于《诗》，"魂升魄降"，闻之于《礼》，但儒家者流反来说"神不灭"出自佛家，而以为儒家主张身存神存，身灭神灭，是他们没有

---

① 《论人民民主专政》，《毛泽东选集》横排本，第1358页。
② 《最呆神不灭说》。

读《易》《诗》《礼》呢，还是糊涂？龚自珍不是在反对神不灭，他是引用儒家经典的话来申明自己的主张。其实儒家中有神灭论者，也有神不灭论者，这不是学派之争而是唯物主义和唯心主义之间的论争，于此他陷入唯心主义的泥淖中。但龚自珍并不是一个彻头彻尾的唯心主义者，在世界万物的生长生成问题上他却有唯物主义的观点，比如说：

> 古人之世，倏而为今之世，今人之世，倏而为后之世，旋转簸荡而不已，万状而无状，万形而无形，风之本义也。……
>
> 从虫之义，可得闻乎？曰，不从虫，则余无以知之矣。且吾与子何物，固曰倮虫。文秭虫曰虫。天地至顽也，得倮虫而灵，天地至凝也，得倮虫而散；然而天地至老寿也，得倮虫而死。天地犹旋转簸荡于虫，矧虫之自为旋转而簸荡者哉。……
>
> 谓天地之有死，疑者半焉。谓天地古今之续为虫之为，平心察之，弗夺矣。许慎曰，风生百虫，故从虫。……道术者流，又言无形么虫万亿，昼夜啮人肤，肤觉者亿之一耳，是故有老死病。是说也，予亦信之，要皆臣仆吾说。①

这是一篇内容很丰富的哲学小品，首先他指出世界在变动发展中，古之世倏而为今之世，今之世倏而为后之世，变化不已，如风之旋转簸荡，万状而无状，万形而无形，这是风之本义，它说明了客观世界的变化与发展。"风"一方面说明了变化的世界，一方面说明了唯物的世界。"风"从"虫"，虫是一切生命的渊泉，人类由虫而生，人类由虫而死；天地至顽由倮虫而灵，天地至凝由倮虫而散，天地至老寿由倮虫而死亡。没有倮虫，天地是没有生气的天地，是一个寂灭的天地。是天地簸荡旋转于虫，而虫之作用无穷。许慎以为风生百虫，故风从虫。总之无风无虫则没有现世界，这些议论不是因袭前人而是出自个人的观察，没有风虫还有什么世界？

这不是一种形而上学唯心主义世界观，但它不同于古希腊的原子说，不同于印度的四大以及中国古代的五行，原子、四大和五行都属于唯物主

---

① 《定金全集》卷7。

义世界观，但风虫说是有机的发展的唯物主义，风说明了世界在发展中，而风从虫，虫是一切生命的渊泉，但这种理论又和他的"神不灭"相互矛盾。试问："神既不灭，虫与神的关系如何？虫可以使人生死老寿，可以使世界老寿死亡；虫起决定作用，又将置神于何地？"这是不协调的理论，使虫死而神不灭，是神在继续，那么神与风的关系如何？龚自珍虑不及此，所以我们说他不具备一个完备的思想体系，不是一个彻底的唯物主义者。

在方法论上他也有值得称道的地方，他具有辩证的观点，比如：

> 万物之数括于三；初异中，中异终，终不异初。一鲍三变，一枣三变，一枣核亦三变。大人用万物之数，或用其有，或用其空，或用其有名，或用其无名，或用其收，或用其弃。大人收者一而弃者九也，不以收易弃也。享，弃之积也。……哀乐爱憎相承，人之反也；寒暑昼夜相承，天之反也。万物一而立，再而反，三而如初。
>
> 天用顺教，圣人用逆教。逆犹往也，顺犹来也。生民顺也，极本始逆也。冬夏顺也，冬不益之冰为之裘，夏不益之火为之葛，逆也。乱顺也，治乱逆也。庖牺氏之《易》逆数也。礼逆而情肃，乐逆而声灵。①

他从万物之数谈起，万物之数也就是万物发生发展的规律，这规律依之于数，就是初、中、始。万物都具有初、中、始三变，在三变中，初与中不同，中与终不同，而终不异于初，这不是循环论，他的发展概念是

> 一而立；再而反；三而如初。

用我们的术语来说，它也许接近于"正、反、合"的逻辑发展概念，"三而如初"三并不是初。他又谈到顺逆问题，这是辩证法的核心问题，有"有"有"空"，有"收"有"弃"，有"有名"有"无名"，这是对立统一的问题。顺逆相承，天用顺教，冬寒而益之冰，夏热而益之火；圣人用逆

---

① 《定盦续集》卷2，《壬癸之际胎观第五》。

教，圣人不因冬寒益之冰而为之裘，不因夏热而益之火而为之葛，这都是以逆承顺。天顺而圣人亦顺是无为，圣人有为，是以乱顺也而治乱为逆，庖牺氏之《易》，后世圣人之制礼作乐都是逆。顺犹来而逆犹往，一来一往遂构成一个发展的世界，这生动发展的世界如风之旋转簸荡。

在方法论上他也主张"正名"。公羊学家主张正名本非意外，但他的正名不同于先秦的名家，也不同于荀子，渊源却来自清代的汉学家，以考据的方法正名，这却是他外祖段玉裁的所传授了。他认为名实本末皆正而天下太平，他说：

> 孔子曰：吾道一以贯之。故《记》曰，黄帝正名百物，以明民共财。告仲由曰：名不正则言不顺，言不顺则事不成，礼乐不兴，刑罚不中。子游曰：有始有卒者其惟圣人乎！古者八岁入小学，教之数与方名与其洒扫进退之节。保氏掌国子之教，有书有数，六书九数皆谓之小学。由是十五入大学，乃与言正心诚意以推极于家国天下，壮而为卿大夫公侯，天下国家名实本末皆治。后世小学废，……于是君子有忧之，忧上达之无本，忧逃其难者之非正。不由其始者，终不得究物之命。于是黜空谈之聪明，守钝朴之迂回，物物而名名，不使有遁。其所陈说艰难，算师畴人则积数十年之功始立一术，书师则繁称千言，始晓一形一声之故。①

他把正名和孔子的"吾道一以贯之"联系在一起，这是他的别解，这是一种有始有卒的学问，而核心问题是正名。正名之始始于书数，"古者八岁入小学，教之数与方名与其洒扫进退之节"，六书九数都是小学，由是十五岁而入于大学。有大学有小学，大学是治国平天下之道以及正心诚意之言，而小学则是书数与方名。下学而上达，小学是上达之本，后世小学废，是上达之无本，于是"君子忧之"。舍此而弗由则流于空谈，而"不由其始者，终不得究物之命"，于是他要求去掉空谈之聪明，"守钝朴之迂回，物物而名名，不使有遁"，所以他又说："古人文学，同驱并进，于一

---

① 《定盦文集》卷中，《陈硕甫所著书序》。

物一名之中，能言其大本大原而究其所终极，综百氏之所谭而知其义例，编入其门径，我从而管钥之，百物为我隶用"。①他所谓正名之学实在是他的外祖的训诂之学，通过训诂小学而正名，因正名乃与言正心诚意以推极于家国天下，而达到"天下国家名实本末皆治"。清代汉学始祖顾亭林本具有这种思想，他治古音韵即所以通"经"，而通经所以致用，他的《日知录》也是通过考据之学以致用，他不是一位脱离实际的小学家，他是由小学以上达。但后来的汉学家包括二王与段玉裁在内并没有这样考虑过，他们买椟还珠，他们擅长于训诂考据，从某一方面说他们是在做正名的工作，但他们并不想下学而上达，他们的小学不能和治国平天下联系在一起，他们使"钝朴"变为"聪明"，使小学变成大学，他们皓首穷经，毕生考据。龚自珍的意见和他们相反，他的方法也不同于顾亭林，但结论相似，可以说"殊途而同归"。

大学中不仅有治国平天下，也有性与天道，龚自珍说：

> 敢问问学优于尊道性乎？曰：否否，是有文无质也，是因迭起而欲偏绝也。圣人之道，有制度名物以为之表，有穷理尽性以为之里，有诂训实事以为之迹，有知来藏往以为之神，谓学尽于是，是圣人有博无约，有文章而无性与天道也。②

"道问学"与"尊德性"的轻重缓急是中国哲学史上有过激烈争论的问题，朱熹、陆九渊于此有截然不同的看法。而龚自珍收拾起这些问题重新评价，他以为"问学"与"德性"是一文一质，一表一里，不能偏弃。道问学是文是表，而尊德性是质是里，圣人之道有制度名物为之表，有穷理尽性为之里。如果以道问学优于尊德性，是有博无约，有文章而无性与天道。虽然如此，但他所谓道问学就是小学，而小学是上达的根本，自有小学以来未曾有这样的评价，顾亭林外，龚自珍是给小学以这样评价的唯一人物。龚自珍的时代已经是近代自然科学发皇的时代，他所过高估计的小学方法近于自然科学的方法，讲究证据，讲究逻辑归纳，但因为所探讨的

---

① 《定盦文集》卷上，《与人笺一》。
② 《定盦续集》卷3，《江子屏所著书叙》。

对象不同，结果也就大异，这时的小学工夫究竟达不到通过训诂以达到治国平天下的目的。但龚自珍对于知识和学术的起源还是有独到的见解，他说立强记之法，是书之始，有书则有文，有文则有字，而字有声、形、义。立测之法是数之始，数始于一，极于九，是谓算。有算法则能测，测日月星、测地；日月星地既可测则有历。民性能辨而有四方，东西南北都以日之出入为标极，是方位之始。①这是朴素的认识论，他认识到文字的源流，数学的源流，天文历法的源流，地理学的源流，在朴学、义理以外，他发现了自然科学，近代的自然科学。虽然时代已近19世纪中叶，但乾嘉时代的正统派学者还是拒绝这些自然科学，他注意到了而且给予积极的评价，还是有意义的事。

在政治思想方面，因为他出自公羊学派，所以多新奇可喜的议论，比如对于产生私有制的"私"字，他有不同于流俗的见解：

敢问私者何所始也？告之曰，天有闰月以处赢缩之度，气盈朔虚；夏有凉风，冬有燠日，天有私也。地有畸零华离，为附庸闲田，地有私也。日月不照人床闼之内，日月有私也。

圣帝哲后，明昭大号，劭劳于在原，咨嗟于在庙，史臣书之，究其所为之，实亦不过曰：庇我子孙，保我国家而已。何以不爱他人之国家而爱其国家，何以不庇他人之子孙而庇其子孙？……圣哲之所哀，古今之所懿，史册之所纪，诗歌之所作。……寡妻贞妇何以不公此身于都市，乃自私贞私自葆也。

且夫，子哙天下之至公也，以八百年之燕，欲予子之。汉哀帝天下之至公也，高皇帝之艰难，二百祀之增功累胙，帝不爱之，欲以予董贤。由斯以谭，此二王者其视文武成康周公岂不圣哉。……

且夫，墨翟天下之至公无私也，兼爱无差等，孟子以为无父。杨朱天下之至公无私也，拔一毛利天下不为，岂复有干以私者，岂复舍我而徇人之谓者，孟氏以为无君。且今之大公无私者有杨墨之贤耶？杨不为墨，墨不为杨，乃今以墨之理济杨之行，乃宗子哙，肖汉哀，

---

① 《定盦续集》卷2，《壬癸之际胎观第二》。

490

乃议武王周公，斥孟轲，乃别辟一天地日月以自处。①

他说从天地圣哲到寡妻贞妇无不有私，相反，燕王哙无私以八百年之燕让子之，汉哀帝无私以二百祀之汉让董贤。就无私而论，子哙、汉哀帝圣于文、武、成、康、周公。然墨翟无私倡兼爱而孟子斥为无父，杨朱无私拔一毛利天下不为，而孟子斥为无君。是以有私胜于无私，他高度评价了"私"字，因而说："今曰大公无私，则人耶？则禽耶？"私有制的起源，国家阶级的起源当然没有和他的尚私论联系起来，但这是相关的问题。在奴隶社会和封建社会，财产主要为奴隶主和封建主所有，虚伪的道德学说掩盖了奴隶主及封建主的私有欲，因而他们讳言"私"，以为这是不道德的代名词。在资本主义社会，资产阶级赤裸裸地提倡"私"字，歌颂私有，以"私"为天下之大公。龚自珍的尚私无疑反映了这种事实，反映了资本主义萌芽时期的私有本质，这也是对过去旧道德学说的挑战。他又说，"夫天寒暑风雨露雷必信，则天不高矣。寒暑风雨露雷必不信，则天又不高矣。"天不以信或不信示人以示其高，天且首鼠两端，何况于人，这又是对封建社会旧道德的挑战，他们说言必信，其实是一些谎言。龚自珍戳穿了旧道德的虚伪性，是有其积极意义的。

龚自珍是一位善于思考问题的人，章太炎詈之为"儇薄小生"未免失言，对于阶级社会的一系列根本问题他都有自己的见解，他说：

> 有天下更正朔，与天下相见谓之王，佐王者谓之宰。天下不可以口耳喻也，载之文字谓之法，即谓之书，谓之礼，其事谓之史职，以其法载之文字而宣之士民者谓之太史，谓之卿大夫。天下听从其言语称为本朝，奉租税焉者谓之民，民之识立法之意者谓之士，士能推阐本朝之法意以相诫语者谓之师儒。王之子孙，大宗继为王者谓之后王。后王之世之听言语奉租税者谓后王之民。王若宰，若大夫、若民相与以有成者谓之治、谓之道。若士若师儒法则先王冢宰之书以相讲究者谓之学师儒，所谓学有载之文者亦谓之书。是道也，是学也，是

---

① 《定盦续集》卷1，《论私》。

治也，则一而已矣。①

他以为得有天下者颁布正朔，是为国王；佐王者谓之宰，而有法律，有文字，有书有礼；有太史、有师儒是为卿大夫。奉租税者为民，民之有识之士谓之士。王之子孙大宗者继为后王，王与宰与大夫与士与民相与以有所成就者谓之治，谓之道，道学与治并是一体。这是一系列的重大问题，在清代学者尤其是公羊学者中接触到这种根本问题者他是第一人。虽然他的理论还不是科学的理论，但这具有启蒙思想的意义。他并没有借上帝来说明国王的来源，同是公羊学者，和董仲舒的思想比，董仲舒说："受命之君，天意之所予也。"②已经相去很远，这是公羊学派本身的发展。而在有关世界的创造问题，他首先归功于人民群众，他说：

天地人所造，众人自造，非圣人所造。圣人也者与众人对立与？众人为无尽，众人之宰，非道非极，自名曰我。我光造日月，我力造山川，我变造毛羽肖翘，我理造文字语言，我气造天地，我天地又造人，我分别造伦纪。……人也者，人所自造，非圣造，非天地造。③

这在当时是一声春雷，在思想史上这样强调人和我，是少见的，如果在一个宗教统治的国家内，说"天地人所造，众人自造，非圣人所造"，岂非大逆不道？因为创造天地一向认为是上帝的职责。龚自珍以为众人无尽，众人之力无尽，圣人与众人对立而无所造。众人之宰，非"道"非"极"，也就是说，众人的主宰不是超人而是众人自己，名之曰"我"。我光造日月，我力造山川，我理造文化，我气造天地，我天地又造人。人也者人所自造，非圣人所造，非天地所造。人是天地的主人，人是造物主。人即我，我是天地的主人，我是造物主。这有什么不是？他还没有劳动创造世界的理论，但他也说"我力造山川"。这是一篇向神仙皇帝挑战的檄文，在哲学史上，也是少见的议论。

---

① 《定盦文集》卷上，《乙丙之际著议第六》。
② 《春秋繁露深察名号》。
③ 《定盦续集》卷2，《壬癸之际胎观第一》。

他虽然论"私",但他又反对封建统治者之无限私有,因而他提倡"平均"。他说"三代之极其犹水,君取盂焉,臣取勺焉,民取卮焉。降是则勺者下侵矣,卮者上侵矣。又降则君取一石,……则不平甚"①。平均的概念接近于平等,都属于新思潮。当时是一个不平的社会,那么他的理想社会是什么?根据公羊学派的传统,他也鼓吹"三世说"。但在具体问题上,他的政治主张颇近于顾亭林而提出宗法封建制。他说:"礼莫初于宗,惟农为初有宗。上古不讳私,百亩之主必子其子。其没也,百亩之亚旅必臣其子,余子必尊其兄,兄亦必养其余子。父不私子则不慈,子不业父则不孝,余子不尊长子则不弟,长子不赡余子则不义。长子与余子不别则百亩分,数分则不长久,不能以百亩长久则不智。"②顾亭林生于明末,鉴于明末政治之腐败而有意于宗法封建,但他没有谈到井田,如今龚自珍使宗法与井田百亩结合,颇有农业社会主义的味道,这是他的理想社会,不是复古思想。康有为后来结合《礼运》的大同思想而鼓吹变法,龚自珍还没有达到这一步,他只是朦胧地提出一种近似空想社会主义的理想,如何达到,他没有提出,这在公羊学的"三世说"中可能相当于太平世。

龚自珍有他自己的"三世说",他在《五经大义终始答问》九篇中以各种典章制度配三世。又以据乱、升平、太平三世尚可分为大中小三世。《答问八》说:"通古今可以为三世,春秋首尾亦为三世,大挠作甲子,一日亦用之,一岁亦用之,一章一蔀亦用之。"可惜他没有详细论证,我们无由分析他的历史观。他也和先前的今文学家相似,在公羊学中找不到实际可行的典章制度,于是他也寻向古文经《周礼》,他指出"圣世所用,实是《周礼》"③。

至此,可以为龚自珍的思想作一小结。他是清代公羊学者中有创见的思想家,在世界观,认识论以及关于公羊学的本身他都具有自己的见解。他具有唯物主义的世界观,他认为世界在变动发展中,于此他不同于古希腊的原子说,不同于印度的四大以及古代中国的五行说,他认为天地簸荡旋转于虫,而虫之作用无穷,风从虫,风说明了世界在发展变化中,但他

---

① 《定盦文集》卷上,《平均篇》。
② 《定盦文集》卷上,《农宗》。
③ 《定盦续集》卷2,《保甲正名》。

又主张神不灭,这是他自相矛盾处。在方法论上他也有值得称道的地方,他具有辩证发展观念的雏形,他的发展概念是:一而立,再而反,三而如初。这三而如初不能简单地说是循环论,也许更接近于正、反、合的发展概念。他又提出顺逆相承的问题,以为有"有"有"空",有"收"有"弃",有"有名"有"无名"。他也主张正名,他认为名实本末皆正而天下平。

在政治思想方面,他接触到阶级和国家的起源问题,最使人惊奇的是他对于众人的见解,众人创造了世界,众人创造了一切,圣人和众人对立而众人自名曰我,也就是我创造了一切,众人即我,我即众人。他也曾经鼓吹井田和宗法,不过我们不能单纯地说他是复古,他是在看穿了封建社会末期之腐败无前途而提出来的"农业社会主义",这是一种空想的社会主义,是没法达到的。从庄存与到龚自珍都属于清代前期的公羊学者,他们都没有向西方学习的愿望,他们还没有发现西方,只能在中国古代社会中寄托他们的幽情。康有为出而局势变,他是公羊学者,已经是向西方寻找真理的时候了。"要救国,只有维新,要维新,只有学外国。那时的外国只有西方资本主义国家是进步的,它们成功地建设了资产阶级的现代国家。日本人向西方学习有成效,中国人也想向日本人学。"[①]毛主席的话使我们想到发现西方,发现西方资本主义国家是进步的也并非易事,前此他们都是在中国古代找出路,顾亭林如此,龚自珍也是如此,虽然他们不是复古,是"托古",但由"托古"而转向西方,在公羊学派来说,始于康有为。

六 魏源

魏源(生于1794,乾隆五十九年,卒于1856,咸丰六年)字默深,湖南邵阳人,与龚自珍同时而友善,同嗜《公羊》而务经世之学,著有《书古微》、《诗古微》、《元史新编》、《圣武记》、《海国图志》、《老子本义》

[①]《论人民民主专政》,《毛泽东选集》横排本,第1359页。

以及《古微堂集》、《古微堂诗集》等。当他壮年后已经是清朝的季世，处于鸦片战争丧权辱国后，正如毛主席所指出的，这正是"帝国主义和中国封建主义相结合，把中国变为半殖民地和殖民地的过程，也就是中国人民反抗帝国主义及其走狗的过程"①。在这困难艰苦的过程中，当时知识分子中的公羊学派起了积极的作用。魏源是一个爱国志士，他的今文经学与爱国主义思想相结合，使他有志于经世之学。今文经重微言大义，表现在公羊学中也就是他们的思想与当时的政治相结合；而古文经脱离政治、脱离实际，务为声音训诂之学而无补于国计民生，所以魏源说："今世言学，则必曰东汉之学胜西汉，东汉郑、许之学综'六经'，鸣呼，二君惟'六书''三礼'并视诸经为闷深，故多用今文家法。及郑氏旁释《易》《诗》《书》《春秋》，皆创异门户，左右今古。其后郑学大行，……谶纬盛，经术卑，儒用绌。晏、肃、预、谧、赜之徒始得以清言名理并起持其后，东晋梅赜《伪古文书》遂乘机窜入，并马、郑亦归于沦佚。西京微言大义之学，坠于东京；东京典章制度之学，绝于隋唐；两汉故训声音之学，熄于魏晋，其道果孰隆替哉！"②其实谶纬源于今文经学，而清言名理之学与古文不相干，但谓微言大义绝于东京，诚然，此后所谓"汉学"（东汉之学）遂成为与义理之学相对立的名词。

西汉有西汉的经学，东汉有东汉的经学，秦以后儒家熄而经学起，两汉同是经学时代而风尚不同。西汉经学在政治上得势始于董仲舒，他受有先秦思、孟一派的天命论而使他成为儒教的宣传者，因为儒家宗教化而使经与纬相连；他也接受了荀子一派的思想体系，而使他有些主张近乎法家。五行说由思孟学派倡始，三统说则为对抗五行说而产生，因之三统说应当起于公羊学和荀子学派。荀子之所谓"道不过三代"和公羊学的"三世说"，即"三统说"的前身，所以董仲舒的改制主张不尚五德而尊三统。于此，魏源也说：

> 且夫文质再世而必复，天道三微而成一著。今日复古之要，由诂训、声音以进于东京典章制度，此齐一变至鲁也。由典章制度以进于

---
① 《中国革命和中国共产党》，《毛泽东选集》横排本，第595页。
② 《两汉经师今古文家法考叙》，《魏源集》上册，中华书局，1976，第151~152页。

西汉微言大义，贯经术故事文章于一，此鲁一变至道也。①

这"三世说"的另一种解释，齐变至鲁，鲁变至道，也可以说成是据乱、升平与大同三世。清初顾炎武亦有志于经世之学，他虽治声音训诂，但望由声音训诂以求义理，因而达到政治上的治平，《日知录》貌似考据实际上有他政治上的含义；《音学五书》亦然。魏源在《诗古微》的序中也说："盖自四始之例明而后周公制礼作乐之情得，明乎礼乐而后可以读《雅》《颂》。自迹熄《诗》亡之谊明而后夫子《春秋》继《诗》之谊章。明乎《春秋》而后可以读《国风》。……礼乐者治平防乱，自质而之文；《春秋》者，拨乱返质，由文而返质。故《诗》之道，必上明乎礼乐，下明乎《春秋》，而后古圣忧患天下来世之心，不绝于天下。"上明乎礼乐，下明乎《春秋》，都可以说明文质反复、三统循环的公羊学说。

魏源以为后儒通《春秋》者莫如董仲舒，尤其是"三代改制质文"一篇，可谓穷天人之绝学。董仲舒虽然承袭了正统派儒家的学说而鼓吹"则天法古"，但他还是有"以复古作维新"的打算，这种理论加上《公羊》与荀子学派的历史观，遂有他自己奇特的历史学说，他认为一个新王朝建立后，则过去的王降王位而为皇帝，其子孙则给予小国使续其祖先的奉祀，对于本朝的前两代王，则奉为本朝的国宾，使他们保有原来的服色礼乐，和本朝共称为三王，所以以周为新王，则夏殷为二王后，而黄帝、颛顼、帝喾、尧、舜叫作"五帝"；五帝以前的神农则降为"九皇"，九皇以上就下放为民了。如果以《春秋》当新王，则殷周是二王后，夏就被绌称帝了。这是一种厚今薄古的办法，也是把希望放在未来的历史观，它是从荀子法后王的思想演变而来，和《公羊》的"三世说"更不可分，这种学说进退于儒法之间，魏源的思想体系也正是如此，他崇西京而贬低东汉，他尊崇董生而贬低何休，以此他在公羊学上祧《解诂》而祖《繁露》。我们本来以为何休是为过去公羊学作总结的人，没有这个总结，不会有后来公羊学的发展，但魏源绌何休而上绍董生，有此偏斜遂使今文经学与理学更加紧密结合，因为西汉董生处于儒家的正统地位中，在道统中他上续

---

① 《两汉经师今古文家法考叙》，《魏源集》上册，第152页。

孔、孟而下接理学，东汉贾、马、何、郑之流不与焉。东汉之学包括何休在内，训诂也罢，微言大义也罢都缺乏道德哲学的成分，因此他们缺乏诚意正心以致治国平天下所谓修养工夫，因此所谓汉宋之分是东汉与两宋之分，西京之学却有与宋儒一脉相通处。

《公羊春秋》主旨在"三科九旨"，无"三科九旨"则无《公羊》，无《公羊》则无《春秋》，此今文家言。三科九旨仅见于何休《解诂》，但魏源以为何休书上本于董生、胡母生，董生之书，三科九旨大备，是以"抉经之心，执圣之权，冒天下之道生，莫如董生"。尊崇董生的结果势必使公羊进退于儒法之间，势必使西京与两宋结合，他们不具有法家比较彻底的变法精神，也有异于儒家的因循保守，他们主张变法而不轻言变法，他们反对封建但又不完全肯定郡县，他们徘徊进退，修修补补，魏源的魄力远不如龚自珍，他说：

> 君子不轻为变法之议，而惟去法外之弊，弊去而法仍复其初矣。不汲汲求立法，而惟求立法之人，得其人自能立法矣。①

他也谈变法，但不轻为变法之议，他也讲立法，但不汲汲求立法，而唯求用法之人。本来人治法治是先秦儒家和法家在政治上的基本区别之一，儒家求人治，以为有治人然后有治法，法家则求治法，一切依之于法。魏源则依违其间，在所有《治篇》中的议论，他都是往复徘徊，比如云：

> 三代以上，天皆不同今日之天，地皆不同今日之地，人皆不同今日之人，物皆不同今日之物。……岂独封建之于郡县，井田之于阡陌哉？故气化无一息不变者也，其不变者道而已，势则日变而不可复者也。天有老物，人有老物，文有老物，柞薪之木，传其火而化其火，代嬗之孙，传其祖而化其祖。古乃有古，执古以绳今，是为诬今；执今以律古，是为诬古；诬今不可以为治，诬古不可以语学。……
> 是以忠、质、文异尚，子、丑、寅异建，五帝不袭礼，三王不沿

---

① 《默觚》（下），《治篇》（四），《魏源集》上册，中华书局，1976，第46页。

497

乐，况郡县之世而谈封建，阡陌之世而谈井田，笞杖之世而谈肉刑哉！……

　　庄生喜言上古，上古之风必不可复，徒使晋人糠秕礼法而祸世教。宋儒专言三代，三代井田封建选举必不可复，徒使功利之徒以迂疏病儒术。君子之为治也，无三代以上之心则必俗，不知三代以下之情势则必迂。读父书者不可与言兵，守陈案者不可与言律，好剿袭者不可与言文，善琴奕者不视谱，善相马者不按图，善治民者不泥法，无他，亲历诸身而已。读黄、农之书，用以杀人，谓之庸医；读周孔之书，用以误天下，得不谓之庸儒乎？①

这是一篇精彩的自然及社会发展史论文。他说在天体上，古有而今无者若干星，古无而今有者若干星；天差而西，岁差而东，是古代之天不同于后代的天。黄河决流，淤塞千里，荥泽巨野塞为平原，碣石沦于渤海，十数湮其九，三江阏其二，高岸为谷，深谷为陵，是地不同于后世的地。燕、赵、卫、郑古代繁华，齐、鲁、睢、涣，古富绮纨，三楚不复长鬣，勾吴岂有文身？是人民不同于古代的人民。黍稷是五谷之长，数麻菽而不数稻，亨葵五菜之主，荁蕲藿而不及菘。布有麻葛而无吉贝，币有黄金而无白银，今皆反之，是物不同于古代的物。自然在变，社会也在变，租庸调变而为两税，两税变而为条编，变古愈尽，变民愈甚，虽圣王复作，必不舍条编而复两税，舍两税而复租庸调，况郡县之世而谈封建，阡陌之世而谈井田，笞杖之世而谈肉刑！这种议论是正确的，这是发展史观而不是倒退论。上古之风必不可复，三代之治必不可有，一切都在变；但他说，还有一个不变的道，因为他接受董仲舒的传统，所以他说"有变易之易而后为不易之易"。所谓道，所谓"不易之易"究竟是些什么，他没有明确定义，但应用到现实政治上，这无疑是封建社会秩序，他没有改变这封建社会的意图，那么你谈变，变到什么地方？先秦法家的变法是改变社会性质到地主封建社会，清末的戊戌维新是向资本主义社会过渡，魏源的思想中还没有这资本主义社会的蓝图，所以他主张变，又主张不变，变当然要改

---

① 《默觚》（下），《治篇》（五），《魏源集》上册，第47~49页。

变这封建社会制度，但他没有勇气说向资本主义社会迈进，他虽然提倡师夷人之长技以御夷，也只是坚甲利兵，知己知彼的攻守而已，根本改造这腐朽已极的封建社会，时候到了，所以出现变革的呼声，但内部的条件不足，一直到康有为时代还只能"百日维新"，孙中山出而局势变，《公羊》成为变法的理论根据一去不返，民族民主的革命口号出，而以复古作维新，公羊义法只能是历史的陈迹。但魏源的历史观究竟还是向前而不是退后，他说：

> 后世之事，胜于三代者三大端：文帝废肉刑，三代酷而后世仁也；柳子非封建，三代私而后代公也；世族变为贡举，与封建之变为郡县何异？三代用人，世族之弊，贵以袭贵，贱以袭贱，与封建并起于上古，皆不公之大者。虽古人教育有道，其公卿胄子多通六艺，岂能世世皆贤于草野之人？……春秋诸卿，有公族有世族，其执政之卿，谋国之大夫，无非此二族者。……单寒之子无闻焉。秦人崛起，乃广求异国之人而用之。……由是六国效之……气运自此将变，不独井田封建之将为郡县阡陌而已。孔子得位行道，必蚤有以大变其法，举四科以代豪宗。……秦汉以后，公族虽更，世族尚不全革，九品中正之弊，至于上品无寒门，下品无世族。……自唐以后乃仿佛立贤无方之谊，至宋明而始尽变其辙焉，虽所以教之未尽其道，而其用人之制，则三代私而后世公也。①

他认为后来比古代进步的地方有三：一是汉文帝废肉刑，三代酷而后世仁；二是柳宗元非封建，三代私而后代公；三是三代用人以二族，后来用人以贡举。他并且说"世族之弊，贵以袭贵，贱以袭贱，与封建并起于上古，皆不公之大者"。这些议论，即使出现于中国的19世纪也是难能可贵，公羊派属于儒家，魏源更属具有理学传统的儒家，儒家而能说，"三代酷而后世仁；三代私而后世公"，的确具有卓识。"孔子得位行道，必蚤有以大变其法"，正是为他自己变法的主张找后台，孔子而变法，变法岂

---

① 《默觚》（下），《治篇》（九），《魏源集》上册，第60~61页。

非合理之举？袭贵袭贱之说更道出阶级社会的实质，贵、贱是划分阶级的概念，在封建社会阶级以贵贱分，那么我们说在魏源的思想中存在着民主思想的萌芽，并不是没有根据，"用人之道，则三代私而后世公也"是指后来以科举代世族，科举之权虽然掌握在地主阶级手中，但这究竟胜于九品中正制，因而且在封建社会史上这是应当肯定的一种进步制度。

但魏源总是在瞻前顾后，封建制度和郡县比，当然后者具有优越性，但他认为它们互有优劣，他指出："春秋以前，有流民而无流寇；春秋以后，流寇皆起于流民；……春秋以后，夷狄与中国为二，春秋以前，夷狄与中国为一。……后世关塞险要，尽属王朝，……此郡县之优乎封建者一也。由前三说观之，五伯者，三王之罪人，中夏之功臣；由后一说观之，七雄、嬴秦者，罪在一时，功在万世。"①以上所谓前三说：一是即春秋以前，井田什一尚存，履亩未税，民困于役而不困于赋；二是春秋以前之诸侯朝聘而已，春秋以后之诸侯攻战而已；三是春秋以前有流民无流寇。他以为春秋以前有此三长，所以说五伯者三王之罪人，中夏之功臣，因为他们捍卫了诸夏而攘夷狄。由后一说观之，七雄嬴秦罪在一时而功在万世。封建郡县互有优劣，总起来说，嬴秦之功大于过，罪在一时而功在万世。他总是在退一步进两步，在封建社会他能否不退此一步而进？那是法家的作风非所语于公羊学派，魏源坚持不变之道，不易之易，这给清末统治者之"中学为体，西学为用"建立了理论基础，用魏源自己的话来说，他们是以经术治国而不是以法治国，他说：

曷谓道之器，曰"礼乐"；曷谓道之断，曰"兵刑"；曷谓道之资，曰"食货"。道形诸事谓之治；以其事笔之方策，俾天下后世得以求道而制事，谓之"经"；藏之成均、辟雍、掌以师氏、保氏、大宗正，谓之师儒。师儒所教育，由小学进之国学，由侯国进之王朝，谓之士，士之能九年通经者，以淑其身，以形为事业，则能以《周易》决疑，以《洪范》占变，以《春秋》断事，以礼乐服制兴教化，以《周官》致太平，以《禹贡》行河，以《三百五篇》当谏书，以出

---

① 《默觚》（下），《治篇》（三），《魏源集》上册，第42~43页。

使专对，谓之以经术为治术。曾有以通经致用为诟厉者乎？以诂训声音蔽小学，以名物器服蔽《三礼》，以象断蔽《易》，以鸟兽草木蔽《诗》，毕生治经，无一言益己，无一事可验诸治者乎！①

有所谓"道之器""道之断""道之资"，道是不可变的，而器、断与资是可变的。道之形于事谓之治，道之笔于书谓之经，而士九年通经后可以《周易》决疑，以《洪范》占变，以《春秋》断事，以礼乐服制兴教化，以《周官》致太平，以《禹贡》行河，以《诗》当谏书，以出使专对。这是通经以致用，大有别于训诂考据，而《周官》可以致太平，也是西汉经学的传统，东汉后《周官》古文经，甚至被诬为伪书，不可能是致太平书。魏源究竟是一个公羊学家，他有时接近法家，有时则退转到正统派儒家的立场，但无论儒家法家，先秦的儒家、法家，他们都主张中国统一，公羊学派更是鼓吹"大一统"，"三世说"的核心问题是造成一个大一统的理想天下，魏源于此也继承了古代的传统，清朝季世在对待资本主义国家的入侵问题上，他主张抵抗，在鸦片战争的问题上，他是禁烟派的代表人物，他坚决支持林则徐等人的抵抗斗争，但关于抗英的问题上他有不同于林则徐的看法，他评论说：

《春秋》之义，治内详，安外略，外洋流毒，历载养痈。林公处横流溃决之余，奋然欲除中国之积患，而卒激沿海之大患。其耳食者争咎于勒敌缴烟，其深悉详情者，则知其不由缴烟而由于闭市。其闭市之故，一由不肯具结，二由不缴洋犯。然货船入官之结，悬赏购犯之示，请待国王谕至之禀，亦足以明其无悖心。且国家律例，蒙古化外人犯法，准其罚牛以赎，而必以化内之法绳之，其求之也过详矣。……

夫戡天下之大难者，每身陷天下之至危，犯天下之至危者，必预筹天下之至安。古君子非常举事，内审诸己，又必外审诸时。同时人材尽堪艰巨则为之，国家武力有余则为之，事权皆自我操则为之。承

---

① 《默觚》(上)，《学篇》(九)，《魏源集》上册，第23~24页。

平恬嬉，不知修攘为何事，……如此而欲其静镇固守，严断接济，内俟船械之集，外联属国之师，必沿海守臣，皆林公而后可，必当轴秉钧皆林公而后可。始既以中国之法令望诸外洋，继又以豪杰之猷为，望诸庸众，其于救敝，不亦辽乎！①

他是在论述鸦片战争的是非得失，他以为林则徐奋然欲除中国之积患而卒激沿海之大患，主要原因在于不了解敌情，英国和中国不同，在各方面考察他们并无"悖心"，也就是他们并没有侵略我们的用心，况且对待外人不能像对待国人那样，清朝对待蒙古，蒙古人犯法准其罚牛以赎，就是照顾到不同情况，对待英人也应当如此。平定天下大难的人，每身陷天下之至危，所以犯天下之至危的人必须预筹天下之至安，当时清廷还没有战胜英人的具体条件，既不能知己也不知彼，既无战备又无人才，是没有希望取得胜利的。评论有是处，当时朝廷对西方事务之愚昧无知，是长期闭关政策的当然结果，但不能把责任委之于林则徐，他是当时比较了解西洋的人，他也曾经编译《四洲志》，他的抗英斗争是得到全国人民支持的，至于"卒激沿海之大患"的结果，当时的腐朽朝廷和颟顸的疆吏应负全责，与林则徐无关。至于说有合理的条件则当时英人并无"悖心"的提法，是不了解嗜血成性的资本主义国家的特点，他们就是因侵略掠夺而起家。不过魏源也是比较了解西方的人，他曾经编辑《海国图志》，目的是"为以夷攻夷而作，为师夷长技以制夷而作"，所以他说，"同一御敌，而知其形与不知其形，利害相百焉；同一款敌，而知其情与不知其情，利害相百焉"。据此以驭外人他以为还是不够的，最根本处还是如明臣所言"欲平海上之倭患，先平人心之积患"。他总是在进退于两者之间，进退于儒法之间，进退于中西之间，进退于体用之间，有可变有不可变，可变者是西洋之法，不可变者是中国之道，自此时起，中国人知道必须效法西洋才能战胜西洋，就主张效法西洋是用，而不变中国的根本是体，这中学为体、西学为用的提法，是自信的表现也是盲目无知的表现。魏源讲求事功，但又究心义理，他注意知行问题，因为自明代以来王阳明良知良能之学横扫

---

① 《道光洋艘征抚记》（上），《魏源集》上册，第185~187页。

一切，这是主观唯心主义的先验论，执此以救中国势必南辕北辙，但魏源的见解是正确的，他说：

> "及之而后知，履之而后艰"，乌有不行而能知者乎！缮十四经之编，无能触发，闻师友一言而终身服膺者，今人益于古人也。耳聒义方之灌，若罔闻知，睹一行之善而中心惕然者，身教亲于言教也。披五岳之图，以为知山，不如樵夫之一足；谈沧溟之广，以为知海，不如估客之一瞥；疏八珍之谱，以为知味，不如庖丁之一啜。①

在这个重要问题上魏源的态度是明确的，知与行，理论与实践的问题在中国哲学史上几次反复，这是判别唯物唯心分野的标志，他认为只有实践才可以获得真理判断真理。行而后知，披五岳之图以为知山，不如樵夫之一足；谈沧溟之广以为知海，不如估客之一瞥；这是真理，这是唯物主义认识论。然而魏源却主张以心为君，他说，"心为天君，神明出焉。众人以物为君，……以心为使令，故终身役役而不知我之何存。圣人以心为君，以五官为臣，故外欲不入谓之关、内欲不出谓之扃，终身泰然而不知物之可营，未有天君不居其所而能基道凝道者也"②。这是理学与道教徒的混合思想，"神不守舍，物乃为菑，敬除其舍，道将自来"，是道教徒的修炼方法，也为理学家所接受。魏源远祖董仲舒，而董仲舒是儒教的鼓吹者，这和理学之结合道教，先后殊途而同归，都是使唯心主义哲学依附于宗教。有宗教则有迷信，于是魏源在提倡堪舆地形之学，他并且把这种地形学提到政治上的高度，他说："形家阴阳之用，其大者建都立邑，其次立宫室，其次营兆域；见于《经》者，《公刘》《楚丘》之诗，《孝经》，'卜其宅兆而安厝'之文，其大较也。《周礼·墓大夫》之职，'邦墓之地域，为之图，令国民族葬而掌其政令'。"③这种议论而出自论经世之学的魏源，未免出乎意料，这也是经世之学？

今文经学而与术士合流，而与道教合流，而与理学合流，而与黄老合

---

① 《默觚》（上），《学篇》（二），《魏源集》上册，第7页。
② 《默觚》（上），《学篇》（七），《魏源集》上册，第18页。
③ 《地理纲目序》，《魏源集》上册，第233页。

流，因为他与黄老合流，所以他说，"兼黄老申韩之所长而去其所短，斯治国之庖丁乎！"①因为他与理学合流所以他也在发挥"仁"与"诚"的学说，并且接受程颐一派的思想，"天地之间皆有对，有阴则有阳，有善则有恶"，而提出"天下无独必有对，而又谓两高不可重，两大不可容，两贵不可双，两势不可同。……有对之中必一主一辅，则对而不失为独"。②这富于辩证的意味，但从此而产生的结果，"是以君令臣必共，父命子必宗，夫唱妇必从"，却是和辩证法不相容的。

总之魏源处于一个矛盾百出而没法解脱的时代，在他的思想体系中也是矛盾百出，他总是在进退徘徊，他没有先秦法家勇往直前的精神，他也不具备儒家锲而不舍的坚强态度，这虽然是公羊学派的特点，但在魏源的思想体系中更加突出。

七　全文总结

清代乾嘉时代和朴学对峙者有公羊学派，首倡者庄存与常州人，所以也称作"常州学派"，此后这一学派中的重要人物几乎都受有他的影响，和他本人有接触的是门人孔广森和外孙刘逢禄。庄存与主要是一个经师，直接接触到政治问题处很少，但他有意无意要求巩固固有的阶级秩序的愿望还是强烈的。原来，公羊学派历史观和政治理论相结合，以致他们的政治理论某些积极意义，他们的"三世说"，也就是他们的历史观，把太平世放在未来而以《春秋》当新王，说明他们是向前看，面向未来，而不是正统派儒家之死法先王。可是庄存与扬弃了这种有积极意义的三世学说，却引进了理学，使汉学与宋学结合，本来公羊多变，但变向理学乃前所未闻。

庄存与的时代，公羊学沉沦已近千年，长期停顿的封建社会不需要这诡谲多变的公羊，然而当中国封建社会即将崩溃的前夕，地主阶级中的开明人士又感觉到有变的必要了。所以这时公羊派的崛起不是没有基础的。乾隆时代，对于封建统治者来说是危机四伏，内部的资本主义萌芽正在滋

---

① 《默觚》（下），《治篇》（三），《魏源集》上册，第45页。
② 《默觚》（上），《学篇》（十一），《魏源集》上册，第26页。

长着而外部有资本主义强大势力叩关，虽然在表面上这还是一个繁荣太平盛世。公羊学派本来是地主阶级为了适应时代的变化而应变的政治学派，他们的政治主张动摇于儒法之间，因而他们的政治理论可儒可法，当他们采取办法以图巩固这地主阶级旧有秩序的时候，他们走向正统派儒家的道路，当他们采取办法以图适应新形势的时候，他们接近法家也要求改制。庄存与走的是前一条道路。

孔广森曾从戴东原治朴学，但亦谈《公羊》，他和庄存与同时，但他们的身份地位不同，孔广森是世族大地主家族成员，孔家是"同天并老"的世袭贵族，存在决定意识，因此他主张世禄，他说"天子诸侯通称'君'，古者诸侯分土而守，分民而治，有不纯臣之义"。他们可以与诸侯比，他们有爵，公爵，有土，祀田，因此他不鼓吹加强王室的大一统，他的"三科九旨"也不同于传统的"三科九旨"，他没有变的观念，只有不变的想法以维护这"文章道德圣人家"的大公国。不鼓吹大一统而强烈维护旧的阶级秩序，于是他使公羊学与法家结合。庄存与曾引进理学与公羊结合，用道德济王法之穷，孔广森则引进荀韩，使法家的刑赏二柄济伦理之穷。本来公羊接近法家，我们曾经主张公羊属于荀学，以此，孔广森还是发挥了公羊学的传统。

稍后，刘逢禄出而公羊学为之一振。庄存与和孔广森虽然发现了公羊学，发现公羊学是地主阶级自救运动的方案，但他并没有从公羊学中找到自救的方案，他们在前期公羊学派的思想体系中还无所适从，还没有找到关键所在。刘逢禄是找到这种关键的人，这种关键也就是经过东汉何休多年摸索总结出来的"微言大义"。何休的总结和当时的实际并没有联系起来，我们只能说这是一种纯书面总结，没有联系实际的总结。但这个总结仍然具有历史意义，他总结了几百年来的公羊学，这是儒法结合的产儿，本来属于荀学而多变。由于这个总结使公羊学变作地主阶级自救运动的理论宝库，对于后世产生了巨大的影响，每当社会处于变革的前夕，地主阶级总是在公羊学中寻取应变的理论根据而在古文经中找具体的方案，这在历史上称作"阳儒阴法"。公羊学是表面的儒家而是骨子里的法家，儒法并没有不可结合的鸿沟。

我们说庄存与和孔广森还没有发现公羊学派的关键所在是说他们还没

有找到何休的总结，或者说他们还不理解何休的总结。这是一个具有非常异义可怪之论的总结而刘逢禄发现了它，他对这个总结有自己的理解，有了他自己的理解就有了新内容。在原来的公羊学派中，"大一统"和"张三世"是其中的核心思想，法家鼓吹一统而儒家中的公羊学鼓吹"大一统"，这"大一统"的理论深入人心掌握了群众，在中国历史上发挥了无比的作用；而"张三世"结合到发展的历史观使公羊学派和法后王的理论合流。何休主要总结了这些内容，而刘逢禄恰好注意了这些内容，而这些正是庄存与所没有发现的，也正是孔广森所歪曲了的内容。刘逢禄的时代是清朝嘉庆、道光年间，这正是阶级矛盾和民族矛盾日趋激化的时代，这是使这古老的封建社会趋于解体而沦于半封建半殖民地社会的前夕。如何来应付这种新局面，如何来维护这原有的"大一统"？于是公羊学派搬出了他们的古老总结，在他们的古老总结中最引人注意的是以《春秋》当新王，需要一个新的权威来充当新王以维护一统。在刘逢禄的思想体系中，这新王所统辖的新社会面貌还不明确，也就是说他还没有建立资本主义社会的想法，一直到稍后的龚自珍才跳出封建社会的樊笼，他的思想体系引入了一个崭新的境界。

在清朝的公羊学者中，凌曙和陈立的学风可以说是"不贤者识其小"，他们买椟还珠，舍义例而谈训诂。对于所谓微言大义，他们都是对面不相识，虽然陈立在训诂上在材料收集上有所长，但《公羊》非记事史书，材料训诂对之将无用武之地，他们的工作没有解决任何问题，因而也可以说没有发生任何影响。和他们相反，在理论上在思想体系上能够发挥重大作用的是龚自珍！

龚自珍的思想不能囿于今文经学，他是清代有数的思想家之一，在他的思想体系中我们找到近代思想家的色彩，也就是说他的思想超出了他的时代，他歌颂了封建社会还不存在的实体。他具有唯物主义世界观，他认为世界永远在发展变化中，他也具有辩证逻辑的观点，他的辩证观点是：一而立，再而反，三而如初。这三而如初不能简单地说是循环论，如初究竟不是归于初。他也提出顺逆相承的问题，顺逆相承正好接触到辩证法的核心问题对立统一的问题。而龚自珍思想中最使人惊奇的还是他对于人民群众的见解，在中国思想家中他是发现人民群众、发现人民群众创造一切的第一人。他说众人创造了世界，众人创造了天地光明，人也者人所自造，非圣人所造，圣人是和众人对立的。众人无尽，众人的主宰不是道不是极，也就是说主宰众人的不是上帝而是群众自己，这自己就是我，是我创造了天地，创造了山川日月又创造了人！是我和圣人对立，是我和上帝对立，我就是众人，众人就是我。这是一篇向神仙皇帝挑战的檄文，也是一篇向旧权威挑战的檄文。他歌颂"私"字，越是在私有制社会越讳言私，这就很好地说明了阶级社会道德的虚伪性，而阶级社会的资本主义时代不讳言私，他们说私有神圣要保护私有。龚自珍以为天地圣哲无不有私，相反，燕王哙无私以天下让子之，汉哀帝无私以天下让董贤。墨翟无私倡兼爱而孟子斥为无父，杨朱无私拔一毛利天下不为而孟子斥为无君；因此他高度评价了"私"字说："今日大公无私，则人耶？则禽耶？"

龚自珍是善于思考的人，对于阶级国家的起源他也有见地。他说得有天下者颁布正朔是为国王，佐王者谓之宰，而有法律有文字，有书有礼，有太史有师儒是为卿大夫。奉租税者为民，民之有识之士谓之士，王之子孙大宗者相继为王。王与宰与大夫与士与民相与以有所成就者谓之治谓之道，道、学与治并是一体。这是从基础到上层建筑的阶级社会国家的形成。在清代公羊学者中接触到这些根本问题者他是第一人，虽然他的理论还不是科学的理论，但他意识到这类大问题，这是一些具有启蒙意义的理论，振聋发聩，龚自珍的确是一位启蒙人物。

和龚自珍同时的魏源却不如龚的果决，在他的思想体系中矛盾百出，他总是在进退徘徊，他不具有先秦法家的剽悍精神，也不具备儒家锲而不舍的坚强态度，这虽然可以说是公羊派的特点，但在魏源的思想体系中更加突出。但魏源还是有贡献的，比如他的行而后知的学说却是唯物主义的认识论。

此后，时代变了，中国完全进入半殖民地半封建社会。公羊学作为一种意识形态，从面貌到性质都不能不随着社会性质的变化而发生重大的变化。但这是后话，需作专文论述，在这里就不多涉及了。

（原刊于《清史论丛》第一辑）

清代卓越的史学家全祖望

谢国桢

　　浙东是我国传统的素负盛名的文化之地。宋代，一个与理学相对立的"浙东学派"曾在那里诞生。到清初，在那里又兴起了一个以黄宗羲、万斯大、万斯同等为代表的新的"浙东学派"，主张钻研史籍，通经致用，在史学上取得了显著的成就。全祖望是新的浙东学派中稍后的代表人物。他素负民族气节，慷慨激昂，不畏强暴；在雍正、乾隆严酷统治，文网日密，文字狱不断发生的条件下，他以其勇敢地写作的宋末和南明志士的历史，以其进步的学术思想，给后代留下了一笔丰富和良好的文化遗产。

　　全祖望，字绍衣，号谢山，学者称谢山先生，浙江鄞县（今宁波）人。他生于康熙四十四年（1705），卒于乾隆二十年（1755）。他成长为清代卓越的史学家，并不是偶然的。他有很深的家学渊源，自己又勤奋努力。乡贤、浙东学派老一辈的代表人物黄宗羲、万斯同等给了他很大的影响。他从幼就仰慕他们的学识，长大后积极从事宋明历史和进步学术思想的研究。他在乾隆元年（1736）成进士，点了翰林，任翰林院庶吉士之职，很有才名。当时的学者方苞、李绂都很器重他。在清朝，翰林院的体制是每隔三年朝考一次，优等的就可以"开坊"或者去作各省的乡试主考官，劣等的在散馆后去做各省的州县官吏。全氏因为恃才傲物得罪了大学士张英，就连他的主考老师李绂也爱莫能助。他被降为最劣等，散馆后去做知县。祖望一怒而回了故乡，想终老田园。他在后半世生活中，曾当过

清代卓越的史学家全祖望

宁波蕺山书院和广东端溪书院山长。当时,一班富商大贾往往喜欢交结儒林,豢养名流,以附庸风雅,装饰门面。而寒士们也靠此获得广厦之庇。祖望和他的好友厉鹗、杭世骏等似乎也不能例外。他在经济困难的时候,就到扬州大盐商马曰璐的玲珑山馆做客,诗酒流连,扢扬风雅,也帮助马曰璐编校书籍。厉鹗则在天津大盐商查为仁的水西庄,替查为仁编注了一部宋周密选的《绝妙好词笺》。乾隆六年(1741),李绂任江南主考官的时候,祖望曾到南京去谒见了他的老师。他的老师曾有劝他出山的意思。他回答以诗,有"自分不求五鼎食,何妨平揖大将军"的句子①,婉言谢绝了他老师的盛意。从此以后,他除了到过扬州和广东外,以家居之日为多。他为了研究明史,要网罗时代的放失旧闻,就到明嘉靖年间范钦所建立的天一阁阅读图书,还捡点天一阁所藏碑帖目录。他为了搜集乡邦文献,续辑李邺嗣所编的《甬上耆旧诗》,就迁居到当时李邺嗣选诗的地方胡文学的适可轩中,改名为双韭山房,以为藏书和著书的所在。

知识分子的思想有时是动摇的,甚至是矛盾的。全氏初登翰院时期,也不是不想飞黄腾达,青云直上。他也想做"颂圣之作"以邀取功名;可是统治者的喜怒无常,献谀恭维的文字,如不中意,反而"动辄得咎"。全祖望就是这样,他作《皇雅颂》,其中有"大讨贼"一篇,忌妒他的,就说他诗句中,有"不忘有明,虽颂昭代开国之功,实称扬思宗之德,有煽惑人民不忘故主之意"。全氏几遭不测,赖大学士某救之得免。②这个大学士某就是李绂。全氏经过这番折磨和锻炼之后,更坚定了他的志节,决心终身钻研宋、明两代的忠贞事迹,年仅过五十即完成了这项艰巨的、有意义的学术事业。

全祖望为什么会有这种不忘故明的思想,能够发扬浙东学派的优良传统,坚持民族气节呢?当时传说,全祖望年十六七岁时,听到他族母张氏的讲话。张氏是清顺治十六年(1659)与郑成功联师北伐直抵南京的明末忠节之士张煌言的女儿,他从张氏那里听到很多明末抗清忠愤动人的事迹,这些事迹激发了他的民族感情,因之他就蓄志写作有明一代的历史,

---

① 全祖望:《鲒埼亭诗集》第1卷,《祥琴集》,《临川先生病中犹古人出处之义漫呈绝句五首兼束胡抚军复斋》。
② 徐珂:《清稗类钞》,《狱讼》(上),《全谢山几以皇雅篇获咎》。

509

尤其是要写南明鲁王以海的历史。同时他中年丧偶之后，在北京续娶了满洲学士春台的女儿，①这样的婚姻关系似乎又给他在政治上提供了一张护符。当然，张氏的教育在祖望的思想上留下了很深的烙印。但是，如果认为春台的"保护"造就了全祖望，使他勇敢和直言不讳，那就不对了。我认为，最主要的是明末清初暴风骤雨般的抗清斗争，给了他以深刻的教育，而祖望从实践当中，从一生经历过程中，又遇见了志同道合的师友为之提倡，彼此相交，由其真知灼见的认识当中，形成立身行世的主导思想，从而表现于他的著述里面。我们不妨考察他的一生行事和接触的师友人物，举出几个例子。

第一是当他二十八岁到北京去应北闱乡试的时候，他的房考老师是上海曹一士，很赏识他的文章，为之"倾倒特甚"。曹一士后来在雍正、乾隆期，由翰林历任御史，转工科给事中，是一位赋性耿直的言官。在清朝皇帝淫威积压之下，发生了许多次的文字狱，士大夫们噤若寒蝉，不敢再说话了。如雍正朝杀戮年羹尧，并株连其党羽，大兴查嗣庭"维民所止"试题和汪景祺著《西征随笔》等文字狱，曹一士给乾隆皇帝上了"请查宽比附妖言之狱兼禁挟仇诬告诗文"的奏折。他说："比年以来闾巷细人……往往挟睚眦之怨，借影响之词，攻讦私书，指摘字句。有司见事生风，多方穷鞫；或致波累师生，株连亲族，破家亡命，甚可悯也。"②并说，若不即时停止执行，那么明太祖严治高启、魏观之罪和胡蓝之狱将重见于今日。这样触犯清朝政府的尊严，很可能得到杀头的罪状，可是曹一士以廉直见称，虽然是一生贫寒，终未得到杀头之罪，而他偏独赏识了全祖望。他给全祖望的信上说："所示论明史三书甚佳，宜录出与吴、方诸前辈一阅。"③这就鼓励了全祖望不怕权贵、百折不回的意志。

第二是全祖望点翰林时的主考、他的恩师李绂。李绂素来信服陆象山、王阳明"知行合一"之教，在雍正、乾隆朝，曾做过御史，历任至广西巡抚，是一位正直的人士，也可说是清官。他反对雍正的亲信河南巡抚田文镜，又谏争直隶总督蔡珽非贪污之臣，因之得罪了雍正皇帝。雍正帝就命

---

① 杨钟羲：《雪桥诗话》卷5。
② 曹一士：《四焉斋文集》卷3，《请查宽比附妖言之狱兼禁挟仇诬告诗文》。
③ 曹一士：《四焉斋文集》卷6，《与全生绍衣》。

议政大臣们罗织了李绂二十一款大罪状,立即绑到菜市口的法场,白刃搁在脖子上问他:"此时知田文镜好否?"他面不改色说:"臣愚虽死,不知田文镜好处。"雍正帝对他这种至死不屈的态度,赦免了他的死罪。①李绂的活生生的事迹,更启发了全祖望写宋末、明末忠臣义士的决心。

第三是在清乾隆朝残酷统治下,就是王公大臣也难以幸免,满洲贵族纳兰常安任浙江巡抚,知道全祖望的才名,祖望虽不与他亲近,但纳兰常安礼遇之甚厚。纳兰虽然是个大官僚,为人却不庸俗,而喜欢亲自访问各地的风土人情,他历官湖广,云贵各地方时,曾著有《受宜室宦游笔记》。他督理北路粮饷驻鄂尔昆时,著有《瀚海》前后集,其中有《行国风土记》两卷,记载由承德到蒙古草地的风土、物产、人民生活和经济情况,极为详尽,是研究漠外风光的一部好书。还有游沈阳时写的《沈水三春集》。可是他官浙江巡抚时,因进贡物品不中乾隆帝的意思,为部下的官吏反噬,逮赴西曹论斩。全祖望听到了这个消息,非常地愤恨,寄之以诗说:"当君开府日,我最罕经过。为避猪肝累,兼之箝口多。高牙今已矣,旧雨近如何?剩有山中客,神伤春梦婆。"②不仅寄托惋惜之意,还看出了清乾隆时政治贪污腐朽,直道不行的状况。同时,纳兰常安所著的书,实际调查了各地的风土民情,说明了清朝政治和风俗的情况,从而指出了"文为时而作"的方向,研治宋、明的历史,正可以淬砺民族的气节。

总之,全氏的为人,光明磊落,直抒己见,好与人为善而疾恶如仇。每见人有错误,遇事规劝,对方有时不相谅,以至于反唇相讥。例如杭世骏是他的好友,盛称他的学问,"为余畏友"③,可是终至于凶终隙末,发生不愉快的事情。无论反对者如何批评,可是全祖望的博学多闻、考究群书、实事求是、辨明是非而有他的一贯的主张,都是驳不倒的。因为他治学问的方法和特点,就是能采取众长,融为己有,坚定不移地发挥祖国文化优良传统,表扬民族气节,博征往事,所以鉴古而知今,不尚空谈而为有用的学问,以为淑世宁人之准则。我们从他所著的各种书里,都可以看到他这种著书立说的旨趣。他的学识,主要的是继承了黄宗羲、万斯同的学术

---

① 李元度:《国朝先正事略》卷14,《名臣》,《李穆堂侍郎事略》。
② 全祖望:《鲒埼亭诗集》第8卷,《望岁集》,《寄讯故抚军常履坦时方迟秋于西曹》。
③ 杭世骏:《诸史然疑》,《自序》。

思想，而表现于各方面，来完成他们未完成的遗志，甚至往前推进了一步。

黄宗羲曾著《明儒学案》，同时作《宋元学案》而没有完成。黄氏著《明儒学案》是有他的宗旨和目标的，是以阳明学派为宗，而以蕺山学派为他的亲炙。对于其他诸家，撮其要旨并加批判评骘，而做出了各家的学案。到了全祖望续纂《宋元学案》，以其时代来说，当然是以程朱之学为宗了。可是南雷一派是宗陆、王，而对于程、朱持有不同意见的。因之全氏就对客观情况和具体事实作具体的分析，从这个角度，平列分述各种学派的事实和学术思想，而另外还编制了各种学派源流表格。当然其中也有些调和朱熹、陆象山学术的论调，仍不免多少存在着门户之见，但是在纂修学案的方法上往前进展了一步。

他在北京翰林院时专治郦道元的《水经注》，用力甚勤，一直到回到家乡时，仍致力于这项工作。他在北京的时间较短，与李绂合抄《永乐大典》，辑出来许多佚书，但是他未能查到《永乐大典》入声水字韵，他未能发现《水经注》的原文。后来赵一清和戴震同研究《水经注》，他们都参考了全氏精校本的著述。全氏研治《水经注》，是为了疏通沟渠发展江浙的水利事业，他的晚年，回到家乡，仍在那里考勘《水经注》以至于七校，仍未能完成这种事业。但他笺注《水经注》时把经和注提行分开，注中的小注仍加以划分，因之他研究《水经》卓有成绩，给读者提供了不少便利。可是他的遗稿终于失散不全，清光绪间薛福成所刻的《全校水经注》是经过王梓材等人的增补本，已非全氏的原本。因为全氏费终身之力，校治《水经》，曾经七校不止一种稿本，他的高才弟子董秉纯来不及为之整理。闻其七校一部分稿本现藏于天津图书馆。

王应麟和胡三省同是生于南宋的末年，同是负有国家兴亡之感，扶持清议，发扬民族气节的志士。陈垣先生著《通鉴胡注表微》，说明了胡三省著书的微尚之旨，举出了一些隐讳而不易使人发现的例子。王应麟著《困学纪闻》二十卷，与胡三省注《通鉴》有异曲同工之妙。这部书的内容表面上是谈经、谈史、历代的典章制度以及谈文学艺术作品，其实他书中包含着热爱祖国发扬民族气节的无限深义。清代的阎若璩、何焯均为之作注，全祖望也煞费心力为之作了《三笺》。他著的序上说："潜邱……力攻《古文尚书》，乃其平日得意之作，顾何必哓哓搀入此笺之内？""义门……晚年妄思论学,遂谓此书尚不免词科人习气。""予客江都寓寮,无事,取二本合订之,冗者删简,而未尽者则申其说,其未及考索者补之,而驳正其纰缪者,又得三百余条,江西万丈孺庐见之叹赏,以为在二家之上。"①所谓在二家以上者,就是全氏独出心裁,标志出来著者提倡民族气节的深意。王应麟说:"清议废,风俗坏,则有毁宗泽而誉张邦昌者,有贬张浚而褒秦桧者,观民风设教,尽贤德善俗,可不谨哉!"又说:"东都之季,清议扶之而有余,强秦之末,壮士守之而不足。"还说:"刘行简曰:'天下之治,众君子成之而不足,一小人败之而有余',皆至论也。"②从这些论据里可以看出明末黄宗羲、顾炎武的学术思想,就是从这里面发展出来的,因之全祖望著书立说有了理论的根据,裒辑丛残,网罗遗闻,写出了明末文史学家的传记和他们进步的学术思想。

最后我们要谈的是他一生所写的文章,纂辑成为《鲒埼亭集内外编》的宗旨。他仿效明末遗民编选自撰的文集分内外编的意思,是收集无关紧要应酬的文章为内编;有关于家国之痛,月湖、汐社遗事,触犯清朝忌讳的文章,则为外编。他费了一生的精力裒辑了大量的资料,辨别真伪,审核其内容,用翔实而生动的笔墨,写出了明代进步的学术思想家黄宗羲、顾炎武、傅山诸大名家以及明末忠臣义士张煌言、钱肃乐,"五君子""六狂生"诸家的英勇事迹,甚至于民族志士僧弘储,以及不得意而被以恶名的志士吴钮,也为之树碑立传。对于坏人两面派如明末谢三宾、清初李光地、毛奇龄之流,则不惜笔墨揭发其阴险不可告人的隐情,暴露其罪行于光天化日之下,使人人得而唾弃之。还有他志同道合要好的朋友如姚薏田、鲍轸等的逸事,也赖之以传。我初步体会著者著《鲒埼亭集》,写这种名人传记文章的企图,有三种设想。首先是为了保存我国的学术思想,保持民族气节,对于学者、忠臣、义士的事迹,必须发潜彰幽,发扬而光大之,写为传记,使之照耀于人间,著书立说以为百世之师。其次,人是健忘的,昨日或前日的事情,就会忘掉。所以明末学者、忠臣、义士的英勇事迹,久而久之,就会湮没而不彰了。在全祖望所生的时代,离明末尚不甚远,尚有老人可以询问,有书籍遗迹可以寻访,搜集文献资料还算来

---

① 全祖望:《鲒埼亭集外编》卷25,《困学纪闻三笺序》。
② 王应麟:《困学纪闻》上册,商务印书馆,1959,第33~34页;下册,第1453、1187页。

得及。最后，搜集资料也不是一种容易的事情，必须腿勤、手勤、笔勤而具有识力，才能搜集到大量的资料，尤其是必须加以整理和鉴别，那个是真，那个是伪，那个是传闻之误？费了审查鉴定的力量，准确如实地把它反映出来，写成了文章，才能信今而传之于后。谢山先生所结撰的文章，对此是当之而无愧的。昔陈援庵（垣）先生治史之暇，最喜欢读顾炎武《日知录》和全祖望《鲒埼亭集》，因为谢山先生选辑资料的谨慎，写出文章来征引事实的详确，清代学者是再没有人能及他的。因之陈援庵先生在辅仁大学的时候，开了一门功课，叫作《史源学》。我初步的认识是：研究历史提出正确的理论观点来，发人的深思，解决了新的课题固然重要；然如实地反映史实，整理资料，部署编排，如将兵式的整理得井井有条，丝毫不乱，又何尝不是一门社会科学？若是认为追求实际的图书馆学、版本目录和史部目录学不算是科学，那真是荒乎其唐的说法。全谢山先生用大量无可置疑的事实，用雄伟的姿态和描写事物栩栩如生的笔墨写出来英雄人物可歌可泣的文章。当他生前所写的文章既经问世以后，许多人想要明了明清之际交替的事迹，所以他的文章人人爱读，已经是家弦而户诵了。并世的文人沈彤读了《鲒埼亭集》，感慨地说："能令人傲，亦能令人壮。"①谢山生前的好友，称道谢山史学之精，后来反目的杭世骏，给他做《鲒埼亭集序》说："谢山全氏，有其乡前辈浚仪、慈溪两先生之学，而才足以振其滞，口能道其胸之所记，手能疏其口之所宣，牢笼穿穴，揉杂万有，其勿可及也已。"所评陟谢山的文章是恰当的。但是序文后来又说谢山的文章"侈言无验，华言而不实，多言而躁"，则纯粹是诬蔑谢山之辞。这篇序文②，杭世骏置在家中，刻于他著的《道古堂集》内，终于没有叫谢山看见。

谢山一生致力于学术事业，晚年由广东端溪书院回来，生活益形潦倒，贫病相加，又丧其幼子韮儿，在悲痛之余写了《韮儿埋铭》，不到几天，即行故去，几无以为殓。他的学生董秉纯、蒋学镛、张炳等求援于扬州马日琯家，馈赠白金百两，作为补偿医药之费。但是殡殓安葬之费，尚无着落，就把全氏的双韮山房的遗书，让给了门人卢镐的族人，得了白金二百两，才得以安葬。全氏这些遗书就成为卢氏抱经楼的藏书。谢山在生

---

① 杨钟羲：《雪桥诗话二集》卷4。
② 杭世骏：《道古堂集》卷之九，《序》（六），《全谢山鲒埼亭集序》。

前就手定其《鲒埼亭集》内编的稿件五十卷，由董秉纯、蒋学镛等商定送交扬州马氏小玲珑山馆，请求其助资刊行；而请谢山最相契的朋友杭世骏为之校定作序，以永其传。可是，在这个时间里就发生了枝节。谢山是以直道待人的，谢山与杭世骏同在广东任书院山长时，谢山是以清廉自守的；可是名士杭大宗他买了大批的湖笔徽墨，馈送当道的官吏，甚至赚了一大笔钱，实与清望有关，谢山当面规劝他，他不听。谢山到扬州时，就把这件事告诉给玲珑山馆马氏兄弟，因而请马氏兄弟规劝杭氏。我们需要知道，马氏兄弟是杭世骏的财东，真是叫杭大宗这位大名士下不了台，因之就老羞成怒，反口相噬了。他就以喜怒笑骂讥诮的笔墨写了一篇序文，结果也没有交给谢山的学生，把谢山的文集的稿子也积压起来了。同时还窜改谢山之文作为己作不下于六七篇之多。① 我感觉得杭世骏以才华见长，而研治史学的功力远非谢山之比。《道古堂集》都是些诗古文辞考证之作，而涉及明史的文章较少，则可见未必窃取谢山之作，以为己作；可是为了迁怒于谢山，把他文稿积压起来是会有的。谢山的原稿五十卷虽然失去，或是尚在人间，不得而知；但是谢山亲炙的学生董秉纯、蒋学镛，仍保存有副本，和谢山未整理的遗稿一大篓子，由董秉纯认真地整理，先编成《鲒埼亭集》三十八卷，附以鄞县万氏前所刻的《经史答问》十卷，有清嘉庆九年（1804）余姚史梦蛟刻本。董秉纯在清乾隆四十年（1775）官广西那地州（在今广西南丹西南、东兰北）州判时，费尽心血整理其遗稿成《鲒埼亭集外编》五十卷，有嘉庆间杭州汪继培刻本，《鲒埼亭诗集》十卷，有清光绪间慈溪童氏大鄮山馆刻本。谢山著的讲甬上风土的诗《句馀土音》一卷，有清道光间刻本。于是谢山所著的诗文集，都流传于世了。谢山先生一生的心血，终不至于埋没了。

底下，我们要谈《鲒埼亭集》的版本问题，我想分为《鲒埼亭集》的版刻和抄校批注本这两类的版本来谈。兹先谈刊本和传抄本，再谈批注本。

1. 自全祖望《鲒埼亭集》问世以后，人们都要明了明末清初的史事，这本书就不胫而走，有许多抄本流传。我就有黄永年先生赠送我的《鲒埼亭集外编》五十卷，旧抄本，比刻本多《孔门弟子考》等篇，已刻于《知

---

① 徐时栋：《烟屿楼文集》卷16，《纪事》，《记杭董浦》（戊辰）。

不足斋丛书》之内，为汪继培刻《外编》时所删。谢山著述的来源，应当以董秉纯、蒋学镛所整理者为主，而董氏爬梳整理纂辑之力尤勤。以我所知道的罗列如下。

①《鲒埼亭集》二十二卷

鄞全祖望谢山撰，为慈溪冯贞群伏跗室旧藏抄本。是书在刻本之前，卷数与刻本不同。

②《鲒埼亭集》前四卷

是书为乾隆三十七年（1772）董秉纯首先刻前四卷。封面题全谢山太史著《鲒埼亭集》，春雨楼藏。是书流传甚罕，为冯贞群所藏，今已归天一阁。

③《鲒埼亭集》三十八卷

清董秉纯编，首列《年谱》及《世谱》。清嘉庆九年（1804）余姚史梦蛟刻本。

④《经史答问》十卷

清乾隆三十年（1765）鄞万近蓬编，刻于杭州，冠以董秉纯所撰《世谱》，后有董秉纯跋，史梦蛟刻《鲒埼亭集》时，即附之于后。

⑤《鲒埼亭集外编》五十卷

清董秉纯在那地州时所编，清嘉庆六年（1811）萧山汪因可继培刻之于杭州，因为是表扬遗民，恐触犯清朝文网，不敢署名，后始知为汪继培所刻。

⑥《鲒埼亭集外编》稿本残存三册

为冯贞群所藏。内有《明礼尚书仍兼通政使武进吴公事状》，为他本所无。

⑦《湖语注》

稿本，为《鲒埼亭集》文中之一篇，述东湖之掌故。

⑧《鲒埼亭诗集》十卷

又残存五卷本均为冯贞群所藏。十卷本，有道光十三年（1833）仲秋临海冯登府曾阅一行，有清光绪间慈溪童氏大鄮山馆刻本。谢山尚著有《甬上族望表》《句余土音》乾隆间刻本、《句余土音》有嘉业堂刻清陈铭海补注六卷本。至《年华录》四卷，恐系伪书，以不在编辑《鲒埼亭集》范围之内，故不赘述。

按《鲒埼亭集内外编》，虽为谢山高弟董秉纯所编，经后人传刻，其中缺漏之处，仍复不少。如史刻本《鲒埼亭集》卷二十一《董永昌传》缺后篇凡二百四十四字；卷二十七《李贞愍传》中脱六十九字；卷二十八《李元仲别传》全缺。其他脱字、错简、次序颠倒，不一而足。要研究谢山之学，则有赖于旧抄和校勘本了。

2. 批注本多种，谢山的学术本身成为后来学者研究的对象。这些批注本皆弥足珍贵。现举我所知的：

①严元照评校本《鲒埼亭集内外编》

严氏批校此书，其旨在于补写其遗文，发明其文义，校正其笔误，以表示做古文之法来衡量谢山的文章，仍有归震川、方望溪评点古文的习气，对于谢山之学实未梦见，然可为校订文集之一助。原稿现藏于上海图书馆，传抄本甚伙，我获有陈乃乾先生的移录本。

②杨凤苞评注《鲒埼亭集内编》三十八卷稿本

杨凤苞，字秋室，浙江湖州吴兴人，熟于明清之际史事，著有《南疆逸史》十三跋，久已闻名于世。他尤钦佩谢山之学。此书经秋室评注，密书小字，布满于书眉之上，几无隙地。有正谢山之失者，如《湖语》载宋楼钥之孙为楼扶非楼扶之类；有补谢山对于史事之阙者，如集中所记祁班孙、魏耕、张煌言、弘储诸人的事迹，皆能旁征博引，闻所未闻，诚谢山之诤友，亦可以为后人研究谢山史学的良师。原稿本为叶景葵先生所得，现藏于上海图书馆。杨秋室校本系批校于清乾隆间龙尾山农旧抄本之上，凡六厚册。龙尾山农为江都汪雪礓，精于碑版目录之学，藏有唐揭武梁祠书象，即让与黄小松（易）者。此书底本为汪雪礓抄藏之本，在祖国文物上，亦堪珍贵。

③蒋学镛校外编本

蒋学镛为谢山之中表兄弟，而受业于其门下的。谢山素来志高气盛，不自检点。他幼年时代曾与他的舅父蒋蓼崖在酒筵间争辩过学问,同席有他的好友张韫山笑着说:"天下岂有以舅氏而与外甥争名者耶?""通席为之轩渠。"① 又谢山给他舅父著《穿中柱文》,称他舅父甚有才名,考试时,曾为人做过几次枪替的文章,这都是应有分寸不该说的话。可是蓼崖故后,学镛向谢山学习甚勤,有些文章,谢山写的时候都是亲眼见的。因之学镛批校谢山的文章,有时说明他的环境,有时纠正他的错误,对于研究谢山的事实是难,能可贵的资料。冯贞群先生得学镛外编过录于严元照批本之上。旋又得学镛批校内编本,又获谢山手稿外编,残存卷六至卷十五,冯君同汇录在一起,真可算苦心孤诣地搜集其乡先辈的遗作了。

④ 李慈铭手校本《鲒埼亭集外编》

此书现藏于北京图书馆,对于谢山之文亦颇有增订。

⑤ 平步青《群书斠识》中《鲒埼亭集》校本

平氏素喜治其乡先辈之学。此书据蒋学镛及其他诸本详校,并多谢山自序及杭世骏序。是亦有功于谢山之学者。

1956年冬,我由天津到宁波访问我的旧友冯贞群先生,承他盛情款待,出示其邺架上所藏批校本《鲒埼亭集》多种。我费了半月之力,抄录于我藏的《鲒埼亭集内外编》之上。1957年底,我由津到京,又向北京图书馆借阅李慈铭、平步青批校之书,同抄录所藏各本之上,徒以人事匆匆,未及整理,就请挚友朱铸禹先生为之汇录,校点整理,其情至为可感。1978年10月我访书江浙,重登宁波之天一阁,时冯贞群先生已归道山,而所藏的善本佳椠已收藏于天一阁,冯君保存乡邦文献之功可以无憾。1979年春回到北京,上海古籍出版社通知朱铸禹先生将要出版此书,嘱桢为之作一缘起,以说明校点这部书的经过。桢愧不文,又学业荒废,少不努力,皓首无成,此所以甚可悲也。爰书其颠末于此,以就正于读者。

1979年6月17日谢国桢识于北京
(原刊于《清史论丛》第二辑)

---

① 全祖望:《鲒埼亭集外编》卷7,《碑铭》(四),《张丈韫山墓表铭》。

顾炎武与清代学风

陈祖武

顾炎武是清初学坛一位继往开来的大师。他崇实致用的学风，不但称著于当世，而且在整个清代都留下了积极的影响。本文准备就这个问题试作一些阐述，以求正于同志们。

一

社会存在决定社会意识。一个有作为的学者，其学术风尚总是同自己所生活时代的经济、政治条件和理论背景分不开的。顾炎武的学术风尚，也鲜明地打上了他那个时代的历史印记。明清之际社会经济、政治的急剧动荡，理论思维领域反理学新思潮的酝酿，学术风尚从空疏到健实的深刻转变，孕育了顾炎武的务实学风。

顾炎武原名绛，字忠清，明亡，改名炎武，字宁人，自署蒋山佣，学者尊为亭林先生。他生于明万历四十一年（1613），卒于清康熙二十一年（1682）。他所在世的这七十年，正值中国封建社会晚期极度动荡的时代。明末社会经济的崩溃，政治的黑暗腐朽，以及作为它们在文化思想领域反映的心学泛滥，学风空疏，向那个时代的思想家、学者提出了一系列尖锐的问题。这些问题有经济的，有政治的，也有文化思想的。譬如，如何去抑制土地的兼并，如何去合理分担赋役，如何去更易国家的政治制度、官吏制度、教育制度等，总而言之，就是如何去维护封建地主阶级的统治，让封建的国家机器得以正常运转下去。扭转空疏学风，成为当时学术界一个迫在眉睫的课题。

明朝二百七十余年间，其学风为八股时文所蔽，尤其是当其末季，心学泛滥，流于禅释，公安、竟陵文体风靡朝野，一时文士竞以灵性相尚，最为空疏不学。因之，每为后世学者所讥。清代乾嘉学者江藩在他的《汉学师承记》中写道："有明三百年，四方秀艾困于帖括，以讲章为经学，以类书为博闻，视天梦梦，可悲也夫。在当时岂无明达之人，志识之士哉？然皆滞于所习以求富贵。此所以儒罕通人，学多鄙俗也。"①近代学者梁启超，就说得更加直截了。他认为："明朝以八股取士，一般士子除了永乐皇帝钦定的《性理大全》外，几乎一书不读。学术界本身，本来就象贫血症的人，衰弱得可怜。"②至于清初学者的贬抑之词，更是所见甚多，不遑备举。《明史》就有过如下的议论："有明诸儒，衍伊、洛之绪言，探性命之奥旨，锱铢或爽，遂启歧趋，袭谬承讹，指归弥远。至专门经训授受源流，则二百七十余年间，未闻以此名家者。经学非汉唐之精专，性理袭宋元之糟粕，论者谓科举盛而儒术微，殆其然乎。"③从这一段话，我们即可窥见清初学者对明季学风持论之一斑了。而顾炎武恐怕当属其中的最激切者，他说："刘石乱华，本于清谈之流祸，人人知之，孰知今日之清谈有甚于前代者。昔之清谈谈老庄，今之清谈谈孔孟，未得其精而已遗其粗，未究其本而先辞其末。不习六艺之文，不考百王之典，不综当代之务，举夫子论学、论政之大端一切不问，而曰一贯，曰无言。以明心见性之空言，代修己治人之实学，股肱惰而万事荒，爪牙亡而四国乱，神州荡复，宗社丘墟。昔王衍妙善玄言，自比子贡，及为石勒所杀，将死，顾而言曰：'吾曹虽不如古人，向若不祖尚浮虚，戮（勠）力以匡天下，犹可不至今日。'今之君子，得不有愧乎其言？"④

明末学风的空疏不学，不但清人这样说，就是明末的有识之士，也已痛加针砭。崇祯十一年（1638），陈子龙、徐孚远等人所辑《皇明经世文

---
① 江藩：《汉学师承记》卷1。
② 梁启超：《中国近三百年学术史》，上海民志书店本，第4页。
③ 《明史》卷282，列传第170，《儒林》（一）。
④ 顾炎武：《日知录》卷7，《夫子之言性与天道》。

编》就集中反映了这一点。陈子龙序写道:"俗儒是古而非今,文士撷华而舍实。夫保残守缺,则训诂之文充栋不厌;寻声设色,则雕绘之作永日以思。至于时王所尚,世务所急,是非得失之际,未之用心。苟能访求其书者盖寡,宜天下才智日以绌,故曰士无实学。"①黄澍的序文则云:"乃文人柔弱,既已论卑气塌,无当上旨,凡而咕哦诵记,自章句而外无闻焉。"②徐孚远的序文也说:"今天下士大夫无不搜讨缃素,琢磨文笔,而于本朝故实,罕所措心,以故剡藻则有余,而应务则不足。"③许誉卿的序文更喟叹:"予惟学士大夫平生穷经,一旦逢年,名利婴情,入则问舍求田,出则养交持禄,其于经济一途蔑如也。国家卒有缓急,安所恃哉。"④又说:"士大夫俯仰自若,转展推避,急则首鼠两端,缓则泄沓一意。"⑤寥寥数语,活画出了明末文人学士的空疏腐朽。足见,明清之际,扭转空疏不学之风,已是历史发展的必然趋势。

吴晗先生说过,《明经世文编》的"编辑、出版,对当时的文风、学风是一个严重的挑战,对稍后的黄宗羲、顾炎武等人讲求经世实用之学,也起了先行者的作用"⑥。这是完全正确的。其实,在明亡前的二三十年间,向空疏学风挑战的,又何止《明经世文编》的编者呢!宋应星、徐弘祖、方以智等有作为的探索者,就曾经进行过大胆的尝试。较他们更早一些的焦竑、陈第等人,都以博洽而著称一时。焦竑博极群书,究心考据训诂、版本目录之学,写成《国史经籍志》,在目录学上作出了贡献。陈第精研古音,著有《毛诗古音考》《屈宋古音义》等书,开后来顾炎武等人治古音学的先声。特别值得一书的是,自万历年间利玛窦等西方耶稣会士的东来,也传入了较为先进的科学文化知识,兴起了晚明的科技文化热流。当时的封建士大夫徐光启、李之藻等人闻风而起,尤其是徐光启不但与利玛窦合译《几何原本》,而且还独立编写了不朽的农业科学巨著《农政全书》,在中国科技、文化史上留下了灿烂的一页。晚明的东林学派,自顾宪成、高

---

① 《明经世文编》,中华书局,1962年影印本,第1册,卷首《陈子龙序》。
② 《明经世文编》,《黄澍序》。
③ 《明经世文编》,《徐孚远序》。
④ 《明经世文编》,《许誉卿序》。
⑤ 《明经世文编》,《许誉卿序》。
⑥ 《明经世文编》第1册,卷首《影印〈明经世文编〉序》。

攀龙到刘宗周,以修正王阳明心学为帜志,学风已趋于健实。

所有这些,在转变明末空疏学风上,其功绩实在是不可磨灭的。顾炎武正是上承其先行者的步履,力矫明末学风之弊,为开启一代健实学风建树了筚路蓝缕之功。

二

顾炎武的学风,经历了一个不断学习,努力实践,锲而不舍地长期探索的形成和深化过程。其学风,概言之就是崇实致用。话虽如此简单,然而就中的内涵却方面甚广,至为丰富。

当顾炎武青年时代自科举帖括之学中挣脱出来以后,直到逝世,其为学即可以崇实致用两方面赅括。所谓崇实,就是摒弃"明心见性之空言",代之以"修己治人之实学"。① "鄙俗学而求六经,舍春华而食秋实",以"务本原之学"②。所谓致用,就是不但学以修身,而且更要以之经世济民,探索"国家治乱之源,生民根本之计"③,"以跻斯世于治古之隆"④。顾炎武以一生的学术实践告诉世人,崇实不以致用为依归,难免流于迂阔;致用而不以崇实为根据,更会堕入空疏。崇实致用二者相辅相成,浑然一体,构成了顾炎武为学的实学思想。

顾炎武的实学思想,首先是建立在踏实而广博的读书基础之上的。他一生"自少至老,未尝一日废书"⑤。十四岁以前,即先后读过《大学》《周易》《孙子》《吴子》《左传》《国语》《战国策》《史记》《资治通鉴》等书。此后,科举帖括之学虽然耗去了他十余年的宝贵时光,但是自二十七岁起,顾炎武便断然弃绝帖括之学,到康熙初年,他已经"历览二十一史以及天下郡县志书,一代名公文集及章奏文册之类"⑥,"凡阅志书一千余

---

① 顾炎武:《日知录》卷7,《夫子之言性与天道》。
② 顾炎武:《亭林文集》卷4,《与周籀书书》。
③ 顾炎武:《亭林佚文辑补》,《与黄太冲书》。
④ 顾炎武:《亭林文集》卷4,《与人书二十五》。
⑤ 潘耒:《遂初堂集》卷6,《〈日知录〉序》。
⑥ 顾炎武:《亭林文集》卷6,《〈天下郡国利病书〉序》。

部"①。在他四十五岁弃家，直至七十岁逝世，二十五个年头的北游历程中，始终"以二马二骡载书自随。所至厄塞，即呼老兵退卒询其曲折。或与平日所闻不合，则即坊肆中发书而对勘之。或径行平原大野无足留意，则于鞍上默诵诸经注疏。偶有遗忘，则于坊肆中发书而熟复之"②。正如顾炎武自己所述："炎武之游四方……，未尝干人，有贤主人以书相示者则留，或手钞，或募人钞之。"③笔者曾做过一个概略的统计，仅在《日知录》中，顾炎武所征引的各类书籍，除十三经、二十一史、明历朝实录及各地府州县志外，就达一百七十九种之多。顾炎武一生以踏实刻苦的读书，推倒了晚明"束书不观，游谈无根"的恶劣风气，树立了"君子之学，死而后已"④的楷模。

顾炎武为学主张"博学于文"，他认为："君子博学于文，自身而至于家国天下，制之为度数，发之为音容，莫非文也。"⑤他这里所说的文，当然绝不仅仅限于文字、文章之文，而是文献，是包涵了广泛内容的社会知识。明末文士"聚宾客门人之学者数十百人，……一皆与之言心言性，舍多学而识以求一贯之方，置四海之困穷不言，而终日讲危微精一之说"⑥的风气，顾炎武至为鄙弃。晚明士大夫寡廉鲜耻，趋炎附势，当明清易代之时"反颜事仇"⑦，更是为他所深恶痛绝。于是，顾炎武把"博学于文"与"行己有耻"合而为一，提到了"圣人之道"的高度，予以大声疾呼。他说："愚所谓圣人之道如之何？曰'博学于文'，曰'行己有耻'。自一身以至于天下国家，皆学之事也；自子臣弟友以至出入、往来、辞受、取与之间，皆有耻之事也。耻之于人大矣，不耻恶衣恶食，而耻匹夫匹妇之不被其泽，故曰'万物皆备于我，反身而诚'。呜呼，士而不先言耻，则为无本之人；非好古而多闻，则为空虚之学。以无本之人而讲空虚之学，吾见其日从事于圣人而去之弥远也。"⑧

---

① 顾炎武：《亭林文集》卷6，《〈肇域志〉序》。
② 全祖望：《鲒埼亭集》卷12，《顾亭林先生神道表》。
③ 顾炎武：《亭林文集》卷2，《钞书自序》。
④ 顾炎武：《亭林文集》卷4，《与人书六》。
⑤ 顾炎武：《日知录》卷7，《博学于文》。
⑥ 顾炎武：《亭林文集》卷3，《与友人论学书》。
⑦ 顾炎武：《日知录》卷13，《降臣》。
⑧ 顾炎武：《亭林文集》卷3，《与友人论学书》。

实事求是，这是顾炎武实学思想的根本风格。顾炎武一生为学，反对内向的主观学问，主张外向的客观学问，他说："自宋以下，一二贤智之徒病汉人训诂之学，得其粗迹，务矫之以归于内，而'达道'、'达德'、'九经'、'三重'之事置之不论，此真所谓'告子未尝知义'者也。"①又说："'学问之道无他，求其放心而已矣'。然则但求放心可不必于学问乎？与孔子之言'吾尝终日不食，终夜不寝，以思无益不如学也'者，何其不同邪？他日又曰：'君子以仁存心，以礼存心。'是所存者非空虚之心也，夫仁与礼，未有不学问而能明者也。孟子之意盖曰，能求放心，然后可以学问。"②顾炎武不但主张读书，而且同样提倡走出门户，到实践中去。他说："人之为学，不日进则日退。独学无友，则孤陋而难成；久处一方，则习染而不自觉。不幸而在穷僻之域，无车马之资，犹当博学审问，古人与稽，以求是非之所在，庶几可得十之五六。若既不出户，又不读书，则是面墙之士，虽子羔、原宪之贤，终无济于天下。"③崇尚实践，提倡外向的实际学问，成为顾炎武为学的一个突出特色。道光年间，唐鉴著《清学案小识》，将顾炎武归入程朱理学的"翼道学案"，他写道："夫先生之为通儒，人人能言之，而不知先生之所以通，不在外而在内，不在制度典礼，而在学问思辨也。"④这样的议论，与顾炎武的为学风尚南辕而北辙，实在是强人就我的门户之见。事实上，顾炎武的崇实致用之学，断非汉学、宋学所可拘囿。同强顾炎武入汉学的藩篱一样，把他强入宋学门户也是不妥当的。

与崇尚实践，提倡外向的务实学问相一致，顾炎武的一生为学，充满了求实的精神。他对前人的成说，不盲从，不依傍；对古代的典籍，信其所当信，疑其所当疑，形成了自己的一家之言，体现了为学的独立风格。这种求实的独立风格，在顾炎武的经学研究中，得到了集中的反映。

"信古而阙疑"，这是顾炎武经学研究的根本态度。他说："五经得于秦火之余，其中固不能无错误，学者不幸而生乎二千余载之后，信古而阙疑

---

① 顾炎武：《日知录》卷7，《行吾敬故谓之内也》。
② 顾炎武：《日知录》卷7，《求其放心》。
③ 顾炎武：《亭林文集》卷4，《与人书一》。
④ 唐鉴：《清学案小识》卷3，《翼道学案》。

乃其分也。"①由此出发，顾炎武对宋明以来轻疑经文，甚至妄意删改的风气作了批评。他说："近代之人，其于诸经卤莽灭裂，不及昔人远甚。又无先儒为之据依，而师心妄作，刊传记未已也，进而议圣经矣；更章句未已也，进而改文字矣。此陆游所致慨于宋人，而今且弥甚。徐枋有言：'今不依章句，妄生穿凿，以遵师为非义，意说为得理，轻侮道术，寖以成俗。'呜呼，此学者所宜深戒。"②但是，信古并不是泥古。在顾炎武看来，经学是很平实的学问，六经实在就是古代的史籍。他说："《诗》之次序犹《春秋》之年月，夫子因其旧文，述而不作也。颂者，美盛德之形容，以告宗庙。鲁之颂，颂其君而已，而列之周颂之后者，鲁人谓之颂也。世儒谓夫子尊鲁而进之为颂，是不然。鲁人谓之颂，夫子安得不谓之颂乎，为下不倍也。《春秋》书公、书郊禘亦同此义。孟子曰：'其文则史，不独《春秋》也，虽六经皆然。'今人以为圣人作书，必有惊世绝俗之见，此是以私心待圣人。"③能拨去罩在六经之上的"惊世绝俗"外衣，还其以平实史籍的本来面目，顾炎武这样的见解确实是卓越的。后世乾嘉学者章学诚的"六经皆史"说，显然是从顾炎武的主张中获取了有益的启示。

顾炎武反对"援今而议古"的倾向，认为这无异于"圆凿而方枘"。他主张："经学自有源流，自汉而六朝而唐而宋，必一一考究，而后及于近儒之所著，然后可以知其异同离合之指。如论字者必本于《说文》，未有据隶楷而论古文者也。"④他对诸经的研究，实事求是，不立门户，不分畛域，故而能见前人之所未见，能发前人之所未发。譬如他对《周易》的研究，既肯定程颐的《易传》和朱熹的《周易本义》，提出了"复程朱之书以存易"的主张⑤，同时，又对理学家说《易》的比附穿凿予以驳斥。顾炎武直斥陈抟、邵雍的图书象数之说为"方术之书""道家之易"⑥，是"强孔子之书以就己之说"⑦。这确实是不苟同于朱熹之说的大胆议论。乾嘉学者钱大昕对此至为推许。他说："先生不信康节先天之学，其识高于元明

---

① 顾炎武：《日知录》卷2，《丰熙伪尚书》。
② 顾炎武：《日知录》卷2，《丰熙伪尚书》。
③ 顾炎武：《日知录》卷3，《鲁颂商颂》。
④ 顾炎武：《亭林文集》卷4，《与人书四》。
⑤ 顾炎武：《日知录》卷1，《朱子周易本义》。
⑥ 顾炎武：《日知录》卷1，《孔子论易》。
⑦ 顾炎武：《日知录》卷1，《易逆数也》。

诸儒远矣。"①《尚书》在诸经中,聚讼最多。顾炎武根据文献记载,对《尚书》作了实事求是的历史考查。他提出了"《泰誓》之文出于魏晋间人之伪撰"②的疑问,陈述了"书序……未可尽信"③,"古时有尧典无舜典,有夏书无虞书,而尧典亦夏书"④的见解。顾炎武在追溯《尚书》的演变源流之后,重申了孟子的"尽信书不如无书"之说。他认为:"今之《尚书》,其今文、古文皆有之三十三篇,固杂取伏生、安国之文,而二十五篇之出于梅赜,《舜典》二十八字之出于姚方兴,又合而一之。孟子曰'尽信书不如无书',于今日而益验之矣。"⑤

顾炎武这种实事求是的学风,在对《春秋》的研究中,同样得到了具体的体现。他博稽载籍,除将其研究成果收入《日知录》之外,还专门写了一部三卷的《左传杜解补正》。他在该书序文中写道:"《北史》言,周乐逊著《春秋序义》,通贾、服说,发杜氏违。今杜氏单行,而贾、服之书不传矣。吴之先达邵氏宝有《左觿》百五十余条,又陆氏粲有《左传附注》,傅氏逊本之为《辨误》一书。今多取之,参以鄙见,名曰《补正》,凡三卷。若经文大义,左氏不能尽得,而公、穀得之;公、穀不能尽得,而啖、赵及宋儒得之,则别记之于书而此不具也。"⑥按照经今古文学的分野,《左传》是古文家的路子,而《公羊传》是今文家的路子,《穀梁传》虽其说不一,但也多归之于今文经学之类。顾炎武治《春秋》却一扫门户之见,博采三家之长,而且对前人有所讥刺的唐人啖助的《春秋》研究,尤加称许。他不同意所谓啖助"不本所承,自用名学,谓后生诡辩为助所阶"⑦之说,认为:"啖助之于《春秋》,卓越三家,多有独得。"⑧乾隆年间修《四库全书》时,对顾炎武的《春秋》研究予以了肯定的评价:"炎武甚重杜解,而又能弥缝其阙失,可谓扫除门户,能持是非之平矣。"⑨这样的评价是允当的。

① 黄汝诚:《日知录集释》卷1,《易逆数也》引钱大昕语。
② 顾炎武:《日知录》卷2,《泰誓》。
③ 顾炎武:《日知录》卷2,《书序》。
④ 顾炎武:《日知录》卷2,《古文尚书》。
⑤ 顾炎武:《日知录》卷2,《古文尚书》。
⑥ 顾炎武:《亭林文集》卷2,《〈左传杜解补正〉序》。
⑦ 顾炎武:《日知录》卷2,《丰熙伪尚书》。
⑧ 顾炎武:《日知录》卷2,《丰熙伪尚书》。
⑨ 《钦定四库全书总目》卷29,《经部》(二九),《春秋类》(四),《左传杜解补正》。

再就顾炎武的古音学研究而论，作为一个经世致用的学者，他之痛感于古音学的沉沦绝非偶然。顾炎武说："言诗者，大率以声音为末艺，不知古人入学自六艺始。孔子以游艺为学之成，后人之学好高，以此为瞽师、乐工之事，遂使三代之音不存于两京，两京之音不存于六代，而声音之学遂为当今之绝艺。"①由于声音之学的断绝，所以后世往往有率臆改经之病，顾炎武对此深致不满道："三代六经之音，失其传也久矣。其文之存于世者，多后人所不能通，以其不能通，而辄以今世之音改之，于是乎有改经之病。始自唐明皇改《尚书》，而后人往往效之，然犹曰，旧为某，今改为某，则其本文犹在也。至于近日锓本盛行，而凡先秦以下之书率臆径改，不复言其旧为某，则古人之音亡而文亦亡，此尤可叹者也。"②在顾炎武看来，这又是"一道德而同风俗"不可忽略的大事。他说："《记》曰'声成文谓之音夫有文斯有音，比音而为诗，诗成然后被之乐，此皆出于天而非人之所能为也'。三代之时，其文皆本于六书，其人皆出于族党庠序，其性皆驯化于中和，而发之为音无不协于正。然而《周礼》大行人之职：'九岁属瞽史，谕书名，听声音。'所以一道德而同风俗者又不敢略也。"③于是，他断然提出了"读九经自考文始，考文自知音始"④的主张，踏踏实实地对古音学进行潜心研究，以从中求得"一道德而同风俗"的根本。至于能否求得，那又当别论了。经过三十余年的努力，他终于写成了《音学五书》这样一部清代学术史上的巨著。关于这部书，顾炎武曾这么写道："炎武潜心有年，既得《广韵》之书，乃始发悟于中而旁通其说，于是据唐人以正宋人之失，据古经以正沈氏、唐人之失，而三代以上之音部分秩如，至赜而不可乱。乃列古今音之变，而究其所以不同，为《音论》二卷；考正三代以上之音，注三百五篇，为《诗本音》十卷；注《易》为《易音》三卷；辨沈氏部分之误，而一一以古音定之，为《唐韵正》二十卷；综古音为十部，为《古音表》二卷。自是而六经之文乃可读，其他诸子之书，离合有之，而不甚远也。"⑤

---

① 顾炎武：《日知录》卷5，《乐章》。
② 顾炎武：《亭林文集》卷4，《答李子德书》。
③ 顾炎武：《亭林文集》卷2，《〈音学五书〉序》。
④ 顾炎武：《亭林文集》卷4，《答李子德书》。
⑤ 顾炎武：《亭林文集》卷2，《〈音学五书〉序》。

顾炎武的古音学研究，尽管承袭有自，从宋人吴棫、郑庠，尤其是明人陈第等人的著述中，都得到不少有益启示，但是，由于他能实事求是地进行独立研究，因而创获甚多。无论在音学演变源流的审订，古韵部类的离析，"古人四声一贯"之说的钩稽，"古人未尝无入声""入声可转为三声"的古韵通转之说的阐述，顾炎武都取得了有创见的成果，使他无可争辩地成为清代音韵学的开派宗师。正如纪昀等人在《四库提要》中所述："自陈第作《毛诗古音考》、《屈宋古音义》，而古音之门径始明，然创辟榛芜，犹未及研精邃密。至炎武乃探讨本原，推寻经传，作《音学五书》以正之。……全书持论精博，百余年来，言韵学者虽愈阐愈密，或出炎武所论之外，而发明古义，则陈第之后，炎武屹为正宗。"①

顾炎武为学，具有创新的精神。他反对依傍、抄袭，主张"文须有益于天下"。他说："文之不可绝于天地间者，曰明道也，记政事也，察民隐也，乐道人之善也。若此者，有益于天下，有益于将来，多一篇，多一篇之益矣。若夫怪力乱神之事，无稽之言，剿袭之说，谀佞之文，若此者，有损于己，无益于人，多一篇，多一篇之损矣。"②顾炎武认为："毋剿说，毋雷同，此古人立言之本。"③而"近代文章之病，全在摹仿。即使逼肖古人，已非极诣，况遗其神理而得其皮毛者乎。"④所以他说："效《楚辞》者必不如《楚辞》，效《七发》者必不如《七发》。盖其意中先有一人在前，既恐失之，而其笔力复不能自遂。此寿陵余子学步邯郸之说也。"⑤论文如此，论诗亦复如此。他在《日知录》卷二十一"诗体代降"条中论道："诗文之所以代变有不得不变者，一代之文沿袭已久，不容人人皆道此语。今且千数百年矣，而犹取古人之陈言，一一而摹仿之，以是为诗可乎？故不似则失其所以为诗，似则失其所以为我。李、杜之诗所以高于唐人者，以其未尝不似而未尝似也。知此者，可与言诗也已矣。"类似的见解，还见于他为友人诗文纠谬的书札，他这么写道："君诗之病在于有杜，君文之病在于有韩、欧，有此蹊径于胸中，便终身不脱依傍二字，断不能

---

① 《钦定四库全书总目》卷42，《经部》(四二)，《小学类》(三)，《音论》。
② 顾炎武:《日知录》卷19，《文须有益于天下》。
③ 顾炎武:《日知录》卷19，《文人摹仿之病》。
④ 顾炎武:《日知录》卷19，《文人摹仿之病》。
⑤ 顾炎武:《日知录》卷19，《文人摹仿之病》。

登峰造极。"①

顾炎武把"古人之所未及就，后世之所不可无而后为之"作为治学座右铭。他说："子书自孟、荀之外，如老、庄、管、商、申、韩，皆自成一家言。至《吕氏春秋》、《淮南子》，则不能自成，故取诸子之言汇而为书，此子书之一变也。今人书集一一尽出其手，必不能多，大抵如《吕览》、《淮南》之类耳。其必古人之所未及就，后世之所不可无而后为之，庶乎其传也与。"②因之，他极端鄙弃剽窃他人成果的龌龊行径，他说："汉人好以自作之书而托为古人，张霸《百二尚书》、卫宏《诗序》之类是也。晋以下之人，则有以他人之书而窃为己作，郭象《庄子注》、何法盛《晋中兴书》之类是也。若有明一代之人，其所著书无非窃盗而已。"③顾炎武萃一生心力所结撰的《日知录》，便是这一严谨学风的极好说明。关于这一点，他自己写道："愚自少读书，有所得辄记之，其有不合，时复改定，或古人先我而有者，则遂削之。"④所以，一部三十二卷的《日知录》，尽管征引他人论述占至全书十之七八，自我见解不过十之二三，然而，却不但绝无丝毫掠美之嫌，而且处处显出作者求实创新的学风来。无怪乎《四库提要》要赞许《日知录》"网罗四部，熔铸群言"⑤。"炎武学有本原，博赡而能通贯，每一事必详其始末，参以证佐，而后笔之于书，故引据浩繁而牴牾者少。"⑥

顾炎武的为学风尚，还有一个极为可取之处，这就是他的虚怀若谷，一丝不苟。他平生的代表作《日知录》和《音学五书》的结撰过程本身，就集中地体现了这一学风。顾炎武在谈到《音学五书》的纂辑时写道："余纂辑此书三十余年，所过山川亭障，无日不以自随，凡五易稿而手书者三矣。然久客荒壤，于古人之书多所未见，日西方莫，遂以付之梓人，故已登版而刊改者犹至数四。又得张君弨为之考《说文》，采《玉篇》，仿《字样》，酌时宜而手书之，二子叶增、叶箕分书小字，鸠工淮上，不远数千

---

① 顾炎武:《亭林文集》卷4,《与人书十七》。
② 顾炎武:《日知录》卷19,《著书之难》。
③ 顾炎武:《日知录》卷18,《窃书》。
④ 黄汝诚:《日知录集释》卷首, 顾炎武《〈日知录〉自记》。
⑤ 《钦定四库全书总目提要》卷129,《子部》(三九),《杂家类存目》(六),《杂说》(下),《蒿庵闲话》。
⑥ 《钦定四库全书总目提要》卷119,《子部》(二九),《杂家类》(三),《日知录》。

529

里累书往复，必归于是。"①这样一部卷帙浩繁的著述，他在北游之中，随身携带，精雕细琢，以至五次易稿，三次手书，已经付刻还四次修改，其严谨精勤的学风，令人肃然起敬。他暮年的挚友王弘撰说得好，顾炎武"四方之游，必以图书自随，手所钞录，皆作蝇头行楷，万字如一。每见予辈或宴饮终日辄为攒眉，客退必戒曰：'可惜一日虚度矣。'其勤厉如此。所著《昌平山水记》二卷，巨细咸存，尺寸不爽，凡亲历对证，三易稿矣，而亭林犹以为未惬。正使博闻强记或尚有人，而精勤不苟未见其伦也"②。顾炎武把自己的《日知录》喻作"采山之铜"，他在致友人的书札中写道："尝谓今人纂辑之书，正如今人之铸钱。古人采铜于山，今人则买旧钱，名之曰废铜，以充铸而已。所铸之钱既已粗恶，而又将古人传世之宝舂剉碎散，不存于后，岂不两失之乎？承问《日知录》又成几卷，盖期之以废铜。而某自别来一载，早夜诵读，反复寻究，仅得十余条，然庶几采山之铜也。"③一年之中，勤苦攻读，仅得十余条，而千余条的《日知录》，又凝聚了顾炎武的多少心血！然而，顾炎武并不以此为满足，他说："炎武所著《日知录》，因友人多欲钞写，患不能给，遂于上章阉茂之岁刻此八卷。历今六七年，老而益进，始悔向日学之不博，见之不卓，其中疏漏往往而有，而其书已行于世不可掩。渐次增改，得二十余卷，欲更刻之，而犹未敢自以为定，故先以旧本质之同志。盖天下之理无穷，而君子之志于道也，不成章不达。故昔日之得不足以为矜，后日之成不容以自限。"④不自满假，锲而不舍，这种学风又是何其的感人！

顾炎武曾经有过《广师》之作，他在篇中写道："苕文汪子刻集，有《与人论师道书》谓：'当世未尝无可师之人，其经学修明者，吾得二人焉，曰顾子宁人、李子天生。其内行淳备者，吾得二人焉，曰魏子环极、梁子曰缉。'炎武自揣鄙劣，不足以当过情之誉。而同学之士有苕文未知者，不可以遗也，辄就所见评之。夫学究天人，确乎不拔，吾不如王寅旭；读书为己，探赜洞微，吾不如杨雪臣；独精三礼，卓然经师，吾不如张稷若；肖然物外，自得天机，吾不如傅青主；坚苦力学，无师而成，吾不如

---

① 顾炎武：《亭林文集》卷2，《〈音学五书〉后序》。
② 王弘撰：《山志》卷3，《顾亭林》。
③ 顾炎武：《亭林文集》卷4，《与人书十》。
④ 顾炎武：《亭林文集》卷2，《初刻日知录自序》。

李中孚；险阻备尝，与时屈伸，吾不如路安卿；博闻强记，群书之府，吾不如吴任臣；文章尔雅，宅心和厚，吾不如朱锡鬯；好学不倦，笃于朋友，吾不如王山史；精心六书，信而好古，吾不如张力臣"①顾炎武不但这么说，而且还将其付诸实践。在他的《日知录》《音学五书》和其他文论书札中，称引上述诸人及陆桴亭、朱鹤龄等同时人的见解之处，屡见不鲜。他在致其弟子潘耒的书札中，还这样写道："读书不多，轻言著述，必误后学，吾之跋《广韵》是也。虽青主读书四五十年，亦同此见。今废之而别作一篇，并送览以志吾过。平生所著，若此者往往多有，凡在徐处旧作，可一字不存。"②一位名著一代的学者，能够如此的谦虚自知，严于责己，既是其学的可贵处，也是其学的得力处。正是这种严谨精勤、谦虚自知的学风，赋予了顾炎武的实学思想以历久而不衰的生命力。

顾炎武的实学思想，其落脚之点就是要经世致用。他一生广泛地涉足于经学、史学、音韵小学、金石考古和舆地诗文之学，其目的甚为明显，就是为了对自己的国家和民族，对自己所生活的社会能有所作为。这就是他在致其门人潘耒的书札中所说的"志"。他说："凡今之所以为学者，为利而已，科举是也。其进于此，而为文辞著书一切可传之事者，为名而已，有明三百年之文人是也。君子之为学也，非利己而已也，有明道淑人之心，有拨乱反正之事，知天下之势之何以流极而至于此，则思起而有以救之。……故先告之志以立其本。"③正是有了这种经世致用之志于胸中，所以顾炎武一生为学能与日俱进，对当代及后世产生了深远的影响。

顾炎武一生拳拳于《日知录》的写作，只是为了"明学术，正人心，拨乱世以兴太平之事"④。他之所以历时三十余年潜心研治古音学，是因为他认为"目击世趋，方知治乱之关必在人心风俗"⑤，而音韵之学又正是"一道德而同风俗者又不敢略"⑥的大事。他的究心经史，是因为在他看来，"孔子之删述六经，即伊尹、太公救民于水火之心"，儒家的经典乃"天下

---

① 顾炎武：《亭林文集》卷6，《广师》。
② 顾炎武：《亭林余集》，《与潘次耕札》，《又》（第五首）。
③ 顾炎武：《亭林余集》，《与潘次耕札》。
④ 顾炎武：《亭林文集》卷2，《初刻日知录自序》。
⑤ 顾炎武：《亭林文集》卷4，《与人书九》。
⑥ 顾炎武：《亭林文集》卷2，《音学五书序》。

后世用以治人之书，将欲谓之空言而不可也"①。所以，顾炎武的治经史之学绝非远离世事，徒发思古之幽情。恰如他自己所述："夫史书之作，鉴往所以训今。"②"引古筹今，亦吾儒经世之用。"③他积二十余年的苦心所编纂的《天下郡国利病书》《肇域志》，也是"感四国之多虞，耻经生之寡术"的有所为之作。④正因为这样，所以，顾炎武一生所写下的大量诗文，纵然其间也确有不少封建糟粕，然而却无一不是牢牢地立足于他所生活的社会现实中。这就是他自己所说的："凡文之不关于六经之指，当世之务者，一切不为。"⑤晚清，徐嘉为顾炎武诗作笺注，誉之为"一代诗史，踵美少陵"⑥。顾炎武确是当之无愧的。

康熙三十四年（1695），顾炎武的门人潘耒将《日知录》在闽中建阳付刻时，曾在序文中写道："先生非一世之人，此书非一世之书也。魏司马朗复井田之议，至易代而后行；元虞集京东水利之策，至异世而见用。立言不为一时，录中固已言之矣。异日有整顿民物之责者，读是书而憬然觉悟，采用其说，见诸施行，于世道人心实非小补。如第以考据之精详，文辞之博辩，叹服而称述焉，则非先生所以著此书之意也。"⑦这是一段很得顾炎武实学思想实质的议论。至于《四库提要》所云："潘耒作是书序，乃盛称其经济，而以考据精详为末务，殆非笃论矣。"⑧实在是门户之见太深。无怪乎后世学者朱一新要予以"叶公之好龙，郑人之买椟"⑨的讥刺了。

三

顾炎武与黄宗羲、王夫之同为清初显学。他们都在各自为学的广阔领域内，以自己崇实致用的学风和卓有成效的学术实践，为转变明季空疏学

---

① 顾炎武：《亭林文集》卷4，《与人书三》。
② 顾炎武：《亭林文集》卷6，《答徐甥公肃书》。
③ 顾炎武：《亭林文集》卷4，《与人书八》。
④ 顾炎武：《亭林文集》卷6，《〈天下郡国利病书〉序》。
⑤ 顾炎武：《亭林文集》卷4，《与人书三》。
⑥ 徐嘉：《顾亭林诗笺注》卷首，《自序》。
⑦ 潘耒：《遂初堂集》卷6，《〈日知录〉序》。
⑧ 《钦定四库全书总目提要》卷119，《子部》（二九），《杂家类》（三），《日知录》。
⑨ 朱一新：《无邪堂答问》卷5。

风作出了贡献。三家之学，不但对当世，乃至在整个清代，都产生了积极而深远的影响。我以为，仅就为学的风尚而论，顾炎武的影响确实要较黄王二人为大。

清朝二百六十余年间，学风曾几经变化。其间，尽管有汉宋的分野，有经今古文的颉颃，然而顾炎武学风的影响，却是始终有辙迹可寻的。清朝初年，是以顾炎武、黄宗羲、王夫之等大师为代表的经世致用的健实学风。清初诸儒之学，以博大为其特色。正如晚清学者王国维所论："国初之学大，乾嘉之学精，而道咸以来之学新。"① 但是，王夫之的晚年僻居瑶乡，潜心编纂，其著述是在他去世百余年后才得大行于世，这就极大地局限了他对清初学坛的影响。黄宗羲虽名重朝野，然而其晚年也是局处故土，不敢渡江，这同样限制了他予清初学坛以更深刻的影响。顾炎武与黄、王二人晚年的经历颇不相同。他自四十五岁起，即弃家北游，到七十岁逝世，一直辗转于河北、河南、山东、山西、陕西各地。同现实生活的密切结合，使他的诗文感时抚世，能予时人以应有的影响。他的《日知录》还在结撰过程中，即"因友人多欲钞写，患不能给"②，影响可见一斑。北游二十余年间，与其交往的人，除昔日南方学坛友好归庄、万寿祺、张弨、王锡阐、路泽浓、戴笠、杨雪臣等人外，还有陆续结识的名儒孙奇逢、傅山、李颙、朱彝尊、屈大均，以及阎若璩、张尔岐、吴任臣、李因笃、王弘撰、马骕等。与各地学者的广泛交游，不但加速了顾炎武学问的成熟过程，而且对他学风的传播，也是不无益处的。阎若璩虽世称"博极群书，睥睨一代"③，可是对顾炎武却很推重。他在悼念黄梨洲的《南雷黄氏哀词》中，曾这样写道："当发未燥时，即爱从海内读书者游。博而能精，上下五百年，纵横一万里，仅仅得三人焉：曰钱牧斋宗伯也，曰顾亭林处士也，及先生而三之。先生之亡，上距牧斋薨已三十有二年，即亭林殁亦且十四五年。盖至是而海内读书种子尽矣。"④ 阎若璩肯定了顾、黄二人在清初学坛的地位，确是实事求是的。顾炎武晚年已是声名大著，所以朝中贵显也与他有交往。康熙十年（1671），熊赐履打算推荐他佐修《明史》，

---

① 王国维：《观堂集林》卷23，《沈乙庵先生七十寿序》。
② 顾炎武：《亭林文集》卷2，《初刻日知录自序》。
③ 《钦定四库全书总目提要》卷119，《子部》（二九），《杂家类》（三），《日知录》。
④ 阎若璩：《潜邱札记》卷4，《南雷黄氏哀词》。

十七年（1678），叶讱庵、韩菼又要荐他应博学鸿儒科，翌年，叶氏再要招炎武入史局。①顾炎武声名之重，更是可见。

顾炎武暮年的经历，使他的学术风尚得以较黄、王二人更深刻地影响于当世。他严谨健实的学风，经世致用的治学宗旨，朴实归纳的为学方法，诸多学术门径的开拓，以及对明季空疏学风斩钉截铁般的抨击，与其傲岸的人格相辉映，同样使他对后世学风的影响要较黄、王二人深刻、广泛。而且，清初政治局势的演变，也更为此提供了客观的必然性。康熙中叶以后，明末的空疏不学之风，经过清初诸儒的荡涤，已为历史的陈迹。健实的学风形成了，治学的门径辟启了，为学的方法开创了。与顾、黄、王同时而稍后的阎若璩、胡渭、毛奇龄等人，其为学汲汲于名物的考究，文字的训诂，典章制度的钩稽，依然走的是朴实的路子。可是，随着清廷封建文化专制的日益加剧，他们却也渐渐地把经世致用的思想撇开了。此时的学风，由于封建专制政治禁锢的强化，已经在酝酿一个实质性的转变。雍乾两朝，封建文化专制尤为酷烈，文字冤狱遍于国中，社会的现实问题，成为文人学士不得问津的禁地。清廷给他们提供的，就是埋头故纸，远离世事的唯一选择。乾嘉之世，惠氏祖孙继起，以汉易为家学，惟汉是尊，惟汉是信，揭开了乾嘉汉学的一页。乾嘉汉学，以其朴实的考据学风，向高踞堂庙的宋学挑战，至戴震、段玉裁、王念孙、王引之，空前鼎盛，风靡朝野，俨若一时学坛霸主。乾嘉汉学家，无论是惠氏祖孙所创的吴派，还是江永、戴震所创的皖派，都推顾炎武为"不祧之祖"。他们也确实在不同的领域，将顾氏之学愈阐愈密，做出了超迈前代的成就。然而，顾炎武为学的崇实致用之风，却为他们割裂为二，取其小而舍其大，把一时学风导向了纯考据的死胡同。顾炎武经世致用的实学思想，至此烟消云散，继响无人，徒然留下了朴实考据的躯壳。是为清代学风之一变。

嘉道之时，汉学偏枯。为学问而学问，为考据而考据，烦琐饾饤，咕哦吟哗，汉学已经走到了末路。在日益加剧的社会危机之中，文网也无形松弛，今文经学若异军突起，代汉学而兴。庄存与、孔广森首倡于前，刘逢禄出，为之一振，及至龚自珍、魏源而大盛。清代学风至此再变。同光

---

① 见张穆《顾亭林先生年谱》。

两朝,《春秋》公羊学日渐深入朝野,康有为、梁启超等人大张其帜,倡变法以图强,将其推向了高峰。在自清中叶崛起,直到戊戌变法失败而渐趋沉寂的清代今文经学盛衰史中,今文经学诸大师的为学风尚,虽然与顾炎武不尽相同,然而,为学以经世致用这一精神却是一脉相承的。正如身历其境的梁启超先生所论:"最近数十年,以经术而影响于政体,亦远绍炎武之精神。"① 清末,汉学于山穷水尽之中,得俞樾、孙诒让两大师坚守壁垒,居然又做出了值得称道的成就。尤其是章炳麟,重倡顾炎武经世致用之学,用以服务于反抗清廷统治的政治斗争,使顾氏学风在晚清放出了异样的光彩。当然,如同顾炎武的思想和学风一样,章炳麟的思想和学风也远非汉学所能拘囿。正当晚清学风再变的时候,清廷的统治也在辛亥革命的硝烟之中寿终正寝了。

顾炎武的学风及其所体现的实学思想,同他的社会政治思想及哲学思想一样,也有着明显的"法古"倾向。所以,他津津乐道他的先祖遗训:"著书不如钞书。凡今人之学,必不及古人,今人所见之书之博,必不及古人。"② 事实上,这与其说是顾炎武的家训,倒不如说就是他自己的主张。因为他一生的为学,从某种意义上说,也就是这种主张的实践。尽管这种主张是针对明末的空疏不学,有所为而发,自有其立论的依据,也有其补偏救弊的积极一面,然而,唯古唯是的倾向却是不值得肯定的。后世乾嘉汉学的偏枯,也无论如何不能排除这一主张的消极影响。譬如,顾炎武著《音学五书》,试图"举今日之音而还之淳古"③,他的挚友归庄就大不以为然,曾经致书驳诘。这场辩难的真理,自然是在归庄手中。无怪乎乾隆年间修《四库全书》时,后人要独拈此事讥刺顾炎武了。《四库提要》写道:"观所作《〈音学五书〉后序》,至谓圣人复起,必举今日之音而还之淳古,是岂可行之事乎。"④ 再如顾炎武晚年的"笃志经史",固然是为了"引古筹今","鉴往所以训今",与乾嘉学派的自考古始至考古终迥然异趣,然而,也无可掩饰地含有保持晚节、全身远祸之意。乾嘉汉学家的远离世事,治

---

① 梁启超:《清代学术概论》,中华书局,1954,第22~23页。
② 顾炎武:《亭林文集》卷2,《钞书自序》。
③ 顾炎武:《亭林文集》卷2,《〈音学五书〉序》。
④ 《钦定四库全书总目提要》卷119,《子部》(二九),《杂家类》(三),《日知录》。引文中《〈音学五书〉后序》应为《〈音学五书〉序》。

经史以纾死，从顾炎武晚年的为学中，还是接受了消极影响的。此外，顾炎武为学中，也存在烦琐倾向。这种倾向在他的《日知录》中考究礼制的部分尤为明显，在其音韵学研究中，同样也有反映。这里就不一一列举了。

顾炎武的学风，尽管存在着若干消极因素，有着明显的时代和阶级的局限性，但是，其基本方面是值得肯定的，在整个清代是起了积极作用的。后世学者或是继承了他的为学方法，或是发扬了他的治学精神，沿着他所开辟的路径走去，不仅演成了乾嘉汉学的鼎盛局面，而且也取得了清代学术文化多方面的成果。如同黄宗羲、王夫之一样，顾炎武作为一代学术开山大师的地位是确然不拔的。

（原刊于《清史论丛》第四辑）

关于龚自珍生平事迹中的几个问题

樊克政

龚自珍是清代的著名思想家和学者,同时也是杰出的文学家和诗人。有关他的生平事迹,前人的记载和今人的论述,都还有尚待进一步探讨之处。本文拟就其中的几个问题提出浅见,不当之处,希望得到同志们的指正。

一 关于龚自珍是否曾于嘉庆七年入京

北京,是龚自珍长期生活过的地方。而我们知道,龚自珍是浙江仁和(今杭州)人。那么,他是在哪一年第一次到北京的呢?

最早记述这个问题的是吴昌绶的《定盦先生年谱》。该年谱嘉庆七年条载:"十月,暗斋先生……服阕入都,先生侍行。""暗斋",是龚自珍父亲龚丽正的号。依照吴昌绶的这一记载,龚自珍第一次到京的时间是在嘉庆七年(壬戌,1802),亦即其十一岁时。尔后,黄守恒《定盦年谱稿本》嘉庆七年条也说:龚自珍于该年"别杭州入都"。今人有关著作在谈到龚自珍第一次到京的时间问题时,都沿用了这种说法。如钱穆《中国近三百年学术史·附表》嘉庆七年栏载:"龚定庵侍父暗斋入都。"[1] 王寿南《龚自珍先生年谱》嘉庆七年条云:"先生随暗斋别杭赴京。"[2] 孙叔平《中国哲学

---

[1]《中国近三百年学术史》,商务印书馆,1937,附表,第 79 页。
[2]《大陆杂志》第 18 卷第 7 期(1959 年 4 月 15 日出版),第 209 页。

史稿》也说:"自珍十一岁,随父到北京。"①

龚自珍果真是在嘉庆七年随父第一次入京的吗?回答是否定的。

其一,我们要提到的是,龚自珍的母亲段驯所写的一首题为《中秋夜德州舟次,季思叔弟、珍儿同作》的诗篇。诗云:"浮云散尽碧天空,桂魄寒生客舫中。隔浦渔歌风笛远,沿隄官柳暮烟笼。还乡不厌长途瘁,琢句偏输季子工。遥想故国今夜月,几人相对数征鸿?"②"季思",是龚自珍的叔父龚守正的字;"珍儿"即龚自珍。③这首诗原未署写作时间。不过,诗中既然提到"还乡不厌长途瘁",可知该诗系段驯与龚守正、龚自珍一同南返杭州,途经山东德州时所作。

查龚守正《季思手定年谱》嘉庆六年条载:"是年都中大水。八月初三日,由水路送六嫂及侄辈回杭。"按龚守正称龚丽正为"六兄"④,故"六嫂"自然是指段驯,而"侄辈",参据段玉裁嘉庆七年写的《中宪大夫云南分巡迤南兵备道龚公神道碑铭》中所云:"公讳敬身,……提身次子丽正先为公后。……孙一,自珍,聘余次子骦女;孙女一,许字朱氏。"⑤以及《国朝杭郡诗三辑》所云:"龚自璋,字瑟君,仁和人,江南苏松太道丽正女。"⑥可知当指龚自珍及其妹龚自璋。⑦龚守正曾于嘉庆六年八月初三日,由水路送段驯及龚自珍、龚自璋离京返杭,而这样的事,据《季思手定年谱》所载,也仅此一次。所以,上引段驯于八月中秋之夜写于"德州舟次"的诗篇,只能是写于嘉庆六年,她带着子女与龚守正一同离京南下,途经德州之时。这样,段驯的诗篇就可以证明,至少在嘉庆六年以前,龚自珍就已到过北京了。

其二,还要指出,龚自珍的诗作《因忆两首》之第二首有云:"因忆斜街宅,情苗苗一丝。银缸吟小别,书本画相思。亦具看花眼,(年八岁是为嘉庆己未,住斜街宅,宅有山桃花。)难忘授选时。(……)泥牛入沧

---

① 《中国哲学史稿》下册,上海人民出版社,1981,第416页。此外,如管林等《龚自珍研究》(人民文学出版社,1984)第95页亦云:"龚自珍……十一岁随父入京。"
② 《国朝杭郡诗续辑》卷43。
③ 段玉裁《经韵楼集》卷9《外孙龚自珍字说》云:"龚婿之子,小字阿珍。"
④ 龚守正《季思手定年谱》乾隆四十一条云:"六兄丽正。"
⑤ 《经韵楼集》卷9。
⑥ 《国朝杭郡诗三辑》卷9。
⑦ 《龚自珍全集》(中华书局上海编辑所,1959,第561页)中《摸鱼儿·乙亥六月留别新安作》有云:"吾家有妹工赋。"

关于龚自珍生平事迹中的几个问题

海，执笔向空追。"①他于道光六年写的《祭程大理（同文）于城西古寺而哭之》（三首）之第一首也有云："忆昔先皇己未年，家公与公相后先，家公肃肃公跌宕，斜街老屋长赢天。"②嘉庆己未即嘉庆四年。这两首诗都清楚地表明，龚自珍于嘉庆四年，其年八岁时，曾在"斜街"居住。斜街，地在北京。清代诗作咏及斜街的，有的是指上斜街，有的是指下斜街③。朱一新《京师坊巷志稿》卷下云："下斜街：亦称槐树斜街，俗称土地庙斜街。……都土地庙在西，……小北为长椿寺。"据龚守正《季思手定年谱》嘉庆四年条载："移寓土地庙下斜街长椿寺南间壁。"按龚守正系于嘉庆元年同龚丽正一起由杭赴京，并与乃兄一起在京留居④。显而易见，龚自珍所说的他于嘉庆四年所曾居住的"斜街宅"，正是龚守正所说的位于土地庙下斜街的寓所。而既然嘉庆四年时龚自珍已在北京下斜街居住，这就进一步说明，龚自珍第一次到京的时间，不会晚于嘉庆四年。

龚自珍第一次到京究竟是在何年呢？

我们知道，龚丽正是于嘉庆元年至京后，考中进士，"以部属用，签分礼部"⑤，开始其京官生涯的。所以，龚自珍第一次到京的时间只能在这以后。据龚守正《季思手定年谱》嘉庆二年条载："夏间，潘表兄立诚送六嫂及侄辈到京。"这里提到的潘立诚，参据纪昀《云南迤南兵备道鲍伯龚公墓志铭》所云，龚敬身有"女一，适盐大使潘立诚"⑥以及龚自珍的《乙酉除夕，梦返故庐，见先母及潘氏姑母》⑦诗，可知系龚自珍的姑父，而"侄辈"自然应当是指龚自珍（可能还有龚自璋）。由此可知，龚自珍是于嘉庆二年（丁巳，1797）亦即他六岁那年的夏天，随母亲及姑父第一次到京的。

人们或许会问：既然龚自珍第一次到京的时间，不是在嘉庆七年，而是在嘉庆二年，而且嘉庆六年龚自珍曾离京返杭，那么，嘉庆七年是否龚自珍第二次到京的时间呢？也不。

---

① 《龚自珍全集》，第445页。
② 《龚自珍全集》，第478页。
③ 参见朱一新《京师坊巷志稿》（北京古籍出版社，1982）卷下，"上斜街"条与"下斜街"条。
④ 据《季思手定年谱》嘉庆元年条至嘉庆四年条。
⑤ 《季思手定年谱》，嘉庆元年条。
⑥ 《纪文达公遗集》卷16。
⑦ 《龚自珍全集》，第473页。

539

一个明显的反证是：龚自珍《己亥杂诗》第五十八首自注有云："年十二，外王父段先生授以许氏部目，是平生以经说字、以字说经之始。"①龚自珍"年十二"为嘉庆八年，"段先生"即段玉裁。如果龚自珍确于嘉庆七年至京的话，则段玉裁向他传授有关许慎《说文解字》的分部知识，就应当是在北京的事情。然而我们知道，段玉裁嘉庆八年并未到京。②可见，龚自珍是不可能于嘉庆七年到京的。

吴昌绶《定盦先生年谱》与黄守恒《定盦年谱稿本》之所以说龚自珍于嘉庆七年随父入都，看来是根据龚自珍在《湘月》词小序中曾说："壬申夏，泛舟西湖，述怀有赋。时予别杭州盖十年矣。"③由"壬申"即嘉庆十七年（1812）逆推"十年"，如按十周年计，则龚自珍离杭的时间的确应为嘉庆七年。可是，问题在于，"十年"还可以按首尾十年来理解。而如果按首尾十年逆推，则这首词小序中所说的离杭时间，则应为嘉庆八年（癸亥，1803）。对"十年"的这样两种理解，究竟哪一种是正确的，仅凭该词的小序本身是无法判断的，需要有别的资料来证明。查龚守正《季思手定年谱》嘉庆八年条载："六兄于七月十四日携眷由粮船到京，同寓横街。"可知龚自珍是于嘉庆八年七月十四日随父由杭第二次到京的。这样，《湘月》词小序中所说的"十年"，自然是指首尾十年；而龚自珍从段玉裁学习《说文解字》，也显然应当是嘉庆八年他到京之前，在南方时的事情。

综上所述，可见龚自珍是于嘉庆二年夏第一次由杭州到京，居住到嘉庆六年八月初二日，同年八月初三日离京返杭。嘉庆八年七月十四日，他又第二次由杭抵京。至于嘉庆七年，龚自珍则根本未曾到京。

二　关于龚自珍于何时结识魏源

龚自珍与魏源是道光年间思想界的双子星座。他们两人之间有着密切的交往。那么，他们两人是从哪一年开始相互结识的呢？

---

① 《龚自珍全集》，第514页。
② 参见刘盼遂《段玉裁先生年谱》，嘉庆八年条。
③ 《龚自珍全集》，第564页。

关于这个问题，有三种说法。第一种是嘉庆十九年（甲戌，1814）在京相识说。此说最早见于魏耆《邵阳魏府君事略》。该《事略》云：其父魏源于"嘉庆癸酉二十岁，举明经。明年侍春煦公起复入都，……是时，问宋儒之学于姚敬塘先生学塽，学公羊于刘申受先生逢禄，古文辞则与董小槎太史桂敷、龚定庵礼部自珍诸公切蹉焉"。"嘉庆癸酉"即嘉庆十八年，其"明年"即嘉庆十九年。今人著作如王家俭《魏源年谱》亦云："嘉庆十九年甲戌（1814），先生二十一岁。……春，先生随父入都，……从姚学塽问宋儒之学，从刘逢禄学公羊。古文辞则与董桂敷及龚自珍相切蹉。"①此外，如张舜徽《清人文集别录》等也都持这种看法。②第二种是嘉庆二十年（乙亥，1815）在京相识说。此说见于《魏源事迹系年》。该《魏源事迹系年》云："嘉庆二十年（1815年乙亥）魏源二十二岁。……在北京，从刘逢禄学公羊学。……与董桂敷、龚自珍等研究古文。"③第三种是嘉庆二十一年（丙子，1816）在京相识说。此说见于《魏源诗文选注》所附《魏源年表》。该《魏源年表》云："一八一六年清嘉庆二十一年……在京先后结识……董小槎、姚敬圹（原误，应为'塘'）、刘申受、龚自珍。"④显然，第二、三两说同王家俭《魏源年谱》一样，实际上也是源于《邵阳魏府君事略》，只是分别将时间推后了一年与二年。

笔者认为以上三种说法都是值得怀疑的。原因在于，龚自珍于嘉庆十七年春因其父被任安徽徽州知府而随父离京南下⑤以后，直到嘉庆二十四年春天以前，仅于嘉庆十八年到京应顺天乡试一次，同年即返回徽州。⑥其余时间，一直待在南方。以嘉庆十九年、嘉庆二十年、嘉庆二十一年这三年而论，龚自珍的父亲龚丽正先是在徽州任知府，后于嘉庆

---

① 《魏源年谱》，台北：中研院近代史研究所，1967，第7~8页。
② 《清人文集别录》下册，中华书局，1963，第438页。
③ 李瑚：《魏源事迹系年（一）》，《中国哲学》第10辑，三联出版社，1983，第374~376页。
④ 《魏源诗文选注》，湖南人民出版社，1980，第337页。
⑤ 参据《龚自珍全集》（第10页）的《乙丙之际箸议第十九》所云"自珍壬申春出都"与段玉裁《经韵楼集》卷九《送龚婿丽正之徽州郡守序》（题下原注"壬申三月邗上作"）所云："今丽正由郎官出守徽州。"
⑥ 段玉裁《经韵楼集》卷9《龚自珍妻权厝志》云："癸酉……自珍……赴京师应乡试，出闱后遄归。"

二十年六月调任安庆知府，①嘉庆二十一年又调任上海苏松太兵备道。②在这期间内，龚自珍一直过着随父"侍任"的生活。他在《黄山铭（有序）》中所说的"甲乙（按即甲戌、乙亥）间，滞淫古歙州"③，在《慈云楼藏书志序》中所说的"予以嘉庆丙子侍任东海上"④，都能证明这一点。其间，他虽回过家乡杭州，但没有任何资料可以证实，这三年间他曾到过北京。何况，嘉庆十九年、嘉庆二十年都没有举行乡试。⑤这两年对龚自珍来说，自然不存在赴京应顺天乡试的问题。嘉庆二十一年虽有乡试，但该年龚自珍系应浙江乡试。⑥所以，嘉庆二十一年对龚自珍来说，也同样不存在赴京应顺天乡试的问题。由此可见，无论是嘉庆十九年，或嘉庆二十年，或嘉庆二十一年，龚自珍都不可能同魏源在京见面。这样，他们两人怎么可能在这三年间于京相互结识呢？

龚自珍与魏源究竟是何时在京相识的呢？

据《国朝两浙科名录》著录，龚自珍是于嘉庆二十三年考中浙江乡试举人的。⑦嘉庆二十四年春，他到京应会试。⑧该年他离京的时间不晚于秋天。⑨嘉庆二十五年春，他再次赴京应会试。⑩据其写于上海的《慈云楼藏书志序》末署"嘉庆二十五年六月朔，仁和龚自珍"⑪，可知该年他离京的时间不会晚于五月。道光元年春，他又一次赴京，就任内阁中书舍人之职，⑫该年未回南方。⑬据《甲寅》杂志第一卷第七号所载龚自珍《致邓守之

---

① 参据沈葆桢光绪《重修安徽通志》卷131《职官志》之表19与《龚自珍全集》（第560页）之《摸鱼儿·乙亥六月留别新安作》。
② 据俞樾同治《上海县志》卷12，《职官表上》。
③ 《龚自珍全集》，第415页。
④ 《龚自珍全集》，第203页。
⑤ 据王家相《清秘述闻续》卷2。
⑥ 据吴昌绶《定盦先生年谱》，嘉庆二十一年条。
⑦ 见《国朝两浙科名录》，第163页。
⑧ 据《龚自珍全集》（第441~442页）之《杂诗，己卯自春徂夏，在京师作，得十有四首》，可知嘉庆二十四年春夏间龚自珍在京。
⑨ 据《龚自珍全集》（第295页）之《宋拓孤本娄寿碑跋尾》所云"岁在己卯，阳月，仁和龚自珍识于吴门之宋松屋"推知。
⑩ 据《龚自珍全集》（第449页）之庚辰年诗《紫云回三叠（有序）》之小序。
⑪ 《龚自珍全集》，第204页。
⑫ 参据孔宪彝、鲍康《内阁汉票签中书舍人题名》（第79页）与《龚自珍全集》（第453页）之辛巳年诗《暮雨谣三叠》。
⑬ 据《龚自珍全集》（第456页）之《辛巳除夕，与彭同年（蕴章）同宿道观中，彭出平生诗，读之竟夜，遂书其卷尾》。

关于龚自珍生平事迹中的几个问题

书》之二云:"天寒岁暮,足下旅居,何以为怀……兄冒三十三日之冰雪,踉跄而归。……奇灾之后,万事俱非,或者柳子厚所云:黔其庐,赭其垣以示人,是亦祝融回禄之相我耶?"[1]该信显然写于龚家遭受火灾之后,联系龚自珍《拟进上蒙古图志表文》文末自记所云:"道光壬午九月二十八日,吾家书楼灾。"[2]可以肯定该信写于道光二年(壬午)岁暮。由此可推知,龚自珍系于道光二年十一月间离京南返。

在以上这几年间,魏源的行踪又如何呢?(1)据魏耆《邵阳魏府君事略》载,魏源于"己卯中顺天乡试副贡生"。钱仪吉《郑君生日祠记》云:"先儒北海郑君……之生为七月五日。嘉庆十九年同人为位祀于海岱门外之万柳堂以祀。至二十四年祀如初,……同会者:……益(乃'邵'之误)阳魏源……"[3]又,《龚自珍魏源手批简学斋诗》载有署名"之骧"的题词云:"己卯十月,与默深同读于京师旅邸灯下。"[4]由这三条资料可知,魏源于嘉庆二十四年(己卯)中顺天乡试副贡生,并至少于该年的七至十月间在京。(2)据魏源《大学古本发微》末署:"嘉庆二十五年,邵阳魏源叙于京师。"[5]可知魏源于嘉庆二十五年也曾在京待过。(3)据魏源《大学古本叙》末署:"道光元年岁在辛巳,书于京师。"[6]又,魏耆《邵阳魏府君事略》载:魏源于"道光元年辛巳,又中顺天乡试副贡生"。可知魏源于道光元年因应顺天乡试,曾再次至京。(4)据魏源《归安姚先生传》云:"道光壬午年,拜公于京师水月庵,以所注《大学古本》就正。"[7]又,魏耆《邵阳魏府君事略》载魏源于"壬午中顺天乡试举人第二名",可知道光二年魏源因应顺天乡试也曾在京。

从上述可以看出,自嘉庆二十四年迄道光二年这四年间,龚自珍与魏源都是有可能在京结识的。

这里有必要提到,《甲寅》杂志第1卷第7号所载龚自珍《致邓守之书》之一有云:"兄枯寂本惯,足下及默深去后,更可缄舌裹脚,杜绝诸

---

[1] 《甲寅》第1卷第7号,1915年7月10日版。
[2] 《龚自珍全集》,第308页。
[3] 《衎石斋记事稿》卷1。
[4] 《龚自珍魏源手批简学斋诗》,上海图书馆,1961年影印本,第6页。
[5] 《古微堂四书》卷2(抄本),北京图书馆善本室藏。
[6] 《魏源集》上册,中华书局,1983,第140页。
[7] 《魏源集》上册,第358页。

543

缘。"该信显然写于龚魏已结识之后。该信原未署撰写时间,不过,该信与上引《致邓守之书》之二已于近年来在《故宫博物院院刊》上再次刊出(文字据原件有所增补),值得注意的是,与这两封信同时刊出的还有另一封龚自珍致邓守之的书信(以下简称新信),①这封新信为我们判断《致邓守之书》之一的撰写时间,提供了参考资料。按《致邓守之书》之一有云:"望吾弟之车尘,至于不可复见而后返,归来恍若有亡。转一念曰:吾平生好奇,然未一出塞。足下乃从名将至长城,书剑磊落,又足羡也。……足下及默深……待明年春杪,两君并辔归时,兄尔时当出定,一话塞上风景耳。"邓守之即邓传密。从以上引文看,他的去处是在长城一带,且与魏源的去处相同。我们知道,杨芳任直隶提督,驻于古北口时,魏源曾"馆于其家,教读子弟"②,故邓传密的去处显然也是古北口杨芳处。此信表明,邓传密去古北口前,曾与龚自珍相约,于来年春末返京。而新信之末有包世臣写于北京龚自珍处的附笔云:"定公遭此奇灾,匆匆南下,非足下来不可。军门通达人情事理,必能见听,……明年春末夏初,仍可前去。……世臣适在此,见书附笔。""军门"是清代对提督的尊称,这里自然是指杨芳。既然《致邓守之书》之一表示,待"明年春杪",邓传密自杨芳处返京时,当与相见,而新信之末的包世臣附笔则要邓传密从杨芳处先回京,待"明年春末夏初"再去,可见新信当写于《致邓守之书》之一稍后,而又与《致邓守之书》之一写于同年。新信中谈及"家严晚年失书籍",包世臣附笔也说龚自珍"遭此奇灾",均可证新信写于道光二年龚家遭受火灾之后。故《致邓守之书》之一亦当写于道光二年。③这样,该信就可以证明,龚魏在道光二年时已经结识。

这里还有必要提到何绍基为《平圃遗稿》所写的一篇跋文。该跋云:"嘉庆己卯夏,在龚定庵处见是书,假归,阅未竟,为魏默深取去,采入《经世文编》,知世无刻本,惟上海徐紫珊家有之。后因周芝生任上海

---

① 三信均见《故宫博物院院刊》1980年第1期,刘埜《龚自珍致邓传密佚札系年校注》(邓传密字守之)。该文将原《甲寅》所载《致邓守之书》之二列为三封信中的"其二",而以新信列为"其三"。不过就时间先后来看,在三封信中,新信应列为"其二",而原《甲寅》所载之《致邓守之书》之二则应列为"其三"。
② 李柏荣《魏源师友记》,岳麓书社,1983,第92页。
③ 据《致邓守之书》之一中"见在……以遭残年"语,可知该信实写于道光二年冬。

道，始属其借抄寄都。盖逾年始至，得此书之难如此。……咸丰己未初春，蝯叟偶记于烁源讲社。"①徐紫珊即徐渭仁，周芝生即周祖植，蝯叟系何绍基之号。该跋虽未明确提到，龚自珍与魏源在嘉庆二十四年（己卯）有交往，但从跋文来分析，既然何绍基从龚自珍处所借《平圃遗稿》，被魏源取去，采入《皇朝经世文编》后，何绍基便再未见到，以致他后来不得不请周祖植从上海另抄一部寄京，可见原来那部《平圃遗稿》，当由魏源在用后交还龚自珍了。仅从这点来看，该跋似乎能够说明，龚魏在嘉庆二十四年已有交游。但是，笔者认为，何绍基这篇跋文所记述的他最初见到《平圃遗稿》的时间，还存在着明显的疑点。我们知道，《平圃遗稿》即《张青琱文集》（或题《张青琱集》），作者张宸，系清初上海人。据龚自珍《上海张青琱文集序》云："嘉庆……二十五年，龚自珍筮仕，得内阁中书，求顺治前辈文章于江南上海县李家②，得张宸所为文集三十卷。……自珍喜而写其副，以如京师。"③可见龚自珍将《平圃遗稿》抄录副本，是嘉庆二十五年他自京返沪以后的事，何绍基从龚自珍处看到的只能是这个抄本，所以他看到这个抄本，最早也应当是在道光元年龚自珍赴京后的夏天。由于何绍基的跋文写于咸丰九年（己未，1859），距离他所回忆的事情已相隔四十年左右，难免不会有舛误之处。因此，何绍基所记述的他最初见到《平圃遗稿》的时间，在没有其他旁证资料前，尚不能作为判定龚魏最初结识的时间依据。

不过，尽管上引何绍基跋文所记时间的准确性值得怀疑，但仍不能排除龚魏在嘉庆二十四年乃至嘉庆二十五年迄道光元年间有相互结识的可能。所以，就现有资料来看，笔者认为，龚魏最初结识的时间，上限不早于嘉庆二十四年，下限不晚于道光二年。

---

① 见《平圃遗稿》（抄本，历史研究所藏）卷端。
② 龚自珍此序云，《平圃遗稿》原藏"上海县李家"，李家即李筠嘉家（参见《上海李氏藏书志序》,《龚自珍全集》，第202页）。而何绍基的跋文则云，《平圃遗稿》原藏上海徐渭仁家。出现这种矛盾的原因很可能是，此书原藏李筠嘉家（在此点上，何绍基的记忆很可能有误），后又流转入徐渭仁家。
③ 《龚自珍全集》，第201页。

三 关于龚自珍于何时开始学佛和治释典

佛学对龚自珍有着重要的影响。这种影响不仅表现在，就《龚自珍全集》所收录的文章篇数来看，佛学论著即占七分之一的比重，而且在龚自珍那些非佛学论著的作品中，也每每表露出他的佛学知识以及他所深受佛学的熏染。此外，他还曾明确以"震旦佛弟子"[①]自称。那么，龚自珍是从何时开始学佛和治释典的呢？

一种说法是：龚自珍是于道光四年（甲申，1824），其年三十三岁时开始学佛和治释典的。如钱穆在《中国近三百年学术史·附表》道光四年栏中说该年"龚定庵始治释典"[②]，近年来出版的孙叔平的《中国哲学史稿》说："自珍三十三岁，……从江铁军（'军'为'君'之误）学佛学。"[③]这种说法当系参据：（1）龚自珍《重刊圆觉经略疏后序》云："絜之者谁？吴县贝居士墉也。助之喜与与其役者谁？吴县江居士沅及仁和龚自珍也。道光四年八月朔龚自珍合十，说由绪竟。"[④]（2）龚自珍《己亥杂诗》第141首自注云："江铁君沅是予学佛第一导师。"但是，龚自珍于道光四年同江沅一起助刊《圆觉经略疏》，并不等于他是从该年才从江沅学佛和始治释典，据此将龚自珍学佛及始治释典的时间定为道光四年，显然是牵强的。

查龚自珍在《齐天乐》词小序中明言"予幼信转轮，长窥大乘"，该词有云："繙遍《华严》，忏卿文字苦。"词末自注《华严疏抄》云："梦有六种境界。"[⑤]他在《长相思》词（二首）小序中也说："同年生冯晋渔少具慧根而不信经典，与予异也。……予作此二词……借以勖之。"该词有云："恨应同，誓应同，同礼心经同听钟，忏愁休更慵。"[⑥]"大乘"即大乘佛教，其主要经典有《般若经》《华严经》《法华经》《维摩经》《无量寿经》等。《心经》即《般若波罗蜜多心经》之简称，又称《般若心经》。可知龚自珍在写

[①]《龚自珍全集》第375页，《释二门三点同异》。
[②]《中国近三百年学术史·附表》，第90页。
[③]《中国哲学史稿》下册，第417页。需要指出的是，原文"自珍三十三岁"前，所标年代为"公元一八二五年"，但一八二五年龚自珍三十四岁，故"五"字显系"四"字之笔误。
[④]《龚自珍全集》，第386~387页。
[⑤]《龚自珍全集》，第575~576页。
[⑥]《龚自珍全集》，第576页。

关于龚自珍生平事迹中的几个问题

这三首词时，已读过《华严经》《心经》等佛经。按上引《齐天乐》与《长相思》(二首)均见于《小奢摩词选》，而《小奢摩词选》系于"癸未六月付刊"①，可知这三首词的写作时间，下限不晚于道光三年(癸未)六月。显然，这三首词足以说明，龚自珍至少在道光三年以前已治释典了。不仅如此，道光二年冬，龚自珍在《致邓守之书》之一中已经谈到，他当时"终日坐佛香缭绕中，翻经写字"②。道光元年，他所写的《能令公少年行(有序)》诗中，就曾自述说："逃禅一意皈宗风，惜哉幽情丽想销难空。"③"逃禅"意为参禅学佛。这两句诗清楚地透露出，道光元年时，在龚自珍的脑海里，参禅学佛与"幽情丽想"亦即出世与入世这两个方面，所形成的尖锐矛盾。由此可见，关于龚自珍于道光四年，其年三十三岁时，才开始学佛和始治释典的说法是站不住脚的。

近年来，有的同志又提出一种新的观点。这种观点认为："江沅是吴县人，……龚自珍是二十九岁时在吴门与江沅结识并执佛弟子礼的。看来也就是在这一年开始奉佛读经的。庚辰诗《驿鼓三首》有'一卷金经香一炷，忏君自忏法无边'诗句可证。"④这即是说，龚自珍是于嘉庆二十五年(庚辰，1820)，其年二十九岁时，开始从江沅学佛和始读佛经的。笔者认为，这种观点也是值得商榷的。

首先，这种观点之所以认为"龚自珍是二十九岁时在吴门与江沅结识并执佛弟子礼的"，其根据是："《与江居士笺》写于癸未，文中有'重到京师又三年'句，意指与江分别三年。上溯三年为庚辰，作者二十九岁。"⑤然而，我们知道，尽管龚自珍的《与江居士笺》确写于癸未，该信中的"重到京师又三年"句，联系信中的"别离以来，各自苦辛"⑥句，也确应理解为与江沅分别三年，问题在于，由此仅仅只能得知，龚自珍与江沅之间，在龚自珍"重到京师又三年"之前，亦即庚辰年以前是相识的，怎么可以由此得出结论，说龚自珍必定是在庚辰年与江沅结识并执佛弟子礼的

---

① 《定盦全集》，中华书局《四部备要》本，第124页。
② 《甲寅》第1卷第7号。
③ 《龚自珍全集》第452页。
④ 卢兴基：《龚自珍中年学佛的考察》，《文学遗产》1981年第1期。
⑤ 卢兴基：《龚自珍中年学佛的考察》，《文学遗产》1981年第1期。
⑥ 《与江居士笺》，《龚自珍全集》，第345页。

呢？何况，龚自珍在《与江居士笺》中也根本没有谈到，他是在庚辰年与江沅初次相识，更没有谈到，他从江沅执佛弟子礼是在庚辰年。查龚自珍在《宋拓孤本娄寿碑跋尾》中明言："嘉庆二十有四年，岁在己卯，阳月，仁和龚自珍识于吴门之宋松书屋。同观者：同里何元锡梦华及吴县江沅铁君。"①可知，龚自珍与江沅结识的时间，实际上至迟也不会晚于嘉庆二十四年十月（阳月）。

其次，《驿鼓三首》是否作于庚辰即嘉庆二十五年，也还是一个有待解决的问题。《驿鼓三首》原载于宣统二年由邓实所刊印的《定盦集外未刻诗》第2~3页，原系于"己卯"即嘉庆二十四年，诗题下有龚自珍之长子龚橙注云："此似庚辰作，橙注。"可知这三首诗究竟是作于己卯还是庚辰，龚橙尚且不能完全断定。《龚自珍全集》在收入这三首诗时，一方面删去原诗题下之龚橙注，一方面又依据龚橙注，将这三首诗改系于庚辰，这就使龚橙对这三首诗写作时间的一种猜测，变成了毋庸置疑的事实，从而在无意间掩盖了对这三首诗的写作时间尚需考证的问题。因此，《驿鼓三首》无疑不能作为龚自珍于嘉庆二十五年奉佛读经的确切依据。②

最后，退一步说，即使《驿鼓三首》作于庚辰，那也只不过说明，龚自珍在嘉庆二十五年已经阅读佛经而已，而并不能说明龚自珍的阅读佛经是始于嘉庆二十五年。其实，现在可以确知系龚自珍作于庚辰的诗作中，从以下诸诗都可看出龚自珍同佛学的关系：(1)《观心》云："结习真难忘，观心屏见闻。"③(2)《又忏心一首》云："佛言劫火遇皆销，……幽光狂慧复中宵。……心药心灵总心病，寓言决欲就灯烧。"④(3)《寒夜读归佩珊夫人赠诗，……怃然和之》云："魔女不知侵戒体，天花容易陨灵根。"⑤(4)《才尽》云："春愁古佛知。"⑥(5)《戒诗五章》之第一首云："不遇善知识，安知因地孽？"其第三首云："尽此一报形，世法随沈

---

① 《龚自珍全集》，第595页。
② 这里顺便说一句，希望《龚自珍全集》再版时，或则加校注说明这三首诗原来的系年，或则将这三首诗仍依《定盦集外未刻诗》系于己卯，并补录龚橙题下注，以利于读者了解这三首诗作系年的本来面貌。
③ 《龚自珍全集》，第445页。
④ 《龚自珍全集》，第445页。
⑤ 《龚自珍全集》，第448页。
⑥ 《龚自珍全集》，第451页。

浮。天龙为我喜，波旬为我愁。"其第四首云："律居三藏一，天龙所护持。……堕落有时有，三涂报则否。"其第五首云："我有第一谛，不落文字中。……百年守尸罗，十色毋陆离。"①这些诗句中，"观心""劫火""狂慧""心药""戒体""天花""善知识""因地""世法""三藏""三涂"等词均为佛家语；"古佛""天龙""波旬""尸罗"等词亦均出佛典。这种情况说明，龚自珍当时对佛教典籍已十分熟悉。至于他所说的"我有第一谛，不落文字中"，更清楚地表明，他之戒诗是直接受到禅宗南宗所主张的"不立文字"的影响。所有这些，恰恰倒启示我们：既然龚自珍在嘉庆二十五年已对佛典如此熟悉，会不会在嘉庆二十五年以前，他就已经阅读佛经了呢？

这里有必要提到周仪旸《夫椒山馆诗集》卷十八的一篇诗作，该诗题为《龚孝廉……好谈释典，……舟中枯坐，赠诗一章》。"龚孝廉"即龚自珍。②该诗作于嘉庆二十五年五月底以前，周、龚一同离京南下的途中③。该诗，不仅诗题中言及龚自珍"好谈释典"，而且诗中还有"言空八部天龙界"句，以称赞龚自珍佛学知识的渊博。这确切表明，龚自珍于嘉庆二十五年五月底以前，已熟谙佛典。然而我们知道，龚自珍系于嘉庆二十五年春赴京应会试，同年五月底以前返抵上海。这样，假使龚自珍是在嘉庆二十五年开始阅读佛经的话，最早也只能是开始于嘉庆二十五年春赴京前的一段短暂时间里，考虑到此后两、三个月间他正忙于应会试及旅途的往返奔波，显而易见，即便龚自珍是在嘉庆二十五年春开始阅读佛经，到同年五月，他也不可能骤然熟谙佛典的。

---

① 《龚自珍全集》，第451~452页。
② 周仪旸《夫椒山馆诗集》卷18《富庄驿壁和龚孝廉自珍韵》可证。
③ 该诗（以下简称《龚孝廉……》诗）原未署年月，从诗题仅可知作于与龚自珍一同乘舟之时。据《夫椒山馆诗集》卷18《小序》，卷十八所收系"庚辰正月迄辛巳二月止"之诗，该诗亦当作于这一期间。又，龚自珍于庚辰年写有《广陵舟中为伯恬书扇》诗（见《龚自珍全集》，第450页），伯恬是周仪旸的字。可知龚自珍于庚辰年曾同周仪旸一同乘舟，故《龚孝廉……》诗当作于庚辰。另据《夫椒山馆诗集》卷18《小序》，在庚辰正月迄辛巳二月这段时间的前期，周仪旸曾到京一次，故其到京时间应在庚辰。从《夫椒山馆诗集》卷18《富庄驿壁和龚孝廉自珍韵》所云"一鞭清露别东华"可知，庚辰年周、龚一同离京南返。《龚孝廉……》诗既系作于庚辰，故只能是作于与龚自珍一同南下的途中。又据龚自珍写于上海的《慈云楼藏书志序》末署："嘉庆二十五年六月朔"（《龚自珍全集》，第203页），可见该年龚自珍返抵上海的时间不晚于五月底，所以，《龚孝廉……》诗的写作时间也不会晚于庚辰（嘉庆二十五年）五月底。

由以上可见，关于龚自珍于嘉庆二十五年与江沅结识，从其学佛和始读佛经的说法，也是不能成立的。

龚自珍究竟是于何时开始从江沅学佛和始治释典的呢？

查顾广圻所写的一首《浪淘沙》词小序有云："为龚定庵赋叶小鸾眉子研，定庵时方谈佛也（原注：'己卯年作'）。"该词下阕有云："居士借经龛，位置偏谙。"①这里，"居士"显然是指龚自珍。既然顾广圻在这首词中对龚自珍以"居士"相称，就足见龚自珍在嘉庆二十四年（己卯）时已经正式奉佛。联系上述龚自珍至迟于嘉庆二十四年已与江沅相识，所以龚自珍从江沅学佛和始治释典的时间无疑不晚于嘉庆二十四年。

还应提到，有的论著把归懋仪的《代简寄定庵居士、吉云夫人》诗，定为嘉庆二十一年所作，并在此基础上，联系该诗称龚自珍为"定庵居士"，该诗之第一首又有"艳才惊古佛，妙想托莲花"之语，从而认为龚自珍在嘉庆二十一年已经学佛。这一推论的依据也是值得怀疑的。按归懋仪的《代简寄定庵居士、吉云夫人》见于《绣余续草》②卷4第2~3页。该诗原未署写作时间，有的论著之所以将该诗定为嘉庆二十一年所作，看来是根据龚自珍于嘉庆二十一年春曾作有《百字令·苏州晤归夫人佩珊》（归懋仪字佩珊）。不过，这首《百字令》词系作于嘉庆二十一年春，龚、归在苏州初次见面之时③，而归懋仪《代简寄定庵居士、吉云夫人》之第二首有云："仙舟来往数，几度接清尘。"足以说明该诗并非嘉庆二十一年春，龚、归在苏州初次相识时所作。尤其值得注意的是，该诗之第三首还有云："三生修福慧，双毓凤麟儿。"可知当时龚自珍已有两个孩子。而龚自珍之长子龚橙系于"嘉庆二十二年九月二十七日未时生"④，故该诗的写作时间，上限不会早于嘉庆二十二年十月。还有，在《绣余续草》中，该诗之前，卷4第1页有《庚辰九日，次三松老人韵》，所以该诗有可能写于嘉庆二十五年（庚辰）九月初九日以后。可见，该诗还不能证明龚自珍于嘉庆二十一年已经学佛。

---

① 《思适斋集》卷四，道光二十九年刊本，第5页。
② 《绣余续草》，道光十二年刊本。
③ 词见《龚自珍全集》，第561页。该词下阕之末云："红妆白也，逢人夸说亲睹。（夫人适李，有女青莲之目。）可证。"
④ 赵烈文：《落花春雨巢日记》卷4。

虽然如此，龚自珍接触佛学仍可能是比较早的。他于嘉庆十八年（癸酉）所写的《露华》词下阕有云："空空妙手亲按，是金粟如来，好相曾现。祇树天花，一种庄严谁见？想因特地拈花，悟出真如不染。维摩室，茶瓯经卷且伴。（右咏佛手）"① 这里，除"天花"外，"空空""庄严""真如"亦均为佛家语；"金粟如来"系大乘居士维摩诘之别称；"祇树"即佛教地名"祇树给孤独园"之"祇树"；"拈花"即佛教典故"拈花微笑"之"拈花"。这首词清楚表明，龚自珍当时已具有一定的佛学知识。

总之，就现有资料来看，笔者认为，龚自珍至迟于嘉庆二十四年已从江沅正式学佛和治释典。至于他开始接触佛学的时间，则不会晚于嘉庆十八年。

一九八四年八月
（原刊于《清史论丛》第七辑）

---

① 《龚自珍全集》，第 573 页。

中国历史研究院
Chinese Academy of History

清史论丛

四十年论文选编
（下册）

李世愉 林存阳／主编
中国社会科学院
古代史研究所清史研究室 ／编

社会科学文献出版社
SOCIAL SCIENCES ACADEMIC PRESS (CHINA)

目 录

上 册

代序：在《清史论丛》创刊四十周年学术座谈会上的讲话　　高　翔　/1

上　编

努力加强清史研究工作　　编　者　/3
清代的垦田与丁口的记录　　孙毓棠　张寄谦　/9
玉米、番薯在中国传播中的一些问题　　郭松义　/25
略论清代农业雇工的性质与农业资本
　　主义的萌芽　　黄冕堂　/69
清代乾隆时期农业经济关系的演变和发展　　吴量恺　/96
清代前期赋役制度的改革——从盛世"滋
　　生人丁永不加赋"到"摊丁入亩"　　李　华　/147
清代的茶马贸易　　林永匡　/163
关于刘爱塔事迹的研究（遗稿）　　孟　森　附赘言　商鸿逵　/187
顺治十一年——明清相争关键的一年　　顾　诚　/208
清世宗胤禛继承皇位问题新探　　许曾重　/244

康熙遗诏与雍正篡位	杨启樵	/283
清朝皇位继承制度特点研究	杨　珍	/291
对清代议政王大臣会议的某些考察	杜家骥	/315
清初理学与政治	高　翔	/327
关于雍正年间养廉银制度的若干问题		
——与日本学者佐伯富博士商榷	黄乘矩	/367
清代两次大规模增广学额之比较研究	李世愉	/389
清代土司制度	张捷夫	/415
嘉庆"癸酉之变"后京畿地区流言浅析	宋　军	/436
清代的今文经学	杨向奎	/450
清代卓越的史学家全祖望	谢国桢	/508
顾炎武与清代学风	陈祖武	/519
关于龚自珍生平事迹中的几个问题	樊克政	/537

下　册

沈阳锡伯族家庙碑文浅释	王锺翰	/553
关于16世纪40~80年代初建州女真		
和早期满族的社会性质问题	周远廉	/563
清初吉林满族社会与移民	冯尔康	/593
宗族制度浅论	王思治	/619
明清的隔壁戏	何龄修	/653
论天地会的起源	赫治清	/669
乾嘉时期几个秘密教门的再探讨	李尚英	/714

略述清代中日文献典籍交流　　　　　　　　　　冯佐哲　/725
顺治时期天主教在中国的传播与发展　　　　　　汤开建　/745
乾隆朝大教案与中西交涉　　　　　　　　　　　吴伯娅　/771

中　编

五十年来的清史研究
　　——庆祝中华人民共和国成立五十周年　　　高　翔　/795
改革开放30年来中国社会科学院历史研究所
　　清史研究室的发展轨迹　　　　　林存阳　朱昌荣　/912
艰辛的三十年
　　——纪念《清史论丛》创办三十周年　　　　王戎笙　/945
阅览、投稿四十载的记忆
　　——祝贺《清史论丛》创刊四十年　　　　　常建华　/948

下　编

中国近代清史学科的一位杰出奠基人
　　——试论孟森的清史研究成就，为纪念他的诞辰
　　一百二十周年而作　　　　　　　　　　　　何龄修　/953
悼念谢国桢先生　　　　　　　　　　　　　　　何龄修　/971
萧一山和他的清史研究
　　——纪念他逝世十周年　　　　　　　　　　戎　笙　/983
史学大师郑天挺先生的宏文卓识
　　——纪念郑天挺先生百年诞辰　　　　　　　陈生玺　/1000
纪念商鸿逵先生一百周年诞辰　　　　　　　　　李世愉　/1027

纪念杨向奎先生　　　　　　　　　　　　　高　翔　/1037

勤奋为学　博通经史　兼擅文理　著述宏富

　　——纪念杨向奎先生一百周年诞辰　　　　李尚英　/1040

许大龄师的为人与为学

　　——纪念许大龄教授诞生90周年　　　　　何龄修　/1059

彰幽发潜学问自娱　提携后进甘之如饴

　　——何龄修先生印象记略　　　　　　　　任道斌　/1065

附　录：《清史论丛》（第一辑至2019年第2辑）总目录　　　/1071

编后记　　　　　　　　　　　　　　　　　　　　　/1103

沈阳锡伯族家庙碑文浅释

王锺翰

1959年秋间，因参加辽宁省少数民族社会历史调查组工作，趁假日多暇，曾与安文溥（已故）、萧夫等锡伯族同志作沈阳城北访古之游。偶于皇寺路一段太平里21号太平寺旧址[①]，得见一块锡伯族家庙的石碑，碑高三尺五寸，阔一尺五寸，只有满文刻石，共二百五十三字。碑额题有"tumen jalan enteheme ulabun"四字（"万世永传"之意）。碑立于嘉庆八年（1803），距今虽只有一百七十年多一点，但碑文所载锡伯族的原住地和顺治、康熙年间锡伯人的迁徙情况颇为详细，可以补史文之缺。萧夫等同志曾于《锡伯族简史简志合编》稿本中一征引及之。兹将该碑全文译出，并略加考释，希望能得到清史和民族历史工作者的批评指正。

一 碑文译音

ilan forgon geren fucihi hafu ulhin be šošofi, ilan tacihiyan i jurgan be badarabume neilebuhe, šākyamuni fucihi šajin be eldembuhe, genggiyen suduri fujuri ulabun i sibe aiman, daci hailari dergi julergi jalan colon sere birai šurdeme tehe bihe, amala cicigar mergen bedune jergi bade nadanju duin niru banjibufi, dehi aniya funceme tehebi, elhe taifin i gūsin ningguci aniya

---

[①] 当时，1959年，太平寺已经改为沈阳市摩托车制造厂。

šengdzu gosin hūwangdi den jiramin gosingga kesi selgiyefi sibesebe ilan meyen banjibufi, , elhe taifin i gūsin ningguci nadanci jakūci aniya mukden de dosimbufi, geren golo de dendeme tebunehe faššame yabubuhe, elhe taifin i dehi ningguci aniya geren sibe uhei ninju yan menggun baitalafi, sunja giyalan boo be gaifi taifin c'y juktehen ilibufi, gemun hecen ci k'enjuri ging emu tanggu jakūn boti solifi, aniyadari duin forgon geren lama sa isafi hūlame mohon akū buyen enteheme obuha, abkai wehiyehe i juwan nadanci aniya gūsai da badai niru i janggin yendebu afusi sei geren sibe uhei hūsun i ilan giyalan deyen juwe daldade ilan giyalan ashan i boo cin ni duka ilan giyalan weilefi, ilan forgon i fucihi be gingguleme juktehebi, dehi emuci aniya gūsai da lobsang raši tekusu jodi sei sibe uhei juktehen be dasame weilefi jungk'ba fucihi sunja doksit arinya balu duin tiyan wang fucihi ilibufi, yumudoksit ging nonggime solifi aniyadari duin forgon lakcan akū hūlame enteheme mohon akū obuha, saicungga fengšen jakūci aniya nadan biyai juwan ninggun de, lii šu g'eo jase janggin emu jergi nonggiha orin emu jergi ejehe hūwanšabu gingguleme ilibuhe.

二 全文译汉

会通三世众佛智慧，推广三乘教义，光大释迦牟尼佛法，并具有光辉历史和古老传说的锡伯部族，原先居住在海拉尔东南扎兰绰罗毕喇流域。以后在齐齐哈尔、墨尔根、伯都讷等处，被编成七十四个牛录，住了四十余年。康熙三十六年，圣祖仁皇帝施予高厚恩典，将锡伯人等编为三队，于康熙三十六、三十七、三十八年移入盛京，并分别派遣到各地驻防，奋勉效力。康熙四十六年，众锡伯人等总共用了六十两银子，买得五间房子，建立为太平寺庙宇。从京城请来甘珠尔经卷一百零八包，每年四季集合众喇嘛，不断念经和经常布施。乾隆十七年，固山大巴岱，牛录章京音德布、阿福禧等，和众锡伯人等，同心协力地在三间正殿的两旁，盖造了三间厢房和三间正门，敬谨供奉着三世佛。四十一年，固山大罗布桑、拉锡、德固素、绰第等和众锡伯人等修缮了全寺，设立了宗喀巴大师、五方佛①、四天王的像，并增置了般若（？）经。每年四季，不停地念〔经〕和不断地作〔布施〕。嘉庆八年七月十六日，梨树沟边门章京加一级、记录二十一次华沙布敬立。

三　考释

1. 原住地。碑文云："……锡伯部族，原先居住在海拉尔东南扎兰绰罗毕喇流域。"从下文康熙三十六年（1697）上溯四十余年，即在清初顺治年间，锡伯人早已定居于此。按，《乾隆内府舆图》②上有"绰尔必拉"（"必拉"与"毕喇"，均系满语，为"河"字的同音意译），又作"绰勒河"③，即位于今海拉尔东南扎兰屯（今布特哈旗）西南一带的绰尔河。它的上游有"绰尔色钦"（色钦，满语，河源之意），又作"绰勒河源"；下游有"绰尔和屯"（和屯，满语，城之意），又作"绰勒城"。据此可知，碑文上的"绰罗"应该就是《乾隆内府舆图》上的"绰尔"。再从明末清初的历史事实和文献记载去考察一下：天聪八年（1634）清太宗皇太极曾派遣霸奇兰等往征黑龙江，途中经过"席北绰尔门地方"④，席北即锡伯，绰尔门疑即绰勒城或绰罗站⑤；再往上推四十二年，癸巳年（1593，明万历二十一年），清太祖努尔哈齐曾经击败过"叶赫等九部之师"中的"北嫩河席北部"⑥，北嫩河即今嫩江上游，绰尔河正是嫩江上游的西北一支。从而我们可以推定，在十六、十七世纪中，绰尔河流域即是锡伯人世世代代住牧的地方，与碑文所说正相吻合。这就使我们据此得以纠正前人把伯都讷当作锡伯人原住地的错误论断，提供了一个有力的历史见证。

---

① 据民族研究所王森同志见告，"五方佛塑像，一般均塑慈祥形相，但亦有塑凶煞形相者"。此处五方佛，满文系用暴恶、凶煞等语。锡伯族家庙中竟塑成凶煞形象的五方佛，殊不可解。
② 新中国成立前，北平故宫博物院重印，七排东一。
③ 见《盛京吉林黑龙江等处标注战迹舆图》（伪满洲国文化协会重印本），第四排四。
④ 《清太宗实录》(《大清历朝实录》景印本，下同) 卷21，页15上，天聪八年十二月壬辰。
⑤ 西清：《黑龙江外记》（渐西村舍本），卷2，页10下。又，屠寄《黑龙江舆图说》（"辽海丛书"本）页71上，认为在"入喜峰口道"中的"绰尔台"，就是"锡伯绰尔城"。其地理方位均合。
⑥ 《清太祖实录》卷2，页13下。

2.迁徙情况。碑文又云:"以后在齐齐哈尔、墨尔根、伯都讷等处,被编成七十四个牛录,住了四十余年。……于康熙三十六、三十七、三十八年移入盛京,并分别派遣到各地驻防。"从这里,我们很清楚地知道,锡伯人从绰尔河流域相继迁往齐齐哈尔(今黑龙江省齐齐哈尔市)、墨尔根(今黑龙江省嫩江县)、伯都讷(今吉林省扶余)等处,都是在康熙中叶以前,而移入盛京(今辽宁省沈阳市)则在康熙中叶以后了。清朝人不了解这一情况,错误地认为伯都讷就是锡伯人唯一的原住地。如康熙末年杨宾说过,锡伯人居住"在船厂〔今吉林市〕边外西南〔南字系北字之误〕五百余里"[1],即指伯都讷一地而言;道光初年,萨英额也说到"伯都讷本其旧部"[2]:都是明显的例证。这也许是因为他们只看到伯都讷一处是锡伯人迁徙后人数较多的聚住地,而忽略了伯都讷以外尚有齐齐哈尔、墨尔根等处的缘故。日本学者岛田好根据康熙三十一年(1692)锡伯、卦尔察(一作瓜勒察)和打虎儿(即今达斡尔)等一万四千四百五十八名系从科尔沁部属献出这一历史事件,就肯定地作出了锡伯人的原住地只能在伯都讷而不可能在嫩江上游西北一支绰尔河流域的推断。[3]其实,在清初文献里,例如康熙三十九年(1700)黑龙江将军萨布素的奏疏中就有"锡伯等处"[4]和康熙四十八年(1709)上谕中也有"此系何处席北"[5]的话,席北系锡伯的同名异译,很显然,"锡伯等处"和"何处席北"这些话,都是充分说明锡伯人的住地不止一处的最好佐证。

3.编设佐领。上引碑文所云"被编成七十四个牛录"(牛录即佐领),系在康熙三十六年(1697)以前。根据《清圣祖实录》的记载,锡伯人的正式编设佐领,是在康熙三十一年(1692)。就在这年夏四月,锡伯与卦尔察、打虎儿,在齐齐哈尔披甲当兵的,共为一千名,附丁二千名;在白都纳(即伯都讷,下同)披甲当兵的,共为二千名;而锡伯与卦尔察在乌喇(今吉林市)附近披甲当兵的,共为一千名,附丁二千名。[6]稍后,在这

---

[1] 《柳边纪略》("辽海丛书"本)卷1,页21;林佶:《全辽备考》("辽海丛书"本)卷上,页26上。
[2] 《吉林外记》(渐西村舍本)卷3,页4上。
[3] 详见《锡伯卦尔察部族考》,载《满洲学报》第6辑,第1~23页。
[4] 《满洲名臣传》(菊花书屋中箱本)卷24,页14下至页15上,《萨布素列传》。
[5] 《清圣祖实录》卷237,页16上下,康熙四十八年四月庚申。
[6] 《清圣祖实录》卷155,页7上至页8上,康熙三十一年四月乙巳。

同一年的秋八月，《清圣祖实录》上又说"白都纳等处驻扎兵丁四千八百有奇，可编佐领八十，入上三旗"①，与碑文上"七十四个牛录"的数目大致相符。但《吉林外记》却说"康熙三十一年，……除吉林编设锡伯人等十六佐领外，伯都讷编设锡伯佐领三十"②，与《清圣祖实录》里"佐领八十"和碑文上"七十四个牛录"的数目均相差太大。这恐怕是仅就吉林、伯都讷两处编设的锡伯佐领而言，并没有把齐齐哈尔等地计算在内的缘故吧。

4. 移入盛京驻防各地。碑文上说锡伯人移入盛京，是在康熙三十六、三十七、三十八等三年。那么，他们被分别派遣到各地驻防，当然也就在这三年之内或者在这三年稍后一点的岁月里。据乾隆年间编纂的《盛京通志》所载，盛京将军统属的兴京、辽阳、开原、铁岭等二三十个城堡和边门中，其中就有梨树沟边门，注云："在锦州府〔今辽宁省锦州市〕西一百四十里，康熙十八年（1679）设。"注又云："原设门尉二员，乾隆五年（1740）奏裁，改设防御一员。"③而《嘉庆一统志》梨树沟边门条下注云："在宁远州〔今辽宁省兴城县〕西北一百里。……本朝康熙三十六年（1697）展边移此。乾隆五年，改章京驻防。"④今嘉庆八年（1803）所立这一碑文的作者华沙布，正是梨树沟边门章京，说明派锡伯人充边门章京驻防梨树沟最迟是在乾隆五年（1740），与文献记载相符。但从康熙三十六年梨树沟展边西移起，又正值碑文所说康熙三十六、三十七、三十八这三年锡伯人移入盛京，并分别派往各地驻防之时，除上述二十多个大一点的城池外，很可能当时也有锡伯人被派到梨树沟去驻防的。

以后仍有增置，锡伯人驻防各地，为数亦不在少，与碑文所说亦复相合。当时身临其境、目睹其事的王一元，曾经这样描写道：

> 戊寅〔康熙三十七年，1698〕，西北〔即锡伯〕部落纳款入关，道经辽左〔今辽宁省〕，车数十里不绝。男子状貌类老枪，女子皆披发跣足。多以蜜腊、琥珀、牛马，易人货物。⑤

---

① 《清圣祖实录》卷156，页3上，康熙三十一年八月己丑。
② 《吉林外记》卷3，页4上。
③ 阿桂等：《盛京通志》（乾隆武英殿刊本）卷51，页19上，《兵防》。
④ 嘉庆《大清一统志》（《四部丛刊续编》本）卷65，页15下，《锦州府》（二）。
⑤ 《辽左见闻录》（晒蓝康熙六十一年序刊本），页23上。

从而不难看出，在康熙三十六、三十七、三十八这三年中，锡伯人从齐齐哈尔、墨尔根、伯都讷三处，相继移入沈阳，并分别派遣到各地驻防，而道经辽左入关的，车马长达数十里，人数之多可想而知。正是这个缘故，十年后，到康熙四十六年（1707），众锡伯人等才醵金，在沈阳城北修建了一个太平寺，即锡伯族家庙。后经雍正、乾隆各朝，又几次重加修缮。作为锡伯族家庙的碑记，设立年代（1803年）虽不算太早，但它却将三百多年前明末清初的一段十分珍贵的锡伯族历史保存了下来，是值得我们今天重视的。

附录　康熙三十八年锡伯编佐领的《咨行档》

兹据北京故宫博物院明清档案部所藏《历代八旗杂档》第7包第233号《康熙三十八年镶红旗移来锡伯咨行制书馆档》（以下简称《咨行档》），内载锡伯佐领有二十四个，与碑文所载康熙三十一年以后编设的七十四个牛录相比，不及三分之一，显系残缺不全了。现存《咨行档》中之缺文，据上下文可以增补者，用[ ]号加以表示；其缺文无法补入者，则用□号代之。我们知道，副佐领之设，始于雍正五年（1727）[①]。今文内佐领之外有副佐领，骁骑校之外又有副骁骑校，故此档虽系雍正五年以后的《咨行档》，但仍可作为碑文所载锡伯人等于康熙三十六、三十七、三十八年移入盛京后又补编佐领的强有力之补充文献。今附录于此，以资参考。

[此前有脱页]

鼐格佐领

康熙三十八年，由科尔沁地方移来之席北讷尔忒、哈济哈儿、沙礼，附于本佐领下。据此，佐领鼐格、副佐领常寿、[残缺]、骁骑校[残缺]。

[雍寿佐领]

[康熙三十八年，由科尔沁地方移来之席北]□尔格图、波谛、达尔马，附于本佐领下。据此，佐领雍寿、副佐领班谛、骁骑校算代、副骁骑

---

① 《清世宗实录》卷60，页26上至页28下，雍正五年八月庚戌谕。民族研究所傅克东同志顷又从明清档案部所藏《八旗档》内检得此谕原件相示，与《清世宗实录》全同。

校常有、催总保柱、领催客勒伦保。

关保佐领

康熙三十八年由科尔沁地方移来之席北原披甲人傅达礼、原披甲人厄儿德布、披甲人尚图，附于本佐领下。据此，佐领关保、副佐领阿丘马、骁骑校和尚、副骁骑校巴燕、催总五达色、领催喇嘛保、达兰泰、佟保。

[僧格特佐领]

[康熙三十] 八年由科尔沁地方移来附于佐领下之席北波济滚、哈萨、平盖。据此，佐领僧格特、副佐领保柱、骁骑校班查婆、副骁骑校吴立、催总关德、领催三布代、乌云保、吴尔图保。

萨克萨哈佐领

康熙三十八年由科尔沁地方移来之席北和泰、席北纳马尔肯、席北纳秦，附于本佐领下。据此，副佐领乌礼布、骁骑校格实、副骁骑校永在、催总伊拉齐、领催牙番、兴柱、孟格图保。

[鄂齐儿佐领]

[康熙三十] 八年由科尔沁地方移来之席北田禄、南库、阿尔泰，附于本佐领下。据此，佐领鄂齐儿、副佐领棍特黑、骁骑校刘柱、副骁骑校特布库、催总赛沙哈、领催巴牙思呼朗、穆城革保。

纳秦佐领

康熙三十八年由科尔沁地方移来之席北厄尔得尼、南京、赛拉穆，附于本佐领下。据此，佐领纳秦、副佐领多哈岱、骁骑校索柱、副骁骑校七十、催总鄂儿济拜、领催黑勒泰。

[乌尔图那] 思图佐领

[康熙三] 十八年由科尔沁地方移来附于本佐领下之席北古尼、赛费图、西尔泯。据此，佐领乌尔图那思图、副佐领讷秦、骁骑校马礼、副骁骑校保柱、催总八十五、领催托孙泰保。

佛保佐领

康熙三十八年由科尔沁地方移来之席北济图、三保、查十，附于本佐领下。据此，兼理佐领事副参领图尔禅、骁骑校颜都、催总广泰、领催布达礼保。

□□ [佐领]

[康熙]三十八年由科尔沁地方移来之席北纳孙、绰儿托、厄勒穆齐，附于本佐领下。据此，副佐领法保、办理佐领事务员外郎普福、副骁骑校靠山、催总年泰保。

赫达色佐领

康熙三十八年由科尔沁地方移来之席北特白忒、特古思、海青阿，附于本佐领下。据此，佐领赫达色、副佐领关柱、骁骑校定福、副骁骑校达色、领催拜柱保。

[济兰泰佐领]

[康熙]三十八年由科尔沁地方移来之席北莫奇他特、吴济、富克善，附于本佐领下。据此，佐领济兰泰、副佐领黑勒泰、骁骑校太保，副骁骑校朱儿查哈、催总明代、领催卓巴巴保。

诺米袋佐领

康熙三十八年由科尔沁地方移来之席北白儿黑、布尔逊、孟可，附于本佐领下。据此，佐领诺米袋、副佐领关保、骁骑校佛保、副骁骑校和尚、催总班泰保。

[西楼佐领]

[康熙]三十八年由科尔沁地方移来之席北诺穆图礼、婆罗娑、图尔马，附于本佐领下。据此，佐领西楼、副佐领格实、骁骑校纳兰台、副骁骑校六十一、催总衡克、领催布尔罕保。

河图佐领

康熙三十八年由科尔沁地方移来之席北根特、吴他哈、泰音布，附于本佐领下。据此，佐领河图、副佐领杨六、骁骑校托和齐、催总双陆、领催哩牙哈保。

[八十五佐]领

[康熙]三十八年由科尔沁地方移来之席北阿礼山、外儿海、碧雅尔，附于本佐领下。据此，佐领八十五、副佐领狢猁保、骁骑校棍忒黑、副骁骑校巴素泰、催总达拉克泰保。

萨郎阿佐领

康熙三十八年由科尔沁地方移来之席北泰宾、塔谛、喀尔马，附于本佐领下。据此，佐领萨郎阿、副佐领车克、骁骑校岁合讷、副骁骑校白黑、催总成禄、领催赛格保。

[双当佐领]

[康熙]三十八年由科尔沁地方移来之席北克都、博式屯、禅布带等三人，附于本佐领下。据此，佐领双当，副佐领保柱、骁骑校索柱克、副骁骑校费扬古、催总保柱保。

马赫图佐领

康熙三十八年由科尔沁地方移来之席北附于本佐领下喀喇、杜喇、和色礼、勒谛、巴尼。据此，佐领马赫图、副佐领偏图、骁骑校六十、副骁骑校张保、催总常詹、领催石哥达色、和龙鄂保。

[塞可图佐]领

[康熙三]十八年由科尔沁地方移附[附字衍]来之席北[附于本佐领下]阿穆虎朗、健大赉、厄赫讷讷。据此，佐领塞可图、副佐领托和齐、骁骑校托罕代、副骁骑校尔格、催总达兰泰、领催绰罗图保。

大同佐领

康熙三十八年由科尔沁地方移来附于本佐领下之席北阿哈纳、孟可、阿玉式。据此，佐领大同、副佐领查穆素、骁骑校常保、副骁骑校伊兰泰、催总青保、领催七十五、达色保。

[阿尔善佐]领查得

[康熙三]十八年由科尔沁地方移来附于本佐领下[之席北]□顺鸡达、济北跟、爱尊等身故，子孙皆无。据此，佐领阿尔善、副佐领他晋泰、骁骑校吴尔图那素图、副骁骑校萨音察克、催总班达尔式、领催班达尔式、伊尔泰保。据此，参领大同、马赫图，副参领图尔泰，管理参领济兰泰、八十五等保。为此，都统、内大臣、銮仪使加一级一等侯喀尔萨，副都统、管狗大臣加一级宗室哈尔几，降二级留任副都统、向道长记录一次傅昌咨。

按上列二十四个锡伯佐领于康熙三十八年由科尔沁地方移来，不见《清圣祖实录》[①]；但据道光初年满人萨英额云："至康熙三十八年伯都讷锡伯、瓜勒察移驻盛京，乃将佐领裁汰。今伯都讷所居锡伯，乃京王公包衣

---

① 《清圣祖实录》卷195，页11下。是年九月癸酉条中只有"又谕大学士等：黑龙江地方连岁歉收，著将乌喇[今吉林市]收贮米粮运至默尔根[即墨尔根]、齐齐哈尔地方预备"数语。

561

人，有包衣达管之，不入旗当差。至伯都讷瓜勒察旗人，相传圣祖巡幸吉林时，念其隶于蒙古，每户赏银八十两，赎归入旗，档案殊无证据。"① 似当时伯都讷锡伯人全都入了王公包衣旗下，而隶于蒙古者则为伯都讷瓜勒察人。证以这件《康熙三十八年镶红旗移来锡伯咨行制书馆档》，萨氏所说与史实完全不符。隶于蒙古的，除瓜勒察人外，还有因锡伯人，《咨行档》中二十四个佐领每佐领下明说"由科尔沁地方移来之席北附于本佐领下"，当即是萨氏所云"赎归入旗"的"隶于蒙古"的锡伯人。那么，这件《咨行档》更可作为订补一百五十多年前萨氏所不及见的《咨档案》，重见天日，弥足珍贵！

（原刊于《清史论丛》第二辑）

---

① 《吉林外记》卷3，页4上。

关于16世纪40~80年代初建州女真和早期满族的社会性质问题

周远廉

满族是以努尔哈赤为首的建州左卫女真为基础，统一女真各部，并融合其他民族而形成发展起来的。弄清16世纪40~80年代初建州女真和早期满族的基本状况，确定其社会性质，可以解决满族史研究中的一个重大问题，也有助于对其他同样处在原始社会末期的兄弟民族历史的分析。

探讨这个题目时，碰到一个很麻烦的问题，即遗留下来的资料太少。现存的《满文老档》虽多达上百万字，却有残缺。此书从1607年3月才开始记述，对1583年努尔哈赤起兵前后的情况有所载录，也很可贵，但并不多。明人和朝鲜人的记述也很少。因此，要想弄清真相，只有主要依靠《满洲实录》。《满洲实录》成书于天聪九年（1635），以满、蒙、汉三种文字书写，有图，乾隆年间重绘三部。《满洲实录》系依据《满文老档》删削编写而成的，乾隆年间重绘时又进行了修改。但这毕竟是满族自己编写的最早的记载满族前期历史的一部书，特别是1607年3月以前的情况，《满文老档》很少叙述，更需利用这部文献。经过查阅，发现《满洲实录》的满文体比汉文体更准确，改得少一些，更真实些。再结合《满文老档》等材料，仔细分析，还是可以说明历史基本事实的。

对于16世纪40~80年代初建州女真和早期满族的社会性质，学术界存在着不同的看法。一些同志主张，女真人在"十五、十六世纪，是奴隶占有制社会"，但还未出现奴隶占有制国家。有的同志断言，它已过渡到封建社会。

我认为，迄至16世纪40~80年代初，建州女真和早期满族，仍然处于原始社会的阶段，但已不是一个完整的原始社会，而是已经开始瓦解，处于原始社会的末期了。

现将个人浅见，叙述如下，和大家共同商讨。

一　生产力的逐渐提高

明代女真人分为海西、建州、"野人"三大部，其下又各分为一些小部，明朝政府为了加强对女真各部的管理，陆续设立了不少卫和所。1403年和1412年，明政府先后设立建州卫和建州左卫，以阿哈出和猛哥帖木耳（努尔哈赤六世祖）为指挥使。1442年又从建州左卫分出建州右卫，以猛哥帖木耳弟凡察为都督同知。正统年间（1436~1449年），建州三卫先后聚居在浑河支流苏子河畔一带。

各部女真的生产水平，发展不尽一样。建州、海西女真比较进步一些。牛耕和铁制农具的使用，已较广泛。早在15世纪30年代，农耕已在建州、海西女真中比较普遍。1437年6月，朝鲜平安道节制使李蕆遣金将等人偷渡婆猪江（佟佳江），潜入建州卫指挥使李满住部侦察，在兀喇山北隅吾弥府（今辽宁省桓仁县境内），"见水两岸大野，率皆耕垦，农人与牛，布满于野"。朝鲜人说，李满住部"虽好山猎，率皆鲜食，且有田业，以资其生"[①]。

1491年11月，朝鲜北征副元帅李季同说，海西女真车尼麻车部，住茅房，"室大洁净，又作大柜盛米，家家有双砧，田地沃饶，犬、豕、鸡、鸭，亦多畜矣"[②]。

16世纪初，明臣卢琼在《东戍见闻录》中指出，建州女真"乐住种，善缉纺，饮食服用，皆如华人"。又说，海西女真"俗尚耕稼"。

这都反映出，到16世纪初，建州、海西女真的大部分，皆已定居，

[①] 《朝鲜世宗实录》卷77，世宗十九年六月己巳。
[②] 《朝鲜成宗实录》卷259，成宗二十二年十一月戊子。

农业成为"资生"的很重要的部门。

至于生产率的高低，产量的多少，没有具体数字。从万历六年（1578）八月、十一年九月、十二年三月的三份明代辽东档册来看，那样大规模的交易中，并未见有女真人购买粮食的记载。相反，米粮却是建州女真在抚顺"马市"上出售的重要货物，在19次的交易中，9次载有明人以猪、牛等物交换建州女真的粮食等物（详见后述商品交换部分）。可见，到努尔哈赤1583年起兵前夕，女真的农业生产已有相当水平，海西女真粮食已有可能自给，至少不是主要依靠外地。建州女真已有余粮出售，已能生产出超过维持劳动力本身所必需的物品。当然，在灾荒歉收岁月，女真人也有向明朝政府求要粮食的。

这并不是说畜牧业不重要。马匹一直是建州、海西女真与汉族交易的货物之一。牲畜甚至还起着一定的货币作用。1469年3月，建州女真柳尚冬哈向朝鲜索要逃奴三之莫之时说："我以牛马购奴婢……"①

女真人喜爱狩猎，采集亦颇流行。女真地区盛产人参、珍珠和各种皮毛，是与汉族贸易的主要货物。《满洲实录》卷2记述16世纪80年代时的情形说："本地所产，有明珠、人参、黑狐、元狐、赤狐、貂、猞猁狲、虎、豹、海獭、水獭、青鼠、黄鼠等皮，以备国用。"这都是女真人辛勤采集、勇敢捕猎的丰硕成果。

女真人的手工业则长期处于不发达状态，大多数女真部落不会炼铁、煮盐和丝棉纺织。虽有少数匠人，但主要是制作与兵猎有关的器具，用买来的铁打造弓箭。

到16世纪初，手工业有了进步。建州女真已"善缉纺"，即会织麻布，质量较好，产量较多，并且对外出售。据明万历六年（1578）八月的辽东档案载，麻布是建州女真运到抚顺马市出售的重要物品。两个多月内，有16次是以麻布交换汉商猪牛等物的记载。

这样的生产情况，决定了交换主要是以狩猎、采集所得人参、貂皮等物以及粮食和麻布（建州女真），换回自己缺少的铁铧、铁锅、耕牛和盐等生产及生活必需品，大多数是通过入京"朝贡"和开原、抚顺马市，与

---

① 《朝鲜世祖实录》卷45，世祖十四年三月壬戌。

汉族交换。

明朝政府规定，海西、建州女真，每年入京"朝贡"，海西1000道敕书，建州500道敕书，除"赏赐"外，可在会同馆互市。

明朝政府又在开原、抚顺等地设马市。海西女真叶赫部自开原镇北关进入马市堡交易，哈达等部自广顺关进入东果园互贸，建州女真到抚顺交换。后增设马市于清河、瑷阳、宽甸等处。东北档案馆保存的明代辽东档案，虽有残缺，却详细载录了当时女真与汉族交往频繁、贸易兴旺的情形。根据万历六年八月、十一年九月、十二年三月的三份记载建州、海西女真在抚顺、开原与汉族交易的档册①，可以看出四个问题。

第一，交易频繁，人数很多。基本上是三日一市，有时间日一市。进入开原镇北关、广顺关的海西女真，一批动辄数百人，最多的一次达1180名。在万历十一年七月至九月和十二年一月至三月的半年内，海西女真入市人数多达11 874人次。

第二，进行交易的货物，品种很多，数量甚大。在镇北关、广顺关的交易档册中，半年内载有易换货物的数字和品种，计有：铧子，19次，4 848件；牛，18次，497头；锅，16次，354口；袄子，15次，234件；羊皮袄，9次，397件；羊，13次，213只；驴，10次，23头；猪，4次，11头；水靴，14次，203双；缎子，10次，58匹；绢，4次，6匹；人参，18次，3619斤；马，18次，175匹；貂皮，18次，4724张；狐皮，18次，577张；鹰皮，16次，761张；珠子，8次，32颗；蜜，7次，1460斤；蘑菇，14次，3740斤；木耳，12次，762斤；羊皮，13次，1743张；以及鹿皮、牛皮、豹皮、木楸、松子、榛子等物。

抚顺关的交易，虽无具体品种和数量的记载，但一般都是建州女真以人参、马匹、粮食、麻布和汉族易换猪羊等物。在万历六年（1578）四月至七月的80天中，抽税银268两（不包括档册残缺不清的交易次数），而上述开原镇北关、广顺关那样大量的交易，才抽税银612两，仅比抚顺城多1.3倍，由此也可推知，抚顺关的交易，数量也是很大的。

第三，女真人得到大量铁铧、铁锅、耕牛、食盐、衣、布等生产工

---

① 东北档案馆藏，明档乙105，106，107。

具和生活必需用品。有些女真进入马市,一次就购买铧子1134件、牛97头。在上述半年中,海西女真买进铧子4848件、牛497头、锅345口、袄子(包括羊皮袄)631件。另外,还通过"抚赏"形式得到布1055匹、锅1669口、盐3230斤。万历六年四月至七月,建州女真在抚顺马市与汉族进行了大量贸易,买进大批猪羊等物,并在万历六年七月至八月二十二日的52天中,通过"抚赏",得到布1010匹、锅1189口、盐4593斤。

第四,女真人卖出大批参、珠、毛皮,获价上万。在镇北、广顺二关的交易中,海西女真买进的主要货物铧子、牛、羊、猪、缎、袄等,按时价计,约折银852两。而卖出货物,仅人参一项,照极低价格每斤9两银计算,3619斤参当值银3.25万多两。至于貂皮4724张、狐皮577张及其他各物,又可售银上万。

如此频繁的往来,大宗的交易,产生了重大影响。它大大加强了两族人民的经济交流,互相供应对方必需物品,密切了兄弟民族之间的经济联系。

大批铁制农具和耕牛的输入,有利于女真人开垦荒地,扩大耕种面积,提高劳动生产率,推动农业生产的不断发展,从而能够更多地生产出超过维持劳动力本身所必需的产品。

交易的频繁,促进了私有制的发展。人参、蘑菇、貂皮、狐皮等物的大量出售,使采集和狩猎远远超过了自己消费的范围,越增加了商品生产、商品交换的因素。粮食成为建州女真卖出的重要货物,表明了种植谷物已经部分地、逐步地卷入商品市场,带有一定的商品生产性质。这样,必然反过来促进私有制的发展。

商品货币关系日益渗入女真人社会,促进了氏族成员之间的分化,增加了酋长等氏族显贵的财富,刺激了他们掠夺和剥削的欲望。进京朝贡和入马市交易,主要是由封授都督、都指挥、指挥之类官衔的女真头人率领进行的。比如,在万历十一年九月、十二年三月档册中,可以肯定是都督、都指挥的有13次,即仰加奴2次,逞加奴2次,卜寨4次,猛骨孛罗4次,住金奴1次。万历六年八月档册载明,建州女真都督松塔、来留住,都指挥付羊古,以及努尔哈赤祖叫场等,多次进入马市贸易。交易所获大批财物，纷纷流入他们的私囊。汉族官僚、地主的财富及其不劳而获的豪华生活，亦给他们留下深刻印象。掠夺他人财物，榨取剩余劳动，日益成为酋长等显贵追求的目的。富者日富，贫者越贫，分化加剧了。

概括起来，直到 16 世纪 40~80 年代初，海西、建州女真的大部分，已是室居耕田，以农为主。生产逐步发展，已能将部分粮食投入市场，能够更多地生产出超过维持劳动力所必需的物品。商品交换日益频繁，私有制因素不断增长。酋长等显贵的财富迅速增多。这一切，为剩余劳动的出现及剥削制度的产生，提供了物质条件。

二　诸申的身份

迄至 16 世纪 40~80 年代初，组成女真和早期满族社会的成员有三类人，即贝勒、诸申和阿哈。诸申人数最多，影响最大，是女真和早期满族的主要成员。弄清诸申的情况，确定其身份，对判断当时满族社会的性质具有十分重要的意义。

诸申，是满文 jušen 的音译①，是女真及早期满族人对自己的称呼。清朝康熙帝主持编纂的《清文鉴》，却把 jušen 解释为满洲之阿哈。

为什么会出现差异呢？原来，诸申的身份和地位有一个发展变化的过程。在早期，诸申并不是奴仆。诸申沦落为奴仆，是相当晚的事。16 世纪 40~80 年代初的诸申，并不是被欺凌、受剥削的满洲阿哈（即奴仆），而是自由耕猎、独自生活、不受压迫的氏族成员。

研究诸申的地位，必然要涉及当时社会生产关系和上层建筑的性质问题。现在着重剖析 1596 年初努尔哈赤属下诸申谈到自己处境变化时所说的两句话："前则一任自意行止，亦且田猎资生。今则既束行止，又纳所猎。"②

诸申所说"前则一任自意行止，亦且田猎资生"，是和后一句"今则既束行止，又纳所猎"对比而言的。"今则……又纳所猎"，表示现在才交

---

① 由于排印的技术原因，本文中所引用的满文，均以罗马字拼写。
② 申忠一：《建州图录》。

关于16世纪40~80年代初建州女真和早期满族的社会性质问题

纳所猎,即交纳劳动成果,这也意味着过去是不纳所猎,是自获自食的。为什么过去能自食所得,现在却要纳贡呢?这必然涉及围猎的山场和耕种的田地的所有权问题,必然涉及收获物的分配方式问题。结合其他材料,具体分析,可以看出,在不纳贡物情况下的"田猎资生",实际上表明了当时土地是公有的,不纳赋税,耕者自食。

土地是古代最重要的生产资料。究竟这个阶段的土地所有制是什么形式,是公有,还是私有?如果是私有,又是什么性质的私有制?这是一个尚需探索的问题。我认为,这时的土地,仍属公有制。

在16世纪40~80年代初的建州女真和早期满族那里,土地还未变为私有财产,还未确立土地私有权。从我所接触的资料中,还没有发现明初以来的女真和早期满族有买卖土地、赠赐土地的行为,没有土地纠纷,没有分封田地。直到努尔哈赤兴起以后,才有屯田的记载。1621年进入辽沈平原后,才开始将田地计丁授予满汉人丁。在此以前,谈论财富,一般指牲畜、白银、布帛,有时也包括阿哈,从未把土地当作财富。

我们可举两个具体事例来分析研究。《满洲实录》卷1汉文体载,努尔哈赤10岁时,亲母去世。19岁时,由于其父宠信继母,与努尔哈赤分居,"家产所予独薄。后见太祖有才智,复厚与之,太祖终不受"。

"家产所予独薄",这句话值得深究。所谓"家产",指的什么东西?按照当时明朝汉族地区习俗,一般是田地、房产、银钱、衣服、器皿和奴婢。此处所说的"家产",是否同样情形呢?

稍后一些时间,建立金国,进入辽沈以后,努尔哈赤赏赐臣僚,一般也是赐庄田、牲畜、奴仆、衣服、器具和金银。这里的"家产",是否也包括这些项目?

为了确切地回答这个问题,最好的办法是查看同书的满文体。按照满文体的记载,汉文体的"家产"二字,在满文中的满文却是 aha ulha。aha 音译为阿哈,意为"奴仆",在当时就是奴隶(详见后述阿哈部分),ulha 意为牲畜。全句应译为:"(分家时,其父)给予阿哈、牲畜甚少。后见子有才智,欲令取先前未给之阿哈、牲畜,淑勒贝勒(努尔哈赤)不取。"

从满文体的记载和汉文体的书写,可以清楚地看出,土地在当时女真社会中是丝毫不重要的东西,不是构成"家产"的因素。

569

另一个例证是额亦都受赏情形。额亦都是清朝"开国元勋"和皇亲国戚。《满文老档》载录了他建立战功与领受赏赐的详情。现举早期两次战例，略加分析。1583年5月，努尔哈赤起兵，报杀害父、祖之仇，攻打仇人尼堪外兰居住的图伦城。额亦都首先毁城冲入，努尔哈赤特将班达西母亲赐予他。

稍后，额亦都独自率众，攻取舒勒克布占城。努尔哈赤"将得获该城之所有物品"，尽行给予额亦都。

这两次赏赐，都没有提到土地，而只是说赐予妇女，给予物品。这也可以表明，土地尚未成为私有财产，到处都可开垦，不算财富。

还要看到，直至16世纪40~80年代初，没有征收赋粮的行为，也没有凭借土地所有权而逼索租谷的现象，这也从分配方面体现了土地仍属公有的性质。

土地既归公有，不是个人私产，不能倚靠土地而迫使劳动者纳租交赋，那么，耕种土地的人，不管是诸申，或者是所谓的贝勒、台吉，都可得到全部收获物了。谁耕，就归谁收，就由谁得。

现在，再来看看，在这个阶段，建州女真打仗和狩猎时，采取什么样的组织形式？是固定的常备军队，还是临时性组织？是自愿参加、自由组合，还是强迫佥派？是民主推选临时首领，还是出现了统治士兵的专职武官？这些都是与社会性质有密切关系的重要问题。

《满洲实录》卷3载："是年（1601），太祖将所聚之众，每三百人内，立一牛录额真管属。前此，凡遇出师行猎，不论人之多寡，照依族寨而行。满洲人出猎开围之际，各出箭一枝，十人中立一总领，属九人而行，各照方向，不许错乱，此总领呼为牛录（汉语大箭）额真。于是，以牛录额真为官名。"

剖析这段记载，可以基本上弄清1583年努尔哈赤兴兵以前女真的武装组织的形式与性质，主要有三点。

一是当时女真人没有固定的军事组织，平时没有长期的、正规的、常备军队，遇到打仗或围猎时，才临时凑编，事毕以后，各归各家，各回各族各寨。

二是组成的人员，并非贝勒之类的统治者逼迫佥充，不是依人丁多少按比例强行征召,而是由诸申们自愿组合,自由参加,各自跟随本族本寨而行。

三是没有专职的统治士兵的军官,而是诸申推举临时性的首领,负责指挥攻战和围猎。所谓牛录额真,是满文 niru ejen 的译音,niru(牛录),意为射兽用的"大披箭",ejen(额真)意为主,牛录额真即箭之主。其意为,参加兵猎的诸申,每人各出箭一枝,十人中立一人为首领,负责指挥,同行九诸申依其吩咐而行动。兵猎毕后,此首领即自行下台,下次出兵时,再重新推立。这样的牛录额真,不是君、汗、贝勒委任的固定的军官将领,不是统治士兵、奴役诸申的官老爷,而不过是一个没有强制权力的临时性的指挥者。

这样的组织形式,就是恩格斯所说的,氏族制度时期"居民的自动的武装组织",而不是阶级社会中和人民大众分离的"特殊的公共权力"——军队。

与这种"居民的自动的武装组织"相适应的是,围猎和征战所获诸物,不是按照权力大小或等级高低来瓜分,不是被酋长一人或少数"显贵"所霸占,而是由参加的全体诸申均平分取。这样的分配方式,是氏族制度"居民的自动的武装组织"性质的体现,很能说明社会的发展阶段问题。现从《满文老档》找到一些材料,译录一段,可以明了此事真相。

《满文老档·太祖》卷4载:"历来征战,所得俘获甚多时,则均而分之。""均而分之"虽只寥寥四字,却清楚地显现出参加出征的全体诸申均分战利品的真情实景。

这是长期实行的古老传统,深入人心,不易尽革。直到努尔哈赤荣任聪睿恭敬汗、建立起奴隶占有制的女真国——金国,进入奴隶社会后,努尔哈赤虽然取消了"均分"俘获制,代以论功行赏,但仍然部分地保留了这种传统的残余。俘获诸物,除诸贝勒攫取部分外,余物由众兵均分。

比如,《满文老档·太祖》卷11载,1619年7月,金军打下开原后,"所获金、银、绸、帛、蟒段等物甚多,其他物品皆由众兵均得,金、银则归八贝勒得之"。

现在,进一步看看"前则一任自意行止"的含义。

在这个阶段,诸申可以任意行走。迁移、定居、耕田、打猎、采参、摘松，皆可按照己意行动，不受任何约束。因女真人常入朝鲜境内采挖人参，有人建议通告各酋长，令其管辖禁止，当即遭到反对，因"虽名为酋长，并无君臣上下之分"，无权禁约。清朝"开国功臣"额亦都，原系无家孤幼诸申，依姑度日。19岁时，自动投靠努尔哈赤，未见本部酋长拦阻。诸申这种自由行动，和进入奴隶社会后的"束行止"，遭受奴隶占有制国家束缚、驱使、统治，是截然不同的。①

诸申之间，平等相处。诸申与所谓都督、都指挥使、贝勒之类的酋长，也是平等的关系，既无尊卑之别，也无上下之分。诸申可以做有损于贝勒利益的事。征战时，面临困境，诸申可以"怯战"不攻。围城时，也可不听贝勒的劝阻，任意抢掠（详见后述贝勒部分）。

遇有要事，贝勒、诸申一起聚会，平等商议，共同决断，虽有多数人赞同某种意见，但如有异议，亦不能逼令异议者服从，仍须再次协商。例如，栋鄂部来兵掳掠时，分居12处的六祖及其诸子聚议对策，绝大多数人认为，分住则涣散力弱，难以抵挡，应当合居一地，守卫御敌。但努尔哈赤的三伯祖索长阿子武泰反对，力主求妻父哈达国万汗发兵援助，后终前往哈达借兵。②

以上情况表明，迄至16世纪40~80年代初，诸申并不是《清文鉴》断定的"满洲之阿哈"，而是不受剥削、不被统治的氏族成员。在这个阶段，没有产生出与人民大众相分离的"特殊的公共权力"——军队，土地仍属公有。联系下述贝勒地位的分析，就可相当全面地了解当时的社会面貌了。

三　贝勒的地位

清朝官修的《满洲实录》、《武皇帝实录》、《高皇帝实录》和《满文老档》，都把1583年起兵前后的努尔哈赤称为 sure beile，音译为淑勒贝勒。

---

① 据申忠一《建州图录》的记载，就在1596年诸申所说"前则一任自意行止，…今则既束行止"的时候，诸申外出，必须经过"王子"努尔哈赤的批准。例如，诸申汝乙可欲带熊皮、鹿皮往朝鲜满浦出售，换回耕牛，报告"王子"努尔哈赤后，努尔哈赤下令，不准前往。
② 《满洲实录》卷1。

sure（淑勒），意为聪睿，sure beile 即聪睿贝勒。又称努尔哈赤祖觉昌安六弟兄为 ningguta beile，ningguta 汉语为六，ningguta beile 译成汉文为六贝勒。对努尔哈赤弟舒尔哈齐等亦称为贝勒。总之，努尔哈赤弟兄及其六祖皆是 beile，译成汉文，应当写为贝勒（《清实录》译为王，是不恰当的），俨系辖地治民世代君王的高贵门阀。

《清实录》和《满文老档》所用贝勒 beile 一词，系从蒙文转来，原意为统治一部、一地的贵族，是该部之主，是该地之君。号称宁古塔贝勒、六贝勒和淑勒贝勒，是否也是这样性质的本部之主？如果仅就文字角度看，顾名思义，有国才有汗、贝勒，有汗、贝勒就必然有国。16 世纪 40~80 年代初的建州女真和早期满族，是否也是这样？

现在，我们以努尔哈赤为典型，剖析一下 1583 年前后"贝勒"的真正的、科学的含义，实际上这也就是探讨当时的上层建筑形式的问题，也就是了解有无国家的问题，这对确定社会的性质，是十分必要的。

我认为，迄至 16 世纪 80 年代初，建州女真和早期满族，尚未产生国家。从努尔哈赤来看，1587 年前的贝勒，并不是阶级社会中统治一国军民的帝王君汗，而是氏族制度酋长之类的氏族显贵。他们已经是世代传袭，一般比较富裕有力，占有少量阿哈，有的还有几名"古楚"（gucu），与普通诸申已有明显区别。

努尔哈赤祖觉昌安承袭祖失保"都指挥"官衔。1583 年觉昌安及子塔克世为明兵误杀后，明乃令努尔哈赤承袭其职，并给予敕书 30 道、马 30 匹。

努尔哈赤占有少量奴隶。《满洲实录》卷 1 汉文载，塔克世与其子努尔哈赤分居时，"所予家产独薄"。前面已经讲明，此处所谓的"家产"，满文体是 aha ulha，即阿哈、牲畜，原意是给予奴仆、牲畜不多。

同书卷 1 汉文体又载，1583 年 9 月，"贼"欲暗害努尔哈赤，将其"部落帕海"刺死。这个帕海是什么样人？所谓"部落"是属于什么阶级？汉文体编写者没有细说。仅就字面而论，"部落"很可能指的诸申，是指氏族成员。同书记载，努尔哈赤几次将诸申称为部落。如作此解，就产生了一个问题，为什么作为诸申的帕海要为酋长努尔哈赤效劳呢？如果说这时的诸申必须为酋长服役，听从酋长驱使，那么，诸申的身份就很低贱

573

了，就不再是无拘无束、不受奴役的、自由的氏族成员了，就下降为奴隶占有制国家统治、剥削的所谓"自由民"了。同时，酋长的地位也就改变了，也就不再是与诸申平等相待的氏族制度下的酋长或氏族显贵，而上升为治民辖兵的帝王君汗之类的统治者了。这是一个关系重大的问题，必须查清。

仅就《满洲实录》汉文体的上述简略记载，是无法搞清楚的。细读该书满文体，才了解真情。原来，所谓的"部落"，满文却是 booi niyalma；boo，意为家；i，是表示所有格的附加成分，意为之；niyalma 意为人。booi niyalma 意为"家之人"，即奴仆，当时就是奴隶。后来往往省略了 niyalma 一字，简写为 booi，汉文音译为"包衣"。这就清楚了，帕海之所以为努尔哈赤服役，住在努尔哈赤家，睡在窗下，并不是以贬低了的、很卑贱的诸申——"自由民"的身份出现，而是以奴仆、奴隶的身份，为家主效劳，为家主服役。

查遍各书，任何时候，任何满文字典，都是把 booi niyalma 解释为"奴仆"，从来没有译为"部落"。这是两种性质根本不同的名词，这是人所皆知的普通常识，《满洲实录》汉文体编写者不会不知道。但是，对于如此重要的事情，这些翰林、学士们却硬要篡改原意，写为"部落"，掩盖努尔哈赤占有少数奴隶的事实，混淆酋长与诸申们的关系，布置迷阵，障人耳目。

努尔哈赤还有少数 gucu（古楚）。《满洲实录》卷1汉文体和《武皇帝实录》卷1同载，1584年春，萨木占杀努尔哈赤妹夫噶哈善后，努尔哈赤"带数人"往寻遗尸。《高皇帝实录》将"带数人"写为"率近侍数人"。《满洲实录》卷1汉文体又载，同年五月，努尔哈赤缚捉潜入室内"贼"后，"弟兄亲族俱至"。《高皇帝实录》将弟兄亲族写为"诸弟及近侍"。

查阅《满洲实录》的满文体，前一事，即所谓"带数人往"及"率近侍数人行"的满文是 ini udu gucu be gaifi。后一事，"弟兄亲族俱至"及"诸弟及近侍"，其满文为 buya deote gucuse booi niyalma。这就明白了，所谓"诸人"，所谓"近侍"，乃从满文 gucu 而来。《高皇帝实录》把 gucu 译为近侍，这又是故意篡改原义，胡乱译写。gucu 意为朋友、同伴。gucuse 是 gucu 的复数，意为伴儿们，朋友们。前一事应译为努尔哈赤"带彼之

574

数同伴（或数友）往"，后一事为"诸弟、同伴们（或朋友们）、奴仆俱至"。把基本上在当时仍是平等的、同辈的朋友关系、同伴关系的 gucu，写为上下关系、君臣关系的"近侍"，是不符合实际的。

当然，也应看到，gucu 的产生，是一件不可低估的事情，是社会发展变化中出现的新现象，对努尔哈赤转变为真正的专制君汗，对奴隶主贵族的形成，对满族进入奴隶社会，都有相当大影响。对此需多说几句，阐明真相。

恩格斯在论述古代德意志人王权的产生时，分析了扈从队制度。他说："有一种制度促进了王权的产生，这就是扈从队制度。我们在美洲红种人中间就已经看到，与氏族制度并行，还形成了一种独立自主地进行战争的私人团体。"他还具体地论述了扈从兵与首领的关系、所起的作用及其向贵族转化等问题。①

恩格斯的这些教导，为我们研究 gucu 的境遇、性质和影响，指明了方向。虽然建州女真——早期满族的情况与古代德意志人不尽相同，特别是德意志人征服罗马后，由原始社会末期直接进入封建社会，与满族向奴隶社会发展不一样，但是，从扈从队产生于原始社会末期及其对酋长转化为真正的国王的作用，从其成为新国家中贵族的重要组成人员等方面来看，两者情况基本相同。我认为，gucu 基本上就是上述军事首领的扈从兵。

根据《满洲实录》卷 1 满文体记载，1584 年春，努尔哈赤已有几名 gucu，但究竟有谁，可否找出一二人作为代表，进行分析？他们主要作什么事，起什么作用，努尔哈赤怎样对待他们，结局如何？这些都是需要弄清的问题。

我现以清朝"开国元勋"、五大臣之二的额亦都和安费扬古二人，就是上面所说的 gucu，作为典型，进行一些分析。

恩格斯指出："博得了声誉的军事首领，在自己周围集合一队贪图掠夺品的青年人，他们对他个人必须效忠，而他对他们亦然。"额亦都和安费扬古就是这种为贪图掠夺品而集合在努尔哈赤周围的青年人。

额亦都，钮古禄氏，小努尔哈赤三岁，世居长白山，后祖父阿陵阿巴

---

① 恩格斯：《家庭、私有制和国家的起源》，《马克思恩格斯选集》第 4 卷，人民出版社，1972，第 141~142 页。

颜移居英峨峪。其家颇有资财，祖阿陵阿被称为 bayan，音译为巴颜，意为富翁。幼时，父母为人所害。1573 年，额亦都 13 岁，拔刀杀死仇人后避难，逃往嘉木湖寨，依姑为生。1580 年，努尔哈赤在额亦都姑父嘉木湖寨长穆通阿家住宿，与其见面谈论。额亦都遂与努尔哈赤同行，此后一直跟随他南征北战。

安费扬古，觉尔察氏，与努尔哈赤同岁，世居邻近的瑚济寨，从小就跟随努尔哈赤，1583 年起兵以后，四处征战，屡立军功。

这两人之所以跟随努尔哈赤，效忠于努尔哈赤，并不是出于什么大公无私、洁白无瑕的高尚动机，而是为了追求"最卑下的利益"，为了进行战争，掠夺人口、牲畜和财帛，出人头地，荣华富贵。以额亦都来说，祖系富有资产的 bayan（巴颜），姑父又是嘉木湖寨长，耳闻目睹，朝夕熏陶，私有财产的印象自然很深，贪图财富，想从氏族显贵性质的寨长转变为真正的汗、贝勒、大臣的愿望自然很强，可是，父母突遭杀害，一下子就降成无家可归、寄人篱下的贫困诸申，当然怀有报仇雪恨、重振父业的强烈要求。史载，努尔哈赤至其姑家时，"额亦都识为真主，请事太祖，……遂从行"。这虽然有所渲染，额亦都未必有那样好的眼力，一下就看出了微弱小部酋长之子努尔哈赤必然会成为辖地数千里、臣民众多的大金国汗。但这也可显示出，当时额亦都已经认识到努尔哈赤很有野心，很有能耐，可能干出一番事业。跟随他，可以达到自己的目的。

恩格斯又指出，首领养活他们，奖赏他们，他们则在战争中为首领效劳，充当卫队、预备队和"军官团"。额亦都、安费扬古与努尔哈赤之间的关系也是这样。额亦都是一个寄人篱下的孤苦诸申，1580 年即跟随努尔哈赤，安费扬古也是从小投靠，当然由努尔哈赤供其衣食。额亦都二人亦尽力效劳，长年随侍，身经百战。早期，努尔哈赤遭受族人谋害侵侮，处境困难，几次险些出事。额亦都等竭力护卫，才渡过难关，转危为安。1583 年 5 月，努尔哈赤起兵，攻打尼堪外兰所据图伦城，时随从诸申很少，额亦都、安费扬古则皆从征，额亦都奋勇冲刺，率先毁城冲入攻克。额亦都又率少数诸申，独取舒勒克布占城，得获大批物品。他又攻下色克济城，获其牛马。

1583 年 5 月，安费扬古跟随努尔哈赤攻打图伦城。同年，又奉命率诸申取萨尔浒城。兆嘉城主理岱引哈达兵劫努尔哈赤所属珊济寨，回军途中，分取人畜时，安费扬古与巴逊领12人追及，拼死冲刺，杀40余人，尽获所掠。1584年正月，从努尔哈赤攻下理岱所居兆嘉城。六月，随攻玛尔墩寨，山险守坚，连攻三日未下，安费扬古率领诸申，夜间跣足，从间道攀崖而上，攻下其寨。

1587年以后，额亦都和安费扬古经常领兵出征，取城夺地，掠获大量人畜财帛，为女真国——金国的建立和扩展，立下了汗马功劳。

努尔哈赤多次重赏二人，既赐给大批人丁、马、牛、敕书、银、财，又不断升职加官。比如，额亦都打下舒勒克布占城后，努尔哈赤将该城所获物品全部赐给他。额亦都攻打巴尔达城时，身受50余伤，体无完肤。取城后，努尔哈赤大喜，亲自迎接，宰杀二牛，设宴庆贺，将得获该城所有敕书、人户尽行赐给他，又赏给备有鞍辔的良马，命名为"巴尔达之库肯马"。

恩格斯指出，这些扈从兵"促进了王权的产生"。联系满族历史实际，确实是这样的。像额亦都和安费扬古这些gucu，他们的命运紧紧和努尔哈赤连在一起。努尔哈赤的势力越大，辖区越广，臣民越多，他们的官职就越高，权势越大，辖属的兵民越多，财富膨胀的速度就越快。反过来说，他们连续领兵出征，四处攻打，夺取的城堡村屯越多，掠获的人口、牲畜、财帛越多，则努尔哈赤的地盘也就越大，地位越高，就更加迅速地向真正的专制君汗转化，就产生了真正的王权。

恩格斯指出，这些扈从兵后来成了"贵族的第二个主要组成部分"。额亦都等gucu也是这样。额亦都成为清朝"开国元勋"，五大臣之一，任至众额真、固山额真，世袭一等总兵官，娶努尔哈赤妹，尊号和硕额驸，死后追封宏毅公。其子图尔格等封授公爵、伯爵、子爵，子达启娶努尔哈赤女，满门显贵，世代荣华。安费扬古亦为五大臣之一，子孙也封授子爵、男爵。

根据这些情况，可以看出，额亦都等gucu，在刚开始跟随努尔哈赤时，彼此之间基本上仍是平等的伙伴关系。他们仍然是一般的诸申，并不是统治人民的官老爷。随着掠夺战争的频繁和向奴隶社会转变，额亦都等gucu的地位也就发生了变化。1587年以后迅速转化为真正的汗、贝勒的

"近侍""从臣",与努尔哈赤是君臣关系、上下关系,由一般诸申上升为统兵辖民的达官贵人。这对促进王权的产生和奴隶主贵族的形成,对加快进入奴隶社会,都发挥了相当显著的作用。

分析了 gucu(古楚)的情形后,再来看部长与诸申的关系。当时建州女真各部的部长、寨长,已与一般诸申有比较明显的区别。这从努尔哈赤与噶哈善等人的盟誓,可以看得很清楚。《满洲实录》卷 1 汉文体载,1583 年初,嘉木湖寨主噶哈善、萨尔浒部长诺密纳、沾河寨主扬书、常书等,与努尔哈赤商定联合对付尼堪外兰时立誓说:"念吾等先众来归,毋视为编氓,当待之如骨肉。"查看满文体,所谓"编氓",乃诸申 jušen。这又是乱译,jušen 诸申下降为编氓,是晚些时间的事,这时的诸申仍系不受奴役的自由的氏族成员。既然噶哈善等 4 个部长、寨主不愿被当作诸申对待,可见,部长、寨主与一般诸申已有一些区别。

但这是什么样的区别?是原始社会末期酋长之类的氏族显贵与一般氏族成员的区别,还是阶级社会中君主与臣仆的区别?换句话说,贝勒与诸申之间到底是什么关系?这是判断贝勒性质的关键,也是划分满族社会形态的重要依据之一。

要正确解答这个问题,需着重研究国家的有无问题。

国家,是社会分裂为阶级和阶级矛盾尖锐激烈的产物。国家的形式多种多样,决定是否国家的根本因素,是看其本质问题,即是不是压迫人民大众的暴力统治机器。恩格斯指出,"国家的本质特征,是和人民大众分离的公共权力","构成这种权力的,不仅有武装的人,而且还有物质的附属物,如监狱和各种强制机关,这些东西都是以前的氏族社会所没有的"。在雅典,这种公共权力是用来控制奴隶和公民的。[①]他又说,国家"在一切典型的时期毫无例外地都是统治阶级的国家,并且在一切场合在本质上都是镇压被压迫、被剥削阶级的机器"[②]。

遵循恩格斯的这些精辟的、深刻的科学论断,就能解答 16 世纪 40~80 年代初有无国家的问题。

[①] 恩格斯:《家庭、私有制和国家的起源》,《马克思恩格斯选集》第 4 卷,人民出版社,1972 年,第 114、167 页。

[②] 恩格斯:《家庭、私有制和国家的起源》,《马克思恩格斯选集》第 4 卷,第 172 页。

关于16世纪40~80年代初建州女真和早期满族的社会性质问题

前面已经讲明，这个阶段，建州女真还没有固定的、强迫佥充的常备军，而是遇逢征战、围猎时，由诸申自愿参加，自由组合，推立临时性的首领。同时，也简要地叙述了诸申可以任意行走、平等相待、民主议事的情形。由此可见，这个时候，还没有出现与人民分离的公共权力，也就是说还没有产生暴力统治机器的国家。在这种条件下的所谓淑勒贝勒努尔哈赤也不可能成为统治人民的一国之主。

现在，我们再举几个例证，对比以后奴隶社会时期的情况，看看努尔哈赤在平时对诸申和在战时对所谓"士兵"——披甲的诸申——的态度，进一步论述努尔哈赤的身份和国家有无的问题。

我认为，1583年前后所谓的淑勒贝勒努尔哈赤，并不是真正的统治人民的帝王君主，而是氏族制度下的酋长，他不能对一般的氏族成员——诸申施加刑罚，不能约束诸申，不能奴役诸申，也不能惩处gucu。对比一下后来奴隶社会时期的状况，便可发现有很大的差别。下举四例为证。

例一，1584年春，努尔哈赤叔龙敦、舅萨木占与全族合谋，拦路截杀努尔哈赤妹夫噶哈善。努尔哈赤知悉后，虽然十分愤怒，但并未对同谋的任何族人施加任何惩罚。

待后来努尔哈赤成为真正君王时，情况就大不一样了，不仅不允许族人犯上作乱，连略有怠慢或懈于职守，亦处重罚。1609年，他尽夺亲弟舒尔哈齐贝勒的部属和一切物品，幽禁其身，逼之至死，并斩杀辅助其弟的宗室（即努尔哈赤族人）阿萨布。①1619年，以族弟铎弼贝勒作战不力，革其固山额真职，取消其应领赏赐的俘获。②同年，以族弟旺善"无论何战，皆施狡计"，尽夺赐彼的阿哈及诸申，并多次引以为例，告诫群臣。③

例二，1584年，努尔哈赤率兵400名，带战车3辆，攻玛尔墩城。守兵飞石击人，用巨木撞坏两车，进攻诸申"皆蔽身于一车之后，缩首不能上攻"。努尔哈赤"奋勇当前"，单人力战，亦不能下，乃退后远围，第四日夜间始破其城。事后，对这样缩首蔽身的怯战诸申，亦未施加任何惩罚。④

可是，后来就不行了。1618年4月13日出兵攻明时，努尔哈赤发布

---

① 《满文老档·太祖》卷1。
② 《满文老档·太祖》卷9。
③ 《满文老档·太祖》卷9。
④ 《满洲实录》卷1。

军令：一牛录中，四十甲从征，兵士须奋勇力战。自出兵之日起，到班师回境时，甲兵不许离旗，违者，"拘而详治"。战后，以苏塞牛录的阿奇私离大军，为明兵击杀，努尔哈赤恨其违令，命将阿奇尸凌迟，分与各牛录，"使众兵见之，引以为戒"①。因诸申伊赖攻抚顺时怯战，未跟随前面的兵士进城，割其耳鼻，贬为阿哈。②这又是何等鲜明的对比。

例三，1585年4月，努尔哈赤率诸申80名与巴尔达五城敌兵800发生遭遇战时，诸申胆怯畏惧，努尔哈赤与弟穆尔哈齐及二包衣阿哈"奋勇步射，直入重围"，其他兵"将"并未参战。追敌兵败退后，兵"将"方至，建言追杀，努尔哈赤"怒而不应"。战后，亦未对不随同作战的兵"将"进行惩罚。

进入奴隶社会后，就大变了。1607年3月，以大臣纳齐布、常书违背努尔哈赤委托他俩护卫二子褚英、代善的命令，未随从二子作战，努尔哈赤大怒，严厉谴责，欲处以死罪。后虽因弟舒尔哈齐苦求，始免二臣死，但亦从重惩处，罚银，夺俘获。③

1621年3月进攻辽阳时，因山额真博尔锦辖不立梯楯于汗指定地点，使兵士皆留于后，诸贝勒大臣拟议，将博尔锦及其固山的五牛录额真永顺等七将定为死罪。五牛录额真满都赖等五人败走，布山参将未与兵士同进，法司对此六将亦拟以死罪。努尔哈赤虽免其死，但仍令革满都赖、布山官职，尽没此13人按职受赏诸物④。对比一下，差别又是何等明显。

例四，《满洲实录》卷2汉文体载，努尔哈赤率兵攻兆佳城，士卒少懈，"四出掳掠牲畜财物，喧哗争夺"。努尔哈赤"解甲与大将鼐护曰：我兵争此微物，恐自相残害，尔往谕禁之。鼐护至，不禁人之掳掠，亦随众掠之"。努尔哈赤又解己绵甲，遣巴尔太往取鼐护铁甲来，以防城内冲突，他也随众掳掠。忽然，城内敌兵突出，努尔哈赤"身无甲胄"，仓促应战，危险异常。事后，对于这样不听谕令的士兵，对于奉命往禁而违令不管且随众掳掠的"大将"，并未责斥，没有施加任何惩治。为啥不遵从贝勒命令且几乎使贝勒受伤被杀的兵将不被处罪呢？原因很简单，

---

① 《满文老档·太祖》卷6。
② 《满文老档·太祖》卷6。
③ 《满文老档·太祖》卷1。
④ 《满文老档·太祖》卷21。

关于16世纪40~80年代初建州女真和早期满族的社会性质问题

仍是前述"俘获均分"的原则在起作用。既然所得俘获,系贝勒与诸申同等均平分取,不是贝勒一人霸占,当然也包含着诸申可以任意"掳掠"的内容,当然不遭受任何惩罚,贝勒也没有权力施以刑罚,无力制止。所谓"谕禁",显系汉文体编写者的粉饰。查看满文体,果然不是这个意思。所谓"往谕禁止",满文却是 tafulame nakbn,意为劝谏阻止,这倒比较符合历史实际。

但是,以后就迥然不同了。1619年7月进攻开原时,努尔哈赤严禁不战而掠,下令说:"和硕贝勒、众额真、固山额真:无论何人,若不杀敌而停于后方掠取财物,汝等见之,即以汗所授之四棱尖斧斩之,以四盾刃之箭射之。"①

这一禁令,并非虚文,确在严厉执行。进攻明奉集堡时,错和罗牛录一人,阿布泰牛录一人,虎什布牛录一人,擅自离队,"任意搜刮财物"。哨探布拉依牛录一人,私往敌方,取猪宰食。哥兴牛录一人,解被缚明人以夺其衣。此五人皆以违犯军令而斩杀。②

以上鲜明对比的事例,有力地证明了1587年以前和进入奴隶社会后有着很大的差别,表明了1587年以前还没有产生暴力统治的国家机器。这时所谓的"淑勒贝勒"努尔哈赤并不是辖土治民的真正的帝王君汗之类的统治者,不过是氏族制度下的酋长和军事首领。他没有强制手段,不能约束诸申的"行止",不能奴役诸申,无力惩罚诸申。他虽可率众打仗,但并不是凭借什么特殊权力,而主要是靠自己"奋勇当前"的示范作用。

这样的"贝勒"名号,或系自己僭称,或系后来势力强大后的追称。当时,一般诸申称努尔哈赤为 mafa。mafa 一词,音译为马法,是女真人晚辈对长辈的尊称,意为爷爷、老叟、老翁、祖辈。看来,mafa(马法)一词,是比较恰当地表达了1587年前贝勒的地位和性质。

当然,努尔哈赤并不安于这种地位,正在力图争取登上真正的汗、贝勒统治者的宝座,并已不断向这方面转化。

---

① 《满文老档·太祖》卷10。
② 《满文老档·太祖》卷17。

四　阿哈的性质

阿哈，是满文 aha 的音译，意为奴仆，有时又称为 booi aha, booi niyalma、booi。这三个词译成汉语，分别为"家之奴仆""家之人""家之"，音译为包衣阿哈、包衣。

阿哈是女真、满族社会的重要成员，是创造物质财富的重要劳动者阶级，在推动女真、满族社会前进的斗争中作出了很大的贡献。说明阿哈的情况，确定阿哈的性质，对于了解 1644 年入关以前的满族历史，特别是对于社会性质的判断，具有十分重大的意义。

15 世纪以来，建州女真经常掳掠汉人为奴作婢，耕田种地，伐木运水，但其人数并不多，在女真社会中不是主要的劳动者阶级。

16 世纪 40~80 年代初，努尔哈赤所在的建州左卫，也有阿哈，但数量较少，并不是每个女真人或者大多数女真人都有阿哈，只是酋长之类的"显贵"才占有少量阿哈。在整个社会中，阿哈也不是主要成员。

努尔哈赤及其一小部分亲族，占有少量阿哈。这一重要历史事实，被入关以后的清朝统治者竭力掩盖，大肆歪曲，基本上被埋没了。汉文资料极少记述。现以满文史料为主，发掘、列述、分析。

努尔哈赤的六祖，即所谓 ningguta beile，汉文写为宁古塔贝勒或六贝勒，在 16 世纪 40~60 年代，有的已占有少数阿哈。

《满洲实录》卷 1 汉文体载，栋鄂部长克彻悬赏捕捉刺杀其子的盗贼，允诺倍赏金帛。努尔哈赤的三伯祖名索长阿，其"部落"额克沁听闻后，"即往告其主。索长阿私遣人往诳克彻曰：汝子是我部下额尔绷格与额克青格谋杀，若以金帛遗我，当杀此二人"。卷 1 及卷 2 两次记载努尔哈赤称诸申为部落。如果相信上述记载，并倚以为据，则可引出一个关系重大的结论：索长阿与其"部落""部下"的关系，即贝勒与诸申的关系，是主上与臣下的君臣隶属关系，不仅部落额克沁尊奉索长阿为主，而且三贝勒索长阿可以对"部下"任意斩杀。这样一来，所谓"部落"的诸申便成为被贝勒任意宰割刑杀的奴仆、私属了。这是显然违背历史事实的。怎么会出现这样情形呢？查看满文，才明真情。

满文体载,上述汉文体所谓"部落",并不是诸申(jušen),而是阿哈 booi niyalma。"我部下额尔绷格与额克青格",满文是 mini elbeingge ekcingge,应译为"我之额尔绷格与额克青格"。汉文体的"当杀此二人",满文是 mini niyalma be bi wara,应译为"我当杀我之人"。按照满文体这段话应译为:"索长阿之包衣阿哈额克沁闻之,即往告其主。索长阿私遣人往诳克彻曰:汝子系我之额尔绷格与额克青格谋杀,若以金帛遗我,我当杀我之人。"

这就明白了,汉文体所谓部"落额克沁""部下额尔绷格""额克青格",皆系索长阿的阿哈,是索长阿的奴隶,因而主子有权任意斩杀。汉文体编写者把被剥削的奴隶,写成为自由的氏族成员诸申——部落,既掩盖了索长阿拥有少数奴隶和残酷压迫少数奴隶的真相,又大大贬低了诸申的身份,抬高了贝勒地位,混淆了社会阶级关系,篡改了历史。

努尔哈赤也占有少数阿哈,《满洲实录》卷 1 载有五例为证。

一是前述 1577 年与父塔克世分家时,其父给予少许阿哈和牲畜。

二是 1583 年 9 月,"贼"入室内,刺死睡于窗下的包衣(booi niyalma)帕海。booi niyalma 就是阿哈,汉文体却胡乱写为"部落"。

三是 1584 年 4 月,努尔哈赤击仆贼后,"喝令家人缚之。家人洛汉等言,缚之何用,当杀之"。此"家人"二字,满文体为 booi niyalma,就是阿哈。

四是 1584 年 5 月,努尔哈赤的"侍婢不寐",此"侍婢",满文为 booi hehe,即女包衣阿哈。

五是努尔哈赤击缚入室行刺的人后,"弟兄亲族俱至"。查看满文,在弟兄亲族四字的后面,还有 booi niyalma,汉文体作者又把这包衣阿哈删掉了。

到 1584 年为止,努尔哈赤究竟占有多少阿哈,虽不能知其确数,但从分家时所得阿哈不多来看,他的奴隶并不多。《满文老档·太祖》卷 4 追述努尔哈赤早期情形时写道:"聪睿恭敬汗(指努尔哈赤)从幼贫苦时,其心公正。"公正与否,不必多说,显系美化。贫苦二字,也不恰当,但由这也可看出,他并不太富裕,可以作为分家时阿哈、牲畜不多的旁证。

不仅努尔哈赤没有多少阿哈,连其亲族即后来尊称为贝勒、贝子等宗室,也很少占有阿哈,打仗、围猎时,无人侍候,必须自己牧马、煮饭、整装。《满文老档·太宗·崇德》卷23载,1636年皇太极训斥众王、诸大臣贪图安逸、不愿行猎、用兵时,追述早期情形说:"先代之上下贫苦时,曰行围、用兵,则乐,有从仆者少,各自看守马匹,煮饭,敷陈马鞍而行。"

既然努尔哈赤及其六祖皆是贝勒,其弟舒尔哈齐也是贝勒,他们的子弟叔侄当然也是显贵了。这样的贝勒和显贵,都是"上下贫苦","有从仆者少",必须自己牧马煮饭,(努尔哈赤起兵发家后,这些杂活皆由陪主从征的阿哈承担),可见,这时努尔哈赤所在的建州左卫女真,阿哈并不多,不是社会的主要成员。

查清了阿哈的存在及其在社会生活中的影响后,再进一步研究阿哈的性质。

关于阿哈遭受奴役的具体详情,目前尚未发现女真人自己论述的典型的和概括性的材料。从明和朝鲜人的记载看,可以了解到15世纪建州、海西女真阿哈的一些情况。

当时,女真人尚未达到迫使本族人为奴的社会发展阶段,没有奴役本族人的习俗,皆系从外掳掠人口,主要是掠夺汉人为奴。[①]

掠来的男女,被逼降为阿哈,为奴作婢,听主驱使。他们从事伐木、运水等各种繁重家务杂活,如像达生,被其主子逼迫,"每日斫木负来,手足皆裂流血"[②]。

有的耕田种地。明臣吴良说,出使海西时,"见女真野人家",多汉人,"驱使耕作"[③]。

阿哈与牛马一样,被家主买卖,遗留给子孙,或作为聘婚陪嫁的物品。《朝鲜实录》中有不少这样的记载。如建州女真沈吴应以马一匹,从另一女真处,买来汉人幼童刘时[④]。

建州女真赵伊时哈谈到富家聘媳习俗说:男方以甲胄、弓、矢、牛二

---

① 《朝鲜成宗实录》卷80,成宗八年五月丁卯;《燕山君日记》卷17,燕山君二年八月己亥。
② 《朝鲜成宗实录》卷255,成宗二十二年七月丁亥。
③ 《明英宗实录》卷103,正统八年四月庚戌。
④ 《朝鲜成宗实录》卷152,成宗十四年三月己酉。

关于16世纪40~80年代初建州女真和早期满族的社会性质问题

头、马二匹、衣服、奴婢送往女家,作为聘礼。①

阿哈成年累月辛勤劳动,却吃不饱,穿不暖,家主贪残苛刻,仅给阿哈恶衣劣食,甚至有的连衣服都不发给。比如,朝鲜人达生被女真奴隶主掳去后,家主每日命令达生砍伐木柴,"手足皆裂流血"。另一被掠为奴的朝鲜人朴丹容阿拿自己吃的饭让达生看后,对达生说:"汝见此饭,不淅不去沙,此犬马之食,非人之食也。……今汝所寓之家,乃富家也,汝虽无衣,其家造给之也,我则贫乏无衣"。②

阿哈没有人身自由,挨打受骂,被侮辱欺凌,痛苦不堪,甚至被活活打死。1476年,建州卫都督古纳哈猛喝滥饮,酒疯发狂,打死奴仆西亏柳。③

汉人金宝轨被建州女真兀纥乃抢去"做奴听使",金设法逃出,中途被兀纥乃子遏儿哥抓回。遏儿哥大骂金宝轨,并恶狠狠叫嚷道,等父打围回家后,"便打你杀了"④。

从这些情况看来,阿哈衣食于主,没有人身自由,像牲畜一样,被家主驱使、打骂,甚至打死,完全是会说话的工具。这样的阿哈就是奴隶。

到16世纪初,尤其是16世纪40~80年代初建州左卫的阿哈,遭受奴役的具体情形,记载也很稀少。依据《满洲实录》满、汉文可以了解到一些情况。

阿哈与牲畜一样,可以传给子孙,经常是与牲畜相提并论。像塔克世与子分居时,仅给予少量阿哈和牲畜。

有的阿哈从事家务杂活,如努尔哈赤家,便有在灶旁燃灯的女阿哈。⑤

阿哈还被迫随主从征,厮杀拼刺。《满洲实录》卷2载,1585年,当努尔哈赤率兵数十名,面对界藩五城联兵800时,敌众我寡,处境危险,兵将惧怕,不敢交战,努尔哈赤与弟穆尔哈齐带阿哈延布禄、武凌噶"奋勇步射",大败敌兵。

阿哈没有人身自由,家主可以打杀阿哈。如像前面讲的,索长阿为图领取栋鄂部长克彻许诺的重赏,竟捏称其子被自己的阿哈额尔绷格、额克

---

① 《朝鲜成宗实录》卷159,成宗十四年十月戊寅。
② 《朝鲜成宗实录》卷255,成宗二十二年七月丁亥。
③ 《朝鲜世祖实录》卷39,世祖十二年七月丁丑。
④ 《朝鲜成宗实录》卷79,成宗八年四月癸卯。
⑤ 《满洲实录》卷1。

青格刺杀,愿斩此二阿哈,以领赏金。

这些情况,与15世纪时差不多,阿哈仍处于奴隶地位,遭受惨重奴役。

五 原始社会末期诸特征的体现

了解了生产力、生产关系和上层建筑的情况,阐明了诸申、贝勒、阿哈的境遇和地位,就可以根据革命导师的指示,对建州女真和早期满族的社会性质作出判断了。

恩格斯从生产关系方面论述说:"先要在生产上达到一定的阶段,并在分配的不平等上达到一定的程度,奴隶制才会成为可能。要使奴隶劳动成为整个社会中占统治地位的生产方式,那就还需要生产、贸易和财富积聚有更大的增长。在古代的自发的土地公有的公社中,奴隶制或是根本没有出现过,或是只起极其从属的作用。"①

这段话清楚地指明了,在原始社会末期,奴隶制生产关系虽已出现,但只起从属的作用,它和"成为整个社会中占统治地位的生产方式",是有原则区别的。

恩格斯又从阶级关系角度指出:"氏族制度是从那种没有任何内部对立的社会中生长出来的。"氏族成员间,"大家都是平等、自由的",在原始社会中,"没有社会阶级"。可是,奴隶社会就大不相同了。他说:"但是现在产生了这样一个社会,它由于自己的全部经济生活条件而必然分裂为自由民和奴隶,进行剥削的富人和被剥削的穷人,……一个这样的社会,只能或者存在于这些阶级相互间连续不断的公开斗争中。""氏族制度已经过时了。它被分工及其后果即社会之分裂为阶级所炸毁。"②

恩格斯十分重视国家的问题,把国家的出现,作为进入阶级社会的原则标志。他在分析了希腊氏族制瓦解的各种表现后指出:

---

① 恩格斯:《反杜林论》,《马克思恩格斯选集》第20卷,人民出版社,1972,第175页。
② 恩格斯:《家庭、私有制和国家的起源》,《马克思恩格斯选集》第4卷,第93、165页。

关于16世纪40~80年代初建州女真和早期满族的社会性质问题

所缺少的只是一件东西，即这样一个机关，它不仅可以保障单个人新获得的财富不受氏族制度的共产制传统的侵犯，不仅可以使以前被轻视的私有财产神圣化，并宣布这种神圣化是整个人类社会的最高目的，而且还会给相继发展起来的获得财产的新形式，因而是给不断加速的财富积累，盖上社会普遍承认的印章；所缺少的只是这样一个机关，它不仅可以使正在开始的社会划分为阶级的现象永久化，而且可以使有产阶级剥削无产者的权利以及前者对后者的统治永久化。

而这样的机关也就出现了。国家被发明出来了[①]。

依据以上恩格斯指出的这些原理，奴隶社会需要具备如下条件：奴隶制生产关系不是零星的出现，而是已经发展为占统治地位的生产方式；与此相连，奴隶主和奴隶成为社会上两大对立的阶级；阶级的存在和对抗，炸毁了氏族制，出现了奴隶占有制国家。

联系到16世纪40~80年代初的建州女真和早期满族的情况看，社会的主要成员诸申，是不受剥削、不被统治的、自由的氏族成员。贝勒并非压迫人民的专制帝王，而是氏族制度下的酋长和军事首领。贝勒不能约束诸申的"行止"，彼此之间不是统治与被统治、奴役和被奴役的君民关系，而是相互平等的关系。土地属于公有，不纳租赋，耕者自食。诸申皆兵，俘获均分，构成"居民的自动的武装组织"，没有产生出和人民大众分离的"特殊的公共权力"的军队，没有监狱和警察，国家还未产生。遇有要事，全体诸申民主协商，平等相待，共同决断，没有独裁。奴隶制生产关系虽已零星出现，但未占据统治地位。如此等等，皆可说明当时还未进入奴隶社会，基本上还是处于原始社会阶段。但是，私有制的发展和奴隶制生产关系的出现以及另外一些因素，使得它已经不是完整的原始社会，已经开始瓦解了。

恩格斯论述英雄时代的希腊社会制度时指出：

古代的氏族组织还是很有活力的，不过我们也看到，它的瓦解已

[①] 恩格斯：《家庭、私有制和国家的起源》，《马克思恩格斯选集》第4卷，第104页。

经开始：由子女继承财产的父权制，促进了财产积累于家庭中，并且使家庭变成一种与氏族对立的力量；财产的差别，通过世袭显贵和王权的最初萌芽的形成，对社会制度发生反作用；奴隶制起初虽然仅限于俘虏，但已经开辟了奴役同部落人甚至同氏族人的前景；古代部落对部落的战争，已经开始蜕变为在陆上和海上为攫夺家畜、奴隶和财宝而不断进行的抢劫，变为一种正常的营生，一句话，古代氏族制度被滥用来替暴力掠夺财富的行为辩护。①

这段教导，非常深刻，是我们总结 16 世纪 40~80 年代初建州女真和早期满族社会性质的指针。

先看"瓦解已经开始"的特征之一，即家庭问题。当时，家庭确已成为一种与氏族相对立的力量。可以选两个例子来说说。一是努尔哈赤本人。努尔哈赤的祖父是戴有都指挥头衔的酋长觉昌安。努尔哈赤 1577 年 19 岁时与父塔克世分居，仅得到少量阿哈、牲畜。以后，努尔哈赤不断掠夺、扩展，所得俘获，完全纳入私囊，从而成为一个十分富裕的显贵家庭。

另一是清朝"开国元勋"额亦都。额亦都父母被人杀害，无家可归，依姑为生。这样一个年幼贫穷的诸申，1580 年 19 岁时投奔努尔哈赤后，多次从征，大量掳掠，成为一个满门高贵的大贵族、大富翁。

这样蓬勃发展的私有制家庭，当然会成为与公有制的氏族相对立的力量。

"瓦解已经开始"的特征之二，是出现了拥有财富多寡的差别。当时，贝勒、部长、寨主之类的氏族显贵，已与一般诸申有明显的区别。部长之间，也不一样。诸申之中，情况也不尽同，有的丁多人强马壮，比较富裕，有的又相当贫寒，财产的差别，已较明显。

贝勒、部长之间，财富和实力悬殊较大。《满洲实录》卷 1 汉文体载，努尔哈赤的六叔祖宝实的次子阿哈纳，求聘萨克达部长巴斯翰巴图鲁妹为妻。巴斯翰拒绝说："尔虽六王子孙，家贫，吾妹决不妻汝。"巴斯翰"爱栋鄂部长克彻殷富，遂以妹妻其子额尔机"。满文体无"子孙"二字，其

---

① 恩格斯：《家庭、私有制和国家的起源》，《马克思恩格斯选集》第 4 卷，第 104 页。

意应译为"尔虽系六贝勒,但尔家贫"。可见,所谓六贝勒,财产并不多,"家贫",而栋鄂部长克彻却是众所周知的"殷富"之家。满文体称克彻为克彻巴颜,巴颜乃满文 bayan 的译音,意为富人。同系部长,两相比较,富窘分明。

努尔哈赤拥有父亲分给的阿哈、牲畜。《满洲实录》卷1、卷2满文体载有名字的男阿哈有帕海、洛汉、延布禄、武凌噶4人,另有女阿哈一人。其亲族人员,则"有从仆者少"。同系一族,境况不一。

财富的差别,必然对社会制度发生反作用。富者益想富,不富者希望富,财富开始为人所爱,为人所追求。前面谈到巴斯翰以六贝勒"家贫"而拒绝阿哈纳的求聘,爱克彻富翁的"殷富"而将妹嫁与其子。财富的多少,在这里对子女的婚嫁,起了决定性的作用。再如,六贝勒之一的索长阿,贪图克彻部长的赏金,编造谎词,诡称自己的阿哈是杀死克彻子的凶手,愿意斩杀,以求金帛。一个氏族成员,而且是一个号称"贝勒"的氏族显贵,为了区区钱财微物,竟违背长期以来流行的朴实、正直的古老氏族传统,而撒谎造谣,玩弄诡计,这是多么大的变化。可见财富对社会制度,对氏族习俗,对氏族成员的影响,已是相当的剧烈。

"瓦解已经开始"的特征之三,是奴隶制剥削方式的产生和发展问题。追求财富,必然导致对奴隶阿哈的剥削,必然要扩大奴隶来源,增加奴隶数量。直到明中叶,建州、海西女真仍系抢掠汉人为奴作婢,尚无以本族人为奴的习俗。但既然生产力已提高到能够生产出超过维持劳动力必需物品的水平,女真人中开始有了较大的差别,财富的影响越来越大,就必然导致奴役本部落本氏族的成员。稍晚一点,向奴隶社会发展时,便可看到这种情形。至于掠夺外族外部的人逼充阿哈的行为,更是增多了。

"瓦解已经开始"的特征之四,是抢劫问题。私有制家庭的发展,财富上的差别及其相应产生的对财富的羡慕,对奴隶的剥削和增加奴隶的需要,归结到一点,就是对财富的追求,特别是比较富裕力强的氏族显贵,更加渴望攫夺财富,从而导致以获取奴隶、牲畜和金帛为目的的大肆抢劫,使得建州女真、海西女真各部之间争夺激烈,征战不息。

《满洲实录》对此情景,有一段总结性的叙述。该书卷1汉文体载:"时(1577年前后)各部环满洲国扰乱者,有苏克素护河部、浑河部、完颜部、栋鄂部、哲陈部、长白山纳殷部、鸭绿江部、东海窝集部、瓦尔喀部、库尔喀部、呼伦国中乌拉部、哈达部、叶赫部、辉发部。各部蜂起，皆称王争长，互相战杀，甚且骨肉相残，强凌弱，众暴寡"。

这段话，虽也反映了一些各部争杀的情形，但有的地方含混模糊，故作文雅，甚至有意胡写乱译，不如满文体的记载更清楚、更准确。

按照满文体，应译为："时各地之国为乱。满洲国之苏克素护河部、浑河部、完颜部、栋鄂部、哲陈部、长白山纳殷部、鸭绿江部、东海窝集部、瓦尔喀部、库尔喀部、呼伦国之乌拉部、哈达部、叶赫部、辉发部，各地盗贼蜂起，各自僭称汗、贝勒、大人，每村每寨为主，每族为长，互相征伐，弟兄相杀，族众力强之人，欺凌、抢掠懦弱者，甚乱。"

这段总结性的叙述，很重要，对于分析社会性质问题，非常有用，可从几方面来谈谈。

第一，汉文体把努尔哈赤所在部称为"满洲国"，其他苏克素护河等部写为"环满洲国扰乱者"，这是对历史的严重歪曲。"满洲国"一词，是后来皇太极特意创造的，实即明代建州各部女真的总称，就是建州女真的代名词。从苏克素护河部起，直到库尔喀部，这10个部本来都是建州女真，故满文体写为"满洲国之苏克素护河部……"而汉文体却把苏克素护河部等10部全部排斥在外，将努尔哈赤这个丁不满百的微弱小部无限夸大，冒充为整个建州女真，纯系有意捏造，歪曲事实，布设迷阵。

第二，所谓"汗""贝勒""大人"，并非原有的官衔，而是到此时各地盗贼蜂起后才出现的，并不是拥有大权、统兵治民的真正的汗、真正的贝勒，而是各贼自己的僭称。"僭称"二字，准确地反映了"汗""贝勒"的由来及其实际地位。这对弄清包括努尔哈赤在内的女真各部"部长""寨主"的权力、身份、地位和性质，以及了解国家的出现与否，都是非常有用的。汉文体笼统地粉饰为"各部蜂起，皆称王争长"，意义就很含混，与实情相距太远。

第三，所谓"每村每寨为主，每族为长"，表明当时建州女真各部之间，是平等的，各自为主，互不相干，谁也管不了谁，不是上下关系，不是统治与被统治的关系，不是臣属关系。

第四，"互相征伐，兄弟相杀"。这就充分反映出当时女真各部之间混战一团的景象，连亲如骨肉、同祖子孙、同父弟兄之间，都互相残杀起来。按照满文体的记述用语，乃对比过去和当时而言的，因此，如果据此而说，这些现象，不是过去所有，是过去传统、习俗的大改变，过去是和平的、友好的关系，也是符合逻辑的。

第五，"族众力强之人，欺凌、抢掠懦弱者，甚乱"。这就非常清楚地说明了"互相征伐、兄弟相杀"的原因、目的和性质。这种争杀，已不是古代部落之间争夺田猎地区的战斗，不是血族复仇古老传统的驱使，而是由于追求"最卑下的利益"，为了获取家畜、奴隶和财宝而进行的抢劫。为了抢夺财富，不顾弟兄骨肉情深，不管至亲近戚，不论密友盟兄，不管过去平等相待、友好互处、互助互敬的古老氏族传统，而唯力是恃，大抢特抢，大杀特杀。

综上所述，恩格斯所说"瓦解已经开始"的诸特征，大体上皆已具备。因此，我认为，迄至 16 世纪 40~80 年代初的建州女真和早期满族的社会性质，基本上仍然是原始社会，但已不是一个完整的原始社会，而是已经开始瓦解，已是原始社会末期了。

所谓原始社会末期，并不是一个独立的社会形态，而是属于原始社会的一个阶段，是它的末期，是向新的更高一级社会形态转化的过渡阶段。在这个过渡阶段中，并不是平静无争、死水一潭，并不是凝结的、固定的、一成不变的，而是出现了不少新的因素，产生了一些新的矛盾，正在不断变化，正在向阶级社会过渡。

以 16 世纪 40~80 年代初的建州女真和早期满族来说，情况就是这样。当时，新的生产关系——奴隶制的生产关系已经出现和不断发展，出现了不少新的矛盾，而且比较尖锐，比较激烈。氏族内部，矛盾重重。努尔哈赤弟兄叔侄及诸贝勒等酋长和氏族显贵，积累了不少私有财产，奴役阿哈，势力日大，渴望早日登上真正的辖有文武百官、统治人民的汗、贝勒宝座。额亦都等 gucu（古楚）紧跟努尔哈赤，转战各地，大肆杀掠，力图摆脱一般诸申的普通地位，坐上领兵治民、位尊权大、资财巨万的大贵族的太师椅。他们与一般诸申的距离越拉越远，矛盾越来越大。

包衣阿哈与其家主之间的矛盾，本来就很尖锐，随着掠夺战争的频繁，很多诸申被俘为奴，阿哈人数激增。他们力图挣脱锁链，取得自由，猛烈反抗，与家主的矛盾更加激烈，阶级斗争日益开展。

各族、各寨、各部之间，为了争夺人畜，攫取财富，关系紧张，互相攻打，乱成一团。

正是由于这些因素，才形成了《满洲实录》卷1满文体总结的盗贼蜂起、互相征伐、弟兄相杀、动乱不已的局面。

实际上，这就是生产力与生产关系、经济基础与上层建筑的矛盾的深刻反映。它表明，生产力的提高及其导致私有制、奴隶制生产关系的出现和发展，已与原始社会的公有制生产关系发生了矛盾，日益不能忍受后者的限制，越来越强烈要求打破旧生产关系的束缚，建立新的、私有制的生产关系，取消或改造原有的共产制的氏族制度，建立新的、保护私有制的上层建筑形式。即是说要求建立起暴力统治机器，以维护和发展奴隶制生产关系，压迫和统治阿哈与一般诸申，保护"贝勒""大臣"等奴隶主集团的利益。集中到一点，就是要求建立维护奴隶制剥削形式的奴隶占有制国家，向奴隶社会发展。正是在这样的背景下，1583年努尔哈赤起兵后，满族就迅速前进，跨入了第一个人剥削人的奴隶社会。

（原刊于《清史论丛》第一辑）

清初吉林满族社会与移民

冯尔康

本文将首先交代"清初"的时间概念和"吉林"的地理概念，接着说明吉林世居满族与汉族移民所形成的社会状况、经济的发展、文化的交融、民族融合的积极后果。

一 "清初吉林"的时间和地域界定

清朝政权建于 1616 年，定国号为"大清"则是在 1636 年，当时的都城在今辽宁省沈阳市，1644 年迁都北京，开始对全中国的统治，史家一般认为这一年以前是清朝的开国时期，这一年是清朝的正式起始年，所谓"清初"，自然应由此算起。至于它的下限诸家说法不一，本文不是讨论清史分期的，不必纠缠它，只把它定在乾隆帝的统治初年，即 18 世纪 40 年代。吉林是清朝开国时期底定的地方，故而我说清初，就不以 1644 年开始，而要上推到清朝的开国期，所以本文标题的清初系指 17 世纪上半叶至 18 世纪上半期，经历清太祖天命、清太宗天聪和崇德、世祖顺治、圣祖康熙、世宗雍正、高宗乾隆初年，计六帝七个纪年的时间。

"吉林"在今天是中国一个行省的名称，它沿袭于清代，不过清初吉林的辖区要比现行的大得多。1662 年清政府设立宁古塔将军，驻宁古塔城（今黑龙江宁安），管理吉林军民事务，1676 年宁古塔将军移驻吉林乌拉

（船厂、乌拉，今吉林省吉林市），1757年易名吉林将军，下辖宁古塔、吉林、三姓、阿勒楚喀、白都讷等副都统管辖区，其管辖范围，据清初人杨宾的记录："东至东海，东南至希喀塔山海界，东北至飞牙喀海界，西至威远堡盛京界，南至土门江朝鲜界，北至发忒哈边。"①这只是描绘了吉林疆域的大致轮廓。它东至东海，东北至北海（含今萨哈林湾）、库页岛（萨哈林岛），西北至《中俄尼布楚条约》待议地区，西为今黑龙江省东部地区，南与盛京（今辽宁）威远堡（今开原东北）连接，东南以图们江、鸭绿江与朝鲜接壤。当时"东西四千余里，南北二千里"②，辖境辽阔，据梁方仲《中国历代户口田地田赋统计》一书第82表揭示，在清朝21个省，特别行政区中，吉林面积75.492万平方公里，为全国第一，比第二大面积的四川省53.298万平方公里多得多③。吉林辖区后来被俄国大量侵占，一部分归黑龙江和辽宁，方成为今日只有18万平方公里的小省，不及原来的1/4。本文讲述的是清初的吉林，自然以当日辖区为范围，即把宁古塔将军（吉林将军）的辖区都包括在内。清朝于1683年设立黑龙江将军，它的治区原来是宁古塔将军辖区的一部分，不过这个时间不长，可以不计，故而把黑龙江将军辖区排除在论述之外了。

吉林是清朝的发祥地，世居民以满族为主，清朝皇帝极其重视对这里的统治，康熙帝、乾隆帝亲临巡幸，希望这里保持"国语骑射"的满洲本色，作为支持其对全国统治的大后方。然而汉人和其他民族逐渐移居吉林，与世居民融合，促进社会面貌的变化，并为今后的进步奠定良好的基础。我想，一个边疆民族地区是怎样发展的，居民间是什么关系，若能加以说明，应当是有益的事情，因而有兴趣撰成本文。

二 以满族为主体的移民社会

自古以来，直到清初，吉林是满族人及其先民的聚居地，或者说他们

---

① 《柳边纪略》卷1《龙江三纪》，黑龙江人民出版社，1968，第10页。
② 魏源：《圣武记》卷1《开国龙兴记一》，《四部备要》本，第8页。
③ 梁方仲编著《中国历代户口田地田赋统计》，上海人民出版社，1980，第262页。

是吉林的主要世居民。在明代（1368~1644年），他们分为许多群体，可归纳为三大部分：野人女真，居住在黑龙江中下游和库页岛；建州女真，原居于牡丹江下游，15世纪上半叶迁徙至浑河上游和长白山区，建立建州卫、建州左卫和建州右卫三卫，故而得名；海西女真，经迁徙定居于松花江中游。女真三部分皆归明朝奴尔干都司统辖。海西女真的乌拉部在16世纪后半叶相当强大，通过贸易几乎把野人女真置于控制之下。① 建立清朝的建州左卫女真人接着兴起，它经历清太祖、太宗两代的努力，于16世纪末年至17世纪30年代统一女真各部，降伏海西乌拉、哈达、辉发、叶赫四部；建州系统的苏克苏浒河、浑河、王甲、董鄂、哲陈、苏完、鸭喇古、讷殷、朱舍里、鸭绿江等部，以及东海瓦尔喀、库尔哈、渥集、萨哈连诸部，这些女真系统的部落，也就是清代的满洲人，绝大多数居住在吉林地区，清太祖、太宗在征服过程中把他们编入满洲八旗，其中一部分编旗较晚，成为新满洲，也有一部分始终未纳入八旗。太祖、太宗征调编旗满人投入辽宁地区的对明朝战争，以及1644年后的统一中国的战争。留居故土的八旗满洲、新满洲及未编旗的满人是吉林的世居民。

  清初吉林的满人，不论老满洲、新满洲、未编族的满人，在境内都有所移动，尤其是处在东北边疆的满人向内地迁徙，新满洲不断扩大，使吉林腹地的满人有所增加，改变被建政期征调后人烟稀少的状况。如岳克通鄂城主充顺巴本率部屯住吉林乌拉，并定居于此。② 海浪河阎姓满人率族入迁居宁古塔城。③ 1662年清朝订立宁古将军辖区招编新满洲的奖励办法，1673年前后，宁古塔将军巴海招抚边远满人至宁古塔城附近，编为40个佐领，号为新满洲，这中间有墨尔哲勒氏族，④ 有卧密族陶姓，都被编入宁古塔满洲正蓝旗⑤，并于1674年带领新佐领到京城朝见康熙帝，后来康熙帝巡幸吉林，赐诗巴海，称赞他"宣威布德，招徕远人"⑥，就是指的这件

---

① 《圣武记》卷1《开国龙兴记一》，第8页。
② 《清史列传》卷10《萨布素传》，中华书局，1987，第3册，第718页。
③ 民国《宁安县志》卷3《古迹》，"中国方志丛书"本，2册，第549页。
④ 《清史稿》卷243《巴海传》，中华书局标校本，第32册，第9586页；《清圣祖实录》卷50，十三年11月己丑条，中华书局，1985，《清实录》第4册，第661页。下引"清历朝实录"均中华书局版，不再说明，唯注册、页。
⑤ 民国《宁安县志》卷4《人物》，第2册，第729页。
⑥ 民国《宁安县志》卷4《艺文》，第2册，第867页。

事。今黑龙江省依兰，清初是宁古塔将军辖下三姓副都统的治所，三姓是汉称，满语称为"依兰哈喇"，依兰是汉语的"三"，哈喇是"姓"，原来这个地方是赫哲人的葛依克勒、卢业勒、胡什哈里三个氏族于清初从乌苏里江口迁来，因此而得名。①

居住在吉林极东北地方的赫哲人、飞雅喀人、奇勒尔人以及库页岛上的居民，皆臣服于清朝，清朝用姓长制度把他们组织起来，是吉林世居满人中的一种类型。

在明代，吉林也有少量的汉人成为世居民。明朝大量流放汉人到辽东，他们的后裔会有人北徙进入吉林，有的人会去做生意。清初被流放到宁古塔的张缙彦在1669年说，当地人告诉他，这里有一座山像福建的武夷山。②这个人不是来自福建的汉人后裔，就必与早年的福建人有关系，否则怎么能知道福建的武夷山是什么样子的，怎能与宁古塔的做比较，这一事实表明明代就有福建人来到宁古塔，并定居下来。直隶静海（今天津市静海）人胡姓，于明末到兴凯湖打猎，③也证明吉林早有汉人踪迹，只是人数不多罢了。

世居民中还有朝鲜人，他们多生活在长白山地区。

清初吉林的世居民主要是满人，另有少量的汉人、朝鲜人以及其他少数民族人。自17世纪中叶至18世纪上半期，有大量的新移民迁入，其中以汉人为多。

（1）被流入的汉人。清初政治犯流入东北，17世纪60年代后多被指定到宁古塔城和吉林乌拉。④如抗清的郑成功之父郑芝龙及其家属，1657年江南科场案中的吴兆骞、方章钺及其父拱乾、其兄孝标等，1662年浙江通海案中的杨越、钱虞仲等，均被流放宁古塔，内中又有人转戍吉林乌拉。1708年，江浙朱三太子案中人被发配到宁古塔和白都讷（今吉林扶余）等地。还有民间秘密宗教的信徒及其家属，如河南沈丘县秀才李明寰

---

① 清末《三姓志》卷1《地表》；民国《依兰县志·人物门·世族》，"中国方志丛书"本，第147页。
② 《宁古塔山水记》，序，黑龙江人民出版社，1984，第5页。
③ 民国《宁安县志》卷4《人物》，第2册，第734页。
④ 《柳边纪略》卷1，第15页。

之弟在教，致使其母、兄明寰等被发遣宁古塔。①被戍的还有出家人，如僧侣静今（静金、静经）是江南人（或说温州人），到宁古塔为观音庙住持。②

（2）三藩叛乱余孽被发遣吉林，编入汉军当差。王世洗等于1924年编纂《宁安县志》时认为，顺康间是汉人来宁古塔的第一个时期，而康熙滇变，藩下流徙东来，又犯罪陆续发遣，构成其主要成员。又说他们修志时调查老年汉民，询问其原籍，不是回答云南，就是说是山东。③眼见这种发配的杨宾说，他来往宁古塔道上所见汉人，"非云贵人，则山东、西贾客"④。都说明在吉林的云南人多，原来是吴、耿、尚三藩部余孽及其妻孥在康熙中被遣戍的。比如后来成为齐齐哈尔大族的汉军崔姓，号称"崔半城"⑤，本是孔藩下属，被发遣宁古塔后，随军到了黑龙江。⑥

清朝在吉林设有官庄、庄丁，充当种地、打桦皮的差役；设有驿站，站丁传送公文；置有边门，台丁盘诘行旅；又有水师营，水手负有抗击俄罗斯侵略的使命。庄、站、台及水师营长官为汉军缺额，庄、站、台丁及水手由汉人充当，从三藩败兵和流放的汉人中遣派。⑦如水师营水手，原籍多为福建和湖广⑧。

（3）私自进入吉林的汉族、回族农民和商人。清朝政府对吉林地区实行封禁政策，不许流人擅自进入，前述边门就是为查禁闯入者而设立的。但是吉林有广阔的处女地和名贵的貂皮、人参，吸引汉人冒险前来牟利，他们往往被称为流民。山东莱州人王孝子与母、妻渡过渤海，到宁古塔，转至吉林乌拉，做小生意。回民张广义、杨维平于17世纪到宁古塔贸易定居，至1728年，加上陆续来的回民已有20多户。⑨直隶人张文玺在乾隆初年迁至白都讷，转到双城堡（今吉林公主岭），后来发展成为当地的

---

① 张缙彦：《域外集·三孝义传》（与《宁古塔山水记》合刻），第64页。
② 吴振臣：《宁古塔纪略》，《龙江三纪》，第237页；《柳边纪略》卷3，第85页。
③ 民国《宁安县志》卷4，第2册，第725页。
④ 《柳边纪略》卷3，第85页。
⑤ 西清：《黑龙江外纪》，"中国方志丛书"本，80页。
⑥ 英和：《卜魁纪略》，附刻《黑龙江述略》，黑龙江人民出版社，1985，第120页。
⑦ 萨英额：《吉林外纪》卷3《满洲蒙古汉军》，"中国方志丛书"本，第1册，第72页；《宁古塔纪略》，第233页。
⑧ 徐宗亮：《黑龙江述略》卷3《职官》，黑龙江人民出版社，1985，第45页。
⑨ 民国《宁安县志》卷4《人物》，第2册，第572、613页。

望族。①前面说到，杨宾指出商贩多来自山东、山西，稍后的情形仍然如此，不过由于数量增多，来地广泛，1741年宁古塔将军鄂弥达报告："流民多系山东、山西、直隶、河南等处人。"②

（4）迁徙入境的通古斯语系民族。在黑龙江将军辖区生活和受蒙古人一定控制和影响的通古斯语系民族锡伯、瓜尔察等族人相继进入吉林。锡伯族源，说法不一，或曰鲜卑，或云室韦，原居住在绰尔河流域，受蒙古人控制，清朝于1692年将他们编为佐领，称新满洲。在此以前他们已有一部分移往白都讷和吉林乌拉，1699年白都讷锡伯人奉命迁徙盛京。锡伯人在白都讷居住近40年，此后又有在北京充当王公包衣的锡伯人返回这里。瓜尔察人原来是蒙古人的附庸，据说康熙帝巡幸吉林时，悲悯他们的不幸，用银子赎出，编为新满洲，住于白都讷，后来与锡伯族同时迁往盛京。③

（5）北京和盛京的旗人移驻吉林。前述新满洲锡伯、瓜尔察人从吉林内迁，新满洲赫哲、飞雅喀也徙盛京，又内迁北京。不习惯京中生活的，允许返回吉林故土。④这种迁出而又能回吉林的是少数，但是清政府有组织地用北京、盛京旗人充实吉林，则有一定的规模。吉林各地驻有定额的八旗兵，且因时有新防区的设立，从老地区调兵驻防，就要不断补充，招编新满洲是一项来源，同时从北京、盛京派旗军前往，如1686年由吉林调戍黑龙江1500名，次年由京旗补充吉林1500名。⑤1744年将京师八旗余丁750名发往吉林拉林（今属黑龙江省）驻防，次年又派250名作为闲散余丁前来。清朝统治时间一长，八旗集中的北京、盛京的旗人生计发生问题，清朝政府开始向吉林派出旗人，进行耕作。乾隆初年，清政府决定招佃开垦吉林五常堡荒地，沈阳旗人1000多户应招前往。1743年把他们划入吉林旗籍。⑥在这有组织地移民垦荒同时，盛京旗下家奴就有携带家属私自前往的，而且日益增多，违背了旗人不得自行迁徙及封禁吉林政策，清政府鉴于形势，执行松动政策，对盛京兵、工部、内务府壮丁、王

---

① 民国《双城县志》卷12《人物·氏族》，"中国方志丛书"本，第2册，第384页。
② 《清高宗实录》卷150，六年九月戊戌条，第10册，第1153页。
③ 《吉林外纪》卷3《满洲蒙古汉军》，第69页；王锺翰：《清史新考·沈阳太平寺锡伯碑文浅释》，辽宁大学出版社，1990。
④ 《宁古塔纪略》，第241页。
⑤ 鄂尔泰等：《八旗通志》卷27《兵制》，吉林师范大学出版社，1985，第1册，第518页。
⑥ 光绪《大清会典事例》卷1127《八旗都统·田宅》；魏绍周：《双城县乡土志》。

公宗室家奴及旗下家奴，划入吉林官庄耕种，纳粮当差，对正身旗人也不一律捉拿押解回盛京原籍。①

（6）蒙古旗人。在吉林驻防军中，有蒙古八旗，为一个协领，8个佐领，兵丁401名，弓铁匠98人。②

移民的进入，使吉林的人口状况发生不小的变化。在17世纪吉林人烟稀少，流人钱志熙于1664年说，宁古塔城"皆深山穷谷，人迹罕到之地"③。当时宁古塔城为将军治所，竟那样荒凉，吉林其他地方的人口之少可以想见了。由于建清期的统一战争和抽调人口，使明代吉林的一些市镇毁灭了，如叶赫新旧二城"俱无人迹"。方式济道经于此，见状作《叶赫城》诗咏道"空城草木长，狐狸自悲语"；又说："史臣颂功勋，沧桑漏应补"。④就是说不要光歌颂清太祖统一的赫赫神功，也应当看到他"杀王浮民人"⑤的残暴性和破坏性。到18世纪上半叶，由于移民和世居民的增殖，吉林人口有了明显的增长。1723年雍正帝说吉林乌拉"人口孳生，各处之人聚彼贸易甚多"，他的臣子也说这里"旗民杂处，商贾聚集"，因而民事案件增多，于是每年向吉林派出满、汉科道官各一名，进行纠察。⑥又为加强对汉民的管理，决定在吉林设立专职民政长官，于1727年在吉林乌拉建立永吉州，于白都讷设长宁县，宁古塔建泰宁县。这里设州县后，人口统计数字相继上升，永吉州1731年人丁1470丁，1734年即达2186丁，三年之间增长48.7%。长宁县1733年人丁179丁，次年为201丁，增加12.3%。⑦1734年，盛京几个大的州县的人丁是：锦县12239丁，宁远州7546丁，辽阳4539丁，承德3469丁，开原2439丁。⑧永吉州以新立之地，人丁数直追开原，可知其人口增加得迅速。这种发展趋势，使得清朝在坚持封禁吉林政策中，执行时有所松动，即已经到了那里的汉人，有了家业，不再当作非法移民强迫回籍。于是向政府申报户口的人员大幅度增

---

① 光绪《大清会典》卷155，《户口》。
② 《吉林外纪》卷4《官兵》，第1册，第129页。
③ 《宁古塔山水记》，钱序。
④ 《柳边纪略》卷1，第13页。
⑤ 张玉兴编《清代东北流人诗选注》，辽沈书社，1988，第507页。
⑥ 《八旗通志》卷44《职官志》，第2册，第851页。
⑦ 乾隆元年《盛京通志》卷23《户口》。
⑧ 乾隆元年《盛京通志》卷23《户口》。

599

多。永吉州在三年内多出 1/3 人丁，大约就是这样出现的。1750 年，清廷决策："宁古塔及船厂工商佣作人等，不下三四万，有业可守，未免难迁，如果情愿入籍，应分别纳粮、纳丁，随宜安插。"①这里说宁古塔和吉林城有汉族商人和农业、商业佣工三四万人，已不是一个小的数目。

但是吉林面积大，虽然人口有了增长，密度仍很小。据梁方仲统计，1791 年吉林人口密度为 0.2 口/平方公里，为全国 21 个省、特别行政区的倒数第一，与人口密度最高的江苏的 322.38 口/平方公里，无法相比，连新建的巴里坤乌鲁木齐地区也有 0.4 口/平方公里的密度，吉林却只有它的密度的一半，1812 年，吉林人口密度上升到 0.41 口/平方公里，依然在各省区中处于末位。②正是因为这样的精形，嘉庆帝在 1817 年说"吉林土膏沃衍，地广人稀"③。不过，应该说 18 世纪上半叶，吉林人口有了较大幅度增长，在吉林城、宁古塔、白都讷尤为显著，但吉林地域广阔，人口密度仍极其微小。

说明了吉林世居民和移民、人口状况及变化，现在归纳一下它的居民民族构成和移民社会的特点。清初吉林居民，有原来的世居民和新移民，这中间有属于满-通古斯语系的满洲人，即编入八旗的满人，赫哲、锡伯、瓜尔察等族人形成的新满洲，姓长制下的赫哲、飞雅喀等族人，编入八旗的蒙古人，说汉语的汉军旗人；还有汉人、朝鲜人和信仰伊斯兰教的回族。从民族上说，新满洲、八旗汉军、八旗蒙古，都属于满族共同体，均为满族。王锺翰先生认为："满族在历史上，不但把具有直接血缘关系的建州三卫、海西四部女真人糅合成满族的主体，同时也吸收了不少不具有血缘关系的外族成员，如蒙古、朝鲜、索伦、锡伯等各族人，特别是大量被俘或投充的汉人加入进来。"④这样理解清代的满族，我以为很准确。据此，清初吉林满族包括明代女真人后裔老满洲以及新满洲、在旗的汉军和蒙古人，范围广泛。满人在吉林虽有迁入迁出，但清朝有稳定吉林满人的政策，如顺治初年规定，驻防江宁等地八旗官员亡故，其子弟必须回京，不得留于当地，而在宁古塔、盛京的旗员老病告退，可以留居本地。1723

---

① 《清高宗实录》卷 356，十五年正月乙卯条，第 13 册，第 917 页。
② 《中国历代户口田地田赋统计》第 82 表，第 262 页；第 87 表，第 272 页。
③ 《吉林外纪》卷 10《双城堡屯田》，第 2 册，第 309 页。
④ 《清史新考》，第 68 页。

年重申下述规定："外省驻防八旗官兵,除盛京、宁古塔等处外,其江宁等省驻防亡故骨殖,仍照例进京,不许在彼置立坟茔。"[1]旗员可在吉林、盛京居住和立坟墓,而他处地方驻防人员则不允许,优惠吉林旗员,是鼓励他们以此为家,长久定居。

满族是世居民,吸收新成分,定居意识强,所以清初吉林满人居于人口构成成分的多数。在17世纪尤其如此,吴振臣在《宁古塔纪略》里说,"凡各村庄,满洲人居者多,汉人居者少";又说宁古塔"无商贾往来,往来者惟满洲而已"。[2]18世纪上半叶有了变化,汉人移民增多,吉林城附近尤明显。统观清初全貌,居民以满族为主,汉人次之,朝鲜族、回族稀少。但是值得注意的是移民不断涌进,在世居民本来人数绝对量不大的情况下,移民对居民成分的构成,对社会生活的影响与日俱增,而且进入满族共同体的汉人、蒙古人、锡伯人、瓜尔察人、赫哲人,总还保留他们原来的民族文化的一些成分,与老满洲有很多不同,所以清初的吉林社会是以满族为主体的多民族的移民社会,因而产生相应的社会特征,需要给予充分的注意。

三 移民促进吉林经济的初步发展

清初吉林有丰富的农牧业资源,但社会经济却很不发达。流人方拱乾说,宁古塔四处都可以耕种,只要愿意开垦,"一岁锄之犹荒地,再岁则熟,三四岁则腴,六七岁则充之而别锄矣"。可见处女地多,又很肥沃,问题是要进行垦种,所以方氏指出"地贵开垦"[3]。吉林"三宝"人参、貂皮、乌拉草为人所熟知,就不必说了,在清初垦辟之前,野生资源极富,民谚"棒打狍子瓢舀鱼,野鸡飞在饭锅里"[4],是极生动的描述,摆在人们面前的事情是如何去发展生产。

清朝政府重视驻军的生产,康熙帝于1652年巡视吉林后指示注意农

---

[1]《八旗通志》卷328《职官志》,第2册,第715页。
[2]《宁古塔纪略》,第243、256页。
[3]《绝域纪略·土地》,附新刻《黑龙江述略》,第108页。
[4] 民国《双城县志》卷15《拾遗》,第2册,第450页。

事,劝勉兵丁,"使勤耕种"①。军队农业生产的办法有两种方式:一是按八旗组织,生产粮食;一是专门建立官庄,用汉军垦殖。到18世纪30年代,这两种方式垦田139435晌,约合13943.5顷;另外台站役丁垦地24684晌。②官庄组织办法是每庄壮丁10名,每名每年向官府交粮,起初是12石,另交草300束,猪100斤,炭100斤,石炭300斤,芦100束③,后来改为交粮30石。也就在这时,清廷将部分台站和官庄的垦田31782亩改为民田,照民田人法向政府纳税。④其实,这是民人向军队渗透,代官兵垦种,至此政府承认这部分民人的垦种权利。这种民人是汉人私自移徙来吉林的。

清朝政府往往把流放人口赏给满洲、新满洲为奴隶,还有人到关内贩来奴婢,这些奴隶有的被用作农业生产,所谓"宁古塔多业农贾","农则无算,而奴为多"。这些奴隶会利用汉人的农事经验进行生产。

流民和流人的进入吉林,把汉人的农业生产技术带来,在自身生产的同时,传授给满洲人。流人到吉林,为维持生活,就其所长,"黍稷自耕耘"。流人、流民很快改变宁古塔的生产面貌,原来此地不种粮食,"迁人比屋而居,黍稷菽麦以及瓜蓏蔬果,皆以中土之法治之,其获且倍"⑤。前述18世纪30年代纳税的民田31782亩,到1748年增至454055亩,为原额的14.29倍,增长速度惊人。这主要是清朝政府在吉林设州县认可流民垦荒的结果,如1727年设永吉州,时有粮田14061亩,1734年增至27213亩,还有一批尚未达到纳粮年限的新垦田没有计算在内。⑥所以实际垦田要比纳税田多。流民初到吉林,没有居住权和认垦权,依附于旗人,充当其佃户,受其控制,所谓"流民多藉旗佃之名,额外开垦,希图存身,旗人亦藉以广取租利,巧为庇护"⑦。1726年,清政府允许佃户向政府登记纳粮,"不许原主侵占"⑧,有利于汉人移民的垦种。在流民作为佃

---

① 《清圣祖实录》卷102,二十一年四月丙寅条,第5册,第32页。
② 据《八旗通志》卷21《土田志》,第1册,第392~394、398页。
③ 《宁古塔纪略》,第234页。
④ 乾隆元年《盛京通志》卷24《旗田》。
⑤ 《域外集·宁古塔物产论》,第54页。
⑥ 乾隆元年《盛京通志》卷24《田赋》。
⑦ 《清高宗实录》卷356,十五年正月乙卯条,第13册,第917页。
⑧ 《八旗通志》卷18《土田志》,第1册,第330页。

户时，与其旗人田主，必有农业经营方式和耕作技术的交流，对促进当地农业生产整体的水平提高必有好处。成百上千的流民进入深山密林偷刨人参，因为人多时间长，自带食粮不足食，逐渐学会分工，一部分人采参，一部分人种地，增产了粮食。①旗人也因采参不足以维持生活，需要学习种地，于是从汉人那里学到技术。②

满人精于狩猎，八旗官兵四季从事捕猎，有多种方式。小围，当天或二三日内来回；秋天打野鸡围；十一月打大围，一去二十多天，按八旗各据方位，缩小对野兽的包围圈，合围之后，没有将令不许擅自射猎；十二月底举行年围。冬至时期，令士兵到各山野烧荒，以便来年草木长得更加茂盛。端午节后，派人统一牧放马匹，为逐水草，常去几百里以外。到七月马肥始返回住地。③军士捕猎，大体上采取平均分配的方法。康熙帝指示，"所获禽兽，均行分给"，分配前要注意通知贫人，以免遗漏。④满人狩猎技术高明，很能跟踪禽兽，必捕获方休，汉人见之，惊叹不已。吴振臣说，满人"最善于描踪，人、畜经过，视草地便知，能描至数十里。"⑤三姓副都统辖区的满人，基本上以渔猎为生，以生产貂皮和东珠为上品。汉人到吉林，向满人学习狩猎，如流人陈志纪所说："从人学射猎，驱马试讴吟"⑥。

吉林幅员辽阔，各地生产状况不一，发展也不平衡，19世纪20年代问世的《吉林外纪》描叙各地经济与民风情形是：吉林乌拉人"务农敦本，以国语骑射为先"；宁古塔人"耕作之余，尤好射猎"；珲春"旧无丁民，亦无外来民户"，"捕打海参海菜为生，少耕作"；白都讷人"好骑马，常于马上掷木棒，捕野兔山猫，百发百中"；三姓人"善骑射"；阿勒楚喀（今黑龙江双城）人"尚耕钓，素称鱼米之乡"；拉林人"务农之余，熟娴骑射"；双城堡"旗丁娴熟耕作，地利大兴"⑦。以上说的包括18

---

① 《清高宗实录》卷187，八年三月辛未条，第11册，第407页；《吉林外纪》卷8《杂记·查山》，第2册，第267页。
② 民国《珠河县志》卷12《物产》，"中国方志丛书"本，第2册，第519页。
③ 《宁古塔纪略》，第250页。
④ 《清圣祖实录》卷102，二十一年四月丙寅条，第5册，第32页；民国《宁安县志》卷3《职业》，第2册，第523页。
⑤ 《宁古塔纪略》，第245页。
⑥ 《宁古塔春日杂兴》，见《清代东北流人诗选注》，第396页。
⑦ 《吉林外记》卷8《风俗》，第2册，第259页。

世纪后半期情形，不完全是清初的，但其中只有阿勒楚喀、双城堡、拉林是后发展的，所以还是基本上反映了清初吉林的经济状况。

总之，就农业来说，17世纪的吉林缺乏农耕，生产以采集业和渔猎业为主，18世纪上半叶农业在吉林城、宁古塔、白都讷兴起，为以后的发展奠定了基础。

清初吉林商业变化比较大，主要体现在吉林城和宁古塔城的兴起和走向繁华上。清初之始，商业原始，少交换，多系以物易物。流人、流民的移入，家畜业的相对发展，行政中心的建设，促进了商业的兴起。17世纪中叶，宁古塔人出门不用带食粮，走到那吃到那里，不给钱，主人也不觉得是做了好事。①说明那里少行旅，缺乏商品意识。1689年杨宾从关内到宁古塔，在吉林境内，也是行人不带食物，投宿主人招待吃住不要钱，但没过多久，行人大增，主人招待不起，收取饭费。②这说明商业开始了。宁古塔城，唐时渤海国上京龙泉府，历史上有过辉煌的一刻，清朝在这里设将军府，安置流人，"立场集，教民贸易"③，又建新城，居民上千家，18世纪初有商店36家，32家设在东关，另有4家开庄西关；22家买卖食品，10家经营布帛杂货。④附近村庄居民到城中贩卖鸡、豚、粟、布、蔬菜，也有城里人到村屯买卖货物，"商农便之"。当地产藕，满人不知是食物，汉人教给他们食用，并拿到城里出卖。⑤做生意的多是汉人、回民，其中有流入的读书人和官员，他们颇有社会地位，因为满人官兵经常向他们赊账，不能不买他们的情，他们甚而能和将军、副都统结交。⑥出生于宁古塔的吴振臣说当地："人烟稠密，货物客商络绎不绝，居然有华夏风景。"⑦吉林城，明初开发努尔干都司地区，特在这里设立造船厂，后来随着明朝的衰落而停止发展，清朝再次于此建船厂，设将军衙门，成为吉林行政、交通中心，立刻兴旺起来，18世纪初，人烟辐辏，仅流人就有千余家，"百货凑集，旗

---

① 《绝域纪略·风俗》，第112页。
② 《柳边纪略》卷3，第90页。
③ 《宁古塔山水记·石城》，第8页。
④ 《柳边纪略》卷3，第184页。
⑤ 《宁古塔纪略》卷3，第84页。
⑥ 《柳边纪略》卷3，第84页。
⑦ 《宁古塔纪略》，第231页。

亭戏馆，无一不有，亦边外一都会也"①。吉林城在位置上靠近盛京、关内和蒙古人聚居地，农、商业易于发展，繁华程度很快超过了宁古塔。

清朝对实行姓长制的部族，在接受其朝贡之时，开展边民间的贸易。朝贡地点初在宁古塔，后改在三姓。凡纳贡之姓长、乡长、民户，每户政府选收一张最好的貂皮，并给予赏赐。他们所带来的其他物品，可以自行贸易。所以每当纳贡之期，麇集了各族商人。开展交易活动。当地人所得赏物袍帽靴袜、鞋带、汗巾、扇子，有的人并不把它们看得贵重，贱价卖给识货的商人。②

吉林地区还与朝鲜开展贸易，从宁古塔到朝鲜会宁府购买食盐，交易牛马布铁。③

清初吉林商品交易大体如此。到19世纪初，吉林城有了粮米行街，宁古塔南门外也有了商店，白都讷南北街皆有商铺，三姓西门外街市尤盛，阿勒楚喀西门外商贾辐辏。④比清初又有了进步，说明清初吉林商业的兴起只是初步的，是在几个城镇表现出来的。

研究清初吉林开发问题，需要充分肯定移民带来先进文化的作用。流民、流人以汉族的农耕技术开荒种田，与汉军的垦荒，使农业生产不再是稀罕的事情。商业，基本上是移民汉人和回民的职业，可以说移民是吉林经济恢复和发展的活力，主要社会力量之一。

四　移民与世居民生活方式的交融

清初吉林文化可以简单地分为两大系统，即旗人和汉人两系，但实际情况要复杂得多，旗人中有满、蒙、汉人，其中满人又有新老满洲的不同，流人来自关内各省，生活方式不尽相同，人们汇集吉林初期，各自按照原来的文化习俗生活，互不干扰，如方拱乾所说："八旗非尽满人，率各因其类以

---

① 《柳边纪略》卷1，第13页。
② 《宁古城纪略》，第240页。
③ 《绝域纪略·饮食》，第113页。
④ 《吉林外纪》卷2《城池》，第1册，第58页。

为风俗，华人则十三省无省无人，亦各因其地以为风俗矣。"[1]时间稍久，移民和世居民互相学习，开始接受对方的习俗和文化，特别是世居满人与到内地的有所不同，尊重汉人，因而双方关系融洽，为相互学习创造了良好的社会环境。民国间《宁安县志》编撰者总结早期满汉关系，指出官员由满人担任，汉人相形见绌，但"满俗敦厚，对于汉人猜嫌夙泯，若恃势凌侮之事绝少闻见"[2]，"不仅如此，对汉族流人表现出相当尊重"。如在宁古塔，满人对流放的监生、生员统称为"官人"，加以尊敬，"盖俗原以文人为贵"[3]，见到流人，凡骑马必下马，行路的则滚道，不荷戈的老人则匍匐在地，等士大夫过去才起身行走，满族上层与流人中的名士交游，把他们吸收为幕客和西宾，像苏州慎交社领袖吴兆骞受宁古塔将军巴海之请为书记兼教席，他与副都统安珠湖、参领萨布素、穆参领、阿佐领等为友，在《陪诸公饮巴大将军宅》诗中咏道："四座衣冠谁揖客，一时参领尽文人。褐衣久已惭珠履，不敢狂歌吐锦茵。"吴氏参加巴海与其部属的宴会，虽然行动还有所顾忌，与满人不能完全打成一片，但巴海帐下有不少汉族文人，能混迹于满洲上层，就显出满人的宽容，是文化认同的条件。泰州人陈志纪《宁古塔春日杂兴之三》云："幕府虽加礼，乡园尽已疏。"[4]在怀念故乡情绪中，流露将军对他讲礼仪，或许亦应聘入幕。他以行医为生，想来亦多为满人诊治。满流畛域之见双方都存在，在清朝政策中表现突出，如始初不许汉人住在宁古塔内城，三藩之乱从吉林调兵，才允许汉人进住。[5]汉人与汉军原来民族相同，汉军保留汉文化和生活习俗，所以流人"每与汉军为伍"，满人常把流人与汉军合称为汉人。[6]不管怎么说，在吉林，满人都较宽容，满汉隔阂不严重，双方能取长补短，文化与生活面貌各有所改变。

1734年，吉林地方官员报告民俗，说永吉州质朴气刚，人敦忠信；长宁县崇俭尚朴，潮濡声教；宁古塔性质朴；白都讷俗贵直诚；珲春俭朴相尚。[7]这里所说的民风旗俗，不外两方面内容：朴质憨厚，是古代农业、

---

[1]《绝域纪略·风俗》，第110页。
[2]《宁安县志》卷2《司法》，第2册，第349页。
[3]《柳边纪略》卷3，第85页。
[4]《宁古塔春日杂兴》，《清代东北流人诗选注》，第397页。
[5] 见《宁古塔纪略》，第232页。
[6]《柳边纪略》卷4，第107页。
[7] 乾隆元年《盛京通志》卷25《风俗》。

渔牧业民族的特点；崇尚忠信，是汉族儒家文化的表现。这两项内容，在永吉、长宁汉人较多的地方结合起来了，在满人聚居地主要是质朴一面，礼教尚少，表明吉林满人部分接受汉文化，转变自身生活方式，但转变还不大。清初吉林满汉文化的糅合，并保留各自特点，从下列几方面可以有所了解。

（1）祠祀、宗教所表现的信仰方面。汉人崇奉天地神祇和祖宗，对佛道采取宁肯信其有而不敢抗违的态度。清朝政府尊重流人的信仰，把对天地祇的崇信作为国策，向吉林推广，迅速建立各种坛庙，也给满人不少的影响。

兹将永吉州、宁古塔的坛庙设置分别立表于下。

永吉州坛庙表

名称	建设年代	备注
社稷坛	1732	
风云雷雨山川坛	1732	
先农坛	1732	
望祭坛	1733	望祭长白山神
关帝庙	1665，1701	共三所
马神庙	1671	
城隍庙		
天齐庙		
火神庙		
财神庙		
文昌阁		
百吉庵		
西方庵		
九天元（玄）女庙[①]		
药王庙	1738[②]	

①以上据乾隆元年《盛京通志》卷6，《祠祀》。
②吉林市博物馆编《吉林史迹》，吉林人民出版社，1984，第84页。

宁古塔祠庙表*

名称	建设年代	备注
观音阁	1664	住持静今、寂印
老君庙	1666	
三官庙	1682	住持朱一翁
古佛寺	1691	住持荣惠
娘娘庙	1692	住持洞贵
财神庙	1706	
火神庙（既济庙）	1710	兼祀火神、龙王，住持天然
石佛寺（兴隆寺）	1713	古废寺，至是重修
药王庙	1715	
老圣庙	1715	
城隍庙	1722	
土地庵	康熙初	住持尼，王姓
西来庵	康熙初	
清真寺	康熙间	
康熙庙	康熙间	二所城隍庙
地藏庵	1729	
功德院	雍正间	民妇石熊氏舍宅建
弥勒院	1739	
山神庙		

* 主要据民国《宁安县志》卷2《祀典》及卷3《宗教》《祠宇》资料制作，另参考《柳边纪略》、《宁古塔纪略》、《域外集》以及《吉林外纪》卷8《杂记》等资料。

吉林其他地方也不乏祠庙，关庙和佛刹设立相当普遍，为省篇幅，不再罗列。

上列种种坛祠庙宇中，可定出几种类型，有政府的机构，如社稷坛、先农坛、望祭殿等，这些坛祠，在直省地区，普设于各府州县，清初在吉林推广到永吉州、长宁县。崇奉天地神祇是官方敬天哲学和政治思想的表现，对民众起教化作用，汉人早已世代传奉，至此教育满人接受。

有纯宗教的寺院，如佛寺、道观、清真寺。穆斯林多是其宗教的虔诚信奉者，僧尼道士照说应当是忠实信徒，但不尽然，清初吉林的僧衲多因政治原因而寄身空门，但他们既着衲衣则从事佛教之宣传，与流人结交自不必说，且与流人中的居士共同宣扬它，而满人上层亦颇以崇佛为事，乐建庙宇，向满人群众灌输佛理。起初满洲士人不识佛教，当和尚诵经时，围观笑乐，随后有了一点佛教知识，乃严肃起敬，学着合掌谛听。而蒙古人原来就信仰喇嘛教，习以为常了。① 满洲上层接触佛教早于一般满人，巴海令建宁古塔西来庵，香火旺盛，安珠瑚常去游观，令于附近建观音阁，信士崔某与僧静今董建成功。② 1668年，从北京来的和尚天玺又发愿在庵前筑莲花池，流人张缙彦等助他建成。③ 沙兰废城原有一石观音，1689年，宁古塔蓝旗协里巴黑塔遗命长子吴达哈为之建庙，吴达哈出资，静今董其事，于次年竣事。④ 事实表明，佛寺之建设乃满人上层、流人和僧侣合作进行的，以向世居民与移民展示佛的力量，使佛教走向吉林民间。

有本为汉人的信仰，但很快被满人接受，如关帝庙、城隍庙等。汉人信奉关羽，在宁古塔建庙，开始挂的是关公画像，觉得大圣不够威严，适有从湖广来的汉人会雕塑，于是改为塑像。⑤ 在世居满人不知道佛的时候，已粗知关帝，逐渐建起庙宇。⑥ 1727年泰宁令戴肇铭给关庙题写匾额和对联，誉关羽为"亘古一人""品物咸亨"，⑦ 向民众宣传关公。当关公五月初三日诞辰时，吉林进行奠祭的同时，举办庙会，康熙间流人张贲咏其盛况："奔走同羌貊，喧阗汉将祠。殊方咸虎拜，绝塞有龙旗。"⑧ 对关公的崇拜，把满汉人民连在一起了。

有满人所推崇的，也为汉人所乐奉，如山神庙、马神庙。满人发祥于长白山，又以国语骑射为传国政策，对山神、马神的礼拜是自然的事情，所以建庙表示心愿。山神庙建立在山间，设备简陋，往往在深山绝涧，架

---

① 《绝域纪略风俗》，第112页。
② 《域外集》，第41页。
③ 《域外集》，第43页。
④ 《柳边纪略》卷1，第21页。
⑤ 《域外集》，第69页。
⑥ 《绝域纪略·风俗》，第112页。
⑦ 民国《宁安县志》卷4《人物》，第2册，第654页。
⑧ 《清代东北流人诗选注》，第387页。

木板为小庙,庙前树木杆,供山神,祈求其保护,免遭猛兽侵袭。①

满人保持其萨满教信仰和祀祖的特有仪式。以跳大神祈求神灵,祭祖在院中立一杆,杆头系布片,并在室内西墙设龛祭礼②,汉人则没有这类活动。

(2)节日。各民族有其自身的节日,表现其民族特征。清初满汉有共同的节日。大家都过新年,只是各有特点。除夕,满人幼辈到长辈家辞岁,行叩首大礼,长辈安然受之,不回礼。③汉人贴春联,所谓"茅屋桃符仍旧俗,瓦盆麦酒是新莒"④。到了新居地,没有节日用的细瓷器皿,只好用瓦器盛麦制劣酒了。满人也贴春联,用红纸以图吉祥。元宵节,流人姚琢之按汉人传统习惯,制作灯笼,引动土人和迁客聚观,以此传播了汉人文化和上元节风俗。⑤清明节,满汉均行扫墓,满人富贵者骑马乘车往墓所,贫民带上祭品和炕桌。⑥这种共同的节日活动,表现出节日文化的大同小异。

(3)衣着饮食。服饰对清初吉林居民有三重价值:一是御寒,二是美观,三是表示身份。对此,满汉趋同的审美观在加强。原来宁古塔满人只穿麻布衣、鹿皮衣,汉人带来布帛,富贵者兑换,穿着以为时髦,后来风气变化,富人穿绸缎料子,冬天穿猞猁狲、狼皮大衣,穷人才穿布帛。⑦由重视布帛到时行绸缎的变化,和历史上的汉人一样,有个衣着审美观的变化过程。城里是这样,村屯民众则是传统服装。清末记载云:"身则短衣,足则乌拉,首则皮帽,仿佛先代衣冠习俗然耳。"⑧清末尚且如此,清初自不必说了。

饮食随物产而定,移民入乡随俗,吃兽肉、稗谷,这是受满人影响;满族上层食不厌精,系受汉人积习的同化,豪家"不嫌几席少,偏爱酒席深。风俗套卢橘,人情厌海参"⑨。

(4)丧葬习俗。汉族实行土葬,满人习惯于火葬和风葬,这是满汉丧

---

① 张凤台:《长白汇征录》卷4《祭祀》,"中国方志丛书"本。
② 《绝域纪略》,第112页;《宁古塔纪略》,第248页。
③ 《宁古塔纪略》,第248页。
④ 《柳边纪略》卷5,第144页。
⑤ 《域外集》,第44页。
⑥ 《宁古塔纪略》,第249页。
⑦ 《柳边纪略》卷3,第84页。
⑧ 《宁古塔纪略》,第249页。
⑨ 《柳边纪略》卷5,第152页;《清代东北流人诗选注》,第387页。

葬的根本不同。满人棺盖尖而无底，内垫麻骨苇柴之类，以便火化。富贵者生前指定一妾殉葬，不得推脱。孝子为父母守丧，一年除服，在此期间不许剃发。在清汉丧俗中也有相同的地方，如入殓都用装裹，出殡仪式与佛教有一定关系，讲究做七，都有守丧期。①满人还有树葬习俗，置尸于大树干内，置放陪葬物，用这种葬法的多为萨满教职业家。②还有风葬，即将棺木放在野外木架上，俟棺木将朽，再入土下葬。③蒙古人死后与多数满人一样实行火葬，妻妾愿意殉葬的，听其本人自愿。④满人后来改行土葬，而蒙古人维持葬俗久，直到清末民初才仿满式土葬法。⑤表明满汉融合快，而蒙汉融合慢。

（5）婚姻习俗。满人联姻，选择门第相当的人家作为对象，选请老人去说媒，得到允许，男方之母去女家探视，给簪珥布帛，女家接受了，男方之父率其子拜访女家姻戚家，无异词，再去女家叩头，才算把亲事定下来，接着是下茶请筵席，都是男方的事，女方则办陪送。⑥结婚时不用傧相和鼓乐，迎亲用轿车，挂起红绿绸。新娘只拜公婆，没有交拜礼。⑦婚龄早，多在10岁之内，否则被视作晚婚了。汉人也早婚，但满人最早。汉人历来有婚嫁六礼之习，各个时代侧重点有所不同，满人没有六礼之说，但请媒说合，下彩定，举行隆重结婚仪式，以及由家长主婚，皆是相同的。满洲上层实行一夫多妻制，与汉人上层一样。满人离异不像汉人看得那么重，男子有了新的意中人，动辄令妻离去，若子女已年长，甚至成亲了，也不敢劝乃翁留下老母；出妻也容易再婚，婚后到前夫家与新妇还可以交友，不受离异的影响。⑧

满人受儒家礼教影响，逐渐讲究守寡，清政府以旌表加以提倡，康熙雍正间，宁古塔城受旌扬的镶黄旗尼哈拉氏兵丁尼雅讷妻等7人。⑨1780年以前，三姓城受表彰的旗人寡妇26人，其中有正蓝旗满洲披甲纳木力

---

① 《宁古塔纪略》，第249页；《纪域纪略·风俗》。
② 民国《宁安县志》卷3《宗教》，第2册，第577页。
③ 《宁古塔纪略》，第238页。
④ 《宁古塔山水记》，第32页。
⑤ 民国《绥化县志》卷7，《礼俗》；黄维翰：《呼兰府志》卷10《礼俗·丧礼》。
⑥ 《柳边纪略》卷4，第108页。
⑦ 《宁古塔纪略》第249页；《绝域纪略·风俗》。
⑧ 《绝域纪略·风俗》，第111页。
⑨ 民国《宁安县志》卷4《人物》，第2册，第617页。

妻舒穆鲁氏，25岁夫亡，守寡23年；①吉林城满洲闲散德得未婚妻宁贞亡故，1774年受旌。②雍正年间定制，寡妇守节15年以上、45岁以上亡故才可能得到旌表，所以三姓和吉林城受表彰的节妇贞女，均生活在18世纪上半叶。她们以汉人的从一而终的观念为理想，守寡不再结婚。

（6）社交礼仪。满人的社会礼节有多种内容：尊重老年人，不同年龄的人同时出行，至宿处，老年人歇息，年轻人侍候，各自以为当然；客人来了，请坐南炕，因满人居室，南、西、北三面皆有炕，主人居南炕，奴隶居北炕，故请客人南炕上坐；相见行握手礼，互致问候，久别重逢，行相抱礼。③

汉人对女子的"别内外"规范，要求严格，虽然在社会下层做不到，但上层是要注意的。满人开始无所谓。后来有了别内外的要求。前述客人到宅，延至南炕，"往来无内外，妻妾不相避。年长者之妻呼为嫂，少者之妻呼为婶子，若弟妇"④。这种男女关系比较自然，家庭宴客中间，妇女出来敬酒，跪地奉劝，等客人饮了酒才起身。这样客人就不能不多喝了。⑤这种内外无别的情况，至康熙末年已开始有了变化，首先表现在住宅内，用帐帘分隔南北，用汉人的眼光看是"障之成为内外矣"⑥。

（7）娱乐。汉人上层把一些娱乐方式带到吉林，汉人张缙彦家中养着歌妓10人，汉人祁班孙、李兼汝调教的戏班有16人之多，但这种家庭剧团维持不能长久，后来解散了。他们演唱的大约是昆剧。1689年山东马戏班子到宁古塔演出，给人们留下很深的印象。⑦吉林城比宁古塔进一步，出现了戏院，人们能够经常看到演出，⑧增加生活的乐趣。流人还偶或组织诗会，吴兆骞、张缙彦、钱威、姚其章、钱虞仲、钱方叔、钱丹季7人，于1665年集会赋诗，为一方雅事。马吊，也被汉人带来，引起满洲上层少年的浓厚兴趣，他们所用的筹码，都是从北京买来的上等品。对于这种

---

① 民国《依兰县志·人物》，第149页。
② 《吉林外纪》卷8《贞节》，第2册，第262页。
③ 《宁古塔纪略》，第247页；《柳边纪略》卷4，第108页。
④ 《柳边纪略》卷4，108页。
⑤ 《柳边纪略》，第91页。
⑥ 《绝域纪略·宫室》，第109页。
⑦ 《柳边纪略》卷4，第113页。
⑧ 《柳边纪略》卷1，第14页。

不正当的娱乐，杨宾讽刺道："少年新丰客，翩翩亦自豪。围棋群赌墅，叶子日分曹。果下高丽马，腰间大食刀。可怜编卒伍，万里驾风涛。"①满人还有传统的民族娱乐，如莽式歌舞，每当欢庆之时，男女二人相对而舞，观者拍手歌唱以助兴，②儿童玩一种叫作噶什哈的游戏，用狍、鹿前腿前骨灌上锡，放置地上，投掷中者为赢，有时年轻人亦参加玩耍。③

上述种种事实，令我们知道满人是比较开放的，他们乐于向先进文明学习，但是这与当时清朝政府封闭吉林的政策相矛盾，否则这个地区融合的速度还要快一些，进步多一些。清朝封禁吉林，严禁汉人入内，又强调落实国语骑射政策。官方兴办满学，1676年康熙命令在宁古塔办满学，亲自审订原则，赐学校名"龙城书院"。1693年在吉林城设满洲官学，1727年建宁古塔官学，珲春亦设立了学校，令"教化所兴，无应弗漏"。④学生学习满文与骑射技艺。1724年在吉林设蒙古学，⑤但是没有儒学（汉学）。1724年给事中赵殿最先建议在吉林城设立文庙，设学校，供满汉子弟读书考试。雍正帝不批准，认为这是无益的事情，因为清朝"唯赖乌拉、宁古塔等处兵丁，不改易满洲本习，今若于此崇尚文艺，则子弟之稍颖悟者，俱专意于读书，不留心武备矣"；本朝靠的是武略，焉用文教虚文来粉饰。⑥满人在关内汉化较迅速，相比之下，吉林差些，1800年嘉庆帝称赞"吉林地方，清语骑射俱好"，下令把犯错误的京城旗人发往吉林，学习清语骑射，以保持满人本色。⑦官方这一政策，使吉林满人难于学到汉文化，所以长期间不出学者和科学家，影响当地满人文化的提高。所幸的是当地满人不保守，自发学习汉文化者也有一些，如前述巴海聘请吴兆骞教其二子读书。呀思哈之父有《通鉴纪事本末》，车尔汉之父有《大学衍义》《纲鉴》《皇明通纪纂》⑧等书。显然他们读这些儒家史书，不过这类人太少了。

上述诸种事实还告诉我们，吉林满汉各族人民追求中华文明之大同，

---

① 《柳边纪略》卷3，第91页；卷5，第152页。
② 《宁古塔纪略》，第248页。
③ 《柳边纪略》卷4，第114页。
④ 民国《宁安县志》卷2《教育》，第2册，第297页；乾隆元年《盛京通志》卷21《学校》。
⑤ 《吉林外纪》卷6《儒林》，第1册，第197页。
⑥ 《八旗通志》卷67《艺文》，第2册，第1285页；《清世宗实录》卷22，二年七月甲子条，第7册，第360页。
⑦ 《清仁宗实录》卷64，五年四月戊戌条，第28册，第852页。
⑧ 《柳边纪略》卷4，第113页。

并保持民族之差异,民族杂居,很容易在各自文化中造成你中有我,我中有你情况,清初吉林社会亦是如此。满人吸收汉文明,汉人接受一些满人生活方式,两者有趋同现象。作为中国大家庭的各民族有很多共同的东西,即有元旦、上元等共同节日;对天地神祇的信仰和对祖先的崇拜,对佛道的理解和崇奉;生活方式有相同的审美情趣;社会等级身份观念和伦理观念的趋同。以此为标准,衡量清初吉林的满汉各族人民,满人日益增加中华民族的共性,与主体民族汉族的文化向接近方向前进。杨宾在《宁古塔杂诗之十三》中写道:"只今风俗变,一一比皇畿。"这个以满人为主体的地区文化与首都相同,说明宁古塔文化基本上是汉文化。杨宾在同诗之一中说:"老亲忠信在,不减住中华。"[①]赞美其父杨越德高望重,与在内地一样受到宁古塔满人的尊敬,只有社会道德标准统一才会有这样的共识。这都说明吉林满族与汉族不可分离,与中国不可分割,中国多民族大家庭更趋巩固。当然,吉林满汉各族仍有各自的民族特征,仍然是独立的民族,这才使吉林文化色彩纷呈,异样多姿。满族接受汉文化有个过程,在吉林各区域也不是同一速度的,如赫哲人迁到桦川地方的,编为新满洲后才学习满文,保持了一段时间,直至清末学习汉语汉文,[②]其生活方式的变化就缓慢一些。

五 移民对吉林社会发展的意义

移民去吉林,不论被迫的,还是自愿的,对自身行动的价值,都很难有充分的认识。方拱乾之发配宁古塔及被赦回故乡,自认为"无往理,亦无还理"[③],根本不能理解移民的作用。我们考察清初移民去吉林,对当地有意义,对中国历史也有不可忽视的价值,最主要的是促进当地经济文化的发展,是吉林地区历史上民族融合的新起点,抗击17~18世纪沙俄殖民侵略的作用,下面略作说明。

---

① 见《清代东北流人诗选注》,第531、533页。
② 民国《桦川县志》卷2《交通》,"中国方志丛书"本,第1册,第176页。
③ 《绝域纪略》,第107页。

（1）促进吉林经济文化的发展。本文第三、四节对这方面已有不少叙述，现在只需作一概述。汉族移民的到来，与世居满人、新满洲、蒙古人、朝鲜人一道，充实了这里稀少的人口，在保持本地传统的渔牧业同时，初步建立了农业和商业，新的城镇兴起。康熙末年在齐齐哈尔的方式济撰著《龙沙纪略》，指出吉林与黑龙江两将军管辖有7个重镇，为吉林城、宁古塔、白都讷、三姓城、齐齐哈尔、墨尔根、瑷珲，都是移民新兴城市，吉林居其四，比黑龙江发展快，因为吉林移民比黑龙江先，故而早发展，可见移民对当地建设的作用。白都讷于康熙末年开始发展，原比宁古塔开发晚，雍正间于两地同时设县治民事，可是宁古塔的泰安县只设两年即被取消，而白都讷的长宁县却得长存，究其原因，乃宁古塔移民少，白都讷移民多，源源而来，故一需县治，一则没有那么大必要，只好取消。白都讷在宁古塔之西，是盛京、吉林往黑龙江、蒙古交通要道，往关内比宁古塔方便，关内移民前往吉林，去白都讷也比宁古塔捷便，故而宁古塔一旦失去吉林行政中心的地位，移民大减，而令白都讷后来居上。乾隆嘉庆间发展起来的拉林、双城堡，也是靠移民，如双城堡城墙，即是嘉庆间由当地商民捐资建造。① 吉林的文化也靠移民的力量来建设。民国《宁安县志》在凡例中指出，当地"人文蔚起，亦共文明输入，断推清初迁谪诸贤"，又在卷4《人物志》序中说："吴兆骞等辈谪戍到此，为文化之先导欤！"事情确系如此，流人及其子孙在吉林著书立说，作诗文，释佛典，尤其是对吉林历史、地理、种族、社会风情撰有多种著作，如杨宾的《柳边纪略》、吴振臣的《宁古塔纪略》、张缙彦的《宁古塔山水记》、方拱乾的《绝域纪略》（《宁古塔志》）等，留下了18世纪前后吉林历史极其珍贵的资料。要之，设若没有移民的一定数量的进入，吉林在清初的经济、文化发展，其规模、程度都要小得多。

（2）吉林地区各族新融合的一个新起点。从周代肃慎到清朝的满洲人，世代居住在吉林，换句话说，吉林在历史上是少数民族聚居地区，但不断有汉人和其他民族进入，发生摩擦和融合。汉人大规模到东北去，首次大约是在东汉末年和三国时期，不过那时主要是辽东，吉林遥远，未必

---

① 民国《双城志》卷2《舆地·城地》，第20册，第6177页。

有多少人能够到达，但那时汉文化对吉林地区的影响当无疑议。不过第一次汉文化与吉林本地文化显著的交流与融合是在唐朝统治时期。7世纪末年粟末靺鞨人大祚荣在松花江上游建立震国，定都旧国（在今吉林敦化附近），唐朝册封他为渤海郡王、忽汗州都督，大氏政权遂称为渤海政权。大氏子孙承袭均由唐朝册立，唐廷册封使多次到达渤海国，渤海不停地派人到长安太学学习文化和古今制度历史。渤海的政权建设依照唐朝三省六部制，设立宣诏、中台和政堂三省，忠、仁、义、礼、智、信六部。经济也有所开发，种植稻谷，纺织经绣绸。8世纪上半叶黑水靺鞨兴起于勃利（在乌苏里江与黑龙江的合流处，清代三姓副都统辖区内，今俄国哈巴罗夫斯克），酋长倪属利稽到长安朝见，唐玄宗任命他为勃利州刺史，赐皇姓李。满洲先世的靺鞨人，在唐代较多接受汉文化，可以说是吉林历史上第一次大发展时代。① 第二次大发展是女真人金朝兴起与统治时期。在女真人受辽朝辖治时，辽朝把进化较快的女真人（熟女真）迁到辽阳以南，12世纪建立金朝的女真部兴起于按出虎水（后日上京会宁府地，清代阿勒楚喀地区），推翻辽朝和灭掉北宋，统治北方和中原，制作女真文（女真大字、女真小字）。大搞移民活动，一面把女真人向内地迁徙，一面把燕京、山西的部分富人、农民、手工业者移徙上京。移民带去农业、手工业生产工具和技术，大兴垦殖，使上京地区冶铁业与农业生产工具接近宋朝人的水平。汉人、女真人的结合，有效地提高了上京地区的生产和经济水平。元代和明初是吉林女真族和汉族融合的另一个时期，元朝在东北设辽阳行省，内设开元路、合兰府水达达路，即为日后清代宁古塔将军辖区，宁古塔即属于开元路。设驿站，沟通中央与女真地区的联系，又征调女真人从军。但元朝在这里实行"随俗而治"的方针，对女真人的"无市井城郭，逐水草而居，以射猎为业"的状况改变不大。② 明初大力经营奴尔干都司，但维持时间不长，所以元明时期吉林地区的发展没有金代显著。清代是吉林地区发展的一个新时代，特别是到了清朝后期，汉人移民骤增，使吉林农业、商业、手工业、采矿业、运输业有了大幅度提高。清初只是发展的前奏，是做准备，还没有发生大的变化，如手工业，除了造船业，

---

① 《新唐书》卷219《渤海传》，中华书局标校本，第20册，第6177页。
② 《元史》卷59《地理二》，中华书局标校本，第5册，第1400页。

并无大发展，所以说它是新的民族融合时期，经济发展的时期的起点。

写到这里有个问题需要说明：清初吉林地区的落后，与它在历史上出现的发展是什么关系？吉林地区的开发，至少可以说经历唐代渤海国和金朝时期的提高，农业、手工业和商业均有一定的水平，何以到了清初，反倒是社会经济主要是采猎业呢？这样说符合实际吗？我的回答是：这里的文明是断断续续发展的，有时后代比前代落后。吉林世居民与移民外来文化结合，其中一支发展得快（所谓"熟女真"），迁徙出去了，留下来的是开化程度低的（所谓"生女真"，即"野人女真"），所以本地区还是落后。进步的走了，落后的留下了，如此循环，发展—破坏—发展—破坏，呈现出断断续续的前进状态。当然还有战争的破坏，满族先人政权的兴亡，极大地影响着吉林地区的兴衰。这种情形，在古代边疆民族地区有一定普遍性，不只是吉林满族及其先民地区如此，不足为怪。同时我们也要看到，先前的发展虽然有过中断，但为后来的发展还是打下潜在的基础，如清代白都讷、阿勒楚喀发展较早，还是受金代的开发史的影响，起码这些地方自然环境好、人文因素强，吸引后人来这里生活。

（3）抗击俄国侵略，保卫国土的作用。清朝统一中国之时，正是俄国向远东殖民之日。其来势凶猛，17世纪40年代侵入黑龙江流域，清朝治理下的蒙古族茂明安等部从黑龙江上游内迁。沙俄侵略者又深入松花江、牡丹江流域和黑龙江下游进行抢掠活动。清朝政府当即指令宁古塔官兵进行抵抗，1658年，昂邦章京沙尔虎达率部在松花江、牡丹江汇合处大败俄国侵略军。[①]1665年，将军巴海率部歼灭侵扰索伦部的俄国侵略者。与此同时，清朝政府采取加强东北边疆行政建设的措施，以图进行长期的、有效的反侵略斗争。康熙初年在黑龙江、松花江汇合处羌秃哩（苍头街）设防，从宁古塔移住八旗，水手、炮手、工匠及邦丁皆携带家属前往，作永久建设。[②]不过当时清朝的防御重点是在贝加尔湖至黑龙江上游地区，为此目的，于1658年在吉林乌拉设船厂，建造战船，训练水师，1676年把宁古塔将军衙门移驻吉林乌拉，当时管理着黑龙江地区，这里更便于管辖。随着对俄国侵略严重性的认识加强，更于1683年设置黑龙江将军，

---

① 《清世祖实录》卷119，十五年七月庚戌条，第3册，第923页。
② 《宁古塔山水记·苍头街移镇记》，第39页。

管理从宁古塔将军辖境析出之地的军民政务，其管理人员和军队即由宁古塔地区抽调，以宁古塔都统萨布素为黑龙江将军，调吉林兵1500名分驻黑龙江城（瑷珲）和呼玛尔（呼玛），又从吉林移去水师。所以后世黑龙江的满洲旗人和汉军旗人许多是康熙年间从吉林移去的后裔。[1] 参加雅克萨之战的地方部队就是原来吉林的旗兵。至此，可知宁古塔将军辖境军民在清初抗俄斗争中的贡献有两点：在黑龙江下游地方打击了俄国侵略者，使其没有立足之地；支持黑龙江地区的抗俄斗争，取得雅克萨之战的胜利，成功地阻止俄国对黑龙江的侵吞。这些贡献是吉林世居民、汉军和流人、流民共同做出的，到前线的工匠、帮丁是从流人中签发的，当时军民同仇敌忾，流人并不因为被惩罚而忽视保卫国土的责任，他们"荷锄兼荷戈，斥堠分所勤"[2]。清初抗俄的功绩，乃吉林满洲世居民与汉人移民紧密合作所造就。

（原刊于《清史论丛》1995年号）

---

[1] 参见西清《黑龙江外纪》卷3《种族》，"中国方志丛书"本，第79页；魏毓兰：《龙城旧闻》卷2《民族》，黑龙江人民出版社，1956。民国《绥化县志》卷1《地理》。
[2] 陈志纪：《塞外餐暮枕上作》，《清代东北流人诗选注》，第394页。

宗族制度浅论

王思治

宗族制度在历史上存在了几千年，经历了一个变化和发展的历史过程。清代普遍存在于全国城乡的宗族组织，是自宋明以来才发展起来的。在清代，宗族组织早已形为牢固的族权，成为当时封建制度的社会结构的有机组成部分。大约在雍正年间，族权又进一步与封建政权相结合，从而直接起着基层政权的作用。以"敬宗收族"为目的的宗族制度在清代的发展，无论在政治上，还是思想文化领域内，都对族人强行约束；同时，又以义田等作为"恤族"的经济手段，给宗族内部的阶级对立披上一层温情脉脉的薄纱。以血缘关系为纽带的宗族组织的普遍存在，使地主阶级的统治具有明显的宗法地主的特征。阐明宗族制度的演变和发展，是揭示我国封建制度历史进程的一个极其重要的方面。本文着重就清代的宗族组织试加探索，对此之前的宗族制度也略作回溯。

一　宗族制度的历史变迁

宗族制度，是一种古老的社会存在。在我国历史上，大体上说来，经历了几个不同的发展阶段。

早在原始公社末期的父系氏族公社时期，随着以男性为中心的家庭的出现而俱来的，是以血缘关系为纽带的某一男性的后裔，结合成为氏族

（宗族），所以宗族最初是历史形成的同姓一系子孙的家族制度的扩展。清人纪大奎解释"宗"的含义说："或问宗之为义？一而已矣。""始祖一而已，故宗止于一。"[1]一个祖先的后代是宗族组织的前提。在国家未出现之前，这种宗族（氏族）制度就是社会组织。原始公社的社会组织，即是由家族而组成氏族，由血缘关系密切的若干氏族组成部落，再由若干部落组成部落联盟。

人类社会正是背负着自己历史的起源而进入文明史的。在我国奴隶社会的早期，宗族组织不仅作为历史的遗产被继承下来，而且适应国家统治和阶级压迫的需要，发展成为强有力的宗法制度，直接作为上层建筑发挥其作用。西周奴隶主贵族就是以宗法制度来组织其政权的。当时，周天子对诸侯和王室的卿大夫来说，既是天下的共主，又是天下的大宗；在诸侯封国内，诸侯与卿大夫的关系亦复如此。这种以宗法制度组织的政权，从奴隶主贵族与被统治的奴隶、平民之间的关系来看，是所谓"宗子维城"[2]的奴隶制国家统治体制。这就是后人所说的"古者先王之为民也，上使之统于君，下使之统于宗。故公刘之立国也，君之宗之。而（《周礼》）太宰以九两系邦国之民，五曰宗以族得民"[3]。顾炎武引"陈氏礼书言：周之盛时，宗族之法行，故得以此系民而民不散"[4]。他还进一步申说当时的施政是以宗族为依归：

先王之于民，其生也为之九族之纪，大宗小宗以联之；其死也为之疏衰之服，哭泣殡葬虞祔之节以送之；其远也为之庙室之制，禘尝之礼，鼎俎笾豆之物以荐之。其施之朝廷，用之分党，讲之庠序，无非此之为务也，故民德厚而礼俗成，上下安而暴慝不作。[5]

可见，在早期奴隶制国家，虽然有设官分职的政权机构，但宗族组织仍然是基本的关系和施政的着眼点。一方面，不仅周族人是"君之宗之"，

---

[1] 贺长龄辑《皇朝经世文编》卷58，《礼政》，纪大奎《宗法论》（一）。
[2] 《诗经·大雅·板》。
[3] 贺长龄辑《皇朝经世文编》卷58，《礼政》，张海珊《聚民论》。
[4] 顾炎武：《日知录》卷13，《分居》。
[5] 贺长龄辑《皇朝经世文编》卷58，《礼政》，张海珊《聚民论》；顾炎武：《华阴王氏宗祠记》。

就是被征服者也还保留着宗族组织,故伯禽受封,有"殷民六族",康叔受封有"殷民七族",唐叔受封则有"怀姓九宗"。①另一方面,在奴隶主贵族内部,则是"天子建国,诸侯立家,卿置侧室,大夫有二宗,士有隶子弟"。②由此而形成世卿世禄制度。然而,随着早期奴隶制城邦国家向统一的奴隶制国家的发展,官僚制度之代替世卿世禄制度,奴隶制早期的宗法制度也随之而瓦解了,"秦嬴尊君卑臣,无敢营家庙者"③。从此宗族组织与政权由二而一分离开来。

远古的宗法制度瓦解后的社会状况,顾炎武曾有过概括的描述。他说:"及秦用商君之法,富民有子则分居,贫民有子则出赘,由是其流及上,虽王公大人亦莫知敬宗之道。"④西汉的统治者继承了打击残留的远古宗族组织的政策,汉武帝曾"徙强宗大姓,不得族居"⑤。但是,随着西汉后期,尤其是东汉封建性地方豪强势力的发展,宗族组织便以新的形式存在于封建社会的各个阶段。

东汉以后到魏晋南北朝时期的高门士族,很多都是从汉代才逐渐形成起来的。汉代人就曾说过:"大汉之兴,亦累功效,吏皆积久,养老于官,至名子孙,因为姓氏。"⑥可见,在两汉存在的四百余年间,某些人因长期担任某官某吏,子孙便因之为姓,他们中有的便发展为右姓,例如西晋的士族庾亮、庾峻就是如此。《汉书·食货志》云:"为吏者长子孙,居官者以为姓号。"注引"如淳曰:《货殖传》仓氏、庾氏是也"。可见庾氏的先人在西汉乃管仓司量者。此外,也有"或氏其事者",《白虎通德论》卷3下《姓名》条云:"所以有姓氏者何?所以贵功德,贱伎力。或氏其官,或氏其事。闻其氏即可知其德。"这些在汉代"或氏其官""或氏其事"成长起来的强宗大姓、高门士族,是在远古宗法制度解体之后发展起来的,他们与过去宗族制度的关系,是区隔多于联系。东汉以后姓氏宗族的这种变化,实际上是社会经济以及阶级结构变化的反映。⑦

---

① 《左传·定公四年》。
② 《左传·桓公二年》。
③ 《芳田高氏族谱》卷1,《公祠分祠总记》。
④ 顾炎武:《日知录》卷13,《分居》。
⑤ 《后汉书》卷23,《郑弘传》,李贤注引谢承《后汉书》。
⑥ 《后汉书》卷23,《朱浮传》,李贤注引谢承《后汉书》。
⑦ 贺昌群:《关于宗族、宗部的商榷》,《历史研究》1956年第11期。

东汉发展起来，盛于魏晋南北朝的强宗大姓，虽然还保留有"振赡穷乏，务施九族"①的遗意，但其内部关系主要是宗族大地主可以荫庇宗族成员作为附户，他们有的则被编为家兵性质的部曲，因此"宗族部曲"往往连称。②宗族部曲既然是军事编制，宗族长对他们便拥有"号令不二"的权力，因而对他们的统治也就具有极为粗暴的形态。

当然，部曲不一定都是宗族成员。不少农民因汉末战乱频繁而又残酷，为求大族庇护沦为荫户而成为部曲。③部曲除战时操戈上阵外，又是耕种土地的劳动力，④他们对主人处于严重的人身依附地位，其地位之低下，在《唐律》中得到了充分的反映。从《唐律》卷12《户婚律》、卷20《贼盗律》、卷28《捕亡律》等中，可以看到部曲、私奴婢是处于相同的地位，必须经过放免为良，并"由家长给手书，长子以下连署，仍经本属申牒除附"，即是说，部曲只有在家族长及其长子同意，给以"手书"证明，并经报官，删除"附籍"之后，才能离开家长。总之，这一时期的宗族制度，是门阀地主统治宗族子弟的组织，其内部的阶级压迫和剥削关系表现得十分鲜明而又露骨，还没有宋、明以后那种"敬宗收族"之类的娓娓说教。

魏晋南北朝时期，门阀地主的宗族组织，主要是区分门第的高低，族望的隆替。唐长孺同志说："所谓门阀制度乃是以家族为基础的地方性组织。这种制度不仅标志着统治阶级与被统治阶级的区别，而且标志着统治阶级中部分家族与其他家族的区别；换一句话说就是封建社会中等级制在家族中的深刻表现及其制度化。"⑤门阀地主为了标榜自身的高第和

---

① 崔寔：《四民月令》；《全后汉文》卷46。
② 如汉末，李典有"宗族部曲三千余家"。（《三国志·魏志》卷18《李典传》）杨阜"宗族子弟胜兵者千余人"。（《三国志·魏志》卷25《杨阜传》）这些被编为家兵的宗族部曲，他们在主人的命令下，经常与地方政权为敌。例如，北海大姓公孙丹，擅杀无辜，北海相董宣收杀丹父子后，"丹宗族亲党三十余人操兵诣府"。（《后汉书》卷77《董宣传》）宗族部曲在汉末的战乱中，更是强宗大姓的基本武装，很多人死于非命。马超临死上疏说："臣宗门二百余口，为孟德所诛略尽。"（《华阳国志》卷6，章武二年）。
③ 如田畴在河北徐无山中，归附者5000余家。西晋南渡，北方人民流徙到南方者，"豪族多挟藏户口，以为私附"。《晋书》卷43，《山涛传》附《山遐传》。
④ 《梁书·处士张孝秀传》："孝秀居于东林寺，有田数十顷，部曲数百人，率以力田。"
⑤ 唐长孺：《魏晋南北朝史论丛》，三联书店，1955，第119页。

族望，因而谱牒盛行（东汉后期谱牒开始兴起），凡世家大族无不有谱。[①]然而，这时谱牒的意义，并不是宋明以后的家谱、族谱所宣扬的那样，"览斯谱者，木本水源之思油然而生"，即力图唤起族人的骨肉之情。魏晋南北朝时期谱牒的社会作用和意义在于它是铨选官吏的根据。东汉入仕的正途是察举、征辟，其时已重族望。曹魏行九品中正，铨选官吏皆以九品官人，族不望者人不贵。郑樵《通志》卷25《氏族略·氏族序》云：

> 隋唐而上，官有簿状，家有谱系。官之选举必由簿状，家之婚姻必由谱系。历代并有图谱局，置郎令史掌之，仍用博古通今之儒，知撰谱事。凡百官族姓之有家状者则上之，副在左户。官为考定详实，私书有滥，纠以官籍，官籍不及，稽以私书，此近古之制。以绳天下，使贵有常尊，贱有等威者也。

区别门第的高下贵贱，是当时谱牒盛行的政治原因，以保证"上品无寒门，下品无世族"。即所谓"专以门第官人"。唐人柳芳曾经论及。[②]由于谱牒关系重大，不能有丝毫混淆，于是出现了一些谱学名家。[③]但是，隋唐以后，由于科举取士，封建官吏不再由九品官人而来，加之隋末农民战争对士族的有力冲击，门阀制度更趋没落。入唐以后，与门阀制度相适应的谱学已是余波，只不过是千百年来形成的崇尚门第的风气，成为一种历史的因循力量，影响着社会的习尚。苏洵《苏氏族谱》云："自唐衰，谱学绝，士大夫不讲，而世人不载，于是乎由贱而贵者耻言其先，由贫而富

---

① 刘孝标注《世说新语》，所引家谱，如谢安谢氏谱、羊欣羊氏谱、吴坦之吴氏谱、桓冲桓氏谱等，至数十种。
② 《新唐书》卷199《儒学·柳冲传》载，柳芳论氏族云："过江为侨姓，王谢袁萧为大；东南则吴姓，朱张顾陆为大；山东则郡姓。凡三世有三公者为膏粱，有令仆者华腴，尚书领护以上者为甲姓，九卿若方伯者为乙姓，散骑常侍大中大夫者为丙姓，吏部员外郎为丁姓。凡得人者谓之四姓。北齐因之。举秀才，州主簿、郡功曹，非四姓不在选，故江左氏族凡郡上姓第一则为右姓。"
③ 贾希敬是魏晋以来三世传习的谱学名家。《南史·贾希敬传》云："先是谱学未有名家。希敬祖弼之，广集百氏谱记，专心习业。晋太元中，朝廷给弼之令史、书史，撰定缮写，藏秘阁及左右曹。希敬三世传学，凡十八州士族谱合百帙七百余卷，讲究精悉，皆如贯珠。"唐初的名家是路敬淳，"敬淳尤明姓系，自魏以降，推本其来，皆有条序，著姓略、衣冠录等百余编。唐初姓谱学，唯敬德名家"。《隋书·经籍志》有谱学专门，欧阳修《新唐书》更有宰相世系表。

623

者不录其祖。"[1]门阀地主的退出历史舞台，地主阶级在隋唐以后出现贵贱贫富的变化，他们的这种升降荣辱，是与科举制和租佃制地主经济的发展相联系的。从此表现为重族望的中古宗族制度，蜕变而为宋明清以"敬宗收族"为目的的宗族制度。

二　清代宗族制度的发展

唐宋以后，迄于明清，租佃契约制地主经济急剧地发展起来。在租佃契约制下，农民对地主的人身依附关系相对说来趋于弱化。同时，土地买卖的盛行，使土地所有权的转移也相当迅速，所谓"田无定主，有钱则买，无钱则卖"[2]。而科举制又为地主阶级中的寒士开拓了一条入仕做官的途径。这种政治、经济生活的变化和发展，地主阶级中的一些人也因之而沉浮。这样，除了某些恶霸地主和官绅地主之外，一般说来，多数地主已经没有昔日门阀地主对私附农民的那种威势。他们自然有官府衙门的庇护和支持，而作为控制农民的一种重要补充手段，以血缘关系来掩饰地主和农民的对立，则是宋明清宗族制度的基本社会职能。自然，以"敬宗收族"为目的的宗族制度的发展，也是和道学家的提倡及其宣扬的纲常名教分不开的，更是封建专制主义在这一时期发展到前所未有的高度的一种社会需要。

然而，对明清的人来说，他们只能从历史的表象着眼，以为宋明清的宗族制度，乃在远古宗法制度经过上千年的败坏之后的继绝复兴。他们或者认为，"自世爵世禄之制废，而宗法始坏矣"[3]，"封建废，则宗法格而不行"[4]，"自秦罢封建而宗法不行"[5]，或则认为"唐人未尝究心谱心耳，惟宋儒重宗法而谱学娴"[6]。总之，他们一致认为门阀制度下的宗族组织已非远

---

[1] 引自《严氏族谱》卷首，《六修江苏洞庭安仁里严氏族谱序列》。
[2] 戴兆佳：《天台治略》卷6，《告示》。
[3] 贺长龄辑《皇朝经世文编》卷58，《礼政》，汪琬《汪氏族谱序》。
[4] 贺长龄辑《皇朝经世文编》卷58，《礼政》，许三礼《补定大宗议》。
[5] 贺长龄辑《皇朝经世文编》卷63，《礼政》，徐乾学《族葬考》。
[6] 同治修《张氏宗谱》卷1，陈济《合编谱序》。

古圣人立宗法的本意。而他们所谓的"宋儒重宗法",不过是重新强调血缘关系是宗族组织的纽带和基础,以此来维系人心,求得一族的和谐。因此,宋以后,"尊祖故敬宗,敬宗故收族",便被高唱入云,被看作人生的根本大力加以倡导。在清代人的心目中,宋儒的丰功伟绩,就是恢复了"先圣"立宗法的初衷,他们说,"宋兴,一二大儒颇欲修明古法"①,"立宗祠者,收宗复古之先务"②。而所谓的宋代一二大儒,则是指张载、程颐,尤其是指朱熹而言的。顾炎武叙述宋至明清宗族组织的发展过程时说:

> 至宋程朱诸子,卓然有见于遗经。而金元之代,有志者多求其学于南方,以授学者。及乎有明之初,风俗淳厚,而爱亲敬长之道,达诸天下,其能以宗法训其家人,而立庙以祀,或累世同居,称之为义门者,亦往往而有。③

顾炎武的论述,说明了在程朱的倡导之下,至明代"爱亲敬长"的宗法制度大大发展起来。相传为朱熹所著的《家礼》,④则是这一时期家族组织、祠堂祀典的规范;苏洵的苏氏谱和欧阳修的欧氏谱,则是后世族谱的范本。⑤于是以族谱、祠堂、族长三者为核心,以族田作为收族的经济手段,形成宋明以来的宗族制度和族权,至清发展到极盛。

在清代,"自天子下迄庶人,贵贱不同,而其尊祖之义一也"⑥。当时,"士大夫负立朝伟望者,必先有睦族惇宗之谊"⑦。如康熙年间任直隶巡抚、内阁大学士的李光地,就是"今族聚祖里,伯叔每岁直祀高曾祖者"⑧。乾隆初任大学士、吏部尚书的朱轼也是"吾家赴试者不少,而予独为族人所亲

---

① 《绩溪庙子山王氏宗谱》卷2,《图谱考》。
② 《京兆归氏世谱》第三,姚鼐《常熟归氏宗祠碑记》。
③ 贺长龄辑《皇朝经世文编》卷58,《礼政》,顾炎武《华阴王氏宗祠记》。
④ 纪昀:《四库全书总目提要》卷22,《辨定祭祀通谱》说:"考朱子年谱,《家礼》成于乾道六年庚寅,朱子时四十一岁,其稿旋为人窃去。越三十年,朱子没后,始复有传本行世,儒者以为疑。黄榦为朱子弟子之冠,亦云未暇更定之本,则《家礼》之出自朱子手定与否,尚无显证,即真获朱子已失之稿,而草创初成,亦恐尚无定本。以王懋竑之笃信朱子,而所著《白田杂著》,乃反复辨定是书之依托,其言具有根据,则(毛)奇龄之辨,又不能以好胜自矣。"
⑤ 《继修许氏家谱》上册《家谱原序》:"今(道光)之为谱者皆从欧氏。"
⑥ 《杜氏家谱》卷1,《乾隆庚辰(五十七年)家谱序》。
⑦ 《竹溪沈氏家乘》卷1,钱尤锡序。
⑧ 贺长龄辑《皇朝经世文编》卷66,《礼政》,李光地《小宗家祭礼略》。

厚"①。不仅官僚缙绅以"睦族惇宗"为先务，凡地主阶级有志于"敬宗收族"者，莫不修谱联宗，建祠以祀。这样，宗族祠堂便遍布全国城乡，"天下直省郡国，各得数百族，落落参错县邑间"。②而南方诸省，一门子姓多聚族而聚，其势力更为强大。乾隆初任江西巡抚的陈宏谋说："直省惟闽中、江西、湖南皆聚族而居，族皆有祠。"③其实，聚族而居的现象当时是极为普遍的。在江苏常州，陈氏一门"于本处聚族而居"④；高氏"星罗郡东殆遍"，合计有五六百家，被称为"郡东望族"；⑤吴锡周氏（周敦颐后人）一门于宋末自湖南迁吴锡，"历今（乾隆）十八传，衣冠繁衍"⑥。苏州府属各地，"兄弟析烟，亦不远徙，祖宗庐墓，永以为依，故一村之中，同姓者至数十家或数百家"⑦。在浙江，有"自前明中叶至今（道光）称望族者垂三百年"者。⑧在四川，也多聚族而居。⑨安徽地区，"城乡多聚族而居"⑩，桐城姚氏"自宋元间居于桐城之麻溪，至今（乾隆）五百余年"，凡千七百余口；⑪庐江章氏赡族的义田，多至3000亩。⑫在河南，有"户数百，礼教敦和，人文蔚起"的望族。⑬即使在宗族组织上相对说来不如南方的北方，也有津门徐氏"北直名族"⑭一类的大族。这种情况，在道光以后似乎有了更进一步的发展，张海珊《聚民论》云："今强宗大姓，所在多有。山东、西江左右及闽广之间，其俗尤重聚居，多或万余家，少亦数百家。"⑮这些子孙繁衍至成千上万家的大族，其中自然有不少是历史悠久的世家，所谓"家多故旧，自唐以来数百年世系，比比皆是"⑯。如毗陵（常州）张氏，是宋代

---

① 贺长龄辑《皇朝经世文编》卷58，《礼政》，朱轼《与族人书》。
② 贺长龄辑《皇朝经世文编》卷58，《礼政》，魏源《庐江章氏义庄记》。
③ 贺长龄辑《皇朝经世文编》卷58，《礼政》，陈宏谋《寄杨朴园景素书》。
④ 《陈氏宗谱》卷1，乾隆五十五年《陈氏续修宗谱序》。
⑤ 《芳由高氏宗谱》，芳田里属常州。
⑥ 《锡山周氏世谱》卷1。
⑦ 李铭皖：同治《苏州府志》卷3，引《县区志》。
⑧ 《竹溪沈氏家乘》卷1，《道光己丑重修宗谱序》。
⑨ 《云阳涂氏族谱》卷18，《修盘石城寨门记》。
⑩ 鲁铨：嘉庆《宁国府志》卷3，引《旌县志》。
⑪ 《桐城麻溪姚氏族谱》卷1，《乾隆乙卯修谱旧序》。
⑫ 贺长龄辑《皇朝经世文编》卷58，《礼政》，魏源《庐江章氏义庄记》。
⑬ 《杜氏家乘》卷1，《杜氏祖茔记》。居河南新乡冀镇。
⑭ 《续修徐氏家谱》上册，《续修族谱序》。
⑮ 贺长龄辑《皇朝经世文编》卷58，《礼政》。
⑯ 沈葆桢：光绪《安徽通志》卷34，引《徽州府志》。

名将张浚之后,自南宋末迁于常州城南,"复传十有余矣,支派繁衍"①。吴锡、金匮除有周敦颐子孙族居外,又有"(宋)胡文昭公瑗,(唐)陆忠宣公贽,(宋)范文正公仲淹,(宋)秦淮海先生观,俱非锡山人,援子孙迁锡,各建专祠,年年锡金(吴锡、金匮)两邑,分行主祭"②。再如金坛义门王氏,在明已受敕旌表,"在今(康熙)犹知捐资报本,承先裕后,务期无替义门"③。一些大族由于数百年来居于一地,族众人多,在清代有些地区,甚至形成"一族所居,动辄数百或数十里,即在城中亦各占一区,无异姓杂处"④的状况,因而"往往以姓名其村巷焉"⑤。

除了上述情况外,清代宗族组织发展的又一重要标志,是一些在康雍乾时期迁徙他乡者,也很快发展为强宗大族。例如,乾隆年间,涂氏先人由江西迁至四川云阳,"生聚百余年,巍然大启宇","聚族先固围",成为当地大族。⑥傅氏在雍正年间,其先人傅荣沐由福建龙岩迁四川金堂,最初"自为贸易并佃田力农"。傅荣沐善种烟草,"时蜀中未谙种烟法,而满蒙八旗弁兵尤所必需,故一时傅氏烟草重于锦城(成都),其价过倍他种。又煎蔗糖于(金堂)赵家渡,发贩四方,获资益厚"⑦。傅氏由此发家,一二十年间购置田地600多亩,后迁成都,子孙"袭前人遗业,加倍勤敏,而生事益裕"。至道光时,傅氏已是广有产业的大地主,成为名重锦城的巨族,"宗族乡里之贫者恤之,病者药之,不能葬者瘗之。至其家则以诗书为本务"⑧。俨然以所谓"诗书传家"的世家大族自诩。在清代,这类暴发户之所以很快发展成为强宗大族,是和清政府的扶持分不开的,正如前面谈到的云阳涂氏所说:"本朝以孝治天下,凡士农工贾,莫不俾之各建宗祠,以祀其祖先。"⑨清统治者不遗余力鼓励宗族的发展,是从两个方面来论证宗族制度的社会意义的。

---

① 《张氏族谱》卷1,《序》。
② 《锡山周氏族谱》卷1,《公清县祭始祖廉溪公惠山祠堂呈稿》。
③ 《敕旌义门王氏族谱》卷6,《公助祠田碑记》。
④ 光绪《石埭桂氏宗谱》卷1。
⑤ 李铭皖:同治《苏州府志》卷3,引《区县志》。
⑥ 《云阳涂氏族谱》卷18,萧之骏《磐石城赠子厚》。
⑦ 《傅氏宗谱》卷10,《曾祖荣沐公遗事》。
⑧ 《傅氏宗谱》,李惺《傅君志勤墓志铭》。
⑨ 《云阳涂氏族谱》卷12,《祠堂碑记》。

第一，他们说："积族而成邑，积邑而成国。"① 这就是说，在封建统治阶级看来，国家只不过是家族的集合体而已。从这种认识出发，他们强调"圣人治天下自家而国"。这种儒家的伦理政治理论及其治国之道，是把"齐家"看作"治国"的出发点，认为只有如此才能达到"平天下"的境界。要"齐家"，首要的就在于"敦人伦"，而孝悌乃人伦之本。强调血缘关系的宗族制度，正是以孝悌人伦作为规范和准则，以维系一族之心，求得族内的和谐。所以宗族制度完备与否，在他们看来便是与天下安危息息相关的。张载早就阐述了这一点。他说："宗法若立，……公卿各保其家，忠义岂有不立！忠义既立，朝廷岂有不固！"② 反之，如果"众子分裂"，"如此则家且不保，又安能保国家"！③ 程颐则提出"管摄天下之人心，收宗族，厚风俗，使人心不忘本，须是明谱系，立宗子法也"。④ 于是，清代人便大肆发挥宗族制度的目的在于"管摄天下之人心"这一要义。孙原湘《书归氏义庄后记》云："天下人情未有无所维系而即安也，而其道必曰近者始。……盖君之于民远矣，立宗子以维系一族，则势近而情易通。"⑤ 张玉书说得就更为明快："夫使顽民薄俗，官府政令所不能变者，有士焉。敬亲睦族，好施行义，俾一邑一乡之人孝悌忠信之心油然而生，其有补于世教岂鲜哉！"⑥ 于是有人给"宗族"下定义说："宗者，总也；族者，聚也。"⑦ 总（统）聚族人就是宗族。这些议论强调了为朝廷"以族得民"的用意，即所谓"敦世善民，成教化，厚风俗，莫重于宗法"。⑧ 这一切，说明了宗族制度是封建政权的有力补充手段。于是，颂扬之声一浪高于一浪，有人说："今圣天子以仁孝临天下，敦伦睦族，化导民人，风俗蒸蒸。"⑨ 有的则说："窃惟国家广孝，爰伸报本之思，氏族敦宗，厥虔崇德之祀。"⑩ 他们把宗族组织在清代的发展归结为"推衍圣朝之德意"，甚至有人把康雍

---

① 《云阳涂氏族谱》卷11，《族范志序》。
② 邱浚：《朱子家礼》卷1，《通礼杂录》。
③ 张载：《张子全书》卷4，《家法》。
④ 《陈氏族谱》卷1，《族谱遗训》引。
⑤ 《京兆归氏世谱》卷4，《义庄志》。
⑥ 《竹溪沈氏家乘》卷18，张玉书《文学沈君传》。
⑦ 《彭氏宗谱》卷1，《增修宗谱序》。
⑧ 《京兆归氏世谱》卷4，《昭文归氏义庄记》。
⑨ 《芳田高氏宗谱》卷1，《高氏重修宗谱序》。
⑩ 《锡山周氏世谱》卷1。

乾时期清代社会的相对安定和发展，说成是清统治者倡导宗族的结果。乾隆年间任云南户部郎中、入直军机的蒋熊昌说："我国家孝治天下，上治祖祢，下治子孙。凡而世家巨族沐浴薰陶、感发蓼莪、念深行苇者，类皆敬祖敬宗，……靡不宣讲圣谕，与父言慈，与子言孝。耳闻目见，不出方隅。百余年来，太平长享。民生不见外事，而安于乐生送死，以睦族敦伦。"蒋熊昌所描述的这种社会图景，他认为"盖圣朝之培育有素"所使然，所以凡讲求宗法者，应该"移孝作忠"，才不致有"负圣明训迪之意"。①

第二，在清代，宗族内部的贫富分野，阶级对立，十分严重。秦蕙田《五礼通考》卷146《嘉礼》十九《饮食礼》云：

> 一族之人，或父贵而子贱，或祖贱而孙贵，或嫡贱而庶贵。……至于兼并势成，人皆自食其力，勤俭者致富，惰侈者困乏。即一家之中，有父富而子贫，兄贫而弟富，嫡贫而庶富，又以人之勤惰侈俭而分。

秦蕙田把家族内的贵贱贫富的阶级分野，说成是"以人之勤惰侈俭而分"，当然是不明其源的皮毛之见。但他所说"兼势成"，则是反映了租佃契约制地主经济不可抗拒的趋势。而一族之内贵贱的悬殊，也是与科举制分不开的。这就是说，在当时的条件下，族人的阶级分化是不可避免的。既然宗族内部是划分为统治者、剥削者和被统治者与被剥削者，那么，"兄弟阋于墙"，宗族内部的种种纷争也就会纷至沓来。因此，清代族谱在强调"维系天下之人心"的同时，无一不强调宗族组织的目的，是要唤起族人的"木本水源"之思，无论贵贱贫富都应想到是祖先一人之后，从而使族内日益尖锐的阶级对立，在血缘关系下，化险为夷。沈胤培为本族《家乘》作序时说得很清楚："培所窃惧者，族大而不均。"这种不均。一方面是因为族人中有"都膏粱而不知稼穑之艰难，习骄贵而不问物情之险阻"；另一方面，则是因为"有半菽不饱者则可惧"，消除这种"可惧"，便是"此缉属而敦训之第一义也"。② 当然，他们所谓的

---

① 《陈氏宗谱》卷1，蒋熊昌《毗陵陈氏续修宗谱序》。
② 《竹溪沈氏家乘》卷1，沈胤培《庚君谱序》。

"缉属而敦训",就是要族人卑不犯尊,下不犯上,贫贱者务必去其抗争之心。高维仁《乾隆续谱告成记》云:"观于谱孝悌之心油然而生,……凡我族人登斯祠、阅斯谱,而各兴其尊亲敬长之心,抑其骄淫暴戾之习,庶几上慰祖宗之开基,而不负我等之收族也。"① 为了"兴其尊亲敬长之心,抑其骄淫暴戾之习",在清人的"族谱""世谱""宗谱""家乘"中,便不厌其烦地反复强调,一族之人"皆属同气,我看来是千百人,祖宗看来是一人"②。"今兹名载于谱而人现存着,凡千七百有余,原始一人而已。合千百人之心为一人之心,此为谱者之志也。"③ 如果真能像他们期望的那样,合一族之人为一心,一切矛盾纷争自然都会泯灭。这就是宗制度所要实现的又一社会职能,用清人的话来说,就是"敬宗收族"之"志",或曰"第一义也"。

湖南郴阳世族陈氏,便是一个典型。陈氏在宋明已是大族,朱熹为其族谱作序说:"谱存而宗可考,是故君子重之。"清道光十九年,湖南学政祁隽藻在《陈氏重修族谱序》中说:"郴之科名,由明至今,历久而不衰者,必以陈氏为最,则陈氏为郴之世族,更不诬也。……窃惟陈氏代有伟人,秀者泽以诗书,朴者安于耕凿,从无健讼滋事之习,殆太邱(陈氏先人)之训犹有存焉者耶?抑其族人皆崇文好善故天之报者亦优耶?"④ 照此说法,陈氏一族是雍雍和睦,从无纷争诉讼之事,然而其内部却是分为"代有伟人"的官僚,"安于耕凿"的农民和手工业者。陈氏子孙的自述则更为具体:

吾陈类有不同,有拖朱曳紫,克勤王家,而膺爵担禄者;有累褥重裀,珍馐美酝,而暖衣饱食者;有修身结道,建德立业,而富贵自如者;有耕稼陶渔,结盟泉石,而世故不迁者;有志在沙门,崇尚虚无,而簪冠被缁者;甚至有迫于饥寒,不能自禁,而悲叹穷途寄食墙间者。若是之类,难以悉举。⑤

---

① 《芳田高氏宗谱》。
② 《竹溪沈氏家乘》卷7,《祠规》。
③ 《桐城麻溪姚氏族谱》卷1,《乾隆乙卯修谱旧序》。
④ 《陈氏族谱》卷1。
⑤ 《陈氏族谱》卷1,《族谱遗训·审择》。

陈氏一族几乎就是当时社会阶级、阶层构成的缩影。族人中有官僚、缙绅地主、和尚、道士，也有农民和小手工业者，以及饥寒迫身无以自存的赤贫。面对这种严重的阶级分化和阶级对立，他们说，一族之人"当数世之后，其中有贫富贵贱之不同，智愚贤不肖之不一，亦理势然也"[①]。然而，陈氏一门之中，却因此"耰锄威逼之状，纷臂阋墙之争，丛见叠出"[②]。其内部矛盾和冲突，纷纭鼎沸，如蜩如螗。陈氏解决这些层出不穷的诸多矛盾的办法，就是："我族世守耕读，秀朴各异。秀读经传，庶可薰风沐雨；朴勤耕凿，岂尽负笈从师？爰摘遗训数百余言；……谓如堂前提命，族长督率，耆老之劝且戒也。"即是说，他们是三管齐下：一曰抬出祖宗的遗训，有如耳提面命，谁敢不遵？二曰族长执族规，以家法督率；三曰耆老长辈谆谆劝导。从这三方面着手，使族人明白"四民各有职业"，"虽势有强弱，境有富贵贫贱"，但彼此都是"宗族本支之所派衍，而祖宗血脉相为流通者也"，因此务必"以亲九族"，[③] 从而达到"睦族"的目的。历任多省巡抚的陈宏谋说："立教不外乎明伦，临以祖宗，教其子孙，其势甚近，其情较切，以视法堂之威刑，官衙之劝戒，更有大事化小，小事化无之实效。"[④] 观乎湖南郴州陈氏之所作所为，似乎是收到了这样的实效，所以前引湖南学政祁寯藻说，陈氏"秀者泽以诗书，朴者安于耕凿，从无健讼滋事之习"，乃由于陈氏先人之"遗训"犹存之故。

尽管多数族谱的编修者以族人"皆属同气"，用祖先一人之后使其内部的阶级对立和矛盾"大事化小，小事化无"，但也有直言不讳者。《芳田高氏宗谱》卷1《家训述言》说："人家兄弟不亲，则宗族不附；宗族不附，则奴仆相窃为仇矣，况他人耶！故人家笃爱兄弟，非但出自天性，亦事势宜然。"这就把加强宗族制度建设为了统治作"奴仆"，全盘托出了。

---

① 《陈氏族谱》卷1，《族谱遗训》。
② 《陈氏族谱》卷1，《族谱遗训》。
③ 《陈氏族谱》卷1，《族谱箴规·敬宗族》。
④ 贺长龄辑《皇朝经世文编》卷58，《礼政》，陈宏谋《寄杨朴园景素书》。

三 以族长、房长为代表的族权

宗族制度的社会职能，一方面是作为封建政权的重要补充而存在，另一方面，又是以血缘关系掩饰族内的阶级对立，并力图强制族人就范，这样，必然形成族权。而且，族权是家长制的统制，是封建专制制度的具体而微者。

族权在明代后期业已形成，至清则更进一步强化，终于与封建政权配合，起着基层政权的作用。

族权是由族长、房长、祠堂、族田（义田）、族谱联结而成。族长、房长则是族权的人格化和集中体现。

宗族制度是按家长制的原则组织的。族长被视为"宗子"，即所谓"族长即宗子也"[1]，为一族所尊，因而也有称为"族尊"的。一族之内按昭穆亲疏分为若干支，支下有房，如江苏洞庭安仁里严氏规定："族长所以掌一族之事，而支有支长，房有房长。"[2] 有的只分为房，如湖南郴阳陈氏，"合族会食，动以千计"，分为绶、绚、缟、绖、绘五大房；也有的称"房"为"分"，如金坛王氏便是"吾宗凡三大分，每分推一人主事"。

族长的产生，大体上有两种形式。有的是"族长虽序行序齿，究以德为主"，[3] 即族中行辈最高而又年长有"德行"者为之。多数是由族人推举。云阳涂氏规定："族中立族长一人，族正二人，管理全族事务。由合族择廉能公正、人望素孚者，公举充任。"[4] 所谓族人"公举"，实际上被举之人皆官僚、地主。涂氏在规定"公举"的同时，又规定"公推族中殷实廉能者任之"。[5] 在清代，地主被称为"业主""田主"，"殷实富户"往往就是"业主"的别称。此外，一些引古义而立族长的世家，族长则重官爵。顾栋高说："夫使宗子无禄，何以收族人？不得爵于朝，何以为族人主？"因此"子孙之贤而贵者，受祖宗之遗泽，当类推以恤族，凡族人亦因而

---

[1] 《敕旌义门王氏族谱》卷1，《宗约》。
[2] 《严氏族谱》卷12，《族规》。
[3] 《张氏宗谱》（常州城南）卷2，《宗约》。
[4] 《云阳涂氏族谱》卷11，《族范》。
[5] 《云阳涂氏族谱》卷12，《祠规》。

宗之"。宗法之立"在士大夫之贤者自为之"。①因而有的明文规定，管祠"以族中有科名者掌之"②。上述这些规定，族长及其助手便为官绅、地主所把持。管一房之事的房长，多数也由族众推举，也有的由族长指定。《云阳涂氏族谱》卷11《族范志》规定："族中各房立房长一人，管理本房事务，由族长、族正择年长公正明白为本房素所敬服者任之。"由族长指定的房长，自然是唯族长之命是从。

族长"乃子姓视效所关，宗族家务所系"③，掌管全族事务，需要有助手辅佐办事。有的设"族正"，有的则设"宗相"二三人，分别掌管钱谷、礼仪，又有"宗直"，"以司纠察（族人）而决是非，定曲直，以辅族长"④。一些士族的组织甚至与官府衙门无甚区别。镇江赵氏宗族有两万余丁，设总祠一人，族长8人佐之，评议4人，还有勾摄行杖之执役者8人。⑤所有辅佐族长的执事人员，都必须听命于族长。义门王氏《宗约》明文规定：宗相、宗直"各人既承此任，须视公事为己事，视家事为官事，尽心思以效劳祖宗。……不然族长会祠之日，族长以义责之"⑥。自然，在条文上，《族规》也有族长、房长"之责綦重，倘公事怠惰，处事徇情，族众查确，会齐将房长革退。若更有受贿之弊，加之责罚。"⑦尽管这类规定字字铮铮，但事实证明，对于族长等之侵吞祠产并无多大约束力（下面将要谈到）。此外，还有"族贤"，他们大多是在职或致仕的官吏，以及文人学士，所谓"族中有忠臣孝子，道德文章名重于当世者；其次品行端方，为乡间称道者，并加优异，号为族贤"⑧。族贤自然有权参与族内事务。所有上述各类执事人员，在族长的统率下，掌管全族事务。

族长"秉礼执法"⑨，"有不守家法，违悖教训者，随其轻重处罚"⑩，因而拥有极大的权势。其权力的根据来自两个方面，即所谓"礼""法"。其

---

① 贺长龄辑《皇朝经世文编》卷64，《礼政》，顾栋高《书适孙葬祖父母承重辨后》。
② 《京兆归氏世谱》第3，《春祭田考》。
③ 《京江王氏宗谱》卷上，《家范》。
④ 《敕旌义门王氏族谱》卷1，《宗约》。
⑤ 刘继庄：《广阳杂记》卷4。
⑥ 《敕旌义门王氏族谱》卷1，《宗约》。
⑦ 《桐城麻溪姚氏族谱》，《家法》。
⑧ 《张氏族谱》卷2，《宗约》。
⑨ 《桐城麻溪姚氏族谱》，《家法》。
⑩ 《京江王氏宗谱》卷上，《家范》。

一，从"礼"来说，族长是全族的"宗子"，根据宗法制度和纲常名教的一套道理，他是处于"尊尊"的地位，可以号令全族，这是有明文规定的："名分属尊，行者宜恭顺退让，不可凌犯。"①其二，从"法"来说，族长又是"家法"的执掌者，有如官吏之执"王法"，所以又规定："家之有长，犹国之有官，敢有詈骂尊长，越礼犯分者，通族权其轻重，公同处置。"②"礼""法"不可分割，触犯"家法"也必然是"悖于礼"，"违礼"则一定受家法处置。这是以"族规"（"家规""家训""家范""宗约""禁约""祠规"）的形式，逐条加以规定的。

"族规"具有封建法律的强制性。他们说："王者以一人治天下，则有纪纲；君子以一身教家人，则有家训。纲纪不立，天下不平；家训不设，家人不齐矣。夫家中之有长幼内外之殊，公私亲疏之别，贤愚顽秀之不同，苟非有训以示之，而欲一其性情，遵模范，绝无乖戾差忒之虞，虽圣人不能强也。"③可见其看重家规的强制作用，更甚于"圣人"的礼教。有人甚至宣布，皇帝"以律治天下，名为大诰"，"严氏之谱，即严氏之律也。……三纲既明，五典以正，即公此谱以式百姓，鼓吹休明，用弼维皇之大诰，其谁曰不然"！④"族宜有范，犹国之不能无法制也。……（族范）正以辅国家法制之所不及也"⑤。这就是说，"族规"是作为封建法律的辅弼与补充，具有同等的效力。

"族规"是以三纲五常为基础，并糅合了封建法律的若干规定。因此，"族规"既体现了族长权力的各个方面，同时又充分体现了宗族制度在巩固封建统治中的作用。概括说来，主要有以下几个方面。

（1）宣扬敦人伦、崇孝悌，以正纲常。他们说："若天地无人，亦云虚器耳。若人无忠孝，亦云空质耳。"⑥而父母就是"子之天地也"⑦。因此，自孩童牙牙学语伊始，就应注意教导，"凡小儿甫能言，则教以尊尊

---

① 《云阳涂氏族谱》卷11，《家训》。
② 《陈氏宗谱》卷1，《罚恶》。
③ 《张氏宗谱》卷2，《家规》。
④ 《严氏族谱》卷首，《安仁里严氏族谱序》。
⑤ 《云阳涂氏族谱》卷11，《族范志序》。
⑥ 《高田芳氏宗谱》卷1，《高氏宗谱序》。
⑦ 《高田芳氏宗谱》卷1，《高氏宗谱序》，《家训述言》。

长长；稍就家，则教以孝弟忠信礼让廉节"①。如果"子孙受长上诃责，不论是非，但当俯首默受，毋亟自辩理。媳事姑舅亦然"②。即使尊长全然错了，"其尊于我者，诸事本宜顺受，即有委曲，不妨从容待白，若以激烈之气行之，则犯上矣"③。总之，天下无不是之父母，只有不肖的子孙。家长制是绝对的。在日常生活中，一切言行，都要"娴于礼法，凡语言应对周旋动作，皆当符合规矩"④。具体说来，就是"子弟见父兄，坐必起，行必以序，不可免冠徒跣，应对毋以尔我"⑤。但是，仅仅做到遵循礼法，对父母生养死葬尽心尽孝，还不能算是十全十美。因为"人伦之道，莫大于君亲。书云：'移孝作忠。'又曰：'求忠臣于孝子之门。'是事亲尤为人之本务也"。⑥所以"孝"的更高要求，则是"显亲扬名"，"贻亲令名"。⑦钱大昕说："古之孝者，立身行道，扬名于后世，以显父母。父母之乐，莫乐于有令子。"⑧这就是说，除养生送死尽孝之外，还要入仕做官，光宗耀祖，方能称为"大孝"。因而少家谱规定，"居官不勤王事，不独上虚知遇之恩，亦且大伤祖宗冀望之隐"⑨。简言之，既要孝父母，敬尊长，又要"移孝作忠"，成为封建统治下的顺民，并"求忠臣于孝子之门"，培养一批忠心耿耿的封建官吏。

如果子弟不孝父母，凌辱尊长，则家法决不宽贷。《芳田高氏宗谱》卷1《家训述言》规定："子孙固当竭力以奉尊长，……若有过，反复谕戒之，甚不得已，会众笞之，以示耻辱。"《云阳涂氏族谱》卷11《族范志》规定："子孙不听祖父母、父母教训，或奉养有差，应令入祠重责。妇不孝翁姑及祖父母，亦如之。"族长会众对子弟执行家法，子弟必须绝对服从，不得有二言。涂氏"置家法一具，用小竹片，交族正执掌。子弟有不服情理者，由族房长等会集族众，酌予扑责，以示惩戒"⑩。有"蛮抗不服者，

---

① 《陈氏宗谱》（常州）卷1，《家规》。
② 《京江王氏宗谱》，《家范》。
③ 《续修徐氏家谱》上册，《家训》。
④ 《续修徐氏家谱》上册，《家训》。
⑤ 《京江王氏宗谱》，《家范》。
⑥ 《续修徐氏家谱》上册，《家训》。
⑦ 《续修徐氏家谱》上册，《家训》。
⑧ 贺长龄辑《皇朝经世文编》卷63，《礼政》，钱大昕《原孝上》。
⑨ 《京江王氏宗谱》，《家范》。
⑩ 《云阳涂氏族谱》卷11，《族范志》。

革其籍，永不入祠"①。当然，这是指一般过失而言，倘若过失严重，如子孙殴打父母或祖父母，可以置之死地。桐城麻溪姚氏《家法》第一条就规定："盗祖茔者是与子孙殴祖、父同罪矣，鸣官押扦，并请治以死罪。"②族长可以处死犯名教的族人，在明代后期已经出现。景泰时，河北真定有寡妇不安于室，"其族长耻之，合群以殴杀之"③。足见族长权力之大，而族人可能被处死的情况，尚不止于此。

"族规"不遗余力地宣扬封建礼教，并严禁妇人干预家政。他们说："妯娌异姓，相聚一门，计较长短，量财评势"，好搬弄是非，又"恃枕席以恣甘词"，使丈夫听信其言，引起家门不合，有的族因而"每至夜分，令老仆于各巷大呼云'丈夫不可听妇人言，妇人不可说家事'"④。

（2）宣扬"安分"的天命论思想，以达到"睦族"。"安分"的侧重面是压抑贫者反抗富者，以保障地主的剥削。他们说："人生贫富贵贱，自有定分。""君子乐得为君子，小人乐得为小人"⑤。这种"君子"与"小人"之别，便是"分者，生人所止之地也"⑥。所以贫者不得有非分之求，否则"由于荣悴易观，人不安命"，就会引起"族之不睦"，人不安命是因为"贫者觊望甚奢，富者周施易倦，相妒相尤，相夷相恶矣"。然而，贫者妒恶富者，无异于自戕，因为"本枝一脉，虽有祜荣，且条须籍繁枝之荫。倘自剪伐，则枝叶有害，本实先拔矣"⑦。从立"族规"者的深意来看，上述说教是要从思想上消除贫者的"异心"，强调同是祖宗一人之后，"夫均一本，荣悴亦属偶然，何得生心异视"⑧，所以务必要"敦族谊""笃伦理"。可是，既然一族之内存在着富者奴役贫者的现实，那么，就不能不有更进一步的规定："族中贫者为富者服役，倘行辈过高，不得以寻常僮仆一例视之，以示区别。"⑨可见，贫而行辈虽高（尊者），也必须服从富者，虽然有

---

① 《陈氏宗谱》卷1，《家规》。
② 《桐城麻溪姚氏族谱》，雍正五年立《家法》。
③ 张萱：《西园闻见录》卷85，《平反》。转引自左云鹏《祠堂族长族权的形成及其作用试说》，《历史研究》1964年第5~6期。
④ 《芳田高氏族谱》卷1，《家训述言》。
⑤ 《云阳涂氏族谱》卷11，《家训》。
⑥ 《陈氏宗谱》（常州）卷1，《家规》。
⑦ 《陈氏宗谱》（常州）卷1，《家规》。
⑧ 《敕旌义门王氏族谱》卷6，《宗约》。
⑨ 《云阳涂氏族谱》卷11，《族范志》。

不能以一般僮仆对待这样一点点"温情",却是为了保障剥削。王侃《商严傅君传》记载,傅商严家有八口,后食指日繁,负债日重,"乃谋货其田,族人某愿以重值得之,而又留耕其田,使勿他徙"①。傅商严沦为同族富人佃农,只落得"勿使他徙",照额纳租而已。有的族规因此而规定"重田主",其内容是:

> 自己无田而佃田耕种,照额纳租,亦可谓于人无求。倘逢岁歉,自有乡例可循,田主当然减让。不可如无耻下农,恃顽抗租,或霸庄不徙,驯致缠讼公庭,岂惟受辱,耕稼之人,一经累讼,废业破家,在俄顷间。且声名一坏,乡里鄙夷,势将无田可耕,难免冻馁之虞矣。②

由此可见,族内纠葛讦讼,其中也包括有佃农与地主的纠纷。一方面,作为"家训",则要求佃农照额纳租,不得顽抗,更不得兴讼;另一方面,对地主,"家训"则教导要"习勤劳",所谓"习勤劳",乃:

> 富者有人服役,颐指气使,往往即于晏安,不知钱谷之出纳,租息之增减,何一不需筹画?佃农之课,雇佣之役,不历历钩稽,则怠者不儆,劳者无功,未有不相率而归乎惰,百事废弛,害有不可胜言者也。③

在同一《家训》中,对地主、佃农如此明白地开导,再结合他如"安本分""睦宗族"等有关规定,宗族制度之在于保障地主对农民的剥削与统治,真是洞若观火了。反之,族人若是不听家训,擅自兴讼,族长则不问是非,有权重责。云阳涂氏规定:

> 族人有田土坟墓钱债等项龃龉,或口角微嫌,须入祠凭族房长公同理论,不得擅兴词讼。其有不遵处理者,或反言相加者,族房长得

---

① 《傅氏宗谱》卷10。
② 《云阳涂氏族谱》卷11,《家训志》。
③ 《云阳涂氏族谱》卷11,《家训志》。

出名禀究。①

洞庭严氏规定：

> 各支如有田土钱债细故争执，不得遽行兴讼，先宜禀达族长支长，相约诣祠理讲，毋得偏袒。如理讲不服，始可到官告理。②

如果"不遍告各支长而竟告官者，无论曲直，必传至祠内重责重罚"③。有的甚至干脆规定族长的判决是最后的判决，不准告官。宣称"族规"有如"王者治天下"的"纪纲"的陈氏便规定："族中或有故相争，必各据实呈词禀明宗祠，祠主定期约同族尊、族贤及近邻佑，……询其巅末，代为排解，如退后有言，擅敢兴讼者，祠主责治，公议量罚。"④"族规"中的这些条文，规定了族长、房长对族人的诉讼司法判决权，虽然有"公议"的规定，实际上却是族长一人说了算。例如，王重"主持宗政二十余年，凡同室有嫌怨，及与异姓相争，公片言折服，族人无有以片纸入公门者"⑤。姚荔香"数十年经理族事，整肃公平，每判曲直，不过一二语，人咸服其当"⑥。既然族长"片言折服"，"每判不过一二语"，那么，所谓"公议"就只不过是徒具形式罢了。族长所拥有的这种"田土钱债"的判决权，其中地主和农民的纠纷当然也包括在内。

自然，在"族规"中也有富不欺贫，贵不傲贱，强不凌弱，众不暴寡的规定，以及要求富者念族中贫者"乃一气所生"，应不吝"恤族"等，然而，其能如此行事者并不多。乾隆初任大学士兼吏部尚书的朱轼，自述其本族的情况说："比闻吾乡连年歉收，族中枵腹待毙者，十之一二，而仓庾陈朽，闭而不发者，亦间有之。噫！何其忍也。"尽管朱轼说他"所以劝勉族人者，为贫者计，实为富人计也"⑦。富者也无动于衷。富者"恤族"

---

① 《云阳涂氏族谱》卷11，《族范志》。
② 《严氏族谱》卷12，《族规》。
③ 《竹溪沈氏家乘》卷7，《祠规》。
④ 《陈氏宗谱》（常州）卷2，《宗约》。
⑤ 《敕旌义门王氏族谱·补行事二·王重传》。
⑥ 《桐城麻溪姚氏族谱·姚氏先德传·义行》。
⑦ 贺长龄辑《皇朝经世文编》卷58，《礼政》，朱轼《与族人书》。

固属少见,横遭迫害者则往往是贫者。"刑科题本"档案,有四川定远县陈进伟打死族弟陈进葵(二人同曾祖父)一案,其经过简单说来是这样:陈进葵是雇农,族兄陈进伟"引他到(陈进伟)妹夫胡正纲家做长工,每年工银四两"。胡家拖欠工银不给,陈进葵牵走胡家马一匹,想以此讨还工银,当即被追回。胡家将陈进葵交陈进伟管束。陈进伟"报族长陈泽林等理论,欲行送官究治"。陈进葵不服,为自己申辩说:"原因是工银牵马,你们不替我作主,若说是偷的,你们就是同伙。"陈进伟便大发雷霆,说他"泼赖",将族弟雇农陈进葵打死。雇农与地主发生争执,曲在地主,反被族兄打死,"恤族"又从何谈起!

(3)宣扬恪遵封建政府的法令,族人为"盗贼"者可以处以死刑。《芳田高氏族谱·家训述言》规定:"无犯国法也。"《陈氏宗谱·惩恶》云:"强盗劫人,罪甘立决;贼犯三次,亦当缄首,此国法也。而家中亦断不可恕。今而后,若子孙有不幸而犯此者,或鸣官而置之死地,或重责而摒之远方,各随其轻重以处之。父母回护者同答。"《云阳涂氏·族范志》规定:"族中子弟有交结非人,奸宄不法,流入败类者,应令入祠从重惩责;如不悛改,联名禀官究治。"即使是因穷困所迫铤而走险者,也决不宽贷。宗法制度成为控制族人不得触犯封建统治的强有力的基层组织。

(4)保障封建国家赋税的征收。他们说,"国赋非私债可比","完粮纳税,国课为先",须"照限早完",断不可"比例于顽户"。① 常州张氏更从封建国家保护地主的关系来说明早完国课的重要意义:

> 朝廷之取钱粮也,非以入私帑也。文武之俸出于是,士卒之养出于是,驱逐寇兵之用出于是。取之百姓者,还百姓用之,故百姓得以从容安乐,以成其耕耨,以享其安饱也。此何必劳官府之催征,衙役之追促哉!世有拖欠,以希宥赦,欺侵以饱私囊者,必不容于天地鬼神。凡我宗族,夏熟秋成,及期完纳,毋累官私焉,实亦忠之一端也,而实保家之道也。②

---

① 《敕旌义门王氏族谱》卷6,《宗约》。
② 《张氏宗谱》卷2,《家规》。

在清代，摊丁入亩征收钱粮，地主称为"粮户"，"绅粮"（自耕农也要交赋税）。张氏《家规》把完纳国课与否提高到"忠君"的标准之一，并说明国课的用途是保地主之家所必需。这两点认识，使有的族长、房长在族中有人拖欠国课时，甘愿代输。例如，王和一在康熙年间被"族人推为分正（房长）十余年，每有难处必多调解。房弟某逋赋累积，公以脯金代偿"。①

为了使族人对族规知晓明白，还有定期宣讲的规定。湖北黄冈大族"邓一隆，字瑞林，家世友孝，一隆尤恭谨勤俭，著家规十六条，家训四十三章，岁二次，集男女序班会讲"。②

综上所述，以族长为代表的封建家长制族权，通过宗族制度，凭借"族规"，竭力维护地主阶级对农民的剥削，维护封建国家的法令和封建统治。

四　祠堂与义田

作为宗族制度的又一重要组成部分，是祠堂。张履祥说："今欲萃人心，莫大于敦本族，欲敦本族，莫急于建祠堂。"③巨宗世族除有祖祠外，往往还有支祠。

祠堂的意义主要有三个方面。

（1）祠堂之设，本为供奉祖先牌位，春秋祭祀，因此又称"家庙"，是一族的象征。祭祀祖先是"敬宗收族"的重要典仪。任荣守说："古者庶人无庙，祭则于寝，后世因之而聚族者，复共立祠堂以奉开族之祖，所以展孝思而敦族谊也。……祠之于人道者如是，故曰君子将营室，宗庙为先。"④祭祀祖先是聚族敦宗的手段，十分隆重，春秋大祭，其制极严，以明"慎终追远"（慎终者，丧尽其礼；追远者，祭尽其诚），并序尊卑。一般由族长主祭，当日"阖族晨兴齐集于祭所，随班次行礼"，"尊者在前，卑者在后，务整齐严肃，如祖考临之在上，不可戏谑谈笑，参差不齐"⑤。

---

① 《敕旌义门王氏族谱》卷9，《王和一传》。
② 光绪《黄州府志》卷23，《孝友》。
③ 贺长龄辑《皇朝经世文编》卷66，《礼政》，张履祥《家堂》。
④ 《芳田高氏族谱·高氏重建祠宇记》。
⑤ 《京江王氏世谱》卷上，《祭约》。

有官爵者必须官服,其他人也必须衣冠整肃,"其短衣赤足者,不得列班行礼"①。这样的规定,便把不少农民和其他劳动者排斥于祀祖之外了。祭毕会食,名曰"享胙",也是"伦序秩然毋紊"。通过如此繁文缛节而又严肃的祭祀活动,是为了把礼教所规定的典仪充分展示于族人,"木本水源之思,油然而生",受到人伦孝悌的教育,即所谓"家庙之设,上以对越祖考,下以联属宗族,一举而孝弟慈之道备焉"②。

(2)祠堂又是执行家法和族人会集的场所,因而又称公堂。沈氏《祠规》规定:"凡有族中公务,族长传集子姓于家庙,务期公正和平商酌妥协。"祠堂也是宣讲圣旨,接待宾朋的处所,③尤其是在对族人施行家法时,必在祠堂执行,"族长传单通知合族,会集家庙,告于祖宗,家谱削去名字,祠墓不许与祭。此外凡有一过失,另当酌其轻重,以示罚"④。《严氏族谱·族规》规定:"各房如有大不孝者,其父母告于族长,复经合族查明,均无异词,乃告于祖庙,告于官厅,以正其罪。"有的甚至规定事无巨细,如兄弟"辱骂斗殴","妯娌不和","均令入祠惩罚"。这样,祠堂俨然有如官府衙门。

(3)义学一般设在祠堂,以培养本族子弟。"学堂设在家庙偏房,以便蒙师奉祀祖先香灯"。蒙师由族长、房长公同择族中"品学兼优"者聘请,束脩由义田收租支付,"凡族中子弟入学,不另具脩金供膳等费,外姓不得与入"⑤。培养子弟就学,是希望他们将来入仕做官,这不仅是为了光宗耀祖,而且也是为了将来报本,捐资购置族田,使族大兴旺。归衡《书田规条约后》说:"凡子弟自童年入塾,而后岁给银若干,赴试者助费若干,……其有登仕版,膺外任者,酌量廉俸厚薄,捐银置产。"⑥一般情况,大约是"游庠序者捐银一两,贡监捐银二两,乡试中式捐银四两,会试中式捐银六两,鼎甲捐银十六两,翰铨科道捐银十二两,初选京职及县令捐银十两,凡升转捐银十两,至开府捐银五十两"⑦。这是专指续置祭产

---

① 《云阳涂氏族谱》卷12,《祠规》。
② 《竹溪沈氏家乘》卷7,《祠规》。
③ 《云阳涂氏族谱》卷12,《祠堂碑记》。
④ 《竹溪沈氏家乘》卷7,《祠规》。
⑤ 湖南郴阳《陈氏族谱·创立义学记》。
⑥ 《京兆归氏世谱》第4,《义庄志》。
⑦ 《竹溪沈氏家乘》卷7,《续置祭产》。

641

而作的规定。购置义田所规定的捐银数目，就要高得多。"凡现任四品以上者，岁捐百五十金，七品以上者百金，佐贰减半。……有力者听其自便。"①所有捐银，统统用来购置祀田和义田，希望由此积累不已，族大祠富，宗族昌炽。

祠堂既然是具有以上所述的多种功能，因而在建筑规制方面也有一定的讲究和程式，以适应各种功能的需要。总的说来，族不论大小，必须是"祠堂礼尊而貌严"②。大族祠堂构建的形式是："上建龛堂，所以安神主而序昭穆也；中树厅事，所以齐子孙而肃跪拜也；前列回楼，所以接宾朋而讲圣旨也；左右两庑，所以进子弟而习诗书也。"③巨室大宗的祠堂，规制宏大，富丽堂皇，耗费巨大，他们"建立祠堂，衒耀乡邻，以示贵异"④。

有祠必有田，二者缺一不可。张永铨《先祠记》说："祠堂者，敬宗者也。义田者，收族者也。祖宗之神依于主，主则依于祠堂，无祠则无以妥亡者。子姓之生依于食，食则给于田，无田则无以保生者。故祠堂与义田并重而不可偏废者也。"⑤义田是宗族制度的重要组成部分，是"敬宗收族"的物质基础，也是族权的物质基础。

义田来源有三："或独出于子孙之仕官者，或独出于子孙之殷富者，或祠下子孙伙议公出者。"⑥清政府规定，捐田赡族，由巡抚"造具事实清册送（礼）部"，由礼部题请皇帝照例予旌。其所捐产值银千两者，由地方官给银三十两建坊，并给"乐善好施"字样。在清政府的鼓励提倡下，一些大族的义田动辄以千亩计，而有的人一次捐田赡族也是成百上千亩。如陈起良"分家私之业，为公族之产，以禾田二百四十余石，立为义田，刊碑家庙"⑦。长洲陆豫斋"割遗产五百亩，为赡族之资"⑧。庐江章氏"捐田三千亩赡族"⑨。

数量庞大的义田，是在族长的统率下，一般设有专人管理，有的由族

---

① 《竹溪沈氏家乘》卷7，《义庄》。
② 《芳田高氏族谱》卷1，《公祠分祠总记》。
③ 《云阳涂氏族谱》卷12，《祠堂碑记》。
④ 贺长龄辑《皇朝经世文编》卷66，《礼政》，陆耀《祠堂示长子》。
⑤ 贺长龄辑《皇朝经世文编》卷66，《礼政》，陆耀《祠堂示长子》。
⑥ 《严氏族谱》卷12，刘鸿翱《杜盗祭款立碣记》。
⑦ 《陈氏族谱·义田记》。
⑧ 贺长龄辑《皇朝经世文编》卷58，《礼政》，钱大昕《陆氏义庄记》。
⑨ 贺长龄辑《皇朝经世文编》卷58，魏源《庐江章氏义庄记》。

中"殷实廉能者任之",有的则是"由族中有科名者掌之"①,因此为地主官绅所把持。

其一,按规定,义田是用于"周恤鳏寡孤独废疾贫乏"的族人,"孤儿寡妇以贫守节,不论年之老少,俱宜分谷",一般是计人均分。②其二,贫困族人,"其婚嫁之失时也,则有财以助之;其寒也,则为之衣;其疾也,则为之药;其死也,则为之殓与埋"③,但所给却十分有限。这种对族人中之贫乏孤独者的小恩小惠,的确在一定程度上缓和了族内的阶级对立,加强了宗族观念,拥有成千亩"义田"的归氏,"族属感之,乡里羡之"④,就说明了这一点。

然而,把持在地主官绅手中的义田,往往是"有义之名,无义之实"⑤。他们上下其手,借管祠以饱私囊,"夫人于宗祠中往往假公济私,托收管之柄,肆侵蚀之谋"⑥。一些祠产众多的大族,甚至"争祠产而阋墙,则近世巨宗多狃此习,于敬宗之本意乖谬甚矣"⑦。金坛王氏祠产就是"过端百出",乾隆十七年整顿过一次,但收效不大。乾隆二十四年又不得不重申"各分长及管祠人,矢公矢慎,……倘或挟诈行私,持强梗议,不惟祖宗不佑,定为国法所难容,各宜禀遵,勿贻后悔"⑧。尽管向族房、房长威之以国法,且清政府也有"子孙盗祭田五十亩以上,发边远充军。侵蚀祭项与盗卖祭田等"⑨的律文,但不能制止族长及管祠之侵吞祠产。道光时,江苏苏松常等处太湖水利同知刘鸿翱,曾因太湖严氏族长严昭宇侵吞祠项七百余千(串),特撰《杜盗祭款立碣记》,勒石昭示,严申清政府保护义田,保护宗族制度之意。其中说:"丙戌(道光六年),余分守来此,甫下车,即有(洞庭)西山沈氏盗卖祭田一案,立予惩责,追还原物,并给示两山祠堂。越数月,东山严国涛控严昭宇侵亏祠项七百余千。"⑩数月

---

① 《京兆归氏世谱》第三,《春祭田考》。
② 《陈氏族谱·义田记·义田条规》。
③ 《京兆归氏世谱》第三,《春祭田考》;第四,《旧氏义田记》。
④ 《京兆归氏世谱》第三,《春祭田考》;第四,《旧氏义田记》。
⑤ 《京兆归氏世谱》第四,《归氏义田记》。
⑥ 《陈氏宗谱》卷4,马晋《继儒公传》。
⑦ 《京兆归氏世谱》第四,《归氏义田记》,李兆洛《昭义归氏祭田书田记》。
⑧ 《敕旌义门王氏族谱》卷6,《管祠议单》。
⑨ 转引自《严氏族谱》卷12。
⑩ 《严氏族谱》卷12。

之间，不断发生族长侵盗祠产之事，足见这类事件之多。"祠规"严格规定祠产不得出卖，已成具文，虽再有官府的严禁，也无可奈何，出卖出典祠产之事不胜枚举，族人也只有发出"但愿已卖者，幸得恢复，则先灵亦慰甚矣！"或者"倘能反我汶阳之田，则后嗣幸甚，先灵慰甚"①之类的浩叹。这些大量被出卖的祠产，不少是被本族地主所兼并。如湖南郴阳陈氏所出卖的大量祠产，均为本族人买去，其中之一为"本族绚房振鳌等承买，……自买之后，任凭买主管业，族内众等及原耕之人，不得异言阻滞，其业永不得转卖异姓为准"②。所有本族地主兼并的祠产祖地，都有同样的文契，有的并载于族谱。

然而，有祭祖和赡族之名的义田，却更能掩盖对族人佃耕者的剥削。

在清代，一般是"禁祠田不许族人耕种"。可是，这种规定在康熙初年即已废弛。《安阳杨氏家谱》卷22《祠规》云："祠田不许族人耕种，恐拖欠租米，此旧例也。今（康熙三十年）年久禁弛，管祠多容情。"湖南郴阳陈氏就有不少义田由本族农民佃耕，如杨柳乡田，"给绛房振兴振信承批，额租三石"。凤德乡东湾庙前田，"绚房振谱耕作，额租八石正"。③族人佃耕祠田，族长同样可以增租夺佃。福建韶安县，杨翰种族内祠田，乾隆二十六年十月，族长对杨翰说"租额太少"，要"每年加租银五钱"。杨翰不允，说："这田是祖父耕种下来的，为何忽然加租？"于是族长欲夺田另佃④。这件档案，还说明了杨翰是祖孙三代都佃耕祠田。本族农民佃耕义田，族长及管祠人是以祖宗名义收租，谁敢拖欠？如有拖欠，族长等则以祖宗名义惩治，其规定是："族人种祠田者，于春祭前一日，管年同族长算明，方许入祠与祭，恃强不服者，祖宗前责治，仍行告理。至有代佃还租，将低米搪塞，更属可诧，祭祠之日指名公究，所以惩梗顽也。"⑤以祭祖赡族的名义收租，自然更能收到粉饰剥削的效果，如果因拖欠祠租而受到惩治，也不会为族人所同情。

---

① 《竹溪沈氏家乘》卷7，《墓园》。
② 《陈氏族谱·附刊折卖东湾板桥凤形园土四至》。
③ 《陈氏族谱·各处祭田田丘丈尺四至》。
④ 档案，乾隆二十七年六月十三日福建巡抚定长题；转引自《清史论丛》第1辑，中华书局，1979，第59页。
⑤ 《安阳杨氏宗谱》卷22，《大宗管祠年禁约》。

五 族权与封建政权的结合，宗族为中心组织的寨堡

宗族制度和以族长、房长为代表的族权，在巩固封建统治中发挥了十分明显的作用。雍正三年（1725）四月，清政府在广东肇庆严行保甲法，以"稽查村落"。同时，又根据前顺德知县王念臣奏请立族正，"因议州县有巨堡大村，聚族满百人以上，保甲不能编者，宜选族中品行刚方之人，立为族正，以察族之不肖，徇情者治罪"①。族权开始与保甲一样起着基层政权的作用。乾隆初年，江西巡抚陈宏谋，鉴于"江省地方，聚族而居，族各有祠"，决定由政府正式给予族长、房长管束族人的权力，特发布《选举族正族约檄》，谕令所属州县司道，将境内祠堂族长姓名，造册上报，由官府给予"官牌"，将一般"族规"中规定的族长房长的所有权力，几乎全部"一一列入"。他说："以族房之长，奉有官法，以纠察族内子弟，名分既有一定，休戚原自相关，比之异姓之乡约保甲，自然便于觉察，易于约束。"②由官府给族房长"官牌"，以"奉有官法"而行族权，就使族权具有了封建政权的性质，并能收到比保甲更能约束子弟的效果。陈宏谋后来在《寄杨朴园景素书》中说："昔于江西酌定祠规，列示祠中，选立族正予以化导之责。"③可知他的《选举族正族约檄》是贯彻实行了的。其后，闽浙总督钟音于乾隆四十年（1775）在福建通令州县选举族正副，"以专责成"④，与陈宏谋的做法大体相同。尽管官府给族房长"官牌"，只是在少数省份实行，并且也未贯彻始终，如在江西，后来任巡抚的辅德，因大族健讼而反对。乾隆本人也不同意对族房长由官府"明假以事权"，但清政府却是竭力扶持宗族制度和族权的，规定"如有不法匪徒，许该族长绅士捆送州县审办"⑤。因此冯桂芬说，当时是"保甲为经，宗族为纬"，二者有如经纬交织而成远至穷乡僻壤的统治网。魏源对此有最清楚的描绘：

---

① 屠英：道光《肇庆府志》卷22，《事记》。
② 贺长龄辑《皇朝经世文编》卷58，《礼政》。
③ 贺长龄辑《皇朝经世文编》卷58，《礼政》。
④ 《福建省例·户口·议设族正副》（抄本）。转引自左云鹏《祠堂族长族权的形成及其作用试说》，《历史研究》1964年第5~6期。关于清代族权与政权结合过程可参看左文。左文认为族权与政权的结合是在雍正四年，笔者认为在雍正三年。
⑤ 《清宣宗实录》卷181，道光十年十二月戊戌。

645

魏子曰：天下直省郡国，各得数百族，落落参错县邑间。朝廷复以大宗法联之，俾自教养守卫，则鳏寡孤独废疾者，皆有所养，水旱凶荒有所恃，谣俗有所稽查。余小姓附之，人心维系，盘固而不动，盗贼之患不作矣。①

宗族制度与封建制度有如水乳交融，是当时社会结构的有机组成部分；以族长房长为代表的族权，其在巩固封建统治中的作用，与封建政权是相辅相成。在阶级斗争激烈的环境中，当农民起义的时候，以宗族为中心往往组成与农民为敌的堡寨。今从清初、捻军起义、晚清，各举一例，以见一斑。

福建宁化麻富山李氏麻布峒寨堡。

在明清交替之际，全国处于大动荡中。福建宁化地区，各种不同性质的武装力量错综复杂并存。顺治三年（1646），有以黄通为首的抗租斗争发展而成为起义。次年，宁化大族李世熊在"寇兵交江"的动乱形势下，他"热血洒地，腥眼哀时，登坛誓众，设险自雄"，"吾宗皆以寨为家"②。由于"贼风大炽，攻城掠邑，在在见告，城守不如寨堡之逸"③。于是李氏进一步苦心经营麻布峒寨堡。此寨围以厚达一丈的城墙，筑统城，三面列铳眼。寨中"建宗祠，凡立宫室先宗庙也。"寨内分5个区为正屋，以居本宗；又有一区为店屋，以居客商。寨中有7条街，屋皆面街，便于有警迅速登城。城的东西南北四向，建屋138间，屋为三层，高接城墙，"有警登城，如就寝闼也"，此屋以居农户。④李氏属下农民，是守寨的第一线兵力。又立"征饷之法"，通计征银2200余两。每当"流寇突至"，堡兵发统与"贼战"，出战时，有旗帜，⑤俨然官军。

山东滕县生氏昭阳湖心水寨。

咸丰十一年（1861），捻军大队至山东滕县境。滕县令下令"邦人宜各自为战"。生氏族人生保先与周脊西受县令命为统率，"乃集一方骁桀子

---

① 贺长龄辑《皇朝经世文编》卷58，《礼政》，魏源《庐江章氏义庄记》。
② 李世熊：《寇变记》，《清史资料》第1辑，中华书局，1980，第46、41页。
③ 李世熊：《寇变记》，《清史资料》第1辑，第55页。
④ 李世熊：《寇变记》，《清史资料》第1辑，第57~58页。
⑤ 李世熊：《寇变记》，《清史资料》第1辑，第56页。

弟，得千余人，以兵法部勒之"，终日操练阵法。"或告曰：淮之捻至矣。部勒请曰：公（生保先）善谋，我作气，请御之。公曰：止！彼众我寡，奚可哉？计昭阳湖心可容数千家，……我统一方家属而介乎其中，虆舟以守，飞将军不能渡也。众曰：善。贼数至，不敢犯，而一方人卒无恙。"[①]以生氏族人为主的昭阳湖水心寨，成为与捻军对敌的顽强势力。至于安徽许多地方的大族，"率族人团练"，以抗击太平军，一族死者多至二三百人，早已有同志为文论及，不再复述。

四川云阳涂氏磐石城寨。

磐石城寨"成于乱世"，是在与农民起义对抗中修筑成顽固堡垒的。嘉庆初年，白莲教起义军转战于川东北。地处三峡入口的云阳涂氏，"族人相聚而保焉"。同治初，"滇寇犯境，族人又相聚而保焉"，但其时"防御之具俱疏"。至清末民国初，"盗氛既张，劫掠攻击之术愈演愈奇，于是修筑磐石城之议以起"。此寨建于山巅，城高下20余丈，楼高而不露炮位，守望所咸扼要而适宜，整个寨堡"坚实巩固"，如碉堡要塞。涂氏聚族居于寨中（未入者环磐石城而居，便于有警随时入寨），也容戚友避居。其《寨约》21条，反映了当时宗族寨堡的严密组织。设寨务总理1人，参议4人，"综理平时及防守一切事宜"。寨内壮丁全部军队编制，分队守卫各炮台及寨门，以及巡城，由各级指挥统率防御，昼夜轮岗值门。有庶务经理寨务经费，保管枪械弹药。又有征课之法，"重大工程则由阖族集款兴建"。"族外人不许在寨内起屋"，"寨内居人对于本寨禁令惩罚，有绝对服从之义务"。[②]磐石城的建筑及其严密的组织管理，被人吹谀为农民军无法攻克的堡垒。溥儒《题磐石城》云："黄巾犹未息，白马当纵横。缚地江为堑，连山玉作城。悬军能守险，群盗殚加兵。割据无成事，空劳战伐名。"[③]这首题诗，说明了宗族为中心组织的寨堡，是专与农民的抗争为敌，而不是为了对统治阶级的政权割据，故其《寨约》规定："本寨只居避乱之人。若有官案情事重大者，不许避入寨内，已入者令其即时离寨。"[④]

通观以上不同时期的三砦，对以宗族为中心组织的寨堡，在有清一代

---

① 《滕县生氏族谱》卷4，《生有言（生保先）传》。
② 《云阳涂氏族谱》卷18，《修建磐石城门记》，《寨约》。
③ 《云阳涂氏族谱》卷18，《修建磐石城门记》，《寨约》。
④ 《云阳涂氏族谱》卷18，《修建磐石城门记》，《寨约》。

的情况，大体上可以有一个梗概的了解。

六 强宗巨族与封建政权的矛盾、族人的反抗斗争

在封建统治阶级的扶持与倡导之下，宗族制度在清代有了很大的发展，族权在巩固封建统治和加强地主对农民的控制方面，都发挥了很大的作用。但是，对封建统治者来说，事情并不尽如人意。宗族组织的发展与封建统治在某些方面或某些时候，也有矛盾，这就是乾隆和某些地方大吏主张一定程度压制强宗巨族的原因。

强宗巨族与封建统治的矛盾，主要有以下几方面。

（1）大族往往就是强大的地方势力。他们族众人多，源远流长，在当地居于举足轻重的地位，"其耳目好尚，衣冠奢俭，恒足以树齐民之望而转移其风俗"[1]，可以影响一方。由豪绅地主任族长而控制的巨族，"或因祠富而恣横，或恃族业豪富，因兆衅构讼"[2]。乾隆二十九年（1764），江西巡抚辅德在《请禁祠宇流弊疏》中，指出巨室强宗的弊端有：①"祠堂有费，实为健讼之资"，因而健讼、缠讼不止，"讼案繁多"，形成"刁风"，流弊不可胜言；②大族所建之祠，"栋宇辉煌，规模宏敞"，成为"歇讼聚赌，窝匪藏奸，不可究诘"的渊薮，"近于省城祠中，复经拿获私铸案犯"；③"但系同府同省之同姓，即纠敛金钱，修建祠堂"，"或联络于童生应考之时，或奔走于农民收割之后"[3]，他们八方联系，人多势众，一呼众应。辅德于是通饬所属，严令祠堂只准建于本乡本村，其在外府、省会的祠堂，"将其屋宇入官，或作堆铺，或给未建衙署之官弁居住"，"或令改作平房铺面"[4]。辅德采取了断然毁祠措施。其实，巨室强宗借联宗通谱，以树势力，顾炎武早就指出："近日南北皆尚通谱，最为滥杂，其实皆植党营私，为蠹国害民之事，宜为之禁。"[5] 乾隆也说："各处族正鲜有守法

---

[1] 贺长龄辑：《皇朝经世文编》卷58，《礼政》，张海珊《聚民论》。
[2] 《京兆归氏世谱》第四，《义庄志·昭文归氏义田书田记》。
[3] 贺长龄辑《皇朝经世文编》卷58，《礼政》，张海珊《聚民论》；辅德《请禁祠宇流弊疏》。
[4] 贺长龄辑《皇朝经世文编》卷58，《礼政》，张海珊《聚民论》；辅德《请禁祠宇流弊疏》。
[5] 顾炎武《日知录》卷23，《通谱》。

之人","此等所举族正,皆系绅衿土豪,若明假以事权,必使倚仗声势,武断乡曲,甚至挟嫌诬首或顽凶抵命,何不可为?"①因此对大族恣横、武断乡曲和使官府"拖累"的刁风,清政府是加以压抑的。

(2)宗族组织和宗族观念的强化,会形成相当的内聚力量,对族外往往行动一致。尤其是族长等人的动向,可以得到多数族人自觉或被迫的响应。顺治二年(1645),清军曾遇到过江南大族的抵抗。溧阳大族周姓,有子姓千余人。清军渡江后,周元质"遂聚族中子姓谋曰:'我等食国(明)恩三百余年,今天下大乱,乘舆播迁,强胡窥鼎江南,土地尽污腥膻。我欲以匹夫兴义勤王,公等亦有同志者乎?'众皆诺。爰集同姓百余人,盟于家庙,歃血毕,共推元质为主,四方好义者多归之。"②以周姓族人为中心的这支抗清队伍,被称为"周兵",他们与清军浴血奋战,周元质死于阵。

当时局动荡,一些大族也乘机而起,横行一方,官府不能治。皖北捻军初期,负责指挥清军镇压捻军的在籍广西巡抚周天爵说:"梁园西北七十里,有谢家大姓,族中不下千余户,聚集匪人,招纳亡命,联络数十村庄,以傅四老虎为首,抢劫焚杀之案,不可胜数。"③接替周天爵的袁三甲也说:"定远附近大族,如雍张朱单等姓,现请具结改过,立功赎罪,而恶习既深,现难遽改。"④可见,在一定条件下,大族与清政府的矛盾还会发展到相当尖锐的程度。

(3)大族恣横的又一表现,是大族之间的械斗。由于不少"族规"中都有族人与外姓发生纠纷,如是本族人受曲,当为一臂之助的规定,加之宗族观念的束缚,不同姓氏的族人之间的纠纷,便往往引起械斗。此风在福建、广东、江西等省更甚。"漳、泉械斗,多起于公田公佃,祖孙父子久假不归之租。"⑤可见,在多数情况下,械斗是由族中地主因田地租谷纷争挑起的。械斗时,族人上阵,死伤的主要是农民,获利的则是地主。械斗有如"打冤家",它会反过来加强宗族观念,把对方视为"冤家",从而模糊农民的阶级意识。但是,大规模械斗,酿成命案,也造成了封建统治

---

① 《清高宗实录》卷1335,乾隆五十四年七月庚戌。
② 周廷英:《漱江纪事本末》,《清史资料》第1辑,第142页。
③ 《钦定剿平捻匪方略》卷3。
④ 《钦定剿平捻匪方略》卷6。
⑤ 陈盛韶:《问俗录》卷6,鹿港《管事》条。

秩序的大问题,这也是清政府所不能容许的。乾隆曾下令:"著在京总理事务大臣传谕永宁(福建布政使):闽省民风尚未淳厚,如漳、泉俗悍民刁,最称难治。……其他如长泰之相验抗官,南靖之争地械斗。种种不法,实多骄肆,各郡皆然,亟宜随时整顿。"①

既然宗族组织在一定条件下,会同封建统治发生矛盾,清政府自然就要对大族的过分发展及其横恣加以控制,甚至打击。前述辅德在江西的毁祠,其出发点是,把一姓宗族组织限制在本乡本土,严格以纲常名教为规范;对强宗巨室超越乡土的发展,则加以打击,严拿"讼棍磐据,及窝匪窝赌"等犯治罪。再证以清政府一方面大力扶持宗族制度,同时乾隆又有不许大族"武断乡曲""亟宜随时整顿"的谕令。那么,辅德在江西的做法,可以说是清政府对宗族组织的基本方针。

在清代,农民抗租斗争风起云涌。尽管宗族制度力图把族内斗争消融在血缘关系和纲常名教之中,但严酷的剥削现实,使抗租斗争在宗族内部同样展开。江西新城"佃户多族人,负欠有至十年不偿者,通计不下万石"②,足见族人抗租的普遍。一族之内的抗租斗争,甚至发生人命。刑科题本档案,保留有不少这方面的资料。其中有地主逞凶打死佃农,也有佃农被迫得走投无路而杀死地主。前者如浙江江山县地主徐顺杀死族弟佃农徐舍价,就是因为徐舍价租种徐顺田,"欠租未楚"。康熙五十八年稻熟时,徐顺将稻割归,徐舍价喊骂,徐顺用刀"戳舍价胸膛,移时殒命"③。后者如河南邓州佃农周朝杀死族兄地主周庭。周朝佃种周庭地一顷,"因家里穷困,没有工料,以致收成歉薄",欠租欠债。乾隆三十七年麦收后,周庭将麦全部收走抵债。周朝"再四恳留几斗吃用,周庭不依,还立逼小的(周朝)退地"。周朝"心里气忿,原时常骂周庭刻薄利害","想起被他逼勒退地的事,将来总要饿死,不如把他杀死",因乘周庭在槐树下睡觉之机,将其杀死。④ 这类案件,各省都有。

在激烈的阶级斗争中,甚至有时会引起一个大族的分裂。宗族组织有

---

① 《清高宗实录》卷295,乾隆十二年七月壬子。
② 刘昌岳:同治《新城县志》卷10,《善士》。
③ 中国人民大学清史研究所编《康雍乾时期城乡人民反抗斗争资料》,中华书局,1979,第54页。
④ 中国人民大学清史研究所编《康雍乾时期城乡人民反抗斗争资料》,第23~24页。

时也成为农民斗争的手段。

顺治三年（1646），福建宁化黄通领导的抗租斗争，就使黄姓大族分裂。"（黄）通本在城巨族，其祖迁居留猪坑"。通父黄流名"祭祖归宗"，为族人黄振所杀，"族人计无所出，乃毁祖庙，投流名尸焉之，若为焚死者"。黄通鸣官控诉，讼久未决，"于是黄通始与其族构不解，凡黄族田产附近留猪坑者，通皆据而有之，思大集党羽，乃创较桶之说。盖邑以二十升为一桶，曰租桶；及粜则桶一十六升，曰衙桶，沿为例。通唱谕诸乡，凡纳租悉以十六升为率，一切移耕、冬牲、豆粿、送仓诸例皆罢，乡民欢声雷动，归通惟恐后"。"词讼不复关有司，咸取决于通。……由此城中大户与诸乡佃丁相嫉如仇。会黄族复毁通父流名之骨而夷其墓"，于是黄通组织"田兵"，设千总、把总，由抗租发展成为起义。黄通率"田兵"攻破宁化城，"通等乃杀仇掠富，诸佃客各快极其睚眦，焚城外园馆几尽，携（摧）坠城垣十数丈，抬去佛狼机二门，破城中资财不可算。"①黄通领导的抗租起义，很快就引发了与宁化相邻的江西石城等县的农民斗争。同治《宁都直隶州志》卷十四《武事》载："按田兵之起，始于汀州留猪坑名黄通，……嗣是而石城之吴万乾效之，瑞金之张胜又效之，蔓延及于阳都矣。"道光《石城县志》记载，吴万乾领导的"田兵"被镇压下去后，"波害一族，子灭家抄，身戮族辱。"可见，吴万乾在组织田兵抗租时，也利用了宗族组织，封建统治阶级残酷杀害了他一家，又株连及于一族。此外，如福建邵武"南乡人杜正祈与其族（杜）正连桀骜不法，结无赖子数人屡与田主构难"。他们组织"铁尺会"，"党渐众，遂阴蓄异谋，人给一铁尺，号铁尺会，竖旗将为乱，知府沈克昌侦之，遣知县郎芬乘其未萌捕治"②。这也是农民利用宗族组织斗争。当然，最为人们所熟知的是捻军领袖张乐行，《涡阳县志》说他"即《后汉书》所谓豪家屯聚宗贼者也"③。张乐行被称为"宗贼"，其族人参加捻军之多由此可见。

历史是极其复杂的，也有这种情况，在同一事件中，宗族组织既保护

---

① 李世熊：《寇变记》，《清史资料》第1辑，第34~35页。
② 王琛：光绪《邵武府志》卷13，《寇警》。
③ 石成之：同治《涡阳县志》卷16，《兵事》。

地主，同时农民也用以抗击地主，这在两族之间的斗争有时就是如此。如乾隆十六年，福建同安康李二姓部分族人争斗，起因是佃农康报历年积欠李家钱粮，李家要夺佃，康报乃约集本族十余人各执刀械赶来与李姓寻斗，李姓也喊集本族十余人各执扁担、草刀，双方发生械斗，李姓有人重伤而死。①

上述事实说明，宗族内部既然存在着严重的阶级对立，阶级矛盾和阶级斗争也就不会因为有族权的统制而化为乌有。封建统治阶级所鼓吹而又热烈向往的那种"合千百人之心为一心"的"笃人伦""敦族谊"，也只不过是一厢情愿而已。

宗族制度是封建地域性组织，它以血缘关系为纽带，奠基在小生产的闭塞的自然经济之上，存在了许多世纪。资本主义商品经济的发展，是冲击闭塞的、狭隘的宗族组织的强大力量。由商品生产而建立起来的广泛的商业联系，斩断了血缘纽带关系。马克思说："资产阶级在它已经取得了统治的地方把一切封建的、宗法的和田园诗般的关系都破坏了。它无情地斩断了把人们束缚于天然尊长的形形色色的封建羁绊。"②在我国，宗族制度一直存在到新中国成立，它是随着旧中国的覆亡才同归于尽的。

（原刊于《清史论丛》第四辑）

---

① 中国人民大学清史研究所编《康雍乾时朝城乡人民反抗斗争资料》，中华书局，1979，第106页。
② 马克思和恩格斯：《共产党宣言》，《马克思恩格斯选集》第1卷，人民出版社，1972，第253页。

明清的隔壁戏

何龄修

隔壁戏是明清曲艺的一个品种，传世约三百年。它产生、兴盛以至消亡的全过程，在记载上是比较清楚的。这在曲艺史上还不多见。一种较为清晰的曲种全历史过程，是进行典型性研究（解剖麻雀）的最好对象，有助于探索曲艺的某些规律性。

一

隔壁戏是口技的一种表演形式。所以它在初起时就叫口技或口戏，入清后兼有象声、像声儿、象生、相声诸名，大约清中叶起才相继有隔壁戏、暗春等名。约顺治、康熙间（17 世纪后半），有两位擅长隔壁戏者这样进行表演：

> 予师周德新先生善于屏后演操，自抚军初下教场放炮，至比试武艺，杀倭献俘，放炮起身，各人声音，无不酷肖。近陆瑞白亦能口戏，善作钉碗声，及群猪夺食，又善作僧道水陆道场，钹声、大铙、小铙、杂以螺（锣）鼓，无不合节，听者忘倦。[①]

[①] 褚人获:《坚瓠广集》卷2,《口戏》。本文引述史料较长，一为介绍完整情节的需要，二则部分史料较少见，备其他研究者使用。

653

从这里和其他有关记载，可以看出隔壁戏在艺术上的一些特点。首先，其艺术特点是学，学各种人的声音、动物的声音、器物撞击的声音，通常还把这诸种声音组织、融汇于一种演进和发展的情节中。其次，艺人在表演时是与观众（听众）隔绝的，一般的是围以布幔或屏风（也有的另设一空室，效果当然差得多），艺人在其中表演，与听众进行听觉的交流。他用精湛的发声技艺感染听众，听众用鸦雀无声向他表示正欣赏入神，用赞叹声、笑声、掌声向他表示艺术上的高度满足，或用闹闹哄哄向他传达表演失败的信息。与听众隔绝的另一种效果是，当表演完结，艺人一露面（此时艺人收钱）时，听众会生出惊异的感觉，从而强化听众的艺术享受。最后，隔壁戏是一种独角戏，基本上依赖口的发声，除桌椅外早期曾以琵琶辅助作声，后来只用折扇（或葵扇）、抚尺作道具，扇尺拍打发声很单调，有的甚至扇尺都不用，这就全靠一张嘴。这些艺术特点说明，隔壁戏是一种难度极高的曲种。单就学各种人的说话而论，每个人说话的内容、语气和声音是由许多先天的和后天的因素决定的，都与别人有微妙的差别，不仅不同性别、不同年龄、不同方言极大地影响说话的各种质素，而且不同体质、不同阶级、不同职业、不同教养、不同习惯、不同情绪都会给各人说话的内容和声音带来特色。后天的东西还可以通过学习和练习获得。先天的障碍很难克服。因此，一个人学另一个人说话已经不容易，一个人学若干人说话的困难更可想而知。如果还加学动物、器物的数十、百种声音，那就不免有难于上青天之叹。我总怀疑艺人有些口哨、簧片之类的秘密武器，但是一则此点没有见于记载，不能妄说，二则即使如此，艺人的功力仍不能不令人叹为妙绝。隔壁戏表演的难度，大大提高了它的艺术魅力。

二

口技是一种古老的艺术。它起源于原始社会的狩猎活动。狩猎时需要模拟某种动物叫声，以吸引或驱赶准备猎获的动物。于是口技萌芽。在群体的娱乐中，也可能偶然有学习某种声音的口技出现。战国时，孟尝君逃离秦国,途经函谷关,有门下客学鸡鸣,引起群鸡皆啼。关吏误为天将破晓,提前开关,孟尝君一行得以迅速逃出关去。这是口技在政治中的应用。此后一直到隋唐,还没有见到此类确凿的记载,证明口技已从这种实用形态中独立出来,成为专门艺术。

但到宋朝,在城市工商业生活的作用下,口技的发展呈现一个飞跃:口技作为表演艺术出现,并且有了专家。北宋末,在东京开封府,京瓦伎艺中有"刘百禽"[1],显然是学各种鸟叫的专家。到南宋,临安(今浙江杭州市)口技模拟和表现的范围扩大,如"百禽鸣:胡福等二人","学乡谈:方斋郎","吟叫:姜阿得、钟胜、吴百四、潘善寿、苏阿黑、余庆",[2] "街市与宅院往往效京师叫声,以市井诸色歌叫卖物之声,采合宫商成其词也"[3]。学禽兽叫声的技艺达到很高的水平,"京师瓦子优人作禽兽叫者,人标其题曰:只消三寸舌,做得万般声"[4]。在每年四月初八日祝贺宋度宗寿诞的大型活动中,"教乐所人员等效学百禽鸣,内外肃然"[5]。《水浒传》写时迁盗甲时,在徐宁卧房梁上"做老鼠叫""学老鼠厮打";写燕青"说的诸路乡谈,省的诸行百艺的市语"[6]。《水浒传》虽是明初作品,但其中凝聚了宋元说话人的创造,作者下笔时无疑又参酌了宋朝商情市风,所以能反映得这样确切。显然,宋朝汴、临两京的口技已步入发展的新阶段。

隔壁戏是在口技艺术发展成熟的基础上形成的,是口技艺术更繁复的表演形式。隔壁戏艺人集宋朝诸种口技专门家的技艺于一身,并且将诸种口技编为简单的情节进行表演。于是隔壁戏在口技艺术持续发展的过程中诞生。

隔壁戏最迟是明万历年间(1573~1620年)在京师出现的。在提供可靠的证据前,先讨论一下"李近楼琵琶"。李近楼名良节,是一位双目失明的残疾人,却精于弹奏琵琶:

---

[1] 孟元老:《幽兰居士东京梦华录》卷5,《京瓦伎艺》;卷6,《元宵》。
[2] 周密:《武林旧事》卷2,《圣节》;卷6,《诸色伎艺人》。参见《西湖老人繁胜录》。
[3] 吴自牧:《梦粱录》卷20,《妓乐》。
[4] 佚名:《古杭杂记诗集》卷2,《学鸡鸣犬吠》。
[5] 吴自牧:《梦粱录》卷3,《宰执亲王南班百官入内上寿赐宴》。
[6] 《水浒传》第56回,"吴用使时迁盗甲汤隆赚徐宁上山";第61回,"吴用智赚玉麒麟张顺夜闹金沙渡",人民文学出版社,1975,中册,第780、849页。

>京师绝艺所萃，惟琵琶以李近楼为第一。李故籍锦衣，当袭百户，幼以瞽废，遂专心四弦，夜卧以手爪从被上按谱，被为之穴。其声能以一人兼数人，以一音兼数音，前辈纪之者已多。先人在都时，曾于席间得闻，则作八尼僧修佛事。经呗鼓钹笙箫之属，无不并举酷似。其声老稚高下，各各曲尽，又不杂一男音。归邸为儿辈道之，恨予幼不及从。比予再入都，则李死已久，其艺不复传。①

又一则记载虽不注李良节、李近楼等名，似是指同一个人：

>京师有瞽者善弹琵琶，能作百般声音。尝宴冠裳，匿屏帏后作之，初作如妪唤伎者声，继作伎者称疾不出，往复数四，谇诟勃豀，遂至掷器破钵，大小纷纭，或詈或哭，或劝或助。坐客惊骇欲散，徐撤屏风，则一瞽者抱一琵琶而已，他无一物也。②

李近楼于万历六年去世，他的技艺构成嘉靖、隆庆年间（1522~1572年）"都城八绝"之一，号"琵琶绝"。现在的问题是，李近楼的琵琶究竟是弹奏乐器，还是表演口技（即隔壁戏）？换句话说，琵琶在李近楼的表演中究竟处于什么地位，起什么作用？根据万历时沈榜的说法，李近楼是弹琵琶，"能于弦中作将军下教场，鼓乐炮喊之声一时并作，与人言，以弦对，字句分明，俨如人语，或为二三人并语，或为琴、为筝、为笛，皆绝似"③。沈榜距李近楼生活的年代极近，从万历十八年起连续几年任宛平（当时京师为大兴、宛平二县）知县，所说的应该更加可信。而康熙时屈复则认为李近楼"善口技"④，所表演的自然是隔壁戏，以琵琶辅助作声。屈复的说法似乎也不能轻易否定，琵琶能奏出"俨如人语，或为二三人并语"的声音吗？能奏出《八尼僧修佛事》、老妪与伎者口角的声音吗？如果李近楼确实只是弹奏琵琶，为什么他的这种技艺前无古

---

① 沈德符：《敝帚斋余谈》，《李近楼琵琶》。沈德符万历六年生。
② 谢肇淛：《五杂俎》卷12，《物部》（四）。
③ 沈榜：《宛署杂记》卷20，《书字》，《志遗》（八），《遗事》（四），北京出版社，1961，第263页。
④ 屈复：《弱水集》卷5，《七言古》，《兰雪堂夜宴即事（并序）》。

人、后无来者？艺术的发展能是这样的吗？何况这些节目演出还具有隔壁戏艺术的重要特征呢。因此，这两种说法尚须进一步研究，才能确定"李近楼琵琶"的真相。

万历年间京师另两场文艺演出，则确凿无疑，是演出隔壁戏：

> 一日，同社馆东郊外韦公庄者邀往宴集，诧谓予，有神技可阅。既酒阑，出之，亦一瞽者，以一小屏围于坐隅，并琵琶不挈，但孤坐其中。初作徽人贩姜邸中，为邸主京师人所赚，因相殴投铺。铺中徒隶与索钱。邸主妇私与徒隶通奸。或南或北，或男或妇，其声嘈杂而井井不乱，心已大异之。忽呈解兵马，兵马又转呈巡城御史鞫问，兵马为闽人，御史为江右人，掌案书办为浙江人，反覆辨诘，种种酷肖。庭下喧阗如市，诟詈百出。忽究出铺中奸情，遂施夹拶诸刑。纷纭争辨，各操其乡音，逾时毕事而散。余骇怪，以为得未曾有，又出李近楼之上。比逾时再往寻觅，则亦不可得矣。①

又如：

> 万历乙卯夏，于京师与客夜坐。仆子呼一口戏者至。顷之，忽闻壁后鼓乐喧奏。俄而微闻犬吠声，由远渐近，须臾众犬争食，厨人呼叱之状。又顷则鸡鸣声，渐且晓鸡乱唱，主人开笼，宛然母鸡呼子，雌雄相引而出。忽鹅鸭惊鸣，与鸡声闹和，恍如从蔡州城下过也。顷之又闻三四月小儿啼声，父呼其母令乳之，儿复含乳而啼，已而咂咂作吸乳声。闻者无不绝倒。②

这两场演出具有隔壁戏的一切特征。后一场演出的艺人已不是残疾人，而是健康人。这些残疾的和健康的隔壁戏艺人，可以随时应召演出，这证明在京师有职业隔壁戏艺人的存在。隔壁戏在京师起源、形成，是毋庸置疑的。

---

① 沈德符：《敝帚斋余谈》，《李近楼琵琶》。
② 褚人获：《坚瓠广集》卷2，《口戏》引俞琬纶《挑灯集异》。

657

但是，一种艺术的起源既可能是一元的，也可能是多元的。隔壁戏的起源是多元的。也就是说，在成熟的拥有几方面表现力的口技艺术的基础上，一些不同地区的擅长口技者，不约而同地将这种艺术向着同一方向推进，以至在几个地方都创造出口技的新的表演形式隔壁戏。比如，大约同在万历年间，在湖广蕲州（今湖北蕲春蕲州镇）也有隔壁戏演出：

> 乌挞，蕲州大同乡人，或云邬姓也。少为髡奴，能口吟舌话，又善作百鸟兽声，好之山林鸣哨，飞走顿集，因就禽之。尝徒手入空室，须臾牛哞羊咩鸡叫，鹅鸭争呷，豕狗，折薪抔釜，猫翻盏。犬舐砧，门牖开合，箱簏启闭，儿索乳啼，妇姑相稽，病翁呻吟，闻者绝倒。①

乌挞是一个奴仆，因狩猎练就口技，发展为隔壁戏的另一位独立创造者。明清之际，在扬州有一位著名的隔壁戏艺人郭惟秀，外号猫儿，"少以诙调谑浪闻市肆，善讴，尤善象生。象生者，效羽毛飞走之属，声音宛转逼肖，尤工于猫。故扬人号之猫，郭亦矜其技，遂自谓猫云。"郭惟秀生于万历三十八年（1610）②，到康熙中还活跃在扬州的艺术舞台上。康熙十九年庚申（1680），他有演出：

> 庚申，余在扬州，一友挟猫儿同至寓。比晚，酒酣，郭起请奏薄技。于席右设围屏，不置灯烛，郭坐屏后，主客静听，久之无声。俄闻二人途中相遇，揖叙寒暄，其声一老一少。老者拉少者至家饮酒，投琼藏钩，备极款洽。少者以醉辞，老者复力劝数瓯，遂踉跄出门，彼此谢别，主人闭门。少者履声蹒跚，约可二里许，醉仆于途。忽有一人过而蹴之，扶起，乃其相识也。遂掖之至家，而街栅已闭，遂呼司栅者。一犬迎吠。顷之数犬群吠，又顷益多，大之老者、少者、近者、远者、猛者、狠者，同声而吠，一一可辨。久之，司栅者出，启栅。无何，至醉者之家，则又误叩江西人之门。惊起，

---

① 顾景星：《白茅堂集》卷45，《家传》，《祖桂岩公》，《附桂岩公诸客传》，《乌挞》。桂岩公名阙初，万历四十一年死，年86岁，则生嘉靖七年，其客自为同时人。
② 汪懋麟：《百尺梧桐阁集》卷6，《杂文》，《郭猫儿传》，称自己从京师归家时猫儿年七十六。汪罢官归为康熙二十四年，据以推知猫儿生年。

知其误也,则江西乡音詈之,群犬又数吠。比至,则其妻应声出,送者郑重而别。妻扶之登床,醉者索茶,妻烹茶至,则已大鼾,鼻息如雷矣。妻遂詈其夫,唧唧不休。顷之妻已熟寝,两人鼾声如出二口,急闻夜半牛鸣矣。夫起大吐,呼妻索茶,妻作呓语,夫复睡。妻起便,旋纳履,则夫已吐秽其中。妻怒骂,久之遂易履而起。此时群鸡乱鸣,其声之种种各别,亦如犬吠也。少之,其父来呼其子曰:天将明,可以宰猪矣。始知其为屠门也。其子起,至猪圈中饲猪,则闻群猪争食声,逻食声,其父烧汤声,进火倾水声。其子遂缚一猪,猪被缚声,磨刀声,杀猪声,猪被杀声,出血声,烊剥声,历历不爽也。父谓子,天已明,可卖矣。闻肉上案声,即闻有卖买数钱声,有买猪首者,有买腹脏者,有买肉者,正在纷纷争闹不已。砉然一声,四坐俱寂。①

约二十四年(1685)五月,他又有一次应召演出:

今年夏五月,余家东川自钱塘来,闻猫名,悔斋兄召之平山堂上。歌曲数行,猫忽起匿屏间,喔喔作老鸡声,时日已逾午,而远村之鸡翕然鼓应。须臾又为犬吠声,一发而山之群犬皆应。于是坐客笑乐,叹以为神②。

郭惟秀多才多艺。他是一位滑稽艺人、歌唱艺人。他演奏琵琶也有很深的造诣,"猫则挟其徒张眇者操琵琶以进,拨轴鸣弦,为陈隋间曼声,恍如风雨之夕,怨女弃妇,名娼艳妾,啼诉于幽房暗壁。闻者莫不感动其声,仿佛其态,而怜其无可如何之情。"他的口技艺术、隔壁戏艺术是自己揣摩、练习、发明的,"其为技,天姿独得,无师承,久且益工"③。因此,他是稍后的又一位独立的隔壁戏创造者。

隔壁戏的多元起源,说明口技艺术不能停留在单一模拟和表现某一类

---

① 东轩主人辑《述异记》(下),《口技》。
② 汪懋麟:《百尺梧桐阁集》卷6,《杂文》,《郭猫儿传》。
③ 汪懋麟:《百尺梧桐阁集》卷6,《杂文》,《郭猫儿传》。

声音的阶段，它必然发展到综合表现各种声音并体现某种情节的表演形式。隔壁戏诞生的必然性，正反映出艺术由简单到复杂、由低级向高级发展的规律性，它是口技艺术自身运动的结果。实际上，隔壁戏的诞生，标志着口技艺术的又一次飞跃，这种艺术已发展到更高的阶段。

三

清代，隔壁戏在京师代代相传，沿袭下来，并在各地传播、演出。从有关的记载之多看来，它是一种令人叹为观止的喜闻乐见的艺术。

隔壁戏在京师诞生并成为专业后，蓬蓬勃勃发展起来。明末清初，京师不断有演出：

> 京中有善口技者，会宾客大宴，于厅事之东北角，施八尺屏障，口技人坐屏障中，一桌一椅一扇一抚尺而已。众宾团坐，少顷，但闻屏障中抚尺二下，满堂寂然，无敢哗者。遥遥闻深巷犬吠声，便有妇人惊觉欠伸，摇其夫，语猥亵事。夫呓语，初不甚应。妇摇之不止，则二人语渐间杂，床又从中嘎嘎。既而儿醒大啼，夫令妇抚儿乳。儿含乳啼，妇拍而呜之。夫起溺，妇亦抱儿起溺。床上又一大儿醒，猗猗不止。当是时，妇手拍儿声、口中呜声、儿含乳啼声、大儿初醒声、床声、夫叱大儿声、溺瓶中声、溺桶中声，一齐凑发，众妙毕备。满座宾客无不伸颈侧目，微笑嘿叹，以为妙绝也。既而夫上床寝，妇又呼大儿溺毕，都上床寝，小儿亦渐欲睡。夫齁声起，妇拍儿亦渐拍渐止。微闻有鼠作作索索，盆器倾侧，妇梦中咳嗽之声。宾客意少舒，稍稍正坐。忽一人大呼火起，夫起大呼，妇亦起大呼，两儿齐哭。俄而百千人大呼，百千儿哭，百千犬吠，中间力拉崩倒之声、火爆声、呼呼风声，百千齐作，又夹女子求救声、曳屋许许声、抢夺声、泼水声、凡所应有，无所不有。虽人有百手，手有百指，不能指其一端，人有百口，口有百舌，不能名其一处也。于是宾客无不变色离席，奋袖出臂，两股战战，几欲先走。而忽然抚尺一下，群响毕

明清的隔壁戏

绝。撤屏眎之，一人一桌一椅一扇一抚尺而已[①]。

康熙时，李声振作京师《百戏竹枝词》，将口技列为百戏之一，云："口技"，"俗名象声。以青绫围，隐身其中，以口作多人嘈杂，或象百物声，无不逼真，亦一绝也。围设青绫好隐身，象声一一妙于真。谁知众口空嘈杂，绝技曾无第二人"[②]。钮琇还结合其演出节目，做了稍详细的介绍，说："都下有为象声之戏者，其人以尺木来。隔屏听之，一音乍发，众响渐臻。或为开市，则廛主启门，估人评物，街巷谈议，牙侩喧哅，至墟散而息；或为行围，则军帅号召，校卒传呼，弓鸣马嘶，鸟啼兽啸，至猎罢而止。自一声两声以及百千声，喧豗裂杂沓，四座神摇。忽闻尺木拍案，空堂寂如，展屏视之，一人一几而已。"但他认为隔壁戏已成绝响，说什么"今其人已没，而法亦不传"[③]是完全不对的。雍正元年（1723）冬，陕西屈复在京师夜宴。听一瞽者出演此戏，足证隔壁戏没有衰歇。屈复有长诗短序纪其事：

余少时闻京师有口中作技者，如鸡鸣犬吠，房闱秘戏，无赖市井相斗争，齐声并出。凡人世一切事，尽能逼真。及止，则一人一戒尺而已。……雍正元年冬，夜宴兰雪堂。一瞽者善此术。垂帷而作，无不神妙，只身白首，并戒尺无之，俗名曰像声儿，亦名口技。此戏自子史而外，百家小说皆所不载。相传明季有李瞽者近楼，左右手弹琵琶，善口技，古所未有。……仙人暮宴清都阙，空际流香转飘忽。……中有瞽者麻且须，历历碌碌六尺驱（躯）。主人指此前揖客，试令作技为欢娱。独闭空房帘垂地，衣履之外一物无。依微漫话招寻侣，往复披展通情伫。先时两两后三三，多或十十少五五。疾徐高下乱纷纭，阴阳少壮齐尔汝。未睹形容只辨声，声里偏能传眼语。宾客无言灯荧荧，童仆尽倚绮罗屏。非忧非乐参神会，不嚏不唾侧耳听，

[①] 张潮辑《虞初新志》卷1，林嗣环《秋声诗自序》。并见《第五才子书施耐庵水浒传》卷70，《圣叹外书》第65回，"时迁火烧翠云楼吴用智取大名府"回评，字句微异。
[②] 李声振：《百戏竹枝词》，《口技》，见《清代北京竹枝词（十三种）》，北京出版社，1962，第154页。
[③] 钮琇：《觚剩》，《续编》卷3，《象声》，上海古籍出版社，1986，第218页。

661

忽闻喁喁兼絮絮，十二峰头相送迎。云飞雨散夜将半，小儿梦中啼咿嘤。忽闻使酒恶年少，号呶闾巷邻里惊。忽闻朱门张公子，泣罢前鱼娇鸟鸣。忽闻六街烈火然，忽闻鸡犬叫寒烟。举头忽见冲帘出，霜浓星淡月当轩。四座宾客方大笑，倾壶覆盖谁能约。我亦不觉嗟神妙，曾说君王怒偃师，又传绛树歌两辞。释氏最幻颂千手，不闻一面生千口。山海刑天舞干戚，不闻长舌能诸吼。岂知末艺可通神，奏处稍令天地新……①

乾隆年间（1736~1795年），京师比较繁荣，艺术的交流和创新不断，传统艺术生机盎然。"有相声伎，以一人作十余人，捷辨而音不少杂"②。江西蒋士铨服官京师期间曾躬睹其盛，长诗纪事，云：

帷五尺广七尺长，其高六尺角四方，植竿为柱布作墙，周遭着地无隙窗。一人外立一中藏，藏者屏息立者神扬扬，呼客围坐钱入囊，各各侧耳头低昂。帷中隐隐发虚籁，正如萍末风起才悠飏。须臾音响递变灭，人物鸟兽之声一一来相将。儿女喁喁昵衾枕，主客刺刺喧壶觞。乡邻诟詈杂鸡狗，市肆嘲谑兼驰骧。方言竞作各问答，众口嘈聒无碍防。语妙入时却停止，事当急处偏回翔。众心未厌钱乱撒，残局请终势更张。雷轰炮击陆浑火，万人惊喊举国皆奔狂。此时听者股栗欲伏地，不知帷中一人摇唇鼓掌吐吞击拍闲耶忙？可怜绕帷之客用耳不用目，途说道听亡何乡。颠风忽缩土囊口，寂然六幕垂苍苍。反舌无声笑耳食，巧言惑听真如簧。③

嘉庆初，京师隔壁戏上演不绝。"张来布幔藏身处，板凳安排听象声"④。

清末，国家多事，社会动荡，娱乐行业受到严重影响。艺人在困难中搏技，隔壁戏技艺仍在传承，演出在继续。光绪年间，京师多人上演，

---

① 屈复：《弱水集》卷5，《七言古》，《兰雪堂夜宴即事（并序）》。
② 翟灏：《通俗编》卷31，《俳优》，《相声》。
③ 蒋士铨：《忠雅堂诗集》卷8，《京师乐府词（十六首）》，《听像声》。
④ 佚名：《燕台口号一百首》，见《清代北京竹枝词（十三种）》，第31页。

明清的隔壁戏

"像声即口技，能学百鸟音，并能作南腔北调，嬉笑怒骂，以一人而兼之，听之历历也"①。

隔壁戏在地方上流传也很快。康熙年间，山东有隔壁戏演出。但它不是以文艺演出的方式进行的，而是被利用来推销伪劣医方药剂。蒲松龄记山东淄川装神弄鬼卖药的隔壁戏：

> 村中来一女子，年二十有四五，携一药囊，售其医。有问病者，女不能自为方，俟暮夜问诸神。晚洁斗室，闭置其中，众绕门窗倾耳寂听，但窃窃语，莫敢咳。内外动息俱冥。至夜许，忽闻帘声。女在内曰：九姑来耶？一女子答云：来矣。又曰：腊梅从九姑来耶？似一婢答云：来矣。三人絮语间杂，刺刺不休。俄闻帘钩复动。女曰：六姑至矣。乱言曰：春梅亦抱小郎子来耶？一女曰：拗哥子！呜呜不睡，定要从娘子来。身如百钧重，负累煞人！旋闻女子殷勤声、九姑问讯声、六姑寒暄声、二婢慰劳声、小儿喜笑声，一齐嘈杂。即闻女子笑曰：小郎君亦大好耍，远迢迢抱猫儿来。既而声渐疏，帘又响，满室俱哗曰：四姑来何迟也？有小女子细声答曰：路有千里且溢，与阿姑走尔许时始至，阿姑行且缓。遂各各道温凉声，并移坐、唤添坐声，参差并作，喧繁满室，食顷始定。即闻女子问病，九姑以为宜得参，六姑以为宜得芪，四姑以为宜得术，参酌移时，即闻九姑唤笔砚。无何，折纸戢戢然，拔笔掷帽丁丁然，磨墨隆隆然，既而投笔触几，震震作响，便闻撮药包裹苏苏然。顷之，女子推帘，呼病者授药并方。反身入室，即闻三姑作别，三婢作别，小儿哑哑，猫儿唔唔，又一时并起。九姑之声清以越，六姑之声缓以苍，四姑之声娇以婉，以及三婢之声各有态响，听之了了可辨。群讶以为真神，而试其方，亦不甚效。此即所谓口技，特借之以售其术耳，然亦奇矣。②

女子演隔壁戏仅此一件。女子口舌灵便，在掌握技艺上比男子应该更具优势。但女子都不去操此艺，擅此艺的女子也不直接作文艺演出而借此

---

① 富察敦崇：《燕京岁时记》，《封台》，北京古籍出版社，1981，第94页。
② 蒲松龄：《聊斋志异》卷2，《口技》，上海古籍出版社，1978年三会本，第267~268页。

663

卖药，恐怕不是一场表演下来卖药挣钱更多，而是封建社会视演戏为贱业的缘故。隔壁戏以行骗的方式直接服务于商业，在曲艺史上无疑也是非常罕见的现象。

除郭惟秀在江北扬州演出外，江南各地对上演隔壁戏也有一些记载。乾隆、嘉庆年间，江苏青浦（今属上海）有精彩的演出活动：

> 有习口技者，携一扇一尺入空屋中，始为夫妇谈岁暮事，喃喃细语。继而夫持钱如市，与各店主人论价低昂，掂斤播两，归，叩门，唤妇烹饪，一一作交代，若洗灶、若汲水、若燃火、若盛物、若摆桌祭祀。忽有索债人来，先闻谖言期缓，寻有讨店账者、讨会钱者、讨当手物者，或男或女，喧挤一室，初以辨论，渐次口角，终且斗殴。其中有击桌声、碎碗声、狗吠声、小儿啼哭声、邻人劝解声、门外爆竹声，声声各肖，拉杂谇哗，不可端倪。听者方倾耳惶惑，而尺木一声，万响俱寂。①

江苏松江（今属上海）也有演出，艺人要求听众采取严肃、安静态度，不能喧闹、狎玩，妨碍欣赏、体会。艺人的要求，反映了艺人和艺术的自尊。

> 有卖口技者，佚其姓氏，衣败絮，履脱底，尝手持抚尺往来于松江。松江某绅宴会，无所乐。客请以口技进，绅欣然，则默默无对，木立于旁。绅仰首笑曰：客能乎？曰：能也。曰：客何能？曰：无能也。绅一笑置之，命尽奏其所能。卖技者乃揖众客曰：吾技虽贱，然不凝神肃听，则请毋奏之为愈也。一座诺之。卖技者趋入帏，抚尺一下，阖室寂然。忽闻巨狮出谷声、哀啼病呼声、村下群犬惊惶声、狮默然喘息声、犬奔走乱吠声、狮惊吼声、逃遁声、犬奋追声、村人旁观鸣掌呼笑声，至此又抚一尺，则诸声寂然，卖技者启帏出矣。②

---

① 诸联：《明斋小识》卷11，《口技》。
② 徐珂：《清稗类钞》，《戏剧类》，《卖口技者要客肃听》。抚尺原作抚夬，不可解，恐为形近致误。

664

明清的隔壁戏

江苏苏州和浙江杭州都有关于隔壁戏的综合记载。道光初（19世纪20年代），在苏州，"穿幕于壁，一人在幕中作数人问答语，谓之隔壁戏。以扇扑桌，状鸟之鼓翅，继作百鸟之声，皆出自口中，谓之百鸟像声"[1]。苏州的百鸟像声显然是隔壁戏的一部分，不过将表演禽鸟鸣叫的部分另立一名目而已。道光、咸丰年间，在杭州，"以八仙桌两张，横摆踏起，帏以布幔，一人藏内，惟有扇子一把、钱板一块，能作数人声口、鸟兽叫唤以及各物响动，无不确肖，初不料其一人所作也。此多与戏法连班而来者"[2]。这里说明，杭州的隔壁戏艺人不是本地的，而是流动的江湖艺人，与戏法艺人同组演出班底到达杭州献演。

内地也有隔壁戏。但记载很少。道光初，湖南澧州（今澧县）有艺人应召出演：

> 有奏口技者，能为磨面、饮酒诸戏，无不一一酷肖。然必以夜，白日虽多金不为也。余常在澧州城内与二三友招其人至，佐以下酒。先布置空屋一间，中不张灯，其人手擎葵扇一柄，余无所有，入室即加楔。余等皆于室外倾耳焉。俄闻店主人唤张三曰：可以磨面矣。张三应声而去，履声藉藉然，驴蹄得得然，磨声隆隆然，负麦声揩揩然，打面声橐橐然，驴溺声渐渐然。主人固俨然坐柜清账，算盘子格格然。忽闻叩门声啄啄然。店主人唤李四觇之。随闻启门声款款然。询之，皆就饮者，约三四人。入门，众声沓沓然。于是锅声铮铮然，刀声吱吱然，布席声嗳嗳然，安几声索索然，就坐声喋喋然。吸面声唶唶然，啜汁声唼唼然，猫之声嗷嗷然，犬争声狺狺然，啮声嗒嗒然，舔声𦧈𦧈然，耳语者喁喁然，猜拳者纷纷然，胜者哑哑然，负者喃喃然，醉者哝哝然，吐者喀喀然，唾者呃呃然。是时，犬声、猫声、磨声、驴声、怒声、笑声以及吐声、饮声正在杂沓间，忽闻店主人大声曰：夜深矣，众客请散。语未竟，诸声寂然，其人开门出，惟见满身汗涔涔然矣。[3]

---

[1] 顾禄：《清嘉录》卷1，《正月》，《新年》。
[2] 范祖述：《杭俗遗风》，《声色类》，《隔壁戏》。
[3] 青城子编《志异续编》卷2，《口技》。

665

澧州不是通都大邑，能有如此妙技者，由此可以推论，西安、开封、汉口、成都、长沙、南昌、九江、芜湖、安庆等经济、文化都较发达的城市，应有更多更好的隔壁戏艺人的演出活动。

通过这些介绍，大体上可以看出清代隔壁戏发展的规模：它以京师为持续的活动中心，逐渐流传外省各城市。各地不少欣赏过此技的文人墨客，怀着满足和惊诧的心情，记录下演出实况，可知它带给了无数听众以很高的艺术享受。有一种现象值得注意：各种记载的比较研究表明，隔壁戏从诞生起就已定型，延续三百余年，直到清末，在艺术上没有什么改进、发展、变化。这在艺术史上也是很罕见的。它并不说明后续的艺人完全缺乏创造力，特别是在延续几百年的长时间内这是不可想象的；而只是说明，隔壁戏从一开始就达到了表现的极限。这点对隔壁戏艺术的生命力有严重影响。

四

清末，在京师，隔壁戏，"以口技挣钱的玩艺儿，或隔房间，或用帐子遮避，学学飞禽走兽，各样的草虫叫唤，江湖人调侃，叫做暗春。"即使迟至义和团起义前，"在庚子年前，做那种生意的倒有几档子"。其中"张三禄使暗春最有拿手，可称暗春泰斗"。还有田瘸子、汤瞎子（汤金城），"尤其是汤瞎子，能够坐在场内学飞禽走兽叫唤，学磨剪子磨刀的、吹喇叭、消防队的警笛、斗蟋蟀，样样仿真。不过没有真的声音大就是了。他最警（惊？）人的是学蚊子叫唤，声小可听"。还有管儿张，"他那场内有个九根细竹杆的小蓝布帐子，桌上放着大小竹管笛儿，到了时候，他能吹各样小曲，圆上黏子使臭春"。"他是暗春中的臭春，净使臭包袱"，"他钻到内里使活儿。场子围着的人们隔蓝布帐往帐里头听。他在帐内一个人能学两个人说话，变出来的嗓音叫人听着还真像一男一女。不过，他学的是大奶奶住在娘家，大爷拉着驴去接大奶奶，走在高粱地，大爷要钻进高粱地里拔高粱，使人听了虽然可笑，亦觉有兴趣。临完了，他还学一回驴叫，抖起铜铃铛，哗啷啷地响起来，真像驴叫，叫完了钻出帐外要钱。"①在天津,"暗春不仅以口技见长,它的每个节目都有个故事情节"。当大鼓等艺人胡十、宋五、霍明亮演完后,"压场的是人人乐的暗春,有《五子闹学》等节目"②。在江苏上海(今上海),"凡燕赵吴越楚粤各地之语言,善口技者皆能之。宣统辛亥上巳,金奇中侨沪,曾招一口操江阴语曰陈金方者至寓庐演之。演时俄而为马嘶,俄而为牛鸣,俄而为羊叫,俄而为犬吠,俄而为豕啼,而禽鸟昆虫之声时亦杂出于其间,且人类之喜怒哀乐毕集于是。及撤帏,则其人出矣。金方言:在沪业此者有十六人,知其姓名者为天津魏老二、周福保,济南斗金标,兖州陈老二、陈老三,扬州吴小弟、徐老凤,杭州方寿山"③。可见,直到清朝灭亡前,在京、津、沪等大都会,隔壁戏仍占有一定地位。

但这种情况并没有坚持多久。清末兴起了新的相声艺术,叫双春。即对口相声,摆脱单纯学的表演方式,熔说、学、逗、唱于一炉,于是迅速排挤了隔壁戏。张三禄、田瘸子、汤瞎子、管儿张、人人乐、魏老二、周福保、斗金标、陈老二、陈老三、吴小弟、徐老凤、陈金方、方寿山成了隔壁戏的殿军,"这种玩艺儿到管儿张的晚年亦就淘汰尽了"④。实际情况是,只有四川相书还继承它的余绪,又苟延残喘几十年,"四川相书又称隔壁戏或口技"。"四川相书的表演方法不同于一般口技,……单凭演员一张口,借助于声音和语言的变化和一些简单的道具:铃铛、扇子、莲花闹等的效果,摹拟不同性格、性别、年龄的人物,表演种种故事情节"⑤。在其他地方,隔壁戏大都消亡了。"双春(两个人相声)是大兴其道,臭春是断了攥啦"⑥。

从表面上看,对口相声的兴起,隔壁戏在与对口相声的竞争中失败,这是隔壁戏消亡的原因,实际上,这只是一种现象,对口相声兴起只是一个外因,外因通过内因而起作用,隔壁戏消亡有更深刻的内在原因。

隔壁戏的主要特点,即学、模拟,为它的表现手段带来局限性和根本

---

① 云游客:《江湖丛谈》第3编,《相声口技》,《天桥的臭春场子》《江湖艺人汤瞎子田瘸子》,中国曲艺出版社,1988,第132、134页。
② 沈彭年:《奇花共欣赏—迎四川相书来京公演》,载《北京日报》1961年11月16日。
③ 徐珂:《清稗类钞》,《戏剧类》,《陈金方善口技》。
④ 云游客:《江湖丛谈》第3编,《相声口技》,《天桥的臭春场子》,第132页。
⑤ 《四川相书简介》,1961年11月10日四川相书晚会(于北京)说明书。
⑥ 云游客:《江湖丛谈》第3编,《相声口技》,《天桥的臭春场子》,第132页。

缺陷。① 口用于说话有较强的表现力，但用于模拟其他声响则受生理的限制。一种艺术的生命力的久暂，与它反映生活的能力大小有密切关系。隔壁戏艺术本身存在一种与生俱来的矛盾，即社会生活的复杂性、丰富多彩性与表现能力的薄弱性的矛盾。这是先天的不可克服的矛盾，招致最终戕贼隔壁戏的生命力，使这种艺术不免灭亡。

与这一点相联系的，是隔壁戏表演的情节单调和不自然。隔壁戏与任何其他艺术不同，它表演的情节完全迁就它的技术，是串联艺人所能模拟的声音到一起而构成的。听众醉心的仍然只是模拟的生动、逼真，情节不能提供多少吸引力。拆穿了说，口技无论如何高明，都不能反映经过提炼的具有艺术魅力的生活。所以，一般来说，隔壁戏的情节不过是东拉西扯、七拼八凑，乍一听还新鲜，听多了或细细一想就会令人觉得陈腐、庸俗、可厌。前引各种记载充分说明了这一点。

创新，艺术随生活深入，随时代进步，是保持艺术的青春活力的要素。但与隔壁戏表现能力薄弱相联系，这种艺术一经诞生就老化了，节目单调，技艺陈旧。持续流布多年后，即使在纯技巧方面也出现萎缩和退化，削弱技巧的难度，使表演更趋于平淡。比如，演于韦公庄的艺人可演徽商、北京店主、店主妇、徒隶、福建籍五城兵马司官、江西籍御史、浙江籍书办等七人，郭惟秀（猫儿）更能演屠者（醉汉）、老友、相识者、司栅者、江西籍邻人、妻、父、顾客（至少三位）等十人，而管儿张仅能演大奶奶、大爷二人，陈金方只能模拟鸟兽昆虫叫唤，其退化至为明显。隔壁戏本以技巧取胜而它偏退化，不亡何待？

这都是隔壁戏消亡的内在原因。还有别的原因，如技艺过难，不易掌握，更难精湛；与听众隔开，给艺人与听众的交流增加障碍；等等，这些都成了促使这朵艺术之花萎谢的酷烈风霜。

当然，这种艺术毕竟存在过三百余年，是一笔传统文化遗产。它的方方面面都值得进行研究，以作为后起的艺术的借鉴。

（原刊于《清史论丛》1994年号）

---

① 参看薛宝琨《中国的曲艺》，人民出版社，1987，第145~146页。

论天地会的起源

赫治清

天地会是我国历史上著名的秘密结社组织之一。在清代，它曾广泛活跃于我国福建、广东、广西、江西、浙江、湖南、云南、贵州、四川等省，对清朝封建统治发起过一次又一次的冲击。咸丰以后，随着中国逐步沦为半封建半殖民地，天地会便成为团结我国南方各省人民群众进行反封建反侵略斗争的重要纽带。它传播到东南亚及拉丁美洲之后，又成为当地华侨反抗西方殖民主义暴政的自卫组织。天地会在清代历史上所建立的革命业绩是不可磨灭的，它所谱写的可歌可泣、慷慨悲壮的诗篇，永远值得人们称颂。

关于天地会的起源问题，迄今仍然是一个众说纷纭、悬而未决的公案。自从19世纪60年代荷兰人施列格首先写出《天地会》(*Thian Ti Hwui, The Hung League, or Heaven Earth League*)一书以来，百余年间，关于天地会起源时间的说法多达五六种。陶成章在《教会源流考》中指出，明亡之后，"志士仁人，不忍中原之涂炭，又结秘密团体，以求光复祖国，而洪门之会设焉。何谓洪门？因明太祖年号洪武，故取以为名，指天为父，指地为母，故又名'天地会'。始倡者为郑成功，继述而修整之者，则陈近南也"[1]。连横说："天地会者，相传为延平郡王所创，以光复明室者也。""延平郡王入台之后，深虑部曲之忘宗国也，自倡天地会而为之首，

---

[1] 陶成章：《教会源流考》，《天地会文献录》，正中书局，1943，第63页。下引是书，不再另注版本。

其义以光复为归。延平既没，会章犹存，数传之后，遍及南北，且横渡大陆，浸淫于禹域人心，今之闽粤尤昌大焉。"①1947年出版的《洪门史》称，"洪门产生于郑成功长江撤兵以后"，"始祖为郑成功"。②近三十年来，台湾不少学者都从其说。例如，曾提出天地会创立雍正甲寅年（1734）的萧一山，到台湾后认为"天地会创始于郑延平"③。黄玉斋称，"洪门天地会诞生于三百多年前"的清初顺治年间，"倡始者为明延平王郑成功"。④1979年，胡珠生同志发表的《天地会起源初探》一文，也说"郑成功为其实际创始人"⑤。

但是，更多的人则认为天地会并非郑成功所创，其成立时间当为康熙十三年甲寅（1674）。温雄飞、徐珂、朱琳、罗尔纲、平山周等人都是这种主张。⑥

四十多年前，萧一山根据英国伦敦不列颠博物院所藏天地会文件抄本，撰成《天地会起源考》，认为天地会成立于雍正甲寅年（1734）。但他又说，"天地会在康熙时已经有了，不过没有象后来那样严格的组织"，"谓天地会起于雍正末年固然不错，谓天地会起于康熙时代，亦无不可。但如谓起于康熙甲寅十三年，则系显然的错误"。⑦施列格根据荷兰殖民当局在苏门答腊的巴东地方一华侨家搜获的天地会秘密文件撰成的《天地会》一书也倡此说。

可是，20世纪60年代以来，上述说法受到新的挑战。首先是蔡少卿同志在查阅了中国第一历史档案馆藏有关档案之后，于1964年发表了《关于天地会的起源问题》一文，认为"天地会起源于福建漳州地区，乾隆二十六年（1761）由漳浦县洪二和尚，即万提喜首倡"⑧。康熙甲寅说、

---

① 连横：《台湾通史》下册，商务印书馆，1947，第553、532页。
② 戴魏光：《洪门史》，和平出版社，1947，第38页。
③ 萧一山：《天地会创始于郑延平》，《畅流》第7卷第5期，1953。
④ 黄玉斋：《洪门天地会发源于台湾》，《台湾文献》第21卷第4期，1970。
⑤ 胡珠生：《天地会起源初探》，《历史学》1979年第4期。
⑥ 温雄飞：《南洋华侨通史》，东方书馆，1929，第110页。徐珂：《清稗类钞》第27册《会党类》，商务印书馆，1917，第9页。朱琳：《洪门志》，中华书局，1947，第8页。罗尔纲：《天地会文献录》，第89页。平山周：《中国秘密社会史》，台北：古亭书屋1975，第12、20页。
⑦ 萧一山：《近代秘密社会史料》第1册，国立北平研究院总办事处出版课，1935，第16页。本文下引是书，不再另注版本。
⑧ 蔡少卿：《关于天地会的起源问题》，《北京大学学报》（人文科学版）1964年第1期。

670

雍正甲寅说，"或是完全没有摆脱天地会的神话传说的影响，或是根据片断的材料作出的一些推测"。接着，中国台湾学者戴玄之教授发表《天地会的源流》一文，也认为"天地会为洪二和尚提喜所创"。但是，他认为"正式创立于乾隆三十二年"[①]。1970年，他在新加坡《南洋大学学报》（社会与人文科学之部）第4期发表的《天地会名称的演变》中再次强调："拙著《天地会的源流》一文，证明天地会起于乾隆三十二年，创始人郑洪，地点在福建漳浦县'云霄镇高溪乡观音寺'的新说法，完全根据清廷的上谕、封疆大吏的奏折，以及创始人郑洪之子及其门徒的供词，文献足征。"作者自信地声称，他提出乾隆三十二年说后，"两年于滋，尚无提出异议者，或可视为定论"[②]。1970年出版的日本学者佐佐木正哉的《清末秘密结社——第一篇天地会的创立》也倡此说。

1980年，中国人民大学清史研究所秦宝琦、刘美珍同志根据中国第一历史档案馆现存有关天地会档案，撰成《试论天地会》一文，支持蔡少卿同志的观点。不过，他们觉得蔡少卿同志把天地会起源时间具体为乾隆二十六年（1761）的唯一根据是汪志伊的《敬陈治化漳泉风俗疏》，目前尚属孤证。他们提出一个较为稳妥的说法，即"天地会创立于乾隆中期"[③]。最近，秦宝琦同志根据嘉庆四年（1799）十月十二日福建巡抚汪志伊奏称"闽省天地会起于乾隆二十六年"，又修正他们原来的说法，完全赞同蔡少卿同志的乾隆二十六年说。[④]

天地会起源问题，绝非仅仅是一个时间问题，它还直接涉及这一秘密结社产生的时代背景、宗旨、性质诸方面。毫无疑问，弄清其起源时间，是深入研究天地会的重要课题之一。我认为，天地会既非明末清初郑成功创立，也非乾隆年间万提喜首倡，它正式成立于康熙十三年甲寅（1674）。本文拟从下列四个方面分别加以考察和论述：

（1）从天地会创立的宗旨看天地会的起源；

[①] 戴玄之：《天地会的源流》，《大陆杂志》第36卷第11期，1968。
[②] 戴玄之：《天地会名称的演变》，新加坡《南洋大学学报》（社会与人文科学之部）1970年第4期。
[③] 秦宝琦、刘美珍：《试论天地会》，《清史研究集》第1辑，中国人民大学出版社，1980，第164页。本文下引这本论文集，不再另注版本。
[④] 秦宝琦：《从档案史料看天地会的起源》，《历史档案》1982年第2期。

（2）从清律有关歃血结盟条款的演变看天地会产生的时代；

（3）从清档论天地会源远流长；

（4）从天地会文件看该会始倡时间。

一 从天地会创立的宗旨看天地会的起源

天地会为什么而成立？它创立的宗旨是什么？这是和天地会起源紧密相关的问题。"乾隆说"认为，天地会"创立初期，并没有一个明确的政治目标"[①]。"'反清复明'的口号，既非天地会初创时所提出，更非其创立之宗旨。"[②]"天地会在它开始活动的相当一段时间里，根本就没有提出过'反清复明'的口号；这个口号，最早也要到嘉庆初年，才开始在天地会的活动中有所反映。过去一般都认为'反清复明'是天地会自始至终所用的一个政治口号，这是不符合历史真实的。"甚至说"在乾隆朝历次天地会起义或一般天地会案件中，都未见到过'反清复明'的思想"[③]。他们认为，"起初，天地会主要以'互相帮助，免人欺凌，及可以'敛钱分用'等为号召"[④]。后来，随着形势的发展，政治色彩越来越浓，才提出"反清复明"这个政治口号。因此，"天地会并非以'反清复明'为宗旨而创立"。它"最初乃是闽广一带世代以肩挑负贩为主的苦力劳动者的自卫反暴的秘密结社"[⑤]。

上述意见，不仅是这些同志用来反驳天地会起源清初的论据之一，而且也是他们关于天地会起源"乾隆说"这一立论的重要支柱。既然如此，弄清天地会创立的宗旨，对于查清天地会的起源具有重要意义。

让我们先来看看"反清复明"这个口号是否一直到嘉庆初年才开始在天地会的活动中有所反映，乾隆年间的天地会是否根本没有存在过"反清复明"的思想。

[①] 秦宝琦、刘美珍：《试论天地会》，《清史研究集》第1辑，第179、159页。

[②] 秦宝琦：《从档案史料看天地会的起源》，载《历史档案》1982年第2期。

[③] 秦宝琦、刘美珍：《试论天地会》，《清史研究集》第1辑，第179、159页。

[④] 秦宝琦：《天地会档案史料概述》，《历史档案》1981年第1期。

[⑤] 秦宝琦、刘美珍：《试论天地会》，《清史研究集》第1辑，第178页。

由于持"乾隆说"的同志断言罗尔纲先生《天地会文献录》和萧一山《近代秘密社会史料》中所收集的天地会文献是咸、同年间的秘密文件，因此，为了避免有他们所谓的"不应以后世产生的材料去证明前代存在的历史"这种责难之嫌，我们在这里暂不涉及这些史料，先从中国第一历史档案馆藏有关天地会活动的材料来说明事实真相。

据陕西巡抚秦承恩披露，乾隆五十五年（1790），发遣新疆喀什噶尔地方为奴的詹清真，曾托八卦教徒刘照魁携带家信并纸条二件。纸条上注有天地会秘密暗号、符式，写有"结万扶明李桃洪顺天""顺天服明合和同"等字句。① 由于乾隆五十六年（1791）刘照魁被族人刘世俊出首，因而清政府发现詹清真又继续作案，并查出他原在广东加入天地会的历史。毫无疑问，詹清真所写的这张纸条，充满了"反清复明"的思想。据明亮奏称："该犯所供纸条内暗号，广东各处俱知底里，广东人入天地会者甚多。"② 可见，这张纸条不仅是詹清真发遣新疆后的个人思想流露，而且还集中地反映了当时天地会的政治思想倾向。据清档记载，纸条内"结万扶明李桃洪顺天""顺天服明和合同"等语句，在乾隆年间的天地会内部早就广为流传。③ 如果当时的天地会组织不是以"反清复明"为宗旨，詹清真怎么会在天地会暗号纸内写下这些文字秘密地同家乡联系呢？怎么能谈上广东各处都知道他这张纸条的个中底里呢？

嘉庆十七年（1812），广西巡抚成林奏称，嘉庆十六年（1811）从广西平乐府荔浦县李遇恩家搜获了乾隆五十八年（1793）浙江人范七传给他的一本天地会会簿。"据李遇恩供称：嘉庆十六年十月内，有苏枝嵩向小的与蓝辉彩、颜庭玉、覃光远们密说，乾隆五十八年有浙江人范七于病故之前传他簿子一本，内载反清复明，真人出在四川边等语"④。李遇恩供词清楚表明，在乾隆年间流传的天地会秘密文件已载有"反清复明"的内容。

---

① 中国第一历史档案馆藏《军机处录副奏折》，乾隆五十六年七月十二日，陕西巡抚秦承恩奏折（以下简称《军录档》，并省略收藏单位）。
② 中国第一历史档案馆藏，《朱批奏折》，乾隆五十六年八月十五日明亮奏折（以下简称《朱批档》，并省略收藏单位）。
③ 中国人民大学清史研究所、中国第一历史档案馆合编《天地会》（一），中国人民大学出版社，1980，第71、112页。本文下引是书，省略主编单位及版本。
④ 《军录档》，嘉庆十七年正月十四日，广西巡抚成林奏折。

如果说天地会并无反对清朝的政治图谋，仅仅是为了经济上的互相帮助，那么，人们不禁要问：为什么天地会的组织是那样的秘密？乾隆时入会"连父母妻子不许告知"①？在入会仪式上，每人要"发誓"不得"触破事机"，"如若说破机关，死作刀下之鬼，若不说破，万代富贵"②呢？

如果说天地会真的没有明确的政治目标，那么，为什么清政府发现它所编造的"邪词"之后大骂"实堪痛恨"③，"闻之不胜令人发指"④？认定它"狂悖诡诞"，即属匪类⑤？

否定天地会以"反清复明"为宗旨的同志，在他们的文章中曾正确地指出，乾隆五十一年（1786）许阿协所交代的"木立斗世"诗是一首预言诗，认为"木立斗世确是预言清政府将于乾隆三十二年（1767）灭亡，而不是暗谕天地会创立于乾隆三十二年"⑥。照此说来，这首诅咒清政府将在乾隆三十二年灭亡的政治预言诗在乾隆三十二年以前就已经存在。既然如此，说当时天地会仍然"没有明确的政治目标"，岂不是自相矛盾！

当然，乾、嘉以来天地会以"反清复明"为宗旨，并不等于这一宗旨就自始至终贯穿于天地会的全部历史过程。天地会是否为了"反清复明"的宗旨而创立，还有待进一步证明。而天地会重要骨干严烟的供词恰好为此提供了足以论证的可靠依据。

乾隆五十一年（1786）十一月，林爽文在台湾彰化县大里杙村组织发动天地会起义。起义军很快就席卷了整个台湾，清廷大为震惊，立即调兵遣将前往镇压。乾隆五十三年（1788）二月，二十七岁的严烟即被抓获。严烟即庄烟，又名严若海，福建平和县人，乾隆四十七年（1782）经万提喜的嫡传弟子陈彪传授加入天地会。四十八年（1783）渡海去台，在彰化县地方开设布铺，秘密发展天地会。林爽文等人就是在乾隆四十九

---

① 《天地会》（一），第97页。
② 《天地会》（一），第71、87页。
③ 《天地会》（一），第97、69页。
④ 《天地会》（一），第97、69页。
⑤ 《朱批档》，乾隆五十六年九月十三日，福康安奏折。
⑥ 秦宝琦、刘美珍：《试论天地会》，《清史研究集》第1辑，第163页。

（1784）年三月溪底阿密里庄由他直接传授加入天地会的。显然，严烟是一个很知天地会底细的骨干分子。他在被捕刑讯之后，未能保守住会中的秘密，对天地会的根由、结拜仪式、暗语歌词，以及乾隆年间传授天地会的核心人物都向清政府作了较详细交代，因而严烟供词成为研究天地会最有价值的史料之一。

严烟交代，天地会"年代久远，从前有个朱姓、李姓同起的。朱姓叫朱鼎元，李姓实不知名字。……陈彪曾教我两句口语：三姓结万李桃红，九龙生天李朱洪。这就是天地会的根由"。当清政府诘问所传天地会创始人洪二和尚究系何人时，他回答："同会所称洪二房和尚，并非实有其人，乃暗隐朱、李二姓及万和尚的总称。至二房上加增红字，及用洪字作暗号，说（陈）彪说都是朱、李二家传下的。"[①] 严烟交代的这个起会之朱姓、李姓究竟暗喻什么？严烟被捕前，广东天地会员已经供出："洪水横流李桃洪，李朱洪，及兄弟结拜共姓洪等字。""洪水漂流泛滥于天下，洪水结拜皆一同。"嘉庆初年以来所发现的大量天地会文物，包括会簿、盟书、诗词、花帖、腰凭等，都载有"三姓结万李朱洪"字句，而且是"照旧本相沿传抄"。萧一山从伦敦不列颠博物院搜集的天地会文件《先锋对答》说："昔年有三家十八大灶，李朱洪三大姓，如今只五个灶有火。"[②]《天地会反清复明诗》称："天生朱洪立为尊，地结桃园四海同。"[③] 天地会碑亭上更明确写上"李朱洪主"[④]。萧一山在《近代秘密社会史料》一书中对"李朱洪"作过解释，他认为"朱指明朝，洪指洪门，固不待释，而李氏何指乎？……大约李为义兴馆香主之姓，故以冠之"[⑤]。萧一山的解释缺乏令人信服的根据，也未找到"李"字的真谛所在，实难苟同。我认为要正确诠解严烟供词中天地会根由诗和"朱、李二姓"，只能借助于其他天地会成员的供词和天地会本身较早的文献。

据林爽文天地会起义军副帅杨咏交代，"小的们听得严烟说及起会的根源，是广东有个姓洪的和尚，叫洪二房，同一个姓朱的人起的，洪二

---

① 《天地会》（一），第111、112页。
② 萧一山：《近代秘密社会史料》卷4，第22页。
③ 萧一山：《近代秘密社会史料》卷5，第3页。
④ 萧一山：《近代秘密社会史料》卷1，第1页。
⑤ 萧一山：《近代秘密社会史料》卷1，碑亭第二，第5页。

房和尚居住后溪凤花亭，不知何府何县地方。那姓朱的年才十五、六岁，不知叫什么名字，也不知住在那里"。乾隆五十一年（1786）加入天地会的林功裕交代，天地会歌句有"洪水漂流泛滥于天下，三千结拜李桃红，木立斗世天下知，洪水结拜皆一同"。林三长还告诉他"有朱洪德，系食仙桃孕生，约有十五、六岁"①。杨咏、林功裕交代的这个十五六岁朱姓少年，就是天地会传说中的小主朱洪竹。天地会秘密文件记载，康熙年间，"西鲁番作乱"，一直进逼潼关，清军节节败退，康熙皇帝只好"挂起榜文，谁人征得西鲁番者，封得万代公侯。"少林寺僧应征入伍，一举打退"西鲁"入侵。但少林寺僧不要朝廷封赏，仍回寺中诵经、说法、修道。不料反遭奸臣陷害，寺庙被焚，一百二十八位和尚大都惨死，只有十八人死里逃生，后来剩下五人，历尽艰辛，走到海石连天、长沙湾口，海水面上浮起白锭香炉一个，底有"兴明绝清"四字。他们感到命不该绝，决定效法刘、关、张桃园结义故事，歃血盟誓，结拜天地会，时间为康熙甲寅年七月二十五日。当时结义，正好又来了一位小子，姓朱名洪竹，系崇祯皇帝朱由检西宫娘娘李神妃之孙。当李自成农民军进攻北京，李神妃怀胎逃出，藏在伏华山，生下男儿朱洪英，后洪英又生一子名洪竹。少林寺劫余五僧便共扶朱洪竹为主。这就是著名的"西鲁故事"传说。嘉庆十六年（1811），清政府查获的姚大羔所传抄的《会簿》也记载了这个传说的基本内容。对于天地会的这一传说如何理解，怎样看待"西鲁故事"及其史料价值，史学界还有不同看法。本文将在第四节中专门加以讨论。但是，有一点值得注意，传说中的这个朱洪竹一直是天地会拥戴的精神领袖、理想人物。换言之，天地会创立时，是拥立父家朱姓，母家李姓之孙朱洪竹为领袖的。故朱、李为天地会之祖。而朱、李二姓实为一家，即朱明王朝。因为朱明王朝开国君主朱元璋号洪武，于是由朱、李又演出一个洪姓。如同严烟所说："用洪字作暗号"，"都是朱、李二家传下的"。天地会《八拜诗》云"一拜天为父，二拜地为母"，朱、李父母，派生出天地会之幼主。所谓"朱洪竹"，即"朱洪祖"，"三姓结万李朱洪"，实暗喻万众一心，拥戴朱明王朝。所谓"朱鼎元"，即暗喻

---

① 《天地会》（一），第87页。

朱明王朝鼎革纪元。陈彪教严烟的那个"三姓结万李桃红，九龙生天李朱洪"的天地会根由诗，其意就在于隐喻当万家兄弟共结洪姓，云集天下之时，也就是清朝天亡、明主重登龙位、鼎革纪元之日。因此，严烟关于天地会由朱、李二姓同起的交代，并非无稽之谈，它本身就暗藏了天地会创立的宗旨，也就是说，天地会是由决心"反清复明"的人所倡立。乾隆年间在天地会内部秘密流传的"洪水横流李桃红，李朱洪，及兄弟结拜共姓洪"等诗句，说穿了它所包含的意义也无非是为了"反清复明"（"共姓洪"）而结拜天地会。

"乾隆说"同志认为，严烟供词关于天地会由朱、李二姓同起的说法不足取信，甚至把寻找"朱""李"含义的努力说成是索隐方法。我认为这种责难是没有道理的。谁都知道，由于天地会组织本身的特点所决定，从而形成了一整套别具一格的诗词、隐语和秘密联络暗号。正确理解这些所谓"邪词""暗语"，是揭开天地会秘密的关键。时至今日，由于人们对其中许多东西不理解不认识，因而痛感不能步入堂奥，摇头叹息。历史现象本来就异常错综复杂。人们要想从迷离混沌状态中找出它的规律性和本质特征，除了首先需要详细占有材料之外，还必须运用马克思主义理论和方法进行分析研究，包括借助于逻辑推理。如果仅仅依靠现存材料的罗列，就不可能从中找到解决问题的正确答案。显而易见，像天地会这样一个复杂难题，不对所有材料进行认真分析，是不可能把许多真相揭示出来，从而把我们的研究推向前进的。这里，我们对天地会文件中"李朱洪"的诠释，只不过是学习分析问题的一种努力和尝试。究竟正确与否，还有待进一步检验。但是，这绝不是离开历史实际的主观猜测、比附，这同红楼研究中曾经出现过的所谓索隐派的主观唯心主义的研究方法风马牛不相及！

本来，天地会"以洪为姓"是人所共知的事实。可是，正是这一事实本身就告诉人们，天地会是奉行"反清复明"宗旨的。奇怪的是，主张天地会起源乾隆二十六年（1761）的同志却闭口不谈。有的同志虽然也提及这个问题，可是把它说成因万提喜号洪二和尚之故。他们说："天地会起于福建漳州漳浦县；天地会由洪二和尚，名万提喜，俗名涂喜首创。'洪门'之名，以及洪门流传诗歌中'洪水漂流（或曰泛滥，或曰横流）于天

677

下'，'洪水结拜皆一同'，'滴血盟心本姓洪'，'洪亭脚下人多众，纷纷饮水共姓洪'，'洪家子弟'等等，可能均由此来"①。其实，天地会"用洪字作暗号"，严烟已经讲明，"都是朱、李二家传下的"。也就是说，天地会取"洪"为姓，表示它"反清复明"。"洪"就是借用朱洪武之号，代表朱明王朝。万提喜之子行义被捕之后，在回答清统治者的诘问时把他父亲说成"因乳名洪，排行第二，故多称洪二和尚"，纯粹是愚弄欺骗清廷，掩盖天地会的要害。如果我们今天仍然把天地会指洪为姓的信仰和"三姓结万李朱洪"诗句中的"洪"看成因万提喜号洪二和尚而来，至少没有触及问题的实质，没有找到天地会的真谛所在。

大家知道，太平天国著名领袖洪秀全在批判总结天地会的历史经验时曾说，"我虽未尝加入三合会（即天地会），但常闻其宗旨在'反清复明'。此种主张，在康熙年间该会初创时，果然不错的，但如今已过去二百年，我们可以仍说反清，但不可再说复明了。"②洪秀全生长的广东，一直是天地会最为活跃的地区。他虽然没有加入过天地会，但对天地会是十分了解的。他这段真知灼见的谈话，把天地会创立的宗旨说得一清二楚。伟大的革命先行者孙中山先生在谈到洪门天地会缘起时也说："洪门者，创设于明朝遗老，起于康熙时代。盖康熙以前，明朝之忠臣烈士，多欲力图恢复，誓不臣清，舍生赴义，屡起屡蹶，与虏拼命，然卒不救明朝之亡；迨至康熙之世，清势已盛，而明朝之忠烈亦死亡殆尽，二三遗老，见大势已去，无可挽回，乃欲以民族主义之根苗，流传后代，故以反清复明之宗旨，结为团结，以待后有起者，可藉为资助也，此殆洪门创设之本意也。"③

总之，无论流传到乾隆年间的天地会文件，还是严烟关于天地会根由的叙述，无论农民革命领袖洪秀全对天地会的批评，还是资产阶级革命的伟大先驱者孙中山关于洪门天地会缘起的论述，都无可辩驳地证明，天地会创立的宗旨是"反清复明"。既然如此，天地会就应该是康熙元年（1662）南明王朝覆亡、公开武装抗清斗争基本结束、清政权确立了对中

---

① 蔡少卿：《关于天地会的起源问题》，《北京大学学报》（人文科学版）1964年第4期。
② 韩山文：《太平天国起义记》，《中国近代史资料丛刊·太平天国》第6册，第872页。
③ 孙中山：《建国方略》，《孙中山选集》上卷，人民出版社，1956，第170~171页。

国大陆的全面统治之后不久的产物。如果把天地会说成远离明亡百余年后才出现，岂非咄咄怪事？

同样的理由，如果把天地会成立时间提前到清初顺治年间，说它由郑成功创立，也是不妥的。当时郑成功一直在进行公开的武装抗清，遥奉桂王永历正朔。顺治十六年（1659）北伐南京之役失败后，他就移师转向台湾发展了。很难设想，郑成功在世，南明王朝尚存，以秘密方式为主进行"反清复明"的新时期还未到来之前，天地会就出现了。事实上，也没有任何史事证明天地会由郑成功首倡。

道光三十年（1850）正月，两广总督徐广缙在一封疏奏中说："臣查三合会不知起于何时，询之绅耆，佥称前明嘉靖年间即有此名目。该匪祖孙习传，父子授受，敛钱惑众，饰者惊愚，诚为盛世所必诛。"[①]这种所谓明朝嘉靖年间就已存在天地会（三合会）的说法，其不足为信也同样是显而易见的。

自然，我们讲"反清复明"是天地会创立的宗旨，并不否认随着清代各个历史时期社会主要矛盾和主要矛盾方面的发展变化，天地会的性质、组织成分也相应有所变化。事实上，乾隆朝以来，由于商品经济的迅速发展，商业资本和高利贷资本的不断侵蚀农村，土地兼并的加剧，农民两极分化的加速，以及城市手工业的发展部分地排挤农村家庭手工业，农民个体经济遭到严重破坏，使得当时广大农村，特别是商业性农业比较发达的中国南方农村，失业农民大量增加。他们当中一部分人成为雇佣劳动者，另外一大部分人则鉴于当时商品经济的活跃和转运贸易的发达，离乡背井，涌到水陆交通线上从事肩挑贩运、小本经营，或者浪迹江湖，依靠算命打卦、看相行医、卖唱耍艺为生。这些活跃在三江两湖闽粤水陆交通线上而生活又极不稳定的苦力劳动者，和并无固定职业的游民，正为天地会的发展提供了广泛的群众基础。乾隆时期的有关天地会档案证明，天地会正是从他们中间补充了大量新的血液。由于这些构成天地会的基本群众所处的社会经济地位和阶级地位所决定，当时的天地会不能不反映他们最关心的切身利益。天地会在发展他们时，往

---

① 徐广缙：《鹿邑徐制军奏疏遗集》卷3，《奏陈三合会匪实在情形片》。

往突出"互相帮助""免受欺凌""敛钱分用"等经济意图。但是，天地会的政治宗旨并没有因此而变得模糊起来，它仍然在借用"顺天行道""扶明""反清复明"之类口号来演出反抗清朝封建统治的阶级斗争新场面。如果看不到乾隆朝的新变化，就不可能理解天地会发展的阶段性；如果仅仅抓住乾隆朝的新变化，并以此断定天地会是这个时期的产物，那就势必抹杀天地会的漫长历史。这实际上是以偏概全，缺乏辩证的观点。

二 从清律有关歃血结盟条款的演变看天地会产生的时代

天地会和明、清时代广为流行的白莲教不同，是以"反清复明"为宗旨的异姓结盟的秘密团体。歃血盟誓、焚表结拜弟兄，是结会的基本形式。在探讨天地会的起源中，有的学者引用清朝刑律有关歃血结盟条款，作为天地会起于康熙年间的旁证；"乾隆说"则针锋相对地提出批评，认为它不能说明问题。异姓人歃血结盟和天地会究竟有无关系？清朝刑律中的有关规定能否用来说明天地会的起源呢？

法律，作为上层建筑的重要组成部分，无疑是社会基础的集中反映。清朝刑律禁止"歃血盟誓、焚表结拜弟兄"与复兴天地会的有关规定，就是清代社会现实斗争的集中反映。认真清理一下清朝刑律中有关这方面的内容，对于考察天地会的起源显然是很有意义的。

关于歃血订盟、异姓结拜弟兄这类活动，在我国历史上由来已久。最早可以追溯到战国时代。明代，随着《三国演义》《水浒传》在社会上的广泛流传，异姓拜把结盟就成为司空见惯的事情。《大明律》也无禁止这类活动的条文。

顺治三年（1646），清统治者在"详译明律，参以国制"的基础上制定了第一部大清律。这部《大清律》尚无禁止歃血结盟之条款。但是，请统治者为了防止人民的反抗，巩固封建统治秩序，对于任何聚众活动，包括像明末以来士大夫们公开结社在内，都是一概禁止的。他们针对异姓结拜曾作出过明确规定："凡异姓人结拜弟兄者，鞭一百。"①尽管这并非《大清律》的正式条款，可是，它具有同律文一样的效力，在处理现行案件中作为律例加以实施。到了顺治十八年（1661），清最高统治者则进一步规定："凡歃血盟誓、焚表结拜弟兄者，著即正法。"②

玄烨即位后，根据封建专制统治的现实需要，不断发出谕令，严密法网，多次增修律例。康熙三年（1664）刑部题准新例载："凡异姓人结拜弟兄者，杖一百。查此款律内未载。今酌议得，凡人结拜弟兄者杖一百。如十人以上，歃血盟誓、焚表结拜，为首者杖一百、徒三年。余各杖一百。相应入律。康熙三年三月十二日奉旨：歃血盟誓、焚表结拜者，殊为可恶！此等之人，著即正法。"③"康熙七年复准，歃血盟誓、焚表结拜弟兄应正法者，改为秋后处决。其止结拜弟兄，无歃血焚表等事者，仍照例鞭一百。"④康熙八年（1669），刑部新颁律例，则把上述规定作为赌博的附录列在"杂犯"类中。原文为："实录内凡异姓人结拜兄弟者，鞭一百。如十人以上，歃血盟誓、焚表结拜，为首者杖一百、徒三年。奉旨：歃血盟誓、焚表结拜者，殊为可恶！此等之人，着即正法。查此款因歃血盟誓、焚表结拜弟兄为非，所定相应，仍留此例遵行。其立决改为监候，秋后处决。如无歃血焚表盟誓，止结拜弟兄者，照依原定，鞭责一百可也。奉旨依议。"⑤

到了康熙十年（1671），清朝刑律关于歃血结盟的规定，在性质上发生了一个根本变化。这就是它从"杂犯"罪变成了"谋叛"罪。雍正《大清会典》记载："（康熙）十年题准，歃血结拜弟兄者，不分人之多寡，照谋叛未行律：为首者拟绞监候，秋后处决，为从者杖一百、流三千里；其止结拜弟兄，无歃血焚表等事者，为首杖一百、徒三年，为从者杖一百。十二年题准，凡异姓人结拜弟兄，未曾歃血焚表者，为首杖一百，为从杖八十。"⑥在这里，清政府对异姓人结拜弟兄事件已经作了严格区别。凡是

---

① 雍正《大清会典》卷194，《刑部》，《奸徒结盟》。
② 雍正《大清会典》卷194，《刑部》，《奸徒结盟》。
③ 康熙八年题定《新颁律例》卷1，《康熙三年新例》。
④ 雍正《大清会典》卷194，《刑部》，《奸徒结盟》。
⑤ 康熙八年题定《大清律新例》，第85~86页。
⑥ 雍正《大清会典》卷194，《刑部》，《奸徒结盟》。

属于歃血焚表结拜弟兄者,不论人数多寡,一律按谋叛未行律从严惩处。如果无歃血焚表之仪式,按一般结盟活动从宽发落。从"不分人之多寡"可以看出,当时歃血盟誓、焚表结拜弟兄的活动规模有了扩大,远不只三两人在一起拜把结盟。

康熙十八年(1679),刑部遵照玄烨的谕令,着手编辑《现行则例》。二十八年(1689)又将它附入《大清律》,并于每篇正文之后加上总注、疏解律义,于四十六年(1707)辑成。但未正式刊行。雍正即位后继续加以修订,三年(1725)编成《大清律集解》和《大清律例增修统纂集成》,五年正式刊行全国。在雍正初年修订的这部《大清律》中,歃血结盟条款,正式列入了刑律贼盗中的"谋叛"类里,内载:"凡异姓人歃血订盟焚表结拜弟兄,不分人数多寡,照谋叛未行律:为首者拟绞监候。其无歃血盟誓、焚表事情,止结拜兄弟,为首者杖一百,为从者各减一等。"①《大清律集解附例》将上述条款列为"增例"。据该书凡例交代,它实际上是康熙年间的"原刻例",同康熙十年(1671)题准新例的有关规定基本一致。嘉庆《大清会典事例》将它说成"雍正三年定"②,《大清律例根原》也对上述条款不作任何说明列为雍正三年"现行例"下。从叙述"历年事例""律例根原"来讲,均是欠妥的。多年来,一些研究者或者受上面两书的影响,或者以歃血订盟条款正式列入清律谋叛类始见雍正朝修《大清律集解附例》,便认为歃血订盟作为谋叛政治罪,始于雍正初年,其实是不对的。

雍正初年新增条例为"凡不逞之徒,歃血订盟,转相结连土豪市棍、衙役兵丁,彼倡此应,为害良民,据邻佑乡保首告,地方官如不准理又不缉拿,惟图掩饰,或至蜂起为盗,抄掠横行,将不行准理又不缉拿之地方文武各官革职,从重治罪。其平日失察,首告之后,不自隐讳,即能擒获之地方官,免其议处。至乡保邻佑知情不行首告者,亦从重治罪。如旁人确知首告者,该地方官酌量给赏。倘借端妄告者,仍照诬告律治罪。"③这是雍正元年(1723)开始纂修《大清律集解附例》时新增内容,九月"刑

---

① 《大清律集解附例》卷18,《谋叛》。
② 《大清律集解附例》卷18,《谋叛》。
③ 《大清律集解附例》卷18,《谋叛》。

部议复歃血结盟事理"时，认为它和康熙朝原刻条例相类似，故作为"钦定例"同列在"谋叛"条款中。

乾隆五年（1740），清政府重修律例，纂成一部比较完整的《大清律例》，凡47卷，430门，1049条。有关禁止歃血结盟条款，放在第23卷《贼盗·谋叛》之中，条文同雍正朝所订内容基本相同。其后，乾隆朝也曾多次增修律例，其中，有三次重大增补很值得注意。

第一次为乾隆二十九年（1764）。增例规定："闽省民人除歃血订盟焚表结拜弟兄仍照定例拟以绞侯，其有抗官拒捕持械格斗等情，无论人数多寡，审实各按本罪分别首从，拟以斩绞外。若有结会树党，阴作记认，鱼肉乡民，凌弱暴寡者，亦不论人数多寡，审实将为首者照凶恶棍徒例发云贵两广极边烟瘴充军；为从减一等；被诱入伙者杖一百，枷号两个月；各衙门兵丁胥役入伙者照为首例问拟；乡保地方明知不首，或借端诬告者，照例分别治罪；该管文武各官失于觉察，及捕获之后有心开脱，均照例参处；若止系乡民酬社赛神，偶然洽比，事竣即散者，不在此例。"① 这是乾隆二十九年（1764）十一月刑部议复福建巡抚定长条奏福建地方歃血订盟结会树党案时增订成例的。它是清统治者第一次正式将"结会树党"与"歃血订盟焚表结拜弟兄"联在一起写进大清律例。这表明乾隆二十九年以前，福建利用歃血结盟方式秘密结社、起会活动相当普遍，以致清政府不得不针对福建专门另立禁律。值得注意的是，这条律例的增订显然和福建当时结拜天地会活动有紧密关系。它和嘉庆初年福建巡抚汪志伊所查出的天地会起源于乾隆二十六年（1761）只相差三年。乾隆五十三年（1788）正月，闽浙总督李侍尧在关于审拟乾隆五十二年（1787）漳浦县张妈求等人发动的"谋抢县城、及焚抢税关、官署、监馆、汛房"的天地会起义情由奏折中②，以及乾隆五十三年（1788）六月，两广总督孙士毅在关于审拟天地会许阿协等案情的奏折中③，都援引了这一条款，对张妈求、许阿协等"首从各犯"分别定了罪。

乾隆朝对《大清律例》歃血结盟条款的第二次重要增订，是乾隆

---

① 《大清律例根原》卷54，《谋叛》。
② 《军录档》，乾隆五十三年正月二十六日，闽浙总督李侍尧奏折。
③ 《天地会》（一），第121页。

三十九年（1774）。康熙十年（1671）以来，有关异姓结盟的禁律条款，都是"不论人数多寡，但分有无歃血盟誓情事"定罪。乾隆三十八年（1773），广东揭阳县陈阿高纠众四十余人歃血订盟结拜弟兄，且不序年龄，推二十二岁陈阿高为大哥。清政府破案之后，经广东巡抚德保复审，"拟以绞侯，发回监禁。匪徒林阿裕等与陈阿高交好，探知罪名已定，起意纠匪，潜谋劫狱纵放，遂乘该署县交卸之际，约期举事，潜匿城外"，结果被发觉，劫狱失败，林阿裕等全被抓获。清高宗接李侍尧奏报后，于乾隆三十九年（1774）一月廿一日发出谕令："实属目无法纪，情罪甚为可恶，着李侍尧即速严行审究，将倡首济恶各犯，立时正法示众，以儆凶顽。其陈阿高，既为林阿裕等欲救之人，即与匪党首恶无异，定罪亦应同科，并著该督一面办理，一面奏闻，其余各犯，均须按其情罪从重定拟具奏。"①次日，他又谕军机大臣，"此案皆由陈阿高拟罪过轻，匪徒见其久系囹圄，遂尔潜谋滋事，致皆身罹重典。使陈阿高犯案时即行正法，林阿裕等无隙可乘，转得杜其奸谋，亦即可全其躯命，……及查核原案，则陈阿高之向拟绞侯，尚系德保比例加重，是此条旧定之例，原未允协。夫以歃血订盟，谓不分人数多寡，殊觉颠顶失当，岂以十人内外与多至四五十人者漫无区别乎？即如陈阿高一案，结盟至四十余人之多，又系该犯起意聚众，且陈阿高年仅二十二岁，案犯较其年长者尚多，而众皆推之为首，即属匪党巨魁，更非序齿结拜弟兄者可比。自当另定例条，以示创惩。所有陈阿高罪名，已谕令李侍尧归于林阿裕等案内，从重定拟。至嗣后遇有此等案件，如何另行定例之处，著刑部详细妥议具奏"。刑部遵照高宗的指令，议复了陈阿高纠众结盟案，并很快拟出了新的例条，其全文为："凡异姓人但有歃血订盟焚表结拜弟兄者，照谋叛未行律：为首者拟绞监侯，为从减一等；若聚众至二十人以上，为首者拟绞立决，为从者发云贵两广极边烟瘴充军。其无歃血盟誓焚表事情，止序齿结拜弟兄，聚众至四十人之多，为首者拟绞监侯，为从减一等；若年少居首，并非依齿序列，即属匪党巨魁，首犯拟绞立决，为从发云贵两广极边烟瘴充军；如序齿结拜，数在四十人以下，二十人以上，为首者杖一百，流三千里，不及二十人者，

---

① 《大清高宗纯皇帝实录》卷951，乾隆三十九年正月乙亥。

杖一百、枷号两个月，为从各减一等。"①

这条律例的增订，充分说明当时歃血结盟焚表结拜弟兄活动规模的扩大。而且，清政府尤其注意了"不序年齿"的纠众结拜。四十多年前，罗尔纲先生在《水浒传与天地会》②一文中，把上述条款视为"康熙年间现行例"，并用它作为天地会起源康熙年间的旁证，显然不妥。罗先生注明这条材料引自《大清律例》第23卷。其实，正式题名的《大清律例》乾隆五年（1740）才修成刊布，第23卷也无上述内容。康熙年间现行例中并无按人数多寡定罪的规定。多年来，一些学者并不详查而沿袭其说，应予更正。

乾隆年间对歃血结盟条款的第三次重大修订为乾隆五十七年（1792）关于台湾复兴天地会的规定。条例载："台湾不法匪徒，潜谋纠结复兴天地会名目，抢劫拒捕者，首犯与曾经纠人及情愿入伙希图抢劫之犯，俱拟斩立决。其并未转纠党羽或听诱被胁而素非良善者，俱拟绞立决。俟数年后此风渐息，仍照旧例办理。"③由于罗尔纲、萧一山等人，对"复兴天地会"发生了误解，因而他们运用这一条文所解释的天地会缘起就留下了很大漏洞。据中国第一历史档案馆藏有关案卷记载，乾隆五十七年（1792）大清律例增修禁止"复兴天地会"条款，是针对台湾张标、谢志、陈潭等人复兴林爽文天地会而来的。乾隆五十五年（1790）七月，籍隶广东而居台湾彰化县的张标，"向与泉州人不和，仇家甚多"，和同居彰化之素识谢志谈起"想纠人结会，防备泉人"。因谢志曾从陈信那里得到过"天地会誓章一纸"，懂得结会方法，即建议张标"复兴天地会"。乾隆五十六年（1791）春，张标、谢志等复兴林爽文天地会案被清政府查获。④乾隆五十七年（1792）三月，籍隶福建同安的吴光彩决心为参与张标复兴天地会活动而被处决的好友张阿秀报仇，又邀约吴基到陈潭寮内商谈结拜天地会。四月，吴光彩、吴基和张标案内逸犯王都、张英、吴刊等齐至陈潭寮内共同结拜天地会。随后，陈潭等又分头纠人入

---

① 《大清高宗纯皇帝实录》卷951，乾隆三十九年正月丙子。
② 罗尔纲：《天地会文献录》，第86页。
③ 《大清律例根原》卷54，《谋叛》。
④ 《朱批档》，乾隆五十六年正月初十日，福建水师提督兼管台湾总兵事务奎林奏折。

会，旋被拿获。①闽浙总督觉罗伍拉纳、福建水师提督兼管台湾总兵事务奎林和他的继任哈当阿向清廷相继奏报了台湾复兴天地会的活动。乾隆五十七年（1792），刑部在议复此案时，将它作为典型案例，并拟出了上述条款。乾隆五十八年（1793）初，哈当阿在关于续获陈潭等复兴天地会案内逸犯廖喜、吴番的奏折中，就援引了这条"新例"。哈当阿称："新例内载：台湾匪徒复兴天地会名目，其未纠党羽或听诱被胁而素非良善，俱拟绞立决等语。此案廖喜、吴番素与匪徒交结，致被诱胁入会，其平日之非良善已可概见。廖喜、吴番均应照例拟绞立决。"②这是大清律第一次写进禁止天地会名目的条款。律中"俟数年后此风渐息，仍照旧例办理"。这个"旧例"系指正式写进雍正年间《大清律集解附例》中的康熙年间现行例，即"凡异姓人歃血订盟焚表结拜弟兄，不分人数多寡，照谋叛未行律：为首者拟绞监候……"清朝统治者以为，复兴天地会的活动，数年之后即可平息，可是，不但此风未息，而且到嘉庆年间，闽、粤等省竟蔚然成风，以至嘉庆朝又不得不对乾隆五十七年（1792）专指台湾的条文改为泛指"闽粤等省"。

嘉庆四年（1799），福建巡抚汪志伊在向清廷奏报天地会源流时提出，天地会起于乾隆二十六年（1761）③。可是，大清律明文规定禁止天地会名目却始于乾隆五十七年。可见，乾隆五十七年以前相当长的时间里，大清律中有关禁止歃血结盟的条文也是针对天地会而来的。因此，把天地会同聚众结盟的"谋叛"活动截然对立起来是不对的。我们从清初到乾隆末年大清律有关歃血结盟条款的规定及其演变可以看出，天地会和歃血订盟、焚表结拜弟兄的政治活动是一脉相承的。由于天地会活动极其秘密，它又以歃血盟誓、焚表结拜弟兄作为结会仪式，因而清政府很长时间并没有发现天地会名目，往往把它和歃血结盟活动看成一回事。即使林爽文天地会大起义之后，《大清律》已经载有严惩天地会条款，清政府在处理许多天地会案件中，仍然援引《大清律例》中所谓"凡异姓人歃血订盟焚表结拜弟兄"之类有关"谋叛"条款或"闽省民人结会树党，阴作记认"的规

---

① 《朱批档》，乾隆五十八年十月二日，福建水师提督兼管台湾总兵事务哈当阿奏折。
② 《朱批档》，乾隆五十八年二月十二日，福建水师提督兼管台湾总兵事务哈当阿奏折。
③ 《军录档》，嘉庆四年十月二十二日，福建巡抚汪志伊奏折。

定"量刑定罪"。既然如此,我们就有可能在清代刑律有关歃血结盟条款的演变过程中找到天地会起源时间的线索。因为,天地会是在为了"反清复明"而秘密歃血订盟、焚表结拜弟兄的活动基础上产生的。如果这种活动还不普遍,清朝刑律尚无明显反映,很难说天地会就已产生。既然康熙初年大清律例还把"歃血盟誓、焚表结拜弟兄"视同聚众赌博一类的"杂犯",那么,把顺治朝刑律中的有关规定作为当时业已存在天地会的旁证,显然不能成立。

不过,顺治十八年(1661)清朝刑律将"歃血盟誓、焚表结拜弟兄"之人列为死刑,这就在社会上造成了一种新的政治压力,迫使歃血结盟活动转入地下,向秘密方式发展。而康熙初年的清朝刑律没有把异姓结拜兄弟事件当作政治谋叛,它就反而如同"刑部向因严禁赌博,定有治罪条例"那样,禁而不止,并给那些利用这种方式秘密从事反清复明的人们留下一个有空子可钻的机会。

众所周知,康熙元年(1662),永历帝被擒杀,南明王朝的瓦解,大西军的最后失败,全国范围内大规模的抗清斗争基本结束。尽管当时巴东的"夔东十三家"和隔海一隅的台湾郑成功尚在坚持抗清斗争,但是,其影响已经微不足道的。事实上,不到两年之后,大顺军的著名将领刘体纯、郝摇旗、袁宗第均相继牺牲,郑成功于1662年6月病逝。大顺军的另一著名将领李来亨也在1664年壮烈捐躯。因此,从康熙二年(1663)起,除台湾等个别地区之外,清中央政权基本上确立了对全国政治、军事、经济等各方面的统治。自清军入关以来以农民军为主体的全国风起云涌的抗清浪潮,从此转入了低潮,国内社会的主要矛盾也由民族矛盾逐渐向阶级矛盾转化。尽管在平定"三藩之乱"、收复台湾之前,社会矛盾的转化尚未完成,民族矛盾和阶级矛盾还呈现互相交织的状态,但是,昔日"联明抗清"已经进入"反清复明",公开的武装斗争已被非武装的秘密斗争所代替。"歃血盟誓、焚表结拜弟兄"这一最适合于秘密斗争需要的聚众结社方式,也就因此而被赋予了浓厚的反清复明政治色彩而逐渐发展起来。

与此同时,清政府在镇压人民革命斗争过程中也终于发现在歃血盟誓、焚表结拜弟兄的案件中隐藏着反清复明的秘密结社。于是,康熙十年(1671)题定的《大清律例》就将八年尚作为"杂犯"的"歃血盟誓、焚表结拜弟兄"的事件，改为按"谋叛"未行律处理"谋叛"，在《大清律》中属于"十恶不赦之罪"。仅次于"谋反大逆"，而排列第二。尽管"杂犯"的刑罚也很残酷，同样有死罪，但在性质上和"谋叛"是有根本区别的。因此，康熙十年（1671）清朝刑律的这一重大变化具有特殊意义。它表明，康熙十年（1671）前夕，以反清复明为目的的歃血结盟活动有了迅速发展，清政府也已经多次查获了这类案件，从而引起它对此种秘密结社活动的严重注意和关切，并企图借助法律的威力和暴力手段来消灭其存在。由此可知，以反清复明为宗旨、以歃血订盟、焚表结拜弟兄为结会基本形式的秘密组织天地会的正式成立，当在距离康熙十年（1671）之后不久。

三　从清档论天地会源远流长

乾隆五十一年（1786）十一月台湾林爽文起义，是天地会历史上一次空前规模的武装反清斗争。清政府先后动员了巨大的人力和物力才把这次声势浩大的起义镇压下去。"若论经岁军资费，千两黄金一两骨。"[①]赵翼的这两句诗就充分反映了清政府当时所花费的惊人财力。清政府为了把天地会一网打尽，"务绝根株"，在武装镇压林爽文起义的同时和以后，又煞费苦心地对天地会的源流进行了追查。乾隆末年以来，清政府在南方各省又特别加强了对天地会的侦破。这样，清朝官方就留下了一大批记载天地会起源及其活动的档案。蔡少卿、秦宝琦等同志正是利用了中国第一历史档案馆所保存的有关档案而提出天地会起源于乾隆二十六年（1761）。中国台湾学者戴玄之、日本学者佐佐木正哉的"乾隆三十二年说"的主要根据，也是清廷上谕、封疆大吏奏折和天地会成员的供词。由于"乾隆说"所依据的材料是清朝官方文书档案，这就给人们提出了新的问题：天地会是否源远流长？"康熙说"还靠不靠得住？目前保存在中国第一历史档案馆和台北故宫博物院的有关天地会原始档案是否都证明天地会起源于乾隆年间？为了弄清问题的真相，几年

[①]　赵翼：《瓯北全集》第40册，《瓯北诗钞》七言古四，《军中擒获逆首林爽文槛送过泉纪事》。

来，笔者也去中国第一历史档案馆查阅了天地会和其他民间秘密结社的有关档案。我所得出的结论刚刚和"乾隆说"相反。

现存清档中涉及天地会起源时间的材料，最早当数乾隆五十二年（1787）正月二十一日两广总督孙士毅奏折。孙士毅奏称，广东饶平县地方官拿获许阿协、赖阿恩、林阿俊、涂阿番等四名天地会"要犯"，供出"木立斗世知天下，顺天行道合和同"等诗句。据许阿协交代："这木立斗世，木字系指顺治十八年；立字系指康熙六十一年；斗字系指雍正十三年；世字系因天地会起于乾隆三十二年，故借这世字暗藏"[①]。二月初六日，清高宗根据孙士毅奏折，立即传谕闽浙总督李侍尧、两广总督孙士毅、福建巡抚徐嗣曾严切究办，并说"天地会名色，起自三十二年"[②]。同年二月初五日，孙士毅再次声称："据供歌诀有木立斗世字样，会匪系起于乾隆三十二年。"[③] 显然，孙士毅奏折和高宗上谕关于天地会起于乾隆三十二年（1767）的说法，都出自许阿协的交代。

许阿协交代的这首"木立斗世"诗，是七言四句。他只交代了第三、四句。据同时被捕的赖阿恩补充交代，第一句是"日月车马三千里"[④]，至于第二句，许阿协和赖阿恩等人都没有透露。大家知道，天地会作为秘密结社组织，它有一套秘密口诀、歌词作为内部彼此之间的联络暗号。天地会成员对其中一些重要的口诀、歌词都是背得滚瓜烂熟的。许阿协、赖阿恩等人在严刑拷打之下，虽然被迫交代出这首诗，可是都称"第二句忘记了"，这是颇耐人寻味的。显然，这第二句乃至关重要的一句。根据天地会内部流传的《刘伯温木立斗世诗》、《又锦囊诗》与《三六底》云："二八山河在眼前，立心来向帝王边，世间多少愚拙子，斗转星移正向前。""木阳城内兵马动，木立斗世六十年，太子十三来结义，反转山河定太平。"[⑤]"木立斗世天下知，顺天兴明合和〔同〕，扶明绝清登龙位，同心协力讨江山。"[⑥] 以及碑亭上所载"木立斗世清皆绝，万里和同再复兴。"[⑦] 可以断定，

[①] 《天地会》（一），第69页。
[②] 《天地会》（一），第72页。
[③] 《天地会》（一），第77页。
[④] 《天地会》（一），第71页。
[⑤] 萧一山：《近代秘密社会史料》卷5，第4页。
[⑥] 《天地会》（一），第8页。
[⑦] 萧一山：《近代秘密社会史料》卷1，第1页。

许阿协交代的"木立斗世"诗，是一首暗藏天地会宗旨的政治预言诗。按照许阿协对"木立斗世"的解释，既然"木字，系指顺治十八年；立字系指康熙六十一年；斗字系指雍正十三年"，那么这"世"字就只能是暗指乾隆在位年数。换言之，这首诗所暗喻的是清朝经过顺治十八年、康熙六十一年、雍正十三年之后，到乾隆三十二年（1767）就要灭亡。许阿协把"世"字所表示的乾隆三十二年（1767）说成天地会起源时间，"故借这世字暗藏"，显然不是这首诗的原来含义。如果按照许阿协的说法，他对"木立斗世"的解释就前后自相矛盾了。其实，老谋深算的孙士毅在陈述许阿协关于"木立斗世"隐语的解释之后，紧接着就指出"臣闻之不胜发指"。这表明在孙士毅心目中，究竟是一首什么性质的诗是一清二楚的，其中的"世"字绝非暗指天地会起于乾隆三十二年（1767）。只不过他不敢向清高宗直接点穿其中的奥妙罢了。根据曾国藩对李秀成供词的删改，我甚至怀疑许阿协供词关于世字的解释，是出于孙士毅的删改，起码不能排除这种可能性的存在。

既然孙士毅奏折内许阿协所交代的"木立斗世"诗，是一首政治预言诗。它的要害就在于预言和暗咒清朝到乾隆三十二年（1767）灭亡，那么这首诗所产生的时代只能在乾隆三十二年（1767）之前。由此可见，乾隆三十二年（1767）不是天地会的创始时间。

既然清档关于天地会起源乾隆三十二年（1767）的记载不足取信，那么，它是否创于乾隆二十六年（1761）呢？

不错，清档中确有天地会起于乾隆二十六年（1761）的记载。嘉庆四年（1799）十月十二日福建巡抚汪志伊奏折写道："臣遵查天地会匪始于乾隆二十六年间。"① 他在《敬陈治化漳泉风俗疏》中则进一步指出："查闽省天地会起于乾隆二十六年，漳浦县僧万提喜首先倡立，暗中主使，谋为不轨。"② 目前关于天地会起源"乾隆二十六年说"与"乾隆三十二年说"的立论依据也正在于此。我认为，汪志伊关于天地会起源乾隆二十六年（1761）的说法，仅仅是他在当年力所能及的范围内所找到的福建地区天地会起源时间的线索，远不是天地会创立的最早年代。万提喜也非天地会

---

① 《军录档》，嘉庆四年十月十二日，福建巡抚汪志伊奏折。
② 《皇朝经世文编》卷23，汪志伊《敬陈治化漳泉风俗疏》。

的创始人。谓予不信,请看清档中严烟关于天地会源流的交代。他说:"这天地会闻说是朱姓、李姓起的,传自川省,年分已远。有马九龙纠集和尚四十八人,演就驱遣阴兵法术,分投传教。后来四十八人死亡不全,只有十三人四处起会。那在广东起会的是方和尚,俗名涂喜。……那起会的朱姓叫朱鼎元,帮同传会的李姓,实不知名字。他们两家传下一个洪字暗号,所以叫做洪二房。"① 严烟作为天地会的"重要案犯",逮解京师之后,大学士和珅会同刑部曾多次"严切审究,加以刑讯",详细笔录了严烟供词。供词再次确认:"此教起自何年,我实在不知道。但听得陈彪说,此教年代久远,从前有个朱姓、李姓同起的。朱姓叫朱鼎元,李姓实不知道名字。后来有个马九龙,纠集和尚多人,演就驱遣阴兵法术,分投传教。近年又有个万和尚,俗名涂喜,都是传教的人。陈彪曾教我两句口语:三姓结万李桃红,九龙生天李朱洪。这就是天地会的根由。至李姓、朱姓起会,传说在四川。万和尚传教,闻说在广东。即陈彪告诉我的时节,他亦不能记清年份,指定地方,我更无从晓得。此外又有赵明德、陈丕二人,亦同陈彪在福建各处传教,都是陈彪说的。我后来听见陈丕也到过台湾传教,但并未与他见过。同会所称洪二房和尚,并非实有其人,乃暗隐朱、李二姓及万和尚的总称。"② 诚然,严烟供词夹杂了一些不实之词,也回避了某些要害问题,如果对它不加任何分析鉴别据为信史,未免失之偏颇。但是,供词对天地会的缘起交代得那样一清二楚,这在目前尚存的有关天地会的较早档案中则是少见的。严烟供词表明,天地会传至严烟,经历了一个漫长的发展过程。从他叙及天地会历史所使用的"从前""后来""近来"三个截然不同、含义明确的时间概念看,万提喜已经是距离天地会创立"年代久远"之后,"近年"在广东传教(会)之人。在万提喜之前,中间还隔了一个所谓马九龙纠集和尚多人四处起会的时期。

严烟在交代中所提到的"近年"传会之人万提喜、赵明德、陈彪、陈丕、张破脸狗,都是彼此关系密切,于乾隆年间在闽粤传播天地会有案可查的核心人物。其中除万提喜于乾隆四十四年(1779)身故、赵明德下落不明之外,其他人都在乾隆五十年代初期相继被捕。清政府在诘问陈彪洪

---

① 《天地会》(一),第97页。
② 《天地会》(一),第111、112页。

691

二和尚万提喜究竟传自何人时,他"坚供实不知洪二和尚传自何人"①,拒绝透露天地会的重要秘密。至于张破脸狗,则混供一气,使清政府弄不清赵明德、陈丕等人下落,甚至供出一个陈栋,矢口否认有陈彪其人。②陈丕于乾隆五十三年(1788)冬被捕。据广东巡抚图萨布奏,"陈丕籍隶福建漳浦县,三十二年与张破脸狗同入天地会,俱拜提喜和尚为师,后因同乡人卢茂等破案治罪,即害怕在家耕种"③。陈丕供词记载:"小的系福建漳浦县人,今年六十四岁,会医跌打损伤。乾隆三十二年听得本县高溪乡观音亭有提喜和尚传授天地会,如入此会,大家帮助,不受欺负,小的就与同乡的张破脸狗去拜从提喜入会。"④在回答诘问天地会起源时,陈丕供称:"天地会传闻已久,不知始自何年何人。"⑤陈丕这个交代,和严烟所称"此教年代久远"完全吻合。

值得注意的是,陈丕入会,并非途遇提喜引入,而是他"听得"提喜在观音亭传播天地会消息之后,才于乾隆三十二年(1767)约张破脸狗去拜从万提喜入会的。天地会作为一种秘密结社,万提喜借观音亭为僧的合法身份作掩护秘密传会,陈丕和张破脸狗之所以得闻,显然来自旁人。换言之,他们不是万提喜最早吸收入会的成员,在他们之前,天地会已经传播开来。陈丕供词声称,他入会的第二年,"因同乡人卢茂等破案治罪,即害怕在家耕种。"所谓卢茂案,即指乾隆三十三年(1768年)卢茂在福建漳浦县杜浔地方发动有数百人参加的天地会武装起义,⑥他们"编造诡名悖逆诗词,并分散花兰号布,煽诱各村庄愚民,聚匪百余人,欲图抢劫县城"⑦。起义旋遭镇压,先后被捕者多达二百余人。卢茂等人破案治罪,陈

---

① 《天地会》(一),第139页。
② 《天地会》(一),第134~135、140页。
③ 《天地会》(一),第140页。
④ 台北故宫博物院藏《广东巡抚图萨布奏折》(乾隆五十三年十一月初九日),转引自庄吉发《从台北故宫博物院典藏清代天地会档案谈天地会源流》,《故宫季刊》第14卷第4期,1980。
⑤ 台北故宫博物院藏《广东巡抚图萨布奏折》(乾隆五十三年十一月初九日),转引自庄吉发《从台北故宫博物院典藏清代天地会档案谈天地会源流》,《故宫季刊》第14卷第4期,1980。
⑥ 卢茂起义虽然清方记载没有说是天地会起义,但根据这次起义的特点,《陈丕供词》及《成案所见三集》卷10云,"行义有子郑碧,应照卢茂本案,依谋叛之孙流三千里",卢茂为天地会员、起义为天地会发动无疑。
⑦ 《大清高宗纯皇帝实录》卷808,乾隆三十三年四月丁未。

丕就害怕而不敢从事天地会活动。①可见，陈丕知道卢茂是天地会内之人。据永德奏称，这年秋天，福建民人李浩，就因"背卖漳浦县逆犯卢茂等结盟安良二图"，在浙江瑞安县被抓获。②按照天地会活动规律，卢茂等人从参加天地会组织，辗转纠人入会，一直到准备有数百人参加的武装起义，至少要有几年的时间。也就是说，在陈丕入会的前几年，福建漳浦地区已经有天地会的活动。难怪乾隆五十二年（1787）漳浦县响应林爽文起义的张妈求交代："天地会流传已久，漳州各县均有结会之事，小的张妈求父亲、叔子在日，原是会内之人。"③

严烟交代，万提喜为乾隆年间广东传会之人，他的嫡传弟子赵明德、引严烟入会的陈彪等人均在广东加入天地会。这表明万提喜首先是在广东秘密传会，然后才回到故乡观音亭继续发展会众，到卢茂、陈丕、张破脸狗等人加入天地会，其间又当有一段时间。因此，万提喜传播天地会的生涯，既不是从乾隆三十二年（1767）始，也不是从乾隆三十年的前几年才开始。如果说天地会创立于乾隆二十六年（1761），这个时间距陈丕入会不过六年，岂能称天地会"传闻已久"？而陈彪在乾隆四十七年（1782）对严烟说"此教年代久远""亦不能记清年份"，可以肯定天地会在乾隆二十六年（1761）前就早已存在。

主张天地会创立于乾隆二十六年（1761）的同志说，天地会由万提喜首倡，清政府的一些高级官员的奏折也正式肯定了这一事实。④其实，像严烟、陈丕这样一些天地会重要骨干并没有把万提喜看成天地会的创始人。至于清政府在奏折中肯定万提喜为天地会的倡始人倒也不假，而且岂止高级官员，就连清高宗也曾作出过这种论断。但是，他们这个判断究竟从何而来呢？

乾隆五十一年（1786）十一月二十七日，林爽文领导的台湾天地会大起义迅速攻陷了彰化县城。二十九日，与林爽文相识并曾充当彰化县快役的杨咏参加了起义队伍，并封为副元帅。十二月二日，杨咏等人在清军反

---

① 陈丕虽供称因同乡人卢茂等人破案治罪，即害怕在家耕种，不再从事天地会活动。但事实上卢茂起义失败之后，天地会名目并未被清政府发现，他又继续活动了，甚至赴台传会。
② 《大清高宗纯皇帝实录》卷818，乾隆三十三年九月丁亥。
③ 《军录档》，乾隆五十三年正月二十六日，闽浙总督李侍尧奏折。
④ 秦宝琦、刘美珍：《试论天地会》，《清史研究集》第1辑，第165页。

扑彰化的战斗中不幸被俘。杨咏经过刑讯之后交代："这天地会是五十年十二月里，有漳州平和县人庄烟即严烟过台湾来兴起的。小的们听得严烟说及起会的根源，是广东有个姓洪的和尚，叫洪二房，同一个姓朱的人起的。洪二房和尚居住后溪凤花亭，不知是何府何县地方。那姓朱的年才十五、六岁，不知叫什么名字，也不知住在哪里。"①这是清政府最早查到的关于天地会创始人的线索。当时，清廷如获至宝，立即传谕两广总督究明洪二房和尚下落。后来，抓获严烟，从他口供中进一步得到了关于所谓洪二房和尚的含义。据供："同会所称洪二房和尚，并非实有其人，乃暗隐朱、李二姓及方和尚的总称。"②因为天地会是"从前有个朱姓、李姓同起的"，"他们两家传下一个洪字暗号，所以叫作洪二房"。③其实，杨咏和严烟提到的"洪二房和尚"，就是天地会历史传说中结盟起会的少林寺劫余五僧中的二房祖。按照严烟在这里的说法，当时天地会内部所称"洪二房和尚"，不过是虚捏假名。乾隆五十三年（1788）冬，当清政府拿获严烟所称在广东传会的万和尚涂喜（提喜）之子行义后，又发现提喜称"洪二和尚"。行义供称："伊师父提喜，即系父亲，因乳名洪，排行第二，故多称为洪二和尚，已于四十四年身故。"④行义还交代，他的父亲就是他的师傅，并且在世之日，"曾教过三指诀"，但目的"原为诓骗银钱，并无别故"，甚至说"亦未传与别人"。⑤当时清政府已经掌握了提喜传授天地会的不少重要事实，而行义却把问题说得如此简单，甚至称他父亲"并未纠人入会"，就连清高宗也认为"断无此理"，"所供未尽确实"，"更为狡展"。⑥显然，行义没有把天地会的核心机密说出去。至于他关于万提喜所以称"洪二和尚"的解释，显然也掩盖了问题的实质。当时，清政府迫不及待想知道的是天地会创始人洪二房和尚究竟是谁？而行义对此却没有作出正面回答。他只说他父亲"因乳名洪，排行第二，故多称洪二和尚"。可是，清高宗当看到关于讯究行义的奏折之后却说："此案前据孙士毅奏，

---

① 《天地会》（一），第64页。
② 《天地会》（一），第111页。
③ 《天地会》（一），第112、97页。
④ 《天地会》（一），第138页。
⑤ 《天地会》（一），第139页。
⑥ 《天地会》（一），第139页。

论天地会的起源

访拿会匪即有洪二和尚传教之语,嗣据图萨布奏拿获陈丕一犯,究出洪二和尚,现在漳浦县地方居住,是洪二和尚实为此案要犯。"①本来,孙士毅奉旨查拿天地会和回奏清廷时提到的是天地会起会人"洪二房和尚",而图萨布奏拿获陈丕之供词,也只说到传他入会的"提喜籍隶福建漳浦县,住在高溪乡观音亭"②。既未说提喜是天地会起会之人,也未涉及他叫洪二和尚。提喜称洪二和尚是行义首先交代出来的。显然,清高宗在这里把天地会起会人所谓"洪二房和尚"和洪二和尚万提喜完全搞混了。到了乾隆五十四年(1789)正月十七日,他在向协办大学士福康安、广东巡抚图萨布下达务必向行义严究其父传会情形的上谕中,又进一步认定"天地会节经查明起于洪二和尚,今既据行义供认伊父提喜即洪二和尚,是提喜为此案传教正犯,已无疑义"③。清政府最早抓获林爽文天地会起义的重要首领杨咏供称,天地会由洪二房和尚和朱姓起的,严烟交代天地会内所称洪二房和尚乃暗隐起会的朱、李二姓及万和尚的总称。现在,乾隆皇帝把他们交代的"洪二房和尚"称之为"洪二和尚"。其实,这个洪二和尚(洪二房和尚)同行义之父洪二和尚万提喜并不是同一人。这两个"洪二和尚"不应当混淆:一个是实有其人的万提喜,"洪二和尚"是他的别号;一个是"并非实有其人",暗指天地会创始人朱、李二姓,"洪二和尚"(洪二房和尚)是其代称。也就是说,在清官方文献记载里,所谓"洪二和尚"的内涵,有广狭之分。万提喜虽然也号"洪二和尚",但他毕竟不能同"洪二和尚"(洪二房和尚)画等号。正如数学上正命题成立,它的逆命题未必就成立。由于清高宗把二者混为一谈,并且认为"天地会起于洪二和尚","提喜即洪二和尚",这样,万提喜就变成了天地会的倡始人。自此以后,一直到嘉庆年间,清朝督抚大员,包括汪志伊、先福等人在内,奏报天地会缘起时大都声称天地会起于"洪二和尚即万提喜"。这就是所谓清政府一些高级官员在奏折中正式肯定了万提喜是天地会创始人的真相。

应当指出,尽管乾隆皇帝把天地会说成由"万提喜即洪二和尚"所倡,嘉庆年间的督抚大员也援其说。然而,在乾隆末年直接负责查办天地

---

① 《天地会》(一),第138页。
② 《天地会》(一),第137页。
③ 《天地会》(一),第139页。

会的高级官员并不都这样看。例如，乾隆五十六年（1791）福康安、郭世勋在一份折片中就说：："臣等查天地会名目狂悖诡诞，而起自何人、何地，严切追求，终无确据。"①可见，清高宗在乾隆五十四年（1789）声称"天地会节经查明起于洪二和尚"提喜的说法，并不是什么"已无疑义"的结论。中国人民大学清史研究所和中国第一历史档案馆合编的《天地会》第一分册《天地会的起源》部分，曾搜集了孙士毅的有关奏折和乾隆上谕多件。文内所载查拿天地会起会人本为"洪二房和尚"，编辑者在对这批档案新加标题时，则一律用"洪二和尚"代替，我以为似欠妥当。

"乾隆二十六年说"的同志，还以"天地会结会时都要供奉洪二和尚万提喜的牌位"为由，断言"万提喜是天地会众一向承认的创始人"②。其实，天地会结会时也不都是供万提喜牌位的。从中国第一历史档案馆藏有关材料看，天地会早年结会尚无供奉祖师牌位之事。那时，结会仪式比较简单，一般在荒僻野岭举行，他们"插草为香"，也不摆设香案。只是到乾嘉以来，随着天地会的广泛传播，堂会逐渐增多，原来不信神佛、拜天为父、拜地为母、歃血结盟的异姓组织天地会受到白莲教和中国其他秘密宗教的影响，在结拜仪式中逐渐掺杂了不少迷信色彩，诸如供奉祖牌位等。牌位上多有太始祖考朱洪英 妣金氏夫人、太宗考洪启胜 妣庞氏夫人、太子朱洪祝、大哥万云龙、军师陈近南、五祖、五虎将等，甚至还有供奉观音、土地、太乙真人、关公等名字。诚然，清朝封疆大吏奏折内比较多地提到天地会结拜时"供奉洪二和尚即万提喜牌位"。对于这个问题应做具体分析。第一，就清朝官方而言，如前所述，他们往往把天地会内所称起会之人洪二房和尚同乾隆年间传播天地会的重要首领洪二和尚万提喜混为一谈；天地会结会时本来供奉洪二房和尚或万提喜的牌位，到了这些官员奏折中变成了"洪二和尚即万提喜牌位"。第二，就万提喜本身而言，他在天地会的发展历史上确实起过重要作用。他创立了三指吃烟茶等秘诀、暗号及诗词。他亲自传授的天地会成员，成了乾隆年间粤闽一带传播天地会的重要骨干。天地会正是传到万提喜手上，经过他及其嫡传弟子们的艰苦努力才在广大人民

---

① 《朱批档》，乾隆五十六年九月十三日福康安、郭世勋奏折。
② 秦宝琦、刘美珍：《试论天地会》，《清史研究集》第1辑，第164页。

群众中获得了发展。自然万提喜也成了会众所敬仰的神秘人物。乾嘉以来，天地会的成员大多是贫苦群众出身，他们对天地会的历史和核心秘密知之不多，对于先年会内关于"洪二房和尚"的含义也不太清楚，往往把距离他们只有一两代人、在闽粤传会起了重要作用的首领洪二和尚万提喜与之相混，视为他们的祖师。嘉庆年间两广、闽、浙、赣等省天地会结会时普遍供奉万提喜牌位这一事实，如果说它反映了万提喜在推动天地会的发展方面作出过重大贡献，以及会众对他的崇敬，那无疑是正确的。但是，如果因此得出结论："万提喜是天地会众一向承认的创始人"，则未免失之武断。因为天地会并不都供奉万提喜牌位。退一步说，有些天地会组织供奉的太祖、太宗、朱洪祝（竹）、朱洪英、五祖、或土地、观世音菩萨等，都是虚无缥缈、无影无踪的名字，可是有些天地会组织在结会时所供牌位上的名字则是清代有案可查的人物。例如：嘉庆十九年（1814）八、九月间，江西崇义县义安墟钟体刚起意邀叶秀发、王瑞先等在真君庙内三次结拜天地会，每次都设立"祖师马朝柱牌位"。[①]查马朝柱，籍隶湖北蕲州，后移居江南霍山一带。乾隆十二年（1747）至十五年（1750）间，他在安徽霍山地方与白云庵僧正修假捏"西洋出有幼主，名朱洪锦，系明后裔，有大学士张锡玉，大将吴乘云，系吴三桂子孙，李荣爵即李开化等，统兵三万七千为辅"，并以自己为军师，进行"反清复明"的秘密结社活动，准备乾隆十七年（1752）在湖北罗田县天堂寨武装起义，不料被清方发觉，起义旋告失败，马朝柱逃脱。[②]马朝柱是否天地会员，暂且不论，如果仅仅以嘉庆年间天地会结会时供奉牌位之姓名来断定其天地会的创始人，试问，马朝柱岂不也成了天地会的倡始人？

万提喜是福建漳浦县人，本姓郑不姓万，原名郑开，其子行义名郑继，其孙郑碧。据陈丕交代，其年龄为六十八九岁。[③]提喜为什么又叫"万和尚""万提喜"，行义没有交代。点出提喜姓"万"，叫"万和尚"则出自严烟交代。这表明，"万和尚"之称乃天地会内部的秘密。众所周知，天地会是一种异姓结盟的秘密结社。天地会的文献大量记载"结万为记"，

---

① 《朱批档》，嘉庆二十年二月十二日，江西巡抚阮元奏折。
② 《大清高宗纯皇帝实录》卷416，乾隆十七年六月甲辰。
③ 庄吉发：《清代天地会起源考》，《食货月刊复刊》第9卷第12期，1980年。

天地会传说中的人物有万云龙、万杜芳、万杜龙等等。可见，结万为姓，乃天地会发展历史上歃血结盟、化异姓为同姓的产物。僧人郑开称"万和尚""万提喜"，显然是他和旁人共同结拜天地会时化异姓为万姓的历史痕迹。所谓万提喜者实为取万人提携之意。

在中国历史上，歃血订盟，化异姓为万姓，并不是没有先例的。明末崇祯年间，"乡绅肆虐，百姓苦之"，福建平和小溪人张要联合郭义、蔡禄领导农民起义。他们"谋结同心，以万为姓"①，张要、郭义、蔡禄分别改名万礼、万义、万禄。依照排行，又称作万大、万二、万七。顺治六年（1649）五月，他们加入了郑成功领导的抗清行列，并成为著名的部将。张要、郭义、蔡禄歃血盟誓、结为万姓兄弟事件，和天地会有无关系，天地会结盟仪式是否受其影响，尚待研究。中国台湾学者郭廷以、翁同文等人据此提出天地会是"'以万为姓'组织的扩大"或"'以万为姓'集团余党所建立"的见解是否符合历史实际，也需进一步磋商。但是，有一点可以肯定，天地会在其发展演变过程中，曾有过结万为姓的历史活动。而郑开号万提喜表明，天地会决不会迟迟到乾隆二十六年（1761）辛巳才由万提喜首创。

嘉庆二十年（1815），浙江巡抚颜检在关于审理天地会刘奎养、谢国勋案时给军机处的咨呈和嘉庆皇帝的奏折中，一再声称：天地会"自康熙年间相沿至今，时有破获之案，闽省俱经究办，并非相隔百余年此时复行传布。"②可见，天地会源远流长，并非创于乾隆年间，早在康熙年间就已存在。

这里，人们会问：既然天地会在康熙年间就已存在，为什么见诸清朝官方文献或地主文人的记载却很晚？直到林爽文起义后才知道有天地会名目？甚至乾隆五十一年（1786）之前有关天地会活动的档案至今仍然找不出一件？

众所周知，随着清政府最终平定"三藩之乱"，康熙二十二年（1683）收复台湾，全国政治形势便发生了重大变化。从此，清中央政权牢固地确立了对全国的全面统治，处在封建专制主义中央集权统治下的各阶层人民的革命活动就不能不受到极大限制，天地会也因此转向更加秘密的方向发展，进入一个长期积蓄力量、隐蔽精干、以待将来的时期。直到乾隆年

---

① 江日升：《台湾外纪》卷6。
② 《军录档》，嘉庆二十年七月二十七日，浙江巡抚颜检给军机处咨呈；又，同日颜检奏折。

间,随着当时社会阶级矛盾逐渐激化,天地会的活动才趋于活跃。所以在康雍以至乾隆前期,天地会的秘密活动不容易被清政府发现。即使地方官吏发现了天地会的某些蛛丝马迹,他们为了考绩升迁,往往大事化小,小事化无,采取文过饰非、秘而不报的态度。清高宗在传谕闽浙总督李侍尧严办天地会时就指出,即使有人控告天地会案,地方官则多所"回护,竟置不办","化大为小,希图规避处分"①。另外,虽然诚如前引颜检奏折所说,天地会自康熙年间以来,时有破获之案,可是由于代远年湮,经办的案卷也随着岁月的流逝而很难保留到现在。嘉庆二十一年(1816)汪志伊称:"伏查添弟会名目,闽省起自乾隆四十年后,历将著名会匪拿获究办。"②道光十一年,闽浙总督孙尔准则称:"伏查闽省之有会匪,……历有年所,源流甚远。闽省督署臬署俱经回禄,兼以地处潮湿,卷牍易于霉烂,远年尘案,无从追溯。其乾隆四十年(1775)以后所有添弟会名目,历将著名会匪拿获惩究。"③既然一百五十年前孙尔准等人在审理天地会案件时,尚且不能找到乾隆四十年前的远年尘案卷牍,更何况今天!而汪志伊、孙尔准当时尚存的乾隆四十年(1775)后乾隆五十年(1785)前历办天地会案牍,今天基本上都找不到了,有关添弟会的档案,最多只能查到乾隆五十一年(1786)黄仕简奏折内所讲到的杨光勋结拜添弟会的活动。④现在中国第一历史档案馆所藏有关天地会材料,大多是乾隆五十二年(1787)之后的。其中,许多重要案卷又不知下落。例如,乾隆五十三年(1788)八月二十五日广东巡抚图萨布上奏的《讯问张破脸狗口供由》,明明写着"另缮供单敬呈御览",可是,张破脸狗的供单却找不到。军机处录副奏折注明,"供单已交刑部",然而,我遍查刑部档仍然无获。行义的供词更为重要,也不见踪影。即以"乾隆二十六年说"津津乐道的汪志伊关于天地会"始于乾隆二十六年"那份折档来说,也只是他在当时力所能及的范围内找到的根据,远不是天地会远年尘案卷牍的全部。就是这份奏折所依据的案卷,现在也荡然无存了。由此可见,不能因为今天找不到乾隆朝以前的有关天地会原始档案否定天地会源远流长,不能仅仅根据今

---

① 《天地会》(一),第74、73页。
② 《军录档》,嘉庆二十一年十月二十五日,闽浙总督汪志伊奏折。
③ 《军录档》,道光十一年六月十九日,闽浙总督孙尔准奏折。
④ 《明清史料》戊编,第3本,台北中研院历史语言研究所,1953,第227页。

天所见乾隆朝档始载天地会名目的材料断定天地会起源乾隆年间。

四　从天地会文件看该会创立的时间

乾、嘉以来，天地会在福建、江西、两广得到了广泛传播和发展。清政府在不断侦破这些案件过程中，陆续发现了一系列天地会文件。嘉庆十六年（1811）清政府在广西东兰州搜获的姚大羔《会簿》，就是一份包括详细记载天地会起源传说、诗词、对答暗语等内容的重要文献。这些文件，包括收进罗尔纲《天地会文献录》中的贵县修志局天地会文件、守先阁本天地会文件，以及萧一山所汇辑的《近代秘密社会史料》中的有关文件，都是天地会本身流传下来的极为珍贵的文献，应当成为考察天地会起源最基本的依据。这些文件从两个方面提供了天地会起源的具体时间。第一，它们所叙述的天地会历史即所谓"西鲁故事"都谈到少林寺劫余寺僧于康熙甲寅（1674）七月二十五日共同结拜天地会。第二，它们所记载的诗词、会员问答多次提到天地会产生于康熙甲寅（1674）。例如，姚大羔在会簿的《路上盘问》中看写道："问己（几）时出世？答曰：甲寅年七月二十五日丑时。"[①]《年庚》诗云："兄弟出世在何辰，本岁年庚是甲寅。月是孟秋二十五，时逢丑未添庚寅。"[②] 尹之屏抄在他家《登记修钱米部（簿）》内的天地会诗歌云："吾兄出世在何辰，岁次原来系甲寅。月尾孟秋二十五，时逢丑位最添定。"他抄写的另一首《洗（洗）心水诗》则云："天一生水水连天，地二生火火同连，八卦同藏天地结，寅年变化万千千。"[③] 贵县修志局天地会文件《又问物件不知》诗说："康熙流来到现今，洪家事情古井深。"《问你乜时到》诗说："义兄查我何时辰，岁次兄来是甲寅。孟秋吉月二十五，但逢好时便生人。"[④] 等等。

"乾隆说"同志认为，这些天地会秘密文件不能作为研究天地会起源的依据，因为它出自后人之手。即便是姚大羔《会簿》也不过是嘉庆年间的

---
① 《天地会》（一），第15页。
② 《天地会》（一），第19页。
③ 《军录档》，嘉庆十七年十一月初二日，广西巡抚成林给军机处咨呈《尹之屏编造悖逆谣歌》。
④ 罗尔纲：《天地会》，第18、27页。

产物，至于其他文件，则系咸丰、同治以来的抄本。他们认为，在档案和官书、私家著述和其他史料中，皆从未见过"西鲁故事"中所涉及的事件或人物的材料。清政府在林爽文起义后追查天地会源流而形成的大量资料中没有一件提及"西鲁故事"，"也没有说到过这一传说所涉及的事件与人物，更没有后来流传的那些《西鲁序》抄本"。①而乾隆年间"传播天地会的重要人物之一严烟所供，那时天地会结会并'不写帖立簿'，还不存在嘉庆年间和以后那种形式的《会簿》。乾隆五十一年（1786）福建台湾镇总兵柴大纪在镇压诸罗（今嘉义）县杨光勋等结拜添弟会事件中，搜获一件添弟会《会簿》，内容仅有入会者姓名、住址及入会时间等简单内容。"可见，这些天地会秘密文件"直到乾隆末年还不存在，更不可能是康熙或雍正年间流传下来的。用这样一个至少是嘉庆初年才出现的天地会秘密文件，证明天地会创于康熙或雍正年间，乃是用后世产生的史料，证明前代存在的历史。这种方法显然是不可取的，其结论也难免会引起人们的怀疑"②。

我认为这些意见是值得商榷的。严烟所供"不写帖立簿"，并不是指天地会内部一直流传的载有关于天地会起源传说、诗词等内容的《会簿》。严烟所供这段原文是："凡传会，在僻静地方设立香案，排列刀剑，令在刀下钻过，即传给会内口号，结为弟兄，连父母妻子不许告知，也不写帖立簿。"③往下内容，就是前面提到的关于天地会的缘起。很清楚，严烟这里所谈的只是结拜天地会的仪式，并突出结会的秘密性质。本来，所谓"写帖"系指天地会结拜时写的拜帖；所谓"立簿"，是指入会花名册。严烟只是说他们结拜天地会时既不写结拜弟兄之拜帖，也不立入会花名册，丝毫没有涉及其他问题。且不说严烟所谓"不写帖立簿"究竟是他入会时的真实情况，还是他出于保护其他更多会员不至于进一步遭到逮捕而有意作了隐瞒，因为乾隆五十一年（1786）破案的杨光勋结拜添弟会时是立有属于花名册性质的会簿的。我认为，如果以严烟所供"不写帖立簿"为根据，断然否认严烟时代"还不存在嘉庆年间和以后那种形式的《会簿》"，至少是对严烟供词的误解。

---

① 秦宝琦、刘美珍：《试论天地会》，《清史研究集》第1辑，第162页。
② 秦宝琦：《台湾学者对天地会小刀会源流研究述评》，《清史研究集》第2辑。
③ 《天地会》（一），第97页。

乾隆、雍正年间，甚至更早，是否存在嘉庆年间以来所发现的那种会簿呢？请看事实。

道光十二年（1832），湖南巡抚吴荣光奏道："上年闽浙总督孙尔准咨送访拿会匪折稿内称，乾隆四十年以后历办添弟会匪案内起获花帖、会簿，俱有五房吴添成等名目。其中歌诀亦与张摽等本语句大略相同，是张摽等借得歌本，系由从前搜查未尽转辗抄写，由来已久。"①吴荣光奏折表明，开列天地会五房名目的会簿"由来已久"，早在乾隆四十年（1775）以来就已经被清政府所发现。

道光元年（1812年）正月，广西巡抚赵慎畛称："粤西自嘉庆十二年广东惩办洋匪后，内河土盗潜至西省，与依山附岭种地之各省游民结伙抢劫，兼勾引本地愚民，或拜弟兄，或拜添弟，或数人，或数十人，或有会簿、腰凭，称为大哥师傅，传授口号，俱系钞袭百余年前旧本。"②赵慎畛多年在两广任职。嘉庆十七年（1812）出任广东惠潮嘉道，逾年，擢广西按察使，二十年（1815）迁广东布政使，二十三年（1618）升任广西巡抚，直到道光二年（1822）再度升迁闽浙总督。③他在两广，尤其是广西任职内，经办多起天地会案件。他向清廷专报审理天地会案件的奏折多达数十件。赵慎畛在这里指出广西发现的天地会会簿，"俱系钞袭百余年前旧本"，并非信口雌黄，主观臆测，而是他对当时所发现的大量天地会文物作鉴定之后提出来的。所谓"百余年"，假定为一百一二十年，从道光元年上推，当为康熙四十年（1701）前后。这说明，早在康熙中后期就已经有天地会会簿存在。嘉、道以来发现的大量天地会秘密文件，只不过是转辗抄袭康、乾以来的"旧本"。

如果我们进一步检查保存至今的有关天地会案卷，更可以发现嘉庆年间以来流传的《会簿》《花帖》等天地会秘密文件，都是根据先年"旧本"传抄而来，并非嘉庆年间以来的新作。

嘉庆十七年（1812）正月，广西巡抚成林奏称："窃照上年十二月十三日接据署平乐府庆吉禀报，据该府所属荔浦县之甲长绅士呈报，该县有已

---
① 《军录档》，道光十二年四月二十三日，湖南巡抚吴荣光奏折。
② 《清宣宗成皇帝实录》卷12，道光元年正月壬戌。
③ 《清史稿》卷379，《列传》（166），《赵慎畛》。

革监生李遇恩结党抢劫，拐卖妇女，被害之家甚众，呈恳究办等语。该署府以其为害闾阎，情节可恶，反复究诘，始知李遇恩结拜天地会，现在纠结人数众多等事。庆吉当与署平乐协副将明德密商，带同兵候绅士甲长连夜亲往查拿，先将李遇恩等拿获，即在伊家搜获悖逆册簿四本，红布二块，上书不法字迹。带至该县，严密审讯，据李遇恩供称：嘉庆十六年十月内，有苏枝嵩向小的与蓝辉彩、颜庭玉、覃光远们密说，乾隆五十八年，有浙江人范七于病故之前传他簿子一本，内载反清复明，真人出在四川边等语。"①显然，乾隆五十八年（1793）范七去世之前就已经得到一个天地会簿子，而且不是仅仅列有姓名的天地会花名册。

嘉庆五年（1800），清政府在广东破获仇大钦结拜天地会一案，并查获"旧存天地会盟书"一件，"盟书内语多悖逆"②，有"恢复明祚"和"从前在河南少林寺中偶遇朱洪竹，愿结拜同盟之语"。③据觉罗吉庆奏称，这个盟书并非仇大钦自行编造，而是"福建漳州人何其昌送给"，而"何其昌已于本年（嘉庆五年）二月回漳州去了"。特别引人注目的是，仇大钦所持"天地会盟书"，并不是一般的结盟誓词。仇大钦在纠人结会之时，曾根据盟书内容制作了新的结盟誓词，并填上姓名，改换首尾，"添入旗开得胜，马到成功等悖逆之语"，"歃血饮酒焚书各散"。清政府搜获的盟书所记"从前在河南少林寺中偶遇朱洪竹，愿结拜同盟之语"，实际上就是姚大羔会簿中"西鲁故事"传说的主要情节。应当指出的是，这个盟书不是嘉庆五年新冒出来的东西。因为，仇大钦纠人结拜天地会始于嘉庆五年三月，而传授盟书之人何其昌早在二月就回漳州去了，可见，何其昌这件盟书早在嘉庆初年以前就已存在。

嘉庆七年（1802）四月十一日，广东惠州府归善县民陈亚本起意纠结蔡步原、陈天生、罗亚五、陈应和等十六人结拜天地会，买备香烛、色布，四月十五日在陈亚本家正式结拜，写五色布旗，上书"顺天行道"等字样，每人分给一块收藏身边，作为暗号。而且，布旗内还"有讨江山悖逆语句。意欲何为，各供系照天地会旧本抄写，并非自作，加以刑夹，矢

---

① 《军录档》，嘉庆十七年正月十四日，广西巡抚成林奏折。
② 《军录档》，嘉庆五年六月初六日，两广总督觉罗吉庆奏折。
③ 《朱批档》，嘉庆五年七月二十六日，福建巡抚汪志伊奏折。

口不移"①。由此可知，嘉庆初年陈亚本制作的反清布旗，基本思想内容，来自早已流传的"天地会旧本"。

嘉庆七年（1802）七月，广东博罗县陈烂屐四发动上万人参加的天地会起义。起义军军旗上明确写着"顺天行道"和"五票头"，以及《一九底》《二九底》《上四七底》《下四七底》之诗句。《一九底》云："清连心家和兴洪顺天，常乐我情本姓洪结义。"《上四七底》云："日月风清百马侯，三姓结万李朱洪，木立斗世天下知，顺天兴明合和同。"《下四七底》云："结骨盟心为兄弟，万姓同来共一宗，扶李相信守口胆，齐心协力讨江山。"《二九底》云："结万和同李桃洪顺天，洪水横流泛滥于天下。"旗上最引人注目的是在"门外号""门内号"之下，书写着"洪英，雍正甲寅年七月二十五日丑时，星出我亦出"②字样。显然，这张布旗是根据天地会早已流传的天地会起源传说文件制作的。天地会的起源时间已经不是什么乾隆二十六年（1671）。至于为什么是雍正甲寅年（1734）七月二十五日，容后再议。陈烂屐四于嘉庆六年（1801）七月开始纠人结会，他参加天地会的时间更早。③这张布旗上所写的诗句，在乾隆年间早已流传。因此，布旗上所记载的内容，至少是来自乾隆年间天地会内部流传的秘密文件。吉庆奏称，陈烂屐四与广东惠州府归善县陈亚本并非"伙党"，他们系各自"自行纠伙结拜"④。由此可以进一步证明，陈亚本案所交代的"天地会旧本"，乃为乾隆年间秘密文件。

嘉庆六年（1801），广东雷州府海康县林添申等九十九人结拜天地会时，曾有"天地会旧表一纸"，内有"复明，万姓一本，合归洪宗，同掌山河，共享社稷，一朝鸠集，万古名扬"字句。据林添申交代，此表是嘉庆五年（1800）十二月福建同安县陈姓来海康地方看相传授的。"林添申坚称，至表本悖逆句语，俱系照旧书抄写"⑤。据两广总督吉庆在嘉庆六年（1801）四月十五日和十一月二十八日给清廷的两封奏折记载，这位传授天地会旧表的福建同安县陈姓，即陈礼南。陈礼南在籍时，"曾听从陈

---

① 《军录档》，嘉庆七年八月十一日，两广总督觉罗吉庆奏折。
② 《军录档》，嘉庆七年八月二十三日，两广总督觉罗吉庆奏折附件，《悖逆布旗》。
③ 《军录档》，嘉庆七年九月二十日，两广总督觉罗吉庆奏折附件，《陈烂屐四供单》。
④ 《军录档》，嘉庆七年九月十二日，两广总督觉罗吉庆奏折。
⑤ 《军录档》，嘉庆六年十月十二日，两广总督觉罗吉庆奏折。

飘学结拜天地会,陈飘学转给陈礼南盟书一本。嗣陈礼南贫苦来粤佣工"。五年(1800)十二月到海康,引林添申入会,并传给天地会旧表一纸。六年(1801)正月到广东广州府属东莞县中堂墟地方,传播天地会。陈礼南曾取出陈飘学所给盟书让大家看。二月,他又引籍隶新宁之佣工叶世豪加入天地会,"并将会簿一本交叶世豪收存。嘱令在处地方纠人,俟伊往别处转回,再行结拜"。嘉庆六年八月,叶世豪即邀约余笼壮等结拜天地会。叶世豪曾将陈礼南所给会簿"给余笼壮等看过,写的洪为姓,拜天为父,拜地为母"①。嘉庆初年由福建同安经陈飘学、陈礼南辗转传授到广东地方的天地会会簿,显系乾隆年间相沿而来"旧本"。

嘉庆十一年(1806)六月二十八日,闽浙总督阿林保、福建巡抚张师诚奏:"南平县已革武生林应伟,平日游荡破家,近又纠人结会,并收藏会簿一本,现经搜获呈缴。……臣等弟查簿本,已残缺不全,内有悖逆语句,殊堪发指。"林应伟交代,这本会簿是从天地会"逸犯"郑瑞观处得来。郑瑞观"犯案后被拿严紧,各处躲避,有会簿一本,系天地会相传旧本,伊于丙辰年抄得,恐被搜拿,托林应伟代为收存,林应伟应允,带回翻阅,簿内有悖逆语句,不敢声扬,随将破簿藏在家内,致被林松龄搜获呈首"②。据阿林保折片称:"簿内有顺天李朱洪,五点二十一,以及祖是万大哥等句。严诘林应伟,坚供簿系郑瑞观所交,实不知作何解说,矢口不移。"阿林保还说:"上年江西省拿获已正法逆匪杜世明案内伙匪吴文春一犯,搜出符谶逆字,内有立三姓李朱洪字样,据供:杜世明告知江西崇仁县,有朱洪竹其人,入会之人,都要扶助朱洪竹,并称山东有个万大哥,那里人势更强等语。……今林应伟收藏郑瑞观簿本,亦有李朱洪竹、万大哥、顺天等字样,似系沿习旧闻编造哄诱。"③我们从阿林保所说"内有悖逆语句,殊堪发指"的话,可以窥见林应伟得到的这个会簿是充分反映了天地会政治宗旨的秘密文件,而且其中还有"西鲁故事"中的核心人物朱洪竹、万大哥和天地会诗词。它不是杨光勋所立的那种单纯花名册的会簿确定无疑。郑瑞观向林应伟交代,这个会簿是他在丙辰年抄得的"天地会相传旧本"。这里

---

① 《军录档》,嘉庆六年四月十五日、十一月二十八日,两广总督觉罗吉庆奏折。
② 《军录档》,嘉庆十一年六月二十八日,闽浙总督阿林保奏折。
③ 《军录档》,嘉庆十二年六月二十日,闽浙总督阿林保折片。

所说的丙辰年，即嘉庆元年丙辰（1796）。因此，可以肯定，郑瑞观传与林应伟的会簿至少是乾隆年间流转的"旧本"。

嘉庆十五年（1810）福建巡抚张师诚奏，在福建汀州破获钟家旭结拜天地会一案，并搜缴《花帖》等物。钟家旭即钟振，籍隶长汀，曾听从谢佩成加入天地会。十四年（1809），谢佩成"给钟家旭结会花帖一张，称系江西人曾德广所传，照此抄写，便可自行传徒，……帖内所写祖在甘肃及洪祖师万大哥"，以及"五房吴天成、李色弟等姓名"，"系天地会相沿旧名"；经清政府反复鞫讯，"钟家旭坚供，谢佩成给帖之时，只说系会内相传名字，小的都不认识。至顺天两字，谢佩成说会中本有此号，并非新编"。①张师诚指出，"历来起获会本，词句大略相同。"钟家旭花帖"系沿习旧闻"，"辗转流传，混行抄写"。②曾德广、谢佩成、钟家旭辗转传抄的这个花帖会簿，也不是嘉庆年间的产物，而且从会簿中记有五房及祖在甘肃、万大哥等名字看，这是一本载有天地会起源传说内容的会簿。这里，我们不必再去引用更多材料，就拿嘉庆十六年（1811）清政府搜获的姚大羔《会簿》来说，它也不是嘉庆十六年的作品。这个《会簿》是嘉庆十六年在武缘县简兴福家查获的。据成林奏称，"姚大羔籍隶广东平远县，来至武缘裁缝生理"③。嘉庆十五年五月，吴通贵遇见姚大羔，共谈贫苦。姚大羔告知，他"在广东稔悉结拜添弟会"，邀约吴通贵、简兴福、林国祥等结拜天地会。清政府搜获的会簿就是姚大羔转交简兴福收藏的。而在此之前，姚大羔还邀约谭训诰等六人入会。姚大羔在武缘县多次纠人结会，先后参加结拜者共六十余人次。每次结拜都给众人三角木戳、红布各一块。红布上载有乾隆年间就已流传的天地会诗词。姚大羔所给红布，作为拜会凭据，嘱令会众收藏，"勿使人见"。清政府多次提审收藏红布的被捕会员，都坚供"其会簿一本，伊等从未见过，姚大羔亦未向其告知。究竟得自何人，作何用处，实难指出"④。可见，像姚大羔那种《会簿》是秘不示人的。即使一般天地会员也是见不到的。由于姚大羔被捕后"于解审中

---

① 《军录档》，嘉庆十五年八月初八日，福建巡抚张师诚奏折（缺发文日期，八月初八日系朱批时间）。
② 《天地会》（一），第150页。
③ 《军录档》，嘉庆十六年五月初七日，广西巡抚成林奏折。
④ 《军录档》，嘉庆十六年五月初七日，广西巡抚成林奏折。

途病故，无从根究"，给我们查究《会簿》的由来带来了困难。但是，我们根据成林奏折可知，姚大羔在嘉庆十五年（1810年）来到广西武缘之前就在原籍广东参加了天地会。仔细研究现存中国第一历史档案馆的这个《会簿》原件，当系姚大羔辗转传抄之物。《会簿》中的许多诗句，诸如"木立斗世知天下，顺天行道合和同""三姓结万李桃红""洪水横流泛滥于天下"等，早在乾隆年间就已流行。"五票头"在陈烂屐四军旗上已经出现。由此，可以进一步推定，这个《会簿》乃据嘉庆以前天地会"旧本"辗转抄传而来。

总之，以上大量事实雄辩地证明，自康、乾以来，天地会内部一直流传着内容十分丰富、政治色彩极其鲜明的秘密文件，它不仅仅是只开列会员姓名、住址那样一种会簿花名册。这些文件，经过数十年乃至上百年的辗转流传（包括口头流传），多次易手，不可否认曾经后人加工修改。天地会本身的发展变化，也必然要不断地充实丰富其内容。加之天地会会众彼此之间思想文化水平等参差不齐，辗转传抄之本也会存在繁简之别，谬误之差。但是，我们却不能因此而勿视它是相沿抄袭"旧本"的基本事实，甚至把它看成仅仅是嘉庆乃至咸丰、同治年间的产物。既然如此，利用这些文件研究天地会的起源，就不是什么"用后世产生的史料，证明前代存在的历史"。我国封建文化典籍，可谓汗牛充栋，但是真正属于当时当地历史人物所留下的第一手原始记录毕竟有限。今天，我们研究某些历史问题，往往要借助于后人的有关记载，而且有些问题甚至只能借助稍晚的重要史籍去揭开前代历史之谜，否则很难越雷池一步。因此，一般说来，"用后世出现的史料去论证前代存在的历史"并不算错。就拿天地会起源"乾隆二十六年说"论，他们所使用的最关键材料不正是嘉庆初年汪志伊的奏折吗！这是否也算作"用后世出现的史料去论证前代存在的历史"呢？我认为就历史研究方法而言，运用天地会内部流传的秘密文件探讨其该会的起源，是没有什么可以指责的。事实上，从清朝统治者断定这些文件"多有悖逆语句，殊堪发指"来看，它的指导思想就是天地会一以贯之的"反清复明"，它所记叙的内容已经涉及天地会起源传说即"西鲁故事"的基本情节及其核心人物朱洪竹、朱洪英、万大哥。因此，我们可以肯定，所谓"西鲁故事"并不是嘉庆年间才逐渐形成的。就拿乾隆年间的天地会案卷来看，它的某些情节，主要人物就已经见诸记载。例如，乾隆五十一年（1786）底，杨咏交代，严烟向他"说及起会的根源，是广东有个姓洪的和尚，叫洪二房，同一个姓朱的人起的。洪二房和尚居住后溪凤花亭，不知是何府何县地方。那姓朱的年才十五、六岁"①。林功裕交代，"林三长曾经告以有朱洪德，系食仙桃孕生，约有十五、六岁"②。杨咏说的那位十五六的朱姓少年，林功裕说的这个"朱洪德"，就是"西鲁故事"中的小主朱洪竹。参加过林爽文领导的台湾天地会大起义和乾隆五十七年（1792）福建同安复兴天地会活动并创立"靝黔会"的陈苏老称，他曾闻说"广东石城县高溪寺也有天地会，为首的系洪三房，姓朱名洪竹，又名九桃。"③乾隆五十二年（1787），清政府在福建还搜获一件天地会"书稿"，"内有广东凤花亭、高溪庵、马溪庙洪姓结盟之语"。④而严烟供词中关于天地会起源的传说，和"西鲁故事"的情节也大体相同。不过，严烟只讲了所谓"马九龙纠集和尚四十八人，演就驱遣阴兵法术，分投传教。后来四十八人死亡不全，只有十三人四处起会"。一未提纠集和尚多人演就驱遣阴兵法术帮助康熙皇帝退敌"西鲁"入侵；二未讲少林寺罹难，和尚"死亡不全"的原因；三未说劫余寺僧为什么要"四处起会"。这些恰恰是"西鲁故事"关键要害之所在。直接引林爽文入会的严烟，在清政府已经抓获部分天地会成员、掌握了部分重要案情的情况下，经过多次严刑拷问，他被迫交代了一些天地会秘密。可是，他还没有把天地会的全部秘密和盘托出，拱手献给清廷。他仍然在尽可能的条件下保守天地会的重要机密，不让清政府了解更多内幕。所以，一直到他被逮解京师之后，仍然强调天地会的非政治性质，说什么"引人入天地会，为的是大家有事情量力帮助"，"原实系指会赚骗银钱，并非结交朋友"。⑤他交代天地会根由时，含混地提到了有关起源传说的某些情节，但回避了最能体现天地会反清复明宗旨的要害内容，甚至故意颠倒个别情节、人物，使清政府看不清真相。因此，我们不能以严烟未及这批"演就驱遣阴兵法术"的和尚属于少林寺僧，他们为什么会"死亡不全"，以

---

① 《天地会》（一），第64、86、90页。
② 《天地会》（一），第64、86、90页。
③ 《军录档》，乾隆五十七年八月二十四日，广东巡抚郭世勋奏折。
④ 《天地会》（一），第90页。
⑤ 《天地会》（一），第116页。

及罹难后的幸存者为什么要"四处起会",就认为严烟所说的天地会起源传说和"西鲁故事"不是一码事。

由于叙述天地会历史的《会簿》是一种极其秘密的文件,早年很少在一般成员中传阅。后来,随着天地会的广泛传播才辗转相传到普通会众之手。这里就存在一个局限性问题。清朝封疆大吏查获这些抄本之后,在向清廷奏报时,出于忌讳,以免触怒"龙颜",往往不引述全文,多用"悖逆语句""殊堪发指"代替。乾隆五十二年(1787),清政府在福建就发现了天地会"书稿",李侍尧仅用"有广东凤花亭、高溪庙、马溪庙洪姓结盟之语"一笔带过。因此,我们对于嘉庆以前清档中涉及"西鲁故事"传说的种种记载,应当综合起来加以考察,善于发现它们之间的内在联系,不能孤立地、机械地去看问题。否则,就把握不住事物的本质,得不出符合实际的科学结论。

自然,"西鲁故事"毕竟是一种传说。它所演绎的故事情节、人物并不等于真人真事。如果把"西鲁故事"中的人物诸如朱洪英、朱洪竹、郑君达、陈近南等及其活动,硬要说成一定是崇祯皇帝三太子、郑芝龙、郑成功、陈永华等人及其事迹,那就过于牵强附会;如果因为它是传说,认定"西鲁故事"不足以作为研究天地会起源的重要参考史料,那就未免失之武断。众所周知,任何历史传说,都不过是那个时代社会生活的反映。即使那些带有神话色彩的传说,也不是从天上掉下来的,而是社会现实的曲折反映。民间传说对于史学研究说来,仍不失为一种有参考价值的资料。事实上,充分利用民间传说一直是我国史学的优良传统。司马迁撰写的《史记》,是我国古代的一部不朽的史学名著,取材十分丰富。他遍游九州名山大川所搜集的大量民间传说、遗闻轶事,就是《史记》的重要素材之一。清代史籍记载的三仙女吞食神鸟衔来的果实而生始祖布库里雍顺的传说,正为我们研究满族的起源提供了可资参考的史料。因此,探讨天地会的起源,除了必须大量借助于清朝官方文书档案和封建文人的记载之外,还应当充分利用天地会本身的传说资料。如果以为像"西鲁故事"之类传说纯属神话而一笔抹杀其史料价值,显然是不对的。尽管"西鲁故事"可以明显地看出它吸收过少林寺十三棍僧救秦王李世民这个传说的某些故事情节,受到过《三国演义》《水浒传》的影响,但是,它主要是天地会根据自身斗争的需要编制成的。

编制者通过演绎少林寺僧帮助康熙皇帝打退"西鲁"入侵而反遭陷害被迫结盟起会复仇的故事，说明结拜天地会之缘起在于反清复明。换言之，"西鲁故事"实际上是清初社会现实斗争的反映。特别是这个传说把天地会的倡导者说成都是少林寺的和尚，更清楚地显示了天地会所产生的时代。

众所周知，清军入关之后，曾经实行过惨绝人寰的屠杀政策和民族歧视、民族压迫政策。"圈地""投充""剃发""易服"，缉拿"逃人"，以及"迁海"等法令的颁布，不但给广大农民和城市市民带来了深重灾难，而且也严重地损害了汉族地主的利益。满族贵族统治者用野蛮高压手段强行改变一个民族的风俗习惯的做法，极大地伤害了汉民族的感情，从而激起了汉族农民群众和其他各阶层人士的普遍反抗。但是，随着以农民军为主体的抗清斗争转入低潮，逐渐走向失败，南明几个小朝廷的相继覆灭，清政府笼络汉族地主政策的进一步实施，抗清志士们又面临着新的考验和命运抉择。一部分人，特别是下层人民群众中的优秀分子被迫由公开转入地下，从事秘密反清斗争；另一部分人则流亡海外，寄身异国；还有一部分人则"祝发为道"，遁入空门，例如，方以智、屈大均、石涛、石溪、朱耷、钱澄之等人都曾一度为僧，或入清之后终身为僧，南明隆武朝廷的兵部右侍郎叶廷秀在"事败后，为僧以终"①。

诚然，清初一部分士大夫出家当和尚主要出于"复明"无望而又不愿仕清的动机，以致走上消极厌世的道路。但是，不可否认，他们当中许多人虽然出家为僧，却并没有真正脱离现实，只不过把"反清复明"的思想埋藏起来。甚至有些人念念不忘国难家仇，借寺僧作掩护，云游天下，终身从事"反清复明"活动。康熙四十年代，张念一以浙东大岚山为据点，利用"一念和尚"的身份进行反清复明斗争即是一例。天地会由少林寺劫余五僧创立的传说，就深深地打上了明末清初那个时代的烙印。

"西鲁故事"传说，天地会第一次结盟为康熙甲寅（1674）七月二十五日。康熙甲寅十三年（1674），正是清代历史上社会大动荡的又一个年代。康熙十二年（1673）底，原准备于甲寅年元旦首义的杨起隆，以朱三太子名义相号召，提前在北京城内发动起义。与此同时，平西王吴三桂在云南公开

---

① 张廷玉:《明史》卷255，《列传》（143），《叶廷秀》。

举兵反清，贵州提督李本深首先响应，云贵总督甘文焜闻变自杀。吴三桂督军迅速打进湖南，占领沅州、常德、衡州、长沙、岳州等地。甲寅十三年（1674），广西将军孙延龄、靖南王耿精忠、平南王尚可喜之子尚可信，云南提督张国柱，四川巡抚罗森、提督郑蛟麟、总兵谭洪、吴之茂，长沙副将黄正卿，湖广总兵杨来嘉，广东总兵祖泽清，潮州总兵刘进忠，温州总兵祖宏勋，陕西提督王辅臣，河北总兵蔡禄等纷纷响应。当时的形势，如赵翼所说："是时，三桂蓄力已久，天下皆震其威声，白首举事，亲至常、澧督战，兵锋甚锐，是以四方响应，云南、贵州、四川、湖南、广西、福建相继失，人心皆动摇。……叛变四起，秦、蜀、楚、粤、闽、浙如鼎沸，选将转饷，日不暇给，自古藩镇之乱，未有甚于是时者。"①

诚然，吴三桂起兵反清，本属清朝统治阶级内部矛盾和斗争。从历史唯物主义观点来看，"三藩之乱"是倒行逆施的分裂行为。可是，吴三桂举兵反清，却迎合了当时大部分人的反清心理，在客观上导致了全国反清斗争的重新高涨。在甲寅年"四方响应"的反清队伍中，就不乏地主阶级中真正的反清之士。王船山闻吴三桂打进湖南，立即下山，积极活动，往来于岳州、长沙、湘乡之间。顾炎武也从北京匆匆南归。因此，甲寅年的声势浩大的反清斗争形势，既给正在利用各种不同形式坚持抗清的广大人民群众以巨大鼓舞，也在一部分地主知识分子、士大夫的心中重新点燃了"反清复明"的希望之火。然而，吴三桂毕竟声名狼藉，他引清兵入关，残酷镇压农民军和南明王朝，亲自捕杀永历皇帝。他的种种丑恶表演，人们记忆犹新，历历在目。耿精忠、尚可喜父子之流在广东、福建为虎作伥，横征暴敛，早为人民所切齿痛恨。于是，那些受到甲寅年反清斗争形势鼓舞而又不屑于与吴三桂之流为伍的抗清志士，便同业已转入地下的人民群众的秘密反清斗争相结合，决定利用当时统治阶级内部的激烈争斗在客观上所造成的有利形势，采取"歃血盟誓、焚表结拜弟兄"的方式把闽粤地区一部分反清复明的力量秘密组织起来，从而导致了清初民间秘密结社——天地会的成立。"西鲁故事"关于少林寺劫余五僧于康熙甲寅（1674）七月二十五日歃血结盟，创立天地会的传说，正是天地会起

---

① 赵翼：《皇朝武功纪盛》卷1，《平定三逆述略》。

源的具体时间的反映。

20世纪三十年代初，萧一山从英国伦敦不列颠博物院抄录回国的同治抄本《西鲁叙事》记载，雍正十三年（1735）火焚少林寺，天地会第一次歃血结盟为"雍正甲寅年七月二十五日丑时"。"九月初九日，万大哥失利，败敌阵亡"。萧一山的天地会起源雍正甲寅说，正是根据这个抄本提出来的。这究竟作何解释？两个"甲寅年"，孰是孰非呢？

我反复查阅了目前尚存的各种天地会秘密文件，《西鲁叙事》所记天地会第一次结盟为雍正甲寅年（1735年），乃传抄之误。因为，"西鲁故事"传说是先有火焚少林寺，尔后才演出一段劫余寺僧被迫歃血结盟，创立天地会的故事。而雍正甲寅系雍正十二年（1734）。《西鲁叙事》的记载，恰恰将二者因果倒置。据守先阁天地会文件载："雍正六年，建座高溪庙二三堂，前堂观世音佛祖，中堂关圣大帝，后堂万大哥，……另庙门口有赏田一处，每年纳租谷一十八石，交与蔡德忠收管，祭扫万大哥之坟墓。"① 这位传说中的万大哥在雍正六年（1728）前就已战死身亡。可见，五祖结盟创会的"甲寅年"，应当指康熙甲寅十三年（1674）。

但是，雍正甲寅年（1734），确实是天地会历史上又一个重要的年代。天地会《问答书》记载："天地有己（几）会？大小有二会。大会出在何处？大会出在天本。有何为证？有诗为证：'小会三河大会天，皆因出在甲寅年。五人结拜心如铁，流下高溪万古传。'小会出在何处？小会出在地本。有诗为证：'地本出在三基河，结义联盟兄弟多。他朝若得团员时，众兄同唱太平歌。'"《先锋对答》也载："问天地会有大小，尔岂知否？答小会在三河，大会在天本。问小会有何为据？答：有诗为证。诗曰：'小会始创在三河，结义会盟兄弟多。正是天本团圆日，大家齐唱大平歌。'问：大会有何为证？答：有诗为证。诗曰：'天本团圆，人在其中，三才并立，一理皆同。'"② 由此可知，天地会有两次结盟聚会，时间均在甲寅年。第一个甲寅年即康熙甲寅十三年（1674），为五祖第一次结盟，创立天地会。第二个甲寅年指雍正甲寅十二年（1734）。"西鲁故事"关于万大哥不幸战死之传说和"高溪庙内

---

① 罗尔纲：《天地会文献录》，第44~45页。
② 萧一山：《近代秘密社会史料》卷4，第15、16页。

思仇恨，未应天心枉用兵①"诗句表明，天地会成立以后曾遭到严重挫折。但是，决心为火焚少林寺而报仇的反清复明志士并没有因此灰心冷意，他们在第二个甲寅年重新聚会，再次结盟，纪念五祖兴会，整顿组织，使它适合新形势斗争的需要，并对天地会历史传说作了补充。守先阁天地会文件，就是雍正十二年（1734）甲寅天地会第二次结盟之后经过充实的传抄本。严烟关于"后来有个马九龙纠集和尚多人四处起会"的交代，也印证了天地会转入分房起会、四处起义的新时期。据天地会文件记载，雍正甲寅年（1734）结盟地点在广东惠州府石城县高溪庙。嘉庆七年（1802）广东博罗县天地会起义首领陈烂屐四显然属于这个系统，故他们所打的旗帜标着"雍正甲寅年七月二十五日丑时，星出我亦出"。

总之，天地会本身流传下来的文件记载，所谓少林寺劫余五僧第一次结盟为康熙甲寅年（1674），而它恰好是天地会正式成立的具体时间。这同天地会创立宗旨所显示的时代和清档有关记载是相互吻合的。

上面，我们从天地会创立的宗旨、清朝刑律有关"歃血结盟"条款的演变、清朝官方文书档案和天地会本身文件记载四个方面论述了天地会的起源。大量事实证明，天地会源远流长。万提喜虽是乾隆年间在闽粤传播天地会的重要首领，但他不是该会创始人。洪二和尚万提喜和天地会内所称起会人"洪二房和尚"也不是一码事。天地会是在清初反清复明的秘密结社有了一定程度发展的基础上产生的。它是当时国内社会主要矛盾由民族矛盾向阶级矛盾转化过程中的产物，正式成立于康熙甲寅十三年（1674）。

天地会起源问题，涉及面相当广泛。尽管本文就国内外的有关说法作了一些辨析，但还有不少问题并没有论及，或者虽然提及却未深究。由于自己学识浅薄，所论难免错误，烦望诸位专家、学者批评指正。

（原刊于《清史论丛》第五辑）

---

① 萧一山：《近代秘密社会史料》卷5，第24页。

乾嘉时期几个秘密教门的再探讨

李尚英

民间秘密宗教在明清两代，经历了两次大发展的时期：其一在明末清初，当时随着阶级矛盾、民族矛盾尖锐化，白莲教逐渐向处于社会下层的农民、兵士中发展力量，信徒日益增多，出现了许多新教派，如罗教、红阳教、闻香教（后改为清茶门教）等；其二在清代中叶，即乾隆、嘉庆、道光时期，当时清朝统治已走向下坡路，统治集团日益腐朽，阶级矛盾日趋尖锐，社会动荡不安，民间秘密宗教组织又开始活跃，出现了更多的新教派，如八卦教、明天教等。鉴于史学界对其中的许多教派进行了较为充分的研究，因此本文只对目前研究较少的灯郎教、牛八教、清水教和天理教再进行一些探讨。

一　灯郎教

灯郎教创立的时间及创始人，目前虽然一时还难以确定，但下述记载给我们提供了一个重要线索：

> 江南之苏、松、常三府，太仓一州，并浙江之嘉兴一府，滨海之区，人多出洋捕鱼，内有不法者潜通海岛强徒，归入内地，煽惑聚党，立为燃灯教，又名灯郎教。据传闻之言，教以灯名，盖取'复

明'之意。①

由于史料的阙如，我们还不可能了解灯郎教"复明"的真正含义及为"复明"而进行的种种活动。②但据上述资料似可推测，灯郎教是明末清初民族矛盾的产物，其骨干力量是沿海渔民中的一些"不法者"。

灯郎教内之事甚为机密，就是当时的教徒也难以全面了解该教的基本情况。他们只知嘉定县有三名教首：一是徐树绩（又叫士节），乳名徐官；一是张南应，乳名节官；一是邱笠仙，乳名天麻。徐、张二人年龄均约30岁，邱约40岁。他们每人各有一个铜灯郎座，载于密室，灯前竖立一面小红旗，朝夕顶礼膜拜。每个教首都有数量不等的徒弟，规定隔日聚会，排班礼拜；教徒入教，教首令其立誓：不许逃教、立教；教徒平时要交纳"香钱"（即一般民间宗教所说的"根基钱"），还要"拜佛念经，修斋持咒"，活动方式是"男女杂沓，百十成群"③。

乾隆四年（1739），徐树绩的堂姐夫王冕（又名王严）到四川重庆府涪州，会遇云南大乘教首张保太徒弟刘成名，听其"传授经像佛法"。他回到江南之后，宣传大乘教规、教法，使徐树绩等人"为之附和"，并"引诱愚民入教"，壮大了灯郎教的势力。入教者"学习坐功，妄言工夫已深，默然出神，即能升天谒圣"，王冕由此被"远近男妇称为活佛"。④

乾隆五年九月，清廷破获了灯郎教，并将王冕、徐树绩等人逮捕。王冕死于狱中，徐树绩等人具结后杖责释放。次年，清廷又从上海民人张彦英身上搜出灯郎教经咒，顺藤摸瓜，查获当地教徒花名册一本，其中记载了六七十名教徒的名字。经两次打击，灯郎教的活动有所收敛，但王冕妻

---

① 中国第一历史档案馆藏，《朱批奏折·农民运动类·秘密结社项》（以下简称《朱批》，并省略收藏单位），乾隆五年九月初七日，河南巡抚雅尔图奏折。按：乾隆初年，松江沿海的灯郎教又名五伦教（《朱批》，乾隆六年十二月初八日，江南提督总兵官吴进义奏折）。

② 根据上述资料分析，明末清初，沿海渔民中的"不法者"，很可能"潜通海岛"郑成功抗清势力，用"复明"口号发动群众。但是，到了乾隆年间，灯郎教的教义活动已和"复明"风马牛不相及了。无论他们打着"弥勒佛"的旗号，还是竭力宣称"李开花"（清代民间宗教中比较流行的一种真命天子的谶言），实质上都是为教首传徒敛钱、培植其个人势力服务的。这从下面的论述中可以看到。但据上述资料似可推测，灯郎教是明末清初民族矛盾的产物，其骨干力量是沿海渔民中的一些"不法者"。

③《朱批》，乾隆六年十二月初八日，江南提督总兵官吴进义奏折。

④《朱批》，乾隆十一年六月初九日，苏州巡抚陈大受奏折。

王徐氏和徐树绩仍在寻机复教。

乾隆九年（1744），逃往云南避难的灯郎教徒陆元祥，致信王徐氏，声称张保太已借四川刘奇之窍①，临凡度众，希望灯郎教予以响应。王徐氏闻讯，认为复教的时机已经来临，立即派教徒左允文等人赴川探听消息。左允文回到江南后，向王徐氏报告说，刘奇确系张保太转世，现在雪山梁浩聚集多人，帮助"李开花"，两人交往密切；又有张保太继子张晓在云南设教，并将召集"龙华大会"，推刘奇为教主；刘奇等人听闻王徐氏有德行，想让其入川。王徐氏对此极为高兴，又令左允文等人入川，并嘱其将一件香金纱衣赠与刘奇。结果，此举酿成了乾隆初年一起较大的教案。

左允文等人入川后，王徐氏和徐树绩勾结凝山道人，以道教庵观为基地，以"烧香礼忏"和"寻常劝世之语"②继续传教活动。乾隆十一年（1746）正月，王徐氏教令其徒弟、太仓县女子周氏坐功，捏造乩语，并指为"活佛"，以"开堂惑众"③。此事为地方官侦知，王徐氏、徐树绩等均被逮捕。在审讯中，王徐氏供出了刘奇，接着刘奇也被捕。

在审讯刘奇等人的过程中，清廷发现，这次大乘教和灯郎教彼此联结，声息相通，势力波及"贵州、四川、云南、湖广、江南、江西、山西等省，不法已极"④；尤其可恨的是，他们公开宣扬"今该弥勒佛管天下了，皇帝是李开花"，并将四川的一个名叫苏君贤的大乘教徒指为"李开花"。这在乾隆帝看来，"其言词甚属叛逆"，纯系"谋为不轨"⑤。于是下令对两教案犯严加惩办，决不姑息。

王徐氏被捕后，不甘心灭亡，先后两次指使教徒干扰公堂。第一次，当地方官吏审讯王徐氏时，突然有苏州府属数十人将香带至公堂，声言周氏系观音转世，王徐氏系活佛临凡，"我辈来州迎接供应"；第二次，五月二十八日，太仓、嘉定、宝山、昆山、新阳、青浦等县的120余人来至公堂，"焚香跪称伊等皆卖产入教之人，活佛被拿，不可得见，求提来一见，死亦甘心"。而当地方官吏讯问这些教民时，太仓等处数十个教民供出了

---

① 张保太于乾隆六年病死，其徒刘奇（曾学无生最上一乘教）任大乘教首。
② 《清高宗实录》卷267，乾隆十一年五月。
③ 《清高宗实录》卷275，乾隆十一年九月。
④ 《清高宗实录》卷268，乾隆十一年六月癸酉。
⑤ 《清高宗实录》卷271，乾隆十一年七月己未。

真相："是王徐氏叫小的们来的，说是真心修行的上前，不真心修行的就退后。你们到苏州去做个龙华大会，就可升天，并超度众生了。"①

王徐氏的轻率之举，加速了自己的灭亡。在乾隆帝的亲自督令下，王徐氏、周氏、徐树绩及刘奇、苏君贤等均被处决，另有数百人被判刑或杖责。经此打击，灯郎教退出了历史舞台，大乘教的势力也一蹶不振。

二 牛八教

牛八教渊源于红阳教支派收元教。乾隆三十二年（1767），河南汝阳县人方手礼拜收元教首徐国泰为师习教。次年，收元教被清廷破获，徐国泰、方手礼均被处决。方手礼的堂弟方手印不敢再打收元教的旗号，在汝阳创立了牛八教，又名挥率教。

方手印创教后，先后在河南汝阳、新野等县及湖北襄阳一带传教，收徒颇众。入教者要向师父烧香磕头，然后由师父传与咒语八句（具体情况不清），还要交根基钱，又称稞租，数量不等，或数百文或数千文。教徒入教后，称方手印为"爷"，称其妻为"太太"。河南的教徒尊方手印为掌柜，湖北襄阳一带尊方手印的再传弟子武维金为掌柜。方手印在世时，向教徒宣称凡出根基钱的均有"好处"②，并亲自率领儿子方有亮、方有用、方有梅和徒弟王坤等在汝阳、新野、湖北襄阳一带收取根基钱。

嘉庆六年（1801），方手印病故，其子方有亮兄弟掌教，继续收取根基钱。方有亮兄弟故后，牛八教便由王坤掌管。

嘉庆二十一年（1816）八月，湖北襄阳地方官吏逮捕了牛八教的三名教徒武维金、武金卓和高兴富，并从75岁高龄的武金卓口中了解到牛八教的一般概况（其教义、教规等不清楚）。接着，在清地方官吏的"宣谕开导"下，"具结改悔投案者"仅湖北一省即有364名之多，引起嘉庆帝的震惊。他指出，由湖北的情况推知，"各省传习邪教者尚复不少。乡民妄听邪说，信从入教，本应治罪，但人数过多"，特准予"自新""改悔"，

---

① 《朱批》，乾隆十一年六月初九日，苏州巡抚陈大受奏折。
② 《朱批》嘉庆二十一年八月二十四日，湖广总督孙玉庭奏折。

要地方官将具结的教徒开造花名册，并送臬司衙门存案，并声称"再有传习邪教者，一经访获，即将该犯按律加一等治罪"①。

三 清水教与八卦教

乾隆三十七年（1772）二月，清廷在河南临颍县"捕获妖贼王忠（中），讯供教主刘省过，即佐臣曾孙。而忠即八卦党之震卦，省过、忠并伏法"②。这就是震动一时的王中案。清廷在审理此案时，发现王中的震卦教又称清水教。于是，在清水教的来源上，国内外学者的看法产生了歧义。日本学者铃木中正认为清水教是王中"另创"的一个"独立派别"③；而我国学者马西沙则认为，"八卦教发展到刘恪、刘省过时代，已易名清水教"④；秦宝琦认为"清水教只是八卦教一个分支"，王中"只是（八卦教）其中一个分支，即清水教的教首"⑤。因此，关于清水教的来源仍有进一步讨论的必要。

据档案记载，顺治年间，山东单县人刘佐臣创立五荤道，"妄造五女传道妖书，分八卦收徒党"⑥，这虽是八卦教的由来，但当时并未打出八卦教的旗号；此后经历了一百余年的漫长岁月，直到乾隆五十年（1785）前后才正式定名为八卦教。刘佐臣死后，其子孙刘儒汉、刘恪、刘省过先后执掌政权。

刘佐臣时期，八卦教中各卦长并未配置齐全。目前我们只知离卦长是河南商邱县人郜云陇，山东菏泽一带的震卦长为王清容、金乡一带的震、离二卦头目为侯棠，各卦均有相对的独立性。

刘佐臣死于康熙四十年（1701）前后，其子刘儒汉⑦接掌五荤道。雍正十年（1732），刘儒汉之徒、山西定襄县人韩德荣得知其主身故，将五

---

① 《清仁宗实录》卷325，嘉庆二十一年十二月癸未。
② 戚学标：《鹤泉文钞》卷下，《纪妖寇王伦始末》。
③ 铃木中正：《清中叶民间宗教结社及其向千年王国运动的倾斜》，第四节。
④ 马西沙：《清代八卦教》，中国人民大学出版社，1989，第95页。
⑤ 秦宝琦：《中国地下社会》，学苑出版社，1993，第150页。
⑥ 戚学标：《鹤泉文钞》卷下，《纪妖寇王伦始末》。
⑦ 刘儒汉热心于仕途，曾用银4000余两捐纳为山西荣河县知县，作了10余年的清代地方官吏。

荤道正式易名为收元教，尊刘儒汉子刘恪为教主。此时，由于五荤道传播日久，加之韩德荣经营有方，"以妖言恐吓乡愚，信从渐众"①。按理说，该教应得到较大程度的发展，但刘恪同其父一样，只满足于从教徒手里敛取钱财，用银捐职州县，安心居官，成为统治阶级的一员。终刘恪一生，收元教也未再得到多大发展，当然也就未能出现新的教派。可见，在刘恪时期，清水教连影子也未出现。

刘恪死后，其子刘省过接任教主。刘省过也同其祖、父一样，满足于充当宗教首领和用敛取的钱财捐纳县丞，跻身仕途。刘儒汉祖孙三代的这种做法，给了各卦以更多的独立活动余地，促使它们独立行教。王中就是在这种情况下，为了壮大震卦教的势力，将其改名为"清水教"②。

据档案记载，王中是王清容的儿子，在其父故后执掌震卦教的。他家中供有一块写有先天老爷（刘佐臣）、中天老爷、后天老爷字样的牌位，并在牌位前供有三杯清水。教徒"入教时只用三盅清水磕头，所以叫清水教"③。由此看来，清水教是震卦教徒内部的一种称呼，完全可以视为震卦教的一个别名。

我们说清水教是震卦教的一个别名，还有如下几条证据。第一，王中尊五荤道的创始人、八卦教的始祖刘佐臣为"先天老爷"，自称"后天老爷的儿子"④，这显然是以震卦教主身份，并把震卦教视为八卦教的一个支派而言的。第二，王中尊刘佐臣的曾孙刘省过为教主，与其来往密切。据教徒称："听得刘家门户甚体面，只有王中与他来往。王中的兄弟王五也常往他家去……（教内其他人）都不能与刘姓见面。"⑤王中还经常将敛来的钱财及米面送交刘省过处，刘省过有时也派人给王中送去赏赐银两。⑥第三，王中所传"逆书"中有"平胡不出周刘户，进在戊辰己巳年"和"也学太公渭水事，一钓周朝八百秋"二句⑦。这里第一句中的"周刘"，按该

---

① 《清高宗实录》卷309，乾隆十三年二月。
② 《朱批》，乾隆五十七年五月初二日，河南巡抚何煟奏折。他在奏折中说："逆匪王中设立清水教。"实际上，王中是把震卦教又称作清水教的。
③ 中国第一历史档案馆藏，《军机外录副奏折·秘密结社项》（以下简称《军录》），《位荣供词》。
④ 《军录》，《秦学曾供词》。
⑤ 《朱批》，《李孟炳供词》。
⑥ 《朱批》，乾隆三十七年五月十六日，山东按察使国泰奏折。其中说："刘省过自认本年四月间曾交秦舒送给王中银三十两，因王中已经正法，原银带回。"
⑦ 《清高宗实录》卷906，乾隆三十七年四月。

719

教教徒所说,"周即是刘,刘即是周"①,显然是指教首刘姓。第二句正如乾隆帝所说:"俨然有自居太公兴周之意。"②把这两句话联系起来看,很可能是预言刘姓教首将在三十余年后的戊辰、己巳年(1808、1809年,即嘉庆十三、十四年)推翻清朝,从而为刘姓教首登基为帝制造舆论。③第四,现存清代档案证明,王中生前死后,无论地方官吏,还是其教徒,绝大多数都称王中所掌之教为震卦教。乾隆三十七年(1772),王中被处决后,其子王子重发配新疆,被安置在喀什噶尔为奴。但教徒仍尊他为震卦教首领,有的教徒甚至不远千里求讨封号。王子重封他们为东震卦至行开路真人、开路真人、全仕等,说明王子重也是把自己当作震卦教主的当然继承人。第五,王中生前死后,他的表兄弟、震卦教徒布(步)伟始终打着清水教的旗号,在山东菏泽县一带传教。乾隆三十六年(1771),布伟收寄居曹县的吴克己为徒。次年王中案发,布伟、吴克己暂时有所收敛。四十五年(1780),布伟病死,吴克己因"家道贫苦,故智复萌,复图行教骗钱",并拟到处宣称入了清水教"有官做,有饭吃,不怕乱,安置户口",先后收徒27人。两年后,吴克己案发,他本人被"定拟绞候"④,由此可见,仅就布伟、吴克己一派而言,清水教充其量又是王中震卦教的一个小派别,它既隶属于震卦教,又隶属于八卦教。第六,现存清代档案同样证明,无论地方官吏还是教徒,基本上把刘省过执掌的教派称为八卦教,只在审讯吴克己案件中露出了"刘省过等清水教"⑤的字样。

由上所述,我认为,从整体上来说,清水教是震卦教的一个别名(布伟、吴克己的清水教充其量是震卦教的一个小派别,不能看作一个独立派别),所谓"八卦教发展到刘恪、刘省过时代,已易名清水教"和清水教是"另创独立派别"的说法,都是缺乏足够证据的。

---

① 《朱批》,嘉庆二十二年十二月初三日,山东巡抚陈预奏折。
② 《清高宗实录》卷906,乾隆三十七年四月。
③ 山东按察使国泰指出:"王中之编造逆词,明系为该犯(按指刘省过)而设"(《朱批》,乾隆三十七年五月十六日,国泰奏折),这就是说明了王中不仅继续尊刘省过为教主,而且为实现其野心大造舆论。
④ 《军录》,乾隆四十七年六月二十四日,山东巡抚明兴奏折。
⑤ 《军录》,乾隆四十七年六月二十四日,明兴奏折。按:统治阶级从来都是把民间宗教笼统称为"邪教",不愿花大气力去辨别某一教派的来龙去脉。因此,他们在审理吴克己清水教案时,因其隶属于刘省过,故笼统称为"刘省过等清水教",可见,这不能作为八卦教易名为清水教的一个证据。

下面，再谈谈王伦清水教与八卦教的关系。

乾隆三十九年（1774）八月，山东寿张、堂邑两县爆发了王伦领导的清水教起义。于是，王伦这支清水教的来源，又成为人们议论的话题。有的日本学者认为，它是八卦教中震卦教的支派；有的中国学者认为与八卦教"似乎并没有联系"[①]。秦宝琦先生认为："虽然没有史料说明二者（王中震卦教与王伦清水教）之间有无横的联系，但它们都来源于刘佐臣创立的五荤道、收元教即八卦教，却是毫无疑义的了。"[②]我认为秦先生的论断是正确的。这里我想沿着他研究问题思路略作一点补充。

王伦，山东寿张县党家店人，他生活的乾隆中期，正是河北、山东交界地区的八卦教和义和拳相结合的时期。[③]正是这样，他先后拜过几个师父。据现有史料分析，王伦在乾隆十六年（1751）拜阳谷县人张继成（又作张既成）为师，"入了邪教，不敢露名"[④]。但张继成仅仅是个"邪教"徒，似乎不会拳棒，不能满足王伦的欲望。于是，王伦又拜普宁县高口村人李成章为师，并"演习拳脚"[⑤]。据中国台湾学者庄吉发先生分析，李成章不仅教授拳棒，而且传习收元教（即八卦教），是八卦教内掌兑卦的卦长。[⑥]由此可见，王伦既是八卦教内兑卦教教徒，又是一名"多力有拳勇"[⑦]的义和拳教师。

王伦"自（乾隆）三十六年上，遂收起徒弟……凡入教之人，转相招引，各处乡落愚民多有为其煽惑者"[⑧]。我们知道，王伦是打着清水教的名义传教、收徒和组织反清武装起义的，但王伦既是八卦教中兑卦教教徒，那

---

① 转引自秦宝琦《中国地下社会》，第156~157页。
② 秦宝琦：《中国地下社会》，第158页。
③ 以往学术界对义和拳有不同的看法。如有的研究者认为义和拳和八卦教是水火不相容的两个组织，有的研究者认为义和拳原系一种拳术名称，后来发展成为民间的一种秘密结社。我认为，从档案和官私书籍记载来看，义和拳"潜习拳棒""开操演习……拳脚"，在阶级斗争尖锐时刻"横行乡里""扰害地方"，显然既是一种拳术名称，又是一个反抗封建统治的民间武术集团。乾嘉时期，由于阶级斗争形势的需要，义和拳逐渐和八卦教等民间教派结合起来。见拙文《对义和拳研究中几个问题的探讨》，《学习与思考》1982年第6期。
④ 《军录》，乾隆三十九年十月十九日，舒赫德等奏折。按，这里虽未指明张继成属何种"邪教"，但从八卦教在山东、直隶活动情况来看，推测张继成属于八卦教应是不错的。
⑤ 《清高宗实录》卷1192，乾隆四十八年十一月壬寅。
⑥ 庄吉发：《清代乾隆年间收元教及其支派》，（台北）《大陆杂志》第63卷第4期。转引自秦宝琦《中国地下社会》，第158页。
⑦ 俞蛟：《临清寇略》，《昭代丛书》别编辛集卷10。
⑧ 《军录》，乾隆三十九年二月十九日，舒赫德等奏折。

么清水教就应该是兑卦教的一个分支。它与王中的清水教（震卦教的别名）虽同属于八卦教，然而由于卦别不同，就不可能有具体的组织上的联系。这是王伦清水教和王中清水教的区别之一。

"八卦教分文武，乾、坎、艮、震四文卦，巽、离、坤、兑四武卦。"①这已成为清代中叶八卦教徒的共识。就王伦的清水教而言，它确属八卦教"四武卦"之一。王伦"以拳棒教授兖东诸邑"，在教内设文武二场，"炼气曰文弟子，拳棒曰武弟子"②。据史载，王伦有徒弟18人（分别称为义儿、义弟、干婿等，俨然是一个家长制的政治体制），个个精于拳棒。他们被派到山东各地传教收徒，教授拳棒，组织武场。王伦弟子主持的武场主要有两个，一是由李翠主持的恩县武场，另一个是由王圣如（即王经隆）主持的堂邑县武场。李翠、王圣如都是当时著名的义和拳师，③武场所用拳名也称"义合（和）拳"④；教徒习义和拳被称作"入教学拳"，活动方式是"学拳诵咒"，咒语和八卦教略有区别，"八卦教是"真空家乡，无生父母"，而王伦清水教则是"真空家乡，儒门弟子"和五圣（"无生"谐音）老母在此"，可使教徒刀枪不入。⑤王伦的武弟子们一出现在战场上，"所用系短柄枪、顺刀、朴刀等械"，个个"疾走如飞，宛如猕猴……俱悍不畏死，不避枪炮"。⑥马西沙同志曾说：王伦的清水教"是一个既有浓厚的宗教信仰又以习炼气功拳棒为要务的混合团体"⑦。这话固然不错，但如改成这样：王伦清水教是八卦教中兑卦教和义和拳相结合的产物。这似乎就更为贴切了。这也是王伦清水教和王中清水教的一个重要区别。

四　天理教与八卦教

嘉庆十八年（1813）九月，北京和直隶（今河北）、山东、河南三省

---

① 《军录》，《张庭太供词》。
② 戚学标：《鹤泉文钞》卷下《纪妖寇王伦始末》。
③ 参见或转引程歗、陆景琪《金乡义和拳辨析》，《历史档案》1982年第1期。
④ 《军录》，乾隆三十九年十月十六日，舒赫德奏折。
⑤ 参见或转引程歗、陆景琪《金乡义和拳辨析》，《历史档案》1982年第1期。
⑥ 《军录》，乾隆三十九年九月十二日，山东巡抚徐绩奏折。
⑦ 马西沙：《清代八卦教》，第193页。

交界地区爆发了林清和李文成领导的天理教起义,震惊了清廷内外,同样引起了史学界的重视。其中,作为嘉庆年间新出现的一个民间宗教派别——天理教的源流,受到了研究者的瞩目是理所当然的,笔者也曾撰文论及,①此处不再赘述。但我感到,有学者提出的天理教创立后,"八卦教再次得到统一"的观点,是值得商榷的。

我们知道,八卦教自清初刘佐臣创教至嘉庆年间,历经一百余年,活跃在华北的广大地区中,但它始终是一盘散沙,"以八卦为名,各分支派"②,彼此不相统属,门户之见森严,从来没有形成一个统一的组织,也没有一个统一的领导核心,正如两江总督百龄所指出的:"该匪等各编名号,彼此并非一党。"③即就某一卦而言,也是分散各地,派系繁多,也无统一的教首,"各卦头目多寡不齐,并不拘定一人,亦非聚处一地。"④嘉庆年间,清廷就查获了两张八卦教各卦教首的名单,发现其中差异很大。这就是八卦教组织上高度分散的反映。从而也说明要把八卦教再次"统一"(实际上自八卦教创教起就没有"统一"过)起来,是极其困难的。

的确,天理教首林清在传教过程中提出了"三教归一"⑤和"八卦总该归一"⑥的口号,试图把青阳教、红阳教、白阳教和八卦教统一起来,并为此作了大量的工作,付出了艰巨的劳动。但是,在嘉庆十六年(1811)到十八年(1813)的三年中,林清只把直隶青县边二的白阳教、固安县李得(即李五)的白阳教、京畿地区屈四的青阳教、通县地区李老领导的红阳教和大兴一带刘呈祥领导的荣华会(即坎卦教)统一起来,并为应"白阳劫"而定名为白阳教;又联合了直隶、山东、河南三省交界地区由李文成领导的震卦教(又名九宫教)、冯克善的离卦教、刘国明的兑卦教。之后,于嘉庆十八年八月道口会议上,林清和李文成等在反清的大旗下,将由上述各教派组成的新组织定名为天理教,同时任命了八宫王(天理教也分八卦,每卦立一宫王)。八宫王的名单与清廷缴获的八卦教各卦主的名单是

---

① 参见拙作《天理教新探》,《华南师院学报》1981年第4期。
② 《朱批》,直隶总督那彦成奏折(年月日不清)。
③ 《钦定平定教匪纪略》卷17。
④ 《朱批》,嘉庆十八年十一月初三日,两江总督百龄奏折。
⑤ 《军录》,《董国太供词》。
⑥ 《军录》,《刘宗山供词》。

不同的。①这就说明林清并没有实现其"八卦总该归一"的理想。

再者，天理教创立后及其发动反清起义时，直鲁豫三省中一些传教年代久远、在当地颇有势力的八卦教各教派均袖手旁观，生怕搅了自己敛钱致富之梦。这方面的例子很多，于此仅举一二。

林清起义时，王中后代王栋在京充当震卦教名誉首领，每年坐等教徒将银两、衣服送至手中；王中的另一后代王顺则在山东继续传教骗钱。金乡震离二卦卦主侯棠的后代和河南的离卦教邰氏兄弟也莫不如此。

由上所述。可知天理教创立后，八卦教并未得到统一，更谈不上"再次"统一。

（原刊于《清史论丛》第五辑）

---

① 天理教的八宫王是：离卦王王道隆、艮卦王刘宗顺、震卦王宋克俊、乾卦王寿光德、坤卦王冯相林、巽卦王王修治、兑卦王刘国明、坎卦王尹老德、尹振父子。而同时流传的一份八卦教各卦长的名单（即前述清廷缴获的两份名单之一）是：乾卦姓张、艮卦姓许、巽卦姓朱、坤卦姓章、坎卦姓郭、震卦侯棠后代、离卦姓邰、兑卦姓郭。《朱批》，嘉庆二十二年八月初一日，山东巡抚陈预奏折。

略述清代中日文献典籍交流

冯佐哲

引 言

众所周知，在世界各国文化交流中，文献典籍作为载体的交流占有极为重要的位置。因为这种形式的文化交流，是用有形的文字来沟通和交流彼此的文明的，其作用也是可想而知的。

中日两国文献典籍的交流，尤其是中国古代文献典籍的东传扶桑，不但历史悠久，而且规模大、领域广，这在全球各国的文化交流中，亦是极为罕见的。

中日两国在两千多年的交往中，文献典籍的交流在不同的历史时期，随着两国政治、经济与文化背景的变化和差异，其传布的渠道、媒介和方式也相应地发生着变化。日本自应神天皇[①]之后，就不断有汉籍文献传入，直到明治维新前一直占据着重要位置；而到了近现代，日本出版的自然科学和社会科学的书籍又大量西渐传布到大陆，这种微妙的变化，从一个侧面也反映了中日两国间先进与落后的转化，先生与学生的演变过程。

在文献典籍传布的媒介和方式上也由最初人员自然交流，进而命专人抄写、请求馈赠、寻访或赏赐、彼此交换到现金采购、翻刻和翻译等。沿着这条文献典籍的传布轨迹，进行探索和研讨中日两国文化交流的历史是

---

① 应神天皇为日本第十五代天皇。

意味深长的。

一 清代以前中日文献典籍的交流

中日两国文献典籍的交流历史，最早可追溯到2世纪，当时是伴随着人种的交流进行的。传说早在秦代时，方士徐福（市）就率领三千童男童女以及百工等东渡日本列岛，并带去了不少典籍。对此，宋代著名文学家欧阳修在《日本刀歌》中，曾作了如下描述：

> 传闻其国居大岛，土壤沃饶风俗好。
> 其先徐福诈秦民，采药淹留丱童老。……
> 徐福行时书未焚，逸书百篇今尚存。
> 令严不许传中国，举世无人识古文。
> 先正大典藏夷貊，苍波浩荡无通津。①

这首诗可以说是中国文献典籍早期传入日本的记录和历史回顾。可是这只是一种传闻，并不见于正史。②

在徐福之后，据传在284年（日本应神天皇十五年），位于朝鲜半岛南端的百济使者阿直歧到达日本，由于他的推荐，百济博士王仁③于次年到达日本，为皇子菟道稚郎子之师，并"贡上《论语》十卷，《千字文》一卷，共十一卷"④。从这一记载中可以得知，在3世纪时，中国的典籍已传入了日本。

到了7世纪初（即隋末唐初之际），有更多的中国文献典籍东传到日

---

① 欧阳修：《欧阳文忠公集》卷15，《日本刀歌》。
② 现在学术界一般认为，6世纪初，日本第二十六代天皇继体天皇时，日本通过百济聘请中国儒学者五经博士赴日讲学，随身携带《论语》等书是可以相信的。
③ （日本）《古事记》卷中，"应神天皇"条把王仁写成"和迩吉师"。由其姓名和文化修养诸方面看，王仁很可能是生活在朝鲜半岛上的汉族移民，或许是汉族移民的后裔。
④ 《古事记》卷中，"应神天皇"条。此外，在《日本书纪》中也有同样的记述。王仁曾教菟道稚郎子学习《论语》《诗》《书》《礼》《易》《春秋》诸经和《千字文》。不过此《千字文》，不是后来在中国普遍流传的那一种，因为此时梁朝周兴嗣的《千字文》还没有问世呢！

本。这可从604年（日本推古天皇十二年），圣德太子制定的《十七条宪法》中的很多遣词造句，直接引用中国经典①，得到证明。日本奈良时期所制定的各种法律律令中也经常引用中国典籍的内容。例如，在718年（日本元正天皇养老二年）制定的《养老律》和《养老令》中，除大量引用中国典籍外，亦按中国唐代国子监、太学一样，有把儒家经典分为"正经"和"旁经"的规定，将其分为"大经"、"中经"和"小经"三类。②此外，当时日本学者都兼学《论语》和《孝经》等中国经典。这充分说明在日本飞鸟、奈良时代，中国文献典籍已在东瀛广为流传。

与此同时，在日本还成立了汉籍的抄录、誊写机构——"写经所"。在这里由"写经生"专门抄写汉籍，以便于其广为流传，至今有的抄本还完好地保存着。

日本平安时代，由贵族知识分子为核心组成的遣唐使、遣唐僧和留学生团体，开始了中日文化的直接交流。他们中许多人曾在中国长期居留，回国时便把他们在华搜集的大量典籍带回了日本。据藤原佐世编纂的《本朝见在书目录》记载，当时日本有中国典籍40类，共计1568种，16725卷，约占当时中国文献典籍的一半。

在日本镰仓、室町和安土桃山时期（1184~1600）年，即所谓"五山时期"（相当于中国南宋至元明时期），文献典籍的传布主要靠禅宗僧侣、知识分子往来，用儒释互补，彼此融会、沟通的方式进行。日本由于长年战乱不已，将军擅权，故寺庙成了保存文化和传播文化的最好避风港。当时禅宗大兴，僧侣们认为学习和掌握中国的文献典籍，特别是研究儒学典籍是修行者本身素质高低的一种体现，亦是一种美德。因此非常用心，并竭力搜求更多的中国典籍，因此他们是当时日本最有学问的人，操纵着一切学术活动。例如，僧人荣西1168年（日本仁安三年）首次入华求法时，就带去天台宗的新章疏30多部，共计60卷。其后俊芿于1211年（日本建历元年）回国时带回的典籍更多，总计2013卷，其中有律宗大小部文327卷，天台教观文字716卷，华严章疏175卷，儒家著作256卷（内含

---

① 经典包括《礼记》《孝经》《周易》《尚书》《左传》《庄子》《韩非子》《诗经》《韩诗外传》《史记》《说苑》《昭明文选》等。
② 所谓"大经"包括《礼记》《春秋左氏传》；"中经"包括《诗经》《周礼》《仪礼》；"小经"包括《易经》《尚书》。

朱熹的《四书集注》初刊本），杂书463卷，法帖、御笔、堂贴等碑文76卷等。① 他的弟子闻阳湛海1244年（日本宽元二年）从华返日时也随身带回佛经数千卷。② 此外，东福寺的开山主师圆尔辨圆（即圣一国师），1241年（日本仁治二年）自宋带回国汉籍也达数千卷之多。③ 这些书籍除一小部分是用钱买或以物交换的外，大多数都是由宋朝当权者或朋友赠送的。④ 这些从中国带回来的宋版典籍促进了日本出版事业的发展，很快在京都和镰仓等地出现了以"宋、元刻本作版样而仿刻的版，或者仿效这些版样而刻印的版"⑤。这就是所谓的"唐式版"。其后，入元僧镰仓净妙寺的太平妙准和他的弟子安禅等人从中国带回了《大藏经》。此外，此时从元朝还引进除佛经以外的各种书籍，如《毛诗》、《尚书》、《周易》、《礼记》、《左传》、《周礼》、《公羊传》、《穀梁传》、《论语》、《孝经》、《老子》、《列子》、《庄子》、《史记》、《前汉书》、《后汉书》、《荀子》、《墨子》、《淮南子》、《文中子》、《东皋子》、《吴子》、《孙子》、《吕氏春秋》、《战国策》、《山海经》、《尔雅》、《神仙传》、《孝子传》、《先贤传》、《烈女传》、《太平御览》、《太平广记》、《群书治要》、《玉篇》、《广韵》、《传灯录》、《五灯会元》、《宗镜录》、李善注《文选》、《集千家注分类杜工部诗》、《元亨释书》、《新刊五百家注音辨唐柳先生文集》、《春伙经传集解》和《佛祖统纪》等书。入明以后，中日两国除僧侣往来外，彼此间还互通使节。日本当政者借此机会，公然向明政府索要稀有书籍和铜钱。例如，足利义政将军曾向明朝上书说："书籍、铜钱，仰之上国，其来久矣。今求二物，伏希奏达，公库索然，何以利民，钦侍周急。《教乘法教》全部，《三宝感录》全部，《教乘法数》全部，《法苑珠林》全部，《宾退录》全部，《兔园策》全部，《遁斋闲览》全部，《类说》全部，《百川学海》全部，《北堂书钞》全部，《石湖集》全部，《老学庵笔记》。"⑥ 经过访明使竺芳清茂表奏，终于得到明朝颁赐，并得到铜钱五万文。

---

① 参见《泉涌寺不可弃法师传》。
② 参见《本朝高僧传》第58，《湛海传》。
③ 参见《圣一国师年谱》。
④ 这种馈赠往往是先由日僧列出文献典籍目录（即书单），然后由华人提供。在中国国内书籍作为商品就是在宋代时才开始"有价"销售的。
⑤ 参见木宫泰彦《日中文化交流史》，胡锡年译，商务印书馆，1980，第354页。
⑥ 瑞溪周凤：《善邻国宝记》。

略述清代中日文献典籍交流

国与国的文化交流总是双向传递的，彼此互相作用、互相影响、互通有无。日本人撰著的典籍文献，也同样通过僧侣、使节、留学生和商贾等传入中国。例如，圣德太子所撰《三经义疏》①就是通过遣唐僧诚明和居士得清带入中土的。五代十国吴越王钱俶（947~988年）读《永嘉集》时屡遇难点，便向天台僧义寂请教，得知许多佛教和汉籍散佚在海外，特别是东邻日本。于是为了寻求汉籍，钱俶便派遣使臣赴日，以重金购寻佚书。②

983年（宋太平兴国八年），日本奈良东大寺高僧奝然搭乘吴越商人陈仁爽、徐仁满的商船来华。次年到达开封，觐见宋太宗并献呈了日本汉籍和中国佚书，其中包括《职员令》和《王年代纪》各一卷，《孝经》（郑氏注）一卷，《孝经新义》第十五（即《表启》）一卷等。③1072年（宋熙宁五年），日本大云寺僧人成寻携弟子七人，乘宋人商船来华，带来了"天台真经书" 600余卷。④又，在宋代时，日僧源信还托宋商朱仁聪和宋僧齐隐将其所著《往生要集》等5部书带到中国。此外，天台高僧知礼、源清和遵式等人，还多次托求日僧抄录阙经，因此宋代天台宗复兴，就多方面得助于佚经回归甚多。

二 清代中日文献典籍的交流

（一）清代中日文献典籍交流的主要手段是贸易

从明代后期开始，由于商品经济的进一步发展，中国的民间海上贸易有了长足发展。表现在出海经商的人数、船只成倍增长，海商贸易活动范围也比前代更加扩大。东起日本、朝鲜，中经菲律宾、中南半岛，南至南洋群岛，西达印度洋的许多国家的港口，均有中国商船出没。当时航行在东亚和南亚洋面上的贸易商船，尽管国籍有所不同，但他们的真正船主却大部分是华人或华裔。有时一艘商船从中国出航后，先达某国进行贸易，

---

① 《三经义疏》系指《胜鬘经义疏》《维摩经义疏》《法华经义疏》的合称。
② 参见《杨文公谈苑》。
③ 参见《宋史》卷491，《外国传七》，《日本国传》。
④ 参见成寻《参天台五台山记》。

729

然后又驶往另一国家，同时船籍也相应地做了改变。

自894年（日本宽平六年）始，日本废止派遣遣唐使和留学生后，中日两国的民间关系却一直维系着，从未间断，有清一代更不绝如缕。此时，尽管中日两国均采取"闭关""锁国"的政策，特别是日本方面严禁本国人和船只擅自出国，并只允许中国与荷兰等国商船在长崎一地进行限量贸易，但是中国商船却在沟通两国经济的互补、物产的有无乃至文化交流上都起到了不可低估的作用。由于民间贸易的发达、文化的兴盛，更使中日两国书籍贸易呈现出一派蓬勃、繁荣景象，特别是中国书籍东传日本的数量和种类是前所未有的。

当时中日两国的贸易品，除丝绸、铜、金银、砂糖、海产品和药材外，大宗的商品就要数书籍和"文房四宝"了。①

当时中国赴日商船比前代增加，贸易额扩大。特别是1683年（清康熙二十二年），收复台湾后，次年康熙帝颁布了"展海令"，决定民间商船可以出海自由贸易，于是大量商船涌向了日本。1685年（清康熙二十四年），清政府为了扩大海上贸易，又开广州、漳州、宁波和云台山（即今连云港）等四处榷关，②开始与外国互市贸易。

"展海令"颁布后，中国对日贸易迅速发展，仅从赴日商船的成倍增加就可说明这一点。据日本学者木宫泰彦统计，在1662年（清康熙元年）赴日中国商船为42艘；1685年（清康熙二十四年），驶日中国商船为73艘；1687年（清康熙二十六年），赴日中国商船为115艘，另有载回船22艘；1688年（清康熙二十七年），竟有中国商船199艘到达长崎港。此后几十年间，由于日本施行信牌制度，限制贸易量，以解决严重的入超问题，规定每年限定驶至长崎的中国商船数为70~80艘。③1719年（清康熙五十八年）至1790（清乾隆五十五）间，日本规定只允许30艘中国商船入长崎港；1790年至1840年（清道光二十年），又进一步限制每年赴日中国商船为10艘。1840年以后，赴日中国船逐渐减少，每年只有5~6艘中

---

① 当然书籍和"文房四宝"的贸易，是以中国向日本输出为主的。
② 郑燮：《中西纪事》（三），《互市档案》。
③ 如据日本藏《唐船事会所目录》记载，从1689年（清康熙二十八年）至1692年（清康熙三十一年）间，驶往长崎的中国商船中有春船18艘，贸易额为白银1300贯；夏船33艘，贸易额赤2200贯；秋船20艘，贸易额为1900贯。

国商船驶至长崎。①而同一时期荷兰驶往长崎的商船，每年在 4~5 艘。②由此可见，中国商船在船数和贸易量上，在日本对外贸易中占有极为重要的位置。

正如前文所述，当时中国向日本的出口品主要是丝、绸缎、砂糖和药物外，便是文献典籍和绘画等。几乎每艘赴日中国商船都载有书籍、绘画和文房用具等。③仅据日本学者永积洋子所著《唐船输出入品数量一览（1637~1833 年）》一书，自 1637 年至 1833 年间，仅从乍浦港运往日本的各种绘画就有 62586 幅，各种毛笔 235198 支，墨 5792 箱（另有 435 块，2530 斤），纸张 202988 连（另有 11980 张，60625 册），书籍 742 箱（另有 15129 册，若干组）。④

（二）中国书籍输往日本及日本的藏书家

日本之所以在这一时期大量进口中国书籍，是与德川幕府的创建者德川家康及其继承者重视文治有关。德川家康（1542~1616 年）是与一般武人不同的将军，他崇尚风雅之道，重视各方面的修养。他掌握政权之后，除了重视武功之外，更重视文治，尊重文人，使日本文化日趋发达、兴盛。早在他受封"征夷大将军"之前，就在江户（今东京）富士见亭建立了枫山文库（又叫红叶山文库）。他特别注重搜集历代文献典籍，尤其是注重从中国购进各种书籍。他以后的几代幕府将军也非常喜欢买书和藏书，继续向中国商人订购中国书籍。⑤

---

① 据不完全统计，有清一代，平均每年约有 30 艘（次）中国商船至日进行贸易。
② 以上数字均见木宫泰彦《日中文化交流史》，胡锡年译，商务印书馆，1980。
③ 参见日本学者永积洋子《唐船输入品的数量一览（1637~1833 年）》一书所记的各船所载货物清单。此书由日本创文社于 1987 年出版。例如 1755 年（清乾隆二十年）第五号定海船就载有汉籍 856 册，中国墨 150 斤；1766 年（乾隆三十一年）第八号乍浦船载有汉籍 24 册，绘画 64 幅，中国笔 7500 支，中国赤纸 50 张；1768 年（乾隆三十三年）第五号乍浦船载有书籍 78 箱、版画 21 幅；1769 年（乾隆三十四年）第九号乍浦船载有汉籍 2 箱；1777 年（乾隆四十二年）第十一号乍浦船载有书籍 4 箱，纸 830 连，笔 2000 支，墨 26 箱；1780 年（乾隆四十五年）第九号乍浦船载有汉籍 4 箱，中国纸 200 连，中国历 50 册；1780 年（乾隆四十五年）第五号乍浦船载有书籍 43 箱，中国纸 5000 连，大笔 15 支。
④ 另据日本学者大庭修《江户时代唐船舶载书籍之研究》一书统计，江户时代从中国运往日本的汉籍有万种左右，几乎包括经史子集、技艺、医药、地方志、风俗和各种杂书。
⑤ 当时日本统治者，除直接通过中国商船购买汉籍外，有时也通过琉球、朝鲜转进汉籍，如《六谕衍义》就是最早从琉球传入萨摩（今鹿儿岛）的。

德川时代，由于政治稳定，经济发展，特别是町人①势力崛起，因此文化也更繁荣、兴盛，特别是日本儒学进入了隆盛时期。此时，寺庙文化走向衰落，开始向世俗化文化（主要是代表武士阶层和町人）过渡，其主要表现是，此时以商业贸易为主要通道的汉籍传布形式开始形成；另外，除经史子集书籍继续进口外，各种笔记、小说等市民文学书籍进口也占有重要地位。

德川时代以前，严格地讲日本还没有形成独立的自成体系的儒学，它主要作为寺庙文化附属物，由僧侣掌握着。到了德川时代，儒学的地位得到了提高，其领导权掌握在代表武士阶层利益的人手中，变成了"官学"。其主要原因是德川氏家族为了巩固自己的统治，十分崇尚儒学，尤其是对朱子学尊崇至深。当时日本汉学的奠基人藤原惺窝和他的弟子林道春（号罗山）等人，原来都是僧侣，后来才还俗，他们本人不但精通儒学，而且私人藏有大量汉籍。特别是林道春对德川时代的政治、思想和文化教育有着重要影响，他曾历仕于家康、秀忠、家光和家纲四代将军。在德川幕府"创业之时大被宠任，起朝仪、定律令、大府所颁文书无不经其手者"②。他还在江户上野忍冈地方专门办了林家私人书库，创设了学校，培养儒学者。其子林恕（号鹅峰），亦掌握幕府的文化教育事务，曾经编著了《本朝通鉴》和《华夷变态》等书。其孙林凤冈被任为高级儒官（即学官）——"大学头"。他曾把忍冈的林家私塾迁移到昌平坂，扩大成为幕府的学问所。后来林氏后代一直担任幕府的学官，并执掌江户汤岛"圣堂"（即今东京神田町附近的孔子庙）的事务。此外，这一时期城镇市民（以商人为主）文化崛起，"町人"跻身于学术文化领域，购书、藏书和印书，进而兴办学校、图书馆等。如当时日本最大的商业城市大阪"町人文化"表现得非常突出。正如日本学者天囚村彦所说："大阪诸儒，崛起市井，称雄海内，鸣盛当时。"③享保九年（1724），由三宅石庵、中井甃庵等人创办了大阪第一所私立学校——"怀德堂"。

当时从中国驶往日本的商船，差不多均载有汉籍。④其中有的是为了贩卖，有的则是为自己阅读。中国商船有时一艘就运载上百种汉籍，达几

---

① 町人即为以商人为主的城市市民。
② 原善公道：《先哲丛谈》卷1，《林罗山传》。
③ 天囚西村时彦：《怀德堂考》上卷。
④ 当时汉籍主要从浙江、江苏、福建和广东四省起运，其中以浙江乍浦为主要输出港。

百部之多，除经史子集外，还有小说、佛经和碑帖等。据大庭修先生统计，从1714年（清康熙五十三年）至1855年（清咸丰五年），经长崎输往日本的汉籍达6118种，总计5.724万多册。其中有儒家经典，如《论语》《孟子》《理性全书》，以及程、朱、陆、王的大量著述外，还有《古今图书集成》《大清会典》，以及各省地方志和有关法律方面的书籍。此外还有顺治帝的《六谕》、康熙帝的训谕《十六条》《性理精义》等。值得注意的是这一时期有大量的实用书籍（如，科技、医药、兽医和音乐书等）、"警世书籍"和文艺小说，主要有《算学》、《齐民要术》、《天工开物》、《论衡》、《医宗金鉴》、《唐马乘闻书》、《唐马乘方补遗》、《马书》、《水浒传》、《三国演义》、《两汉通俗演义》、《梁武帝西来演义》、《唐国志传》、《列国前编十二朝》、《南宋志传》、《大宋中兴通俗演义》、《金瓶梅》、《西游记》、《西游后记》、《红楼梦》、《痴婆子传》、《珍珠舶》、《列国志》、《一片情》、《绣榻野史》、《欢喜冤家》、《五代史演义》、《封神演义》、《凤箫媒》、《照世杯》、《杜骗新书》、《醉菩提》、《拍案惊奇》、《五色石》、《云仙笑》、《百家公案》、《有夏志传》、《古今言》、《包孝肃公传》、《开辟演义》、《云合奇纵》、《点玉音》、《归莲梦》、《苏秦演义》、《禅真逸史》、《寒肠冷》、《禅真后史》、《水晶灯》、《艳史》、《炎凉岸》、《梧桐影》、《玉楼春》、《白猿传》、《锦带文》、《英烈传》、《笑谈》、《清律》、《玉金鱼传》、《后水浒传》、《定情人》、《灯月缘》、《龙图公案》、《春灯闹》、《笑府》、《俗呼小录》、《妍国夫人传》、《韩湘子》、《觉世名言》、《隋史遗文》、《琵琶记》、《今古奇观》、《孙庞演义》、《万锦情怀》、《委巷丛谈》、《醒世恒言》、《杏花天》、《孤树衷谈》、《警世通言》、《八洞天》、《燕居笔记》、《金陵百媚》、《西洋记》、《虞初新志》、《古今小说》、《肉蒲团》、《平山冷燕》、《麟儿板》、《西洋历术》、《俗语难字》、《幻缘奇遇》、《好逑传》、《两交婚传》、《洋清公案》、《石点头》、《三教开迷》、《女仙外史》、《玉杵记》、《浪史》、《狯园》、《情史》、《艳异编》、《传奇十种》、《引凤箫》、《隋唐演义》、《亚禅》、《巧联珠》、《滑跃编》、《春渚纪闻》、《连城璧》、《一百笑》、《门外春秋》、《美人镜》、《双剑雪》、《两山墨谈》、《赛花铃》、《侠士传》、《玉镜新谈》、《锦香亭》、《风流悟》、《荔枝奇缘》、《金云翘传》、《遍地金》、《花陈诗言》、《东游记》、《梦月楼》、《僧尼孽海》、《南游记》、《玉支矶》、《怀春怀集》、《赛红丝》、

《凤凰记》、《肠谷漫录》、《二胥记》、《惊梦啼》、《西湖佳话》、《恋情人》、《桃花影》、《西湖二集》、《阴阳梦》、《蝴蝶媒》、《混唐后传》、《雅笑编》、《一夕语》、《定鼎奇闻》、《生绡剪》、《女开科传》、《利奇缘》、《聊斋志异》、《混唐平西录》、《飞花艳想》、《五凤吟》、《东渡记》、《情梦柝》、《会真本记》、《玉娇梨》、《西厢记》、《幻情缘》、《昭阳趣史》、《画图缘》、《绣异缘》、《五色奇文》、《平妖传》、《鸳鸯针》、《鼓掌绝尘》、《笑的好》、《合浦珠》、《雅叹篇》、《韩魏小史》、《醒醒花》和《笑林广记》等。[1]

从以上所列汉籍书目中不难看出，其中相当一部分是属于小说、传奇等文艺作品，反映出德川时代在引进中国文献典籍方面，具有显明的庶民文化的特点。这也正如前文所述，当时由于商品经济的发展，以商人为首的町人势力逐渐强大，教育和印刷业亦有长足发展，因此在日本的主要商业城市（如大阪、长崎），反映市民文化的"町人文学"、人形净琉璃、歌舞伎和风俗画等都十分盛行。为了适应这种形势，满足广大町人的爱好和需求，势必要大量进口小说、传奇等通俗文学作品。

为了满足日本各界对中国文献典籍的需求，当时中国出版的书籍，十分之七八以上都传到了日本。有时中国一部新书问世，往往不出几年，甚至几个月就会被运到日本，并且很快会被日人用训点、翻刻、摘抄等方式使其广为流传。这一点可以用中国得泰号商船财副朱柳桥与日本儒官野田希一（号笛浦）的对话，得到认证。野田曰："贵邦载籍之多，使人有望洋之叹，是以余可读者读之，不可读者不敢读，故不免夏虫之见者多矣。"朱柳桥曰："我邦典籍虽富迩年以来装至长崎已十之七、八，贵邦人以国字译之不患不能尽通也。况兄之聪慧勤学者乎！如兄鸿才即在我邦亦可出人头地，取素紫如拾芥耳。"[2] 当时中国每有新书问世，很快就会被商船运往日本，特别是嘉庆、道光年间表现得最为突出。如《学津讨原》中国于1806年（嘉庆十一年）出版，次年即被运至长崎；《平易法》1804年（嘉庆九年）出版，1811年（嘉庆十六年）被运到日本；《钦定中枢政考》1808年（嘉庆十三年）出版，1811年亦被运至长崎；《圣武记》1842年（道光二十二年）出版，1844

---

[1] 以上书籍目录主要摘引自木宫泰彦《日中文化交流史》（胡锡年译）、德川时代出版于大阪的《小说字汇》以及大庭修《江户时代唐船舶载书籍之研究》等书。
[2] 《得泰船笔语》，田中谦二、松浦章编著《文政九年远州漂着得泰船资料》，关西大学东西学术研究所，1986。

年（道光二十四年）被运至日本，1850年（道光三十年），日本便出版了和刻本；《武备辑要》1832年（道光十二年）出版，1844年（道光二十四年）运至长崎；《乍浦集咏》1846年（道光二十六年）出版，当年就运至日本，1848年（道光二十八年）就出版了和刻本；《春草堂丛书》1845年（道光二十五年）出版，次年便运到了长崎；《乡党正义》1841年（道光二十一年）出版，1847年（道光二十七年）被运到日本；《临正经验方》1847年（道光二十七年）出版，当年便被运至日本；《瘟病条辨》1843年（道光二十三年）出版，1848年（道光二十八年）被运至日本；《金石碑板考例》1841年（道光二十一年）出版，1848年（道光二十八年）被运至日本；《韵综集字》1841年（道光二十一年）出版，1849年（道光二十九年）被运至日本；《海国图志》1847年（道光二十七年）出版，1851年（咸丰元年）被运至长崎，1854年（咸丰四年）就出版了"和刻本"。[①]

为了管理好进口汉籍事宜，德川幕府特在长崎专门设立了负责检查中国书籍的官员，名叫"书物改役"和"书物目利"，以防有关天主教的书籍入境。每当中国商船入港，书籍检查官都要上船查验，严防"违禁书籍"在日本流传，至今还保存着不少有关中国书籍进口的账簿。其中详细地记载着汉籍至日的时间、书名、编号、船主姓名以及数量、价格等，有时还记载着该书被何人买走。此外，书物目利还要将每本汉籍作内容提要，即所谓"大意书"，供幕府将军和其他大员过目。然后由将军首先认购，其次是幕府大老、老中[②]等中央官员选购，再次为地方大名等各级官员选购，最后才能由民间人士购买。

当时，书籍贸易的手续很复杂、烦琐，因此也留下了一些这方面的记录。一般说来中国商人在国内看到什么书，特别是新出版的书，只要官府允许就装船贩运，有时也有日本将军、各级官员或商人指名预订的。目前在日本还保存着不少进口汉籍的目录、有关藏书的记录以及各种账簿等文献。其中包括舶载书籍的书目、书籍内容提要（即"大意书"）、书籍的原始账簿、分开账簿、见账（即长崎商人对书籍所作的备忘录和记录投标结

[①] 参见大庭修《江户时代末期的舶载中国书籍与日本》，《中国典籍在日本的流传与影响》，杭州大学出版社，1990。

[②] 大老、老中为日本的官职名称。大老是幕府中的最高执政官；老中是官位仅次于大老、总理政务、监督诸侯的幕府中的高级官员。

果的账簿）和中标账簿等。在这些账簿中记录了汉籍的书名、销售地点、起运地点以及售价等。

如上所述，德川幕府的创始人德川家康是一位文武兼治的将军。他好学嗜书，专门在江户创立了图书馆，收藏典籍，尤其是中国书籍。他重视儒学，特别是程朱理学。在他的干预下儒学逐渐从佛寺中独立出来，并成为官方哲学。他死后，曾把藏书分赠给幕府的御文库（即红叶山文库）和"御三家"[1]收藏。幕府的第三代将军德川家光和第四代将军德川家纲执政时期，也十分热衷于搜集和采购中国书籍，几乎每年都有新的汉籍收入到御文库中。幕府第八代将军德川吉宗对学术尤为重视，嗜书如命。他原为纪州藩主，在第七代将军德川家继去世后，继承了将军之位。他平日热心学习儒学著述，注意掌握各种知识，故其修养和素质较高。他还用自己的方法，对御文库的图书进行了整理，编纂了新的目录。在他执政期间，还放宽了对"禁书"进口的限制，允许少数由西方传教士写的有关天文、历法和受西方技术影响的特殊书籍进口。他本人对明清时代的法律书籍和中国的各地方志十分感兴趣，故特意向中国船商预定了《大清会典》《古今图书集成》和十五省方志等。在德川吉宗在位期间，御文库的图书成倍地增加。

各地大名、学者乃至富商也都竞相采购中国书籍。每当中国商船驶入长崎港，他们便派人打听有没有新书问世，或指名道姓地询问鲍文博编的《知不足斋丛书》出版到哪一辑了？袁枚、赵翼、王鸣盛等人又有什么新作？[2]德川时代著名的藏书家有加贺地方的大名前田纲纪，他从长崎采购了不少汉籍，尤其是有关法律和方志方面的书籍最多。他的藏书成为今天尊经阁文库藏书的主要组成部分。平户大名松浦清也是有名的藏书家，他也性喜采购中国书籍，他家藏书在当时日本是很有名的，至今平户还设有松浦博物馆。丰后（今大分县）佐伯地方大名毛利高标、因幡（今鸟取县）鸟取大名池田定常、近江（今滋贺县）仁正寺大名市桥长昭和幕府大学头林述斋以及大阪经营造酒和木材的商人木村巽斋（号兼葭堂）、土佐地方学者谷时中（名素有）等人都是当时著名的大藏书家。其中谷时中藏书

---

[1] "御三家"即他的三个儿子。他们分别是居住在尾张（今名古屋）、纪伊（今和歌山）、水户（今属茨城县）的藩主。

[2] 参见《得泰船笔语》，田中谦二、松浦章编著《文政九年远州漂着得泰船资料》，关西大学东西学术研究所，1986。

736

的经历非常生动，兹作简要介绍。他家乡在土佐州（今高知县），本来家境富裕，"饶资富财"，在当地颇具声名。但他平生喜书爱书，崇尚程朱理学。为了"访求经籍"，他特意跑到长崎等地搜求中国书籍，结果"以购买书籍之故，饶资富财为之荡尽"①。为了搜求中国书籍，他不惜万贯家财，"唱朱学于土（佐州），当时称之为南学，从游者甚众"②。

（三）日本书籍输入中国及中国的藏书家

中国书籍输往日本，在中日文献典籍交流中无疑是占主导地位的，但同样也有不少日本书籍运到中国，深受中国知识界的欢迎。

进口日本书籍最主要的港口，仍然是对日贸易基地以及宁波船的起锚地——乍浦。③此地交通便利，经济和文化都很发达，且风景优美，故清代不少文人雅士来此游览驻足，其中一个主要目的就是访书、探奇。如朱彝尊、杭世骏、高士奇、吴骞、石韫玉、张问陶、翁广平、阮元和鲍文博等人。他们在乍浦都留下了诗篇，故有据可查，④其他来过的人想必更多。在清人的诗文中，可以看到中国知识界对日本书籍需求和向往，兹举几例如下。

浙江平湖乍浦人林大椿，曾为同乡赴日商人杨西亭（即杨嗣雄）画的《东海归驱图》配诗，其中反映了中国人喜欢日本书籍的心情，原诗为：

> 海外长留五载余，飘回雪浪慰离居。
> 相逢漫问归装物，可有新来日本书。⑤

又，顺德人何太青的《乍浦杂咏》也记载了有关书籍贸易的事宜：

---

① 琴台东条:《先哲丛谈后编》卷1,《谷时中传》。
② 琴台东条:《先哲丛谈后编》卷1,《谷时中传》。
③ 乍浦港属浙江平湖县。此港位于杭州湾北岸，洋面宽阔，沿岸群山环列，是一个天然良港，且四季不冻，处于杭嘉湖平原顶端，具有"肩桃沪杭，背负太湖"的地理优势，是远洋、内河和陆路交通的要衢，地位十分重要。入清之后逐渐取代了杭州港和宁波港的地位，变成了江南地区物质的重要集散地之一。
④ 参见沈筠《乍浦集咏》。
⑤ 沈筠:《乍浦集咏》卷8。

海不扬波俗不浇，迎龙桥接凤凰桥。
东洋雕漆罗番市，南浦明珠烛绛宵。
异域车书通日本，遐方琛赆驾秋潮。
鲛绡莫向潜渊织，已见珍奇却圣朝。①

作为中日书籍交流媒介的清代商人，不但把中国书籍运往日本，同时还把日本人编著、翻刻乃至保存的中国早已失传的书籍运回中国。②

据黄遵宪的《日本国志》记载，在日本德川时期编著了说经之书四百余种，其他方面的论著和翻刻、训点的书籍就更多了。在这些日本人编纂的著述中，不乏学术佳作。如，山井鼎所著的《七经孟子考文》一书，开日本考据、校雠学之先河，启中日古籍沟通之机运。此书由清商伊浮九运至中国，对清代学术影响颇大，深爱中国学者的称赞和青睐，并被著录在《四库全书》之中，流传于中国。③乾嘉学术大师王鸣盛晚年寓居苏州，经常能看到清商从日本带回来的日本书籍。故他在《十七史商榷》一书中，曾赞扬日本文学兴盛，学术空气浓，价值亦高。④清代学者卢文弨受《七经孟子考文》的影响和启示，也从事校刊经典的工作。当时另一位著名学者阮元也深受山井鼎的影响，他最早在扬州江氏随月楼看到《七经孟子考文》，阅后深为其内容精细、结构科学、严谨所感动，对山井鼎十分钦佩。1797年（嘉庆二年），在他主持下覆刻了此书。此外，藏书家汪启淑也经常从赴日商人手中购买日本书，他也收藏了《七经孟子考文》一书。

清代著名学者、刻书家和藏书家鲍廷博原籍安徽歙县，后来寓居杭州。他与赴日贸易的清商关系十分密切。他通过商人汪鹏、伊浮九等人购入了不少日本书籍，其中有《古文孝经孔氏传》、《论语义疏》和《七经孟子考文》等。后来鲍廷博将《古文孝经孔氏传》收录在他编著的《知不足斋丛书》第1辑中，清商贩运到日本，亦颇有影响。这套丛书很受日本人

---

① 沈筠：《乍浦集咏》卷7。
② 尤其是在日本明治维新以后，由于日人学习西方，对传统的儒学和汉籍有所忽视，常常把中国的古籍便宜地处理了。乘此之机，一些赴日的中国人采购了一些，正如黄庆澄所说："查东人最好古，往往有隋唐以前中土已佚者，彼国犹珍存之。自西学盛行，此风一变，昔所存者弃若弁髦。曩闽粤商人，间有购取以归，而获重利者。"见黄庆澄《东游日记》。
③ 参见梁容若《中国文化对日本的影响》，《中日文化交流史论》，商务印书馆，1985。
④ 参见王鸣盛《十七史商榷》卷92，"日本尚文"条。

欢迎，他们对此书的出版情况很关心，经常询问到长崎的中国商人。①

著名学者、藏书家朱彝尊亦十分重视日本书籍的搜集、收藏。如1664年（康熙三年），他曾在杭州高氏稽古堂看到日本史书《吾妻镜》（又名《东鉴》），视为海外奇书，甚是喜爱。后来几经波折才把此书弄到手，为此他专门撰写了一篇《吾妻镜跋》，记述此书内容和收藏经过。②朱去世后，此书又转到其好友、藏书家曹寅的手中。曹亦对此书爱不释手，他编写戏曲《太平乐事》时，曾参考过此书。当时曹寅的忘年交老友、著名学者尤侗看到此书也颇喜欢，便借曹家藏本抄录了全书。后来江苏吴县的一位学者翁广平（号海村）撰写《吾妻镜补》时，更是详读了此书。翁广平所看到的《吾妻镜》就是从尤侗家借阅的。

嘉庆年间，日本学者、藏书家林述斋所刻的《佚存丛书》，17种，110卷传入我国，在道光年间由阮元重刻，引起了中国学术界的注意。

此外，日本人镌刻的，专门介绍清代时中国知识，尤其是北京和京畿一带风貌的图文并茂的大型图书《唐土名胜图会》，此时也被贩入中土；日本学者安积觉等人用汉文撰著的《大日本史》③和另一位学者赖山阳用汉文撰写的《日本外史》，几乎与中国人写的一模一样，在中日甲午战争以前就被清商贩入国内，后来又被翻刻，颇有影响，乃至编写《清史稿·艺文志》时，人们竟把它误认为中国人的著作而收入其中。

（四）从事书籍贸易的清代商人

如上所述，清代时中日贸易的大宗货物是丝与铜。因为当时清朝政府急需日本的"洋铜"铸造钱币，故特别把乍浦作为对日贸易的主要港口。④在这里设立了众多的商业会馆和从事中日贸易的批发商、牙行等。乍浦港不但云集了江浙一带的商人，而且也聚集了不少福建、广东等省的商人。

---

① 参见《得泰船笔语》中朱柳桥与野田浦笛的对话。
② 参见拙文《〈吾妻镜〉与〈吾妻镜补〉》，《文献》1980年第1辑。
③ 《大日本史》是用汉文，按中国正史的体例、文风编著的一部大型日本历史。安积觉后，又由多位儒臣赓绩，直到明治三十九年（光绪三十二年，1906）才最后完成，前后共经过250，此书共计397卷。
④ 乍浦港还是日本海外漂流民的集中地和遣送所。

其中最主要的是为朝廷服务的皇商和"十二家额商",他们垄断了大部分贸易品和贸易额。他们有的人亲自出海,而更多的人是另觅代理人,作为船主到日本长崎进行贸易。

在赴日贸易的众多商人中,有的是当年往返;有的是常驻长崎,并在那里娶妻生子,一住多年;有的人是学问不多,但精于贸易的单纯商贾,有的人则是出身官宦,后来才经商的。这些人一般素养较高,知晓学术界的情况,甚至本人能诗擅画,以至著书撰文。这些人是从事贸易的骨干,他们不但承担着中日书籍交流的媒介,而且本人也读书、撰文、吟诗作画,甚至著书、演唱戏曲。现举几位代表人物如下。

江鹏,字翼沧,号竹里山人,生卒年不详,大约生活在乾隆年间,浙江钱塘(今杭州市)人。①他平日"慷慨好施,予朋好中孤寒者助膏火以成其名,亲串有婚嫁不克举者成全之"②。他"以善画客游日本,垂二十年,岁一往还,未尝或辍。喜购古本书籍,归呈四库馆,或付鲍渌饮(即鲍廷博),或阮芸台(即阮元)传刻行世,有《袖海编》"③。由此可知,他是一位很重情谊、乐于助人并且能诗擅画、多才多艺的人。他"尝泛海往来浪华岛"④,"市易日本"⑤,故是一位具有相当经济实力的海商。他与江浙一带的知识界有广泛的联系,常受学者请托在日本寻访书籍。"购古本《孝经》、皇侃《论语》、《七经孟子考文》,流传中土"⑥。此外,他还在长崎购得日人松井元泰所著《墨谱》一书,运回中国,为中日制墨技术交流作出了很大贡献。

1764年(乾隆二十九年),汪鹏撰著了《袖海编》一书,此书又名为《日本碎语》,为笔记体,1卷,除小序共50条,计5000余字。书中主要叙述了他在长崎的所见所闻,以及日本的风情、长崎唐馆、中国商船入港后进行交易等各种情况,内容详细、具体。如有关书籍贸易,他写道:"唐

---

① 汪鹏,字翼沧,沧字有的书上写作"昌"、"苍"或"仓";其籍贯,有的书作钱塘(如《清画家诗史》"汪鹏条",《袖海编》署名为"钱塘汪鹏翼沧著";此外,钱塘人梁玉绳也称其为"同里汪翼沧鹏"等),故笔者认为当以钱塘为是;但在光绪《杭州府志》卷143,"义行传"中记载:"汪鹏字翼仓,仁和人。"因钱塘、仁和为杭州府附郭二县,故也有人称其为"杭州人"。
② 光绪《杭州府志》卷143,"义行传"。
③ 李浚之:《清画家诗史》。
④ 光绪《杭州府志》卷143,"义行传";浪华岛即指长崎。《七经孟子考文》一书非汪鹏购回中国的,而为海商伊孚九所为。
⑤ 参见鲍廷博《古文孝经孔子传》跋。
⑥ 光绪《杭州府志》卷143,"义行传";浪华岛即指长崎。

山书籍历年带来颇夥，东人好事者不惜重价购买，什袭而藏，每至汗牛充栋。""书卖字于货口之上，盖以图记，则交易之事粗毕，专待出货。"①为了防止清商携带有关天主教方面的"邪书"，"唐山船至，例有读告示、踏铜板二事，告示中大略叙天主邪说之非，煽人之巧，恐船中或夹带而来，丁宁至再。铜板则以铜铸天主像，践履之以示摈也"②。这些史料，是汪鹏所见所为的第一手资料，故弥足珍贵。

与汪鹏同时代清商伊孚九，也是一位喜爱书籍，又擅长山水画的画家。他原籍吴县，名海有，号也堂。他曾到日本作马匹生意，同时还教给日本人绘画技法。③《七经孟子考文》就是他从长崎得手后，转让给鲍廷博的。

又，乍浦商人杨嗣雄，号西亭。他常驻长崎经商，本人亦能吟诗作画，留有《长崎旅馆怀韩桐上（维镛）、倪苍溪（永弼）》等诗文和《东海归驱图》的绘画④。

又，浙江平湖商人朱柳桥，自称为朱熹后人，其父名潜发，号慕亭，曾任"山西、福建邑令，升州牧"⑤。朱柳桥"弃官行贾"⑥，往来于乍浦与长崎之间。他也能诗擅画，知道中国士人的情况，经常贩运书籍，沟通两国文人的感情交流。他还会演戏唱曲，曾为日本人唱《彩云开》、《九连环》和《烧香曲》等。⑦此外，同船商人江芸阁、刘圣孚和杨启堂等也都是多才多艺、素养较高、知识面广的商人。他们曾为日人代购《缙绅全书》等书籍，并在船中也经常手捧《聊斋志异》《今古奇观》等小说阅读。特别是得泰船主刘景筠，长期滞留在长崎，他曾在嘉庆八年（1803）至道光十六年（1836）的34年间，作为船主多次往来于中国和日本间，并以在长崎搜集已佚汉籍而出名。⑧

---

① 汪鹏：《袖海编》。关于《袖海编》，清人吴振棫在《养吉斋余录》中亦有记述："（汪）翼沧撰《日本碎语》，亦日《袖海编》，记疆域、山川、物产其备"。
② 汪鹏：《袖海编》。
③ 参见《长崎纪事》《画乘要略》。
④ 参见沈筠：《乍浦集咏》。
⑤ 参见《得泰船笔语》，田中谦二、松浦章编著《文政九年远州漂着得泰船资料》，关西大学东西学术研究所，1986。
⑥ 参见《得泰船笔语》，田中谦二、松浦章编著《文政九年远州漂着得泰船资料》，关西大学东西学术研究所，1986。
⑦ 参见《得泰船笔语》，载田中谦二、松浦章编著《文政九年远州漂着得泰船资料》，关西大学东西学术研究所，1986。
⑧ 参见松浦章《中国商人与长崎贸易——以嘉庆道光时期为中心》，《史泉》第54号，1980年3月。

又，乍浦商人杨懋功，他知书达理，能诗擅文。这从他所作的《癸卯（1843年）仲冬将之琼花岛①月夕乘潮东渡回望观山感而赋此》的诗文中就可得到反映：

人生值盛世，怀才终显名。
我朝尚文治，读书愧未精。
维时有苗格，无劳请长缨（时海氛初熄）。
四民各安业，我艺将何成。
曾闻海外琼花岛，重洋远隔卅六更（海行六十里曰一更。）
赤铜药物互通市（岛产赤铜，官商往采以供鼓铸），百余年来货殖腾。
楼船万斛驾沧海，聊复破浪乘风行。
冯夸潜伏烛龙卧，冰轮皎洁悬天庭。
此时心胸顿开拓，昂首长吟身世轻。
回头瞬息家山远，烟际隐约灯光明（观山悬灯远引海船，故一名灯光山）。
涛声猛涌百愁动，帆影遥悬双涕零。
上念高堂疏视问，下累深闺忘寝兴。
少小未尝远离别，匆匆分袂若为情。
寻思此行殊自惜，十年书剑劳长征。②

三　清代中日文献典籍交流的几个特点

中国清代和日本的德川时代，在两国历史上是政治稳定，经济繁荣和文化昌盛的时期。这一时期商船往来频繁，民间经济、文化交流不绝如缕。在文化交流中文献典籍的交流占有很重要的地位，具有以下几个特点。

（1）书籍作为商品采取有偿销售的方式进行交流。每部书都有标价，

---

① 琼花岛，即长崎。
② 沈筠:《乍浦集咏》卷13。

双方可以讨价还价，最后拍板定案。有的书可以预先订购，事先提出书名、数量，委托清商进行采购。详细情况前文已经述及，故此不再赘言。

（2）由于日本当时实行锁国政策，严禁有关天主教的书籍入境，故在书籍交易中实行检查制度，设立专门书籍检查官员，对进口的每一部书都进行严格的查验、登录，然后上报幕府，只有经幕府批准者方可投入市场。

（3）书籍交流的规模、数量大大超过前代。有关中国书籍东传日本的数量、种类的问题，在前文中已有提及，故此处不想多言。在此仅举一例，加以说明，据日本长崎书物改役向井富的统计，从1693（康熙三十二年）年至1803（嘉庆八年）年间，中国四十三艘商船，共运至长崎汉籍4781种[1]，这个数量和规模已超过以往任何时代。至于日本向中国输出的书籍，目前还没有详细统计，但可以肯定数量会少于中国东传书籍的数量。据杭州大学王宝平先生对国内60多家图书馆的初步调查，约有日本版古籍书3400种。[2] 当然这些书不一定都是清代时流入中土的，但可以肯定其中大部分是这一时期西传的。尤其是清末民初时期，不少中国人入日搜寻、探访得来，如黎庶昌、杨守敬、孙楷第、董康、傅增湘、叶德辉、俞越和李盛铎等人。[3]

（4）书籍传播速度超过前代。以往书籍传播，往往需要几十年乃至上百年之久。然而到了清代，由于书籍交流是通过贸易渠道进行的，故大大加快了速度。许多汉籍迅速东传的事例已在前文述及，故不再赘言。至于日本书籍西渐，也往往是几年或十几年内就传入中国的，如《七经孟子考文》、《大日本史》和《日本外史》等都是如此。

（5）这一时期中日双方贸易的书籍，除儒学、佛学、医学和书画外，还有法律、地理、地方志、数理科技和工农业方面的实用书籍。特别值得提出的是如《圣武记》、《海国图志》、《武备辑要》和《乍浦集咏》等一批所谓"警世之书"。日本人士认为这批书籍对加强该国海防，提高全民抵御外

---

[1] 向井富《商舶载来书目》，此书现藏于日本东京国立国会图书馆。此外，当时除长崎公开贸易外，在日本列岛还存在着广泛的走私贸易，许多地方大名也参与其列，书籍贸易量也相当可观。

[2] 参见王宝平《中国馆藏日本版古籍的调查与研究》，《中日汉籍交流史论》，杭州大学出版社，1992。

[3] 参见郑伟章、李万健《中国著名藏书家传略》，书目文献出版社，1986。这些藏书家有的还专门就在日本访书写了专著，如黎庶昌的《古逸丛书》、杨守敬的《日本访书志》、孙楷第的《日本东京所见小说书目》、董康的《书舶庸谭》、傅增湘的《藏园东游别录》和叶德辉的《书林清话》和《书林余话》等。

患的意识都起到了积极作用。其中《海国图志》在中国问世后不久，就东传日本，仅在数年之间，就在扶桑出版了20多种翻印或翻译的选本，不论在速度或数量上，在中外文化交流上，乃至世界出版史上都是少见的。许多日本人士认为这部书是维新的启蒙读物，并将其视为"无与伦比"的"有用之书"[①]，还推崇它是一部"天下武夫必读之书也。当博施以为国家之用"[②]。

总之，这批"警世之书"影响了日本幕末一代知识界，特别是对那些强烈要求抵制外国列强，革新内政的维新志士们以启迪和鼓舞，从而推动了日本倒幕维新运动的展开。由此可以得知清代，特别是晚清，文献典籍的交流已从学术理论书籍为主流，步入为以实用、为现实服务的书籍为主流的轨迹。

结　语

清代时，中日两国文献典籍交流是在一个特定的历史条件下，即中国"闭关"，日本"锁国"的形势下进行的。尤其是日本德川幕府第三代将军德川家光于1633年（日本明正十年）下令对全境实行封锁，严禁一切日本人出境，也严禁一切外国人入境，使日本孤立于世界之外。直至1636年（日本明正十三年）才又作了补充规定，开长崎一港，作为与中国和荷兰两国进行贸易的窗口。于是中国商船每年来往于两国之间，运载着双方急需的物质，同时也运载着各种文献典籍。中国与日本商人就是在这种特殊的条件下，从事书籍交易。当时中国的乍浦港和日本的长崎港便成了主要的书籍集散地。当时两国学子不能直接交往，只好到这两个港口游学、访书，隔着大海，翘首对望。尽管如此，中日文化交流的巨浪，势不可挡。书籍作为商品不管其交易的规模、流传的速度，还是种类的繁多，涉及面广度和现实的作用都大大超过了前代。

（原刊于《清史论丛》1993年号）

[①] 参见尾佐竹猛《近世日本的国际观念之发达》第53页中引广濑旭在《九桂草堂随笔》中的话。
[②] 南洋梯谦：《海国图志筹海篇译解序》。

顺治时期天主教在中国的传播与发展

汤开建

清顺治时期（1644~1661年）是我国天主教发展的重要时期，其间虽然只有18年，但是天主教在我国发展最快的时期，也是天主教传入中国后唯一的一个没有发生过一次教难的时期，故值得天主教史研究者的注意与重视。

一 顺治时期清政府的保教与尊教政策

"满清"入关之前，对于天主教基本上没有什么接触，但由于长期同明朝的作战，对西洋人制造的"红衣大炮"有清楚的认识。据有关资料，在入关之前，满洲人已掌握了制造"红衣大炮"的技术，红衣大炮并已成为后金部队对外作战的常规武器。[1] 当时尚为明朝服务的传教士兼制炮专家汤若望（J.A.S.Von Beli）称："孰意我之奇技，悉为彼有"，"目前火器所贵西洋大铳，则敌不但有，而今且广有之矣"。[2] 满洲统治者虽然对天主教并无多少认识，但对掌握西洋科学技术的传教士还是十分重视的。

"满清"入关进京，虽然建起了大清王朝，但当时中国的形势还十分

---

[1] 韦庆远：《清王朝的缔建与红衣大炮的轰鸣》，《明清史新析》，中国社会科学出版社，1995，第348~371页。
[2] 〔德〕汤若望：《火攻契要》卷上（概论火攻总原，审量敌情斟酌制器），"海山仙馆丛书"本。

复杂,残存的南明、李自成的大顺、张献忠的大西三个政权还在同清王朝作殊死的奋战。时局并不稳定,民心归向不明,中国尚处在战争的混乱之中。当时的南明政权正全力拉拢西方传教士,争取澳门军事力量的支援。[1]张献忠的大西政权也十分尊崇天主教,将利类思(L.Buglio)和安文思(G.de Magalhaes)两位西教士奉为"天学国师",使其处在"直接次于阁老之次的位置"[2]。顺治时期的最初七年,政权是掌握在其叔父摄政王多尔衮手上的;而这七年,清政府还一直是处在征服战争的动荡之中。多尔衮是纯粹的军人出身,虽不信奉天主教,但他知道利用西方传教士的科学技术,并企图拉拢传教士为新王朝服务,以断绝传教士同其他残存政权的联系。因此,清政府在北京甫建立,即宣布了保护天主教的政策。正如德国学者魏特(Alfons Vate)所言:

> 在学术的促进上,新朝廷亦是不落后于明朝之后的。因此满洲朝廷亦是要为他们的目的,而利用西方来的这位科学知识优越的学者的。[3]

当清军进入北京时,清政府即颁令:"恩准西士汤若望等安居天主堂,各旗兵弁等人,毋许阑入滋扰。"[4]首次颁布了清政府保护天主教的政令。紧接着,清政府又采用汤若望在明崇祯年间所制西洋新历,由多尔衮正式命名为"时宪历",并宣布"自顺治二年始即用新历,颁行天下"。还于当年十一月颁令"钦天监印信,着汤若望掌管"[5],开创我国历史上任命外国人为钦天监正的首例。

清政府对天主教的保护政策在全国各地均得以推行。费赖之(Louis Pfister)书《卫匡国传》载:

---

[1] 〔法〕费赖之:《毕方济传》,《在华耶稣会士列传及书目》上册,冯承钧译,中华书局,1995,第142~148页。
[2] 〔德〕魏特:《汤若望传》第一册,杨丙辰译,商务印书馆,1949,第228页。
[3] 〔德〕魏特:《汤若望传》第一册,杨丙辰译,第234页。
[4] (清)黄伯禄:《正教奉褒》(不分卷),顺治元年五月条,光绪九年刊本,第23页。
[5] (清)黄伯禄:《正教奉褒》(不分卷),顺治元年八月及十一月条,第24~25页。

鞑靼取杭州,匡国在距杭不远之 Wen-Choei,寓一大宅中。……闻鞑靼兵至,匡国题其门曰:泰西传布圣法士人居此。……于中设坛,上挂耶稣像。鞑靼见之惊异,未加害,其主将召匡国至,礼接之,去其汉人衣,易以鞑靼服,遣回杭州教堂,出示禁止侵犯。①

同上书《利类思传》:

神甫(指安文思与利类思)逃邻近山中,为鞑靼所获,见其长须,识为异国人,俘之还帐。……肃主(即顺治皇帝兄长豪格)识汤若望神甫,而颇钦其为人,见二神甫至,闻其为若望兄弟行,善遇之,嘱诸部将看护。二神甫在军所受待遇各异。看护文思之部将性仁慈,文思凡有所需,必厚为供给。②

山西绛州的教堂被战火焚毁,傅泛济等传教士无处可居。汤若望通过与清政府的交涉,"朝廷竟于1646年向当地总督下令赔偿全部损失,并为购置一所新的更好的房屋"③。1650年,"满清"攻破了坚持抵抗一年多的广州后,对广州进行了一场灭绝人寰的大屠杀。然而,清朝政府对于居住在广州教堂并长期支持南明政权的传教士曾德昭不仅不杀,而且还给他令人意想不到的优待。据卫匡国(Martin Martini)《鞑靼战纪》记载:

值得一提的是,在完全毁灭了的广州城市,有一个年高望重,受所有基督徒关心和尊敬的耶稣会教士,叫做 Alvare de Semedo(曾德昭),鞑靼人把他抓住了,皇帝听说了这件事,对这个和蔼的白发老人表示怜悯,不仅饶了他的性命,还给了他自由,给他祈祷用的圣经和福音书,以及一笔金钱,最后又给他一所房子作为基督教堂。……并不是只有鞑靼皇帝爱护我们基督徒,其他鞑靼人也同样爱护和尊敬那些神甫。许多人还信奉了我们的宗教,我们毫不怀疑,如果我们进

---

① 〔法〕费赖之:《卫匡国传》,《入华耶稣会士列传及书目》上册,冯承钧译,第261页。
② 〔法〕费赖之:《利类思传》,《入华耶稣会士列传及书目》上册,冯承钧译,第240~241页。
③ 〔德〕魏特:《汤若望传》第一册,杨丙辰译,256页。

入鞑靼区，将有更多的人愿意信教。①

仅举以上4例，就完全可以反映清朝建立之初即已推行对天主教的保护政策，尽管当时尚处于战争的混乱状态中，而这一政策却在全国范围内获得认真的执行。

顺治八年（1651）摄政王多尔衮死后，13岁的福临开始亲政。亲政后的顺治帝与汤若望关系极为亲密。据费赖之书《汤若望传》记载：

> 顺治帝宠眷若望，迥异常格，与长谈时，乐闻其言。……帝亦从其言而待之若父，称之曰玛法，满洲语犹言父也。……顺治帝有时语诸大臣曰："汝曹只知语我以大志虚荣，若望则不然，其奏疏语皆慈祥，读之不觉泪下。"帝又曰："玛法为人无比，他人不爱我，惟因禄利而仕，时常求恩；朕常命玛法乞恩，彼反以宠眷自足；此即所谓不爱利禄而爱君亲者矣。"若望每入觐时，人皆言曰："若望与主言民疾苦事。"赞词之优有逾此者欤？顺治帝每有咨询，随时宣召玛法入宫。并且不拘礼节，常幸天主堂，历览礼拜堂、书房、花园等处，与诸若望学生及诸传教师叙谈，询其课程，习惯，例规。帝与若望言，历久不倦。……帝与若望欢洽，有如家人父子。②

据魏特书，在"1656年和1657两年之间，皇帝竟有二十四次临访汤若望于馆舍之中，作较长之晤谈"。就连1657年顺治帝的寿诞也是在汤若望的家内度过。③ 这种不同寻常的"君臣之谊"，确可称为"中国历史上绝无仅有"④。

而这种特殊的亲密关系又是汤若望以自己高尚的品德和人格以及极其广博的知识而获得的。顺治八年顺治帝封汤若望为通议大夫，不久又加封为太仆寺卿，顺治十年赐其"通玄教师"之名；顺治十二年（1655）又授

---

① 〔意〕卫匡国：《鞑靼战纪》，戴寅泽，杜文凯编《清代西人闻见录》，中国人民大学出版社，1985，第54页。
② 〔法〕费赖之：《汤若望传》，《入华耶稣会士列传及书目》上册，冯承钧译，第174~175页。
③ 〔德〕魏特：《汤若望传》第二册，杨丙辰译，第277~279页。
④ 〔德〕魏特：《汤若望传》第二册，杨丙辰译，第260页。

其通政司通政使，进秩正一品。①顺治十五年（1658）再封其为光禄大夫，并恩赏其祖先三代一品封典。一时，汤若望的"名字便传遍了全国，而为一位声望最隆盛的人物"②。

顺治帝不仅对汤若望"宠眷"异常，而且对汤若望的同行——其他的欧洲传教士也十分敬重礼遇，魏特书：

> 欧洲公报时时都向全国报告，皇上怎样敬重他（指汤若望）的欧洲师友。③

费赖之书《安文思传》：

> 文思等抵京后，迄受知皇帝时，中间凡七年，皆从事于传教，受知后帝赐房屋银米。④

费赖之书《卫匡国传》：

> 顺治帝……知匡国从泰西还，特为颁给凭证，许匡国及其同伴入境，并召之赴京师。命广州官吏供给身船，及旅行必需诸物。赖此凭证入境者，计有神甫十四人，沿途颇受优待。⑤

赖费之书《穆尼阁传》：

> 尼阁请往关东一带危险，勿庸前往。如以居京不便，可随意往来内地各省。尼阁于是持有凭照，历行数省，所至之地备受官吏优待。⑥

---

① 赵尔巽等：《清史稿》卷二七二《汤若望传》，中华书局，1982。
② 〔德〕魏特：《汤若望传》第二册，杨丙辰译，第260页。
③ 〔德〕魏特：《汤若望传》第二册，杨丙辰译，第260页。
④ 〔法〕费赖之：《安文思传》，《入华耶稣会士列传及书目》上册，冯承钧译，第257页。
⑤ 〔法〕费赖之：《卫匡国传》，《入华耶稣会士列传及书目》上册，冯承钧译，第263页。
⑥ 〔法〕费赖之：《穆尼阁传》，《入华耶稣会士列传及书目》上册，冯承钧译，第268页。

黄伯禄《正教奉褒》：

> 顺治十一年七月，龙华民卒，上赐银三百两，绘容一轴，遣官祭奠。①

汤若望曾力图劝化顺治帝信奉天主教，没有成功。尽管顺治帝并不信奉天主教，但他始终没有对天主教进行任何排挤，相反，对这一西方传来的异教给予了大量的推崇与表彰。顺治九年（1652）北京宣武门天主堂落成时顺治帝亲题"钦崇天道"的匾额对天主教予以推崇，并命礼部尚书和孔子六十六代裔孙分别题堂额，颂扬天主教为"正道"②。顺治十年（1653）三月，顺治帝为宣武门天主堂亲书堂额"通玄佳境"四字，顺治十四年（1657）并御制《天主堂碑记》立于堂中，其文曰：

> 天主之教，朕素未览阅，焉能知其说哉！但若望入中国已数十年，而能守教奉神，肇新祠宇，敬慎蠲洁，始终不渝，孜孜之诚，良有可尚。人臣怀此心以事君，未有不敬其事者也。朕甚嘉之。③

这种对虔诚奉教的传教士进行表彰，无疑较顺治初期推行的天主教保护政策更加深化，对天主教在中国的传播起了一种推广作用。顺治帝不仅给北京天主教题字，还曾给苏州天主堂题匾额"钦崇天道"，又降谕旨"褒扬诸传教士的学术德行"，并刻石碑，立于苏州堂内。④顺治帝对天主教的大力推崇与表彰，亦势必影响到各地官员对天主教传教士的态度。顺治时期，全国各地对天主教传教士的政策都表现十分优渥，以江西为例，费书《刘迪我传》：

> （刘迪我）既至赣州，巡抚佟国器待之如友，其友谊历久而不变。

---

① （清）黄伯禄：《正教奉褒》，顺治十一年七月条，第29页。
② （清）黄伯禄：《正教奉褒》，顺治九年条，第26页。
③ （清）黄伯禄：《正教奉褒》，顺治十年三月及顺治十四年二月初一条，第26、30~32页。
④ 〔法〕史式微（Joseph de la Serviere）:《江南传教史》卷二；转引〔法〕费赖之《潘国光传》，《入华耶稣会士列传及书目》上册，冯承钧译，第232页黄伯禄神甫注。

国器为建教堂一所,又为购置宽大驻所一处。……迪我当时于华语尚未熟习,国器乃代之宣教,首言天主教之优良,次励群官保护,并劝彼等入教。①

时1657年,以山西为例,费书《恩理格传》:

> 1662年乃派理格至山西,省中有大员三人敬佩其德行与学识,对其传教颇力助之。其一人是平阳总兵官,驻平阳府,曾为理格在府城中建筑新教堂一所。……第二人是三省盐运使……为之作书致省中诸大吏,传教颇得力。第三人是省之长官,其人为理格重修教堂及住宅,并为介士人不少入教。②

再以四川为例,1660年许缵曾为四川布政使:

> 西士穆格我(Claudus Mote)始至川,缵曾体母意,善待之,遇事予以便宜,成都、保宁、重庆各府,次第开教,施洗六百余人,重庆尤盛。③

这一类例子甚多,兹不赘。从中央到地方,我们可以看到,这一时期清政府对天主教的政策已由顺治初期的保教发展到顺治中后期的尊教,而这种尊教政策之最具体的体现就是顺治中后期出现的全国性的自由传教。正如萧若瑟神父所言:

> 据当时神父所记,顺治朝各省教务大致平顺,二十年中,上无仇教之官,下无仇教之民,汤若望神父在朝廷方得重用,通国教士、教民,咸受庇荫。④

---

① 〔法〕费赖之:《刘迪我传》,《入华耶稣会士列传及书目》上册,冯承钧译,第294页。
② 〔法〕费赖之:《恩理格传》,《入华耶稣会士列传及书目》上册,冯承钧译,360~361页。
③ 方豪:《许缵曾传》,《中国天主教史人物传》中册,中华书局,1982,第73页。
④ 萧若瑟:《天主教传行中国考》卷五《自崇祯末至永历末》,上海书店影印本,1992,第261页。

卫匡国之《鞑靼战纪》更是载：

> 从我 1654 年 6 月在布鲁塞尔接触到的中国来看，鞑靼人比以前更优渥地对待耶稣会神甫。他们允许在全国传播天主教，不仅允许保留古老的教堂，还许可自由募捐新造教堂。蒙上帝的恩典，那些毁坏了的教堂后来都修补了。①

费赖之书《汤若望传》：

> 彼（指汤若望）曾获得皇帝许可，会士可以自由入境，帝并降敕许其自由传教。②

意大利传教士毕嘉（Jean-Dominique Gabiani）亦称：

> 我们传教士之中任何一位都被驻在各巩固地点，各大城市和各省分之文武官员所崇高尊敬，……耶稣会和其他修会之每一位传教士只用说自己是汤若望的同人或亲属，那么他就可获得自由入国的允许，可以获得高官显宦以及各级官吏与人民的礼敬与重视，并且还可以要求自由传教的允许。③

直到杨光先教难发动的前夕，中国传教会副省区长刘迪我（Jakob Le Faure）还向罗马报告：

> 满人准许以如同在欧洲一般的自由在中国传布福音。④

如同欧洲一般地自由传教，反映了顺治后期的天主教政策已达了一个完全自由宽松的境界，也是中国天主教传播史上出现的一次最好时机。

---

① 〔意〕卫匡国：《鞑靼战纪》。
② 〔法〕费赖之：《汤若望传》，《入华耶稣会士列传及书目》上册，冯承钧译，175 页。
③ 〔德〕魏特：《汤若望传》第二册，杨丙辰译，第 341 页。
④ 〔德〕魏特：《汤若望传》第二册，杨丙辰译，第 349 页。

二　顺治初期中国天主教事业的保存与重建

顺治朝的天主教传播大致可以分为两个阶段：第一阶段为顺治元年（1644）至顺治七年（1650），这是中国天主教事业经明末战乱而进入保存和恢复的阶段。

在这一阶段中，中国社会正处于一个统一王朝尚未完全建立，多个敌对政权相互对峙的局面。虽然每个政权都宣布了不同程度的保护和优待西方传教士的政令，但战争的无情及兵荒马乱的破坏，仍使明末以来发展相当迅速的中国天主教传教事业遭受很大的损失，有些地区则完全被战火焚毁。正如萧若瑟神父所言：

> 中国圣教会遭明季之乱，亏损颇多。……计明末清初二十年中教士遇害者八九人，如蒲州之万密克司铎，南昌之谢天爵与梅高两司铎并葛姓修士，均遭乱丧命，若林本笃与杜奥定两司铎则被海盗劫杀，瞿纱微与卜弥格两司铎则死于乱兵，嘉俾辣司铎致命于福建福安县。已上遇害者九人，其他未遇害之教士，亦多遭险履危，困苦颠连，或逃入旷野深山，仅乃得免。若教友因乱遭丧亡，直不可数计。因而教友之数大减。各处圣堂，多被拆毁。……统观各省，被害最烈者，首推四川，次则福建。①

福建由于郑成功势力与清政权对抗的时间最长，所以清朝最先在福建沿海实行迁海令，"因而圣教会亦大受连累，诚以滨海之地，教友素多，漳泉所属，教堂林立，此令一行，则堂皆被毁，教友亦皆荡析离居，多不知其下落"②。在这样的情况，进入中国的传教士们要保存现有的天主教事业及恢复各地被战乱破坏的圣堂，重新招集流散的教民也就成了顺治初期天主教事业中的最为重要的工作，如北京地区：

---

① 萧若瑟：《天主教传行中国考》卷五《自崇祯末至永历末》，第255～256页。
② 萧若瑟：《天主教传行中国考》卷五《自崇祯末至永历末》，第259页。

> 李闯败走北京,焚掠城市而走陕西。诸教徒共劝若望出走,……若望不允。强之行,亦严拒不从。盖其以此教区开辟不易,不愿弃之也。况其职在援救不能逃亡之教友欤?教中妇女及幼年贞女皆匿教堂中,宁死不愿受降。当时宫殿寺塔尽毁,惟若望居所无恙。①

如上海地区:

> 1644年江南大乱,上海乱尤炽,盖当朝代更易之时,暴徒乘机而动也。上海县官风闻此事,捕诸主谋。此县官与国光友谊甚密,因乘势保护天主教民。②

如陕西汉中地区:

> 1647年,(利类思、安文思)至汉中,彼等留汉中约两月,方德望神甫等赖其力,教堂及教众等未受兵祸。③

如福建福州地区:

> (何)大化被派至福建,管理福州所属八堂。时属鞑靼南侵之时,大化清总督及本城长官出示禁止鞑靼搜索教堂,由是教内教外人在1647及1648年间匿居教堂者尽获免。然至是福州无新入教者。④

这一阶段的天主教会的传教极具特点,即各天主教差会完全可以采取灵活机动的传教方针,不管中国境内各种政治势力的消长,一切以保存与重建中国天主教事业为宗旨。因此,同一个耶稣会的会士,有归顺新王朝"满清"政权者,如汤若望、龙华民;有继续服务于南明王朝者,如毕方济、瞿安德、卜弥格;也有在大顺军占领的西安城内传教者,如郭纳爵、

---

① 〔法〕费赖之:《汤若望传》,《入华耶稣会士列传及书目》上册,冯承钧译,第173页。
② 〔法〕费赖之:《潘国光传》,《入华耶稣会士列传及书目》上册,冯承钧译,第230页。
③ 〔法〕费赖之:《利类思传》,《入华耶稣会士列传及书目》上册,冯承钧译,第241页。
④ 〔法〕费赖之:《何大化传》,《入华耶稣会士列传及书目》上册,冯承钧译,第228页。

梅高；还有在成都为张献忠出谋划策者，如利类思、安文思。各自均在自己服务政权里出力，目的只有一个，即求保存与重建各地业已遭受破坏和损失的天主教事业。

另外，从明末已经开始的耶稣会内部及耶稣会与多明我会、方济各会之间的"礼仪之争"在这一阶段亦已停止。尽管在 1645 年 9 月，教廷根据黎玉范（又译莫若翰，Juan Bautista de Morales）的上诉已颁令中国传教区禁止敬孔拜祖①，但这项命令基本上没有产生任何影响，在耶稣会内部及与多明我会、方济各会之间也没有挑起更大的争斗与风波。相反，这一时期，耶稣会与方济各会、多明我会还表现了更多的友谊。魏特《汤若望传》：

> 连方济各会与多明我会之传教士，汤若望也是予以帮助的。这两会的传教士都很感激地承认他的帮助，并且都很崇高地敬仰着他。大致上我们可以由他们的报告中看出，当时这三个修会之传教士间，都是优美的和睦情形。②

根据毕嘉（Jean-Dominique Gabiani）的报告，当时汤若望曾帮助 9 名多明我会士入境中国，③从明末 1632 年第一名意大利多明我会士高琦（Angelo Cocehi）进入福建起，到顺治初年，多明我会进入中国就达 9 名之多，可以反映这一时期耶稣会对多明我会入华传教贡献之大。对于方济各会亦是，汤若望不仅与方济各会中国教区区长利安当（又译李安堂、栗安党，Antonio de Caballero）关系密切，而且还建议和帮助他在济南建堂开教，包括许多资金及物资的援助。④稍后的耶稣会南怀仁神父也曾对入华的方济各会文度辣（Bonaventure de Banhez）及多明我会士万济国（Francisco Varo）给予帮助。⑤经各地传教士的努力经营与团结协作，又获清政府保教政策的庇护，经战争动乱遭受严重创伤的中国天主教事业大部

---

① 《中国礼仪之争：西文文献一百篇》（"100 Roman Documents Concerning the Chinese Rites Controversy (1645-1941)," Ricci Instituee for Chiese-Western Cultural History, U.S.F., Pi）；转引李天纲《中国礼仪之争：历史·文献和意义》，第一章，上海古籍出版社，1998，第 41~42 页。
② 〔德〕魏特：《汤若望传》第二册，杨丙辰译，第 345 页。
③ 〔德〕魏特：《汤若望传》第二册，杨丙辰译，第 345 页。
④ 〔德〕魏特：《汤若望传》第二册，杨丙辰译，第 332~333 页。
⑤ 〔法〕费赖之：《南怀仁传》，《入华耶稣会士列传及书目》上册，冯承钧译，第 355 页。

分被保存下来，多处已完全毁灭的教区又开始重建。还有部分传教士即使在战火纷飞的动荡日子，依然"传教如故"①。

这一阶段在中国内地传教者绝大部分为耶稣会士，但这一时期传教的耶稣会士又多是明季入华者，顺治初期入华者仅5人（下表中带*者）。

顺治初期（1664~1650）在华传教耶稣会士一览表②

国籍	汉文名	西文名	在华传教时间	在华传教地区（1644~1650）
意	龙华民	Nicolas Longobardi	1597~1654	北京、山东
葡	费奇规	Gaspard Ferreira	1604~1649	广州
葡	阳玛诺	Emmanuel Diaz Junior	1610~1659	福建
葡	艾儒略	Jules Alemi	1613~1649	福建
意	毕方济	François Sambiasi	1613~1649	南京、广州
葡	曾德昭	Alvare de Semedo	1613~1658	广州
葡	傅泛际	François Furtado	1621~1653	华北教区区长
德	汤若望	Jean Adam Schall Von Bell	1622~1666	北京
葡	费藏裕	Françis Ferreira（修士）	1627~1663（前）	开封、杭州
葡	瞿洗满	Simon de Cunha	1629~1660	建宁、延平
意	聂伯多	Pierre Cunevari	1630~1675	泉州、延平
法	方德望	Etienne Faber，le Fe'vve	1630~1659	西安、汉中
葡	林本笃	Benoit de Mattos	1630~1652	海南岛
法	金弥格	Michel Trigault	1630~1667	绛州
葡	郭纳爵	Ignace de Costa	1634~1666	西安
华	范有行	Paschal Fernandez（修士）	1634~1648（后）	延平
葡	何大化	Antoine de Gouvea	1636~1677	福州、连江
意	潘国光	François Brancati	1637~1671	上海
意	利类思	Louis Buglio	1637~1682	成都、北京
意	贾宜睦	Jérôme de Gravina	1637~1662	上海
意	李方西	Jean-François Ronusi de Ferrariis	1640~1671	陕西、山东
葡	安文思	Gubriel de Magalhaens	1640~1677	成都、北京

① 〔法〕费赖之:《潘国光传》,《入华耶稣会士列传及书目》上册,冯承钧译,第230页。
② 此表所据资料全部来源于〔法〕费赖之《入华耶稣会士列传及书目》表中所录各耶稣会士传。

续表

国籍	汉文名	西文名	在华传教时间	在华传教地区（1644~1650）
华	费藏玉	Louis de Figueredo（修士）	1641~1700	上海
意	卫匡国	Martin Martini	1643~1661	浙江杭州、兰溪
波兰	穆尼阁*	Jean-Nicols Smogolenski	1646~1656	江南、福建
德	瞿安德*	Anclré-Xavier Koffler	1646~1651	桂林、肇庆
意	陆安德*	Andre-Jean Lubelli	1647~1683	海南岛
西	努若翰*	Jean Nunes	1647~？	海南岛
波兰	卜弥格*	Michel Borm	1650~1651	桂林

顺治初期在中国内地传教的耶稣会士共29人，其中26位司铎，3位修士；葡籍11人，意籍9人，德、法、波兰及华籍各2人，西班牙籍1人。以上耶稣会士中，这一阶段最有成绩者有如下几人。

（1）贾宜睦：杜宁一茨博特《中国历史》一书称他在上海，"自1644迄1648年间经其授洗者有3000人，旧堂被偶像教徒焚毁，在汤若望的捐助下，又建新堂一所"[1]。

（2）潘国光：巴尔笃《中国耶稣会史》称他，"鞑靼之战，国光未他往，仍传教如故"[2]。荣振华书则称他，"1647年到达上海，每年为2000人到4000人举行洗礼"[3]。

（3）卫匡国："1646年还杭州，在兰溪建立新教堂一所，居此两地四年，传布宗教。……1648年为250人授洗，中有士人数人，又有云南著名进士一人教名保禄。时杨廷筠女（教名阿格奈Agnes）亦率诸贞女布教杭州。"[4]

（4）方德望、郭纳爵："德望有时居西安，有时居汉中，纳爵则传教其他城市。此1647年虽经兵兹，汉人满人受洗者犹有四百六十人。"[5]

（5）瞿安德：1646年入华即入广西桂林传教，在桂林建教堂一所，

---

[1] 〔法〕费赖之：《贾宜睦传》，《入华耶稣会士列传及书目》上册，冯承钧译，第248页。
[2] 〔法〕费赖之：《潘国光传》，《入华耶稣会士列传及书目》上册，冯承钧译，第230页。
[3] 〔法〕荣振华：《在华耶稣会士列传及书目补编》上册，耿升译，中华书局，1995，第83页。
[4] 〔法〕费赖之：《卫匡国传》，《入华耶稣会士列传及书目》上册，冯承钧译，第261页。
[5] 〔法〕费赖之：《方德望传》，《入华耶稣会士列传及书目》上册，冯承钧译，第209页。

1647年又劝化永历宫中诸后妃入教。当时入教者计有"烈纳太后之母与宫监某妇人,另有妃嫔五十,大员四十,阉者无数"①。特别值得一提的是明末传教未入广西,而瞿安德则在1646年首次开教于广西桂林,为中国天主教传播又辟新区。

方济各会与多明我会在明季就有不少会士进入中国内地。据林金水先生的统计顺治元年以前,多明我会与方济各会各有5位教士进入福建。多明我会是高琦(Angelo Cocchi)、黎玉范(Juan Bautista de Morales)、苏芳积(Francisco Diez)、施若翰(Juan Gavcia)、陈维斯(Pedro Chaves)、刘方济各(Francisco de Capillas);方济各会是利安当(Antonio de Caballero)、白慕德(Francisco Bermudez)、马德雷(Francisco de la Madrede Dios)、雅连达(Capistranus Alenda)、艾佳良(Franciscus ah Esculona)等。②据方豪先生公布,1637年左右,罗文藻同4位多明我会士、6位方济各会士从北京南下福建。但由于1638年开始的福建禁教,这些多明我会士和方济各会士大多被驱逐出境,有的逃至台湾,有的避难澳门。到顺治初年国内已无一方济各会和多明我会教士,直到顺治六年(1649),黎玉范和利安当第二次进入中国,并且分别带了3名方济各会士和多明我会士到福建安海。3名多明我会士是万济国(Francisco Varo)、包迪里(Timoteo Bottigli)、罗玛诺(Manuel Rodriquez),3名方济各会士是文度辣(Buenaventura lbánez)、毕兆贤(José Casamora)、迭戈(Diego)。③1650年利安当入北京,想去高丽传教,汤若望打消了利氏去高丽的念头,并提议他到山东济南传教,当年10月即开教济南,并在济南购屋建堂居留,1651年,文度辣又从福建赶到济南协助利安当传教。④顺治初期多明我会与方济各会仅在闽南及济南两地传教,很明显到顺治七年(1650)时,方济各会及多明我会在中国内地的传教规模是不大,仅仅是刚刚开教而已。

顺治初年,经明末战争破坏的中国天主教事业得以保存下来,经过七年时间的重建,全国天主教的发展大致恢复到了明朝末年的水平。从教友受洗的人数来看,顺治初年较明朝末年还有一定的增加。我们目前虽然

---

① 〔法〕费赖之:《瞿安德传》,《入华耶稣会士列传及书目》上册,冯承钧译,第271~272页。
② 〔法〕沙不列:《明末使马罗教廷耶稣会士卜弥格传》,冯承钧译,商务印书馆,1945,第36页。
③ 林金水主编《福建对外文化交流史》,福建教育出版社,1997,第217页。
④ 〔德〕魏特:《汤若望传》第二册,杨丙辰译,第332~333页。

还找不到明朝灭亡前（即1644年）全国天主教发展的统计确切数据，"但据卫匡国1654年完成的《中国耶稣会教士纪略》一书公布的资料，1640年时，天主教信徒人数在6万到7万之间，而且每年都有6000人加入教会"[①]。依每年授洗6000人统计，则到1644年时全国教友人数已接近10万。方豪先生根据各修会的报告称，顺治七年（1650）时，中国的天主教徒已发展到"约15万人"[②]。毕嘉1673年完成于广州的《鞑靼人入关后中国天主教之发展》第一编亦称，"在1581年至1650年间受洗者仅有15万人"[③]。卫匡国估计也是"1581至1650年之七十年的长久时间里……领洗入教的数目约15万名"[④]。几份来自当时教会的材料都，1650年时全国教徒为15万人。这就是说顺治七年（1650）教友数量比明末（1644）时的数量增加了约5万教友，这就告诉我们，经过顺治初年清政府大力推行保护天主教的政策以及全国传教士的努力，到1650年时，全国天主教事业已经完全恢复和超过了明末的发展水平。

三 顺治中后期中国天主教事业的迅速发展

顺治中后期即顺治八年至顺治十八年（1651~1661年）是中国天主教事业发展的大好时期。由于清政府大力推行尊教政策，自由传教的空气在全国范围内蔓延，清宫廷有顺治帝对天主教及教士们的尊崇与不断的表彰优待，再加上汤若望对顺治帝的影响，在地方则有各级官吏对天主教及教士们的礼遇和捐献，再加上进入各地传教士及本地教友们的努力，中国的天主教事业获得了空前迅速的发展。

[①] 〔意〕梁作禄（A.Lazzaroteo）:《〈中国耶稣会教士纪略〉一书所论述的中国基督教》，王志成译，陈村富主编《宗教文化》第1辑，东方出版社，1995，第29~37页。

[②] 方豪:《中西交通史》下册，第四编第十二章第二节"明清间天主教之盛行及其传布地区"，岳麓书社，1987，第973~974页。

[③] 〔意〕毕嘉（Jean-Dominique Gabiani）:《鞑靼人入关后中国天主教之发展》第一编；转引自〔法〕费赖之：《毕嘉传》，《入华耶稣会士列传及书目》上册，冯承钧译，第324页。

[④] 〔德〕魏特:《汤若望传》第二册，杨丙辰译，第348页。

（一）进入中国境内的传教士人数

这一时期，清政府对西教士的入境的限制是最为宽松的，基本上凡申请入境者均可获批准，故汤若望有信称："曾获得皇帝许可，会士可自由入境。"甚至顺治帝主动提出要求派 20 名传教士常驻北京。① 据康熙初年的档案称："居住香山澳之西洋人……有私入界地往返穿梭者。"② 反映当时对传教士入境的管制是相当宽松的，这在明清中国政府对澳门口岸出入境的管理史上了是绝无仅有的时期。这一时期入华传教士仍以耶稣会为最多。

顺治中后期（1651~1662 年）入华耶稣会士一览表③

国籍	汉文姓名	西文姓名	在华传教时间	1651~1661 年传教地点
葡	张玛诺	Emmaneul Jorge	1651~1679 年	上海、南京、淮安
葡	成际理	Felicien Pacheco	1651~1686 年	上海、松江、南京、淮安
法	汪儒望	Jean Valat	1651~1696 年	江南、山东、北京正定
法	客方西	Francois Clement	1655~1657 年	不详
葡	利玛弟	Mathias de Maya	1656~1670 年	海南岛
意	王若翰	Jean-Baptiste Brando	1656~1666 年	海南岛
法	洪度贞	Humbert Augery	1656~1673 年	杭州
法	刘迪我	Jacques le Favre	1656~1676 年	赣州、建昌、汀州
法	傅沧溟	Jean Forget	1656~1660 年	海南岛
法	聂仲迁	Adrien Greslon	1656~1696 年	海南、南雄、赣州
法	穆尼阁	Nicolas Motel	1656~1657 年	南昌
法	乐类思	Louis Gobbé	1657~1661 年	南昌
法	穆格我	Claude Motel	1657~1671 年	汉中、城固、小寨
法	穆迪我	Jacques Motel	1657~1692 年	南昌、武昌
葡	林公撒	Emmanuel Gonzalez de Oliveira	1657~1657 年	南京
葡	林玛诺	Filicien da Silva	1657~？年	南昌、南京（疑与林玛诺为同一人）

---

① 〔法〕费赖之:《汤若望传》,《入华耶稣会士列传及书目》上册,冯承钧译,175 页;〔德〕魏特:《汤若望传》第二册,杨丙辰译,第 344 页。
② 康熙四年二月二十四日《广东总督卢崇峻题议香山澳西洋人不宜准留本》,中国第一历史档案馆、暨南大学古籍研究所合编《明清时期澳门问题档案文献汇编》第一册,人民出版社,1999,第 47 页。
③ 此表资料全部来自〔法〕费赖之《入华耶稣会士列传及书目》表中人物各传。

续表

国籍	汉文姓名	西文姓名	在华传教时间	1651~1661年传教地点
华	郭巴相	Sébastin Coffa（修士）	1657~1663年	延平
华	郭玛诺	Emmanuel a Costa（修士）	1657~1669年	赣州
比	柏应理	Phlippe Couplee	1659~1680年	江西、福建、湖广、浙江
德	苏纳	Bernard Diestel	1659~1660年	北京、济南
比	吴尔铎	Albert d'Orrille	1659~1661年	绛州
葡	郎安德	Andre Ferran	1659~1661年	淮安、福州
意	毕嘉	Jean-Dominique Gabiani	1659~1696年	扬州、镇江
奥	白乃心	Jean Grueber	1659~1661年	北京
意	殷铎泽	Prosper Intorcetta	1659~1696年	建昌
比	鲁日满	François de Rougemont	1659~1676年	杭州、上海、昆山、苏州、常熟
意	瞿笃德	Stanislas Torrente	1659~1681年	海南岛
比	南怀仁	Ferdnand Verbiest	1659~1688年	西安、北京
奥	恩理格	Christian Herdtriche	1660~1684年	绛州

从上表可以看出，这一时期耶稣会共有29位会士（包括2名澳门华籍修士）进入中国内地。实际上当时从欧洲来华的耶稣会士远不止29人，很多都在途中遇难而殁。如卫匡国1650年返欧洲，1657年招来17位传教士来华，但途中死去12人；[①] 卜弥格1651年赴欧洲，1656年召8名教士来华，而到中国者只有三人；当时葡萄牙国王若望四世准备派"至少70人赴东方传教"，1654年耶稣会总会长批准18人来华，到华者只有11人，其中多人"殁于中道"[②]。可见，顺治中后期自由传教的讯息反馈到欧洲后，耶稣会士均积极响应，组织了多批教士来华。1651~1661年10年间共29位耶稣会士来华，再加上1651年之前即已来华，但至1651年后还继续在中国传教者23人。这就是说，顺治中后期在华传教的耶稣会士共有52人之多。

多明我会会士在这一时期也表现得十分活跃，据《汤若望传》称，顺治时期经汤若望帮助入境的多明我会士就有9人，除去1650年前入

---

① 〔法〕费赖之:《卫匡国传》，《入华耶稣会士列传及书目》上册，冯承钧译，第262页。
② 〔法〕费赖之:《卜弥格传》《陆安德传》，《入华耶稣会士列传及书目》上册，冯承钧译，第277、333页。

境的 4 人外，还有 5 人，当即意大利教士利畸（Viteorio Ricci）、西班牙教士郭洛那多（Domingo Coronodo）、罗特理（Diego Rodrigueoz）、范莱（Raimundo del Valle）及华籍教士罗文藻，他们均是 1654 年从菲律宾到福建登陆①。另外，1655 年后还有 3 位多明我会士从菲律宾到福建入境，后在浙江传教，即意大利教士闵明我（Dominic Fernandez Navarette）、意大利教士巴道明（Domenico Sarpetri）及西班牙教士费理伯（Fillippo Leonardo），②这样顺治后期在中国境内传教的多明我会士共有 12 人。根据现有资料，1651~1661 年间未见方济各会士入华之记载，则顺治中后期方济各会士在华人数仍是 4 人。又据韩承良先生的文章称，1659 年前中国大陆只有利安当与文度辣两位方济各会士③，则毕兆贤与迭戈已返马尼拉。这样，1651 年~1661 年间共有 69 位传教士在华传教，与明朝末年全国 24 位教士相比，增加了 1.8 倍。

（二）从天主教传播的范围来看

明朝末年天主教在中国获得较快的发展，据崇祯十年（1637）的材料：

> 艾氏言，会友二十人来中国开教，皆大德一体也。今南北两直隶、浙江、湖广武昌、山东、山西、陕西、广东、河南、福建福州与泉州等处，皆有天主教会堂，独贵州、云南、四川未有耳。④

徐宗泽谈到 1640 年时的中国教务称，当时天主教传播范围已达北京、山东、河南、山西、陕西（以上为华北区）、福建、江南、浙江、湖广、

---

① 参见方豪《罗文藻传》，《中国天主教史人物传》中册，第 148 页。郭多敏入华事可参见康熙四年三月十四日《礼部尚书祁彻白等题复审讯栗安党等五名西洋人传教案本》，《明清时期澳门问题档案文献汇编》第一册，第 50 页。
② 康熙四年七月二十九日《礼部尚书祁彻白等题拟将栗安党等 25 名传教士送回广东安插本》，《明清时期澳门问题档案文献汇编》第一册，第 59 页；鲁日满（Rougemont）《鞑靼中国史》之序言，转自〔法〕费赖之《汤若望传》，《入华耶稣会士列传及书目》上册，冯承钧译，第 180 页。
③ 韩承良：《由方济各会传教历史文件看中国天主教礼仪之争的来龙去脉》，（高雄）《善导周刊》1993 年 4 月 18 日，第 7 版。
④ 黄贞《请颜壮其先生辟天主教书》，夏瑰琦编《圣朝破邪集》卷 3，香港建道神学院，1996，第 151~152 页。

江西、四川及海南（以上为华南区）。①崇祯十年的材料不太准确，称当时只有9个省有天主教的传播，明显漏掉了江南和江西两省，徐宗泽公布的1640年达到12省区，则是增加了江南和江西、四川三省。到杨光先康熙三年（1664）发动教难时又公布了顺治时期天主教传播的范围：

> 汤若望假修历之名，阴行邪教之实，散布邪说于济南、淮安、扬州、镇江、江宁、苏州、常熟、上海、杭州、金华、兰溪、福州、建宁、延平、汀州、南昌、赣州、广州、桂林、重庆、保宁、武昌、西安、太原、绛州、开封并京师共三十堂，每堂一年五十余会，每会教徒二三十人，各给金牌、妖书、会单、以为兜验。②

杨光先呈状称当时全国为"三十堂"，这应是一个大概数，并未经过准确统计，据《辨学》抄本《各处堂志》所记则为三十三处，即：

> 北京、江宁、淮安、扬州、镇江、苏州、常熟、泰仓、松江、上海、崇明、嘉定、昆山、湖州、杭州、嘉兴、金华、兰溪、福州、建宁、延平、邵武、浦城、南昌、西安、汉中、绛州、建昌、赣州、吉安、武昌、济宁、济南、广州。③

两处相较，杨光先呈状中汀州、桂林、重庆、保宁、太原、开封6处为《各处堂志》缺载，而《各处堂志》则有泰仓、松江、崇明、嘉定、昆山、湖州、邵武、浦城、汉中、建昌、吉安、济宁、济南14处为杨光先呈状缺载。合两处资料，全国共有13个省39座城市设有天主教堂。然而当时中国教务巡视员葡籍神父伽马（Louis de Gama）统计，1663年全国教务情况仅列出27座城市，32间教堂；④而徐宗泽先生根据教会资料公布

---

① 徐宗泽：《中国天主教传教史概论》，第十一章"1640年之教务情形"，土山湾印书馆，1938，第323~324页。
② 杨光先：《不得已》卷上《请诛邪教状》，陈占山点校，黄山书社，2000，第6页。
③ 《辨学》（抄本）之《各处堂志》，该书为方豪先生藏；转引方豪《中西交通史》下册，第975页。
④ 〔葡〕伽马（Louis de Gama）：《1663年中国教务统计表》，〔法〕樊国阴著（Octave Fenellx）《遣使会在华传教史》，第四章"中国教务情形"，吴宗文译，台北：华明书局，1977，第108~109页。

1664年全国教务情况时又有所不同，如下表。

1664年全国教务情形表①

省别	地名	教堂数（所）	教徒数（人）
直隶	北京	3（南堂、东堂、利玛窦墓堂）	15000
	正定	7	
	保定	2	
	河间	1	2000
山东	济南	10（全省）	3000
山西	绛州		3300
	蒲州		300
陕西	西安	10（城内1、城外9）	20000
	汉中	21（城内1、城外5、会口15）	40000
河南	开封	1（1664年开堂）	
四川	成都、保宁、重庆		300
湖广	武昌	8（含汉口及别城中会口）	2200
江西	南昌	3（城内1、城外2）	1000
	建昌	1	500
	吉安		200
	赣州	1	2200
福建	汀州		800
	福州（包括兴化、连江、长乐）	13	2000
	延平		3600
	建宁		200
	邵武		400
	彝山、崇安	多所	
浙江	杭州	2	1000
江南	南京	1	600
	扬州	1	1000
	镇江		200

---

① 徐宗泽：《中国天主教传教史概论》，第八章"1664年全国教务情形"，第238~240页。

续表

省别	地名	教堂数（所）	教徒数（人）
	淮安	1	800
	上海	城内老天主堂及南门九间楼、乡下65	42000 另说 50000
	松江		2000
	常熟	2	10900
	苏州		500
	嘉定		400
	泰仓、昆山、崇明均有教堂、教徒		

上表提供的传教地区共有11个省41座城市，有大小教堂、会口156处。这是两份同一时期的材料，但各处所载传教地区教堂及教友数均有较大的歧异，很明显，两份资料都是根据各自收集的文件而报道的，都有明显的缺漏。如果将《不得已》《各处堂志》以及伽马统计表及徐宗泽统计表四处资料汇合，我们可以得出如下认识。

（1）传教士所达省区为13个省，即直隶、山东、山西、陕西、河南、四川、湖广、江南、江西、福建、广东、广西、浙江。

（2）传教所达城市共50座，即北京、正定、保定、河间、济南、济宁、太原、绛州、蒲州、西安、汉中、开封、成都、重庆、保宁、武昌、南昌、建昌、吉安、赣州、汀州、福州、兴化、连江、长乐、延平、建宁、邵武、浦城、彝山（武夷山）、崇安、杭州、金华、湖州、嘉兴、兰溪、南京、扬州、镇江、淮安、上海、松江、常熟、苏州、嘉定、泰仓、昆山、崇明、广州、桂林。

然而当时实际传教所达上述13个省区外，还有一甘肃省未有列入统计。据毕嘉《中国天主教发展》第一编第四章称：1659~1663年间，"又有一人远至甘州劝化三百人入教"[①]，这是首次见到天主教传入甘肃省的记载，可补上述资料之缺。

---

① 毕嘉：《中国天主教之发展》第一编第四章；转引〔法〕费赖之《李方西传》，《入华耶稣会士列传及书目》上册，冯承钧译，第255页。

765

天主教传教的城市除上述49座以外，实际上还有很多城市未列入统计。

（1）费赖之书《郭纳爵传》：

（1664年）时隶延平之教堂共有大堂七所，即建宁府、邵武府、长乐县、清流县、Wei-Chan、沙县、建宁县等处之教堂。①

（2）费书《李方西传》：

（1659~1663年间）又有赵姓者在西安北四百里之三水、宜君两县为多数人授洗，而志愿受洗人之数尚有一百三十人。②

（3）费书《穆格我传》：

1657年初抵中国，初派至陕西，管理汉中、城固等地教务。习居城固……格我除四川教务外，监管汉中、城固、小寨及陕西诸荒山传教所数处。1664年格我再入川，授洗之150人，……曾在南江建筑教堂一所。③

（4）费书《毕嘉传》：

（1660~1664年）嘉常赴南京、常州、仪征等处传教。兵商及其他各界之人入教者甚众。④

（5）费书《陆安德传》：

自1659年始，主持广东教务，……安德在广州、佛山两地建置

---

① 〔法〕费赖之：《郭纳爵传》，《入华耶稣会士列传及书目》上册，冯承钧译，第225页。
② 〔法〕费赖之：《李方西传》，《入华耶稣会士列传及书目》上册，冯承钧译，第255页。
③ 〔法〕费赖之：《穆格我传》，《入华耶稣会士列传及书目》上册，冯承钧译，第305页。
④ 〔法〕费赖之：《毕嘉传》，《入华耶稣会士列传及书目》上册，冯承钧译，第322页。

住宅一处。教所一所。此外韶州、清远各有教堂一所。①

(6) 费书《利玛弟传》:

(1656年) 玛弟等至,招集流亡。得教民三千,分隶琼州、临高、定安三传教所。②

(7) 费书《恩理格传》:

1662年乃派理格至山西,……平阳总兵官驻平阴府,曾为理格在府城中建筑新教堂一。已而声名远播,附近大镇名万安,居民相率入教。……不仅太原如是,邻近之静乐亦然,1664年理格居此城一月,得受洗者八百二十八人。③

上述资料中言及顺治时期,天主教传播所及城市中,有山西之平阳府、静乐县、福建的清流县、Wei-Chan(疑为永安)县、沙县,陕西之三水县、宜君、城固县(小寨为城固属地),甘肃之甘州,四川之南江县,江苏之仪征县,广东的佛山、韶州、清远县及海南岛的琼州、临高县、定安县等均不在上述49座城市中,如再将此漏统计者计入,则到1664年天主教在中国传播所及城市至少在66座以上,还不包括城镇附近的乡村及各地在荒山中所建传教区(如江南、福建、陕西)④。据费书《汪儒望传》,

---

① 〔法〕费赖之:《陆安德传》,《入华耶稣会士列传及书目》上册,冯承钧译,第334页。
② 〔法〕费赖之:《利玛弟传》,《入华耶稣会士列传及书目》上册,冯承钧译,第289页。
③ 〔法〕费赖之:《恩理格传》,《入华耶稣会士列传及书目》上册,冯承钧译,第360~361页。
④ Noël Golvers《常熟耶稣会士鲁日满》(François de Rougemont, S, J., Missionnary in Ch'ang-shu,鲁汶大学,1999)第一章第五节,第258~259页,称:这是一幅原始的清初中国地图(1656年后不久),图中有松江地区6万教徒和100座教堂的数据。"这份全景图似乎反映了这种迅速发展的有趣特点,即它的'乡村'特点,表明传教士主要是在乡村取得最快的进展,而不是首府所在地松江"。徐氏统计表称上海只有两座教堂,而乡村则有66处教堂。清兵入闽,艾儒略"僻处山中,传布宗教",劝化僧人入教,改寺庙为教堂(参见费赖之书《艾儒略传》)。安文思在"直隶省内诸城村传教",并在山中建教堂一所,"此外诸城中有驻所14处,数处各有教堂一所,其他村镇未计焉"(参见费赖之书《安文思传》),李方西传教陕西,称"诸村镇有教堂50所,小堂无数(参见费赖之书《李方西》)。"实际上教务较发达的地区多是在城镇附近的乡村发展的。

还称汪氏"由济南传教邻近诸地,远至直隶边境"①。所谓直隶边境,就是指当时的承德与口北三厅一线。顺治时期在中国天主教传播范围北达直隶边境,西到甘肃甘州,东至崇明岛,南至海南岛。与明末传播范围相比多出广西、甘肃两省区,城市数量较明末则多出一倍以上。当时,耶稣会亦准备远赴辽东、云南传教,但由于各种原因而未成行。②

(三)从各地天主教教堂及教友的发展来看

先谈教堂的发展。

明末时没有统计资料公布当时全国教堂的总数。第一次公布全国教堂数目者为《辨学》之《各处堂志》,据方豪先生言,该书记康熙初之情形。《各处堂志》记录35处,但北京三处只录一处,则应共为37座教堂。③第二次是杨光先《不得已》上卷《请诛邪教状》,称全国共有北京、开封等30座教堂。④同书《与许青屿侍御书》则称之为"凡三十窟穴"⑤。上书作于康熙三年(1664)。不管是《辨学》之《各处堂志》,还是杨光先《不得已》,虽然他们的记录反映的也是当时天主教传播的史实,但均不是根据周详调查而获得资料,只是对全国作了一个最粗略的统计,遗漏太多,两书互不记录者就不少。1663年葡萄牙神父伽马(Louis de Gama)对全国之教堂教友作过一统计,称当时教堂数为"32座"⑥。很明显,伽马统计数:一是统计城内之教堂,而不计城外及附近乡镇之教堂,举一例,伽马称上海二堂,徐宗泽统计数则是上海城内二堂,乡下还有66堂;二是只统计大堂数,而不计小堂和会口数;三是当时由澳门教区统辖的广东、广西及海南地区不计入内;四是当时在国内传教的多明我会和方济各会亦不统计在内。因此,32堂是一个缺漏太多的统计。目前所见统计资料最详细者莫过于徐宗泽神父根据当时的教会资料统计的、1664年以前全国教堂及教

---

① 〔法〕费赖之:《汪儒望传》,《入华耶稣会士列传及书目》上册,冯承钧译,第285页。
② 〔法〕费赖之:《穆尼阁传》,《入华耶稣会士列传及书目》上册,冯承钧译,第269页。
③ 方豪:《中西交通史》下册,第975~977页。
④ 杨光先:《不得已》卷上《请诛邪教状》,陈占山点校,第6页。
⑤ 杨光先:《不得已》卷上《与许青屿侍御书》,陈占山点校,第13页。
⑥ 〔葡〕伽马(Louis de Gama):《1663年中国教务统计表》。

友之数,(参见第三表)徐氏统计全国教堂数有明确数据者为156座,另有17处地方未标明堂数。是否徐氏统计数是最详尽最准确之数呢?并非如此,伽马统计数存在的4个问题,在徐氏统计表仍然存在,徐氏统计数仍是一个缺漏很多的统计数。这156座圣堂当来自毕嘉神父1667年在广州狱中的统计。①故殷铎泽(Prosper Intorcetta)神父1671年统计1664年前教务时称,耶稣会有"159座教堂"②。最后,我又将上述各种资料汇总再将费赖之书中各会士传中顺治时期修建教堂数再作统计,发现全国明确记有教堂或教堂数者(包括大教堂、小圣堂、会口,不计驻所、住院、传道所)总计有311座,③还有多处地方漏计或无法统计者。如果再加上1664年前多明我会在中国的21座小圣堂,21个会口,方济各会3所教堂,④到1664年时,全国共有大小教堂在356座以上。

再谈教友的发展。

根据教会统计资料,顺治初期到1650年时,全国教友人数已恢复和发展到15万人,到顺治末康熙初,全国的教友发展到多少呢?据萧神父书:"至康熙初年,杨光先仇教,风波大起时,各省教友不下二十万。"⑤但据伽马神父1663年的中国传教区副省基督徒统计数为11.42万人⑥,伽马统计缺漏甚多且不包括属于日本教省澳门教区的广东、广西及海南之教友数,亦不包括多明我会及方济各会在中国发展的教友数。徐宗泽根据教会资料统计1664年全国教友数较伽马又有所增加,总数为15.64万人。⑦这个数据仍是一缺漏甚多的数据,上述伽马统计数中缺漏之原因徐氏表同样存在。我依据费赖之书中各耶稣会士传中顺治中后期受洗数加以补充,得全国教友为17.43万⑧。统计发现有很多地区建有教堂或传道所,但无教友数,故知这一统计仍存很大缺漏。毕嘉1667年在广州狱中还统计到1664年时,全国

---

① 〔德〕德礼贤(Paschal de Elia):《中国天主教传教史》,上海书店影印本,1989,第67页。
② 〔意〕殷铎泽(Prosper Intorcetta):《1581~1669中国教会状况概述》,1672年刊本;转引自张力、刘鉴唐《中国教案史》,第一章,四川社会科学院出版社,1987,第35页。
③ 参阅拙稿《顺治朝全国各地天主教教堂、教友考实》(待刊)。
④ 殷铎泽:《1581~1669中国教会状况概述》。
⑤ 萧若瑟:《天主教传行中国考》卷五,第267页。
⑥ 伽马:《1663年中国教务统计表》。
⑦ 徐宗泽:《中国天主教传教史概论》,第八章,第238~240页。徐氏原计总数为11.42万人,依表上所列教友人数进行统计,徐氏误,实为15.64万人。
⑧ 参阅拙稿《顺治朝全国各地天主教教堂、教友考实》(待刊)。

受洗的教友为24.6万人，[1]殷铎泽1671年公布1664年时的全国教友人数是24.818万人。[2]毕嘉与殷铎泽所公布的资料大致相近，如果再加上到1664年时，多明我会和方济各会教友各3500人的话，[3]则全国教友人数达25.518万人。前面统计数，到1650年时，全国教友为15万人。毕嘉称："1650年至1664年间全国受洗者共十万五千人。"[4]《汤若望传》公布毕嘉统计数则更加精确，"在1651至1664年之14年间，全中国领洗入教之数目至少104980人"[5]。前已综合统计1664年时全国教友为25.518万人，又知1650年全国数为15万，则毕嘉公布的14年教友的净增人数恰好是1664年全国教友数与1650年全国教友数之差，完全可以证明这一数据的可信程度。

通过以上两个数据的统计，至1664年时，全国的大小教堂已发展到366座以上，而全国教友的人数已发展到25.518万人之多，同以后康熙天主教发展的鼎盛时期相比，渐趋于接近。14年增加10.5万人，平均每年增加7500余人，比明末的每年6000人，顺治初的每年7100余人均有所增加，以发展速度而言，顺治中后期天主教的发展速度达到了鸦片战争前中国天主教发展的最快时期。而发展最快的地区则是江南与陕西两省，教堂数均为80~100所，教友数均超过6万。[6]特别是陕西省发展速度之快，居全国之冠。这些发展的实际数据可以反映出，顺治时期虽在清朝天主教发展期间占的时间不长，却占有十分重要的地位。

（原刊于《清史论丛》2001年号）

---

[1] 德礼贤：《中国天主教传教史》，第67页。
[2] 殷铎泽：《1581～1669中国教会状况概述》。
[3] 殷铎泽：《1581～1669中国教会状况概述》。
[4] 毕嘉：《鞑靼人入关后中国天主教之发展》第一编。
[5] 〔德〕魏特：《汤若望传》第二册，杨丙辰译，第348页。
[6] 参阅拙稿《顺治朝全国各地天主教教堂、教友考实》（待刊）。

乾隆朝大教案与中西交涉

吴伯娅

乾隆四十九年至五十年（1784~1785年），由于清政府严行禁教，酿成漫延全国的教案，史称乾隆朝大教案。这起教案涉及的地区广泛，人员众多，影响甚大，是中国天主教史和中西关系史上的重要事件，值得我们认真讲究。现根据清代档案、《清实录》及有关的英文资料，对这起教案作初步研究。

一 教案的起因与经过

乾隆朝大教案系因清政府严行禁教而起，清政府为什么要禁教，禁教时期中国天主教的状况如何等，这些问题关系到乾隆朝大教案的背景问题，有必要弄清楚。

明末清初一批欧洲传教士不畏艰辛，远涉重洋，接踵来华。他们以学术为媒介，使天主教传入中国。他们注意结交中国的知识分子，与徐光启、李之藻等建立了友谊，与京中显贵过从甚密，并获得崇祯、顺治、康熙等明清两代皇帝的器重与礼遇。传教工作因此得到迅速发展。康熙时期甚至被称作是天主教在华传播的"黄金时代"。据记载，康熙九年（1670）全国教徒"已有二十七万三千七百八十余人"[1]。康熙三十九年（1700）全

---

[1] 德礼贤：《中国天主教传教史》，商务印书馆，1934，第68页。

国教徒又增至"三十万人"①。传教士们欣喜异常，甚至向欧洲吹嘘，康熙皇帝"有利于宗教的这种倾向，给予人们一种巨大的希望，即在一个世纪之后，人们将会看到天主教的中国"②。

然而，传教士内部的礼仪之争却使这一局面迅速逆转。为了便于在中国传教，以利玛窦为首的一批耶稣会士顺从中国礼俗，对于教徒的祀祖、祭孔、敬天均不禁止，并以天或天主来称上帝。但是，一部分传教士则斥为不当，康熙末年，礼仪之争达到高潮。罗马教皇遣使来华，发布禁条，实行干涉。康熙皇帝极为愤怒，认为教皇条约与中国道理大相悖戾，宣布"以后不必西洋人在中国行教，禁止可也，免得多事"③。此后传教士又卷入了清廷内部的储位斗争，引起雍正帝的极大反感，下令驱逐。因此从康熙末年开始，历经雍正、乾隆、嘉庆，直至道光，清政府颁布了一系列的禁教法令，严厉禁止传教士在中国的传教活动。

由于清政府仍然要利用传教士的科学技术，传教士并未在中国绝迹。他们留在宫中，为清廷服务，有的颇得清帝的好感。因此，清政府的禁教法令时紧时弛，传教士们伺机而动，潜入内地，秘密传教，教案屡屡发生。

乾隆初期就有几起著名的教案。例如，乾隆十一年（1746），福建巡抚周学健奏报："据福宁府知府董启祚禀报，该属福安县境内，崇奉天王教者甚多，竟有西洋夷人在彼传习。当即密遣臣标弁兵，会同该府镇等，严密查拿。"④结果五个传教士先后被处死。乾隆十二年（1747），江苏巡抚上奏，"洋人散布邪说，煽惑良民"⑤，传教士黄安多、谈方济因此被绞死。乾隆十九年（1755），张若瑟等传教士在江南被捕，遵上谕，"将张若瑟五犯递解澳门，安插管束"⑥。

乾隆二十二年（1757），清政府将对外通商口岸由四个减至一个，宣布"止许在广东收泊交易"⑦。此举限制了中外贸易的发展，也使西方教士入华传教更加困难。然而，尽管如此，传教活动仍未停止，终于导致了乾

---

① 德礼贤：《中国天主教传教史》，商务印书馆，1934，第82页。
② 白晋：《康熙皇帝》，《清史资料》，第1辑，中华书局，1980，第247页。
③ 《康熙与罗马使节关系文书》，第14通。
④ 《清高宗实录》卷267，乾隆十一年五月甲子。
⑤ 徐宗泽：《中国天主教传教史概论》，上海土山湾书馆，1938，第263页。
⑥ 《清高宗实录》卷491，乾隆二十年六月丙寅。
⑦ 《东华续录》，《乾隆朝》（46）。

隆朝大教案的发生。

大教案是由四名教士潜往内地传教引起的。据英文资料记载，1782~1783年，欧洲又派遣了一批传教士前往中国，其中有四名意大利传教士。他们首先到达广州，住在意大利传教士哆啰的住所，准备潜往内地，秘密传教。哆啰原名Msgr·della Torre，是罗马传信部负责中国和印度支那教务的代理人，1771年，在京城的汪达洪神父从乾隆那儿获得批准，恢复过去的惯例，由一个外国人常驻广州，负责传递京城传教士的信件。因此，从1781年开始，哆啰获准在广州居住。他从行商潘文岩那儿租到一所房子，由潘文岩为他作保。①

在中文史料里，哆啰被称作"罗马当家"，他的住处被称作"哆啰夷馆"。据《清实录》记载，乾隆四十九年（1784）四月初旬，西安教徒焦振纲和山西祁县教徒秦禄由陕西来到广东。他们与在广州的中国教徒蔡伯多禄一道，来到广州的哆啰夷馆，延请洋人前往陕西传教。同行的还有广东乐昌县的教徒谢伯多禄，广东高要县的教徒谢禄茂。他们几个从广州沿着各地传教点，潜往陕西。为了不致被发现，他们采取的办法是，每到一个传教点，即由当地教徒接手再送到另一个传教点。在这种接力式的护送下，四个传教士顺利地离开了广东，走过了湖南湘潭、湖北樊城。七月他们行至襄阳，被清兵抓获，八月初被押送武昌。湖广总督特成额立即将此事向朝廷上奏，教案爆发。

在奏折中，特成额声称："盘获西洋四人，起出书信一封，系广东罗马当家所发，往陕传教，令蔡伯多禄送至湖南湘潭暂住，另酌人送樊城，直走西安，札托李姓送往。"②乾隆闻奏，勃然大怒。首先，他想到清政府早已颁布禁教法令，禁教期间，虽然并不禁止懂科学技术的传教士进京献艺，但必须报明地方官，由地方官上奏，获准后方许进京。而哆啰并未禀知督抚，辄遣人私至内地，送信传教，是严重的违法行为，必须严肃处理。其次，他对广东督抚等地方官极为不满。因为自一口通商之后，西方人难以进入中国。舒常、孙士毅身为广督抚，竟对哆啰私遣多人，潜往内

---

① Bernward H. willeake, "Imperial Government and Cathocic Missions In China During the Years, 1784-1785".
② 《清高宗实录》卷1213，乾隆四十九年八月癸卯。

地传教，漫无觉察。尤其令他惊异不解的是，西洋人面貌异样，不难认识，他们由粤赴楚，沿途地方官吏为何一无稽查，至襄阳始行盘获？最后，联想到此时陕甘地区的回民起义，他对传教士此行的目的产生了高度的警惕，认为"西洋人与回人向属一教，恐其得有逆回滋事之信，故遣人赴陕，潜通消息，亦未可定"①。因此，他下令详细审讯被捕的传教士，将所有接送过传教士、为传教士送信、留传教士住宿的中国教民一律逮捕究办。并查明罗马当家派往陕西传教者，究竟要传与何人，按名拿办。一场轩然大波由此而起。

湖广是教案的爆发地，搜捕首先在那里进行。与此案有关的教民刘绘川、刘十七、刘盛传、李大、刘开寅、刘开达等先后被捕。九月，特成额奏言："将现获西洋夷人吧咄哩呋等四名，并究出接引伴送。从习天主教之刘绘川等十人解京审讯。尚未获各犯，现在咨拿。"②不久，护送过传教士的周正、张永信等人也纷纷落网。更重要的是，由陕赴粤延请传教士的焦振纲、秦禄二人在湘潭被捕，从他们身上搜出汉字书信四封，西文书信十封。乾隆立刻想到，西洋字内地无人认识，焦振纲、秦禄带有十封西文书信，可见西安早有洋人潜住，且必定不止一人。他下令严审焦、秦二人，查明西文书信由何人所写，寄给何人？按名捉拿。

陕西是传教士此行的目的地。教案爆发之初，陕西督抚就闻风而动，开始搜查。十封西文书信被查获后，陕西地区的搜查更加严密。他们首先追查了焦振纲赴粤请教士的缘由，得知西安天主堂自饬禁后，旧存房屋由中国教民杜兴智居住，其中五间由刘义长赁居。房内供有十字架，秦禄往来西安，亦于此作寓。"上年秦禄与焦振纲商议，欲请西洋人来陕念经，相托刘义长租苴。"③随即他们在渭南县教民徐宗福、韩奉材的家中搜捕了传教士呢吗·方济各和马诺·审明。呢吗·方济各是意大利人，潜住陕西已达二十三年。他是通过中国苏神父的引领进入广东，又由广东到山西、陕西传教的。马诺是澳门人，自幼赴欧洲学习天主教，后回到广东，由陕西渭南县人张多明我接到西安居住。后来他们又拿获了西洋传教士王

---

① 《清高宗实录》卷1213，乾隆四十九年八月癸卯。
② 《清高宗实录》卷1215，乾隆四十九年九月乙亥。
③ 《清高宗实录》卷1216，乾隆四十九十月丙申。

亚各比。他们还根据教士教民的招供,向乾隆奏报,陕西汉中府、山西洪洞县、潞安府、大同府及山东、湖广、直隶等省,都有学习天主教的人,和传教的西洋人。"本年罗马当家寄信内言及,现派十人分派山陕、湖广、直隶各省。"①这份奏报使乾隆得知,中国境内的传教活动远比清政府估计的严重得多,私入内地的传教士也远不止四人,而是蔓延数省。因此,他下令各地督抚严密查拿。教案迅速扩大。

甘肃紧邻陕西,又是回民起义所在地,搜捕颇为严密。当局首先抓获了教民刘多明我、刘臣、刘刚、张继勋、徐健等人。五十年(1785)正月陕甘总督福康安又奏报:"嗣据甘、凉二府属续查出天主教人犯杨生荣、韩守元、张儒、张文等共七十二名先后拿获具报,并将刘多明我各犯押解来省,臣率同臬司汪新逐加严鞫。"②

广东是传教士此行的出发地,可谓教案之源,搜捕自始至终非常严密。巡抚孙士毅首先抓获了办理西洋人寄信事务的艾球三,审讯中得知蔡伯多禄是福建龙溪县人,一直在广州白衿观的药铺中行医。他立即派兵抓捕了白衿观及其弟白国观,但没有抓到蔡伯多禄。他还逮捕了罗马当家哆啰,审讯出一些新的线索。如哆啰供称:"乾隆四十八年,有山东李姓延请洋人吧哋哩哑嘿及吧哩唧哩哋二人前去传教,……尚有一同勾引之广东人李刚义及伴送之鄂斯定。"③孙士毅顺藤摸瓜,先后抓捕了李刚义、鄂斯定、谢伯多禄、戴加爵等多名接送传教士的教民,并逮捕了近百名奉习天主教的教民。

山东督抚根据广东等地提供的情报,密加访查,获悉历城县有个李松,素奉天主教,又常出外经营,便将李松逮捕。据李松供认,乾隆二十二年(1755)他同广东人李刚义前往澳门,引西洋人梅神甫到山东,在直隶威县等处传教。四十八年(1783),蔡伯多禄告诉他,罗马当家令他带两名西洋人去山东传教,他没有答应。四十九年(1784)九月,听说有西洋人来到山东,住在东平州张泰家,他曾前往拜会。山东官员立即将张泰逮捕。张泰供认,西洋人吧哋哩哑嘿确曾在他家居住。同时来山东的

---

① 《清高宗实录》卷1218,乾隆四十九年十一月壬戌。
② 《福康安奏审讯西洋人犯分别解京折》,《文献丛编》第15辑,第6页。
③ 《两广总督舒常广东巡抚孙士毅严拿西洋人李刚义等折》,《文献丛编》第16辑,第21页。

还有洋人格雷西洋诺，是临清人邵珩从广东接来。吧哋哩哑哒现在武城县胡普家。格雷西洋诺由平阴县胡二接走。山东官员奔至历城，迅速将胡普、吧哋哩哑哒、邵珩抓获。又驰至平阴胡二家。据胡二供称，已将格雷西洋诺送到东平州魏三家。因查拿紧急，魏三又将其送至东阿县东南乡土沟洞内隐藏。山东官员赶赴沟内，搜寻未获，又四路追查，终于在棘山脚下将格雷西洋诺抓获。五十年二月，山东巡抚明兴奏报："将西洋人吧哋哩哑哒、格雷西洋诺，及接引之李松、邵珩，妄称神甫之朱行义即朱里官，并辗转窝留之任文臬、张泰、胡恒、韩三等押解赴京，送交刑部归案。"①

山西是教案要犯秦禄的故乡，从陕西来的咨文又称，山西洪洞县、潞安府、大同府等地俱有习教之华人及传教之洋人。因此，山西督抚在全境四处搜查，逮捕多人。并"拿获西洋人安多呢，讯据供称，系四十六年由京赴晋，在范天保家居住传教"②。

四川在教案爆发之初，就接到湖广方面的情报，有人供认，眉山的苏怀德、成都的黄烦都是习教之人。四川督抚遵照乾隆的旨令，跟踪搜捕。五十年正月，他们在天全州彭三桂家拿获西洋人冯若望即得三马尔定，又在崇宁县拿获西洋人李多林即都费斯，"并拿获接引之张万钟、张万效，及往来住宿之周仁义等犯"③。根据广东方面提供的情报，四川督抚对被捕人员进行严审，获悉四十九年正月另有西方传教士吧哋哩呋哂来到成都，是重庆人王姓接来。他们又继续追查，二月二十一日，在安岳县将吧哋哩哑哒和窝主谢懋学拿获。二月二十六日，在巴县"拿获来川传教之西洋人额哋咦德窝一犯，并窝留之唐正文"④。

江西曾接到广东督抚的咨文，声称罗马当家哆啰供认："有江西人姜保禄于四十八年十二月向接西洋人哷啢唎唓噶，改名方济觉，前往江西传教。"⑤江西督抚立即飞饬通省各属，严密搜查。由于不知姜保禄的籍贯，他们四处搜查，毫无结果。后检阅旧卷，查出乾隆三十二年（1767），江西庐陵县人吴均尚曾主使万安县人蒋日逵前赴粤东，引洋人安当呢都前往

---

① 《山东巡抚明兴拿获西洋人吧哋哩哑哒解京折》，《文献丛编》第15辑，第16页。
② 《清高宗实录》卷1219，乾隆四十九年十一月戊辰。
③ 《兼署四川总督印务成都将军保宁拿获西洋人讯明解京折》，《文献丛编》第16辑，第17页。
④ 《四川总督李世杰续获西洋人吧哋哩呋哂等讯明解京折》，《文献丛编》第16辑，第22页。
⑤ 《江西巡抚李承邺奏严缉姜保禄折》，《文献丛编》第15辑，第2页。

江西传教。他们由此想到,庐陵、万安等地信奉天主教者尚未尽绝,姜保禄所引西洋人或许就在这一地区隐藏。于是他们派贵溪县县丞何浩改装易服,自庐陵一带查至万安,获悉有西洋人潜住该县,彭彝叙私习天主教。他们火速将彭彝叙拿获,究出西洋人李玛诺现住桐木坪刘林桂的山寮内。他们立即前往桐木坪,将李玛诺等人逮捕。五十年(1785)二月,他们向乾隆奏报,抓获了"西洋人李玛诺,并窝留李玛诺在家之刘林桂,及引领前赴庐陵等处传教之彭彝叙"[1]。在审讯中,他们又得知明咈嚩唎喂噶即方济觉已逃离江西,与宜黄县人纪友仍一道,于五十年二月二十五日前往光泽等处。因此,他们又移咨福建巡抚严密追缉。

福建早在乾隆初年就发生过多起教案,惩治甚严,影响甚大。此次教案发生后,福建巡抚雅德向乾隆奏报,他曾多次派遣官吏遍历各地,密行侦访,既未发现逃犯蔡伯多禄,也未发现奉教之人。他断言福建在乾隆十一年(1746),有西洋人白多禄等建设教堂一案,经前督臣崔应阶查拿具奏,此风久已敛戢。不过他仍然表示,现在陕甘川楚各省俱有西洋人前往传教,福建与粤东境壤相接,尤须严密访察。乾隆览奏,极为不满,愤愤批道:"切实为之,不必空言,且蔡伯多禄即福建人,今各外俱未擒获,彼时将何往?足见尔等不力。"[2]乾隆的朱批使雅德诚惶诚恐,下令进一步密查。接到江西巡抚伊星阿的咨文后,得知西洋人方济觉已来福建,雅德立即下令通缉。五十年(1785)二月二十九日。他们抓获了私习天主教的吴永隆、吴兴顺、黎国玘、朱见良等人。三月十四日缉获从江西来闽的西洋人方济觉,并将客留方济觉的伊益德,及奉教之人涂德先等捉拿归案。

在直隶方面,自从陕西抓获西洋人呢吗·方济各,讯明罗马当家曾派十名传教士前往直隶等省后,乾隆即令直隶总督刘峨,"饬属留心访缉,将分往直省之西洋人汉色勒木、阿头大多等严缉务获,解京收审"[3]。直隶官员立即四处搜查。他们首先抓捕了教民王天德、刘三等人,又在涿州将为天主堂办事的刘多默拿获。后来,他们又得到山东方面的情报,西洋人

---

[1] 《江西巡抚伊星阿拿获西洋人李玛诺审出传教之方济觉咨闽粤严缉折》,《文献丛编》第16辑,第26页。
[2] 《署闽浙总督福建巡抚雅德复奏严拿天主教案内逸犯折》,《文献丛编》第15辑,第6页。
[3] 《清高宗实录》卷1218,乾隆四十九年十一月丙寅。

梅神甫已来直隶藁城县郝保禄家。他们当即专差标弁,星夜赴藁城,将郝保禄抓获。郝保禄供认:"自幼随父奉天主教,与威县任文臬、清河县安三均素相识。四十八年九月内令安三赴广东接白、伊二神甫。"①他还供认,梅神甫于四十九年二月内,由山东武城县来到他家,次年正月赴同县何禄家留住。后因直隶搜捕甚严,他与何禄雇车将梅神甫送走。至于乾隆下令要抓的汉色勒木等人,清政府后来查明,汉色勒木即颜诗莫,阿头大多即德天赐,杨义格拉、乌里必约即罗机洲、麦守德。四人都是京中教士汪达洪寄信到广东,经该督委员伴送,进京当差应用者,并非汪达洪私行色引,潜赴直隶传教之人。乾隆立即令刘峨:"通饬各属,停止查拿。"②

安徽、贵州等地虽未出现大规模的逮捕,但也大有风声鹤唳之势。安徽在教案发生之初,官员们就想到,安徽与湖北、江西接壤,易于逃窜入境,深恐亦有潜匿境内,秘密传教之事。因此安徽巡抚书麟督同藩臬两司,通饬各属,将各地未获逃犯加紧踩缉,力求搜获,并严谕各州县留心缉访,又"密饬安徽庐凤二道于关津道口加意盘诘。复于试用佐杂内,遴选老成安静能事之员,分往各要隘,暨民回杂处地方,密加踩访,不使稍有纵漏"③。

贵州僻处边隅,极少回民,又未发现过天主教传播之事,但贵州巡抚仍对教案极为重视。他认为黔省虽非广东赴陕必经通衢,但与广西、湖南相接,教案要犯逃躲藏匿亦无可定。他派遣官员在界连要路严密踩缉,设法查拿。又在贵州境内留意防范,慎密察访。乾隆对此感到满意,朱批:"贵州此事想少,然亦不可不留心。"④

总之,此次教案犹如一场巨大的风暴,其来势之猛,发展之快,范围之广,缉查之严,逮捕教士教民之多,都是前所未有的。它涉及全国十几个省份,共有十八名外国传教士和数百名中国教民被捕入狱。

---

① 《直隶总督刘峨拿获梅神甫案内姜保禄折》,《文献丛编》,第16辑,第19页。
② 《乾隆朝上谕档》第12册,北京档案出版社,1991,第424页。
③ 《安徽巡抚书麟遵旨查拿西洋教犯奏折》,《文献丛编》第15辑,第1页。
④ 《贵州巡抚永保遵旨严拿西洋人传教折》,《文献丛编》第15辑,第11页。

二　教案的处置及其影响

四名教士的赴陕密行，引发出全国性的大教案，导致大批教士教民被捕入狱。根据乾隆的谕令，清政府对这些教士教民分别作了不同的惩治。

对于外国传教士，清政府稽拿甚严。上谕："西洋人潜赴内地传教惑众，最为人心风俗之害，自不可不按名查拿。"①所有被捕的外国传教士都被押送北京，由军机大臣会同刑部严审。在审讯中，清政府最重视的是传教士的政治目的。正如乾隆所说："西洋人既欲传教，亦当在广东附近之广西、福建、湖南、江西等省份，何必远赴陕西？此皆关系案内紧要情节，必须彻底根究。"②他怀疑"西洋人与回人本属一教，今年甘省逆回滋事，而西洋人前往陕西传教者又适逢其会。且陕甘两省民回杂处，恐不无勾结煽惑情事"③。

五十年（1785）三月，审讯结束，查明西方传教士和中国教民与回民起义毫无关联。但是，这些传教士无视清政府的禁令，私赴各省，秘密传教，梅神甫、安多呢等，竟以西洋人藏匿山西、山东达一二十年之久，殊干例禁，不可不严加惩治。三月二十四日，乾隆宣布："此案本应按律定拟，将该犯等即置重辟，第念伊等究系夷人，免其一死，已属法外之仁，未便仍照向例发回该国惩治。因令刑部将各该犯牢固监禁，以示惩儆。"④与此同时，乾隆又令广东巡抚孙士毅，将审判结果就近传集正在广州进行贸易的各国商人，详悉晓谕，使他们咸知感惧，益加小心，恪守内地法度。并严申："如有情愿赴京者，仍准报明督抚，具奏伴送，不得仍前潜赴各省传教滋事。如再有干犯功令，私行派往者，必当从重严办，不能再邀宽典也。"⑤

对于中国籍神父，乾隆认为："内地民人有称神甫者，即与受其官职无异，本应重治其罪。姑念愚民被惑，且利其财物资助，审明后应拟发往伊

---

① 《清高宗实录》卷1218，乾隆四十九年十一月丙寅。
② 《清高宗实录》卷1216，乾隆四十九年二月丙申。
③ 《清高宗实录》卷1221，乾隆四十九年二月戊戌。
④ 《乾隆朝上谕档》第12册，北京档案出版社，1991，第534页。
⑤ 《乾隆朝上谕档》第12册，第535页。

779

犁，给厄鲁特为奴。该犯等曾受番银者，其原籍家产，并应查抄入官。"①因此艾球三、顾士效等人都被发遣伊犁，与人为奴。

对于延请和护送传教士的教民，乾隆认为这些人"如果安分习教，尚在可原，何得招致西洋人往来内地，私传经教?"②因此，他谕令"所有接引传教之人，亦应发往伊犁，给厄鲁特为奴，以示惩儆"③。对此，广东督抚领会颇深。他们说："西洋人传教，势不能自来自去，总由内地匪徒利其财物，私下诱导所致。此等汉奸其情罪实浮于洋人。臣等断不敢稍有轻纵，使将来踵行故智，无所儆惧。"④因此，一大批教民遭到了与中国神父一样的厄运。

对于因祖父相传，持戒奉教，与洋人无关的普通教民，乾隆认为自应严密访拿，照例查办。但是，这些人具系世相传习，与接请洋人，引人入教者不同，不必押送进京。"自当勒令悛改，即将呈出经卷等项销毁，照例办理，毋庸深究。"⑤上谕虽有此言，但各地的实际情况却远非如此。许多普通教民也受到了严惩。例如，陕甘总督福康安奏言：刘志唐等六犯，"虽讯无与西洋人认识往来，亦未收到番钱，但既有教名，即系受其名号，自应从重办理。请将该犯等均发往伊犁，给厄鲁特为奴"⑥。

山西巡抚农起奏称，李时泰等人虽无勾结洋人，为匪聚众之事，但持斋念经，刊刻一定日期，名曰瞻礼单，由会首李明泰等六人汇总分散。"该犯等虽与得受番银，号称神甫者情罪稍轻，而总领其事，充当会首，究与被惑乡里，仅止入教者较重。请将李时泰等六犯发往伊犁给厄鲁特为奴"⑦。他还奏称，李有亮等八人虽无称会长名目，但辗转传人入教，应于神甫遣罪上量减一等，拟杖一百，徒三年，相责发落，不准援赦减等。

广东也是如此。广东督抚奏言："刘志名既有教名，复招徒讲论经卷，妄令多人一同学习，俱属情节较重，从重发往伊犁等处，给厄鲁特为奴。潘声珑、张沛宗收藏经卷等物，取有教名，并为教中推服，均属不法。酌

---

① 《清高宗实录》卷1219，乾隆四十九年十一月辛未。
② 《清高宗实录》卷1214，乾隆四十九年九月己未。
③ 《清高宗实录》卷1219，乾隆四十九年二月辛未。
④ 《两广总督舒常广东巡抚孙士毅等严拿传教之西洋人折》，《文献丛编》第15辑，第4页。
⑤ 《清高宗实录》卷1219，乾隆四十九年二月辛未。
⑥ 《福康安奏讯西洋人犯分别解京折》，《文献丛编》第15辑，第7页。
⑦ 《山西巡抚农起天主教案内余犯审拟咨部折》，《文献丛编》第16辑，第20页。

减一等，杖一百，徒三年，至配所各折责四十板。吴瑜珍等八十二人，俱系祖父相传学习，既未取有教名，又无别项不法之事，且都已悔过出教，但仍照违制律杖一百，各折责四十板。白国观等人，家中均留存经卷，各枷号两个月，满日折责发落。"①

福建也不例外，普通教民黎国琚、朱见良、涂德先均照违制律杖一百，各枷号一个月。黎国琚虽年逾七十，也不准收赎。有前科的普通教民则受惩更重。如福建巡抚雅德奏言："吴永隆前奉天主经教，已于二十四年获案治罪，乃犹不知改悔，尚敢私自奉行，此等怙恶匪徒，若不严加惩创，无以端风俗而正人心。吴永隆应照邪教为从例，从重发云贵两广烟瘴充军。"②

对于失察官员，清政府的惩治也很严厉。首当其冲的便是广东官员。乾隆认为此案皆由西洋人赴广贸易，与内地民人勾结，以致潜往各省。广东官员自不能辞疏纵之咎。向来西洋人情愿进京效力者，尚须广东督抚奏明，允准后遣员伴送来京，原不许其外出滋事。何以此次罗马当家竟公然分派多人，赴各省传教？澳门距广东甚近，广东官员平日竟如此聋聩，毫无觉察？因此他宣布，广东官员自有应得处分。并强调："倘嗣后仍有西洋人潜出滋事者，一经发觉，惟该督抚是问，即当重治其罪，不能复邀宽典也。"③据英文资料记载，广东省内从广州到南津县，各地的官员都受到降级处分，共罚银七十万两。④

湖广官员也深受牵连。教案爆发之初，乾隆就惊讶于西洋人面貌异样，不难认识，他们由粤赴楚，沿途地方员弁，何以一无稽查，至襄阳始行盘获？他令湖广总督特成额对被捕的四个意大利传教士"详细审讯，伊等由粤至楚，系由何处行走，即将失察之各地方官查明参奏"⑤。

对于其他各省的官员，乾隆也表示了极大的不满。他难以理解，天主教在雍正年间即被严禁，不许内地人传习。而呢吗·方济各等传教士，初

---

① 《两广总督舒常广东巡抚孙士毅审拟天主教犯顾士效等案罪折》，《文献丛编》第16辑，36页。
② 《福建巡抚雅德拿获西洋人方济觉等折》，《文献丛编》第17辑，第42页。
③ 《清高宗实录》，1219，乾隆四十九年十一月辛未。
④ Bernward H. willeke, "Imperial Government and Catholic Missions In China During the Years, 1784–1785".
⑤ 《清高宗实录》卷1212，乾隆四十九年八月癸卯。

则为内地人勾引至广,继则纷纷潜至各省,居住传教,时越二十余年,地则连及数省,各地方官何以毫无知觉?西洋人面貌语言与内地人迥然不同,又行踪诡秘,止与教内人往来,地方上有此形迹可疑之人,自当即对访察严拿,何至如此疏忽?他令各省官员认真查缉,纠正错误。并严厉警告:"如各省经此次查办之后,复有勾引西洋人及私自传习邪教之案,则是该督抚查办不力,漫不经心,将来别经发觉,惟该督抚是问。"①

许多地方官都因此受罚。如山东巡抚明兴就曾上疏请罪,他说:"天主教久经严禁,西洋人面貌语言又与内地人迥别,不难查拿。乃邵珩等勾引西洋人吧哋哩哑哝等来东潜住传教,辗转隐藏已将一年,臣等不能先事觉察,实不胜惶悚。应请旨将臣及历任按察使交部严加议处,至各该地方官及沿途州县,容俟查明,另行开参。"②

江西布政使李承邺则因知县失察而上疏参劾,他指出:"刘林桂容留西洋人传习天主教,异言异服,断难瞒人耳目。该管万安县知县靖本谊到任一载有余,漫无觉察。若非臣专委何浩改装前往察访,终无弋获。似此昏聩废弛之员不便因随同委员拿获稍事姑容。相应附折参奏,请旨将万安县知县靖本谊革职,以照炯戒。"③

此外,为哆啰作保的行商潘文岩等人,也受到清政府的惩治。教案发生不久,广东巡抚孙士毅就奏言:"洋商潘文岩等不能防范哆啰罗马当家,任由蔡伯多禄来往勾通,情愿罚银十二万两。"乾隆谕道:"准其认罪,并令将此项银两解交河南漫工充用。"④

一场席卷全国的风暴终以传教士囚禁刑部、中国教徒充军伊犁、失察官员降革罚银而停止。留居京城、为清廷服务的传教士们不甘心就此结束。他们多方营救,极力斡旋,希望乾隆能改变对传教士的判决。但是,他们的努力毫无结果。

五十年(1785)四月,遣使会派罗尼阁来到北京,接理中国教务。罗尼阁,法国人,精通天文历算。乾隆召见,颇为赏识。据史料记载:"罗尼阁相貌魁伟,举止不凡,尤智于应事,不惟教友爱之,而在朝之公卿硕彦

---

① 《清高宗实录》卷1218,乾隆四十九年十一月壬戌。
② 《山东巡抚明兴拿获西洋人吧哋哩哑哝等奏折》,《文献丛编》第15辑,第112页。
③ 《护理江西巡抚印务署布政使李承邺拿获西洋人等奏折》,《文献丛编》第15辑,第14页。
④ 《清高宗实录》卷1216,乾隆四十九年十一月甲申。

亦莫不乐与之游。初授钦天监监副"①，后来又授钦天监监正。

受此礼遇，罗尼阁竭力为传教士说情，设法营救。乾隆从塞外还朝之时，他又率同道出迎。乾隆很高兴，显示出对传教士的好感。教案有了转机。

五十年（1785）十月八日，乾隆突然颁布一道上谕。在谕中，他首先回顾道："前因西洋人吧哋哩哄等私入内地传教，经湖广查拿，究出直隶、山东、山西、陕西、四川等省俱有私自传教之犯，业据各省陆续解到，交刑部审拟，定为永远监禁。"

随即他解释道：此等人犯不过意在传教，尚无别项不法情事。如呈明地方官料理进京者，原属无罪。因该犯等并不报明地方官，私自在各处潜藏，转相传引，如鬼蜮伎俩，必致煽惑滋事，自不得不严加惩治。虽坐以应得之罪，朕仍悯其无知，仅予圈禁。

最后，他宣布："今念该犯等究系外夷，未谙国法。若令其永禁图圉，情殊可悯。所有吧哋哩哄等十二犯，俱著加恩释放。如有愿留京城者，即准其赴堂安分居住。如情愿回洋者，著该部派司员押送回粤，以未矜恤远人，法外施恩至意。"②

此时，被捕的十八名传教士中，已有六名死于狱中。"一系陕西正主教，二系陕西主教，三即代多来，四系意大利亚国圣方济各会士名亚多，五系外国传教会之法国司铎名德卧，六系德卧同会修士名代肋崩，亦系法国人。"③另据英文资料记载，罗马当家哆啰也已于1785年8月29日死于北京狱中，死时53岁。④

尽管如此，乾隆的上谕仍使传教士们欣喜异常。幸存的十二名被捕传教士全都获得了自由。他们或留居北京，或离华回国，不许回原地传教。

西方传教士终于获得皇帝的宽恕，但中国教徒所受的惩治却丝毫未减。乾隆朝大教案对中国天主教来说，确是一次沉重的打击，产生了重大的影响。

---

① 樊国梁：《燕京开教略》下篇。
② 《清高宗实录》卷1240，乾隆二十年十月甲申。
③ 樊国梁：《燕京开教略》下篇。
④ Bernward H. willeke, "Imperial Government and Catholic Missions In China During the Years, 1784–1785".

783

首先，大批外国传教士和中国神父被捕入狱，使许多省份都没有了牧师，在此后的若干年里，失去了牧师的领导。据英文资料记载，在山东，仅有两名年老的西班牙方济各会士逃脱了搜捕，其余的外国传教士和中国神父都被押送北京，再未回归。在陕西、山西，神父一个不剩，他们有的被捕，有的逃离。在江西，仅剩下一名中国籍的前耶稣会士杨德高。但在1787年，他也被捕入狱。广东也损失严重。据说全省连一个传教士也没有了[1]。

其次，对于教会来说，它的损失不仅在于失去了许多神父，而且在于失去了许多骨干教民。在中国，由于神父的缺乏，教民中的积极分子常常成为会首，或向教徒和未来的皈依者宣讲基督教教义的流动传道士。还有一些教民，他们充当传教士的向导，维持隐蔽的小教堂，对教会作出了贡献。这两类教民都被充军伊犁，他们的失去是教会的一大损失。

最后，此次教案使全国教徒人数大量减少。由于史料的缺乏，我们不可能对全国的情况作出精确统计，各地的情况也不一样。但从已有的零星材料来看，显然有许多教民在官府的压力下放弃了天主教。例如，广东督抚在奏折中声称：“吴瑜珍等八十二犯，俱系祖父相传学习，并未取有教名，愚民无知，止图消灾获福，尚无别项不法情事，已据各供悔过，递具出教甘结。”[2] 四川总督在奏折中报告：“现据各州县呈报，缴出经卷，首明出教者甚多，臣俱量加激劝，并再谆切示谕，务使尽此限内悉行改悔，永为圣世良民。"[3] 山西巡抚农起奏言："韩连等六十五犯均请照违制律各杖一百，遵旨勒令悛改，销毁经像。"[4]

此次清廷严厉查办教案的目的，是为了"有犯必获，以绝根株"[5]。以上我们分析了此次教案的处置及其影响，是否表明清廷已经达到目的了呢？答案是否定的。天主教自明末再传中国，至乾隆晚期已有二百年，传教基础奠立已久，不是一朝一夕就能连根拔除的。宗教信仰一旦形成，武力迫胁或行政命令都难以消灭。乾隆朝大教案在一段时间内确实使中国天

---

[1] Bernward H. willeke, "Imperial Government and Catholic Missions In China Daring the Years, 1784–1785".
[2] 《两广总督舒常广东巡抚孙士毅审拟天主教犯顾士效等案罪折》，《文献丛编》第16辑，第36页。
[3] 《四川总督李世杰续获西洋人吧哋哩哄等讯明解京折》，《文献丛编》第16辑，第23页。
[4] 《山西巡抚农起奏天主教案内八犯审拟咨部折》，《文献丛编》第16辑，第21页。
[5] 《四川总督李世杰续获西洋人吧哋哩哄等讯明解京折》，《文献丛编》第16辑，第23页。

主教陷入困境，奄奄一息，但是风暴过后，传教活动又悄然而起，被驱逐的教士又秘密回归。

例如，在四川被捕的西方传教士冯若望、李多林，出狱后被押送广州，离开中国。可是教案刚刚过去，他们就企图再度入华。1786年圣诞节前夕，李多林返回澳门，计划从福建再回四川，未能成功。五十三年九月二十日（1788年10月20日），冯若望化名郭恒开，李多林化名徐德新，两人再次从澳门起程，越过两省，未遇重大阻难，来到四川，于十二月二九日抵达重庆。

此后，冯若望前往成都。李多林留在重庆，照顾四川东部教务，管辖重庆附近的巴县、长寿、江北、壁山、铜梁等十二县，又兼川北的广安、顺庆、蓬州、达州等地。在李多林的努力下，重庆教务发展神速。他初到时，"教友仅三十人，八年后即增至一千二百人。有学校五所，三所男校，两所女校，由教友出资办理"①。

由此可见，此次教案，清政府虽然采取了严厉的处置措施，对中国天主教予以了沉重的打南，产生了重大的影响。但是，它并没有达到根株尽绝的目的。潜行传教之风仍在继续，为二十年后又一起大教案的出现播下了种子。

三　教案与中西交涉

乾隆朝大教案不是一般的宗教案件，它不仅带有强烈的政治色彩，而且反映出迄于乾隆末叶，清朝统治者在中西交涉中的严重盲目性。

早在1724年，雍正帝在召见在京传教士时，就申明过禁教理由。他指出："近在福建，有若干欧西人侵扰我百姓，蔑视我法律，福建长官来奏申报，朕当制止乱行。……尔等欲我中国人尽为教徒，此为尔等之要求，朕亦知之。但试思一旦如此，则我等为如何之人，岂不成为尔等皇帝之百姓乎？教徒惟认识尔等，一旦边境有事，百姓惟尔等之命是从，虽现在不

---

① 方豪：《中国天主教史人物传》下册，中华书局，1988，第141页。

必顾虑及此,然苟千万战舰来我海岸,则祸患大矣。……中国北有俄罗斯是不可轻视的,南有欧西各国,更是要担心的,西有回人,朕欲阻其内入,毋使捣乱中国。……朕唯一之本分,是为国家而治事。"①

显而易见,清廷厉行禁教政策,主要是为了抵制外来侵略,确保封建皇权,排斥西方教权,维护清朝统治。

此次乾隆大兴教案,也是出于同样的目的。教案爆发之初,乾隆就将四个传教士的赴陕密行与回民起义联系起来,使教案一开始就带上了强烈的政治色彩。尽管事实证明传教士与回民起义毫无关联,传教士也反复声明:"西洋国向重天主教,以传教为行善,如能在中国行教更以为荣。是以情愿远来,并无别有图谋。其来时携带及节年接济银两,俱系本国同教会中公捐,及亲友帮助之项,遇便寄存十三行,继续支取供用,并无骗人财物情事。"②但是,清政府查办教案的结果表明,禁教时期天主教仍在中国境内广泛传播,这是清政府无法容忍的。法国汉学家谢和耐说过:"在中国的统治阶层中,有一种古老的传统,它敌视以无法控制的方式在民间发展起来的宗教运行。中国历史上的所有大规模的起义实际上都是这样爆发的。这些暴动都受宗教教理和一种救世主之希望所鼓动。"③因此清政府必然要对传教士及中国教民采取严厉的惩治。

当时的入华传教士,他们个人也许确实只是为了传教,"并无别有图谋","并无骗人财物情事。"但是,他们毕竟来自西洋,来自对中国有威胁的西方国家。明朝末年,葡萄牙人窃据澳门,荷兰人侵占中国台湾。清代,台湾虽被收复,回归祖国,但澳门仍被葡萄牙人欺占。中国深深感受到西方殖民扩张的威胁。对于潜行传教的西方教士,清政府不可能不产生疑虑,不可能不提高警惕。正如一位西方学者所言:1784~1785年,"清政府为什么要对基督教采取如此严厉的行动呢?看来主要不是因为它反对基督教,而是因为基督教是西洋宗教。而这些西洋国家已经占领了菲律宾、印度,并在亚洲地区有重大影响。害怕外国人煽动中国人造反,夺取国家

---

① 《坊表信札》卷3,《耶稣会士通信集》。
② 《兼署四川总督印务成教将军保宁拿获西洋人讯明解京折》,《文献丛编》第16辑,第18页。
③ 谢和耐:《中国和基督教》,耿升译,上海古籍出版社,1991,第167页。

统治权的政治恐惧,促使清政府查禁天主教,驱逐外国传教士"[①]。

乾隆朝大教案既受当时中西关系的影响,它也影响到当时的中西关系。蔡伯多禄事件就是一个典型的例子。如前所述,蔡伯多禄是福建龙溪人,在广州行医,是引传教士入内地的重要案犯。清政府曾多次下令全国通缉,但始终没有捕获。清朝大臣不得不惶恐地向乾隆报告:"臣等未将要犯蔡伯多禄弋获,悚惕实深。"[②]五十年(1785)九月二十八日,两广总督富勒浑又一次为严缉蔡伯多禄而上奏,乾隆终以无奈的心情批道:"想早已远飏矣!"[③]有关蔡伯多禄的下落,中文资料未见记载。近读西人著作,方才得知蔡伯多禄逃脱搜捕的经过,以及由此而引起的一场中葡风波。

据西人记载,搜捕开始时,蔡伯多禄住在广州白袊观的家中。但他很快就感觉到会有麻烦,而隐避到另一位教徒家中。1784年9月26日晚上,不仅白袊观的家被抄,蔡伯多禄隐居的人家也遭到兵丁的搜查。兵丁到来时,蔡伯多禄被惊醒,他从后门逃往另一位教徒家中。意识到自己仍然处于危险之中,他又乘船来到一个村庄,在那里换乘另一艘船,逃到了澳门。

广东督抚没有抓到蔡伯多禄,怀疑他在澳门,便派了两名官员到澳门索取。当时澳门官员还不知蔡伯多禄的到来,便声称蔡不在当地。10月3日,广东督抚有了蔡伯多禄在澳门的确凿证据。他们找到了送蔡到澳门的船夫。这位船夫看见蔡进了澳门方济各修道院。然而,当广东再次派遣官员赴澳门索取时,蔡伯多禄已装扮成西洋人,离开了方济各修道院,和其他逃亡者一道,藏到了奥古斯丁修道院。

广东又一次派出使者要求澳门当局交出蔡伯多禄和其他逃犯,否则便封锁澳门。由于澳门的食物供给依赖中国大陆,因此封锁是一种严重的威胁。在刚从印度回来的澳门高级官员的坚持下,澳门决定不交出蔡伯多禄。并声称他们对中国逃亡者不负责任,因为澳门是一个向所有人开放的城市,他们无法阻止逃亡者的入境。

广东政府对此回答很不满意,立即下令封锁澳门。澳门的食品很快就严重短缺。中国居民惶恐不安,中国店主拒绝向葡萄牙人出售物品,澳门

[①] Bernward H. willeke, "Imperial Government and Catholic Missions In China During the Years, 1784–1785".
[②] 《两广总督舒常广东巡抚孙士毅严拿西洋人李刚义等折》,《文献丛编》第16辑,第21页。
[③] 《两广总督富勒浑奏拿蔡伯多禄折》,《文献丛编》第17辑,第46页。

港口的码头工人甚至停止了卸船。

10月下旬，广东按察使准备前往澳门，他派使者先行，命令澳门当局必须在24小时之内交出逃犯。澳门当局立即召开紧急会议，决定不交出逃犯，但在所有修道院来一个形式上的搜查，以避免触怒按察使。这样的搜查自然没有结果。

葡萄牙人开始用激烈手段缓解他们的食品危机。他们截留了一艘正在离港的载有大米的中国船只，关押了船上部分中国船员，并向可能载有大米的其他船只开火。这在中国居民中引起极大惊恐。按察使担心引起战争，急忙返回广州。广东巡抚孙士毅也不希望此时开仗，10月28日，他解除封锁。

对孙士毅来说，没有抓到逃犯，尤其是没有抓到蔡伯多禄，是极为尴尬的。他在广东悬赏捉拿，派密探在澳门侦察，派官员赴澳门索取，都没有成功。于是他又想到雇用几个基督教徒去诱捕。三个教徒被带到澳门，其中一个在奥古斯丁修道院发现了逃犯谢禄茂。可是，谢禄茂不久又离开奥古斯修道院，逃到蔡伯多禄的藏身之处，孙士毅的计划又失败了。

在北京，乾隆越来越不耐烦，一遍又一遍地下达缉拿蔡伯多禄的命令。孙士毅又派了一个使团前往澳门。官员们首先到了奥古斯丁修道院，他们知道逃犯曾经藏在这里。修道院院长声称，逃犯既不在院内，也不在他们的控制之下。不相信院长所说属实，广东官员坚持认为逃犯仍然在此。当发现一无所获时，广东官员极为愤怒，他们招集总督、市政官和参议员来到现场，要求交出逃犯，并向澳方递交了一封孙士毅的信，内有命令和威胁。澳门的中国商人也请求葡萄牙人让步，交出逃犯。但是葡萄牙人固执己见。中国官员返回广州，向澳门发出严重警告。

在这种形势下，澳门当局不能再将逃犯藏在城中，决定将他们送走。恰好这时有一艘葡萄牙船准备开往印度果阿，为逃犯离澳提供了一个好机会。10月30日夜晚，蔡伯多禄和谢禄茂秘密登船。黎明时分，他们启航前往印度。

孙士毅决定打破葡萄牙人的顽固不化。整个11月，澳门都受到军队即将来临，澳门将被包围的警报的干扰。据说，广州军队确已出发，但又被孙士毅召回。他没有把握此举定能成功。他向在广州的两个外国人打听澳门的防御能力。这两人向他保证,澳门的大炮优良,能有效地抵抗袭击。孙士毅于是停止了冒险,澳门的恐惧渐渐平息。①

教案影响中西关系的另一事例,是英国水手误伤华人案。正当广州严厉查办教案之时,一艘英国商船因送洋船出口,在舱眼放炮,轰伤中国民船,使水手吴亚科、王运发身亡。孙士毅将英国大班锁拿进城,大班供称此案是水手误伤。孙士毅因此请示乾隆,可否将英国水手发还该国,自行惩治。乾隆览奏大为愤怒,谕道:"所办甚属错谬,寻常斗殴毙命案犯尚应拟抵,此案啲嗞哗放炮,致毙二命,况现在正当查办西洋人传教之时,尤当法在必惩,示以严肃。"因此,他令孙士毅:"传集该国人众,将该犯勒毙正法,俾共知惩儆。"②

教案也影响到清廷对懂科学的传教士的选用。四十九年(1784)十一月,孙士毅就委员伴送洋人进京一事上奏,乾隆谕道:"从前因京城西洋人较少,是以令粤省督抚选派数人进京。上年有罗机洲等二人,本年复有德天赐、汤士选等四人到京。西洋人已敷当差,嗣后毋庸选派,俟将来人少需用之时,另行听候谕旨。"③

乾隆朝大教案反映了清朝统治者对西方世界的缺乏了解,茫然被动,和回避矛盾,自我封闭的心态。天主教与伊斯兰教本是两个不同的宗教,但乾隆却多次声称:"西洋人与回人向属一教。"④各省大吏在奏折中也多次重复这道圣旨。这表明乾隆及许多清朝大臣对天主教并不了解。直到五十年(1785)正月,陕甘总督福康安才小心翼翼地说道:"访得天主教中人均食猪肉,其过年与汉民无异,兹审讯刘多明我各犯,复严加究诘,据供天主教每七日内持斋二日,其余日子荤酒猪肉都是吃的。除吃斋持戒外,一切与众百姓无异。我们敬的是天主神,诵的是十戒,并不认识回经等语。臣随阅其所诵十戒,止系劝人行善之词,尚无荒诞不经之语,似可信其不与回人一教。"⑤尽管如此,福康安也不敢与乾隆的旨意相违,仍然表示:

---

① Bernward H. willeke, "Imperial Government and Catholic Missions In China During the Years, 1784–1785".
② 《清高宗实录》卷1218,乾隆四十九年十一月壬戌。
③ 《清高宗实录》卷1219,乾隆四十九年十月辛巳。
④ 《清高宗实录》卷1213,乾隆四十九年八月癸卯。
⑤ 《福康安奏审讯西洋人犯分别解京折、附片》,《文献丛编》第15辑,第8页。

"臣仍留心密访，加意防范，务将天主教杜绝根株，不致复有遗留，或与回教勾通煽惑，潜启衅端。"①

在审讯传教士的过程中，清朝曾显示出茫然被动的局面。如四个意大利传教士在湖北被捕后，湖北官府因没有译员而无法审讯。总督特成额不得不上奏："连日审讯西洋四人，语言难辨。……飞咨广东抚臣，选择通事……来楚质讯。"②孙士毅得知，立即派译员二人前往湖广。可是，这两名译员仅懂葡萄牙语且不精通。而四个传教士全是意大利人，译员无能为力。乾隆因此责问道："通事必须晓习该国语言，始能明晰。前此孙士毅何未询问，遽行咨送，以致言语不通，无从讯供。著传谕孙士毅选择通晓噎吺喇哑呶国语之通事一二人，迅速送京，以备质讯。"③由此可见，在东西方交往不断发展的时代，清朝统治者在政治、思想、文化等方面都缺乏准备。广州是唯一的通商口岸，官员的素质难以适应时代的需要。

由于不适应飞速发展的世界形势，害怕事端，逃避责任，广东大吏又一次表露出回避矛盾，自我封闭的心态。孙士毅奏道："西洋人书信往来既有行商经手，即可随时寄交，无庸另设专管西洋人久住省城，以致滋生事端。"乾隆对此极不满意，严厉指出："西洋人在粤贸易及进京行艺，向所不禁。其在省城居住由来已久，但当严密稽察，勿使内地民人与之往来勾结。若因此次查办，即不准西洋人居住省城，岂非转示以疑怯？殊失抚驭外夷之道。况澳门距省不远，西洋人在省与在澳门有何分别？……西洋人（传教），皆由广东私赴各省，可见该省地方官，平日毫无稽察。乃该抚徒欲禁止西洋人在省居住，岂知其是否滋事全不在此也。"④由此可见，广东大吏的气魄比乾隆还不如。他们的消极建议不仅表露了他们回避矛盾、自我封闭的心态，也代表了当时相当一部分人的思想认识。

综上所述，乾隆四十九年，四个意大利传教士不顾清朝的禁令，潜往陕西传教，引发了一场全国性的大教案，导致了大批的教士教民被捕入狱。清政府对教案采取了严厉的处置措施，对中国天主教予以了沉重的打击，产生了重大的影响。但是，它并没有达到杜绝根株的目的。这场教案

---

① 《福康安奏审讯西洋人犯分别解京折·附片》，《文献丛编》第15辑，第8页。
② 《清高宗实录》卷1214，乾隆四十九年九月己未。
③ 《清高宗实录》卷1215，乾隆四十九年九月乙亥。
④ 《清高宗实录》卷1218，乾隆四十九年十一月壬戌。

的发生、发展，与当时国际国内的政治、军事形势密切相关。它不仅受到当时中西关系的制约，也影响到其后一段时间中西关系的发展。在教案的处理过程中，清朝统治者所反映出来的对西方世界的缺乏了解，和回避矛盾、自我封闭的心态，显然十分幼稚可笑。尔后的历史进程，予这种无知以无情的嘲弄，当然也就不足为奇了。

（原刊于《清史论丛》1995年号）

中 编

五十年来的清史研究

——庆祝中华人民共和国成立五十周年

高 翔

当我们欢庆中华人民共和国50岁生日的时候，一个新的世纪正悄然向我们走来；当我们翘首眺望21世纪黎明曙光的时候，我们对过去的岁月充满了一种复杂的眷恋之情：50年物换星移，一路风霜，我们的共和国在艰难困苦中诞生，在惊涛骇浪中壮大，几多生聚，几多教训，降至今日，终于走向富强；50年人事代谢，风流散聚，我们的历史学始终与祖国命运与共，在阳光中成长，在劫难中坚强，几经开拓，几经耕耘，历经数十载，终于迎来了今日之繁荣。

历史学是一门以反思为特征的实证学问。它通过对往事的探寻与追忆，通过对过去历程的理性分析，探索人类命运之奥秘，"究天人之际，通古今之变，成一家之言"[①]。历史学对现在的分析，对未来的推测，从来都建立在对已逝岁月的理性总结基础之上，即所谓"述往事，思来者"[②]。史学家对历史学自身的考察也是如此。今人的探索不能不基于前人劳动之成果，而学科的未来，又取决于今天的研究状况，取决于我们对学科自身发展规律的认识，所谓"无限的过去都以现在为归宿，无限的未来都以现在为渊源"。反观20世纪历史学，我们不能不对清史——这门属于我们自己的学科予以格

[①]《汉书》卷62，《司马迁传》。
[②]《史记》卷130，《太史公自序》。

外的关注。我们有必要以严肃的态度，探索其成败得失，总结其经验教训，以便我们的清史学在新的时代以更加稳健的步伐，走向科学，走向完善。

毋庸讳言，在20世纪的上半叶，尽管孟森、梁启超、钱穆、萧一山等学术前辈在清史的处女地上披荆斩棘，辛勤耕耘，为近代清史学的发展奠定了十分宝贵的基础，但限于当时的社会条件，清史园地仍榛莽密布。清史学，其真正成熟发展是在新中国建立以后，特别是在改革开放以来的20余年，方获得长足进步。因此，本文主要是对新中国成立以来的清史研究状况作一粗略回顾，至于清末及民国时期的研究，我们将在今后另作专文分析。这里有两点需要特别声明：一是本文不是清史学科发展史，我们要论述的，只是50年来清史学发展的基本线索，我们要讨论的，只是清史研究中受到学术界广泛关注的一些重大问题，故不可能面面俱到。当然，待条件成熟，我们将努力完成一部能相对全面、准确反映清史研究发展历程的专著——《20世纪清史研究之回顾》；二是从原则上讲，清史应该包括1840年鸦片战争以后的70余年，但学术界一般根据社会性质的变化，将鸦片战争以后的历史纳入近代史范畴，而且它本身也构成了一个相对独立的庞大学科体系，故本文对此不作专门论述，本文所讨论的主要是学术界对鸦片战争以前的清朝历史的研究。

学术的命运从来都和国家与民族的命运休戚相关。和共和国的历史一样，50年来，清史学科的发展，也可以清晰地分为三个阶段：新中国成立初期17年（1949~1966年）；"文革"10年（1966~1976年）；改革开放新时代（1976~1999年，包括两年调整徘徊期）。每一时期的清史研究都被打上深刻的时代烙印。尽管屡遭政治风雨冲刷，尽管科研条件好坏不同，研究重点转移不定，尽管学风嬗替，观念变迁，然"诚重劳轻，求深愿达"，总的说来，清史学仍以其顽强的生命力，不断成长，渐趋成熟。让我们首先看看新中国初期17年清史研究之状况。

一 开辟清史研究的新局面：新中国初期17年

要准确衡量新中国的清史研究，特别是新中国初期17年清史研究在当代学术发展中的重要地位，有必要对民国时期的研究状况作一粗略分析。

民国时期的中国学术，传统与现代并存，中学与西学互动，诸家之说，蜂出并作，各执一端，崇其所善。处于这种特殊文化氛围中的清史学，在指导思想、研究方法、编纂体例等方面，也出现了一些新的变革倾向。例如，进化论的观点、反对君主专制的思想、重视工商业的观点，以及章节体等，都或多或少地被引入清史研究。一些学者开始根据时代的需要，以比较严肃的态度审视有清一代之盛衰隆替。其中，陈怀著《清史要略》（1910年北京大学印行）、吴曾祺等著《清史纲要》（商务印书馆1913年版）、汪荣宝、许国英合编的《清史讲义》（商务印书馆1913年版）、刘法曾著《清史纂要》（中华书局1914年版）等著作，大概可以算是民国时期最早的一批断代史清史。当然，就研究水平而言，民国清史研究的代表性成果应该是萧一山的《清代通史》、孟森的《明清史讲义》、梁启超的《中国近三百年学术史》、许大龄的《清代捐纳制度》以及钱穆的《中国近三百年学术史》等。这几部著作资料翔实，论述严密，条理贯通，其学术价值经受住了数十年历史之检验，就是今天，仍为许多学者所推崇。说民国时期的清史研究，初步奠定了近代清史学的基础，在今天看来并不过分。

学术研究，大凡在开创时期，往往观点尖锐多于深刻，体系粗疏而论证不精。尽管民国时期的清史学家，大多国学涵养深厚，其中不乏学贯中西之人；尽管三四十年代吕振羽、侯外庐等马克思主义史学家已经开始运用当时最先进的社会科学理论考察明清社会变迁，但以现代方法研究清史，毕竟是一门新学问，加之时代条件之限制，故民国清史研究之局限性和它取得的成就一样明显。这主要表现在如下几个方面。

一是和其他断代史比起来，清史研究仍不发达，从业者少，成果相对薄弱。这种局面之出现，原因十分复杂：中国学术界长期存在的从古之风，使清史研究极易遭到冷落，而清代浩如烟海的历史资料，也使部分学者产生了畏难情绪。此外，20世纪30年代以后，随着民族危机的加剧，一些本来对清史感兴趣的学者，将注意力转移到了近百年史上面。这一转变诚然反映了史学研究与国家、民族命运的密切关系，具有其积极意义；但它在客观上，却使本来研究力量就很薄弱的清史古代部分，遭到进一步削弱，有分量的研究成果更加稀少。

二是在基本学术理论上，唯心史观限制了清史研究的深入发展。民国时期是实证史学盛行的时代。在历史上，实证史学系近代唯心史观和实证方法的统一，它的出现，曾有力推动了传统史学向近代史学的变革。但唯心主义的局限性使研究者不可能真正把握历史发展的客观规律。受实证史学的影响，民国清史学高度重视材料的搜集和整理，注意科学的推理和考证，而理论的局限却束缚了不少学者的视野，使学术研究往往过分集中于对一些具体事件的考述，而对隐藏于历史表象后面的时代动因涉猎不多，对历史规律探究不深。一些早期清史著作，取材较窄，考证欠精，缺乏严谨而科学的治学态度。此外，这个时期的清史学受清末民初反清排满口号的影响仍很明显。一些学术著作将满族视为"异族"，将清朝视为"满清"，对其近300年历史肆口攻击，臧否失当，不能进行客观公正的评价。一些清朝遗老则站在清朝统治的立场，攻击革命，反对共和。传统的天命观、气数观、儒家伦理政治学说，也冲击和影响着人们对许多历史事实的正确判断。

三是在研究领域上，帝王将相、文人学士仍是其主要研究对象，而对在历史发展中起着至关重要作用的生产方式、阶级关系、农民问题、市民问题、民族问题等，很少涉猎，相关专题研究仍很薄弱。研究范围的偏而不全，必然影响学术的全面发展，影响人们对清朝历史的正确认识。

中国学术要突破，要进步，需要有新的科学理论的指导。20世纪下半叶，随着新中国的成立，学术研究发生了革命性的飞跃，传统史学、实证史学中的唯心主义成分被抛弃，在继承中国史学优良传统的基础上，史学界全面确立了辩证唯物主义和历史唯物主义的指导地位，清史学随之进入一个更加科学、更加理性的新时代。"文革"前17年清史研究的基本状况是：在马克思主义指导下，学者们高度重视从经济形态和阶级关系的角度考察清代历史，学术界关于满族社会形态的研究、关于资本主义萌芽的讨论，对清代阶级斗争的分析，从根本上改变了清史研究的面貌，将新中国的清史学和民国清史学区别开来，使人们对清朝历史的认识，从历史的表象进入到深层，从上层建筑深入到经济基础。这一历史性转变，不但扩大了人们的学术视野，而且加强了清史研究的科学性。新中国初期的清史研究主要包括以下几个方面的内容。

1. 入关前满族社会形态。这是新中国初年清史研究的热点之一，学术界对此曾展开过热烈讨论。讨论的焦点是：后金建立前的女真社会是否经历过奴隶制阶段；满族的封建制开始于何时。有的学者主张满族封建制出现较早，认为努尔哈赤政权一建立就是农奴制，而不是奴隶制。① 莫东寅是满族直接进入封建社会的重要论证者。他在《满族史论丛》中提出，明清之际"女真族社会的发展与若干已被证明的部族一样，他们从原始社会，通过家长奴役制，而径直飞跃到封建社会"②。尚钺、张维华等人也持相同看法。尚钺认为，在努尔哈赤兴起时，满族正处于氏族社会的末期，后金政权建立以后，在明朝先进经济文化影响下，从氏族社会向封建制飞跃。③ 不过，莫东寅等人的观点在当时不具有代表性。大多数学者认为满族经历了原始社会、奴隶制、而后进入封建制，但对满族奴隶制和封建制的分期及其具体特点，却存在较大分歧。李燕光认为，15世纪、16世纪满族先世的女真人是家庭奴隶制占支配地位，满族的封建制是在家庭奴隶制迅速瓦解的基础上形成的，它开始于1616年，完成于1636年。赵展和杨孟雄不同意这种观点。他们认为从14世纪末到努尔哈赤兴起前，建州女真是处于向前发展的奴隶制社会，努尔哈赤兼并各部落，建立的是奴隶制国家，而不是封建国家。傅乐焕也认为，努尔哈赤兴起时，满族是奴隶社会，只是在进入辽沈地区，实行"计丁授田"以后，才开始向封建制转化。④

王锺翰是最早论证满族经历过奴隶制历史阶段的学者之一。在《满族在努尔哈赤时代的社会经济形态》和《皇太极时代满族向封建制的过渡》两篇文章中，他认为：后金政权建立前后50年间，从16世纪70年代到17世纪20年代，满族社会仍属于奴隶制社会。这个时期，铁器被广泛用于农业，手工业与农业已经分离。1621年进入辽沈地区，以颁布"计丁授田"为标志，开始向封建制过渡，并主要在皇太极时期得以完成。⑤ 和

---

① 参见《有关满族历史上若干问题的讨论》，《民族团结》1962年第7期。
② 莫东寅：《满族史论丛》，第85页，人民出版社1958年版。
③ 参见尚钺《清代前期中国社会之停滞、变化和发展》，《教学与研究》1955年第6期；《中国通史纲要》，人民出版社1955年版；张维华《满族未统治中国前的社会形态》，《文史哲》1954年第10期。
④ 参见《辽宁举行满族史学术讨论会》，《历史研究》1961年第6期。
⑤ 参见王锺翰《清史杂考》，中华书局1963年版。

799

王锺翰一样，郑天挺也认为满族经历过奴隶社会，不同的是，他认为这一历史阶段存在于努尔哈赤建立政权以前。郑天挺是当代清入关前史研究的重要开拓者之一。早在民国时代，他就对满族礼俗、满汉关系作过研究。1962年，在有关学术报告，特别是在《清入关前满洲族的社会性质》一文中，郑天挺对满族社会性质的变化提出了比较完整的看法。他认为：满族的社会发展和其他民族所经历的社会发展阶段是一致的，经过了原始氏族社会、奴隶社会和封建社会三个时期。在努尔哈赤建立后金政权以前，满族处于奴隶社会阶段，而1616年努尔哈赤建立政权前后，满族进入封建社会。郑天挺主要从四个方面论述了这一历史性转变。一是满族的祖先女真，曾在淮河以北地区建立过封建制政权的金代，封建制对满族并不陌生。二是满族介于两个高度封建化的汉族和朝鲜族之间，必然受其影响。三是努尔哈赤本人曾三次到北京朝贡，和明朝的关系很深，接受汉族文化的程度很高，对封建制度有所了解；从民族经济文化交流关系上看，满族在努尔哈赤时期进入封建制度是可能的。四是从满族的生产力看，它已经有了发达的农业，使用了铁器，生产力大大提高了，落后的生产关系必须改变，而建立起新的生产关系。郑天挺强调："在努尔哈赤时期，满洲社会面貌、社会制度性质的变革，是必然的。"①

　　台湾学者刘家驹对清初生产关系也作了比较深入的研究。他认为：太祖、太宗朝庄屯的迅速发展和扩大，和奴隶的增加有密切关系，当时从事农耕的奴隶以汉人和朝鲜人居多。刘家驹特别指出：庄头就是诸王府的奴隶，举凡主人需用之物，均由彼等筹办。在法律上，庄头是奴隶。在经济上，庄头壮丁又是主人的佃农，这是清初奴隶制的特色，与希腊、罗马的奴隶制度有所不同。②

　　这个时期，还有一些学者对满族之形成、后金国家之形成、八旗制度等问题进行了探讨。值得一提的是李旭发表于《中华文史论丛》第5辑的《论八旗制度》。该文比较全面地分析了八旗制度之起源，以及它和辽、金、元兵制之间"因袭变革"的关系。文中一些观点，系首次提出，能给

---

① 参见倪明近整理的《清代入关前满洲族社会性质问题》，《历史研究》1962年第4期；郑天挺《清入关前满洲族的社会性质》，《历史研究》1962年第6期。
② 刘家驹：《清朝初期的八旗圈地》，第18~19、73~74页。台湾大学文史丛刊1964年版。转引自王戎笙《台港清史研究文摘》第89、91页，辽宁人民出版社1988年版。

人以启迪。①

2. 清初主要社会矛盾。1644年清军入关，以及随之而来的持续数十年之久的抗清斗争，始终是受到清史学界高度重视的学术问题。这是因为，不论治清史者专长在何种领域，不论他目前的兴趣集中在哪一个具体问题上，对明清鼎革，以及与之密切相关的清前期历史地位问题，他都应该有自己的看法。原因很简单，爆发于17世纪中叶的那场巨大的历史变革（时人所谓"天崩地解""天下陆沉"），深刻地影响到了此后近300年中国历史的每一个重要方面，如果研究者回避这场变革，或对这场变革缺乏起码的常识，就不可能真正懂得清代历史。

新中国初期对清初社会矛盾作过系统阐述的是刘大年。他在《辛亥革命与反满问题》中提出："反满"从来不是一个独立的运动，它在不同时间里，服从不同阶级的利益。"满清入关，许多中小地主转向拥护这个新政权，形成地主阶级中反明拥满的一派。清朝的统治就是受到这些中小地主的支持而稳定下来的"，"拥明反满地主则在很长一个时间里采取不同的形式相对抗。若干地主知识分子利用儒家学说，特别是发挥'夷夏之防'的春秋大义，宣传仇满思想。有些人利用天地会等秘密结社武装起事，'反清复明'成为天地会的口号就是源于此"。②在《论康熙》一文中，他说："清政权入关，使地主阶级内部的矛盾，即反满派地主与拥满地主的争夺成为非常突出的矛盾。地主阶级中的一派勾结满族势力，打败农民起义以后，阶级斗争的形势陡然一变，地主阶级两派间的战争代替了全国范围内农民反对地主的战争。反满派地主斗争的特点是它在表面上和反对民族压迫的斗争是一致的。这个斗争从清初入关进入高潮到清政府统一台湾以后趋向低落，但是反满派地主的反抗未从此停止。"③刘大年的这一观点遭到了一些学者的反对。杨树森在《关于清政权入关后战争性质问题的商榷——兼说康熙个人和人民群众的作用》一文中指出：刘大年的观点，实际上是把清政权入关后地主阶级内部的矛盾，当作当时主要的矛盾。杨树

---

① 参见李治亭《建国四十年来清前史研究述评》一文，该文连载于《历史教学》1995年第12期、1996年第1期。另见陈生玺、杜家骥《清史研究概说》，第79~80页，天津教育出版社1991年版。
② 刘大年：《辛亥革命与反满问题》，《历史研究》1961年第5期。
③ 刘大年：《论康熙》，《历史研究》1961年第3期。

森认为：清入关后，尽管地主阶级内部存在着矛盾，但不能代替清前期阶级斗争的全部内容，也不能够代替在这一特定历史时期民族矛盾和反清民族压迫的特点。清政权入关后，阶级矛盾仍在激化，满汉地主阶级共同对付农民起义军的锋芒是极其鲜明的，这个时期战争的主流仍然是农民反封建斗争的继续和发展。当然，随着清廷民族压迫政策的实施，农民反封建斗争和反清民族压迫的斗争逐渐结合起来，从而形成了一种复杂的斗争形势，而"反满派"的斗争具有一定的进步性。杨树森指出：刘大年对"反满运动""拥满派""反满派"三个概念的使用是不恰当的。"反满运动"确切的说应是反清运动，"拥满派"应是投降派，"反满派"应是抵抗派，三个概念之所以要这样区分，是因为其中有一个是非问题。[①]

关于清初社会矛盾，除了上述观点外，还存在着另一种意见，那就是认为：清军入关后，民族矛盾成为中国社会主要矛盾，反抗民族压迫成为战争的主要内容。沈嘉荣认为，不能把民族矛盾和阶级矛盾对立起来，但是，也不能把民族矛盾和阶级矛盾完全等同起来。民族斗争中，参加成员较阶级斗争更加广泛，"不同阶级虽然怀着不同目的，但在反对民族压迫这一点上，却有暂时的共同利益。明末社会以阶级矛盾为主要矛盾，因清兵入关，使民族矛盾上升、突出成为主要矛盾，这时汉族内部的阶级矛盾暂时退居到次要的从属的地位，因而，以汉族农民为主体的有城市市民、商贩、手工业者乃至地主阶级中某些成员参加的'抗清'斗争是当时的主要斗争"[②]。李燕光指出：清初"民族矛盾的内容是：满族贵族对汉族农民实行封建统治，进行封建剥削的矛盾，并且也包含与汉族地主争夺政权的矛盾。民族矛盾的形式是：清朝实行民族压迫政策，造成满汉民族的不平等。从内容和形式来说，都是与明末汉族内部阶级矛盾有区别的；但是，它的实质仍是属于阶级矛盾性质的。因为满族贵族夺取中央政权，侵犯汉族利益，是要扩大封建剥削范围，所以定都北京以后，还是极力维护封建剥削制度的"[③]。

还有的学者认为，不宜笼统分析清初社会矛盾，而应按历史演变的

---

① 杨树森：《关于清政权入关后战争性质问题的商榷——兼说康熙个人和人民群众的作用》，《民族团结》1962年第6期。
② 沈嘉荣：《试论清初的反满斗争》，《江海学刊》1962年3月号。
③ 李燕光：《清代的满汉民族关系与满族的阶级关系》，《民族团结》1962年第7期。

具体情况，分阶段进行讨论。像郑天挺在1962年提出：清军入关，民族矛盾立刻发展为主要矛盾，1654年至1658年，主要矛盾由民族矛盾向阶级矛盾转化，1659年至1663年，阶级矛盾成为主要矛盾。[1]也有人主张：1644年至1664年民族矛盾占主要地位，1664年至1840年民族矛盾趋于缓和，阶级矛盾上升，1840年以后帝国主义和我国各族人民的矛盾上升为主要矛盾。还有人主张民族矛盾至18世纪中叶才下降，但也有人认为顺治时期阶级矛盾就已经开始上升。

关于民族矛盾向阶级矛盾转化的条件，一些学者指出：必须压迫民族和被压迫民族的统治阶级之间，以及压迫民族与被压迫民族的被统治阶级之间在利益上取得一致，同时触及农民的土地问题的时候，民族矛盾才会向阶级矛盾转化。满族贵族在全国的统治稳定后，转入处理生产关系，就要触及土地问题，这时就由民族矛盾转化为阶级矛盾。对民族矛盾中地主阶级的态度，有的学者提出：不能因为清军入关后汉族地主多数投降，就笼统地把汉族地主阶级划为矛盾的一方，或者简单地划分为大地主投清，中小地主反清，应做具体分析，地主阶级各阶层中都有投清的和反清的。对清军入关之性质，有的学者认为，无论哪个民族建立了国家政权，都是内部关系，不能认为只有汉族才算正统。满族是祖国的成员之一，不是外国人，因此清军入关是国内问题，不能叫作"入侵"。[2]

在研究清初社会主要矛盾的同时，一些学者还探讨了清前期历史地位问题，其观点也不尽相同。尚钺比较强调清朝入关对中国社会发展的阻碍，认为它的消极作用"甚至使中国社会发生停滞现象"。而商鸿逵和郑天挺则比较重视清朝的独特历史贡献。如商鸿逵指出，清军入关尽管造成了生产力的破坏，但清廷恢复经济的时间并不很长，仅用半个多世纪就达到最盛的"百年之治"，经济繁荣超过了前代。郑天挺在《清史简述》（该书虽出版于1980年，但实际上是作者1962年在中央高级党校时讲课的记录稿）中特别指出，满族进入中原，使中国增加了新的活力，使腐朽的社

---

[1] 郑天挺：《清史简述》，第21~24页；转引自《清史研究概说》，第96~97页。
[2] 参见《有关满族历史上若干问题的讨论》，《民族团结》1962年第7期。

会振作起来，对社会的发展起了间接的推动作用。①

现在看来，新中国初期关于清初社会主要矛盾的讨论，在一些问题上显然失之简单。其突出表现是一些学者片面理解马克思主义经典作家关于民族矛盾的论述。在考察明清鼎革之际的历史时，用阶级矛盾取代民族矛盾，因重视阶级斗争而忽视、否认民族对立和民族斗争。其实，马克思主义强调民族剥削和民族压迫的根源是私有制和资本，并不等于就否认民族压迫和民族反抗的存在，在任何时候，反抗民族压迫都具有毋庸置疑的正义性。对清初历史我们不妨也作如是观。

3.抗清斗争。在对抗清斗争的研究中，谢国桢的《南明史略》是一部关于南明史的比较重要的著作。该书依据大量材料，对南明政权及其抗清斗争进行了比较全面的分析。以往的史书叙述明清鼎革，大多着重于对明朝残余力量的考察，对农民军的作用重视不够，而且过分偏重南方，对北方抗清斗争语焉不详。《南明史略》力纠此弊，对农民军在抗清斗争中的作用予以充分估计，并辟出专门篇幅叙述北方民众的抗清斗争，在研究思路上有了明显突破。不过，也有学者指出该书在对南明政权性质的判断上，在对一些重要事件的分析上，在史料的运用及校勘上，还存在着明显缺陷。②

在抗清斗争研究中，几个主要的抗清领袖人物，如史可法、李定国、郑成功是学术界关注的焦点。在新中国成立以来的清史研究中，史可法一直是最有争议的历史人物之一。有关讨论主要集中在三个时期：20世纪50年代初；20世纪60年代中叶；20世纪70年代末和80年代初。几乎历次争论的话题都是：史可法究竟是不是民族英雄。

史可法问题的讨论开始于1952年。当时，丁正华在《历史教学》上发表了题为《史可法是民族英雄吗》的文章。文章开篇就说：旧历史学家都称史可法是"民族英雄"，"史可法真是民族英雄？我要求人民的历史家回答这个问题"。丁正华说：史可法不是岳飞那样的爱国主义者，他反人

---

① 参见尚钺《清代前期中国社会之停滞、变化和发展》，《教学与研究》1955年第6、7期；商鸿逵《略论清初经济恢复和巩固的过程及其成就》，《北京大学学报》1957年第2期；郑天挺《清史简述》，中华书局1980年版。
② 《南明史略》由上海人民出版社1957年出版。参见柳义南《评谢国桢著〈南明史略〉》，《历史研究》1958年第9期。

民反了17年，他的主张始终是"安内攘外"主义，只是最后联外失败，才不得不勉强抗清，而且是内外并抗，以内为主。因此，他的"爱国主义"已经和"安内攘外"结合起来了。①

丁正华的文章引发了一场热烈讨论。其中，持赞同和反对的观点都有。在今天看来，当时争论的双方在一个关键问题上都不能说服对方，那就是，在史可法的政治生涯中，抗清斗争究竟占了多大的分量。对史可法持否定意见的章冠英认为：在史可法的一生中，抵抗清朝并不是一个重要的部分，他的绝大部分时间和精力都花在与农民起义军作战上，并且指责史可法没有"坚决地好好地"把守扬州，对奸佞处处妥协，"打起内战来精神百倍，抵抗异族则垂头丧气"。②而持肯定意见的人则指责丁正华等人对史可法提出了不切实际的要求，具有反历史主义的倾向，强调史可法的抗清适应了主要矛盾的转变。魏宏运指出："满族的入侵是一重大历史事变，那末为什么拒抗满清就不是他政治历史的主要部分？难道政治生活单纯以时间来计算？"③有人还特别提醒论者要注意史可法精神的历史影响。漆侠认为："史可法是作为保全民族气节而死的，他的宁死不屈的精神，使中华民族的丰富遗产的总宝库中增添了一粒新的珍宝。"像史可法这样"竭尽自己的所以，以至自己的生命，企图使自己的祖国从危难中获得解救"的人，应当称为民族英雄。④

1966年的史可法问题讨论，受到了政治形势的影响。当时，正在批判《海瑞罢官》，由于吴晗对史可法持肯定态度，因此，否定史可法的意见在讨论中占了上风。和1952年相比，这次讨论已不局限于史可法是不是民族英雄，而是争论他是否民族叛徒。有的文章观点相当激烈，认为史可法的死，是他顽固推行"安内乃攘外之本"政策，不抗清只打农民军的结果，自作自受，罪有应得，死有余辜。

新中国初年，李定国研究成果最突出的是20世纪60年代初。1960年，郭影秋辑录有关李定国的资料，编成《李定国纪年》。该书鉴别史料比较细致，并提出了明确见解。它通过对晚明时期农民起义军的历史托出

---

① 丁正华：《史可法是民族英雄吗》，《历史教学》1952年第2期。
② 章冠英：《略论史可法》，《历史教学》1952年第8期。
③ 魏宏运：《民族英雄史可法》，《历史教学》1952年第8期。
④ 漆侠：《关于史可法的评价问题》，《历史教学》1952年第12期。

李定国一生之事迹，对研究这个人物和这段历史很有帮助。1962~1963年，为纪念李定国逝世300周年，一些地方开展了一系列学术活动，举办学术报告会，派人赴贵州、湖南、广西及云南边境等李定国战斗过的地方，进行调查研究，搜集资料。关于李定国研究，主要围绕三个方面展开。

（1）关于联明抗清问题。在当时不少学者看来，李定国一生"最艰苦的转折，是由覆明自主到联明抗清"，如何理解李定国这一战略转变，是评价李定国之关键，因此有关论述甚多。许多学者认为：李定国的联明抗清，不是降明，他未将一兵一卒交给明朝，"保持大西军独立自主，只把桂王当作傀儡，要打败清兵之后，再来推翻反动政权的统治"①。谢国桢在分析联明抗清问题时特别指出：农民军的联明抗清是出于主动，具有积极意义。农民军与明朝腐朽的政府合作以后，其朴素坚强的作风并未改变。李定国参加永历王朝，当其到达云南，奠都昆明以后，可能政治上有些同化，但其军事组织仍然坚强，他们内部的"掌家"制度、优良的传统，一直遗留到李定国余部在滇边所建立的"桂家"时，还保留着这种作风。②一些学者也指出了李定国的种种失误，如在生死存亡的紧要关头，还无力摆脱南明小朝廷，使西南军事斗争受到影响；对入云南后的永历朝政未加干预，以致马吉翔得以继续把持等。③

（2）李定国和郑成功、夔东十三家的关系。一些学者认为：虽然李定国和郑成功的约期会师一直没有实现，但郑成功对李定国的抗清活动起过配合作用，而李定国的联明抗清思想对郑成功影响很深，坚定了他的抗清决心。至于李定国和夔东十三家的关系，则具有互相支援性质。吕作燮指出：虽然抗清斗争没有形成统一的核心，但是，当时长江以南的几支主要抗清武装，已经逐渐地由不自觉到自觉地相互配合作战，虽然这种配合还远远不理想，但是它是走向团结和统一的，并且显示了巨大的力量。④

（3）李定国的历史地位。不少学者认为，与同时期其他抗清将领相

---

① 方国瑜：《晚明时期云南的反明斗争到反清运动》，《云南学术研究》1962年第9期。
② 谢国桢：《试论李定国在历史上的地位》，《江海学刊》1962年第7期。
③ 参见郭影秋《论李定国坚持西南抗清斗争的历史作用》，《南京大学学报》1962年第3期；吕作燮《李定国的联明抗清斗争》，《南京大学学报》1962年第3期。
④ 参见吕作燮《李定国的联明抗清斗争》，《南京大学学报》1962年第3期；俞海蓝《李定国和夔东十三家的战斗友谊》，《南京大学学报》1962年第3期。

比，李定国是杰出的，其抗清斗争在一定程度上推动了社会历史的前进。至于抗清斗争失败的原因，洪焕椿认为：决不能说完全是他们军事上的失败，主要原因在于社会主要矛盾的转化。洪焕椿指出："顺治末康熙初是社会矛盾的转化时期。那时候，清朝的统治已经巩固，大规模的反民族压迫的战争已经停止，国民经济得到有效恢复并有所发展，民族矛盾已经不是主要矛盾。……当时的阶级矛盾也正在走向缓和。在这种形势下，如果继续拥戴失去人心的明桂王朱由榔，以永历为抗清的旗帜，与清朝的新政权相对抗，就起不了什么作用了。"①

对李定国，台湾学者李光涛有不同理解。他认为李定国扶明是真诚的，即所谓李定国"自表示誓扶明室之后，即以恢复为己任"，"一腔忠义，努力攻战"。李光涛感慨说："假使当崇祯全盛之世，罗致李定国以为国家的长城，则内靖诸贼，外却强敌，何患天下不会太平哉？"②

新中国成立以来，郑成功研究可谓长盛不衰。1954年，《新建设》第10期上发表了朱苏的文章《我国第一次解放台湾之役——郑成功驱逐荷兰殖民者，解放台湾的经过》，介绍了郑成功收复台湾的历史过程。第二年，《中山大学学报》第2期上发表了朱杰勤题为《郑成功收复台湾事迹》的论文，这两篇文章可以算新中国成立后关于郑成功的较早的学术成果。降至20世纪60年代，史学界开展了纪念郑成功收复台湾的各种活动，一些质量较高的论文逐渐涌现出来，推动着郑成功研究向纵深方向发展。这个时期，郑成功研究主要集中在三个方面。

（1）郑成功收复台湾的历史原因。胡允恭认为，郑成功收复台湾的原因主要有三：第一，抗清驱荷是其素志；第二，为继续抗清，有必要肃清后方障碍（时清荷两方，时有联合可能），将台湾作为厦门的大后方，军事补给站，加强抗清力量；第三，台湾人民的请求。③

（2）郑成功的军事建树。钱海岳在《郑成功在军事上的贡献》一文，比较全面地分析了郑成功军事建设的特点，他指出：郑军具有组织健全的特点，编制采用五五制，并设总督五军戎政，主持作战计划，还设监纪饷

---

① 洪焕椿：《李定国和郑成功三百年祭》，《南京大学学报》1962年第3期。
② 李光涛：《李定国与南明》，载《大陆杂志史学丛书》第1辑第6册。
③ 胡允恭：《郑成功抗清驱荷的英雄业绩》，《南京大学学报》1962年第3期。

司主持各提督军法军需,但不受提督镇控制,大小相维,分层节制,使军队指挥集中,力量强大。郑成功注重军队训练,军令森严,意志坚强,并能团结群众,是其取得胜利的重要原因。钱海岳也指出:郑成功军队具有较大的局限性,不宜在中原广阔地带进行正规作战,由于立法过严,导致一部分将领畏罪投敌,使清朝得以利用他们瓦解人心,削弱斗志。①

(3)郑成功的历史地位。对此,学术界意见基本一致,认为他是一个应当充分肯定的历史人物,尤其是他收复台湾的斗争,结束了荷兰的殖民统治,具有重大历史意义。陈国强认为:郑成功收复、开发台湾的历史意义,可以从三个方面来理解:第一,维护了祖国领土主权的独立完整,进一步巩固了多民族统一大家庭;第二,对台湾人民,特别是高山族人民的经济发展,起到了积极推动作用,从而有利于中国社会经济的发展;第三,沉重打击了早期西方殖民主义侵略势力,鼓舞并加强了全世界同一切外国侵略者敢于斗争、敢于胜利的信心和决心。②

在评价郑成功时,也有一些学者比较强调郑成功驱荷抗清的经济背景。他们认为,郑氏集团主要依靠海上商业活动,荷兰殖民者侵占中国台湾,首先侵犯了郑氏集团和沿海人民的利益,这是他积极驱荷的重要原因,其抗清活动也是为了维护海上商业资本的利益,其斗争初期是正义的,但后来民族矛盾趋于缓和,国内出现统一局面,在这种形势下,再继续抗清就不一定正义了。③

值得一提的是,台湾的郑成功研究成绩也非常突出。台湾史学界对郑成功的研究不仅论著多,而且研究范围广,学者们对郑成功的生平事迹、郑清议和、三征长江及其失败原因、收复台湾、治台政策、海外贸易等方方面面都作了十分深入的考察。一些台湾学者研究郑成功,比较重视将其置于世界范围考察,并高度重视利用海外文献,特别是荷兰文献。曹永和指出:"关于郑成功的事迹,不但从国史的观点应加以研究以外,我们也有对他在世界史上所占有的地位加以探讨考究的必要","荷兰文献中,有关郑氏资料实甚丰富,颇多可为中文资料的印证,补其缺略,并且也可发掘

---

① 钱海岳:《郑成功在军事上的贡献》,《南京大学学报》1962年第3期。
② 陈国强:《郑成功驱逐荷兰侵略者,收复台湾的伟大斗争》,《厦门大学学报》1962年第1期。
③ 《纪念郑成功收复台湾三百周年,厦门举行学术讨论会》,《民族团结》1962年第2期。

许多新事实"。①然而,在郑成功研究中,也有一些学者站在朱明的立场,评说历史,纵论是非,特别强调台湾郑氏"延明历20余年"之功,以致其论述脱离史实,有失偏颇。如《清史》编纂后记云:"郑氏一生,以抗清复明为职志。初期闽粤沿海地区之经略,以及浙海舟山地区之攻防,即在取粮裕兵,安内攘外;而欲先下七闽,以图北复中原也。及其战力充实,粤桂同心,始有永历十二三年全力北伐之举。不意政略未周,军事失利,然犹能于漳海一战,大败清师,保全两岛。其入台湾,开国立家,盖非志效扶余,而系视驱逐荷人为抗清运动之一环焉。夫政略允当,军事自克发皇。故永历十五年后,能系天下之望于一隅者,尚达22年之久,其间郑经继之,颇有作为,而克爽幼弱,遂为清人所乘。"②

附带提一句,关于李自成牺牲地点,史料记载歧异迭出,或谓其死于黔阳县罗公山,或谓死于通城县,或谓死于通山县。1956年《历史教学》编辑部曾组织一些学者及湖北有关学术单位进行调查、考证,基本断定李自成死于湖北通山县,这一结论获得了郭沫若的赞同。郭沫若表示:"我为通城县李自成墓所作的题词,及在《甲申三百年祭》中说李自成'牺牲于湖北通城九宫山'都是根据旧有的传说,应予注销并改正。"③

需要特别指出的是,新中国成立初陈寅恪为"表彰我民族独立之精神,自由之思想",将研究重点转到明末清初的历史。他特别关注"婉娈倚门之少女,绸缪鼓瑟之小妇,而又为当时迂腐者所深诋,后世轻薄者所厚诬"的柳如是及其夫钱谦益的反清活动,并因此而顺着历史轨迹往前探索柳如是早、中期历史真相,用10年功夫写成《柳如是别传》三厚册。陈寅恪用整整一册的篇幅,研究了钱柳借著述反清,以及策划、资助反清活动的情况,首次将这种在清朝严酷统治下的地下反清活动概括为"复明运动"。这一概括为清史研究开拓了新的领域,为挖掘清初许多被掩盖和深埋的史实指明了方向,使抗清斗争的完整性和错综复杂性进一步暴露出来。陈寅恪对柳如是早、中期历史的研究,也为人物研究树立了典范。《柳如是别传》说明,深刻的思维和治史方法,能对史学发展起良好的推

---

① 曹永和:《从荷兰文献谈郑成功之研究》,载《台湾文献》第12卷第1期,第2、10、11页。转引自《台港清史研究文摘》,第140、152页。
② 张其昀监修《清史》编纂后记;转引自《台港清史研究文摘》,第140页。
③ 《关于大顺军领袖李自成被害地点的考证》,《历史研究》1956年第6期。

809

动作用。

4.资本主义萌芽问题。这是新中国初期清史学界最重要的研究课题之一。毋庸讳言，近年来研究资本主义萌芽的人少了，部门经济、区域经济等逐渐成为人们新的研究热点。这是一种正常现象。人们的学术兴趣总是随着社会观念的变迁，研究视野的转换而发生改变。如果学术界数十年如一日地围绕着一个问题争吵不休，那只能意味着思维的僵化和学术的死亡。故清人谓："天地之气，一废一兴，一盛一衰，学术之变迁亦若斯而已矣。"[①]然而我们也不同意因今天的进步而对当年的讨论全盘否定，或不屑一顾的做法。事实上，当年对资本主义萌芽的考察曾有力地推动了人们对明清特殊历史时代，特别是商品经济问题的认识。如果说今天人们对有关问题的认识有所前进的话，那么这种前进本身就站在前人研究的基础之上。

关于资本主义萌芽，新中国成立以前很少有人作过专门研究。三四十年代，吕振羽关于"资本主义性工场手工业幼芽"的论述，侯外庐对明清之际城市平民反对派及异端思想的分析，大概是关于中国资本主义萌芽最早的学术阐述。1955年出版的由尚钺主编的《中国历史纲要》，明确提出明代中国社会已有资本主义萌芽因素存在，认为当时中国社会"具备了封建社会末期的特征"。1955年学术界展开了关于《红楼梦》时代背景的讨论，许多文章都接触到了资本主义萌芽问题，这一讨论引起了史学界的巨大兴趣和广泛注意。此后，资本主义萌芽就成为清史研究的一个重要课题，有关研究涉及生产力发展水平、商品经济和商业、生产关系状况及其变化、阶级斗争等诸多方面。[②]

对明清时期资本主义萌芽，尚钺研究较早，且对其发展水平估计较高，自成体系（1956年生活·读书·新知三联书店出版了《中国资本主义关系发生及演变的初步研究》一书）。他认为，明中叶以后，中国资本主义萌芽因素以"惊人"的速度增长，降至明末清初，中国社会性质已经出现一些变化。康熙、雍正、乾隆时代的中国社会，在明末资本主义萌芽的基础上，获得进一步的发展。"商品经济和社会分工，在乾嘉时代较之明

---

① 凌廷堪:《校礼堂文集》卷4,《辨学》。
② 杜真:《关于资本主义萌芽问题的讨论》,《历史研究》1956年第7期。

末，从经济观点看，已是资本主义的'所谓原始积累'时期"①。基于对中国资本主义萌芽的较高估计，尚钺主张划分中国近代的标志不在19世纪中叶，而在16世纪中叶，他指出：

> 不拘从社会经济的发展上，或从上层建筑的意识形态发展线索上，以及从中国社会内部的主要矛盾和主要矛盾方面的继续和发展上，以一八四〇年外国资本侵入中国的时间划一个分界线，都是不很妥当的，而且有着斩断历史发展线索的毛病。②

在对资本主义萌芽发展水平的估计上，邓拓和尚钺的看法大体相似。他认为："从明朝万历年间到清朝乾隆年间，约当公元十六世纪八十年代到十八世纪九十年代，是中国资本主义因素的萌芽时期。"邓拓提出：过了乾隆年间，在经济发达的地区，资本主义因素就从萌芽的时期进入成长的时期了，在这一时期，"资本的原始积累过程仍在继续发展，工场手工业制度和农业商品化的过程也还表现了某些质量上的新变化，如果历史条件继续便利于中国资本主义因素的成长，那么，中国完全有可能独立发展成为资本主义社会"③。

尚钺和邓拓关于原始积累的观点，特别是尚钺反对将鸦片战争作为近代史的开端，在当时的条件下，当然会遭到严厉批评。有的学者指责他"否定马克思主义关于中国的历史的根本观点"，"违反事实，牵强附会"。④尚钺在答辩中虽然承认自己对以鸦片战争作为近代史起点的怀疑，主要是因为偏重从资本主义萌芽及其发展情形的方面看，"显然是对由一八四〇年鸦片战争爆发起来的中国反帝反封建的资产阶级旧民主主义革命第一步开始的重大政治形势的变革重视的不足"，但在基本学术思

---

① 参见尚钺《清代前期中国社会之停滞、变化和发展》，《教学与研究》1955年第6、7期；《中国资本主义生产因素的萌芽及其增长》，《历史研究》1955年第3期。
② 尚钺：《〈明清社会经济形态的研究〉序言》，《尚钺史学论文选集》，第386~390页，人民出版社1984年版。
③ 邓拓：《从万历到乾隆——关于中国资本主义萌芽的一个论证》，南京大学历史系中国古代史教研室编《中国资本主义萌芽问题讨论集续编》，第133页，生活·读书·新知三联书店1960年版。
④ 刘大年：《关于尚钺同志为〈明清社会经济形态的研究〉一书所写的〈序言〉》，南京大学历史系中国古代史教研室编《中国资本主义萌芽问题讨论集续编》，第306页，生活·读书·新知三联书店1960年版。

路上，仍坚持了自己的观点，强调我国社会存在着"资本主义发展的最初诸阶段"，"正因此，我国社会才能在走上半殖民地半封建社会的时候，在社会经济中出现了资本主义的经济；在政治运动中也出现了资产阶级旧民主主义革命"。①

关于资本原始积累问题，黄逸峰认为：资本主义萌芽与资本原始积累是两个既有联系又有区别的范畴，前者是一个在封建经济结构中缓慢分解的过程，它不能摇撼封建经济结构而达到资本主义生产方式的发生；后者是一个激剧的分解过程，它在前者发展到一定程度的基础上发生，即在这一过程中积聚起大量资本和大量供自由雇佣的劳动力，从而使封建生产方式发展为资本主义生产方式的质变过程。鸦片战争前中国还不具备走上资本原始积累的经济、政治条件。②吴大琨认为：所谓"资本主义原始蓄积"，是"生产者与生产资料分离的历史过程"，"这个过程，一方把社会的生活资料及生产资料转化为资本，他方就把直接生产者转变为工资劳动者"，这一过程在外国资本主义侵入之前并没有发生。③吴大琨认为：尚钺所犯的最大毛病是没有严格把作为封建社会固有生产力之一的手工业作坊及手工业工场与作为封建社会中的新的生产力的资本主义简单协作与工场手工业加以区别，以致将许多封建的工场手工业都看成了资本主义的工场手工业，并将当时中国社会的矛盾，估计成为一种新的生产力——资本主义生产与封建主义生产关系的矛盾。④黎澍在《关于中国资本主义萌芽问题的考察》一文中，通过对一些历史材料的再分析，认为尚钺等人对明清之际中国资本主义萌芽估计过高，批评一些论文分析明清历史采用贴标签的方法，"有许多关于资本主义萌芽的论文，脱离了资本主义发展所需要的条件，把非商品生产和商品生产混淆起来，把农奴式劳动当作雇佣劳动，把农村副业和行会手工业当作工场手工业，从商业资本引出工业资本主义，表现了显著的片面性，贴标签的基础并不牢固"⑤。经过这场讨论，

---

① 尚钺：《有关中国资本主义萌芽问题的二三事》，《中国资本主义萌芽问题讨论集续编》，第371页，生活·读书·新知三联书店1960年版。
② 黄逸峰：《中国资本原始积累的形式及其特点》，《江海学刊》1962年第3期。
③ 参见《关于资本主义萌芽问题的讨论》，《历史研究》1956年第7期。
④ 吴大琨：《评明清之际中国市民运动的特征及其发展》，《中国资本主义萌芽问题讨论集续编》，第273页，生活·读书·新知三联书店1960年版。
⑤ 黎澍：《关于中国资本主义萌芽问题的考察》，《历史研究》1956年第4期。

明清资本原始积累的提法在学术界很少出现。然而，也有学者指出吴大琨等人对明清社会之新变化认识不足。李之勤认为，在估计资本主义萌芽的发展程度时，不能以私人经营的手工制造业的数目及其在整个手工业中的比重为根据，而且在事实上，当时在整个手工业中占绝大多数的并不是官营手工业，而是私人资本主义的工场手工业。封建统治者对工场手工业采取敌对态度，经常用政治特权甚至武力来限制和制止它的发展，这说明资本主义萌芽正动摇着封建社会的基础，危及了封建政权的统治。陈湛若在分析了乾嘉时代商业资本的发展、土地的集中、庞大的农业失业群的形成以及农民地主间阶级斗争的激化后，认为说当时是封建社会崩溃的前夕并不过火。①

在具体研究中，手工业中的资本主义萌芽是学者们考察的重点，而且歧见迭出。彭雨新认为清代苏州丝织业已经形成了以小作坊占优势的资本主义生产关系。②钱宏《鸦片战争以前中国若干手工业部门中的资本主义萌芽》一文，通过对江南丝织业、棉纺织业、江西景德镇的制瓷业、广东佛山镇的铁器业等清朝著名手工业的考察，指出：鸦片战争以前，中国的手工业中已经逐步出现了相当多的资本主义萌芽，手工业中不但有了很多资本主义作坊，而且在有些部门还出现了规模巨大的资本主义手工工场，一部分商业资本逐渐向工业资本转变。鉴于封建社会内部出现了属于未来社会的新的生产力和生产关系的萌芽，所以当时的中国已经处在封建社会的末期。③傅筑夫、李竞能认为：明清两代，在苏杭一带的丝织业、松江一带的棉纺业，以及铁冶业、陶瓷业、造纸业、造船业等重要的手工业部门中，资本主义因素已经萌芽和发展，在这些手工业部门中，"一方面小商品生产者的分化产生了资本主义企业主和雇佣工人，另一方面以商人为代表的商业资本直接控制了生产。当时商品经济的高度发展以及资本主义因素在某些手工业部门中的萌芽，在中国社会经济的其他方面亦有反映，主要表现为官手工业中徭役制已经过渡到代役租制，农业中农作物商品化

---

① 《关于资本主义萌芽问题的讨论》，《历史研究》1956 年第 7 期。
② 彭雨新：《从清代前期苏松地区丝棉手工业的生产来看资本主义萌芽》，《武汉大学人文科学学报》1959 年第 8 期。
③ 钱宏：《鸦片战争以前中国若干手工业部门中的资本主义萌芽》，中国人民大学中国历史教研室编《中国资本主义萌芽问题讨论集》上册，第 238 页，生活・读书・新知三联书店 1957 年版。

的过程迅速发展以及雇佣劳动日渐广泛出现,商业资本迅速增长并与商品生产日益结合,货币财富大量积累在少数人手中,出现了重要的经济中心地区。如此种种,都与当时重要工业部门中出现资本主义因素的萌芽相联系、相适应"[1]。但也有的学者认为不能轻易认定清代手工业中的资本主义萌芽,像黎澍就断言景德镇瓷业中的资本主义经营在明朝和清朝是不存在的。[2]彭泽益认为,苏州的丝织业长期以来受制于当地织造官局,采取机匠向机户"揽织"的方式,而且又处于行会的控制和监督下,不能摆脱各种形式的封建劳役义务的束缚,机匠和织工并没有成为劳动力的自由出卖者,构不成劳动对资本的隶属关系,因此不属于资本主义生产。[3]李景林和刘耀也对苏松地区棉纺织业中的资本主义萌芽提出怀疑,认为并没有发现当地存在着商业资本向产业资本转移的事实。[4]一些学者认为工场手工业并未出现,孔经纬指出:"直到鸦片战争为止,中国资本主义性质的手工业还是处于萌芽期,并没有经历过工场手工业的特定历史时期。资本主义工场手工业之在全社会成长并构成一个特定的历史时期,只有与盛行着的'原始积累'相伴随才有可能。"[5]关于行会制度与资本主义萌芽的关系,黎澍认为二者是对立的,他说:"行会制度是与资本主义经营相反对的制度。只有在资本主义发展的时期,才可能被突破,并使得在它控制下的手工工场成为资本主义的。"[6]刘永成则认为因行会存在而否认资本主义因素萌芽的论断,是站不住脚的,他以苏州数家手工业行会的碑文证明:"行会的存在并不排斥资本主义因素的产生,相反,资本主义因素的成长,则是行会崩溃的条件。"[7]

农业生产关系的变化也受到了一些学者的关注。1955年,翦伯赞发表了《论十八世纪上半期中国社会经济的性质——兼论〈红楼梦〉中所反映

---

[1] 傅筑夫、李竞能:《中国封建社会内资本主义因素的萌芽》,《中国资本主义萌芽问题讨论集》上册,第295页,生活·读书·新知三联书店1957年版。
[2] 黎澍:《关于中国资本主义萌芽问题的考察》,《历史研究》1956年第4期。
[3] 彭泽益:《鸦片战争前清苏州丝织业生产关系的形式与性质》,《经济研究》1963年第10期。
[4] 李景林、刘耀:《对鸦片战争前苏松地区棉纺织业中商业和资本主义萌芽问题的探讨》,《史学集刊》1956年第2期。
[5] 孔经纬:《中国封建社会手工业中的资本主义萌芽》,《中国资本主义萌芽问题讨论集》上册,第467页,生活·读书·新知三联书店1957年版。
[6] 黎澍:《关于中国资本主义萌芽问题的考察》,《历史研究》1956年第4期。
[7] 刘永成:《解释几个有关行会的碑文》,《历史研究》1958年第9期。

的社会经济情况》。在这篇文章中,他以较大篇幅分析了18世纪中国农业经济的情况,明确提出清代中国农业生产中已经出现了资本主义萌芽。翦伯赞主要从四个方面论证农业资本主义萌芽的产生。一是土地占有的两极分化,一方面是大土地占有者,另一方面是农民无产者。二是一部分土地所有者把土地变成商品,从封建的租佃制转向商业性的农业经营;一部分农民无产者转化为以契约关系为基础的农业雇佣劳动者,另一部分走向城市或边疆,参加工匠队伍或寻找新的自由土地。三是农业经营的商业化和专门化,扩大了商品交换的关系,替国内市场的形成创造了条件。四是实物地租正在向货币地租过渡,有些地方出现了货币地租。"这一切说明了当时的农业生产中已经有了资本主义萌芽,"翦伯赞同时也承认,"在当时农业生产中,资本主义因素只是萌芽,占统治地位的还是封建地主经济。"① 此后,傅衣凌通过大量社会调查,认为明末清初江南蚕桑区、东南沿海经济作物区及一些城市郊区,出现了资本主义萌芽性质的原始富农。景苏、罗仑调查了山东经营地主的经济活动,认为它和封建租佃地主不同,是带有资本主义萌芽性质的经济体。②

自由雇佣劳动是资本主义生产关系的基本特征之一。黎澍在《关于中国资本主义萌芽问题的考察》一文中,根据马克思关于劳动力作为商品的有关论述强调:劳动力的所有者,他"只能在一定时限内,任买者支配它,使用它,并在让渡时,不放弃他对于劳动力的所有权"。黎澍认为:中国封建社会的所谓"雇"和"佣"和马克思所说的资本主义雇佣劳动不一样。劳动力的所有者在出卖劳动力以前,是自由的,能够处理他的劳动力,"同时他还可以按最小的比例分取实物或得到雇价"。"但是他所卖掉的不仅是他的劳动力,而且包括他的整个人身和人格,所以他一经受雇佣便在野蛮的封建管理制度之下丧失了他的全部自由,只能从事农奴式的劳动",这和资本主义雇佣劳动显然具有质的区别。③ 刘永成的《论清代雇佣劳动——兼与欧阳凡修同志商榷》是新中国初期关于清代雇佣劳动的一篇

---

① 翦伯赞:《论十八世纪上半期中国社会经济的性质——兼论〈红楼梦〉中所反映的社会经济情况》,《中国资本主义萌芽问题讨论集》上册,第338页,生活·读书·新知三联书店1957年版。
② 参见《清史研究概说》,第220页。
③ 黎澍:《关于中国资本主义萌芽问题的考察》,《历史研究》1956年第4期。

重要的文章。刘永成根据大量资料，比较深入地分析了清代不同生产领域雇佣劳动的不同性质，刘永成认为：清代手工业的雇佣劳动者，在某些生产比较发达和先进的行业中，比如在丝织业和造纸业中，雇佣劳动者基本上解除了封建性的人身束缚，他们出卖的仅仅是一定时期内的劳动力。劳动者与雇主之间的关系，主要是通过买与卖体现的，因此劳动者的"自由"性要大些，可以说劳动者基本上具备资本主义雇佣劳动的性质。而在一些生产较为落后的行业中，如像采矿业，雇佣劳动者在受雇期间，不仅全部劳动属于雇主，而且他们在人身上也很少自由，因而劳动者的封建人身束缚就显得强些。即是说，矿场主购买的不仅是矿工在受雇期间的全部劳动，而且包括了矿工的人身在内。所以采矿业具有较为浓厚的封建性。对农业生产中的雇佣劳动，刘永成认为：在劳动力方面，虽然出现了一定数量的、人身初步获得了"自由"的雇佣劳动者，但是，就农业经营方式而言，由于当时农村尚缺乏资本主义萌芽的必要条件，由于农业生产力水平的低下，商品市场的有限和劳动力市场的狭窄，农业经营地主还没有，也不可能积累起相当数量的货币生产资料和生活资料，而变成资本家。所以，农业雇佣劳动者与雇主之间的关系，很难认为是资本主义的关系。刘永成认为，"从接触的史料来看，在1840年以前的清代农业生产者，资本主义关系还没有露出头角"①。不过，20世纪70年代以后，刘永成改变了自己关于农业资本主义萌芽的观点。他认为，地租形态的变化，货币地租的发展，是产生资本主义萌芽的另一历史前提，"清代前期，随着地租形态的发展变化，佃农个体经济的成长和人身依附关系的进一步削弱，农村中带有资本主义萌芽色彩的佃富农经济关系也就应运而生"②。

新中国初年对资本主义萌芽的研究，除了上述几个主要方面外，学者们还考察了资本主义萌芽发展迟缓的原因、市民斗争、商品经济与城镇兴起等诸多领域。傅衣凌《明清时代商人及商业资本》，企图"从商人和商业资本在中国封建社会的地位及其所起作用这一角度来说明中国封建经济的发展规律问题"，对与资本主义萌芽密切相关的基本问题如"市民经

---

① 刘永成：《论清代雇佣劳动——兼与欧阳凡修同志商榷》，《历史研究》1962年第4期。
② 刘永成：《论中国资本主义萌芽的历史前提》，南京大学历史系明清史研究室编《明清资本主义萌芽研究论文集》，第23页，上海人民出版社1981版。

济"、商业资本和高利贷、雇佣劳动、原始积累等,多有探讨,为新中国初期研究明清经济史的重要著作。①

从总的情况看,新中国初年关于资本主义萌芽的讨论,推动了清史研究的深入,特别是对手工业领域中新的生产关系的考察,不但具有重要的理论价值,而且为人们进一步研究明清阶级关系、分析清代区域经济和社会发展奠定了重要的学术基础。例如,当时对明清江南市镇的研究(其代表性成果是傅衣凌《明清时代江南市镇经济的分析》一文,载《历史教学》1964年第5期),使江南市镇从此成为学术研究的重要课题,20世纪80年代后进而成为国内外清史研究的热点之一。当然,也必须指出,限于当时的客观条件,新中国初期对资本主义萌芽的研究也存在明显不足,这主要表现在:一是基本理论研究欠缺,对什么是资本主义生产方式,如何判断资本主义萌芽,史学界始终缺乏一个获得公认的明确标准;二是专题研究还很欠缺,一些论著失之空泛,对资料的取舍、使用也不够严谨,甚至存在着牵强附会、主观臆断的现象;三是由于讨论主要集中在手工业领域,而对农业领域的研究相对薄弱,这就影响到了人们对清朝社会发展水平的总体认识。无论这次讨论所取得的成绩,还是存在的问题,都对以后清史研究,特别是社会经济史的研究产生了重要影响。

5. 阶级斗争。新中国初期,清史学界高度重视对阶级斗争,特别是农民战争的考察,对有清一代发生的主要农民战争,这个时期几乎都有文章作专题研究。如1953年《历史教学》第7期发表了王竹楼的文章《1795年的苗民大起义》,对乾隆末年苗民事变的原因、清政府的镇压措施进行了初步分析。此后,《历史教学》又发表了段从光的《赣西棚民的抗清斗争》(1955年第1期)、马少侨的《清代乾隆嘉庆年间的苗民大起义》(1956年第6期),《新史学通讯》发表了贾天农的《一七九六年的白莲教的反清斗争》(1955年第11期),《厦门大学学报》发表了陈诗启的《试论清代中叶白莲教大起义》(1956年第3期),上海人民出版社1957年出版了谢国桢编的《清初农民起义资料辑录》等,农民战争逐渐受到不少学者的重视。清代农民战争有一个重要特点,那就是不少起义由秘密结社所发动和领导,

---

① 傅衣凌:《明清时代商人及商业资本》,人民出版社1956年版。

故对农民战争的研究往往和对秘密结社的考察结合起来。对清代秘密会社，特别是天地会的研究，笔者将在本文第三部分作专门叙述，这里仅仅对与农民战争有关的文章作简要评述。白莲教是新中国成立初学术界研究的重点。董蔡时的《试论川楚白莲教大起义》一文，比较全面地分析了川楚白莲教起义时代背景和发展经过，特别探讨了起义失败的原因。他认为：因缺乏革命纲领，故起义军很难进一步发动群众，对未起义地区的农民也缺乏号召力，而白莲教内部流派众多，也加剧了起义军的离心力。在分析白莲教起义的意义时，作者认为："这次大起义是清代史上的一大变局，是清代由盛转衰点的开端。"① 方庆瑛的《白莲教的源流及其和摩尼教的关系》一文，基本上否定了白莲教源于摩尼教的说法，对白莲教的起源进行了比较详细的考证，作者认为："摩尼教杂揉佛教，而白莲教又导源于佛教，就它们的来源来说，是有相同之处。"② 这篇文章的重点虽然不是清史，但对清史学界了解白莲教之形成与发展，深入理解其教义，具有一定参考价值。来新夏的《反清的秘密结社》一文，对清代主要反清秘密结社白莲教、天地会和哥老会的形成、教义及社会影响进行了分析。他认为，反清的秘密结社，在清朝二百多年的统治时期里，在反封建反帝斗争的历史上，在民主民族革命的历史上都起了一定的革命作用。但是这些秘密结社，由于成分不纯和缺乏明确的政治纲领，有的还受迷信限制和组织散漫的影响，因而，许多次的起义都以失败而告终。甚至也有叛变或被流氓利用去进行一些不利于人民革命活动的事情，这一点也是应当加以注意的。③

1955年，《文史哲》在第9期上发表了赵俪生的文章《试略论清代农民起义中神秘主义的加重》，从现在的角度看，这篇文章未必十分成熟，但显示出十分可贵的理论勇气和创新精神。和当时一般学者强调农民战争的革命意义不同，赵俪生将研究的目光转向神秘主义问题，探讨了清代农民起义跟宗教结社和神秘主义关系趋于密切的原因。赵俪生认为："清朝农民（特别是鸦片战争以前，主要是十八世纪）在阶级关系中的地位，的确是更加孤立了。过去在明朝曾经一度参与过农民起义并贡献过才智的那许

---

① 董蔡时：《试论川楚白莲教大起义》，《文史哲》1958年第7期。
② 方庆瑛：《白莲教的源流及其和摩尼教的关系》，《历史教学问题》1959年第5期。
③ 来新夏：《反清的秘密结社》，《历史教学》1956年第10期。

多缙绅士大夫知识分子，而今由于整个汉人地主阶级对满清贵族统治者之依附性的加强，这种起义军可能争取到的同盟力量减少了。从清代许多次起义事迹中检查，查不到这种同盟者参与并贡献才智的显著迹象，相反，在嘉庆年间的白莲教大起义中，倒是出现了曾国藩式的四川东乡地主分子罗思举、桂涵等镇压起义的'乡勇'力量（人称'丐兵'）。同时，由于缙绅士大夫知识分子充当起义军同盟军可能的减退，那么本来跟农民起义就有一定距离的隔阂的市民阶层，其充当农民起义同盟军的可能就更小了。剩下来的，只有农民和城乡贫民而已。而单独是农民和城乡贫民的反抗运动，其单独提出明朗政治号召的可能性就自然减小，其感染并借用宗教结社和神秘主义的可能性就自然而然地加多了。"① 应该说，赵俪生指出清代农民起义中神秘主义增加是正确的，他注意到清代知识阶层对农民起义态度的转变，也显示出敏锐的洞察力，四十余年后，我们重读这篇文章，仍不能不钦佩作者当年大胆进行理论探索的勇气。

关于农民起义和秘密宗教的关系，郑天挺认为，在一定历史条件下，秘密宗教的出现，反映了当时的主要矛盾，但如果把秘密宗教的教义说成能够培养革命意识，鼓舞农民革命热情，加强其革命信心和勇气，估价就未免过高了。秘密宗教对农民起义起了组织和推动作用，但不是所有农民起义都是秘密宗教组织领导的。秘密宗教不是某一地方或某一事件的临时性的组织，而是在民间广泛地长期存在的组织，并非"乌合之众"。秘密宗教的存在具有社会意义，不能只说它是迷信团体，其教义是随情况而变化的，它不是某一政治主张和理想领导的，它没有一贯彻底的政治纲领，虽然其教义可能反映人民的部分愿望，但不能满足人民的要求，因此它不能成功，有时还往往表现为个人名利的斗争；它在潜伏时期是秘密组织，有宗教活动，并进行革命的宣传活动，在行动起来之后，由于军事斗争和政治斗争的频繁和紧迫，就只有革命活动而没有宗教活动了②。

新中国初期，随着对资本主义萌芽研究的发展，一些学者开始从资本主义萌芽的角度考察清代阶级关系和阶级斗争的新特征。尚钺认为，随着

---

① 赵俪生：《试略论清代农民起义中神秘主义的加重》，《文史哲》1955年第9期。
② 《郑天挺谈农民起义和秘密宗教的关系》，《光明日报》1961年12月19日。据《清史研究概说》第266~267页缩写。

资本主义萌芽的发展,在经济发达的东南地区,已经出现了新形式的阶级斗争。他指出:从1723年到1734年,苏州无产者阶级的组织不仅有很大的发展进步,而且能组织大规模的反对资本家阶级的斗争,这就明显反映出中国社会上已出现了新的阶级斗争。因为这些斗争所表现的一方面是生产资料和生活资料所有者集团,另一方面是丧失了生产资料,摆脱了被保护者关系或农奴和封建义务关系的自由的、出卖自己劳动力这一特殊商品的无产者集团,并且这两大集团还为着自己的利益而展开斗争。这是充满在近代史上新形式的阶级斗争,因此,这种斗争的本质已经是无产阶级和资产阶级的斗争,不同于中世纪帮工、学徒反对行东的斗争,苏州机匠所组织的"帮行",也不是中世纪的行会,而是无产者为维护本阶级利益的阶级组织。关于资本主义萌芽与秘密结社的关系,尚钺指出,清代阶级斗争的重要特点是以市民为主体的"反满"组织的建立。他认为南方许多秘密结社,如天地会、哥老会等,其主要成员是市民,"其中包括的分子很复杂,与恩格斯分析十六世纪的德国农民战争时的市民几乎是一致的"。"这些秘密结社的组织,贯彻着一定自觉的民族主义和民主主义的精神,不是偶然的,而是与在明末资本主义萌芽增长的基础上发展起来的市民运动有直接关系"。"江南地区在明末是市民运动,特别是以织工为首的市民斗争运动激烈的地区,到清代便产生了三合会、天地会、哥老会等秘密结社的市民运动新的组织"。尚钺认为,秘密结社反映的社会关系,是萌芽的资本主义关系,而不是封建行会。"这些秘密结社的组织不同于一般农民的组织,而是披着封建的外衣来进行反对封建的,所以它的内容和组织精神基本上是民主的,因此,他们是当时中国社会上最进步的以手工业工人为主体的市民的组织"[1]。尚钺这一观点显然和他对明清资本主义萌芽发展水平的较高估计是一致的,因而难免不遭到持不同观点者的尖锐批评。有的学者指责他对市民阶层和近代资产阶级、无产阶级之间的界线混淆不清,"把中国封建社会末期的市民斗争,甚至把封建统治阶级的内部斗争都叫着近代资产阶级和近代无产阶级的斗争",强调"这种美化古代历史,夸大当时市民运动的观点,必然会搅乱近代历史的发展规律,模糊中国民

---

[1] 尚钺:《清代前期中国社会的停滞、变化和发展》,《中国资本主义萌芽讨论集》上册,第160页,生活·读书·新知三联书店1957年版。

主主义革命的面目,降低中国共产党领导民主革命的伟大作用"①。

李华的《试论清代前期的市民斗争》,对清前期市民斗争的状况作了比较全面的分析。作者认为,清前期市民斗争具有四个特点:一是从新兴市民的组织看,几乎在每一个事件当中,从开始策划暴动到领导斗争,都有市民自己的组织来组织和领导群众;二是由于出现了劳资关系的初步对立,手工业工人已经担负起斗争的领导使命;三是斗争的锋芒针对一切压迫、剥削和阻挠工商业发展的敌人;四是在市民斗争的方式上,与明末比较有显著进步。李华认为,这些特点的产生,是与清前期资本主义萌芽的进一步发展,市民力量的进一步壮大分不开的,是与清统治阶级所采取的民族牢狱政策,存在着严重的种族矛盾分不开的。李华同时指出,清前期市民斗争也存在着很多缺点:其一在各个市民组织以及在市民中各个阶层之间,除个别而外,彼此纵横之间的联系很少,因此不能形成一个大规模的反封建浪潮;其二在市民斗争和农民起义之间的联系上,同样也不能形成彼此支援和遥相呼应的革命风暴。"在清代前期的新兴市民阶级,虽然有某种程度的壮大,还远不能负担起推翻旧的生产关系,建立新的生产关系的任务来,它不过仅仅是现代无产阶级和资产阶级的萌芽,而且也只能如此"②。

总的说来,新中国初期对清代农民战争的研究,虽然较民国时期有所进步,但和对其他朝代农民战争的研究,以及和对经济史的研究比起来,则显得相对薄弱。就其原因,一方面在于清代农民战争和秘密结社相联系,这就使问题复杂化,涉及不少政治问题和理论问题;另一方面在于历史资料虽然十分丰富,但很分散,对这些资料进行系统整理以前,有关基础研究一般不容易有大的突破。

6. 关于康熙帝评价问题。在清代人物研究中,康熙帝是新中国初期学术界关注的焦点。1961年,《历史研究》发表了刘大年的文章《论康熙》③,这是新中国成立以来研究康熙帝的第一篇重要论文,在当时引起了学术界的高度重视,不少单位组织了关于康熙帝评价问题的学术座谈会和讨论会,

---

① 中国人民大学历史教研室近代现代史组:《评尚钺同志关于明清社会经济结构的若干观点》,《中国资本主义萌芽问题讨论集续编》,第331页。
② 李华:《试论清代前期的市民斗争》,《文史哲》1957年第10期。
③ 刘大年:《论康熙》,《历史研究》1961年第3期。

研究论文也大量出现，围绕康熙帝历史地位的讨论，推动了学术界对清初社会矛盾、康乾盛世、清代中国与世界等一系列重要问题的认识，达到了知人论世的研究目的。新中国初年学术界对康熙帝的研究主要包括以下几个方面。

康熙之治产生的时代背景。大多数学者认为，清初国内外形势和社会矛盾相当复杂，这一客观历史状况迫切需要统治阶级内部出现一个杰出人物，以缓和当时的民族矛盾和阶级矛盾，恢复和发展经济文化，加强和巩固国家统一，解决历史遗留的重大政治和社会问题，而康熙帝正是这样一个顺应时代需要，应运而生的英雄人物。就康熙之治的出现，平心认为主要有四个方面的原因：一是康熙比顺治更深刻地觉察到前朝君臣的腐败怎样加速了明朝的崩溃，他不得不对各族实行有限让步，而明末清初长期战争使社会经济蒙受浩劫，给清政府造成了极为严重的财政危机，也迫使康熙实施有利于缓和矛盾，发展生产的政策，并收到了显著效果；二是各族人民的反抗斗争，推动着清朝政策的调整；三是阶级关系的局部变化和由此引起的统治阶级和被统治阶级的矛盾内涵的相对转变，使清政府不能再依靠军事力量作为继续统治的主要手段，而必须制定一套既能保持剥削压迫特权，又能松弛社会紧张气氛的制度和政策。① 然而，在对康熙亲政前后中国国内外形势的具体估计上，学术界却有不同看法。如在阶级关系上，刘大年在《论康熙》中强调地主阶级内部"反满派"与"拥满派"的斗争，袁良义则认为当时阶级矛盾和民族矛盾十分复杂，刘大年只抓住这一点，忽略了其他的面，并批评他对封建关系和阶级状况的分析，缺乏系统性；在中外关系上，刘大年认为"封建国家在对外关系上面临着一种新的局面，碰到了资本主义这个素不相识的对手，能不能抵抗西方资本主义势力，敢不敢和这种势力作斗争，成了对地主阶级的严重考验"。袁良义不同意这种估计，他认为这种论断和当时的实际有一定距离，他指出，制止西方殖民主义者入侵，在明清之际是一件意味深长的事情，应该充分重视它，但这并不等于说，它们在那个时候，已经成为中国的极大威胁了，敢不敢和西方殖民主义者作斗争，应该是近代史上中国地主阶级面临的课题。② 杨宽则

---

① 平心：《论康熙帝的历史地位》，《文汇报》1961年12月12日。
② 袁良义：《论康熙的历史地位》，《北京大学学报》1962年第2期。

强调历史上的康熙之治,产生于清初尖锐的社会矛盾之下,"主要是明末农民起义。清初抗清斗争以及这时农民反抗斗争在一定程度上调整了生产关系,以康熙为首的封建统治者从中汲取了深刻教训的结果"①。

关于康熙帝的经济政策。刘大年认为"仍然是传统的重本抑末政策";平心也认为"明清皇帝总是支持贵族地主,百般压抑新的资本主义因素,康熙帝就是其中一个典型"。袁良义对此则有不同见解,他说:"传统的重农抑末政策在清初虽然被保持下来,但康熙同时又提出'恤商'、'利商便民'的口号,来适当照顾商人、手工业者的利益。因此,这一时期'抑末'问题事实上比前代已多少具有某种不同的内容。"

关于闭关政策。刘大年认为,对闭关政策,不能笼统地讲它是否有利于中国前进,通常讲闭关自守,主要是指清政府对西方采取了排斥态度,其实正是在这一点上它具有积极意义。清朝统治初期,中国并不是对外闭关的国家,当时对外通商口岸是开放的,也准许外人进入内地,后来一反从前,显然是欧洲殖民势力在海上活动,并日渐增加的结果。刘大年指出,有人认为闭关政策妨害了中国吸收西方先进的科学技术知识,那是想当然的说法。康熙以后的传教士没有带来更多的东西,特别是没有带来当时自然科学方面的进步思想。对外闭关并不是造成中国科学技术相对落后的原因,相反的,对于一个处在封建时代的国家,西方资本主义物质文化和精神文化的输入,只能是西方资产阶级按照自己的面貌用恐怖的方法改造世界。平心则认为,康熙的闭关政策,除了有抵抗外国殖民主义侵入的一面,还有限制中国人民向沿海和海外发展的一面。康熙朝继承并加强了顺治朝的迁界、禁海和封锁政策,主要是防止反清势力与海外取得联系,危及清政府统治,而不完全是为了防止外国侵略。对于明末清初西洋科学文化的输入,也必须作具体的历史主义的分析。康熙帝对西洋早期资本主义的文化知识接受得太少,对文化交流和科学发展限制太多,这是一大历史遗憾。

除了上述几个方面外,学者们探讨了康熙帝在维护国家统一等方面的成就,并探讨了他的历史地位。总的看来,意见大体一致,那就是,对康

---

① 杨宽:《论"康熙之治"》,《文汇报》1961年9月28日。

熙帝这样一个曾对历史发展做出重大贡献的封建皇帝，应当充分肯定。当然，在一些具体问题上，由于研究者考虑问题的角度不同，分析问题的方法不同，其观点也就存在或大或小的差异，这是正常的，也是不可避免的。

7. 清代思想与学术。思想研究不能、也不应该局限于纯粹的认知领域，因为人的思想意识从来都建筑于客观社会利益基础之上，并受到历史传统、时代风气以及个人知识结构等多种因素的共同作用。思想研究的基本使命是反映时代精神的变迁，从社会意识形态的角度，展示人类历史演进的基本轨迹，而要真正做到这一步，最重要的就是严格地将思想置于特定时代范围来考察，并高度重视二者之间的互动关系。新中国初期清代思想学术史研究最重要的成就是：随着历史唯物主义指导地位的确立，史学界逐渐形成了将思想史与社会史研究相结合，注意从社会存在考察思想文化变迁的新的研究方法。侯外庐的《中国早期启蒙思想史》，原名《近代中国思想学术史》，经修订后由人民出版社于1956年出版，反映了当时思想史研究的最高水平。其《十七世纪的中国社会和启蒙思潮的特点》一文，在系统分析17世纪资本主义萌芽、阶级关系出现新变化的基础上，研究明末清初启蒙思潮的特征。侯外庐指出，17世纪的中国启蒙思潮具有强烈仇视农奴制度以及依存于它的一切产物，拥护教育、自治和自由，同情人民利益，特别是农民利益的特点，"基础之反映于思想，是通过政治、法律等形式来间接进行的。……启蒙时代思想的轴线也是和资本主义萌芽状况的发展的轴线相平行着的"。侯外庐所说的启蒙思想家主要指何心隐、李贽、王夫之、黄宗羲、顾炎武等人，认为他们的观点是"中国社会经济发展特点和中国社会条件的反映"。与此同时，侯外庐强调，启蒙思想家的阶级出身虽然是有一定影响的，"但我们分析某一派的思想却主要不能依据阶级出身，而应依据其思想的实质"。[1] 杨向奎的《中国古代社会与思想研究》（上海人民出版社1962、1964年版），以较大篇幅对明清时代贵族地主，以及程朱理学等问题进行了深入研究。

新中国初期的思想研究主要集中在顾炎武、黄宗羲、王夫之等杰出思想家身上。对顾炎武，学术界高度重视其民族气节和爱国精神，并对其在

---

[1] 参见侯外庐《中国思想通史》第5卷《中国早期启蒙思想史》，第3~36页，人民出版社1956年版。

清代汉学发展史上的"开山"地位予以充分肯定。傅衣凌《顾炎武与十七世纪中国社会》一文,认为顾炎武的思想,强烈反映出爱国主义的优良传统,这产生于17世纪时代矛盾的冲击之下,具有反对投降,反对专制,主张开明统治,主张经世致用,反对空谈等特点,但其思想"虽含有市民要求的某些成分,但还不可能代表完整的市民思想,而只是反映地主阶级知识分子的进步思想"[1]。但也有学者认为在康熙时,顾炎武仍持反清复明政治态度,就暴露出他的思想的顽固性和落后性,属于狭隘民族主义思想[2]。黄宗羲的政治思想深受学者们的重视,侯外庐认为其《明夷待访录》类似《人权宣言》,尤以《原君》《原臣》《原法》诸篇,明显地表现出民主主义思想,认为此书"在清初是近代思维方式的伟著"[3]。嵇文甫不同意这种观点,他认为黄宗羲之所以得称为启蒙思想家,虽然主要在于他的政治思想中具有鲜明的民主主义的色彩,但其民主思想,反映出的是当时一般中小地主和缙绅士大夫反抗大地主专政的民主要求,和近代意义上的民权政治距离甚远。[4] 关于王夫之的思想,不少学者认为他是一个伟大的进步思想家,但往往"讲得过于带自由色彩,过于近代化"。嵇文甫通过考察王船山对另一个激进思想家李卓吾的批评,指出:船山思想的进步性是有一定限度的,"他反对卓吾,完全持一种'卫道'态度,以'正学'反对'异端'。卓吾根本反对宋明道学,船山却是在宋明道学的基础上,加以改造和发展,这是根本对立的两个学派,决不容混淆。如果说卓吾代表那个资本主义萌芽时期新兴市民的思想,那么船山就另是一回事"[5]。曹道衡的《试论王船山思想的几个问题》,对王夫之思想的几个主要方面作了专门分析。他认为,虽然王夫之的哲学思想基本上是唯物主义,但仍存在着唯心主义因素,他虽对精神不灭的观点进行了精致的改造,但不能改变它的本质。这一局限性使他在解释社会历史现象时,难免陷入唯心主义,进而使其政治见解趋向保守和反动。王夫之的政治思想十分复杂,既

---
[1] 傅衣凌:《顾炎武与十七世纪中国社会》,《江海学刊》1963年第12期。
[2] 参见洪焕椿《对顾炎武政治思想的重新评价》,《南京大学学报》1964年第1期;沈佳荣《论顾炎武的爱国思想——与华山、王赓唐两先生商榷》,《文史哲》1964年第1期。
[3] 侯外庐:《中国早期启蒙思想史》,第155、156页。
[4] 嵇文甫:《黄梨州思想的分析》,《新建设》1959年第12期。
[5] 嵇文甫:《王船山与李卓吾》,《历史研究》1961年第6期。

具有坚定的民族气节，又顽固地反对农民起义，基本上代表着地主阶级中一部分缺乏政治权力的知识分子的思想，说王船山代表市民思想未必合于事实①。汪毅的《王船山的社会思想》一文，比较全面地分析了王夫之社会思想所产生的时代背景及其主要内容。他认为，王夫之的思想贡献主要表现在四个方面，一是建立了一个发展的历史观，指出历史的发展，有它自己的必然的道路，从而破除了神秘主义对于历史科学的影响；二是在中国历史上，第一次本着实事求是的态度论述古代社会，打破了儒家传统中所渲染的三王盛世的观念，推翻了复古主义的理论根据；三是提出了人性发展的学说，结束了古代形而上学的有关人性善恶的争论；四是大胆指出了"理"与"欲"的重要性，使他成为清代思想中反道学运动的先锋。②

除了上面提到的几篇文章外，关于顾、黄、王还有大量研究成果，涉及其学术思想的许多方面。从当时的研究情况看，尽管学者们对这三位杰出思想大家的评价较高，但理解各异，比较典型的如：他们三人的基本主张究竟代表哪一社会阶级或阶层的利益？其基本学术倾向及理论构架和传统理学之间究竟存在着什么样的关系？如何准确衡量顾、黄、王的社会思想对清初的历史影响及其历史地位等基本问题，都没有达成基本共识，或受到应有的重视。另外，这个时期在对清初学术和思想的考察上，还存在着过多地将注意力集中于少数重要人物，而对普通士人、民众的价值观念和思想倾向重视不够的弊端。

新中国初期，学术界发掘出了一些以往被忽视的思想家，特别是方以智。侯外庐在这方面做出了杰出贡献。经过侯外庐的研究，方以智在中国思想史上大放异彩，被称为"中国百科全书派大哲学家"，成为备受学术界关注的重要人物。③此外，学术界还对方苞、全祖望、戴震、纪昀等清代思想名家进行了初步探讨，但无论是深度还是广度，都不及对清初三大思想家的考察，限于篇幅，这里就不作介绍了。

和大陆学者比起来，新中国成立初期台湾学者似乎更重视学术史的研究，而且范围略广。他们不但注意对清初诸儒的考察，而且也重视汉学的

---

① 曹道衡：《试论王船山思想的几个问题》，《历史研究》1964年第4期。
② 汪毅：《王船山的社会思想》，《文史哲》1955年第2期。
③ 侯外庐：《方以智——中国百科全书派大哲学家》，《历史研究》1957年第6、7期。后收入《侯外庐史学论文选集》，改题为《方以智的社会思想和哲学思想》，人民出版社1988年版。

发展。比较重要的研究著作主要有彭国栋著《重修清史艺文志》（台湾商务印书馆1968年版）、林明波著《清代许学考》（嘉新水泥公司文化基金会1964年版）、杜维运著《清乾嘉时代之史学与史家》（《台湾大学文史丛刊》1962年版）等。

除了上述几个主要方面外，这个时期，学者们还对清朝文学、历史地理、少数民族、中外贸易等诸多方面进行广泛探讨。总的说来，确立马克思主义指导地位，研究视野逐渐开阔，探索问题更加深入是新中国初期清史研究的重要特点。由于现代清史学毕竟是一门新兴学科，一些领域尚待开辟，加之客观社会条件的限制，故新中国初期没有出现一部专门的清代断代史。1956年人民出版社出版了李洵的《明清史》，该书虽非专门的清朝通史，"分析少，现象多"，且存在基本史实错误等不足，①但毕竟第一次以专著的形式，简明扼要地叙述了有清一代的盛衰历程，在清史学科发展中自应占有独特地位。这个时期，台湾对清代通史的研究，成绩也不突出，有分量的成果也不多见。比较重要的是1961年由台湾"国防"研究院正式出版的《清史》，该书以赵尔巽《清史稿》为蓝本，共872万余字，550卷，分本纪、列传、志、表、补编5部分。该书"没有对历史史料进行根本性的研究，基本上是《清史稿》的原形，除《清实录》之外，其他史料采用较少"，故被一些学者视为《清史稿》的台湾版，因此它不能算是一部逻辑严密、自成体系的独立的清代通史专著。另一部有影响的清代通史著作是萧一山的《清代通史》，此书本是萧一山在20世纪20年代初期撰写的一部3卷本著作，五六十年代，萧一山又对其进行修订，于1962年至1963年由台湾商务印书馆分5册出版。这部书增补的部分，主要是1840年以后的内容，对鸦片战争之前各卷章节改动较少，基本上还是四十年前的内容。②

值得特别提出的是，新中国初年，各高校和科研机构高度重视清史研究人才的培养和选拔，一批掌握唯物史观，又具有独立研究能力的青年史学家开始活跃在清史研究领域。正是17年人才培养，为改革开放新时期

---

① 参见谷衣、杨谟《对李洵〈明清史〉的几点意见》，《史学月刊》1958年6月号。
② 关于台湾通史研究情况，这里主要据赫治清、冯佐哲、林永匡著《台湾省三十年来的清史研究》一文改写，该文见《中国史研究动态》1979年第12期。

清史研究的全面发展奠定了重要的基础。

新中国初期的清史研究尽管成绩突出，但也存在明显不足，这主要表现在以下几个方面。

一是对历史唯物主义的理解存在教条化倾向。比较典型的如，一些学者机械照搬阶级分析方法，用贴标签的方式，对明清之际的一些重大事件进行简单概括，与之相适应，人物研究中将一些重要历史人物模式化、脸谱化，只注意分析其阶级属性，而忽略了对其复杂个性的探讨，简单地以好与坏、进步与反动相划分。思想史研究中则将人类复杂的观念形态简单化为唯物主义和唯心主义的斗争，这就影响到了人们对历史和社会的全面的准确的认识，妨碍了清史学的深入发展。事实证明，在任何时候，在任何学术研究中，以迷信的态度对待科学真理，将科学的理论变为公式和教条，都会导致学术研究走进死胡同。学术的繁荣，需要的是思想的解放、大胆的探索和理论的创新。恩格斯曾指出："如果不把唯物主义的方法当作研究历史的指南，而把它当作现成的公式，按照它来剪裁各种历史事实，那末它就会转变为自己的对立物。"今天，我们反观清史学在新中国初期的发展，就更加深刻体会到掌握马克思主义这一科学态度对学术研究是多么重要。

二是无论大陆还是台湾的清史研究，都受到了政治斗争等因素的干扰，以致这个时期研究领域仍不够宽广，视野仍不够开阔，出现了一些学术禁区。在选择研究课题上，存在着赶潮现象，一两个人带头写出某篇文章，其他人群起效尤，以致一些课题十分热闹，而更多的课题遭到冷落，影响了清史研究的全面和深入发展。

三是学风不够严谨。《历史教学》1952年曾批评一些学者研究史可法时，"只是凭主观的想法，缺少史料的根据，有的往往把史料割裂，断章取义，有的虽然也引些史料根据，但却不顾及当时历史条件而加以论断"①。这一情况也存在于资本主义萌芽研究、思想研究、农民战争研究等许多领域。个别文章为简单地迎合一时政治之需要，信口空谈，歪曲史实，以致其科学性受到严重影响，经不起时间的检验。

---

① 《历史教学》编者按，1952年8月号。

四是在讨论中存在着无限上纲、打棍子的情况。有的文章对不同意见不是以心平气和的态度，就学术论学术，而是曲意将学术问题夸大为政治问题，将学术是非上纲为政治是非，任意附会，曲加发挥，这就毒化了学术空气，影响了"百花齐放，百家争鸣"方针的贯彻，对尚钺的错误批判就是一个十分严重的教训。没有学术的宽容，就没有学术的繁荣。学术讨论在任何时候都要坚持一个基本原则，那就是平等与民主。在自己发言的时候，也要允许别人发言，在批评别人的时候，也要容忍别人对自己的批评。没有宽容的精神，没有平等和自由的讨论，学术就会走向死亡。当然，就这一问题之出现，主要责任不在史学研究者，而在当时的政治社会环境，是政治运动严重干扰了学术发展。

新中国初期的清史研究，无论其成绩还是其不足，都是我国清史发展的极其宝贵的财富。遗憾的是，清史学界还没有来得及认真总结其经验教训，"文化大革命"就爆发了，清史研究随之陷于停滞甚至倒退状态。

二　"文革"时期的清史研究

1966年"文化大革命"爆发，此后整整十年，中国社会陷于动乱状态，学术自由被践踏，学术规范被破坏，和社会科学其他领域一样，清史研究也出现停滞，甚至退步。然而，学术环境的恶化并不能阻止学术思考。在这个时期，一些学者在十分艰难的条件下，仍在进行严肃的学术探索，并取得了一些成绩，尽管这些成绩或多或少地带有那个时代的特色。"文革"时期清史研究的重点是对中俄关系与国家统一问题。

20世纪60年代以后，随着中苏关系的紧张，领土争端的加剧，边疆冲突的出现，史学界为服务现实，适应形势的需要，大大加强了对中俄关系的考察，尤其重视对中俄边界等问题的研究。《历史研究》1975年第4期发表的署名"群哲"的文章《雅克萨战争是中国抗击沙俄侵略的正义战争——驳苏修歪曲雅克萨战争性质的谬论》，针对苏联官员所谓雅克萨战争是中国"入侵俄国领土"，"目的是把俄国人从自古以来就是他们所开拓的地区排挤出去"等观点，比较详细地考察了中俄雅克萨之战的原因、战争经过，明确指出，雅克萨战争系沙俄侵占中国领土引起的，清廷是被迫进行，而且得到了中国各民族的拥护和支援。纪实的文章《柳条边的历史和苏修的谬论》，则根据大量历史资料，详细分析了柳条边出现的原因，考察其建置、变迁、性质和作用，否定了苏联政府1969年6月13日声明中关于柳条边是中国东北"国界"的荒谬说法。①《清入关前对东北的统一——驳苏修篡改中俄东段边界史的谎言》一文，集中驳斥了一些苏联学者散布的如下谬论：满族不是中国人，满族居住的地方是独立国家，黑龙江流域既无满洲人，更无中国人居住过，甚至宁古塔、吉林及其毗邻的大片土地都不是中国领土，早在遥远的时代，就属于俄国了，等等。该文以比较翔实的材料证明，满族是中国东北地区的一个民族，该族首领努尔哈赤及其几辈祖先，都是明朝在东北的地方官。在1643年沙皇派遣第一批所谓的"新土地的发现者"侵入黑龙江流域以前，努尔哈赤和皇太极及其领导的清政权，已经统一了整个东北，接管了明朝的东北疆土。因此，说黑龙江流域是满族的故乡，清政权对黑龙江流域拥有无可争议的主权，是完全符合历史实际的。②鞠德源的《清初的貂皮贡赋——驳苏修历史伪造者》一文，根据故宫博物院所藏档案及有关文献资料，证明黑龙江流域和乌苏里江流域，在清初就由清政府实行了有效的管辖，即使在清朝接替明朝的激烈战争年代，也从未中断。这篇文章分析了清朝贡貂制度的几个特点：定期定点缴纳，举行仪式，区别情况实行奖惩，任免贡貂首领。这就比较充分地证明了贡貂各部在政治上对清朝的隶属关系，驳斥了苏联学者在这个问题上的荒谬观点。③

"文革"期间关于中俄关系的重要成果是《沙俄侵华史》第1卷，以及《一六八九年的中俄尼布楚条约》。《沙俄侵华史》第1卷，由中国科学院近代史研究所编写，人民出版社1976年出版。该书以较大篇幅分析了清前期中俄关系，对清初沙俄的武装入侵、清政府的反击、中俄谈判以及清政府和俄国签订的一系列条约、俄国东正教在华的活动等作了比较全面的叙述，填补了清代中俄关系史的一项空白。《一六八九年的中俄尼布楚条约》主要

---

① 纪实：《柳条边的历史和苏修的谬论》，《历史研究》1975年第3期。
② 纪实：《清入关前对东北的统一——驳苏修篡改中俄东段边界史的谎言》，《历史研究》1975年第2期。
③ 鞠德源：《清初的貂皮贡赋——驳苏修历史伪造者》，《文物》1976年第9期。

由戴逸执笔撰写,该书于1977年5月由人民出版社出版,是研究《中俄尼布楚条约》的重要著作。该书详细介绍了17世纪沙俄向东扩张,入侵中国黑龙江流域以及中国各族反抗沙俄侵略的历史,叙述了1689年中俄两国政府的代表在尼布楚谈判,划定两国东段边界的具体过程。该书以大量事实证明,外兴安岭以南,格尔必齐河和额尔古纳河以东,包括黑龙江和乌苏里江流域的广大地区,从来就是中国领土,这在近300年前的《中俄尼布楚条约》中已经作了明确的规定。作者认为《中俄尼布楚条约》是一个平等的条约,并对该条约的八种主要文本进行了比较,得出了几个基本意见。(1)尽管《尼布楚条约》的各种文本存在着差异,但拉丁文本是最后的定本,是经过两国代表团签字交换的正式文本,具有充分的法律效力,各种文本中的一切差异都应以正式的拉丁文本为准。(2)《尼布楚条约》各种文本中的内容及规定的边界线走向是明确的,并且也是一致的。差异仅存在于个别细节及条约的分条、顺序、译名、措辞问题上,这些差异不会对条约的基本内容和边界线走向产生任何误解。(3)条约的八种主要文本是在谈判前后各个不同阶段上用五种文字写定的文件,我们可以把各种文本作为研究谈判过程的历史资料,但决不能用任何一种文本来代替正式的拉丁文本作为解释条约的根据。(4)由于当时中俄双方代表都不通晓对方的语言文字,条约最后修改、写定的时间又很仓促,因此,中俄双方没有用正式的拉丁文本来仔细校改各自起草的满文本和俄文本,特别是对缺乏谈判经验、第一次和欧洲国家签订正式边界条约的清政府代表团来说,他们没有认识到文字核对的重要性,这是可以理解的。这种细微的文字核对工作到了近代的国际谈判中是不可缺少和必须做到的。[①]

与中俄关系密切相关的国家统一问题是"文革"期间清史研究的重点之一。其中,比较重要的文章是史棣祖的《清朝平定准噶尔贵族的叛乱及其意义——从新疆昭苏县格登善石碑谈起》。作者针对苏联学者将清朝平定准噶尔之乱说成是"侵略战争",将统一后的新疆说成"陷入经济停滞和文化落后的局面"等观点指出,从民族渊源看,厄鲁特蒙古是我国蒙古族的一支;从地域看,准噶尔等厄鲁特蒙古所活动的地区,自汉朝以来,

---

[①] 北京师范大学清史研究小组:《一六八九年的中俄尼布楚条约》,第380~381页,人民出版社1977年版。

就在中国各王朝政府的管辖之下；从与中原王朝的关系看，厄鲁特蒙古及其先世瓦剌，在元、明、清三朝都臣属于各王朝的中央政府，无论从哪一个方面看，将厄鲁特蒙古的准噶尔部说成独立于中国之外的主权国家，都是对历史的歪曲。作者还指出，清朝平定准噶尔之乱，促进了新疆社会经济的发展，对巩固国防，遏制沙俄对我国西北边疆的侵略，有着积极的作用。当然，这种统一是在封建制度下的统一，有其局限性，但从当时的历史条件看，它消灭了叛乱分子的分裂割据，打击了沙俄的侵略野心，无疑是有其进步意义的。①沈阳故宫博物院的文章《从盛京宫殿看清初对东北的统一》，从盛京宫殿的布局、建筑风格、文物等角度，分析了清初对东北的统一进程及其历史意义。作者认为，盛京宫殿在某种程度上象征着我国是一个统一的多民族国家，"在努尔哈赤、皇太极统一东北的过程中，民族之间固然存在矛盾，但总的趋势是汉、满、蒙各族人民之间的了解、联系和交往越来越密切，并发展到了一个新的阶段"②。

"文革"期间，为适应当时的政治形势，清史学界完成了一些关于清代农民战争的专著和论文。1974年中华书局出版了夏家骏的《清代中叶的白莲教起义》一书，该书比较简明扼要地介绍了起义发生的背景、经过及历史意义等。此外，还有一些文章对王聪儿等起义领袖人物作了初步研究。

"文革"期间对清代学术思想的研究，受到了"左倾"思想，特别是"评法批儒"运动的严重干扰。一些文章简单地将学术人物进行儒、法划分。顾炎武、黄宗羲、王夫之仍是谈论的重点，但均被戴上了"法家"的头衔。学术界关于这三人的著述，往往片面强调其反民族压迫、反唯心主义、主张政治经济改革等方面的内容，而忽视对其思想、学术全面、深入的考察，所得出的结论往往失之偏颇。

"文革"时期的清史研究和新中国成立初期相比，出现了明显的倒退。这主要表现为三个方面。一是对马克思主义的理解更加教条化，将阶级分析简单化、庸俗化，史学界出现将农民战争的作用片面夸大，将农民起义领袖无节制拔高的倾向。二是研究范围更加狭窄，研究禁区大量存在，清

---

① 史棣祖：《清朝平定准噶尔贵族的叛乱及其意义——从新疆昭苏县格登善石碑谈起》，《文物》1976年第12期。
② 沈阳故宫博物院：《从盛京宫殿看清初对东北的统一》，《文物》1976年第9期。

史学实际上已经萎缩为农民战争史、反抗外国侵略史以及反科学的儒法斗争史。这些领域到处充斥着教条主义和影射史学的流毒,严肃的历史研究已经被极左思想糟蹋得面目全非。三是受当时政治环境的影响,学术研究的科学性遭到严重削弱,清史在一定程度上成为政治斗争的工具。在恶劣的政治条件下,有的文章脱离历史实际,以迎合政治需要,如宣称康熙帝有"尊法反儒的思想倾向",将王夫之等人称作"法家"等。影射史学泛滥成灾。比较典型的如梁效的文章《论康熙维护国家统一和抗击沙俄侵略的斗争》,竟然将"对内能不能消除国家的分裂和混乱,对外能不能抵御殖民者的入侵",当作康熙时期"儒法斗争的中心内容"。并别有用心地说:"在我们国家维护统一和独立的道路上,贯穿着两条路线的斗争","帝国主义和社会帝国主义为了侵略中国,总是力图在我国内部制造分裂和寻找代理人"。[①]清史研究在事实上陷于瘫痪。

在大陆清史研究遭到严重浩劫的时候,台湾清史研究在20世纪70年代以后出现发展势头。50年代初期,台湾报刊一年发表的清史文章不及四五十篇,而1975年以后,则超过150篇。在台湾从1949年到1979年30年间出版的100余种清史专著中,约有50种是在1969年以后成书的。这个时期成果比较突出的研究领域主要有如下方面。一是清代中外文化交流,代表性成果是方豪的《中国天主教人物传》三册,该书以传记形式描述了天主教在中国的传播历史,所收入的天主教教士,绝大多数属于清朝,为研究清代中西文化关系的一部权威性著作。[②]二是台湾史研究,这是台湾清史研究的重要特色,学者们对清代台湾的历史研究得细致而深入,涉及清郑关系、清朝治台政策、台湾行政体制、经济发展、人口增长、社会转型等诸多方面;1968年台湾"国防"研究院同中华学术院的地方自治研究所与台湾研究所合作编辑的《台湾丛书》,全面而系统地收集了有关台湾史的重要资料,一些学者还举办各种有关台湾问题的学术讨论会,以推动台湾史研究的发展。三是清史资料的整理和研究,20世纪70年代初,由广禄、李学智译注,台湾中研院历史语言研究所编辑出版的《清太祖老满文原档》问世。此外,《台湾文献丛刊》从1957年起持续

---

① 梁效:《论康熙维护国家统一和抗击沙俄侵略的斗争》,《北京大学学报》1974年第6期。
② 方豪:《中国天主教人物传》由香港公教真理学会于1967、1970、1973年出版。

出版，其中主要为有关清代台湾地方史的史籍资料，特别是台湾地方志，"各志无不收入，详加标点，细分段落，阙脱伪误，往往径为订正，贡献甚巨"。台湾清史学界在资料整理和研究方面的成绩，应该说是十分突出的。①

三 走向繁荣：改革年代清史学的全面发展

1976年"四人帮"被粉碎，此后，经过两年的调整和徘徊，中国进入了改革开放的新时代。"百花齐放，百家争鸣"的方针逐渐获得贯彻和执行。经过拨乱反正、实践是检验真理唯一标准的讨论，"解放思想、实事求是"的思想路线获得确立，社会科学随之进入繁荣发展的新时期。在历史的新时期，国家对清史研究的重视大大加强。"文革"以前，曾成立过由董必武任主任的《清史》编委会，但由于种种原因，工作并未真正展开。1982年，国家在制定"六五"规划中，第一次将社会科学列入发展规划，清史，作为断代史正式成为国家发展的重要项目。许多高校和科研机构，相继采取措施支持清史研究的发展。1996年，作为国家社会科学研究的最高机构，中国社会科学院将清史确立为重点学科，予以扶持，在科研经费、人员配置等方面予以政策倾斜。

改革开放20年，我国清史研究出现了前所未有的长足进步。思想在解放，研究方法在更新，研究领域在扩大，研究水平在提高，清史学逐渐形成充满朝气，欣欣向荣的繁荣景象。20年来，清史学科在下面几个方面的进步尤其引人注目。

1. 断代史研究成果不断出现，而且水平逐渐提高。在新中国成立以后的前30年，基本上没有出现专门的清史断代史著作。改革开放以后，断代史专著大量出现，其中，比较重要的有《清史简述》（郑天挺著，中华书局1980年版）、《清史简编》上编（鄂世镛等著，辽宁人民出版社1980年版）、《简明清史》（戴逸主编，人民出版社1980、1984年版）、《清史编年》

---

① 这里主要参考了赫治清、冯佐哲、林永匡著《台湾省三十年来的清史研究》，《中国史研究动态》1979年第12期。

（中国人民大学清史研究所编，中国人民大学出版社1985年起陆续出版）、《明清史》（李洵、薛虹主编，辽宁人民出版社1985年版）、《清史》上编（郑天挺主编，天津人民出版社1989年版）、《清代全史》（辽宁人民出版社1991年版）等。这些著作尽管风格不一，观点也不尽一致，但学风严谨、勇于创新是其共同特点。其中，由王戎笙组织编写的《清代全史》10卷本，资料翔实，论证谨严，为新中国成立以来我国第一部比较完整的大型断代史清史著作，反映了改革开放以来我国清史研究的最新水平。庄吉发指出，《清代全史》10卷，"网罗了大陆清代史各领域的学者专家，群策群力，集体完成了洋洋大观的巨著。各卷力求放眼世界，注意信息，集思广益，博采众长，吸取海内外学者的研究成果，既有所创新，亦有所突破，确实是一部足以反映现阶段大陆清史研究水平的学术专著"[1]。王锺翰认为，该书超过了萧一山所著《清代通史》。[2] 一些中国通史的清史部分，资料翔实，结构完整，也可以说是高水平的清史断代史专著。如蔡美彪主持撰写的《中国通史》第8、9、10册，《中国史稿》第7册（何龄修、郭松义等撰写），等等。断代史清史专著的大量撰写和出版，不但促使学术界站在理论的高度，从综合性的角度，全面把握清史发展的脉络，探寻治乱盛衰的根源，而且它使我们的教师和学生终于有了可供选择的多种清史教材和参考书，对于清史研究后备力量的培养具有十分重要的意义。

2. 清史学界有了自己的丛书和刊物。如两套清史研究丛书，即将出版的《明清史研究丛书》，定期刊物《清史研究通讯》（后改名为《清史研究》），清史研究集刊《清史论丛》《清史研究集》等；清史研究基础建设取得明显进步。这主要表现为三个方面。一是大量清史档案被公布，文集、笔记、方志材料被整理出版，一些重要外文及少数民族文献史料被翻译。中国社会科学院历史研究所清史研究室编辑的《清史资料》，潘喆、孙方明、李鸿彬编辑的《清入关前史料选辑》，中国第一历史档案馆编辑的《康熙起居注》《雍正朝起居注册》《康熙朝汉文朱批奏折汇编》《雍正朝汉

---

[1] 庄吉发：《〈清代全史〉与清史研究》，《中华民国史专题研究第四届讨论会——民国以来的史料与史学》。
[2] 参见《王钟翰学述》，第47~48页，浙江人民出版社1999年版。原话是："但就大规模而言，可以超过萧著《通史》的，国内恐怕只有前几年才出版的《清代全史》一部。可以说在萧著出版六七十年之后，没有产生与之抗衡的著作。"

文朱批奏折汇编》、《乾隆朝上谕档》以及《清实录》、《大清会典》、《大清会典事例》、巴县档案、徽州契约文书、方志资料（如《中国地方志民俗资料汇编》等）、家谱资料、灾荒史料、八旗兵志等综合性历史资料的整理和出版，都极大地方便了史学界对清史各个领域的研究和考察。由中华书局出版的《清代史料笔记》，汇集了清朝重要笔记史料40余种。由王锺翰点校、中华书局出版的《清史列传》、由中华书局出版的《碑传集》《年谱丛刊》，系清代人物研究的综合性基础史料。由陈谷佳、邓洪波主编，浙江教育出版社1998年出版的《中国书院史资料》中册和下册，汇集了大量有关清代书院建设的资料，对研究清代学术史、教育史，具有重要的参考价值。而钱谦益、戴震、袁枚、章学诚、赵翼、纪昀、魏象枢、钱大昕等一大批清代重要人物文集的出版，为清代思想史、学术史、政治史的研究，创造了良好条件。二是服务于清史研究的工具书不断问世。如《中国历史大辞典·清史上》，对有关清史的主要词条，都尽可能作了准确而全面的介绍；由中国社会科学院清史研究室和中国人民大学清史研究所合编的《清史论文索引》，收录了从20世纪初到1981年6月约80年间我国报刊、论文集上发表的有关清史的论文、书评、通讯报道、史料等篇目约两万条，其中包括1949年10月以后台湾、香港发表的有关论文篇目，迄今为止，在关于20世纪80年代以前清史研究的诸论文索引中，该书仍以信息含量最大、资料最为齐备、准确而受到人们的重视。由李鹏年、刘子扬、陈锵仪编著的《清代六部成语辞典》，新疆少数民族古籍办公室、新疆人民出版社锡文编辑室整理的《满汉合璧六部成语》，商鸿奎、刘景宪、季永海、徐凯编著的《清史满语辞典》，关克笑、王佩环、沈微、关嘉录合编的《新编清语摘抄》，从不同的角度，对清代，特别是官场流行的一些基本术语，以及满汉名字音译的衙署、职官、封爵、赐号等专门术语，进行了比较准确的诠释，对清史研究以及清代档案的整理，具有一定的参考价值。三是对前沿研究状况的总结和分析。历史经验证明，如果我们不注意随时掌握前沿研究状况，不及时总结和分析研究中形成的经验教训，就不可能实现学科建设的科学化，所谓学科管理，就会成为一笔糊涂账。中国社会科学院历史研究所明清史研究室根据中国社会科学院有关精神，一直将及时、准确总结、分析清史研究前沿状况作为学科建设的基本内容，基本上做到每年在《中国史研究动态》上发表有关清史研究动态的专论或综述文章,并在有关学术会议上作专题报告。此外,由王戎笙编写的《台港清史研究文摘》,摘录台港学者在20世纪80年代中期以前35年中发表的论文1000余篇,专著200余部,涉及作者100余人,该书在附录部分,还对台港一些重要学者的生平和主要学术成就作了简要介绍,系全面反映台港清史研究状况的重要参考书。由陈生玺、杜家骥编著的《清史研究概说》,对1911年至1986年的清史研究状况作了简要回顾,并对清史研究的各主要领域、主要清史研究专著、基本史料作了介绍,并汇集了从1981年6月至1986年底的论述索引;由戴逸、罗明编著的《清代人物研究》是一部关于清代人物研究的重要工具书,该书对新中国成立30余年(从1949到1986年)清代人物研究的状况作了简要分析,并汇集了有关研究论文,编辑了论文索引。这两部著作对年轻学者了解清史研究的历史,帮助他们尽快进入清史领域,确立自己的研究方向,具有一定的参考价值。

3.专门性清史研究机构相继建立。除了中国社会科学院历史研究所明清史研究室、中国人民大学清史研究所、南开大学历史系和历史研究所等人员配置比较齐备的专门性科研机构外,许多省级社会科学院历史研究所和综合性大学历史系也设有专门性的清史教研机构。故宫博物院、北京大学历史系、中国第一历史档案馆、中国历史博物馆、中央民族大学历史系、厦门大学、中山大学等单位也拥有一批学有所长的专业研究人员,并形成了自己的科研特色和优势。需要特别提出的是,作为满族的故乡,20年来,我国东北地区集中了一大批高素质的清史研究人员,他们对清入关前史、清代政治史、清代民族史、清代东北地区史等诸多领域,进行了深入研究,并取得了卓越的成绩。可以说,改革开放以来,清史研究的繁荣和发展,是与东北地区清史研究者的辛勤劳动和推动分不开的。在我国南方,特别是江苏、广东、福建和浙江等地,也集中了不少清史研究人才,他们对清代经济史、社会史、文化史等领域的研究,为学术界全面、准确认识300年来中国社会发展奠定了重要的基础。

4.清史研究人才培养机制基本健全。改革开放以来,我国逐渐建立和健全了学位制度,在清史领域,形成了一套适合中国国情的清史研究人才选拔和培养机制,可以独立自主地培养从硕士到博士后的专业化的清史研究高级人才。20年来，我国已经形成了一支具有较高水平的专业化的清史研究队伍。就这一成就之取得，是与老一辈专家、学者，数十年如一日，对年轻学子因材施教，精心指点，热情扶植分不开的。随着我国经济建设和科教事业的发展，我们相信，将会有越来越多的有志青年投入到清史研究队伍中，清史研究后继有人。

5. 国内外学术交流大大加强。改革开放以来，清史研究与外界隔绝的情况得到根本纠正，1980年在天津召开了首次明清史国际学术讨论会，1981年在北戴河举行了首届全国清史学术讨论会。此后，全国性清史学术讨论会基本上做到了定期召开，有关清史的各种专题性学术讨论会也经常举行，中国科研机构和欧美、韩国、日本等国学术界在清史人才培训、图书交换、信息交流等方面，存在着经常性的合作关系，作为国际汉学的重要组成部分，清史已经受到国际学术界的高度重视。

6. 学术研究从来都是在微观与宏观、抽象与具体的辩证运动中获得发展，走向完善。在清史研究中，20年来，无论对传统领域的考察，还是新领域的开辟，无论专题研究，还是全局性的理论探讨，都取得了长足进步。在对宏观问题的考察上，学术界对清前期历史地位、对康乾盛世、对清初社会矛盾、对18世纪中国与世界、对清代的统一与分裂等重大历史课题展开了热烈的讨论，提出了许多富有启发性的观点和思想。而在对具体问题的探讨上，我们对政治制度、学术文化、秘密结社、边疆民族、经济发展、宗族制度、中外关系等诸多方面进行了认真而细致的研究，获得了一批经得起时间检验的重要成果。下面我们对20年来人们研究过的一些重要问题作简要回顾。

关于清前期历史地位问题的讨论。如何衡量清前期历史地位，直接关系到对清军入关、康乾盛世、清代中国与世界等一系列重大问题的认识。对此，学术界一直存在着不同意见。改革开放以来，有关讨论大大深化，其中，主要观点有两种。

一种评价较高，认为应将清史置于世界范围来考察，强调清朝统治对抵御西方殖民侵略的重要意义。王思治对此曾作过系统阐述，他指出，清朝所处的国际环境和以前不同，这就是外国资本主义势力已经到来，而封建社会一直存在的多民族国家内部的民族问题，在边疆地区也因外国侵略势力的插手改变了以往的性质（当然不能认为这些地区发生的每一事件都与此有关），如果殖民势力的侵略阴谋得逞，其后果之严重是不言而喻的。因此，当中外两种不同社会制度从最初相遇时起，中国就面临着进一步巩固和发展多民族国家，抵御外国殖民主义的历史任务。也就是说我们必须从世界历史的范围来观察明清之际的历史。尽管当时早期资本殖民势力还没有力量占领中国，中国被瓜分的危险也不是现实的存在，然而，殖民势力既然已经到来，他们就一定会接踵而至。在18世纪、19世纪，正是西方殖民主义在亚洲十分猖獗的时期。历史业已证明，已经腐败的明朝是难于肩负起抵御正在到来的外国殖民主义的使命的。而明清之际的内战又给他们以可乘之机。因此，清军入关，清王朝的建立，重建统一的封建中央政权，结束分裂恶战的局面，从当时的历史大局看，是应予肯定的。而清朝在加强国家统一问题上所做出的历史贡献是以往任何朝代所不能比拟的，它对抵御西方早期殖民主义的侵略也发挥了积极作用。这就是我们评价清前期历史地位的一个基本出发点。然而，也需指出，在康雍乾时期，与西方世界相比，中国落后的差距更加扩大了，其差距是整整一个时代，这种现象的出现在某种程度上可以说是清王朝加强封建专制主义及其一系列政策的恶果，其影响也是深远的。①

袁良义对清朝统治也予以较高评价。他认为，清军入关，进一步巩固了国内的统一，制止了外来侵略者的进犯，实施了以废除明代类似农奴制为中心的社会改革，促进了经济的发展和资本主义萌芽的增长。清军入关的消极面除闭关政策影响较大外，其他都是局部的、暂时性的问题，不能同关系全局的、具有长远意义的积极面相比，因此我们应当充分肯定清军入关的历史功绩。②庄吉发指出："满洲以边疆部族入主中原，一方面接受儒家文化，承袭传统的政治制度，一方面积极整理边疆，增进边疆与中原的政治、经济及文化等各种关系，加强少数民族对中央的向心力，而具备近代世界各国公认的关于领土主权所包含的基本内容。经过清代长期的统治，满汉畛域逐渐消弥（弭），各部族之间日益融和，满汉蒙回以及其他

---

① 参见王思治、李鸿彬《明清之际的历史应置于世界范围来考察》，《史学集刊》1985年第3期。
② 袁良义:《清军入关的历史功绩——为纪念清军入关350周年而作》，《史学集刊》1994年第4期。

少数部族都成为中华民族的成员，终于奠定版图辽阔的多民族统一国家的基础，清代前期的历史地位及先民的贡献，是应该加以肯定的。"①

另一种观点对清前期历史地位的估计较低。郑昌淦认为，清朝统治政策在某些方面曾起过一定的积极作用，但这些都是次要的。从主要的方面来说，其政策起到了阻碍中国社会进步的消极作用，这突出表现为对资本主义萌芽、反封建斗争以及反理学等进步思潮的破坏、阻碍和压制。赵轶峰认为满族社会及国家形态的落后性，满族贵族阶级统治的反动性与民族统治的狭隘性，使封建专制主义国家制度在清代发展到极点，其性质不是社会政治形态的进步，而是腐朽制度的逆转②。焦润明也认为，清朝应对中国近代化的滞后负责，他认为：中国在近代的落后，原因是多方面的，"其中满族贵族统治集团基于本民族利己主义和落后性而实行的对内摧残科学文化，对外闭关锁国的加固延续已走向衰亡的封建制度的反动政策，不能不说是最主要的原因"③。

也有学者对上述两种观点都不完全赞成。赵德贵认为，首先，中国的资本主义萌芽至少比西方先进地区晚200~300年，至于中国封建制的解体，资本主义时代的到来，更是遥遥无期。中国封建制的解体落后于西方，并非从清军入关开始，明清战争只是多少加剧了这一过程。至于清初统一问题，首先应该肯定，统一并非清廷攻明的目的，而是结果。其次，清初的统一是有局限性的，并非乾隆时期为今天奠定了版图的大统一，至于统一有利于抵御外侮的作用，并不尽然，应做具体分析。最后，清初国内统一的实现不单纯是军事力量使然，而有其不可忽视的物质基础。当然"清廷在镇压义军及抗清势力的基础上，将统一的必然性变为现实性，其客观上的某些积极作用也应予以肯定"④。

1997年以来，学术界对清前期历史地位问题又展开了新的讨论。陈梧

---

① 庄吉发：《清高宗十全武功研究》，第1页，中华书局1987年版。
② 参见郑昌淦《明清之际的历史潮流和清王朝的统治政策》，《民族研究》1980年第4期；赵轶峰《论清统一的局限性》，《史学集刊》1986年第1期。这两条材料据《清史研究概说》第101~102页改写。
③ 焦润明：《论满族贵族集团入主中原对中国近代化的滞后影响》。孙文良主编《清军入关与中国社会——中国第七届全国暨国际清史学术讨论会论文集》，第264页，辽宁人民出版社1996版。
④ 赵德贵：《再论明清战争之研究》，《清军入关与中国社会——中国第七届全国暨国际清史学术讨论会论文集》，第291页。

桐在《明史研究的若干问题》中提出：学术界将清军入关及其所进行的战争视为统一战争而予以肯定的做法，是"无视清朝残暴的民族压迫，根本否定广大汉族人民和南明抗清斗争的正义性及其历史功绩"。他指出：满族是中华民族的一员，汉人可以当皇帝，满族等少数民族也可以当皇帝，但"绝不能因此就认为满族可以对其他民族实行残暴的民族压迫，而不许被压迫的民族进行反抗。按照马克思主义观点，反对一切民族压迫是绝对正确的。闭口不谈清朝的民族压迫，进而否定南明抗清斗争的正义性及其历史功绩，显然并不符合马克思主义的观点"[1]。张玉兴《明清之际历史人物的褒善贬恶》一文，专门讨论明清之际历史人物评价问题。张玉兴认为：目前学术界研究明清之际历史人物，存在着"漠视事实、曲解历史、甚至混淆是非、肯定投降、回护变节"的情况。作者认为明清之际反民族压迫斗争中的正反面人物不容混淆，反民族压迫精神是一种伟大操守，体现了一种崇高的道德，对维系人心，稳定社会具有重要的意义。李永芳、洪承畴等人在清朝推行杀戮弊政时，投降清廷，绝非弃暗投明，而是助纣为虐，"无疑将永远被钉在历史耻辱柱上"[2]。

顾诚的《南明史》1997年由中国青年出版社出版，该书根据大量翔实可靠的材料，对明清鼎革之际的一系列重要问题进行了深入考证，受到不少学者的推崇，认为它"代表着南明史迄今为止所达到的最高水平"[3]。《南明史》所提出的一些带理论色彩的学术观点，引发了人们对清朝历史地位的新思考。这些观点主要包括以下几个方面。

一是认为"明清易代，是中华民族内部一个落后的人数不多却又是骠（剽）悍的满族上层人士，勾结汉族中最反动的官绅地主利用矛盾坐收渔翁之利，窃取了农民大起义的胜利果实"，"满洲贵族推行的民族歧视政策引起了国内政局大动荡，打断了中国社会发展的正常进程，也是不容忽视的"[4]。

二是否定清朝取代明朝是历史的必然，顾诚认为学术界将既成事实当成历史必然性，就本质而言和封建史学家的"天命眷顾"没有多大区别。在他看来，必然性只有一条，"就是社会要发展，要前进；其间可能出现

---

[1] 陈梧桐：《明史研究的若干问题》，《人民日报》1998年6月20日《学术动态》版。
[2] 张玉兴：《明清之际历史人物的褒善贬恶》，《清史研究》1998年第2期。
[3] 何龄修：《读顾诚〈南明史〉》，《中国史研究》1998年第3期。
[4] 顾诚：《南明史·序论》，第3页。

短期的逆转和曲折"。"明朝自万历中期以来，朝政日益腐败，内忧外患纷至沓来，覆亡不可避免，接替的可能是大顺王朝，可能是清王朝，甚至可能是孙可望掌握实权的朝廷，也不能排除在较长时间处于分裂的局面"。①

三是对康乾盛世提出质疑。顾诚在《南明史·序论》中说："清朝统治的建立，是以全国生产力大幅度破坏为代价的，稳定后的统治被一些人大加吹捧，称之为康雍乾盛世。正是中国处于这种'盛世'的一百多年里，同西方社会发展水平的距离拉得越来越大。'盛世'过后不到五十年（如果按某些学者吹捧康、雍、乾三帝的思路来看，乾隆之后在位二十五年的嘉庆，也应该算是个励精图治的好皇帝，至少不能说是无道昏君），爆发了中英鸦片战争，随之而来，一幕幕丧权辱国的悲剧，使大清帝国的腐朽落后暴露无遗。"②

清史学界对顾诚上述观点的看法不尽相同。陈梧桐对顾诚关于历史必然性的观点十分欣赏，认为坚持了"历史发展必然性与偶然性的辩证观点"，改变了那种把既成事实当着历史必然性的做法。③ 纪程认为顾诚关于明清历史发展线索的论述"充分体现了是人创造历史的历史唯物主义观点，使南明史的研究从'天命论'、'宿命论'的阴影之下摆脱出来，真正奠定在科学的基础之上"④。但也有些学者对顾诚的观点提出尖锐批评。李治亭《南明史辨——评〈南明史〉》一文，对顾诚《南明史》的基本体系和观点提出质疑。李治亭认为：顾诚的《南明史》有意抬高农民军余部在南明诸政权中的作用，甚至将他们取代南明诸政权的主导地位，变为南明历史的一条主线，是不恰当的。所谓《南明史》，实际上是《明末农民战争史》的续篇。李治亭指出，顾诚站在南明与农民军余部的立场看待明清兴亡，歪曲了南明史的真相，将研究引向歧途。李治亭指出，明清之际的动荡，其实质绝不是汉族各派与各民族抗清排满问题，而是各种政治力量争夺国家统治权的斗争，无论哪一方统一中国都不是一件坏事，而在西方殖民主义者正向东方逼近的情况下，结束动乱，实现国家统一乃当务之

---

① 顾诚：《南明史·序论》，第5页。
② 顾诚：《南明史·序论》，第3~4页。
③ 参见陈梧桐《一部将南明史研究推向新水平的佳作——读顾诚著〈南明史〉》，《历史研究》1998年第1期。
④ 纪程：《南明史研究的重大突破——顾诚〈南明史〉读后》，《史学集刊》1998年第1期。

急。《南明史》的失误,就在于它非要把当时中国所面临的统一与分裂这个最大的现实问题,按照民族矛盾的模式,改成以南明、农民军余部,进而扩大到满族以外的各民族为一方,以满族贵族为一方的民族斗争,并以此为政治分野,降南明者可以,降清不可以,必受谴责。顾诚虽然也承认满族是中华民族内部的一员,但全书是把满族置于外来的异民族地位的。此外,李治亭还对《南明史》的"民族征服论""窃取论""破坏论""打断社会进程论"进行了全面批驳,认为《南明史》"是为明朝覆亡唱出的一首挽歌,是对'汉族各派'联合'抗清'斗争写的长篇赞美诗,是对清朝统一中国发出的一道声讨的檄文。《南明史》除了肯定农民战争外,基本上是明末清初和清末民初两个时期'反清排满'思潮的集中反映"①。

还有一些学者也认为,顾诚对明清之际历史转变的基本理论具有明显的商榷余地。例如,在正视清朝民族歧视政策的同时,也应该看到清廷从顺治年间就已开始,特别是在康熙帝亲政后大力实施的政策调整,《南明史》对清廷民族压迫的论述十分充分,但对其政策调整的论述却异常薄弱,就连陈梧桐也认为这"是个很大的遗憾"②。然而,忽视清廷的政策调整,就不可能回答为什么清初民族矛盾最终走向缓和,清朝政权终能获得巩固,也不可能充分估计抗清斗争推动历史进步的重大意义。研究历史必然性问题,似乎也不宜简单化。确实,既成事实不等于历史必然性,但历史的必然性从来都是,而且只能通过既成事实体现出来,它绝不可能通过后人的种种假设,或未成事实的种种可能性体现出来。17世纪中叶,在明朝政权已经极其腐败,张献忠滥杀于西南,李自成战略决策频频失误,抗清力量四分五裂的情况下,充满朝气的清朝取代明朝恐怕不是简单的历史偶然。承认清朝取代明朝具有一定的历史必然性,并不等于肯定清廷民族压迫,相反,从历史的辩证与曲折运动中,人们会总结出有益的经验教训。

关于康乾盛世,李治亭新著《清康乾盛世》正好对顾诚的质疑给予了比较全面的回答。李治亭认为:清朝入关后的统治,诚然具有维护满族特殊利益,牺牲汉族百姓利益的内容,但同时它也在不断调整统治方针,努

---

① 李治亭:《南明史辨——评〈南明史〉》,《史学集刊》1999年第1期。
② 陈梧桐:《一部将南明史研究推向新水平的佳作——读顾诚著〈南明史〉》,《历史研究》1998年第1期。

力实现民族关系的和谐，以达到稳定政权，恢复、发展社会生产的目的，并在实践中取得了巨大成就。作者通过对康乾时期中国社会状况的考察，指出：在这100余年中，清朝具有国家统一，经济繁荣，武功强盛，学术集大成的鲜明特征，而盛世局面的出现，标志着中国以儒家价值观为核心的传统文化达到了光辉的顶点。①

就学术界对清前期历史地位产生不同观点的原因，主要源于研究者对明清之际主要社会矛盾，以及清代中国社会发展水平的不同估计。研究明清之际的历史变革，衡量清前期历史地位，必须坚持实事求是的原则，从当时的历史实际出发，正视历史的是非。在清军入关的17世纪中叶，西方殖民势力确实正在到来，并威胁到了中国局部边疆，特别是沿海地区的安全，但治史者不能夸大这种威胁，更不应因殖民势力的东来而改变清军入关的性质，将其争夺与巩固全国政权的战争简单化为国家统一战争，更不能因清朝在康乾时期有统一之功而忽视其入关初年的民族征服与屠杀。应该说，至少在顺治年间，中国社会的主要矛盾是满汉民族矛盾，有清一代，"首崇满洲"始终是清朝的基本统治方针，满汉之间，满族与其他少数民族之间的民族畛域始终是根深蒂固的。与此同时，我们也应看到，清朝毕竟是一个充满朝气的新兴政权，在确立和维护满族（主要是满洲贵族）特权的同时，从顺治初年起，它就开始了政策调整，特别是康熙、雍正、乾隆时期，清廷采取了一系列措施缓和民族矛盾，发展社会经济，加强国家统一，并最终促成了持续百余年，以"大一统"为特征的康乾盛世的出现，创造了传统社会历史发展之奇迹。需要特别指出的是：将康乾时期的清朝称为"盛世"，并不是后人的发明，而是历史当事者对当时繁荣景象的普遍认可。毋庸讳言，清朝的盛世，只是相对以前各代而言，如果将其和同时期英法等国的发展水平相比，当时的中国确实落后了，这可以说是康乾盛世最大的悲剧所在。就落后局面之形成，必须承认，清朝统治者所厉行的专制统治，所推行的一系列保守政策，无疑加快了落后的进程，加深了落后的程度。但也应该看到，历史责任绝不应当仅仅由一代人承担。事实上，中国的落后至晚从

---

① 参见李治亭《清康乾盛世》，河南人民出版社1998年版。

明朝中叶就开始了，康乾时期中西差距的拉大，不过是对数百年落后历史的一次总结罢了。如果我们将近代中国的落后完全归罪于康雍乾三帝，因鸦片战争以后中国陷于落后挨打的局面而否定清朝繁荣局面的出现与存在，进而否定清朝在加强国家统一，促进经济文化发展等诸多方面所做出的重大贡献，显然不符合历史的实际。当然，学术界对一些重大问题存在不同看法是正常的，虽然在相当时期内各种意见不可能达成一致，但讨论本身却推动着人们对清朝历史认识的深化，并促进了有关基础研究的深入发展。

清入关前史研究。改革开放以来，清史研究最重要的收获之一是对清入关前史进行了系统梳理，这一梳理不但促进了人们对清朝历史的完整了解，而且加深了人们对清朝历史特殊性的认识。清入关前史是以清朝开国为主线，以入关前满族社会性质、八旗制度、明清战争为主要研究对象的清史基础研究领域。20世纪80年代，是清入关前史研究发展最快的黄金时代，各类专题研究迅速展开，并取得了一系列成果。周远廉的《清朝开国史研究》（辽宁人民出版社1981年版）和《清朝兴起史》（吉林文史出版社1986年版）两部著作，从清入关前社会性质，八旗贵族势力的形成和发展，后金内部政治斗争，满汉关系，满蒙联盟等角度，分析了清入关前的社会政治状况。刘小萌的《满族的部落与国家》（吉林文史出版社1995年版）、姚念慈的《满族八旗制国家初探》（北京燕山出版社1996年版）对清朝早期历史作了比较深入的考察。由张晋藩、郭成康合著的《清入关前国家法律制度史》（辽宁人民出版社1988年版）对早期满族国家的建立、中央官制、八旗制度、入关前的立法、行政管理规范、刑法、诉讼制度等方面，作了详细而深入的考述。孙文良的《满族崛起与明清兴亡》（辽宁大学出版社1992年版），对满族之形成、辽东得失与明朝之兴亡、明清战争诸问题，阐述了自己的见解。阎崇年的《努尔哈赤传》（北京出版社1983年版）、藤绍箴的《努尔哈赤评传》（辽宁人民出版社1985年版）以及孙文良、李治亭的《清太宗全传》（吉林人民出版社1983年版）通过对清代创业之君努尔哈赤、皇太极的研究，探索了清朝开国历程，对一系列重要问题提出了自己的看法。李鸿彬的《清朝开国史略》（齐鲁书社1997年版），依据档案、实录、文集等多种资料，对满族兴起和后金的建立，满族社会的发展和变化，明清战争，后金（清）和朝鲜、蒙古关系等一系列问题作了比较深入的阐述。下面，对有关研究状况作简要叙述。

1. 满族社会性质的讨论。这可以说是新中国初期有关讨论的继续。关于满族社会经历了奴隶制阶段的观点在这个时期得到进一步论证。周远廉的《从"诸申"身份的变化看入关前满族的社会性质》和《关于满族从奴隶制向封建制过渡问题》的文章，提出，16世纪80年代以前，满族还处于原始社会末期，到1587年，已进入奴隶制社会，进入辽沈地区，开始向封建制过渡①。李鸿彬认为，16世纪70年代以前，女真社会已进入早期奴隶制，奴隶已成为直接的生产者，建州女真的奴隶制则是种族奴隶制。16世纪80年代以后，满族社会处于庄园奴隶制发展时期，其特点是生产力以农业为主，生产关系以"拖克索"土地所有者为基础，社会组织形式以八旗制度为特征。1621年进入辽沈地区后，逐渐向封建农奴制过渡。②在清前史研究中，薛虹比较强调女真氏族制度的影响，他认为入关前的女真社会经历了由穆昆塔坦氏族制度向固山牛录制度转变的过程，在固山牛录下，女真存在着三种基本社会关系：汗和伊尔根的对立，贝勒和诸申的对立，额真和阿哈的对立，其中最基本的是贝勒和诸申的关系，它决定着女真的社会性质。薛虹指出："贝勒占有诸申，诸申依附贝勒，是女真氏族军事制度的产物。在进入辽沈地区以后，圈占土地，计丁授田，出现了旗地，才使这种氏族军事制度以战争和狩猎所获的分配形成的剥削关系，改变为封建依附的阶级关系。"③

2. 八旗制度研究。关于八旗创建年代，有辛丑说（1601年），乙卯说（1615年）和甲寅说（1614年），李鸿彬和郭成康经过考证，基本否定了辛丑和甲寅两说，将八旗创设时间确定为1615年。李鸿彬认为：八旗制度是因袭满族先世金人的兵民合一猛安谋克的部族组织形式，同时又结合当时女真人狩猎时实行的牛录制度而建立的。万历二十九年（1601），努尔哈赤对牛录制度加以整顿、改造和规范化，始定300人为一牛录，

---

① 见李治亭《建国四十年来清前史研究述评下》，《历史教学》1996年第1期。
② 参见李鸿彬《清朝开国史略》，第91~106页。
③ 《清代全史》第1卷，第97页，辽宁人民出版社1991年版。

设牛录额真一人，这年共编了40个牛录，由努尔哈赤、其弟速儿哈赤、其子褚英、代善分别统领，出行时打着各色旗号。到了万历四十三年（1615），牛录大约增加到200个，努尔哈赤在牛录制的基础上创设了八旗制，把全部所属满族官民，包括所有掠夺、被俘、投降、归顺、买卖的汉人、蒙古人、朝鲜人等，皆编入八旗组织。不久，设黄、红、蓝、白正色旗和四正色旗上施以红或白边的四镶旗，称之八旗。① 白新良认为，努尔哈赤时期在创造八旗以前，曾有一固山、二固山、三固山、四固山等阶段，并对四旗的旗色、地位和作用作了阐述。② 此外，还有一些学者对牛录的类别、性质、地位和作用等进行了考辨。关于蒙古八旗和汉军八旗，学者对其创设时间、发展沿革等诸多方面进行了比较深入的探讨。李新达和陈佳华、傅克东等认为，天聪五年五月，皇太极令佟养性总理汉人军民诸政，为汉军一旗创建之始。③

3. 明清战争。明清战争一直是清前期研究的重点之一，几乎所有重大战役（如萨尔浒之战、辽沈战役、宁远大战、松锦大战等）都受到学术界的高度重视，出现了不少有分量的研究成果。对明清之际政治军事形势，一些学者仔细分析了当时各种政治力量，特别是明朝、农民军和清朝三大力量的相互关系。朱诚如认为，清入关前，辽沈地区满汉人口大量交流，杂居共处，最终使辽东成为清朝入主中原的根据地。否则，就没有对明战争的胜利。④ 对明清战争的性质，学术界存在着不同看法。孙文良、李治亭、邱莲梅著《明清战争史略》是国内研究明清战争的第一部著作，该书认为这场持续数十年的战争（包括入关后），从根本上讲是双方争夺全国统治权而展开的全面斗争，而不能说是民族战争，尤不能说成是民族征服战争。⑤ 李鸿彬也比较强调明清战争中清朝夺取政权，明朝维护统治的政治目的。张玉兴则以萨尔浒之战为例，证明此役为明朝中央政府对后金"地方

---

① 李鸿彬：《清朝开国史略》，第99~100页。参见郭成康《清入关前国家法律制度史》，146~159页。
② 白新良：《满洲政权早期前四旗考》，《南开史学》1983年第1期。这一资料据《清史研究概说》第80~81页缩写。
③ 李新达：《关于满洲旗制和汉军旗制的始建时间问题》，《清史论丛》第4辑；陈佳华、傅克东：《八旗汉军考略》，《民族研究》1981年第5期。参见《清史研究概说》，第84页。
④ 朱诚如：《清入关前辽沈地区满汉人口交流》。载《清史国际学术讨论会论文集》，辽宁人民出版社1990年版。
⑤ 孙文良、李治亭、邱莲梅：《明清战争史略》，辽宁人民出版社1986年版。

叛乱"的征战。薛虹则提出八旗满洲对明朝的战争是"民族征服"战争。①

除上述几个方面外，学术界还对清入关前政治体制，统治集团内部斗争，经济文化之发展等诸多方面进行了探讨，对此，笔者将在下面有关专题中予以评述。

清军入关与抗清斗争。这是改革开放20年来学术界研究成果比较集中的领域。研究重点主要集中在两个方面：山海关之战及清初统治政策，抗清斗争与复明运动。

吴三桂降清与山海关之战在明清鼎革历史上是十分关键的事件。刘凤云在《清代三藩研究》中对这一事件的前后经过作了比较详细的考察。她认为，"大顺军进入北京后，实行了追赃助饷的政策，这一有别于历代封建王朝的政策，体现了农民政权的阶级本质，因而它与吴三桂的阶级利益格格不入，这是他降李复叛的根本原因"②。刘凤云认为吴三桂降清，直接导致了两个后果：一是清军入关；二是清朝击败农民军，占领北京。"山海关之战，是清朝定都燕京，完成一统基业的关键一战，尽管其中获胜的原因是多方面的，但都不可忽视吴三桂降清的重要作用，而山海关战后十天，清军便进入了北京"③。李光涛着重考察了山海关之战中的力量对比，他提出：山海关之战，尤其是4月21日之战，即清人尚未合战之日，有关上数万乡勇之众，以及吴三桂所率关宁的精兵，亦足以制"贼"。再由此推之，则4月22日之役，多尔衮即不出一兵，似亦不足为轻重。李光涛特别指出，4月21日，关内外同时并急，而多尔衮之"乘虚直捣"更是势所必至，真所谓"东呼西应""请亦来不请亦来"。吴三桂于此，"顾东不能顾西，御贼不能御虏"，于是乎世所谓之"吴三桂请清兵"，也就在这种委曲求全之下而实现了。④对山海关之战的意义，顾诚认为主要有三点：一是大顺军的历史使命从此由推翻明王朝转变为抗清斗争；二是清廷统治者向梦寐以求的入主中原迈出了关键的一步；三是以吴三桂为倡首在汉族官绅中迅速形成了一股不可忽视的"拥清派"。⑤

---

① 李治亭：《建国四十年来清前史研究述评下》，《历史教学》1996年第1期。
② 刘凤云：《清代三藩研究》，第74页，中国人民大学出版社1994年版。
③ 刘凤云：《一次决定历史命运的抉择：论吴三桂降清》，《清史研究》1994年第2期。
④ 参见李光涛《明清之际的战争》，第335~400页；转引自《台港清史研究文摘》，第125页。
⑤ 顾诚：《南明史》，第28页。

关于入关初年清廷的政策措施，不少学者作了比较深入的评述。王戎笙指出：清军入关后，战火从长城内外延烧到大江南北以至全国，满洲贵族所进行的战争，完全丧失了正义性，入关后的战争，是入关前掠夺战争的继续。与此同时，王戎笙也指出，在军事征服取得明显效果时，清廷随即采取措施，医治军事征服所造成的精神创伤，主要是用怀柔政策缓和各民族之间的矛盾，特别是满汉之间的激烈对抗，这些措施在当时收到一定成效，到乾隆年间，满汉民族的差异缩小了，当年那种激烈的对抗消失了，虽然矛盾还存在，但民族间的和睦无疑是大大促进了。[①]清初的剃发、易服、圈地、投充、逃人虽系长期研究的老问题，但仍有一些学者进行了新的探讨。李洵在《论清初圈地、投充、逃人三事》中指出，圈地是满洲贵族建立其初级封建制庄园的一种土地掠夺过程，它不但给内地社会经济带来破坏性后果，而且对于满洲各种势力本身，也并未得到什么实在好处，因为农奴制生产方式和内地的传统方式相距甚远，互不适应。而投充的大量实行，严重影响到国家赋役的征收，势必引起皇帝和贵族之间的权益冲突。投充和逃人两者都是清朝入关后圈占大量土地之后引起的劳动力争夺问题，是农奴制生产关系和内地发达的封建制生产关系间冲突的表现。[②]

对抗清斗争和复明运动，顾诚、何龄修、张玉兴、南炳文做了不少工作。何龄修的《史可法扬州督师期间的幕府人物》是一篇比较重要的文章。作者旁征博引，对史可法扬州督师期间100名幕府人物的姓名、籍贯、生平事迹进行详尽考辨，基本理清了扬州幕府的组成和素质。[③]虽作者自称该文尚有种种不足，但它毕竟为进一步深入研究史可法及其抗清斗争奠定了重要的资料基础。顾诚的《南明史》以大顺军余部、大西军余部、郑成功武装等民众抗清斗争为主线，比较全面而深入地分析了清初历时20年的抗清过程，对一些长期记载混乱而影响巨大的重大历史事件，如史可法和马士英定策继统、监国鲁王诸部在浙江的起义、隆武亲征和何腾蛟迎驾、郑成功和二张在沿海的抗清活动、郑成功与李定国会师广东之役、吴楚党争、孙李内讧、四川军阀内争等，《南明史》均作了细致的清

---

① 《清代全史》，第2卷，绪论。
② 李洵：《论清初圈地、投充、逃人三事》，《清军入关与中国社会——中国第七届全国暨国际清史学术讨论会论文集》第158页。
③ 何龄修：《史可法扬州督师期间的幕府人物》，《燕京学报》新3、4期。

理，深入的考证①。对农民军的联明抗清问题，顾诚在《论清初社会矛盾》一文中指出，联明抗清之后，一部分农民军将领确实在地主阶级影响下滋长了忠君思想，甚至在某种程度上卷入了南明统治集团内部的派系斗争，但是，我们也应当看到这种情况毕竟是有限的，就实质而言，农民军在抗清联合阵营中始终起着主导作用，正是他们支撑并推动了南明朝廷的坚持抗清。顾诚认为，在抗清联合阵营中，农民军不仅是抗清斗争的主力而且保持了自己相对的独立性，至于农民军始终没有放下"扶明"的旗帜，只是因为自己的享有盛名、曾经称帝建号的领袖业已牺牲，而南明隆武以后的几个小朝廷在群众中既有一定影响又表示愿意共同抗清的缘故。②张玉兴的《南明诸帝》（吉林文史出版社1996年版）对南明弘光、隆武、鲁监国、绍武、永历诸帝的生平事迹，做了比较详细的研究，是南明史的一项有价值的成果。南炳文的《南明史》就南明过程，作了简明扼要的叙述。陈生玺的《明清易代史独见》是一部扎实的学术著作，其中有一些关于南明史的重要论述。

如前所述，复明运动的开创者是陈寅恪，一些学者认为复明运动实际上是《柳如是别传》的主旨所在。③何龄修沿陈寅恪开辟之路径，继续探讨，发表了《山海关石河之战后的复明运动》（《清军入关与中国社会——中国第七届全国暨国际清史学术讨论会论文集》，第169~180页）、《李之春案与复明运动》（《中国史研究》1990年第3期）、《虞胤、韩昭宣起义与傅山》（《明史研究》第2辑，第165~170页，黄山书社1992年版）、《湖南的抗清复明运动与陶汝鼐案》（《明史论丛》，第333~349页，中国社会科学出版社1997版）等一系列研究成果，并从理论的角度，分析了复明运动的性质和社会影响。何龄修认为，复明运动是基于清朝统治的扩展，以及圈地、缉逃、剃发、屠城等民族压迫措施的推行而发生的，它的政治性质是明确的，它和李自成、张献忠及其余部的抗清战争，东南沿海城市人民的武装反抗，郑成功等的海上起义，历次南明政权对清朝的抗争共同构成清初民族抵抗运动的整体，是清初整个民族斗争的一部分。何龄修提

---

① 何龄修：《读顾诚〈南明史〉》，《中国史研究》1998年第3期。
② 顾诚：《论清初社会矛盾》，《清史论丛》第2辑，中华书局1980年版。
③ 据胡晓明《关于〈柳如是别传〉的撰述主旨与思想寓意》（《文艺理论研究》1997年第3期）的归纳，王锺翰、何龄修、王永兴等人持此观点，"标志着对于《柳如是别传》理解的深入。"

出,复明运动具有明显的特点:(1)复明运动的基本活动方式是地下活动;(2)复明运动与武装斗争最终结合起来,地下活动与战争最终结合起来;(3)复明运动有广泛的阶级和阶层参加;(4)分散性。分散性虽有助于复明运动在一段时间里的存在,却削弱了运动的力量,以致最终被清政府各个击破。至于复明运动失败的原因,何龄修指出,复明运动是民族矛盾激化的产物,因此一当民族矛盾相对缓和以后,它就失去了存在的依据,而它不能在民族矛盾仍然激烈的时候实现自己的目标,则最主要的原因是明清力量对比对明朝一方不利。复明运动所拥戴和依靠的南明,是孱弱而又充满内争的分裂的力量,这样的力量不能复兴,不能赖以复兴。[①]现在看来,复明运动研究具有重要的学术价值,它改变了人们研究抗清斗争只重视农民军和南明政权的传统做法,拓宽了人们的研究视野。明清鼎革,是一场关系到中国前途与命运的巨大社会震荡,研究者除了要高度重视战死沙场的将士,以及少数众所周知的慷慨就戮的节义之士外,还有必要对当时各社会阶层、利益集团的政治心态、行为方式、思想情感予以深入考察,通过典型事件的解剖,对历史人物作细致入微的分析,揭示时代精神的变迁,探寻当时历史发展之途径。复明运动研究在这方面作出了带启迪性的尝试。

关于明清之际历史人物研究,比较重要的成果是王宏志的《洪承畴传》(红旗出版社1991年版)和李新达的《洪承畴传》(四川人民出版社1992年版)。这两部著作各有特色,观点也不尽一致,但均以明末清初复杂时代为背景,以洪承畴政治军事活动为主要内容,对其一生,既作全面叙述,又作深入分析,通过具体的人物研究,揭示出明清之际历史发展的特点。

近年来,明清之际历史研究的另一项重要成果是"李自成结局问题"研究课题的结项。该课题由中国社会科学院历史研究所组织实施,研究报告《李自成结局问题的由来和发展》由王戎笙主持完成。李自成结局如何,近十余年来史学界争论激烈,主要有两派:一派主张李自成兵败后在湖北通山遇害;另一派主张李自成率领大军顺利转移至湖南,后来禅隐石门夹

---

① 何龄修:《李之春案与复明运动(兼述后明韩主)》,《中国史研究》1990年第3期。

山寺，秘密指挥联明抗清20年。这两种观点针锋相对，争论不休，受到学术界广泛关注。《李自成结局问题的由来和发展》依据大量翔实可靠的材料，对这两种说法的源流、演变进行了深入考辨，对湖南石门奉天玉和尚墓出土的文物作了颇为详尽的辨析，比较彻底地否定了禅隐说。该课题研究成果《李自成结局研究》已于1998年由辽宁人民出版社出版。当然对李自成结局，学术界一些同志仍有不同看法，这是正常的，可以理解。

秘密社会研究。[①] 在清代，存在着一种独立于现存社会行政系统之外，不受封建宗法组织和行会组织约束的庞大社会势力。它们既寄生于清代中国社会之中，又同正统的封建秩序相悖逆，这就是由秘密教门和会党构成的秘密结社或称秘密社会，也就是20世纪初陶成章在《教会源流考》中所说的"教"与"会"。秘密宗教结社在清代以前就存在。以天地会、哥老会为主干，并包括青帮在内的秘密会党则是清代新产生的。

新中国成立以来关于清代秘密教门的研究，有一个逐渐深入的过程。从总体上看，"文革"前研究的重点与当时史学研究的主流是一致的，即将秘密宗教结社纳入农民战争史的范畴，研究课题主要有乾隆三十九年王伦清水教起义、川楚陕白莲教起义、嘉庆十八年天理教起义、道光十五年先天教起义、义和团源流等，并就秘密宗教与农民战争的关系问题集中展开了讨论。李世瑜的研究在当时无疑属于非主流，但代表了未来的主流。他在新中国成立以前完成的《现代华北秘密宗教》，可以说是中国秘密宗教史的开拓之作。"文革"十年，秘密宗教结社研究几乎陷于停顿，自1976年才开始逐渐恢复，但研究内容仍主要局限在秘密宗教所组织发动的农民起义方面。20世纪80年代初以来，国内关于秘密宗教的研究逐渐跨出了农民战争史的块垒，进入一个更加广阔的天地。喻松青于1980年发表了关于罗教和清茶门教方面的研究成果；李尚英于次年发表了自己关于天理教方面的研究心得。此后，学者们开始发掘并利用清代档案，研究课题也转向了潜藏于广大乡土社会中的诸多教派，探讨各种教派的内部传承、组织结构、行为模式及教义教规。其中引人注目的是程啸、路遥对民间宗教与义和团关系的研究；马西沙对八卦教、黄天教、收圆教等教

[①] 本部分秘密宗教方面的内容由宋军提供初稿，赫治清作修订；秘密会党方面的内容由赫治清提供初稿。笔者根据文章需要统一作了删定。

派的研究；韩秉方对红阳教、罗教的研究；周育民对衣冠道、青莲教的研究。20世纪80年代后期以来，研究成果不断涌现，特别是一些专著先后问世：《明清白莲教研究》（喻松青著，四川人民出版社1987年版）、《清代八卦教》（马西沙著，中国人民大学出版社1989年版）、《中国民间秘密宗教》（濮文起著，浙江人民出版社1991年版）、《中国民间宗教史》（马西沙、韩秉方著，上海人民出版社1992年版）、《白莲教探奥》（王兆祥著，陕西人民教育出版社1993年版）、《相会道门》（邵雍著，上海人民出版社1997年版）、《源同流分——民间宗教与结社》（李尚英著，辽宁人民出版社1997年版）等。20世纪90年代中期以来，秘密会社研究领域相对沉寂，但新的曙光已然显现。学者们力图以秘密宗教为窗口，揭示清代乡土社会的运作、结构和基层民众的生活等社会实态，动态、立体地把握秘密宗教的生存状况及其与乡土社会的互动关系。在这一方面，程啸的《理门与近代华北集镇社会》、宋军的《清代红阳教与乡土社会》（《清史研究》1997年第2期）、《集市、庙会与红阳教的传播》（《中国历史博物馆馆刊》1997年第2期）做了初步的尝试。其次，田野调查的展开也给研究带来新的希望。路遥的《关于八卦教内部的一个传说》（《世界宗教研究》1994年第3期）、濮文起的《天地门教调查与研究》（台北《民间宗教》1996年第2辑）都是近期出现的佳作。宋军《明清民间宗教结社〈护道榜文〉考析》（台北《民间宗教》1998年第4辑）一文，根据自己所掌握的珍贵传本，参照档案、官书记载，对比各版本之异同，论述其源流，考察其传播和刊印，力图揭示这一沉寂多年的宗教结社文献之原貌。

在对秘密教门性质的探讨上，秦宝琦在《中国传统社会中秘密教门与其他社会群体的关系》一文中提出：秘密教门是中国传统社会中一部分下层群众为了求得生存与发展而结成的民间秘密结社，它貌似宗教，而实质上却是民间秘密结社。秘密教门和秘密会党是中国传统社会一对兄弟，共同组成了中国秘密社会，两者虽然在组织形式上有所不同：秘密教门是以师徒传承的方式所结成，以与正统社会相悖的神学思想为纽带；秘密会党是以异姓结拜兄弟的方式所结成，以江湖义气和其他封建伦理道德观念为纽带。但二者都是下层群众的组织，都具有反传统反社会的特质，故都为历代统治阶级所不容，只能在下层群众中秘密流传。从其发展趋势和历史命运看，也颇相近：当中国从传统社会向近代化迈进时，其历史上的进步作用，都逐渐消失、落后，以致反动性日渐凸现，秘密教门后来演变为会道门，秘密会党大多成了帮会以致黑社会，因而都失去了存在的理由。①吴琦《漕运与民间组织探析》，分析了罗教与漕运的密切关系。作者指出：在封建社会后期，漕运中出现了民间秘密组织，最初是颇具宗教色彩的罗教，然后发展成为具有宗教色彩和权力体系的水手行帮，最后演变为社会的寄生集团——青帮。这一过程伴随着漕运的由盛至衰，即反映了运河生活圈中人们的风风雨雨。不同阶段的这些民间组织，由于社会现实力量的塑造，各具不同的特质与品格，但都是影响当时社会的重要力量。②李尚英《乾嘉时期几个秘密教门的再探讨》，主要根据档案资料，对目前史学界研究较少的灯郎教、牛八教、清水教、天理教之形成、活动及影响，进行考辨，否定了一些学者提出的天理教创立后，"八卦教再次得到统一"的观点。③

从秘密教门研究趋势看，一个不容忽视的热点将属于秘密宗教的经卷——宝卷研究，其基本前提是近年来诸多宝卷的重现于世。

清代秘密会党的研究，相对秘密教门的研究要充分一些，起步也更早。其中，有关天地会的研究格外引人注目，成绩最为突出。早在20世纪初，欧榘甲就对天地会起源作了较为详细的论述，首倡郑成功创立说。陶成章在1908年至1910年间发表的《洪门历史》《教会源流考》，以及20世纪20年代出版的连横的《台湾通史》，均沿其说。1929年出版的温雄飞著《南洋华侨通史》（东方印书馆1929年版），一方面否定郑成功创立说，另一方面又将陈近南"继述而修整"的说法加以深化，提出新的康熙甲寅说。

严格说来，天地会作为一个学术研究课题，并引起人们的关注，开始于30年代。当时，一系列天地会秘密文件被发掘、整理出版，一些学者从不同的角度，对其起源、思想、历史渊源、结拜仪式、联络暗号等进行专题研究。关于天地会起源，这个时期众说纷纭，有康熙甲寅说（罗尔

---

① 秦宝琦：《中国传统社会中秘密教门与其他社会群体的关系》，《清史研究》1997年第2期。
② 吴琦：《漕运与民间组织探析》，《华中师范大学学报》1997年第1期。
③ 李尚英：《乾嘉时期几个秘密教门的再探讨》，《清史论丛》1995年号，辽宁古籍出版社1996年版。

纲)、雍正十二年甲寅说(萧一山)、明季说(王重民)以及天地会正式成立于乾隆四十八年的说法(周贻白),这一局面既开阔了天地会研究的视野,也为后来的学术争论埋下了伏笔。萧一山、罗尔纲是当时成绩最为突出者。他们的研究实践,开创了天地会起源研究的一代新风。萧一山编《近代秘密社会史料》和罗尔纲编《天地会文献录》,成为清代秘密会党史的奠基之作。

新中国成立初期,天地会被纳入农民战争史范畴。荣孟源、来新夏等曾撰文,强调天地会于康熙十三年(1674)创立于福建,是具有"反清复明"宗旨的秘密结社组织。20世纪50年代,在关于资本主义萌芽的讨论中,尚钺认为南方许多秘密结社,如天地会、哥老会等,其主要成员是市民,反映的社会关系是萌芽的资本主义关系[①]。1958年,戴逸在他的《中国近代史稿》第1卷中,研究了天地会的起源和性质,明确指出:天地会是"十七世纪末新兴的秘密组织","较多地反映了城市平民阶层的要求"[②]。这一观点在史学界引起了巨大反响,导致了20世纪60年代初关于天地会性质问题的讨论。大多数学者认为天地会是一个以"反清复明"为宗旨的群众性的秘密团体,不能将它和资本主义萌芽简单联系。1964年,《北京大学学报》(人文科学版)第1期发表了蔡少卿《关于天地会的起源问题》一文,这是新中国成立以来有关秘密会党研究的杰出成果。作者通过发掘天地会档案史料,提出天地会由洪二和尚即万提喜于乾隆二十六年(1761)在福建漳浦县创立,构筑了一个完整的"乾隆说"的崭新体系。这篇文章的公开发表,标志着我国有关天地会起源的研究,开始从主要依据天地会内部传说立论,转入主要依据档案史料进行研究的新阶段。值得一提的是,在蔡文发表四年以后,戴玄之也提出了"乾隆说"主张,不过他认为天地会创立于乾隆三十二年(1767)。戴氏是台湾史学界力倡天地会起源于"乾隆说"的第一人,他在天地会名称演变、天地会与道教关系等问题上,发表了不少佳作。

改革开放以后,清代秘密会党史研究进入了一个蓬勃发展的新时期,

---

① 尚钺:《清代前期中国社会的停滞、变化和发展》,《中国资本主义萌芽讨论集》上册,第160页,生活·读书·新知三联书店1957年版。
② 参见戴逸《中国近代史稿》,第1卷,第42~44页,人民出版社1958年版。

天地会研究空前繁荣。大批天地会资料，尤其是档案资料的整理出版，为天地会研究创造了良好条件。其中包括中国人民大学清史研究所和中国第一历史档案馆合编的《天地会》资料丛刊7册，在20世纪80年代由中国人民大学出版社陆续出版；刘如仲、苗学孟编《台湾林爽文起义资料选编》；庾裕良、陈仁华等编《广西会党资料汇编》；上海师范大学历史系和中国第一历史档案馆合编的《福建上海小刀会档案史料》；等等。20年来，有关会党史的研究成果辈出。据不完全统计，论文不少于300篇，专著20余部。其中，影响较大的专著包括蔡少卿著《中国近代会党史研究》（中华书局1987年版）、《中国秘密社会》（浙江人民出版社1990年版）；秦宝琦著《清前期天地会研究》（中国人民大学出版社1988年版）；胡珠生著《清代洪门史》（辽宁人民出版社1996年版）；赫治清著《天地会起源研究》（社会科学文献出版社1996年版）、《中国帮会史》（台北：文津出版社1996年版）；周育民、邵雍著《中国帮会史》（上海人民出版1993年版）以及我国第一部会党史研究工具书《中国会党史论著汇要》（魏建猷主编，南开大学出版社1985年版），等等。

思想解放，百家争鸣是新时期会党史研究的重要特点。在天地会起源研究领域，学术观点更是歧间迭出，不同观点之间的讨论，有力地推动了研究的深入发展。其中，关于天地会的起源和性质，争论尤烈，影响最大的观点是天地会起源之"乾隆说"和"康熙说"。一是"乾隆说"，重要代表人物是蔡少卿、戴玄之和秦宝琦。秦宝琦是继蔡少卿之后将档案资料大量运用于天地会研究的积极实践者和推动者。由于蔡少卿自20世纪80年代后将主要精力转到对整个秘密结社，尤其是近现代的研究，秦宝琦就成为力倡"乾隆说"的主将。他根据自己掌握的档案材料，特别是他率先发现的乾隆五十四年（1789）五月初三日奉朱批的闽浙总督伍拉纳、福建巡抚徐嗣曾《审明会匪陈彪等切实根由定拟具奏折》，进一步完善了"乾隆说"体系。他断言天地会是万提喜即洪二和尚郑开于乾隆二十六年在福建云霄高溪观音亭创立，他强调天地会虽然带有不少"反清复明"内容的诗句、歌诀，但这些文件都是后来形成的，"从洪门天地会的全部历史及其活动看，乃是下层群众为了互济互助和自卫抗暴而自发形成的社会群体。它是以我国传统的歃血结盟焚香结拜弟兄的方式组成的，因此，只是一种原始形式的民间秘密组织"①。二是"康熙说",其代表人物是胡珠生、翁同文、赫治清。早在新中国成立之初,胡珠生就有《哥老会起源初探》问世。1979年,他在《历史学》季刊第3、4期上,连续发表了《青帮史初探》《天地会起源初探》,构成了揭开改革开放新时期重新探讨中国帮会史的重要内容。胡珠生在洪门会书的综合研究方面,有其独特贡献,他把乾隆十七年(1752)马朝柱案定为典型的早期天地会大案,论证充分,填补了乾隆二十六年以前天地会活动历史的某些空白,在一定程度上揭开了"天地会根由之谜"。翁同文系台湾著名学者,20世纪70年代和80年代,他撰写了一系列关于天地会的论文,深入考察了万姓集团与天地会的关系,产生了重要影响。赫治清自70年代以来,一直将天地会作为自己的研究课题,发表了一系列有影响的论文,是天地会起源"康熙说"的主将。和秦宝琦的观点相对立,赫治清认为:天地会是清初特定历史条件下民族矛盾和阶级矛盾互相作用的产物,它是作为"反清复明"的政治工具而出现于中国历史舞台的。它于康熙十三年甲寅由长林寺开山住持僧万五道宗即达宗和尚等人创立,其诞生地点是福建彰浦县云霄高溪乡高溪庙,创立宗旨是"反清复明"。它之所以起源于清初闽南彰州地区,有其深刻的政治背景、经济根源、社会根源及历史渊源。天地会创立之初,是由部分汉族地主及其知识分子中的"反满派"和部分劳动人民组成的以"反清复明"为宗旨的秘密结社。后来,随着清朝中央政权的牢固确立,满汉地主阶级联合专政的实现,汉族地主及其知识分子作为一个阶级相继退出了人民革命斗争历史舞台,它就逐渐变成了以农民、小手工业者、商贩、挑夫和其他下层游民无产者为主体的,借以进行反清阶级斗争的秘密结社。将天地会说成是乾隆年间商品经济发展、资本主义萌芽增长而出现的"互济互助"团体,显然脱离了历史实际。②赫治清所著《天地会起源研究》是一部高屋建瓴地研究天地会历史的专著,在天地会起源问题上创见颇多,在学术界产生了较大影响,罗尔纲称该书"在天地会起源问题上取得了重要突破,揭开了多年困扰人们的起源之谜"③。

---

① 秦宝琦:《洪门真史》,前言,第3页。
② 参见赫治清《天地会起源研究》,第320页。
③ 参见赫治清《天地会起源研究》,何龄修、罗尔纲序。

学术讨论推动了学术研究的深入。目前，关于天地会起源的两大学术观点，在起源地点上达成了共识。田野调查、会书、碑刻等资料受到人们的高度重视，1994年10月到1995年5月《中国工商时报》连载罗炤《天地会探源》，可以说是将田野调查引入天地会研究的力作。

天地会起源及其性质，虽是这个时期的研究热点，但人们并不局限于此。学者们对青帮、哥老会的研究也取得了进展。传统观点认为哥老会与天地会同出一源，随着档案史料的开发，这种观点基本上退出了学术舞台。目前，学术界普遍认为哥老会起源是多元的，而非一元。对青帮的起源、性质的考察，也取得了明显进步。

近20年来，清代秘密会党研究呈现蓬勃发展的新局面，还表现在一大批中青年会党史研究者的脱颖而出，以及中国会党史研究会的成立及其定期举办学术研讨会，积极开展对外和海峡两岸民间学术交流等诸多方面。六七十年代以来，台湾学者在天地会、哥老会、青帮研究中，做出了显著成绩。除翁同文、戴玄之外，还有庄吉发、王尔敏等。庄吉发是台湾学术界把档案史料大量运用于会党研究的第一人，人们从他的著作中可以窥见台湾收藏的天地会重要档案。所著《天地会源流考》(台北故宫博物院1981年版)、《清代会党史研究》(台北：文史哲出版社1994年版)，均堪称清代会党史研究的佳作。

经济史研究。清代经济史是清史研究中十分活跃而且成果辈出的领域。20年来，经济史研究在继承资本主义萌芽讨论成果的基础上，突破传统束缚，逐渐形成了以部门经济和区域经济研究为特色的全方位发展的新局面。所谓部门经济史，包括农业史、商业史、财政史、手工业史、人口史、城市史等诸多领域，所谓区域经济史则是指学者对清代各个地区经济发展状况的专门研究。

在改革开放初期，经济史研究的重点仍是资本主义萌芽问题，这在一定程度上可以说是五六十年代有关讨论的继续，然而，视角更加开阔，分析更加深入。由许涤新、吴承明主编的《中国资本主义发展史》第1卷（人民出版社1985年版），比较全面地分析了资本主义萌芽的概念、表现形式，讨论了清代资本主义萌芽的状况，探讨了发展迟缓的原因，为近20年资本主义萌芽研究的代表性著作。刘永成《论中国资本主义萌芽的历史前提》一文，认为社会分工和商品经济的不断发展、商业和商人资本的一定程度的发展、地租形态的变化、货币地租的发展，是资本主义萌芽发生、发展的三个重要历史前提。资本主义萌芽是封建社会晚期，即自然经济开始解体时期才可能出现的历史现象，也是商品经济发展到一定高度的必然产物[1]。具体说来，改革开放时期对资本主义萌芽的研究，取得了三大明显进步。一是改变了新中国初期将资本主义萌芽的研究过多集中在手工业领域的状况，将讨论大幅度推进到农业领域。由李文治、魏金玉、经君健合著的《明清时代的农业资本主义萌芽问题》（中国社会科学出版社1983年版），是关于清代农业资本主义萌芽的最重要的著作。该书对农业资本主义萌芽产生的条件、标志、农业雇工的类型、人身关系、雇佣劳动之性质、资本主义萌芽发展迟缓之原因，作了非常深入的考察，提出了一些具有启发性的观点。罗伦、景苏的《清代山东经营地主经济研究》（齐鲁书社1985年版）是作者《清代山东经营地主底性质》一书的增订本，该书注意文献资料与社会调查的统一，比较深入地研究了清代山东经营地主的发展状况，对农业资本主义萌芽问题提出了自己的见解；二是行会研究取得了明显进步。刘永成、赫治清的《论我国行会制度的形成和发展》一文，将我国行会制度分为两个重要时期，唐宋时代是行会的形成时期，其主要职能是为封建官府对城市工商业者实施统治和征敛的工具，明清时期，特别是清代，由于社会经济的不断发展和商品经济更加活跃，行会的性质与欧洲行会相类似，只是缺少欧洲似的政治上的行会特权而已。清代工商业行会的职能，一方面在于限制同业间自由的发展，但另一方面在于调和行会内部的阶级矛盾，镇压工人的罢工斗争。刘永成、赫治清指出，各行行规的基本精神都是为了维护本行同业的根本利益，行会制度与资本主义萌芽二者并行不悖，资本主义萌芽的发展过程，也就是行会制度从发展逐步走向分解的过程[2]。一些学者在考察行会制度时，高度重视清代工商业领域阶级关系状况，对帮工所组织的"行""帮""会馆""西家行"的活动情况进行了深入考察；三是开始注意对资本主义精神的考察。严格说

---

[1] 刘永成：《论中国资本主义萌芽的历史前提》，《中国史研究》1979年第2期。
[2] 刘永成、赫治清：《论我国行会制度的形成和发展》，南京大学历史系明清史研究室编《中国资本主义萌芽问题论文集》，第136~137页，江苏人民出版社1983年版。

来，资本主义萌芽并非单纯的经济史研究范畴，而是一个综合性的科研课题，因为资本主义本身包含着价值观念、生活方式等多种因素，萌芽也是如此。值得注意的是，20世纪80年代以来，一些学者尝试用现代社会发展理论（特别是韦伯的理论），考察清代特定文化背景与经济发展，特别是资本主义萌芽之间的某种内在的渊源关系，应该说是一种有益的探索。当然也需注意，西方的社会发展理论，主要建筑在西方特定历史与文化基础之上，中国学者在借鉴其理论的同时，要切忌生搬硬套，切忌在学术研究中，尤其是在对中国历史的研究中盲目"从外"，否则很可能得出脱离中国历史实际的结论。关于资本主义为什么没有在中国产生，有的学者提出：这是典型的韦伯提问方式，其实，我们不应当问资本主义为什么没有在中国产生，而应当问：资本主义为什么在欧洲产生了。但一些西方学者针对这一观点，指出：确实应当重视资本主义为什么在西方产生，然而，西方史学界对此已经进行了长期的研究，资本主义未在中国产生，这是历史事实，对此，中国学术界不应回避，应当进行深入研究。

进入20世纪90年代，清代经济史研究有了新的发展。美籍学者黄宗智《长江三角洲小农家庭与乡村发展：1350—1988年》以及他发表在《史学理论研究》1993年第1期上的文章《中国经济史中的悖论现象与当前的规范认识危机》，曾引起了经济史学界的热烈讨论，黄氏认为清代商品化来自人口对土地的压力，"主要由人口压力推动的过密型的商品化，必须区分于推动近代发展的质变性的商品化。"这一观点受到了不少清史学者的关注，促使人们对清代人口问题、小农问题、商品经济问题进行更加深入的探讨。

与研究资本主义萌芽相关的是人们高度重视清代中国社会发展水平研究，就清代中国是停滞还是发展问题，清史学界展开了有益的讨论。

20世纪80年代中期以后，学术界对一些基本经济问题，特别是生产力问题，进行了比较深入的考察。郭松义在《清代的劳动力状况和各从业人口的大体匡测》一文中，对清代劳动力在各行业的分布状况作了推测。[①] 姜涛的《传统人口的城乡结构——立足于清代的考察》，以城乡居民社会职

[①] 郭松义：《清代的劳动力状况和各从业人口的大体匡测》，《庆祝杨向奎先生教研六十年论文集》，第520~529页，河北教育出版社1998年版。

业的分野作为考察的主要依据,探讨了传统人口城乡结构的稳定性问题。[①]方行《清代农民经济扩大再生产的形式》一文,对清代江南地区种桑养蚕、纺丝织布以及湖南、四川产粮区农民在种植粮食上扩大再生产的情况,作了全面探讨。[②] 郭松义《清前期稻作区的粮食生产》,以大量统计数据,研究了清前期南方稻作区的粮食亩产、总产和人均拥有量。[③] 郑正、马力、王兴平《清朝的真实耕地》,利用清朝官方和当代的统计数据,对清代的实际耕地面积作了推算,提出:清朝官方耕地统计数只是赋税征收单位,这个数字大大低于真实的耕地面积;清朝人口在道光年间达到饱和,其耕地面积也基本达到最大值,大约为20亿亩,而清朝收税地亩数只等于真实耕地面积三分之一多一点,故当时实际赋税负担大大低于历来所认为的数字,这是构成"盛世"繁荣景象的一个重要原因。郑正等人指出,清朝人均耕地四亩多,可以基本保证温饱,这就是清朝从乾隆起人口大规模增长乃至道光时达到4亿多,相当于明以前官方统计人口峰值近7倍的物质支撑。[④]叶显恩《略论雍乾时期社会经济的结构性变迁及其历史地位》,从宏观的角度考察了雍正、乾隆时期清朝社会经济的结构变迁及其在中国历史上的地位与特点。[⑤] 由于近年来已有一些文章对这段时期经济史研究状况作了详尽评述,故下面仅对清史学界比较关注的几个问题作简要回顾。

1. 清朝经济政策。清初恢复和发展经济的主要措施,是学术界比较关注的课题。郭松义的《清初封建国家垦荒政策分析》一文,比较全面考察了清初社会经济状况、清朝垦荒政策的主要内容、垦荒成效及其阶级实质。作者认为清初垦荒政策,就其实施,可以分为两个阶段,即顺治时期和康熙时期。顺治时期,尽管统治者对于垦荒高度重视,但由于连年战争以及清朝财政之困难,使得它颁布的政策、法令往往无法兑现。康熙年间,随着条件改善,清廷对过去的政策作了比较切实的调整,垦荒在全国范围内普遍推行,农业生产获得了恢复和发展。[⑥] 对清朝摊丁入亩政策之

---

① 姜涛:《传统人口的城乡结构——立足于清代的考察》,《中国社会经济史研究》1998年第3期。
② 方行:《清代农民经济扩大再生产的形式》,《中国经济史研究》1996年第1期。
③ 郭松义:《清前期稻作区的粮食生产》,《中国经济史研究》1994年第1期。
④ 郑正、马力、王兴平:《清朝的真实耕地》,《江海学刊》1998年第4期。
⑤ 叶显恩:《略论雍乾时期社会经济的结构性变迁及其历史地位》,《中国社会经济史研究》1991年第4期。
⑥ 郭松义:《清初封建国家垦荒政策分析》,《清史论丛》第2辑,中华书局1980年版。

实施，郭松义在《论"摊丁入亩"》一文中作了比较详尽的考察，并对匠班银、屯丁银摊入地亩问题发表了自己的看法。[①] 关于清代赋役制度，袁良义的《清一条鞭法》，通过对明清赋役制度的对比，认为明一条鞭尚处于试行阶段，最后以失败告终，说是一条鞭，实为多条鞭。清一条鞭处于完成阶段，各地发展的情况趋于一致，它将田赋、差役和丁银等项逐步合一，形成一切出于田赋，实现了真正的一条鞭法。袁良义指出：一条鞭法改革的是赋役制度，但它反映的问题超越了赋役制度的界限，改变了当时社会状况。"明一条鞭法主要照顾的是一般地主阶层的利益，涉及下层人民的问题，反映社会现实的面比较有限。清一条鞭法关系到农民、手工业者、商人、作坊主和一般地主多种阶级和阶层的利益，反映社会现实的面就广阔得多了。性质也发生了变化，从一般改革发展成为一场变革社会的革命，改变了农民、手工业者类似农奴的地位"[②]。何平的《清代赋税政策研究：1644—1840年》（中国社会科学出版社1998年版），对清代赋税政策目标、定额化赋税制度及其缺陷、赋税调整及赋额变动趋势、赋税政策的传导途径及其制约因素等问题，作了比较全面的分析。高王凌的《十八世纪中国的经济发展和政府对策》（中国社会科学出版社1995年版），从问题和对策的角度，考察了18世纪中国经济发展的几个主要方面：人口问题和经济发展政策；粮政问题和政府之干预；工业政策和经济前景。作者认为，清代经济发展的主要途径之一，是全域性的开发和大规模的耕地开垦，但其最大成就却不在这里，而表现在经济的高层次发展，如农业种植业及其他生产经营的拓广，基本生活必需品以外各种生产的开展，商品性经济的发展以至地区间比较优势的发挥，这些才是更值得重视的。李文治、江太新合著的《清代漕运》一书（中华书局1995年版），对清代漕粮赋税制度、漕运官制和船制、漕粮运道、道光后漕运改制政策等诸多方面作了全面而深刻的论述，为近年来研究清代漕运问题的重要成果。除了上述领域外，对清代蠲免政策、矿冶政策、货币金融政策，学术界也作了不同程度的探讨。

2. 清代商业与手工业。这是经济史研究中比较活跃的领域。对商业的

[①] 郭松义：《论"摊丁入亩"》，《清史论丛》第3辑，中华书局1982年版。
[②] 参见袁良义《清一条鞭法》，第1页、第424页，北京大学出版社1995年版。

研究，不但注意了商业发展本身，而且对商人集团、商品经济和城镇发展之间的关系进行了深入研究，重生产轻流通的倾向获得了纠正。新时期的商业史研究视野比较开阔，往往能从整个商品经济或社会再生产的背景分析商品流通和商人资本活动。有关清史的重要成果主要有：郭蕴静的《清代商业史》（辽宁人民出版社1994年版）、刘秀生的《清代商品经济与商人资本》（中国商业出版社1993年版）等。① 李华对清代广东、山西、山东、湖南、湖北、广西、河南等省地方商人作了比较深入而系统的考察。② 晋商、徽商、行商是学术界研究成果比较突出的领域。对清代市场的研究也逐渐深入。黄冕堂《清代粮价问题探轨》，根据方志、档案等材料，对清前期粮价变动情况，作了定量分析，并探讨了粮价上涨之原因。③ 手工业研究方面，矿业、棉纺织业、陶瓷业等部门是学术界研究比较集中的领域。彭泽益的《清代前期手工业的发展》一文，比较全面地论述了清朝手工业发展的不同阶段。他认为：顺治元年到康熙二十二年是战争破坏和恢复期；康熙二十三年到五十一年是经济基本恢复期；康熙五十二年到乾隆四十八年为繁荣和高度发展期；乾隆四十九年至道光十九年是由盛而衰，进入发展停滞期。④ 刘永成、赫治清的《清代前期的商人和商业资本》一文，比较全面地考察了清代前期商人和商业资本的发展状况及其特点，指出，清代前期，商业资本已经从不同渠道渗入手工业和农业生产领域，并向产业资本转化。清代商业资本加速了小生产者分化，促进了各地区和各个生产部门之间的经济交流和联系，繁荣了城乡经济，推动了商品生产的进一步发展，为资本主义萌芽和发展创造了条件。⑤ 关于清代手工业发展方面比较重要的成果有张学君、冉光荣《明清四川井盐史稿》（四川人民出版社1984年版）、张含英《明清治河概论》（水利电力出版社1986年版）、朱新序《中国丝绸史》（纺织工业出版社1992年版）等。与工商业研究相适应的是城市研究的兴起，樊树志的《明清江南市镇探微》（复旦大学出

---

① 这里主要参照了叶茂《中国古代经济史研究综述》，《中国经济史研究》（1996~1997）增刊。
② 关于李华对清代地方商人之研究，可以参考李华《清代河南商品经济与商人——清代地方商人研究之十一》，《清史论丛》1994年号，辽宁人民出版社1994年版。
③ 黄冕堂：《清代粮价问题探轨》，《清史论丛》1994年号，辽宁古籍出版社1994年版。
④ 彭泽益：《清代前期手工业的发展》，《中国史研究》1981年第1期。
⑤ 刘永成、赫治清：《清代前期的商人和商业资本》，中国社会科学院历史研究所经济史研究组编《中国古代社会经济史诸问题》，第227~260页，福建人民出版社1989年版。

版社1990年版）考察了明清时期江南城镇发展状况，许檀的《明清时期山东的城镇与城镇人口》，对明清时期山东城镇发展状况、城镇人口数量、职业构成进行了颇为深入的探讨。①

3.区域经济研究。②对清代区域经济的研究，傅衣凌是较早的重要开拓者之一，他对明清时期江南市镇经济、湖南等地商品生产的探讨，对后来的区域经济研究起到了重要的示范作用。20世纪80年代以来，区域经济研究成果比较突出，综合性的成果有叶显恩的《清代区域社会经济研究》（中华书局1992年版），陈桦的《清代区域社会经济研究》（中国人民大学出版社1996年版）。江南和徽州地区是清代区域经济研究中成果最为突出的两个地区。对东南地区的研究，重点是手工业、商业、城镇发展等领域。刘石吉的《明清时代江南市镇研究》（中国社会科学出版社1987年版）一书，根据有关地方志材料，特别是市镇志资料，对明清时期江南市镇的形成、发展，特别是其专业化机能，进行了比较深入的研究，作者认为，"以明清两代商业市镇作为指标，可以清楚地观察近代江南商业资本主义的发展与都市化的过程特征。"樊树志的《明清江南市镇探微》（复旦大学出版社1990年版）对明清市镇的兴起、长江三角洲经济区的市镇网络、各专业市镇的经济结构与发展状况、江南市镇文化进行了全面分析，并对有代表性的典型市镇作了专门解剖。作者认为，市镇是商品经济发展的产物，也是乡村向都市化方向转变的产物，市镇一经兴起，迅速繁荣，它作为一个手工业、商业中心，经济力量是巨大的，其作用是作为政治中心的县城、府城望尘莫及的。因此，研究明清时代的经济发展，必须加强市镇研究。③改革20年来，徽学逐渐成为以徽州地区社会经济史为中心的专门研究领域，中国社会科学院历史研究所组织力量从事徽州文书整理和研究工作，出版了《明清徽州社会经济史料丛编》等一系列重要成果，④其徽学研究中心与有关部门联合召开了"国际徽学讨论会"。安徽师范大

---

① 许檀：《明清时期山东的城镇与城镇人口》，《清史论丛》1996年号，辽宁古籍出版社1996年版。
② 叶茂《中国古代经济史研究综述》，对清代区域经济研究状况已经作了比较详细的叙述，这里主要参考该文，并根据清史研究的具体情况，补充有关材料，作概括性介绍。
③ 参见《明清江南市镇探微》绪论。
④ 中国社会科学院历史研究所编《明清徽州社会经济史料丛编》，已出两辑，中国社会科学出版社1985、1990年版。

学徽商研究中心编纂了《徽商研究》(安徽人民出版社1995年版),该书包括徽州商人集团的形成、资本积聚、活动领域、经营范围以及徽州商人与教育、医学、美术诸方面的研究。① 王振忠的《明清徽商与淮扬社会变迁》,对徽商与两淮盐政、徽商的社会流动及其影响、徽商与东南文化变迁,作了比较详细的探讨。② 此外,章有义的《明清徽州土地关系研究》(中国社会科学出版社1986年版)、叶显恩的《明清徽州农村社会与典仆制》(中国社会科学出版社1986年版)等著作,对徽州地区社会经济状况作了深入考察。对其他地区经济发展的研究也取得了显著进步。林成西的《清代乾嘉之际四川商业重心的东移》,分析了乾嘉之际四川商业重心由成都及其所在的川西地区向重庆及其所在的川东地区转移的原因、表现及其后果。③ 姜守鹏的《明清时期的北方劳动力市场》一文,提出清代北方劳动力市场发展比较广泛,在某些行业出现了大量雇工,反映出北方资本主义萌芽已经出现。该文还对北方劳动力市场的劳动力价格进行了研究,认为明清时期南北方劳动力价格基本一致。④ 对东北及其他边疆地区的研究,史学界比较注重流民和开发问题,近年来,一些学者开始注意到了农耕的推进对边疆环境生态的影响,以及流民群体的文化状况、社会关系及其对当地社会与文化的影响,这实际上已经超越了经济史范畴,成为一个多学科交叉的新的研究领域。

除了上述几个方面外,有关清代经济史方面的成果还有很多,像李向军的《清代荒政研究》(中国农业出版社1995年版)、李中清、郭松义主编的以利用玉牒为特色的《清代皇族人口行为和社会环境》(北京大学出版社1994年版)等都具有较高的学术价值。限于篇幅,这里不再列举。值得注意的是,20年来,在清代经济史研究中,个案分析逐渐增多。如元廷植的《清中期北京的煤炭不足和清朝的对策》一文,分析了清中期北京因人口增加、工商业发展而导致的煤炭不足,以及清廷之对策。⑤ 刘秀生

---

① 伍越:《徽学在中国史研究中的崛起——明清史研究的新动向》,《中国史研究动态》1998年第5期。
② 王振忠:《明清徽商与淮扬社会变迁》,生活·读书·新知三联书店1996年版。
③ 林成西:《清代乾嘉之际四川商业重心的东移》,《清史研究》1994年第3期。
④ 姜守鹏:《明清时期的北方劳动力市场》,《东北师大学报》(哲学社会科学版)1995年第4期。
⑤ 元廷植:《清中期北京的煤炭不足和清朝的对策》,《中国社会经济史研究》1998年第3期。

《清代发展县域商品经济的思想》探讨了清代发展县级商品经济的基本思路,认为时人有关思想比历代都要活跃,为清代经济思想史的一大特色。① 许檀的《明清时期山东商业城镇》,则将研究推进到县级行政区,考察了山东运河沿线、沿海和内陆商业城镇发展状况。② 这类比较微观的具体研究,为经济史在理论上的发展,奠定了十分重要的基础。

关于清代经济史的综合性研究成果,主要有郭蕴静的《清代经济史简编》(河南人民出版社1984年版),该书简明扼要地勾画出了清代经济恢复发展之过程,以及农业、手工业、科学技术、对外贸易、资本主义萌芽等主要情况,并讨论了清代社会经济走向衰败之原因。但因成书较早,也存在明显不足,如将清朝海禁政策和闭关政策混为一谈等。张研的《清代经济简史》(中州古籍出版社1998年版)系作者"清代经济史"教学之总结,全书主要包括清代经济发展的前提和背景、清代经济发展的基本要素、清代经济发展状况、清前期财政、清中后期经济等主要内容,吸收了当前经济史研究的一些方法和成果,对清代经济史教学具有一定的参考价值。

政治史研究。应该说,政治史一直是中国传统史学的主要内容,原因很简单,在以人治为特征的传统社会条件下,政治的好坏、政权的状况、统治者的思想与政策直接决定着社会生活的一切主要方面,影响着朝代的盛衰隆替。不高度重视政治问题,就不可能真正懂得中国的历史实际。

清代政治历来是清史研究的重点,成果十分突出。改革开放以来,清代政治史研究最主要的成就是对政治制度、国家机关、政治斗争作了全方位的考察,并取得了一系列重要成就。下面,笔者对有关清代政治的研究成果择要评价。

1. 政治制度。由郭松义、李新达、杨珍合著的《中国政治制度通史》第10卷(即清代卷,人民出版社1996年版),是关于清代政治制度研究的重要成果之一,和一般史书单纯按时间先后叙述政治制度之演变不同,该书采取纵横结合、编年与纪事结合的方式,比较完整地描绘了清朝政治制度的主要内容,包括皇帝与中央决策系统、行政体制、监察制度、军事制度、学校及考选制度、人事管理制度等诸多方面。杨树藩的《清代中央

---

① 刘秀生:《清代发展县域商品经济的思想》,《中国社会经济史研究》1998年第3期。
② 许檀:《明清时期山东商业城镇》,《燕京学报》新3期。

政治制度》(台湾商务印书馆1977年版),简要叙述了清代中央行政状况,对皇权的行使、议政制度等问题,作了初步探讨。清朝独有的奏折制度备受学术界的关注。吴秀良认为奏折系由满洲请安折传统发展而来,清圣祖为了解地方情况,将其转变为秘密通讯方法,后扩大使用于官僚政治中而形成[1]。庄吉发的《清代奏折制度》(台北故宫博物院1979年印行),以档案资料为主,对清代文书制度之演变,特别是奏折制度之起源、发展、历史作用,作了比较详细的考察,他认为奏折制系圣祖"因鉴于传统的本章制度积习相沿,臣工进言,非壅则泄,下情不能上达,为欲周知施政得失,地方利弊及民情风俗等,于是命文武大员于露章题本之外,另准缮折具奏,直达御前,机密简便"[2]。这一观点虽颇具启发性,但也有商榷余地。从有关材料看,恐怕不能简单否认奏折在顺治年间的存在,将奏折制说成是某个人的发明,也未必符合历史实际。此外,杨启樵的《雍正帝及其密折制度研究》(广州人民出版社,1983)对雍正时期奏折的广泛推行,特别是其重要政治作用,作了比较全面的阐述。

官僚制度是学术界所关注的课题。郑天挺的《清代的幕府》和《清代幕府制的变迁》两篇文章,对清代幕府制度的由来、发展以及历史作用作了深入论述[3]。朱金甫的《清代胥吏制度略论》,根据官书、档案,对清代胥吏的分类,全国经制之吏人数、胥吏的录用与考补、胥吏之作用、政府对胥吏之稽查等主要方面,进行了系统考察,揭示了清代胥吏制度之概貌[4]。吴吉远的《清代地方政府的司法职能研究》(中国社会科学出版社1997年版)对清朝专制与法制的关系,清代立法与司法的建设,进行了比较系统的论述。该书对清朝县(州)、府、省三级司法职能进行了立体的分层次的深入研究,并考察了幕友、书吏、差役、长随在地方司法中的特殊作用,比较清晰、完整地揭示了清代地方司法系统的基本状况,为近年来清代政治制度研究的新收获。

除上述几个方面外,一些学者对清代捐纳制度、政治风气等问题,也

---

[1] 庄吉发:《评介吴著〈清初奏折制度之发展〉》,(台北)《大陆杂志》41卷8期;转引自《清史研究概说》,第111页。
[2] 庄吉发:《清代奏折制度》,第3、4页。
[3] 参见《清史研究概说》,第127~129页。
[4] 朱金甫:《清代胥吏制度略论》,《清史论丛》1994年号,辽宁古籍出版社1994年版。

867

作了专门探讨。

2. 政治机构。改革开放以来，有关清代政治机构的成果十分丰富。由张德泽编著的《清代国家机关考略》（中国人民大学出版社1981年版），根据中国第一历史档案馆馆藏档案及其他文献资料，对清朝中央、地方主要机构之建置、职能、兴废沿革等作了比较全面的介绍，内容翔实，行文简练，对治清史者具有一定的参考价值。由李鹏年、朱先华、刘子扬、秦国经等人合著的《清代中央国家机关概述》（黑龙江人民出版社1983年版）对有清中央机构之演变，以及与之紧密相关的官制、文书制度作了详细介绍，该书分上下两编，上编按时间顺序追述清朝中央机关之建设与发展；下编叙述各机关之性质、职掌、设官及所属机构之职能。唐进、郑川水主编的《中国国家机构史》（辽宁人民出版社1993年版），对清代国家机关也作了比较详细的分析和介绍。刘子扬的《清代地方官制考》（紫禁城出版社1994年版）是一部全面、系统介绍清代地方官制的学术专著，该书对武职、州县设官的考察十分详细，在一定程度上弥补了有关工具书之不足。在清朝诸机构中，议政王大臣会议、南书房和军机处是学术界讨论最多的几个关键性机构。杜家骥的《对清代议政王大臣会议的某些考察》一文，探讨了这一机构从产生到消亡各个阶段的人员组成、职掌、作用及其特征和性质。他认为，议政王大臣会议是以满族宗室贵族与旗、部（院）旗人要员联合组成的带有贵族政治性、民族性的非正规的议处国家机要重务的权力机构[1]。南书房是康熙朝重要政治机构，学术界一般认为它在康熙朝皇权强化过程中起着十分重要的作用。对南书房设立时间，学者们见解不一。有的学者认为南书房设于康熙十年前后，其主要理由是：《清史稿》卷266《沈荃传》载沈荃在"康熙十年授侍讲，直南书房"，另外，《满汉名臣传》卷10《励杜讷传》载励杜讷在康熙初年受命缮写《清世祖实录》，告成，"命留南书房行走，食六品俸"。《清世祖实录》在康熙十一年完成，因此，南书房的出现当不晚于此时。[2]然而，这两条材料未必可靠。沈荃入直南书房一事在时人王熙所撰墓志铭（该墓志铭非常详尽地记述了沈荃生平事迹）中并未提及，而《清史稿》所载沈荃事多不准确，如

---

[1] 据《清史研究概说》第107~108页改写。
[2] 参见孟昭信《康熙大帝全传》，第56~57页，吉林文史出版社1987年版。

谓沈荃在康熙十六年擢詹事府詹事，实际上是在康熙十七年二月，对沈荃卒谥"文恪"一事竟未言及等。至于励杜讷入直，仅见其传记，未有其他材料相佐，故难取信。朱金甫在《论康熙时期的南书房》一文中提出：沈荃虽早在康熙十六年以前就入召内廷，但其时的正式官职是詹事府詹事，兼充日讲起居注官，并非常年在内廷侍直，这与以后的南书房翰林有明显区别，南书房的设立时间，应为康熙十六年十一月十七日。对南书房之作用，朱金甫认为不宜估计过高，虽然"南书房很可能负有一些笼络朝中儒臣及偶尔为皇帝充当监视京中官民动静、提供秘密情报的特殊任务，但由此也不能得出南书房曾起过中枢机构作用的结论，因为特务人员与决策官员之间毕竟是有重大区别的"①。确实，对南书房在康熙朝政治中的特殊作用，不应拔高，但估计应该充分。将南书房视为清廷决策一个非正规的或非制度化的决策机构，并非完全没有根据，像明珠之落职，实际上就是康熙帝和其南书房亲信精心策划的一场政治阴谋。②时人称长期担任南书房"总督"的张英，"在密勿论思之地，昼日三接，夕漏不休。造膝之谋，同列不闻；伏蒲之语，外庭不知。推贤与能，庆流朝著；横经讲艺，择及民生；弥历岁年，延登受策"。即生动反映了南书房在朝廷用人行政中所发挥的重要作用。③

军机处是机构研究的重点。和南书房一样，对军机处的研究也主要集中在两个方面：一是创设时间及其演变；二是性质和作用。对军机处设立之时间，历来众说纷纭，有雍正四年、七年、八年、十年等多种说法；至于其演变，有人认为经历了军需房、军机房和军机处三个阶段，也有人持相反意见，认为军需房不是军机处前身。四年说的较早提出者是台湾学者李宗侗、季士家则持雍正七年说，吴秀良则主八年说。④大陆学术著作中，过去持七年说的较多，然随着研究的深入，雍正八年说的影响逐渐扩大。赵志强《军机处设立时间考》，根据清朝档案，否定了户部军需房为军

---

① 朱金甫：《论康熙时期的南书房》，中国第一历史档案馆编《明清档案与历史研究论文选》上册，第362~385页，国际文化出版公司1995年版。
② 赵翼：《檐曝杂记》卷2，《徐健庵》。
③ 陈廷敬：《午亭文编》卷37，《存诚堂集序》。
④ 参见《台港清史研究文摘》第287~291页。

机处前身的说法，证明军机处设立于雍正八年十二月。①然而，也有学者认为"七年说既不切近情理，又不符合事实；八年说虽有一定的道理，但不够确切；四年说则比较合乎实际"②。笔者认为，从总的情况看，说雍正八年正式创设军机处是基本上可以成立的〔曾在雍正晚年参与办理苗疆军务的乾隆帝对此有明确的说法，乾隆四十八年（1783年）十月，他在论及国史纂修时说："至该馆采录事实，向俱恭照实录、红本，核实记载，第自雍正八年设立军机处以来五十余年，所有谕旨、批奏事件，未经发抄者尚多，著先将乾隆四十年以前军机处所存档案，令该馆总裁纂修等详悉查阅衰集，以昭典核。"③〕，但应注意的是，对军机处的研究，不宜就事论事，而应将其置于清朝决策体制的演变和发展过程中进行考察。选拔亲信参与决策是清廷从皇太极以来一直存在的政治传统，是皇帝强化和行使皇权的基本手段。雍正帝一继位，就创立了直属自己的决策集团，军机处的出现，只是将这种决策体制制度化，使其拥有固定的办公地点，并进行规范化的行政运作。筹备对准噶尔的战争以及七八年间雍正帝身体的不适，不过是军机处形成的加速剂而已。如果忽视清廷决策传统，一定执意要寻找军机处的前身，或过分夸大军机处创设的意义，未必能反映清朝政治的实际。

关于军机处的性质和作用，从晚清以来，人们一直高度重视它对强化皇权的重要意义，比较典型的是清末筹备立宪运动中御史张瑞荫的一份奏折，他在奏折中说："自设军机处，名臣贤相不胜指屈，类皆小心敬慎，奉公守法。其弊不过有庸臣，断不至有权臣"；"军机处虽为政府，其权属于君，若内阁则权属于臣，不过遇事请旨耳，视前明之内阁票拟何异？"④近现代也有不少学者持相同或相似的观点，认为"军机处设立后，逐步取代满族贵族议政的制度，削弱了内阁承旨出政的权力，它实际上成了凌驾于内阁、部院之上的中枢机构，是清朝维护君主专制体制的有力工具"⑤。甚至认为：军机处的设立使"君权得到极大提高"，"专制主义中央集权发展

---

① 赵志强：《军机处设立时间考》，《明清档案与历史研究论文选》上册，第386~408页。
② 俞炳坤：《军机处初设时间新证——兼与七年说和八年说商榷》，《明清档案与历史研究论文选》上册，第409~436页。
③ 《清高宗实录》卷1192，乾隆四十八年十月癸未。
④ 佚名：《清末筹备立宪档案史料》上册，第429~430页，《御史张瑞荫奏军机处关系君权不可裁并折》，中华书局1979年版。
⑤ 唐进、郑川水主编《中国国家机构史》，第409页，辽宁人民出版社1993年版。

到了一个空前阶段"①。但也有学者不同意这一观点,庄吉发认为:"世宗设立军需房的原因是为了用兵西北而密办军需,并非为了贯彻中央集权,削减议政王大臣的职权。就雍正年间而言,军机处的设立,与独裁政治的背景及发展,不宜过分强调。"②近年来,笔者也发表文章对军机处、内阁和皇权的关系进行辨析,认为:清初内阁和皇权并不对立,创设于雍正年间的军机处也非针对内阁,其主要目的是将皇帝"乾纲独断"局面制度化和规范化。雍乾以后的政治实践证明:军机处和皇权并非同一概念,它的出现对皇权的强化并无特别重要的意义,非但如此,在政治运行中因其改变了顺康以来传统独裁方式,反而给皇权带来了新的异己因素。清朝君权的强化绝非军机处、内阁一两个官僚机构所能促成,它是历史传统、思想文化和制度改革等多种因素共同作用的结果。③

3.政治斗争与统治政策。在清朝政治斗争中,最引人注目的当然是围绕皇(汗)位而展开的激烈权力争夺。由于皇位继承直接关系到清朝政治之演变与国家之前途,故一直是中外学者共同关心的学术课题。

对皇太极继位,过去一些学者比较倾向于夺立说,即认为其汗位系夺取于多尔衮手中。但近十余年来,不少学者认为其汗位系合法继承。孙文良、李治亭合著的《清太宗全传》(吉林人民出版社1983年版)即认为,皇太极系"受拥戴继位"。李洵认为,由于当时不存在汗位指定继承人制度,努尔哈赤当然不会指定继承人,继承人也不是按兄弟行辈选出的,皇太极之继位是合乎女真贵族共议国政制度的。④王戎笙《顺治遗诏与清初政治》一文,对顺治末年清朝政治斗争状况作了考察。他认为王熙对撰拟遗诏的描述,其真实性是大可怀疑的。王戎笙根据天花病情的特征,断定顺治帝患的是极重的天花,非一般天花可比,必定卧床不起,持续高烧,神志昏迷或谵妄,"所谓的顺治遗诏,既不是顺治帝的口述,也未经他过目,是在他不省人事的情况下,由王熙根据皇太后和辅政大臣的旨意起草

---

① 郑天挺主编《清史》,第368页,天津人民出版社1989年版。
② 庄吉发:《清代奏折制度》,第67页。
③ 参见高翔《也论军机处、内阁和专制皇权:对传统说法之质疑兼析奏折制之源起》,《清史研究》1996年第2期;《略论清朝中央权力分配体制:对内阁、军机处和皇权关系的再认识》,《中国史研究》1997年第4期。
④ 《清代全史》第1卷,第235页。

的，以遗诏的形式'布告中外，咸与闻知'。"因此，顺治遗诏是清初权力斗争的结果，又是斗争的工具。①

雍正继位之谜是深受学术界和社会关注的重要课题，主要观点有两种。

一是夺位说。早在民国时期，孟森曾作《清世宗入承大统考实》，王锺翰后来又有多篇文章论证雍正帝位系篡夺而来。许增重在《清世宗胤禛继承皇位新探》一文中，通过对允禵所处的地位、玄烨建嗣的变化、《清圣祖实录》纂修等方面的分析，认为康熙帝是将允禵作为皇位继承人，而雍正帝的上台则系矫诏夺杀。②杨珍在考察大量满文档案的基础上，基本上理清了康熙后期储位斗争的大致情形，她认为，康熙帝在第二次废除太子以后，即开始实行秘密建储计划，在康熙五十七年出兵西藏前，已秘密确立允禵为储君。皇四子胤禛之最后继位，是与隆科多勾结，由隆科多假造遗诏而来。③在《雍正杀子辨疑》一文中，她否定了雍正帝杀子的说法，但同时指出：雍正帝之子弘时之被惩处，实因其站在雍正帝的对立面、八叔允禩一边，雍正在清除政敌的斗争中，"株连甚众，打击面过宽，以致遭到众多皇室、贵族成员以及朝臣们的抵触与暗中指责。这一不满情绪与舆论势头之大，甚至冲击到雍正本人家庭，连其亲生儿子也加入反对营垒，站到了他的对立面"④。

二是合法继位说。这一说法的重要代表是冯尔康。1982年，冯尔康在考察了现存档案以后，认定康熙帝十四子原名允禵，更名胤禛，后经雍正复名允禵。而雍正帝本名就叫胤禛，没有伪造名讳，所传篡改"皇位传十四子胤禛"遗诏，书写方法不合清朝制度，极不可信，从而否定了雍正帝夺嫡说的一个重要证据，即篡改遗诏，盗名窃位。⑤对康熙帝系胤禛用人参汤毒死的说法，冯尔康认为，很难令人信服，因为康熙生前认为人参有害而北人尤不适宜。对雍正帝如何继位，冯尔康指出："康熙原本要

---

① 王戎笙：《顺治遗诏与清初政治》，《清史论丛》1994年号，辽宁古籍出版社1994年版。
② 许曾重：《清世宗胤禛继承皇位新探》，满学研究会编《清代帝王后妃传》(上)，第189~235页，中国华侨出版社1989年版。
③ 关于杨珍对康熙后期储位斗争的研究，主要参见《满文档案所见允禵皇位继承人地位的新证据》(《中国史研究》1990年第3期)；《允禵储君地位问题研究》(《清史论丛》1992年号，辽宁人民出版社1993年版)；《关于康熙朝储位之争及雍正继位的几个问题》，《清史论丛》第6辑。
④ 杨珍：《雍正杀子辨疑》，《清史研究》1992年第3期。
⑤ 冯尔康：《清世宗本名胤禛，并未盗名》，《南开大学学报》1982年第1期。

在允禵和胤禛两人中选择一个继承人,而最终确定了胤禛。如果这种说法证据不足,也可以说康熙临终时所指定的皇储,胤禛比乃弟的可能性要大。"①史松在《康熙朝皇位继承斗争和雍正继位》中提出,康熙晚年派允禵西征,并非像人们所说的那样,有意传位于他,相反,是要把允祀同伙分开,转移其注意力,缓和其咄咄逼人之势,暂时消除"兴兵逼位"的危险,以争得从容安排后事的时间。史松指出,康熙最后两年,曾多次予胤禛以重任,他的最后决定,也可以从他对胤禛之子弘历的态度上看出端倪,他说弘历"福将过予"是要把帝位传至弘历并相信弘历能光大祖业的明白表示。因此,康熙传位胤禛是顺理成章的事。②

现在看来,关于雍正帝继位的两种说法,都有一定道理,在发现可靠的第一手材料以前,谁也无法驳倒对方,斧声烛影,历来是千古难断之疑案。不过,对雍正继位之谜的考察,有助于人们更深入、细致地了解康雍乾时期清朝政治内幕,更加准确地把握清朝皇位继承制度之演变。

对清朝统治政策和统治思想的研究是学术界高度重视的问题。其中,康熙帝是史学界研究的重点。对康熙帝统治思想和统治政策,特别是其平藩策略,史学界一般都持肯定态度。吴伯娅却认为,三藩乱起,康熙帝不过20岁刚出头,作为一个政治家,他是在八年平藩战争中趋于成熟的。以往,人们忽略了对这一过程的具体探讨,而对其政策措施简单颂扬,以至一些重要历史事实不得其详。吴伯娅举例说,康熙帝最初对形势估计不足,急于求成,贸然下令三藩并撤,对主撤派的合理建议予以否定,就是一个决策失误。他对尚之信的处理,则玩弄权术,蓄意夸大其罪恶。"三藩之乱"的平定,是多种历史因素共同作用的结果,我们应从历史实际出发,不能对历史人物随意拔高③。

乾隆初年政治状况,也是许多学者所关注的课题。戴逸的《乾隆的家庭悲剧及有关的政治风波》一文,从乾隆家庭生活的角度,讨论了乾隆时期的政治转变。他认为,乾隆初年的宽大政策在具体政治实践中产生了不

---

① 冯尔康:《雍正传》,第68页,人民出版社1985年版。
② 参见《清代人物研究》,第60~61页。
③ 参见吴伯娅《试论康熙平藩致胜的经济原因》,《中国史研究》1991年第3期;《关于康熙平定三藩的几个问题》,《清史论丛》1992年号,辽宁人民出版社1993年版;《傅弘烈与尚之信——兼论康熙的平藩策略》,《清史论丛》1993年号,辽宁古籍出版社1993年版。

少流弊，官僚机器越来越不适应统治的需要，以致乾隆对现职官僚失去了信心。乾隆十三年，皇后丧葬和金川战争刺激乾隆加强对官场的整顿，促进和加速了政策从宽变严的趋势。与此同时，加快了廷臣的换班和两代人的权力交替，一批新进官僚逐渐取代了雍正遗留下来的老臣，乾隆依靠这批年轻人，完成了平准平回的业绩，开拓了中期统治的格局。[①] 笔者所著《康雍乾三帝统治思想研究》(中国人民大学出版社1995年版)，通过对三位皇帝政治思想形成原因、前后嬗变、历史影响的考察，对清初民族矛盾、政治腐败、康乾盛世等一系列问题提出了自己的看法。

除了上述几个方面外，学者们还对清代基层政治、清代俸禄制度、官僚政风等方面作了比较深入的考察。应该说，我们对清代政治的研究总的说来还是成功的，这不仅表现为基本理清了清朝政治之发展线索，对一些重大历史问题（如关于顺治帝遗诏、军机处创设、专制皇权强化，等等）作出了富有成效的探索，而且也表现在研究视野扩大，研究方法的更新。当然，目前的清代政治研究也存在着明显的不足，其突出表现是对政治思想、政治文化的研究比较薄弱。由于人们的政治行为、政治活动总是在一定的思想观念的支配下完成的，因此，对政治观念、政治心态、政治行为模式的研究就成为准确认识一个时代政治本质，从精神生活角度了解其盛衰成败根源的重要途径。

社会史研究。严格说来，社会史研究并不是近20年的新发明，早在民国时代，就已经有学者对婚姻、家庭、风俗习尚等问题进行考察，并取得了一些成绩。然而，只是到改革开放以后，社会史作为历史学的一门基本分支学科，才真正获得重视。新时期的社会史，因大量引进一些相关学科的方法，从而活跃了思维，开阔了视野。在这20年中，研究领域大幅度拓展：从日常生活深入到社会心态；从婚姻家庭扩展到生活方式；从上层社会深入到基层社区；从社会控制延伸到社会流动，社会史研究改变了过去对中国古代社会刻板狭隘的描绘和解释，为人们展现出一幅动态的、充满活力的社会场景。

由于人类社会包罗万象，千姿百态，社会史研究的范围也就异常广

---

① 戴逸：《乾隆的家庭悲剧及有关的政治风波》，《清史研究通讯》1986年第1期。

泛,这就提出了一个如何确定社会史研究重点和形成自己学科特色的问题。尽管目前学术界对社会史的界定及研究理论还存在不同看法,但社会史不可能取代通史和断代史,这恐怕是大多数学者的共同看法,我们不应该,也不可能将社会史变成无所不包的"万花筒"。事实上,不少学者认为社会史应以社会结构,特别是社会生活为其主要研究对象。改革开放以来,清代社会史研究的最大成绩是:以社会结构和社会生活为中心,学术界完成了对清代社会的初步考察,基本揭示出清代社会的大体面貌,为进一步深入研究清代社会运行和变迁打下了良好基础。

关于清代社会结构,比较重要的成果是由冯尔康主编的《中国社会结构的演变》一书(河南人民出版社1994年版)。该书不但对国内外有关社会结构的理论进行了评介,而且以较大的篇幅分析了明清时期中国社会结构的基本特征,并对这个时期的社会身份(如皇族、士人、兵士、民间宗教等)作了专题研究。作者认为等级结构的松动和阶级结构的强化是明清社会结构变迁的主要特征。清代雇工人从短工到长工的解放,佃农平民地位的确立,绅士特权的削弱等,均表现出等级结构的某些松动。而机户、机工的发展,构成了早期的资产者和无产者,这种带有资本主义性质的生产关系在明清得到缓慢的发展。明清社会结构中阶级因素的增长及与等级的进一步分离,表明这时处于封建社会的晚期,它预示出等级社会向阶级社会过渡的前景。

家庭是构成社会的最基本的元素,也是社会史研究的重要内容。关于清代家族制度研究,比较重要的成果是郑振满的《明清福建家族组织与社会变迁》(湖南教育出版社1992年版)和陈支平的《近500年来福建的家族社会与文化》(生活·读书·新知三联书店上海分店1991年版)两部专著。它们对明清时期福建家族制度及其社会影响作了深入考察,虽重点为福建,但对全面了解清代家族社会具有重要的参考价值。朱勇的《清代宗族法研究》(湖南教育出版社1987年版)对清代宗族法的基本内容、宗族法的制定与执行、宗族法与国家法律的关系、宗族法的社会作用等问题,作了全面考察。张研的《清代族田与基层社会结构》(中国人民大学出版社1991年版),对清代族田的发展、分布、经营、作用等方面作了比较详细的分析,并考察了清代基层社会结构的源与流,清代族田与基层社会结构的相互关系，基层社会实体对于上层政权结构的正逆效应，清朝统治者对于宗族族田的态度和政策。定宜庄的《满族早期的一夫多妻制及其在清代的遗存》，博采文献、档案资料，对满族一夫多妻制的形态及其在入关后的演变进行探析，对满族早期婚姻制度进行了开拓性的研究，对一些重要问题提出了自己的看法。①

在清代基层社会中，乡绅的地位和作用一直受到不少学者的重视。郝秉键的《试论绅权》一文，主要依据清朝的历史资料，从对绅权的生成及其社会构成的角度，探讨了绅士在国家和社会中的地位和作用。郝秉键认为，首先，绅权的建立，标志着专制主义中央集权体制进一步强化。其次，绅权的建立将家族关系引向新的阶段，绅士可以凭借血缘和地缘关系对农民实行更加严格的控制。于是，尖锐激烈的阶级斗争为温情脉脉的家族关系所掩盖，绅士与农民在社会地位上的差异与对立在一定程度上被血缘地缘情感所抵消。最后，绅士的形成将国家、城市与乡村有机地联系起来，并在官府与民众之间建立了一种缓冲，绅士是介于官府与民众之间且双方均各有所求的特殊阶层，这一角色减少了国家与社会的摩擦力，增强了传统社会的弹性，为封建大一统社会带来了"安全"②。此外，一些学者还对清代义田及慈善活动作了专门分析。

关于清代阶级结构，学术界大多只注意地主和农民两大阶级的状况，以及清廷除豁贱民等政策，而对当时大量存在的奴婢问题重视不够。由韦庆远、吴奇衍、鲁素编著的《清代奴婢制度》（中国人民大学出版社1982年版），依据档案、文集、笔记等资料，对清代蓄奴风气、奴婢制度的渊源与发展、奴婢来源、奴婢反抗斗争和身份地位的变化等问题作了比较深入的分析。经君健的《清代社会的贱民等级》（浙江人民出版社1993年版）考察了清代各类贱民的来源、身份特征、法律地位以及法律身份的解放过程，并对清代等级制度的特点及其社会功能，提出了自己的看法。

对清代社会史，目前的研究还涉及宗教、会馆、流民等诸多方面。冯尔康、常建华合著的《清人社会生活》（天津人民出版社1990年版）是改革开放以来较早的一部清代社会史专著，对推动社会史研究的深入发展，

---

① 定宜庄：《满族早期的一夫多妻制及其在清代的遗存》，《清史研究》1998年第4期。
② 郝秉键：《试论绅权》，《清史研究》1997年第2期。

特别是加强对基层社会的研究，起到了积极作用。由赵云田主编的《中国社会通史·清前期卷》（山西教育出版社1996年版）对清代疆域、环境和生产力，人口和民族，社会调控，社会保障，严重的社会问题，社会信仰与社会思潮，社会变革等诸多方面作了初步考察。杜家骥《满汉命名习俗、观念及其与社会生活》一文，通过对满汉两个民族的一些取名习俗的比较，分析各自的特点，尤其是满族方面的特点，并通过名字的取用，揭示当时的某些文化现象和社会生活内容。① 对区域社会史的研究也呈深入之势。阎崇年的《清代京师旗人社会生活探微》，利用满文《镶红旗档》等档案资料，对清代京师八旗社会生活实态（如佐领承袭、宗族组织、满员外任、人口买卖、社会保障，等等）做了深入探讨。②

边疆民族问题。边疆民族问题始终是清史研究的一个重要热点，因为对该领域的考察，不但直接关系到对清朝历史地位的评价，而且还具有重要的现实意义。清代边疆民族研究主要围绕国家统一、清朝统治政策、边疆开发等问题展开。

1. 国家统一问题。一般地说，清朝对中国历史的最大贡献是实现了国家的统一，并基本奠定了近代中国的版图，这一观点在史学界已经获得初步公认。而就国家统一的最后完成，则发生于18世纪中叶，这就是乾隆二十四年统一新疆的历史性事件，以此为标志，大清帝国进入了繁荣昌盛的"全盛"状态。

然而，近几年来，学术界因对统一和分裂的界定或认识不同，对清朝统一的作用随之提出了一些不同的观点。尽管这些观点对历史研究尚未产生较大影响，但仍受到了一些学者的关注。葛剑雄的新著《统一与分裂：中国历史的启示》（生活·读书·新知三联书店1994年版）虽不是专门的清史著作，但它涉及的两个问题引起了一些清史学者的重视：一是它认为"在中国几千年的文明史中，统一与分裂交替出现，然而仔细统计一下它们各自所占的时间，其结果令人瞠目。"葛剑雄的统计结果是：以历史上中国最大的疆域为范围，统一时间仅为81年，即从乾隆二十四年清

---

① 杜家骥：《满汉命名习俗、观念及其与社会生活》，冯尔康、常建华主编《中国历史上的生活方式与观念》第2辑，第127~146页，台湾财团法人馨园文教基金会1998年版。
② 阎崇年：《燕史集》，第172~185页，北京燕山出版社1998年版。

朝统一新疆到道光二十年鸦片战争爆发。就时间长短而言，远远低于分裂年代。这里姑且不谈葛氏统计标准是否科学（这超出了本文讨论的范围），但他所说的开始于乾隆中期的清朝大统一无论是在质上和量上都远逾明代，为历朝所仅有。既然分裂时间远远长于统一时间，这就提出了一个如何认识清朝短暂大统一问题：即清朝81年的大统一是中国历史（主要是清朝历史）出现的偶然现象，抑或它本身正是古代中国由分裂走向统一的必然结果？二是如何看待葛剑雄在书中就统一与分裂问题得出了一个基本结论："昔日天下的历史完全证明：在统一政权中产生的消极因素和社会弊端的根源并不是统一本身，更不是统一带来的和平安宁和经济繁荣，而是政治制度，或者说是用什么制度来实现统一，如何统一，统一到什么程度。同样，分裂社会中存在的积极因素也不是分裂本身带来的，更不是战争和破坏所能造成的，而是冲击、削弱了旧制度的结果，是外力迫使中央集权制度暂时或局部解体的副产品。"① 显然，如果将这一观点用于考察清朝的中国历史，只能得出与传统看法相反的结论，即国家统一不但是清朝全盛最重要的标志，而且也是促成社会繁荣和国家安全的基本前提，"（康雍乾时期）在完成国家统一的基础上，清代社会出现了经济的空前繁荣，国力强盛，国防巩固，清王朝成为当时亚洲头等强盛的封建国家，从而在清代前期有效地抵御了西方资本殖民势力。"② 应该说，统一和分裂确实是政治演变的结果，但与此同时，它们又构成了人类生活最基本的社会环境，影响甚至支配着人们的思维方式、生活方式，乃至政府运作模式，正是基于"人是环境的产物"这一既定事实，正是因为在不同的环境中人们的生活质量存在着巨大的差异，人们才对统一与分裂产生了好坏褒贬之分。在这个问题上，治史者似乎不宜走向极端。

如果说《统一与分裂：中国历史的启示》向学术界提出了带有普遍意义的理论问题，那么，清史研究本身也不断提醒人们，关于中国历史的许多基本概念我们还远远没有达成共识。例如，历来被奉为"天地之常经，古今之通宜"的"大一统"是传统政治家们潜心追求的重要目标，而当今学者们对它的使用似乎已远远超出《春秋》的界定（好像越来越变成国家

---

① 参见葛剑雄《统一与分裂：中国历史的启示》，第79、243页。
② 王思治、李鸿彬：《明清之际的历史应置于世界范围来考察》，《史学集刊》1985年第3期。

高度统一的同义词了），而且众说纷纭，一些人认为秦汉时期已经实现了"大一统"，也有人认为唐朝就是"大一统"王朝，还有人认为元朝是重要的"大一统"朝代，而许多研究清史的学者们（包括18世纪的历史当时者们）则认为只有乾嘉时代才能算是真正的"大一统"，这就提出了这样一个问题："大一统"有没有一个比较确切的含义？需不需要为它寻找一个共同的标准？

对统一和分裂的理解现在也出现了"多元"趋势。过去，人们一般认为准噶尔是典型的分裂势力，清朝对它的平定是正当的，"是一场维护统一战争，是与国内各民族之间联系日益密切的历史趋势相适应的，战争的结果，巩固了西北边疆，有力地遏止了沙俄和英国殖民势力的入侵"[①]。近年来出版的《清代全史》也认为：准噶尔系分裂势力，清朝对它的平定，"终于结束了北部边疆长期分裂割据战乱不已的局面"，统一使清朝"用民族团结筑成了一道新的长城，抵御外国殖民主义者对我国的侵略。这是清代统治的伟大功绩"[②]。尽管上述观点已经获得大多数清史学者的认可，但关于这个问题的讨论仍在继续。成崇德认为对统一和分裂的标准必须进行严格界定，"已经统一了的政权变成了几个，或原来属于该政权的一部分脱离了，独立了，可以称为分裂。但从来就存在的，不属于该政权的地区或政权就谈不上是什么分裂"。成崇德举例说，清初三藩之乱应当定性为分裂，所建立的政权应称为分裂政权，因为它是从清朝分裂出去的，破坏了清朝的统一局面，而清代一些边疆民族政权，"并未出现分裂清朝的军事政治行动，他们所建立的政权并不是从清朝政权中分裂出来的，而是早于清朝或与其同时建立的。准噶尔汗国虽然出现较晚，但它是在卫拉特联盟基础上建立的，当时清朝的统一势力并没有到达这个地区，因此对清王朝来说，并不存在分裂或分裂政权"。成崇德认为，从17世纪上半叶开始，中国边疆所形成的几个政权，其建立、发展"都是在完成对本民族的统一后，再进行对本地区的局部统一"，而全国的大统一"并不排斥局部地区的小统一，大统一所创造的和平环境为局部地区的发展和统一提供了

[①] 郑天挺主编《清史》，第393页，天津人民出版社1989年版。
[②] 王戎笙：《清代全史》第4卷，绪论，第9页。

条件，而局部地区的小统一又可以成为全局大统一的重要步骤"[①]。成崇德这种观点遭到了一些学者的怀疑。他们认为：分裂不单是对政权而言，更重要的是对国家而言。准噶尔自古就系中国的一部分，尽管清初它没有宣布脱离中国，但是，国家毕竟是一个具有实在内涵的政治范畴，需要有一个中央政府作为其代表。清王朝作为中国合法的中央政府，从康熙中期以后即已获得绝大多数中国人（包括少数民族）的承认，降至18世纪，清朝已经处于全盛，统一更是人心所向，大势所趋，在这种情况下，准噶尔仍一意孤行，逆历史潮流而动，割据一方，不时挑起战乱，危及邻近部落以及内地百姓的安宁生活，当然应该被视为严重的分裂行为，至于局部统一和全国统一的关系，学者也应具体情况作具体分析，尤其要注意实现局部统一的地方势力的政治表现，如果它是拥护全国统一的，那么局部统一就为全国统一作了很好的前期准备，反之，不但不利于全国统一，反而会壮大地方分裂势力，危及全局。总之，对局部统一和全国统一的关系，不宜一概而论。

除了上述几个问题外，对清朝统一战争开始时间、清朝统一政策等问题，有的学者也提出了一些新的观点。例如，一些学者根据后来清朝取代明朝的既定事实，将统一战争的起点从清军入关算起，这就将顺治年间清朝带民族征服性质的争夺和巩固全国政权的战争变为了国家统一战争。如果我们以这一观点研究清军入关，很可能会对鼎革之际一些重大历史问题产生误判，甚至将洪承畴等降清将领视为统一的功臣，这就涉及一个历史是非问题。应该说，至少在顺治年间，清朝政权主要是建筑在野蛮的军事征服和民族压迫基础之上，其统治是不得人心的，它所进行的战争和合法中央政府进行的以制止分裂割据局面为目的的统一战争具有本质的区别；对清朝国家统一政策，也应以实事求是的态度予以准确评价，既不要拔高，也不要苛求古人。清朝统一事业的完成，是追求大一统的文化传统、中原和边疆经济相互依存的客观趋势，以及清廷巩固统治的利益需要等多种因素共同作用的结果，将这一宏伟事业的完成，完全归功于两三个君主的雄才大略是不符合历史实际的。尽管清朝

---

① 成崇德：《清代前期边疆通论》（上），《清史研究》1996年第3期。

的国家统一政策总的说来是成功的，但也存在严重的历史局限性，这主要表现在：一是其统一战争具有明显的民族征服色彩，战争中的滥杀行为，破坏了国家统一的形象，其恶劣影响在未来相当长的时间内长期存在；二是它与国家统一密切相关的民族政策具有明显失误，如在"从俗从宜"，尊重少数民族宗教信仰的同时，忽视了对一些宗教活动的正当管理，限制各族之间自然自愿的民族融合，等等；三是在边疆经营上，特别是在制定边疆防卫战略上，具有明显的重陆疆轻海防的特色，这一战略失误导致了严重的历史后果。今天，我们总结清朝国家统一政策的成败得失，仍会获得重要的历史教益。

2. 边疆民族政策。加强对清代边疆民族政策的研究，是改革开放以来清史学取得的重大成果之一。20年来，我们建立了专门的边疆史地研究中心，发表了许多有重要科学价值的论著，培养了一批富有才华、功力、研究热情和敬业精神的专家。这种状况一方面反映出改革开放的政策和社会实践解放了人们的思想，提高了国民立足本国、放眼世界的意识和观察力，另一方面表现出全国人民心中所蕴含的关于加速经济发展，加强民族凝聚力的要求和爱国主义精神的发扬。具体说来，关于清朝边疆民族政策，比较重要的研究成果是马汝珩、马大正主编的《清代的边疆政策》（中国社会科学出版社1994年版），该书对清代边疆政策的基本内容、统治蒙藏的宗教政策、治理边疆民族的专门机构、清朝海疆政策，以及盟旗制度、满蒙联姻、东北的军政制度、新疆的军府制度、土司制度、对西藏的治理等主要方面，作了比较详尽的分析和叙述，对学术界进一步深入研究清代边疆民族历史具有一定的参考价值。虽然大多数学者认为，清朝处理民族问题的基本方针是"修其教不易其俗，齐其政不易其宜"，但对其民族政策的评价却不尽一致，主要存在着两种倾向：一种是偏高，只强调清朝边疆民族政策的合理一面，成功的一面，而忽略了它本身具有的民族征服性质，忽略了它不可避免的时代局限性；另一种又失之苛刻，有人甚至将清廷的治边策略斥责为欲使一些边疆民族"亡族灭种"。如何科学衡量清朝民族政策及边疆经营之成败得失，成为许多学者所关心的课题。马汝珩、马大正《渥巴锡承德之行与清政府的民族政策》，通过对清政府安置土尔扈特的种种措施的分析，指出清政府民族统治政策的基本内容为：

"众建以分其势","兴黄教而安蒙古","因其俗而驾驭之"。①赵希鼎《清代边疆少数民族地区政治制度》一文,在分析了清代西南、东北、蒙古、新疆、青海、西藏、台湾诸省政权建置和统治措施后指出,清朝,特别是在统治前期,"在辽阔的边疆地区,制定了就当时封建社会条件来说,比较成功的民族政策。如在祖国西南地区少数民族聚居的地方,逐步实行'改土归流',强化了中央对西南少数民族地区的管理,使少数民族脱离落后状态,走向进步,对民族融合起着促进作用。加强对东北地区、外蒙古、新疆、青海等地的行政体制,密切了边疆地区和中央的联系,得到各族的拥护,由中央紧握军事和外交大权,收到了统一的实效"②。何瑜在《清代海疆政策的思想探源》中,对清廷海疆政策的目标及基本内容作了比较详尽的分析,他认为:"整个清政府的海疆政策,既没有建立起一支强大的海防力量,保卫海疆的宁静;也没有积极地开发海疆,广泛地发展对外贸易与科技文化交流;其对外采取的一系列以禁、防为主的限制政策,不但没有限制住资本主义野蛮侵华的步伐,反而限制和封闭了自己,扩大了中国与当时先进国家的距离,造成了近代被动挨打的局面。"何瑜认为清廷海疆政策的思想根源主要包括三个方面:一是清朝历代君主与明中叶以后的历代统治者一样,都没有认识到世界形势的巨大变化,依然用传统的治边思想和治边政策去对付从海上来的西方殖民主义者;二是清代前期历朝统治者均重西北陆地边疆而轻视东南海疆;三是因对洋人和汉人的疑惧心理而愈加突出"天子守在四夷"的"守"字。清廷以禁、防为主的闭关自守政策,只能抵制和延缓西方资本主义势力于一时,但终究抵挡不住资本主义的滚滚大潮。③

学术界对清代边疆民族政策研究的重点是台湾、蒙古、新疆、西藏及西南诸少数民族。关于清廷和台湾的关系,学术界特别关注的是康熙统一台湾的斗争。1979年,王政尧在《光明日报》(12月30日)发表了题为《从康熙统一台湾的一道谕旨谈起》的文章,这大概是新时期关于这一课

---

① 马汝珩、马大正:《渥巴锡承德之行与清政府的民族政策》,《新疆大学学报》1984年第1期。
② 赵希鼎:《清代边疆少数民族地区政治制度》,《社会科学战线》1980年第3、4期。以上两条资料源于马大政、刘逖著《二十世纪中国边疆研究——一门发展中的边缘科学的演进历程》,第211页,黑龙江教育出版社1997年版。
③ 何瑜:《清代海疆政策的思想探源》,《清史研究》1998年第2期。

题的第一篇专论。此后,有关论文增加,研究也趋于深入。陈在正《论康熙统一台湾》一文,从决策、用人、统一、宁疆诸方面,比较全面地分析了清朝统一台湾的过程,认为统一台湾对中华民族的发展,边疆的巩固,具有十分深远的影响。[①]孔立《康熙二十二年:台湾的历史地位》则不同意一些学者将清郑之争视为"台湾要不要统一于中国,抑或再次从中国分裂出去"的说法,提出,当时台湾的地位并不像后世这么重要,康熙进取台湾主要是为了消灭政敌,而不是出于统一祖国的美好愿望;清郑斗争的性质,仍然是封建统治阶级的内部矛盾;——这一切和今天的情况是完全不同的。[②]

关于清朝对台湾的行政管理和统治方针,陈孔立主编的《台湾历史纲要》(九州出版社1996年版),比较全面地分析了清朝在台湾的行政机构和统治政策。严章炮的《论康熙朝对台湾的农业政策和措施》,对康熙朝的垦荒政策和措施、水利措施、禁垦"番地"政策、田赋制度,作了详细论述,认为康熙朝对台湾的农业政策和措施,有利有弊,对农业经济的作用,有促进,亦有阻碍。原因是各项政策措施之间,存在着矛盾、脱节的现象。它一方面鼓励垦荒,大力兴修水利,目的在于发展台湾的农业经济;另一方面却封禁山区,禁垦"番地",限制农业劳动力入台,甚至重科田赋。这种矛盾和脱节,导致积极的政策和措施的作用受限制,甚至被抵消,影响农业经济的发展[③]。杨熙《清代台湾:政策与社会变迁》(台北:天工书局1983年版),比较深入地考察了清廷对移民台湾的态度以及治台政策之转变,并分析了清廷治台政策和台湾地方社会变迁之关系,为研究台湾地方史的重要著作。

土司制度与改土归流是西南边疆民族研究的一个重要问题。早在三四十年代就引起了学者的重视。当时的《禹贡》《边政公论》《中国边疆》《边事研究》《新亚细亚》等关于边疆民族研究的专业性刊物,曾发表过一大批开拓性研究成果。其中有代表性的是余贻泽的《清代之土司制度》(《禹贡》第5卷第5期)、凌纯声的《中国边政之土司制度》(《边

[①] 陈在正:《论康熙统一台湾》,陈在正、孔立、邓孔昭等著《清代台湾史研究》,第53~90页,厦门大学出版社1986年版。
[②] 孔立:《康熙二十二年:台湾的历史地位》,《清代台湾史研究》,第91~108页。
[③] 严章炮:《论康熙朝对台湾的农业政策和措施》,《清代台湾史研究》,第250~271页。

政公论》第 2 卷第 12 期，第 3 卷第 1、2 期）。新中国成立以后。边疆民族问题被一些人视为敏感问题，研究较少。在新中国成立后 30 年中，仅有嘉弘的《试论明清封建皇朝的土司制度及改土归流》（《四川大学学报》1956 年第 2 期）、江应梁的《略论云南土司制度》（《学术研究》1963 年第 5 期）、杜玉亭的《试论云南土司制度研究中的几个问题——兼见教于江应梁先生》（《学术研究》1964 年第 3 期）、张永国的《也谈土司制度研究中的几个问题——兼向杜玉亭同志请教》（《学术研究》1964 年第 3 期）等很少几篇文章。改革开放以来，不仅研究成果丰富，而且有许多新突破。其中，最重要的是对雍正改土归流的评价问题。以往的研究者，对这个问题基本上是持否定态度。有的认为改土归流，加重了对少数民族的压迫和剥削，因此严重阻碍了少数民族社会经济的发展；有的认为改土归流取消了民族地区的自治权；有的认为改土归流是一种强迫民族同化，不仅具有封建性，而且具有极大的反动性。改革开放以后，这些观点逐渐不为研究者所认同。1980 年发表的两篇文章具有代表性。一是张捷夫的《论改土归流的进步作用》（《清史论丛》第 2 辑）。该文从改土归流消除了土司割据状况和生产关系得到调整等方面，详细论述了雍正改土归流的进步作用，并对上述观点进行了分析批判。二是王锺翰的《雍正西南改土归流始末》（《文史》第 10 期）。该文在叙述雍正年间改土归流具体过程和得失之后，总结性地指出：鄂尔泰对西南三省的改流，在削弱西南土司之割据和加强王权方面，起了一定进步作用。从长远历史效果看，从祖国统一民族大家庭角度看，改土归流具有进步意义或即在此。为使这一研究更加深入，许多学者还进行分区研究。如钟诚的《广西壮族地区改土归流初探》（《中央民族学院学报》1979 年第 3 期）、吴永章的《清代广西土司制度》（《学术论坛》1984 年第 4 期）、侯绍庄的《清代贵州改土归流试探》（《贵州民族研究》1981 年第 1 期）、程昭鑫的《贵州土司制度与改土归流》（《贵州民族研究》1989 年第 4 期）等文章，从不同地区、不同方面的论述，肯定了改土归流的作用。新近出版的李世愉的《清代土司制度考论》一书（中国社会科学出版社 1998 年版），在论述改土归流的历史作用时说：其作用一是促进了国家的统一和边防的巩固；二是促进了西南地区封建经济的发展；三是促进了西南地区文化教育事业的发展。

对西藏、蒙古、新疆的经营一直是学术界研究的重点，有关研究成果十分丰富。贺文宣的《清朝驻藏大臣大事记》(中国藏学出版社1993年版)，对清朝从康熙四十八年到宣统三年的200余年驻藏大臣的事迹，以纪年的形式，详加辨析，理出清晰的眉目，突出其政治影响和作用，"实际上就是一部清朝治理西藏的历史"①。张羽新将清前期对西藏的治理分为四个历史阶段，分析了不同阶段的统治政策和目标。张羽新认为，清代治藏政策的核心是加强中央政权的统治，最根本的是由驻藏大臣总揽西藏地方政权，"清朝的主观目的，虽是为了维护、加强其封建统治，但在客观上把西藏地方与中央政权的关系，推进到了一个新的历史阶段，促进和加强了多民族国家的统一。这对于保持西藏地方的社会安定，防御外来侵略，都是有积极作用的"②。关于清廷对蒙古的治理，研究较多的是满蒙联姻、盟旗制。华立的《清代的满蒙联姻》是一篇比较重要的文章。该文分析了清朝满蒙联姻政策的产生、发展、演变及其特点，认为这一政策大致可以分为四个阶段：努尔哈赤时期为发生阶段，皇太极至福临初为发展阶段，康熙至乾隆是趋于完善的阶段，嘉庆以后至清末是因循保持阶段。华立认为这一政策的特点有三：一是清代满蒙联姻"其出发点与归宿，始终落在建立和巩固满洲贵族与蒙古王公之间的政治联盟上，以联姻促进联盟，用'姻好'巩固'盟好'"；二是联姻是"大规模、多层次的，持续的互通婚姻"；三是"通婚手段与其他手段并用，互为补充"。因此，"这种政策使蒙古王公，不仅从心理和血统上，又从经济利益上与清朝统治集团结成牢固的联系"③。赵云田在《清代的边疆政策·盟旗制度》中，探讨了盟旗制度的渊源、形成过程、性质和作用。他认为，盟旗制度实质上是封建农奴制度的表现形式，清政府在蒙古各部推行这种制度，目的是要加强对蒙古族各部的统治，但在客观上也产生了一些积极效果，特别是划旗定界，用札萨克管理，一定程度上消除了因争夺牧场而造成的混乱局面，有利于蒙古社会秩序的安定，有利于清朝统一多民族国家的巩固和发展，对

---

① 参见王辅仁《清朝驻藏大事记》，序。
② 张羽新：《清代的边疆政策·清前期对西藏的治理》，第427页。
③ 华立：《清代的满盟联姻》，《民族研究》1983年第2期；据《二十世纪的中国边疆研究》，第226页。

抵御外来侵略势力，也有着积极影响。①对清廷经营新疆，潘志平将其政策概括为"振威为上，羁縻次之"，强调清朝以暴力维护自己在新疆的统治地位②。罗运治《清高宗统治新疆政策的探讨》一书，比较深入地考察了乾隆帝经营新疆的政策和措施，作者认为军府制度本身虽然有所缺失，"然以当时而论，为一有效弹压巩边之制度"，"由于地缘上、人文上、历史上的因素，在东路采行州县制度，提升内地汉人出关至新疆的兴趣，从而带动新疆人文活动，从而使北疆在社会上、文化上的内地化，并促进新疆的经济繁荣。而值得一提者，即州县制度的行政区隶辖陕甘，但军事首长都统却为此区最高长官，因而使此区成为具有新疆军政体制与内地州县体制的双重特质，而使此区巧妙地变作新疆与内地之交集区。从权责的归属而言，实予人一种拖泥带水而无法发挥高度效率的行政运作感觉。然以相互牵制、监视的直接控制而言，则实为防止将在外专断，甚而尾大不掉，脱离掌握的巧妙运用。新疆始终不脱离中国本土而孤悬于西陲，此实为主因之一"③。

除了上述几个方面外，学者们还对清朝的"年班"制度、"围班"制度、承德避暑山庄与清廷民族政策、清朝与喇嘛教之关系等诸多方面进行了广泛而深入的研究。关于清代边疆民族事务管理机构，赵云田的《清代治理边陲的枢纽——理藩院》（新疆人民出版社 1995 年版）比较全面地考察了理藩院的沿革、内部机构、理藩院和清代边疆民族地区的相互关系，并介绍了有关理藩院的基本史料，分析了国内和国外的主要研究状况，为研究清代理藩院的有价值的参考读物。关于清廷和喇嘛教的关系，张羽新的《清政府与喇嘛教》一书（西藏人民出版社 1988 年版），对清朝喇嘛教政策的形成和演变，清政府利用喇嘛教统治蒙藏民族的原因，清政府对喇嘛教的尊崇、扶植及管理与限制，作了全面评述，该书附有《清代喇嘛教碑刻录》，汇集了一批与喇嘛教有关的清代碑刻史料，对研究清代蒙藏地区宗教史具有一定的参考价值。

---

① 赵云田：《清代的边疆政策·盟旗制度》，第 275 页。
② 潘志平：《论乾隆、嘉庆、道光年间清在天山南路推行的民族政策》，《民族研究》1986 年第 6 期。
③ 罗运治：《清高宗统治新疆政策的探讨》，第 476~477 页，里仁书局 1983 年；转引自《台港清史研究文摘》，第 440~441 页。

3.边疆民族与边疆开发。这是一个范围十分宽广的课题,有关成果不但丰富,而且分散,这里仅略作评述。20年来,学术界对清代民族史的研究应该说是有成就的,这主要表现为两个方面。一是对在清代政治社会发展中影响较大的主要民族,特别是满族、蒙古族、维吾尔族、藏族、回族作了专门研究,初步理清了这些民族的发展历史。这些研究包括对各民族的生产方式、社会结构、宗教信仰、风俗习惯、文化传统等诸多方面的考察。由北京社会科学院满学研究所主办的《满学研究》,发表了不少有关清代满族历史的文章。由乌云毕力格、成崇德、张永江撰写的《蒙古民族通史》第4卷(内蒙古大学出版社1993年版),叙述了清代蒙古和清廷的关系,研究了清代蒙古社会经济的发展,以及蒙古的宗教、文化和风俗习惯,对一些重要问题提出了自己的见解。二是对一些重要的历史问题和社会现象作了专题研究。如对清代蒙古科技文化研究,对满族社会风俗的研究,对新疆伯克制度的研究等,都取得了不少成绩。刘志霄的《维吾尔族史》对伯克制度作了比较深入的分析,指出:伯克制度是"构成清朝在天山南北的主要行政建制","伯克制度既避免了扎萨克制过分的封建色彩,同时,也顺应了当地维吾尔居民的习惯"[①]。潘向明的《清代新疆和卓家族研究》,在说明新疆和卓含义的基础上,分析该家族兴起的宗教和政治方面的原因,阐述了和卓家族发生、发展以至灭亡的过程,对和卓家族用以证明其"圣裔"身份的系谱进行考证,指出其伪造实质,探讨了和卓家族及其信徒所组成的两大教派,即白山派和黑山派的来龙去脉,揭示其斗争形式演变的阶段性。[②] 专题研究的深入,为准确认识清朝民族发展历史奠定了重要的学术基础。

改革开放以来,一些学者的注意力和眼光,转向了一向研究基础比较薄弱的海疆,这是值得特别重视的发展。中国海洋人文科学建设的先锋型学者是杨国桢。他的《闽在海中》是这方面的先行著作。此书广泛钩稽文献、调查史迹,全面描述了明清福建海洋发展史,表现了福建人悠久深远的海洋传统。此外,国外某些人肆意篡改中国一些岛屿历史活动的加剧,在中国学者中引起了极大愤慨,有关研究也大为加强。举例说,关于钓鱼

[①] 据《清代的边疆政策》,第33页。
[②] 潘向明:《清代新疆和卓家族研究》,《清史研究集》第7辑,光明日报出版社1990年版。

岛的历史，大陆、台湾学者都发表了不少论文。吴天颖发表了具有总结性的专著《甲午战前钓鱼列屿归属考——兼质日本奥厚敏雄诸教授》（社会科学文献出版社1994年版），这是一部具有很高学术价值的著作，有力地论证了钓鱼等岛屿位于中国东海大陆架之上，属于中国台湾附属岛屿，驳斥了国外一些学者别有用心的妄说谬论。韩振华编《南海诸岛史地考证论集》（中华书局1981年版）、中国科学院南沙综合科学考察队等编《南沙群岛历史地理研究专集》（中山大学出版社1991年版）、吕一燃主编《南海诸岛：地理、历史、主权》（黑龙江教育出版社1992年版）等论文集，包含着许多重要的清史研究成果，以无可辩驳的历史事实，打击了国外一些侵略势力妄图染指中国领土的险恶用心。

清代边疆开发是20世纪80年代以后学术界高度重视的问题。学者们对清代的开发政策、汉民向边疆的迁徙、边疆开发的成就与不足都作了颇为全面的探讨，特别是近年来，随着区域经济研究的发展，有关边疆开发的成果无论是在量上还是质上都有较大的提高。关于清代边疆开发的综合性研究成果是马汝珩、马大正主编的《清代边疆开发研究》一书（中国社会科学出版社1990年版），该书对清代边疆开发政策、对东北、蒙古、新疆、西南、台湾、海南等地的开发情况作了专题研究，并有《清代边疆开发研究概述》一文，对90年代以前的研究情况作了简要评述。此外，林永匡和王熹合著《清代西北民族贸易史》（中央民族学院出版社1991年版），依据档案材料，对清代西北茶马贸易、清代前期的准噶尔贸易，清代中期的哈萨克贸易、土尔扈特贸易，清代内地与新疆的丝绸贸易，清代西北地区的民族民间贸易，进行了分门别类的论述，并对清代西北民族贸易的特点和历史地位，作了比较深入的分析。陈孔立的《清代台湾移民社会研究》（厦门大学出版社1990年版）对清代台湾移民社会历史、人口与人口结构、农民起义、游民暴动与械斗等问题作了比较全面的考察。

值得特别提出的是，李兴盛等研究的流人史，既是从一个独特的视角切入的边疆开发史，又是与政治史、司法史、文化史、经济史、军事史密切相关的专门史，具有特殊的科学意义。李兴盛著《中国流人史》《东北流人史》（黑龙江人民出版社1995、1991年版），都以清代为重点，深入论述了流人在开发和保卫边疆中所做出的重要贡献。

从总的情况看，清代边疆民族研究，还有进一步深入的必要。需要特别注意的是，研究边疆社会，既要重视对在历史发展中扮演重要角色的主要民族的考察，也要重视那些相对弱小的、不太引人注目的民族的研究，清朝历史，属于中华民族共同体内部的所有成员，只有全面、准确考察清朝境内各民族社会结构、文化形态、经济发展、相互关系，我们才可能对清代国家统一、边疆开发、民族融合诸问题作出正确判断。

清朝文化。清代文化史历来受到学术界的广泛关注。文化一词，学术界有各种各样的定义，本文所说的文化，主要是指人们的精神生活，包括风俗习惯、宗教信仰、学术发展等诸多方面。改革开放以来，清朝文化研究取得较大发展，系统的综合性的专著有南炳文等的《清代文化——传统的总结和中西交流的发展》（天津古籍出版社1991年版），陈祖武、汪学群的《清代文化志》（上海人民出版社1998年版）。科举、教育、文学、艺术、体育、宗教、科技等各种专门史及其下一级门类，如文学下有文学理论、文学批评、散文、诗词、小说、戏剧等，艺术下有艺术思想、戏曲、曲艺、音乐、杂技、书画、雕塑、建筑、工艺美术等，科技下有天文历算、水利、农学、医药、器械、制造史等，更下一级门类如小说下有通俗小说、文言小说等，小说《红楼梦》发展出的红学和曹学，戏剧下如昆剧、京剧和其他地方戏，以及与戏曲相联系的剧场等等专门史，都有撰著出版。其中既有专门的关于清代的专著，也有通史所含清代部分，还有大量论文。不管怎样，这是一大批极其宝贵的研究成果。治这些专门史，需要专业知识。这些专门史由有关专门家进行研究、撰写，具有较高的学术性和科学性。史学工作者主要研究清代学术和思想，逐渐形成了以学术发展为主线，以思想变迁为中心，兼及其他精神领域的多元化研究格局。

清代学术始终是文化研究的重点。学术在一定程度上体现了一个时代文明发展的最高水平，而清朝学术的集大成趋势，更使它在中国文化发展史中占有理所当然的显赫地位。改革开放以来，关于清代学术史，学术界完成了一系列高水平的研究著作。主要由杨向奎主持撰写的《清儒学案新编》8卷，近400万字，包括学案正文和资料选集，基本上网罗了清代主要学术流派,尤其是"典型训诂、考据那部分和今文经学那部分源流分明,解释清楚,可无愧于前人"①。陈祖武的《清初学术思辨录》(中国社会科学出版社1992年版)是关于清初学术发展的一部重要著作。该书将清初学术的演变置于鼎革之际中国社会发展的大环境中予以考察,对17世纪中国学术的发展提出了许多独创性的见解。作者提出,客观社会环境的制约,学术演进内在逻辑的作用,两者相辅相成,从而规定了清初学术发展的基本趋势,这就是:以经世思潮为主干,从对明亡的沉痛教训入手,在广阔的学术领域去虚就实,尔后又逐渐向以经学济理学之穷的方向过渡,最终走向经学的复兴和对传统学术的全面总结和整理。对清初学术的历史属性,作者认为既不是近代意义上的学术,也不具有反封建的性质,而是中国古代封建儒学的一个构成部分。明清更迭的历史进程表明,要在陈旧的封建经济基础之上,建立较理学更为完善的学术形态,已经是不可能的事情。因此,清初知识界为历史局限障蔽视野,无从看到学术发展的前景,只好回过头去,到传统的经学中寻找依据。这样,在向儒家经典回归的大趋势中,中国古代学术步入进行全面整理和总结的乾嘉汉学时代。尔后,又以之为基础,在向西方寻求救国救民真理的热潮中,跨进近代学术的门槛。②卢钟锋著《中国传统学术史》(河南人民出版社1998年版),以较大的篇幅论述了有清一代学术发展的渊源流变,该书对学术史的考察,坚持从社会历史、学术文化思潮切入,重点放在对历代学术史思想内容的分析上,对清代学术的发展提出了不少新的见解。作者对清初社会思潮的分析,对清初总结性理学史编修的考察,对清中后期学风转变以及汉宋学史编修的研究,都颇为深刻,资料翔实,结构谨严,具有较高的学术价值。

明清之际的中国学术,有两个十分重要的群体,一是江南以刘宗周为宗师的蕺山南学,另一是以河北孙奇逢为宗师的夏峰北学。陈祖武《蕺山南学与夏峰北学》一文,比较详尽地分析了蕺山南学北传之途径,特别探讨了南学对孙奇逢学术思想所产生的重要影响;与此同时,该文对夏峰北

---

① 据李尚英《杨向奎先生著作和论文提要及编年》,载于《庆祝杨向奎先生教研六十年论文集》,第766~768页。
② 参见陈祖武《清初学术思辨录》,第288~302页。

学之南传,也进行了考辨,并探讨了《理学宗传》和《明儒学案》二者间先后相承的学术关系,从不同学术流派间相互影响的角度,展示了明清学术演进的脉络。①汪学群的《王船山占学试探》通过对王夫之占学观的考察,分析王夫之研究《周易》的学术特点,即在指出汉易宋易占学偏颇的同时,吸收各家之长,汉宋兼采;治《易》主占学一理,经传兼顾;以学释占,援占入学;重视运用,体现出通经致用的精神。②

对18世纪中国知识界思想状况与学术发展的研究,首先涉及一个如何估计清朝文化政策的问题。国内一些学者对这个时期评价很低,就其原因在于比较强调清朝文化专制主义政策的影响,如黄见德等人在《西方哲学东渐史》一书中说:18世纪"从中国来说,其间虽然出现过所谓乾嘉盛世,但是,它不过是一个自我封闭的木乃伊。大家知道,由于雍正以来,对外闭关封锁,强化封建文化专制,恢复宋明理学权威,不允许民间有任何一点思想自由,前一个世纪启蒙思想的火花,到这个时期几乎都熄灭了,整个18世纪,中国就是处在这种状态中"③。不少学者认为,文字狱是导致思想沉闷的重要原因,如赵秉忠、白新良就认为文字狱的蔓延,极大地影响了当时两三代人的思想和精神,"广大士人为求避祸,除了盲目颂扬天子圣明之外,就是钻在少得可怜的几部经史书籍中讨生活,搞考证,文化生活极为贫乏,思想也十分闭塞,大大落后于当时的世界潮流"④。近年来,一些学者开始对上述观点提出不同看法。1996年,喻大华在《辽宁师范大学学报》第1期上发表了《清代文字狱新论》一文,认为过去对文字狱的危害估计过高,他认为:(1)文字狱的认定不宜过于宽泛,以文字作品号召推翻清政府而获罪等情况就不应划入文字狱范畴;(2)不宜高估文字狱的影响,它既没有使封建统治强化到什么程度,也没有扼杀学术自由,对受害者来说,它是暴政,对统治者来说,它是"败政";(3)文字狱的产生不能简单地归咎于专制制度,它不是封建社会的普遍现象,其产生需要可能性——相对安定的"盛世"和必然性——此时的帝王具有刻薄的个性和自卑心态。笔者认为,喻大华这一观点值得重视。研究清朝文化政策,无疑

---

① 陈祖武:《蕺山南学与夏峰北学》,《中国社会科学院研究生院学报》1998年第5期。
② 汪学群:《王船山占学试探》,《中国哲学史》1998年第3期。
③ 黄见德等著《西方哲学东渐史》,第10页,武汉出版社1991年版。
④ 赵秉忠、白新良:《清史新论》,第113页,辽宁教育出版社1992年版。

应该高度重视文化专制主义的危害，但不宜片面夸大，要给文字狱做出明确而科学的界定，不但要将文字狱和反清政治事件区别开来，而且要将文字狱和一般刑事案件区别开来。应该看到，清廷的文字狱以及禁毁图书政策是有针对性的，其打击范围也有明确的界限，忽视这一历史事实，将乾隆时期的中国社会描写得一团漆黑，就不可能对当时不断出现的社会新思想，以及走向繁荣的学术文化予以合理解释。

对18世纪中国思想界的评估也正在发生变化。一些学者认为：18世纪中国知识界并不像一般史书所描述的那样沉闷而无新意，正是在清朝"全盛"的特殊环境中，知识界出现了新的具有多元价值特色的思想倾向，批判传统是其鲜明特征：在生活方式上，主张人性自由，鼓吹妇女解放；在学术上，反对理学和汉学的垄断地位，推崇独立思考，重视西学的价值；在政治上，否定君主专制，强调臣僚独立政治人格，甚至要求废除君权世袭，实现真正的"公天下"。18世纪中国知识界的反传统观念与同时期欧洲的启蒙思想有相似之处，预示着未来社会价值观的巨大变迁，也为这种变迁准备了最原始的文化土壤。

乾嘉学派是18世纪思想文化研究的重点。新中国成立以来，对乾嘉学派的评价曾多次出现反复，新中国成立初，一些学者曾将考据视为封建的或资产阶级的学术方法而加以贬低和批判，郭沫若等人则认为乾嘉学派不能否定；"文革"期间更出现对考据学全盘否定的倾向。最近20年，学术界对乾嘉学派的研究趋于客观，对乾嘉学派在整理传统文化方面的重要贡献，对其严谨求是的学术作风，一般都予以高度评价。目前的研究重点主要包括两个方面：一是对乾嘉学派形成的原因；二是乾嘉学派的主要学术流派及其学术成就。就乾嘉学派形成的原因，过去一般归结为两点：一是清廷统治的稳定和繁荣局面的出现；二是严酷频繁的文字狱。陈祖武对此提出不同意见，他认为顺康之际批判理学思潮是乾嘉汉学的先导，该思潮一方面以经世致用为其鲜明特色，另一方面，它对理学的批判又具有浓厚的法古倾向，正是这种法古倾向"导致清初知识界在方法论上逐渐抛弃宋明理学的哲学思辨，走向了朴实考经证史的途径，从而为乾嘉学派的形成在理论思维上提供了内在的逻辑依据"。到乾隆中叶，随着经济发展，社会的相对安定，"考据学终于风靡朝野，形成了中国封建社会继宋明理学之后的主要学术流派——清代汉学，即乾嘉学派"①。此外，戴逸的《汉学探析》简明扼要地分析了清代汉学从形成到衰落的历史，并对一些重要学术人物的学术贡献和思想倾向作了专门研究。②

乾嘉学派以惠栋、戴震为其主要代表，惠栋为江苏苏州人，戴震为安徽休宁人，论者往往沿袭近代章太炎和梁启超的说法，以地望名学术而有吴派和皖派之分。有的学者认为吴派的出现标志着汉学的形成，而皖派的出现，"是清代汉学发展的高峰"。王茂则提出，乾嘉间学术只有汉宋之别，而无惠戴之派别名目，但实际上存在两种不同的学风，即所谓求古与求是，"古"指材料的原初性，是经验性东西，"是"指真理的客观性，有更多的理性精神。"从理论的系统性、当时的影响及后世的评价看，自以戴学为长"③。陈祖武则提出不能用吴皖二派或惠戴两家来概括整个乾嘉学派，他认为无论从治学领域还是从学者地理分布看，都有一些学者乃至学术团体不属于吴皖二派范畴，更重要的是，吴皖分派，忽略了对乾嘉学派作动态的、历史的研究，因而在无形中掩盖了乾嘉学术的轨迹。由惠学到戴学乃一发展过程，实为乾嘉学派从形成到鼎盛的缩影。而戴震之后，乾嘉学术还在发展，直至嘉庆、道光间，始由扬州诸儒对之做了一个辉煌的总结。④王俊义则认为吴、皖分派说有其存在的必要，分派"并非是说二者根本对立，而是肯定二者都是乾嘉学派，都宗奉汉学，都从文字、音韵、训诂入手治经，有着基本的共同点，且相互影响，互为师友，并形成各具特色的学术流派，这是客观存在的事实"。王俊义认为不必死守吴、皖分派的成规，"如果更深入地研究乾嘉汉学，还可从中分出其他派别，如扬州学派、杭州学派等。但要改变和推翻前人的论断，必须要有充分的根据和道理"⑤。

目前对乾嘉学派的研究往往集中在对一些具体人物的考察上，如对惠栋、戴震、钱大昕、纪昀等人的研究等，如何将乾嘉学派作为一个整体，从综合性的角度研究其源流，考察其学风，总结其成败，分析其思想倾向

---

① 陈祖武：《清代全史》，第6卷，第368~370页。
② 戴逸：《汉学探析》，《履霜集》，第72~123页，中国人民大学出版社1987年版。
③ 王茂等：《清代哲学》，第592~600页，安徽人民出版社1992年版。
④ 陈祖武：《清代文化志》，第166~168页，上海人民出版社1998年版。
⑤ 王俊义：《乾嘉汉学论纲》，《中国哲学》总第18期，1998年。

及历史影响，学术界尚缺乏有影响的综合性的研究成果。1998年中国社会科学出版社出版了漆永祥的《乾嘉考据学研究》一书，该书对乾嘉考据学的形成，治学方法，惠栋、戴震、钱大昕的学术，乾嘉考据学之思想、得失等问题作了比较全面的论述。不过，由于种种原因，该书对乾嘉时期学术发展与社会环境，特别是乾嘉学派与当时中国学术文化基本走向之间的互动关系论述不足，对乾嘉学派的考察，也过分拘泥于惠、戴、钱三人，而对当时学术界总的发展状况涉猎不多，对学术方法研究较多，对学术思想注重不够。造成这种状况的原因当然可以理解。乾嘉时期的社会历史十分复杂，乾嘉学术博大精深，不但学者一人之力难以胜任，即以课题组形式，联合攻关，非积年累月之功，也难深入其堂奥。然而，乾嘉汉学毕竟是清学最显著之特征，在中国传统学术发展史上具有集大成之独特历史地位，清史学界有必要对其作一系统研究。

在研究18世纪学术文化中，黄爱平的《四库全书纂修研究》（中国人民大学出版社1989年版）是一部有分量的学术著作。该书依据中国第一历史档案馆的馆藏档案，结合清朝有关官书文件，以及时人记述，比较深入地考察了《四库全书》的纂修背景、机构组成、书籍征采、编纂校勘、禁毁删改、分类编目、提要撰写等内容，分析了它的历史影响，认为"《四库全书》的纂修，不仅对中国古代典籍进行了系统整理，对传统学术作了全面总结，而且还推动了清代考据学的发展，促进了各门专科学术的兴盛。清代乾隆以后，以《四库全书》的纂修为标志，中国传统学术进入了一个全面总结整理的阶段"[①]。

嘉道学术，历来是清史研究的薄弱环节。陈其泰在《清代公羊学》（东方出版社1997年版）一书中，以较大篇幅分析了清代公羊学的兴起及其影响，对庄存与、孔广森、刘逢禄、龚自珍、魏源等人的学术思想作了比较详细的辨析。他认为今文经学以公羊学说为代表，在政治上有力地抨击封建专制的罪恶，冲击旧制度的根基，推动社会的变革。在思想学术上，冲破正统思想禁锢下"万马齐喑"的局面，为迎接西方进步思想的输入和创立"新学"推波助澜，因此嘉庆以后公羊学说的复兴和盛行，是经

[①] 黄爱平：《四库全书纂修研究》，第404页。

学时代结束前壮观的一幕,"预示着新世纪的到来"[①]。

关于清代学术与文学的关系,马积高的《清代学术思想的变迁与文学》(湖南出版社1996年版),从学术变迁的角度,揭示了清代文学演进的基本途径。这一研究从方法上讲是可取的。因为在任何时代,重要的文学家必定属于知识阶层,不能不受到当时学术风气、思想观念的影响,并以文学的形式,反映时代精神以及自己的基本态度。从这一历史实际出发,研究文学发展,不能脱离当时社会总的文化氛围,特别是学术氛围。而要全面了解一个时代的精神风貌,以及人们对当时学术发展的基本态度,文学作品则能提供非常生动、形象的历史资料。

清代士林风气是不少学者所关注的重要课题,杨国强的《儒学的衍变和清代士风》一文,以清代士大夫的精神面貌为考察重点,认为明清易代以后,接踵而起的"是一个没有议论的时代","与明清之际的社会矛盾和种族矛盾相伴而生的学术变趋,经康、雍、乾、嘉四朝衍化而一世主流。这个过程以实证精神为中国文化营造过一片静静的灿烂,也使众多知识分子的心气和志趣在实证中变得沉寂细碎"。到19世纪初,"经过一百五十多年岁月流逝之后,士林中的慷慨激越,苍凉深沉已经消散殆尽","人物、学术、世风都在沉寂细碎之中趋而日益萎靡"。[②] 王俊义和高翔所著《清代学术思潮与士林风气》一文,对清前期学术变迁与士林风气的关系做了专门论述,指出:17世纪中后期的士人队伍因对清廷的态度不同而发生分化,其学术观念、政治思想、行为方式也因此存在较大的差异,但总的说来,经世致用是这个时期学术思想的基本特色,程朱理学复兴是这个时期学术发展的主流,清朝社会正是在存理去欲的道德说教中走向稳定,走向繁荣的。但到18世纪,情况却发生了戏剧性的新变化,在这"太和景运日方中"的100年中,虽然士人队伍对清朝的统治已基本认同,但时代的变迁却推动着新思想和新观念的不断出现,多元化的学术发展开阔了人们的视野,并促成新的生活方式的出现,它从社会实践的角度表明大清帝国的知识精英们在通过自己的方式实现人生的追求。当19世纪到来以后,中衰局面降临了,昔日的繁荣正在黯然褪色,民众的反抗,国际形势

[①] 参见陈其泰《清代公羊学》,第3页。
[②] 杨国强:《儒学的衍变和清代士风》,《史林》1995年第1期。

的巨变，无不促使知识精英们开始将自己探寻的眼光对准清朝的现实，和18世纪的知识精英比起来，人们对个人价值的强调似乎少了一些，但对国家、对社会的义务感却大大增强了，虽然其经世思想未必达到经世目的，但它经世的热情，经世的探索，在未来的100年中仍产生了深刻的社会影响。[1] 此外，赵园的《明清之际士大夫研究》（北京大学出版社1999年版）对明清之际士人的经验反省、文化现象，特别是遗民问题作了比较广泛的考察，然该书对一些问题的研究似乎过分集中在表象上面，对明清鼎革特殊历史背景对士人队伍的影响，以及士人价值趋向、知识结构的研究还是比较薄弱的。

现在看来，研究清代学术文化，有三个问题值得我们高度重视。一是要将学术发展置于特定社会环境中进行考察，而不能就学术论学术。在任何时候，人们的学术倾向、社会思想，都是特定社会存在的产物，受到利益关系、政治条件、历史传统、社会心态、个人素养等多种因素的制约，脱离社会存在研究学术发展，脱离时代背景探寻学术规律，人们所发现的实际上只是学术的皮毛，而不是文化的"底蕴"。二是应该明确学术史研究和社会观念研究一样，其根本目的是探索时代精神的变迁。时代精神不是个人的专利，它既不是统治思想，也不是异端邪说，而是一个国家、一个民族在特定时期的文化形态中最活跃的、最具支配性的观念因素，它表现为主导性的价值取向，是普遍存在于人们心灵中的理想、信念和追求。考察时代精神，我们可以看到那个时代独有的深层文化景观，而从时代精神的基本状况，特别是其价值取向中，我们可以预测或解释即将到来的未来。目前的学术史研究，其最大的弊端是我们将清代（乃至古代中国）的学术史，变成了为数不多的几个名家（实际上有的名家在当时并不著名，也没有多大影响，如王夫之、崔述即为典型）的学术研究史，用名家的学术代替一个时代的学术，用名家的思想代替当时的时代精神，而对全局性的学术状况，尤其是文化观念与价值趋向语焉不详。杰出人物确实是时代的精英，其观念和思想体现了一个时代文化发展的最高水平，但未必能反映普通士人和民众的道德情感、生活情趣和精神追求。由于普遍社会观念

---

[1] 王俊义、高翔：《清代学术思潮与士林风气》，《中国历史上的生活方式与观念》，第147~228页，台湾财团法人馨园文教基金会1998年版。

直接决定着社会总的精神面貌,规定着当前文化的发展前景,故它应该成为我们衡量时代精神的基本坐标。过分将注意力集中到少数精英人物身上,忽视对普遍社会观念的考察,很可能会使我们对社会性质,以及与之密切相关的文化形态作出误判。三是应该高度重视学术发展和社会变迁之间的互动关系。学术发展是社会存在的产物,但它在形成和演变过程中,又能动地影响,甚至改变着社会存在。清初理学思想的传播,不但影响到了朝廷的用人行政,而且也影响到了官僚政风,为清廷重建社会伦理政治秩序奠定了重要的理论基础。18世纪反理学思潮的流行,反传统观念的传播,则和当时带纵欲倾向的士林风气存在着重要的因果关系。嘉道时期的经世之风,既源于当时深刻的社会危机,但其传播又影响了当时官僚士人,促使清朝政府对危机的认识,并采取一系列应对措施,以挽救其没落命运。总之,学术史研究应该是深刻的,充满活力的,它从系统化的思想意识的角度,揭示着社会演变之途径。

除了学术文化外,也有一些学者因工作需要或个人兴趣,涉足学术以外文化史领域。如陈金陵对清代绘画的研究,即取得了一定成绩。王政尧结合学术史、民族史和外国文献资料,对实学思潮与清代戏剧改革、满族入关与清前期戏剧文化等课题进行了专门研究。何龄修对柳敬亭的研究,以及《明清的隔壁戏》一文,对作为口技的一种表演形式的隔壁戏的产生、兴盛及消亡过程,进行了详细考辨。①

目前对清代文化的研究还有较大的发展余地,除了学术史、思想史有必要加强和深化外,对社会心态、家族文化、阶层文化、教育发展、区域文化、商业文化、观念变迁与生活方式的关系、宗教结社的文化内涵等诸多方面的研究,也需要深入和加强。只有对有清一代文化特质和演变的主要方面有一个全面和清楚的认识,我们才可能对清朝文明发展水平,乃至清代历史地位作出比较准确的衡量。

中外关系。和以前各代相比,清朝历史有一个十分显著的特征,那就是西方殖民势力正在东来,中国传统的以"贡""赏"为特征的外交体制逐渐面临着日益严峻的挑战,对外交往中许多不为时人注意的新现象、新

---

① 何龄修:《明清的隔壁戏》,《清史论丛》1994年号。

变化，正预示着未来国际形势的巨大变迁。因此，清代中外关系，特别是中国和欧洲国家的关系，在清史研究中占有十分重要的地位。

所谓清代中外关系，主要包括外交、文化和贸易三个方面。在外交关系中，中俄关系过去是学术界研究的重点，改革开放以来，清朝的对外政策，特别是中英关系受到了广泛关注，成为研究的重点。其中，1793年马戛尔尼使团来华是中外学术界所关注的重要课题。讨论的焦点是如何衡量清廷对英政策，比较有影响的观点是"机会"说，即清朝推行的闭关政策使中国丧失了走向世界，获得发展的机会。这一观点的代表人物是戴逸，他在《清代乾隆朝的中英关系》一文中说："环观18世纪的国内外环境，应该说，这是中国主动开放门户，加强与西方交流，提前实现历史转轨的有利时机。可惜中国内部尚未形成革新的力量和机制，致使机会白白丧失。"戴逸特别指出：1793年英国马戛尔尼使团来华"这是中英之间最重要的一次早期交往，清政府仍然顽固地拒绝主动进入世界历史的潮流"，"失去了借鉴和学习外部世界的机会"。[①]周积明也认为：马戛尔尼的来华带来了欧洲大陆现代文明的若干信息，"如果乾隆帝及其臣属能对马戛尔尼传递过来的信息作出敏锐的应变反应，中国完全可能也有条件在世界早期现代化的潮流中获得主动进取发展的机会，但是马戛尔尼带来的关于西方现代文明的所有信息却被乾隆帝和朝野士大夫们所忽略，人民仅仅把这位'英吉利贡使'拒绝行跪拜礼的行为视为远方夷狄不开化的表现，中国又一次失去了历史进取的机遇，而一个国际化的竞争时代迫在眉睫地来临"[②]。

认为18世纪中故步自封，实行闭关，丧失发展机会的不仅有中国学者，不少外国学者也持如是观。法国学者阿兰·佩雷菲特认为18世纪"正当西方各国投向广阔的世界时，中国却闭关自守起来，当欧洲的革新层出不穷时，中国却在顽固地阻止新事物的出现"[③]。然而，也有学者对这一说法表示怀疑，他们认为：18世纪的中国对世界奉献的比它从世界得到

---

① 戴逸：《清代乾隆朝的中英关系》，《中英通使二百周年学术讨论会论文集》，第7~14页，中国社会科学出版社1996年版。
② 关于中英关系及中西文化交流，可以参考高翔《"盛世"的思虑：中国是十八世纪研究中的对话与争鸣》，《中国史研究动态》1997年第2期。
③ 佩雷菲特：《停滞的帝国：两个世界的撞击》（中译本），第610页，生活·读书·新知三联书店1993年版。

的要多得多。这个时期的中外交流实际上是不等价的，造成这种局面的原因不光是清朝的闭关，西方本身也要承担一定的责任。有的学者对机会说表示怀疑，提出：马戛尔尼使团来华对中国来说难道真的是发展的机会？西方真能容忍中国获得这个机会？

关于中外文化关系，明清之际传教士在中西文化交流中的特殊作用，一直是学术界比较关注的研究热点。对传教士，史学界的评价曾发生过多次变化。过去，传教士往往被视为西方殖民侵略的先遣队，近年来，有的学者对传教士在中西文化交流中的作用估计较高，有人甚至将传教士东来，以及由此而展开的西学东渐视为中国走向近代的重要契机。如何全面、客观估计明清之际中西文化交流，准确衡量传教士在中西文化交流中的地位和作用，是一个理论色彩很强，而且对研究者素质要求甚高的学术课题。何兆武在"明末清初的文化变迁"国际学术研讨会上，对这一问题提出了自己的看法。他指出：在历史上，西学的实质有中世纪和近代之分，担任第一波西学东渐传播者的天主教传教士，所要传播的是中世纪的神学观和科学体系，以抗衡基督教（新教）的宗教改革运动和近代科学，而中国要从中世纪过渡到近代，所不可或缺的是近代科学和思想。"所谓近代科学是以哥白尼—开普勒—伽利略—牛顿的学说为体系，所谓近代思想是以培根和笛卡儿的学说为体系。由于这些学说从一开始就是反对神学权威，天主教传教士因此存心抗拒，也就没有将这些知识介绍到中国来。"何兆武指出：近代西学传入中国并非通过西方传教士，而是中国学者，"如果中国不是迟至19世纪末，而是提早两个世纪就接触到近代科学的经典体系和思想方法论，中国历史步入近代的历史和面貌必定大为不同"[①]。

沈定平《传教士马国贤在清宫廷的绘画活动及其与康熙皇帝关系述论》一文（《清史研究》1998年第1期），对马国贤在绘画领域为中西文化交流所做出的贡献进行了比较全面的分析。他认为：作为最早正式进入清朝宫廷的西洋画师，马国贤通过倡导、传扬和艺术实践，特别是"西洋画房"的设立，为使西洋画艺术在宫廷中占有一席之地，发挥了首要作用；马国贤是将西洋铜版画传入中国的第一人；在将西洋艺术引进中国宫廷的

---

① 《重新审视西学东传的历史——明末清初文化变迁学术研讨会侧记》，（新加坡）《联合早报》1998年8月27日。

过程中，他也是为适应中国欣赏习惯和运用本地原材料进行创作，将西洋画法跟中国画风相结合的最早推动者。此外，沈定平还对马国贤在礼仪之争中的表现，以及他同康熙、雍正皇帝的关系，作了比较详细的考察。①

除了中国和欧洲之间的文化交流外，也有学者对中朝、中日、中俄等国文化关系进行了专门研究。

关于18世纪中国的世界形象及其意义，是研究中外文化学者共同关心的问题。在18世纪的西欧（主要是法国），曾出现过影响较大的中国热，当时，一些鼓吹"开明专制主义"的改革者，视中国为一个理想化国度，通过宣扬、赞美中国的文化和政治来对抗教士阶级、佩剑贵族和共和派，波维尔1769年在《哲学家游记》中写道："只要中华帝国的法律成为各国的法律，中国就可以为世界可能变成什么样子提供一幅迷人的景象。到北京去，瞻仰世上最伟大的人，他是上天真正完美的形象。"然而，1789年以后，法国对中国的崇拜几乎完全消失，而大多数历史学家对这个时期中国的影响并没有给予客观积极评价，甚至一笔勾销了这种影响，认为"它只是一种反常的风尚，或者只是借中国之名的一种乌托邦式的空想，但与真正的中国或者它的文化毫无关系"。许多学者（包括中国学者）认为17世纪、18世纪耶稣会士和启蒙思想家笔下的中国是"神话"而非当时的中国现实。即"伏尔泰大谈的中国无疑是一个神话，……启蒙思想在法国、欧洲创造的神话，……不是真正的中国"②。近年来，许明龙、孟华等人对这种现象提出公开批评，许明龙曾列举大量材料反驳"神话"说，他指出：神话指的是虚妄荒诞的故事，用它来概括耶稣会对中国的描述是不确切的。耶稣会士对中国的报道基本上反映了当时中国的面貌，而启蒙思想家对中国的了解也并非局限于耶稣会提供的材料。18世纪的中国对法国的影响是多方面的，也是深刻的，尽管在文化交流中会出现一些变形现象，但不应"用来作为'中国神话'论的依据，更不能借口'中国神话'而否认中国曾经在法国产生的影响"③。许苏明在《比较文化研究史》（云南人民出版社

---

① 沈定平：《传教士马国贤在清宫廷的绘画活动及其与康熙皇帝关系述论》，《清史研究》1998年第1期。
② 丁一凡：《十八世纪流行于法国的中国神话》，《国外文学》1991年第2期。
③ 许明龙：《并非神话：简论17、18世纪中国在法国的形象及其影响》，《世界历史》1992年第3期。

1992年版）中也高度重视18世纪中国对法国启蒙运动的影响，认为"历史将中国文化作为一份礼物赐给了法国的启蒙运动"，"中国传统文化对法国启蒙运动的影响表明，任何形态的文化，不仅相对于它的世代来说，有其存在的利诱和价值，而且相对于比其先进的异质文化形态来说，也不失其历史的存在价值，——这种特殊的价值主要表现在具有相对稳定性的文化的民族性方面"。但与此同时，许苏民也承认：启蒙者们在吸取中国传统文化的民族性精华的同时，也极力将中国塑造成一个他们心中的"理想国"，其中不少观点是不符合当时中国的历史实际的。[①]

清代中外贸易是中外关系史研究的传统领域，近年来，一些学者对清朝外贸政策，中国和欧洲经济，中国市场和国际市场的互动关系、南洋贸易，对外贸易对清朝财政经济，特别是地方经济的影响等问题，作了比较具体的量化研究。对鸦片输入历史及其影响的研究也取得了一些进展。然而，限于语言和资料等原因，清代中外贸易的研究仍有较大拓展和深化的余地。

人物研究。人物研究从来都是历史研究的基础，这是因为历史是由人的活动所构成的。史学家要真正把握时代的发展脉络，其首要前提是对该时代的一切重要方面，特别是对所有关键人物有一个清醒而准确的认识，通过人物研究认识时代变迁，这大概就是所谓"知人论世"吧。在改革开放前30年，受"左"的思想影响，人物研究范围狭窄，往往集中在少数农民起义领袖和杰出人物身上，而且机械照搬阶级分析的理论，用贴标签的方法，衡量历史人物的是非得失，从而使人物研究存在着明显的简单化和公式化的弊端。改革开放以来，人物研究出现了空前繁荣，研究范围大幅度扩展，研究理论和方法获得突破，人们从历史人物自身的社会活动出发，根据他对社会发展的客观影响，予以公正评价。在人物研究的具体操作中，既注意历史人物在社会利益关系中的独特地位，也注意他的知识结构、家庭关系、道德情操和心理状况，随之而来，我们对历史人物的了解更加全面，更加深刻，从而有助于达到知人论世的研究目的。因大量人物研究的成果已在本文前面各专题作了介绍，这里不再重复。

[①] 参见许苏明《比较文化研究史》，第3、4章。

20世纪80年代以来，清代人物研究最重要的成果是《清代人物传稿》的编写和出版。该书分上下两编，上编已出版的10卷系鸦片战争以前人物传记，由中国社会科学院历史研究所明清史研究室主持完成，何龄修、张捷夫、王思治、李鸿彬分任各卷主编。《清代人物传稿》上编是新中国成立以来第一部大型清代人物传记著作，根据正史、档案、笔记、文集等多种资料，对800余名重要历史人物的生平事迹、历史影响作了全面评述，虽然各篇之间质量参差不齐，但是，有些重要人物的传记，在研究上仍取得了某些进展，其中一些被官方史书忽略不载的历史人物（如妇女、工匠、艺人等），在该书得到了反映，为学术界进一步深入研究清代社会，奠定了重要的学术基础。

目前清前期人物研究主要集中在重要政治人物和学术人物身上。皇帝研究是清史研究的重要热点。有清一代，共有皇帝12人，清史学者给他们每人都写了厚厚的传记，有的皇帝传记多达八九部。可以毫不夸张地说，改革开放以来，中国史学界和出版界掀起了一股皇帝热。这种情况既导源于市场的客观需求，也源于长期在理论上忽视个人在历史上的作用所产生的逆反心理。皇帝研究的兴起和发展，对全面深入了解有清一代政治演变、制度兴废、盛衰隆替，具有十分重要的意义。大量皇帝传记在清史研究中理所当然地占有十分重要的地位，是宝贵的学术财富。当然，皇帝传记中写得最好的当数出版较早的冯尔康著《雍正传》（人民出版社1985年版）。平心而论，皇帝传记的写作有它的难度：一是皇帝个人传记与他在位时的国家历史结合在一起，既有联系，又须区别，二者的关系不易处理妥帖；二是皇帝传记资料，特别是生活史资料既少记录，又多虚妄，仅有的一些记载往往难以肯定，又不能否定，专题研究的基础十分薄弱。举例说，当顺治帝问诸皇子志向时，福全"以愿为贤王"对，未来的康熙帝则以"待长而效法皇父，黾勉尽力"①。这很像史臣的创作，能相信吗？若不相信，能否定吗？皇帝在史臣笔下，大多生有异禀，"圣神天纵"。史学家不能不根据这样的和类似的资料为皇帝作传，其难度可想而知。当然，史学研究要求我们尽量攻克难关，炸平暗礁。杨珍的《康熙皇帝一家》通

---

① 参见《清圣祖实录》卷1。

过对康熙帝家庭生活的探讨，在这方面做出了可贵的尝试。

在肯定皇帝研究的成果时，也需指出：目前对政治人物的研究存在着明显的局限性，这就是过多关注皇帝而很少注意到对辅政诸臣的深入考察。这种局面在客观上导致了两个明显弊端。一是限制了皇帝研究的深入性和全面性。虽然在清代，皇权高度发展，所谓"乾纲在上，不致朝廷有名臣奸臣"[①]，但这只是问题的一个方面。如果我们换个角度考察问题就会发现，专制皇帝所期望的理想化君权在历史上从未出现，皇权强化在任何时候都具有显而易见的局限性，并出现各种异化现象。原因很简单，权力越集中，皇权越扩张，受皇帝亲信的极少数大臣的权力也会随之加重，进而出现新的专擅行为，而这往往是专制君主始料不及的。像明代废除丞相，但权阉之弊却愈演愈烈，清雍正帝躬亲庶政，"日理万机"，但及其晚年，鄂张门户已悄然而成，不久，即酿成新的党争。乾隆皇帝将君主独裁奉为"家法"，宣称："乾纲独断，乃本朝家法。自皇祖（康熙）皇考（雍正）以来，一切用人听言，大权从未旁假。即左右亲信大臣，亦未有能荣辱人，能生死人者，盖与其权移于下，而作威作福，肆行无忌，何若操之自上。而当宽而宽，当严而严？此朕所恪守前规，不敢稍懈者。"[②]但在具体实践中仍难如愿，其统治中期有于敏中的"金坛秉政"，后期更有和珅之"蒙蔽专擅"。可见，皇权加强并不意味着学者对臣僚之政治影响可以忽略不计，相反，皇权愈是高度集中，学者愈应重视对其亲信大臣，尤其是所谓"首辅"的重视和研究。否则，单就皇帝论皇帝，不但有可能被一些历史假象所迷惑，而且还可能会影响到对某些重大问题的认识，也不可能准确地解释皇帝的许多政策和决策，以及有关的思想、性格和爱好，也不利于人们弄清皇帝在清廷行政运作中的真正地位和作用。二是皇帝研究，特别是一些皇帝传记著作，其主要目的是通过对皇帝生平事迹的描述反映一个时代，但由于相关专题研究，特别是人物研究不够深入，往往容易产生偏而不全之毛病。在历史上，皇帝确实代表着一个时代，但并不等于一个时代。人物研究的片面性，必然影响到人们对时代性质判断的准确性。在这种情况下，中国青年出版社出版的《和珅评传》（冯佐哲著，

[①] 《清代三朝史案》下册，《尹嘉铨为父请谥并从祀文庙案》，江苏广陵古籍刻印社1993年版。
[②] 《清高宗实录》卷323，乾隆十三年八月辛亥。

1998年出版）可以说及时而很好地填补了一个空白。

除皇帝以外，政治人物研究的重点是清初一些重要政治家，如范文程、洪承畴、史可法、吴三桂等，由于人们对明清鼎革的基本看法不尽一致，因此，对这些人物的评价也就存在着种种差异，在短期内，这种局面恐怕很难改变。

对学术人物的研究是学术史研究的重要内容。改革开放以来，学术界加强了对顾炎武、黄宗羲、王夫之、傅山、戴震、钱大昕、纪昀、龚自珍、魏源等重要学术人物的研究，有关成果大量出版。和政治人物研究一样，学术人物研究也存在着过分集中，重复劳动的问题。而要改变这种状况，就要求研究者开阔视野，活跃思想，将我们对清代学术人物的考察，大胆地推向知识发展史的每一重要方面。

纵观改革开放20年来的清史研究，我们可以说这是20世纪清史研究最为繁荣，成果最为突出的时期，是清史学界开拓、创新、推动学术全面进步的辉煌时代，它在当代中国史学发展史上，必将而且理所当然地占有突出的位置。这一成就应该归功于改革开放为学术研究所创造的良好社会环境，应该归功于几代学者的辛勤耕耘，应该归功于国民素质的普遍提高，以及由此而产生的对学术研究的关心与支持。

总结历史经验教训，我们看到，清史研究和一般史学基础研究不同，它具有更强的现实性和应用性，它的许多研究成果、研究结论和当前国际国内社会、政治、文化发展紧密相关，清史，绝非"超尘脱俗"的"纯学问"，更不是人们逃避现实的"世外桃源"。清史研究，必须，而且也应该实现科学性和阶级性的统一，清史研究者要将自己对科学的责任感和对国家、对民族的义务感有机地统一起来。学术自由并不意味着放弃学术原则和学术规范。历史研究强调公正、客观、秉笔直书，并不意味着史学家不能有自己的立场、观点和是非好恶。从事清史研究，必须坚持三个基本原则：

一是坚持维护国家独立和主权，旗帜鲜明地反对殖民主义，反对外来侵略；

二是坚持维护国家统一，旗帜鲜明地反对民族分裂；

三是要以批判继承的态度对待中国传统文化，正确处理中外文化关系。既要反对民族文化虚无主义，又要反对民族文化保守主义。

严格说来，这三个原则适用于社会科学的各个领域，但它对清史研究具有特殊的针对性和现实意义。当代中国清史学要健康发展，要走向新的繁荣，必须以科学的态度，慎重地处理和现实密切相关的各个重大学术课题，必须使自己的学术研究为国家的长治久安服务，为中华民族的根本利益和长远利益服务。否则，学术研究就会出现倒退，甚至反动。

在充分肯定20年来清史研究所取得的辉煌成就的同时，也应该看到，由于种种原因，不良的学术风气在一定程度上制约了学术研究的健康发展。应该承认，在鼓励学术创新，提倡方法多元的同时，忽视学风建设是我们的一个重大失误，在一些历史教学和研究机构，能坐冷板凳的人少了，严谨求实的科学精神少了，浮躁风气盛行，个别人甚至以杜撰"体系"为能，游谈无根，空疏不学。表现在学术成果上，就是粗制滥造，片面追求成果的大而全，甚至不顾学术规范和道德，出现抄袭、剽窃等丑恶现象。正常的学术批评很难展开。一些书评、序言，只认人情，不认真理，不顾事实，对平庸成果肉麻吹捧。与此同时，也有人对正常的学术批评不能容忍，对自己的学术失误百般辩解，甚至对批评者反相攻击，缺乏必要的谦逊精神和学术气度。所有这些，都必须引起我们的高度重视。学风好坏，是关系到史学研究发展前途和命运的根本大事，史学工作者应该以对历史、对文明负责的精神，坚决和不良学风作斗争，老老实实做人，踏踏实实治学，为净化学术空气做出实实在在的贡献。

四　展望明天：新世纪的清史学

再过几个月，我们的共和国将迈进新的世纪，我们也将伴随着新年的钟声，进入新的世纪，进入新的千年。历史学家关注过去目的，与其说是出于对往事的兴趣，毋宁说是出于对人类命运的深切关注。我们回顾清史研究的发展历程，正是为了将我们新世纪的清史学建立在对学科历史的理性总结基础之上，使之在未来的岁月拥有一个更加辉煌的前程。

学术发展的前途，从根本上讲取决于国家与民族的命运。21世纪对中国来说，将是一个充满机遇和挑战的时代，经济体制和政治体制改革的深入,综合国力的增强,必将为清史研究的全面繁荣,创造更加良好的社会环境。现代化建设本身,又要求我们更加深入、全面地研究近300年来的中国历史。准确认识中国国情,是实现决策科学化和民主化的首要前提。而要准确认识国情,就不能只看眼前,就必须对问题的来龙去脉,对历史的传承与变革有一个清醒的认识。当代中国所面临的许多重大问题,在清代早已埋下了伏笔,像人口问题、民族问题、城市化问题、物价问题、地区发展不平衡问题、中外关系问题,等等,都直接导源于清代,深入研究有清一代的社会变迁和历史发展,对把握问题的实质,提出科学的解决方案,具有十分重要的现实意义。从历史发展的角度看,有清近300年是承上启下的关键时代,它是中国传统社会的鼎盛时期,是中国传统文化的集大成时期,同时,又是一个蕴含进而开始实现历史性变革的时代。在这近300年的历史中,君主专制由极盛走向解体,儒家学术由繁荣走向衰微,中西文化交融撞击,近代科学、近代教育、近代工业在古老土地上生根发芽,并艰难地成长。有清近300年,中国所经历的变化,就其实质,超过了秦汉以降2000年历史变革的总和,真可谓沧海桑田,人间巨变!深入研究这近300年的中国历史,不但能为人们迎接新世纪的挑战,提供宝贵的经验教训,而且,它对我们正确认识中国传统文化,总结历史遗产具有十分重要的意义。

21世纪的清史研究将在继承20世纪研究成果的基础上,以其开阔的视野,活跃的思想,现代化的研究手段,将清史学推向一个新的研究阶段。我们不是预言家,但从当前学术发展的基本走向中,我们能窥测到新世纪清史学的初步轮廓:

清史研究队伍的人员构成将出现明显变化。一代人物,一代风流。学术的嬗变从来都和人事代谢紧密相连。研究者的状况,直接决定着学术的面貌。应该承认,20世纪最后20年,活跃在中国学术界的主力,是共和国培养的第一代大学生。他们一般出生在20世纪的前半叶,亲身经历了从民国到新中国的改天换地的时代变革,经历了反右、"四清"、"文革"等疾风暴雨的严酷冲刷。这一代人接受过系统的马克思主义理论训练,具有比较扎实的国学功底和敏锐的历史洞察力。然而,一个接一个的政治运动,耗费了他们宝贵的年华和大量的精力,尤其是"文革"十年,更中断了他们正常的学术研究。以其荒废太多，故深知时光之短暂。为此，这一代研究者十分珍惜来之不易的科研环境，他们中许多人为新时期学术的发展呕心沥血，发愤工作。如果说近20年中国清史学以其空前的发展创造了学术研究的奇迹，那么，他们就是创造奇迹最主要的功臣，是新时期清史研究最重要的推动者，同时，也是培养学术新人的辛勤园丁。

从20世纪90年代中期以后，出生于20世纪前半期的清史研究者开始逐渐退出科研第一线，到2010年前后，清史学界的新老交替将最终完成。退休的学者，虽不会放弃自己的研究，但限于精力以及其他种种原因，其工作重点，将很自然地转向关心和支持学术发展上面。出生于五六十年代的中青年学者，将接过前辈的火炬，成为新世纪清史研究的主力。和上一辈学者比起来，中青年学者具有更加开阔的视野，他们精力充沛，思想活跃，外语基础较好，大多能熟练使用计算机，这些特点决定了新世纪的清史研究，在理论上有可能出现新的突破，在方法上将更加多元，清史学将加快其融入国际史学的步伐。然而，清史学界未来的主力们在看到自己学术优势的同时，也应保持清醒的头脑。这里有两点值得格外重视：一是在接过前辈科研重担的同时，要继承他们优良的学风，尤其是要继承他们对国家、对民族庄严的责任感和使命感；二是在推动清史研究向前发展的同时，必须注意总结学科建设的经验教训，及时调整发展思路，尤其不能刻意追赶和制造学术"时髦"。

清史资料的发掘和整理将大大加强。历史学之所以被视为一门实证科学，主要在于它"言必有据"，始终将自己的研究建筑于扎实的资料基础上。游谈无根，信口雌黄是史学研究之大忌。20世纪清史研究在资料上的最大成就是历史档案的发掘和使用，但这一过程并未结束，中国第一历史档案馆仍有大量馆藏档案需要整理和利用。此外，一些分散于地方和国外的档案需要我们去收集和研究。在新世纪，随着国家经济的好转和科研条件的逐步改善，清史档案的发掘整理工作必将得到进一步加强。除档案外，下面几个方面的工作也应引起我们的重视：契约文书的收集和研究；清人文集的系统整理和出版；方志、族谱资料的收集和利用；口述资料、田野调查等资料的收集和分析；外文史料的翻译和出版。应该承认，20世纪的清史研究在资料利用上还存在着比较明显的片面性，大量基本史料未被使用，在新世纪，这一研究局限有可能被逐渐克服。

一些关系全局的重大学术课题将成为影响新世纪清史研究发展方向的重要因素。历史研究不能回避重大学术课题。应该看到，历史研究最根本的目的，不是对社会表象的简单复述，不是对枝叶末节的烦琐考据，而是探寻历史演进的规律，通过对过去岁月的理性认识，把握人类自身发展的命运。而要做到这一点，就必须对一些关系全局的重大课题有一个明确而清醒的认识。在新世纪，清史学界对重大学术课题的研究将大大加强，有关讨论也会进一步深入。这些课题主要有：

明清易代研究。要研究这一课题，必须确立衡量社会发展水平的基本指标，系统考察晚明以来中国社会发展状况，要回答清朝取代明朝是必然的还是偶然的，清军入关是否打乱了中国社会正常发展进程，或在多大程度上打乱了中国社会正常发展进程，清代社会发展水平较明代是进步还是落后等重要问题。

国际形势巨变与清朝对策。这一课题包括：如何衡量清代国际形势的变化？清代中国综合国力究竟如何？清代中国经济与世界经济的互动，中国文化与他国文化的互动；17世纪和18世纪西方殖民势力在多大程度威胁到中国的安全？清朝对外政策是闭关还是限关？清朝对外政策形成的内在原因及其影响？清前期中国是否曾经有过在科技等方面赶上西方发展水平的机遇？

国家统一研究。清朝统一战争开始于何时？如何评价清朝统一政策，特别是其民族政策？清代边疆经营之得失，中华民族在清代之发展。

清代社会发展研究。清代中国社会发展独特道路是什么？什么是近代化？能否用落后或停滞衡量清代中国社会？近代化在欧洲的出现是历史的必然还是历史的例外？类似的社会变化在明清时期的中国是否已经出现？中国近代史开始于何时，是开始于明清之际还是开始于鸦片战争？中国近代化的内在动力是什么？清代有没有资本主义萌芽，或在多大程度上出现和发展了新的生产关系？清代有没有启蒙思想，或在多大程度上出现了带近代意识的新观念，其社会影响如何？清代中国的历史遗产及其价值。

上述课题，从根本上都是要回答一个问题，那就是如何看待有清一代的历史。理论突破的前提是基础研究的深入。要圆满回答这一问题，要求我们从政治的、经济的、民族的、文化的、世界的等各个方面,全方位研究有清一代的盛衰成败,为此,我们必须进行扎扎实实的专题研究,并要开阔视野,扩大研究领域。

研究范围将进一步扩大,专题研究将更加具体和深入。可以断言:清史学界现存的研究领域,在21世纪都将继续存在,对一些重大问题的讨论也将持续下去。但与此同时,一些新的领域很可能被开辟出来,一些过去不太为人注意的领域,有可能成为新的研究热点,如清人社会心态、清人生活方式、清朝文化传播及舆论导向、清朝公益事业、清代中国文化的向外传播,等等。在21世纪,专题研究仍是清史研究的主体,而且很可能将更加具体和深入。例如,现在对清代行政管理和财政的研究,大多停留在中央和省级,将有更多的学者关注州县政权建设,通过对资料齐备,而且具有一定代表性的特定州县行政管理和财政状况的解剖,将有助于我们了解清朝地方政权状况。再如,现在对清朝中央机构的研究,主要集中在军机处和各部院,今后的研究可能会具体到司、厅,并高度重视其行政运转。目前的人物研究主要集中在皇帝和极少数著名学者、官僚身上,今后,清代人物研究很可能会扩大到对一些普通士人、官僚,甚至乡民的考察,对清朝家族文化,基层社会结构的研究也会更加具体和深入。华侨史、海外移民史会得到进一步重视。对边疆民族的研究,今后不但要重视对一些影响较大的民族的考察,对一些人数相对较少,影响相对较小的民族的研究也会加强,将更加重视清朝海疆状况。科研视野的扩大,研究的深入与具体,将为我们准确、全面衡量清代社会状况与发展水平奠定良好的基础。

一批直接服务于现代化建设的应用性研究课题,将受到学术界的高度重视。经世致用是中国史学的优良传统,清史独特的学科特性,决定了在人文科学中,它不但是基础的,而且还具有一定的应用性,它在我国现代化建设中,完全可能,而且也应该发挥比现在更加重要的作用。在新世纪,随着国家对社会科学的进一步重视,随着市场经济的发展,清史学界要承担起一批和现代化建设直接相关的研究课题,努力使自己的研究为国家政治、经济、文化建设服务。从当前发展趋势看,下面几个方面值得我们高度重视:清代官僚体制(包括官僚培养、选拔、监察、退休一整套制度）及其运转研究；清代政治、经济、文化区域性发展不平衡的加强及其历史影响；清代中国的疆域及其与邻国的关系；清代秘密社会的信仰、组织、活动及清廷对策；清代社会治安；清代交通史；清代城市发展；清代中国的家族与家族文化；清代自然灾害及其对策研究；清代慈善事业及政府政策；清代民族关系与民族政策；清代中国的宗教发展与宗教政策。此外，因地方建设需要，学术界可能还会对一些具体问题进行专门研究，如特定州县，甚至村落在清代的发展；工商业老字号在清代的经营状况；清代饮食文化；清代著名园林；等等。应用性研究课题的增加，不但会推动清史研究的深入，而且有助于扩大清史研究的社会影响。

研究方法将趋向多元，研究视角将更加多样。经改革开放20余年的持续发展，清史研究的方法已经呈明显多元化趋势，在新世纪，这一趋势将继续保持下去，而且会得到加强。政治学的方法、社会学的方法、计量统计的方法已经被引入清史研究，马克斯·韦伯的理论，年鉴学派的方法和思想已经被引入中国史研究。今后，文化人类学、精神分析、文化地理学等相关学科的概念、方法，很有可能被更广泛地运用于对清代历史的考察，一些现代哲学观念、社会思想，将会更深刻地影响到人们对清朝历史的解析。对此，我们从现在起就应该有所准备。需要研究者高度重视的是，引进新的理论，学习新的方法，一定要从中国的实际，特别是从清朝的实际出发，不能生搬硬套，不能盲目追赶学术时髦，否则，我们的研究很可能会走上歧途。

研究学风将更加严谨，学术界将更加重视和推崇科研精品。在世纪之交，清史学界要形成一个基本共识，那就是我们不能将浮躁的学风带入新世纪。在21世纪，清史研究者有必要形成一套适应本学科实际，且为大多数学者所认同的学术规范。随着写作条件和科研环境的改善，在重视成果数量的同时，将更加重视成果质量。要高度重视专题研究，鼓励研究人员完成高质量的学术专论。在学术发展中，哪怕是解决一个细小的问题，也比脱离实际，"游谈无根"的"鸿篇巨制"有用得多。

先进科研工具的使用，将成为推动清史研究快速发展的重要因素。在20世纪的中前期，卡片的应用曾有力地推动了学术研究的发展。在20世纪后期，以计算机为代表的信息时代快步向我们走来，计算机的应用在清史研究者中逐渐普及，剪刀加糨糊的写作方式正在成为过去。但也要看到，对大多数清史研究者来说，计算机还只是一种打字工具，计算机在统计、分析、信息交流、资料建设等方面的巨大潜能尚未开发。在新世纪，随着信息技术的进步，人文科学研究手段必将出现革命性的飞跃，计算机在历史研究中的作用将逐渐被发挥得淋漓尽致。由于清史学科具有资料丰富、数据相对齐备等特征，计算机对科研的影响将尤其突出，在研究手段现代化方面，清史有可能走在史学的前列。这主要表现为三个方面。

1.将开发出专门服务于历史研究的应用软件，日常资料统计分析（如清代人口结构与变化、政府收支、物价指数方面的统计分析，重要历史人物心理、生理状况分析，自然灾害统计分析，史料真伪的初步鉴别，历史语言风格分析，等等）将由计算机承担，史学家将有更多的时间从事高层次的理论思辨。

2.学术交流将更多地通过互联网进行。互联网正使世界变得越来越小。在新世纪，各清史研究机构将建立自己的专门站点，发布学术信息，建立网上清史论坛，出版电子刊物。学者之间将通过电子邮件等方式加强学术联系。

3.信息技术在清史研究的基础建设中将发挥越来越重要的作用，它将大大加快清史资料的搜集、整理，提高清史资料的利用率。为方便研究者的购买、收藏和使用，大型清史资料将尽可能多地推出高质量的电子图书。在条件成熟的时候，将建立清史资料网上图书馆，将努力在世界各地清史研究者之间实现资源共享。

环顾目前科学技术的飞速发展，我们有理由相信，信息技术，将为清史研究注入新的活力。

说明：本文的写作得到了王戎笙、何龄修、郭松义、张捷夫、赫治清、陈祖武、李世愉、杨珍等先生的热情支持，《清史论丛》编委会曾进行过讨论，并提出许多宝贵意见，在此一并致谢。

（原刊于《清史论丛》1999年号）

改革开放 30 年来中国社会科学院历史研究所清史研究室的发展轨迹[*]

林存阳　朱昌荣

改革开放以来的清史研究，在新时代大潮的推动下，步入全面发展的新时期，呈现出繁荣发展的全新局面。这一全新局面的形成，凝聚了清史学界几代学人的心血和智慧。而作为清史研究队伍的一个重要团队，中国社会科学院历史研究所清史研究室[①]的众多同人，以其扎实严谨的学风、实事求是的科研精神、勇于创新的治学品格、颇具特色的丰硕成果，为清史研究的不断发展和繁荣，付出了艰辛的努力，作出了值得关注的贡献。

一

改革开放 30 年来，清史室大体经历了如下三个发展阶段。

---

[*] 原题为《改革开放 30 年来中国社科院历史所清史室的发展轨迹》。
[①] 1954 年中国科学院历史研究第二所成立时，设明清史研究组，白寿彝、王毓铨任正副组长。1958 年历史研究第一所、第二所合并为历史研究所；1960 年组室编制调整后，清史研究隶属封建社会后期研究组，杨向奎、郦家驹任正副组长。1965 年，再次调整，设明清史研究室，杨向奎、王戎笙任正副主任。1977 年中国社会科学院成立后，历史研究所再次进行机构和人员调整，恢复"文革"前组室；1978 年，明史与清史分为两个研究室，杨向奎、王戎笙任清史研究室正副主任。参见《中国社会科学院历史研究所清史研究室》，《清史研究通讯》1987 年第 4 期。

改革开放30年来中国社会科学院历史研究所清史研究室的发展轨迹

（1）1978~1993年为第一阶段，也是新时期本室清史研究的奠基阶段。早在20世纪60年代，杨向奎先生即已有计划地着手清史研究的规划，组织研究人员开展曲阜孔府档案和乾隆朝刑科题本的整理与研究等。1978年清史研究室成立后，杨先生更采取积极措施以推动清史研究的发展。如积极响应1979年4月召开的全国史学规划会议清史规划的发展思路，清史室与中国人民大学清史研究所共同承担起全国清史研究工作联络中心的重担，创办了第一个清史研究专业刊物——《清史研究通讯》（先为内部资料，1982年正式创刊），拉开了清史研究新局面的序幕；独自承担起编辑出版《清史资料》专刊的工作，于1980年8月推出第1辑，此后又连续出版了6辑，为清史基础文献的整理打下了基础。尤其值得指出的是，与《清史研究通讯》侧重国内外清史研究动态、清史论著评介、问题讨论特别是关于《清史》编纂体例的讨论、有关清史研究工作的批评和建议，以及篇幅较小略有不同，清史室还创办了以清史专题研究为特色的、篇幅较大的学术刊物——《清史论丛》，"开创了由处一级的系、所办刊的先例"[①]，从而为学界同人畅发新见提供了一个重要学术阵地和平台。而为适应研究室新的发展需要，杨先生更提出"分兵把口"思路，以整合研究室的学术力量。他让何龄修先生找本室年轻的科研人员谈话，根据个人的实际情况给他们定一个课题，作为三五年内进行研究的科研范围。赫治清先生的天地会研究、傅崇兰先生的清代城市研究、李新达先生的清代军事研究等，都是那时确定下来的。凡此艰辛努力和不断开拓，皆为清史室的发展奠定了坚实而深厚的基础。此后，清史室更以1983年长沙史学规划会议上的清史编纂规划为契机，承担起大型集体项目《清代人物传稿》上编、《清代全史》的组织和编纂工作，在国家资助下，不断取得阶段性的重要成果。以何龄修、张捷夫二先生为主编，相继推出《清代人物传稿》上编第2、4、6编；以王戎笙先生为总负责人，于1991年推出《清代全史》前6卷，继于1993年推出全10卷本。至于研究室同人的个人成果，无论专著还是论文，其数量和水准皆有大幅度的增加和提升。经过十余年的不懈努力和耕耘，清史

---

① 周远廉：《基础扎实 成效显著——记杨向奎先生的施政及其成效》，中国社会科学院历史研究所编《求真务实五十载：历史研究所同仁述往》，中国社会科学出版社，2004，第275页。

室在打造学术阵地、整理基础文献、确定学科发展方向、调整人才结构、深化专题研究等诸多方面，皆取得了显著成效，推进了清史研究的整体发展，从而成为清史学界的一大重镇。

（2）1994~2001年为第二阶段，也是清史室稳步发展、承前启后的重要阶段。1994年，清史室与明史研究室合并为明清史研究室，这一调整，在清史室发展过程中具有一定的转折意义。就治学范围而言，明清史研究室的成立，为明、清断代史的有机结合提供了良好契机，使得本室科研人员的学术视野较前有所扩大，研究领域随之拓展。尤其是，在本室几位年轻学术带头人的倡议下，"明清史研究丛书"得到本院社会科学文献出版社的大力支持，由陈祖武先生任主编，相继推出《中国融入世界的步履》《中葡早期关系史》《近代的初曙——18世纪中国观念变迁和社会发展》《王夫之易学》《清初三礼学》等一批学术成果。而赓续前一阶段的努力，何龄修、张捷夫二先生主编的《清代人物传稿》上编，又推出第7、9、10卷，有力地推进了清代人物研究的不断深化。《中国史稿》第7册（清代部分），于1995年出版，促进了清前中期史的研究。在出版条件较为艰难的情况下，《清史论丛》仍坚持自己的办刊特色，克服困难，保持了出版的连续性，推出一批颇具学术价值的论文。此外，清史室还主办、联合承办、参与了一些各种类型的学术会议，成为清史学界一支较为活跃的力量。

（3）2002年以来为第三阶段。2002年，清史与明史再次分设研究室。2002年底，以清史室为依托的"清史学科"，被批准为院首批重点学科之一，开启了本室发展的新阶段。在"清史学科"建设的带动下，清史室的发展呈现出如下一些新的态势。第一，规模扩大，整体素质提升。这包括两个层次的内涵。一是研究人员不断增加，科研梯队渐趋优化。现有研究人员十余人，其中40岁以下的青年学者占到一半，全部具有博士或硕士学位。科研梯队已基本实现老、中、青三代结合，这为清史学科的科研工作具有较强后劲提供了保证，也是本室在人员结构方面的一个优势所在。二是学科的研究范围不断拓展，研究领域涉及清代学术文化、政治、典章制度、妇女婚姻、中外关系史等方面，其中不少研究领域具有较强的科研优势。第二，承担了一批院重大、所重点课题，以及

改革开放30年来中国社会科学院历史研究所清史研究室的发展轨迹

其他一些科研项目。2002年底,随着国家大型《清史》编纂工程的启动,清史学科的部分同人,或直接参与项目的负责工作,或承担主持如《典志·科举志》《传记·康熙朝下》《通纪·考异(上)》等项目的撰写任务。第三,创建"清史学科网站"(www.qingstudy.com),举办"清史研究学术沙龙"。作为学科建设的一个重要组成部分,"清史学科网站"自2004年创建以来,在学科成员的共同经营下,一直处于顺利而有序地更新、运行之中,在一定程度上展现了本学科学术收获的新进展,而且为清史研究的整体发展,提供了一个学术交流、沟通、互动的视窗。同时,本学科坚持定期召开"清史研究学术沙龙",或做主题讨论,或邀请国内外学者演讲,从而为学科同人交流学术信息、开阔视野、立足前沿提供了一个有效平台。

二

改革开放以来,在马克思主义唯物史观的指导下,在"解放思想、实事求是"思想路线和"双百""二为"方针的指引下,清史研究无论就学术发展客观条件的改善,还是具体研究中观念、视野、方法、材料的更新和成果的数量与质量等,皆取得了长足进步,呈现出全新的发展态势。在此氛围之下,清史室的科研工作,亦展现出新的跨越,其主要表现为如下方面。

(1)**10卷本清史断代史的推出**。改革开放之后,随着清史研究发展的需要,以及研究的纵深拓展,清史学界对断代史清史的编纂给予高度重视,一大批成果纷纷推出。如郑天挺先生著的《清史简述》和主编的《清史》,戴逸先生主编的《简明清史》,"清史简编"课题组编的《清史简编》,杜家骥先生著的《清朝简史》,李治亭先生主编的《清史》,朱诚如先生主编的《清朝通史》,以及《清史编年》和两部同名作《清通鉴》的编辑,无论立意、架构,还是学术视野,皆各具特色。而一些中国通史著作中的清代部分,如蔡美彪先生等著的《中国通史》第8、9、10册、何龄修和郭松义先生主编的《中国史稿》第7册、周远廉和孙文良先生主编的《中国通史》第 10 卷等,[①] 亦对清史断代史的研究产生了积极推动作用[②]。其间,王戎笙先生主持的《清代全史》的面世,更体现出两大特点:一是其 10 卷本的篇幅远远大于其他同类著作;二是本著作立足整体清史的视野,将有清一代 268 年的历史及清入关前史整合为一体,突破了以 1644 年和 1840 年划界的论述框架。该书出版后引起了学界较大反响,如王锺翰先生曾指出:"就大规模而言,可以超过萧著《通史》的,国内恐怕只有前几年才出版的《清代全史》一部,可以说萧著出版六七十年之后,没有产生与之抗衡的著作。"[③] 庄吉发先生所撰《〈清代全史〉与清史研究》一文亦多有推誉,认为各卷力求放眼世界,注意信息,集思广益,博采众长,吸取海内外学者的研究成果,既有所创新,亦有所突破,确实是一部足以反映现阶段大陆清史研究水平的学术专著。正因如此,该 10 卷本于 1993 年推出后,旋于 1995 年再次印行,又于 2007 年被纳入"中国社会科学院文库"再版。

(2)打造学术阵地。改革开放以来清史研究繁荣的一个突出表现,是清史学界相继创办学术刊物,推出系列研究丛书,以展示学界同人的研究创获。于此,清史室作出了积极的努力,与中国人民大学清史研究所联合创办《清史研究通讯》,率先推出专业清史研究刊物《清史论丛》,发起出版"明清史研究丛书"等,即其艰辛努力的集中体现。尤其是《清史论丛》,自 1979 年创刊以来,始终以较高的学术水准与严谨扎实的文风,受到学术界的瞩目和海内外人士的好评。而以成为中国社会科学院重点学科建设之一的"清史学科"的成立为契机,清史室还充分利用网络资源,创建了自己的专业网站,为学科成员发表新得、了解信息、与清史学界同人互动,提供了一个重要平台。

(3)文献资料的整理出版。清史研究的起步和不断发展,是与文献资料的持续拓展相伴而行的。早在"文革"之前,杨向奎先生即组织和带领

[①] 详参赵云田《20 世纪通史中的清史研究》,"中华文史网"。
[②] 高翔在《五十年来的清史研究》一文中曾指出:"断代史清史专著的大量撰写和出版,不但促使学术界站在理论的高度,从综合性的角度,全面把握清史发展的脉络,探寻治乱盛衰的根源,而且它使我们的教师和学生终于有了可供选择的多种清史教材和参考书,对于清史研究后备力量的培养具有十分重要的意义。"(《清史论丛》1999 年号,第 55 页)
[③] 王锺翰:《王锺翰学述》,浙江人民出版社,1999,第 47~48 页。

研究人员，开始对曲阜孔府档案和乾隆朝刑科题本进行整理。经过多年的梳理和研究，遂于20世纪80年代初相继推出《曲阜孔府档案史料选编》《封建贵族大地主的典型——孔府研究》《清代地租剥削形态》等著作。7辑《清史资料》的整理出版，更为学界同人提供了一些有价值、稀见的清史原始资料和专题资料。杨向奎先生所著8卷本《清儒学案新编》，学术思想史料的选辑在其中占有相当大的篇幅。此外，清史室同人还点校整理了一些清代人物的文集、年谱等。

（4）关注学术发展动态。对学术发展不断加以总结和反思，是学术研究得以前进的基础，更是学术自觉和理性的体现。改革开放以来，不少清史学界同人即致力于此项工作。清史室的同人于此付出了很大努力。如冯佐哲与冯尔康两位先生合著的《清史研究概述》(《中国史研究》编辑部编《中国古代史研究概述》，江苏古籍出版社，1987）、高翔先生的《五十年来的清史研究》(《清史论丛》1999年号）、何龄修先生的《清史研究的世纪回顾与展望》(《中国史研究动态》2002年第1期），以及《中国史研究动态》刊登的许多出自清史室同人之手的清史年度综述等。这些文章，既对清史研究取得的成就予以充分展示和肯定，又对其间存在的问题进行了较为深刻的揭示，从而为学界同人的进一步思考提供了有益的借鉴。

（5）学术工具书的编纂。工具书的编纂，对学术研究具有重要的辅助作用。由清史室许曾重、赫治清、冯佐哲、林永匡以及中国人民大学清史研究所杜文凯等先生共同编辑的《清史论文索引》，收录了20世纪初至1981年约80年间有关清代论文（截至鸦片战争前后）篇目2万条左右，总计144万余字。迄今为止，在关于20世纪80年代以前清史研究的诸论文索引中，该书一直以信息含量大、资料齐备、准确而受到学界的重视。王戎笙先生主编的《中国考试史文献集成》第6卷（清），收集经、史、子、集、方志、档案、碑刻、书函、报刊乃至口碑材料中有关清代考试活动的文字、文物、图录资料，以分类编年形式组织、编排，非常便于学人检索利用。王先生编写的另一学术工具书《台港清史研究文摘》，摘录了台港学者20世纪80年代中期以前35年中发表的论文1000余篇、专著200余部，涉及作者100余人。该书在附录部分，还对台港一些重要学者的生平和主要学术成就作了简要介绍，是较为全面反映台港清史研究状况的重要参考书。此外，清史室同人还参与了《中国历史大辞典·清史上》等辞书的编写工作。这些努力，为清史研究者做相关研究提供了很大便利。

（6）举办、参与清史学术会议。改革开放之后，以1980年"首次国际明清史学术讨论会"和1981年"首届全国清史讨论会"成功举办为契机，各种类型的清史学术会议遂逐渐展开。作为清史研究的一支生力军，清史室同人不仅积极参与诸如清史国际研讨会、全国清史研讨会、清代宫廷史学术讨论会、明清档案与历史研究学术讨论会、科举制与科举学国际研讨会、清文化学术研讨会、清代灾荒与中国社会国际学术研讨会等，还发起主办或联合主办了一些学术会议，如"清代政治变革与社会发展国际学术讨论会""第十届清史国际研讨会暨第七届清宫史研讨会""明清浙东学术文化国际研讨会""全国第三届科举制与科举学讨论会"等。举办、参与学术会议，不仅增进了清史室同人与国内外清史研究者的密切联系，而且也展示了清史室科研团队的学术水准。

此外，随着国家大型《清史》纂修工程的启动，清史学科部分成员相继参与其中，承担了几项主体工程项目的撰写工作。而作为国家清史编委会传记组主要成员之一，张捷夫、赫治清两位先生为《清史》工程的进展付出了艰辛的劳动，并在沟通清史学科与国家清史编委会之间的互动中，发挥了积极作用。这一机缘，既发挥了清史学科成员在《清史》编纂中的学术优势，也对清史室的进一步发展带来了机遇。

三

30年来，清史室的学人孜孜于清史研究的不断探索和开拓，取得了较为丰硕的学术成果。以下，我们拟对其中的一些主要议题，略加勾勒，以便于学界同人对清史室学人的学术创获有一个较为清晰、集中的了解。

（1）政治史。清代政治历来是清史室研究的重点，成果突出。最主要的成就是对政治制度、国家机关、政治斗争、统治政策、统治思想、政治人物，以及清入关前史、明清之际政治史等内容，作了多角度、多层面的考察。

改革开放 30 年来中国社会科学院历史研究所清史研究室的发展轨迹

由郭松义、李新达、杨珍先生合著的《中国政治制度通史》第 10 卷（清代卷）（人民出版社，1996），是关于清代政治制度研究的重要成果之一，和一般著作按时间先后叙述政治制度的演变不同，该书采取纵横结合、编年与纪事结合的方式，比较完整地描绘了清朝政治制度的主要内容，包括皇帝与中央决策系统、行政体制、监察制度、军事制度、学校及考选制度、人事管理制度等诸多方面。郭松义、李新达、李尚英先生合著的《清朝典制》（吉林文史出版社，1993）一书，较为系统地探讨了清代的皇帝、礼仪、国家机关、职官管理、学校与科举、财政、监察和法律、军事等各项制度。

科举与考试制度，是清代政治制度研究中的一个重点问题。李世愉先生《清代科举制度考辨》（中央广播电视大学出版社，1999）一书，对科举制度进行了深入研究。此书有两大特点：一是选题的角度十分有特色，对以往研究者忽视的一些问题，如廷试、审音制度等，进行了深入探讨，得出不少新认识，不仅纠正了以往研究中的某些偏误，而且填补了制度史研究中的许多空白。二是作者在研究过程中，关注制度的源流和演变，注重释疑，长于考证，在深入研究的基础上得出实事求是的结论，是研究制度史者的一部重要参考书。

皇位继承制度，是近年来清代政治史研究中取得重大成绩的领域之一。杨珍先生的《清朝皇位继承制度》（学苑出版社，2001）一书，充分利用满文等第一手文献并广泛参考相关史料，对有清一代的 4 种皇位继承形态（汗位推选、嫡长子皇位继承、秘密建储、懿旨确立嗣君）的曲折变化及相关问题，从历史、政治、文化、心理等视角，进行了全面、深入而富于理论性的综合探讨，得出了一些新的认识。其《清朝皇位继承制度特点研究》（《清史论丛》2002 年号）一文，认为清朝皇位继承制度具有 3 个特点：继承形态的多样性、以建立新的皇位继承制度为主要内涵的开创性、较大的包容性。此外，杨珍先生还对与皇位继承制度紧密联系的后妃制度作了详细探讨。其《清朝后妃制度的发轫》（《清史论丛》2005 年号）一文，对清朝后妃制度发轫时的三个阶段（天命年间、天聪年间、崇德年间），以及各个阶段所具有的特点，以及同清朝（后金）社会、政治、文化的关系，作了颇具深度的考察。在此基础上，她更将这一问题置于历时约三个世纪（1616~1911年）的清朝后妃制度发展演变全过程中加以观照，并对其所具有的突出特点进行了揭示。

本室成员对八旗制度也进行了深入研究，主要集中在创建时间、八旗兵额等问题上。关于八旗创建时间，学界主要有"辛丑说"（1601年）、"乙卯说"（1615年）和"甲寅说"（1614年）。周远廉先生的研究进一步论证了乙卯说。他在《关于八旗制度的几个问题》（《清史论丛》第3辑）一文中指出，万历四十三年（1615），努尔哈赤正式确立了八旗制度。关于八旗兵额，周远廉先生认为，万历四十三年（1615），努尔哈赤所辖的八旗，只有200多个牛录（《清朝开国史研究》）。据李新达先生考证，入关前的八旗兵数，有5~6万人；如果再加上孔有德等人汉军的兵力、蒙古兵力、随征子弟和奴仆等，以及朝鲜兵，则入关前清统治者所能动员的兵力约在20万人（《入关前的八旗兵数问题》，《清史论丛》第3辑）。此外，周远廉与杨学琛先生合著的《清代八旗王公贵族兴衰史》（辽宁人民出版社，1986），着重论述了满洲、蒙古和汉军八旗王公贵族的兴衰事迹，是研究八旗贵族的专著。

军机处、内阁是在清代社会历史上发挥重要影响的机构，但由于种种原因，学界对军机处的创设时间以及军机处、内阁与清代皇权专制的关系等问题，一直众说纷纭。高翔、杨珍先生对这些问题进行了有益探讨。如高先生认为，从总的情况看，说雍正八年（1731）正式创设军机处是基本上可以成立的。对军机处的研究，不宜就事论事，而应将其置于清朝决策体制的演变和发展过程中进行考察。选拔亲信参与决策是清廷从皇太极以来一直存在的政治传统，是皇帝强化和行使皇权的基本手段。雍正帝一继位，就创立了直属自己的决策集团，军机处的出现只是将这种决策体制制度化，使其拥有固定的办公地点，并进行规范化的行政运作，筹备对准噶尔的战争以及七八年间雍正帝身体的不适，不过是军机处形成的加速剂而已。如果忽视清廷决策传统，一定执意要寻找军机处的前身，或过分夸大军机处创设的意义，未必能反映清朝政治的实际（《五十年来的清史研究》，《清史论丛》1999年号）。

关于军机处的性质和作用，从晚清以来，学界一直高度重视它对强化皇权的重要意义。高翔先生发表文章对军机处、内阁和皇权的关系进行辨析，认为清初内阁和皇权并不对立，创设于雍正年间的军机处也非针对内阁，其主要目的是将皇帝"乾纲独断"局面制度化和规范化。雍、乾以后的政治实践证明：军机处和皇权并非同一概念，它的出现对皇权的强化并无特别重要的意义，非但如此，在政治运行中因其改变了顺、康以来传统独裁方式，反而给皇权带来了新的异己因素。清朝君权的强化绝非军机处、内阁一两个官僚机构所能促成，它是历史传统、思想文化和制度改革等多种因素共同作用的结果（《也论军机处、内阁和专制皇权：对传统说法之质疑兼析奏折制之缘起》，《清史研究》1996年第2期；《略论清朝中央权力分配体制：对内阁、军机处和皇权关系的再认识》，《中国史研究》1997年第4期）。

过去学界对内阁制度的研究较为薄弱。高翔先生发表《清朝内阁制度述论》（《清史论丛》2005年号）一文，指出，鉴于史学界对清朝内阁之沿革、职能，及其权力嬗变，均缺乏系统、深入的考察，而此一问题的研究，则是全面、准确认识清朝官僚政治制度，尤其是中央行政体制的重要前提，故从内阁形成与建置、职掌与运转、权力之演变三个方面，对此问题重新加以考索，提出了许多创见。杨珍先生《明清皇权高度集中与强化的历程：以明内阁、清军机处为中心》（《中国史学》第9卷，2000）一文，则对从明代内阁制度到清代军机处的演变过程及其异同，进行了深入剖析。

李娜先生的《清初南书房述论》（《清史论丛》2008年号）一文，以学界对南书房研究中存在的有争议问题入手，对南书房设立时间、职官建制以及南书房在文化和政治两方面的主要职能及军机处的影响等问题进行了考察，提出了自己的认识。

在清朝政治斗争中，最引人注目的当属围绕皇（汗）位而展开的激烈权力争夺。王戎笙先生《顺治遗诏与清初政治》（《清史论丛》1994年号）一文，对顺治末年清朝政治斗争状况作了考察。他认为王熙对撰拟遗诏的描述，其真实性是大可怀疑的，并指出："所谓的顺治遗诏，既不是顺治帝的口述，也未经他过目，是在他不省人事的情况下，由王熙根据皇太后和辅政大臣的旨意起草的，以遗诏的形式'布告中外，咸与闻知'。"因此，顺治遗诏是清初权力斗争的结果，又是斗争的工具。

雍正继位之谜是深受学术界和社会关注的重要议题，争论的焦点在于雍正是否夺位。许曾重先生通过对允禩所处的地位、玄烨建嗣的变化、《圣祖实录》纂修等方面的分析，认为康熙帝是将允禩作为皇位继承人，而雍正帝的上台则系矫诏夺杀①。杨珍先生在考察了大量满文档案的基础上，基本理清了康熙后期储位斗争的大致情形，认为在康熙五十七年（1718）出兵西藏前，已秘密确立允禵为储君，皇四子胤禛之最后继位，是与隆科多勾结，由隆科多假造遗诏而来（《满文档案所见允禵皇位继承人地位的新证据》，《中国史研究》1990年第3期；《允禵储君地位问题研究》，《清史论丛》1992年号；《关于康熙朝储位之争及雍正继位的几个问题》，《清史论丛》第6辑等）。薛瑞录先生的《溥杰关于雍正杀弟的口碑资料》（《清史研究通讯》1983年第2期）一文，也提供了雍正夺嫡的重要佐证材料。

皇权与权臣的关系是清朝政治斗争中的一个重要内容，杨珍先生在《清朝权臣与皇权的关系及其特点》（《清史论丛》2003年号）一文中，考察了自康熙初年至咸丰中后期的鳌拜、索额图等7位清朝有名的权臣，分析了他们出现的历史机缘，指出清朝皇权能够最大限度地约束权臣，使之为皇权的进一步集中、巩固发挥积极作用，同时将其对皇权的威胁，限制在相对较小的范围内。而清朝权臣对皇权的依附性，也超过包括明朝在内其他王朝的权臣。又其在《索额图研究》（《清史论丛》1996年号）、《盛世初叶（1683~1712年）的皇权政治——对明珠晚年的个案分析》（《清史论丛》1999年号）二文中，对在清前期政治舞台上曾发挥重要影响的索额图、明珠两位权臣进行了深入分析，对索额图、明珠的个人命运以及皇权与权臣之间的关系提出了独到见解。

对清朝统治政策和统治思想的研究是学术界高度重视的问题。高翔先生所著《康雍乾三帝统治思想研究》（中国人民大学出版社，1995）一书，通过对三位皇帝政治思想形成原因、前后嬗变、历史影响的考察，对清初民族矛盾、政治腐败、康乾盛世等一系列问题提出了自己的看法，是改革开放以来系统研究康雍乾三帝统治思想的重要著作。许曾重先生在《曾静

---

① 许曾重：《清世宗胤禛继承皇位新探》，《清史论丛》第4辑，中华书局，1982。

反清案与清世宗胤禛统治全国的大政方针》(《清史论丛》第 5 辑，1984)一文中，则对曾静反清案在雍正一朝的政治、政治制度和措施的影响，进行了深入而具体的剖析。

清代帝王（及后妃）是政治人物研究成果最为集中的领域。李格先生发表《关于多尔衮拥立福临问题的考察》《多尔衮与清朝统治的建立》两文，认为多尔衮是领导清军进关的主角，是满族封建贵族中一个有眼光的政治家，他的活动对整个中华民族都有深远影响（《清史论丛》第 2 辑、第 3 辑）。杨珍先生《关于雍正帝毁多于誉的思考》(《清史论集——庆贺王锺翰先生九十华诞》，紫禁城出版社，2003）一文，认为雍正帝"不应担负，起码不应该完全担负谋父、逼母、弑兄、屠弟之名"，身后却毁多于誉；"唐太宗与明成祖采取更为残酷的暴力手段获得皇位，然而，受后人之非议却比雍正帝要小得多"。杨先生对这一奇特现象进行了比较研究，得出这是由于诸多历史原因的相互作用、复合而成的结果。又其《董鄂妃的来历及董鄂妃之死》（《故宫博物院院刊》1994 年第 1 期）一文，对董鄂妃的身世和死因进行了详细考究，提出了新的见解。

在清代历史上曾经发挥重要作用的官僚（尤其是权臣）也是学界关注的重点。冯佐哲先生的《和珅评传》（中国青年出版社，1998 年），根据清朝档案、文集、《清实录》、野史等大量资料，改变了以往将和珅漫画、丑化的传统做法，尽量还和珅以历史本来面目，并予以公正、客观的评价。该书对和珅旗籍问题、和珅与乾隆帝的关系等学术界长期关注的问题，进行了细致考证。高翔先生有感于雍、乾之际理学官僚谢济世的人生经历，撰成《谢济世散论》（《清史论丛》2001 年号）一文，就谢济世之生平事迹及反对极端君主专制的政治立场、独特的理学思想等进行了颇具识见的考订、分析，并对牵涉到谢济世的一些案件予以澄清。高先生不无感慨地指出，雍、乾之际谢济世以直言敢谏动天下，以独抒己见震撼学林，其意义非同寻常。

李自成和洪承畴是明清之际历史上产生过重要影响的人物，本室成员对他们的研究也比较集中。"李自成结局问题"研究课题获得新收获。该课题由中国社会科学院历史研究所组织实施，研究报告——《李自成结局问题的由来和发展》（辽宁人民出版社，1998）由王戎笙先生主持完成。李自成结局如何，十余年来史学界争论激烈，主要有两种意见：一是主张李自成兵败后在湖北通山遇害；二是主张李自成率领大军顺利转移至湖南，后来禅隐石门夹山寺，秘密指挥联明抗清20年。这两种观点颇为相左，受到学术界的广泛关注。《李自成结局问题的由来和发展》依据大量翔实可靠的材料，对这两种说法的源流、演变进行了深入考辨，对湖南石门奉天玉和尚墓出土的文物作了较为详尽的辨析，最终否定了禅隐说。杨海英先生近年来潜心研究洪承畴，发表《洪承畴长沙幕府与西南战局（上）》(《燕京学报》第7期）长文，通过对前人未曾涉及的顺治十年至十四年洪承畴经略西南期间长沙幕府的组成、变化、活动等方面的研究，对有关清初政局的几个问题提出了新的见解。最近，她又推出专著《洪承畴与明清易代研究》(商务印书馆，2006)，对洪承畴与清廷及满族贵族之间的关系、清廷赐婚刘夫人、洪承畴自内务府抬入八旗以及洪承畴的宗教意识、自我意识等问题进行了详细探讨，希望"能够勾勒一个更加具体、生动的洪承畴形象"。

清入关前史，一般称为清朝开国史，它是以探讨后金（清）如何由僻处关外一隅的地方政权逐渐发展壮大最终入主中原为主要线索，以入关前满族社会性质、八旗制度等为主要研究对象的清史基础研究领域。近30年来，入关前史的研究日益受到本室成员关注，推出了一批成果，如周远廉先生的《清朝开国史研究》(辽宁人民出版社，1981)和《清朝兴起史》(吉林文史出版社，1986)。其中，周远廉先生所著《清朝开国史研究》，以当时学者尚不多用的《满文老档》为主要史料，按照时间顺序，对入关前满族的社会性质、政治、经济、军事等在满族社会的发展和清朝开国史中的重要问题进行了探讨。

在入关前政权社会性质问题上，通过考察"诸申"（满族自由民）身份和地位变化，周远廉先生认为，清入关前的满族社会，经历了原始社会末期、奴隶占有制和封建制（《从"诸申"身份的变化看入关前满族的社会性质》《关于满族从奴隶制向封建制过渡问题》，《社会科学辑刊》1979年第1、4期）。在满族社会由奴隶制向封建制过渡的时间上，周先生在《入关前满族的社会性质》(《中央民族学院学报》1980年第1期）一文中，指出：天命（1615）十年底，后金国大体上已经变为八和硕贝勒共治国政的封建国家;"计丁授田"政策的施行是后金封建土地所有制正式确立的标志。朱昌荣则从儒学化的角度对清入关前政权的社会性质进行了考察,认为从努尔哈赤时期起,清政权的儒学化进程已经开始,到皇太极去世前夕一直继续,清入关前政权是在一定程度上儒学化,但又保留有较多本民族色彩的政权(《清入关前政权儒学化略论》,《清史论丛》2008年号)。

在抗清斗争和复明运动诸问题上,何龄修先生《史可法扬州督师期间的幕府人物》、补正、再补正,是一组研究抗清斗争的比较重要的文章。通过旁征博引,何先生对史可法扬州督师期间幕府人物的姓名、籍贯、生平事迹进行了详细考辨,基本理清了史可法扬州督师期间幕府的组成和素质[①]。虽然何先生自称此数文尚有种种不足,但它毕竟为进一步深入研究史可法及其抗清斗争奠定了重要的研究基础。而继陈寅恪先生对复明运动的研究,何龄修先生沿其开辟的路径,续有探讨,相继发表了《山海关石河之战后的复明运动》《李之春案与复明运动》《平一统贺王盛复明案始末》《虞胤、韩昭宣起义与傅山》《李长祥的复明活动——附论清初关于赦除前罪的政策》《杨鹗空敕案》《湖南的抗清复明运动与陶汝鼐案》《关于抗清复明斗争和郑成功研究问题的几点看法》[②]等一系列研究成果,并从理论的角度,分析了复明运动产生的原因、特点等重要内容。何先生认为:"复明运动是基于清朝统治的扩展,以及圈田、缉逃、剃发、屠城等民族压迫措施的推行而发生的。它的政治性质是明确的。它与李自成、张献忠及其余部的抗清战争,东南沿海城市人民的武装反抗,郑成功等的海上起义,历次南明政权对清朝的抗争共同构成清初民族抵抗运动的整体,是清初整个民族斗争的一部分。"复明运动具有明显的特点:①其基本活动方式是地下活动;②与武装斗争最终结合起来,地下活动与战争最终结合起来;③有广泛的阶级和阶层参加;④分散性。(《五库斋清史丛稿》,第202、203~207页)此外,学界对复明运动中一些重要人物的生卒年代、主

[①] 《五库斋清史丛稿》,学苑出版社,2004,第372~491页。
[②] 《清军入关与中国社会——中国第七届全国暨国际清史学术讨论会论文集》,第169~180页;《中国史研究》1990年第3期;《历史档案》1990年第1期;《明史研究》第2辑,黄山书社,1992,第165~170页;《庆祝王钟翰先生八十寿辰学术论文集》,辽宁大学出版社,1993;《清史论丛》1993年号;《明史论丛》,中国社会科学出版社,1997,第333~349页;《长共海涛论延平——纪念郑成功驱荷复台340周年学术研讨会论文集》。

要活动与事迹、功过等，进行了重新评价和考订。如李新达先生的《关于孙可望降清问题》、李格先生的《许定国事迹研究》（均见《清史论丛》第6辑）等。

（2）清前期历史地位。改革开放以来，有关清前期历史地位的讨论大大深化，对其中的一些重要问题，如清代国家统一、康乾盛世以及清史分期等，进行了深入探讨，取得不少有见地的成果。

王戎笙先生对入关初年清廷的国家统一政策进行了比较深入的考察。王先生认为清初实现国家统一主要是采取了军事征服与怀柔政策两手，怀柔政策的施行对于缓和各民族之间的矛盾，特别是满汉之间的激烈对抗收到一定成效（《清代全史》第2卷，《绪论》，辽宁人民出版社，1991）。高翔先生在《浅论清代国家统一》（"第八届全国清史学术讨论会"提交论文，1998）一文中，对清代完成国家统一的过程、原因以及评价等内容作了比较全面的评析。他提出：不能将顺治时期清朝争夺和巩固全国政权的战争视为国家统一战争，清朝真正意义上的统一战争开始于平定三藩，完成于乾隆二十四年（1759）统一新疆。清朝统一事业的完成，是追求大一统的文化传统、中原和边疆经济相互依存的客观趋势，以及清廷巩固统治的利益需要等多种因素共同作用的结果。清朝的国家统一政策尽管总的说来是成功的，但也存在严重的历史局限性。有鉴于此，学术界有必要全面、准确衡量清朝国家统一的成败得失，总结其经验教训。

高翔先生陆续发表《康乾盛世：一个辉煌而悲剧的时代》（《学习时报》2000年6月12日）和《从全盛到衰微：十八世纪中国的盛衰之变》（《光明日报》2000年6月30日）两文，从盛世的形成及其成就、全球变局及中西差距等方面，对"康乾盛世"进行了深入反思。与此相呼应，《落日的辉煌——十七、十八世纪全球变局中的"康乾盛世"》以《学习时报》编辑部的名义在《光明日报》上发表，引发了学术界对此问题的思考。

学界对清史分期问题历来存在着不同的看法。许曾重先生认为清史可根据清朝从建立、巩固、发展、中衰到衰亡的过程，分成5个时期，如将清统治者入关前的历史计算在内，则是6个时期（《论清史分期问题》，《中国社会科学院研究生院学报》1985年第2期）。学术界对此问题认识的不断深化，无疑将有利于推进关于清史不同发展阶段特点和历史地位研究的细化。

（3）**秘密社会与农民战争**。改革开放后，在"文化大革命"期间几陷于完全停顿的秘密社会研究重新复苏，但研究内容仍主要侧重于秘密宗教组织发动的农民起义方面。20世纪80年代初期以来，相关研究才进入一个更加广阔的天地。

天地会是秘密社会研究领域争论最多、分歧最大的论题。尤其是在它的起源、性质上。就起源而言，较具影响的观点是"乾隆说"和"康熙说"。"乾隆说"的重要代表人物是蔡少卿、戴玄之和秦宝琦等先生。"康熙说"的重要代表人物是胡珠生、翁同文、赫治清先生等。赫治清先生自20世纪70年代以来，一直将天地会作为自己的研究课题，发表了一系列论文，是天地会起源"康熙说"的主将。其《论天地会的起源》（《清史论丛》第5辑）、《〈天地会盟书誓词〉辨正》（《清史研究通讯》1986年第1期）二文，利用档案材料，提出了天地会正式成立于康熙十三年（1674）的新见解，引人注目。此后，又多次撰文重申天地会成立于康熙十三年的观点。

就天地会的性质而言，通过全面考察天地会文献、供词、有关档案以及其他官书、方志、私家著述，赫治清先生认为天地会最初确立的"反清复明"宗旨代代相袭（《略论天地会的创立宗旨——兼与秦宝琦同志商榷》，《历史档案》1986年第2期；《略论天地会的性质》，《学术研究》1986年第2期）。具体来讲，天地会是康熙十三年由长林寺开山住持僧万五道宗（即达宗和尚）等人创立，其诞生地点是福建彰浦县云霄高溪乡高溪庙，创立宗旨是"反清复明"。他强调天地会是清初特定历史条件下民族矛盾和阶级矛盾互相作用的产物，是作为"反清复明"的政治工具而出现在历史舞台上的（《天地会起源研究》，社会科学文献出版社，1996年，第320页）。此一研究受到学界的广泛关注。

赫先生所著《天地会起源研究》一书，是一部高屋建瓴地研究天地会历史的专著，在天地会起源问题上创见颇多，在学术界产生了较大影响。罗尔纲先生为该书所作序称："这部集中阐述'康熙说'的专著，在天地会起源问题上取得了重要突破，揭开了多年困扰人们的起源之谜"，也是

"全面系统地对清前期天地会进行研究"的专著。① 何龄修先生所撰序文亦指出:"天地会起源,是天地会研究的一个根本问题",它"涵盖了天地会前期历史的所有重要方面,并且与中、后期历史也有广泛和深刻的联系",天地会起源"康熙说",已为信史。②

弘阳教是明清民间宗教结社中传播很广、影响很大的教派之一。但学界相关研究成果不多。宋军先生的《清代弘阳教研究》(社会科学文献出版社,2002年)对民间宗教理论、弘阳教源流、创教教首、经卷、教案、起义及其影响等内容进行了有益探索,填补了这一领域的空白。

清代"邪教"是与秘密教门有紧密联系的问题。赫治清先生《清代邪教与清朝政府对策》(《清史论丛》2003~2004年号)一文,对中国历史上的"邪教"一词进行溯源,详细论述了中国不同历史时期的"邪教"概念及其内涵的演变,集中阐述了清代"邪教"的6大基本特征、清朝政府有关"邪教"问题的7大对策、清代"邪教"屡禁不止的原因,以及清代"邪教"与民间宗教、秘密教门、农民起义关系等问题。此文是赫先生主持的"中国历史上的邪教与政府对策"课题的主要研究成果,集中体现了该课题研究的理论体系、基本观点和主张,在诸多方面颇具创新意义。如该文把学术界已知"邪教"一词最早见诸中国史籍的时间,上推了150余年,对中国历史上不同时期"邪教"概念及其内涵的演变作了很具说服力的阐述;首次提出明清以来"邪教"是政治概念而非宗教概念等。

1981年1月至1982年4月,中国社会科学院历史研究所清史研究室和资料室合编的《清中期五省白莲教起义资料》第1~5期由江苏人民出版社出版。学者们对起义领导人之一王聪儿写过不少文章,评价较高。许曾重先生则认为,这些评价赖以建立的史实基础,有的是站不住脚的,也不符合历史事实(《试论评价王聪儿的几个问题》,《清史论丛》第3辑)。冯佐哲先生的《王聪儿起义》(湖北人民出版社,1980)对这次起义进行了考察。其《嘉庆年间五省白莲教大起义》(《清史论丛》第2辑)一文中,则对嘉庆年间遍及5省的白莲教大起义进行了探讨。

本室成员推出了一批有分量的研究太平天国农民战争专著。如牟安世

---

① 罗尔纲:《天地会起源研究·序》,《中国史研究》1995年第4期。
② 何龄修:《天地会起源研究·序》,《中国社会科学院研究生院学报》1995年第6期。

先生的(《太平天国》，上海人民出版社，1979)；王戎笙与何龄修先生合著的《太平天国运动史》(人民出版社，1986)。

此外，王竹楼先生的《林爽文起义布告及其领导的农民战争》(《文献》1981年第3期)，则对台湾林爽文农民起义进行了考察。

（4）**经济史**。清代经济史是清史研究中十分活跃而且成果相对集中的领域。30年来，本室成员在继承传统研究热点的基础上，又有所突破。研究的领域集中在资本主义萌芽、清朝经济政策、手工业和商业、土地占有关系、人口以及区域经济等方面。

在改革开放初期，经济史研究的重点仍是资本主义萌芽问题，这在一定程度上可以说是20世纪50~60年代有关讨论的继续。刘永成先生的《论中国资本主义萌芽的历史前提》(《中国史研究》1979年第2期)一文，是改革开放后，较早对资本主义萌芽发生、发展的重要历史前提进行探讨的成果。

改革开放以来，本室成员对资本主义萌芽的研究视角更加开阔，分析更为深入，取得了三大明显突破。

一是改变了新中国初期对资本主义萌芽的研究过多集中在手工业领域的状况，将讨论大幅度推进到农业领域。刘永成先生的《清代前期农业资本主义萌芽初探》(福建人民出版社，1982)是这方面的第一本专著，该书对农业资本主义萌芽的历史前提、表现等提出了新的见解。

二是行会研究取得了长足进步。刘永成、赫治清先生对我国行会制度的分期、阶段特点（职能）以及与资本主义萌芽的关系，进行了深入探讨。指出行会制度与资本主义二者并行不悖，资本主义萌芽的发展过程，也就是行会把制度从发展逐步走向分解的过程[①]。

三是注重对资本主义精神及近代化关系的考察。与研究资本主义萌芽相关的是学者们高度重视对清代中国社会发展水平的估计，就清代中国是停滞还是发展问题，清史学界展开了热烈的讨论。正如有学者指出的："严格说来，资本主义萌芽并非单纯的经济史研究范畴，而是一个综合性的科研课题，因为资本主义本身包含着价值观念、生活方式等多种因素，萌芽

---

① 刘永成、赫治清：《论我国行会制度的形成和发展》，南京大学历史系明清史研究室编《中国资本主义萌芽问题论文集》，江苏人民出版社，1983，第136~137页。

也是如此。"（高翔：《五十年来的清史研究》，《清史论丛》1999年号）因此，研究资本主义萌芽不仅应当从经济角度进行考察，而且也应将视角置于更宽广的领域中，将萌芽与当时的政治、文化等因素结合起来考察。由此，我们必然会回到近300年来中国社会发展水平的问题上来，这实际上是要回答中国社会存不存在近代化？中国近代化的特点是什么？高翔先生对这一问题提出新的见解。他在《论清代前期中国社会的近代化趋势》（"第九届国际清史研讨会"提交论文）一文中，首先界定了"近代化"的基本概念，即主要指以资本主义和人文思潮为标志的社会变革。高先生特别指出：从否定当年对资本主义萌芽和启蒙思想的研究，发展到否定明清时期，特别是清代社会的进步，以致将中国的近代化完全视为西方侵略刺激的结果，对中国历史来说，是极不公平的（《近代的初曙——18世纪中国观念变迁和社会发展》，社会科学文献出版社，2000，第627页）。

清初恢复和发展经济的主要措施，是学术界比较关注的课题。郭松义先生发表《清初封建国家垦荒政策分析》（《清史论丛》第2辑）、《论"摊丁入亩"》（《清史论丛》第3辑）二文，前文比较全面考察了清初社会经济状况、垦荒政策的主要内容、垦荒成效以及阶级实质。后文对清代"摊丁入亩"政策作了探讨，并对匠班银、屯丁银摊入地亩等问题进行了阐述。由杨向奎先生等合作完成的《中国屯垦史》，由农业出版社陆续出版，有力地推进了屯垦问题的研究。①

有关手工业发展情况，周远廉先生等的《清代前期两淮运司的商亭和商池》（《清史研究集》第2辑），林永匡先生的《清初的两浙运司盐政》（《浙江学刊》1984年第1期）、《清初的山东运司盐政》（《山东师大学报》1984年第4期）、《清初的陕甘与宁夏盐政》（《宁夏社会科学》1984年第3期）、《清初的两广运司盐政》（《华南师范大学学报》1984年第4期）、《乾隆帝与官吏对盐商额外盘剥剖析》（《社会科学辑刊》1984年第3期）等文，对清初各盐区清政府的各种整顿措施和影响，乾隆时期皇室与官吏对盐商的各种盘剥手段及后果，依据档案进行了细致的探讨。王钰欣先生的《明清两代江西景德镇的官窑生产与陶政》（《清史论丛》第3辑），对明清

---

① 杨向奎、张政烺等：《中国屯垦史》上册，农业出版社，1990；王毓铨、刘重日、郭松义、林永匡：《中国屯垦史》下册，农业出版社，1991。

两代江西景德镇的官窑生产及其陶政等问题进行了深入考察。

刘永成、赫治清先生比较全面地考察了清代前期商人和商业资本的发展状况及其特点。[①] 郭松义先生《清代国内海运贸易》(《清史论丛》1994年号)、《清前期内河航船考略》(《清史论丛》第4辑)两文,详细考察了清前期航运业的基本情况。

清代经济史的研究中,土地占有关系是学界关注的重点。周远廉、谢肇华先生的《清代封建租佃制研究》(辽宁人民出版社,1986)一书,以中国第一历史档案馆收藏的大量清代档案为主,结合清代实录、笔记、方志、文契等各种文献,对清代土地占有状况和封建租佃制的发展,作了总括性的分析,对清代的实物分成租制、实物定额租制、货币租制、押租制等重要问题进行了深入探讨,所引资料颇多新的挖掘。王戎笙先生《明清租佃关系与佃农抗租斗争》(《清史论丛》第6辑)、刘永成先生《清代前期佃农抗租斗争的新发展》(《清史论丛》第1辑)、韩恒煜先生《试论清代前期佃农永佃权的由来及其性质》(《清史论丛》第1辑)等文,对明清时期佃农抗租斗争作了深入探讨。前文依据已经发表和出版的"清代地租剥削形态"等档案材料和其他有关文献资料,论述了明清时期的租佃关系、佃农的抗租斗争等问题;后文对清代前期佃农的抗租斗争的原因及其影响进行了剖析;最后一文从清代盛行的佃农永佃权的性质着手,探讨了永佃权的由来,永佃权为什么在清代发展起来,永佃权包括哪些权利,永佃权对农业生产起什么作用等。

对清代人口问题的研究是近30年来经济史研究取得重大进展的领域之一。由李中清、郭松义先生主编的以利用玉牒为特色的《清代皇族人口行为和社会环境》(北京大学出版社,1994)一书,对过去较少关注的皇族人口问题进行了研究。其中多有创见,可资学者们借鉴。清朝户口统计数字前后悬殊,郭松义先生对此问题作了细致的研究,指出除要注意清代两种人口统计方法外,真正的关键是要从清初人丁统计中推算人口数字,使人口统计能上下衔接(《清初人口统计中的一些问题》,《清史研究集》第2辑)。在人口流动问题上,郭先生《清代的人口增长和人口流迁》

[①] 刘永成、赫治清:《清代前期的商人和商人资本》,中国社会科学院历史研究所经济史研究组编《中国古代社会经济史诸问题》,福建人民出版社,1989,第227~260页。

(《清史论丛》第 5 辑)、《从宗谱资料看清代的人口迁徙》(《清史研究通讯》1986 年第 2 期) 二文，对相关问题进行了系统的梳理。

山东曲阜孔府是清朝地主庄园的一个典型，自 20 世纪 60 年代起，中国科学院原哲学社会科学部（现中国社会科学院）历史研究所组成了以杨向奎先生带领的科研队伍，实地到曲阜孔府进行资料的整理工作，完成了《曲阜孔府档案史料选编》交由齐鲁书社出版。① 其后何龄修先生等著的《封建贵族大地主的典型——孔府研究》，即是利用这些档案开展研究的著作，该研究的时间范围基本上是清前期，旨在对孔府这一在中国封建社会后期的政治、经济、思想、宗法关系等各个方面都具有典型意义的封建贵族大地主作多层面、多角度的系统研究和揭示。傅崇兰先生的《临清明清史初稿》（打印本，1981）、《中国运河城市发展史》（四川人民出版社，1985），集中对运河区域的区域经济进行了有益探讨。

（5）社会史。郭松义、定宜庄先生合著的《辽东移民中的旗人社会——历史文献、人口统计与田野调查》（上海社会科学院出版社，2004），内容涉及东北史、清代移民史、人口史以及民族史尤其是满族史等诸多领域，不仅理清了编入八旗的这一汉族移民群体的线索，还解决了一些东北史遗留的较为重大的疑团。同时，作者在研究方法上进行了一些新的尝试。定先生所著的《最后的记忆——十六位旗人妇女的口述历史》（中国广播电视出版社，1999），将"口述"纳入了历史研究的范畴，是其对"口述史学"方法的一个新尝试。该书的推出，使我们对清代八旗妇女的生活有了更加直观的感受和深切的体会。

郭松义先生《伦理与生活：清代婚姻关系》（商务印书馆，2000）一书，利用历史学、社会学的考订分析、个案研究、抽样统计等方法，借助伦理学、心理学的研究理论，使用统计学量化处理手段，汇集了过去很少利用的方志、族谱、年谱、档案等历史资料，对清代婚姻关系作了较为全面的考察研究，内容涉及婚姻地域圈、婚姻社会圈等问题，是一部论述全面、资料翔实、颇有创见的高质量学术专著。郭松义、定宜庄先生合著的《清代民间婚书研究》（人民出版社，2005）一书，对在婚姻问题研究中婚

---

① 杨向奎：《曲阜孔府档案史料选编·导言》，《繙经室学术文集》，齐鲁书社，1989。

书这一最直接、最原始的材料进行了系统考察，书中所涉及婚书主要来源于实物、官方案卷、各种形式的契例。全书按婚书的不同性质分作4章和"附录"。该书的出版将会引起学界对婚书作为文物与史料价值的兴趣和重视，并对婚姻史和社会史的研究增添一些新的佐证。

近30年来，不少学者对过去较少关注的满族群体的家族、婚姻情形进行了有力探讨。定宜庄先生《家族组织与八旗制度之间——清代盛京内务府户口册与旗人家谱的对比研究》（《清史论丛》2001年号）、《满族妇女婚姻制度与社会生活》（北京大学出版社，1999），对相关问题进行了探讨。

改革开放以来，自然灾害问题研究也取得了较大进展。由王竹楼、任三颐、陈玉华与李济贤先生合著的《中国历代自然灾害与历代农业政策资料汇编》（农业出版社，1988），凡33.8万余字，是一部有关中国农史专题资料汇编性质的专著。赫治清先生负责的中国社会科学院重大课题"中国历代自然灾害及其对策研究"的阶段性成果《中国古代灾害史研究》（中国社会科学出版社，2007）已经出版。该书研究对象时间跨度大、覆盖面广、史料丰富翔实。内容涉及先秦至明清历代水、旱、潮、震、虫、火、疫灾等灾情，历代赈灾防灾政策，灾害与农业、灾害对江南社会和国家科举制度的影响、荒政中的腐败、传统救灾体制转型和近代义赈兴起诸问题，既有全面系统的宏观论述，又有具体的个案研究。它的出版，将有助于学界"将中国古代自然灾害与对策史的研究提升到一个新的阶段"[①]。

（6）**边疆民族**。边疆民族问题始终是清史研究的一个重点，因为对该领域的考察，不但直接关系到对清朝历史地位的评价，而且还具有重要的现实意义。清代边疆民族研究主要围绕边境民族政策、民族经济史等问题展开。

改革开放以来，学界对边疆民族政策的研究主要集中在改土归流、土司制度以及治边思想等方面，不仅研究成果丰富，而且有不少新突破。其中，对雍正改土归流的评价是最重要的成果之一。以往的研究者，对雍正改土归流的评价基本上是持否定态度。张捷夫先生提出了不同看法，他陆续发表《论改土归流的进步作用》（《清史论丛》第2辑）、《关于清代乾嘉

[①] 靳欣：《中国古代灾害与对策史研究的新起点——读〈中国古代灾害史研究〉》，《史学理论研究》2008年第2期。

苗民起义爆发的原因》(《中国农民战争史研究集刊》第 2 辑)、《刘洪度事件的性质及其教训》(《清史研究通讯》1983 年第 3 期)、《关于雍正西南改土归流的几个问题》(《清史论丛》第 5 辑)等文论证自己的观点。尤其是《论改土归流的进步作用》一文，从改土归流消除了土司割据状况和生产关系得到调整等方面，详细论证了雍正朝改土归流的进步作用。李世愉先生《试论清雍正朝改土归流的原因和目的》(《北京大学学报》1984 年第 3 期)一文，对改土归流的客观形势、目的、结果进行了深入探讨。

李世愉先生所著《清代土司制度考论》(中国社会科学出版社，1998)一书，比较全面地探索了土司制度的起源和形成，对雍正朝改土归流的原因和目的、实施过程、政策措施、成败得失作了全面而细致的论述，且依据方志、档案、实录、文集等资料，对土目、土舍、雍正朝 5 省革除土司及新设流官等基本问题，加以严格考辨，还订正了《清史稿·土司传》中的不少错误。该书资料翔实，论证充分，是"近年来清代土司制度研究的重要成果"[①]。

在治边思想的考察方面，李世愉先生《清前期治边思想的新变化》(《中国边疆史地研究》2002 年第 1 期)一文，认为清前期一些传统的治边思想发生了变化，这主要表现在"明华夷之辨"观念受到批判，"以夷治夷"被"以汉化夷"所取代，"羁縻而治"遭到了否定，从只求"夷汉相安"发展到追求"长治久安"。这些变化是对传统治边实践的总结，并最终形成了中国封建社会最完整的边疆政策体系。

林永匡、王熹先生合著的《清代西北民族贸易史》(中央民族学院出版社，1991)一书，以及一系列论文[②]，依据档案材料，对清代西北茶马贸易，清代前期的准噶尔贸易等问题进行了分门别类的论述，并对清代西北民族贸易的特点和历史地位，作了比较深入的分析。

（7）中外关系史。对清代中外关系的探讨，主要集中在外交、文化交

[①] 高翔：《1998 年清史研究述评》，《中国史研究动态》1999 年第 3 期。
[②] 详参《乾隆时期新疆哈萨克族的商业贸易》，《西北民族研究》1985 年第 1 期；《乾嘉时期内地与新疆的丝绸贸易》，《新疆大学学报》1985 年第 4 期；《清乾隆年间新疆的"回布"贸易问题》，《新疆社会科学》1987 年第 5 期；《清代乌鲁木齐的哈萨克贸易》，《中亚研究》1987 年第 1 期；《清代塔尔巴哈台的哈萨克贸易》，《甘肃民族研究》1989 年第 4 期；《论乾隆时期伊犁哈萨克贸易的马价、丝绸价与贸易比值问题》，《民族研究》1992 年第 4 期。

流和澳门史等方面。

李华川先生所著《晚清一个外交官的文化历程》（北京大学出版社，2004）一书，以活跃在晚清中法外交、台湾问题等领域，跟随李鸿章等人积极进行外交活动的人物陈季同为个案，利用大量中、法文著作、译作、文章、书信，包括公文、电函、汇票、档案，考辨了陈氏生平中的3桩公案，以及其中西文著述与社会活动，并且建立了陈季同的文化坐标，对其文化态势及思想观念进行了深入剖析。又《陈季同编年事辑》（《中国社会科学院历史研究所学刊》第3集）一文，利用藏于巴黎图书馆和档案馆的文献材料，又从晚清中文史料中爬梳钩稽，以编年形式再现了陈季同一生之行实。黄谷先生在《康熙朝中荷官方交往》（《清史论丛》1993年号）一文中，从康熙一朝中荷两国官方交往的过程、双方矛盾冲突的焦点出发，探讨了早期中西方关系的特点及其教训。作者指出，自康熙至道光不到两百年间，中西方力量的对比是此消彼长的过程，然而清廷对此毫无知觉和意识，这个历史的遗憾，不能不归结为清初对外决策的失误。

清廷对西学的政策以及帝王与传教士的关系是学界探讨的重点。吴伯娅先生发表了《乾隆对天主教的认知与对策》（《清史论丛》2002年号）、《礼仪之争爆发后康熙对传教士的态度》（《历史档案》2002年第3期）、《关于雍正禁教的几个问题——耶稣会士书简与清代档案的比读》（《清史论丛》2001年号）、《乾嘉时期清廷的西方文化政策》（《暨南史学》2005年第3辑）等文，阐述了一些新的认识。《康雍乾三帝与西学东渐》（宗教文化出版社，2002）一书，是吴先生对相关问题研究的集中体现。该书剖析了康雍乾三帝的海外政策、他们对西教和西学的认知与态度，涉及清代前期和中期中西关系史中的诸多重要问题。杨珍先生《清初权力之争中的特殊角色——汤若望与顺治帝关系研究之一》（《清史研究》1999年第3期）一文，对耶稣会传教士汤若望和顺治帝的关系进行了细致的探索。

刘景莲先生所著《明清澳门涉外案件司法审判制度研究（1553—1848）》（广东人民出版社，2007）一书，在东波塔档案及一史馆所藏明清澳门档案基础上，从文书记载的大量涉外冲突案件入手，依据案件的恶性程度、主审官员的审级状况、判决结果，将案件进行具体分析、研究，力图再现清中叶澳门有序的经济运作程序及社会治安的整体状况，阐述了澳门司法制度实施的具体程序、司法制度变化发展的基本脉络及特点。

此外，冯佐哲、王晓秋先生的《从〈吾妻镜补〉谈到清代中日贸易》（《文史》第15辑）一文，对清代的中日贸易进行了个案研究。

（8）学术文化史。改革开放以来，清代学术文化研究取得较大进展，系统的综合性论著有南炳文先生等的《清代文化——传统的总结和中西交流的发展》（天津古籍出版社，1991）等。总的来看，学界近30年来对清代学术文化的研究，主要集中在学案与学派、清代学术发展轨迹、对18世纪中国思想界的估计、清代理学、学术人物等问题。

改革开放以来，关于清代学术史，学术界推出了一系列高水准的研究著作。杨向奎先生主持撰写的《清儒学案新编》8卷本，近400万字，包括学案正文和资料选集，基本上网罗了清代主要学术流派，尤其是"典型训诂、考据那部分和今文经学那部分源流分明，解释清楚，可无愧于前人"①。陈祖武先生接其师杨向奎先生所辟治学路径，也非常重视对清代学案的研究，其所著《中国学案史》（台北：文津出版社，1996）一书，是学案史研究中具有开拓意义的学术著作。在详细占有文献资料的基础上，陈先生对中国学案史尤其是清代学案史、学术史研究中的一些问题提出了自己独到的见解，如《明儒学案》的成书年代、耶稣会士在晚明学术风气下输入西学的客观作用、汤斌与黄宗羲的关系、乾嘉学术的分野等。同时，该书对徐世昌与《清儒学案》的关系这一崭新的课题，设专章进行研究，具有学术开拓意义和价值。对研究中某些一时难以解决的问题，如《学案序》的序文作者是何人等，则予以存疑②。

改革开放以来，学界对学派的研究成绩最突出的领域是对乾嘉学派的研究③。陈祖武先生主持的中国社会科学院重大课题"乾嘉学派研究"，在继承前人研究的基础上，别开生面，集众人之力，遂将该问题的研究推向深入。其课题的结晶《乾嘉学术编年》和《乾嘉学派研究》两书（河北人

---

① 李尚英：《杨向奎先生著作和论文提要及编年》，《庆祝杨向奎先生教研六十年论文集》，河北教育出版社，1998，第766~768页。
② 陈先生对学案史的研究，还可参看其所撰《徐世昌与〈清儒学案〉》（《清史论丛》1993年号）、《〈明儒学案〉杂识》（《商鸿逵教授逝世十周年纪念文集》）、"学案"试释》（《书品》1992年第2期）、《我与中国学案史》（《文史知识》1996年第5期）等文。
③ 详参胡凡《二十年来乾嘉学派形成原因与学术分野研究综述》，《中国史研究动态》2003年第2期。

民出版社，2005），即其最新研究成果的集中展现。陈祖武先生认为，近一二十年来乾嘉学派研究起步甚速，但"文献准备似嫌不够充分，因此未来一段时间，在这方面切实下一番功夫，或许是必要的"（《乾嘉学派研究与乾嘉学术文献整理》，《光明日报》2003年6月24日）。课题组成员历时近5年推出《乾嘉学术编年》和《乾嘉学派研究》两部专著，就是这一取向的新尝试。通过该课题的研究，课题组主要揭示和论证了如下三个重要学术观点：乾嘉学派是一个历史过程，不可简单地按地域来区分学派；乾嘉时期的地域学术与学术世家，彼此渗透，交互影响，皆已融入一时学术大局；乾嘉学派以朴实考经证史为基本特征，此一特征的形成，有其深刻而久远的社会和学术背景。这一探索，旨在以坚实的学术文献梳理为基础，进而对乾嘉学派加以实事求是的全局性把握。此一新认识，为推进该领域研究的深化提供了有益的思路。

陈祖武先生所著《清初学术思辨录》一书，是研究清初学术发展轨迹的一部重要著作。该书将清初学术的演变置于明清更迭的社会发展大环境中予以考察，对17世纪中国学术的发展提出了诸多独创性的见解。陈先生指出，客观社会环境的制约，学术演进内在逻辑的作用，两者相辅相成，从而规定了清初学术发展的基本趋势。对清初学术的历史属性，陈先生认为既不是近代意义上的学术，也不具有反封建的性质，而是中国古代封建儒学的一个构成部分（《清初学术思辨录》，中国社会科学出版社，1992，第288~302页）。陈先生的另一本著作《清儒学术拾零》（湖南人民出版社，1999），既是《清初学术思辨录》的赓续，又是其研究清代学术史20年来的一个总结性结晶。该书选取了清代学术发展史上的关键人物和思潮、学派，进行了深入、细致的分析研讨，重在梳理清代学术发展的脉络，从而揭示学术演进的趋势。书中的不少结论均非泛泛而谈，而是在潜心研究基础上的心得之言。

汪学群先生的《清初易学》（商务印书馆，2004）一书，采用社会史与学术史结合、文献与思想史结合的学术方法，将清初《易》学作为一个整体，从清初经道合一的背景出发，对顺、康时期的十几位主要易学家及其易学著作进行了详细研究，内容涉及思想、学术与政治。林存阳所著《清初三礼学》（社会科学文献出版社，2002），亦从学术史与社会史相结合的视角,通过对复兴三礼学的酝酿与发展、经学诸大师的三礼学研究、儒臣对三礼学的倡导与撰著、清廷决策与三礼学、清初三礼学的历史地位等问题的分析阐述,初步揭示了清初三礼学产生的思想渊源、本质特征、学术成就及其发展演变的轨迹。其所著《三礼馆:清代学术与政治互动的链环》(社会科学文献出版社,2008),以探究三礼学演进问题为入手,以乾隆初叶为重点考察时段,以清廷诏开三礼馆为核心议题,将其置诸清代社会由乱而治而盛的广阔历史背景之中,从清代学术发展的整体过程予以把握,通过对清廷诏开三礼馆的举措和缘由、纂修进程、人事变迁、《三礼义疏》的学术取向与架构、《大清通礼》等御纂礼书所发挥的政治文化功能、三礼馆开馆的历史意蕴等问题的详细梳理和阐发,力图从一个新的视角,来解读清代学术与政治文化在清中期转型的契机与表现形态。

高翔先生在《论十八世纪中国知识界的反传统倾向》(《中国人民大学学报》1996年第2期)一文中,对18世纪中国思想界的评估提出了新的见解。他认为,18世纪的中国知识界并不像一般史书所描述的那样沉闷而无新意。正是在封建社会"全盛"的特殊环境中,知识阶层出现了以批判传统观念为特色的新的思想动向。18世纪的反传统观念和同时期欧洲的启蒙思想有相似之处,它预示着未来社会价值观的巨大变迁,也为这种变迁准备了最原始的文化土壤。在与王俊义先生合作的《清代学术思潮与士林风气》(《中国历史上的生活方式与观念》,财团法人馨园文教基金会,1998,第147~228页)一文中,从17~19世纪这一长时段,对清前期学术变迁与士林风气的变迁作了专门论述。该文强调指出在18世纪,时代的变迁推动着新思想和新观念的不断出现,多元化的学术发展开阔了人们的视野,并促成新的生活方式的出现。

《近代的初曙——18世纪中国观念变迁与社会发展》(社会科学文献出版社,2000)一书,是高翔先生对18世纪中国思想界探讨的集中体现。该书从观念史的角度,考察了18世纪中国思想界的变化。他指出,观念史研究的基本使命是反映时代精神的变迁,从社会精神文化的角度,展现人类历史演变的轨迹;而要真正做到这一步,最重要的就是严格地将观念置于特定时代范围来考察,并高度重视二者之间的互动关系。本此思路,他对18世纪知识界的发展趋向作了多角度、多层次的剖析。诚如李治亭先生评论此书时所揭示的:"作者的命题及其研究,独辟蹊径,开辟了清史研究的新领域,提出了新思路、新方法,为我国清史研究的深入启示了新方向。"(书前评语)

清代理学的研究,是过去学界关注相对薄弱的一环。高翔先生对清代理学用力颇多,有学者认为高先生承接了陆宝千、何佑森先生对清代理学的研究[①]。尤其值得指出的是,高先生非常注重从学术思想史与社会史结合的角度来考察清代理学。其所撰《论清初理学的政治影响》(《清史研究》1993年第3期)、《清初理学与政治》(《清史论丛》2002年号)二文,可以视作此一学术取向的姊妹篇。在此二文中,高先生对清初理学与政治的关系作了深入细致的考察,提出了一些颇有见地的认识,其所提出的应当将清初理学"置于社会演变的历史长河中,探索其盛衰轨迹,衡量其是非得失"的认识,尤其具有理论价值和学术实践意义。这无疑为研究清代理学提供了重要的理论视角。高先生对清代理学的一些重要问题进行了深入考察。如高先生将清代理学的特点归结为"倡扬主敬""崇尚躬行"(《清初理学与政治》,《清史论丛》2002年号),或"反姚江、辟佛道、重主敬、崇躬行"等几个方面。而对程朱理学在清初的存在水平及历史地位,与以往学界的主流认识不同,高先生认为清代理学在清初是存在"复兴"的。他强调,理学在清初实际上占统治地位,甚至于清初主要思想家的学术构架也未突破理学的范畴。但是,无论激进思想家还是正统的理学家,其学说都有一个共同特点,那就是学术研究始终以解决现实问题为出发点,即所谓经世致用,"明道救世"。从清朝社会文化和精神整合的角度来看,"程朱学术在康熙时的复兴,毕竟为饱受明末动乱之苦的中国社会提供了一套能为大多人接受,而且有能力引导社会精神生活的意识形态主体"(《近代的初曙——18世纪中国观念变迁和社会发展》,第14、20页)等。

杨向奎先生《论方苞的经学与理学》(《孔子研究》1988年第3期)一文,以精当的见解,阐释了方苞经学与理学的特点;同时,指出他在所有经学著作中,刘歆伪窜经书说最为引人注意。陈祖武先生撰有《论康熙的

---

① 周积明、雷平:《清代学术研究若干领域的新进展及述评》,《清史研究》2005年第3期。

儒学观》(《孔子研究》1988年第3期)、《从经筵讲论看乾隆时期的朱子学》(《朱子学会议论文集》，台湾汉学中心编印，2002)、《范鄗鼎与〈理学备考〉》(《清史论丛》2007年号)等文探讨清代理学，前文揭示了康熙帝的儒学观的真实内容：视理学为伦理道德学说、融理学于传统儒学之中、确认朱熹学说为官方哲学。后文从乾隆帝经筵讲论内容的变迁入手，对乾隆朝朱子学不振的原因加以探讨，认为乾隆初政经历了一个从提倡朱子学到崇奖经学的过程，这一过程正是他将专制皇权空前强化的过程。以乾隆二十一年前后的文网大张为标志，宣告了宽大为政的终结。以之为背景，乾隆帝选择崇奖经学、立异朱子的方式，把学术界导向穷经考古的狭路之中。最后一文则就范鄗鼎的学行及3种《理学备考》大要作了个案研究。

本室成员对清代学术人物的研究也取得可喜成绩。具有以下鲜明特点。

第一，重点集中。学界对清初三大家（顾炎武、黄宗羲、王夫之）、李塨、颜元、张履祥、李光地、龚自珍等重要学术人物的研究成绩突出，不仅论文数量多，相关论著也不少。陈祖武先生在此领域取得了丰硕成果。他点校整理了多位学术人物的年谱、文集，如《李塨年谱》（中华书局，1985）、《颜元年谱》（中华书局，1992）、《榕村语录》（中华书局，1995）、《杨园先生全集》（中华书局，2002）。又对清代历史上具有重要影响的学术人物进行了深入研究，撰有《黄宗羲顾炎武合论》（《贵州社会科学》1984年第5期）、《王船山〈双鹤瑞舞赋〉为尚善而作说辨》（《清史论丛》第6辑）、《关于李颙研究中的几个问题》（《中国社会科学院研究生院学报》1987年第2期）、《孔子仁学与阮元的〈论语论仁论〉》（《清史论丛》1994年号）、《读章实斋家书札记》（《清史论丛》2001年号）等文。又陈先生与朱彤窗合撰《旷世大儒——顾炎武》（河北人民出版社，2000）一书，在吸收近人最新研究成果基础上，对顾炎武学术的社会背景、经历与学术发展、重要学术著作、礼学思想等进行了阐述。鱼宏亮先生《晚明政治危机与〈明夷待访录〉的写作动因》（《清史研究》2003年第4期）一文，对晚明政治危机以及《明夷待访录》的写作动机提出自己新的认识。

樊克政先生《龚自珍年谱考略》（商务印书馆，2004）一书，是近年来对学术人物研究较好的一种。与以往的同类研究相比，该书有诸多创获，如充分利用诸家年谱从未利用过的龚自珍家世的资料，首次绘制了龚自珍世系表；更为广泛地采用了龚自珍同时代人的诗、词、文集等资料，对旧谱未载的龚自珍事迹作了许多补充；对旧谱、有关论著等所载龚自珍生平事迹及龚自珍作品的写作时间等一系列问题，作了非常深入的考辨。

第二，努力尝试从新的视角考察学术人物。汪学群先生注重将学术史与社会史相结合，从中发掘人物思想中的时代特色。他发表《王船山占学试探》(《中国哲学史》1998年第3期)、《试论顾炎武的经学思想》(《清史论丛》1996年号)、《王夫之易学中经世思想》(《清史论丛》1999年号)、《钱澄之的经世易学》(《中国社会科学院研究生院学报》2003年第4期)、《从清初学术看王船山易学的特色》(《清史研究》2000年第4期)等文，都是这一取向的表现。林存阳先生则从过去学界较少关注的三礼学角度探讨清代学术人物，撰有《顾炎武"明道救世"的礼学思想》(《中国社会科学院研究生院学报》2000年第3期)、《张尔岐与〈仪礼郑注句读〉》(《齐鲁学刊》2001年第1期)、《黄宗羲与万氏兄弟的礼学思想析论》(《中国社会历史评论》第4辑)、《方苞三礼学论析》(《清史论丛》2001年号)、《黄式三、以周父子"礼学即理学"思想析论》(《浙江社会科学》2001年第5期)等文。

四

经过30年的发展和开拓，在几代学人的共同耕耘下，清史室的清史研究规模越来越大、整体实力越来越强、研究优势越来越突出，并逐渐彰显出颇具个性的学术特色。要而言之，清史室的学术研究具有如下一些特色。

实事求是的为学精神。实事求是，是学术研究生命力的体现，也是学术研究相对独立性的体现。在从事清史研究过程中，清史室的学人始终坚持和发扬这一为学精神。《清史论丛》创刊号刊登的《努力加强清史研究工作》一文中指出："我们献给读者的这本《清史论丛》，力图严格执行党的'百花齐放、百家争鸣'的方针。凡是对有关清代历史的某一个问题，确实进行了认真的研究，哪怕这种研究成果还不够成熟，但只要言之成理，持之有故，有助于对这些问题的进一步研究和探讨，我们就尽量予以发表……学术中的是非问题，只能通过学术界的自由讨论来解决，既不能根据人数多少来判断,也不能根据权力大小来裁决。在学术讨论中,我们一定要坚持摆事实、讲道理,以理服人,坚持实事求是的科学态度……我们必须拨乱反正,肃清这种恶劣作风在史学队伍中的影响和流毒,恢复和发扬实事求是的好传统、好作风,一切从实际情况出发,不仅在政治上而且也要在学术研究中反对说空话、说假话、说大话。必须强调占有大量的可靠的历史资料,用艰苦的创造性的劳动进行全面的科学的分析,从中得出应有的结论。对任何历史现象的研究,应该排除各种偏见的束缚和影响,采取一种真正科学的态度。提倡破除迷信、解放思想,就是提倡凡事采取科学的态度、实事求是的态度,按照客观事物的本来面目去认识客观事物。"[1]30年的学术实践表明,清史室的学人和后继者们是恪守了这一为学精神的。尽管时代在变迁,但实事求是的为学精神则一脉相承,历久而弥新。

注重实证的治学风格。在实事求是为学精神的引导下,清史室的学人始终致力于务求求真的科研追求,从而逐渐形成注重实证的治学风格。曲阜孔府档案和刑科题本的整理与研究,《清史资料》的编辑,杨向奎先生《清儒学案新编》兼重学术思想史与学术思想史料的取向,王戎笙先生对李自成结局问题的考定,何龄修先生《五库斋清史丛稿》对诸多问题的考证,赫治清先生对天地会起源问题的论证,樊克政先生对龚自珍年谱的考订、陈祖武先生等《乾嘉学术编年》对乾嘉时期学术演进的梳理,李世愉先生对科举制度的考辨、土司制度的考论等,即此一治学风格的体现。

整体清史的学术取向。由于历史的原因,对清史研究时限的定位,学术界的认识一直存在分歧。有的主张以1644~1840年为断,有的主张以1644~1911年为断,有的主张应将清入关前的历史纳入清史研究范围,如此等等,不一而足。清史室的学人虽然主要以1644~1840年的研究为主,但在认识上则主张贯通整个清史,将清入关前史和晚清史纳入研究视野。此一取向,以王戎笙先生主持的10卷本《清代全史》的编纂,最具代表性。其他如郭松义先生的《清代皇族人口行为和社会环境》与《伦理与生活:清代婚姻关系》、陈祖武先生的《中国学案史》、杨珍先生的《清朝皇位继承制度》等,以及《清史资料》"编辑凡例"中所称"资料中部分涉

---

[1] 编者:《努力加强清史研究工作》,《清史论丛》第1辑,中华书局,1979,第3~4页。

及明末或鸦片战争后的历史,为保存历史事件的连续性和资料本身的完整性,一般不予删节",亦体现出这一特色。

思想史(或学术史)与社会史的结合。在前辈学者侯外庐、杨向奎等先生的倡导和实践下,[①]将思想史(或学术史)与社会史有机结合起来的治学路径,越来越被学界所认可和运用,思想与社会的互动成为学者们非常关注的一个重要课题。此一治学取向,对研治学术思想、社会观念甚至其他众多研究领域,皆具有重要的方法论指导意义。清史室的成员在侯、杨两位先生的教诲、熏陶下,得风气之先,以侯先生《中国思想通史》、杨先生《中国古代社会与古代思想研究》为典范,非常自觉地贯彻和实践这一治学路径,且取得了明显的成效。当然,如何深化和推进这一治学方法,依然需要同人付出更为艰辛的努力,加以深入的探索,以寻求新的结合点和突破口,从而为清史研究的不断深化作出新的尝试。

集体项目与个人研究的结合。在杨向奎、王戎笙、张捷夫、高翔、杨珍诸位先生的带领下,清史室的发展思路愈来愈趋完善。其中的一个重要举措,是将集体项目的开展与个人研究的优势相结合。曲阜孔府档案和刑科题本的整理、《清代全史》的编撰、《清代人物传稿》上编的编写、"乾嘉学派研究"和"中国历代灾害及对策研究"课题等集体项目,即此一举措的体现,在学术实践中取得了明显的成效。这样一种探索,不仅充分发挥了个人学术研究的特长,增强了学术团队整合后的学术水准,而且通过集体项目的磨炼,更有助于个人学术研究的提升。

基础研究与理论探讨的结合。在进行学术研究的过程中,清史室的学人不仅致力于清史许多个案问题的考索,而且还对一些关乎全局、具有理论意义的重大问题,进行了积极的探讨。何龄修先生曾指出:"史学是以具体史实为基础的学问。20世纪最后阶段的清史研究,出于对空洞的僵化的教条式论著的反感,微观化、具体化的倾向较明显。但理清史实只是研究的重要一步、深入分析的前提,如果只停留在此,则对历史的认识仍没有完成……新世纪的清史研究,在马克思主义理论指导下,将在宏观研究与微观研究、理论与历史实际相结合的基础上得到大发展,达到新的高

---

① 详参陈祖武《思想史与社会史相结合的典范》,《中国史研究》2003年第2期。

度。"① 高翔先生亦认为："经世致用是中国史学的优良传统，清史独特的学科特性，决定了在人文科学中，它不但是基础的，而且还具有一定的应用性，它在我国现代化建设中，完全可能，而且也应该发挥比现在更加重要的作用。在新世纪，随着国家对社会科学的进一步重视，随着市场经济的发展，清史学界要承担起一批和现代化建设直接相关的研究课题，努力使自己的研究为国家政治、经济、文化建设服务。"② 正是基于这一学术自觉，清史室的学人对一些热点和焦点问题，诸如清代的历史地位、清史分期、资本主义萌芽、中国的近代化问题等，进行了积极探索，提出自己的意见和主张。尤其是 10 卷本《清代全史》，更对"中国何以落后挨打……中国何时开始落后于西方？清代前期几个帝王治理国家的政策有何重大失误？中国国防力量为何如此脆弱以致几千侵略军就把一个庞大帝国打得屈辱求和？早期觉醒的志士仁人图富求强的改革为什么总是陷于失败"③ 等重大问题，作了集中思考，提出了自己的见解。基础研究与理论探讨的良性互动，有力地推进了清史研究的深化。

总之，改革开放 30 年来，在马克思主义唯物史观的指导下，清史室的学人，秉承实事求是的为学精神，坚持思想史（或学术史）与社会史、集体项目与个人研究、基础研究与理论探讨相结合的治学方法，致力于整体清史的研究与探索，在学术实践中，体现出注重实证的治学风格，取得了丰硕的成果，从而将清史研究不断推向新的境界和高度。清史室几代学人的继承与创新，既保持了与整个清史学界进步相一致的律动，又在学术实践中形成了自己颇具个性的科研特色。共性与个性的互动，彰显出清史室学术团队的旺盛生机与活力。

本文在写作过程中，得到清史室诸位前辈和同人的帮助与指导，这是我们特别要感谢的。但由于笔者学浅识短，挂一漏万、不当之处定然不少，敬请方家指正。

（原刊于《清史论丛》2009 年号）

---

① 何龄修：《清史研究的世纪回顾与展望》，《中国史研究动态》2002 年第 1 期。
② 高翔：《五十年来的清史研究》，《清史论丛》1999 年号，第 154 页。
③ 王戎笙：《清代全史·再版前言》，方志出版社，2007，第 2 页。

艰辛的三十年

——纪念《清史论丛》创办三十周年

王戎笙

"文革"结束之后,历史研究所的科研人员,和全国人民一样以十分急迫的心情,渴望恢复业务,迅速找回被耽误的10年。1978年7月7日,历史研究所召开全所大会,宣布各组室负责人名单,原则上是恢复"文革"前的状况。明清史研究室为第5室,仍由杨向奎任主任,王戎笙任副主任。关于研究室的建设方针,向奎同志提出要"分兵把口",意思是根据研究室全面发展,重点突出的需要,室内每一个研究人员都要明确自己的长期研究领域、研究方向,还要明确近期的研究课题。这个意见大家都很赞成,所以"分兵把口"一直是我们研究室建设的指导思想。8月2日,开全室大会,讨论全所全室的科研规划。有的同志建议编写一部"清史",有的认为时机还不成熟,专题研究不够充分,缺口尚多,主张暂缓,但加强专题研究为编写清史做准备,大家的意见是一致的。由此议及办一个断代史的刊物。考虑到办定期刊物必须有足够的经费和可靠的稿源,还应该有专职编辑人员,这些问题都不是短时间内可以解决得了的。于是我们采取了一个避繁就简的办法,绕开这些难题,先办一个集刊,一年一本,每集字数不限,三五十万字不等。不设专职编辑,由研究人员兼做编辑,这也是一种学习。集刊后来正式定名为《清史论丛》。

《清史论丛》坚持以"百花齐放,百家争鸣"为办刊方针,以促进清史研究的发展与繁荣。凡是对有关清史的某一问题确有认真研究，哪怕这种研究成果还不够成熟，但只要言之成理，持之有故，有助于对这些问题的进一步研究与探讨，都尽量予以发表。文章字数一般不作限制，欢迎短的，也不拒绝长的。潜心研究、学风严谨、把握学术前沿是该集刊的重要特色。该集刊在海内外有广泛影响，颇受学术界的重视。在由中华书局出版期间，一直被作为重点图书出版。中华书局在成立75周年纪念时，将其列入《中华书局图书要录》。该集刊发表的文章，在已经发表的清史论著中被大量引用参考，显示出其学术影响力。《清史论丛》自创办以来，一直被海内外清史研究者、高校及相关研究单位广泛收藏。美国哈佛大学、荷兰莱顿大学、中国台湾"中研院"等许多著名科研机构的图书馆，均将该集刊作为清史研究必备图书，产生了良好的社会效益。

《清史论丛》从第1辑开始，经常发表各种不同的学术见解。编者也以个人身份，发表自己的不同见解，但绝不以自己的见解判断是非，更不能以自己的见解作为取舍来稿的标准。

编者在前言中热情地表示："我们希望这种讨论在今后能更进一步开展起来。当然，这中间一定存在大量是非问题。但是，学术中的是非问题，只能通过学术界的自由讨论来解决，既不能根据人数多少来判断，也不能根据权力大小来裁决。在学术讨论中，我们一定要坚持摆事实、讲道理，以理服人，坚持实事求是的科学态度。""文革"刚结束，我们大家对学术探索还是心有余悸，在前言中写道："攀高峰，需要有勇气。清代的历史，有许多是未知的境界，前人没有探索过的。要在这方面做出成绩来，一要付出艰苦的劳动，二要拿出足够的勇气。""要大力提倡破除迷信，解放思想，不要怕犯错误。学术探讨过程，是复杂的脑力劳动。既想攀高峰，攻难关，闯'禁区'，从事一点创造性的研究，不犯错误是不可能的。学术活动中的错误，应该用批评和自我批评的方式来处理。"这是编者向读者传达的一种心愿，也是向作者表明自己办刊物的理念。

1978年8月31日，在研究如何恢复"文革"前被中断了的几项档案资料工作（如孔府档案、乾隆朝刑科题本、白莲教起义等）时，研究室同人又提议出版一种不定期的清史资料集刊，出版时定名为《清史资料》，由何龄修、郭松义等同志负责，得到各藏书机构的大力支持，仍由中华书局赞助出版。

改革开放使我们对学术信息的重要性有了新的认识。为了掌握海内外清史研究的信息，我们又创办了《清史研究动态》，开始是油印本，折叠、装订、寄发，研究室同事人人动手。在那信息不畅的年月，虽是油印本，却很受学界欢迎。1982年申请刊号，正式出版，向海内外公开发行。1979年11月22日，我正参加历史研究所学术委员会会议，有人递给我一本《清史论丛》第1辑样书，当时的喜悦心情，真难以用语言形容。第2辑的稿子，已在10月8日讨论定稿，来稿踊跃，篇幅倍增。我们对《清史论丛》的前景充满了乐观，认定了是一片光明。在中华书局的大力支持下，真是一路顺风。好景不长，随着国家经济改型，出版部门改变经营模式，我们的《清史论丛》《清史资料》《清史研究通讯》3个刊物都面临停刊的命运。

由于缺乏必要的经济支撑，《清史资料》《清史研究通讯》先后被迫停刊，连向读者道别的机会都没有。《清史论丛》怎么办？就此停刊实在于心不甘，清史学界的同行也感到惋惜，正在这进退两难时，著名清史学家，台湾大学教授陈捷先先生慷慨给予赞助，《清史论丛》延续下来了。2002年院部推行扶持重点学科计划，清史研究室申请获得批准。在受到重点扶持的5年里，每年可获得数万元的扶助资金。清史室把这笔扶助资金全部用于维持《清史论丛》。5年之后，《清史论丛》的生命危在旦夕，清史室的一位同人不忍心这块园地抛荒，慷慨输液，使它在绝望中又幸存下来。

一转眼30年过去了，当年的年轻人或中年人，现在已是年近花甲或年逾古稀了。有很多人的处女作是在《清史论丛》上发表的，他们的成名作或代表作也是在这里发表的。他们和这块园地一起成长，现在已是副研究员、研究员或博士生导师，这块园地哺育了他们，他们也用辛勤的汗水浇灌了这块园地。我们和他们，与《清史论丛》同欢乐共艰辛。

古人云：不经一番寒彻骨，哪得梅花扑鼻香？真是至理名言。

（原刊于《清史论丛》2009年号）

阅览、投稿四十载的记忆

——祝贺《清史论丛》创刊四十年

常建华

《清史论丛》是我国改革开放以来最早创刊的断代史专刊，该刊以发表厚重扎实论文为特色，是清史研究者重要的参考文献。四十年来，《清史论丛》先后由中华书局、辽宁人民出版社、辽宁古籍出版社、中国广播电视出版社、社会科学文献出版社等出版、发行，经历了不平凡的发展历程。作为读者与作者，我觉得从《清史论丛》出版社的变化，就可以观察到刊物不同时期的变化与特点。自己则在不同时期得到过《清史论丛》学习、研究上的帮助。

1979年《清史论丛》创刊，由中华书局出版。当时我正读大学二级，学习兴趣逐渐向清史方面发展，开始购置《清史论丛》。硕士研究生期间的研究也是清史研究方向的，经常阅读《清史论丛》，以了解清史最新研究成果。改革开放初期的《清史论丛》，发表了中国社会科学院历史研究所长期积累的课题成果，如利用乾隆朝刑科题本研究租佃关系、阶级斗争以及资本主义萌芽等，也发表了清史学界当时关注的一些基本问题如清初历史与社会矛盾、八旗制度、民族关系、经济问题等方面的论题。当时的清史研究室"分兵把口"，对于清史研究比较全面，政治史、经济史、思想史等大的研究方向各有学者专攻。《清史论丛》以发表本单位学者论文为主，也有外稿，"百花齐放，百家争鸣"，比较活跃。论文质量很高，以发多年积累的长篇厚重论文为主,有的文章令人震撼,如第三辑发表的郭松义先生《论"摊丁入地"》宏文近十万字,资料十分扎实。硕士研究生期间,导师冯尔康先生要求杜家骥学长与我撰写学年论文,并希望达到发表水平。冯老师看过我俩的文章后表示满意,将我的文章推荐给《南开史学》,把家骥兄的大作推荐给《清史论丛》,并在第7辑发表,这使我对《清史论丛》产生了一个新印象,该刊不仅发名家之作,也提携年轻学者!《清史论丛》创刊到1986年连续出版七辑,作为年刊,第八辑1991年才出刊,中间隔了5年,想必是遇到了出版上的麻烦。当时出版费用上涨,而学术单位研究经费短缺,出版难成为学术刊物普遍遇到的困难。

《清史论丛》得到辽宁人民出版社、辽宁古籍出版社和著名清史学家、台湾大学陈捷先教授赞助,改由辽宁人民出版社和辽宁古籍出版社出版、发行。专刊每辑也改称公元年号,从1992年到1996年连续五年出版。我在《清史论丛》发表的第一篇论文《清代啯噜新研》,是在1993年那一辑上。"啯噜"一般被认为是类似会党的民间组织,拙文利用了新公布的档案资料,认为啯噜属于游民群体。拙文与喻松青先生研究宝卷的文章,胡珠生、赫治清、罗炤各位先生论述天地会的论文构成一组,属于"会党教门"类的文章,编辑在一起。这一期还有顾诚、何龄修、杨启樵等前辈名家的大作,执行编辑委员是陈祖武、何龄修等先生,主编是王戎笙先生。还需提到,《清史论丛》1999年号又改由河北教育出版社出版、发行,版面缩小,改为32开,这是《清史论丛》唯一的小开本。

《清史论丛》从2000年号开始,重回大开本,改由中国广播电视出版社出版、发行,直到2014年,连续出版15辑。这期间,我有幸分别在《清史论丛》2000年号、2002年号、2007年号、2012年号,先后发表了四篇论文:《清代的文昌诞节——兼论明代文昌信仰的发展》《乾隆前期治理僧道问题初探》《清朝奏折档案的社会史资料价值——以〈宫中档乾隆朝奏折〉为例》《确立统治与形成秩序:清顺治康熙时期对南方土司的处置》。其中《清朝奏折档案的社会史资料价值——以〈宫中档乾隆朝奏折〉为例》,系发表在《清史论丛》2007年号商鸿逵先生百年诞辰纪念专集上。几篇拙稿处理过程中,得到了主编李世愉先生不少教益,向他表示感谢!

随着我国学术年刊出版的繁荣,《清史论丛》自2015年起改为半年刊，并由以出版学术集刊著称的社会科学文献出版社发行。每年上下半年分别推出第一、二两辑，同时标出总辑数。2015年出版了总二十九辑、总三十辑。我在新版《清史论丛》总三十一辑（二〇一六年第一辑），发表了新作《清乾嘉时期四川地方行政职役考述——以刑科题本、巴县档案为基本资料》，又在总三十七辑（二〇一九年第一辑）发表《考证技艺精 宏文卓识高——〈郑天挺清史讲义〉反映的清史教学与研究》一文，纪念我国著名清史学家郑天挺先生120周年诞辰。我与新版《清史论丛》又结下缘分，相信这种缘分还会继续下去。

办好一份学术刊物不是件容易的事情，《清史论丛》的历程证明这一点。我也仿佛体会到刊物编者的酸甜苦辣，《清史论丛》正是在学术坚守中，树立了自己的品牌。《清史论丛》2009年号发表了王戎笙先生撰文《艰辛的三十年——纪念〈清史论丛〉创办三十周年》，使用"艰辛"一词概括创刊三十年走过的道路，道出了办刊的甘苦，成为珍贵的历史记忆。如今办刊条件大为改善，祝福《清史论丛》步入坦途！

回顾我学习清史过程中与《清史论丛》有过的交集，感谢该刊对我的帮助！拙文有几篇较长，四万字左右，《清史论丛》都予以发表，真是清史研究者好的发表园地。或许可以说，虽然自己势单力薄，也为这块园地洒过汗水！如今自己从《清史论丛》创刊时的莘莘学子，成为已逾花甲者，从成长到长成，几多回忆，成为往事。

特别是我向《清史论丛》推荐过学生的几篇习作，《清史论丛》予以采纳，奖掖了后学。如王洪兵、邹长清、张建、王秀玲、黑广菊、王爱英、朱亦灵、王春花等人的论文，先后得到了《清史论丛》编辑委员会的指教，在此我要向《清史论丛》表达敬意与谢意！《清史论丛》创办四十周年时，编辑委员会发表《衷心的祝贺》一文抒发情感，刊物以发表袁森坡先生多篇文章自豪，因为看到一位学者"从业余向专业史学家奋进的过程"。助力后学的办刊精神，我看到了，体会到了，也祝愿《清史论丛》将这种精神发扬光大！

2019年4月18日于津门

（原刊于《清史论丛》2019年第2期）

下 编

中国近代清史学科的一位杰出奠基人

——试论孟森的清史研究成就，为纪念他的诞辰一百二十周年而作

何龄修

一

古往今来，任何一种学科、一个文化（文学、艺术、学术等等）流派的形成、建立，在初起时总有一个或几个代表人物进行创造性的劳动和活动。他或他们用自己的卓越的文化成果，为整个学科、流派创制和规定了主要的内容、特点、风格，而成为该学科、流派的无可争辩的奠基人。中国近代清史学科的建立也不例外。最初在这方面进行创造性劳动的，有孟森、梁启超、陈怀、刘法曾、萧一山等人。但梁启超虽是一代史学大师，他的清史研究成就却是局部性的，限于学术史、史学理论和个别人物。辛亥革命前后应运而生的陈怀著《清史要略》，吴曾祺著《清史纲要》，汪荣宝、许国英著《清史讲义》，刘法曾著《清史纂要》，表现出襁褓期中国近代清史学科的幼稚性，不能反映它的较好水平。只有孟森和萧一山，才对清史进行了广泛和深刻得多的研究，并且由于指导思想、理论和研究方法等不同，各自创造了具有鲜明个性的清史体系，从而为中国近代清史学科奠定了坚实的基础。他们是照耀中国近代清史史坛的灿烂的双星。他们的著作自问世以来，就在清史研究和教学工作中产生了持久的影响。

自从用马克思列宁主义理论指导清史研究工作以后，清史学科的内容和面貌也发生了根本的变化。但是，马克思列宁主义的现代清史学科不是从天上掉下来的。以往一切优秀的清史研究成果，是它的重要来源之一。它需要不断批判地吸收这些成果，使自己得到充实和发展。孟森和萧一山的清史著作，特别是孟森的著作，代表近代清史学科第一代的最高水平，是近代清史研究发展的一块重要里程碑，一份需要认真分析、研究、总结、继承的珍贵学术遗产。

孟森生于清同治七年（1868）。[①]今年是他的诞辰一百二十周年。对于清史学界来说，这是值得纪念的。先师商鸿逵先生在世时怀念师德，曾计划就此事刊行专辑，事未措手而不幸辞世。今我室倡议举行纪念，介绍其生平，评价其学术，缅怀其业绩；这是非常正确的。我自己深知，我远远没有评述孟森清史研究成就的学力。但是，"高山仰止，景行行止"。我的心情激动，不能自已。我很想写出自己在学习过程中的一些肤浅的认识，以表示对于这位前辈大师的敬佩和纪念。就我个人来说，这样做也是在某种程度上执行商鸿逵先生未竟的遗志吧。

二

孟森从事著作的年代，是中西学术交汇、中国近代资产阶级学术和学术思想诞生、成长的时代。中国封建地主阶级传统的、西方资产阶级的学术和学术思想，是孕育和诞生中国资产阶级学术和学术思想的源泉。因此，在当时的学术界，或研究、评量传统学术和学术思想的得失，或翻译、介绍西方资产阶级学术和学术思想论著，一时蔚为风气。史学大师梁启超曾就中国传统史学做过颇有深度的评价，并对资产阶级史学思想、史

[①] 关于孟森的生年，传世有三说：有作1867年者，商鸿逵《述孟森先生》作1869年，通行的说法为1868年。1986年初，我曾就此问题函请孟心史哲嗣孟鞠如前辈先生指教。鞠如先生因长期在国外，新中国成立初才回国，因此也不大清楚。复函指示以商鸿逵先生所说1869年为准。但商先生的说法与通行说相违，不能令人无疑。商先生本人也已去世，征信无从。幸鞠如先生复函又云："家有照片一帧，系蒋梦麟与胡适先生为先父七十庆寿时摄。下题：'民国二十六年五月二十八日，北京大学庆祝孟心史先生七十大寿纪念合影。胡适敬记。'"据此，则仍以从通行说为宜。

学理论和方法做了系统的阐发。[①] 在这种情况下，历史家会更明确地去寻求某种历史观和史学思想的指导，程度不同地向传统和西方汲取营养，这就从一个非常重要的方面决定了自己的研究和著作的面貌。

孟森的清史研究，自然有他自己的历史观和史学思想作指导。研究获得了系统的成果，既包括清朝前史，即清朝建立前满族先人、清室先世的历史，也包括清朝政治、军事、文化发展的全面的历史。这是一个整体，一个完整的清史体系。

孟森所建立的清史体系，主要体现在他用新的分章节的综合体裁写成的《明清史讲义》（下册）中，同样也体现在他的其他重要清史著作，即《清朝前纪》《明元清系通纪》[②]《满洲开国史讲义》[③]《明清史论著集刊》《明清史论著集刊续编》中。

这个体系的一条主线，就是清朝的文治武功。以清朝的文治武功作主线，表现了孟氏清史体系的重要特点。《明清史讲义》下册第四编，是整个主线最集中的反映。第四编对清朝建立前后三帝"开国"的功业作了概略论述，而把论述的重点放在康、雍、乾三朝。作者认为，康熙通过"撤藩""治河""绥服蒙古""定西藏""移风俗""兴文教"等，获得"巩固国基"的实效；雍、乾继起，借创制"并地丁""加养廉"等新制度，解决北部和西部边疆问题，昌明学术文化而使帝业臻于"全盛"；其后"嘉道守文""光宣嗣出"，帝业逐渐告终。[④] 这样一条线，贯穿全部论述，非常明确、突出。

贯穿这条线，使整个清代的隆替和主要政治事件大体上都能得到表现。由于作者的分析以及采用新的综合体裁，历史进程显然不像采用传统的纪传体、编年体、纪事本末体进行叙述那样孤立和割裂，而显示出更大的完整性，并更多地反映出历史的联系。

---

① 参看梁启超《新史学》《中国历史研究法》等，《梁启超史学论著四种》，岳麓书社1985年版。
② 《明元清系通纪》已刊者，有《前编》四专题，《正编》15卷，为卷1洪武至洪熙，卷2、3宣德，卷4、5正统，卷6景泰，卷7、8天顺，卷8、9、10、11成化，卷12、13、14弘治，卷14、15正德。未刊余稿存商鸿逵先生处，十年浩劫中有所散失。商先生以既具成例，补纂非难，据说已竭力续成。但尚未刊行，不幸商先生又去世。
③ 《满洲开国史讲义》，余未之见，仅从商鸿逵先生言谈及函示中略知一星半点。
④ 孟森：《明清史讲义》下册，目录，中华书局1981年版，第1—3页。《光宣嗣出》章节内容在本版中被商鸿逵先生裁去，参商鸿逵《述孟森先生》，载《清史论丛》第6辑，中华书局1985年版，第13页。

作者在展开与这一条主线相关诸史实的研究与表述中，很注意进行关于成就和缺失两方面的分析，就人和事做出许多精湛的论断。关于清初的用人，他敏锐地指出清廷的政治上的考虑。他说："入关之初，以兵事为重，其于政务，但期规复明代纪纲，即不至凌乱无序，故以引用明季旧臣为急，……而以满洲重臣驱策之"，"至傅以渐、吕宫为开国首两科一甲一名进士，用为阁臣，不过以状元宰相歆动汉人，争思入彀，其为公辅之器与否，非所计也"。① 他又比较顺、康两朝的辅政问题，说：康熙虽也以冲龄践祚，但所用辅政四人"皆非宗室"，因为"惩于前次摄政之太专，以异姓旧臣当大任，而亲王、贝勒监之，其用意可见也"②。关于康熙与道学的关系，他也有许多重要看法。他认为，康熙勤"举经筵不因军务而间断"，"以天子谆谆与天下通儒为道义之讲论，实为自古所少，其足以系汉人之望者如此"。他又指出，康熙"极得抚驭汉人之法。兵事实力在八旗世仆，人心向背在汉士大夫，处汉人于师友之间，使忘其被征服之苦，论手腕亦极高明矣"③。他强调，"清之理学，实以帝王好尚为有力之提倡。帝王为求有益于政俗，但得躬行实践之儒，不问门户。且圣祖虽尊道学，而于道学家故习，厌武备，斥边功，皆不乐从，亦未尝有失败"④。他认为，康熙通过考验理学名臣，察觉"伪道学之间"⑤，并且屏弃厌恶武备边功的道学家故习，只是利用道学提倡忠孝，讲求治道，作养士大夫风气。"移风易俗，必有好善乐道之人居最高之位以倡之。清圣祖所作养，后代享之而不尽，盖风气不易成，既成亦不易毁灭也。"⑥ 这些见解，无论对清代政治史还是学术史都是很有参考价值的。其余关于朝局变迁、政事举措的真知灼见，正复不少，恕不赘举。

他还有许多细致而精当的见解，表现在对人的评论上。例如，他对清朝诸帝的才能、品质、作风、气度，甚至采取某一措施时的心理状态，都有分析。有时他还作比较研究，如认为，"清代两权相，和珅以前有明珠，

---

① 孟森：《明清史讲义》下册，中华书局1981年版，总第440页。
② 孟森：《明清史讲义》下册，总第410页。
③ 孟森：《明清史讲义》下册，总第420、421页。
④ 孟森：《明清史讲义》下册，总第447页。
⑤ 孟森：《明清史讲义》下册，总第442页，参总第442—445页。
⑥ 孟森：《明清史讲义》下册，总第447页。

皆以得君之故，造成贪黩乱政之罪"。但"圣祖之于明珠，一经发觉其罪，即授权言官使振纲纪，去明珠如土芥，且又不至养成大患。免其阁职，仍获以内大臣效用。于所宠爱，保全实多"。①高宗则因"耄昏"造成和珅的"专擅"，使遭受"后祸"，②"自谓英明，方之圣祖，有愧多矣"③。他就雍正关于继统问题的一系列上谕所做的分析，洞见雍正肺腑，真可谓美不胜收。④他对文武大臣的品质、事功，也有深入研究。他既指出和珅贪黩乱政，又分析说："附[嘉庆]帝而不附和珅之人，和珅亦未尽倾陷，则亦非大奸慝。"⑤他根据研究结果，一反官书的夸张，揭露福康安、和琳等讳饰军功，独邀封拜，认为这反映了乾隆的私心，"必用帝室私亲、旗下贵介，借以侈其专征之绩"，"此亦盛极而衰之一征象"⑥。

可见，围绕这一条主线，作者的研究具有多么深厚的功力。

但是，由于贯穿这样一条主线，作者的眼光也受到很大的限制。清朝的建立与欧洲资本主义兴起大体同时，而资本主义是一种扩张性的世界政治经济体系，因此，清朝统治中国的过程，也可以说是中国社会逐步卷入资本主义世界体系的过程。清朝建立后，荷、俄、英、法、美、德等列强相继发动对华侵略或交涉；这一事实极大地影响了中国的国运，并使清朝最终落入帝国主义列强的魔掌。但是，清初以来反击列强侵略的斗争，在开国至全盛时期的文治武功中没有占据突出地位，也就不可能促使作者注意，将中国在清末备受帝国主义宰割的厄运同清初就开始的侵略和交涉作连贯起来的思索，以致这样一个严重的问题及其相关的大量史实，在作者对从清初至清中叶历史的分析中几乎完全被忽略。

在孟森的清史体系中，帝王将相占据历史舞台的中心，扮演历史进程的主角。他明确拒绝用阶级斗争的学说解释中国历史。以明季奴变为例，他强调"中西风习之不同"，认为"虽有阶级斗争之形似，而不可以概论也。盖其中有自相抵触之故，如为奴非奴所甘矣，而有非奴而又乐冒

---

① 孟森：《明清史讲义》下册，中华书局1981年版，总第575页。
② 孟森：《明清史讲义》下册，总第566页。
③ 孟森：《明清史讲义》下册，总第575页。
④ 参见孟森《清世宗入承大统考实》，《明清史论著集刊》下册，中华书局1959年版，总第519—572页。
⑤ 孟森：《明清史讲义》下册，总第566页。
⑥ 孟森：《明清史讲义》下册，总第575页。

为奴者，如所云投靠是也；前之奴既变矣，而后之投靠者未已，则所谓斗争者安在？"①因此，在他的笔下，历史的发展，或"英主独断"，或"中主""守文"，②都是个人所决定。人民群众不是历史的主体。他们反抗封建统治的主动行动，不是历史的壮举，更不是历史发展的一种动力，而是"盗""匪"为"患"作"乱"。③他们创造物质财富和精神文明的伟大活动，他们的悲惨生活，都非作者视野所及。这自然就既谈不上社会生产方式作为决定社会性质和面貌的杠杆，而且社会经济生活的各个方面都不为作者所注目。④自晚年参加整理清朝档案，他的眼光稍有改变，曾慨叹"就史料论之，社会一部分素感缺乏。但现在已较易着手，因关于社会之风俗人情以及民刑纠纷等等，均可以奏销册补充之。昔时刑名奏销册具存，社会风俗之史料，向来无人注意。今者整理档案，始知其重要，异日编史大可利用之也"⑤。但他没有来得及做这一步工作就去世了。这一段话仅仅成了他的历史观向前挪动了一小点的证据。从这点说，这个体系不只是不深刻的，而且是历史的颠倒。

这绝不是偶然的。孟森是师法传统的史学家。他的历史观更多地偏向传统，认为历史就是国家活动的结果，"国家将行一事，其动机已入史"⑥。评量前代政治的得失，是史学的基本任务。"后代于前代，评量政治之得失，以为法戒，乃所以为史学"⑦。孟氏的法戒说，是直接继承司马光的评判"前言往行善可为法，恶可为戒"的思想⑧而来，再往前推也可说是继承刘知几的"况史之为务，申以劝诫，树之风声"，"盖史之为用

---

① 谢国桢：《明清之际党社运动考》，附录一，《明季奴变考》，附孟森《读明季奴变考》，中华书局1982年版，第235页。
② 孟森：《明清史讲义》下册，中华书局1981年版，总第418页等。
③ 商鸿逵先生整理他老师的遗著时，常将这类词句改易。如《明清史讲义》上册第六章第六节《李自成张献忠及建州兵事》，据北京大学出版组铅印孟氏原讲义作《流贼及建州兵事》，即是其例。
④ 孟森仅偶尔注意经济生活的问题，如《闲闲录案》，《明清史论著集刊》下册，中华书局1959年版，总第589—590页。
⑤ 孟森：《中国历代史料之来源及拟现代可以收集之方法》，《明清史论著集刊续编》，中华书局1986年版，第510页。
⑥ 孟森：《明清史讲义》下册，总第363页。
⑦ 孟森：《明清史讲义》下册，总第364页。
⑧ 参尹达主编《中国史学发展史》，中州古籍出版社1985年版，第229—230页。

也，记功司过，彰善瘅恶，得失一朝，荣辱千载"的思想[①]而来。这种史学思想是很古老很陈旧的。这是他主张君主立宪的政治立场在学术上的反映。

孟森大约在辛亥革命前夕已从事清史研究工作，[②]在其后二十年的时间里建立和发展了自己的清史体系。他的思想显然也接受了全国性的资产阶级民主革命思潮的广泛影响。因此，他经常用反对封建专制的民主主义思想分析历史问题。他在《科场案》一文中，多处联系"专制"作分析，认为"科场大案，草菅人命，甚至弟兄叔侄连坐而同科，罪有甚于大逆。无非重加其罔民之力，束缚而驰骤之"。"科场案则何为者？士大夫之生命之眷属，徒供专制帝王之游戏，以借为徙木立信之具。……科举之败坏人道乃如是哉！"[③]在《朱方旦案》一文中，他认为康熙年间一位对脑力持有正确的生理定义的朱方旦，作为"妖人"被害，是"专制时代""政教不分，学问中禁阏自由思想，动辄以大逆不道戮人"所致。[④]在《闲闲录案》一文中，他又就地方官吏肆意杀人事论说："实则草昧之国，无法律之保障，人皆有重足之苦。"[⑤]凡此都是其例。但也只此而已。他在总的历史观上、史学思想上并没有明显的进步。因此，在他的清史体系中，反映出他的指导思想的具体内容，也就不难理解。

三

孟森所建立的清史体系，从纵的方面说，不仅展现了清朝建立后列帝相承统治全国的活动，而且追溯久远，第一次全面、系统、清晰地揭示了满族自传说的禅让时代以来的发展脉络，根据略古详近的通例，又特详于整个明代。这是这一体系非常突出的特点和优点。

[①] 刘知几撰、浦起龙释《史通通释》卷7，《直书》第24、《曲笔》第25，上海古籍出版社1978年版，第192、199页。
[②] 孟森在民国初年已刊行《心史史料》第一册、《心史丛刊》一集，故云。
[③] 孟森：《科场案》，《明清史论著集刊》下册，中华书局1959年版，第391、415页，参第408页。并参孟森《心史丛刊》（外一种），岳麓书社1986年版，第205页。
[④] 孟森：《朱方旦案》，《明史论著集刊续编》，中华书局1986年版，第289页。
[⑤] 孟森：《闲闲录案》，《明清史论著集刊》下册，中华书局1959年版，总第591页。

清的先世源流，是一种客观存在，具在载籍。但自努尔哈赤伐明以后，清室世世相承，涂抹改窜，使本真尽失。终清之世，无人敢揭奥发秘，正本清源。在中国学者中，孟森最早就这个问题倾大力拨云除翳、钩沉索隐，取得卓越的独特的成就，使满族先人四千多年来的发展，特别是清室先世在开国前近三百年的发展，在中国历史之林中最清楚地表现出它的庐山面目。他在完成整个研究后总结说："清之祖先见之明代及朝鲜纪载者，恰与明开国时相次。明一代二百七十余年，清先世亦附见，未尝间断。前史无论何朝，其开国以前祖先之事实，未有如清之先世，彰彰可考，既详且久者也。"[1]他非常了解自己在学术上的这一特殊贡献，自许而又谦逊地表示："清先世事……纵不敢言无遗漏，抑于清室之神秘业尽发之，可以供来者渔猎之资，而与举世认识此一朝之真相矣。"[2]"明之惠于属夷者，以建州女真所被为最厚。清世尽讳之，于清史料中固不见其事，于明史料中虽见，而清修《明史》，务尽没之。此今日始大发现，而以余为发现最多。"[3]这一点是任何有成就的清史学家所不能比拟的。清史研究的后继者至今仍然在踏着这位前辈大师所开辟的道路前进。

在孟森的全部著作中，他关于清先世研究的著作占有最大比例，既有《清朝前纪》等三部专著，又有《八旗制度考实》《清史稿中建州卫考辨——内函清兴祖考》等许多论文，[4]并将研究成果概述于《明清史讲义》两册中。这些著作的成就，大体上可概括为四个方面。

一是关于满族先人发展脉络的补充研究。从传说的禅让时代的虞开始至金元之际，满族先人的发展轨迹，在辛亥革命前后出版的一些清朝断代史中已作过勾画。陈怀曾指出，虞至周初，肃慎氏多次进贡。古肃慎至后汉称为挹娄。北魏之世，析为粟末、伯咄、安车骨、拂涅、号室、黑水、白山等七部，总谓之勿吉。隋唐以来又称靺鞨，靺鞨七部以粟末、黑水最强。唐睿宗时，粟末部长大祚荣以实力羁縻黑水以下诸部，受唐封为渤海郡王，因改国号为渤海。后渤海渐衰，至后唐明宗时，为契丹所灭；靺鞨

---

[1] 孟森：《明清史讲义》下册，中华书局1981年版，总第373页。
[2] 孟森：《明元清系通纪》，《前五卷刊行时孟森自记》。
[3] 孟森：《明清史讲义》下册，总第372页。
[4] 《明元清系通纪》前编所收《满洲名义考》《清始祖布库里英雄考》等4篇论文，都被商鸿逵先生辑入《明清史论著集刊续编》中。

黑水部乘机次第恢复故土，称女真，即金的始祖。"清之先即为女真之别部。当辽金末造，有布库里雍顺者，始建国于满洲长白山东南鄂谟辉之野，……是为清之始祖。"① 汪荣宝的勾勒相同。② 孟森发挥自己的优势，结合明代以来满族的活动做了进一步的对照、印证。他根据后汉挹娄与清室先世最早活动区域的共同地理位置，指出："挹娄之为部，当即清之祖先，所谓斡朵里部。"③ 在高句丽五族中，挹娄或"桂娄实为熟女真之本部，其地在今朝鲜北境"，"而斡朵里之音即挹娄，其中间朵字之音特略去之耳"。消奴、绝奴、顺奴、灌奴等"余四部及夫余国，正为建州女真及海西女真之地"④。他又引《唐书》的《黑水靺鞨传》记"俗编发"，申述说："其俗编发，即清代之辫发。"⑤ 他研究金与清的关系时说："金为女真，未审何部。……盖其先亦自粟末部来，后居完颜部。……若其初出粟末部，则与清之先出斡朵里，正同其地矣。"⑥ 最后，他总结挹娄、金人祖居和"清之祖居斡朵里，是女真三次发展皆在长白山北麓，高丽之北边，为其发祥之地矣"，"金亡之日，即清始祖发生之年。由历史纪载之迹而观，直衔接无少间断，亦一奇矣。始祖布库里英雄，由金遗民受元代斡朵里万户府职，为清发祥之始"。⑦ 作者这些论证，进一步准确地、无可辩驳地把远古的肃慎和明代的女真衔接起来，确立了满族作为中华民族中一个源远流长的民族的历史地位，是有很大的学术价值和政治意义的。

二是关于明代清室先世活动的研究。这是他关于整个满族先人先世发展研究中的重点，是最繁重的部分。从活动地域和发展程度，他把整个女真族划分为野人女真、海西女真和建州女真三部分加以叙述，使眉目非常清楚。

建州女真是重点中的重点。在建州女真中，他肯定清始祖布库里英雄、（布库里雍顺）的存在，居住的地方为俄莫惠的斡朵里城。"朝鲜镜城

---

① 陈怀:《清史要略》，中华书局1931年版，第1—2页。据《八十年来史学书目》，本书有北京大学出版部1910年版本，中国社会科学出版社1984年版，第40页。
② 参汪荣宝、许国英《清史讲义》，商务印书馆1913年版，目录及正文，第1—4页。
③ 孟森:《女真源流考略》，《明清史论著集刊续编》，中华书局1986年版，第5页。
④ 孟森:《女真源流考略》，《明清史论著集刊续编》，第6页。
⑤ 孟森:《女真源流考略》，《明清史论著集刊续编》，第9页。
⑥ 孟森:《女真源流考略》，《明清史论著集刊续编》，第10页。
⑦ 孟森:《女真源流考略》，《明清史论著集刊续编》，第11页。

之斡木河,实当《清实录》之俄莫惠","在元代实为版图以内开元等路之地。元初设斡朵怜万户府,即设长白山之东。清为斡朵里部族,实始于此"。①元亡以后,胡里改万户阿哈出、斡朵怜万户猛哥帖木儿等曾一度臣服朝鲜。永乐年间,他们相继归附明朝。阿哈出被授为建州卫指挥。猛哥帖木儿被授为建州左卫指挥,并仕至都督。后几经反复,他们都内徙明边,镜城之地便弃归朝鲜。

猛哥帖木儿即清室所称肇祖都督孟特穆,是清室嫡传之祖。从猛哥帖木儿到努尔哈赤共历七世。孟森在《清朝前纪》中辟一系列专目,又在《明元清系通纪》中编年系月进行细致的研究,并在《满洲开国史讲义》中作综合的叙述,描绘他们的军事、政治活动。这就使得从猛哥帖木儿至努尔哈赤的绵延不绝的世系完全明确起来,而清室先世一贯臣属明朝,担任明边疆武职的客观事实也昭然若揭。

这一研究揭破了三百年来对历史的讳饰、捏造,意义重大。客观事实有力地说明,与辛亥革命时期的观念(虽然那种观念在当时起过积极作用)相反,清朝君临全国是中华民族内部统治民族地位的递嬗变换,不是异民族的入侵,"清一代武功文治,幅员人材,皆有可观","故史学上之清史,自当占中国累朝史中较盛之一朝",②从而摆正了清史在中国历史上的位置。

三是关于创业开基之祖太祖努尔哈赤、太宗皇太极两世生平事迹的研究,四是关于八旗制度起源、演变、性质的研究。这些研究无须细说。但有一点必须指出,作者最早认识到,八旗制度不只是一种兵制,也不只"与户籍相关八旗者,太祖所定之国体也",名之为"联旗制",③这里"国体"一词虽用得不尽妥当,但意思很明白,八旗制度是努尔哈赤用以治理国家的政治制度。这是一种卓见。

这四个方面的成就,都具有开创性。据我看来,这是孟森著作中的主要精华所在,有着久远的学术价值。

---

① 孟森:《清始祖布库里英雄考》,《明清史论著集刊续编》,中华书局1986年版,第62、63页。
② 孟森:《明清史讲义》下册,中华书局1981年版,总第364页。
③ 孟森:《八旗制度考实》,《明清史论著集刊》上册,中华书局1959年版,第218页。

四

　　孟森的清史体系有浓厚的趣味性，内容丰富多彩。他把历史研究对象划分为两部分，说："……网罗轶事，非史家必取之资，要于襞襀野史，不为一鳞半爪之谈，譬如博奕（弈）犹贤乎已。"[①]按照我的理解，是否可以认为，一部分是重要的历史问题，在综合体的断代史著作中必须加以叙述，一部分没有那么重要，但也可以研究，总比玩牌下棋好。所以他的清史研究领域有其广泛性：既研究朝廷文治、武功、制度，又考察朝野故实，搜闻遗事；既评述帝主将相、文人学士、造反领袖的事迹，又阐明许多历史上次要人物的活动。在孟森笔下，历史生动活泼，丰富多彩，趣味盎然。这是他的清史体系的又一特点和优点。

　　关于朝野故实、搜闻遗事的研究成果，有的被孟森采择入史，有的则不采择。这些成果，作者生前曾汇编为《心史丛刊》第一、二、三集和《清初三大疑案考实》，此外还有许多单篇论文。新中国成立后，商鸿逵先生集中整理，先后辑刊为《明清史论著集刊》上、下册及其续编一册。现略举大要，试作申说。

　　《太后下嫁考实》《世祖出家事考实》从表面看似乎不是研究什么有意义的大事，实际上却分别为清初政局和开国皇帝个性、生活提供了一种见解。《清世宗入承大统纪实》《清高宗内禅事证闻》就朝廷政局的重大变迁做了许多精辟的分析，具有明显的重要性。

　　《科场案》《奏销案》和王锡侯、朱方旦、蔡显、彭家屏等文字狱诸案，涉及一个重大的政治问题，即朝廷、满族贵族与汉族地主阶级及其知识分子的关系问题。朝廷通过兴起大小诸狱，调整它与汉族地主、文人的关系，加强对他们的控制。孟森的研究提供了许多生动、细致的素材和富有启发的见解。其中一系列案件牵涉中、下层知识分子，尤其值得重视。

　　《己未词科录外录》文颇独特。作者指出，康熙、乾隆、光绪三举鸿博，政治意义却极不相同。文章对康熙己未词科掌故，"就涉历所及，辑为一编"。目的在于说明，"当时明社初屋，士虽有亡国之痛，而文会社集

---

① 孟森：《心史丛刊》（外一种），序，岳麓书社1986年版，第1页。

仍沿明季故事","科举之焰深中于人心。四民以士为领导，士以科举为依归。其尤秀杰者，至科举亦不乐就，而其才名已为士林指目，苟不得其输心，则寻常科目，或有不足牢笼之人物，天下之耳目犹未归于一也"。康熙有鉴及此，"于三藩未平，大势已不虑蔓延而日就收束，即急急以制科震动一世，巽词优礼以求之"，"于死者以忠烈褒之，生者则以礼遇笼络之。右文稽古歆动于其前，八旗兵力收拾于其后"。"要于康熙朝所以安定人心之故，因此可以窥见"。制科作为一利器，"一要著，岂乾隆丙辰之比，但为承平之世增一部鼓吹而已哉！此录外作录之旨也"。①

《关于刘爱塔事迹之研究》是一篇重要的文章。孟森发掘出刘兴祚（爱塔）这个历史人物进行研究，显然是敏锐地看到了这个人物在当时明满斗争中的地位和影响，这个人物的许多良好品质，以及具体表现出来的皇太极在创业时期笼络明朝将领的政策。刘兴祚的活动，增加了明满斗争的戏剧性。

《后明韩主》《明烈皇殉国后纪》也是很重要的文章。《后明韩主》是作者研究川湖十三家军抗清斗争的专文，以十三家军拥戴明统，"至死不变者惟郝永忠、刘体纯、袁宗第诸人，而以李来亨之全家惨殉为最烈"，许为"是可纪矣"。②在《明烈皇殉国后纪》中，作者通过研究崇祯诸真假遗孤的种种说法的真相，以及雍正褒封所谓明裔的实况，揭露清廷的民族偏狭性，对待前明帝裔的两面政策。文中曾揭发，清廷指使魏忠贤养女、天启任妃假冒崇祯袁妃，出面指证北太子之"伪"。③我在读到这一细小情节时，深深地惊诧于作者为历史画廊着色竟然细微至此！因此，历史画廊的人物和情节不能不完全活跃起来。孟森一部分论著所拥有的那种文惊风雨、笔动鬼神的感染力，从根本上说正是他的学术功力的表现。

《金圣叹考（附罗隐秀才）》《王紫稼考》研究两位有成就的文艺家的事迹，金圣叹一篇偏重神秘方面。两篇都有明显的不足，但程度不同地揭示出他们在专制制度下的悲剧。

值得注意的是，孟森作有《畿辅安澜志与赵戴两书公案》《书郑毅生先生景印三国志注补序后》两文，力证戴震窃取赵一清《水经注释》若

---

① 孟森：《己未词科录外录》，《明清史论著集刊》下册，中华书局1959年版，第517—518页。
② 孟森：《后明韩主》，《明清史论著集刊》上册，中华书局1959年版，第104页。
③ 孟森：《明烈皇殉国后纪》，《明清史论著集刊》上册，第29—33页。本文对南北两太子、朱三太子、延恩侯等问题的辨析，均极细致可信。

干卷、《直隶河渠水利书》132卷，将前书、并将后书改为《直隶河渠书》102卷冒充己作行世。两文对盗窃过程作了强有力的分析、论证，揭出戴氏窃书动机和心术，给这位"学问最高之人"加上"无赖"和"真盗"的恶名。[①]据两文说，戴氏的卑劣行径不久就被发觉和勘定，孟森的坐实进一步地结了这一公案。孟森显然很了解戴氏在思想、学术史上的成就，但他仍作两文表达自己的正义感和他对掠夺他人劳动成果的痛恨。

《孔四贞事考》、《香妃考实》与《横波夫人考》、《董小宛考》都以妇女为主角而又不同。孔四贞和香妃是政治色彩较强的妇女，孔四贞一生关联着清廷对汉族藩王的政策，香妃一生则被赋予象征民族关系的意义。研究她们事迹的文章，其重要性是毫无疑问的。顾媚（横波夫人）、董小宛本秦淮艳妓而为人妾，在历史上是很次要的人物。但她们的遭际仍是明末清初动乱时期某一侧面的写照。两文还反映出汉族士大夫在大动荡大转折中一些不同表现、明清官场某些动态，也增加了重要性。

所以，孟森选择的课题大都具有典型性，于娓娓道来的亦谐亦趣的故事中，寓严肃的学术价值。信如商鸿逵先生所说，这些论文"皆具有时代人事的重要意义，非一时兴致漫然命笔之作"。[②]我们对于各篇论文所做的具体分析，可能与作者著作的主旨并不相同或不能尽同，但作者的世界观、创作意图与作品的客观社会意义不相吻合的事例，是广泛存在的。因此，这里并没有过高估计这些论文的价值之处。我们不能要求前人的著作一点也没有无聊的琐屑，关键是后继者把什么内容视为精华，并如何去汲取它。有了马克思列宁主义的批判、分析眼光，我们就能把孟森的庞大著作如实地视作一个清史学的宝库。

五

作为一位旧型史学家，孟森不像新中国成立后的史学界那样获得了马

[①] 孟森：《畿辅安澜志与赵戴两书公案》，《书郑毅生先生景印三国志注补序后》，《明清史论著集刊续编》，中华书局1986年版，第370、514页。
[②] 商鸿逵：《述孟森先生》，《清史论丛》第6辑，中华书局1985年版，第17页。

克思列宁主义理论的正确指导,为什么也能够取得很高的成就呢?现在看来,有几点很值得注意。

在孟森的史学思想中,非常突出的,是他自觉尊重历史事实的客观性,力求公允、如实地评述历史。他表示:"吾曹于清一代,原无所加甚其爱憎,特传疑传信为操觚者之责。"①在这方面,他反对两种现象。一是故意歪曲历史。他认为这是"道德"问题,反复强调"节外生枝","指鹿为马","对历史上肆无忌惮,毁记载之信用,事关公德","倒乱史事,殊伤道德"。②"紊乱史实,为失纪载之道德"。③他把操觚作史与史家的道德品质联系在一起,认定"生平多曲笔之人,原难尽信"。④忠实于历史,以死捍卫历史记载的客观性,表现出宁为兰摧玉折的史德,在中国史学发展中具有悠久的传统。孟森是很好地继承这种优秀传统的史学家。二是史学家的主观主义。他深刻地认识到,史家"描写"历史,"任何公正之人必有主观"。⑤因此,他自觉地要求采取客观态度,排斥浅薄的非科学的态度。他批评说:"近日浅学之士,承革命时期之态度,对清或作仇敌之词",是不对的。他提出,评量历史,"不应故为贬抑,自失学者态度"⑥。

孟森在历史研究中的这种指导思想、品质和态度,决定他处处采取严格的、甚至苛刻的科学眼光,审查他所掌握的一切历史传说、记载、评论和已有的研究成果。因此,他的著作充满了批判精神,经常强调"辨证""发覆"⑦,反对"以传播流言为快意"的"结习",⑧不断推倒那些歪曲真相的历史传说和记载。他做了大量澄清史实的翻案文章,其原因就在于此。

史学家是否明确要求自己尊重客观历史事实,关系着他的觉悟、职业道德、甚至个人品质。史学家之间在这方面的不同,必然在研究工作中产生极不相同的结果。现在验证孟森毕生的史学实践,可以说他是尽量实现了自己的要求的,他是一位由求实,由要求尊重客观历史事实,而使自己

---

① 孟森:《心史丛刊》(外一种),序,岳麓书社1986年版,第1页。
② 孟森:《董小宛考》,《明清史论著集刊续编》,中华书局1986年版,第188页。
③ 孟森:《明清史讲义》下册,中华书局1981年版,总第612页。
④ 孟森:《横波夫人考》,《明清史论著集刊续编》,中华书局1986年版,第148页。
⑤ 孟森:《明清史讲义》下册,中华书局1981年版,总第363页。
⑥ 孟森:《明清史讲义》下册,总第364页。
⑦ 孟森:《明清史讲义》下册,总第576页;孟森:《建州卫地址变迁考》,《明清史论著集刊续编》,中华书局1986年版,第41页等。
⑧ 孟森:《世祖出家事考实》,《明清史论著集刊续编》,中华书局1986年版,第231页。

的著作达到与历史事实基本吻合的史学家。他的著作,给人一种严谨、平实、准确、可信的感觉。当然,对这一点不应夸大。"任何公正之人必有主观"。阶级立场、认识能力(观点、方法等等)、资料条件等的局限,使完全的公允客观根本不可能存在。孟森的著作也不能例外。他的大量评论固然有许多可议之处,即使那些纯粹涉及史实的地方,他也有许多大大小小的失误,许多的"主观"。在研究有关历史问题的时候,当然应该指出来。但如果在这点上吹毛求疵,就犯了苛求前人的反历史主义错误了。

科学的发展,也是一种由渐进的积累到完全的突破的过程。诚实的学者从来不隐瞒前人为科学成果的积累而进行的辛勤劳动,以显示自己的"高明"。在这个问题上,孟森的求实态度也表现出来。比如,《清始祖布库里英雄考》一篇,本为批评日本学者的考证失误和臆解而作。但作者没有把被批评者一笔抹杀,相反,在这篇不足一万字的文章中,反复提到,"日本人考得朝鲜镜城之翰木河,实当《清实录》之俄莫惠,其说最确","日本人所考,仅得其半耳","日本人所考订,亦不无导源之益云"。[①] 这是一种优良的学风。它只会鼓励和促进科学的发展,并增加人们对学者本人的尊敬。

这是第一点。

第二,孟森掌握一些科学的研究方法。科学的方法是任何事业取得成功必需的手段。有一点,他是承袭乾嘉学派的传统方法而来,即就所研究的对象、课题,搜集尽可能完备的资料,进行排列、对比、研究,以揭露矛盾,发现问题,获取线索,寻求解答。这是一种形式逻辑的方法,是他的研究所遵循的基本方法,无论研究清室先世的活动,或者研究清朝的文治武功,都是如此,而在研究朝野故实、人物事迹时表现尤其明显。但是,他与乾嘉学派所代表的毕竟是两个不同时代的史学,所以他还有为乾嘉学派望尘莫及的思想武器,即资产阶级民主主义思想、东渡期间吸取的一些资产阶级治学方法和从实践中获得的广泛的政治经验,帮助理解历史,提高分析历史问题的能力。在实事求是的思想指导下,他极力避免片面性、简单化、绝对化等形而上学的看问题的方法,掌握和使用朴素的辩证分析

[①] 孟森:《清始祖布库里英雄考》,《明清史论著集刊续编》,中华书局1986年版,第62、68、70页。

方法。他把乾嘉史学的传统方法与朴素的辩证分析方法很好地结合在一起，避免烦琐的资料堆砌和排比，对每段资料都做出分析、弃取，敏锐地发现各种资料反映的历史事实之间的联系，在必要时还做出适当的推论。像在《清世宗入承大统考实》一文中研究《清实录》《东华录》《大义觉迷录》等所载录的上谕那样，他仅从同一事件的不同记载的对比中，就能发现最尖锐的问题，得出重要的结论。又如他自己概括的，"但言清事，非从清官书中求之不足征信，于官书中旁见侧出，凡其所不经意而流露者，一一钩剔而出之，庶乎成……信史矣"。①这些都是他对新方法的应用。于是，事物发展的过程和面貌就在他笔下栩栩如生地再现出来。对人和事的辩证分析，在他的著作中随处可见。因此，孟森的史学在新的思想观点和经验指导下，在研究方法上有了更加优胜于乾嘉史学的突破性的发展。商鸿逵先生认为，孟心史治史，"多本中国传统之方法，……又不尽同于传统史学"②。根据我的认识，其"本"，其"不尽同"，主要就是如此。

旧时的清史学家，在使用清史史料上有自己的基本倾向。因为清史史料太多，在研究的个体小手工业时代，清史学家不能不经过分析，择善而从。③孟森是重视以正史、以官修史书作为基本史料的清史学家。他说："真正史料，皆出于史中某一朝之本身所构成。谀闻野记，间资参考，非作史之所应专据也。"④因此，他治清史的主要史料来源，是《明实录》、《清实录》、《朝鲜李朝实录》、《清史稿》、清《国史传》、各种《方略》以及出于《清实录》的蒋、王两种《东华录》等等。这类史料有明显的优点：一是一朝大事基本齐备，二是纂修多本档案，有较高的准确性。对孟森来说，这是与他的历史观、史学思想和他所创造的清史体系相适应的最佳选择。他对这类史料的鉴别、比较、考证、研究，倾注了最多的心血，从而取得了很高的成就。

附带需要指出，这类史料在记录、编纂、保存过程中，更多更易因政治的干扰而遭到篡改。史学家稍一不慎，过于相信，就很容易上当。孟森反复研究过种种篡改，深深懂得这一点。但他有时仍不免轻信，以致发生

---

① 孟森：《八旗制度考实》，《明清史论著集刊》上册，中华书局1959年版，第219页。
② 孟森：《明清史论著集刊续编》，商鸿逵《前言》，中华书局1986年版，第1页。
③ 参何龄修《悼念谢国桢先生》，《清史论丛》第5辑，中华书局1984年版，第3页。
④ 孟森：《明清史讲义》下册，中华书局1981年版，总第363页。

一些重要失误。例如,《明清史讲义》下册所描述的清军与农民军之间的山海关之战,就是仅据清朝官书的结果。如果研究一下遗老们所著野史以及方志、原始档案的记载,就会知道战争的真相大是不同。同样,同书对于清初的虐政和暴行如圈地、逃人、屠城、圈占满城等等,或注意不够,或根本没有注意,而对除加派之类收买人心的章奏、上谕,则又渲染过甚。因此,史学家应当从史料和历史实际出发,注意防止使用史料上的偏颇,以争取研究的最佳效果。

第三,孟森治史表现出非常的坚毅和勤奋。在二十多年的学术生涯中,他研读了卷帙浩繁的史籍(《明实录》2925卷、《清实录》4363卷、《朝鲜李朝实录》1893卷,单三种《清实录》合计即达到9181卷),写出几百万字的著作,工作量是惊人的。我在上学期间,听已故明史专家吴晗先生讲授《明清史研究》时,曾听吴先生说到他与孟心史一道在北平图书馆摘抄、研究《朝鲜李朝实录》的情景。吴先生对孟老勤奋笔耕赞叹不已。面对浩如烟海的清史史料,不下史海披沙的死工夫,很难得到真金。这就需要时间。坚毅和勤奋是任何有成就的史学家必须具备的品质。

此外,孟森是明清史专家;明史的深厚根基使他研究清史时游刃有余。

总之,孟森具有作为一个卓越史学家所需要的各种基本品质和条件。他的研究目标、要求、手段、对象处于高度的和谐与统一。那么他最终成了中国近代清史学科的一位杰出奠基人、明清史大师,不是顺理成章的发展吗?旧时代产生过一些与那个时代相称的史学名家,但也有不少人成了史学征途中的匆匆过客。孟森是在后半生才投身史学工作的。他一经从事这项工作,就孜孜不倦地钻研学术,并不自吹喇叭,也不崇尚空谈,终于卓然成家,被许多后继者奉为宗师,新的马克思列宁主义的史学工作者至今仍能不断地从他的个人品质和著作两方面获得教益。这里面显然有许多值得后人深长思维的东西。

现在,史学的发展获得了前所未有的良好政治条件。在这种情况下,我们只有更加兢兢业业,坚持不懈,深入学习马克思列宁主义,加强精神文明建设,提高职业道德水平,不断努力开拓清史研究领域,把清史研究工作更加深化。在纪念孟森诞生一百二十周年的时候,我们应当加深对他的研究,进一步批判地继承他的优秀史学遗产。我坚信,在马克思列宁主义的旗帜下，一定会涌现新一代能够媲美和超越前贤的清史学家，使清史学科更加发展，更加发扬光大。

1986年12月31日定稿，供1988年发表。
（原刊于《清史论丛》第八辑）

悼念谢国桢先生

何龄修

1982年9月4日晚10时许,谢国桢先生与世长辞了。谢老因患胆道结石,卧病已经数月。高龄患此重症,谢老的身体急遽地衰弱下来。8月20日,当我从南方返京后去医院看望他时,尽管那时他病情平稳,体温正常,但我所看到的谢老,不再像昔日那样精神矍铄、谈锋劲健。我仿佛觉得,他的丰腴的身体都缩小了许多,轻声缓语,与从前判若两人。我们进行了简短的交谈。谢老念念在心、几次提到的只是党中央领导同志对他的健康的关怀,使他得到了最好的治疗。我知道,谢老曾兴致勃勃地准备参加在厦门召开的郑成功研究学术讨论会。由于他未能成行,我本想比较详细地向他介绍大会的盛况。但是,他似乎已匀不出多余的精力来顾及这件事了。所以我除了转达傅衣凌先生的问候外,对大会便没有再涉及。看到谢老健康的这种状况,我的心中充满了哀伤。我总期待着谢老能跟以往一样化险为夷,而不幸的是,这次探望竟然成了我见到这位可敬的老学者的最后一面。

我认识谢老,是在1958年我刚到历史研究所工作的时候。从那时到谢老去世,整二十四年。把这二十四年分为两半,前十二年我和谢老接触不多。一开始谢老还按照传统习惯,称我为"何先生"。我委婉地请他喊我的名字。谢老立即接受我的意见,改喊我"小何",后来又喊我"老何"。这件小事说明谢老为人是平易的,不难接近。但是,我们之间年龄、地位等等的不同,毕竟造成了我们相互关系的隔膜;大概谁也没有想到要打破它。所以除了所内的共同活动，我只偶尔向谢老请教过一些问题。

"文化大革命"十年中种种共同的患难，填平了谢老与中、青年职工之间某种无形的鸿沟。所内同志们公认，近十多年来谢老在思想上、生活上发生了很大的变化。他主动、热情、广泛地向中、青年靠拢，接触面显著扩大。他真正生活在职工群众中了。我们也开始频繁地去他家里看望他。有时我们怕过分打扰他，有意把间隔时间拉成一个月或更长一点，他就会念叨起来：某某人怎么好久没有到我这里来了？或某某人我好久没有同他谈话了。接着他就会捎信或面嘱去他家里。我们在一起谈业务上的问题，听他讲学术界掌故，从中获得许多具体知识。有时候，他还就一些个人事务征询我们的意见。记得有一次他说起他身后要捐赠自己的藏书，有几家图书馆都想要，让我替他参谋。我说，我是历史研究所的人，理应建议捐赠本所图书室，但实事求是地说，所里书库拥挤，设备缺乏，对保管不利；中国科学院图书馆保管条件比本所优越，而且服务热情，图书利用率较高，我认为捐赠中国科学院图书馆最好。谢老听了，频频点头。后来他经过再三考虑，还是把书捐赠给了本所图书室，但他告诉我，他是郑重地考虑过我的意见的。在同谢老接近的过程中，我更加经常地向他请教，把我写的一些稿子拿去请他指正。谢老审读得很仔细，每篇稿子都写下一两页纸的意见，有批评，有商榷，也有鼓励，并且着重指出史实上的错误和遗漏，列举进一步阅读的书目。由于高龄，前几年所领导叮嘱谢老平时不要来所，有事派车去接。但他坚持每周步行到所一二次，参加活动，看看大家。看到他拄着手杖、拎着书包踽踽而行，那情景确实是很感人的。

谢老藏书很富，尤多明清稗乘。1979年，我们创办《清史资料》，惨淡经营之际，谢老给了我们以最热情有力的支持。第一辑上刊载的，大半为谢老珍藏的篇什。这一辑出版后，大受读者的欢迎。六千多册书，迅速销售一空。谢老还主动把自己的藏书介绍和出借给我们阅读，亲自动手或从旁指点我们搬动书堆，检出所需要的书来。据我所知，许多其他单位的同志也从他那里借书看。谢老反复强调，同中青年朋友的交往，给他高龄时期的生活注入了活力，他自己也越活越年轻了。这些事实，确实反映了年逾古稀以后谢老的风貌。

谢老是国内有数的古籍版本、目录学专家和明清史专家。就清史而

悼念谢国桢先生

论,自清朝的封建史家以后,中国清史学科的发展,已经历过三四代。孟森、朱希祖、萧一山[①]、邓之诚等各位先生属于第一代的清史学家。他们中除萧一山先生外,并不专治清史,而且治学方法不尽相同,成就也各不一;但他们的历史观都是唯心主义的,他们在清史方面都写出了一些有影响的、有的是影响很大的著作,如孟森的《明清史讲义》《明元清系通纪》《明清史论著集刊》,朱希祖的《明季史料题跋》,萧一山的《清代通史》《清代史》,邓之诚的《清诗纪事初编》《中华二千年史(第五卷)·明清史》等。商鸿逵、王锺翰、莫东寅等各位先生是第二代的清史学家。他们在新中国成立前已开始对清史的研究。他们正当中年的时候,新中国成立创造了适当的政治、思想条件,使他们在自己的研究工作中接受了历史唯物主义的指导,运用阶级分析方法,探索为他们的前辈史家所忽视的社会经济史、阶级斗争史等领域,研究社会经济形态的发展、变化,研究农民战争中的问题。王锺翰先生的《清史杂考》(首二篇)、莫东寅先生的《满族史论丛》和他们三位先生的一些论文,是这方面的代表作。郑天挺先生、谢国桢先生从年龄和治学两方面说,是第一、二代清史学家之间承先启后的学者。他们继承了以往的成就,又学习和应用了马克思列宁主义,所以他们的著作已具有新的内容、新的面貌,如郑老的《探微集》《清史简述》,谢老的《明末清初的学风》《南明史略》和他们的一些论文,在从一种旧史观过渡到科学的唯物史观,以指导清史研究的过程中,是有筚路蓝缕的功绩,对后来的清史研究工作者富于启迪作用的。在不到一年的时间内,他们相继谢世,结束了清史学科发展的一页。他们的死,是清史学界的重大损失。

清史资料汗牛充栋。任何勤奋的清史研究工作者穷毕生之力,都只能研读其中很小的一部分。而历史研究的本身,则要求搜集尽可能多的资料。这是一个严重的矛盾。从根本上说来,这个矛盾只有在研究的先进的"社会主义大机器工业"时代才能解决,即只有依靠社会主义大协作并运用电脑等一系列先进技术设备才能解决。但是,任何诚实的学者都不能在

[①] 萧一山(1901—1978年),从年龄上说,不仅比孟森、朱希祖等为小,而且比郑天挺先生也略小,与谢国桢先生同岁,但很早就发表清朝断代史,同时考虑他在治学方面的特点,所以仍归入第一代。

史料的运用上任意取舍。在研究的"个体小手工业"时代，前辈学者被迫探索用自己的方法，试图解决这个矛盾，以完善自己的研究。于是在这方面也就留下了不同的传统：一种是以孟森先生为代表的传统，主要是精读"正史"，分析、比较正史的记载；一种是以朱希祖先生为代表的传统，特别重视野史笔记稗乘所提供的史实；还有第三种传统，即主要利用档案、契约文书等研究清史，如李光涛先生等人可以作为这方面的代表。当然这样的区分不是绝对的。但他们在史料的研究和运用上所表现的不同倾向，则是很明显的。

谢老是继承朱希祖先生的传统的。他充分估计到了野史笔记稗乘的史料价值。他写道："我们研究明清以及近代史迹，从这些野史稗乘的记载中，可以揭露历史上各方面的情况，丰富历史的内容。这种资料的价值，也就如研究殷商时期之有甲骨文字，研究两周历史之有铜器铭文，研究两汉之有西北出土的简牍和汉代石画，有同等的重要性。"连野史中"不可尽凭"的事实，他也给予了肯定。他说："明清时代的史学界黄宗羲、全祖望也说过：'野史不可尽凭。'可是没有说过'不足为凭'，同时笔记稗乘是出于每个时代作者之手（当然有许多是出于统治阶级士大夫之手的），它涉及了社会情况的各方面。统治阶级所谓'不可尽凭'的事实，安知不是揭露封建社会黑暗恶浊的一方面？所以越到现在，野史稗乘越为人们所注意。"[①] 这些估计也许并不是完全没有争辩的余地的，但突出表现了谢老重视野史笔记稗乘的程度。他数十年来孜孜不倦地在野史稗乘之林中发掘、爬梳、整理、研究，终于获得了累累的史学硕果。

目录学是谢老毕生治学的着力点之一。他广搜博览，写成了一系列有关明清史籍的目录学著作。他年轻时就写出《清开国史料考》，著录已知和未见清开国史料约二百三十种（中外近人著作除外）。自《清开国史料考》刊成以后，半个世纪过去了，研究清开国史所使用的资料，很少越出《清开国史料考》的范围。这一事实反映了谢老这部著作的功力。后来，他又有《明清笔记谈丛》《明清笔记稗乘所见录》等相继问世。在他年已垂暮时，他仍然风尘仆仆，带领助手和学生两下江南等地访书，写成《江

---

① 谢国桢：《明清笔记谈丛》，上海古籍出版社1981年版，第368页。

浙访书记》约三十万字。

《增订晚明史籍考》一书，是谢老对明清史研究的重大贡献。它的出版，为谢老在目录学史上的地位奠定了牢固的基础。这一皇皇巨制，著录各种有关明末清初史事的书目一千一百四十余种，未见书目六百二十余种，标举其书名，确定其作者，罗列其版本，开载其庋藏，说明其内容，疏证其源流，辨别其异同，评介其价值。凡研究明末清初的党社活动、农民起义、抗清斗争、郑氏、三藩、史狱、文学、人物和南明诸政权，都可以按图索骥，获得所需要的资料知识。马克思列宁主义的理论是史学的灵魂，而目录学知识则是史学研究的一个钥匙。掌握包括目录学知识在内的钥匙，就可以打开史学的大门，通向广阔无垠的史学领域。柳亚子先生誉《晚明史籍考》为"研究南明史料的一个钥匙"[1]。柳亚子先生这句话是从研究南明历史的角度说的。柳亚子先生当然知道，这部书不限于研究南明历史。所以他又说："全书史料，虽多不涉于南明；但谈南明史料，亦不能外此书而旁求其锁钥矣。"[2] 可以毫不夸大地说，《晚明史籍考》和《清开国史料考》合在一起，在数十年中引导和帮助了每一位研究明末清初历史的史学工作者，在可以预见的将来它们不会失去这种作用和价值。

任道斌同志作谢老的著作年表。从谢老的著作年表可以看出，他对历史问题的研究，集中在两个方面：一是政治和阶级斗争方面，他的论著有《明季奴变考》《明清之际党社运动考》《南明史略》《明末农民大起义在江南的影响——"削鼻班"和"乌龙会"》等论文多篇；一是学术文化方面，他的论著有《彭茗斋著述考》《张南垣父子事辑》《顾亭林学谱》《黄梨洲学谱》《孙夏峰李二曲学谱》《丛书刊刻源流考》《清初东北流人考》《陈则震事辑》《平景孙事辑》《明末清初的学风》等多种。其中有传统的研究题目，但是，更多的题目是创新。

特别应该指出，1925年，谢老二十五岁时就写作了《明季奴变考》，研究阶级斗争领域的问题。谢老指出，"奴变一事是在吾国社会史上，很重要的问题。"他坚持认为，"明季奴变有索卖身契，和只许一代相统的

---

[1] 柳亚子：《续忆劫灰中的南明史料》，《怀旧集》，耕耘出版社1947年版，第112页。
[2] 柳亚子：《羿楼旧藏南明史料书目提要》，《怀旧集》，第176—177页。

事，这显然含有民族阶级运动的意味在内。"①这就对奴变的地位和性质做了一个初步的科学的规定。这在当时还是很难得的。他在文章中分析明清蓄奴之风转盛的原因，认为这是元代蒙古族奴隶制度的影响。谢老问道，"蓄奴在民间既成了风气，为什么吴中为胜，而北方反少呢?"他又从社会经济发展方面做了分析和解答，认为："社会上发生了奇异的状况，那于社会经济的背境，有必要的关系。"②他在文章中分门别类地叙述了奴变的种种历史事实。《明季奴变考》说明，谢老对阶级斗争论的认识尽管是不深刻的，不彻底的，甚至有错误，但他毕竟是国内较早用这样的眼光去观察和研究被压迫阶级斗争历史的学者之一。通过对明季奴变的研究，谢老体会到，"历史上的事情，往往在人们不注意的地方，我们细心去研究，可以得到不少的收获，所以古代的风俗，和社会的情状，常常在极小的地方可以发见。吾盼吾国的历史家，在'高皇典则'的地方，固可以注意；但是社会上琐屑的地方何妨拿一点比较，和整理的方法，研究一下呢!"③谢老这个体会非常重要。他呼吁历史家不仅要注意庙堂，而且要研究社会。这是一种带方向性的意见。从这里可以看出，当时的青年史学家谢国桢先生治史的旨趣和识见。他的这篇著作对后来的学者是有影响的。我们不太费力就可以找到后来的学者在研究同一历史问题时受谢老启发的痕迹。我们也可以发现，谢老本人从这里出发，通向新中国成立后研究明末清初农民革命斗争史的更广阔的道路。

《明清之际党社运动考》《清初东北流人考》等著作，都各分析和描述了当时政治斗争的一个侧面。明清之际的党社运动，是谢老以前和与他同时的学者研究过的题目。但谢老撰写这部著作有更明确的目的。他说："我写这篇文字的宗旨：因我昔年，读全谢山《鲒埼亭集》，我感到明季掌故的有趣。我觉得明亡虽由于党争；可是吾国民族不挠的精神却表现于结社。其间又可以看到明季社会的状况，和士大夫的风气，是在研究吾国社

---

① 谢国桢:《明季奴变考》,《清华学报》第2卷第1期（1925年6月出版）,第24、25页。并见谢国桢《明清之际党社运动考》,附录一《明季奴变考》,商务印书馆1934年版,第286、287页。
② 谢国桢:《明季奴变考》,《清华学报》第2卷第1期（1925年6月出版）,第5页。并见谢国桢《明清之际党社运动考》,附录一《明季奴变考》,第263页。
③ 谢国桢:《明季奴变考》,《清华学报》第2卷第1期（1925年6月出版）,第25页。并见谢国桢《明清之际党社运动考》,附录一《明季奴变考》,第286页。

会史上很重要的问题。所以我写这篇文字，就以党争和结社为背景，来叙述明清之际的历史，以唤起民族之精神。"①因此，谢老这部十三万字的著作，详尽地分析了党社运动的因果，叙述了各地党社活动的历史情况，着重表彰了正直的士大夫和老百姓对黑暗的封建势力的抗争，以及"他们会文的事情，一变而为革命的豪举"②，即会社名流勇敢、壮烈的抗清活动。这部著作一出版，就受到鲁迅先生的称赞。鲁迅先生指出："谢国桢先生作《明清之际党社运动考》，钩索文籍，用力甚勤。"③《清初东北流人考》是谢老以前的学者未曾措意的问题。谢老钩玄发微，揭露了清初许多湮没不彰的实行残酷思想统治的历史事实，论述了当时许多谪戍东北的地主文人对发展东北文化事业的作用。范文澜同志对谢老这本书研究了人们所忽视的方面的做法，给了肯定的评价。范老说："这本小册子，能说明清初统治者所施行统治人民思想的政策，大兴文字狱的一个侧面。"④谢老研究彭孙贻、张溥、陈梦雷、平步青等的篇章，也是填补历史研究空白的著作。

《南明史略》出版后，曾招致比较激烈的批评。这是不奇怪的。传统对人的束缚是很顽强的。旧史观的改造是一个长期的、痛苦的过程。一本书有这样那样的缺点和错误，引起批评和争议，是好事，不是坏事。谦虚的作者只会从中得到启发和鼓励，成为继续前进的动力。谢老这本著作的特点，正如他自己所说的那样，在于"把南明的历史作了简单平实的介绍和评价"⑤。简单平实，没有任何哗众取宠的东西，把梦如乱丝的抗清斗争历史，整理得有条不紊，做出完整的介绍；这就决定了这本书的生命力。明显的事实是，二十五年来没有任何一本新的南明史出版，以取代这本书。出版家通知谢老，把这本书修改一下，重版印行。这不是证明《南明史略》既从批评中得到了进步，又经受住了时间的考验吗？

至于谢老在搜集和保存明清史籍、汉魏拓片方面的成绩，更是人所共知的。谢老一生纂辑资料（包括丛书）多种，如《北京图书馆善本丛书》

---

① 谢国桢：《明清之际党社运动考》，自序，商务印书馆1934年版。
② 谢国桢：《明清之际党社运动考》，商务印书馆1934年版，第193页。
③ 鲁迅：《"题未定"草（六至九）》，《鲁迅全集》第6卷，人民文学出版社1981年版，第434页。
④ 谢国桢：《明末清初的学风》，引范文澜同志的谈话，人民出版社1982年版，第181页。
⑤ 谢国桢：《南明史略》，后记，上海人民出版社1957年版，第238页。

第一集（收明代边防史乘十二种）、《清初史料四种》（收清朝开国史料四种）、《瓜蒂庵藏明清掌故丛刊》（收明清笔记稗乘十种）、《清初农民起义资料辑录》、《明代农民起义史料选编》、《明代社会经济史料选编》。同他的史学论著比较起来，纂辑资料已是他治史的余事了。

谢老在世时，曾就他自己的治学方法做过一个概括。这个概括包括三个要点。一是治史应有灵魂。他说："我认为历史是一门科学，它与政治既有联系又有区别，而总的说是与政治分不开的。因此，研究历史必须掌握马列主义、毛泽东思想，对具体事实作具体分析。"二是论从史出，要广泛搜集历史资料，加以考证和鉴别。他说："又因为历史是一门科学，那就要有一套研究的程序和方法，'论从史出'，掌握了足够而可靠的资料和证据，然后才能得出符合客观事实的结论。所谓研究的程序和方法，首先要具备某些历史学的基本常识，所谓'胸有成竹'，然后才能识竹，这样才能具有对搜集到的资料进行考证、鉴别、辑佚和辨伪的功夫。也就是说，对于史料要'去伪存真，去粗取精'，得出正确的结论，才可提供给史学界探讨。"三是要用唯物辩证法分析、研究资料，找出事物的内在联系，得出符合客观实际的结论。他说："我认为光是运用这些形式逻辑的方法还是不够的，还要采用辩证唯物论的方法进行分析研究，古人说得好：'读书得间'，就是从空隙中看出它的事实来，从反面可以看出正面的问题，读正史外，还要从稗官野史中搜辑资料从事订补考证，这犹如阳光从树林中照在青苔上，斑驳的光亮可以多少反映出客观的现象，从而得出这些事实的一个侧面，然后取得内在的联系，积累了许多的专题研究，然后才能写出不是陈陈相因、抄撮成书的作品。"①

这个概括是符合谢老的史学实践的。他一贯重视史料的收集、整理，从可靠的史实中得出结论。他重视研究历史的社会意义；在学习马克思列宁主义以后，他又力求遵循这一理论的指导。他自己这样做，并用这样的治学方法和路线教育他的学生。据我所知，谢老认为，当世的史学家们在研究和表彰明末清初的杰出学者方以智方面，是有重大贡献的，但是也出现了一些不尽切实的论述，以至改铸了古人的面貌。因此，谢老力主他的

---

① 谢国桢:《自述》,《文献》第10辑, 书目文献出版社1981年版, 第134、135页。

研究生任道斌以方以智为研究专题,从纂辑《方以智年谱》入手,研究方以智的毕生活动,在这个基础上,一分为二地分析方以智的表现、成就和局限性,给以符合其本来面目的历史评价。这样一整套做法,反映了谢老治学方法上的特点。

从表面看来,谢老给自己做的概括似乎没有多少新鲜之处。但是,认真地实行他的概括中的三个要点,却并不容易。我们很容易在某一点或某些点上犯错误。我们中年的还有青年的史学工作者可能犯急性病,在没有掌握足够的史料和论据时,就轻率地下结论,甚至满足于从一些二手材料引出结论;我们也可能轻视马克思列宁主义理论的指导,把考证当成整个史学,以弄清事实为满足,或者以搞烦琐考证而自得其乐;我们又容易颠倒认识路线,喜欢闭门造车,在脑子里构成"体系",找几条史料加以填塞,以搞出似是而非的体系沾沾自喜。我们由于理论学习不够,知识面不广,研究工作经验不足,而又急于求成,很容易犯这些错误。所以我觉得,读读谢老的这个概括,对我们还是有启发。

列宁说:"判断历史的功绩,不是根据历史活动家没有提供现代所要求的东西,而是根据他们比他们的前辈提供了新的东西。"[①]用这根尺子衡量谢老在学术活动中的成绩,谢老提供了很多他的前辈没有提供的新的东西,在这点上他是无愧于他高龄的一生的。一个人总有他的错误、缺点和不足的方面。谢老在学术上的表现也是这样。造成这些错误、缺点和不足,既有个人作风不够细致等等纯粹个人的原因,也有时代的限制。谢老毕竟是一位从旧时代过来的知识分子,在思想上不能不带着那个时代的烙印,领会和掌握无产阶级革命理论的任务不能不更艰巨、更困难。我们要采取历史主义态度,"要从历史条件加以说明,使人理解,不可以苛求于前人的"[②],而且这些错误、缺点和不足的方面,也是完全不能掩盖谢老通过兢兢业业的劳动所取得的成就的。

新中国成立三十多年来,谢老勤勤恳恳、老老实实地工作,有劳无怨,服从党的领导和组织的安排,从不以专家、学者的身份骄人。他在晚年经常解剖自己。他几次主动地同中青年人讲述自己的历史,分析政治经

[①] 《评经济浪漫主义》,《列宁全集》第2卷,第150页。
[②] 《纪念孙中山先生》,《毛泽东选集》第5卷,人民出版社1977年版,第312页。

历上的曲折，总结个人的经验、教训。他公开发表文章，指出自己"为了挣扎、要强、争面子，养成极端个人主义思想，而做了些争名逐利的事情，甚至犯了很大的错误"①。在打倒"四人帮"以后，谢老能够这样自觉地、勇敢地解剖自己，这种精神是很可贵的。它突出地表现了谢老在政治、思想上的进步。

谢老在学术上取得显著的成就，不是偶然的。

他治史对自己要求比较严格，能随时代前进，不抱残守缺，故步自封。1925年，他写作《明季奴变考》，显然接受了五四运动以来新思潮的影响。新中国成立后，他也能比较自然地学习和应用马克思列宁主义。他的新著出版，除赠给专家、学者、老朋友外，也分送中青年朋友，征求意见。每次他都在扉页上亲笔题字，以示郑重。旧著重版前，更广泛、诚恳地征求意见。前两年，上海准备重印他的《清初农民起义资料辑录》。我告诉他，我在使用这本书时，发现几处标点错误和理解错误，过几天我写出来给他送去。这本是一件小事。不料第二天他竟拄着手杖到所里找我来了。可见他是多么认真。在他身上，没有那种一字千金的派头。他的文稿有时也拿给我们提意见，甚至要我们动笔修改。他为自己的许多论著写的前言、后记，对了解谢老的治学态度是很有用的材料。敝帚自珍，几乎是人皆不免的。他写的《清初东北流人考》后记，也表现了这样的思想情绪。但他仍对自己这部重要的著作做了批判性的分析。他说："这是我三十多年前的一部旧稿，……强调了清初得罪清廷遭文字狱充军谪戍到东北去的地主文人、知识分子，对于开发东北学术文化事业上所起的作用，而忽略了或者写少了劳动人民，对于他们'走关东'发展农工商业，繁荣社会经济的伟绩，写的不够全面，颇不满意。"②这种分析说明，谢老在学术上对自己做过的工作是不满足的，他既有对历史问题的新认识，就又对自己的旧著提出了"百尺竿头，更进一步"的要求。

他在《我的治学经历》中对自己的学术活动做了更严格的剖析。他一开头就说自己"做起事来粗枝大叶，错误百出"③。谢老曾以刊登这篇文章

---

① 谢国桢:《自述》,《文献》第10辑，书目文献出版社1981年版，第133—134页。
② 谢国桢:《明末清初的学风》,人民出版社1982年版，第181页。
③ 谢国桢:《我的治学经历》,《书林》1980年第5期，第18页。并见谢国桢《明末清初的学风》，人民出版社1982年版，第280页。

的《书林》杂志相赠。我初读这一段时,就对谢老在谈论自己时的严格和直率感到吃惊。全篇平实无华地讲述了他自己治学的历程。尽管他著作宏富,声名显著,但他没有把自己写成不平凡的人物,相反,普普通通,接受师长的教诲,努力工作,挤时间读书。这样一种描述使人倍感亲切。现在谢老离开了我们,我重新展读这篇文章,止不住潸然泪下。我深感《我的治学经历》是这位老学者遗留给后人的一面镜子。我们完全可以经常拿它照照自己,发现、从而揩拭掉我们身上的很多脏东西。

谢老是一位异常勤奋的学者。他有一种奋斗精神。他说:"我从二十五岁一直到年垂八十,风里来,雨里去,不怕跌跟斗,头上跌了包,抚摩着伤痕,爬起来再往前走。这就是我的治学经历。"他又说:"鲁迅先生说:'弄文学的人,只要(一)坚忍,(二)认真,(三)韧长,就可以了。不必因为有人改变,就悲观的。'我觉得研究历史的人尤其是应该这样,我们应该效法鲁迅先生。"[①]所以,他治史,如同一位辛勤的农民治陇亩一样,躬耕不辍,死而后已。他不断地读书,积累素材,开拓新的研究领域,发表新作;至于旧著,则利用再版的机会,反复修订,使内容有所改进,或具有新的面貌。这样做是符合科学本身发展的规律的。谢老晚年经常要接待许多的来访。我们到他家去,常常碰到外单位的、外地的、甚至个别外籍的同行或其他人员同时来访,联系业务,询问问题。这是他的社会工作和业务工作的一部分。这些工作耗费了他很多宝贵的时间和精力。他从来没有抱怨,没有试图限制。尽管如此,他还是抓紧时间,伏案写作。他晚年写的仅《江浙访书记》一种,即洋洋洒洒,约三十万言,可见他的工作量之大。"老骥伏枥,志在千里;烈士暮年,壮心不已!"没有这种精神,谢老不会取得他已有的那种成就。今年五月,谢老入院治疗前夕,本室陈祖武同志去探望他。他正在校看稿件。祖武同志见谢老两足浮肿,关切地劝他休息。谢老指着案头积稿,连声说:"我不能休息,我不能休息。人民出版社正等着要看稿子呢!"谢老可算是战斗到最后一刻。这是何等感人肺腑!

今年四月二十一日,谢老以新版《增订晚明史籍考》一册相赠,并题

[①] 谢国桢:《我的治学经历》,《书林》1980 年第 5 期,第 20 页。并见谢国桢《明末清初的学风》,人民出版社 1982 年版,第 283—284 页。

句道:"时同客首都,共砚春明。文章何堪与世争,胸怀辽阔自峥嵘;不求秦宓虚谭论,俯首工农作老兵。"这首诗是谢老后半生的自我写照。短短四句,写出了谢老谦虚的性格,宽广的胸怀,求实的精神,学习工农、为工农服务的志向。谢老可谓善于总结自己。他把这首诗题写在一些给中、青年朋友的赠书上,以此勉励后学。他的用意是深长的。这里面凝聚着一位毕生致力于史学事业的老学者对后继者的殷切的期望。也可以说,这是谢老留给我们的一份遗嘱吧。

谢老逝世了。他再也看不到我们的《清史论丛》《清史资料》了,再也看不到我们的工作了!但是,我们将永远记住他。我们要学习他的长处,努力工作,为推进清史研究工作贡献自己的力量。这是对谢老的最好的悼念。

1982年10月3日谢老逝世一周月之际属草,同月28日改定。

(原刊于《清史论丛》第五辑)

萧一山和他的清史研究

——纪念他逝世十周年

戎 笙

易代修史,是我国史学的传统,即所谓"国可灭,史不可灭"。辛亥革命后于1914年成立的清史馆,却由一批遗老和旧文人组成,使当时的学术界深感失望。故梁启超说:"官修清史,汗青无日,即成,亦不足以餍天下之望。"①萧一山也说:"国运飘摇,几等虚设。"②在清史馆尚无任何建树时,日人稻叶君山首先推出了《清朝全史》,其译本在中国风行一时。这件事刺激了当时在山西中学读书的萧一山,"以国人不自著书而假手外人,真吾学术界之耻也"。③李泰棻也说:"清社久屋,史无一书,日人《清朝全史》谬悠累竹,而迻移以还,风行海内。吾邦史界消沉,深可慨焉!"④萧一山在强烈的民族自尊心的推动下,不顾一切艰难险阻,决心自己动手,完成一部《清代通史》。这是一个充满了民族自豪感的奋进目标。有志者事竟成。几年之后,在北京大学学习期间,便实现了自己的第一个目标,奉献出30万字的《清代通史》卷上。初稿完成后,几位热情奖掖后进的知名教授,纷纷撰序予以鼓励。赞赏这位大学生以惊人的毅力,完成了一部学术著作。萧一山得此鼓励,更加奋发,从此以主要精力从事其余各卷的撰述。在半

---

① 萧一山:《清代通史》,梁启超《序》,商务印书馆1927年版,第5页。
② 萧一山:《清代通史》卷上,《叙例》,中华书局1923年版。
③ 萧一山:《清代通史下卷讲稿辩论集》,《序》,中华书局1934年版,第1页。
④ 萧一山:《清代通史》,李泰棻《序》,中华书局1923年版。

个世纪的学术活动中，共完成了《清代通史》五巨册，400余万字。其他著述还有《清史大纲》《曾国藩》《清史》《民族文化概论》《非宇馆文存》，此外还编辑出版过太平天国及中国秘密社会史料多种。

一

萧一山进入北京大学时，正值著名教育家蔡元培担任校长。蔡元培以"思想自由，兼容并包"为办学方针，鼓励学术研究，聘请不同观点的人到北大任教或讲学。例如，李大钊讲《史学要论》，倡导以唯物史观研究中国历史，胡适讲授西方治史方法，提倡以实验主义研究中国历史。当时担任北大史学系主任的朱希祖，积极推行蔡元培的办学方针。朱希祖不满意旧史学的陈腐，主张史学改革。他说："我国现在的史学界，实在是陈腐极了，没有一番破坏，断然不能建设。"[1]他邀请何炳松讲授史学方法论，以美国鲁滨逊的《新史学》原本为课本，并极力促成将此书翻译出版。他还在北大史学系进行了课程改革。朱希祖叙述北大史学系在二十年代初的一些情况："民国九年（1920年）的夏天，我担任北京大学史学系的主任，那时我看了德国Lamprecht的近代历史学，他的最要紧的话，就是：'近代的历史学，是社会心理学的学问。现在历史学新旧的论争，就是研究历史本于社会心的要素？还是本于个人心的要素？稍严密一点说起来，就是历史进程的原动力在全体社会呢？还是在少数英雄？'Lamprecht的意思，以为历史进程的原动力，自然在全体社会；研究历史，应当本于社会心的要素。所以研究历史，应当以社会科学为基本科学。我那时就把北京大学史学系的课程，大加更改。本科第一二年级，先把社会科学学习做一种基础——如政治学、经济学、法律学、社会学等——再辅之以生物学、人类学及人种学、古物学等。特别注意的，就推社会心理学。然后把全世界的史学综合研究，希望我们中国也有史学的发展。那时史学系又有历史研究法一课，就请金华何炳松先生担任。何先生用美国Robinson所著

---

[1]〔美〕鲁滨逊：《新史学》，何炳松译，朱希祖《序》（1921年8月10日），商务印书馆1921年版。

的《新史学》原本作课本,颇受学生欢迎。我那时就请何先生把《新史学》译做中文,使吾国学界知道新史学的原理。不到一年,《新史学》一书果然译成。"[1]在中国首先倡导新史学的是梁启超。新史学是新文化运动的一个组成部分,是冲击封建史学的一股新浪潮。萧一山就读北京大学时,正值新史学浪潮在北大兴起。在北大史学系的讲台上,有各种不同观点的学者讲授各种流派的史学方法论。萧一山就是在这样的高等学府里完成了自己的学业,并在这种学术比较自由的环境中开始了自己的清史研究。

封建史学讲一治一乱,王朝的兴衰,自成段落,无所谓分期。新史学则不同,讲人类社会的发展和变化,这就要把历史分成若干时期。因此,历史的分期问题,就成为萧一山所面临的一个重要问题。萧一山认为:"历史上每因一事变起,足使当代大势,面目一新者,史家为便编述计,特据此而区分时代焉。"萧一山认为史学家划分时代不外四个标准:一是种族盛衰;二是文化变迁;三是政治因革;四是经济趋势。而萧一山是以第一个标准,即种族盛衰,将中国历史分为五期:(1)上古期,汉族成育时代,自太古至秦一统;(2)中古期,汉族全盛时代,自秦一统至唐亡;(3)近古期,蒙古族盛势时代,自五代至明;(4)近世期,满族主政时代,亦即西力东渐时代,自清初至清亡;(5)现代期,五族团结时代,亦即东西融洽时代,起自民国建立以后。[2]萧一山的历史分期法与夏曾佑的分期法有很多相同点或相似点。所不同的是萧一山具有强烈的民族主义思想,特别注重中国历史居统治地位的属何民族,以及政治统治中的民族色彩。这种民族至上的观念,到后来便发展成为民族革命史观,把清史看成是一部民族革命史。从萧一山的中国历史的分期法来看,他的关于中国近代史起于明清之际的观点,这时就已定型了。他在《清代通史》卷上初版时,在书名下又标以"中国近世史"字样,表明《清代通史》也是一部《中国近世史》。

在中国史学史上,出现过多种多样的历史编纂体裁。其中纪传体、编年体和纪事本末体影响最为深远。尤其是纪传体,在叙述史实方面具有很

---

[1] 〔美〕鲁滨逊:《新史学》,何炳松译,朱希祖《序》(1921年8月10日),商务印书馆1921年版。
[2] 萧一山:《清代通史》,导言,中华书局1923年版,第2页。

多优点并有不少伟大作品传世,因而成为历史编纂的典范体裁。编年体和纪事本末体,也有不少名作问世。随着社会的进步,历史学的不断发展,史学家们对旧体裁的局限性日益感到不满。例如,纪传体把同一事件分散于纪、传、书(志)等篇之中,有利于叙述个人事迹,不便于分析群体和社会;纪事本末体则不能说明同一时期各历史事件之间的联系;编年体不能完整地叙述每一事件的全过程,更难以叙述不能按年月编排的重大史实,如经济发展、思想倾向、文学艺术流派的形成和发展,特别是历史发展的大趋势。19世纪末和20世纪初,由于中国资产阶级革命的发展、西方进化论的输入、欧美史学方法的引进,以及对中国旧史学的批判和新史学的倡导,自然也引起了人们对历史编纂体裁的新的探索。这种新探索是从章太炎、梁启超开始的。他们探索的目的在于,突破传统体裁的种种局限,创造一种新的历史编纂体裁。章太炎、梁启超二人都曾设想按新体裁编撰一部中国通史,但都没有成功。把设想变为现实的第一个成功的例子,是夏曾佑的《中国古代史》,[①]第二个成功的例子当是萧一山的《清代通史》。探索中的新体裁能较好地适应新史学的要求,便于叙述社会变迁的趋势,政治因革的由来,经济发展的状况,学术文化演进的脉络,能广泛地叙述社会生活的各个方面。这种历史编纂体裁可称为综合体或章节体。

萧一山对新旧体裁的优劣作了对比,他说:"纪传之属,详于状个人,而疏于谈群治;编年之作,便于检日月,而难于寻终始。其间虽纪事本末一体,略有新史学之义,然其体创始于袁枢,特以便读通鉴者之寻览,即后之继此而作者,亦不能有深识别裁,以斟酌乎其中,故皆史实散漫,略无系统,可以为史料,不足以为史学。"[②]萧一山对新旧体裁作了一番比较研究之后,选择了新兴的但很少有人使用的体裁。历史证明,这是大胆的正确的选择。

萧一山把清史分为三个时期,因此他的《清代通史》共分三卷。卷上写第一时期,从后金汗国的成立到雍正末年;卷中写第二时期,从乾隆初到同治末;卷下写第三时期,从光绪初到辛亥革命。每卷分若干篇,篇

[①] 此书原名《最新中学中国历史教科书》,于1904—1906年分三册由商务印书馆出版。1933年重版时,商务印书馆将它改名为《中国古代史》。
[②] 萧一山:《清代通史》,导言,中华书局1923年版,第1页。

下分章，章下分节，分别叙述各个时期的政治、经济和文化。全书之首为"导言"，交代编撰的指导思想。以后修订再版，内容虽有重大改变，这个新体裁的基本格局，依旧保留下来。这种新的体裁，虽不是萧一山首创，但他是一个勇敢的实践者。这种新体裁，克服了传统体裁的种种局限，无论是写通史、专史或断代史，都显示出它的优越性，因而为许多学者所乐于采用，目前已成为流行的体裁。

在新史学改革的浪潮中，萧一山也有惊人的过激之处。他对明清两代帝王，不称庙号，也不依习惯称年号，而是直呼其名，如由检、福临、玄烨、胤禛、弘历等等。今西龙教授在为《清代通史》初版作序时就指出："把帝讳改成直书，在东洋文化的精神上，是我所不敢苟同。"[1] 三十年代，《大公报》文学副刊的主编吴宓也批评说："书中称清诸帝皆不云世祖、圣祖等而曰福临、玄烨等。夫既称唐太宗、明太祖，则于清不当独异，徒令读者觉其生僻迷乱。"[2] 萧一山后来接受了这个批评，表示"纷更不如仍旧，故前之欲改中国历代帝号为名者，今则仍其谥矣"[3]。

二

20世纪20年代初，在北大史学系的讲台上，有各种派别的史学理论同时传播，既有坚持传统的旧史学的，也有倡导新史学的。在倡导新史学的人当中，既有主张唯心史观的，也有主张唯物史观的。萧一山在新史学浪潮的影响下，也认为陈腐的旧史学必须予以改革，但他却面临着在唯物史观与唯心史观之间作一选择。他虽然把《清代通史》卷上初稿送请当时在北大讲授"史学要论"的李大钊审阅，并在1923年中华书局初版中，刊用了李大钊的序言，但他并不赞成唯物史观。初版叙例中的一段议论，可以看出萧一山对唯物史观的偏见和无知。他说："近此唯物史观之学说兴起，谓经济之趋势，当求诸历史；历史之变迁，亦根据于经济；二者有相

---

[1] 萧一山：《清代通史》，今西龙《序》，中华书局1923年版，第2页。
[2] 萧一山：《为清代通史下卷讲稿批评事再致吴宓君书》，《清代通史下卷讲稿辩论集》，中华书局1934年版，第28页。
[3] 萧一山：《为清代通史下卷讲稿批评事再致吴宓君书》，《清代通史下卷讲稿辩论集》，第28页。

互之关系,而历史之因革,尤以经济为转枢。此盖社会主义之大旨,而以目前的实际的生计问题为中心者也。吾人既不能不认生计为历史上最重要之问题,亦不能认文化政治纯受经济之支配。盖普通史之内容的评价,为文化、政治、生计三者:文化在社会上占最高地位,故能指导一切;政治握社会上之最大权力,故能支配一切;而个人之生存,社会之维持,又端赖生计,其感受性最敏速最普遍者也。本书取普通史例,故三者亦均衡铨叙之。"① 这是我国史学界反对唯物史观的最早的议论,其理论核心是把文化、政治和经济均衡并列。

萧一山在《清代通史》的导言中,对历史下了一个定义。他说:"历史者,宇宙现象之叙述录也。"这个定义,和他的老师们所下定义完全不同。对不对呢?先看看他的老师们的种种回答。李大钊认为:"历史学就是研究社会的变革的学问,即是研究在不断的变革中的人生及为其产物的文化的学问。"② 这是当时马克思主义者的回答,萧一山当然是不赞成的。梁启超认为:"史者何?记述人类社会赓续活动之体相,校其总成绩,求得其因果关系,以为现代一般人活动之资鉴者也。"③ 又说:"历史者,叙述人群进化之现象而求得其公理公例者也。"④ 曾为萧一山的《清代通史》初版写过序的李泰棻对历史所下的定义,分为广义的和狭义的两种,广义的为"史者研究进化之现象者也",狭义的为"史者,乃研究人类进化之现象者也"。⑤ 以在北大讲授美国鲁滨逊的《新史学》著称的何炳松说:"历史者,研究人群活动特异演化之学也,即人类特异生活之纪载也。"⑥ 这些新史学的倡导者们尽管对历史所下的定义各有不同,但他们的定义有两个显著的共同点:其一是指人群或称人类,其二是进化或称演化。这是非常重要的两点,是区别于旧史学显示新史学特征的两点。萧一山对历史所下的定义恰恰抛弃了这两点。为什么抛弃这两点,他解释说:"历史之定义,学者主张不一,惟综其所取之对象,则大概不外二端:(一)人类;(二)进化现象。

---

① 萧一山:《清代通史》卷上,《叙例》,中华书局1923年版,第1—2页。
② 李守常:《史学要论》,商务印书馆1924年版,第16页。
③ 梁启超:《中国历史研究法》,《梁启超史学论著四种》,岳麓书社1985年版,第107页。
④ 梁启超:《新史学》,《梁启超史学论著四种》,第250页。
⑤ 李泰棻:《史学研究法大纲》,北京武学书馆1921年版,第6页。
⑥ 何炳松:《历史研究法》,1927年印行,第2页。

此二对象,前者取义太狭,而后者又参以主观之见。"①萧一山对历史所下的不正确的定义,一直坚持到底。不过,萧一山虽然反对把"进化"纳入历史的定义中,但他并不是一个历史循环论者,这可以从他的几百万字的清史著作中得到证明。

在萧一山的历史观中,有异常强烈的民族主义色彩。早在1923年,《清代通史》卷上初版问世时,他的关于中国历史的分期方法就是以民族统治特征作为分期标准的。这种历史观在不同的历史时期,在对待不同的问题时,有不同的表现。在如何看待帝国主义、殖民主义的侵略和压迫的问题上,他是一个反帝爱国主义者,站在被侵略被压迫民族一边,伸张正义。在处理国内各民族的矛盾和冲突、统治和被统治的关系时,他站在大汉族主义立场上,歧视甚至敌视少数民族,特别是曾经掌握全国统治权建立了元朝和清朝的蒙古族和满族。在抗日战争时期,他曾投身于伟大的抗日救亡运动。七七抗日战争爆发,他曾上书蒋介石,建议组织战时政府并制定抗战方略。他赞成国共合作,联合抗日,并在开封文史学院开办抗敌工作训练班。他还经常撰文,鼓吹全国团结,全面抗战。这些宣传团结抗战的文章,洋溢着爱国主义热情。1938年7月,他在《抗战必胜之历史的解释》一文中激情地说:"当此生死存亡关头,我们只有两条路:(一)投降即亡国——生不如死;(二)抗战即建国——死里求生。"②

正是在民族危亡、爱国主义激情普遍高涨的历史条件下,萧一山提出了民族革命史观。他首先在1944年出版的《清史大纲》的引论中,作了全面的系统的表述。他说:"我是主张民族革命史观的,尤其讲中国近代史,必须以它为骨干,为史心。因为它——民族革命——整个支配了中国近代社会,一切都是依它为枢纽,而变动的。我们为什么革命?因为帝国主义者压迫我们,不得自由,不得平等,无论是政治上,经济上,或文化上。抵抗是人类的天性,我们能不努力吗?然而压迫我们的帝国主义,是分作三个时期,换了三个对象的,我们的民族革命运动,则始终一贯,不过领导的人物和标帜的口号有些不同罢了。"他认为从清初到天地会到太平天国是民族革命的第一时期,"民族革命的对象是满清,目的是'反清

---

① 萧一山:《清代通史》,导言,中华书局1923年初版,第3页。
② 萧一山:《非宇馆文存》卷2,经世学社1948年版,第4—5页。

复明'，因为满清宰制中国，在当时是异族，本于民族主义的观念，是要抵抗驱除的"。萧一山的民族主义走上了极端，竟至把清政府称为"满清帝国主义"。他认为，第一期的民族革命，经过太平天国之后，有一半成功了。因为反清的目的已达到，政权转移到汉人手里了。爱新觉罗的皇位，不过"尸位余气"而已。从自强运动起到辛亥革命，是民族革命的第二时期，"民族革命的对象，不是满清帝国主义，而是列强的帝国主义了"。这一时期，无论朝野都致力于救亡图存，提倡洋务自强运动，提倡维新变法运动，以至辛亥革命，才推翻清廷建立民国。从讨袁运动起到抗日战争为民族革命的第三时期。这一时期又分作两个阶段，前一阶段民族革命的对象是列强的帝国主义，后一阶段民族革命的对象是日本帝国主义。反对日本帝国主义"是我们民族革命的最后关头，不仅是成败所系，而且是生死攸关，依照历史的趋势来看，只须我们加紧努力，第三期民族革命必然可以完成的"。① 萧一山有句名言："清史亦可谓中国民族革命史，以其与民族革命之源流相终始耳。"② 不仅清史，甚至民国史，也说成是一部民族革命史。他把清朝和民国这三百多年中发生的一切矛盾和斗争，都用民族压迫或民族反抗的因果关系来解释。这不仅使萧一山画地为牢，无法就丰富多彩的清代历史展开多方面的研究，而且还陷入难以自圆其说的困境中。既然第一时期民族革命的对象是清政府（我们不能同意他使用的"满清帝国主义"一词），把天地会、朱一贵、林爽文等领导的起义和洪秀全、杨秀清领导的太平天国称之为民族革命运动，那么，依据同样的理由，王伦、白莲教首领、李文成等先后发动的起义也应该列入民族革命运动。但萧一山却另眼相看，称之为民乱或海贼，如"王伦临清之乱""兰州之回叛""石峰堡之回乱""教民之变乱""东南海寇""天理教之逆谋"等。再如，把洋务自强运动说成民族革命运动，已是十分牵强，而把太平天国运动和外国侵略者支持的湘淮军，这两个血战了十余年、水火不相容的势力集团，也都纳入民族革命运动，这就难以自圆其说了。他在矛盾中寻求解脱，说太平天国为民族革命所作的贡献在于革命的政治影响和思想

---

① 萧一山：《清史大纲》，引论，经世学社1944年版，第1—10页。
② 萧一山：《清代通史》，导言，台湾商务印书馆1980年版，第15页。他还说："一部清史，就是一部中国近代史。"（见《清史大纲·引论》）又说："一部中国近代史，就是一部民族革命史。"见《中国近代史概要》，引论，三民书局1963年版，第11页。

影响；镇压民族革命运动的中兴将帅曾国藩等人为民族革命所作的贡献是使部分满人政权转入汉人之手。民族革命的对象和民族革命的主力，一起为民族革命运动作出巨大贡献。这不是以子之矛攻子之盾吗？

义和团运动，台湾学者多数称之为"拳乱"、"拳变"或"拳祸"。称之为"拳匪"的是少数，称之为爱国运动的也是少数。萧一山既称之为"拳乱""拳匪"，又称之为"爱国保家运动"，说他们"有民族自救观念"。自三十年代到六十年代，他一直持此观点。但是他的民族革命史观，在义和团问题上却不能一以贯之。拳民们虽昧于鬼神，且盲目排外，但反帝爱国的旗帜是鲜明的，和帝国主义血战到底至死不悔的气概是众所周知的，难道不应视为民族革命运动？与帝国主义有千丝万缕联系的洋务运动、戊戌变法，都属于民族革命运动，而与帝国主义血战到底的义和团，却认为是"反动之横流"。对于义和团的这种评价，他曾多次予以阐述。他说："孙中山先生组织兴中会以从事于革命；康有为则赴京伏阙上书，倡维新之论，遂有戊戌变法；二人所代表者，一为全国之民众，一为士大夫阶级，然皆由民族自觉而发生之救国运动也。至于庚子事变在本质上亦系救国运动，惟思想愚昧，方法笨拙，显然为反动之横流而已。"[1] 在四十年代说得更明确："他们的行动极端幼稚可笑，愚昧堪怜，但他们的用心是爱国的，自救的，也可以说是民族自觉运动，不过不是革命的正轨，而是反动的横流罢了！"[2] 既斥之为"匪"为"拳匪"，又赞之为爱国的民族自觉运动，萧一山在义和团的评价问题上，又一次陷入了自相矛盾之中。

萧一山的民族革命史观是在抗日战争时期形成的，其中心思想是反帝爱国主义。1938年7月发表的《抗战必胜之历史教训》一文，标志着他的民族革命史观的初步形成。该文明确提出民族革命开始于明末清初的天地会，民族革命分为两个阶段：第一阶段，革命对象是清廷和列强；第二阶段，革命对象是列强和日本。在1944年出版的《清史大纲》的导言中，萧一山进一步阐明了他的民族革命史观。

萧一山的民族革命史观，是在反帝爱国热情的激荡下推演出来的一种历史观，并不是建立在科学的基础之上。正如他自己所说："于民族受病

---

[1] 萧一山：《清代通史》卷下，台湾商务印书馆1980年版，第2156页。
[2] 萧一山：《清史大纲》，经世社1944年版，第281页。

之由来，则发为哲学之新解；于革命前途之推阐，则演为史观之创说。"①正因为如此，随着人民革命事业的发展，萧一山的民族革命史观发生了根本性质的变化。抗日战争胜利之后，特别是他迁居台湾之后，在1963年出版的《清代通史》导言中，以及在同年出版的《中国近代史概要》引论中，都增加了所谓民族革命的第三阶段，即所谓"反共抗俄"的历史阶段。这不过是重复国民党反动报刊政治宣传中的陈词滥调而已，没有什么值得评述的学术内容。

抗日战争时期，萧一山在提出民族革命史观的同时，还倡议建立新的民族哲学。他说："从近代以来，和我们接触的民族不同了，文化也不同了，我们都未能彻底认识，所以才有数十年受制于帝国主义，以及目前生死存亡的大难。"②"要想民族强大，又必须先有一种哲学的理论，深入人心，使每个份子都知道他对于民族所应负的责任。"③萧一山所要建立的民族哲学就是民族主义为出发点，提倡民至上，认为"民族是文化的创造者和支持者，也是历史的唯一动力"。④在抗日战争时期，在民族主义普遍高涨的历史条件下，萧一山提出建立新的民族哲学，是出于对祖国的热爱，对本民族的希望，激励民族自信自强，以战胜日本帝国主义。但它只是感情的产物，不是深刻的哲学思考，没有坚实的科学依据。由于他提倡民族至上，认为民族就是历史的一切，民族是历史的唯一动力，这就使他在阶级和民族的关系问题上，以及如何看待历史上阶级剥削和阶级压迫问题上陷入无法自圆其说的困境。

萧一山认为历史上只存在民族剥削和民族压迫，特别是在中国历史上，从来就没有阶级剥削和阶级压迫，中国有史以来就是自由和平等的。他说："中国没有绝对不平等阶级，至少在成文历史中，是找不出来的。""中国社会组织，可以说是最文明的，最讲平等的，虽没有成文法律规定各种自由平等权，但是不成文的习惯法，已享受了几千年。""在这没有严格的阶级社会中，只靠能力来发展，才是真正的平等呢！况且政府对于人民，纯粹是放纵的，人民对于政府，也只有纳税的义务，一切都很自

---

① 萧一山：《非宇馆文存》上册，《自序》（1942年5月7日），经世学社1948年版，第1页。
② 萧一山：《建立新的民族哲学》，《非宇馆文存》，1948年版，第106页。
③ 萧一山：《建立新的民族哲学》，《非宇馆文存》，第107页。
④ 萧一山：《建立新的民族哲学》，《非宇馆文存》，第107页。

由，如言论自由，通信自由，集会结社自由等，中国人早已享受了。"[1]任何一位忠实于中国历史的人都不会赞同这种观点。古代墓葬里的大量人殉，历代食货志中关于贫无立锥、奴隶买卖一类的记载，遗存至今的租佃契约和卖身文书，以及法律条文中的同罪不同罚等等，有数不清的例证说明萧一山的论断是完全不正确的。

三

作为一个爱国主义历史学家，萧一山的反帝爱国思想，贯穿在他的一生的著述中。早在二十年代初《清代通史》卷上问世时，反帝爱国思想就是该书的主要线索。蒋梦麟在序中已指明这点，他说："鸦片一役而后，外力日逼，国势陵夷，凡百举进，莫不受制于外力，清代史上如此线索，读萧君此著者，当不难循搜之也。萧君于其首卷，既详述清开国之隆绩矣，其于道光以降之部分，当亦必指出此期史中外力侵入影响，使读者知今日国势之由来，而有所以愁惕焉。"[2]为了把列强侵略中国之史实，用最简捷的方法让读者一目了然，萧一山采用了特别的体例，编制了《清代外交约章表》，置于卷中之首。他在叙例中说："百年得失，触目伤感，努力修废，责在吾民。"[3]这是他编制《清代外交约章表》的目的。此表凡二十门，以立约之先后，分国编辑。表分六栏，其中"原委""约款纲要"两栏，简明扼要，一看便可明了条约的性质。"附说"一栏是作者对该条约所作的评论，清晰地表明了他的爱国主义立场、对清政府内政腐败、外交失策以至丧权辱国，也予以有力的抨击。对各项不平等条约，从维护国家主权、民族尊严的立场上，对俄英美法日等列强的侵略予以谴责。例如，关于《江宁条约》的后果，他写道："此约为中外交通之最大关键，而耆英、伊里布不谙敌情，遽与订约。约内如五口通商、偿费、传教各款，凡英人所要挟以求者，皆不惜如愿以偿。自是欧西各国，闻风而至，无不援请立

---
[1] 萧一山：《自由与平等》，《非宇馆文存》卷1，第103—107页。
[2] 萧一山：《清代通史》，蒋梦麟《序》，中华书局1923年版，第1页。
[3] 萧一山：《清代通史》卷中，《叙例》，中华书局1925年版，第1页。

约，长敌志而生戎心，肇后来无穷之患，皆此约开其端也。至于鸦片弛禁，人民受其流毒，国用罄于漏卮，无形损害，更无涯涘矣。"①对沙皇俄国的侵略，专列一节"俄人东侵史略"，叙述自十五世纪末叶起沙皇俄国向东扩张的历史。这是二十年代问世的几部清史著作中关于列强侵华历史的最正确的评述。

萧一山在抗日战争时期出版的《清史大纲》（次年改名《清代史》），反帝爱国的主线更加突出。全书共分十章，其中有一半以上的内容是属于这方面的。如第五章，民族革命的新对象；第六章，民族革命的壮澜；第八章，西方帝国主义之压迫；第九章，东方帝国主义之压迫；第十章，民族自觉与国民革命。这些醒目的标题，给人以强烈的时代气氛。此书第八章第二节为"帝国主义之性质"，作者从三个方面剖析了帝国主义。第一，资本主义国家贪图在外国投资，有些资本家要利用政治的压力去获得投资的机会。第二，资本主义国家利用机械制造、大规模生产而获得的廉价产品，在海外争夺商品市场。争市场等于争属地，要靠武力的侵略和政治的压迫。被压迫的国家，一旦丧失关税自主，就永无发展工业的可能，就沦为它们的次殖民地。第三，帝国主义与资本主义的关系是原料的寻求。帝国主义要寻找工业的原料，就大肆侵略，使次殖民地的出口税减轻，可以得到廉价的原料，然后使成本减轻，才能以廉价的制成品向市场竞争。由此可看出，萧一山的分析虽不十分正确，但已接触到了帝国主义侵略的本质。他谴责帝国主义对弱小民族的武力侵略和政治压迫，同情被压迫民族反抗帝国主义的正义斗争。②对于一个资产阶级历史学家，在四十年前能有这样的认识，诚如梁启超所说是"识力精越"。

六十年代初，萧一山在台湾修订《清代通史》时，对清末中国受帝国主义四面包围的形势，作了概括的分析。他写道："……尤以日本自1868年改元明治，迁都江户，锐意维新，亦加入帝国主义侵略之集团。帝国主义者之数目既多，其竞争之程度亦愈高。加以达尔文物竞天择适者生存之学说为之鼓励，益视优胜劣败弱肉强食为自然淘汰之公例，于是侵略之行动，毫无忌惮，如疯如狂。吾人面临此种国际形势，殆如四面楚歌，俄之

---

① 萧一山：《清代通史》卷中之一，《清代外交约章表》，中华书局1925年版，第27页。
② 萧一山：《清史大纲》，经世学社1944年版，第227—232页。

于北，日之于东，英法之于西南，美德意之于海上，层层包围，故至光绪年间所有大政，几无一不与外交有关，亦无时不与帝国主义者抵抗斗争，因而政治、文化、经济更无一不受其影响，发生剧烈之变动。清末三十余年之历史，诚所谓存亡绝续之交，四国多虞，乱斯极矣。"①这些见解是深刻的，显示出一位爱国主义史学家对祖国历史的沉痛思考，对帝国主义侵略行径的鄙视和愤怒。

如何认识国内的阶级剥削和阶级压迫，情形就完全不一样了，除了被他看作民族革命运动的少数几例以外，他不承认劳动人民反抗剥削和压迫的正义性，更不承认苦难深重的人民，有权利拿起武器去推翻腐败的反动政府。不管政府如何腐败，人民生活如何困苦，都应该驯从地接受它的统治。如果反抗，就是叛逆；如果揭竿而起，就是"流寇"就是"盗贼"。他的这种观点是一贯的，但又随着现实政治形势的变化而有所变化。当《清代通史》卷上初版问世时，第十一章是"明国之覆亡"，其中有一节为"流寇之猖獗"，文中指高迎祥、李自成、张献忠、罗汝才等为"群盗""马贼""流贼"。这种写法，本不足怪。但萧一山却在文末写了一段"附言"，表白如此写法原非本意，只是"俗见移人"，自己"亦不能免"，而不得不如此。索性把隐衷公之于众，他写道："李自成以匹夫奋起，得称尊号，严格论之，似与群寇不同。'胜者王侯败者贼'，使自成果成大业，孰不以高祖皇帝称之，而媲美于刘邦、朱元璋之徒哉？俗见移人，吾亦不能免于成败之论，而统谓之曰：'群盗'、'流寇'、'贼'，亦可知英雄之有幸有不幸已。"②以后几版，这则关于不能免于俗见的"附言"，原文未动。1944年3月，郭沫若在《新华日报》上发表了《甲申三百年祭》，立即遭到国民党《中央日报》的抨击，一场风波，把历史与现实的紧密联系，推上了高峰。1953年10月，台湾国民党当局编印了《历代汉奸流寇的下场》，以"国防部总政治部"的名义印行。此书第八章是"好勇斗狠残忍成性的李自成"，第九章是"以杀人为嗜好的张献忠"。这是一部以历史为题材、广泛印发的政治课本。此书一出，历史和政治的联系，又被推上了一个新的高峰。视李自成、张献忠等为流寇，是任何人也不能持异议的国

---

① 萧一山：《清代通史》卷下，台湾商务印书馆1980年版，第1021页。
② 萧一山：《清代通史》卷上，中华书局1923年版，第57页。

民党当局的官方观点。萧一山在这样的政治背景下修订《清代通史》时，删去了那则不能免于俗见的"附言"。

太平天国革命为清代历史上的重大政治事件，这是持任何一种观点的人都不否认的。有的学者认为："其重要性与法国大革命，美国南北战争相仿佛。"[①] 如何评价太平天国，这从太平天国运动爆发以来，一直是有争议。而且对于它的评价往往与政治态度紧密相连，辛亥革命以后，仍然如此。它一直为学界所重视，也一直为政界所重视。《清史稿》是否应当查禁，太平天国的评价问题便是争论的焦点之一。萧一山对太平天国的评价，一向持高度赞扬的态度。在1944年出版的《清史大纲》，便称太平天国为"民族革命的壮澜"，是"惊天动地的事业"。"它的意义非常重大，它的影响相当长远，我们应该避除一切成见，极客观的写出它在近代史上的地位"[②]。由于他在英国搜集到一些流散在海外的罕为人知的太平天国的重要文献，加上他克服了视太平天国为长毛贼的陈腐观念，所以他在三十年代成为享有盛名的研究太平天国史的权威。他的关于太平天国的研究成果，是作为清史的一部分问世的，其中有不少独到的精辟的见解。关于太平天国革命的时代背景，他指出了帝国主义入侵这一非常重要之点。他说："帝国主义者闯进了中国，滔滔白祸，使人民感觉着将来的压迫，患无已时，遂发出一种自觉的反抗运动。"[③] 关于太平天国初期顺利发展的原因，他说："当时一般的民众，正陷于天灾人祸水深火热之中，在饥饿死亡线上挣扎，洪秀全以未来的福音，麻醉了他们的惨痛，使他们憧憬于'天堂'永生的快乐，去跟着'打江山'。"[④] 他还指出上帝会最初的信徒只有一些贫农，杨秀清、秦日纲领导的大多数为被排斥受苦的客家人。后来在长江一带加入的，仍是农村里的贫民。他还说："洪秀全是代表贫农阶级的，中国社会在嘉庆以后，人口和土地的不均平，已成很严重的问题。他们目击身受，知道一般贫农最大的痛苦，是耕者不能有其田。"[⑤] 萧一山认为，民族主义思想也是太平天国初期顺利发展的原因之一。他说："汉人受压迫

---

① 简又文：《太平天国全史》卷首，邓嗣禹《序》，香港：简氏猛进书屋1962年版，第9页。
② 萧一山：《清史大纲》，经世学社1944年版，第163页。
③ 萧一山：《清史大纲》，第163页。
④ 萧一山：《清史大纲》，第179页。
⑤ 萧一山：《清史大纲》，第191页。

约二百年，民族思想早已潜滋暗长，一旦遇着春雷惊蛰，焉有不茁茁旺盛的道理？洪秀全虽代表贫农阶级起来革命，可是他本身不见得是没有饭吃的，而韦昌辉、石达开、胡以晃却还称富有之家。可见他们的革命，不仅是受生活的压迫，尚有民族意识在内。"[1]关于太平天国失败的原因，他认为"事之不成，时代使然"。什么时代呢？他说："以洪杨所处之环境，正列强帝国主义方张之时，以洪杨所受之教育，正满清钤制政策生效之后，世界潮流，暗昒无识，中国变局，憒然莫辨，以故袭耶教之余义，而不能革新文化，利用外交；受儒家之影响，而不知托古改制，汲引士人；其败宜也。"[2]他把洪秀全和曾国藩作比较说："曾国藩是翰林出身，其教育程度，比洪秀全高得多，等于一个大学教授和小学生。"[3]萧一山在许多问题上，如鸦片战争、洋务运动、戊戌变法等等，往往把教育程度的高低、知识的多寡，看作事业成败的关键。这一看法在学术界有广泛的影响。

萧一山对太平天国革命的影响，评价之高，无出其右者。他说，"一线相承之民族主义，一瞥所见之民权民生主义，均足以启后圣而开新运，为国民革命之先河。"[4]在稍后一点问世的《清史大纲》中，有"太平天国革命的影响"一节，从民族革命、政治革命、社会革命三个方面，系统地说明了太平天国革命的影响，详细地完整地阐明他的观点。到了台湾之后，于1952年8月4日在台北举行的一次报告会上，他作了题为《太平天国革命运动及其影响》的长篇报告。其中特别引人注目的是如下一段奇文："太平天国的经济制度，在世界革命史上有地位，因为它影响了欧洲的共产主义。"还说"太平天国的经济制度，就是一种共产制度"，"这是一种'共有共享'和'各尽所能，各取所需'的社会"。[5]稍后，萧一山在《清代通史》修订版中说："此为世界社会主义者梦寐以求之理想，不意洪秀全能于百年前实行之，以故外国学者常称秀全为社会革命家也。"[6]不必多加分析，稍有常识的人都会知道，这些说法是完全违背史实的。如此不顾史实，无非是

---

[1] 萧一山：《清史大纲》，经世学社1944年版，第180页。
[2] 简又文：《太平军广西首义史》，萧一山《序》，重庆商务印书馆1944年版，第5页。
[3] 萧一山：《清史大纲》，第186页。
[4] 简又文：《太平军广西首义史》，萧一山《序》，第5页。
[5] 萧一山：《太平天国革命运动及其影响》，（台湾）《大陆杂志》第5卷第3期，第30—31页。
[6] 萧一山：《清代通史》卷下，台湾商务印书馆1963年初版，第329页。

为了迎合台湾当局的政治需要，故意混淆平均主义与科学社会主义的区别，以太平天国失败的历史，证明共产主义在中国是行不通的。如果说萧一山这些话的政治含意还不十分明显的话，张其昀为《洪秀全载记》增订本所写的序言，就把改写太平天国历史的政治目的和盘托出了。

萧一山颂扬太平天国是"民族革命的壮澜"，"为国民革命开崭新的道路"，并用虚拟的口气说："倘若它成功了，至少可以缩短民族革命的时间，保存后来为国民革命而牺牲的大量人材用在建设方面。我们的民族复兴，或者要早实现若干年。"① 既然如此，镇压太平天国就不是正义的，对曾国藩等人镇压屠杀太平军的行为，就不应该颂扬。可是萧一山对曾国藩镇压太平天国一事作了极高的评价，赞扬他挽救了清朝，保持了中国文化，把满人政权转移到汉人手里。为什么曾国藩要挽救清朝呢？萧一山说："他怕满清的灭亡，要引起长期的内乱。他是深知中国历史的，我国几千年来，每换一次朝代，总要经过长期的割据和内战，然后天下才得一统太平。在闭关自守无外人干涉的时代，内战虽给人民无穷的痛苦，尚不至于亡国。到了十九世纪，有帝国主义者环绕着，长期内战就能引起亡国之祸。曾国藩所以要维持满清，最大的理由在此。"② 这样说来，消灭太平天国是曾国藩为挽救祖国免遭帝国主义灭亡所建立的丰功伟绩。这一著名论断显然和他的另一著名论断是自相矛盾的，即太平天国为民族革命前驱，如果胜利了将提前若干年实现民族复兴。这两个互相矛盾的论断，都是1944年分别在两部专著中提出的，而二十年后这两部专著修订再版时也没有修改，一直让它们互相对立地并存着。

萧一山一生专治清史，在一些重大问题上有轻率判断，或对史料的运用上以臆测代替严谨的考证，这些都不足以湮没他在清史研究中的巨大成就。

以一人之力，治头绪纷繁之清史，自满洲兴起至清室倾覆，长达三百余年。政治、经济、军事、文化、中外关系，三百年间变化之速，为数千年来所不曾有。朝廷内的政治斗争，连绵不断而且是若明若暗，民间的秘密反抗和公开的武装反清，层出不穷。各派政治势力纷纷登台，国外的和

---

① 萧一山：《清史大纲》，经世学社1944年版，第193页。
② 萧一山：《曾国藩》，重庆胜利出版社1944年版，第178—179页。

国内的，在朝的和在野的，民族的和宗教的，公开的和隐蔽的，革命的和反动的，进步的和保守的，派别之多，宗旨之繁，为清以前历朝所未有。而资料之多，成果之少，也是人所共知的。今日常见的资料如《清实录》，当时深藏宫禁，1936年才影印刊布。1927年完成的《清史稿》，印成后又遭查禁。一位二十余岁的在校青年，藐视这一切困难险阻，发愤撰修清史，誓为中华史坛增光。以一人之力，完成数百万字的清史巨著，迄今为止，仅萧一山一人。

一个人的能力是有限的。面对着浩如烟海的史料，成千上万的研究课题，要想拿出尽美尽善的作品来，是根本不可能的，也不应如此苛求。在萧一山五十多年的清史探索历程中，不可避免地发生这样或那样的失误，就像各个领域内开拓前进的大师们一样，错误总是难免的。尽管他的历史观是我们所不赞成的，但我们并不因此抹杀或者贬低他在清史研究中的卓越成就。对于前人的探索历程，无论成功或者失误，都值得认真加以研究；凡是为祖国学术文化事业作出过重大贡献的人，都值得我们崇敬和怀念。

（原刊于《清史论丛》第八辑）

史学大师郑天挺先生的宏文卓识

——纪念郑天挺先生百年诞辰

陈生玺

郑天挺先生是我国当代蜚声海内外的史学大师和教育家，尤以治明清史的学术实绩盛誉流传，其宏文卓识使学界同人深为钦佩。先生生于清末而求学于民初，在当时用新思想研究历史者，多竞相涉足于元明以前的古代，而致力于明清史尤其是刚刚灭亡之清代的历史者为数甚少，仅有前辈学者孟森，稍后则有萧一山等人而已。先生独具慧眼，于30年代初即着力于清史，孟森谢世之后，他继续开拓清史研究的领域，中经抗日战争、新中国建立，以讫十一届三中全会拨乱反正之后，前后50年，其间虽历经艰辛坎坷，但他孜孜以求，坚持不懈，除了对明清史上的一些重大问题研究而外，又对三国、隋唐、古地理学、音韵、校勘、史料学，都用力甚深，取得了不少的成就。这些成就除了收集在他的《清史探微》（1946）、《探微集》（1980）、《清史简述》（1980）而外，还体现在他主持编辑的《明末农民起义史料》（1952）、《宋景诗起义史料》（1954）、《中国通史参考资料》（1964）、《史学名著选读》（1964）之中。此外更重要的一部分则包括在他执教60年期间各种授课讲义和学术演讲之中。他之所以能取得这样大的成就，一是他继承了中国古代文化的优良传统，尤其是清代朴学的传统，重事实，反浮夸。五四以后，他又吸收了科学与民主的新思想，视野开阔而不泥古。新中国建立后,他又认真地学习马列主义,力求用历史唯物主义的观点和方法研究历史;二是在个人思想修养上,他是一个执着的爱国主义者,始终把自己的研究和国家民族的命运相联系,他的每一项研究都是有为而发,极富于个性,这是他的学术生命力之所在。可以毫不夸张地说,50年来,凡研究清史者,无人不知先生,无人不读先生之书。改革开放以后,清史研究在历史学科当中从人数最少,发展到现在规模最大人数最多,不能不说是先生培养后进和继往开来之功。今年是先生诞辰百年和逝世18周年纪念,略述先生的学术成就,以资怀念先辈和启迪后学。

一

郑天挺先生原名郑庆甡,字毅生,祖籍福建长乐,清光绪二十五年七月初四(1899年8月9日)生于北京。父郑忱为光绪十六年(1890)进士,曾任翰林院编修、顺天乡试同考官、奉天学政、京师大学堂提调(教务长)等职。母陆嘉坤,广西桂林人,亦通经史,曾任天津北洋高等女子学堂总教习。光绪三十一年(1905)他年仅6岁,父亲去世,次年母亲又病故,遂与其弟寄养于亲戚家中,由表舅梁济监护。他自幼好学,酷爱文史,民国6年(1917)考入北京大学国学门,后积极参加了五四爱国运动,走向街头,示威游行,反对卖国贼,火烧赵家楼。10月日本帝国主义枪杀福州人民的"闽案"发生,北京34所学校3万人在天安门集会抗议日本帝国主义的暴行,郑天挺先生积极投入这一运动,并组织参加了旅京福建学生联合会,任主任干事,以"攫日"的笔名在《闽潮周刊》上发表文章,宣传打倒日本帝国主义。民国9年(1920)毕业后应聘于厦门大学,参加该校筹建工作。次年先生进北大研究所国学门,受业于钱玄同,研究中国文学音义起源。钱玄同(1887~1939年)是声韵训诂学大家。天挺先生受其濡染,对古文字和音韵学有深厚的基础。在此期间,他又参加了北京大学明清档案的整理工作,奠定了他后来从事明清史研究的基础。民国11年(1922)他曾在中国法权讨论委员会任秘书,利用该会的档案资料撰写了他第一部学术著作《列国在华领事裁判权志要》一书，用历史事实揭露了帝国主义以"强者蔑视弱者"的态度，强行在中国设立领事裁判权的经过，主张领事裁判权必须废除。次年该书以法权讨论委员会的名义出版，获得了法学界的好评，时年仅25岁。

民国13年（1924）他任北大中文系讲师，后来一度辗转于广州、浙江任职，19年（1930）再回北大教书，二十二年任秘书长，虽在中文系教课，但他的兴趣却在清史。他说他出生于清末，人在北京长大，从一些亲友中耳闻了许多清人掌故，一直到他工作后，许多北洋政府的官职，还受清代的影响，所以他对清史有浓厚的兴趣。当时孟森（1868~1938）在北大执教，曾发表《清初三大疑案考实》，在学界影响很大。其中关于太后下嫁多尔衮一事，尤为世俗所乐道。孟森认为以多尔衮称"皇父"为太后下嫁之一证不足据，他说"皇父"之称犹古代汉人之称"尚父""仲父"，是由于对功大者的一种尊称，所谓"由报功而来，非由渎伦而来"。胡适在该文的附言中则认为这种说法"终未能完全解释'皇父'之称的由来"，"鄙意绝非轻信传说，终嫌'皇父'之称似不能视为与'尚父''仲父'一例。"理由仍不充分。① 对此，郑天挺先生撰《多尔衮称皇父之臆测》一文②，作了回答。经他考证，多尔衮因率兵入关有功，顺治元年（1644）十月封"叔父摄政王"，原辅政之济尔哈朗封为"辅政叔王"，在此"叔父王"与"叔王"已有尊卑之区别，顺治四年（1647）多铎因征蒙古苏尼特部有功，晋封为"辅政叔德豫亲王"。济尔哈朗因府第逾制罢辅政叔王，仍称"亲王"。由此可知，在清制"叔王""叔父王"乃一种显示亲王爵禄尊卑之专称，不像汉人"叔父"与"叔"是家人对长辈的称呼没有分别。顺治二年（1645）五月曾明确议定"皇叔父摄政王"因为辅佐皇上主持国政，他的称号与仪注都比其他亲王为隆，凡遇庆典满汉大臣朝贺皇帝毕，必须往贺"皇叔父摄政王"。顺治五年（1648）十一月冬至，福临祭告天地追封先祖时曾明令公布"加皇叔父摄政王为皇父摄政王，凡进呈本章旨意，俱书'皇父摄政王'"。由此可知"皇父摄政王"是清初的一种爵

---

① 孟森：《明清史论著集刊续编》，《太后下嫁考实》，第163页，中华书局1986年版；附录一，《胡适之君来书》，第168页。
② 原刊《国学季刊》6卷1号，改题《多尔衮称皇父之由来》，收入《探微集》，第110~122页，中华书局1980年版。

禄，高于其他亲王，而低于皇上，皇上是他的侄子，由于他的功劳大，权势重，再没有更高的爵禄，乃加以"皇父摄政王"之称，"摄政示尊于国，皇父示尊于家"。考之满文，父亲称阿玛，满洲旧俗对尊者亦称阿玛，"皇叔父摄政王"满文为 Han i cike ama wang，应译为"汗（君）的叔父父王"。"皇父摄政王"为 Han i ama wang，应译为"汗（君）之父王"。两种称呼都有"父王"即阿玛王的称号。据此他得出结论说："'皇父摄政王'即为当时之最高之爵秩，多尔衮之称'皇父摄政王'复由左右之希旨阿谀，且其称源于满洲旧俗，故决无其他不可告人之隐晦原因在。其后《清实录》所以削之不书者，盖汉化日深，渐觉其事之有嫌僭越不相称耳。"他的这一论断不仅说明了多尔衮称"皇父"之由来不一定与所谓太后下嫁有关，更重要的是说明了在清初多尔衮地位的重要，实为满族入关后清王朝的奠基人，开创了研究多尔衮的先声。随之他利用明清档案材料写了《墨勒根王考》[①]，论述了多尔衮被削爵后，官书记载称"睿王"，在清人内部档案中则出现了"墨勒根王"。他考证，墨勒根王即多尔衮，此称源于满洲旧称，天聪二年（1628）多尔衮征蒙古有功，皇太极赐以墨尔根岱青之称号，墨尔根，满语意为善射者，后来引申为汉语聪明之意，岱青，蒙古语为统帅。《释阿玛王》（1940）论述了多尔衮在当时西人中的称号，实际源于满文父王之意。《多尔衮与九王爷》（1936）考证了俗称多尔衮为九王爷之来历，多尔衮为努尔哈赤第十四子，伦次不当称九王，清有王爵始于皇太极崇德元年（1636），多尔衮始封睿亲王，此前称贝勒，多尔衮在贝勒中排列第九，时无王爵，贝勒最大，故称贝勒为王，九王爷即九贝勒也。澄清了有关多尔衮的一些问题，对研究清史也是一项开拓工作。

在此期间，他又研究了清代著名学者杭世骏《三国志补注》与赵一清《三国志注补》问题，澄清了清代一个重要的文案。杭、赵两人都是浙江杭州人，生当同时又同里，且交谊很深。杭世骏著有《石经考异》《道古堂集》；赵一清著有《水经注释》《东潜文稿》；两人关于《三国志》注释的著作，生前均未刊行，文集中也未述及，在他们逝世以后，人们发现杭书650余条中，与赵书相雷同者402条，于是便怀疑赵书系抄袭杭书而

---

① 原刊天津《益世报》1936年10月22日，收入《探微集》第123~127页。以后郑先生著作凡收入《探微集》者，不再出注。

来。赵一清之《水经注释》为《水经注》中的名作，其《直隶河渠水利书》为他人所窃，其人学问渊博，绝非攘美窃名者之流。郑先生利用他的校勘学知识，对两书进行了详细的对勘和考证，考证出杭世骏生于康熙三十五年（1696），卒于乾隆三十八年（1773），终年78岁。赵一清生于康熙五十年（1711），少杭世骏15岁（卒于乾隆二十九年，年54岁，为孟森所考定）。赵一清之父赵谷林与杭世骏是挚友，故而两家过从甚密。杭世骏补注《三国志》在雍正八年（1730）之后乾隆元年（1736年）之前，赵一清与杭世骏过从甚密始于雍正六七年间，两人同在杭州西湖志局修志，赵一清任分校，曾互相讨论学术。雍正八年，赵一清即与其叔父前赴北京。所以杭世骏补注《三国志》时，赵未在杭州。乾隆元年，杭世骏与赵一清之父赵谷林同赴北京应博学鸿词科，赵氏下第，杭世骏及第授翰林院编修，于乾隆八年（1743）解职南归。赵一清于乾隆七年南归，两人复有往来。由此可证杭世骏注《三国志》时，赵氏年方弱冠，杭氏之书在赵氏之书前，杭氏之书绝非抄袭于赵书。而赵氏之作为何时，无明确记载。但赵氏之书曾引用过杭书，其书卷三《注补·楚王彪传》曾引"杭氏世骏曰"，可见后来赵氏注补《三国志》时确曾见到杭书，而赵书虽与杭书有部分雷同，但赵书引证多于杭书七八倍，而且纠正了杭书许多错误。所以赵氏之书并非抄袭，所可惜者两书都未成稿，故而引起了许多疑问。最后他说："窃意杭赵两书，盖由世骏创为义例，发其端绪，一清踵而广之，故体裁相同，证据相近。然两书均未完成，故两家集中未尽其事"。"古人同治一学，相互勘正……偶或雷同，固不能目为剽窃，吾人不应以疑词厚诬前贤者也"。他用多条考证对比，证明赵书优于杭书，为赵一清恢复了名誉。他的专论《杭世骏〈三国志补注〉与赵一清〈三国志注补〉》刊于1936年《国学季刊》第5卷第4期首篇，受到当时学术界的好评。随之他影印了赵书，在《景印〈三国志注补〉序》中，总结赵书之优点有十：音义、地理、典制、人物、载籍、故实、异同、违误、史法、校雠。虽有缺点，"然其采摭恢宏，抉摘精审，要亦裴氏之亚也。"① 此序肯定赵书仅次于晋裴松之的《三国志注》。

---

① 刊天津《益世报》1936年9月10日《读书周刊》第65期。

对此，孟森又作《书郑毅生先生景印三国志注补序后》[①]，肯定了郑天挺先生的发明，又叙述了赵一清《水经注释》中《直隶河渠水利书》130卷先为戴东原占为己有之经过，又被王履泰化名《畿辅安澜志》于嘉庆朝进献得官，刻入武英殿丛书中。又重复申明了一段文案。

他写的《张穆〈㐲斋集〉稿本》，证明此稿本中有何秋涛、何绍基二人的批注，后来的刻本与此稿本多有不同。张穆（1805~1849）清代著名的舆地学家，书中涉及清代边疆地理若干重要问题。另著有《蒙古游牧记》为研究清代蒙古之名作。

二

民国26年（1937）国难家事不幸接踵而来。这年初春，他的夫人周㣲不幸病逝，留下5个子女，长女不过13岁，幼子年仅3岁，对他的精神打击很大。从此，他再未续娶，决心以学业为重。七七抗战爆发，北京大学与清华大学、南开大学决定南迁，先迁至长沙，后迁至云南昆明，组成西南联合大学。在此国难当头之时，他毅然留下5个子女让他的弟弟在平照顾，只身随校南迁，并担任着迁校的繁重工作。在离京前，他曾去医院看望生病垂危的孟森先生，不久孟森先生逝世。郑先生曾作《孟心史先生晚年著述述略》作为纪念。这是当时学术界第一篇系统介绍孟森先生学术成就的文章。他到昆明后，代表北大参与西南联大的筹备，后又任西南联大总务长。在抗战期间，大后方的物质条件极为困难，他在校务工作繁忙的情况之下，仍挤出时间坚持教学和研究工作。他认为在抗日战争时期，一个爱国分子，不能身赴前线或参加革命，只有积极从事科学研究，坚持谨严创造的精神，自学不倦，以期有所贡献于祖国。他用这种思想教育学生，也勉励自己，他在学术上的重大建树就是在这一时期作出的。

当时日本帝国主义扶持清废帝溥仪，在东北成立伪满洲国，辖东北三省，以长春（当时称"新京"）为界，以北称北满，以南称南满，将满洲

---

① 孟森：《明清史论著集刊续编》第512~516页。

作为地名，妄图从中国割裂出去。对此，郑天挺先生奋起而作《清代皇室之氏族与血系》一文，予以驳斥。对清史上一些重要问题：满洲的族称、满洲先世在元明的地位、爱新觉罗姓名的由来、氏族与旗籍、清代诸帝之血系、佟氏与汉人、满汉通婚之禁、选秀女之制都进行了详细的论述。他说："清代以满洲表部族"，满洲是族称而非地名，也不是什么国名。《太祖武皇帝实录》述满洲源流说："其国定号满洲。"当时之所谓国，与海西四部之乌拉、辉发、哈达、叶赫、蒙古之科尔沁、喀尔喀都是部族的名称，并非什么国家，也不是地名。洲字本训水中居地，与原野不同，不称"满州"，而称"满洲"，实避土地之名。终清一代，满洲、汉人并称，皆指族称，未曾稍改。"近世强以满洲为地名，以统关外三省，更以之名国，于史无据，最为谬妄，满洲出于建州左卫，为女真支裔，即唐之靺鞨，周之肃慎，乃中华历史上宗族之一，清朝入关后散居中原，更不可以一省一地限之也"。并且指出元代对于女真地方的治理，与西南各地土司一样"随俗而治"，到了明代相沿未改，官其酋长为都督、都指挥等职，"各统其属，以时朝贡"。是臣属于明代的边疆民族，也并不是什么独立的国家。

清代皇室为了表示自己的尊贵，有清一代满汉界限很严，通婚亦有种种限制，但实际上清代入关以后，宫中多汉人妃嫔，世祖诸妃有陈氏、唐氏、杨氏、苏氏，圣祖有王氏、高氏、袁氏、刘氏，世宗有耿氏、齐氏、李氏、宋氏等。若从清朝诸帝母姓的血统而论，除努尔哈赤为纯粹之满洲人外，其余诸帝都是满、蒙和满、蒙、汉之混合血统。例如，皇太极之母叶赫纳喇氏为蒙古人，皇太极则为二分之一蒙古血，二分之一满洲血。顺治之母孝庄后为蒙古科尔沁人，顺治亦为二分之一蒙古血，二分之一满洲血，若加上其父皇太极之蒙古血部分，蒙古血成分更多。康熙之母为佟图赖女，佟图赖父佟养真为辽东汉人，佟图赖母亦为汉人，妻为满洲人，所以康熙为四分之一汉血，四分之一蒙古血，二分之一满洲血。雍正之母为哈达部人姓乌雅氏，雍正为八分之一汉血，八分之一蒙古血，四分之二满洲血而杂叶赫血成分。乾隆之母为满洲人，乾隆有汉血十六分之一，嘉庆之母为清泰女，清泰姓魏，本汉军抬入镶黄旗，改魏佳氏，实为汉人，所以嘉庆时又有新汉血成分。所以他说："清皇室血系之复杂，在宣宗以前累世皆有新血素之参入，此与当时武功之奋张，文化之调融，不无关系。最趣者，清世以龙兴东土朱果发祥之贵胄自炫，而不自知其为汉满蒙古之混合血统；雍正、乾隆轻蔑汉人，时肆诋諆，而自忘其亦有汉人血素。设详求清代外戚血缘以作更密之探讨，可述者当尤过于此。"

辽东的佟氏与汉人，是清史研究中的一个重大问题。努尔哈赤初起时辽东人有佟养真、佟养性投降后金，专事招纳汉人。后来佟养性统帅汉军，使用火器，协助满洲八旗作战，成为清军的一支重要武装力量。佟氏族众皆隶汉军，为清朝的开国功臣。后来清朝国史说佟氏本满洲人，入明边贸易，遂为明人，后金兴起以后复归满洲。佟氏究竟是满人还是汉人，郑天挺先生根据各方面史料考证，佟氏本辽东旧族，始于北燕，族众甚多，明末散居辽阳、开原、抚顺和寄籍湖北江夏，确系汉人，明朝政府追论佟氏投降后金的叛逆之罪时亦视为汉人，清初朝野都视佟氏为汉人。康熙二十七年（1688），佟养真之孙佟国纲忽而上疏说其先祖本系满洲，名达尔哈齐，贸易边境，明人诱入开原，现请改隶满洲，"盖属伪托，其事实不足信"，目的是为了依附满洲，抬高自己的地位。最近有文谓佟氏原系汉化之女真人。① 亦非事实。《八旗文经》载佟世思《先高曾祖三世行略》称其先世居抚顺，北燕时有远祖名万，以文字显，明洪武时始祖名达礼，以边功加指挥同知，曾祖讳养义，"以抚顺族人讳养性者于明万历间获罪，罪应族，于是通族之人，潜者潜，逃者逃，易姓者易姓，更名者更名"②。这更进一步证明佟氏确为汉人，郑天挺先生的结论是正确的。

清朝自己有一些特殊的风俗习惯，这些风俗习惯是女真民族长期发展形成的，在发展过程中，与其他民族也有一定的联系。随着清朝入居中原统治全国200多年，这些风俗习惯也发生了很多变化。这一变化过程正是民族文化互相融合的过程。郑天挺先生在《清入关前后几种礼俗的变迁》一文，对清朝的渔猎、祭告、祭堂子、丧葬、殉死、婚嫁、剃发、衣冠等制度的特点进行了深入的研究，指出他们发生变化的社会原因：例如渔猎，本女真旧俗，来源于早期的渔猎生活，满洲人尚武，特别重视打猎，入关前每年有三四次大规模的打猎活动，借以奖励武事和进行军事训练；入关

---

① 侯寿昌：《辽东佟氏族属旗籍考辨》，载《明清档案与历史研究》，上册，第362~372页，中华书局1988年版。
② 陈寅恪：《柳如是别传》，下册，第975页，上海古籍出版社1980年版。

以后顺治、康熙、乾隆都屡次告诫子孙要勤习武事，保持祖先的尚武传统，事实上已逐渐流为形式，把行猎视为一种负担。他举例说："康熙偶尔用了本人射得的鹿尾，钓来的鲢鲭，献给他的母亲和祖母，还有些旧日风气，其后每年的秋狝，实在只是游幸，而八旗官兵的冬初步猎，更属具文，至于渔猎更不用谈了，不惟最初的意义不存，就是旧的形式也没有了。"

又如祭告，满洲旧俗，凡有大盟誓，要杀乌牛、白马祭告天地，将所杀之牛马削去肉，只用白骨祭祀，并设酒一杯、肉一碗、血一碗、土一碗，对天地而誓，誓词中有"如背盟则似此血出、土埋、骨暴而死，如践盟则食此肉、饮此酒、福寿永昌"。入关以后，很少有这种祭告，在每年圜丘祭天时，所列祭品全是黍、稷、枣、粟，虽然也有牲牢，多是牛羊，也不见乌牛白马，完全汉化了。

清朝最坚持自己民族习俗的是剃发和衣冠，不仅自己坚持不变，还要汉人一律遵从，作为政治上顺逆的表示。下江南后，下剃发令，造成了江阴起义坚持了80余日的浴血战斗和嘉定三屠的惨案，但可注意的是汉人女子始终没有接受满洲人的装束，礼服仍是凤冠霞帔，便装是上衣下裳，民间传说汉人对清"生降死不降，男降女不降"是出于洪承畴的建议。对此，郑先生说，"其实不然，或许是因为女子不出门，而棺殓别人不易看见，所以仍然保持着故国衣冠。民国10年以后女子盛行旗袍，这也是前人想不到的"。满洲人的服装是缨帽箭衣，汉人则是方巾大袖，一个窄瘦，一个宽博。清朝始终不改他们的服制，是他们的传统国策之一，认为这是继承祖宗遗制，永远不许改易，所以直到清亡没有变革。"但是制度虽然未改，而瘦窄的风气却早已荡然无存"。所以他说："以上所举的清初几种礼俗，有的强汉人法效，有的禁汉人从同，有的潜移默化与汉人趋于一致，而大体上均有所变革，这种变革不是由于政令的强制而是文化的自然调融。"

在清朝制度中，有别于中国历代的一个特有制度就是八旗制度中的包衣制度。郑天挺先生撰《清代包衣制度与宦官》一文，对包衣的性质、包衣的产生、包衣的来源、包衣的组织、入关后包衣与宦官的斗争进行了全面而深入的研究。清朝建立八旗时，每一旗由一贝勒为主，旗主与旗下属人有主仆之分，旗下大部分人同时为国家臣民，应服役于国家，有一小部分专服役于旗主贝勒之家，这部分人即称为包衣，"包衣"译为汉语为"家里的"意思，即指家奴或家仆。包衣只服役于主人，而不服役于国家，他们的奴籍是子孙相承，非得主人允许不得脱籍，所以就性质而言，包衣是私家的世仆。但并不是奴隶社会中的奴隶，因为他之所以是奴仆，只是对他的主人而言，而包衣"另有自己的官阶，自己的财产，自己的奴仆"。包衣的来源有的是战俘，有的是犯罪籍没，有的是占取，所以包衣除满洲人外，也有汉人。凡编入包衣者，子子孙孙永在包衣中，只有立功或罪案被昭雪后才能发出包衣，奴仆的子孙永远是奴仆，家奴的子女名曰"家生子"，《红楼梦》第64回称鸳鸯为"家生女儿"，即是据此。因为包衣主要是给旗主王公贵族服私役的，所以皇帝也有自己的包衣，入关以后，皇帝自领上三旗，皇帝的包衣便构成了专管宫廷事务的内务府，内务府的首领叫总管，满语即称包衣昂邦。清朝初入北京，故明太监企图恢复昔日的权势，曾蛊惑顺治设立十三衙门，经过几次斗争，清朝的统治者总结了明朝宦官专权亡国之弊，坚持废除宦官制度，宦官事务全由内务府掌管，统以总管大臣，总管大臣无定员，多由满洲侍卫、府属郎中、内三院卿或王公大臣尚书等官兼摄，与宦官制度不同，宦官制度由少数太监把持，又是终身制，而内务府官员都是流官，有升转、有外用、有京察，不能永久把持，和外官一样同在国家法令的层层监督之下，故而不能过分作恶，主要是不能把持政权。他总结清代的包衣制度时说："汉朝宦官利用了他们的密近地位，假借皇帝或太后的权威，'手握王爵，口含天宪'以专制朝廷。唐朝宦官把持住皇室兵权，东南财富，养成他们的特殊势力。明朝宦官以批红操政柄，厂卫立刑威，宫帑供财用。清朝宦官没有这些凭借，所以清朝三百年无宦官之祸，这是包衣制的赐予。"

《清史满语解》近20条，解释了清初许多特殊用语的含义和制度的变化，如"土黑勒威勒""牛录额真""札尔固齐""巴牙喇""巴图鲁""巴克什""包衣大""包衣昂邦"等，解决了人们在研究清史、读清史资料中经常遇到的一些疑难问题。

郑天挺先生的这些研究无疑是继孟森先生之后，将清史研究推向一个新的阶段，对清朝的开国制度的特点以及入据中原以后这些制度发生的变化，进行了科学的解释，而且有力地驳斥了日本帝国主义歪曲清朝历史的谬论，制造满洲国、侵略我国领土的反动野心，发扬了爱国主义，公正的评价了清朝的历史。他的这些成果是在资料极端缺乏、条件极端困难的情况下作出的。抗战胜利之初，他将这些论著集成一书，名《清史探微》出版。他在该书自序中说："比岁僻居无书，蓄疑难证，更不敢以言述作，独念南来以还，日罕暇逸，其研思有间恒在警报迭作晨昏野立之顷，其文无足存，而其时或足记也。通雅君子，原其'率尔操觚'之妄，有以匡其违误，斯厚幸矣。"显然，此序不难见其锲而不舍的治学精神。自此《清史探微》便成为他早年研究清史公认的代表作品。

在抗战期间，他就身处西南之便，研究了西南的边疆地理，先后撰写了《发羌之地望与对音》、《〈隋书·西域传〉附国之地望与对音》、《〈隋书·西域传〉薄缘夷之地望与对音》及《历史上的入滇通道》一组文章。《新唐书·吐蕃传》中说吐蕃本羌属有150种，有发羌塘旄者居析支水西，未与中国通，"蕃发声近，故其子孙曰吐蕃"。经他考证，发羌之名始见于《后汉书·西羌滇良传》。西羌滇良后代有迷唐者被金城太守侯霸战败，"远逾赐支河首依发羌居"，析支即赐支，赐支河首之南即今西康西藏之地，乃吐蕃旧居，藏人自称其国为Bod-yul，Bod谓其民族，Yul则指国家，Bod即中国古传中发羌，Bod即西藏土名发羌之对音，所以他说"发羌之地望既与康藏相应，而读音又与Bod相合，则发羌之称盖源于西藏土名Bod之对音，似亦无可疑"。由此可知西藏与中国直接间接之交往，远在隋唐之前。《〈隋书·西域传〉附国之地望与对音》一文谓：《隋书·西域传》"附国者蜀郡西北二千余里，即汉之西南夷也"。蜀郡西北2000余里，则远在松潘徼外，以地望考之，实当今西康西藏之地。"附国之附即后汉发羌之发字一音之转，亦即西藏人自称Bod之对音"。隋时即通中国。《〈隋书·西域传〉薄缘夷之地望与对音》一文，谓《隋书·西域附国传》"附国南有薄缘夷"，从地望与对音考之，薄缘夷即西藏南界山国不丹。不丹或译作布坦，盖Bhotan之对音，源于梵文Bhotanta，汉文西藏的，即西藏一部之意。不丹我国旧译布鲁克巴，《西藏记》谓"离西藏西南行月余"，正与《西域附国传》中所言薄缘夷方位相合。

他的这些研究有力地说明了后汉时的发羌，即是藏族的祖先，藏族在隋唐时期就与中央政权发生了密切的关系，关于薄缘夷就是不丹的考证，更是开创性的研究。他在这方面的研究成果至今仍为一些外国学者研究西藏的著作所引用。①

郑天挺先生出身于国文系,后转入历史,所以他文史兼通。他的研究和文风极富个性,《中国的传记文》就是一篇极有创见的文章,是在阅读了大量的史、传、墓、表、行述文字后综合分析而得出的。他认为中国古代传记文的优点首先是求真:不多写,不乱写;文字尚简,不妄加,不烦复。其次是用晦,有些事迹不明显直说,用别的方法委婉地点出或烘托出来。禁忌,诡异,记述神怪不经之谈;虚美,过分称赞和夸张;曲隐,只述其善而隐其恶。史传文字以《史记》最好,次之《汉书》和《三国志》,主要优点是写出了人物的个性。而后来的传记文字则好的较少,其原因,一是语言脱离文字,用古代的文字文法写后世的语言,语气神情不能充分表现;其次是作者技巧,模仿古文家的笔法章法,方法越多,技巧越劣,模仿越多,离开真实越远;第三是传统观念,写忠臣一切全好,写奸臣一切全坏,掩盖了许多事实;四是作者主观,用自己的主观喜好把许多不同个性的人写成一个样子,"写孝子总是哀毁骨立,写节妇总是贤孝贞淑,凡是学者总是励志笃学,凡是武将总是武勇善射,千篇一律"。"忘了所写的人的个性,忘了所写的人的学识才情同环境,只凭自己的主观。"他的这些看法对我们今天读史著文仍大有裨益。

三

抗战胜利后北大复校,郑天挺先生仍担任秘书长,并兼历史系主任。抗战期间他的长女郑雯在西南联大念外文系,于北上复校时因飞机失事死于济南,年仅23岁。他回到北平后,在抗战期间帮他照料几个孩子的弟弟亦于是年春去世,时年仅40有余,这对他的情绪打击很大。当时北大校务也很繁忙,不久内战又起,国民党政权濒临垮台,物价飞涨。郑天挺先生除了维持艰难的校务工作而外,学术研究几乎完全停止,只讲授明清

---

① 参看(日本)山口瑞风:《吐蕃王国成立史研究》第6章,1983年版。

史、清史、清史研究、清代史料、历史研究法等课程。民国37年（1948）底，北平临解放前国民党政府采取了"抢教授"的行动，几次派飞机来接。他坚决留下来，迎接北平的解放。12月17日北大50周年校庆时，学生自治会以全体北大学生的名义赠给他"北大舵手"一面锦旗，表彰他在北大几十年操劳的业绩。1949年1月北平解放，他仍担任北大秘书长兼历史系主任，同时还负责文科研究所明清史料整理室的工作。从此他把主要的精力放在教学和研究上，除了讲课而外，编辑出版了《明末农民起义史料》（1953年开明书店）、《宋景诗起义史料》（1954年中华书局）、《太平天国史料》（1955年中华书局）等书，并先后撰写了《"黄马褂"是什么？》、《宋景诗起义文献初探》（原名《宋景诗起义史实初探》)、《辛丑条约与所谓使馆界》、《马礼逊父子》一组重要文章。

郑先生写文章做学问一个重要特点，往往是以小见大，发微知著，题目有时很小，但涉及的事却相当重要，是解决大问题的关键。当时正讨论电影《武训传》和宋景诗起义问题。《武训传》说武训得过"黄马褂"，郑先生在《"黄马褂"是什么？》一文中，扼要地叙述了清朝皇帝赏赐臣下穿"黄马褂"的相关制度，"黄马褂"是天子近侍的服装，只有皇帝的亲身侍卫和"内大臣"才能穿，不做侍卫就不能穿，这叫"职任褂子"。"赏穿黄马褂"又有两种：一是皇帝打猎校射时赏给得胜者，围猎时能穿平时不能穿，这叫"行围褂子"；一是赏给有功高级武将或统兵的文官，任何时候都可以穿，这叫"武功褂子"，是清朝的一种殊荣，职爵高者才能得到，还要在史书中记载。由此他肯定武训没有得过"黄马褂"，因为这几个条件武训全不具备。他说："那么，为什么有的说武训得过'黄马褂'呢？我想这是后来捧武训的人拿近代勋章的眼光看'黄马褂'，以为像武训这样的人总应该戴一个勋章，于是找出了'黄马褂'，而忘记了清代统治者对于'黄马褂'还另有一套办法。"他的这篇文章很受当时许多学者的称赞，认为是一篇微型论文。《辛丑条约与所谓的使馆界》亦是如此，用不多的文字将帝国主义强迫清政府签订《辛丑条约》以及在北京建立使馆界的过程讲得极为清楚，指出清政府在签约时，完全听从帝国主义国家驱使，对条约内容也未加详审，只是为了保证西太后安全"回銮"（从西安回北京），便拱手画押，导致了帝国主义对草约第七条内容的引申加码，造成了使馆界。《宋景诗起义史实初探》一文，他利用档案资料阐述了1861年山东农民起义以黑旗军的宋景诗最为强大，并分析了宋景诗一度曾与清军妥协的原因以及后来又脱离了清军的经过。此文当时即被德国汉学家贝喜发教授译为德文，刊于柏林德国社会科学院东方研究所《通报》（1956年第1期）上。

1952年院系调整，郑天挺先生奉调来南开大学任历史系主任、中国史教研室主任，1956年又创建了明清史研究室，任研究室主任。他一方面负责繁忙的教学行政工作，一方面又参加教学。于1954年到1956年曾开设《明史专题》《清史专题》《史料学》《明清史》等课程。他在《明史专题》与《明清史》课中曾就明代历史的若干重要问题，提出了自己的独特见解。

1. 关于明史的分期

（1）前期：洪武元年至宣德十年（1368~1435）共68年。这是明代的极盛时期，元末农民起义之后，朱元璋建立了政权，对农民实行了一些让步，生产得到恢复，明成祖和他的父亲政策虽有不同，一方面他维持他父亲的既成局面，一方面向外发展，明以洪永时期为最盛。

（2）中期：正统元年至正德十六年（1436~1521）共86年。这一时期发生了土木堡之变，国势开始浸弱，土地兼并，卫所破坏，垦地数目减少，国家收入减少，而支出加大。

（3）后期：嘉靖元年至崇祯十七年（1522~1644）共123年。嘉靖、隆庆时期由盛到衰，北有蒙古，南有倭寇。从万历到崇祯为乱亡时期，万历初有一度恢复，实行了一条鞭法。

明代有两件大事，一是正统十四年（1449）的土木堡之变，一是万历九年（1581）一条鞭法在全国的实行。过去他曾以正德十六年为限将后期分为两段，明史共分四期，因为这一年嘉靖即位时发生了大礼议，大礼议虽然重要，但不能与土木堡之变相比。故又将后两期合并为一期。

2. 关于明代的历史特点

（1）明代处于中国封建社会的后期，中国封建社会后期直到清代鸦片战争之前；鸦片战争以后帝国主义入侵，为中国封建社会的末期。明代与过去有几点不大相同，交换发达，工商业发达，中后期特别显著，自然经济日趋瓦解，有了货币地租，城市比过去发达，一般封建社会城市不太发达，明代全国有30个以上较大的城市，货币流通，广泛用银，说明商业资本发达，资本主义已经露头，但不能早于中叶。

（2）明代是中国经过长期分裂与外族统治后的一个统一时期，从唐僖宗中和四年（884）黄巢起义失败到宋帝昺祥兴二年（1279）元灭宋，400余年是分裂时期，五代割燕云十六州后，中国是经过长期分裂的，又经89年元朝蒙古人的统治，共约500年，不是过去以汉族为首的各民族在内的统一国家。明朝是从这样的历史条件下使中国再度成为一个统一的国家，这和过去是不同的。

（3）明朝是在农民大起义之后建立的新王朝，从元顺帝至正八年（1348）到朱元璋灭元共20年，这是过去没有的。西汉末的赤眉铜马只有10年、黄巾只有1年。隋末、唐末时间都比较短，中国历史上的农民起义时间最久的为元末。在长期农民起义之后，生产力受到很大的破坏，恢复工作也很重要，历代农民起义之后，对农民的让步最显著的就是明朝。明初很重视对农民生产力的恢复，在这个时期是国内外商业发达时期，中国的海上贸易从北宋就发达起来了。但西边陆路为西夏阻隔，不得不另外开辟商路，使海上贸易发达，元时陆海两路都很畅通，明朝继承了元代的陆海两道的对外交通。

（4）明代是周边一些少数民族的发展，由低级阶段进入高级阶段时期。一是北方的鞑靼，一是东北方的女真，他们从北方和东北方威胁明朝的安全，蒙古的帖木儿帝国曾到印度，整个包围了中国的西方和北方，海上还有倭寇，明朝是在四周兴起了强大势力包围中存在，政治修明时就是励精图治，以防备外夷，到政治黑暗时就常受外族侵略以至于灭亡。[①]

他的这一提纲挈领式的勾画，是把明代的历史从纵的方面放在整个中国历史发展的长河中进行比较，从横的方面放在与周边民族及其他国家的关系中进行考虑，可谓不移之论，对我们正确理解明代的历史确有指点迷津的作用。

他在讲解元末农民起义与朱元璋的政策时对下列问题提出了自己的

---

① 据郑天挺先生1954年明史专题课。

看法。

1. 关于元代的社会和土地问题

元代的社会与蒙古未进入中原前的社会性质有密切关系，有的说是奴隶社会，进入中原后为封建社会；有的说是氏族社会，进入中原后没有经过奴隶社会直接进入封建社会。其实蒙古未进入中原以前已是封建社会，为游牧经济的封建社会，蒙古人对成吉思汗是人格的依附，而非血缘和经济的依附，成吉思汗对人民的组织有百户、千户、万户，是阶梯制统治，是封建制的特点。成吉思汗对蒙古人民是用政治力量，而不是经济力量定大札萨（大法律）来约束部众。蒙古进入中原以前军队组织受突厥的影响，有"秃鲁花军"即质子军，要投降的人送他的子女当兵作人质，与氏族社会只用本族人当兵、奴隶社会不许奴隶当兵不同，用外族人来当兵证明蒙古当时是封建社会，它是畜牧、游牧的封建社会，与中国过去的农业封建社会不同。畜牧各有各的所有权，各人有各自的草地。金泰和二年（1202），因被铁木真战败，"札木合遂纵火焚帝牧地而去"。可见牧地是固定的，牛马财产是依附在土地上的。到中原以后接受中原的影响很快，所以说元朝的统治并没有把中国社会拉向后退，只是使它发展迟缓了。

太祖八年（1213），蒙古初入长城，占领河北，要把耕地变为牧场以养牛羊，是他们不知道其他的剥削方式。太宗二年（1230），耶律楚材建议不要把耕地变为牧场，可以抽税，蒙古人接受了，便立燕京十路税课使。灭金之后，中统四年（1263）下令不许蒙古人将京畿农田改为牧场，至元十一年（1273）派人到蒙古屯田。所以说从成吉思汗兴起到元世祖中期元代的社会有很大的发展，是以封建性的土地剥削为主，元代的土地政策分为三个阶段。

从元太祖八年（1213）占领黄河以北，以牧地为主，为第一阶段。破坏了汉人的农田，后耶律楚材建议停止了。这一地区的汉人对蒙古仇恨很深。种族意识强于阶级意识，所以当韩林儿、刘福通起义军所到之处就能立刻攻下，进兵十分迅速。

从元太宗五年（1233）占领黄河以南，以分地为主，为第二阶段。蒙古的传统政策是每打下一地，就要把打下来的地分封给功臣贵族。蒙古人只是承袭了金朝的旧制，生产关系没有改变，只是换了一个主人。这一地区人

1015

民受种族和阶级双重压迫，元末农民起义便发生在这一地区的汝（今河南汝南）、颍（今安徽阜阳）、蕲（今湖北蕲春）、黄（今湖北黄冈）一带。

从元世祖至元十三年（1276）占领江南，维持南宋的土地租佃关系为第三阶段。蒙古人下河南以后，金朝许多富豪纷纷投降，所以他对江南尽量实行招降政策，一切照旧，原来的生产关系未改，这一地区阶级矛盾大于种族矛盾，仇恨地主比仇恨元朝更甚。

这就是为什么朱元璋起义后的政策前后不同，忽而强调种族意识，忽而强调阶级意识，到什么地方说什么话，到北方提出种族口号，到南方提出阶级口号，这是他为了适应人民的需要。

2. 关于农民起义与秘密宗教的关系

20 世纪 50 年代有一种流行的说法，说中国历史上的农民起义往往利用宗教来掩护自己。郑天挺先生结合元末农民起义与秘密宗教白莲会的关系谈了他对这个问题的看法。他说：元代在人民中间有一种秘密宗教叫白莲会，白莲会杂糅了弥勒教、摩尼教的信仰，有二宗三际之说，二宗是指明暗两宗，三际是指过去、现在、未来，过去是明暗并立，善恶平等，现在是暗胜明，将来是明暗各复本位，一切都是光明。现在明王出世，应该帮助明王把黑暗的势力赶走。元代人民由于备受双重压迫，怀念过去，便寄希望于将来能够恢复过去。并且不出家，在家就可以信奉。这些教义正符合了人民的这种要求。元末农民起义的刘福通、韩山童、徐寿辉与邹普胜都是信奉白莲会的，所谓"以白莲会烧香惑众"①。马克思说："宗教色彩是东方革命行为的特点。"② 由于宗教说出了人民的痛苦，人民也曾经用宗教来组织自己，所以中国过去有些（并不是所有）农民起义带有宗教色彩，但不能因此说用秘密宗教来掩护自己，因为秘密宗教从来都是统治者禁止的，与统治者是相对立的，不可能掩护。至元十八年（1281），白莲会就遭到禁止。秘密宗教是借人民的集墟、社火、祈福、治病一类的事情来掩护自己，而不是用宗教来掩护人民、掩护革命运动。这种结社都是封建性的，维护皇权、维护封建道德的，也有富人参加，有时也为统治者所利用。秘密宗教不是某一时、某一地为某一事件而组织的，不是某一时

---

① 《元史》卷 42，《本纪》第 42，《顺帝》（五），中华书局精装标点本，册 2，第 891 页。
② 马克思：《中国纪事》，见《马克思恩格斯全集》卷 15，第 545～548 页。

有，某一时无，而是一个广泛而长久的组织，也并非乌合之众，是长期潜伏的，时显时不显，完全在于当时社会矛盾的发展。秘密宗教的教义是杂糅的，随时发展的，可以崇拜甲，也可以崇拜乙，可以拜太上老君，也可以拜弥勒佛，因为他们对现状不满，当时社会的主要矛盾是什么，他们就号召什么，反对什么，有斗争的一面，也有不彻底的一面，单纯地说他们是反封建的或反外族的都不合适。宋代的摩尼教方腊是反宋的，元朝的韩林儿又说自己是宋朝的后代反对元朝。

所有的秘密宗教都不是一个统一的整体，不是以某种政治理论为指导的，而只是反对当时的统治者，因而不能很好地满足人们的愿望，所以是不成功的，内部还时常发生冲突，像韩林儿与徐寿辉同时称帝。

他的这种看法是对历史上多次农民起义凡有与秘密宗教有关系者综合比较研究而得出的。因为秘密宗教有一种神秘的色彩，往往会对人民产生一种误导，使人产生幻想。凡是成功的革命都有自己明确的政治主张，绝不能寄寓秘密宗教神秘的外衣之下。

3. 关于对朱元璋的评价

对于朱元璋，新中国成立前有人骂他是"小流氓"。新中国成立后又有一种论点，认为他虽出身农民起义，但最后他当了皇帝，背叛了人民。对此郑天挺先生从朱元璋起义的过程、他的政策和策略的变化以及他当了皇帝都做了哪些事情进行比较分析。

他说：朱元璋出身于一个贫苦的雇农家庭，给人做长工，是农村中的无产阶级。他的父母很迷信，他的外祖父陈公，也很迷信，是个巫师，曾是南宋张世杰的部下，参加过宋元的崖山之战。朱元璋17岁时由于父母双亡，出家在黄觉寺当了和尚。随后又出去流浪，25岁在濠州参加了郭子兴的起义军，郭子兴是当时红巾军的一部分。当时天下大乱，有的农民参加了地主武装义军，有的参加了红巾军，朱元璋没有参加地主武装，而参加了红巾军，说明朱元璋参加起义不是投机，他的阶级意识很强。后来他决定独立向南发展，至正十五年（1355）过江，次年打下集庆（今南京），从此以南京为立足点，在友军夹缝中发展，主要是与元军作战。政治上仍用韩林儿的旗号，南北呼应，发展很快，此后相继打下婺州、衢州后，东与张士诚相接，西与陈友谅相接，东南与方国珍相接。为了对付西边的陈友谅，免除后顾之忧，策略上曾一度与元妥协，但并未投降元朝，接受元朝的官号。至正二十六年（1366）他在讨伐张士诚的檄文中，一方面提出反元，一方面攻击白莲教，反对元朝只说元朝政治腐败，没有涉及民族问题，只强调阶级意识，仍用龙凤年号，他这样做是为了表示自己的政治主张；因为当时农民起义已经13年了，起义的目的已经与最初不同，人们要求安定的生活，只有统一了才能安定，进行生产，这时谁能抓住人民的要求谁就能胜利。在打败张士诚之后，他又提出反元的种族革命口号，最后推翻了元朝，建立明朝，当了皇帝。根据朱元璋起义后的一贯政策，他做了皇帝，是否就是背叛了农民或者是掠夺了农民起义的果实呢？

（1）他推翻了元朝这是一件重大的事情，此举完成了反元的民族革命，当时蒙古贵族对人民压迫很重，假若不能推翻元朝，农民起义就没有成功。

（2）当时农民要求有安定的生活，减轻负担，恢复生产，朱元璋满足了人民的这种要求，解决了部分农民的土地问题，实行了许多恤民和抑制豪强的政策。

（3）过去北方是一个混乱的局面，从天宝十四年（755）开始，北方就是割据的局面，到明朝建立，共614年，对人民的生产非常不利，至此才统一了。从石敬瑭割燕云十六州于契丹后，始终在其他民族的统治之下，共422年，至此才打破了这样的局面，有很大的历史意义。至于说篡夺革命果实，那是指没有参加革命而抢得了政权，像袁世凯，而朱元璋是亲自参加了革命的，胜利果实应有他的一份，成功之后他脱离了农民，但不能说他背叛了农民，农民革命的要求是改朝换代、反对暴君而拥护好皇帝的。在当时他做皇帝是很自然的事，这是历史的局限。我们既然承认封建社会发展的动力是农民起义，就不能说农民运动从来没有胜利过。[①]

他的这些看法，表现了他不屈从于时尚、实事求是的精神，从不苟求于古人。尽管当时有许多观点与此相左，除了用简单地以阶级斗争为纲划分是非而外，没有讲出更多的事实和道理来。至于说朱元璋反对白莲教就是背叛农民起义，也不尽然，农民起义是多种多样的，不应以是否背叛白莲教作为

---

① 据郑天挺先生1954年明清史专题课。

标准。因为历来的农民起义军内部，也有一个互相火并或兼并的问题。

1962年，他应邀到中央高级党校讲述清史，因为听众都是党政中高级干部，所以他用最简捷而概括的语言，对清代从入关到鸦片战争前共197年的政治、经济、军事、文化进行了总结性的叙述，这次讲稿经过整理以《清史简述》之名，由中华书局出版。全书虽仅6万余字，实际上是一部高水平的清史入门必读著作。

他对清史以雍正元年（1723）实行摊丁入亩为界限，以前划为清代前期，以后为清代中期，鸦片战争以后为清代后期。全书共分四部分，一是概说；二是清代前期的政治和经济；三是清代中期的政治和经济；四、鸦片战争以前的清代文化。

他总结鸦片战争以前的清代历史特点有6条：（1）这一阶段是中国封建社会的晚期，而不是末期；（2）是孕育资本主义萌芽的封建经济发展的时期；（3）满族封建社会的上升时期；（4）多民族统一国家的巩固和发展时期；（5）抗拒殖民主义侵略进行斗争的时期；（6）清朝是中国历史上最大一次农民战争后的一个朝代。

在这里他解释所谓"晚期"与"末期"不同，他说："'末期'是指旧的生产关系完全崩溃瓦解，并向新的制度过渡的阶段，'晚期'是说这个制度已经开始走向崩溃，但是还没有完全崩溃，在个别方面还有发展的余地。"他以人口为例，明代人口一般在6000万左右，而清代到道光时达到了4亿多，反映了清代社会经济比明代有突出的发展。在人身依附方面，清代实行了摊丁入亩，人民比明代有较多的自由，其次，由于清代是由满族入主中原后建立的，过去的传统观念认为少数民族入主中原，往往会造成中原地区的落后，他在解释"满族封建社会的上升时期"时说，后金政权建立时就是封建性的政权，满族是一个新兴的民族，有富于向上的青春活力，给当时中国封建社会注入了新的动力，使它得到了进一步的发展。他用历史进行比证，他说元灭宋前，宋朝政府非常腐朽，但在元忽必烈时期，中国社会还是向前发展了。清朝兴起以前，明朝也是如此。明朝末年腐朽到那种程度，为什么到清初又那么强大？如果没有一股新生向上的力量注入，是不可能的。"元朝的忽必烈时期，清朝的康熙时期，它们在历史上的作用就在于此"。

关于清代是我国"多民族统一国家的巩固和发展时期",他说:"我们今天所继承的多民族统一国家的疆土,基本上是清代时期奠定的,这并不是说清代以前的中国不是多民族的统一国家,而是说统一的多民族国家,则由清代更加巩固下来的","我们国家疆域的明确和巩固,也是清代的功绩。"以清代与明代比较,明代对边疆地区少数民族只是指定各民族自己的首领进行统治,"从清朝开始,才由中央直接派官去治理",加强了中央和地方的联系。这一功绩主要在康雍乾时期建立的。

他的这些看法公正地肯定了清代的历史地位。

他提出在这一历史时期,重大事件有8条:(1)清兵入关统一中国;(2)郑成功收复台湾;(3)康熙三十年(1691)蒙古30旗隶属清政府,奠定中国北部疆土;(4)摊丁入亩;(5)中国与帝俄订立《尼布楚条约》;(6)乾隆五十八年(1793)英使马戛尔尼来华,要求与中国通好;(7)清政府禁天主教;(8)川陕白莲教起义。在这8条大事中,特别强调摊丁入亩取消人口税的意义,他说:"雍正元年(1723年)实行了摊丁入亩,把人口税摊入土地税一起计算,所以叫丁随地起,就是说从此以后,不再按人口征税,交地税的时候,稍微增加一些,丁税与地税合一由占有土地的人合并交纳。""从此中国就没有了人口税,西方国家原来也都有人口税,直到资本主义时期才消灭,而中国在1723年就没有了,这在世界史上是一件了不起的事。""摊丁入亩取消了人口税,也反映了封建依附关系的削弱,从而刺激了农民劳动的积极性,对于生产的发展有一定的意义。"①

关于鸦片战争以前清代的思想文化,他说:"反封建思想的成长是清代文化的一个特点,也是清代文化的主流。"明初南宋朱熹的思想占主流。朱熹的思想是维护封建统治和封建道德的,完全符合封建统治者的永恒利益。所以每当一个王朝开始恢复生产,建立封建秩序时,常常提倡朱学,元世祖、明太祖、清圣祖都是提倡朱学的。明中叶以后,出现的王阳明学说,就是为了解除朱学的束缚。王学出现以后分化为对立的支派,有的向左,有的向右。向左发展了王学的积极方面,对清初的思想有很大的影响。"王学是反朱学而出现的,所以具有解除传统束缚的精神,这种思想

---

① 郑天挺:《清史简述》,第14、17页,中华书局1980年版。

到清初又得到发展，所以整个清代的学术思想常能突破前人的窠臼，自己有所创新改革。"表现为反对和批判君主政体和封建君主专制，这是过去从来没有的。"清初的'为天下之大害者君则已矣'（黄宗羲）、'自秦汉以来凡为帝王者皆贼也'（唐甄）的大胆地反对封建帝王的议论，正是它的反映。"①

关于清代的考据学。他说，清初的汉学反对宋学，宋人专讲道理而不问实际，但有人攻击汉学支离破碎，因此汉学就改称朴学。意思是有根有据、朴朴实实，反对空虚、浮夸。"考据学派的兴起，是阶级矛盾逐步尖锐的反映。""统治阶级中部分比较开明的士大夫，他们不敢作贪官暴吏，又不敢公开起来反对，也不敢用文字托言讽刺陷入文字狱，所以就逃避到故纸堆中埋头做考据，钻得越深，也就逃避得越远。前人以为考据之兴是升平气象，那是不正确的。"②

毋庸讳言，新中国成立以后，郑天挺先生以为他得以有一个安定的环境做学问了，所以他认真地学习马克思主义，无条件地服从领导的安排，将全部精力投入到教学与研究工作当中，取得了不少成绩，但到了50年代中后期，一些"左"的学风产生，一是生搬硬套马列主义的一些个别结论，给中国历史实际贴标签。二是强调学术要为现实政治斗争服务。自从批判俞平伯《〈红楼梦〉研究》之后，批判运动一个接着一个，许多运动批判的对象都是针对老一代的知识分子像郑天挺这样的专家。例如关于资本主义萌芽的讨论，用西方封建制的瓦解和资本主义的兴起来比附中国，认为中国封建社会内部在鸦片战争以前必然有资本主义萌芽，有的人认为在宋代，有的认为在明代，有的认为在清代等等，当时多数人以元末明初徐一夔《始丰稿》中《织工对》所反映的情况作为明初资本主义萌芽的证明。郑天挺先生在《关于徐一夔的〈织工对〉》一文中，根据《始丰稿》一书的编排体例，证明收在第一卷的《织工对》应为元末之作，当时徐一夔正在杭州，《织工对》中的"日佣为钱二百缗"一句中的"缗"字，是元代对一千钱的习惯称呼，明初称一千钱为一贯。从而明确《织工对》写于元末，而不是明初，它反映的是元末杭州丝织业的情况而不是明初的情

---

① 郑天挺：《清史简述》，第69页。
② 郑天挺：《清史简述》，第82页。

况。此文一出后，获得学术界多数人的称赞，澄清了一条重要的史料反映的历史事实。人们在引用这条史料时就谨慎得多了。然而不久在极"左"思潮泛滥的情况下，就有人批判此文是什么烦琐的考证，"唯史料论治学方法的典型，全文引用了101条史料，其目的不外说明了一条史料"云云①。

关于为曹操翻案，本来有一定的政治背景，并不是纯粹的学术研究，但一些报纸、刊物为了贯彻领导意图，也要组织一些学者参与，实际上是要一些学者表态。他的《关于曹操》一文就是在这样的情况下写成的。他根据曹操一生的功过以及历史上对他毁誉不同的看法，提出了这样几个问题：(1)"符合时代进程需要的曹操"；(2)"违背人民意愿的曹操"；(3)"什么力量歪曲了曹操"；(4)"不必管结论"。他的最后结论是："今天我重新评价历史人物，必须根据辩证唯物主义和历史唯物主义的原理进行研究，立场、观点、方法都和过去的历史学家完全不同了，因此结论的本质自然也变了，新结论和过去不同的固然是翻案，新结论和过去相同的，由于本质上有了变化，又何尝不是翻案。因此，我个人看法，只要用马克思主义的立场、观点、方法作出来的结论，就可以算是翻案，而不必管结论。"实际上就是说对曹操的所谓翻案，而只是对同一事实的不同看法而已，并没有改变事实本身。翻案者的目的就是要有一个新的结论，他却说"不必管结论"。不同于众的观点，是很明显的。

在"文革"即将开始之前，在搞批判《海瑞罢官》的同时，又搞了一个所谓"清官问题"的讨论，当时他们有一个谬论，说清官比贪官还坏，清官帮助统治阶级麻痹人民，而贪官的残暴有利于促使人民觉悟，等等，也要组织一些学者参与讨论，他们的罪恶目的是设下陷阱，以便罗织罪名；但大多数学者并不知道这些内情，郑天挺先生的《关于清官》一文就是在这样的情况下"应邀"而写的。他根据历史事实分析了清官与贪官的不同类型以及历史上一些被称为清官和贪官的情况，最后他说："我们认为清官总是官，不能无分析的颂扬，但是否定清官并不等于肯定贪官。这种形式逻辑推论，我们是不同意的，在封建官吏中，清官要比贪官好。贪官

---

① 《历史科学中的两条路线斗争》，人民出版社1958年版。

在封建国家定额的残酷剥削下,还有更多的剥削,有的入己,有的贿赂其他官吏,这样人民的负担一定更加严重。清官在额定的剥削外不再剥削或少剥削,这样额定剥削虽然残酷,也较贪官的额外剥削稍微好一些。"他明确表示了不同意所谓清官比贪官还坏的观点。

在以阶级斗争为纲、所谓"批判资产阶级"思潮泛滥的情况之下,像郑天挺先生这样的老一代学者,正是他们寻找各种借口进行批判的对象,一篇文章写错,一句话失言,都会遭到意想不到的严重后果。1957年雷海宗先生仅以一言之失而被打成"右派",受到全国性的批判,最后含冤而死。在1958年所谓的"双改"运动中,郑天挺和他的一些同事(如王玉哲、杨志玖)也受到了点名批判。罪名是宣传资产阶级唯心史观,不强调阶级斗争、重业务、轻政治等。[①] 当时鼓励青年教师和学生批判老师的极左思潮勃发,谁敢于站出来揭发批判学问最大的老师,谁就是英雄。这就是为什么他在抗日战争时期环境那样艰苦都发表了许多很有建树的文章,而在新中国成立后这样长一段时间发表文章相对很少的原因。

四

在空前大灾难的"文化大革命"中,郑天挺先生和所有其他老专家一样,都被视为"资产阶级反动学术权威",被关进"牛棚",受到很大的冲击,被批判次数最多。"文革"的特点是谁的学问大,影响面广,谁的罪行就越大,受到的批判就最严重。幸好郑天挺先生心胸宽广,能随遇而安,度过了这场灾难,保存下来了,这不能不说是史学界的万幸。在"四人帮"被打倒,拨乱反正以后,他已年近八旬,以从来没有过的振奋精神重新投入教学和研究工作,挥笔著文。于1979年发表了经过近20年思考的《清入关前满族的社会性质续探》一文。以前他曾于1962年发表了《清入关前满族的社会性质》。当时学术界对清入关前的社会性质有很大的分歧,有的认为是奴隶社会,有的认为是从氏族社会飞跃到封建社会。郑

[①] 参看《历史科学中的两条路线斗争》。

天挺先生从努尔哈赤19岁时和父母分居时"父惑于母言，遂分居……家私止给些许"，"家私"一语满文作"阿哈、乌勒哈"，即奴隶与牲畜入手，证明努尔哈赤出身于一个没落奴隶主的家庭，满族确实经过奴隶社会而进入封建社会，不是从氏族社会直接飞跃到封建社会。又从满族奴隶制瓦解过程论述了满族经历了奴隶制而进入了封建制，分别从经济基础和上层建筑方面进行考察，以及满族受到周边国朝鲜和明朝的影响。朝鲜和明朝都是高度封建化的国家。此文发表后，引起了学术界的广泛重视，后来他又听取了各方面的不同意见，在"文革"结束后又撰《清入关前满族的社会性质续探》一文，对前文所提出的各种问题和当时学术界的不同看法都进行了深入的思考。他根据当时满族社会的生产力和生产关系、生产者的身份、努尔哈赤建政前的思想意识、满汉两族人民在辽东杂居的相互影响，以及努尔哈赤建政前内部实行统治的办法是等级制、赋税是徭役地租、在庄园上进行主要生产者壮丁是自由民而不是奴隶等各方面进行综合分析，认为清入关前努尔哈赤建立的政权是封建性的政权。先生此文的优点是能把经济基础和上层建筑的各个方面融为一体进行考虑。他说："我们应该根据每一时代全面发展的生产力和生产关系决定当时社会发展阶段，奴仆的参与生产只是旧制度的残余现象。犹如美国南北战争前的役使黑人，虽然也是奴隶生产劳动，但我们不能说美国当时不是资本主义社会而是奴隶社会。"这一问题的阐释对于清史研究起了很大的推动作用，虽然目前对这个问题还有不同的看法，但郑先生的看法无疑是最重要的为多数学者所接受的观点。这是清史研究中的一个重大问题，这一问题的解决有利于对清代历史进行正确的评价，以及对清入关以后很快适应国内社会发展进程问题的说明。

1979年教育部又委托他主办高校明清史教师进修班，他亲自讲授《清史概论》《清代制度》《明清史研究》等课程。并组织南开大学明清史研究室编辑《明清史资料》上下册（1981）、《清史》（1989）教材。1980年，他主持召开了我国改革开放之初第一次明清史国际学术讨论会。他在会上提出了《清代的幕府》的重要论文。他说这个题目是他多年感兴趣的问题之一，1930年他同刘大白在浙江大学和教育部任职时，刘是浙江绍兴人，绍兴是出"师爷"的地方，经常和他谈起幕府的情况。所以他以年已八旬的高龄，积一生研究清史之经验，写出了这一规模宏大的文章。清代幕府最为发达，幕宾人数最多。清代地方官员上至封疆大吏下至七品县官，多有幕宾协助处理政务，所以清代的幕府制度具有特殊的意义。他对清代幕府的来源、地位、政治作用作了概括性的论述，指出清代幕宾来源有14种，高至学者名流，低至失意官员、秀才和专业幕宾，专业幕宾以绍兴人为最多，故称"绍兴师爷"。幕宾是幕主延聘，不属国家行政系统，故与幕主是平等关系，幕宾的品格是幕主的朋友和老师，所以他对幕主不是唯命是从，而是"尽心、尽言、不合则去"。清代的幕府以咸丰到光绪年间人数最多。他列表统计了从康熙十六年（1677）到光绪二十四年（1898）79个幕主聘用267名幕宾的情况。曾国藩、胡林翼、左宗棠、李鸿章、张之洞的幕府人员最多，曾的幕宾多为文士，后多成为封疆大吏，张之洞则仍是文士、学者，这对清末的政治影响极大。他说："地方疆吏所依靠的是地方财赋、地方企业和地方人士，这些经手的人，大都是新旧幕府。直到辛亥革命，像周馥和李鸿章、杨世骧、徐世昌和袁世凯、张鸣岐和岑春煊，尽管名义不同，都有幕府渊源，造成了后来的军阀割据。"[①]此文是研究清代幕府的开创之作。与此同时他先后又撰写了《奴儿干都司——明代在东北黑龙江的地方行政组织》《牛录、城守官、姓长——清初东北的地方行政组织》《满族的统一》《统一黑龙江——清初建国史之一》一系列关于满族与东北史地的文章，证明了黑龙江流域在明代是隶属于奴儿干都司的管辖区域。在沙俄哥萨克到达远东滨海之前，明王朝就已经统治了黑龙江流域，后金（清）继之，设立行政机构，征收赋税。这和他在抗日战争时期关于西南史地方面的研究，都是出于维护祖国的统一和民族大家庭的团结的这一爱国热忱。

1980年的中国史学会恢复活动后，他被选为常务理事和主席团成员，次年五月接任执行主席职务。他还担任了工程巨大的《中国历史大辞典》总编辑。1980年8月和1981年5月两次参加了在太原和上海召集的编辑会议。1981年7月他又参加了国务院学位委员会评议会议，他是历史组的召集人，评议全国第一批招收博士研究生的学者。当他正以极大的热忱和

[①] 郑天挺：《清代的幕府》，载《中国社会科学》1980年第6期，第127~147页。

精力投入开拓历史科学新的研究领域时,于当年12月20日病逝,终年82岁。先生的去世是史学界一个重大损失。当时史学界的前辈和后学无不为之痛惜。

我是1952年考入南开的,对明清史发生兴趣,即始于1954年先生的《明清史专题》一课。1956年毕业,适逢我国始行研究生制度,先生初开山门,便冒昧投考,得以忝列门墙。当时每周有习明纳尔(研讨班)一次,作为研究生培养的方式,先生和雷海宗两位导师亲临指导,王玉哲、杨志玖诸先生均作专题报告,获益良多。不幸我于1957年被打成"右派",终止学业,离开先生,对我来说是一个很大的打击,对先生也带来了负面影响,每次运动搞批判时,招了我这个"右派"研究生,便成为先生的一条罪状。对此我深感内疚。"文革"结束后,我于1978年归队,又在先生身边工作,得以亲聆教言,然为时不久,先生遽归道山。今所述者,仅以个人见闻所及和学习先生著作之心得,恐未能及先生学术思想之真谛,其中以己意猜度理解错误者在所难免,恳请先辈及时贤指正,以光大先生之学术。

1999年5月16日于天津南开大学
(原刊于《清史论丛》1999年号)

纪念商鸿逵先生一百周年诞辰[*]

李世愉

2007年1月22日是我国著名清史学家商鸿逵先生一百周年诞辰的纪念日。饮其流者怀其源，学有成时念吾师。在这纪念日即将来临之时，为表达对先生的敬仰、怀念之情，作为先生的弟子，我们以《清史论丛》为园地，特别组织了这期纪念专集。

2006年春，何龄修先生找到我，谈及商先生的百年诞辰将至，建议组织一本纪念文集。此前，我与商传世兄已议论过此事，传兄表示要出资赞助，只是因为事情太多，尚未付诸实施。经何先生提醒，我们马上行动。在征求《清史论丛》编委的意见时，王戎笙、陈祖武、张捷夫、高翔、郭松义、赫治清诸先生一致赞同，清史研究室主任杨珍先生更是表示了支持。在我们与商先生的学生及清史学界同人联系，表达我们的心愿时，得到了积极的响应。在此过程中，北京大学、南开大学、中国人民大学、扬州大学、黑龙江大学、中国社会科学院经济研究所与近代史研究所、中共中央党校、辽宁社会科学院、吉林省社会科学院等单位的专家、学者积极参与，许多人暂时放下了手头的任务，把纪念商先生的活动放在了首位，南炳文先生、郑克晟先生均表示："再忙，也要支持你们的工作。"实在令我们感动。其实，我们很清楚，这是商先生的威望及人格魅力所使然。

在起初的分工中，编委诸君嘱我与商传兄各写一篇纪念文章。我反复思考了许久，在今天这种形势下，纪念商先生应该说点什么呢？先生对清

---

[*] 原题为《纪念商鸿逵先生诞辰一百周年》。

史研究的贡献早已为人所共知，无须再多言。先生逝世时，我们写过怀念文章；先生逝世十周年时，我们组织出版了《商鸿逵教授逝世十周年纪念文集》。今天，面对学术界存在的种种不正之风，我想，发扬光大先生严谨的治学精神，学习先生淡泊名利的思想境界，应该是我们纪念先生时首先要做的事情，何况先生在这方面给我们的印象实在是太深了，永远不会忘记！作为先生的弟子，我们更有责任和义务去发扬光大。近些年，学术界的浮躁之风、腐败之风日渐严重，仅见诸媒体者已让人吃惊。尽管搞学术腐败只是少数人，但其影响恶劣，不能不让人感到痛心！今天，我们只想告诉学界，我们老一辈的学者是如何做人，如何做学问的。我和商先生接触的时间并不很长，从第一次见面算起，不过九年的时间，但感受极深。下面仅就自己所见所闻的一鳞半爪作一简述。

一　关于治学

先生把史学研究当成毕生的事业，而不是简单的谋生手段，更不是谋取名利、地位的敲门砖。这点，给我们的印象极为深刻。他清贫一生，却著述颇丰。记得在我们刚考入北大历史系做研究生的时候，先生就对我们说："既然考上研究生，就要踏踏实实做学问，一定要耐得住寂寞和清贫。想当官、想发财就别干我们这行。"在我们将要毕业时，先生又把我们几个研究生找去，问："你们今后是想做学问还是想当官？要做官你们可有条件，既有研究生的学历，又是党员。"我们一致表示要好好做学问。先生点点头，说了声："好。"

先生在治学方面给我们留下了许多宝贵的财富，特别是他那严谨的治学态度，刻苦、勤奋的精神及实事求是、不耻下问的大家风范。

先生一向以治学严谨著称。他的每一篇论著都是在详尽占有史料的基础上写成的，每一个结论都是经过反复考订、推敲而作出的。他反对搞那些缺乏研究的急就篇，也从不写大而无当的空泛之作，更不会为了参加学术会议而临时拼凑一篇文章。只要是先生答应参加的学术会议，一定会认真地准备文章。在我随先生读书期间，印象中他参加过两次学术会议，一次是1979

年冬在沈阳，一次是 1980 年在天津南开大学。我亲眼看见了先生准备文章的前前后后。文章写好后，他还读给我们听，征求我们的意见。在沈阳的文化宫大剧场，他作了《论康熙》的学术报告，听讲者 2000 余人，盛况空前。在南开大学举办的明清史国际学术研讨会上，他提交了论文《清代皇商介休范家》。两次会议，完成了两篇高质量的文章。若干年后，我们也经常面临被邀请参加会议的情况，我也想以先生为榜样，要么认真准备文章，要么就不参加会议，但往往做不到。现在想来，实在有愧于先生的教诲。先生经常告诫我们："做学问一定要扎扎实实，一步一个脚印。""做学问要认真，万万不可马虎。你们写的文章可以允许水平不高，水平提高要慢慢来，急不得，但绝不允许因草率而出错，更不能有硬伤。草率马虎是绝不能允许的。"有一次，我写的一篇习作中将清世宗胤禛的"禛"字误作"祯"。先生看后，严肃地对我说："这个字怎么能错？为什么不认真核对？"我当时一句话也说不出来，只是觉得在先生面前丢了脸。先生见我有些不知所措，又开玩笑地缓解了一下紧张气氛："四阿哥变成十四阿哥了，赶快改过来吧。"先生对我们的要求一向严格，不允许有一点马虎。他多次对我们几个研究生说起他当年在北大读研究生时犯的一个错误，即将嘉庆朝的事记在了乾隆朝。因为乾隆帝在位 60 年，刚好一周甲。因此，乾隆各年的干支与嘉庆相应各年的干支是一样的。先生当年正是由于一时的疏忽，出现了错误。先生对我们说："当时胡适先生把我好一通骂呀！"几十年过去了，先生仍将此事铭记在心。二十多年了，我一直记着先生谈及此事时的严肃表情。他是在自责，更是以自己的亲身经历教育我们。尽管先生对我出的错没有"好一通骂"，但对我的震动不小。北京俗语有"长点记性"，二十多年来，我一直把先生对我的批评教育铭记在心，尽管学术水平有限，但"认真"二字不敢丢。先生常对我们说："不管研究什么课题，必须先把史料收集全，认真阅读，有心得再动笔，切不可看了几本书就写文章。"一次，外校的一位先生写了一篇研究雍正帝的大块文章，请商先生审阅。那篇文章征引文献过少。事后，先生对我们说："研究雍正皇帝，不看《朱批谕旨》，不看《上谕八旗》，不看《上谕内阁》，不看《上谕旗务议复》，连《实录》都没看多少，这怎么能动笔呢？你们以后可不能这样！"凡是随先生读书的学生，都会有这样一个强烈的意识：资料没收集全，别动笔。

先生治学，强调刻苦、勤奋，他本人就是这方面的典范。我们读研究生时，先生已是七十多岁的老人。那时，他仍然坚持每天伏案工作十几个小时。先生每天早晨五点钟起床，下楼锻炼半小时后便开始工作，工作一两个小时才吃早饭。他是北大燕东园宿舍区里起得最早的人。记得当年北京电视台播出过一个节目，叫《早起的北京人》，介绍公交司售人员、环卫工人等。当时，我还开玩笑说："早起的北京人，应该介绍商先生呀！"先生在搞研究过程中，从不怕麻烦，有时为了查找一条史料要反复多次跑图书馆。那时，我们在教师研究生阅览室、善本室经常可以看到先生的身影。先生查找资料，从不假手他人。一年冬天，看到先生踏着积雪去图书馆，我们主动提出帮助先生查阅资料。先生笑了笑说："不用，不用，我一定要自己看。"从粉碎"四人帮"到先生去世的七年间，他写了四十余篇文章，完成了《康熙传》的初稿，整理了孟森先生的《明清史论著集刊续编》，组织编辑《清人笔记中的清史资料类纂》，倡议并主持了《清会要》的编辑工作，亲自完成了该书首卷《纪元篇》的编纂和定稿。所有了解先生的人都十分钦佩他的这种刻苦、勤奋精神。先生常教育我们："做学问要能坐冷板凳，要有十年磨一剑的心理准备。"他曾送给关门弟子岑大利师妹一句诗："坐它十年冷板凳，赢得满腹好文章。"先生曾对我说："要把读书当作一种乐趣，要做书虫子，钻进书里去。"他还把自己的经验传授给我们：做学问要做到三勤，即眼勤、嘴勤、手勤，就是要多读书，多提问题，多讨论，多写读书笔记，多写文章。先生还特别提醒我们："你们都很聪明，但做学问要靠勤奋，不能靠小聪明。聪明是做学问的必要条件，但再聪明的人不老老实实读书也写不出好文章。"在先生的几个学生中，我的基础是最差的，同时也算不上聪明。二十多年来谨遵师训，多下苦功，总算勉强没有掉队，仅此而已，实在有负先生的期望。

先生在治学中，还有一种精神特别值得我们学习，那就是实事求是、不耻下问。先生多次对我们说："学问是无止境的，切不可自以为是。我们不知道的东西多着呢。"我们随先生读书后不久，先生就组织了一个读书交流会，每周一次，由他和许大龄先生共同主持，参加者有我们明清史的四个研究生，和当时的青年教师徐凯先生、辽宁社会科学院来北大进修的张玉兴先生，地点就在北大燕东园28号先生的寓所。第一次交流会上，先生开宗明义:"我们采取这种方式,就是要互相交流学习心得。每个人把一周读书学习的情况谈一谈,这也是互相促进,共同提高的机会。有什么不懂的问题也可以提出来,互相问一问。不懂不要装懂,不懂并不丢脸,不懂装懂那才丢脸呢。你们提的问题,如果我不知道,可以问许先生,许先生不知道还可以请教其他先生。"先生知识渊博,往往是有问必答,但如果真有他不了解的内容,他绝不会随便应付,一定会实事求是地说:"这个我不清楚。"我的硕士论文是研究雍正朝的改土归流,在看文献过程中,发现大量使用"土司"一词,而且使用情况极为复杂,用法各不相同。于是,在一次读书交流会上,我向先生请教:"土司"一词到底是什么意思?如何准确把握它的内涵?先生说:"土司问题我没有研究过,这个词我也说不清楚。"在座的许大龄先生也表示说不清楚。于是商先生建议我去向王钟翰先生请教,因为王先生写过一篇关于雍正朝改土归流的文章。尽管当时我没有从先生那里得到答案,但他那种实事求是的态度却给我上了生动的一课。想想现在那些无所不通的"大师",恐怕他们缺乏的就是自知之明。相比之下,我更喜欢商先生、许先生这样的导师。因此,在我带研究生后,首先学着商先生的口吻对我的学生说:"今后,在学习过程中,你们提出的问题,我不一定都能解答,或者说,肯定有我解答不了的问题,但我会帮助你们一同去寻找正确的答案。"孔子曰:"敏而好学,不耻下问。"商先生正是如此。我至今记得这样一件事:大约是1980年,历史研究所清史研究室编辑《清史资料》第3辑时,准备刊出谢国桢先生所藏旧抄本《银谱》,那是乾隆初年宁寿堂使用的鉴定银子成色的一本手册。因该书颇多俗字、行话,艰涩难解,难以找到合适的标点者,因此,清史室的同志便请商先生标点。我在先生家见到了那个抄本,翻了翻,简直是天书。说实在的,当时也只有先生可以接受这样的任务。由于这是一本极为专业的书,其中许多术语很难见到,因此,先生也有一些不了解或拿不准的地方。先生知道家母曾长年在银行工作,有一天把我叫去,在一张纸上抄上书中的七八个术语,如"边枯""马牙""麻布森"等,对我说:"烦劳令堂向银行的专家请教,这几个词作何解。"因为过去的银行有金银兑换业务,业内的老同志应该有所了解。后经家母询问当年负责金银兑换的退休老人,解决了一些问题,但仍有两三个词不得其解。当我把材料交给先生时,先生一再表示:"一定请令堂转达对银行老同志的感谢。"在《清史资料》出版时,先生特别写了一段"标点后记"。其中说道:"谱中所用鉴定术语颇多,曾向此业当行老手领教,以古今用语不同,且已无此货色,难于尽作明确解说。"每当我回忆先生,翻阅到这段"后记"时,都会被先生那种不耻下问、实事求是的态度所感动。

二 关于名利观

先生处世,一向淡泊名利。这点,同样给我们留下了深刻的印象。先生成名很早,但由于种种原因,新中国成立初已是中法大学教授的他,到北大以后一直是副教授,直到我们考上先生的研究生。对于生活历程中的诸多坎坷,先生都能坦然面对,且从不计较什么名分、地位。与先生同时期的人早已是教授了,先生与他们在一起时没有一点点的不自在,照样是谈笑风生。他常对我们说:"不要追求那些东西,看一个人有没有学问,是看他的文章,不是看他的头衔。"现在许多学术单位评定职称,大都会有一番明争暗斗,而时下有一种看法,认为:"知识分子既不当官,又不挣钱,还不能争个名分吗?"这或许代表了一部分人的心理,但是商先生绝不是这样。先生从不在乎什么教授、副教授的头衔。有一次,我们闲聊,说到当年北大一位颇有名气的先生在招收研究生时,只因招生材料上写明了"副教授",便一气之下拒绝招生的事。先生听罢,淡然一笑,说:"副教授也可以带研究生嘛。我和许先生不也是副教授吗?"我到历史研究所之后,常看到某些同志因为没有晋升副教授或教授而羞于见人,甚至不参加公开的学术活动,我曾以先生为例加以宽慰。想想先生当年70多岁的高龄,仍顶着"副教授"的头衔,我看不出他哪怕有一点点的羞涩与不满,这是何等的胸怀。人们常说"淡泊名利",可事到临头,又能有几个人真正是淡泊名利呢?在我接触的师友中,商先生真正做到了这一点。1980年,北京旅游系统组织了一个四五百人的报告会,请先生去讲明清史中的一些基本知识,并事先提出了几十个具体问题,诸如"明清两代哪个皇帝在位时间最长""哪个皇帝寿命最长"等。因为报告的地点在宣武门大街的越秀大饭店,离北大较远,因此师母让我陪先生一起去,路上有个照应。进场后,先生被请上了主席台,我坐在台下的第一排。报告开始前,主持人宣布:"今天,我们请到了北京大学历史系的商鸿逵副教授为我们作报告,大家欢迎!"当听到"副教授"三个字时,我感觉很不自在,有点坐不住了,可先生还是笑容可掬地坐在那里。在回学校的路上,我对先生说:"主持人也太不懂事了,说教授有什么不行,还把'副'字念得那么重。我听了直冒汗。"先生笑了笑说:"你这是怎么啦?副教授就是副教授,去掉'副'字就舒服吗?我都没有任何感觉,你冒什么汗?"回家后,先生还对师母说:"人家宣布我是副教授,我没什么,世愉听了直冒汗,你说他是何苦呢?"师母听罢也笑了,对我说:"商先生从来不在乎这种事。你也不要介意。"想到先生在台上侃侃而谈,两个小时生动风趣的演讲,报告结束时的热烈掌声及会后诸多人的尾随请教,使我不由得对先生产生了由衷的敬佩,同时也为自己的言行感到惭愧。其实,是我的名利思想、虚荣心太重。古语云:"不矜贵,何羡名。"先生正是如此!后来,我经常把这件事讲给我的孩子和我的学生听,既是对他们的教育,更是对自己的提醒。

先生经常讲的一句话是"实至名归"。先生看重的是"实"。他多次告诫我们,要把学问做好,不要把虚名看得太重。1983年11月,我们在无锡组织召开《中国历史大辞典》编委会的工作会议,此期间得到先生去世的噩耗。当时,与会的梁寒冰、谭其骧、吴泽、杨志玖、王玉哲、蔡美彪、李学勤、林甘泉、胡一雅、刘荣焌、程应镠、王毓铨、曹贵林、罗明、胡守为、张岂之等先生第一时间联名发去唁电表示悼念。林甘泉先生代表历史研究所让我提前返京,帮助料理先生的治丧事宜。在我临行前,韦庆远先生特意拉着我的手说:"商先生的去世,我很悲痛,请代为转达我的悼念之情。应该说,商先生也是我的老师,因为我评教授的推荐评议书是由商先生写的。"韦先生说的事我是知道的,当年为韦先生写推荐信时,商先生特别对我们说:"韦先生的文章很有分量。"可那时商先生本人还是副教授呢。当时正是恢复定职称不久,许多高校都找先生写推荐信、评审书,因为他们很清楚,先生是清史学界一流的专家,他们并没有考虑一个副教授不能评审、推荐教授。所以,当韦先生握住我的手的那一刻,我似乎才真正领悟了"实至名归"的真谛。我为有先生这样的导师而感到骄傲!

三 关于做人

先生之做人，尤为学界所称道，堪称楷模。

先生是一位忠厚长者，他待人谦和、真诚，没有一点专家、学者的架子。凡是与先生交往过的人，都会亲身感受到他的满腔热忱，并被他平易近人的作风所感动。特别是对后生晚辈来说，先生就是一位可亲可敬的长者。我第一次见到先生是在1974年的秋季。当时北大历史系的工农兵学员到铁道部南口机车车辆机械工厂（这是詹天佑任第一任厂长的百年老厂）劳动锻炼，商先生和张传玺先生作为随队教师一同前往。那时我正在工厂的宣传科工作。北大师生到达南口火车站的那天上午，工厂派了一辆卡车去接站，以便装载师生的行李。我们事先已知道，此次前来的有一位年近七旬的商教授。我想，商老先生年纪大了，一定要让他坐在卡车的驾驶室里，这样可以少走一段路。可以说，这在当年已算是高规格的接待了。师生们下火车之后，我看到一位老人健步走来，便迎上去说："您是商老先生吧？我叫李世愉，是工厂宣传科的，负责接待北大师生，请您跟我来。"接着，我又指了一下停在一旁的卡车，说："请您坐一段汽车吧。"先生有力地摆了摆手说："不用，不用。"我说："要走二十多分钟路呢。"先生说："二十多分钟算什么？我练过功，走几个小时也没问题。"我不好意思地说："这个车是差了点。"先生马上说："这车很好嘛，前几年在江西，我们坐的可是牛车呀！"张传玺先生也劝商先生上车，先生执意不肯。于是我说："那我就陪商老先生一起走吧。"一路上，我们聊了许多。先生给我的第一印象就是慈祥、谦和、幽默，特别是先生的幽默。可以说，和先生在一起的时候，总是有笑声陪伴。同学们学工锻炼之余，还要上文化课，由商先生和张传玺先生分别授课。我做先生的学生应该是从那个时候开始的。北大师生到工厂不久，工厂又派我去北大历史系参加《论衡》的注释工作。那时提倡工农兵上讲台，因此，一段时间后，历史系的老师让我回工厂给同学们讲《论衡》，讲课那天，商先生、张传玺先生都和同学们坐在一起，当时我真有点紧张。讲课时，我特别注意观察商先生，他竟然听得那么认真。讲课后，商先生第一个走过来，鼓励我说："讲得不错。"

霎时，我感到了一股暖流直涌心头。正是出于对先生的敬仰，在恢复高考，招收研究生的时候，我毫不犹豫地报考了先生的研究生。

先生是著名的清史学家，平时向他请教、求学者颇多。初见面，年轻人大都心情紧张，放不开手脚，显得很拘束。而先生总是笑容满面，亲切地招呼来访者坐下，然后递上一杯茶，从拉家常开始，渐渐进入主题。很快，来访者便会放松下来，能够轻松地与先生攀谈。记得我们考取研究生后，历史系所有专业的同学一起去看望各位导师。当时，所有同学都有这样的感受：在商先生家最放松，最自在，心情最舒畅。先生对来访者、请教者，总是给予充分的肯定和鼓励，使他们从中获得力量和自信。尤为可贵的是，先生不仅关心那些基础较扎实，思想较敏锐的学生和求学者，而且特别注意对那些基础较差，但又有志于学的人，给予耐心的指导和极大的关注。现任北京古代建筑研究所副所长的包世轩先生是1968年的初中毕业生，长期在门头沟工作，是一个自学成才的典范。在他的成长过程中，就得到了先生的教诲、激励与鞭策。在培养人才的过程中，先生经常表现出对学生无微不至的关怀，并使许多人从中受益。辽宁社会科学院的张玉兴先生，每当回忆起先生对他的帮助时都是感激不已。玉兴兄于20世纪50年代后期高中毕业，由于当时的政治原因而未能进入大学的校门。1978年，他终于踏进了史学研究的行列，进入了辽宁社会科学院。1979年秋，玉兴兄在中国人民大学清史研究所进修听课。当先生了解到这个情况后，主动邀请他到北大来和我们一起听课、学习。玉兴兄第一次来听课时，先生专门向我们作了介绍："这是辽宁社科院的张玉兴老师。"玉兴兄坚决不让我们称他为"老师"。于是先生说："那你们就以兄弟相称吧。玉兴同志年龄最大，是你们的师兄。以后你们多联系，互相帮助。"当时，玉兴兄在中关村附近租了一间小房子，条件极差。为了让他有更好的条件专心学习，先生决定为他办理一个正式到北大进修的名额。由于当时学校在住宿等方面条件有限，历史系表示难以操作。为此，先生专门找到校领导王学珍同志，说明张玉兴同志极有培养前途，表示自己愿意作他的进修指导教师。王学珍同志被先生的精神所感动，说："既然商先生提出，又愿意带，可以批准。不过食宿问题要自行解决。"回来后，先生把我叫到家里，郑重其事地说："玉兴同志进修事，学校已同意了，但食宿问题要自己解决。你和同学们商量一下，一定要帮他解决。"正是在先生的关心和多方奔走下，玉兴兄得以在北大正式进修两年，为日后取得丰硕成果打下了坚实的基础。先生对那些需要帮助者，可谓来者不拒。郑天挺先生去世后，先生欣然答应了南开大学历史系请他指导郑先生研究生毕业论文的要求。北京大学出版社创办了《大学生》杂志，请先生撰文，先生十分高兴地写了《清史研究初步》，向中国史专业的同学介绍如何研究清史。就连东北一位陌生的青年工人来信请教问题，先生都立即复信予以解答。

先生待人，一向宽宏大度。古语所云"记人之善，忘人之过"在先生身上表现得尤为突出。"文化大革命"期间，先生受到了不公正的待遇，一些年轻教员和学生曾贴过他的大字报或批判过他，更有人辱骂过他，先生对此并不计较。十年动乱结束后，先生主动和那些曾经批判过他的教员打招呼，得到了众多教员的敬重。一些曾经批判过先生的学生向他表示歉意，先生反而帮助他们放下思想包袱："过去的事就别提了，你们那时都年轻，也是响应毛主席的号召，积极参加'文化大革命'嘛。"我曾问过先生："'文革'时有哪些人批判过您？"先生的回答实在让我意想不到："我记不住有谁批判过我。再说挨批的又不是我一个人，老教师有几个不挨批的？不过我不在乎，你知道吗？那时白天开了我的批判会，晚上照样睡大觉。"白天挨批，晚上照睡不误，这在"文革"期间是不多见的。先生之胸怀实在令人钦佩。先生和我们聊天时，总是赞扬别人，扬人之善。他经常提到邓广铭先生、宿白先生、许大龄先生、田余庆先生、祝总斌先生等，一一道出他们的学术专长，如邓广铭先生的精深，宿白先生的刻苦，田余庆先生的文采，要我们好好向他们学习。他还经常赞扬活跃在清史学界的他的学生，在我读研究生的时候，何龄修、郭松义、李鸿彬等先生的名字已是十分熟悉了。

先生不仅以他的学问，更以他的道德人品赢得了所有同事、学生、朋友的尊重，尤其是后生晚辈，更愿意找他请教、攀谈。我忽然想起了孔子的名言："德不孤，必有邻。"先生是也。

今天，先生离开我们已有23年了，但是，他永远是我们治学、做人的楷模。刻在木板上的名字未必不朽，刻在石头上的名字也未必不朽，先生的名字刻在我们的心灵之上，必将永存！

（原刊于《清史论丛》2007年号）

纪念杨向奎先生

高　翔

杨向奎先生不幸逝世了，这是中国当代学术界的一大损失，更是中国社会科学院历史研究所明清史研究室难以弥补的重大损失。

历史研究所明清史研究室成立于1966年，杨向奎先生为第一任研究室主任。此后数十年，尽管研究室人事代谢，领导更换，但作为德高望重的学术前辈，作为贯通古今的学问大家，杨向奎先生一直是研究室名副其实的学术权威、学术旗帜，享有崇高的学术地位，备受尊崇。而明清史研究室所形成的一套严谨求实的学风，所拥有的相对完备的学术梯队，所取得的一系列重要学术成就，也凝聚着杨向奎先生巨大的心血。

学风问题，不但是学者对待学问的态度问题，而且直接关系着学术的盛衰存亡。在任何时候，我们都不能期望一个学风浮躁的学者，能取得重要的科研成就，更不能指望一个学风浮躁的研究集体，能真正推动科学事业的发展。杨向奎先生历来提倡严谨求实的学术风气，强调历史研究必须占有大量史料，强调对传统的方法（包括考据学的方法）应该采取去其糟粕、取其精华的态度，批判地继承。这一科学的态度，深刻地影响了明清史研究室的学者们。几十年来，严谨求实，已经成为历史研究所明清史研究室的传统。甚至在科学精神萎靡、浮躁风气盛行的特殊时期，明清史研究室的学者们也能保持冷静的头脑，不为浮名动心，不为金钱左右，踏踏实实治学，绝不追赶学术时髦。这与杨向奎先生的言传身教是分不开的。当然，杨向奎先生的学术风范，他所拥有的独特的学术精神，绝非严谨、求实所能概括。他治学的目的，是要以科学的方法，通过研究人类社会的发展历程，研究自然与人类之间关系的发展历程，探寻历史规律。杨向奎先生尝谓自己治学"其始也，反俗成真；其终也，回真向俗"[1]。这是真正的大师境界。它决定了杨向奎先生的学术具有弘博的气象，充满了思辨的睿智，饱含着丰富而深邃的哲学内涵。我们在继承杨向奎先生严谨学风的同时，更要效法其崇高的学术追求，始终将"究天人之际，通古今之变"作为自己治学基本的追求目标。

一个研究集体，能否形成、保持和发展自己的科研优势，关键取决于人才的培养，取决于能否造就一支矢志献身学术的科研队伍。杨向奎先生一直高度重视学术人才的选拔，精心培养学术人才。这里有两点需要特别提及：一是先生反复强调治学没有捷径可走，要求年轻学者要勤奋钻研，努力治学，不要为将来留下后悔之地。这一谆谆教诲，对端正明清史研究室的学风具有十分重要的意义；二是热情扶持学术后进。历史研究，在很大程度上基于学术积累，严格说来，在史学研究中，没有神童可言。杨向奎先生对后辈学者，从不以权威自居，从不轻视，而是精心指点，大力扶持。通过历史档案的整理，通过各种形式的科研项目，通过研究生教育，杨向奎先生为明清史研究室培养了一大批优秀科研人才。而这批人才，不但继承了杨向奎先生的优良学风，而且继承了他诲人不倦的大师风范。杨向奎先生当年曾告诫研究室同人：学科建设，要"分兵把口"，明清史学科的主要领域，都要有专人负责，不能有缺门。这一学科建设思想要获得落实，必须要以科研队伍的相对健全为前提。几十年来，在院、所领导的关心，以及有关职能部门的大力支持下，明清史研究室逐渐形成了一支老、中、青相结合，科研力量相对雄厚的研究队伍。研究室为了提高科研人员的素质，坚持对新分配来的青年科研人员实行导师制，指定有长期科研经验、具有深厚学术积累的老专家，对他们实行专门指导，使其尽快了解历史研究所特别是明清史研究室的学术传统，掌握前沿研究动向，确定研究方向，及早步入研究正轨。这一措施在实践中收到了良好效果。虽然明清史研究室目前正处于新老交替之际，但在制定科研战略、布置科研力

---

[1] 李尚英：《杨向奎先生著作和论文提要及编年》，《庆祝杨向奎先生教研六十年论文集》，河北教育出版社1998年版，第793页。

量上,我们始终将分兵把口、重点突出,作为研究室建设的基本指导思想。随着中青年人才的不断成长,杨向奎先生的愿望,将逐渐成为现实。

一个成熟的优秀科研集体,应该拥有自己专门的学术阵地。杨向奎先生曾以巨大的精力投入清史研究,1979年倡议创办《清史论丛》,并长期担任主编。《清史论丛》从诞生之日起,就以发表高水平学术专论为特色。20多年来,《清史论丛》作为清史研究集刊,对推动清史研究的深入发展,对培养学术新人起到了促进作用,在国内外产生了广泛的学术影响。《清史论丛》的成功,有其重要的内在原因,这就是它倡导严谨、朴实的文风,编辑组拥有开阔的学术视野和严格的审稿制度。而这些基本的学术特色,主要形成于杨向奎先生担任主编之时,并在此后的岁月中得到继承和发展。目前,历史研究所的清史学科,作为中国社会科学院实行目标责任制管理的重点学科,在科研经费、人事制度、对外交流等方面,享受着比较优惠的政策,在院、所领导的指导下,处于世纪之交的清史研究正面临着一个新的发展机遇。《清史论丛》作为清史学科最重要的学术阵地之一,作为长期以来受到海内外清史研究者关爱和支持的学术园地,不但要继续存在,而且要越办越好。杨向奎先生开创的事业,在新世纪必将得到发扬和光大。

哲人已逝,其精神永存。杨向奎先生虽然离开了我们,但他卓越的研究业绩,无疑在当代中国学术发展史上树立起一座不朽的丰碑。学问当与时俱进。历史研究所的明清史研究者,将继承杨向奎先生的遗志,不断探索,努力创新,为中华民族的全面复兴,做出自己应有的贡献。

(原刊于《清史论丛》2000年号)

勤奋为学　博通经史　兼擅文理　著述宏富
——纪念杨向奎先生一百周年诞辰[1]

李尚英

2010年1月10日,是历史学一代宗师、《清史论丛》的创建者和首任主编、我们敬爱的导师杨向奎[2](我们都尊称为杨向老,或向老)先生一百周年诞辰。我想,在先生一百周年诞辰日到来之际,对他最好的纪念就是学习和宣传他的学术思想,并使之发扬光大。2006年由中国社会科学院组织编选、陈祖武等学者编辑的《中国社会科学院学者文选·杨向奎集》的出版,为我们深入学习杨向老的学术思想提供了便利条件。我虽然对先生的博大学问了解不深、知之甚少,但还是不揣冒昧地把自己学习《杨向奎集》的一点心得体会写于下面,以表达对慈父般的老师的深切怀念和无限敬仰之情。

一　博闻强记,勤奋为学,著述丰富,成果卓异

杨向奎先生,字拱辰,河北丰润人,生于1910年1月10日,逝世于

---

[1] 原副标题为"纪念杨向奎先生诞辰一百周年"。
[2] 我于1978年考入中国社会科学院研究生院历史系,做清史专业研究生,导师是杨向奎教授。

勤奋为学　博通经史　兼擅文理　著述宏富

2000年7月23日，终年91岁。先生1931年入北京大学历史系，从史学大师顾颉刚、傅斯年受业。1935年毕业后，先后执教于甘肃学院、西北联大、东北大学和山东大学，任甘肃学院文史系讲师、教授（时年仅28岁），西北联大副教授，东北大学教授，山东大学教授、中文系主任、历史系主任、文学院院长。作育人才，桃李满园。1956年调任中国科学院历史研究第一所（1958年与第二所合并为历史研究所）任研究员、明清史研究室主任（"文化大革命"后改任清史研究室主任），1978年中国社会科学院研究生院创立后任该院历史系教授、硕士和博士研究生导师，孔子基金会副会长，墨子研究中心名誉主任等职。

杨向老一生孜孜不倦地勤奋为学，广泛涉猎于经学、史学、哲学和理论物理学、数学，博古通今，著述宏富，为学术界留下了一笔宝贵的财富。早在1943年，先生即已发表名著《西汉经学与政治》，受到学术大家顾颉刚、傅斯年等人的称赞。60年代初，《中国古代社会与古代思想研究》上下两册先后问世，成为学界的畅销书。先生也由此奠定了自己在学界的大师地位。此后十余年间，由于众所周知的原因，先生的学术成果问世较少。"文革"结束后，先生以耄耋之年，精进不已，奋笔疾书，结撰专著《中国古代史论》《清儒学案新编》《大一统与儒家思想》《宗周社会与礼乐文明》《墨经数理研究》《自然哲学与道德哲学》《哲学与科学——自然哲学续编》《绎史斋学术文集》《缁经室学术文集》，主持编纂《中国屯垦史》和《百年学案》等15部，论文200余篇，还有为友人和学生作书序数十篇。"文革"时期，先生"躲进小楼成一统"，又以一业已取得卓越成就的人文社会科学工作者，而毅然攀登自然哲学和理论物理学的高峰，相继发表《熵和引力》《论时间空间》等多篇重要论文。环顾四海，古往今来，皆属罕见。先生曾对笔者说："我的学术成果主要在70岁以后（完成的）"。这是很符合实际的，同时也充分体现了杨向老一生为学坚忍不拔的执着精神。

杨向老一生文理兼通，恐怕与他为学经历有关，更为重要的是对社会科学与自然科学的深刻认识有关。

杨向老早在中学读书时，教务主任王先生曾对学生说："在经学问题上，今文学派说《左传》是一部假书。"还有一位物理教师王硕儒先生也曾对学生说："我懂得'相对论'，那是四维。"两位老师的话可能只是随便一说，但幼年的杨向奎听后，心情却很不平静。他想，自己儿童时代只读过一部《左传》，原来还是一部"假书"，心里惊讶不已，总想解开这个谜；他在学习物理时，知道三维，现在老师说有四维，那一维是什么？也想来个刨根问底。总之，这两句话确实影响了杨向老一生。

进入学术研究领域后，杨向老逐渐认识到，历史学是社会科学中的基础科学，是探索和研究人类发展规律的科学。人类社会发展是有规律的，客观规律是不以人们的意志为转移的，对历史发展规律的研究，就是历史哲学。而物理学是自然科学中的基础科学，是探讨和研究自然发展规律的科学。自然本身是无知的混沌，人类对自然的研究，使自然有了透明度，自然的透明度又增加了人类的知识，这样相互推进，我们才知道，自然是无限而有界的。当然，每一个星球、每一个天体都有它的起源与衰老，黑洞理论的提出，更可能证明空间与引力的关系，黑洞不过是一个熵洞。① 所以，自20世纪60年代以后，杨向老就以一位社会科学家的身份潜心地研究起理论物理学和数学，直至生命终结。他在晚年时说："现在也很难说，我是以学历史的身份业余地搞物理，还是主要搞物理兼搞历史。因为我有时把主要精力放在物理学上，有时又集中精力研究历史或哲学。这种多元的研究方法，直接影响到我研究项目的进展，不能集中精力搞一方面，就分散了力量。但我即使知道这种多头研究有许多不利的地方，也不想改变，这是多年养成的兴趣，多年的嗜好。……我对这几门学问都很喜欢，丢不开这个，也丢不开那个，只好三头并进，四头并举。"② 实际上，杨向老在这里表达了他的一个关于社会科学与自然科学交叉运用、相互借鉴的深邃而又十分重要的思想，代表了现今科学发展的趋势。

总之，杨向老在他六十余年的学术生涯中，就是这样孜孜不倦地研究历史学和毅然攀登自然哲学与理论物理学的高峰，并取得了一个又一个卓异成就。

---

① 杨向奎：《我对人文科学的看法——在中国社会科学院建院二十周年庆祝大会上的发言》，《杨向奎学术文选》，人民出版社，2000年，第225、226页。
② 杨向奎：《杨向奎学述·前言》，浙江人民出版社，2000年，第4、2页。

二 坚实的理论基础和扎实的史学资料的完美结合

杨向老是中国史学界中较早运用唯物史观研究学术问题的学者之一，也是中国史学界中获得学术成果最大、最多的学者之一。杨向老多次教导他的学生说："研究社会科学，一定要研究历史唯物主义；研究自然界的发展规律，也必须懂得自然辩证法，掌握了这种方法，再学习有关物理学的基础知识，然后用辩证唯物主义的方法进行研究、进行提高，这样才能有所发现，有所发明。当然，相信辩证唯物主义和历史唯物主义的只有我们社会主义国家的学者，资本主义国家的许多学者不相信这种哲学、这种方法，所以他们在研究自然科学中总会遇到一些不可克服的难题。他们当中的一些人并不承认自己成就的取得是运用了自然辩证法，但他们成就的获得，往往是或者是他们的方法符合自然辩证法，如果完全违背自然辩证法，就不可能获得巨大的成功。"[①]

20世纪50年代，史学界曾掀起了中国封建社会历史分期和中国封建土地所有制问题的大讨论。这场讨论虽然轰轰烈烈，但由于对唯物史观认识程度的不同，得出的看法大有差异，甚至大相径庭。有鉴于此，杨向老先后发表了《读〈马克思、恩格斯论中国〉——兼论中国封建社会的历史分期问题》《〈家庭、私有制和国家的起源〉学习笔记》等理论文章，力图运用唯物史观以解决历史问题。

中国封建社会始于何时？其内部如何分期？杨向老在学习了《家庭、私有制和国家的起源》和《马克思、恩格斯论中国》等有关理论文章后，强调研究中国历史分期问题时，必须关注古代东方和古代中国的特点。按照马克思、恩格斯对于古代东方和古代中国社会经济关系的论述，杨向老指出：古代东方和古代中国的特点，首先是氏族制度和农业公社制度的长期存在。但古老的农业公社制度是否也保存在封建社会内呢？先生认为，"中国历史的特点，不仅表现在初期的奴隶社会内，也表现在封建社会内，尤其是封建社会的前期，显著地保留有很多的自由的农业公社成员"。以往史学界有一种机械的看法，认为奴隶和农奴是互相排斥的，"有奴隶是

---

① 杨向奎：《杨向奎学述·前言》，浙江人民出版社，2000，第4、2页。

奴隶社会，有农奴是封建社会；如果有奴隶又有农奴，那就变成一种使史学家迷惘的社会了"，而马克思的"现代家庭"论既包含着奴隶制，也包含着农奴制，"正好解释古史学家迷惘"了。（《杨向奎集》第23~24、12页，以下引用本书时只注页码）

杨向老在《从〈周礼〉推论中国古代社会发展的不平衡性》一文中指出，《周礼》一书在学术上极有价值，它提供了古代东方社会的许多有用材料，我们通过这些材料既可以了解古代东方社会的特点，同时又可了解关于中国古代社会性质难以解决的原因。杨向老认为，中国古代社会性质难以解决的原因，在很大程度上基于我们对中国古代社会发展的不平衡性认识不足，而往往是以部分代全体，甚或以后来的发展情况说明古代。他还指出，必须对史料加以认真考订。并说：

> 在战国以前，就黄河流域上下游各国的社会结构来说，如果我们能够对于史料加以严格甄选的话，会发现它们并不是整齐划一地向前发展的。过去我们对于史料的运用太粗疏了，根据西周某一地区的铜器文字而概括地说明当时所有地区的社会性质；或者是对于某一种材料的时代还弄不清楚，而用以判断某一时期社会发展的特色，这全是违背马克思主义的方法的。（第99页）

杨向老在本文中还以大部分篇幅论述了春秋时代的齐国社会，认为"《周礼》是齐国的产物，而《周礼》的制度，在其他齐国文献中是可以得到证明的"。齐国根据《周礼》和其他典籍的记载，至少在齐桓公时已是一个封建国家，但还保存着原始氏族制度；从统治者内部来说，也还保存着奴隶制度。但是，这些奴隶没有从事农业生产的，他们不是农业奴隶；当时有私人奴隶，但不从事农耕。由此先生指出，我们史学界对于中国古代史的认识所以统一不起来，往往在于掌握了某一地区某一种材料，就用来笼统地说明各国的社会性质。先生建议，我们应该划分开来研究，要一个地区一个地区地解决问题，认清了齐国，认清了三晋，认清了宋、郑，认清了秦、楚，认清了吴、越，然后再说明哪一个地区的社会发展是中国社会发展的主流，这样，中国古代社会性质问题才易于获得圆满解决。

（第108-109页）

具体到西周社会性质问题，杨向老认为西周是初期封建社会。先生在《关于西周的社会性质》一文中指出，解决西周社会性质的问题，是解决中国古代历史分期的关键；而要解决西周社会性质首先应当解决物质资料生产者的地位变化问题，究竟谁是剥削者，谁是被剥削者的问题。先生认为，西周初年社会的主要矛盾表现在统治者和"殷民"的矛盾上，这大批"殷民"是剥削者主要的剥削对象。先生指出，在《周礼》一书中，千言万语环绕着一个中心问题，就是怎样处理这些"民"的问题，而不是"士"的问题。他还特别强调说，《周礼》所反映的社会不是奴隶社会，而是封建社会；自西周至春秋，凡是记载中的"民""甿""庶人""众人"，或者是"农人"，全是指当时被剥削的广大农民阶级而言，他们领有一小块土地，并且有他们自己的生产工具。例如"甿"，就是从事于主要生产事业的人，但他们的地位是农民，他们由领主授田，成为领主剥削的对象；《周礼》中讲的井田制度，实际上"附着于土地上的奴隶和贫困的公社成员，逐渐变为农奴了"。还有一个值得注意的现象是，由于压迫奴隶和管理农民的方式不同，西周出现了以"德"为代表的新的社会意识。"德"字在西周是一个新字，它所代表的也是一种新的思想意识，也是新基础的反映。"德"是用以"和民"的，这"民"也是一种"新民"，"以德和民"是西周以至春秋时代统治阶级的口号（第124~125页）。先生在1980年11月写的《绎史斋学术文集·前言》中再次强调了自己的观点："现在我……的看法并没有改变，我仍然主张中国封建社会自西周开始，除了古文献的材料外，近年来云南的史学工作者在作了傣族田制与农奴制和周秦社会的比较研究后，同样得出了西周是封建社会的结论。"[1] 先生的观点得到了学界很多同人的支持。

关于中国封建社会的历史发展历程，杨向老认为可以分为下列四个阶段。（1）封建社会前期，西周到西汉（公元前10世纪到公元）（2）封建社会成熟期，后汉至晚唐（公元1世纪到9世纪）。（3）封建社会后期，北宋到鸦片战争以前（公元10世纪到19世纪中叶）。（4）半殖民地半封

---

[1] 《绎史斋学术文集》，上海人民出版社，1983，前言，第1页。

建时期，即鸦片战争到新中国建立（1840~1949）。中国封建社会前期，是领主经济居主导地位的时期，领主通过公社对农民取得超经济剥削。战国时期以后，地主阶级已经抬头，不过领主的势力并未全肃清。秦与西汉还是领主与地主交哄的时代。王莽末年的农民起义，摧毁了领主阶级，社会向前发展了，中国才走上成熟的封建社会。具体而言，这一时期正是在东汉到北魏时期。先生这些观点同样得到了学界不少同人的支持。

关于中国封建土地所有制的性质，也是史学界争论激烈的一个问题。杨向老在60年代初出版的《中国古代社会与古代思想研究》一书和其他一些论文中，多次对这一问题发表了自己的见解。具体而言，他不同意著名历史学家侯外庐先生的土地国有制一说。杨向老认为，战国以前，我国存在着以井田（村社）为主干的土地国有制；此后为地主阶级土地所有制，宋以后更成为大（地主）土地所有制。他还对中国封建社会历史上土地制度方面曾存在过的"种种迷人的假象"，诸如拓跋魏的均田制和唐代均田制进行了深入细致的分析。对于拓跋魏的均田制，杨向老指出，"均田令实际是对丁无主土地再分配的政策。对于无主土地的分配，并不涉及地主阶级的土地所有制问题。"而唐朝的均田制，是唐朝政府为了"搜括脱漏户口和土地，为了恢复生产和增加税收"所实行的一种土地制度；况且，实践说明"均田并没有按法令贯彻实行，各人各户的土地，许多是本户的原来所有"。杨向老认为，农民为地主干活，实际上就是交纳地租，如果对他们不实行强制，如果农民对于地主没有人身依附关系，农民是不会干的。所以，"地租表现了土地所有制的经济形态，只有结合人身依附关系，才能完整地说明封建土地所有制的性质"。他还说："封建土地所有制是土地所有权的垄断，而这种垄断的根据是土地私有制。"①

三 勇于创新 永不停步 不断将学术研究推向深入

杨向老在历史学、经学、哲学、红学、小学等领域均有许多创新，作

---

① 《杨向奎学述》，第78、79页；参见《中国古代社会与古代思想研究》上册，上海人民出版社，1962，第90、111页。

出了突出贡献，略述如下：

先生在历史学中的贡献，主要体现在对中国古代社会的研究，尤其是对上古史的重建上。杨向老的多年助手吴锐先生曾说，杨向老贡献最大的"还是对上古史的重建"，"杨派上古史是有成立的基础的"，除了"它的两大支柱即神守、社稷守和炎黄文明"外，还有中国阶级社会的开端、中国封建社会的迄始等。

谈到上古史的研究，不能不涉及以顾颉刚先生为代表的"古史辨派"。"古史辨派"是20世纪二三十年代一个很有影响的学派，该派着眼于一个"破"字。如杨向老所说："《古史辨》的功劳主要是对于传说中的古史的'破'，这一破对于后来建立科学的真实的古代史是有积极作用的，我们不能把盘古开天当作历史！"同时它也有"冲击某些封建权威、某些封建道统的权威"，继承"'五四'精神的传统，反对封建主义的积极意义"。但也必须看到，他们在古史问题上多"重复过去的老路，恢复到今文学派康有为的立场"，指责汉代刘歆等人伪造《左传》和《周礼》，伪造虞、夏、商、周的古史系统（第372、388页）。先生认为，这种观点"是今文学派的偏见"。儒家托古改制的说法，只是把他们的理想放在古代，并没有伪造中国古代史。中国古代，至少虞、夏、商、周的时代是存在的，我们不能否认这个体系。但今文经学派后来演变成疑古派，他们怀疑虞，怀疑夏，对商、周的许多历史也持怀疑态度。这就未免太过火了，玉石俱焚，这样一来，硬把中国的四五千年的历史变成两三千年历史，这种看法是武断的、没有根据的。无论从古代的文献记载上，还是从考古发掘上，这种理论都是难以成立的。[①]

可以说，正是在这种思想指引下，杨向老以极大的精力重塑上古史。首先，他研究了神守和社稷守的问题。

神守、社稷守是有关中国上古社会实体统治形式的关键问题。早在20世纪40年代初，杨向老继国学大师章太炎之后，发挥了神守、社稷守的理论。他以大禹杀防风氏为例，指出，"防风国"名的出现，说明我国古代在4000年前，曾经存在着神守国与社稷守国。社稷守即后来的阶级社

[①] 《杨向奎学述》，第9~10页。

会国家。而神守国时代，即神的时代。防风国以夏禹杀防风氏说，上古之天子居山宾天与人间之媒介，这种媒介在古代称之曰神。先生在六十余年前曾经叙述过夏代南迁的史实，后来多次说明神、巫、史的发展过程。夏是社稷守国，防风是神守国。

杨向老指出，在我国古代文献记载中，属于炎帝系统的姜姓国，齐、许、申、吕虽然在建国规模中比不上黄帝系统的夏、周，但他们的文化水平并不逊于"郁郁乎文哉"的周，或者说，他们的成就是"郁郁乎文哉"的一个组成部分。在春秋战国时代，楚申文化曾有过辉煌的表现，代表着我国当时的南方文化。楚、申、吕都是曾经称王的国家，它们都是重黎后。重司天属神，后来为申；黎司地属民，后来为吕。于是申为神守国，而春秋时楚之太史都为"申公"或"王子申公"；吕后为社稷守。申司天而吕司地，申司天蓬以圆丘祭上帝，吕司地遂以方丘祭四方。《吕刑》即用以司民者，齐出于吕。①

杨向老在有关炎黄文明的探讨上也取得了卓越的成就。他继承和发展了顾颉刚先生关于远古民族的分合，炎、黄不同族，炎是炎，黄是黄的观点。认为姬、姜原不属于一个部落，他们分属两个氏族，各有来源，都是源远流长，各有各的族姓，各有各的图腾崇拜。黄帝、炎帝来源不一，而姬姜两姓原来也并不是一个氏族。华夏族诚然是中华民族中最重要的集团，可以作为中华民族的代表，但不能说华夏族仅由炎、黄两族构成。东夷集团，尤其是殷商，在构成华夏氏族中起了骨干作用，夏、商、周三代，或者是虞、夏、商、周四代，共同融合成华夏族。在四代中，虞、商代表了东夷集团，而夏、周代表了华夏集团。我们不能"数典忘祖"，华夏族的形成当先夏而后周，姜羌之与华夏结合也当先夏而后周，这样我们才能析源解流，使许多纠缠不清的问题，各得其解。

在上古史的重建上，杨向老还有一个重要观点不应忽视，那就是有虞氏是我国阶级社会的开始。先生指出，在中国古代史上，虞、夏两代是应当大力研究的对象。杨向老在《应当给有虞氏一个应有的历史地位》一文中，考察了虞、夏两代的世系和当时的生产方式。他认为，有虞氏时代虽

---

① 参见《杨向奎教授论"基础科学"》，《中国社会科学院研究生院学报》1990年第2期。

1048

然"还是石器时代",但"已经有了奴隶制的萌芽","有关于私有动产的传说","在生产上是畜牧业与农业生产的结合",因此,"有虞氏是不能忽略的一个历史时代,应当在中国史上获得应有的地位"(第133~134页)。

黄河是中华民族古代文明的摇篮,夏禹治水的故事广为流传。但夏在中国的地理位置,多少年来没有人能说得准确无误。有的国学大师认为,夏在中国的西方,杨向老在《大禹和夏后氏》一文中指出:"夏代中世以前,政治中心在今山东省,其势力及于河北、河南;晚期则移居河东及伊、洛流域,然而东方仍有其孑遗。"(第148页)

杨向老在金文、甲骨文研究上也取得了令人瞩目的成就。

郭沫若先生曾对《国语·周语》中"我姬氏出自天鼋"一句解释说:"天鼋即轩辕也。"轩辕即黄帝,也就是姬氏出自黄帝。杨向老同意这种解释,并从青铜铭文中认出了"玄鼋"这两个字。先生说,天鼋即玄鼋,天、玄古音相同(第218页),从而有力地支持了郭老的正确看法,对探索炎黄文明作出了重要贡献。再如,商朝武丁时的卜辞习惯用语中有三个字,这是自甲骨文字出现以来,聚讼数十年而未解决的问题之一。先生经过详细考证,认为这三字应是"不玄冥",即指兆璺之不昏暗、不模糊。这一解释,得到了著名文史专家郭沫若的赞同:"其言至确"。

乾嘉学派历来是中国学术思想史,尤其是清代学术思想史上的一个重要研究课题。以往学界总是按地域把乾嘉学派分作吴派和皖派,没有触及该学派的实质。杨向老早在20世纪60年代初就写出《谈乾嘉学派》,提出将乾嘉学派作为一个历史过程来进行研究的主张,并认为,考据学派的奠基者顾炎武关心政治,以考据作为工具以"明经",既"通经致用"又阐明"经学即是理学"。但到了考据学派的大师惠栋、戴震时期,发生了变化:与顾炎武相比,惠栋"没有那种爱国主义的热情,没有积极的政治思想",而戴震更是"干脆丢掉了政治主张,于是考据学派三种内容——政治思想、反理学、考据,变成两种了"。到段玉裁、王念孙、王引之以下,"学风已变,他们既不谈政治,也不反对理学,只是考据,清初以来的汉学遂逐渐失去精华,形成一个偏枯的学派"。先生的上述观点,理清了乾嘉学派的源流、发展变化过程及其性质,堪称乾嘉学派研究方面的杰作(第295~300页)。

杨向老在经学研究上的贡献也是卓著的。经学分为今古文，今文以《公羊》为主，而古文经的重点则是《周礼》和《左传》。

杨向老自1946年进入山东大学工作后，在经学研究上重点研究《周礼》。先生在《〈周礼〉的内容分析及其成书年代》一文中指出，"自从《周礼》得到表彰以后，这部书的真伪及其成书年代，成了中国学术史上的一个存在问题"，今文学家视其为王莽、刘歆的"伪造"。杨向老在阐释了《周礼》的社会经济制度、政法制度、学术思想和体系、成书的时间与地点以后，指出"《周礼》可能是一部战国中叶左右齐国的书，《大戴礼》曾经引用过它，司马迁、匡衡也引用过它，无论如何不是王莽的伪造"，而且王莽为达到篡夺西汉政权的目的而引用、效仿过"周礼"，同时他本人对《周礼》"还有许多误解"（第190、198页）。杨向老的《论〈左传〉之性质及其与〈国语〉的关系》一文，更是通过精彩而深入的论述，彻底推翻了今文学家视《左传》为"伪书"的臆测，受到当时著名学者莫非斯"精当绝伦"的赞誉。

在今文经学研究方面，《杨向奎集》选编了杨向老撰著的《〈公羊传〉中的历史学说》《论刘歆与班固》《〈白虎通义〉的思想体系》《司马迁的历史哲学》《论何休》《清代的今文经学》等论文。上述论文集中论述了公羊学的缘起、内容、发展演变过程。先生认为，《公羊》和荀子属于一个学派，他们是儒家而接近法家。在政治理论上既主张改制，又提倡复古，这未免进退失据而不能自圆其说；思想体系上一方面要维护诸侯割据的旧制度，另一方面又提倡中央集权的大一统，仍然是无法调和的矛盾。但《公羊》具有进步的历史观，能适当地反映时代要求，反映新兴地主阶级的要求，最主要的一点是强调大一统。这有助于中国的统一，但在春秋战国时中国并未统一，因此《公羊》只能说是为后王立法。至汉武帝时真正出现了大一统，《公羊》的理想才得以实现。司马迁也是著名的公羊学家，他继承了公羊学的传统，为后王立法：大一统；为后人立法：反对暴政，肯定农民起义，并歌颂货殖和游侠。汉武帝在完成大一统事业后，需要一个导致礼乐升平的具体方案。可是，公羊学大师董仲舒提出的对策都是不着边际、冠冕堂皇的言辞，而无实际内容，这可谓整个公羊学的悲剧。此后，地主阶级由于其政权已经巩固，不再需要讲求多变的公羊学，于是公羊学也就倒退了一步而接近正统派儒家，并参与了儒家宗教化的过程。东汉时，史学家班固撰集《白虎通义》，首先抛弃了大一统使儒家更进一步宗教化。直到东汉末年，经师何休为公羊学作总结，虽然这总结是纸上谈兵，但究竟保存了公羊学原有的义法和理论，才使公羊学重新发皇。先生还对"古史辨派"的"五行相生是刘歆一派的伪造"的观点提出质疑，认为"五行相生说"先于"五行相胜说"，而这两说均来自邹衍，刘歆当时还不具备伪造这种体系的水平，况且五行相生的历史法正是刘歆的历史哲学。先生还指出，此后，公羊学沉寂了千余年之久。直至清中叶以后，当地主阶级走投无路的时候，才又想到了公羊学，于是找到了《公羊》，找到了何休的总结。清代公羊学派首倡者庄存与是企图巩固旧秩序的公羊学家，其理论缺乏崭新的内容。他和孔广森都没有发现公羊学的关键所在，也没有找到何休的总结，而刘逢禄发现了它。刘呼唤一个新的权威来充当新王以维护大一统，但他没有建立资本主义社会的想法，一直到龚自珍方跳出封建社会的樊笼。龚自珍的思想超出了他的时代，他具有唯物主义的世界观和辩证观点。龚歌颂了封建社会还不存在的实体，发现人民群众是创造一切的第一人，还歌颂私有。这是一种具有启蒙意义的理论。鸦片战争之后，"中国完全进入半殖民地半封建社会，公羊学作为一种意识形态，从面貌到本质都不能不随着社会性质的变化而发生重大的变化。"（第367页）

杨向老对"公羊学派"的大一统理论始终持赞扬态度的。先生多次说过，公羊学派的改革精神，由他们所发挥的公羊学所提倡的民族团结大一统的思想，在我国文化之现代化方面以及国家民族在极度衰危的情况下能够坚挺下来，在马克思主义未传入中国以前他们的功劳是不可埋没的。

《杨向奎集》中还收有一篇《墨子的思想与墨者集团》。杨向老有关墨子及墨家自然科学成就的论文结集为《墨经数理研究》一书，该书充分体现了杨向老学术研究的一个十分鲜明而又突出的特点。那就是服务于社会，服务于现实，增强民族自豪感和自信心。

我们知道，墨学自西汉以来的历代统治者执行的一种独尊儒术、排斥其他各学的政策（加之墨学自身的原因）以后，就湮没在儒学的海洋中，一直处于衰微状态。在这种情况下，《墨经》也就随之衰弱而年久无人治理，错简、失简处甚多，本身残缺不全。到了清末，有一位学术大师孙诒让，他是乾嘉学派最末的一位大师，学问渊博、厚实，著了一部《墨子闲诂》，被誉为清朝三百年来研究墨子的集大成之作。但孙不懂近代科学，只能在校勘上用力。到了近现代，训诂大家谭戒甫、高亨先生分别撰著《墨辨发微》《墨经校铨》。杨向老正是在三位大师的基础上，结合训诂学和自然科学，研究墨学进而取得卓异成就的。由此，也可以说，这些成就的取得，完全是先生继承乾嘉学派的考据精华，同时又发挥顾炎武"经世致用"的思想，与时俱进，运用自然科学进行研究的结果，宣扬爱国主义。杨向老在研究墨学时特别强调说，齐鲁大地，古多圣人：孔子是"大成至圣"，孙子是"武圣"，而墨子则是"科圣"，也就是"科学之圣"。墨子在二千多年前，在时空理论、数学、力学领域，均有极高造诣和伟大的科学成就。杨向老在逐一阐述了这些成就之后说：

  西方人艳称古希腊，以为后来西方文明的正统；我们亦艳称先秦时代之百家争鸣，这种争鸣推动了中国自然科学的发展。我们的四大发明，我们的张衡、祖冲之及僧一行不是没有光辉背景的，墨家是这光辉背景中最光辉的一组。他们是伟大的科学家，他们知己知彼，他们并不骄傲，但有自豪感。他们曾经说："天下无人，子墨子之言也犹在！"的确一直到现在，子墨子之言的《墨经》仍然闪烁着灿烂的光辉。①

杨向老还意味深长地指出：如果墨学没有中衰，而是像儒学一样保持着强大的影响力，那么中国古代的科学技术将更为发达，中国甚至也可能会免于近代鸦片战争这样的历史悲剧。

四　熵的引入：理论物理学研究的创新

  杨向老在自然科学方面的贡献，主要体现在理论物理学的研究上。说到这里，人们也许要问，一个当代历史学宗师为什么要踏进理论物理学的

---

① 《杨向奎学述》，第216页。

勤奋为学　博通经史　兼擅文理　著述宏富

研究领域呢？

先生生前在多种场合说过：

> 我是搞社会科学的，解放后又逐渐地研究自然科学中的物理学——理论物理学。为什么会出现这种情况呢？我认为，研究哲学而不懂宇宙、时空等问题，不可能具有科学的世界观。没有伟大的思想就很难有杰出的科学成就。[①]

杨向老在理论物理学的研究中，首次引进了熵，这在当时国内外理论物理学界是没有先例的。具体而言，先生在研究时间与空间、引力的问题时引进了熵。时间与空间，这既是理论物理学中一个重要的研究课题，也是哲学上的一个重要课题，同时又是一般人关心的切身问题。先秦墨家在世界科学史上是最早将时间与空间相连的学派。杨向老指出，墨家思想体系中有恒有变，恒是主体，变是方法。墨家运用恒量、变量相关问题，最先注意到物体运动决定时间、空间问题。1905 年，近代著名物理学家爱因斯坦提出了相对论。他认为，时间和空间是相对的，不是绝对的，两者是联系在一起的。这就把人们以往所说的三维世界变成了四维世界。从此，时间、空间结合在一起而有了时空概念。不过，包括爱因斯坦在内的一些大科学家，并没有能解决空间和时间的物理实质问题。

1913 年，爱因斯坦又提出了"广义相对论"，其中最重要之处是他的新引力之说。爱因斯坦将引力学说引进了他的相对论，这就在牛顿的基础上将引力的认识向前发展了一大步。这正是爱因斯坦的伟大之处。但是人们必然就会问：引力是什么？引力与时间、空间有没有关系，两者间会存在一种什么关系？杨向老认为，"物质能量的存在形式决定时间"（第 413 页），时间"只能是能量流的表现形式，能量大则时间膨胀"，"空间则由引力场强决定，……引力场强又决定空间的几何度规"（第 419~420 页）。由此，杨向老在 20 世纪七八十年代的研究中引进了熵。对于熵，虽然许多科学家，包括在近代世界学术史上发生重大影响的维也纳学派及其代表

[①]《杨向奎学述·前言》第 2 页。

人物、德国著名物理学家石里克在内，都曾研究过它，但他们并不知道熵的物理实质是什么。由于"不知道（熵）是什么，只就其表象作论，所以出现'热寂说'"，于是有所谓"世界末日"的来临。杨向老认为，"仅仅说熵是量子状态数目的自然对数还是不够的"（第421页）。他强调指出，熵就是引力，就是引力的作用，是惯性质量的引力作用；同样，引力发生的作用也就是熵。概言之：

> 熵是热物理学中作用质量的引力作用。①

杨向老还认为，在宇宙中充满了量子，也就充满了熵。熵是引力作用，但它不起"引力"的作用，而起"重力"的作用。熵重是构成大块物质的基础，以此在未来的理论物理学中，"量子熵力学"或者"熵物理学"，应当是其核心内容。这种力学的数学表达式，应当是二进位制。天体或者星球的构成，应当从熵重讲起，而不必在"大爆炸"中去索取什么！这一理论是很重要的，符合事物发展过程中"内因起决定作用""外因通过内因起作用"的哲学原理。这里的"内因"即指"熵重"；"外因"即指"大爆炸"，如果"大爆炸"能起作用，那只能是在"熵重"的基础上起作用。

按笔者理解，杨向老关于熵和引力的理论是："熵是引力作用。引力与能构成空间与时间的基础。引力是惰能，通过速度变化，惰能化为动能，遂成为时间函数，因之而有四维空、时（Space-Time）产生；没有引力、能量就不会有空间，不会有时间。所以空间、时间构成的四维空间，也就是引力与能量的四维空间。"②

五 "从不当空头主编，甚至不当他认为自己出力不够的主编"

杨向老在他六十余年的学术生涯中，除了自己撰写专著、论文外，还

---

① 《哲学与科学——〈自然哲学〉续篇》，山东大学出版社，1997，第60页。
② 《杨向奎学述》，第145页。

与同事、学生办刊物、出书、编资料。与先生合作的同志鉴于先生以身作则和身先士卒的工作精神和工作态度，以及在学术界享有的崇高名望，都无例外地希望和要求先生能当主编。但正如何龄修先生所说，杨向老"从不当空头主编，甚至不当他认为自己出力不够的主编"①。

杨向老自学生时代就受到自己的老师、国学大师顾颉刚的影响，喜欢办刊物，认为这对发展、普及文化和培养人才有着非常重要的作用。早在1932年，杨向老与同学高去寻、孙以悌、张政烺、胡厚宣、王树民举办读书会时，就办了一本名为《潜社史学论丛》的学生刊物，在学界中引起了良好的反响，受到胡适、郭沫若的注意。1951年，杨向老和山东大学同人创办了哲学社会科学刊物《文史哲》。当时，他们困难重重，既无经费，又无专职编辑。作为主编，杨向老和几位同人，承担了所有的约稿、收稿、定稿、编辑、校对，甚至发行等工作，没有交通工具，先生经常步行去印刷厂，有时还到车间去校对。如今，《文史哲》已成为全国高校著名的有影响的刊物了，一大批著名学者由此产生。这其中凝聚了杨向老众多的智慧和劳动。1978年秋，中国社会科学院历史研究所成立清史研究室，杨向老任主任。先生为了尽快培养人才和提高研究人员的研究水平，决定创办《清史论丛》，亲自制定了办刊宗旨、方针及其具体实施办法，并主持审稿、退稿等事宜。《清史论丛》创刊后，迅速地在国内外造成了巨大的影响。几年后，杨向老鉴于自己年事已高，管的事渐少，萌生了"不再担任《清史论丛》主编的想法"。但正如著名清史专家何龄修先生回忆说"为了顺利工作，他这个主编实际上不能少。我向他详细说明。他说：'啊，还有这么多事，那就做着再说。'不过，他仍然感觉不自在，想甩掉这个包袱。我知道他对《清史论丛》的热情丝毫不减，只是厌恶空头主编，每次都需要我费唇舌去说服他维持现状"②。

杨向老在主编清代档案史料和研究论著时同样表现了一位长者从不利用属下、学生和晚辈替自己抄材料、写文章"掠人之美"的崇高风范。

我在编写杨向老的《历史学研究方法》一文（第392~400页）中，只

---

① 何龄修：《风范长存——悼念杨向奎先生》，《五库斋清史丛稿》，学苑出版社，2004，第847页。
② 何龄修：《风范长存——悼念杨向奎先生》，《五库斋清史丛稿》，第850页。

谈了先生利用文献资料、甲骨文和金文，以及民俗调查的三重证据法，忽略了先生对档案资料的利用。实际上，杨向老的历史研究法应为运用文献资料、甲骨文和金文、民俗调查和历史档案的四重证据法。

先生一向重视档案资料的运用。早在20世纪30年代，即先生大学毕业后留校文科研究所工作时，就首先发现了清朝强迫著名思想家傅山进京的材料。50年代末60年代初，杨向老广阔、深远的眼光，集中在孔府档案上。先生认为孔府档案就世界学术范围言，都是较为完整的贵族地主私家档案，对解剖明清贵族地主是很典型的史料，但当时无有利用，十分可惜。他在20世纪50年代末60年代初写作《中国古代社会与古代思想研究》时，曾对曲阜孔府档案进行了短期研究。该书内容的十分之一，就是根据孔府档案撰著的。由此，杨向老进一步认识到这部分档案的史料价值，下决心开发、利用。1963年7月，先生亲自率领历史研究所几名青年研究人员，赴山东曲阜衍圣公府，与曲阜文物管理所、曲阜师范学院历史系合作，选编曲阜孔府档案史料。实际上，杨先生是这次整理、选编曲阜孔府档案的总负责人和总指挥，并且身体力行，经过两个多月的艰苦工作，一部五六百万字的孔府档案精选资料出来了。1983年，这部500多万字共23大本的《曲阜孔府档案史料选编》开始出版。据本书的编选者、组织者之一的骆承烈先生回忆：

（本书）出版以前，六家（山东大学、山东省社科院、曲阜师院、齐鲁书社、曲阜文管会、中国社科院）代表商议共推向老为本书主编。我们和他商量一次又一次，他就是不答应。理由：以前是大家共同劳动的成果，现在自己做的工作也不多。还是说"不愿掠人之美"，我们六人对向老的这一态度又感动，又着急，实在没办法，只好请山东大学一位老教授当主编，请他当顾问。但向老又表示：顾问是指导这项工作的，指导这项工作的不止我一人。他一口气说出来七八位，最后说"我不过和他们一样，当本书的顾问吧"。向老坚决的态度我们不好违，只好请他和所说的几位先生均当本书顾问。在排名时，将他排在前面。

具有很高学术价值的二十三本大型资料集，谁能当上主编，定会

勤奋为学　博通经史　兼擅文理　著述宏富

名垂青史。这部作品集自始自（至）终都在向老指导、领导和直接参与下进行的，而他却让出了主编的头衔。这种不为个人名利、只为发展学术的高风亮节，一直为人所传颂不已。①

在选编档案的同时，杨向老还认为，大家还应合作写一本书。先生说："我们是研究组，不是资料室。"亲自指导何龄修、郭松义等撰著了《封建贵族大地主的典型——孔府研究》。审阅定稿时，何、郭等人都要求署杨向老为主编，但先生还是坚持说，全书没有三分之一以上的篇幅由他亲自起草，决不署主编之名。

1963年，杨向老还派历史研究所刘永成、许曾重等人去明清档案部，与该部合作、选编和研究乾隆朝刑科题本。此次选编了近4000件档案，内容十分丰富，"对研究土地占有关系、租佃关系、佃农抗阻斗争、雇佣关系、农业资本主义萌芽等重要问题，提供了大量的珍贵资料"②。

前几年，在一场学术讨论与争鸣中，一些学人提出了"名家挂名主编应三思而后行"的意见，这对于维护学界和学术尊严，清除学界的腐败现象是有利的，值得提倡。一代宗师杨向奎先生在这方面所作所为，值得提倡和学习。我想，我们的名人主编们，如都能像杨向老那样，我们的学术尊严将会得到维护，学术腐败将会被根治。

由于篇幅和本文内容所限，杨向老的著作均未作介绍，例如《清儒学案新编》，即是先生在学术思想史上最重要的一个贡献。该书洋洋400万字，内容极为丰富。正如陈祖武先生所说，《清儒学案新编》是杨向老晚年的一部代表著述，也是他留给学术界卷帙最大、内容最多的重要著述。③该书作为一代学术史，以清代学术源流为纲而列出子目，其人或减于前，而文或繁于旧，从而避免"庞杂无类"，起到了学术思想史及学术思想史料选编的双重作用。④

---

① 《向老和孔府档案》，《庆祝杨向奎先生教研六十周年论文集》，河北教育出版社，1999，第759页。
② 周远廉：《基础扎实成效显著——记杨向奎先生的施政及其成效》，载中国社会科学院历史研究所编《求真务实五十载——历史研究所同仁述往》，中国社会科学出版社，2004，第274页。
③ 陈祖武：《杨向奎先生与〈清儒学案新编〉》，《清史论丛》2000年号，中国广播电视出版社，1999。
④ 见《〈清儒学案新编〉缘起》，《清史研究通讯》1982年第1期。

再如，杨向老在哲学上的贡献也是不可泯灭的。自20世纪五六十年代以来，先生用了很大的精力潜心研究哲学，写出了许多诸如《哲学与科学》的著作和有关论文，在学术界产生了较大影响。在这些著述中，他对中国哲学史的发展线索、"理"的概念、"中庸"思想、儒学、"宋学"和"汉学"等都提出了自己独到的见解。

杨向老在他60余年的教学和科学研究的生涯中，著述宏富，专著、论文集10余种20余册，还有大量尚未结集出版的论文、文章、日记等，可谓学识博大精深。浅学如我，实不能识解百之一，兹谨述其自然科学与社会科学研究之大略，切盼学界同人及后来者以杨向老百年诞辰为契机，学习杨向老的风范和著述，将其学术思想发扬光大。

（原刊于《清史论丛》2010年号）

许大龄师的为人与为学

——纪念许大龄教授诞生 90 周年

何龄修

记得 2000 年 12 月 23 日，母校北京大学历史系，举行许大龄教授《明清史论集》出版纪念暨学术座谈会。选择的时间寓有纪念许先生诞生 78 周年的意义。出席的有王锺翰、韩大成、王思治、马克尧、周良霄、郝斌、王天有、朱诚如等诸位先生。我曾在会上发言，阐述许师的为人与为学，后将其复原成文。今值先生九秩冥诞，重读此文，觉尚能稍存实际，故略加删补，公开发表，以当招魂一哭！

许师诞生于 1922 年 12 月 18 日，四川屏山人。1953 年秋，我入学的时候，他才 31 岁。他教中国古代史，但不教上古，只教近古，名为《中国史》（四），即元明清史。这三朝历史比较难学难教，三朝中有两朝是少数民族建立的，自身传留的史料寥寥可数，史料缺乏必然带来治史的巨大困难，因此新中国建立前治元、清史者很少，有杰出成就的专家、学者尤其乏人。许师虽然初出茅庐，但已有可观的学术成果，一本《清代的捐纳制度》出来，就使学术界多少有些震惊，时人对之不得不另眼相看。因此，虽然我们入学一年半他还没有给我们上过课，班上与他相识向他求教者已不乏其人。他的体质单弱，但弱而不馁，英姿焕发。衣装简单，夏穿白衬衣、西裤，冬穿棉长袍（只维持一二年，长袍即不再流行，冬装改长短大衣），朴素中伴有几分风流、潇洒。1955 年上半年，他来我班上《中国史》（四）了，师生关系更加密切起来。许师待人亲切、自然，不做作，思想上既有中年的稳重、深刻，又有青年的敏锐、勇敢，还有幼年的天真、幼稚，容易接近。"文革"十年动乱，对他影响很大，在与他共过事的人中，或认为他很"左"，有时会下说的比会上说的更"左"，表示"不好懂"，难以理解。而我以为，不管他说什么，他都是真诚的，他说的就是他想的。他的过左思想，是他在"四人帮"的压迫下，政治上的不成熟、天真起了不应有的重要作用的结果，是比较容易改正的。

我记不大清楚了，大约是在读三年级时，系里还将我们加以分配，准备学习不同领域的史学专门科学。我被分在中国古代史专门化明清史组，导师是袁良义先生，同组同学张仁忠、饶良伦、薛宗正。我们与作为明清史专家的商鸿逵、许大龄两先生也很亲近，接触频繁。我因留京，与三位老师的联系更容易维持。现在我把在同许师的长期接触中得到的对他的认识，归纳为三点。

一是许师的为人。

许师有极鲜明的个性。他为人平和，厚德载物，大度待人。但并非不讲原则，不辨是非。我不知道他是不是有过疾言厉色，面红耳赤，挥拳裹袖，拍桌摔碗的盛怒失态。我所见到的许师，总是一脸温馨的微笑，好像世上没有任何事让他烦恼到要动怒。他写的《读〈校对一条史料〉》，最能反映他为人平和的特点。他在研究资本主义萌芽问题时，曾引用一条有关苏州纺织工的史料，正确指出它反映的时代，注明它的多种出处。后来有文章批评许先生等没有查对最早记录该条史料的原始记载，时限判断有误。许师著文反驳。我读过郭老、翦老一些学术批评文章，深感其文风刚烈，火光四射，一种百分之一百二十真理在手的气势。特别是初读翦老关于《资治通鉴》编写分工问题批评阎简弼先生的文章，因翦、阎两先生都是我的老师，读来心惊肉跳，感受难以名状。许师《读〈校对一条史料〉》，虽然不平之气满纸，但是非分明，使用和风细雨、行云流水的文字。他在《忆柴师》一文中说，发表前请柴德赓先生看过，指点他"别发火气，别骂人"。他深受教育，完全遵命。《读〈对一条史料〉》，真正文如其人。

热情、重感情，是他为人的又一个特点。这首先表现在他培养学生，倾囊相授，我每次见到他，都是听他谈读书和研究。他给我们讲中国史（四）时，我对地方志还不大熟悉。有一次他给我讲述地方志中史料的丰富，举了很多实例，告诉我，海盐县志中，如胡震亨等的天启《盐县图经》、徐用仪的光绪《海盐县志》，都修得较好，看一下这些志书，就可以了解地方志的体例和主要内容，渐渐摸索，从中发现问题、觅得材料。又补充说：清华大学图书馆藏山东省地方志较多较全，是它的特色。这些都是先生自己的心得，在当时还是重要的信息和知识。教给学生，少走弯路。

许师对师母张润瑛感情真挚。打倒"四人帮"前，有一次我去看他，他还在吃早点。我一看，许先生吃的，是城里最标准的穷人早点：馒头、棒子面糊糊、咸菜。我见了就毫不犹豫地说："许先生，您的营养明显不够，要注意身体健康，吃好一点。"他喊着我的名字，回答说："我现在遭报应了，过去觉得我的时间很宝贵，要看书，要备课上课，要做研究，从来不做家务，把家务都推给张润瑛，连自己的饭碗都不洗，结果把她累垮了，动弹不得，一切都要我自己做了。我不会做，只好凑合了！"话里充满很深的自责。师母得严重的类风湿性关节炎，卧床不起。我自己曾是长逾二十年的极其严重的全身性多发性类风湿性关节炎患者，知道劳累会促使炎症发作，但不是原发病因。

这个病的病因病理至今不完全清楚，推测它与感染、遗传有关，也没有证实。许师不分担家务当然不好，师母的病却不是他不做家务的结果。他的自责过头了。师母的病得到一位湖北医生的治疗，以有毒植物水莽草为主药。许先生体质瘦弱，仍亲赴湖北买药，学会熬煎。他给我讲解过熬药方法，药熬好后要加酒冲服。最关键的是掌握药物的分量，不足则疗效不佳，过多则引起中毒。我想象得出一位料理生活能力很差的书生，掌握这种复杂工夫之不易。这里浸透了先生对师母浓浓的感情。

谦虚、诚恳、虔诚，也是许先生为人的突出特点。进到较高年级，我们的专业课增加。1956年，吴晗先生给我们开《明清史研究》课程。许先生已是有名专家、学者，却每讲必听，坚持不懈，并且认真笔记。我很惭愧，做的笔记是粗线条的。许先生笔记很详细，以致《吴晗史学论著选集》编者一度考虑将其作为记录稿收进书中。由此可见他虚心学习的态度。他有很重的书生气，在大领导面前甚至紧张得说不出话。同年春，他与我们全班同学游明十三陵，巧遇刘少奇委员长，刘委员长知道是北京大学历史系师生，就招呼大家在草地上围坐谈话，问起教明清史的许先生对朱元璋的看法，许先生很慌张，脑子里一片空白，好一阵才挤出一句"他杀人太多"。他在这种意外的场合，不是一个擅长辞令、巧作应答的人，他的窘迫和笨拙，正反映出他的纯朴和实在。我还觉得他有周一良先生说的那种"原罪"思想（参看周先生《毕竟是书生》），自认为是天生要改造的坯子，因此努力适应新政治思想的需要。我曾听说他下乡拔麦子，跪在地上拔。他完全缺乏拔麦子的体质和技能，但仍勉为其难去做。我听了真是难过。从这里可以看到他的心中一片赤诚。

我们有时对许先生某些说法、做法并不完全认同。他完全可能突然冒出一句我称之为"另类思想"产生出的话来。有一次，我对他说："许先生，我觉得不管多大的权威都有闪失，不可迷信，科学和迷信真是互不相容。我上了陈寅恪先生一次当：我本不怀疑《明史》范景文传所记崇祯七年冬范景文起用，未几就拜兵部尚书，但陈先生依据别的材料，在《柳如是别传》中宣称《明史》此项时间记载有误，自行作了修改。我盲目相信了陈先生的修改，在我已经定稿的《柳敬亭（传）》中加注修改（收入《清代人物传稿》上编第 4 卷）。后来我读范景文的集子，才知道是陈先生改错了。我跟着错。搞科研就不该偷懒、迷信！"说到这里，许师马上一面喊着我的名字，一面用肯定的语气说："你是有根据的！"这六个字传进我的耳朵，不禁大吃一惊，目瞪口呆，不知所云。我真的弄不懂，他怎么会突然想出这样一句话来？这类说法我自然不能认同，但我敢说他无论说什么做什么，都是真诚的，没有多余的考虑，没有假话。

这是我对许大龄先生为人的最强烈的印象。

二是许师的"门户"。

"门户"一词是先生自己的用语。1988 年中山大学纪念陈寅恪教授学术讨论会闭幕不久，一天，我去他家探望、闲聊。我问道："纪念陈寅恪先生的会，您为什么没有去参加？"许师毫不犹豫，斩钉截铁答道："门户不同。"我接着问："您属于什么门户？"他答复说："陈援老嘛。我在辅仁跟援老学，毕业后援老想留我当助教。我听说燕大邓文如（之诚）先生治史，重视发挥制度的作用。觉得不错，就考上文如先生的研究生。毕业后，又得知翦先生用马克思主义指导史学研究，站得高，看得远，研究历史发展的规律性，我又心向往之，于是私淑蓟先生。所以有陈援老他们的纪念会，就会请我，我就得去。"我听了，明白许师虽用门户二字，实际上没有门户。他实行一种不断追求进步、追求更新、追求突破，不断扩大知识面、攀登新的学术高峰的路线，学习、继承、发扬三位史学大师的学术。

考研究生，投师问业，是很棘手的事情。并非学习上东抓西捞，投师上朝秦暮楚，就是正确的学习路线。如果那样认为，就大错特错了。最为关键的问题有两个：投谁和学习什么？一个自己稀里糊涂的人，你叫他去谈任何问题，他能说清楚吗？肯定是说不清楚的。素质差的老师，是带不出优质学生来的。必须投到学问好、品行好的人的门下，才有可能成为人才。青年学子解决好了这些问题，就为在好导师指导下学习好的专业准备了条件。如果拥有此种选择的眼光，到时候用出来，就很有可能找到好的导师和专业，走上富有成果的学习道路。而这需要很高的鉴赏力、识别力，干脆说也就是要具备较丰富的知识和较高的学术水平。许师读大学时可能就培养了这些能力，又没有门户之见，不墨守，思进取，就能顺利发展。

这就是许大龄师的学术渊源。

陈援老治史有成体系的方法，尤擅长考证，为求论据充分、准确，特别重视学术创新，坚持寻觅新史源，开辟新史学领域。许先生的史学在总体上受陈援老的重大影响。他的论文从不讲空话，资料丰富，史论结合，严谨可靠。他的《清代捐纳制度》是学习邓文如先生的第一部作品，在他的学术生涯中有里程碑式的意义。以后他又研究和撰写《明朝的官制》，继承、发扬邓先生重视制度的学术传统。他研究社会经济史和资本主义萌芽，研究农民战争史，是学习蓟先生的结果。因此，三位史学大师的学术传统，在许先生的史学中都有完美的体现。

三是许先生的学术成就。

在分析这个问题前，我想先说明，我认为许先生的学识连四分之一都没有发挥出来。我们知道，他研究生毕业时不满25岁，已经写出《清代捐纳制度》，用这样的科学创造力与他此后将近50年的著作表现相比，就可证明我的看法符合实际。造成这种状况的原因，主要有二。（1）中华人民共和国成立后约30年中，劳动和运动过多，不能不占去科学研究时间；而许大龄师的这个年龄段，是因此受到不利影响最大的年龄段。年纪比他大一辈的人，在学术上已有较多表现；比他小一辈的人，有较多的补救时间。令人觉得最明显的是，这个年龄段的人，刚在学术上崭露头角，就不得不把时间和精力耗费在体力劳动和政治运动上。这对他的影响十分严重。(2) 他的体质过弱，健康状况太差。打倒"四人帮"后，他年方壮盛，本可抓紧时间做些补救，但一家三口全是病人，师母需要有人寻医煮药、照顾生活，他自己遭受生活和思想两重负担，过早缠身的老年病的折磨，进一步损害了健康。他因此丧失了转瞬即逝的做补救的时间，还失去了必需的精力。1991年前后，他快70岁时，有一次我问他在研究什么，他叹口气说："唉，我还能做什么研究？我驾驭不了一个题目啦！我只能写写推荐书、鉴定意见了。"我听了默然无语，深深悲哀。他的健康状况让学术生涯雪上加霜，提前结束了。

尽管如此，他仍然取得了重要的学术成就。

《清代捐纳制度》是他的成名作。从著成这么多年后回头再看，此书未必尽善尽美。限于条件，他未能利用档案史料，是明显的不足。对一些特殊时期（例如大规模用兵时期）捐纳制度的变通，也缺乏专门探索。但此书全面研究了清代捐纳制度的沿革、组织和影响，至今没有人再挑战这一课题，没有第二本同课题著作问世，海峡两岸都重印此书供学习、参考，充分说明《清代捐纳制度》的科学生命力。

他在翦伯赞先生主编的《中国史纲要》中承担写作元明清史部分。这是迄今我见到的最简明、切要的元明清史。这部分元明清史，完全证明了他对这三朝历史的深刻掌握，表现了他著作这些断代史的学力。

他在《北京史》一书中所撰著的《明代北京的经济生活》等，深入探讨了明朝政治对北京经济的影响，论述了北京经济生活的全貌，具有开创性。他在通史和专著中完成的一些章节，应是他的一部分代表作。

总之，许大龄师虽因主、客观条件的限制，在史学事业中未尽所长，充分发挥，但数十年辛勤劳动，毕竟为社会留下了价值不菲的史学遗产，并奠定了他本人在新中国史学界的地位，成为公认的著名元明清史家。他的为人与为学，是一笔重大的精神财富，将在长时间里供后人学习、研究、继承、借鉴，不会被人忘记。

（原刊于《清史论丛》2013年号）

彰幽发潜学问自娱　提携后进甘之如饴

——何龄修先生印象记略

任道斌

自一九八九年十一月我登上南下的列车从北京返回故乡杭州，距今已二十四年了，虽然中国社会科学院历史研究所的学术光环在我的脑海中已日渐淡去，那被迫离开历史研究所的阵痛也烟消云散，但我思念恩师谢国桢的情感却与日俱增，有时竟会梦见这位慈父般的学者与我谈天说地、论古道今。是他破格录取我为研究生，让我获得了学术生命。另两位让我感恩至今的历史研究所研究员，当数何龄修、陈高华了。前者是我学习清史的良师，后者是我钻研美术史的益友。这两位北大毕业的才子，都在我的学术生涯中起到积极的影响。尽管京杭一水间，关河三千里，然而不思量却自难忘。近日李兄世愉从北京来电约我撰文庆祝何龄修先生八秩，我自然欣笔而为，以记何先生对我的栽培。

一

一九七八年仲夏，我被通知赴京参加中国社会科学院研究生院的入学复试，地点为建国门内五号历史研究所。颇似"田舍郎登天子堂"的我，紧张与兴奋并存，不安与好奇同在。当复试结束后，我被带到何龄修、王戎笙先生的办公室，继续与他们交流。因报名考试时上交的材料中有我点校的清初计六奇所撰《明季北略》《明季南略》，何先生就此详细地向我了解情况，包括清初抄本与通行本之间的内容多寡、篇幅差异以及清初抄本的来源、通行诸本的关系等。他并不因为我是个仅有高中毕业程度的工人而轻视我，反而鼓励我的点校整理工作，并提出要以清初抄本为底本，这样才能事半功倍。何先生还说，他与王戎笙先生曾为郭沫若所长寻找《明季北略》《明季南略》的好版本，以期修订《甲申三百年祭》之用，但一直未能如愿。对我的报考材料，他作了认真地审阅。何先生语重心长地对我说，无论能否读研究生，希望我能持之以恒，将此事做好。看到何、王两先生诚恳的态度，且如此平易近人，令我感动万分。回想自己数年来因兴趣所致，利用工作之余整理点校《明季南略》《明季北略》，其间我曾去请教杭州大学（现浙江大学）历史系的讲师们，不料却遭到一些讲师的讽刺、嘲笑，甚至使阴招打击，说我这个拉大板车的人力工，竟想点校深奥的古书，是"癞蛤蟆想吃天鹅肉"。这固然是"文革"岁月的大势所致，也说明社会中不乏势利之徒。不过我秉性好学，虽然打击不断，但我并没有放弃自己的爱好，用微薄的工资去购买稿纸、文具，无间寒暑，不计得失，边干边学，守着孤灯，终于完成《明季南略》《明季北略》的点校初稿，并且意想不到地迎来了恢复高考后的首次研究生招生的大好时机！俗云"皇天不负有心人"，对我点校《明季南略》《明季北略》的工作而言，这"皇天"就是何龄修、王戎笙先生，他们的鼓励，使我这颗曾被侮辱的心，终于得到爱的抚慰。当我步出历史研究所后，感觉北京的天特别的蓝，特别的爽，特别的晴朗！

二

初见何先生，他那殷殷之情自然拉近了我与他的距离。是年十月，我来到北京，成为谢国桢先生的研究生，我与何先生的关系也因此而更近。

"文革"中谢国桢先生与许多学者一样，饱受迫害，不能从事学术研究，天天提心吊胆，低头反省，还被赶到河南明港五七干校从事体力劳动,老伴也因病去世。"文革"结束后,这位梁启超的高足已成步履蹒跚的老翁,在七十八岁那年被动员招研究生,于是我和师兄商传变成了他的关门弟子。为了不给谢老添麻烦,我们尽量不去打扰老师,而何龄修先生便成了我们的编外指导教授。

由于何龄修先生曾当过谢国桢先生的助手,又是商传之父商鸿逵教授的高足,同时他又蜗居于历史研究所二楼楼梯旁的陋室中,为了通风,敞开的房门上挂着一块灰布略作遮饰,所以我在读研究生时,每到所内都想见到何先生,高兴地破门而入向他求教。何先生衣着朴素而学识渊博,对明清之际史事了若指掌,如数家珍,如述说刘泽清、黄得功、高杰、刘良佐"江北四镇"之跋扈嚣张,谈论柳敬亭、苏昆生、王紫稼等艺人的悲欢人生,恍临其境,有声有色,绘声绘影。何先生个子不高,但声音清晰,目光深邃而炯炯有神,说到兴奋处往往笑声连连,手势生动;谈到悲惨处,则声带哽咽,唏嘘不已。此时何先生的眉宇之间根本看不出他为仅能容膝的蜗居而惆怅,为家庭分居而苦恼。明清鼎革的地覆天翻、社会变迁、悲欢离合、人心叵测、血雨腥风,那悲壮激烈、跌宕起伏的场景,在何先生的漫兴道来中,显得如此生动、灵活,富有人情味,真是声声入耳,句句铿锵,有板有眼,扣人心弦。他孜孜于学问,拭去历史明镜的尘埃,以古鉴今,乐此不疲,自娱娱人,让我受益良多,感慨不已。这种笃于学问的乐观精神、凛凛风骨,我在饱受折磨的夏承焘、谢国桢先生的身上也曾见到过。何先生的言谈身教,更让我领悟到"学者"的含义,潜移默化,心向往之,使我在不断学习与求索的过程中,体悟到知识的力量,人生的乐趣,净化自己的心灵,而不去下海经商,上堂求仕。

三

何先生对我的影响不仅在于学问与精神气质,更在于他对我的不断鼓励、奖掖以及甘作嫁衣的人格魅力。

当时我遵循谢国桢先生的指导,研究清初学者方以智,撰写硕士论文。一九八〇年冬,我读到友人从美国寄来的余英时《方以智晚节考》,

觉得余先生在未能见到史料的情况下妄做论断，颇为主观唯心。乃将书中几处谬误之处作了考订，写了读书笔记，并向何先生请教。何先生听了我的心得后，鼓励我撰成论文，以正视听，以利学术交流。于是我撰成《关于方以智晚年的社会活动》一文，由何先生推荐给《清史论丛》发表。后来我又写了《方以智年谱》，整理、公布了许多稀见史料，而此书的最初章节，也得到何先生的指导。

作为青年学子，见到自己的文章变为铅字，心情之激动，难于言表。我感谢何龄修先生的鼓励与帮助，饮水思源，是他让我在笔耕生涯中盼到了收获。我的硕士论文《方以智简论》，以及经济史论文《关于清初嘉兴地区胥吏衙蠹在经济上的罪恶活动》，还有洪升、赵执信、王时敏、弘仁等清代人物传记，方以智的《浮山文集后编》点校等，皆是在何先生的帮助下撰成与刊出的。出名的是我，而背后出力的是他。

何先生长期担任《清史论丛》《清史资料》《清代人物传稿》的编辑，组稿、审阅工作，十分认真，而态度谦和，凡有作者不当之处，他皆以商榷口吻令作者悦服，非常尊重作者。文人向有"老婆是别人的好，文章是自己的好"这种自恋倾向，而何先生的诚恳与科学，是化解自恋的良方。我至今还保存着何先生给我的十几捆信札，他友好地称我为"兄"，称自己的看法为"愚见""拙见"，降尊纡贵，令人如沐春风！从何先生的身上，我真正体悟到何谓"淡泊"，何谓"伯乐"，也体悟到何谓"甘作嫁衣"的幕后英雄。后来我到杭州，在中国美术学院担任《新美术》《中国少数民族美术史》的副主编，在处理编务的各种关系中，以何先生为师，获得了成功，这无疑与他的言传身教大有干系。

四

《五库斋清史论丛》是何先生多年学术研究的结晶，这部近七十万言的著作，小中见大、具体深入地剖析了明清之际社会变迁史，涉及政治、军事、艺文、社会生活等方面，实事求是，论从史出，彰幽发潜，客观科学，宛如一轴"华夷变态"的风俗画卷，将忠烈节义与卑鄙无耻同时展现给读者，令人以史为鉴，启示睿智，升华道德，获益匪浅。

治明清鼎革史是一件有趣而又困难的事，有趣之处在于改朝换代、地覆天翻，可歌可泣、荡气回肠；困难之处在于史料纷杂、典籍受摧，文禁森严、语焉不详。若无"坐冷板凳"的耐心，或缺"读书有间"的才能，想急于求成是不可能的。因此许多人进得来而出不去，或趴着出去。故而，治明清鼎革史者，综观学界，除孟森、陈寅恪、谢国桢外，很少再有卓尔成家者。虽有一些学者发表研究较深入的文章，但鲜有学者发表十篇以上不同界域专论者。而何龄修先生数十年致力于此，发表数十篇专论，集中于明清鼎革时段，广及社会诸方面，且大多为发前人所未发，细致深入至社会精神末梢，令人耳目一新。这与他广搜博采明清史料及史识睿智有关，他能披沙淘金，细心洞察，将破碎与湮灭之历史，活生生立体式地展现于读者，让人从细微平凡处窥见时代大势，体验历史，如《杨鹗空敕案》《关于王紫稼》《史可法扬州督师期间的幕府人物》及柳敬亭研究等。

我钦佩何先生勤奋阅读、发掘史料的"穿山甲精神"，钦佩他敏捷的史识，将史书读活了，而且厘清了彼此的复杂关系。他犹如大侦探福尔摩斯，能从头绪纷杂的线索中理出清晰的规律，能从蛛丝马迹中发现问题的所在，探求新的突破。随着他精彩的文笔，我的心情从"山穷水尽疑无路"到"柳暗花明又一村"。阅读他的论文，无须苦皱双眉，而是轻松愉悦，宛如解疑释惑的享受，更是接受教育，既明了史实，从中受益，又耳聪目明，提升自己阅世的能力；还能启迪智慧，让读者在现实生活中丰富洞察人生的正能量。何先生将疑案解破，虽然结果的文字并不长，但这些文字背后的功力却是多年的积累。他把别人喝咖啡的时间都用在研究上了，其中甘苦，实非外人所能道也。

我因夏承焘先生的一席话，于一九七四年整理点校《明季南略》《明季北略》，又在谢国桢先生的推荐下，此书得以在中华书局出版，并且逢上何龄修、王戎笙这样惜才爱文的君子，加上商传、世愉学兄的友情，本应在史料丰富的历史研究所做番明清史的研究工作。但偌大的北京城却安不下我一家三口的小床，更遑论应得的职称、待遇了。好在中华大地无山不美，无水不秀，我在历史研究所谢老藏书室前大哭一场之后，终于抱憾回到江南，而且迅速地从南明史的深度研究中转型向美术史的课堂发展，跨度从七千年前的河姆渡文化到当今的现代派艺术，广度从书画篆刻到雕塑、建筑及工艺美术，足迹也从中国迈向了世界。从专业角度看，我辜负了谢老的遗愿，是他千方百计在我毕业后让尹达所长留下我，并许我很多优惠的条件，让我安心从事南明史研究。青青子衿，悠悠我心。我也辜负了何先生的期许。然而何先生孜孜学问、奖掖后进、踏实治史、勤奋工作、乐于助人、甘于平淡的精神，却使我终身受益，并让我在新的学术领域中不断进取。

一日为师，终身为父。谢国桢先生是我的大恩师，何龄修先生则是我的小恩师；谢国桢先生是我的师父，何龄修先生则是我的师叔。我虽已远离明清史研究，远离北京，别了历史研究所，但我对恩师的感激却永远在心，让我在西子湖畔拱手北向遥祝，愿何龄修先生健康长寿，阖家幸福！

2013 年 6 月 28 日

（原刊于《清史论丛》2014 年号）

附　录

《清史论丛》(第一辑至2019年第2辑)总目录

第一辑（北京：中华书局，1979年8月版）

努力加强清史研究工作…………………………………………编　者
清代乾隆时期农业经济关系的演变和发展………………………吴量恺
试论清代前期佃农永佃权的由来及其性质………………………韩恒煜
清代前期佃农抗租斗争的新发展…………………………………刘永成
故宫明清档案概论………………………刘子扬、朱金甫、李鹏年
清代前期赋役制度的改革——从"盛世滋生人
　丁永不加赋"到"摊丁入亩"………………………………李　华
清代的垦田与丁口的记录…………………………孙毓棠、张寄谦
江南地主阶级与清初中央集权的矛盾及其发展和变化…………郭松义
试论清代前期的多伦会盟…………………………………………袁森坡
清入关前八旗土地制度试探——兼论后金（清）社会性质……金成基
关于16世纪40—80年代初建州女真和早期
　满族的社会性质问题……………………………………………周远廉
清代的今文经学……………………………………………………杨向奎

第二辑（北京：中华书局，1980年8月版）

清代奴婢制度………………………………韦庆远、吴奇衍、鲁　素
清代前期的农业租佃关系…………………………………………刘永成
略论清代前期的佃仆制……………………………………………韩恒煜

1071

清初封建国家垦荒政策分析·················郭松义
论清初社会矛盾——兼论农民军的联明抗清·········顾　诚
嘉庆年间五省白莲教大起义··················冯佐哲
刘之协在川楚陕农民大起义中作用的考察······许曾重、林　易
论改土归流的进步作用····················张捷夫
关于刘爱塔事迹的研究···········孟　森　遗稿　附赘言　商鸿逵
论满族英雄努尔哈赤·····················李鸿彬
后金八和硕贝勒"共治国政"论················周远廉
关于多尔衮拥立福临问题的考察················李　格
清"孝庄文皇后"小记（清史札记一则）············商鸿逵
沈阳锡伯族家庙碑文浅释···················王锺翰
清代口外行宫的由来与承德避暑山庄的发展过程·········袁森坡
计六奇与《明季南北略》·················张　鉴　遗稿
清代卓越的史学家全祖望···················谢国桢
编后记

第三辑（北京：中华书局，1982年2月版）

论"摊丁入地"························郭松义
试论鸦片战争前清代农业资本主义萌芽
　缓慢发展的主要原因····················吴量恺
明清两代江西景德镇的官窑生产与陶政·············王钰欣
清代的茶马贸易·······················林永匡
多尔衮与清朝统治的建立···················李　格
试论清初逃人法的社会影响··················吴伯娅
关于八旗制度的几个问题···················周远廉
入关前的八旗兵数问题····················李新达
试论评价王聪儿的几个问题··················许曾重
清代土司制度························张捷夫
喀尔喀蒙古南迁的过程与原因辨析···············袁森坡
清代题奏文书制度······················鞠德源

1072

乾隆四十年库页岛满文文件翻译订正………关嘉录、张锦堂、王桂良
关于方以智的晚年活动——美国余英时教授
《方以智晚节考》《新证》《新考》读后……………………任道斌
关于柳敬亭的生年及其他——与陈汝衡先生商榷……………何龄修
·读史札记·
山西省地丁合一完成的年代……………………………………史志宏
北京杨起隆起义简述……………………………………李尚英、王政尧

第四辑（北京：中华书局，1982年12月版）
清代前期的盐法、盐商和盐业生产………………………………王方中
清代前期的盐商…………………………………………………薛宗正
清代前期的商办矿业和资本主义萌芽……………………韦庆远、鲁素
清代国内的海运贸易……………………………………………郭松义
清世宗胤禛继承皇位问题新探…………………………………许曾重
有关和珅出身、旗籍问题的考察
　　——与周汝昌先生商榷……………………………冯佐哲、杨乃济
宗族制度浅论……………………………………………………王思治
康熙的北部边防政策与措施……………………………………袁森坡
清入关前满洲八旗的固山额真……………郭成康、刘建新、刘景宪
关于满洲旗制和汉军旗制的始建时间问题……………………李新达
努尔哈赤与明朝政府的关系——《满文老档》研究之二………周远廉
十八世纪中叶准噶尔同中原地区的贸易往来略述……………蔡家艺
顾炎武与清代学风………………………………………………陈祖武
方以智简论………………………………………………………任道斌

第五辑（北京：中华书局，1984年4月版）
悼念谢国桢先生…………………………………………………何龄修
略论清代农业雇工的性质与农业资本主义的萌芽……………黄冕堂
清代前期的实物分租制………………………………周远廉、谢肇华
明清时期中国西南的经济发展和人口增长………………〔美〕李中清

1073

清代的人口增长和人口流迁……………………………………郭松义
清代养廉银制度简论……………………………………………薛瑞录
曾静反清案和清世宗胤禛统治全国的大政方针………………许曾重
浅论清军机处与极权政治………………………………………季士家
雍正帝的祥瑞观与天人感应说辨析……………………杨乃济、冯佐哲
洪承畴述评………………………………………………………李新达
论天地会的起源…………………………………………………赫治清
关于雍正西南改土归流的几个问题……………………………张捷夫
编后记

第六辑（北京：中华书局，1985年6月版）

悼念商鸿逵师……………………………………………郭松义、何龄修
述孟森先生……………………………………………………商鸿逵遗稿
清代前期牙行制试述……………………………………………吴奇衍
明清租佃关系与佃农抗租斗争…………………………………戎　笙
清代台湾的"胎借银"…………………………………………周力农
关于雍正年间养廉银制度的若干问题
　　——与日本学者佐伯富博士商榷…………………………黄乘矩
关于康熙朝储位之争及雍正继位的几个问题…………………杨　珍
清代嘉兴地区胥吏衙蠹在经济方面的罪恶活动………………任道斌
范文程归清考辨…………………………………………………张玉兴
清初赣西棚民起义领袖朱益吾的籍贯和反清活动……………薛瑞录
试论柳敬亭的生年问题…………………………………………陈汝衡
关于孙可望降清问题……………………………………………李新达
许定国事迹研究…………………………………………………李　格
靳辅治河述论……………………………………………………王永谦
书全祖望《答诸生问〈思复堂集〉帖》后……………………何冠彪
从清初的反理学思潮看乾嘉学派的形成………………………陈祖武
王船山《双鹤瑞舞赋》为尚善而作说辨………………………陈祖武
论费密………………………………………………………………杨向奎

第七辑（北京：中华书局，1986年10月版）

清代社会各阶级处理主佃矛盾的对策……………………………戎　笙
十七世纪中叶至十八世纪中叶江南商品经济中的几个问题　…冯尔康
清代台湾的土地制度和租佃关系…………………………………周力农
玉米、番薯在中国传播中的一些问题……………………………郭松义
对清代议政王大臣会议的某些考察………………………………杜家骥
关于洪承畴降清问题………………………………………………李新达
山海关之战前夕吴三桂与农民军的关系…………………………李　格
陈名夏"南党"案述略………………………………………………韩恒煜
论雍正年间的吏治…………………………………………………黄乘矩
哲布尊丹巴和清朝对喀尔喀蒙古的统治…………………………赵云田
清代前期的中俄贸易（1689—1840）……………………………许淑明
浙东学派问题平议
　　——兼辨正黄宗羲与邵廷采之学术渊源………（香港大学）何冠彪
吕留良散论…………………………………………………………陈祖武
关于龚自珍生平事迹中的几个问题　……………………………樊克政

第八辑（北京：中华书局，1991年6月版）

中国近代清史学科的一位杰出奠基人——试论孟森的
　清史研究成就，为纪念他的诞辰一百二十周年而作……………何龄修
孟森先生《明清史讲义》的编撰特点……………………………罗仲辉
萧一山和他的清史研究——纪念他逝世十周年…………………戎　笙
孟森小传……………………………………………………………戎　笙
萧一山小传…………………………………………………………戎　笙
清初的更名田………………………………………………………郭松义
论清代的典当业与官僚资本………………………………………韦庆远
试论康雍乾时期北疆的官营牧场…………………………………袁森坡
清代蠲免政策中有关减免佃户地租规定的探讨………郭松义、李新达
清初关于夺取江南地区的战略决策及其变化……………………李　格
关于李漱芳获谴的几个问题………………………………………韩恒煜

清初吕梁山区农民抗清斗争……………………………………孙海泉
清代州县审判试析……………………………………………郑　秦
清代族规初探…………………………………………………朱　勇
努尔哈赤家族与女真各部及漠南蒙古的联姻…………………岑大利
太后下嫁说新探………………………………………………许曾重
斯帕法里《出使清帝国报告》辨析……………………………郝镇华
梁启超对清代学术史研究的贡献………………………………陈祖武

1992（沈阳：辽宁人民出版社，1993年9月版）

清代国内商业交通考略…………………………………………刘秀生
清王朝偏宠满旗的一贯政策及其消极后果……………………彭雨新
明清徽州的族山………………………………………………陈柯云
论清代东北经济发展的特点……………………………………杨余练
简论清代皇权与侍卫…………………………………………陈金陵
清初闽粤藩王大吏的构成及其统治特点………………………谢中凡
清律中旗人"犯罪免发遣"考释…………………………………苏　钦
论满族八旗制国家的建立………………………………………姚念慈
允禵储君地位问题研究…………………………………………杨　珍
关于康熙平定三藩的几个问题…………………………………吴伯娅
康熙遗诏与雍正篡位……………………………………………杨启樵
蔡牵述论………………………………………………………季士家
关于尚之信叛清的几个问题……………………………………薛瑞录
康熙朝中荷官方交往……………………………………………黄　谷
徐世昌与《清儒学案》…………………………………………陈祖武
我国各地所藏明清档案概述……………………………………秦国经
编后记

1993（沈阳：辽宁古籍出版社，1993年12月版）

顺治十一年——明清相争关键的一年…………………………顾　诚
明末清初"九义士"述论…………………………………………张玉兴

杨鹍空敕案——清初江南又一起复明运动……………何龄修
"夯和尚"和"隆武入粤"
　　——对朱纪敦同志《晚明两大迷案》之质疑………韦祖辉
傅弘烈与尚之信——兼论康熙的平藩策略………………吴伯娅
雍正文、允䄉武最佳搭档两昆仲
　　——康熙在接班人安排中有这样企图吗？……………杨启樵
《热河密札》与"辛酉政变"…………………………高　虹、徐　彻
清代《观音济度本愿真经》研究
　　——一部假借观音宣传民间秘密宗教教义的经卷 …………喻松青
洪门会书的综合研究……………………………………胡珠生
再论天地会起源…………………………………………赫治清
天地会的两个源头………………………………………罗　招
清代啯噜新研……………………………………………常建华
论清代的秋审制度………………………………………郑　秦
略述清代中日文献典籍交流……………………………冯佐哲
清代北京牛街志书《冈志》研究………………………杨大业
孔子仁学与阮元的《论语论仁论》……………………陈祖武
编后记

1994（庆祝杨向奎先生八五华诞专辑；《清史论丛》编委会编，沈阳：辽宁古籍出版社，1994年12月版）

杨向奎先生学术研究及著作编年……………………李尚英编写
清代粮食价格问题探轨…………………………………黄冕堂
清代河南商品经济与商人——清代地方商人研究之十一………李　华
清前期内河航船考略……………………………………郭松义
明清时期永佃制的发展及其演变………………………刘永成
清代山东黄县的发展……………………………………官美堞
福建省"摊丁入地"时间补订……………………………陈支平
清代胥吏制度论略………………………………………朱金甫
顺治遗诏与清初权力斗争………………………………王戎笙

1077

明清回族进士考略（续）……………………………………杨大业
试论天地会初期的性质——兼与戴逸、秦宝琦先生商榷………罗 炤
李长祥遗事钩沉………………………………………………马里千
孔四贞研究……………………………………………………吴伯娅
康熙朝隆科多事迹初探………………………………………杨 珍
康熙、乾隆二帝与传教士关系比评…………………………冯佐哲
太平天国贞得王考
　　——兼谈天德王死后太平天国与天地会的关系…………薛瑞录
论慈禧新政……………………………………………高 虹、徐 彻
奕䜣首倡"自强"和"振兴中国"……………………………董守义
论方以智的《物理小识》……………………………………冒怀辛
孙奇逢与《理学宗传》………………………………………陈祖武
明清的隔壁戏…………………………………………………何龄修
编后记

1995（沈阳：辽宁古籍出版社，1996年12月版）

明清寺观田产……………………………………………………张 研
明清时期山东集市的发展——兼论农村集市的功能和作用……许 檀
清前期茶法述论…………………………………………………杜家骥
雍正五年开豁世仆谕旨在徽州的实施
　　——以《乾隆三十年休宁汪、胡互控案》为中心…………陈柯云
明末宗室瑞昌王考辨……………………………………………杨海英
关于贺珍与清初陕南抗清运动的若干问题
　　——与童恩翼同志商榷…………………………………………秦 晖
明清社会变动和明遗民东渡日本………………………………韦祖辉
清初吉林满族社会与移民………………………………………冯尔康
内务府完颜世家考………………………………………………定宜庄
乾嘉时期几个秘密教门的再探讨………………………………李尚英
乾隆朝大教案与中西交涉………………………………………吴伯娅
清初科场案研究…………………………………………………王戎笙

1078

明清回族进士考略（续二）……………………………………杨大业
钱宾四先生对清代学术史研究的贡献
　　——读《中国近三百年学术史》札记……………………陈祖武
论光绪之死……………………………………………………徐　彻
则天女皇与慈禧太后……………………………………………高　虹
编后记

1996（沈阳：辽宁古籍出版社，1996年12月版）

清代北京旗人的房屋买卖——根据契约文书进行的考察……刘小萌
清前期的垦荒政策考察…………………………………………江太新
明清时期山东的城镇与城镇人口………………………………许　檀
清代沈阳城发展的原因及其历史作用…………………………高　虹
论清代乍浦国际贸易港的发展与繁荣…………………………徐明德
多尔衮与皇权政治………………………………………………姚念慈
索额图研究………………………………………………………杨　珍
尹继善与袁枚……………………………………………………吴伯娅
清朝世爵世职制度………………………………………………晏子友
论曹雪芹原籍与《红楼梦》的作者…………………杨向奎、吴　锐
仪征刘氏春秋学研究……………………………………………吴　锐
试论顾炎武的经学思想…………………………………………汪学群
编后记

1999年号（石家庄：河北教育出版社，2001年5月版）

五十年来的清史研究——庆祝中华人民共和国成立五十周年…高　翔
清朝前期对澳门的治理…………………………………………万　明
史学大师郑天挺先生的宏文卓识
　　——纪念郑天挺先生百年诞辰…………………………陈生玺
为教学与科研奋进的一生——郑天挺教授生平述说录………曹贵林
盛世初叶（1683—1712年）的皇权政治
　　——对明珠晚年的个案分析……………………………杨　珍

嘉庆"癸酉之变"后京畿地区流言浅析……………………宋　军
清代两次大规模增广学额之比较研究……………………李世愉
从康熙朝满文朱批奏折看耶稣会士与中西文化交流………吴伯娅
清初京师吸烟风等几个问题 ……………………………何龄修
清代的寡妇转房 …………………………………………郭松义
王夫之易学中的经世思想…………………………………汪学群
后记

2000年号（北京：中国广播电视出版社，2001年1月版）

纪念杨向奎先生………………………………………………高　翔
风范长存——悼念杨向奎先生………………………………何龄修
杨向奎先生与《清儒学案新编》……………………………陈祖武
清代蒙古族的封建等级………………………………………蔡家艺
论康乾盛世"大一统"与西北地区的统一…………李治亭、黄松筠
试论康熙中期官僚集团的党争——从四起弹劾案谈起……刘凤云
清承明制说内阁………………………………………………王思治
关于清中期的吏治腐败问题…………………………………陈连营
清中期福建的族正制…………………………………………元廷植
清初"故国之思"现象解读…………………………………杨海英
清中期分爨分产与立嗣继产的方式与冲突…………………王跃生
张謇的盐业改革思想和实践…………………………………邱　涛
清代的奏折……………………………………………………秦国经
科举制度与清代文化…………………………………………李世愉
王夫之易学中的人性论………………………………………汪学群
清安溪李氏三礼学……………………………………………林存阳
诗是山西老将雄——略论陈廷敬诗作之历史地位…………张玉兴
清代的文昌诞节——兼论明代文昌信仰的发展 ……………常建华

2001年号（北京：中国广播电视出版社，2001年9月版）

清代北京旗人的茔地与祭田——依据碑刻进行的考察………刘小萌

家族组织与八旗制度之间
　　——清代盛京内务府户口册与旗人家谱的对比研究 ……… 定宜庄
清代的无赖层与地方社会………………………………………… 陈宝良
清代中国救助朝鲜难船的方法：以闽台地区为中心…………… 汤熙勇
清初朝鲜通事考——以古尔马浑（郑命寿）为中心…………… 杨海英
谢济世散论………………………………………………………… 高　翔
顺治时期天主教在中国的传播与发展…………………………… 汤开建
蒋友仁与中西文化交流…………………………………………… 吴伯娅
康熙帝公主下嫁与噶尔丹之战…………………………………… 恽丽梅
建州左卫初址"会宁"质疑……………………………………… 王冬芳
"免粮三年"与"薄赋税，均贫富"不是太平天国的口号 …… 姜　涛
从东波档看清代澳门的民事诉讼及其审判 …………………… 刘景莲
关于清前期学术思想的争论……………………………………… 汪学群
读章实斋家书札记………………………………………………… 陈祖武
方苞三礼学论析…………………………………………………… 林存阳
清入关前服饰制度的建立………………………………………… 严　勇
清代京剧的文化特征……………………………………………… 关嘉禄

2002年号（北京：中国广播电视出版社，2002年7月版）

清代前期的山海关与东北的沿海贸易…………………………… 许　檀
清代珠江三角洲的商品生产和墟市之发展………………（韩国）朴基水
清朝皇位继承制度特点研究……………………………………… 杨　珍
清朝"敬天法祖"的政治原则…………………………………… 乔治忠
清代教门的神秘语言文化研究…………………………………… 刘　平
乾隆前期治理僧道问题初探……………………………………… 常建华
乾隆对天主教的认知与对策……………………………………… 吴伯娅
意大利《论坛报》
　　中威达雷关于义和团的报导…………………（意大利）米歇尔·法帝卡
陈季同生平史事考………………………………………………… 李华川
科举考试与明清政治……………………………………………… 王戎笙

1081

清初理学与政治 ………………………………………… 高　翔
清代礼学思想演进探析 …………………………………… 林存阳
张尔岐易学中的经世思想 ………………………………… 汪学群

2003—2004年号（北京：中国广播电视出版社，2004年1月版）

清朝权臣与皇权的关系及其特点 ………………………… 杨　珍
明清易代之际忠贰现象探赜 ……………………………… 张玉兴
天国的陨落与陨落的天国——太平天国败亡原因探析 ……… 夏春涛
清代"邪教"与清朝政府对策 ……………………………… 赫治清
关于雍正禁教的几个问题
　　——耶稣会士书简与清代档案的比读 ………………… 吴伯娅
清代江南进士事功述论 …………………………………… 范金民
胡培翚与《仪礼正义》 …………………………………… 林存阳
马眉叔《上李伯相言出洋工课书》考 …………………… 李华川
《中国丛报》与"译名之争" …………………………… 尹文涓
昇平署无朝年《旨意档》及其意义
　　——兼议有关侉腔的两册无朝年《提纲》 ………… 王政尧
论乾隆与允禧的诗画往来 ………………………………… 郭玉海

2005年号（北京：中国广播电视出版社，2005年1月版）

清朝内阁制度述论 ………………………………………… 高　翔
清初翰林院研究 …………………………………………… 王云松
清朝后妃制度的发轫 ……………………………………… 杨　珍
建州左卫初建过程考实 …………………………………… 王冬芳
清代在朝鲜明遗民宗族活动述论 ………………………… 吴一焕
从新出版的清代档案看天主教传华史 …………………… 吴伯娅
论洋务新政与立宪政体改革 ……………………………… 陈振江
天津商会早期社会救济研究 ……………………………… 王玉国
《陆子学谱》之架构与旨趣 ……………………………… 杨朝亮
孙诒让与《周礼正义》 …………………………………… 林存阳

唐甄《潜书》中的出处思想初探……………………………崔文翰
皖派朴学述论…………………………………………………朱昌荣
三部《大清一统志》比较研究………………………………张艳玲
考狄《十七、十八世纪西人在华所刻中文书目录》跋………李华川

2006年号（北京：中国广播电视出版社，2006年1月版）

清代科举经费的支出及其政策导向…………………………李世愉
碓房与旗人生计………………………………………………刘小萌
清代火枪述略…………………………………………………毛宪民
清入关前的宫廷礼乐及其政治文化意义……………………邱源媛
从则例的纂修看清代的行政管理……………………………叶　雯
晚清后妃用药与医疗保健……………………………………恽丽梅
熊赐履述论……………………………………………………高　翔
施琅史事探微…………………………………………………杨海英
李绂与广西改土归流…………………………………………杨朝亮
"诗魔"厉鹗……………………………………………………吴伯娅
毕沅对经史诸学的扶持与倡导………………………………林存阳
章学诚与《文史通义》………………………………………杨艳秋
齐彦槐与道光初年海运………………………………………倪玉平
论朝鲜光海君时期与后金、明朝的关系……………………刁书仁
乾隆五十一年的直隶大名府八卦教起事……………………张佐良
晚清社会变迁与近代报人之产生……………………………程丽红

2007年号（商鸿逵先生百年诞辰纪念专集；北京：中国广播电视出版社，2006年12月版）

纪念商鸿逵先生诞辰一百周年………………………………李世愉
父亲与家………………………………………………………商　传
忆商鸿逵师与郑天挺先生的友谊……………………………郑克晟
商鸿逵先生论清代八旗的组织与皇权集中的矛盾斗争……李尚英
贺贻孙事迹考…………………………………………………南炳文

1083

清朝初期大学士的品级问题 ………………………………… 杜家骥
康熙初年四大臣辅政刍议 …………………………………… 姚念慈
朱天保上书事辨析 …………………………………………… 杨　珍
有关康熙朝西北三省满族督抚的考察 ……………………… 刘凤云
康熙重视督抚的选任 ………………………………………… 王思治
论康熙帝之死 ………………………………………………… 金恒源
道光帝尊奉皇太后懿旨即位辨析 …………………………… 郝艳红
丁银之征与摊丁入地 ………………………………………… 史志宏
清代吉林地区的城镇及城镇经济 …………………………… 刁书仁
清代两淮盐政改革 …………………………………………… 倪玉平
陆圻及其在清初的遭遇和抗争 ……………………………… 何龄修
清代的妇德教育 ……………………………………………… 郭松义
朝鲜士大夫的"季文兰情结"和清初被掳妇女的命运 ……… 杨海英
清代家族财产之争与朝廷政治的腐败
　　——以山东济宁州李氏家族争讼财产案为例 ………… 岑大利
青苗会与清代华北农村社会变迁初探 ……………………… 王洪兵
满族士大夫群体的产生与发展：
　　以清代内务府完颜世家为例 …………………………… 定宜庄
满洲本部族构成与八旗佐领分布 ……………… 徐　凯、张　婷
关于清代北京的俄罗斯人
　　——八旗满洲俄罗斯佐领历史寻踪 …………………… 刘小萌
吴大澂吉林治边述略 ………………………………………… 李治亭
清朝前期黑龙江各民族与东北边疆防御 …………………… 周喜峰
论清朝反击廓尔喀入侵西藏
　　与《钦定藏内善后章程二十九条》……………………… 梁俊艳
马戛尔尼使华与中英观念的变化 …………………………… 林延清
清朝中前期国人对法国的认知 ……………………………… 李华川
一段晚清历史的辉煌、遗忘与发掘、探索
　　——论1887年海外游历使 ……………………………… 王晓秋
三韩山斗汇论 ………………………………………………… 姜相顺

1084

施世骠述论……吴伯娅
辉煌与困惑——清朝奠基人努尔哈赤传奇一生解读……张玉兴
试析钱沣为人及其"倒和"举措……冯佐哲
范鄗鼎与《理学备考》……陈祖武
清代官员学术风气与清代文化的发展……胡　凡
江藩的《国朝汉学师承记》——以全书架构为中心的考察……解　扬
卢见曾与汉学的崛起……林存阳
经世之学与清初政治文化……鱼宏亮
清朝奏折档案的社会史资料价值
　　——以《宫中档乾隆朝奏折》为例……常建华
辽宁省满文档案的发掘与清史研究……关嘉禄
从清代的进士题名碑说起……贺晓燕
清代北京庙会活动中的幡鼓齐动十三档……包世轩
关于"京剧"之名的由来及其重要意义……王政尧
《明清史料丛书八种》序言……王天有

2008年号（北京：中国广播电视出版社，2008年1月版）

魏象枢独对与玄烨的反思——康熙朝满汉关系释例……姚念慈
塔山守将之谜及其他
　　——朝鲜士大夫关于明清争战的历史记忆……杨海英
试论乾嘉以来清政府对"披楞"问题的认知……梁俊艳
清初南书房述论……李　娜
试论清代考官子弟回避考试之法……贺晓燕
清代京旗回屯双城堡始末……魏　影
明清时期监察机制的演变……张培辉
天地会的入会仪式和戏剧……李平秀
晚清江苏厘金的善后支出研究
　　——以1868~1894年为背景……徐　毅
试论裴维侒及其反对割让台湾的奏折……裴元秀
康熙朝天主教政策对江南地区传教的影响……周萍萍

德天赐案初探……………………………………………………吴伯娅
清入关前政权儒学化略论………………………………………朱昌荣
乾隆初叶清廷诏开三礼馆缘由析论……………………………林存阳
李绂学术思想渊源探析…………………………………………杨朝亮
刘宝楠《论语正义》探微………………………………………唐明贵
《方言笺疏》对词义问题的探讨………………………………刘川民
潘廷璋生卒年考及其在华的艺术活动…………………………汤　斌
李安德和他的日记……………………〔法〕阿德良·陆南撰，李华川译

2009年号（纪念《清史论丛》创办三十周年，祝贺王戎笙先生八十华诞；北京：中国广播电视出版社，2008年12月版）

艰辛的三十年——纪念《清史论丛》创办30周年 ………王戎笙
衷心的祝贺…………………………………………《清史论丛》编委会
改革开放30年来中国社科院
　　历史所清史室的发展轨迹………………………林存阳、朱昌荣
清代的自耕农和自耕农经济……………………………………郭松义
有关清朝八旗人丁户口册的几个问题…………………………定宜庄
光绪时期的地方政府与科举经费…………………………徐　毅、刘上琼
"千古极灾"
　　——嘉、道时期山西、河南和直隶的大地震述略…………李尚英
左良玉"清君侧"的原因及后果…………………………………刘中平
再谈明清之际北南两太子案……………………………………何龄修
刘泽清史事再考…………………………………………………杨海英
再评"自古得天下之正莫如我朝"
　　——《面谕》、历代帝王庙与玄烨的道学心诀…………姚念慈
康熙帝事考两则…………………………………………………吴伯娅
允禩：品性　遭际　时代………………………………………杨　珍
"香妃"的传说——大小和卓木政权灭亡后
　　被迁居北京的维吾尔人的历史记忆 …………艾哈迈特·霍加
乾隆朝礼制建设的政治文化取向………………………………林存阳

1086

清代宫廷汉族儒家乐书制作及其意义……………………邱源媛
试论雍正、乾隆二帝的理学思想……………………………朱昌荣
戴震灵异观发微……………………………………………潘星辉
邓嗣禹先生《中国考试制度西传考》书后…………………李华川
《清史稿·选举志》订误六则………………………………贺晓燕

2010年号（北京：中国国际广播出版社，2009年12月版）

记拱辰先师的一桩未竟遗愿…………………………………陈祖武
勤奋为学 博通经史 兼擅文理 著述宏富
  ——纪念杨向奎先生诞辰一百周年……………………李尚英
清代的灾赈…………………………………………………郭松义
明清的使君称呼
  ——读《中国历代官制大辞典》商榷（一）……………何龄修
厦门庚子海战引发的思考…………………………………王戎笙
清人笔下的庄氏史案………………………………〔美〕白亚仁
西藏地方历史地位辨析
  ——兼评《西藏简史——达赖喇嘛访谈录》清代部分………梁俊艳
弘历出生地考………………………………………………金恒源
康熙帝统治后期对清官、能员的思考
  ——以张伯行、噶礼互参案为中心的分析………………章文永
试论清代科举制度中的"发领落卷"政策……………………贺晓燕
清代顺天科举冒籍问题研究………………………………王洪兵
清代乡试覆试考论…………………………………………邹长清
万斯同《庙制图考》小识……………………………………林存阳
雍乾之际程朱理学"式微"考察………………………………朱昌荣
戴震与卢见曾幕府研究……………………………………曹江红
清代礼仪与中西外交………………………………………吴伯娅
耶稣会士汪达洪的在华活动………………………………汤　斌
19世纪三四十年代美国中小学教科书里的中国　…………姚　斌
清末秘鲁排华风波中的领事保护…………………………王士皓

论《重校方言》中的"同"与"通" …………………… 刘川民
清入关前满文档案概述 ……………………………… 赵志强

2011年号（北京：中国广播电视出版社，2011年1月版）

清代南府考 ……………………………………………… 王政尧
柳敬亭卒年考析——四谈柳敬亭问题 ……………… 何龄修
"'康乾盛世'再思考"研讨会概述 ………………… 李　娜
"康乾盛世"与历史意义的采择 …………………… 姚念慈
"康乾盛世"说渊源考 ……………………………… 李华川
试论清代科场中的谎报年龄现象 …………………… 李世愉
"举人大挑"述略 …………………………………… 贺晓燕
清代进士人数补考 …………………………………… 邹长清
清中前期宫廷满洲祭祀典礼的制作及其意义 ……… 邱源媛
论清代宝玺的发展与变化 …………………………… 恽丽梅
"乾隆年制"天地人刀剑考 ………………………… 毛宪民
入关前的贝勒庄屯 …………………………………… 邢新欣
清代雍正时期京西的水利营田 ……………………… 李成燕
天气对清军两征金川之多重影响 …………………… 王惠敏
从清宫档案记载剖析嘉庆帝遗诏案 ………………… 郝艳红
清代民间宗教述论 …………………………………… 李尚英
朱筠学述 ……………………………………………… 林存阳
1903年至1904年英国入侵西藏一行涉藏著作研究 … 梁俊艳
《清朝续文献通考·经籍考》史源探析 …………… 李立民
"最为持平"之约
　　——对晚清中国与拉美国家建交条约的认识 …… 王士皓
清代开台进士郑用锡对台湾的影响 ………………… 吴惠巧
18至20世纪中国生活水平与人力资本的演变——来自实际工资与
　　人体计量学的证据 ………………〔德〕依尔格·巴特恩、〔英〕马德斌、
　　　　　　　　　　　　　　　　〔英〕司马辉、〔德〕王清撰，徐毅译

2012年号（北京：中国广播电视出版社，2011年12月版）

读"争抢"柳敬亭文的感想和议论……………………………………何龄修
被译介的"新清史"
　　——以"族"为中心的讨论……………………………定宜庄、胡鸿保
确立统治与形成秩序：
　　清顺治康熙时期对南方土司的处置……………………………常建华
从《吴兴大事记》看顺治丁酉顺天科场案……………〔美国〕白亚仁
康熙五十九年乌兰呼济尔之战浅探………………………………张　建
地方史视角下的福建翁山洪氏
的宗族变迁，1488—1752…………………〔新加坡〕庄兴亮、杨　希
清代太庙祭祀及其政治象征仪式…………………………………王秀玲
明清京杭运河税关管理中的贪污、包揽与走私…………………黑广菊
清代射箭与"弓力"问题……………………………………………毛宪民
嘉庆朝官员革职特点研究……………………………………许　静、赵　亮
晚清地方候补官委署过程中的规则与"潜规则"
　　——以山西为个案……………………………………………王　丽
满族的历史文化名人——达海…………………………………佟永功
陈昂父子与《海国闻见录》…………………………………………吴伯娅
清代基层社会对礼的诉求及践履……………………………………林存阳
戴震礼学思想及其学术史意义………………………………………徐道彬
吴之英之《仪礼》礼图研究探析……………………………………邓声国
徐光启与阮元科技思想之比较………………………………………钟玉发
同心松栢非吾愿　茆屋藤床貌姑仙
　　——明末清初才女王微的婚恋观念及意义…………………宋清秀
天一阁藏黄宗羲《明文案》再探……………………………………谷　敏
卢见曾、纪昀与两淮盐引案…………………………………………曹江红
《乾隆休宁黄氏〈家用收支帐〉》
　　中所见清中叶徽州民间礼俗…………………………………李　娜
道光九年四华人旅法事考……………………………………………李声凤
晚清时期中国和秘鲁建交过程初探…………………………………王士皓

1089

清代西藏亚东关署理税务司张玉堂事辑……………………梁俊艳

2013年号（北京：中国广播电视出版社，2013年1月版）

许大龄师的为人与为学——纪念许大龄教授诞生90周年 ……何龄修
清代泥石流灾害刍议…………………………………………刘景莲
己庚旱灾及其政治影响 ………………………………………鱼宏亮
清朝地方社会治安文武分工协防体系考论……………………王爱英
清中叶朝廷和基层旗人对满洲典礼的张扬……………………林存阳
史实在清代传记中的变异
　　——佟国纲、华善奏请改隶满洲考辨………………………杨　珍
凌驷甲、乙之际事迹考辨………………………………………黄　健
疆臣守土：汉军旗人蔡毓荣的"武功与文治"………………刘凤云
李塨京师教馆考…………………………………………………龙　武
汪端年谱…………………………………………………………卢志虹
试论南书房世家的形成原因……………………………李　娜、许文继
论焦循与八股文…………………………………………………黄　强
乾隆时期广西乡试舞弊案简述…………………………………陈维新
乾隆时期连台本大戏演剧的宫廷化特色………………………梁宪华
学潮、学科与学制
　　——光绪二十九年张之洞在京参与学务考………………陆　胤
19世纪中国大众识字率的
　　再估算……………………徐　毅、〔荷〕范礼文（Bas Van Leeuwen）
郝浴与银冈书院及其历史贡献…………………………………刘中平
韩江雅集——清中叶士商互动的个案研究……………………吴伯娅
所见、所闻、所传闻：《阅微草堂笔记》的采信分析 ………潘星辉
乾嘉学派中江藩的归属问题探析………………………………徐道彬
《周益文忠公集》对清代辑佚学的贡献——以朱彝尊《经义考》
与四库馆臣《永乐大典》辑佚为例 …………………………谷　敏
"以书经世"与"藏而为学"：管庭芬藏书思想刍议 …………李立民
13—17世纪西方对中国人

娱乐之认知…………〔美〕康士林（Nicholas Koss）著，李华川译
远方奇人与蛮夷之祸
——明清之际士人社会对天主教的总体认识………吴莉苇
《李安德日记》节译………………………李安德著，李华川译

2014年号（何龄修先生八十华诞纪念专集；北京：中国广播电视出版社，2014年1月版）

进德修业，激励我志——写在龄修师八十华诞之际…………张玉兴
彰幽发潜学问自娱　提携后进甘之如饴
——何龄修先生印象记略…………………任道斌
记何龄修先生…………………………………孟彦弘
《关于抗清复明斗争和郑成功研究问题的几点看法》一文读后
——致何龄修先生的一封信………………姚念慈
明清文集中的"冠军"………………………杨海英
清朝后妃母家的抬旗………………………杨　珍
张苍水被执地舟山悬岙考辨………………祝求是
论清朝两京王府制的成因…………………李　理
清雍乾时期休宁黄氏《家用收支账》相关问题考证………李　娜
注目经史实学，裨益学术治道
——张金吾为学藏书旨趣及其成就………林存阳
金榜家世与著述考辨………………………徐道彬
戴震《仪礼》学研究探析……………………邓声国
清代云南边疆管理体制述略——以督抚体制为中心的考察……邹建达
雍正朝对广西思明土府土目的治理………黄禾雨
苏元春案与清末广西政局…………………李　畠
"李鸿章——福赛斯"新疆交涉档案研究…恽文捷
清代科举考试的评价方法探究………冯建超、胡　平
樊守义与中西文化交流……………………吴伯娅
巴黎外方会之建立及其入华之努力………李华川
晚清时期中国和墨西哥建交历程…………王士皓

曾国藩"先孝后忠"思想的另一侧面
　　——以"咸丰七年丁忧事件"为考察中心……………… 庄兴亮
晚清从族类观到民族观的演变 ……………………………… 鱼宏亮

2015 年第 1 辑（北京：社会科学文献出版社，2015 年 1 月版）
专题研究
康熙四十七年众臣保举皇太子释疑
　　——兼论历史研究中如何正确分析史料……………… 杨　珍
论图海之死——兼论三藩之乱时期玄烨的降臣处置政策……… 芦婷婷
明清政府与欧洲三国的早期接触
　　——以闽粤地方政府为主线……………………………… 吴莉苇
从福建督抚奏疏看中西文化撞击…………………………… 吴伯娅
清代年班土司赏赐述略……………………………………… 黄　梅
论雍正朝对广西泗城的改土归流及黔粤划界事宜…………… 黄禾雨
乾隆丙辰博学鸿词科研究…………………………………… 李立民
明清徽州实学与经世人才的涌现…………………………… 徐道彬
跨越政权的领事保护
　　——清政府对墨西哥华侨"菜苑惨案"的处理……… 王士皓
鸦片战争后知识界的反应再省思——以理学家李棠阶为例…… 黄　涛
"肥缺"与"瘠缺"——清末广西官缺肥瘠分布
　　及与繁简等级、选任制度之关系……………………… 张振国
19 世纪中叶中国矿业生产的估值研究 ……………… 徐　毅、张紫鹏
文献研究
董含《三冈识略》的成书、肇祸及其改编…………………… 白亚仁
研究清代土司地区司法制度的重要档案
　　——内阁刑科题本土债贪禁类档案评述………………… 方悦萌
《李安德日记》节译之二 ……………… 李安德著，李华川译
史家与史评
深刻性蕴含的启迪——何龄修先生八十寿辰座谈会发言稿…… 姚念慈
钱穆先生与清代学术史研究…………………………… 林存阳、王　豪

学术争鸣
关于吴三桂的几个问题……………………………………林奎成
读史札记
"乾净衚"旧址考辨………………………………………王政尧
清朝殿试时间考…………………………………………于爱华

2015 年第 2 辑（北京：社会科学文献出版社，2015 年 10 月版）
专题研究
清代老药铺与八旗制度关系初探：
　　关于新发现的几份同仁堂档案………………………定宜庄
《清实录》所载土司承袭事例初析 ………………陈季君、李士祥
清代普洱茶与滇东南多民族社会…………………………方　铁
明清之际浙江将领黄斌卿研究……………………………卢正恒
蔡伯多禄事考……………………………………………吴伯娅
吴禄贞的社会交游与清末革命……………………………王鹏辉
延续、更新与断裂：清代以来长沙官方祭祀的嬗变及特点……庞　毅
民间信仰与明清地方社会
　　——以三山国王信仰为考察……………〔新加坡〕李秀萍
文献研究
清雍乾时期休宁黄氏《家用收支账》的文献价值……………李　娜
京郊怀柔芦庄明清碑刻考察记……………………………杨海英
史家与史评
追忆英雄：南明人物的传说、历史与塑造…………………沈茂华
清学演进余波中的王国维及其学术思想………………王　豪、林存阳
学术争鸣
明清鼎革与华夷之辨………………………………………李治亭
石塘隘战役考……………………………………………徐瑞根
读史札记
明德王府末代王补证………………………………………王　欣
天命五年所废大福晋再讨论——兼论满人早期的婚姻制度……常虚怀

1093

2016年第1辑（北京：社会科学文献出版社，2016年6月版）

本刊特稿
18世纪中国的反正统政治思潮 …………………………………………高　翔

孙奇逢研究
孙奇逢学术思想研究的几个问题…………………………………………陈居渊
从《理学宗传》到《明儒学案》
　　——"以经学济理学之穷"视角下学案体史籍初论…………袁立泽
孙奇逢《理学宗传》的道统建构…………………………………………孔定芳
走向"王道政治"与汉唐儒学：费密对孙奇逢"道统论"的
　　展开与重构——兼论清学形成的制度因素和思想基础………王　坚
《夏峰歌》流传小考——兼谈孙奇逢的立身为学旨趣 …………林存阳
北学重镇孙奇逢学术取向再审视…………………………………………杨朝亮
《清儒学案·夏峰学案》纂修述略 ………………………………………朱曦林
百余年来孙奇逢及夏峰北学研究的回顾与前瞻…………………………王记录

专题研究
清乾嘉时期四川地方行政职役考述
　　——以刑科题本、巴县档案为基本资料…………………………常建华
嘉庆朝整顿回疆秩序的努力及其结果……………………………………李　晶
惠栋与乾嘉史学…………………………………………………………李立民
王夫之"气质中之性"说…………………………………………………万宏强

文献研究
尼布楚条约相关文书探析——以满文界碑文书为中心…………………承　志
《武备志》版本流传考 ……………………………………………………乔　娜

读史札记
《楚两生资料知见编》按语举隅…………………………………………何龄修
关于尹壮图籍贯与轶事的考察……………………………………王人骏、冯佐哲

2016年第2辑（北京：社会科学文献出版社，2016年12月版）

土司研究
制度与符号：流变中清代土司制度的多样性发展……罗　中、罗维庆

土流兼治地区中的土官施政：以滇西蒙化府左氏土官为例……唐　立
对《中国土司制度史》中土司世系之补遗
　　——以《清史录》为依据……………………………………李士祥
清代湖广土家族地区民族关系研究……………………郄玉松、黄　梅
清代四川的屯弁朝觐………………………………………………黄　梅
专题研究
清代西南戏曲时空流布及其地域性特征…………………………陈季君
清代湖北佐杂要缺考论……………………………………………张振国
崇德初年内府机构成立的背景及其主要职能……………………李文益
清中期《仪礼》学研究旨趣及特色探析…………………………邓声国
江南"三织造"与清宫盔甲制作……………………………………毛宪民
从乾隆帝宝玺观其艺术品味………………………………………恽丽梅
文献研究
新教的再现：浦察思对利玛窦《基督教远征中国记》
的翻译与改写……………………………〔美〕康士林著，李华川译
复明运动海外秘密联络网管窥
　　——《丁未传信录》所见的口述南明史……………………杨海英
《李安德日记》节译之三………………………李安德著，李华川译
读史札记
清初降将祖大弼生平史迹钩沉……………………………………常虚怀
清代"武鼎甲"补考…………………………………………………王金龙
学林动态
《满语杂识》序……………………………………………………何龄修
薪火相传　承续学统
　　——"清史室与清史学科发展座谈会"综述…………………刘大胜
东亚历史上的文化交流与相互认识………………………………林存阳

2017年第1辑（北京：社会科学文献出版社，2017年5月版）

本刊特稿

皇太极入关机缘与得失——明金己巳之役若干问题考辨………姚念慈

科举研究

"不劳兵之法"——科举制度与清王朝的确立和巩固论析 …… 章　广

明末清初的科举制与地方社会重整

　　——以明清鄞县科举望族为例……………………………… 夏　柯

以公益求公平：清代州县考棚述论………………… 毛晓阳、邹燕青

清代河南乡试的供应状况及其特点………………………… 程　伟

乾隆至光绪年间的新进士培养方式探讨…………………… 邹长清

专题研究

明清之际河南地方秩序的瓦解与重建

　　——以1644~1645年河南局势的变化为中心……………… 朱亦灵

乾隆诗文中的康熙妃嫔…………………………………………… 杨珍

雍正朝改土归流是为了完善法治………………………………… 方悦萌

从不理村寨与非世袭的土司看雍正朝

　　以后土司制度出现的新变化………………………………… 尤　佳

"救日"与救国

　　——1901年辛丑日食的政治史及文化史意蕴 ……………… 李　林

文献研究

论晚清乡土历史教科书的编写特色……………………………… 吴四伍

《李安德日记》节译之四 ………………………… 李安德著，李华川译

读史札记

顾广圻集外题跋一则考释………………………………………… 李立民

《清太宗实录》中天聪朝史实曲笔管见 ………………………… 李文益

2017年第2辑（北京：社会科学文献出版社，2017年12月版）

本刊特稿

中国首任驻旧金山总领事陈树棠

　　与美国排华运动………………………〔加〕施吉瑞撰，刘倩译

专题研究

一个无法进入北京的俄国使节团

　　——嘉庆时期中俄外交礼仪交涉始末……………………… 陈维新

攻坚与围困的变奏：皇太极"围城打援"思想的确立过程
　　——兼论"红夷大炮"在明清关外战争中的作用……………赵鲁臻
清初西南局势及清政府的应对方略………………………………于爱华
清代河套地区土地政策演变及
　　对农业生产影响探析……………………………陶继波、崔思朋
戴震孟学思想的学理依据
　　——兼论《孟子字义疏证》与《天主实义》…………………王安琪
清代乡试考官的选派………………………………………………胡　平
从清代档案看土司袭职程序的规定及其运作……………………彭　姣

人物评价

略论明清之际京畿士人的交游——以王崇简为例………………杜　望
论野史中对明清之际"贰臣"的污名化倾向
　　——以张缙彦为例……………………………………………常虚怀
清初郑氏将领黄廷、周全斌降清史实考论………………………赵广军
踞地为质与保全边圉——杨岳斌抗法护台策略述评……………罗　中

读史札记

张广泗与岳钟琪之恩怨始末………………………………………邹　翀
雍正朝广西革除土司考……………………………………………韦江胜

2018年第1辑（北京：社会科学文献出版社，2018年6月版）

专题研究

山阴州山吴氏家藏祖先画像考……………………………………杨海英
从徭役征银到摊丁入亩：清一条鞭法在苏州府的展开…………侯官响
试论清代云南的公件银两制度……………………………………林崔宏
清代贵州的"汉奸"问题与清政府的应对………………………黄　梅
改土归流后绿营兵的布设与职能研究
　　——以湖广土家族地区为例…………………………………郗玉松
圣贤后裔奉祀生初探………………………………………………王春花
"经之运动"与"史之改造"：
　　梁启超的"学术转向"及其自我书写………………………袁立泽

乾隆皇帝与"狮子林" ……………………………………… 王敬雅
由孙维俭案看直隶总督与嘉庆帝的关系 ………………… 孔迎川
嘉庆帝与毓庆宫 …………………………………………… 许　静
闽台科举研究
清代台湾考棚考论 ………………………………… 毛晓阳、邹燕青
清代台湾科举考试中的地方官 …………………………… 杨齐福
清代福州黄巷梁氏的科举文化成就述析 ………………… 孙清玲
台湾士子与闽台会馆 ……………………………… 卢咸池、郑　大
文献研究
从《沈阳日记》看多尔衮与昭显世子的交往 …………… 李思莹
朝鲜使臣笔下祖大寿形象的演变及其原因 ……………… 孙中奇
读史札记
乾隆丙辰"博学鸿词科"拾遗 …………………………… 李立民
史家与史评
康乾盛世的冷思
　　——读《中国何以落后挨打——问责康雍乾》 …… 吴四伍
"种瓜"何以"得豆"
　　——读《种瓜得豆：清末民初的阅读文化与接受政治》…… 王士皓

2018年第2辑（北京：社会科学文献出版社，2018年12月版）

本刊特稿
何龄修自述 ………………………………………………… 何龄修
何龄修先生的三个未尽心愿 ……………………………… 杨海英
怀念何龄修先生 …………………………………………… 孟彦弘
专题研究
雍正朝的巡察御史 ………………………………………… 杨春君
从1687年的徐乾学"碧山堂"
　　元夕聚会看清初宣南地区学者群体的宴饮交游 …… 贾长宝
清代陕西刀客起源考论 …………………………………… 王　旭
清代侍卫职能考述 ………………………………………… 陈　章

试论清代云南汉族移民与盐业发展、私盐泛滥的关系………… 杨亚东

文献研究

妇女著述与徽商家族蜕变：

  汪嫈（1781~1842）著述中家族史的呈现 …………… 杨彬彬

清代恩丰仓考略………………………………………………… 张振国

现实反思与文本构造：再论荩臣杜受田………………… 王　琛

乾隆帝"宝典福书"与"元音寿牒"组印……………… 恽丽梅

从"土牛线"到"紫线"：

  清乾隆年间台湾苗栗堡汉人开发情况………………… 张正田

《李安德日记》节译之五 …………………… 李安德撰，李华川译

读史札记

义仓、社仓概念之辨析…………………………………… 吴四伍

从《红楼梦》看封建时代的"贤妻美妾"观………………… 王婉迪

学术综述

2017年清史研究主要特点及简述 …………………………… 李　娜

2019年第1辑（北京：社会科学文献出版社，2019年7月版）

本刊特稿

探微技艺精　宏论卓识高

  ——《郑天挺清史讲义》反映的清史教学与研究…………… 常建华

专题研究

清代前期西南改土归流地区的城市治理初探

  ——以云南、广西和贵州为中心的考察……………… 徐毅、郝博扬

土司的脉象——清代土司病症探讨………………………… 李士祥

试论清代对土司的世爵授予………………………………… 张　雷

清代朝考的类别及新进士朝考的性质探讨……………… 邹长清

论清朝科举取士对西南边远省份的政策倾斜

  ——基于会试中额与登科进士人数的统计和分析………… 于爱华

清朝奉祀生制度初探……………………………………… 李　成

清朝"父祖被殴"条律例研究……………………………… 田时雨

1099

遗民与贰臣：孙奇逢和张缙彦的交往……………………………张佐良
《钱币刍言》作者王鎏交游考………………………………………徐到稳
"因性之所近"与章学诚的治学追求…………………………………崔　壮
释圆明园慈云普护之多神殿……………………………………………尤　李

读史札记

李光地在清初统一台湾过程中相关史事的辨析…………………万宏强
云和石塘龙亭山"功德碑"考……………………………………………徐瑞根

史家与史评

医学视角与人文观察的结合
　　——读《一个英国军医的中国观察实录》…………………王士皓

2019年第2辑（北京：社会科学文献出版社，2020年1月版）

本刊特稿

感激、缅怀与希望——庆贺《清史论丛》创刊四十周年………姚念慈
阅览、投稿四十载的记忆
　　——祝贺《清史论丛》创刊四十年…………………………常建华

专题研究

从清史研究的角度谈文集问题…………………………………………何龄修
从防御到居住：明清时期晋东南堡寨的功能演化
　　——以大阳四大堡寨为例……………………………………张慧仙
清初民间理学士人与地方社会——以洪洞范鄗鼎为中心………丁坤丽
清代曹寅家族军功史研究………………………………………………李中跃
雍正七年云南车里宣慰司管辖山地族群及改土归流……………唐　立
清代楚雄地区农业经济的发展…………………………………………侯官响
乾隆朝云南冬防研究……………………………………………………余　华
明清时期实践礼学的兴衰：一种基于版本数量统计的分析……徐到稳
"博物"观念在晚清时期的变迁………………………………………芦　笛

文献研究

《钦定平定回疆剿擒逆裔方略》成书时间考……………………李鹏翔
野史撰述实践的典范：赵翼《檐曝杂记》的史学价值…………单　磊

1100

《先王实录》中有关西虏的传言来源辨析
　　——兼论天地会五房堂号来历……………… 孟晓峰、高西成
清嘉庆朝实物抵债命案研究
　　——以刑科题本为基本资料……………………………… 李尔岑
史家与史评
一部优秀的社会史研究专著　——杨品优《科举会社、州县官绅
　　与区域社会——清代民国江西宾兴会的社会史研究》
　　读后…………………………………………………………… 毛晓阳

编后记

1978年中国共产党第十一届三中全会的召开，是中华人民共和国成立以来和中国共产党发展历程中具有深远意义的一次伟大转折；该全会作出的实行改革开放的新决策，开启了我国社会主义现代化建设的历史新时期。随着这一时代新潮流的发展，中华大地焕发出无限生机和活力，学术界也呈现出崭新面貌。

在此社会、学术转型之际，中国社会科学院历史研究所（今古代史研究所）清史研究室的同人，在室主任杨向奎先生的带领下，敏锐地把握时代脉搏，以富有激情、勇于创新、敢于担当的精神，率先创办了第一份清史研究专业性刊物——《清史论丛》。自1979年创刊以来，在几代学人的努力下，《清史论丛》秉持求真务实、开放兼容、观照现实、开拓创新的办刊思路，为学界同人提供了一个发表新成果、交流科研经验的重要学术平台，有力地推进了清史研究不断迈向新台阶、新境界。从某种意义上来说，《清史论丛》既为我国史学的大发展、大繁荣做出了积极贡献，又成为改革开放以来清史研究发展轨迹的一个缩影。有鉴于此，为了回顾和展示改革开放时代潮流下四十年间清史研究的发展历程、科研动态以及薪火相传的学术脉络，更好地推进新时代清史研究的深入发展，清史研究室、《清史论丛》编辑部的同人，整理编辑了这部《〈清史论丛〉四十年论文选编》。

本选编结集了《清史论丛》自1979年创刊号至2019年第二辑刊发的四十余篇文章，大致分为三部分：一是专题性研究，主要包括经济、政治、学术、社会、中外关系等方面的研究；二是研究动态，既有对整个清史研究状况的宏观把握，也有对清史研究室发展轨迹的梳理，还有对《清史论丛》创办三十、四十周年的纪念文章；三是前辈学者的薪火相传的学术风范，所涉的孟森、谢国桢、萧一山、郑天挺、商鸿逵、杨向奎、许大龄、何龄修诸位先生，皆清史学界的大家、名家，他们为清史研究的起步、推进、兴盛，做出了重要贡献。世易时移，在编辑时，我们也对所选文章中的个别词语有所替换和修正。另外，为了便于读者朋友对《清史论丛》四十年刊文总体情况的了解和查阅，书末附了一份《清史论丛》第一辑至2019年第二辑的细目。当然，限于本书篇幅，很多文章不得不割爱；而编者能力所限，在取舍上肯定有不周到之处，敬请诸位师友海涵宽宥。

《〈清史论丛〉四十年论文选编》能够顺利面世，得益于很多方面的提携、扶持和帮助，在此，我们谨致以诚挚的感谢！非常感谢中国社会科学院副院长、党组副书记兼中国历史研究院院长、党委书记高翔先生一直以来对清史研究室发展的关爱、指示和激励，以及对本选编的大力扶持，并俯允将其大作《在〈清史论丛〉创刊四十周年学术座谈会上的讲话》作为本选编的代序言！感谢中国历史研究院领导们慨允资助本选编的出版，以及成果评价处副处长何馨女士的具体指导！感谢古代史研究所赵笑洁书记、卜宪群所长、朱昌荣副所长、邬文玲副所长及学术委员会诸位先生对本选编的大力支持和肯定！感谢中国人民大学历史学院常务副院长朱浒教授、安徽师范大学历史学院副院长梁仁志教授两位审读专家提出的宝贵意见和建议！感谢社会科学文献出版社梁艳玲副社长、杨群总编辑、人文分社宋月华社长对合作出版本选编的热情、厚谊，以及编辑吴超先生为此书问世付出的辛勤劳动！同时，也要向四十年来关心、呵护、支持《清史论丛》发展的各界前辈、朋友、作者、读者等，致以深深的谢意和敬意！

参与本选编各项工作的人员有：李世愉、林存阳、李华川、鱼宏亮、杨海英、徐到稳、李娜、王士皓、李立民、吴四伍。另外，清史室研究生周轩同学等，也协助做了一些相关事务。

回首四十年，《清史论丛》一直在砥砺前行；放眼新时代，我们将满怀激情谱写新篇章！

今年是我们伟大的中国共产党成立 100 周年，谨以本小书向党的百年华诞献礼和致敬！

编者

2021 年 5 月

图书在版编目（CIP）数据

《清史论丛》四十年论文选编：上、下册/李世愉，林存阳主编．--北京：社会科学文献出版社，2021.9
ISBN 978-7-5201-8964-4

Ⅰ.①清… Ⅱ.①李… ②林… Ⅲ.①中国历史-清代-文集 Ⅳ.① K249.07-53

中国版本图书馆 CIP 数据核字（2021）第 175751 号

《清史论丛》四十年论文选编（上、下册）

主　　编 / 李世愉　林存阳

出 版 人 / 王利民
责任编辑 / 吴　超
责任印制 / 王京美

出　　版	/ 社会科学文献出版社·人文分社（010）59367215
	地址：北京市北三环中路甲29号院华龙大厦　邮编：100029
	网址：www.ssap.com.cn
发　　行	/ 市场营销中心（010）59367081　59367083
印　　装	/ 北京盛通印刷股份有限公司
规　　格	/ 开　本：787mm×1092mm　1/16
	印　张：70　字　数：1106千字
版　　次	/ 2021年9月第1版　2021年9月第1次印刷
书　　号	/ ISBN 978-7-5201-8964-4
定　　价	/ 498.00元（上、下册）

本书如有印装质量问题，请与读者服务中心（010-59367028）联系

▲ 版权所有 翻印必究